Handbuch der deutschsprachigen Exilliteratur
De Gruyter Handbook

Handbuch der deutschsprachigen Exilliteratur

—

Von Heinrich Heine bis Herta Müller

Herausgegeben von
Bettina Bannasch und Gerhild Rochus

DE GRUYTER

ISBN 978-3-11-048578-3
e-ISBN 978-3-11-025675-8

Library of Congress Cataloging-in-Publication Data
A CIP catalog record for this book has been applied for at the Library of Congress.

Bibliografische Information der Deutschen Nationalbibliothek
Die Deutsche Nationalbibliothek verzeichnet diese Publikation in der Deutschen Nationalbibliografie; detaillierte bibliografische Daten sind im Internet über http://dnb.dnb.de abrufbar.

© 2013 Walter de Gruyter GmbH, Berlin/Boston
Satz: Dörlemann Satz, Lemförde
Druck und Bindung: Hubert & Co. GmbH & Co. KG, Göttingen
∞ Gedruckt auf säurefreiem Papier
Printed in Germany

www.degruyter.com

Inhaltsverzeichnis

Einleitung —— XI

I Narrationen des Exils

Paul Michael Lützeler
Migration und Exil in Geschichte, Mythos und Literatur —— 3

Itta Shedletzky
Exil im deutsch-jüdischen Kontext – Theologie, Geschichte, Literatur —— 27

Bettina Bannasch
‚Literatur der Inneren Emigration'. Begriffs- und diskursgeschichtliche Überlegungen —— 49

II Theoretische Perspektivierungen

Bernhard Spies
Konstruktionen nationaler Identität(en) – Exilliteraturforschung und *Postcolonial Studies* —— 75

Doerte Bischoff
Exil und Interkulturalität – Positionen und Lektüren —— 97

Marion Schmaus
Exil und Geschlechterforschung —— 121

III Exil und Erinnerung

Günter Butzer
Erinnerung des Exils —— 151

Lutz Winckler
Exilliteratur und Literaturgeschichte – Kanonisierungsprozesse —— 171

IV Literarische Analysen

Ilse Aichinger: *Unglaubwürdige Reisen* (2005) (*Barbara Thums*) —— **205**

Jenny Aloni: *Der Wartesaal* (1969) (*Lina Barouch*) —— **212**

Rose Ausländer: *Ein Tag im Exil* (1967), *Le Cháim* (1967), *Mutterland* (1978) (*Andreas Klein*) —— **220**

Vicki Baum: *Hotel Shanghai* (1939) (*Björn Sommersacher*) —— **226**

Gottfried Benn: *Essays, Lyrik, Briefe* (1933–1945) (*Dirk Kretzschmar*) —— **234**

Thomas Brasch: *Der schöne 27. September. Gedichte* (1980) (*Hannah Markus*) —— **242**

Bertolt Brecht: *Flüchtlingsgespräche* (1957) (*Helmut Koopmann*) —— **249**

Hermann Broch: *Der Tod des Vergil* (1945) (*Jürgen Heizmann*) —— **256**

Georg Büchner: *Danton's Tod. Ein Drama* (1835) (*Miriam N. Reinhard*) —— **263**

Veza Canetti: *Die Schildkröten* (1999) (*Gerhild Rochus*) —— **270**

Alfred Döblin: *Schicksalsreise* (1949) (*Frederik Offen*) —— **277**

Hilde Domin: *Das zweite Paradies. Roman in Segmenten* (1968) (*Denise Reimann*) —— **284**

Lion Feuchtwanger: *Exil* (1940) (*Marco Milling*) —— **291**

Vilém Flusser: *Bodenlos. Eine philosophische Autobiographie* (1992) (*Robert Krause*) —— **298**

Erich Fried: *Frühe Gedichte* (1944/45) (*Christine Lubkoll*) —— **306**

Oskar Maria Graf: *Die Flucht ins Mittelmäßige. Ein New Yorker Roman* (1959) (*Torsten W. Leine*) —— **314**

Heinrich Heine: *Jehuda ben Halevy* (1851) (*Anna Redlich-Gaida*) —— **321**

Barbara Honigmann: *Eine Liebe aus Nichts* (1991) (*Marguerite Markgraf*) —— 329

Anna Maria Jokl: *Die Reise nach London. Wiederbegegnungen* (1999)
(*Jennifer Tharr*) —— 336

Mascha Kaléko: *Verse für Zeitgenossen* (1945) (*Manuel Illi*) —— 343

Judith Kerr: *When Hitler Stole the Pink Rabbit* (1971), deutsch:
Als Hitler das rosa Kaninchen stahl (1973) (*Johanna Hofmann*) —— 350

Irmgard Keun: *Nach Mitternacht* (1937) (*Xenia Wotschal*) —— 358

Egon Erwin Kisch: *Teoberto Maler, ein Mann in verzauberter Stadt* (1942)
(*Stephanie Waldow*) —— 364

Annette Kolb: *Memento* (1960) (*Natalie Lorenz*) —— 371

Gertrud Kolmar: *Das Wort der Stummen* (1955/1978) (*Franz Fromholzer*) —— 378

Theodor Kramer: *Über den Stacheldraht* (1985) (*Varun F. Ort*) —— 385

Ursula Krechel: *Shanghai fern von wo* (2008) (*Ines Schubert*) —— 392

Elisabeth Langgässer: *Das unauslöschliche Siegel* (1946)
(*Friedmann Harzer*) —— 399

Else Lasker-Schüler: *IchundIch* (1970) (*Birgit M. Körner*) —— 406

Michael Lentz: *Pazifik Exil* (2007) (*Agnes Bidmon*) —— 413

Erika Mann: *A Gang of Ten* (1942), deutsch: *Zehn jagen Mr. X* (1990)
(*Wiebke v. Bernstorff*) —— 421

Heinrich Mann: *Ein Zeitalter wird besichtigt* (1946)
(*Michaela Enderle-Ristori*) —— 428

Klaus Mann: *Der Vulkan. Roman unter Emigranten* (1939)
(*Andreas Grünes*) —— 435

Thomas Mann: *Doktor Faustus. Das Leben des deutschen Tonsetzers Adrian Leverkühn erzählt von einem Freunde* (1947) *(Eva Knöferl)* —— **442**

Walter Mehring: *The Lost Library* (1951), deutsch: *Die verlorene Bibliothek. Autobiographie einer Kultur* (1952) *(Manuela Günter)* —— **449**

Terézia Mora: *Alle Tage* (2004) *(Denise Reimann)* —— **456**

Herta Müller: *Reisende auf einem Bein* (1989) *(Karin Binder)* —— **464**

Leo Perutz: *Der Judas des Leonardo* (1959) *(Nina Schück)* —— **471**

Christoph Ransmayr: *Die letzte Welt* (1988) *(Josef Guggenberger)* —— **478**

Gustav Regler: *Juanita* (1986) *(Frank Schulze)* —— **485**

Ruth Rewald: *Janko, der Junge aus Mexiko* (1934) *(Susanna Brogi)* —— **492**

Joseph Roth: *Hiob. Roman eines einfachen Mannes* (1930) *(Almuth Hammer)* —— **499**

Nelly Sachs: *In der Flucht* (1959) *(Moritz Wagner)* —— **506**

Hans Sahl: *Die Wenigen und die Vielen. Roman einer Zeit* (1959) *(Hans-Joachim Hahn)* —— **513**

W.G. Sebald: *Die Ausgewanderten. Vier lange Erzählungen* (1992) *(Martin Modlinger)* —— **520**

Anna Seghers: *Transit* (1944/1947) *(Kai Sicks)* —— **527**

Hilde Spiel: *The Darkened Room* (1961), deutsch: *Lisas Zimmer* (1965) *(Claudia Röser)* —— **534**

Margarete Susman: *Das Buch Hiob und das Schicksal des jüdischen Volkes* (1946) *(Gerhild Rochus)* —— **541**

Gabriele Tergit: *Effingers* (1951) *(Klara Schubenz)* —— **549**

Lisa Tetzner: *Erwin kommt nach Schweden* (1944) *(Larissa Schridde)* —— **556**

Rahel Varnhagen von Ense: *Rahel. Ein Buch des Andenkens für ihre Freunde* (1833) *(Varun F. Ort)* —— 563

Vladimir Vertlib: *Zwischenstationen* (1999) *(Constanze Ramsperger)* —— 570

Salka Viertel: *Queen Christina* (1933) *(Sebastian Freiseis)* —— 577

Grete Weil: *Meine Schwester Antigone* (1980) *(Carola Hilmes)* —— 585

Peter Weiss: *Die Ästhetik des Widerstands* (1975–1981) *(Christin Zenker)* —— 592

Franz Werfel: *Jacobowsky und der Oberst* (1944) *(Christoph Zabel)* —— 599

Christa Wolf: *Stadt der Engel oder The Overcoat of Dr. Freud* (2010) *(Miriam N. Reinhard)* —— 606

Karl Wolfskehl: *Die Stimme spricht* (1934) *(Martin Modlinger)* —— 613

Arnold Zweig: *Traum ist teuer* (1962) *(Anna Zachmann)* —— 620

Stefan Zweig: *Die Welt von Gestern. Erinnerungen eines Europäers* (1942) *(Martina Schlögl)* —— 627

V Überblicksbibliographie —— 635

Verzeichnis der Beiträgerinnen und Beiträger —— 647

Personenregister —— 649

Einleitung

Das Handbuch bietet die Gelegenheit, bekannte Texte der deutschsprachigen Exilliteratur neu zu lesen und weniger bekannte Texte neu zu entdecken. Ziel des Handbuchs ist es, anhand von sechzig exemplarisch ausgewählten Werken zu zeigen, dass und inwiefern transnationale, transkulturelle und transhistorische Ansätze der aktuellen Exilforschung verständlich gemacht und gewinnbringend auf literarische Texte angewendet werden können. Unter ‚Exilliteratur' werden dabei all jene Werke verstanden, in denen die Erfahrung des Exils zur Sprache kommt; aufgenommen wurden also auch solche Texte, die das Exil thematisieren, ohne dass die Autorinnen und Autoren selbst im Exil waren. Von besonderem Interesse für die Auswahl der Texte waren dabei Werke, in denen die Erfahrung des Exils nicht nur zum Thema gemacht wird, sondern in denen auch die Konsequenzen dieser Erfahrung für die Art und Weise des Erzählens selbst zu erkennen sind. Das Handbuch widmet den sechzig ausgewählten Texten exemplarische Einzelanalysen. Sie sind einheitlich strukturiert (1. Inhalt, 2. Analysen, 2.1 Narrationen des Exils, 2.2 Theoretische Perspektivierungen, 2.3 Exil und Erinnerung, 3. Fazit, 4. Literatur) und fächern die übergeordnete Frage nach den Verfahren der Narration in einen ‚Katalog' konkreter Fragen auf, die dann an die Texte herangetragen werden. Ein eigener Schwerpunkt der literarischen Analysen lag auf der Frage nach dem Verhältnis von Exil und Erinnerung, auch im sehr konkreten Blick auf die Rezeptionsgeschichte der jeweiligen Texte und auf Kanonisierungsprozesse.

Im Zentrum des Handbuchs stehen deutschsprachige Texte aus der Zeit zwischen 1933 und 1945. Früher entstandene Werke, in denen Exilerfahrungen beschrieben werden, fanden ebenfalls Berücksichtigung, wenn sie zu wichtigen Bezugstexten für jene Autorinnen und Autoren wurden, die vor den nationalsozialistischen Machthabern geflohen waren. Ein Auswahlkriterium war hier die Frage, ob und inwiefern sich die Autorinnen und Autoren der zwischen 1933 und 1945 entstandenen Werke auf diese Texte beziehen – einem Autor wie Heinrich Heine etwa kommt eine zentrale Funktion als Referenzautor in vielen der zwischen 1933 und 1945 entstandenen Texten zu. Ebenso einbezogen wurden nach 1945 verfasste Texte, die ihrerseits auf die 1933–1945 entstandenen Werke Bezug nehmen und diese dabei oftmals mit neuen und anderen Exilerfahrungen in Verbindung bringen.

Das Handbuch erhebt selbstverständlich keinen Anspruch auf Vollständigkeit. Es zielt jedoch auf eine gewisse Repräsentativität im Hinblick auf unterschiedliche Spielarten und Ausformulierungen der Exilthematik. Die Auswahl der Texte zeugt von dem Versuch, in kanonische Texte der deutschsprachigen Exilliteratur einzuführen, aber auch auf vergessene Texte aufmerksam zu machen und an vernachlässigte Texte zu erinnern. In besonderer Weise betraf und betrifft dies die Werke von Autor*innen*. Die Textauswahl, die für das Handbuch getroffen wurde, stellt ihre Texte gleichberechtigt neben die ihrer männlichen Kollegen: Dreißig der insgesamt sechzig ausgewählten Texte, die das Handbuch vorstellt, sind von Autorinnen, dreißig von Autoren verfasst. Eine besondere Aufmerksamkeit bei der Auswahl der Texte galt auch solchen Werken, die sich mit der spezifisch jüdischen Tradition des Exils auseinandersetzen; diese Texte erwiesen sich insofern als besonders ergiebig für die literaturwissenschaftliche Analyse, als dass sie an eine bedeutsame, bereits lange vor 1933 bestehende literarische Tradition anschließen können. Eigens berücksichtigt wurden Werke der Kinder- und Jugendliteratur. Aufgenommen wurden schließlich auch einige exemplarisch ausgewählte Werke der sogenannten ‚Inneren Emigration'; dies in Korrespondenz mit einer begriffs- und diskursgeschichtlichen Rekonstruktion des Verhältnisses von Exilliteratur und Literatur der ‚Inneren Emigration' im ersten Teil des Handbuchs.

Maßgebliches Kriterium für die Auswahl der Texte war die Überlegung, wie ergiebig sich der jeweilige Text für die Fragestellungen nach den Narrationen des Exils, nach theoretischen Perspektivierungen, wie sie die aktuelle Forschung eröffnet, und schließlich nach dem Verhältnis von Exil und Erinnerung erwies. Die exemplarischen Analysen sollen dazu beitragen, bisher vernachlässigte theoretische Perspektivierungen stärker ins Bewusstsein zu rücken und anschaulich so zu illustrieren, dass diese Zugänge an einzelnen Textbeispielen nachvollzogen werden können. Welche Fragen dabei für welchen Text Relevanz beanspruchen können, zeigte sich jedoch immer erst in der konkreten Arbeit am Text. Für die exemplarischen Textanalysen war ein verbindlicher Katalog von ‚Leitfragen' vorgegeben, die in ihrer Relevanz für den einzelnen Text zu prüfen waren. Die Textanalysen stellen den Prozess und die Ergebnisse dieser Überprüfungen vor. Ihre einheitliche Gliederung sollte die strukturelle wie thematische Vergleichbarkeit der Beiträge gewährleisten. Zugleich sollte jedoch genügend Spielraum bleiben, je eigene Schwerpunkte zu setzen. Auch in der sprachlichen Ausformulierung sollte der individuelle interpretatorische Zugang der einzelnen Beiträgerinnen und Beiträger sichtbar bleiben.

Maßgeblich vorformuliert wurden die ‚Leitfragen' des Konzeptpapiers durch die insgesamt neun größeren Theoriebeiträge, die den Einzelanalysen vorangestellt sind. Sie führen in den aktuellen Stand der exilliterarischen Forschung ein – und leisten zugleich einen eigenen Beitrag zu einzelnen theoretisch relevanten Aspekten der aktuellen exilliterarischen Forschung.

Eines der Ziele, das sich das vorliegende Handbuch setzt, ist eine Kontextualisierung von Werken der deutschsprachigen Exilliteratur, die zwischen 1933 und

1945 entstanden sind, mit früher und mit später entstandenen Texten, in denen die Erfahrung des Exils thematisiert wird. Dieser Versuch, den Bereich der Exilliteratur über die engen zeitlichen Grenzen von 1933 und 1945 hinaus zu erweitern, sieht sich vor die Aufgabe gestellt, den Begriff des Exils zunächst genauer zu bestimmen, bevor exilliterarische Texte mit anderen in Bezug gesetzt werden können. Dies leistet in den exemplarischen Textanalysen das an eine kurze Inhaltsangabe anschließende Unterkapitel **Narrationen des Exils**. Entgegen einer allzu umstandslosen Einbettung exilliterarischer Texte in die europäische Geschichte der Migrations- und Flüchtlingserzählungen erläutert dieses Kapitel zunächst die Entstehungsgeschichte sowie die Produktions- und Veröffentlichungsbedingungen des jeweils behandelten Werkes. Zentrale Fragen, die sich mit diesem Themenkomplex verbinden, lauten: Ist der ausgewählte Text vor 1933 oder nach 1933 entstanden? Lässt sich der Text der Kategorie der Nachexilliteratur oder der Exilliteratur der sogenannten ‚zweiten Generation' zuordnen? Befand sich der Autor/die Autorin zur Zeit der Textproduktion im Exil oder in der ‚Inneren Emigration'? Wurde der Text im Exil oder nach der Rückkehr aus dem Exil veröffentlicht? Unterlag die Publikation des Textes einer Zensur und wenn ja, wer nahm diese Zensur vor und welche Folgen hatte dieser Eingriff für den Text, für seine Gestalt und Veröffentlichung? Wenn es sich bei dem Autor oder der Autorin des Werkes um einen nicht exilierten Autor handelt oder die Entstehung des Textes nicht an eine bio- oder faktografische Exilsituation gebunden ist, sollte auf dieses Spezifikum ebenfalls explizit hingewiesen werden. Gefragt wurde danach, in welchem Verhältnis die Bezugnahme auf konkrete historische und soziopolitische Bedingungen zu der Bezugnahme auf literarische Topoi des Exils steht, wie beispielsweise das Motiv der Wanderung, der Heimatlosigkeit oder eines Außenseitertums, das jedoch „nicht romantisiert werden soll" (Paul Michael Lützeler). In all diesen schon entstehungsgeschichtlich voneinander abweichenden Exilliteraturen erhalten der Begriff des Exils und die mit ihm verbundenen literarischen Vorstellungen von Heimat, Entwurzelung, Identität und Sprache bzw. Sprachverlust eine jeweils andere Kontur.

In vielen Fällen konnten dabei die Fragen nach den räumlichen und zeitlichen Bedingungen exilliterarischen Schreibens und der Konzeptualisierung des Exilbegriffs im jeweiligen Werk verbunden werden. Die Textanalysen zeigen, auf welche Weise der Exilbegriff im Text selbst entfaltet wird. Sie fragen etwa danach, welche intertextuellen Verweise sich identifizieren lassen und inwiefern es diese erlauben, den verwendeten Exilbegriff zu konturieren. In welche mythologischen, theologischen und literarischen Traditionen schreibt sich der Text ein? An welche Exilerzählungen der europäischen Literatur- und Geistesgeschichte knüpft der Text an? Wie werden wiederkehrende Motive narrativ und sprachlich inszeniert? Lassen sich im Hinblick auf die traditionellen Exil- und Heimatkonzeptionen der europäischen Exilliteratur eventuell Neuschreibungen, Umdeutungen oder gar Subversionen ausmachen? Inwieweit kann die Herausarbeitung intertextueller Bezüge für eine (Re-)Lektüre des jeweiligen exilliterarischen Textes produktiv gemacht werden?

Von besonderer Bedeutung war in diesem Zusammenhang schließlich die Frage, ob von einer religiösen Präfiguration des Exilbegriffs ausgegangen werden kann, und wenn ja, ob es sich um eine spezifisch christliche oder jüdische Auffassung handelt. So ließ sich im Rahmen der intertextuellen Analyse danach fragen, inwiefern sich die aus der jüdischen Mystik und der deutsch-jüdischen Theologie und Geschichtsschreibung stammenden Ideen eines sich im Exil befindenden Gottes, der Schechina, und des Exils „als Symbol der menschlichen Befindlichkeit in der Welt" oder als Sinnbild des „ewigen jüdischen Geistes" in den exilliterarischen Texten des 20. Jahrhunderts wiederfinden bzw. aktualisiert fort- und umgeschrieben werden (Itta Shedletzky).

Spätestens seit den 1980er Jahren hat die Exilforschung damit begonnen, Anregungen kulturwissenschaftlicher Forschungsbereiche für die eigene Arbeit produktiv zu machen. Das erkenntniserweiternde Potential inter- bzw. transkulturalitätstheoretischer, postkolonialistischer und gendertheoretischer Perspektivierungen der Exilforschung liegt auf der Hand. So scheint das Exil zumindest auf den ersten Blick ein prädestinierter Ort für Prozesse der Dynamisierung, Durchkreuzung und Hybridisierung kultureller und nationaler Identitätskonzepte sowie traditioneller Geschlechterordnungen zu sein. In den exemplarischen Textanalysen dient das Unterkapitel **Theoretische Perspektivierungen** dazu, diese Forschungsansätze am Beispiel des ausgewählten Werkes zu erproben. Auf die Theoriebildung der postkolonialen Literatur- und Kulturtheorie rekurrierend, ließ sich für die Exilforschung der Begriff der ‚Transkulturalität' fruchtbar machen, der sich aus dem Zusammenspiel von biografisch orientierter Exilforschung und kulturwissenschaftlich ausgerichteter Interkulturalitätsforschung speist. Diese Perspektive auf das Exil als transkulturelles Phänomen erkunden die Textanalysen anhand einer Untersuchung von Kernbegriffen wie ‚Nation', ‚Heimat' und ‚Identität'. Die Erfahrung kultureller Fremdheit als Ausgangspunkt für das Hinterfragen der eigenen Identität erwies sich hierbei als zentrales Merkmal von Exiltexten und ließ sich mit Konzepten wie ‚Alterität', ‚Akkulturation' und ‚Hybridität' präzisieren. Damit wurde auch eine Auffassung interkulturellen Schreibens möglich, der zufolge das Exil als „Chance wissenschaftlicher und literarischer Produktivität" (Doerte Bischoff) verstanden werden kann. Die Hinwendung der Exilliteraturforschung zu postkolonialer Theoriebildung führt zu einer Aufwertung des kreativen Potentials der Exilerfahrung, das als Gegenpol zur existentiellen Verunsicherung, die jeder Exilerfahrung inhärent ist, ein produktives Spannungsfeld aufbaut. Die Textanalysen prüfen, ob auf konventionelle Auffassungen dieser Konzepte im Sinne eines Fortschreibens der abwesenden bzw. abhandengekommenen Tradition verwiesen oder dem ursprünglich Eigenen aus veränderter Perspektive entgegengetreten wird.

Mit dem Anschluss der exilliterarischen Forschung an Ansätze postkolonialer Theoriebildung verbinden sich jedoch auch grundlegende Einwände. Sie hinterfragen die grundsätzliche Anwendbarkeit postkolonialer Theoreme auf Texte der Exilliteratur und verweisen auf die Grenzen der Tragfähigkeit des Hybriditätskonzeptes. So ist für einen Teil der im Exil befindlichen Schriftsteller fraglich, ob das produktive und kreative Potential der Konfrontation mit einem fremden Kulturkreis akzentuiert werden kann, wenn in den Werken und Selbstaussagen der Autoren und Autorinnen Akklimatisierungsschwierigkeiten und die erschwerte Möglichkeit zur Publikation im Gastland im Vordergrund stehen. In vielen Texten lässt sich anhand des Heimat- und Nationenbegriffs und dem Fingieren „einer Kommunikationsgemeinschaft aller Deutschen, die sich in ihrer Muttersprache immer schon verständigt haben" (Bernhard Spies), die Tendenz einer Rückkehr zu essentialistischen Identitätskonstruktionen nachweisen. Die Identitätsfindungsdiskurse exilierter Autorinnen und Autoren werden unter dieser Prämisse nicht nur auf deren kreative Möglichkeiten, sondern auch auf Re-Essentialisierungsmechanismen und deren restauratives und konservatives Moment hin untersucht.

Aus beiden Ansätzen ergab sich demnach der Auftrag, die literarische Umsetzung traditioneller Sinnstiftungssysteme zwischen den Polen Innovation und Restauration sowie De- und Re-Essentialisierung zu verorten und sich dabei kritisch mit Begriffen der postkolonialen Theoriebildung auseinanderzusetzen. Konkret ließen sich daraus zwei größere Fragenkomplexe ableiten. Erstens: Wie wird mit essentialistischen Begriffen wie ‚Nation', ‚Heimat', ‚Kultur' etc. umgegangen, werden sie dekonstruiert oder affirmiert? Findet man Formen kultureller Hybridität entweder auf der Ebene des Dargestellten oder auf der Ebene der Darstellung, d.h. finden sich Formen sprachlicher oder literarischer Mimikry wie die Adaption anderskultureller Genres, Themen oder Motive, die Adaption der Fremdsprache oder von Sprachmustern? Zweitens: Ist in engerem Sinne von Hybridität zu sprechen, d.h. wird beispielsweise der Machtaspekt thematisiert? Oder ist das Aufeinanderprallen verschiedener Kulturen auf thematischer oder narratologischer Ebene eher als Prozess der Durchmischung, d.h. unter der Perspektive der Transkulturalität, beschrieben, die nationale Identitäten mehr destabilisiert denn dekonstruiert?

Der Sprecherstandpunkt des exilierten Schriftstellers/der exilierten Schriftstellerin in der Gesellschaft war schließlich im Rückgriff auf feministische und post-feministische Theorien zu reflektieren. Die Stellung der Frau als Exilantin in der symbolischen Ordnung des Mannes, wie sie Julia Kristeva, Luce Irigaray und

Hélène Cixous im Rekurs auf Jacques Lacan proklamieren, findet ihr Korrelat in der Ausgrenzung des femininen Elements in der Sprache als Raum kultureller Sinnstiftung. Nur in Form einer „schreibenden Landnahme" (Marion Schmaus) kann der Status der Frau im ‚Exil ohne Heimat' revidiert werden. In Anlehnung an die *Gender Studies*, insbesondere an die Theorien Judith Butlers, lässt sich der metaphorische Bedeutungshorizont des Exilbegriffs über die Konzepte der *gender performance* und des *embodiment* auch auf die Betrachtung kultureller Zeichensysteme sowie des menschlichen Sozialverhaltens übertragen. Über den Begriff der ‚Performativität' wird das Exil somit nicht als ein rein sprachliches, sondern als durchaus materielles, in der Gesellschaft erfahrbares Phänomen aufgefasst. Eine genderorientierte Analyse muss daher auf das Zusammenspiel von Verkörperung und Identitätsstiftung sowie auf den Umgang mit gesellschaftlichen Normen eingehen. Dabei kann hier sowohl die textinterne Auslegung der Geschlechterrollen als auch die Produktion/Existenz des Textes selbst als performativer Akt diskursiver Einschreibung verstanden werden. Daran anknüpfend, eröffnet sich darüber hinaus auch die Frage nach der Anbindung des Werks an spezifische Traditionen femininen/maskulinen Schreibens auf formaler wie gattungstheoretischer Ebene.

Die vielfältigen und auf mehreren Ebenen augenfällig werdenden Interdependenzen und Anschlussmöglichkeiten, welche der exilliterarische Text im Hinblick auf das kulturwissenschaftliche Paradigma der Erinnerung bereithält, sind im Unterkapitel **Exil und Erinnerung** Gegenstand der Überlegungen. In einem ersten Schritt galt es, den Repräsentationsaspekt des exilliterarischen Texts als einem individuellen Gedächtnismedium, d. h. sein Gedächtnis und Erinnerung abbildendes oder auch verkörperndes Potential, in den Blick zu nehmen. Eine in diesem Zusammenhang wesentliche Frage wurde eingangs bereits angeführt: Welche intertextuellen bzw. -medialen Bezüge weist der exilliterarische Text zu anderen, ihm vorhergehenden Exilerzählungen auf, und auf welche Weise werden Letztere in ihm zitiert, erinnert und gespeichert? Weiterhin lässt sich fragen, ob und inwiefern Erinnerung, Gedächtnis und Vergessen eine explizite literarische Thematisierung erfahren. Gibt der Text ein selbstreflexives Bewusstsein seines erinnernden und speichernden Potentials zu erkennen? Welche Mnemotechniken werden explizit oder implizit angewandt, um vergangene, vergessene und bisweilen auch verdrängte Erlebnisse literarisch zu erinnern? Besitzt das erinnernde Schreiben im Exil für die Autorin/den Autor eine sich am Trauma der Vertreibung ins Exil orientierende ‚therapeutische Wirkung'? Inwieweit ist ein solches ‚traumatisches Erinnern' des Vergangenen zumindest stellenweise gekennzeichnet von dessen Entstellung und Entzug? Lässt sich von einem Modus exilierten Schreibens sprechen, der durch die Auflösung von Zeit- und Raumstrukturen in der überzeitlichen Erinnerung sowie von einem „Ineinandergreifen von Ficta und Facta" (Günter Butzer) geprägt ist? Zu prüfen war schließlich der Konstruktionsaspekt des exilliterarischen Texts als kollektivem Gedächtnismedium, d.h. sein konstitutives Potential, historische Erinnerungsdiskurse anzuregen, mitzugestalten und umzustrukturieren. Hierzu bedurfte es einer kritischen Rekonstruktion der Entstehungs- und Rezeptionsgeschichte des exilliterarischen Texts. Zu fragen war, zu welchen Zeiten und im Rahmen welcher politischen, gesellschaftlichen und kulturellen Konstellationen der exilliterarische Text auf welche Weise gelesen wurde. Welche rezeptionsgeschichtlichen Auswirkungen hatte die in der BRD und insbesondere in der DDR erfolgte ‚Politisierung des Exils' im Zeichen von Antifaschismus, Realismus und dem Mythos eines ‚anderen Deutschland'? Die hier schon angedeutete und gerade in der Rezeptionsgeschichte der Exilliteratur zu verzeichnende historisch-politisch begründbare „Pluralität und de[r] Wandel der Lektüren und Interpretationen" (Lutz Winckler) lassen weitere für die Analyse des exilliterarischen Textes zentrale Fragen aufscheinen. Welchen Mythisierungen, Ideologisierungen und Funktionalisierungen unterlag der Text im Laufe seiner Rezeptionsgeschichte, und wie steuerten diese dessen Lektüre? Welchen Inklusions- und Exklusionsmechanismen war und ist der Text in Bezug auf seine Kanonisierung ausgesetzt? Inwieweit hat der exilliterarische Text auf diese Weise an der Erinnerungskultur bzw. am kollektiven Gedächtnis der BRD, der DDR oder anderer Länder, beispielsweise der jeweiligen Aufnahmeländer, mitgewirkt? Welche Rolle spielt er in gegenwärtigen (deutschsprachigen) Erinnerungskulturen?

Das Handbuch ist das Ergebnis eines Pilotprojekts, in dem Lehrende und Studierende eng zusammenarbeiteten. Die insgesamt neun Beiträge des ersten Teils vermessen das theoretische Feld der aktuellen exilliterarischen Forschung. Im Rahmen einer an der Universität Augsburg veranstalteten Ringvorlesung *Exilliteratur – Neue Ansätze und Perspektiven* wurden sie im Sommersemester 2011 den Studierenden vorgestellt. Die Ringvorlesung wurde durch ein Oberseminar begleitet, das die Vorträge wöchentlich besuchte bzw. aus der Ferne mitverfolgte und am Ende des Semesters zu einer dreitägigen Kompaktsitzung zusammenkam. Teilnehmer waren Studierende und Doktoranden der Universitäten Augsburg, Erlangen, Gießen, Hamburg und Berlin. Die Arbeit des Oberseminars bestand darin, in Arbeitsgruppen die aus den Vorträgen erhaltenen Impulse aufzugreifen und Diskussionsvorschläge für das Plenum zu machen, die in zwei Richtungen weitergedacht werden sollten. Zum einen sollten Rückfragen an die Vortragenden formuliert und Bezüge zwischen den Vorträgen herausgestellt werden, die in die schriftliche Fassung der Beiträge eingehen sollten. Zum anderen sollten die aus den einzelnen Vorträgen erhaltenen Anregungen so zueinander in

Beziehung gesetzt werden, dass daraus der Entwurf für ein Konzeptpapier für die exemplarischen Textanalysen entstehen konnte. Von den Herausgeberinnen wurden diese Entwürfe am Ende in einem verbindlichen Konzeptpapier zusammengeführt. Die Teilnehmerinnen und Teilnehmer des Oberseminars übernahmen exemplarische Einzelanalysen. Weitere Beiträgerinnen und Beiträger konnten gewonnen werden, Studierende wie Lehrende. Das Konzeptpapier diente als verbindliche Vorlage; Ton und Ausgestaltung der Beiträge – und bis zu einem gewissen Grade auch die Entscheidung, welche Freiheiten gegenüber dieser Vorlage sich als erforderlich oder reizvoll erwiesen – blieben, soweit es den Herausgeberinnen angesichts der Erfordernisse eines Handbuchbeitrags vertretbar schien, den Beiträgerinnen und Beiträgern überlassen. Die Zusammenarbeit von Studierenden, Doktoranden, Habilitanden und Habilitierten, von Lernenden und Lehrenden erstreckte sich von den Anfängen des Projekts, der Ringvorlesung an der Universität Augsburg im Sommersemester 2011, bis zur Abgabe des satzfertigen Manuskripts im März 2013 über einen Zeitraum von fast zwei Jahren. Für Studierende ist dies ein langer Zeitraum: Viele von ihnen haben in der Zwischenzeit ihr Studium abschließen können, eine Reihe von Promotionen wurden in diesem Zeitraum fertiggestellt.

Wir möchten die Gelegenheit nutzen, zuallererst den Teilnehmerinnen und Teilnehmern des Oberseminars zu danken: für die ertragreichen Diskussionen, die wir gemeinsam geführt haben, für ihre luziden Vorschläge zur Konzeption der exemplarischen Textanalysen, für ihre schönen Einzelbeiträge, und schließlich für ihr Engagement und ihre Begeisterung, mit der sie das gesamte Projekt getragen haben. Die entscheidenden inhaltlichen Anregungen für unsere Diskussionen erhielten wir von den Vortragenden der Ringvorlesung. Ihnen möchten wir für die innovativen Beiträge danken, mit denen sie uns neue Einblicke in die Thematik eröffneten und uns zum Weiterdenken inspirierten. Ganz besonders möchten wir ihnen danken für die Offenheit, mit denen sie sich auf das Gespräch mit den Teilnehmerinnen und Teilnehmern des Oberseminars eingelassen haben. Für uns alle stellt die respektvolle Aufmerksamkeit, mit der dieser Dialog geführt wurde, eine große und wertvolle Bereicherung dar, in intellektueller wie in persönlicher Hinsicht. In der Konzeptionsphase des Bandes stand uns Lutz Winckler bei der Auswahl der Texte für die exemplarischen Einzelanalysen zur Seite, später dann noch einmal bei der Erstellung der Liste der weiterführenden Literaturhinweise. An seinem großen exilliterarischen Fachwissen hat er uns auf eine so selbstverständlich demokratische und freundliche Weise teilhaben lassen, dass wir vielfach davon profitieren konnten. Unser Dank an ihn kommt von Herzen – und aus einem klaren Bewusstsein heraus, dass ein solcher Umgang mit Wissen keineswegs selbstverständlich ist. Mit großem Engagement, viel Geduld und Gewissenhaftigkeit unterstützte uns Karin Binder bei der Organisation der Ringvorlesung und des Oberseminars mit seinen externen Gästen, der Koordination der Arbeitsgruppen und -papiere sowie den organisatorischen Aufgaben, die in der Phase der Textproduktion und -überarbeitung anfielen. Ihr gilt unser ganz besonderer Dank. Jörg Adam, Karin Binder, Carl Freytag und David Heredia übernahmen die Endredaktion des Bandes. Die Leitung dieses Teams verantwortete Jörg Adam in größter Verlässlichkeit. Den wachsamen, durchaus kritischen und stets konstruktiven Anmerkungen des Lektorenteams verdankt der Band viel. Das gilt auch für die abschließende zügige und genaue Prüfung des Manuskripts durch die Lektorin des Verlags, Christine Henschel sowie für die abschließende Prüfung der Literaturliste durch Gerhard Stumpf, Leiter des Fachreferats Germanistik an der Universitätsbibliothek Augsburg und dort zuständig für die Betreuung der exilliterarischen Teilbibliothek *Sammlung Salzmann*. Von Anfang an wurde das Projekt mit großer Empathie und ebenso großer Sachkenntnis begleitet durch Manuela Gerlof vom deGruyter-Verlag. Die Finanzierung der Ringvorlesung wurde durch die *Gesellschaft der Freunde der Universität Augsburg* getragen, die Veröffentlichung des Handbuchs wurde ermöglicht durch Dr. Georg Haindl, Augsburg, und durch Mittel der *Universität Bayern e.V.* Ihnen allen gilt unser Dank.

Bettina Bannasch und Gerhild Rochus

I Narrationen des Exils

Paul Michael Lützeler
Migration und Exil in Geschichte, Mythos und Literatur

Abstract: ‚Migration' ist der Oberbegriff für die unterschiedlichsten Wanderbewegungen menschlicher Gruppen, und das Exil ist eine seiner Sonderformen. Exil und Emigration sind insofern voneinander zu unterscheiden, als Ersteres als Resultat einer Vertreibung erzwungen ist, Emigration jedoch auf einer freien Entscheidung beruht. Schon früh ist das Exil literarisch dokumentiert und reflektiert worden, und die mythischen Exilerzählungen aus der Bibel und den antiken Dramen und Epen werden in der europäischen Literatur immer wieder zitiert und abgewandelt – man denke an das Fortleben der Josephs-Erzählung oder an jene Werke von Ovid und Vergil, die sich mit Flucht und Verbannung beschäftigen, und auch die *Commedia* des vertriebenen Dante hat ihre Wirkungskraft nicht verloren. Das zeigen die Dichtungen verbannter Autoren der Jahre 1933 bis 1945, denkt man etwa an die Josephs-Romane und den ↗ *Doktor Faustus* von Thomas Mann oder den ↗ *Tod des Vergil* von Hermann Broch.

1 Literatur der Migration und Migration der Literatur

Im Anfang war die Migration. Sesshaftigkeit war dem Homo sapiens als Jäger und Sammler ursprünglich fremd. Daran hat sich im Lauf der Jahrtausende bekanntlich einiges geändert, aber auch heute noch sind Menschenwanderungen von ungeheurem Ausmaß im Gange. Im *World Migration Report* der International Organization for Migration von 2010 wurde für das betreffende Jahr die Zahl der Migranten auf 214 Millionen Menschen geschätzt, und man rechnet damit, dass sich in den nächsten vier Dekaden die Zahl verdoppeln wird.[1] Diese Migrationen, die vor allem aus Süd- und Mittelamerika nach Nordamerika, aus Afrika nach Europa und aus Südostasien nach Australien geführt haben, gehen auf wirtschaftliche und soziale Zwänge sowie auf Naturkatastrophen zurück.[2] Das waren schon die Gründe für die ersten Wanderungen menschlicher Stämme überhaupt. Der Homo sapiens bewohnte vor ungefähr 150 000 Jahren fast alle Teile Afrikas, und nach den innerafrikanischen Bevölkerungsbewegungen begannen 80 000 Jahre später die Wanderungen nach Australien, Asien und Europa, die sich bis in die

---

[1] Vgl. „Human migration" (o. J., http://en.wikipedia.org/wiki/Human_migration, Stand: 3.3.2013).
[2] Hoerder 2002. Vgl. dazu auch King/Connell/White 1995.

Zeit vor 40 000 Jahren hinzogen. Danach folgten weitere Migrationen in Zeiträumen, die zwischen 20 000 und 15 000 Jahre zurückliegen, und zwar von Asien auf den amerikanischen Doppelkontinent.[3] Diese prähistorische Mobilität hat im Gedächtnis unserer Zivilisationen kaum Spuren hinterlassen: Sie müssen durch archäologische Ausgrabungen und DNA-Tests an Überresten menschlicher Körper erschlossen werden.

Wenn wir den europäischen Kulturkreis betrachten, denken wir, was geschichtlich verbürgte Migrationen betrifft, vor allem an die Völkerwanderungen in den Dekaden vor und nach dem Jahr 500 unserer Zeitrechnung. Sie standen im Zeichen kriegerischer Landnahme.[4] Das römische Weltreich wurde immer kleiner und machtloser, unter anderem geschwächt durch die Eroberungen des Hunnenkönigs Attila.[5] Als Konkursmasse fiel es den neuen germanischen Königen Italiens, Odoaker und Theoderich, zu.[6] Diese Herrscher bestimmten nun die Entwicklung des Kontinents mit, und sie sind uns durch die mittelalterliche Helden- und Spielmannsepik[7] sowie die Sagen von den Nibelungen[8] oder von Dietrich von Bern[9] vertrauter als durch historiografische Aufzeichnungen. Um Eroberungskriege handelte es sich auch bei den unfrommen europäischen Pilgerschaften in der Kreuzzugsepoche vom 11. bis zum 13. Jahrhundert.[10] Sie waren stärker politisch als von der Lehre Christi her motiviert, denn von einer Befolgung des Gebots der Nächsten- oder gar Feindesliebe konnte keine Rede sein. Die militanten Fahrten ins sogenannte Heilige Land, die in allem das Gegenbild zu einem friedlichen Kulturaustausch boten, sind uns als Literaturwissenschaftler durch die Kreuzzugsepik bekannt, etwa durch den *Willehalm* (1217) des Wolfram von Eschenbach.[11]

Eine weit größere Wanderung setzte dann mit der Entdeckung Amerikas durch Kolumbus ein. Beutezüge, Unterwerfungsschlachten, Besiedlungsaktionen und Auswanderungen großen Stils beherrschten vom 15. bis zum 19. Jahrhundert die Beziehungen zwischen der Alten und der Neuen Welt.[12] Nicht zu vergessen ist auch die europäische Kolonisierung und Missionierung in Afrika,

---

3 Manning 2005.
4 Pohl 2005.
5 Wirth 1999.
6 Brandt 2004; Heather 2005.
7 Curschmann 1968.
8 Heinzle/Klein/Obhof 2003.
9 Heinzle 1999.
10 Hans Eberhard Mayer 2005; Gabrieli 2000.
11 Greenfield/Miklautsch 1998.
12 Bitterli 1999.

Australien und Asien, wenn dorthin die Emigrationsströme auch nicht so stark flossen wie über den Atlantik hin.[13] Unmittelbar mit dem Kolonialismus ist der Menschenhandel verbunden, dessen Opfer vom 16. bis ins 19. Jahrhundert Millionen von Sklaven aus Afrika wurden.[14] Was die Epoche des Kolonialismus betrifft, sind die literarischen Zeugnisse zahllos; hier sei nur an einige Klassiker wie William Shakespeares *The Tempest* (1611),[15] Daniel Defoes *Robinson Crusoe* (1719),[16] *The Last of the Mohicans* (1826)[17] von James Fenimore Cooper, Joseph Conrads *The Heart of Darkness* (1899)[18] und *Las Casas vor Karl V.* (1938)[19] von Reinhold Schneider erinnert. Auch die Bürger- wie Staatskriege sind zu erwähnen, die aus religiösen Gründen vor allem im 16. und 17. Jahrhundert in Europa tobten. Erinnert sei an die aus England ins amerikanische Exil gezwungenen Puritaner[20] und an die aus Frankreich vertriebenen Hugenotten, die nach Amerika und in eine Reihe protestantischer europäischer Länder und deutscher Territorialstaaten auswichen, nicht zuletzt in das Brandenburg des Großen Kurfürsten.[21] Vergleichbare Konfrontationen kulminierten im Dreißigjährigen Krieg, dessen Verursacher und Opfer vor allem die deutschen Länder waren. Es ist kein Zufall, dass der Exilautor Bertolt Brecht 1941 ein Drama über diesen Krieg verfasste.[22] Er wurde dazu inspiriert durch einen barocken Roman, der die Schrecknisse jener bellizistisch geprägten Epoche am Beispiel einer Entwurzelten vergegenwärtigt.[23] Brechts Protagonistin ist „Mutter Courage", eine durch Europa vagierende, heimatlos gewordene Frau, die als Marketenderin vom Krieg zu profitieren versucht, dabei aber persönliche Tragödien und finanzielle Verluste erleidet.[24] Brecht schrieb das Stück, als der von Hitler begonnene Krieg bereits im Gange war. Neue Vertreibungen fanden im Zuge der Französischen Revolution statt, dieses Mal im Zeichen bürgerlicher Emanzipation. Nicht nur der bourbonisch gesonnene Adel und Vertreter der Kirche wurden ins Exil gezwungen, auch in angrenzenden Nachbarländern, wo die Revolutionsarmeen Gebiete anderer Nationen eroberten, setzten

---

13 Osterhammel 1995.
14 Flaig 2009.
15 Gibson 2006.
16 Seidel 1991.
17 Peck 1992.
18 Murfin 1989.
19 Stauffacher 1987.
20 Spurr 1998; Foster 1992.
21 Desel 2005; Braun 2007.
22 Stern 1998.
23 Grimmelshausen 1964.
24 Münker 2005.

sich Flüchtlingstrecks in Bewegung. Davon handelt Goethes Vertriebenen-Epos *Hermann und Dorothea* von 1797.[25]

Als die denkbar inhumanste Variante des Kolonialismus können die Vertreibungs- und Vernichtungsaktionen betrachtet werden, die Hitler und Stalin in den 1930er und 1940er Jahren planten und durchführten. Die Zahl der Opfer und Leidtragenden in fast allen Ländern Europas – dort besonders unter den verfolgten Juden in Hitlers Machtbereich[26] – war unvorstellbar hoch. Auch hier hat die Literatur[27] eine Erinnerungsarbeit geleistet, die mit ihrem Warnungscharakter nicht überschätzt werden kann. Man denke an Primo Levis *Die Atempause* (1963),[28] an Alexander Solschenizyns *Der Archipel Gulag* (1973),[29] an Horst Bieneks *Erde und Feuer* (1982),[30] an Ruth Klügers *weiter leben* (1992)[31] sowie an Herta Müllers *Atemschaukel* (2009).

Während der Nachkriegsjahrzehnte ergab sich eine alles andere als konfliktfreie Arbeitsmigration aus den Mittelmeerländern in die Bundesrepublik Deutschland. Besonders türkische Autorinnen und Autoren, die entweder selbst als sogenannte ‚Gastarbeiter' kamen oder als Kinder in Migrantenfamilien aufwuchsen, haben ihre Erlebnisse zwischen und mit beiden Kulturen festgehalten. Zu nennen sind hier vor allem Aras Ören, Emine Sevgi Özdamar, Zafer Şenocak und Feridun Zaimoğlu.[32] In der Gegenwart gibt es zudem eine neue andere Art der Migration: die einer flexiblen, polyglotten, international agierenden Mittelschicht, die infolge der Globalisierung bei multinationalen Konzernen und internationalen Büros oder Agenturen von Kultur und Diplomatie, von Medien und Wissenschaft beschäftigt ist. Inwieweit man hier von ‚Kulturaustausch' reden kann, ist die Frage. Häufig begegnen die Vertreter des internationalen Jetsets – wo immer in der Welt sie zu tun haben – nur sich selbst. Aber vor Verallgemeinerungen muss man sich auch in diesem Fall hüten. Ihre Heimat ist nicht mehr ihr ursprüngliches Zuhause, ist nicht mehr geografisch-lokal fixierbar, sondern definiert sich durch ihre berufliche Tätigkeit, ihr Arbeitsgebiet, die professionelle *community*, in der

---

[25] Lützeler 1987.
[26] Hilberg 2003.
[27] Die wissenschaftliche Forschung zur deutschsprachigen Exilliteratur der Jahre 1933 bis 1945 wächst seit den 1960er Jahren ständig und kann hier nicht im Detail behandelt werden. Erwähnt sei eine neuere Studie, die die Exilliteratur als Teil der europäischen Moderne sieht und die oft zu wenig berücksichtigte Poetizität dieser Dichtungen in den Mittelpunkt rückt: Bettina Englmann: *Poetik des Exils. Die Modernität der deutschsprachigen Exilliteratur* (Englmann 2001).
[28] Angier 2003.
[29] Thomas 1998.
[30] Helbig 1988.
[31] Feuchert 2004.
[32] Adelson 2005; Amodeo 1996.

sie sich bewegen. Dazu finden sich gute Beobachtungen in Enzensbergers jüngstem Europa-Essay, in dem er über Mentalität und Lebensweise der Kommissariatsbürokratie in Brüssel nachdenkt.[33]

Einen beachtlichen Aufschwung haben in den letzten Jahrzehnten die historischen Forschungen wie Theoriebildungen zu den Themen kultureller Verflechtung und Hybridisierung, des Kulturtransfers, der Akkulturation und Assimilation sowie der Kreolisierung unter den Vorzeichen von Multikultur, Postkolonialismus und Globalisierung genommen. So lassen sich die Kulturkontakte, wie sie sich aus Migrationen ergeben, um einiges differenzierter und angemessener darstellen, als das in der Vergangenheit der Fall war.[34]

2 Das Thema Exil in der europäischen und deutschen Literatur

Mit dem Hinweis auf die Migrationen in der Mitte des 20. Jahrhunderts haben wir schon eine Sonderform von Wanderexistenz angesprochen, um die es hier vor allem geht: das Exil. Edward Saïd hält zu Recht fest: „Modern Western culture is in large part the work of exiles."[35] Das hat seine Gründe. Es ist das Außenseitertum,[36] das den Blick für Neues schärft, die Experimentierfreude zur zweiten Natur macht, dazu befähigt, neue Fragen zu stellen und ungewöhnliche Wege zu gehen. Das Außenseitertum trug zur Vertreibung aus der Heimat bei, und es verliert sich nur selten im Exil. Außenseitertum soll hier nicht romantisiert werden, denn es ist mit großen psychischen und sozialen Belastungen verbunden – so sehr sogar, dass viele es nicht durchhalten und sich an bestehende Verhältnisse zu assimilieren suchen. Aber das Außenseitertum bietet auch Vorzüge, die nicht übersehen werden sollten.

Die von den Anfängen unserer Zivilisation bis in die Gegenwart reichende Exilliteratur, die immer mit Außenseitertum zu tun hat, sei hier in ihren Zusammenhängen skizziert. Es geht um die Profilierung der Intertextualität und der Verflechtung antiker Migrationsmythen und moderner Exildichtungen, biblischer Vertreibungserzählungen und gegenwärtiger Verbannungsgeschichten, mittelalterlicher Verstoßungsepen und neuzeitlicher Exilromane.

---

33 Enzensberger 2011.
34 Hier kann nur kursorisch auf die Arbeiten von Homi K. Bhabha, Michael Werner, Michel Espagne, Bruno Latour, Charles Taylor, Edward Saïd, Charles Stewart, Will Kymlicka, Manfred Steger und Sheila L. Croucher hingewiesen werden.
35 Saïd 2000, S. 173.
36 Hans Mayer 1975.

Wolfgang Frühwald hat das Exil einmal zutreffend so definiert: „Unter Exil wird der meist durch religiöse, politische oder rassische Verfolgung bedingte, auf Rückkehr in die Heimat angelegte Aufenthalt verstanden, nach Flucht, Verbannung, Verfolgung oder Ausbürgerung."[37] Hervorgehoben wird hier der Doppelaspekt von gewaltsamem Verstoßenwerden bei gleichzeitiger Absicht des Verfolgten, unter veränderten Verhältnissen in das Herkunftsland zurückzukehren. Wichtig aber ist zudem die Tatsache der Rettung, die mit dem Exil gegeben ist. Oft genug ist man im Herkunftsland nur mit knapper Not dem Tod entgangen, und der Staat, der einem ein Aufenthaltsrecht gewährt, bietet Asyl und eine neue Lebensmöglichkeit – wenn auch oft unter schwierigen Bedingungen. Die befreiende Wirkung des Exils wurde von Cicero, der selbst vorübergehend aus seiner Heimatstadt Rom verjagt worden war, betont, als er vom Exil als Zufluchtsort und Hafen sprach.[38] Hilde Spiel dagegen definiert: „Das Exil ist eine Krankheit. Eine Gemütskrankheit, eine Geisteskrankheit, ja zuweilen eine körperliche Krankheit."[39] Aber auch sie berichtet aus eigener Erfahrung, dass das Exil nicht nur einen pathologischen Zustand bezeichnet, sondern auch Freiheitsgewinn bedeutet. Die Vertreibung kann durch eine einheimische Herrschaft wie auch durch eine fremde Macht erfolgen. Ein ‚freiwilliges' Exil gibt es nicht, es ist eine *contradictio in adiecto*, ebenso wie ‚unfreiwilliges Exil' ein Pleonasmus ist. Wenn James Joyce[40] lieber in Paris als in Dublin, T.S. Eliot[41] lieber in London als in St. Louis, W.G. Sebald[42] lieber in Norwich als in Oberstdorf residierten, so kann in ihren Fällen von ‚Exil' keine Rede sein, sondern lediglich von einem Umzug, denn die Möglichkeit, das Herkunftsland jederzeit besuchen zu können, wurde hier durchaus genutzt. Es kann da nur von ‚freiwilliger Expatriierung' gesprochen werden. Exil und Emigration unterscheiden sich grundsätzlich voneinander. Exil, so Theo Stammen, beruht „auf Fremdbestimmung", ist also „unfreiwillig und erzwungen", während bei der Emigration „der Betreffende sich letztlich selbst dafür entscheidet", aus einer „Gesellschaft auszutreten".[43] Zudem bedeutet Emigration eine Auswanderung ohne die Absicht, zukünftig in die Heimat zurückzukehren. Bertolt Brecht hat in der Zeit seiner Verbannung den Unterschied zwischen Exil

---

37 Frühwald 1995, S. 56. Vgl. ferner Stern 1998.
38 Cicero 1908, Kap. 4, S. 14–17, besonders S. 16 f. Allerdings führt auch Cicero über sein eigenes Exil dauernd Beschwerde, und seine Klagen können wie ein Vorspiel zu denen des Ovid gelesen werden (vgl. Claassen 1999, S. 27–29).
39 Spiel 1975, S. 424.
40 Aubert/Jolas 1979.
41 Gordon 1999.
42 Fischer 2009.
43 Stammen 2008, S. 56.

und Auswanderung im Gedicht *Über die Bezeichnung Emigranten* von 1937 festgehalten:

> Immer fand ich den Namen falsch, den man uns gab: Emigranten.
> Das heißt doch Auswanderer. Aber wir
> Wanderten doch nicht aus, nach freiem Entschluß
> Wählend ein anderes Land. Wanderten wir doch auch nicht
> Ein in ein Land, dort zu bleiben, womöglich für immer.
> Sondern wir flohen. Vertriebene sind wir, Verbannte.
> Und kein Heim, ein Exil soll das Land sein, das uns aufnahm.
> Unruhig sitzen wir so, möglichst nahe den Grenzen
> Wartend des Tags der Rückkehr, jede kleinste Veränderung
> Jenseits der Grenze beobachtend [...].[44]

Auch das ist, wie Brecht richtig festhält, bezeichnend für die Exilexistenz: Man beobachtet genau die politischen Vorgänge im Heimatland, weil man auf eine baldige Veränderung der Verhältnisse hofft, sodass die Rückkehr möglich wird. Brechts Schicksalsgenosse Lion Feuchtwanger fand für diesen Zustand den Begriff des „Wartesaals", den er als Sammelbezeichnung für einen Romanzyklus verwandte.[45]

Während es sich bei der Migration im Allgemeinen um ein Massenphänomen handelt, muss beim Exil zwischen der Verbannung einzelner Menschen und der Vertreibung von Gruppen unterschieden werden.[46] Bei den Kollektiven kann es sich um religiöse Gemeinschaften, politische Verbände, ethnische Minoritäten oder ganze Völkerschaften handeln. Diese Differenzierung ist in der westlichen Kultur von Anfang an wichtig, wie die biblischen Geschichten als auch die antiken Mythen vor Augen führen. Der bekannteste und in Europa wirkungsmächtigste religiöse Mythos ist der von der Vertreibung des ersten Menschenpaares aus dem Paradies, wie er im dritten Kapitel des Ersten Buches Moses erzählt wird, also in der wohl bereits um 1000 v. Chr. entstandenen *Genesis*. Das ist die paradigmatische Exilgeschichte schlechthin: Der allmächtige und allwissende HERR eines legendär schönen Reiches, des Gartens Eden, vertreibt seine beiden Menschenwesen aufgrund eines Vergehens. Die ehemalige Harmonie, das Glück, Teil eines sinnvollen Ganzen zu sein, die naive Idylle des friedlichen Ineins mit der Natur – all das kommt durch die Verstoßung zu einem Ende. Von nun an ist das Dasein bestimmt durch die Mühsal, sich in einem fremden Umfeld zurechtfinden zu müssen, dessen Kennzeichen Arbeit, Krankheit, Sünde, Unglück und Tod

---

44 Brecht 1976, S. 718.
45 Zu seinen Romanen *Erfolg* (1930), *Die Geschwister Oppermann* (1933) und *Exil* (1940) siehe weiter unten.
46 Schwarz/Wegner 1964; Schwarz 2005.

sind. Was bleibt, ist die Sehnsucht nach der verlorenen paradiesischen Heimat, und auf dieser Hoffnung gründet die Erlösungsreligion, die die Kultur des europäischen Kontinents so stark geprägt hat. In fast jeder der zahllosen Exilgeschichten des Abendlandes scheint das Muster dieser Ur-Erzählung von Verbannung und Sehnsucht nach dem Ort der Herkunft durch, und noch die triadischen Geschichtsmodelle[47] der Moderne in Aufklärung und Romantik, von Rousseau über Hegel zu Marx, basieren auf diesem Mythos. Wie in der biblischen Vorlage bleibt in den großen Exilerzählungen die Rückkehr ins Paradies der Heimat so oder so versagt, und dies aus vier Gründen: Entweder man verzehrt sich *erstens* in Sehnsucht nach dem Herkunftsland und versucht sich in der neuen Umgebung eine Imitation der ehemaligen Heimat zu schaffen; oder man richtet sich *zweitens* im Exilland ein, assimiliert sich also an die Kultur und Sprache der neuen Umgebung; oder man kreiert sich *drittens* als bewusster Außenseiter jeder nationalen Kultur eine kosmopolitische Exilexistenz ohne nähere Bindungen an irgendeinen Staat; oder man kehrt schließlich *viertens* – nach dem Wegfall der Ursache des Exils – ins Land der Herkunft zurück, wobei man rasch entdeckt, dass dort die Zeit nicht stehen geblieben ist, dass es keineswegs mehr die Heimat der Kindheit ist, die man vermisst hatte – gemäß der Heraklit zugeschriebenen Einsicht, dass man nicht zweimal in denselben Fluss steigen kann.[48] Bei der existentiellen Erfahrung des Nicht-mehr-zuhause-Seins sind die kulturellen Schutzschilder mit ihren sozialen und psychischen Ordnungs-, Erklärungs- und Beruhigungssignalen wie weggeklappt, wie es in Ingeborg Bachmanns Gedicht *Exil* heißt: „Ein Toter bin ich der wandelt / gemeldet nirgends mehr / unbekannt im Reich des Präfekten / überzählig in den goldenen Städten / und im grünenden Land."[49] Über die Erfahrung und das Gefühl der Entortung,[50] d.h. über seine Existenz als Außenseiter, meditierte Hans Sahl in seinem Tagebuch von 1943:

> Der verlorene Sohn kommt nach Hause, aber er findet das Haus seiner Eltern nicht mehr, es ist zerstört worden in dem Großen Krieg, die Eltern selbst starben irgendwo in Polen, in einer Gaskammer. Die Stimmung des Ganzen ist: es gibt kein Zurück mehr, es gibt kein Nachhause. Das Alte ist zerstört, wir müssen uns unsere Heimat selbst aufbauen, in die wir zurückkehren wollen; sie besteht nur noch in uns selber.[51]

---

47 Boettcher 1998.
48 Heimatlosigkeit ist ein Topos der Exilliteratur, und zuweilen bestimmt sie sogar den Titel eines Exilwerks wie im Fall von Stephan Lackner, dessen Roman *Jan Heimatlos* 1937 in Paris geschrieben und 1939 in Zürich publiziert wurde (Lackner 1939).
49 Bachmann 1982.
50 Elisabeth Bronfen betont den Aspekt der „Entortung" und „Entwurzelung" in ihrer Studie *Exil in der Literatur. Zwischen Metapher und Realität* (Bronfen 1993). Dies ist ein Aspekt, der auch im Buch *Exile and the Narrative Imagination* von Michael Seidel dominiert (Seidel 1986).
51 Zit. n. Reiter 2007, S. 234. Vgl. dazu auch Broch/Meier-Graefe 2001.

In der europäischen Literaturgeschichte ist der Stoff von Adam und Eva immer wieder neu abgehandelt worden, sowohl in konfessionellem wie in religionskritischem Sinne. Die berühmtesten Beispiele sind John Miltons Epos *Paradise Lost* (1667), Imre Madáchs Drama *Die Tragödie des Menschen* (1861) und August Strindbergs Roman *Inferno* (1897). Die Geschichte von Adam und Eva ist die einer individuellen Vertreibung, doch verweist sie bereits, da es sich um die Stammeltern des Menschengeschlechts handelt, auf das Massenexil in den folgenden Jahrtausenden. Das hat Thornton Wilder erfasst, als er 1942 sein Drama *The Skin of Our Teeth* publizierte, in dem ein archaisch-modernes Menschenpaar und seine Kinder paradigmatisch mit Naturkatastrophen, Wirtschaftskrisen und Kriegen konfrontiert werden, die zu überstehen ihre ganze intellektuelle, psychische und physische Kraft erfordert.

Eine besonders bewegende Exilgeschichte im Alten Testament (1. Mose 37–50) ist die von Joseph, dem Sohn Jakobs, der von seinen Brüdern aus Neid und Angst verstoßen und verschachert wird, dann jedoch im ägyptischen Exil zum ersten Mann der Staatsverwaltung aufsteigt und nur noch den Pharao über sich hat. Die Gunst des Herrschers erlangt Joseph nicht bloß als Traumdeuter, sondern vor allem als Organisator, als Manager von Überfluss und Mangel, als Mehrer des königlichen Reichtums. Joseph hat sich in Ägypten unentbehrlich gemacht. Kanaan, das Land seiner Herkunft, wo er seinen Vater Jakob begraben lässt, hat er jedoch nicht vergessen. Im Exil bleibt er auf die alte Heimat fixiert und verpflichtet seine Brüder, ihn nach seinem Tod ebenfalls im Land seiner Väter zu begraben. Er sagt auch voraus, dass die ganze Verwandtschaft, die mit ihm in Ägypten lebt, wieder in die alte Heimat zurückkehren werde. Thomas Mann hat die Geschichten des biblischen Helden in seiner *Joseph*-Romantetralogie (1933–1943) neu erzählt. Sie wird immer ein Monument der Exilliteratur bleiben, nicht nur, weil das Werk vom Schicksal eines Verbannten berichtet, sondern auch, weil der Autor hier zur Zeit des antisemitischen Nationalsozialismus mit einer Geste gezielten Widerstands eine Figur ins Zentrum rückte, die zu den mythischen Heroen des Judentums zählt.[52]

Schlagen wir Homers *Ilias* aus dem 7. Jahrhundert v. Chr. auf – ein weiterer Grundtext westlicher Kultur. Den erzwungenen Exodus des Aeneas mit überlebenden Trojanern schildert Homer am Ende dieses Epos. Der römische Dichter Vergil setzt in seinem Hauptwerk, der zwischen 29 und 19 v. Chr. geschriebenen *Aeneis*, die Schilderung des Auszugs aus Troja fort. Vergil schildert den Exodus als Massenflucht mit verschiedenen Exilstationen wie Kreta, Trapani und Karthago. Die Reise durch das Mittelmeer endet erst in Latium, wo der Heros ein

---

52 Ette 2002.

zweites Troja gründet, von dem aus sich ein neues Imperium entfalten soll. Aeneas kann nicht in die zerstörte Stadt seiner Vorfahren zurückkehren, aber die identitätsstabilisierende Orientierung auf die Heimat ist auch bei ihm dominant, wie die Gründung eines Ersatz-Trojas zeigt. In der *Aeneis* des Vergil wird die neue Siedlung als sozialer Nukleus geschildert, der den Ausgangspunkt des späteren römischen Weltreiches bildet.

Während sich die Erzählungen von Aeneas im mythisch-literarischen Bereich bewegen, hat die Verschleppung der Juden aus Jerusalem nach Babylon, wie sie in verschiedenen Büchern des Alten Testaments erwähnt wird, einen historischen Kern. Nebukadnezar II. ließ um 600 v. Chr. nach einem Krieg gegen die Hebräer große Teile der Bevölkerung in sein Reich abführen. Über diesen Gewaltakt und über die Trauer um die verlorene Heimat und die letztendliche Rückkehr ins Land der Väter wird in den biblischen Erzählungen vom Babylonischen Exil berichtet.[53] Es überrascht nicht, wenn sowohl Vergils *Aeneis* als auch die biblischen Geschichten von der jüdischen Knechtschaft unter Nebukadnezar Autoren der Exilliteratur inspirierten. Man denke an Hermann Brochs ↗ *Der Tod des Vergil* (1945),[54] wo die *Aeneis* als kulturelles Referenzwerk eine wichtige Rolle spielt,[55] oder an Robert Neumanns Roman *An den Wassern von Babylon* (1939)[56] und Hans Sahls Erzählband *Umsteigen nach Babylon* (1987).

Kommt man auf den Krieg um Troja zu sprechen, muss auch Iphigenie erwähnt werden. Bei Homer kommt diese Frauengestalt nicht vor, aber im 5. Jahrhundert v. Chr. ist sie die zentrale Figur in Euripides' Drama *Iphigenie bei den Taurern*.[57] Schon bei ihm sind alle Exilmotive versammelt: Iphigenies Entführung aus Aulis ins Land der Taurer ist eine durch die Göttin Artemis bewerkstelligte Rettungsaktion, die die junge Frau vor dem Tod bewahrt. Aber das kulturelle Umfeld im Land der sogenannten Barbaren ist der Griechin fremd, und sie sehnt sich nach Mykene zurück. Die Heimkehr gelingt mithilfe von Täuschungsmanövern, die Iphigenie gemeinsam mit ihrem Bruder Orest und dessen Freund Pylades ersinnt. Goethe hat den Stoff 1779 und 1787 bearbeitet,[58] wobei er das Exilthema noch stärker profilierte. An Assimilation ist dabei nicht gedacht; im Gegenteil versucht Iphigenie mit dem Einfluss, den sie auf Toas, den König der Taurer, hat, das Land im Sinne griechischer Zivilisation zu missionieren. Auch bei Goethe sehnt Iphigenie die baldige Rückkehr nach Hellas herbei, und auch hier kann sie sich

---

53 Janssen 1956; Wiseman 1991.
54 Broch 1976.
55 Heizmann 1997; Ziolkowski 1993; Lützeler 1985.
56 Schneider 2006; Wagener 2007.
57 Matthiessen 2002.
58 Zimmermann 2004.

auf die Unterstützung ihrer beiden Landsleute bzw. Verwandten Orest und Pylades verlassen.⁵⁹

Zu jenen Autoren der römischen Antike, die als Exilschriftsteller ihren Verbannungsstatus literarisch reflektierten, gehört vor allem Ovid. Im Jahr 8 n. Chr. verbannte ihn Kaiser Augustus nach Tomi am Schwarzen Meer, und dieser Beschluss wurde auch nach dem Tod des Imperators nicht revidiert. In den zwischen 8 und 12 n. Chr. verfassten *Tristia*, seinen teils fiktionalen, teils autobiografischen Klageliedern, hat Ovid elegisch die Härten des Exils besungen, ja geradezu mythisiert. Wie bei so vielen Exulanten blieb auch bei ihm die Heimat – hier Rom – der Fixpunkt seiner Identität als Autor und die Inspirationsquelle seiner Kreativität. Ovid durfte sich zwar nicht in der Metropole des Weltreichs aufhalten, wohl aber dort publizieren. So gab er in den ersten Zeilen der *Tristia* seinem Werk den Auftrag, ihn als Heimwehkranken bei den römischen Freunden und Lesern zu vertreten.⁶⁰ Die *Tristia* bezeichnen den Beginn jener Exilliteratur, in deren Mittelpunkt die Trauer um den Heimatverlust steht. Ihre Nachwirkungen sind im 20. Jahrhundert nicht zu übersehen. Der russische Dichter Ossip Mandelstam, der später ein Opfer des Stalin'schen Terrors wurde, benutzte für seine Gedichtsammlung von 1922 den gleichen Titel. In Lion Feuchtwangers Roman ↗ *Exil* leidet die Hauptfigur – der Komponist Sepp Trautwein, der nach Paris ausgewichen ist – ähnlich wie das Ich in Ovids Lyrik. Im Werk des südafrikanischen Schriftstellers Breyten Breytenbach finden sich ebenfalls zahlreiche Bezüge zu Ovid.⁶¹ Breytenbach ging 1982 nach sieben Jahren Gefängnis im Apartheid-Staat ins Exil nach Paris, wo er schon in den frühen 1960er Jahren Kunst studiert hatte.⁶² Seit dem Ende der Apartheid wechselt der Autor zwischen Aufenthalten in Kapstadt, Paris und New York, d. h. anders als Ovid ist ihm die Rückkehr in seine Heimat nicht mehr verwehrt, aber gleichzeitig weiß er die Ersatzheimat, die er in der französischen Hauptstadt gefunden hat, zu schätzen, und ein dritter, geschätzter Aufenthaltsort ist ihm das kosmopolitische New York geworden.⁶³

Auch Dante wurde aus seiner Heimatstadt vertrieben.⁶⁴ Er durfte bei Androhung der Todesstrafe Florenz seit 1302 nicht mehr betreten und schrieb sein Exilwerk, die *Commedia*, in Verona und anderen norditalienischen Stadtstaaten. Im

---

59 Frick 2001.
60 Claassen 2008.
61 In ihrem Buch *Ovid Revisited* hat Jo-Marie Claassen im Kapitel „Ad nostra tempora: Ovid today" über die Ovid-Bezüge im Werk von Breyten Breytenbach geschrieben (Claassen 2008, S. 185–228, besonders S. 185–211).
62 Breytenbach 1985.
63 Breytenbach 2009.
64 Wittschier 2004.

17. Gesang des *Paradiso* steht eine Voraussage der Verbannung aus Florenz, die sich so liest:

> Alles, was dir am teuersten und liebsten,
> Wirst du verlassen müssen, und am schwersten
> Trifft dich der Pfeil vom Bogen des Exils.
> Wie bitter uns das Brot der andern schmeckt,
> Wirst du erfahren, wie das Steigen schwer,
> Das Auf und Ab auf andrer Leute Treppen.[65]

Auf Dante muss hier hingewiesen werden, weil es auch in der deutschen Literatur eine ununterbrochene Auseinandersetzung mit der *Commedia* gibt,[66] nicht zuletzt in der Exilliteratur,[67] und hier besonders bei Hermann Broch und Peter Weiss. Brochs Exilroman ↗ *Der Tod des Vergil* ist ein Motto aus der *Commedia* vorangestellt, und zwar aus dem letzten Gesang des *Inferno*. Dort lauten die hoffnungsvollen Zeilen:

> Durch den geheimen Gang begannen nun
> Ich und mein Führer in die helle Welt
> Zurückzukehren, ohne uns Rast zu gönnen,
> Und stiegen, er voran, ich hinter ihm,
> Bis wir den schönen Schmuck des Himmels
> Durch eine runde Lücke blinken sahen
> Und beim Hinausgehn wiederum die Sterne.[68]

Dante als Figur taucht in Brochs Roman nicht auf, aber ein *Commedia*-Subtext ist nicht schwer auszumachen. Das hat bald nach Erscheinen des Buches eine Interpretation Hermann Weigands gezeigt.[69] Dessen Beobachtungen aufgreifend, lässt sich sagen, dass Vergil hier beim Gang durch die Tiefen eines selbst erlebten psychischen, ästhetischen und politischen *Infernos* und *Purgatorios* geschildert wird, wobei Vorstellungen eines *Paradiso* ab und zu aufblitzen, ohne dass es – anders als bei Dante – selbst beschrieben werden könnte. Aber auch bei Dante ist Vergil der Zugang zum *Paradiso* verschlossen. Broch selbst hat absichtliche Referenzen auf die *Commedia* geleugnet, gibt aber zu, dass sich bei der langen Entstehungszeit seines Vergil-Romans der Florentiner quasi „durch eine Hintertür des

---

[65] Dante Alighieri 1960, S. 403.
[66] Hardt 2001; Ivanovic 2008.
[67] Hölter 2002.
[68] Dante Alighieri 1960, S. 174. Bei Broch wird der Text auf Italienisch zitiert (vgl. Broch 1976, S. 10).
[69] Weigand 1947, hier besonders S. 528–534 und S. 550f.

dichterischen Geschehens – zufallsmäßig eingeschlichen haben mag".[70] Allerdings hat Broch Dante mit dem *Inferno*-Motto, das er seinem Roman voranstellte, nicht durch die Hinter-, sondern durch die Vordertür hereingelassen, der *Commedia* also nicht „zufallsmäßig", sondern programmatisch eine intertextuelle Bedeutung bescheinigt. Broch wurde durch die Interpretation Weigands zu dem Gedicht *Dantes Schatten*[71] angeregt, das er dem Germanisten widmete. Deutlicher fallen die Dante-Referenzen[72] in der Romantrilogie ↗ *Die Ästhetik des Widerstands*[73] des Exilautors Peter Weiss aus, und geradezu Pate gestanden hat die *Commedia* in dessen Drama *Inferno*.[74] Dieses Stück hatte Weiss schon 1964 beendet, doch hielt er es für die Publikation zurück und gab dem etwa zur gleichen Zeit geschriebenen dokumentarischen Drama *Die Ermittlung*[75] den Vorzug. Die breite Rezeption der *Ermittlung* hat dem Autor recht gegeben: Ähnlich wie zuvor Rolf Hochhuths *Der Stellvertreter* (1963) hat *Die Ermittlung* in den 1960er Jahren die Auseinandersetzung mit dem Holocaust in Deutschland entscheidend befördert. *Inferno*, erst 2003 aus dem Nachlass veröffentlicht, wird hingegen nur selten aufgeführt. Hier kehrt ein jüdischer Emigrant als Dante aus dem Exil heim und begibt sich auf eine Inferno-Wanderung durch seine deutsche Geburtsstadt. Das Stück ist sowohl Gesellschafts- wie Selbstanalyse, zeigt die Situation eines kritischen und selbstkritischen, somnambulen wie aufmerksamen, von Erinnerungen heimgesuchten, von Skrupeln geplagten und von Selbstvorwürfen gequälten Remigranten. Seiner Heimat ist er entfremdet, und konfrontiert wird er mit einer Nachkriegsgesellschaft, die die Schrecken des Holocaust und des Krieges verdrängt hat, in der nach wie vor die Phrasen der Nationalsozialisten zu hören sind und in der man in einer Mischung aus Arbeitswut und Partystimmung wenig mehr im Sinn hat, als die Wirtschaftswunderwelt zu stabilisieren.

Das Exil zur Zeit des Nationalsozialismus ist inzwischen gut erforscht,[76] und so wissen wir darüber unverhältnismäßig mehr als über Verbannungen und Vertreibungen, die im großen Stil in den letzten sechzig Jahren in Europa und in der ganzen Welt geschehen sind. Man denke an die Dissidenten – wie etwa Milan Kundera –, denen es zur Zeit des Kalten Krieges gelang, aus den osteuropäischen Ländern nach Westeuropa zu entkommen, an die Oppositionellen in lateiname-

---

70 Brief von Hermann Broch an Hermann Weigand vom 12. 2. 1946, in: Broch 1981, S. 68.
71 Broch 1980, S. 67.
72 Birkmeyer 1994; Müllender 2007.
73 Weiss 1975, 1978, 1981.
74 Weiss 2003.
75 Weiss 1965.
76 Frühwald 1995, S. 66. Ein besonderes Verdienst kommt hier der Zeitschrift *Exilforschung. Ein internationales Jahrbuch* zu, die seit 1983 im Auftrag der Gesellschaft für Exilforschung erscheint.

rikanischen Diktaturen – zum Beispiel Antonio Skármeta –, die zur Zeit der schmutzigen Kriege während der 1970er und 1980er Jahre in den ‚Westen' flohen, oder an die Gegner autoritärer Regime in der muslimischen Welt, die sich – wie Salman Rushdie – zum Teil in die Anonymität retten mussten, um zu überleben.[77] Deutschsprachige Schriftsteller haben sich dieses Themas in ihren Romanen bereits angenommen, und über die Auseinandersetzungen mit der Literatur findet man einen guten Zugang zu jener Verquickung kultureller und machtpolitischer Motive als Ursache solcher Exilschicksale.[78]

3 Thomas Manns Exilroman ↗ *Doktor Faustus*: der Blick auf Deutschland und Europa

Aus deutscher Perspektive betrachtet, war jedoch, was das 20. Jahrhundert betrifft, das Exil zwischen 1933 und 1945 die Exilzeit schlechthin. So gut auch diese zwölf Jahre inzwischen erforscht sind, sind doch zwei Aspekte noch nicht ausreichend diskutiert worden: Erstens ist die Tatsache zu erwähnen, dass die Exulanten nicht nur ihr Verhältnis zur deutschen, sondern auch zur europäischen Identität zu klären versuchten, und zweitens ist zu berücksichtigen, dass sich ihre Beziehung zur ‚Inneren Emigration' als äußerst schwierig gestaltete. Ein Blick auf das Exilwerk Thomas Manns kann zur Klärung beider Fragen beitragen. Die Verbindung der erlebten Gegenwart mit früheren Epochen zu einem Erinnerungsraum[79] Europa hatte schon Heinrich Mann betont, als er in der autobiografischen Schrift ↗ *Ein Zeitalter wird besichtigt* festhielt:

> Der Blick auf Lissabon zeigte mir den Hafen. Er wird der letzte gewesen sein, wenn Europa zurückbleibt. Er erschien mir unbegreiflich schön. Eine verlorene Geliebte ist nicht schöner. Alles, was mir gegeben war, hatte ich an Europa erlebt, Lust und Schmerz eines seiner Zeitalter, das meines war; aber mehreren anderen, die vor meinem Dasein liegen, bin ich auch verbunden. Überaus leidvoll war dieser Abschied.[80]

In der Exilliteraturforschung ist oft betont worden, dass es den deutschen Vertriebenen in den Aufnahmeländern darum ging, das ‚andere', das ‚bessere' Deutschland zu vertreten.[81] Das ist keineswegs falsch, aber dabei wird oft das spezifisch Europäische an dieser ‚anderen' Vorstellung von Deutschland übersehen. Die

---

77 Harrison 1992.
78 Lützeler 2009.
79 Assmann 1999.
80 Mann 1988, S. 485.
81 Zühlsdorff 1999.

Exulanten blieben, sieht man von wenigen Ausnahmen ab, in Sachen Identität und politischer Perspektive keineswegs dem nationalen Paradigma verhaftet, sondern waren als Außenseiter bemüht, es zu einem europäisch-kosmopolitischen zu erweitern. Viele Exulanten waren gerade wegen ihrer anti-nationalistischen und weltbürgerlichen Einstellungen vertrieben worden. Der Zusammenhang von Exilstatus und europäischer Identität ist bereits ein Phänomen des 19. Jahrhunderts. Autoren wie Germaine de Staël und Victor Hugo, Heinrich Heine und Ludwig Börne, Giuseppe Mazzini und Arnold Ruge mussten in andere Länder fliehen, weil sie in ihren Heimatstaaten der Zensur und der Verfolgung ausgesetzt waren. Bereits in den 1920er Jahren waren jene Autoren, die 1933 nach Hitlers Ernennung zum Reichskanzler aus Deutschland flohen, zu bekennenden Europäern geworden. Hier sind vor allem Annette Kolb sowie Heinrich, Thomas und Klaus Mann zu nennen. Der einflussreichste Europa-Stratege im Sinne friedlicher Zusammenarbeit war damals Richard Coudenhove-Kalergi, der von Wien aus sein elitäres internationales Netzwerk „Paneuropa" aufbaute, dem auch Heinrich und Thomas Mann angehörten.[82] Unter den Schriftstellern wurde Thomas Mann schon im Schweizer Exil der Wortführer dieser Europafraktion. 1935 hielt er den Vortrag *Achtung, Europa!*, in dem er sich für einen „militanten Humanismus" aussprach, mit dem man die europäische Kultur vor Angriffen diktatorischer Staaten schützen sollte.[83] Noch deutlicher in seiner Ablehnung des Nationalsozialismus wurde er jedoch im amerikanischen Exil, als er 1938 seinen Vortrag *Dieser Friede*[84] hielt. In diesem bezeichnete er das Münchner Abkommen als den Anfang vom Ende der Freiheit Europas und sagte die Zerstörung des Kontinents durch Hitler voraus. Thomas Manns Verständnis der Beziehung von Einzelnation und Kontinent wird deutlich in seiner Rundfunkansprache *Europäische Hörer!* von 1943, in der es heißt:

> Ich spreche zu euch als einer der eurigen, als ein Deutscher, der sich stets als Europäer betrachtet hat, der eure Länder und eure Kulturen gekannt hat und zutiefst davon überzeugt war, daß die politischen und wirtschaftlichen Zustände Europas, diese Aufteilung in willkürlich umgrenzte Staaten und Souveränitäten, die das Unglück des Kontinents herbeigeführt hat, veraltet und überholt ist. Mir und jenen, die wie ich dachten, war der Gedanke der europäischen Einheit teuer und kostbar. Er war unseren Gedanken und unserem Willen etwas Natürliches und Selbstverständliches. Er war das Gegenteil provinzieller Enge, kleinlicher Eigensucht, nationalistischer Brutalität und hinterwäldlerischer Lümmelhaftigkeit. Er forderte Freiheit, Geräumigkeit, Geist und Güte. Dieser große Europa-Begriff ist jetzt auf schauerliche Weise verfälscht und geschändet worden. Er ist in die Hände des Nazismus ge-

---

82 Lützeler 1992.
83 Mann 1990c, S. 779.
84 Mann 1990d.

fallen, der Deutschland vor zehn Jahren eroberte und dem es jetzt dank eurer Uneinigkeit gelungen ist, den ganzen Erdteil zu unterjochen. Diese Unterjochung wird von den Nazis als die Einigung Europas, als die gemäß den Gesetzen der Geschichte herbeigeführte „Neue Ordnung" bezeichnet. Von allen Lügen Hitlers ist die empörendste diese europäische Lüge, dieser Diebstahl des Europa-Gedankens, diese unverschämte Auslegung seiner Raubzüge und Verbrechen als Einigungswerk im Geiste Europas. Die Versklavung, Demütigung und Entmannung der europäischen Völker als den Weg zur Einigung Europas zu bezeichnen, ist eine groteske Verfälschung des europäischen Gedankens. Die Deutschen meiner Art hatten es anders gemeint. Wir wollten, daß Deutschland europäisch werde. Hitler will Europa und nicht nur Europa deutsch machen.[85]

Im US-Exil schrieb Thomas Mann seit 1942 an seinem Roman ↗ *Doktor Faustus*.[86] Die Sekundärliteratur zu diesem Buch hat Aspekte spezifisch deutscher Identität, die dort angesprochen werden, herausgearbeitet.[87] Wenig ist dagegen bisher das Thema der europäischen Identität behandelt worden, das in dem Buch ebenfalls eine wichtige Rolle spielt. Der Erzähler Zeitblom sieht sich in der Tradition der Humanisten und ist stolz auf sein europäisches Geisteserbe. Zeitblom beginnt mit seinen Aufzeichnungen im Mai 1943, also nach der Niederlage von Stalingrad, als Hitler dabei ist, sein zusammenbrechendes, kurzlebiges Imperium in die sogenannte „Festung Europa" (9) zu verwandeln. Zeitblom weiß, was Stalingrad bedeutet. „Es ist aus mit Deutschland, [...] ein unnennbarer Zusammenbruch, ökonomisch, politisch, moralisch und geistig, kurz allumfassend, zeichnet sich ab." (233) Der Erzähler macht in seinem umständlich altväterlichen Deutsch von Anfang an klar, dass er weder Nationalist noch Hitler-Anhänger ist, dass er vielmehr „eine befremdete Stellung zu den vaterländischen Gewalten" (18) bezogen hat, woraus seine „Resignation vom Lehrfach" resultierte. Sein geistiger Kosmos ist die „katholische" bzw. „christliche Einheitswelt" (15) Europas, und das gegenwärtige Hitler-Deutschland kommt ihm wie ein „Gefängnis" vor, das „von erstickend verbrauchter Luft erfüllt" (44) sei. Als „Hauptursache" seiner „Zurückgezogenheit" gibt er die herrschende „Begriffsverwirrung" an: „Gewisse Leute" – und damit sind die Nationalsozialisten gemeint – „sollten nicht von Freiheit, Vernunft, Humanität sprechen, aus Reinlichkeitsgründen sollten sie es unterlassen". (137) „Mehr [...] als die deutsche Niederlage" fürchtet Zeitblom den „deutschen Sieg". „Mein Wünschen und Hoffen", notiert er, „ist genötigt, sich dem Siege der deutschen Waffen entgegenzustemmen". (45) Seine Welt ist die der griechischen Kultur und des Christentums. Bezeichnenderweise lehrte er in Kaisersaschern an einem Gymnasium, das den Namen des Heiligen Bonifatius trägt, jenes angel-

---

[85] Mann 1990f
[86] Mann 1981. (In der Folge wird der Roman mit den Seitenzahlen in Klammern zitiert.)
[87] Elsaghe 2000. Das Kapitel „Doktor Faustus" findet sich auf S. 61–79.

sächsischen Benediktinermönches Winfrid, der das Christentum in Deutschland verbreitet hatte. Was den Erzähler Zeitblom interessiert, ist vor allem die europäische Kultur mit ihrer nationalen Vielfalt: „Sinnfällig zu machen, wie Franzosen auf Russen, Italiener auf Deutsche, Deutsche auf Franzosen gewirkt" (104) haben, ist ihm eine wichtige pädagogische Aufgabe. Er empfindet eine Affinität zum katholischen Humanisten Erasmus, zum „Weisen von Rotterdam" (119), der sich vom deutschen Nationalismus der Reformatoren distanzierte. Nach Zeitblom rettete die römische Kirche seit ihren Anfängen das antike kulturelle Erbe und sicherte somit das Fundament europäischer Identität. Der Erzähler sieht Erasmus nicht zuletzt deswegen als Vorbild, weil er bedauert, dass seine ehemaligen Freunde Jonas, Melanchthon und Hutten aus dem Lager der Humanisten in das der Reformatoren wechselten. Zeitblom hält fest, dass Erasmus der „Haß" unverständlich blieb, „den Luther und die Seinen den klassischen Studien zuzogen" (119). Sicher ist ↗ *Doktor Faustus* ein „Buch vom Deutschtum" (827), wie sein Autor es selbst in der *Entstehung des Doktor Faustus* genannt hat. Gleichzeitig aber beschäftigt es sich mit europäischer Identität und ihrer Beziehung zum „Deutschtum".

Zeitbloms negative Kommentare zu den Ereignissen im Deutschland des Zweiten Weltkriegs erklären sich aus seinem humanistisch-weltbürgerlichen Standpunkt. Verächtlich äußert er sich über Hitlers sogenannte „Feste Europa". Den „Zusammenbruch" Deutschlands erkennt er als Konsequenz der nationalsozialistischen „völkischen Wiedergeburt von vor zehn Jahren", als Folge einer Bewegung, die von Anfang an gekennzeichnet gewesen sei durch „Falschheit, viel wüste Rohheit, viel Schlagetot-Gemeinheit, viel schmutzige Lust am Schänden" (233). Zeitblom bezeichnet Hitler-Deutschland als „Narrenhaus" sowie, wiederholt, als „Gefängnis" (336). Unabhängig davon besteht er aber auf der Diskussion über deutsche Identität. Bei ihr jedoch soll nicht Hegemonie im Mittelpunkt stehen, sondern sie soll im Gegenteil auf einer Interrelation von Kosmopolitismus, Europäismus und Deutschtum beruhen. Der Erzähler bekennt:

> Denn als deutscher Mann hege ich ungeachtet einer universalistischen Tönung, die mein Weltverhältnis durch katholische Überlieferung erfährt, ein lebendiges Gefühl für die nationale Sonderart, das charakteristische Eigenleben meines Landes, seine Idee sozusagen, wie sie sich als Brechung des Menschlichen gegen andere, ohne Zweifel gleichberechtigte Abwandlungen desselben behauptet und nur bei einem gewissen äußeren Ansehen, im Schutz eines aufrechten Staats sich behaupten kann. (449)

Aus dieser gleichzeitig nationalen und kosmopolitischen Einstellung heraus strebt Zeitblom ein „europäisches Deutschland" an und fürchtet sich vor einem „deutschen Europa", das „der Welt unerträglich" sein würde (229). Zeitblom setzt seine Hoffnung auf eine „Normalisierung Deutschlands im Sinne seiner Europäisierung oder auch ‚Demokratisierung', seiner geistigen Einbeziehung in das gesellschaftliche Leben der Völker" (515). Es fällt auf, dass Zeitblom hier jene Einstellung zu Europa und zu Deutschland wiederholt, zu der Thomas Mann sich 1943 in seiner Rundfunksendung an die Europäer bekannt hatte. Exilpublizistik und Exilroman sind bei Thomas Mann Ergebnisse der Betrachtungen eines Politischen.[88] Gerade weil er die dialogische Gemengelage der europäischen Kultur kannte und schätzte, war er der so entschiedene wie repräsentative Gegner Hitlers, in dessen Machtbereich die athenische Demokratie bekämpft, das römische Rechtsdenken missachtet, die jüdische Gesetzesreligion ausgehebelt und das christliche Liebesgebot verhöhnt wurde. Thomas Mann war ein repräsentativer deutscher und europäischer Autor im Exil, und wie er dachten zahllose andere Schriftstellerinnen und Schriftsteller, die mit ihm das Schicksal der Verbannung teilten.[89] Viele von ihnen haben in ihren Geschichts- und Zeitromanen sowie in ihren symbolisch-parabelhaften Darstellungen Gegenpositionen zum Nationalsozialismus bezogen.[90]

Thomas Manns Roman ↗ Doktor Faustus erinnert daran, dass es während der Zeit des Nationalsozialismus auch eine andere Form der Flucht als die des Exils gab, nämlich die der Inneren Emigration, die man eigentlich präziser ein ‚inneres Exil' nennen sollte. Manns Erzähler Zeitblom repräsentiert auf geradezu klassische Weise das Verhalten vieler Mitglieder der Inneren Emigration: Rückzug aus dem öffentlichen Leben, kritische, ja verächtliche Kommentierung des Zeitgeschehens, Entwicklung oppositionell-alternativer Vorstellungen zu den Werten und Zielen der Machthaber sowie Hoffnung auf ein baldiges Ende des Regimes. Es entbehrt nicht einer geschichtlichen Ironie, dass sich ausgerechnet Thomas Mann, der in einem seiner wirkungsmächtigsten Romane während der Kriegszeit der Inneren Emigration ein Denkmal errichtete, nach 1945 in eine Fehde mit ihren Vertretern verwickelte, während der er sich zu einer scharfen Kritik an den Daheimgebliebenen hinreißen ließ. Der Schriftsteller Walter von Molo warf Thomas Mann vor, dass er nach Kriegsende nicht gleich nach Deutschland zurückgekehrt sei.[91] In seiner Entgegnung bemerkte Mann sarkastisch: „Und ich fürchte, daß die Verständigung zwischen einem, der den Hexensabbat von außen erlebte, und Euch, die Ihr mitgetanzt und Herrn Urian aufgewartet habt, immerhin schwierig wäre."[92] Als dann Frank Thiess in die gleiche Kerbe hieb wie Walter von Molo, war der Bruch zwi-

---

[88] Zeitblom markiert hier die Gegenposition zu Thomas Manns deutsch-nationaler Ideologie, wie er sie in den *Betrachtungen eines Unpolitischen* von 1918 umrissen hatte.
[89] Lützeler 1997.
[90] Lützeler 1986.
[91] Mann/Thiess/Molo 1946.
[92] Mann 1990e, S. 957.

schen dem Repräsentanten des Exils und Mitgliedern der Inneren Emigration endgültig vollzogen. In einem damals nicht veröffentlichten Brief nannte Thomas Mann von Molo und Thiess „diese sitzengebliebenen Esel und Ofenhocker des Unglücks".[93] Allerdings darf dabei nicht vergessen werden, dass der Exulant die beiden Autoren – sicher zu pauschal und zu undifferenziert[94] – als NS-Mitläufer und eben nicht als Angehörige der Inneren Emigration im Sinne seiner Romanfigur Zeitblom sah. Dass es das Phänomen der Inneren Emigration tatsächlich gegeben hat, kann nicht bezweifelt werden. Man denke in der Politik an Konrad Adenauer,[95] in der Literatur an Reinhold Schneider,[96] in der bildenden Kunst an Gerhard Marcks,[97] in der Kunstwissenschaft an Heinrich Lützeler,[98] um nur einige Namen zu nennen. Sicher wäre es hier angemessen, von ‚innerem Exil' zu sprechen, denn die Flucht dieser Gegner des Nationalsozialismus war zwar nicht mit der Überschreitung einer politischen, wohl aber mit der einer sozialen Grenze verbunden. Sie waren isoliert, wurden überwacht, hatten nicht die Möglichkeit der Berufsausübung, waren in ihren Publikationsmöglichkeiten äußerst eingeschränkt und warteten ungeduldig auf das Ende des Regimes, sodass sie in ihre „Heimat", d.h. in ihren Beruf und ihr Betätigungsfeld – mit einem Wort: ins öffentliche Leben, zurückkehren konnten. Die Bezeichnung ‚inneres Exil' ist auch deswegen angemessener als ‚Innere Emigration', weil der Emigrant seinen Staat ohne Gedanken an eine spätere Heimkehr verlässt. Wie die meisten Exulanten warteten auch die Vertreter des inneren Exils auf diese Rückkehr, die nach dem Umsturz der gegebenen Verhältnisse – so sie denn überlebt hatten – möglich wurde.

Literatur

Adelson, Leslie A.: *The Turkish Turn in Contemporary German Literature*. New York 2005.
Amodeo, Immacolata: *„Die Heimat heißt Babylon". Zur Literatur ausländischer Autoren in der Bundesrepublik Deutschland*. Opladen 1996.
Angier, Carol: *The Double Bond: Primo Levi: A Biography*. London 2003.
Assmann, Aleida: *Erinnerungsräume. Formen und Wandlungen des kulturellen Gedächtnisses*. München 1999.
Aubert, Jacques u. Maria Jolas (Hg.): *Joyce & Paris: International James Joyce Symposium*. Paris 1979.

---

93 Brief von Thomas Mann an Joachim Maaß vom 17.12.1945, zit. n. Broch/Mann 2004, S. 162.
94 Wolf 2003; Wurm 2004, S. 81–98; Ehrke-Rotermund/Rotermund 1999.
95 Köhler 1994.
96 Koepcke 1993.
97 Rudloff 1990, S. 125–127.
98 Kroll 2008.

Bachmann, Ingeborg: „Exil". In: *Werke*, Bd. 1. Hg. v. Christine Koschel, Inge von Weidenbaum u. Clemens Münster. München 1982, S. 155.
Birkmeyer, Jens: *Bilder des Schreckens. Dantes Spuren und die Mythosrezeption in Peter Weiss' Roman „Die Ästhetik des Widerstands"*. Wiesbaden 1994.
Bitterli, Urs: *Die Entdeckung Amerikas. Von Kolumbus bis Alexander von Humboldt*. München 1999.
Boettcher, Magdalena: *Eine andere Ordnung der Dinge*. Würzburg 1998.
Brandt, Hartwin: *Das Ende der Antike. Geschichte des spätrömischen Reiches*. 2. Aufl. München 2004.
Braun, Guido (Hg.): *Hugenotten und die deutschen Territorialstaaten. Immigrationspolitik und Integrationsprozesse*. München 2007.
Brecht, Bertolt: „Svendborger Gedichte VI". In: *Gesammelte Gedichte*, Bd. 2. Frankfurt a. M. 1976.
Breytenbach, Breyten: *The True Confessions of an Albino Terrorist*. London, New York 1985.
Breytenbach, Breyten: *Voice Over: A Nomadic Conversation with Mahmoud Darwish*. New York 2009.
Broch, Hermann: „Der Tod des Vergil". In: *Kommentierte Werkausgabe*, Bd. 4. Hg. v. Paul Michael Lützeler. Frankfurt a. M. 1976.
Broch, Hermann: „Dantes Schatten". In: *Kommentierte Werkausgabe*, Bd. 8. Gedichte. Hg. v. Paul Michael Lützeler. Frankfurt a. M. 1980, S. 67.
Broch, Hermann: *Kommentierte Werkausgabe*, Bd. 13/3. Briefe 3 (1945–1951). Hg. v. Paul Michael Lützeler. Frankfurt a. M. 1981.
Broch, Hermann u. Thomas Mann: *Freundschaft im Exil. Thomas Mann und Hermann Broch*. Hg. v. Paul Michael Lützeler. Frankfurt a. M. 2004.
Broch, Hermann u. Annemarie Meier-Graefe: *Der Tod im Exil. Briefwechsel 1950/51*. Hg. v. Paul Michael Lützeler. Frankfurt a. M. 2001.
Bronfen, Elisabeth: „Exil in der Literatur. Zwischen Metapher und Realität". In: *Arcadia* 28 (1993) H. 2, S. 167–183.
Cicero, M. Tullius: *Paradoxa Stoicorum*. Hg. v. Otto Plasberg. Leipzig 1908.
Claassen, Jo-Marie: *Displaced Persons: The Literature from Cicero to Boethius*. Madison 1999.
Claassen, Jo-Marie: *Ovid Revisited: The Poet in Exile*. London 2008.
Curschmann, Michael: *Spielmannsepik – Wege und Ergebnisse der Forschung 1907–1965*. Stuttgart 1968.
Dante Alighieri: *Die Göttliche Komödie*. Übers. v. Nora Urban. Wien o. J., ca. 1960.
Desel, Jochen: *Hugenotten. Französische Glaubensflüchtlinge in aller Welt*. Bad Karlshafen 2005.
Ehrke-Rotermund, Heidrun u. Erwin Rotermund: *Zwischenräume und Gegenwelten. Texte und Vorstudien zur „Verdeckten Schreibweise" im „Dritten Reich"*. München 1999.
Elsaghe, Yahya: *Die imaginäre Nation. Thomas Mann und das ‚Deutsche'*. München 2000.
Englmann, Bettina: *Poetik des Exils. Die Modernität der deutschsprachigen Exilliteratur*. Tübingen 2001.
Enzensberger, Hans Magnus: *Sanftes Monster Brüssel. Die Entmündigung Europas*. Berlin 2011.
Ette, Wolfram: *Freiheit zum Ursprung. Mythos und Mythoskritik in Thomas Manns Josephs-Tetralogie*. Würzburg 2002.
Feuchert, Sascha: *Erläuterungen und Dokumente: „weiter leben" von Ruth Klüger*. Stuttgart 2004.
Feuchtwanger, Lion: *Erfolg. Drei Jahre Geschichte einer Provinz*. 2 Bde. Berlin 1930.

Feuchtwanger, Lion: *Die Geschwister Oppermann*. Amsterdam 1933.
Feuchtwanger, Lion: *Exil*. Amsterdam 1940.
Fischer, Gerhard (Hg.): *W.G. Sebald: Schreiben ex patria / Expatriate Writing*. Amsterdam, New York 2009.
Flaig, Egon: *Weltgeschichte der Sklaverei*. München 2009.
Foster, Stephen: *The Long Argument: English Puritanism and the Shaping of New England Culture 1570–1700*. Chapel Hill/North Carolina, London 1992.
Frick, Werner: „Die Schlächterin und der Tyrann. Gewalt und Aufklärung in europäischen Iphigenie-Dramen des 18. Jahrhunderts". In: *Goethe-Jahrbuch* 118 (2001), S. 126–141.
Frühwald, Wolfgang: „Die ‚gekannt sein wollen'. Prolegomena zu einer Theorie des Exils". In: *Innen-Leben. Ansichten aus dem Exil. Ein Berliner Symposium*. Hg. v. Hermann Haarmann. Berlin 1995, S. 59–69.
Gabrieli, Francesco: *Die Kreuzzüge aus arabischer Sicht*. Augsburg 2000.
Gibson, Rex: *The Tempest: Cambridge Student Guides*. Cambridge 2006.
Gordon, Lyndall: *T.S. Eliot: An Imperfect Life*. New York 1999.
Greenfield, John u. Lydia Miklautsch: *Der „Willehalm" Wolframs von Eschenbach. Eine Einführung*. Berlin 1998.
Grimmelshausen, Hans Jakob Christoffel von: „Trutz Simplex oder ausführliche und wunderseltsame Lebensbeschreibung der Erzbetrügerin und Landstörzerin Courasche" (um 1669). In: *Grimmelshausens Werke in vier Bänden*, Bd. 3. Hg. v. Siegfried Streller. Berlin, Weimar 1964.
Hardt, Petra Christina (Hg.): *Begegnungen mit Dante. Untersuchungen und Interpretationen zum Werk Dantes und zu seinen Lesern*. Göttingen 2001.
Harrison, James: *Salman Rushdie*. New York, Toronto 1992.
Heather, Peter J.: *The Fall of the Roman Empire: A New History of Rome and the Barbarians*. London 2005.
Heinzle, Joachim: *Einführung in die mittelhochdeutsche Dietrichepik*. Berlin, New York 1999.
Heinzle, Joachim, Klaus Klein u. Ute Obhof (Hg.): *Die Nibelungen: Sage, Epos, Mythos*. Wiesbaden 2003.
Heizmann, Jürgen: *Antike und Moderne in Hermann Brochs „Der Tod des Vergil"*. Tübingen 1997.
Helbig, Louis Ferdinand: *Der ungeheure Verlust. Flucht und Vertreibung in der deutschsprachigen Belletristik der Nachkriegszeit*. Wiesbaden 1988.
Hilberg, Raul: *The Destruction of the European Jews*. 3. Aufl. New Haven 2003.
Hoerder, Dirk: *Cultures in Contact: World Migration in the Second Millennium*. Durham 2002.
Hölter, Eva: *„Der Dichter der Hölle und des Exils". Historische und systematische Profile der deutschsprachigen Dante-Rezeption*. Würzburg 2002.
Ivanovic, Christine: „Versehrt. Die Sprache des Schmerzes in der Dante-Rezeption nach dem Holocaust". In: *Kulturfaktor Schmerz*. Hg. v. Yoshihiko Hirano. Würzburg 2008, S. 65–81.
Janssen, Enno: *Juda in der Exilszeit*. Göttingen 1956.
King, Russell, John Connell u. Paul White (Hg.): *Writing Across Worlds: Literature and Migration*. New York 1995.
Klepsch, Michael: *Romain Rolland im Ersten Weltkrieg*. Stuttgart 2000.
Koepcke, Cordula: *Reinhold Schneider. Eine Biographie*. Würzburg 1993.
Köhler, Henning: *Adenauer. Eine politische Biographie*. Berlin 1994.
Kroll, Frank-Lothar: *Intellektueller Widerstand im Dritten Reich. Heinrich Lützeler und der Nationalsozialismus*. Berlin 2008.
Lackner, Stephan: *Jan Heimatlos*. Zürich 1939.

Lützeler, Paul Michael: *Hermann Broch. Eine Biographie.* Frankfurt a. M. 1985.
Lützeler, Paul Michael: „Hitler als Metapher: Faschismuskritik im Exilroman". In: *Zeitgeschichte in Geschichten der Zeit. Deutschsprachige Romane im 20. Jahrhundert.* Bonn 1986, S. 141–165.
Lützeler, Paul Michael: „Johann Wolfgang von Goethe: Hermann und Dorothea". In: *Geschichte in der Literatur. Studien zu Werken von Lessing bis Hebbel.* München 1987, S. 86–130.
Lützeler, Paul Michael: *Die Schriftsteller und Europa. Von der Romantik bis zur Gegenwart.* München 1992.
Lützeler, Paul Michael: „Neuer Humanismus. Das Europa-Thema in Exilromanen von Thomas und Heinrich Mann, Lion Feuchtwanger und Stefan Zweig". In: *Europäische Identität und Multikultur. Fallstudien zur deutschsprachigen Literatur seit der Romantik.* Tübingen 1997, S. 107–125.
Lützeler, Paul Michael: *Bürgerkrieg global. Menschenrechtsethos und deutschsprachiger Gegenwartsroman.* München 2009.
Lützeler, Paul Michael u. Erin McGlothlin (Hg): [Schwerpunkt Herta Müller] *Gegenwartsliteratur. Ein germanistisches Jahrbuch. A German Studies Yearbook* 10 (2011).
Mann, Heinrich: *Ein Zeitalter wird besichtigt. Erinnerungen.* Mit einem Nachw. v. Klaus Schröter u. einem Materialienanhang, zusammengestellt v. Peter-Paul Schneider. Frankfurt a. M. 1988 (Studienausgabe in Einzelbänden. Hg. v. Peter-Paul Schneider).
Mann, Thomas: *Doktor Faustus. Die Entstehung des Doktor Faustus.* Frankfurt a. M. 1981.
Mann, Thomas: *Gesammelte Werke*, Bd. XII. Reden und Aufsätze 4. Frankfurt a. M. 1990 (= 1990a).
Mann, Thomas: „Die Betrachtungen eines Unpolitischen". In: Mann 1990a, S. 7–589 (= 1990b).
Mann, Thomas: „Achtung, Europa!". In: Mann 1990a, S. 766–779 (= 1990c).
Mann, Thomas: „Dieser Friede". In: Mann 1990a, S. 829–845 (= 1990d).
Mann, Thomas: „Warum ich nicht nach Deutschland zurückgehe". In: Mann 1990a, S. 953–962 (= 1990e).
Mann, Thomas: „Europäische Hörer!" In: *Gesammelte Werke*, Bd. XIII. Nachträge. Frankfurt a. M. 1990, S. 749 (= 1990f).
Mann, Thomas, Frank Thiess u. Walter von Molo: *Ein Streitgespräch über die äußere und innere Emigration.* Dortmund 1946.
Manning, Patrick: *Migration in World History.* New York, London 2005.
Matthiessen, Kjeld: *Die Tragödien des Euripides.* München 2002.
Mayer, Hans: *Außenseiter.* Frankfurt a. M. 1975.
Mayer, Hans Eberhard: *Geschichte der Kreuzzüge.* 10. Aufl. Stuttgart 2005.
Müllender, Yannick: *Peter Weiss' „Divina-Commedia"-Projekt (1964–1969).* St. Ingbert 2007.
Münker, Herfried: „Der Dreißigjährige Krieg, die neuen Kriege und Brechts ‚Mutter Courage'". In: *Brecht und der Krieg.* Hg. v. Sabine Kebir u. Therese Hörnigk. Berlin 2005, S. 16–33.
Murfin, Ross C. (Hg.): *Joseph Conrad: Heart of Darkness. A Case Study in Contemporary Criticism.* New York 1989.
Osterhammel, Jürgen: *Kolonialismus. Geschichte, Formen, Folgen.* München 1995.
Peck, H. Daniel (Hg.): *New Essays on the Last of the Mohicans.* Cambridge, New York 1992.
Pohl, Walter: *Die Völkerwanderung. Eroberung und Integration.* 2. Aufl. Stuttgart 2005.
Reiter, Andrea: *Die Exterritorialität des Denkens. Hans Sahl im Exil.* Göttingen 2007.
Rudloff, Martina: Art. „Gerhard Marcks". In: *Neue Deutsche Biographie.* Berlin 1990, S. 125–127.
Saïd, Edward W.: *Reflections on Exile and Other Essays.* Cambridge/Mass. 2000.

Schneider, Ulrike: „Stereotypisierungen und Typisierungen. Robert Neumanns ‚An den Wassern von Babylon' und Soma Morgensterns Roman ‚Die Blutsäule. Zeichen und Wunder am Sereth'". In: *Habitus und Fremdbild in der deutschen Prosaliteratur des 19. und 20. Jahrhunderts*. Hg. v. Eva Pytel-Bartnik. Frankfurt a. M. 2006, S. 163–172.
Schwarz, Egon: *Unfreiwillige Wanderjahre. Auf der Flucht vor Hitler durch drei Kontinente*. München 2005.
Schwarz, Egon u. Matthias Wegner (Hg.): *Verbannung. Aufzeichnungen deutscher Schriftsteller im Exil*. Hamburg 1964.
Seidel, Michael: *Exile and the Narrative Imagination*. New Haven, London 1986.
Seidel, Michael: *Robinson Crusoe – Island Myths and the Novel*. Boston 1991.
Spiel, Hilde: „Psychologie des Exils". In: *Neue Rundschau* 86 (1975) H. 3, S. 424–439.
Spurr, John: *English Puritanism 1603–1689*. New York 1998.
Stammen, Theo: „Exil und Emigration als universalhistorisches Problem". In: *Zeitschrift für Ideengeschichte* 2 (2008) H. 1, S. 53–68.
Stauffacher, Werner: „Zwischen äußerer und innerer Emigration. Las Casas als Figur des Widerstands bei Alfred Döblin und Reinhold Schneider". In: *Christliches Exil und christlicher Widerstand*. Hg. v. Wolfgang Frühwald. Regensburg 1987, S. 394–406.
Stern, Guy: „Enriching ‚Mother Courage'". In: *Literarische Kultur im Exil. Gesammelte Beiträge zur Exilforschung (1989–1997)*. Hg. v. Guy Stern. Dresden 1998, S. 111–118.
Strauss, Dieter: *Oh Mann, oh Manns – Exilerfahrungen einer berühmten deutschen Schriftstellerfamilie*. Frankfurt a. M. 2011.
Thomas, Donald M.: *Solschenizyn. Die Biographie*. Berlin 1998.
Vaget, Hans Rudolf: *Thomas Mann, der Amerikaner*. Frankfurt a. M. 2011.
Wagener, Hans: *Robert Neumann. Biographie*. München 2007.
Weigand, Hermann J.: „Broch's ‚Death of Vergil'. Program Notes". In: *PMLA* 62 (1947) H. 2, S. 525–554.
Weiss, Peter: *Die Ermittlung. Oratorium in 11 Gesängen*. Frankfurt a. M. 1965.
Weiss, Peter: *Die Ästhetik des Widerstands*. 3 Bde. Frankfurt a. M. 1975, 1978, 1981.
Weiss, Peter: *Inferno*. Frankfurt a. M. 2003.
Wirth, Gerhard: *Attila. Das Hunnenreich und Europa*. Stuttgart 1999.
Wiseman, Donald John: *Nebuchadrezzar and Babylon*. Oxford 1991.
Wittschier, Heinz-Willi: *Dantes Divina Commedia. Einführung und Handbuch. Erzählte Transzendenz*. Frankfurt a. M. 2004.
Wolf, Yvonne: *Frank Thiess und der Nationalsozialismus. Ein konservativer Revolutionär als Dissident*. Tübingen 2003.
Wurm, Carsten: „Zur Biographie eines Vertreters der ‚inneren Emigration'". In: *Krieg und Nachkrieg. Konfigurationen der deutschsprachigen Literatur (1940–1965)*. Hg. v. Hania Siebenpfeiffer. Berlin 2004, S. 81–98.
Zimmermann, Bernhard: „Euripides' und Goethes ‚Iphigenie'". In: *„... auf klassischem Boden begeistert". Antike-Rezeptionen in der deutschen Literatur. Festschrift für Jochen Schmidt zum 65. Geburtstag*. Hg. v. Olaf Hildebrand u. Thomas Pittrof. Freiburg i. Br. 2004, S. 133–143.
Ziolkowski, Theodore: *Virgil and the Moderns*. Princeton 1993.
Zühlsdorff, Volkmar von: *Deutsche Akademie im Exil. Der vergessene Widerstand*. Berlin 1999.
Zweig, Stefan: *Romain Rolland. Der Mann und sein Werk*. Frankfurt a. M. 1921.

Itta Shedletzky
Exil im deutsch-jüdischen Kontext – Theologie, Geschichte, Literatur[1]

Abstract: Franz Rosenzweigs *Geist und Epochen der jüdischen Geschichte* und Martin Bubers *Fragmente über Offenbarung* repräsentieren zwei unterschiedliche Varianten einer modernen existentialistischen ‚Theologie des Exils'. Dabei finden sich in literarischen Werken deutsch-jüdischer Exilautoren bemerkenswerte intertextuelle Bezüge sowohl zu Rosenzweigs Begriff einer transhistorischen jüdischen Existenz in der Ewigkeit als auch zu Bubers Konzept einer universellen transkonfessionellen Beziehung zwischen Mensch und Gott. Neben diesen theologisch-philosophischen Werken sind auch Darstellungen der jüdischen Geschichte einschlägig für Ausformulierungen des Exils in der deutsch-jüdischen Exilliteratur. Relevant sind in diesem Zusammenhang Werke, die sich nach 1933 zeitbewusst mit der historischen Bedeutung und den Wandlungen des Exilbegriffs auseinandersetzen. Für den Bereich der jüdischen Geschichtsschreibung stehen hierfür insbesondere die Arbeiten von Jizchak Fritz Baer und Gershom Scholem; im Beitrag wird auf diese und nicht auf die Standardwerke von Heinrich Graetz und Simon Dubnow zurückgegriffen. Für die *deutsch-jüdische Literatur* schließlich kommt Heinrich Heine als implizitem und explizitem Bezugsautor eine paradigmatische Funktion zu. Der Beitrag erschließt den theologisch-historisch-literarischen Kontext der jüdischen Exilerfahrung und -wahrnehmung von der Antike bis in die Moderne. An ausgewählten literarischen Werken (von Lion Feuchtwanger, Alfred Döblin, Joseph Roth, Else Lasker-Schüler, Gerson Stern, Leo Perutz) wird beispielhaft skizziert, inwiefern und in welchen Zusammenhängen sich vielfache und vielschichtige Bezüge ergeben zwischen exilliterarischen Texten und bestimmten Bereichen, Begriffen und Fragestellungen der jüdisch-theologischen Tradition, der deutsch-jüdischen Geschichtsschreibung sowie der literarischen Kultur im Rahmen der ‚Jüdischen Renaissance' im frühen 20. Jahrhundert.

---

[1] Dieser Aufsatz ist in gewisser Hinsicht eine Fortsetzung und Erweiterung des Vortrags, den ich im Mai 1989 auf einer Tagung zum Thema „Deutsch-jüdische Exil- und Emigrationsliteratur im 20. Jahrhundert" an der *Hebrew University* in Jerusalem hielt (Shedletzky 1993).

1 Theologie und Philosophie

Exil und Schechina
Nach dem endgültigen Verlust der religiösen und politischen Macht prägte die Spannung zwischen dem Exilbewusstsein und der messianischen Hoffnung auf Erlösung zunehmend den Bereich des jüdischen Glaubens und der jüdischen Theologie. Mit der Zerstörung des zweiten Tempels, der Stadt Jerusalem und der Vertreibung ihrer jüdischen Bevölkerung endete im Jahr 70 die vierjährige sogenannte ‚große Revolte' der Juden gegen das Römische Reich. In den darauffolgenden Jahrzehnten und Jahrhunderten wurde der Kanon der Hebräischen Bibel und der synagogalen Liturgie (u. a. als Ersatz für die Opferhandlungen im Tempel) festgelegt. Um das Jahr 500 wurde auch die sogenannte ‚mündliche Lehre', der Talmud (von *lamed*, hebr. ‚lernen, lehren') – die grundlegende rabbinische Exegese der Bibel und des Religionsgesetzes –, schriftlich festgehalten und abgeschlossen.

Galut (die *Galut*), die hebräische Bezeichnung für Exil in der aschkenasischen (mittel- und osteuropäischen) Aussprache, bedeutet ‚Vertreibung, Verbannung'. Aus ihr entstand *Golus* (der *Golus*) im Jiddischen. Eine andere, vor allem im Neuhebräischen übliche Variante ist: die *Gola*. Das mit dem Exil verbundene Sendungsbewusstsein und der Verlust des Gottesdienstes im Tempel kommen in einem zentralen Gebet der hohen Feiertage – dem jüdischen Neujahr (*Rosch Haschana*) und dem Versöhnungstag (*Jom Kippur*) – zum Ausdruck, das mit den folgenden Sätzen beginnt:

> Und um unserer Sünden willen sind wir verbannt aus unserem Lande und entfernt von unserem Boden, und wir können nicht ausüben unsere gottesdienstlichen Pflichten in Deinem erwählten Hause, dem erhabenen, heiligen Hause, darüber Dein Name genannt ist, wegen der Gewalt, die gegen Deinen Tempel feindlich sich gewandt.[2]

Mit der Auffassung von einem durch eigene Sünde verschuldeten Exil verbindet sich jedoch nicht die Erfahrung der Gottverlassenheit. Vielmehr betonen zahlreiche Passagen aus der talmudischen und späteren rabbinischen Literatur die unerschütterliche Liebe Gottes zum Volk Israel, auch in dem durch dessen Sünde verschuldeten Exil. Die Vorstellung, dass die *Schechina* (die Einwohnung, Gegenwart Gottes) das Volk Israel in alle Exile begleitet, basiert auf der rabbinischen Exegese bestimmter Bibelverse. So betont etwa die folgende Passage aus dem Talmud (Traktat *Megilla* 29a) die unerschütterliche Liebe Gottes zum Volk Israel. In seiner deutschen Fassung des Talmud übersetzt Lazarus Goldschmidt den Begriff *Schechina* mit „Göttlichkeit":

---

2 Zit. n. *Gebetbuch der Israeliten* 1906, S. 436.

> Es wird gelehrt: R. Šimón b. Johai sagte: Komm und sieh, wie beliebt die Jisraeliten sind beim Heiligen, gepriesen sei er, denn wohin sie auch verbannt wurden, war die Göttlichkeit immer bei ihnen. Wurden sie nach Miçrajim [Ägypten] verbannt, war die Göttlichkeit bei ihnen, denn es heißt (1. Samuel 2,27): *ich habe mich deinem Vaterhause offenbart,*[3] *als sie in Miçrajim waren &c.* Wurden sie nach Babylonien verbannt, war die Göttlichkeit bei ihnen, denn es heißt (Jesaja 43,14): *um euretwillen habe ich mich nach Babel entsendet.* Wurden sie nach Edom [Rom] verbannt, war die Göttlichkeit bei ihnen, denn es heißt (Jesaja 63,1): *wer kommt da aus Edom, in hochroten Kleidern aus Boçra? Dieser da, prächtig geschmückt &c.* Und auch, wenn sie dereinst erlöst werden, wird die Göttlichkeit bei ihnen sein, denn es heißt (5. Mose 30,3): *der Herr, dein Gott wird deine Gefangenschaft zurückkehren*; es heißt nicht *zurückbringen*, sondern *zurückkehren*, und dies lehrt, daß der Heilige, gepriesen sei er, mit ihnen aus dem Exil zurückkehren wird.[4]

Der Historiker Jizchak Fritz Baer betont in seinem Buch *Galut* die allmähliche Verbreitung und Vertiefung der Idee vom Exil der *Schechina* im „Geschichtsbild des spätantiken Judentums" (so der Titel des ersten Kapitels). Der in diesem Zusammenhang von Baer benutzte Begriff *Midrasch* (von *darosch*, hebr. ‚forschen') bezeichnet den spekulativ-poetischen Teil der talmudischen (auch *Hagada* oder *Aggada*: ‚Erzählung, Legende') und nachtalmudischen Bibelexegese. Das zentrale Korpus ist der ‚große Midrasch', *Midrasch raba*, eingeteilt und benannt nach den biblischen Büchern, wie etwa „große Genesis", „großes Hohelied":

> Das allmähliche Herabsteigen der Schechina (der göttlichen ‚Einwohnung') zu Israel und zu den heiligen Stätten wird im Midrasch immer wieder, und am tiefsten in den Auslegungen zum Hohelied geschildert. Von hier aus eröffnet sich die Weltgeschichte als ein allgemeiner Erlösungsprozess, der sich in bestimmten von Gott vorhergesehenen Abläufen vollzieht. [...] Der Sinn dieses Prozesses wird unermeßlich vertieft durch den Gedanken, daß die Schechina selber an dieser Galut wandernd teilnimmt und selber der Erlösung harrt.[5]

In seiner Untersuchung über *Die jüdische Mystik in ihren Hauptströmungen* beschreibt der Religionshistoriker Gershom Scholem die zentrale Funktion dieser Idee in der Kabbala von Isaak Luria und seiner Schule (17. Jahrhundert):

> Die alte Idee von einem Exil der Schechina gewann in diesem Zeitalter, in dem Exil eine so furchtbare und fundamentale Realität des jüdischen Lebens darstellte, an zentraler Bedeutung. So sehr sich auch die Kabbalisten bemühten, diese Rede von einem Exil der Schechina als eine bloße Metapher darzustellen, so ist doch aus allen ihren Büchern klar, daß sie im

---

3 Das hebräische Wort für ‚offenbaren' hat denselben Wortstamm wie ‚verbannen': *galo*. Es kann hier also auch heißen: *ich war verbannt in deinem Vaterhaus.*
4 *Der babylonische Talmud* 1931, S. 119. Herv. im Original.
5 Baer 1936, S. 8f.

Innern mehr damit meinten. Das Exil der Schechina ist keine Metapher, es ist ein echtes Symbol für einen Status der Dinge in der Welt der göttlichen Potenzen selber.[6]

Exil und Ewigkeit

Im Chassidismus wird das Exil zunehmend zum Symbol der menschlichen Befindlichkeit in der Welt.[7] Gershom Scholem hat die chassidische Bewegung im letzten Kapitel seines Buches über die jüdische Mystik beschrieben. In zahlreichen Anthologien lassen sich die chassidischen Lehren, nach Themen geordnet, nachlesen. Ein zentraler Bereich sind die Sprüche über Exil und Erlösung, wie sie sich etwa in der hebräischen Anthologie von Simcha Raz finden. Zu den komplexeren Sprüchen, die mehr über die *conditio humana* aussagen als über das Verhältnis von Mensch und Gott, gehören drei variierende Sprüche über die Existenz von „drei Exilen". Zwei dieser Sprüche stammen von Rabbi Jakob Josef aus Polna, einem Schüler des Baal-Schem Tow (18. Jahrhundert), der dritte von Rabbi Schalom Rokach aus Bels (1779–1855):

> Es gibt drei Exile: das Exil der *Schechina*, das Exil der Seele und das Exil des Körpers.
> Es gibt drei Exile: das Exil Israels unter den Nationen, das Exil der Toragelehrten unter den unwissenden Laien und das Exil der ehrlich-reinen Gelehrten unter den heimtückisch-listigen.

---

6 Scholem 1988, S. 302. Auf diese Vorstellung von der *Schechina* bezieht sich auch Else Lasker-Schüler in der Abschiedsrede, die sie vor ihrer dritten und schließlich endgültigen Reise nach Jerusalem am 15. März 1939 im Zunfthaus zur Meise in Zürich hielt. „Wieder verfolgt man die Kinder Jakobs, uns Juden, vollzählig diesmal; der Zug der Vertriebenen verdichtet sich täglich gedrängter auf dem Wege in unser ureigenes Land. Wir ziehen von Gott selber geführt wieder durch das rote Meer. Sieben Jahre sammelten die roten Wasser sich, unser aufgepeitschtes aufschreiendes Herzblut der Städte und Dörfer und Gegenden, weinende Quellen, und sehnen sich zu münden im heiligen Himmelbett der Heiligen Stadt. Denn – Jerusalem ist eine Ruhende Stadt; Gott ihr Ruhender Gott. Es lehrt die Kabalâh, Gott emigriere mit seinem kleinsten Volke, er sich treu mit ihm auf die Emigration begebe." (Lasker-Schüler 2001, S. 427).
7 Die mystische Bewegung des Chassidismus (von *Chassid*, hebr. ‚Frommer', ‚Anhänger'; *Chessed*, hebr. ‚Gnade', ‚Liebesdienst') wurde in der zweiten Hälfte des 18. Jahrhunderts von Rabbi Israel ben Elieser, dem *Baal-Schem Tow* (Herr des guten Namens) gegründet. Sie entwickelte sich im Lauf des 19. Jahrhunderts zu mehreren Schulen oder Dynastien mit Zentren in Ost- und Mitteleuropa. Ihre Lehre beruht weitgehend auf der Überlieferung von Sprüchen, Gleichnissen und Erzählungen der Rabbis oder *Zaddikim* (hebr. ‚Gerechte'; Bezeichnung der führenden Persönlichkeiten). Martin Buber hat in seinem Buch *Die Erzählungen der Chassidim* (1949) die Lehren des Chassidismus, chronologisch nach den verschiedenen Schulen geordnet, veröffentlicht. In seinem Buch *Gog und Magog* (Buber 1949) beschreibt Buber die messianisch-apokalyptischen Spannungen im Chassidismus zur Zeit der napoleonischen Feldzüge. Hier ist mehrmals, an maßgebenden Stellen, die Rede vom „Exil der Schechina".

> Es gibt drei Exile: das Exil Israels in den Händen der Heiden, der Jude im Exil bei seinem jüdischen Nächsten, das Exil des Menschen bei sich selbst.[8]

Während sich im osteuropäischen Chassidismus des 18. und 19. Jahrhunderts eine das Allgemein-Menschliche betreffende und somit das Säkulare berührende Symbolisierung des Exils abzeichnet, vollziehen Franz Rosenzweig und Martin Buber in der deutsch-jüdischen Theologie des 20. Jahrhunderts eine Sakralisierung der Exilexistenz: Rosenzweig in seinem Vortrag über *Geist und Epochen der jüdischen Geschichte* (1919) und noch ausgeprägter dann im dritten, abschließenden Teil seines Buches *Der Stern der Erlösung* (1921); Buber in den undatierten *Fragmenten über Offenbarung*, die, wie eine unter den Titel gesetzte Bemerkung besagt, „[i]n sehr verschiedenen Zeiten des Lebens niedergeschrieben" wurden.

Schon im traditionellen rabbinischen Diskurs gibt es eine Auffassung des Exils, die weniger Sünde und Strafe betont, sondern den Akzent auf die mit dem Exil verbundene Sendung des jüdischen Volkes setzt, in der Zerstreuung unter den Völkern lebendige Zeugen des reinen Monotheismus zu sein. Diese Idee steht im Zentrum der religiösen Reformbewegung im deutschen Judentum des 19. Jahrhunderts.[9] Rosenzweig theologisiert dieses Konzept in radikaler Weise. Er entwickelt die Idee der permanenten Exilexistenz in der jüdischen Geschichte – angefangen mit Abrahams Auswanderung in ein verheißenes Land und der Volkwerdung im ägyptischen Exil, abgesehen von kurzen Staatsepisoden – und verbindet sie mit der Idee der Ewigkeit des jüdischen Lebens jenseits des historischen Zeitablaufs. So ist auch die Zerstörung des Tempels im Jahr 70 keine wirklich epochenschaffende Zäsur:

> Das dritte Exil konnte nicht das Ende des jüdischen Volkes werden, weil die jüdische Geschichte von Exil zu Exil geht von Anfang an und weil so der Geist des Exils, der Erdfremdheit, der Kampf des höheren Lebens gegen das Versinken in die Bedingtheiten des Bodens und der Zeit, von Anfang an in diese Geschichte hineingepflanzt ist. [...] Der Geist des Judentums [...] duldet keine Epochen. Das heißt aber: er duldet keine Geschichte. Die Epochengliederung verblaßt. Die Zeit verliert ihre Macht. Wir altern nicht – vielleicht weil wir nie jung waren, mag sein. Wir sind ewig. Alles was der Jude tut, springt ihm gleich aus den Bedingungen der Zeit heraus ins Ewige.[10]

Auch Bubers *Fragmente über Offenbarung* stehen im Zeichen der Ewigkeit. Dies besagt der erste Satz des ersten Fragments mit deutlicher Emphase: „Offenbarung ist ewig und alles ist geeignet, Zeichen der Offenbarung zu werden."[11] Im Unterschied

---
8 Raz 1981, S. 68 (übers. von der Verfasserin).
9 Vgl. Wiener 2002.
10 Rosenzweig 1937, S. 23f.
11 Buber 1965, S. 107.

zu Rosenzweig bezieht sich Buber auf die Ewigkeit nicht als den quasi exklusiven Lebensraum der Juden, sondern als universale Domäne aller Religionen.

Die Fragmente umfassen drei kurze Texte: *Der Platz der Vernunft in der Offenbarung*, *Vom Wesen der Autorität in der Religion* und *Die exklusive Haltung der Religionen*. Im dritten Text vollzieht Buber eine Sakralisierung der Exilexistenz, indem er sie – gleichsam als elementare und permanente Lebensbedingung – mit der Zugehörigkeit zu einer spezifischen Religion gleichsetzt:

> Jede Religion hat ihren Ursprung in einer Offenbarung. Keine Religion ist absolute Wahrheit, ist ein auf die Erde herabgekommenes Stück Erde. Jede Religion ist eine menschliche Wahrheit. Das heißt, sie stellt die Beziehung einer bestimmten menschlichen Gemeinschaft als solcher zum Absoluten dar. Jede Religion ist ein Haus der nach Gott verlangenden Menschenseele, ein Haus mit Fenstern und ohne Tor; ich brauche nur ein Fenster aufzumachen, und Gottes Licht dringt ein; mache ich aber ein Loch in die Mauer und breche aus, dann bin ich nicht bloß hauslos geworden: mich umgibt ein kaltes Licht, das nicht das Licht des lebendigen Gottes ist. Jede Religion ist ein Exil, in das der Mensch vertrieben ist; hier ist er es deutlicher als sonstwo, weil in seiner Beziehung zu Gott von den Menschen anderer Gemeinschaften geschieden; und nicht eher als in der Erlösung der Welt können wir aus den Exilen befreit und in die gemeinsame Gotteswelt gebracht werden. Aber die Religionen, die das wissen, sind in der gemeinsamen Erwartung verbunden; sie können einander Grüße von Exil zu Exil, von Haus zu Haus durch die offenen Fenster zurufen. Doch nicht das allein: sie können miteinander in Verbindung treten und miteinander zu klären versuchen, was von der Menschheit aus getan werden kann, um der Erlösung näherzukommen; es ist ein gemeinsames Handeln der Religionen denkbar, wenn auch jede von ihnen nicht anderswo handeln kann als im eigenen Haus.[12]

2 Geschichtsschreibung

Für Jizchak Fritz Baer und Gershom Scholem sind die historische Forschung und das damit verbundene Geschichtsbewusstsein ein ausschlaggebender Bestandteil ihrer zionistischen Haltung. Es geht dabei um ein historisches Konzept, das sich sowohl vom heilsgeschichtlichen Ansatz Rosenzweigs als auch von der weitverbreiteten Auffassung der jüdischen Geschichte als Leidensgeschichte unterscheidet. Gemäß den Prämissen der u. a. von Baer und Scholem ausgehenden ‚Jerusalemer Schule' wird untersucht, in welcher Form die Juden in den verschiedenen Epochen nicht passive Objekte der Geschichte waren, sondern aktive Subjekte ihrer eigenen Geschichte, innerhalb der jüdischen Gesellschaft wie auch im Austausch mit und im Wirken in der Umwelt.[13]

---

12 Ebd., S. 110f.
13 Vgl. Brenner 2006, S. 209–244.

Die Titel der einzelnen Kapitel in Baers Buch *Galut* aus dem Jahr 1936 veranschaulichen die Epochen und Personen, denen Baer die Prägung der sich wandelnden Galut-Vorstellungen zuschreibt: „Das Geschichtsbild des spätantiken Judentums", „Die Galut-Lehre der Kirchenväter", „Vom Altertum zum Mittelalter", „Das Zeitalter der Kreuzzüge", „Jehuda ha-Lewi", „Rabbi Mosche ben Maimon", „Das späte Mittelalter", „Jizchak Abravanel", „Die neue Erlösungshoffnung", „Die ältere (glaubenstreue) Aufklärung", „Schlomo Ibn Verga", „Simone Luzzatto", „Die Marranen", „Schabbetai Zwi", „Vom alten Glauben zu einem neuen Geschichtsbewußtsein". Im letzten Kapitel plädiert Baer im Namen des mit dem alten Glauben verbundenen „neuen Geschichtsbewußtseins" für die Aufhebung der Galut:

> Die Zerstreuung Israels unter den Völkern ist etwas Unnatürliches. Da die Juden eine nationale Einheit bilden, und zwar in weit höherem Grade als die anderen Völker, ist es nötig, daß sie wieder zu einer faktischen Einheit werden. Auch ist es nach der Ordnung der Natur nicht erträglich, daß eine Nation die andere knechte [...].
> Wir dürfen uns heute auf derartige Auffassungen berufen, in dem Bewußtsein, daß es uns auferlegt ist, dem alten Glauben einen neuen Sinn zu geben. Wenn wir die Aufhebung der Galut fordern, legen wir nicht unsere Wünsche den früheren Generationen unter, sondern ziehen aus deren Tendenzen die Folgerungen, die sich aus der veränderten seelischen Haltung bei unveränderter politischer Lage ergeben. Die jüdische Erneuerung der Gegenwart ist ihrem tiefsten Wesen nach nicht von den nationalen Bewegungen Europas bedingt; sondern sie kehrt zurück zu dem uralten jüdischen Nationalbewußtsein, das vor aller europäischer Geschichte da war und ohne dessen geheiligtes, geschichtsgesättigtes Vorbild kein nationaler Gedanke in Europa vorstellbar ist. Mit dieser Rückkehr ist aber auch unweigerlich eine Auseinandersetzung mit dem alten jüdischen Geschichtsbewußtsein verbunden, an dem die europäische Kultur sich in den entscheidenden Epochen ihrer Geschichte immer wieder aufgerichtet hat, ohne sich schließlich ernsthaft zu ihm bekennen zu wollen.[14]

Neben der inhaltlichen und begrifflichen Beschreibung und Erläuterung der jüdischen Mystik in ihren Hauptströmungen geht es Gershom Scholem in seinem gleichnamigen Buch vor allem darum, zu zeigen, in welchem Maß und in welcher Form bestimmte historische Ereignisse die Entwicklung der Mystik geprägt haben. Im 13. Jahrhundert erschien in Spanien das zentrale Buch der Kabbala, der *Sohar* (hebr. ‚Glanz'). Es enthält eine „theosophische Lehre" unter anderem vom Wesen Gottes, von der Schöpfung und vom Nichts und ist als solche eine „esoterische Lehre für Wenige". Am Anfang des Kapitels über die im 16. Jahrhundert in der galiläischen Stadt Safed entstandene Kabbala des Isaak Luria und seiner Schule schreibt Scholem:

---

[14] Baer 1936, S. 102f.

> Mit dem Jahre 1492, nach der Vertreibung aus Spanien, hat in der Geschichte der Kabbala eine vollkommene Wandlung eingesetzt. Eine Katastrophe von solchem Ausmaß, die einen der wichtigsten Zweige des jüdischen Volkes betroffen hatte, mußte auf allen Gebieten des jüdischen Lebens und Fühlens tiefsten Eindruck hinterlassen. Dabei zeigte sich sogleich, daß die Kabbala jene Macht war, die in dieser entscheidenden Epoche über die größte Lebenskraft verfügte und sich rasch aus einer esoterischen Lehre für Wenige in eine populäre Bewegung verwandelte.[15]

Die lurianische Kabbala entwickelte sich mit ihrer „mystischen Deutung des Exils und der Erlösung" zu „so etwas wie [der] wahre[n] *theologia mystica* des Judentums", was Scholem am Ende des Kapitels nachdrücklich betont:

> Wir können abschließend die lurianische Kabbala als eine mystische Deutung des Exils und der Erlösung ansehen, ja wenn man will als einen großen Mythos des Exils. Die tiefsten religiösen Antriebe des Juden in jenen Zeitläuften haben sie bestimmt. Exil und Erlösung sind für sie im genauesten Sinne große mystische Symbole geworden, die auf etwas im Dasein Gottes selber hinweisen. Diese neue Lehre von Gott und der Welt entspricht der neuen moralischen Idee des Menschen, die sie propagiert. Es ist das Ideal des Asketen, der auf die messianische Reformation, auf die Beseitigung des Makels der Welt, auf die Restitution aller Dinge in Gott ausgeht, des Mannes der geistigen Aktion, der durch den *Tikkun* [Restitution, Reform] das Exil zerbricht, das historische Exil des jüdischen Volkes und jenes innere Exil, in dem alle Kreatur seufzt.[16]

Dieser „große Mythos des Exils" mit seiner immensen Breiten- und Tiefenwirkung erreichte in der zweiten Hälfte des 17. Jahrhunderts, nach dem Dreißigjährigen Krieg und den massiven Pogromen in Osteuropa, einen verheerenden Höhepunkt in der katastrophalen Realität der messianischen Bewegung des Sabbatai Zwi und seiner „mystischen Häresie".[17]

Die letzte große Strömung der jüdischen Mystik war der „Chassidismus in Polen". Sie war in der zweiten Hälfte des 18. Jahrhunderts nicht zuletzt, wie Scholems Arbeiten zeigen, weitgehend aus dem Sabbatianismus entstanden. Scholem spricht in diesem Zusammenhang von einer an Elimination grenzenden Neutralisierung des messianischen Elements im Chassidismus. Nach einer „Periode des hemmungslosen mystischen Enthusiasmus" hat die chassidische Bewegung im Ganzen „ihren wenn auch prekären Frieden mit dem Exil, dem Galut, gemacht".[18] Aus dieser notgedrungenen Akzeptanz der Exilexistenz erklärt sich wohl die oben erwähnte, für den Chassidismus typische Reflexion über das Exil als Symbol der

---

15 Scholem 1988, S. 267.
16 Ebd., S. 314.
17 Ebd., S. 315 ff.
18 Ebd., S. 361, 369.

allgemein menschlichen und individuellen Befindlichkeit. So manifestierte sich in der im 18. Jahrhundert entstandenen mystischen Bewegung des Chassidismus eine überraschende Nähe zu den universal-individuellen Ideen der Aufklärung.

3 Literatur – Heine und die „Jüdische Renaissance"

Es sind die chassidischen Erzählungen und Legenden, mit deren Sammlung und Nacherzählung Martin Buber sein Programm einer „Jüdischen Renaissance" im frühen 20. Jahrhundert realisierte.[19] Im Rahmen des Kulturzionismus und der neuhebräischen Literatur wurden zusätzliche Kompilationsprojekte durchgeführt: in deutscher Sprache Micha Josef Bin Gorions (Berdiczewsky) *Der Born Judas* (Sagen und Legenden der nachtalmudischen Zeit) und auf Hebräisch Chaim Nachman Bialiks *Sefer Ha'aggada* (hebr. ‚Buch der Aggada'; eine Sammlung der poetisch-erzählerischen Texte aus dem Talmud und dem Midrasch, nach Themen, biblischen Personen, Feiertagen und Ähnlichem geordnet). Die gemeinsame grundsätzliche Idee war die Schaffung einer modernen jüdischen literarischen Tradition als Alternative zur religionsgesetzlichen Tradition. Bialik schrieb einen programmatischen Aufsatz mit dem Titel *Halacha und Aggada* (Religionsgesetz und Sage), den Gershom Scholem ins Deutsche übersetzte und 1920 in Bubers Zeitschrift *Der Jude* veröffentlichte. Bialik erwähnt in seinem Aufsatz Heinrich Heines *Hebräische Melodien* (*Romanzero* 1851) und dies mit gutem Grund. Denn Heine hat im dort enthaltenen Gedicht ↗ *Jehuda ben Halevy* die Idee der literarischen Tradition in mehrfacher Hinsicht vorausgedacht. Er macht als Erster die Unterscheidung von *Halacha* und *Aggada*, als Teil der im Gedicht erzählten Biografie des Dichters und Religionsphilosophen Jehuda Halevi. Dieser, so Heine, studierte traditionsgemäß das Religionsgesetz, wandte sich dann zunehmend der „Hagada" zu, die zur poetischen Inspiration seiner Zionsdichtung wurde:

> Ja, frühzeitig hat der Vater
> Ihn geleitet zu dem Talmud,
> Und da hat er ihm erschlossen
> Die Halacha, diese große
>
> Fechterschule, wo die besten
> Dialektischen Athleten
> Babylons und Pumpedithas
> Ihre Kämpferspiele trieben.
> [...]

---

19 Buber 2007.

> Doch der Himmel gießt herunter
> Zwei verschiedne Sorten Lichtes:
> Grelles Tageslicht der Sonne
> Und das mildre Mondlicht – Also,
>
> Also leuchtet auch der Talmud
> Zwiefach, und man teilt ihn ein
> In Halacha und Hagada.
> Erstre nannt ich eine Fechtschul –
>
> Letztre aber, die Hagada,
> Will ich einen Garten nennen,
> Einen Garten, hochphantastisch
> Und vergleichbar jenem andern,
>
> Welcher ebenfalls dem Boden
> Babylons entsprossen weiland –
> Garten der Semiramis,
> Achtes Wunderwerk der Welt[20]

Der Duktus des ganzen Gedichtes deutet auch an, dass Heine sich hier selbst in die Tradition der jüdischen Dichtung einschreibt und einordnet. Er ist tatsächlich, aus der Retrospektive gesehen, der erste moderne deutschsprachige jüdische Dichter.

4 Jüdische Tradition und Geschichte in der Exilliteratur des 20. Jahrhunderts

Vor dem Hintergrund von jüdischer Theologie und Philosophie, Geschichtsschreibung und literarischer Tradition werden im Folgenden einige exilliterarische Texte herangezogen, um die vielfachen und vielschichtigen Bezüge aufzuzeigen, die sich zu den skizzierten Bereichen, Begriffen und Fragestellungen der jüdisch-theologischen Tradition, der deutsch-jüdischen Geschichtsschreibung sowie der literarischen Kultur im Rahmen der „Jüdischen Renaissance" im frühen 20. Jahrhundert ergeben. Selbstverständlich kann es hier – wie auch in den vorangegangenen Abschnitten – nicht darum gehen, klar voneinander abzugrenzende Themenbereiche zu markieren. Vielmehr soll, nun anhand konkreter literarischer Werke, die Verschränkung der unterschiedlichen Traditionslinien deutlich werden. Die Gliederung der literarischen Werke weicht von der vorangegangenen insofern leicht ab, als sie den Blick auf diese Verschränkungen lenkt.

---

20 Heine 1992c, S. 132.

Exil und Schechina
In der deutsch-jüdischen Theologie, Philosophie und Literatur des 20. Jahrhunderts ist die Vorstellung von der *Schechina* im Exil von dauerhafter und dominanter Prägnanz. Diese erweist sich aus der wiederholten Bezugnahme darauf in den historischen Untersuchungen von Jizchak Fritz Baer (1936) und Gershom Scholem (1941), bei Else Lasker-Schüler (1939), vor allem aber – mit deutlich leitmotivischem Akzent – in Lion Feuchtwangers *Josephus*-Trilogie (1932–1942).

In seinen beiden Trilogien *Josephus* und *Wartesaal*[21] befasst sich Feuchtwanger mit den für ihn als deutsch-jüdischem Autor zentralen Herausforderungen der Zeit. Seine herkunftsbedingte fundierte Kenntnis der jüdischen Tradition und die bis dahin in seinem Werk schon mehrfach erwiesene Beherrschung des Genres ‚Historischer Roman' (*Jud Süß* u. a.) ermöglichten eine eindringliche und umfassende Auseinandersetzung mit der jüdischen Geschichte in der kritischen Kriegs- und Exilsituation, in der sich die Juden zwischen Jerusalem und Rom um das Jahr 70 befanden. In der *Josephus*-Trilogie erhält die Vorstellung vom Exil Gottes zentrale Bedeutung. In den ersten beiden Bänden *Der jüdische Krieg* (1932) und *Die Söhne* (1935) wird sie auffallend häufig bemüht – wenn auch nur andeutungsweise und vom ursprünglichen Sinn deutlich abweichend. Das Motiv begleitet die ambivalente Beziehung zwischen dem Historiker Josef ben Mathias, d. i. Flavius Josephus aus dem Stamm der Priester, und Justus von Tiberias. Die beiden treffen sich, kurz nach Josefs Ankunft in Rom, etwa im Jahr 66, bei einem gesellschaftlichen Anlass im Hause eines jüdischen Gastgebers. „Der braungelbe Justus von Tiberias" beginnt ein provokatives Gespräch mit Josef. Danach ist unter den anwesenden Gästen die Rede von den aktuellen, beunruhigenden Ereignissen des jüdischen Aufstandes in Judäa. Josef argumentiert ausgleichend, „sich hier in Rom ruhig zu halten, ist keine Kunst, hier würde es wahrscheinlich auch mir nicht schwerfallen, aber unerträglich schwer ist es in dem Land, das Gott auserwählt hat, in dem Gott seinen Wohnsitz hat, im Lande Israel". Darauf antwortet Justus:

> „Gott ist nicht mehr im Lande Israel, Gott ist jetzt in Italien", sagte eine scharfe Stimme. Alle sahen den Gelbgesichtigen an, der diese Worte gesprochen hatte.
> [...] Alle schweigen. Es war auf diese Worte nichts zu sagen. Selbst Josef spürte widerwillig, daß Wahrheit darin war. „Gott ist jetzt in Italien", er übersetzte sich den Satz ins Aramäische. Das Wort traf ihn tief.[22]

---

21 *Josephus*-Trilogie: *Der jüdische Krieg* (1932), *Die Söhne* (1935), *Der Tag wird kommen* (1942). *Wartesaal*-Trilogie: *Erfolg* (1930), *Die Geschwister Oppermann* (1933), *Exil* (1940).
22 Feuchtwanger 1998, S. 24. (Die Feuchtwanger-Zitate hier und im Folgenden beziehen sich auf die in Jerusalem vorhandene Taschenbuchausgabe des Aufbau-Verlags und nicht auf die *Gesammelten Werke in Einzelausgaben*, die 1959–1989 ebenfalls im Aufbau-Verlag erschienen sind.)

In der Folge macht Josef sich diese Auffassung zu eigen, und dies so sehr, dass er sich bald schon nicht mehr daran erinnern kann, wer von ihnen beiden, Justus oder er selbst, diesen Satz zuerst formuliert hat.[23]

Zu Beginn des zweiten Buches der Trilogie, nach der Zerstörung des Tempels in Jerusalem, reflektiert Josef über seine Aufgabe als jüdischer Schriftsteller. Und auch darin befindet er sich wieder im Einvernehmen mit seinem „Freundfeind" Justus:

> Worin jetzt, nachdem man politisch unterlegen ist, die Aufgabe eines jüdischen Schriftstellers besteht, darüber waren sie beide sich klar. Es gilt, den Sieger Rom von innen her zu besiegen, im Geiste. Jüdischen Geist in seiner ganzen Großheit vor das mächtige Rom, vor die bewunderten, gehaßten Griechen so hinzustellen, daß sie sich ihm hingeben, das ist heute des jüdischen Schriftstellers Sendung. Von dem Augenblick an, da er zum ersten Mal vom Capitol aus über die Stadt Rom hinsah, hat Josef das gespürt. [...] Ja, jener Justus hat, sehr frühzeitig, klare Gedanken aus seinen Gefühlen gemacht. „Gott ist jetzt in Italien." Josef weiß nicht mehr genau, wer dieses Wort zum erstenmal gesagt hat, er selber oder der andere. Ohne den andern jedenfalls wäre es nicht in der Welt.[24]

Jahre später, bei einem Treffen im Land Israel, berühren beide Männer noch einmal die Frage, wodurch sich die Aufgabe eines jüdischen Schriftstellers bestimme. Josef wiederholt seine Frage von damals:

> Aber der Hagere gab keine Antwort mehr. [...] Unter der Tür aber, sich verabschiedend, vielleicht in Erinnerung an einen Satz, den er beim ersten Treffen mit Josef geäußert, sagte Justus: „Es ist seltsam. Seitdem sein Tempel zerstört ist, ist Gott wieder in Judäa."
> War das eine Antwort?[25]

In Feuchtwangers Version der Vorstellung vom exilierten und heimkehrenden Gott wird die – nicht zuletzt von Heine ausgehende – Möglichkeit eines Gottes angedeutet, dessen persönliche Vorsehung den in seinem Geist schreibenden Autor begleitet. Man kann hier auch Feuchtwangers eigenes Ringen um seine Aufgabe als jüdischer Schriftsteller heraushören.

---

23 Während eines Besuchs bei der römischen Kaiserin drängt diese den schweigsamen Josef zu reden. Dabei zeigt es sich, dass er sich die Formulierung von Justus zu eigen gemacht hat: „‚Gott ist jetzt in Italien', sagte Josef. [... D]ie Kaiserin war angetan von diesem Satz [...] und sie notierte sich Josefs Namen. Josef war bedrängt und beglückt. Er wußte nicht, was da aus ihm herausgesprochen hatte. Hatte er eigentlich selbst diesen Satz gefunden? Hatte er ihn früher schon einmal gesagt? Jedenfalls war es der rechte Satz im rechten Augenblick." (ebd., S. 51)
24 Feuchtwanger 1999, S. 11.
25 Ebd., S. 385.

Feuchtwanger identifiziert sich mit dem gleichzeitig tief jüdischen, zur Dynastie der Priester gehörenden und kosmopolitischen Chronisten des „jüdischen Kriegs" und schafft es, besonders im ersten Band der Trilogie, in *Der jüdische Krieg*, in der Beschreibung der politischen, gesellschaftlichen und kulturellen Situation zwischen Juden und Römern die Atmosphäre im Deutschland der Weimarer Republik durchscheinen zu lassen. Gleichzeitig dokumentiert er in der *Wartesaal*-Trilogie (1930–1940) – mit kritisch-wachem Blick für das Politische und das Menschliche – die Turbulenzen, Machtspiele und Gefahren seiner von Exil und Krieg geprägten Gegenwart. Bei allen Unterschieden haben die beiden eng miteinander korrespondierenden Roman-Trilogien in ihrer Zeit eine ähnliche fundamentale Funktion des Registrierens, Aufzeichnens, Erinnerns und Erinnerung-Ermöglichens wie das Buber'sche Projekt im Rahmen der „Jüdischen Renaissance".

Ewigkeit und Exil
Zwischen den mit dem Exil verbundenen Ewigkeitsbegriffen Rosenzweigs und Bubers lässt sich die Wahrnehmung von Ewigkeit und Exil im literarischen Werk Else Lasker-Schülers situieren. Diese Wahrnehmung bestimmt ihr Werk von Anfang an. So erscheint bereits in dem frühen Gedicht *Sulamith* (1901) Ewigkeit als Element der poetischen Inspiration, die von der Sehnsucht nach Jerusalem getragen wird:

> O wie dein Leben mir winkt!
> Und ich vergehe
> Mit blühendem Herzeleid
> Und verwehe im Weltraum,
> In Zeit,
> In Ewigkeit,
> Und meine Seele verglüht in den Abendfarben
> Jerusalems.[26]

Mit diesem Gedicht beendet Lasker-Schüler ihr viele Jahre später erschienenes Buch *Das Hebräerland* (1937), ein poetisch-realistisches Reisebild ihres ersten Besuchs in Palästina 1934.[27] In ihrem letzten, unvollendeten Werk, dem Schauspiel ↗ *IchundIch* (1941), spricht Mephisto mitten in Jerusalem, im Höllental, die vieldeutigen Worte: „Nur Ewigkeit ist kein Exil."[28]

---

26 Lasker-Schüler 1996, S. 48.
27 Lasker-Schüler 2002, S. 157.
28 Lasker-Schüler 1997, S. 209.

Auch der Titel von Gerson Sterns historischem Roman *Weg ohne Ende*[29] weist auf die Verbindung zwischen Exil und Ewigkeit hin. Dem Roman sinngemäß entsprechend, könnte in der Formulierung „ohne Ende" zusätzlich eine Anspielung auf den Begriff *En-Sof* (hebr. ‚kein Ende, unendlich') enthalten sein, die zentrale Bezeichnung Gottes in der theosophischen Lehre des kabbalistischen Buches *Sohar*.[30]

Stern knüpft in *Weg ohne Ende* an die Tradition der Ghettogeschichten des 19. Jahrhunderts an. Er evoziert vor allem Assoziationen mit Aaron Bernsteins *Vögele der Maggid* und *Mendel Gibbor* (1860, neu gedruckt in der „Bücherei" des Schocken-Verlages nach 1933). Wie bei Bernstein tragen sowohl die lebendige Beschreibung der Personen als auch die gründliche Kenntnis der jüdischen Tradition und Geschichte wesentlich zur herausragenden Qualität von Sterns Roman bei. Friedrich Voit erwähnt in seinem Nachwort zur Neuausgabe des Buches, dass der Berliner Verleger Erich Reiss geahnt haben müsse,

> wie sehr der Roman *Weg ohne Ende* jüdische Leser der Zeit ansprechen würde. Er brachte dieses Erstlingsbuch eines bislang unbekannten Autors in einer [...] ersten Auflage von 5000 Exemplaren heraus, der bereits wenige Monate später eine zweite Auflage mit 4000 Exemplaren nachfolgen konnte.[31]

Anhand der Geschichte einer Familie wird das jüdische Leben in der ersten Hälfte des 18. Jahrhunderts an verschiedenen Orten geschildert: in einer norddeutschen Kleinstadt, Frankfurt a. M., Dessau und Prag.

Stern, ein gläubiger Jude und Zionist, wanderte im März 1939 mit seiner Familie nach Jerusalem aus und lebte dort bis zu seinem Tod im Jahr 1956. Im Roman zeigt sich seine zionistische Überzeugung in der Darstellung der historischen Ereignisse, die dem Konzept der „Jerusalemer Schule" Baer'scher und Scholem'scher Prägung nicht unähnlich ist. Bei aller heils- und leidensgeschichtlichen Disposition ihres Glaubens und Lebens handeln die Protagonisten des Romans als Subjekte ihrer eigenen Geschichte, sowohl innerhalb der jüdischen Gemeinde als auch im Austausch mit der weitgehend feindlichen Umwelt der herrschenden Mehrheit.

Geschichtsschreibung und literarische Tradition der „Jüdischen Renaissance"
Der gemeinsame Nenner von Joseph Roths *Legende vom heiligen Trinker*, seiner Erzählung *Der Leviathan* und Leo Perutz' Roman *Nachts unter der steinernen Brücke* im Kontext der hier behandelten Fragestellung ist das implizite Fortschreiben

---

29 Stern 1999.
30 Scholem 1988, S. 224–266.
31 Stern 1999, S. 340.

der von Buber initiierten und geprägten literarischen Tradition. Die Exilautoren Roth und Perutz radikalisieren den legendenorientierten Ansatz des Sammlers und Nacherzählers Buber, indem sie eigene Legenden erfinden.

Das Legendär-Wundersame durchzieht Joseph Roths Schreiben und Erzählen mit unterschiedlichen Akzenten und variierender Präsenz. Im Roman ↗ *Hiob* (1929) hat er es mit der Geschichte Menuchims prägend etabliert. Seine beiden letzten Erzählungen sind durch und durch legendär: *Die Legende vom heiligen Trinker* (1939)[32] verbindet die Liebe des Autors zum Trunk mit seiner Affinität zum katholischen Glauben und erhebt den sterbenden Trinker in Paris – dem Ort von Roths Exil – in den Status eines Heiligen. In der 1934–1939 geschriebenen Erzählung *Der Leviathan* (1940)[33] über den Korallenhändler Nissen Piczenik bezieht sich Roth subversiv auf die populäre jüdische Legende vom Festmahl bei der Ankunft des Messias, an dem der besiegte Leviathan und der wilde Ochse gegessen werden, eine Variante von Fisch und Fleisch, den traditionellen Feiertagsspeisen. Der Korallenhändler mit dem symbolischen Namen Nissen (von *ness*, hebr. ‚Wunder') verfällt dem fatalen Betrug mit falschen Korallen und beschließt, nach Amerika auszuwandern. Sein Schiff, wohl eine Anspielung auf die Titanic, versinkt im Meer, und so endet Roths Erzählung:

> Und wollen wir dem Bericht eines Mannes glauben, der durch ein Wunder – wie man zu sagen pflegt – damals dem Tode entging, so müssen wir mitteilen, daß sich Nissen Piczenik lange noch, bevor die Rettungsboote gefüllt waren, über Bord ins Wasser stürzte zu seinen Korallen, zu seinen echten Korallen.
> Was mich betrifft, so glaube ich es gerne. Denn ich habe Nissen Piczenik gekannt, und ich bürge dafür, daß er zu den Korallen gehört hat und daß der Grund des Ozeans seine einzige Heimat war.
> Möge er dort in Frieden ruhn neben dem Leviathan bis zur Ankunft des Messias.[34]

Die Szenerie des Romans *Nachts unter der steinernen Brücke* von Leo Perutz (1953)[35] bildet Prag im frühen 17. Jahrhundert, zur Zeit des Kaisers Rudolf II., des jüdischen Hoffaktors Mordechai Meisel und seiner schönen Frau Esther sowie des „Hohen Rabbi Löw" (Maharal, Juda Löw b. Bezalel), der den legendären Golem schuf. Es ist auch die Zeit um den Beginn des Dreißigjährigen Kriegs. Der Titel des Romans bezieht sich auf den Rosmarin und die Rose, die Rabbi Löw unter der Brücke pflanzte, symbolisch für die Traumliebe zwischen Rudolf II. und der schönen Esther. Der Roman besteht aus Legenden, von dem aus Prag gebürtigen Autor

---

32 Roth 1991b.
33 Roth 1991c; vgl. Hammer 2004, S. 103–154.
34 Roth 1991c, S. 574.
35 Perutz 1975.

Perutz weitgehend selbst erfunden und in eine Rahmenerzählung eingebunden: Der Ich-Erzähler erhielt als Gymnasiast in Prag Privatstunden bei einem Medizinstudenten namens Meisel aus der Familie des Mordechai Meisel, der ihm diese Legenden erzählte.

Im Epilog zum Roman erwähnt der Autor das einschneidende Erlebnis seiner Jugend, als um 1900 die verfallene alte Prager Judenstadt fast vollständig abgebrochen wurde.[36] Perutz wanderte 1938 von Wien nach Palästina aus, wo er den Roman schrieb. Gezeigt werden vielschichtige direkte und indirekte Berührungen zwischen der Welt des verträumten, kunst- und kulturliebenden Königs und der Welt des charismatischen, magisch und wissenschaftlich bewanderten Rabbi. Sie stellen eine für die frühe Neuzeit typische Atmosphäre dar, eine minimale Chance gegenseitiger Öffnung, die aber bald durch den langjährigen, verheerenden Krieg vereitelt wurde. Möglicherweise spielt Perutz auf die bei allen Unterschieden analoge Situation im Mitteleuropa seiner Zeit an, auf das wie auch immer labile Zusammenleben zwischen den Kulturen im frühen 20. Jahrhundert, das durch den Krieg und die Schoah gewalttätig zerstört wurde.

Literarische Tradition der „Jüdischen Renaissance" – Bezugnahmen auf Heine
In den 1920er Jahren trat Alfred Döblins Interesse am Judentum, seine Auseinandersetzung mit der jüdischen Tradition und Geschichte verstärkt in Erscheinung – im Bericht *Reise in Polen* (1926) und im Roman *Berlin Alexanderplatz* (1929) –, jedoch wurde es mit der nationalsozialistischen Machtergreifung für einige Jahre zum aktivistischen politischen Programm, vor allem in den Schriften *Jüdische Erneuerung* (1933) und *Flucht und Sammlung des Judenvolkes* (1935).[37] In der ersten Schrift äußert Döblin vor allem seine radikale Kritik an der Diasporaexistenz der Juden, steht dem Zionismus eher kritisch gegenüber, befürwortet aber prinzipiell das Leben in einem eigenen Territorium, eine Variante der osteuropäischen, jüdisch-nationalen Bewegung des Territorialismus, als einzig sinnvolle Lösung des Problems.[38] In der zweiten Schrift bleibt es bei einem eher verworren-eklektischen Versuch, ein politisches Programm zu entwerfen. Der einzig klare Punkt in diesem Zusammenhang ist, daß Döblin hier den Zionismus durchaus als positiven und konstruktiven Teil in das Programm miteinbezieht.

---

36 Ebd., S. 265–271.
37 Beides in Döblin 1995a, Bd. 6. Alfred Döblins politisch-programmatisches Engagement für jüdische Belange nach 1933 ist in mehr als einer Hinsicht ein Sonderfall, nicht zuletzt wegen der Tatsache seines späteren Übertritts zum Katholizismus – ein Zusammenhang, auf den hier nicht näher eingegangen wird.
38 Döblin 1995b, S. 51.

Döblins Argumentation wendet sich gesellschaftskritisch gegen die Herrschaft des „Besitzes" und des „Klerus" in der Diaspora, findet jedoch ihren schärfsten Ausdruck auf der ideologischen Ebene: in der radikalen Ablehnung des Messianismus als weltfremdem und lebenshemmendem Glauben und, auf die Moderne bezogen, in der Kritik an der Assimilation und der „falsche[n] Säkularisation".[39] Döblins Kritik an der jüdischen Geschichte des 19. und 20. Jahrhunderts bezieht sich nicht auf die grundsätzliche Notwendigkeit der Emanzipation, sondern auf den Verlauf und Vollzug dieses Prozesses. Anstatt einer „nach der Emanzipation fälligen Neu-Darstellung des Judentums" als „neues Volk, nein, neues Menschentum" aufgrund von „Wahrheiten in den Lehren des Mose, in den Propheten, Berichten von dem tragischen Todesgang Jesu, von den Kämpfen der Makkabäer", erfolgte durch „Assimilation und falsche Säkularisation" der „Übergang in die Verderbnis und Fehler der Staatsvölker".[40]

In Döblins Äußerungen finden sich implizite Bezüge zu Baers *Galut*, aber auch und vor allem zu Heine. Für Döblin, wie für Baer, ist neben dem Geschichtsbewusstsein auch das aktive politische Engagement ausschlaggebend für die Überwindung des Exils. In diesem Zusammenhang kritisiert Baer Moses Mendelssohns mangelndes historisches Interesse und vor allem das politische Defizit in seinem Denken.[41] Heine wird von Döblin explizit erwähnt im Zusammenhang mit der „Taufepidemie um die Wende des 18. Jahrhunderts", und er würdigt an einer anderen Stelle Heines enormen Beitrag „zu Deutschlands Entwicklung".[42] Bemerkenswerter aber sind die impliziten Bezüge zu Heine. In seiner lapidaren Darstellung der jüdischen Zustände nach dem Staatsverlust schreibt Döblin der Religion, dem „Block der mythischen, ethischen und rituellen Lehren", eine fatale Rolle zu:

> Wie beim Übergang der Führung auf Geistliche begreiflich ist, erfolgt ein Absinken aller einfachen volklichen Instinkte, des Sinnes für die Erde, den Boden, die Welt, des Sinnes für Staat, Gesellschaft, für Freiheit, Stolz. Es erfolgt eine Umstellung auf inneren Stolz, Überstolz, das Verachten jener „äußeren" Erniedrigung. Alltags Sklave, am Sabbat König, eine trübe Lösung.[43]

---

39 Ebd., S. 37.
40 Ebd., S. 77.
41 Baer 1936, S. 98f.
42 Döblin 1995c, S. 118, 131.
43 Döblin 1995b, S. 30f.

Hier klingen deutlich die folgenden Strophen aus Heines *Prinzessin Sabbat* an, dem ersten Gedicht der *Hebräischen Melodien* des *Romanzero*:

> Einen Prinzen solchen Schicksals
> Singt mein Lied. Er ist geheißen
> Israel. Ihn hat verwandelt
> Hexenspruch in einen Hund
>
> Hund mit hündischen Gedanken
> Kötert er die ganze Woche
> Durch des Lebens Kot und Kehricht
> Gassenbuben zum Gespötte
>
> Aber jeden Freitagabend,
> In der Dämmrungsstunde, plötzlich
> Weicht der Zauber und der Hund
> Wird aufs neu ein menschlich Wesen.[44]

Wenn Döblin gleich im Anschluss den „ethischen und rituellen Vorschriften die subjektive Rolle des Opiums und zugleich Tonikums" zuschreibt, so hört man hier deutlich die Heine'sche Quelle des Marx'schen Diktums von der Religion als dem Opium des Volkes.[45]

Zu Döblins Kritik an der Emanzipation als „Übergang in die Verderbnis und Fehler der Staatsvölker" findet sich eine bemerkenswerte Analogie in Heines Argumentation gegen die Taufe, wie er sie in einem viel zitierten Brief vom 1. April 1823 – zwei Jahre vor seiner Taufe – an Immanuel Wohlwill formulierte, in erbitterter Reaktion auf die Aufhebung des napoleonischen Edikts zur Gleichberechtigung der Juden. Heine kritisiert hier nacheinander das Reformjudentum der „Hühneraugenoperateure (Friedländer & Co)" und die getauften Juden, die den endgültigen Bankrott des ohnehin heruntergekommenen Christentums beschleunigten:

> Dieser endliche Sturz des Chr wird mir täglich einleuchtender. Lange genug hat sich diese faule Idee gehalten. Ich nenne das Chr eine Idee; aber welche? Es giebt schmutzige Ideenfamilien, die in den Ritzen dieser alten Welt, der verlassenen Bettstelle des göttlichen Geistes, sich eingenistet, wie sich die Wanzenfamilien einnisten in die Bettstelle eines polnischen Juden.[46]

---

[44] Heine 1992b, S. 125.
[45] Vgl. Schlesier 2001, S. 107.
[46] Brief von Heinrich Heine an Immanuel Wohlwill vom 1. 4. 1823, in: Heine 1950, S. 62f.

5 Epilog mit Gershom Scholem – Zwischen Heine und den chassidischen Erzählungen

In den Tagebüchern des jungen Gerhard (Gershom) Scholem ist oft die Rede von ‚Exil', ‚Galut' und ‚Golus'. Die früheste Eintragung bezieht sich auf Heines Gedicht ↗ *Jehuda ben Halevy*. Im August 1914 inspirierte die Schweizer Berglandschaft den Sechzehnjährigen zu Gedanken über die Erneuerung des Judentums: „Wir, die wir unser Volk befreien wollen, alle, die wir jung sind [...] wir müssen zu den Bergen gehen und Gott suchen. Wir müssen ihn suchen und finden." Er erwähnt Mose, der „in einsamen Bergwüsten herumstrich, um den Gott zu suchen", und zitiert dann am Ende seiner Überlegungen die folgenden Zeilen aus Heines Gedicht über den spanisch-jüdischen Verfasser der Zionslieder, ohne die Zäsur der Verse: „Ja, er wird ein großer Dichter, Stern und Fackel seiner Zeit, seines Volkes Licht und Leuchte, eine wunderbare große Feuersäule, die der Schmerzenskarawane Israels vorangezogen in der Wüste des Exils (Heine)."[47]

Heine schreibt: „er ward ein großer Dichter". Scholems kleine Änderung – „wird" – könnte eine Andeutung auf die gegenwärtige Aufgabe der Dichter für die Erneuerung des Judentums sein, vielleicht sogar auf ihn selbst bezogen, dass es seine Aufgabe sei, ein Dichter zu werden. Er wurde Historiker, für den jedoch Sprache und Dichtung immer ein zentraler Bereich der Forschung und der Erkenntnis waren.

Davon zeugt auch die abschließende Passage in Scholems Buch über *Die jüdische Mystik*. Scholem spricht hier von der chassidischen Tradition, laut der die Erzählungen über *Zaddikim* der eigentliche Inhalt der Lehre sind:

> Manche großen Zaddikim, wie vor allem Israel von Rischin, der Stammvater der chassidischen Beherrscher Ostgaliziens, haben ihre ganze Produktivität in solche Geschichten gelegt. Ihre Tora nahm hier ganz und gar die Gestalt der unendlich reichen Erzählung an. Nichts ist mehr Theorie geblieben. Alles ist in eine Geschichte eingegangen. So wird man es vielleicht auch mir nicht verargen, wenn auch ich meine Betrachtungen mit einer solchen Geschichte schließe, die die Chassidim von den Entwicklungsstufen des Chassidismus selbst erzählen. Hier ist sie, wie ich sie aus dem Munde des großen hebräischen Erzählers S.J. Agnon gehört habe.
> Wenn der Baal-schem etwas Schwieriges zu erledigen hatte, irgendein geheimes Werk zum Nutzen der Geschöpfe, so ging er an eine bestimmte Stelle im Walde, zündete ein Feuer an und sprach, in mystische Meditationen versunken, Gebete – und alles geschah, wie er es sich vorgenommen hatte. Wenn eine Generation später der Maggid von Meseritz dasselbe zu tun hatte, ging er an jene Stelle im Walde und sagte: „Das Feuer können wir nicht mehr machen, aber die Gebete können wir sprechen" – und alles ging nach seinem Willen. Wie-

---

[47] Scholem 1995, S. 36.

der eine Generation später sollte Mosche Leib aus Sassow jene Tat vollbringen. Auch er ging in den Wald und sagte: „Wir können kein Feuer mehr anzünden, und wir kennen auch die geheimen Meditationen nicht mehr, die das Gebet beleben; aber wir kennen den Ort im Walde, wo all das hingehört, und das muß genügen." – Und es genügte. Als aber wieder eine Generation später Rabbi Israel aus Rischin jene Tat zu vollbringen hatte, da setzte er sich in seinem Schloß auf seinen goldenen Stuhl und sagte: „Wir können kein Feuer mehr machen, wir können keine Gebete sprechen, wir kennen auch den Ort nicht mehr, aber wir können die Geschichte davon erzählen." Und – so fügte der Erzähler hinzu – seine Erzählung allein hatte dieselbe Wirkung wie die Taten der drei anderen.

Daran anschließend bezieht sich Scholem, in den letzten Sätzen seines Buches, auf die unmittelbare Gegenwart, in der er es verfasste und veröffentlichte:

> Ich habe mir hier die Aufgabe gestellt, über die Hauptströmungen der jüdischen Mystik zu berichten, soweit wir sie kennen. Über das Schicksal und den mystischen Wandel zu sprechen, der in der großen Katastrophe, die über das jüdische Volk in dieser Generation tiefer als je bisher in seiner langen Geschichte hereingebrochen ist, uns noch beschieden sein mag – und ich glaube, daß uns solcher Wandel noch bevorsteht – ist Sache der Propheten und nicht der Professoren.[48]

Literatur

Baer, Jizchak Fritz: *Galut*. Berlin 1936 (Bücherei des Schocken-Verlags, Bd. 61).
Brenner, Michael: *Propheten des Vergangenen. Jüdische Geschichtsschreibung im 19. und 20. Jahrhundert*. München 2006.
Buber, Martin: *Die Erzählungen der Chassidim*. Zürich 1949.
Buber, Martin: *Gog und Magog. Eine Chronik*. Heidelberg 1949. (1. hebr. Aufl. Jerusalem 1943, 1. engl. Aufl. Philadelphia 1945.)
Buber, Martin: „Fragmente über Offenbarung". In: *Nachlese*. Heidelberg 1965, S. 107–112.
Buber, Martin: *Werkausgabe*, Bd. 3. Frühe jüdische Schriften 1900–1922. Bearb. v. Barbara Schäfer. Gütersloh 2007.
Der babylonische Talmud. Neu übertr. v. Lazarus Goldschmidt, Bd. 4. Berlin 1931.
Döblin, Alfred: *Ausgewählte Werke in Einzelbänden*. Begr. v. Walter Muschg. In Verb. mit den Söhnen des Dichters hg. v. Anthony W. Riley, Bd. 6. Schriften zu jüdischen Fragen. Hg. v. Hans Otto Horch in Verb. mit Till Schicketanz. Solothurn, Düsseldorf 1995 (= 1995a).
Döblin, Alfred: „Jüdische Erneuerung". In: Döblin 1995a, S. 7–78 (= 1995b).
Döblin, Alfred: „Flucht und Sammlung des Judenvolkes". In: Döblin 1995a, S. 82–262 (= 1995c).
Feuchtwanger, Lion: *Der jüdische Krieg*. Berlin 1998.
Feuchtwanger, Lion: *Die Söhne*. Berlin 1999.
Gebetbuch der Israeliten. Übers. u. erl. v. Michael Sachs. 2. Aufl. Breslau 1906.
Hammer, Almuth: *Erwählung erinnern. Literatur als Medium jüdischen Selbstverständnisses. Mit Fallstudien zu Else Lasker-Schüler und Joseph Roth*. Göttingen 2004.

---

48 Scholem 1988, S. 383–385.

Heine, Heinrich: *Briefe*, Bd. 1. Hg. v. Friedrich Hirth. Mainz 1950.
Heine, Heinrich: *Historisch-Kritische Gesamtausgabe der Werke*. In Verb. mit dem Heinrich-Heine-Institut hg. v. Manfred Windfuhr im Auftr. der Landeshauptstadt Düsseldorf, Bd. 3/1. Romanzero, Gedichte 1853 und 1854, lyrischer Nachlass (Textband). Bearb. v. Frauke Bartelt u. Alberto Destro. Düsseldorf 1992 (= 1992a).
Heine, Heinrich: „Prinzessin Sabbat". In: Heine 1992a, S. 125 (= 1992b).
Heine, Heinrich: „Jehuda ben Halevy". In: Heine 1992a, S. 130–158 (= 1992c).
Lasker-Schüler, Else: „Sulamith". In: *Werke und Briefe. Kritische Ausgabe*, Bd. 1.1. Gedichte (Textband). Bearb. v. Karl Jürgen Skrodzki unter Mitarb. v. Norbert Oellers. Frankfurt a. M. 1996, S. 48.
Lasker-Schüler, Else: „IchundIch". In: *Werke und Briefe. Kritische Ausgabe*, Bd. 2. Dramen. Bearb. v. Georg-Michael Schulz. Frankfurt a. M. 1997, S. 183–235.
Lasker-Schüler, Else: „Hochverehrteste Zuhörer, Herren und Damen ...". In: *Werke und Briefe. Kritische Ausgabe*, Bd. 4.1. Prosa 1921–1945. Nachgelassene Schriften (Textband). Bearb. v. Karl Jürgen Skrodzki u. Itta Shedletzky, Frankfurt a. M. 2001, S. 426–437.
Lasker-Schüler, Else: „Das Hebräerland". In: *Werke und Briefe. Kritische Ausgabe*, Bd. 5. Prosa. Bearb. v. Karl Jürgen Skrodzki u. Itta Shedletzky. Frankfurt a. M. 2002, S. 7–157.
Perutz, Leo: *Nachts unter der steinernen Brücke*. Wien, Hamburg 1975.
Raz, Simcha: *Hasidic Sayings*. Jerusalem 1981.
Rosenzweig, Franz: „Geist und Epochen der jüdischen Geschichte" (1919). In: *Kleinere Schriften*. Hg. v. Edith Rosenzweig. Berlin 1937, S. 12–25.
Roth, Joseph: *Werke*, Bd. 6. Romane und Erzählungen 1936–1940. Hg. u. mit einem Nachwort v. Fritz Hackert. Köln, Amsterdam 1991 (= 1991a).
Roth, Joseph: „Legende vom Heiligen Trinker". In: Roth 1991a, S. 515–543 (= 1991b).
Roth, Joseph: „Leviathan". In: Roth 1991a, S. 544–574 (= 1991c).
Schlesier, Renate: „Der große Maskenball. Heinrich Heines exilierte Götter". In: *Das Jerusalemer Heine-Symposium. Gedächtnis, Mythos, Modernität*. Hg. v. Klaus Briegleb u. Itta Shedletzky. Hamburg 2001, S. 93–110.
Scholem, Gershom: *Die jüdische Mystik in ihren Hauptströmungen* (dt. Erstausgabe: Zürich 1957). Frankfurt a. M. 1988 (Engl.: *Major Trends in Jewish Mysticism*. 2., erw. Aufl. New York 1941).
Scholem, Gershom: *Tagebücher 1913–1917*. Hg. v. Karlfried Gründer, Herbert Kopp-Oberstebrink u. Friedrich Niewöhner. Frankfurt a. M. 1995.
Shedletzky, Itta: „Existenz und Tradition. Zur Bestimmung des ‚Jüdischen' in der deutschsprachigen Literatur". In: *Deutsch-jüdische Exil- und Emigrationsliteratur im 20. Jahrhundert*. Hg. v. Itta Shedletzky u. Hans Otto Horch. Tübingen 1993, S. 3–14.
Stern, Gerson: *Weg ohne Ende* (1. Aufl. 1934). Neuausgabe hg. u. mit Nachw. u. Glossar v. Friedrich Voit. Siegen 1999.
Wiener, Max: *Jüdische Religion im Zeitalter der Emanzipation* (1. Aufl. 1933). Neuausgabe hg. v. Daniel Weidner. Berlin 2002.

Bettina Bannasch
‚Literatur der Inneren Emigration'. Begriffs- und diskursgeschichtliche Überlegungen

Abstract: Der Begriff ‚Literatur der Inneren Emigration' bezeichnet literarische Texte, die in Deutschland in den Jahren zwischen 1933 und 1945 entstanden und nicht den Vorgaben der nationalsozialistischen Kulturpolitik entsprachen. Der Begriff konstituiert sich in mehrfacher Hinsicht als ein Gegenbegriff zu dem der Exilliteratur. Er ist, obgleich von Anfang an umstritten, bis heute in Literaturgeschichten und Lexikoneinträgen gebräuchlich. Die vielschichtigen Implikationen, die ihn für die exilliterarische Forschung relevant machen, verlangen eine Rekonstruktion der Begriffs- und Diskursgeschichte sowie die Prüfung alternativer Begrifflichkeiten am Beispiel exponierter Werke der ‚Literatur der Inneren Emigration'.

Wesentlicher Bestandteil der nationalsozialistischen Politik war ihre Kulturpolitik. Die Kontrolle der sogenannten ‚schönen Literatur' spielte dabei eine zentrale Rolle. Um das Ziel einer umfassenden Monopolisierung der Kommunikation zu erreichen, war ein Zensurapparat von enormen Ausmaßen nötig.[1] 1933 wurde von Joseph Goebbels die Reichsschrifttumskammer (RSK) als eine der sieben Unterabteilungen der Reichskulturkammer eingerichtet. Ab 1934 musste sich jede Autorin und jeder Autor, die oder der in Deutschland veröffentlichen wollte, bei der RSK registrieren lassen. Voraussetzung für die Aufnahme in die RSK war der ‚Ariernachweis'. Diese Regelungen betrafen alle jüdischen Autorinnen und Autoren, unabhängig von der literarischen Qualität ihrer Werke, auch unabhängig davon, welche Auffassungen sie in ihren Werken vertraten. Betroffen waren zudem nichtjüdische Autoren, die nicht bereit waren, der Ideologie der neuen Machthaber Folge zu leisten – so wie etwa Irmgard Keun, deren der Neuen Sachlichkeit verpflichtete Werke mit dem Stempel einer ‚antideutschen Asphaltliteratur' versehen wurden. Ihre eben erst begonnene Karriere kam damit zu einem jähen Ende, erst kurz vor ihrem Tod im Jahr 1982 begann man sich dank Jürgen Serkes verdienstvoller Darstellung über *Die verbrannten Dichter* (1977) wieder für das Werk Irmgard Keuns zu interessieren.[2] Betroffen war auch ein Autor wie Oskar

---

[1] Vgl. Barbian 2010 und Strothmann 1968.
[2] Serke 1977. „Keines ihrer Bücher", so vermerkt Serke am Ende seines Kapitels über Keun, „ist auf dem Markt" (ebd., S. 175). Der Beitrag beschreibt die Autorin als alkoholkranke, vereinsamte und vergessene Dichterin. Durch Serkes Veröffentlichung fand das Werk wieder Beachtung.

Maria Graf, dessen Erzählungen von ‚einfachen' Leuten auf dem Lande nach Auffassung der nationalsozialistischen Kulturfunktionäre gut in das neue Konzept einer volkstümlichen Literatur hätten eingepasst werden können. Nach dem Höhepunkt der Bücherverbrennungen am 10. Mai 1933 verfasste er jedoch einen offenen Brief, den er polemisch mit der Forderung *Verbrennt mich!* überschrieb und in dem er sich unmissverständlich von den neuen Machthabern distanzierte. Der Brief machte das Weiterleben und -schreiben für Oskar Maria Graf in Deutschland unmöglich. Er ging ins amerikanische Exil und blieb dort bis zu seinem Tod im Jahr 1967.³

Die problematischen Implikationen des Begriffs ‚Literatur der Inneren Emigration' lassen sich somit in dreifacher Hinsicht präzisieren: Erstens verwischt der Begriff die Unterschiede zwischen Autorinnen und Autoren, die Deutschland verließen und deren Schreiben unter prinzipiell anderen Bedingungen stattfand als das jener Autorinnen und Autoren, die in Deutschland blieben und dort veröffentlichen konnten. Er konstruiert eine scheinbare Entsprechung von *innerer* und *äußerer* Emigration. Zweitens legt der Begriff der Inneren *Emigration* ein Moment der Freiwilligkeit nahe. Diese Akzentuierung wird vorgegeben durch die Verwendung des Begriffs *Emigration* anstelle von *Exil*. Vernachlässigt werden damit die prinzipiell unterschiedlichen Handlungsspielräume, die für ‚arische' und für jüdische Autorinnen und Autoren bestanden. Die Vernachlässigung dieser Differenz hatte weitreichende Folgen für die Wahrnehmung bzw. Nicht-Wahrnehmung der Literatur, die von jüdischen Autorinnen und Autoren nach 1933 in Deutschland verfasst wurde. Die Beschäftigung mit ihrer Literatur setzte mit deutlicher Verzögerung ein – dies gilt selbst noch für Gertrud Kolmar, die prominenteste Vertreterin dieser Gruppe, deren Werk erst zu Beginn der 1980er Jahre eine breitere Aufmerksamkeit zuteil wurde.⁴ Drittens schließlich hat der Begriff ‚Literatur der Inneren Emigration' Folgen für das Verständnis von Exilliteratur selbst. In der oppositionellen Setzung von *Exil* und *Emigration* wird, gewisserma-

---

3 Zu Leben und Werk Oskar Maria Grafs vgl. Kaufmann 1994.
4 Einen wichtigen Impuls für die Forschung gab 1993 ein Aufsatz von Ernst Loewy, in dem er die Aufmerksamkeit auf die deutsch-jüdische Literatur in Deutschland nach 1933 lenkte: „Auch muss an dieser Stelle die ‚verdeckte' Literatur im NS-Staat auf der einen, die jüdische ‚Katakomben'-Literatur bis Ende 1938 (und noch darüber hinaus) auf der anderen Seite erwähnt werden" (Loewy 1993, S. 27). Vgl. hierzu zuletzt die umfangreiche Studie *Vom literarischen Zentrum zum literarischen Ghetto: deutsch-jüdische literarische Kultur in Berlin zwischen 1933 und 1945* von Kerstin Schoor sowie den von ihr herausgegebenen Band *Zwischen Rassenhass und Identitätssuche: deutsch-jüdische literarische Kultur im nationalsozialistischen Deutschland* (beides Göttingen 2010). – Zur insgesamt nur zögernd einsetzenden literaturwissenschaftlichen Forschung zur ‚Literatur der Inneren Emigration' vgl. das Kapitel „‚Literatur des Dritten Reichs' in der germanistischen Literaturgeschichtsschreibung" in Ketelsen 1992.

ßen ‚unter der Hand', aus der *Exil-* eine *Emigrantenliteratur.* Bertolt Brechts Gedicht *Über die Bezeichnung Emigranten* macht auf die Problematik dieser begrifflichen Gleichsetzung bereits 1937 aufmerksam.[5]

Um auf die Einwände zu reagieren, die gegen den Begriff ‚Literatur der Inneren Emigration' vorgebracht wurden, ist gelegentlich der weniger spezifische Begriff der ‚Dissidentenliteratur' ins Spiel gebracht worden. Für den deutschen Sprachraum umschließt er neben der zwischen 1933 und 1945 in Deutschland entstandenen unangepassten Literatur die in der DDR entstandene nonkonforme Literatur.[6] Einer begrifflichen Zusammenführung stehen jedoch (literatur)geschichtlich und -politisch relevante Entwicklungen entgegen: In den Jahren nach 1945 verstand sich die SBZ/DDR in dezidierter Abgrenzung zur BRD als jener Teil Deutschlands, der Autorinnen und Autoren aus dem Exil zurückholte und vielfach mit wichtigen Funktionen im Kulturapparat des sich neu konstituierenden Staates betraute. Entsprechend beziehen sich in der DDR entstandene Texte von angepassten Autorinnen und Autoren, *aber auch* von Dissidenten,[7] nicht auf Autorinnen und Autoren und Werke der sogenannten Inneren Emigration, sondern schreiben sich in die literarische Tradition der Exilliteratur ein. Dass diese Einschreibungen durchaus auch Entlastungsfunktionen zugewiesen bekommen können – und damit die Kategorien von Literatur der Inneren Emigration und Exilliteratur als jeweils neu zu kontextualisierende Größen erkennbar werden lassen –, ist eindrücklich an Christa Wolfs 2010 erschienenem, außerordentlich kontrovers diskutierten Roman ↗ *Stadt der Engel oder The Overcoat of Dr. Freud* nachzuvollziehen. Bisher, so lässt sich konstatieren, hat sich der Verzicht auf den eingeführten Begriff ‚Literatur der Inneren Emigration' nicht durchsetzen können. Der Begriff ‚Dissidentenliteratur' hätte den Vorzug, die skizzierte und im Folgenden noch näher auszuführende, in mehrfacher Hinsicht problematische Korrelation der Begriffe ‚Literatur der Inneren Emigration' und ‚Exilliteratur' aufgeben zu können. Dies konnte aber offenbar nicht die Nachteile aufwiegen, die mit der Erweiterung des Begriffs einhergehen: etwa die Unschärfe, die so im Blick auf die zeitliche, politische, zum Teil auch literarische Einordnung der Werke entsteht.

---

5 Zum Gedichttext vgl. den Beitrag von Paul Michael Lützeler.
6 Vgl. hierzu den von Günter Rüther herausgegebenen Sammelband *Literatur in der Diktatur. Schreiben im Nationalsozialismus und DDR-Sozialismus.* Paderborn 1997.
7 Vgl. exemplarisch hierzu den Beitrag von Hannah Markus zu Thomas Brasch in diesem Band.

1 Begriffsgeschichtliche Überlegungen

Nach Angabe von Frank Thiess – einem Autor, der in den Jahren zwischen 1933 bis 1945 in Deutschland lebte und arbeitete – wurde der Begriff ‚Literatur der Inneren Emigration' erstmals 1933 in einem Protestbrief verwendet, den er an Hans Hinkel adressierte, einen der damaligen Geschäftsführer der Reichskulturkammer. Thiess verfasste diesen Brief, so berichtet er, in Reaktion auf die Bücherverbrennung,[8] bei der auch zwei seiner eigenen Romane verbrannt worden waren.[9] Anders als dies bei vielen anderen ‚verbrannten' Autorinnen und Autoren der Fall war – oder auch bei solchen, die ‚nur' auf der sogenannten schwarzen Liste standen, wie etwa Irmgard Keun –, brach damit die Publikation der Werke von Frank Thiess in Deutschland jedoch nicht ab. Zwischen 1933 und 1945 verfasste und veröffentlichte er weitere Romane; in das Jahr 1936 fällt sogar sein größter literarischer Erfolg, *Tsushima: Roman eines Seekriegs*.

Der Protestbrief an Hans Hinkel, an den sich Thiess rückblickend im Zusammenhang mit der Frage nach der Urheberschaft für den Begriff ‚Literatur der Inneren Emigration' erinnert, galt als verloren, wurde aber von Helmut Böttiger im Deutschen Literaturarchiv Marbach aufgefunden und in seinem 2009 veröffentlichten Ausstellungsband *Doppelleben. Literarische Szenen aus Nachkriegsdeutschland* zugänglich gemacht. Da der Brief lange Zeit nicht bekannt war, scheint er im Blick auf seine diskursgeschichtliche Relevanz zunächst von nur geringem Interesse zu sein. Dies umso mehr, als Thiess *ohnehin* als der Urheber des Begriffes gilt: Es findet sich keine Geschichte der deutschen Literatur, kein Lexikoneintrag zur ‚Literatur der Inneren Emigration', wo der Begriff nicht mit seinem Namen verbunden wäre. Allerdings fällt in diesen Darstellungen, zumindest in

---

[8] Der Brief ist aber deutlich später datiert, als Thiess angibt, nämlich mit 1. Dezember 1934, also etwa eineinhalb Jahre nach der Bücherverbrennung. Thiess schreibt: „Auch mir ist die Möglichkeit der Emigration geboten worden, nachdem man im Ausland Einblick in meine Situation gewonnen hat. Ich habe sie abgelehnt, weil ich überzeugt bin, dass ein deutscher Dichter des deutschen Bodens und der deutschen Sprache bedarf und auf die Dauer ohne diese irrationalen Mächte seelisch zugrunde gehen müsse. Ich bin hier geblieben, um nicht nur der Welt, sondern mir selber den Beweis zu geben, dass ich mit meiner Lebensarbeit in den geschichtlichen Raum gehöre, den mir das Schicksal zugewiesen hat. Ich habe gehofft, in Würde, wie ich das früher zu tun gewohnt war, um mein Recht kämpfen können. Ich sehe nun, dass ein solcher Kampf nicht möglich ist, sondern dass ich mich unabänderlichen Machtsprüchen zu unterwerfen habe. Daraus ergibt sich auch für mich als geistigen Deutschen eine neue Lage. Ich werde ohne es zu wollen in die Emigration gedrängt, und zwar in eine innere Emigration, die ich, mit der äußeren verglichen, um vieles schwerer und schmerzlicher ansehe". (zit. n. Böttiger 2009, Bd. 1, S. 17).

[9] Es handelt sich um die Romane *Die Verdammten* (1922) und *Frauenraub* (1927).

den älteren, die Datierung der Begriffsprägung mit ‚August 1945' deutlich später aus. Es liegt auf der Hand, dass die Differenz zwischen diesen beiden Datierungen – im einen Fall Winter 1933/34, im anderen Sommer 1945 – von Interesse ist, und dies nicht nur für fachwissenschaftliche Feinjustierungen.

Die Datierung der Begriffsprägung auf Sommer 1945 kann sich auf einen Essay beziehen, der im Deutschland der Nachkriegszeit Aufsehen erregt, also fraglos diskursrelevant war. Thiess platzierte ihn am 18. August 1945 in der *Münchner Zeitung*. Der Essay trägt den Titel *Die innere Emigration* und wurde durch einen am 13. August, also wenige Tage zuvor, erschienenen Brief angeregt, den Walter von Molo, vor 1933 zeitweise Präsident der Sektion Dichtkunst der Preußischen Akademie der Künste in Berlin, ebenfalls in der *Münchner Zeitung* veröffentlicht und auf diesem Wege dem im amerikanischen Exil lebenden Thomas Mann hatte zukommen lassen. Die in von Molos Brief zwar implizit angelegte, doch nicht ausformulierte Gegenüberstellung von jenen Deutschen, die im „großen Konzentrationslager"[10] Deutschland bleiben mussten, und jenen Deutschen, die so ‚frei' waren, ins Exil zu gehen, führt Thiess in seinem Essay *Die innere Emigration* explizit aus. Anders als von Molo konzentriert er sich in seinen Ausführungen auf die spezifische Situation der Autorinnen und Autoren, als deren stellvertretender Sprecher er auftritt, ein Selbstverständnis, das auch seinen Brief an Hinkel charakterisiert:

> Auch ich bin oft gefragt worden, warum ich nicht emigriert sei, und konnte immer nur dasselbe antworten: Falls es mir gelänge, diese schauerliche Epoche (über deren Dauer wir uns freilich alle getäuscht hatten) lebendig zu überstehen, würde ich daraus derart viel für meine geistige und menschliche Entwicklung gewonnen haben, dass ich reicher an Wissen und Erleben daraus hervorginge, als wenn ich aus den Logen und Parterreplätzen des Auslands der deutschen Tragödie zuschaute. Es ist nun einmal zweierlei, ob ich den Brand meines Hauses selbst erlebe oder ihn in der Wochenschau sehe, ob ich selber hungere oder vom Hunger in den Zeitungen lese, ob ich den Bombenhagel auf deutsche Städte lebend überstehe oder mir davon berichten lasse, ob ich den beispiellosen Absturz eines verirrten Volkes unmittelbar an hundert Einzelfällen feststellen oder nur als historische Tatsache registrieren kann.[11]

Thiess schreibt den in Deutschland verbliebenen Autorinnen und Autoren die Rolle von Beobachtern zu. Er bescheinigt ihnen damit eine politisch und emotio-

---

10 Von Molo beschreibt Deutschland als ein „allmählich gewordene[s] große[s] Konzentrationslager, in dem es bald nur mehr Bewachende und Bewachte verschiedener Grade gab". Walter von Molo: „Offener Brief von Walter von Molo an Thomas Mann". In: *Münchner Zeitung*, 13. 8. 1945 (zuerst veröffentlicht in: *Hessische Post*, 4. 8. 1945), zit. n. Grosser 1963, S. 19.
11 Frank Thiess: „Die Innere Emigration". In: *Münchner Zeitung*, 18. 8. 1945, zit. n. Grosser 1963, S. 25.

nal nicht affizierte Nüchternheit und distanzierte Objektivität und promoviert sie sämtlich zu Autorinnen und Autoren der Inneren Emigration. Jene Autorinnen und Autoren hingegen, die nach 1933 ins Exil gingen, haben die große historische Chance verpasst, die ihnen als Schreibenden Einblick in den wahren Charakter ihrer Landsleute verschafft hätte. Wären sie dazu bereit gewesen, mit den Deutschen in Deutschland die Not der Kriegserfahrung zu teilen, so hätten sie nicht nur menschliche Größe bewiesen, sondern vor allem unter professionellen Gesichtspunkten profitiert: Die Beobachtung des deutschen Volkes in der Extremsituation von Unterdrückung und Krieg hätte ihnen einen aufschlussreichen Einblick in den deutschen Nationalcharakter geboten.

Die Bitte nach Rückkehr aus dem Exil, die Thiess an Thomas Mann richtet, ist in Wahrheit ein Affront. Nach 1945 schreibt sie die Beleidigungen fort, die ↗ Gottfried Benn im Mai 1933 den literarischen Emigranten von Deutschland aus nachgerufen hatte – bei Benn damals noch getragen von der Hoffnung, sich den neuen Machthabern andienen zu können, eine Hoffnung, die sich bald darauf zerschlagen sollte. „Ich muß Ihnen sagen", hatte Gottfried Benn damals an Klaus Mann geschrieben – nicht ohne eingangs zu vermerken, dass sich sein Briefpartner ebenso wie die anderen Exilanten, in „den kleinen Badeorten am Golf de Lyon, in den Hotels von Zürich, Prag und Paris" aufhalte –,

> Ich muß Ihnen sagen, daß ich auf Grund vieler Erfahrungen in den letzten Wochen die Überzeugung gewonnen habe, daß man über die deutschen Verhältnisse nur mit denen sprechen kann, die sie auch innerhalb Deutschlands selbst erlebten. [...], aber mit den Flüchtlingen, die ins Ausland reisten, kann man es nicht. Diese haben nämlich die Gelegenheit versäumt, den ihnen so fremden Begriff des Volkes nicht gedanklich, sondern erlebnismäßig, nicht abstrakt, sondern in gedrungener Natur in sich wachsen zu fühlen, haben es versäumt, den [...] so herabsetzend und hochmütig gebrauchten Begriff ‚das Nationale' in seiner realen Bewegung, in seinen echten überzeugenden Ausdrücken als Erscheinung wahrzunehmen, haben es versäumt, die Geschichte form- und bilderbeladen bei ihrer vielleicht tragischen, aber jedenfalls schicksalbestimmten Arbeit zu sehen.[12]

Nach dem Krieg knüpfen nicht nur Walter von Molo und Frank Thiess an die Vorstellung von einem Opfer an, das all jene erbrachten, die in Deutschland blieben und treu zu ihrem Volk standen; in vielen Zeugnissen von Exilanten, die Deutschland nach 1945 besuchten, oder von Remigranten, die nach Deutschland zurückkehrten, wird diese Haltung greifbar. Thiess gibt einer im Deutschland der Nachkriegszeit verbreiteten Auffassung Ausdruck. Er spezifiziert diese verbreitete Auffassung allerdings im Blick auf die besondere Situation der deutschsprachi-

---

[12] Benn 1977, S. 239f.

gen Autorinnen und Autoren. Dabei mischt er Topoi des exilliterarischen Diskurses in seine Ausführungen, die er nun *gegen* die Exilanten wendet – allen voran deren immer wieder formulierte Sorge um den Verlust der deutschen Sprache.[13] Thiess schließt seinen Essay mit einer offenen Drohung, die sich eben diese Sorge zunutze macht.

> Wir erwarten dafür keine Belohnung, dass wir Deutschland nicht verließen. Es war für uns natürlich, dass wir bei ihm blieben. Aber es würde uns sehr unnatürlich erscheinen, wenn die Söhne, welche um es so ehrlich und tief gelitten haben wie ein Thomas Mann, heute nicht den Weg zu ihm fänden und erst einmal abwarten wollten, ob sein Elend zum Tode oder zu neuem Leben führt. Ich denke, nichts ist schlimmer für sie, als wenn diese Rückkehr zu spät erfolgt und sie dann vielleicht nicht mehr die Sprache ihrer Mutter verstehen würden.[14]

Das heißt nichts anderes, als dass den Exilautorinnen und -autoren im Vergleich mit den in Deutschland gebliebenen Autorinnen und Autoren nicht nur die charakterlichen, sondern auch die inhaltlichen und sprachlichen Voraussetzungen fehlen, um Werke von nationaler Bedeutsamkeit zu schaffen.

Die Geschichte der Prägung des Begriffs ‚Literatur der Inneren Emigration' ist damit von Anfang an belastet durch die Ungeheuerlichkeit des Vorwurfs, die ins Exil vertriebenen Autorinnen und Autoren hätten es sich im Ausland gut gehen lassen, während in der deutschen Heimat Not herrschte, und hätten dabei zugleich die notwendigen Voraussetzungen für ihre Arbeit verspielt, also ihren Anspruch auf die Kanonizität ihrer Werke – und zwar in sprachlicher wie in inhaltlicher Hinsicht –, während die in Deutschland verbliebenen Autorinnen und Autoren Schlimmes erlitten, dabei zugleich aber auch eine einzigartige menschliche und professionelle Schulung durchlaufen hätten.

---

13 Eine der frühesten und differenziertesten Ausführungen zu diesem Problem bietet ein Essay Ernst Blochs aus dem Jahr 1939 mit dem Titel *Zerstörte Sprache – Zerstörte Kultur* (Bloch 1985). Der Essay trägt seinen Grundgedanken bereits im Titel. Bloch geht in seinen Überlegungen davon aus, dass sich die Eigenart eines Menschen in seiner Schreibart ausdrücke. Es gelte aber auch, so fügt Bloch nun hinzu, das Umgekehrte, dass nämlich der Stil zugleich auch diese Eigenart erst *ausbilde*. Die Situation des Exils stellt die Autoren daher vor eine schwierige Aufgabe. Verlieren sie ihre Sprachheimat, so verlieren sie nicht nur – ganz pragmatisch gedacht, doch von existentieller Bedeutung – ihr Publikum. Sie verlieren zugleich auch den Bezug zu der je spezifischen Eigenart ihres Denkens, die sich nur im Widerspiel mit dem alltäglichen Gebrauch der Sprache und schließlich in der beständigen Pflege der Sprache auszubilden und zu erhalten vermag.
14 Grosser 1963, S. 25.

Thomas Mann antwortet Walter von Molo am 12. Oktober 1945 im *Augsburger Anzeiger*.¹⁵ Seine Antwort trägt die Überschrift *Warum ich nicht zurückkehre!*¹⁶ Mann distanziert sich darin scharf von den Werken, die in Deutschland in der Zeit zwischen 1933 und 1945 gedruckt und veröffentlicht wurden. Er schreibt:

> [...] in meinen Augen sind Bücher, die von 1933 bis 1945 in Deutschland überhaupt gedruckt werden konnten, weniger als wertlos und nicht gut in die Hand zu nehmen. Ein Geruch von Blut und Schande haftet ihnen an. Sie sollten alle eingestampft werden.¹⁷

In seiner Antwort bekennt sich Mann zu den Vereinigten Staaten als dem Land, das ihn zunächst als Gast und schließlich als Staatsbürger aufgenommen hat und in dem er – wie er mit durchaus provokantem Unterton vermerkt – in der Tat sehr komfortabel lebe. Amerika sei das Land, das nun im Begriff sei, seinen Enkeln zur Heimat zu werden, und dies im juristischen wie im kulturellen Sinn; nicht ohne Genugtuung verweist Mann darauf, dass seine Enkel englischsprachig aufwachsen. Während Mann diese private Geschichte der erfolgreichen, drei Generationen umfassenden Akkulturation (s)einer Familie in Amerika erzählt, signalisiert er jedoch zugleich, dass für ihn selbst Amerika keinen Ersatz für die verlorene Heimat bieten kann. Heimat, so macht er deutlich, ist die Sprache und Kultur, in der er aufgewachsen ist. Mann bekennt sich zu der großen Versuchung, die das Ansinnen eines bruchlosen Anknüpfens nicht nur für die im Land gebliebenen Deutschen, sondern auch für den Exilierten darstellt. Er markiert zugleich die Unmöglichkeit, angesichts der ‚tausend Jahre' diesem Gefühl nachgeben zu können, ja, es in der konkreten Situation der Rückkehr überhaupt nur entwickeln zu können. Er schreibt: „Es ahnt mir, dass Scheu und Verfremdung, diese Produkte bloßer 12 Jahre, nicht standhalten werden gegen eine Anziehungskraft, die längere Erinnerungen, tauendjährige, auf ihrer Seite hat."¹⁸ Aus der sicheren Distanz des amerikanischen Exils – später wird er wieder nach Europa zurückkehren, allerdings nicht nach Deutschland, sondern in die Schweiz –, aus dieser nötigen und schmerzlichen Distanz heraus bekennt sich Thomas Mann, der „alte [...] Mann, an dessen Herzmuskel die abenteuerliche Zeit doch auch ihre Anforderungen ge-

---

15 Die Anwürfe von Thiess sind Thomas Mann zu diesem Zeitpunkt noch nicht bekannt. Umso bezeichnender ist es, dass sein Brief Antworten auch auf die zentralen Anwürfe von Thiess zu formulieren scheint – bezeichnend insofern, als Manns Antwort zeigt, wie viel in dem weitaus moderateren Brief Walter von Molos an unterschwelligen Vorwürfen und Implikationen bereits enthalten ist.
16 Thomas Mann: „Warum ich nicht zurückkehre!" In: *Augsburger Anzeiger*, 12. 10. 1945, zit. n. Grosser 1963, S. 27–36.
17 Ebd., S. 31.
18 Ebd., S. 36.

stellt hat",[19] zu seiner Verbundenheit mit Deutschland und ganz konkret auch mit den Menschen, die nach 1933 im Land geblieben sind. Es sei, so formuliert Mann, eine Solidaritätserklärung,

> nicht gerade mit dem Nationalsozialismus, das nicht, aber mit Deutschland, das ihm schließlich verfiel und einen Pakt mit dem Teufel schloß. Der Teufelspakt ist eine tief altdeutsche Versuchung, und ein deutscher Roman, der eingegeben wäre von den Leiden der letzten Jahre, vom Leiden an Deutschland, müsste wohl eben dies grause Versprechen zum Gegenstand haben.[20]

Unschwer lässt sich erkennen, dass Thomas Mann in seinen Formulierungen auf den bereits 1943 begonnenen Roman ↗ *Doktor Faustus* Bezug nimmt. Der Roman erscheint 1947.

Die etwas hölzerne Erzählerfigur des Serenus Zeitblom, die Thomas Mann für seinen Roman ↗ *Doktor Faustus* erfindet – und die nicht mit dem Autor zu verwechseln ist, die ironische Darstellung der Erzählerfigur erinnert zuverlässig in regelmäßigen Abständen daran –, ist den Idealen des Humanismus verpflichtet.[21] Aufgrund der widrigen Zeitläufe, die er nicht mit seinen Überzeugungen vereinbaren kann, ist er nach der Machtübernahme der Nationalsozialisten vorzeitig aus dem Amt geschieden. Gleichwohl blickt er auf seine Landsleute nicht ohne Sympathie und Mitgefühl.

> Aber bei der Biederkeit, der Gläubigkeit, dem Treue- und Ergebenheitsbedürfnis des deutschen Charakters möchte ich doch wahrhaben, dass das Dilemma in unserem Falle eine einzigartige Zuspitzung erfährt, und kann mich tiefen Ingrimms nicht erwehren gegen diejenigen, die ein so gutes Volk in eine seelische Lage brachten, die ihm meiner Überzeugung nach schwerer fällt als jedem anderen, und es sich selber heillos entfremdet.[22]

Im Unterschied zu den Deutschen, die sich ihrem Nationalcharakter entfremdet haben, ist Serenus Zeitblom ‚bei sich' geblieben. Er ist ein ‚eigentlich' unpolitischer, auch emotional von den politischen Inszenierungen der neuen Machthaber nicht affizierter Beobachter.

---

19 Ebd., S. 27.
20 Ebd., S. 34.
21 Gemeint ist damit nicht der bildungsbürgerliche Humanismus des 19. Jahrhunderts, der in den Jahren der Nachkriegszeit von vielen Intellektuellen als eine Fehlentwicklung begriffen wurde, und dessen konsequentes Scheitern sich in Auschwitz offenbarte. Als Lehrer für Latein und Griechisch ist Serenus Zeitblom dem Humanismus der Antike verpflichtet.
22 Mann 1980, S. 51.

> Das Dämonische, so wenig ich mir herausnehme, seinen Einfluß auf das Menschenleben zu leugnen, habe ich jederzeit als entschieden wesensfremd empfunden, es instinktiv aus meinem Weltbilde ausgeschaltet und niemals die leiseste Neigung verspürt, mich mit den unteren Mächten verwegen einzulassen, sie gar im Übermut zu mir herauszufordern, oder ihnen, wenn sie von sich aus versuchend an mich herantraten, auch nur den kleinen Finger zu reichen. Dieser Gesinnung habe ich Opfer gebracht, [...]. In dieser Beziehung bin ich mit mir zufrieden.[23]

Emotional affiziert ist Zeitblom nur in seinem Verhältnis zu seinem Jugendfreund Adrian Leverkühn, dem genialen Komponisten, von dessen Leben und Sterben er in ↗ *Doktor Faustus* Bericht ablegt. Adrian Leverkühn ist einen Pakt mit dem Teufel eingegangen, um seine künstlerische Produktivität und Originalität zu steigern. Am Ende fällt er in zunehmende geistige Umnachtung und stirbt – ohne Aussicht auf göttliche Erlösung. In seinen Aufzeichnungen, in denen Zeitblom über das Leben und Sterben des Freundes Auskunft gibt, vergleicht er ihn, den genialen Künstler, mit dem deutschen Volk, das sich ebenfalls dem Teufel verschrieb. In diesem Sinne ist der Anspruch Thomas Manns zu verstehen, einen „deutsche(n) Roman" geschaffen zu haben, „der eingegeben [ist] von den Leiden der letzten Jahre, vom Leiden an Deutschland".[24] Die zeitgenössische Rezeption schloss sich dieser Einschätzung an, und bis heute gilt ↗ *Doktor Faustus* vielen als *der* deutschsprachige Roman der Inneren Emigration.

Dabei – oder vielleicht gerade deshalb – ist ↗ *Doktor Faustus* in zweifacher Hinsicht ein Sonderfall. Erstens ist sein Verfasser ein Sonderfall. Er ist kein sogenannter Innerer Emigrant, insofern ist auch seine moralische Integrität als Autor nicht durch mögliche persönliche Versäumnisse oder Verstrickungen in Zweifel gezogen. Er ist ein Autor, dessen ablehnende Haltung gegenüber der Politik des Nationalsozialismus durch die frühzeitige Flucht ins Exil garantiert ist. Zweitens stellt der Roman mit Adrian Leverkühn zwar vordergründig einen Protagonisten ins Zentrum seiner Handlung, der sich – ebenso wie Deutschland zwischen 1933 und 1945 – dem Teufel verschrieb, jedoch ist es bei fortschreitender Lektüre des Romans die Erzählerfigur Serenus Zeitblom, die immer stärker in den Fokus des Interesses rückt. Auch sie ist von zweifelsfreier Integrität – die fraglose Anhänglichkeit an den Jugendfreund möglicherweise ausgenommen, doch wer wollte hier richten? Seine politische Enthaltsamkeit hat Zeitblom zwar nicht das Leben gekostet, doch einige nicht unerhebliche Opfer.[25] Serenus Zeitblom kann als der Prototyp des Inneren Emigranten verstanden werden.

---

23 Ebd., S. 10.
24 Ebd., S. 27.
25 Die Opfer, die Zeitblom erbringt, sind zum einen der Verlust seiner beruflichen Tätigkeit, zum anderen der Verzicht auf familiäre Intimität; Zeitblom hat stets die Denunziation durch seine zu überzeugten Nationalsozialisten herangewachsenen Söhne zu befürchten.

In diesem Zusammenhang erhält der Umstand Bedeutung, dass die Thomas-Mann-Forschung der Auffassung widersprach, Frank Thiess habe den Begriff der ‚Inneren Emigration' geprägt. Demnach findet sich der Begriff erstmals in einem zunächst nicht veröffentlichten Tagebucheintrag Thomas Manns vom 7. November 1933, fünf Jahre später dann in einigen veröffentlichten Essays und Reden, zuerst in *Dieser Friede* aus dem Jahr 1938.[26] Die Beanspruchung der Hoheitsrechte auf die Begriffsprägung für Thomas Mann im Kontext des literaturwissenschaftlichen Diskurses stellt mehr als nur eine interessante Randnotiz von vornehmlich fachwissenschaftlichem Interesse dar. Sie entledigt den Begriff des Ballasts, den der in Deutschland verbliebene Thiess ihm mit seinen den exilliterarischen Diskurs pervertierenden Anwürfen gegen Mann aufgebürdet hatte – und ‚nobilitiert' ihn ausgerechnet durch eben jenen Autor, dem gegenüber diese Anwürfe einst ausgesprochen wurden. Der inkriminierte Begriff geht damit unschuldig aus einer, wenn auch durchaus wissenswerten, weil bezeichnend unschönen Rekonstruktion seiner Geschichte hervor. Er selbst ist gerettet und kann guten Gewissens als Pendant zum Begriff ‚Exilliteratur' verwendet werden: eine Begriffsgeschichte mit *happy end*.

Doch lässt sich die Geschichte so nicht erzählen. Nicht zuletzt ist es der Protagonist dieser Erzählung, Thomas Mann, selbst, der sich einer solchen Erzählung auf das Entschiedenste widersetzt: Erstens unterscheidet Mann in seinem offenen Brief klar zwischen ‚Innerer Emigration' und ‚*Literatur* der Inneren Emigration'. ‚*Literatur* der Inneren Emigration', so lautet sein Urteil, gibt es nicht, zumindest dann nicht, wenn damit Werke bezeichnet werden sollen, die zwischen 1933 und 1945 in Deutschland veröffentlicht wurden. Zweitens zeigt Mann wenig später mit seiner literarischen Figur Serenus Zeitblom, dass es *Innere Emigration* sehr wohl geben kann. Auch bei größter persönlicher Zurückhaltung ist sie, dies legt die Figur nahe, keine Angelegenheit von rein innerlicher Natur, sie verlangt vielmehr erhebliche Opfer.

Fazit I
Wird der Begriff ‚Literatur der Inneren Emigration' von dem der ‚Inneren Emigration' im Sinne Thomas Manns streng geschieden, so wären mit dem Begriff ausschließlich Texte gemeint, die in den Jahren zwischen 1933 und 1945 in Deutschland verfasst, nicht aber veröffentlicht wurden. Die Anzahl der Werke, die dann noch unter die Kategorie ‚Literatur der Inneren Emigration' fielen,

---

26 Zu Manns Unterscheidung in innere und äußere Emigration vgl. auch Schnell 1997, S. 213.

wäre dann allerdings verschwindend gering.[27] Wird der Begriff ‚Literatur der Inneren Emigration' in Anspruch genommen, ist er in der Regel weiter gefasst und bezieht zwischen 1933 und 1945 in Deutschland veröffentlichte Texte mit ein; in einigen Eintragungen versucht man in diesem Sinne zwischen Wort- und Begriffsgeschichte einerseits und Sachgeschichte andererseits zu trennen. Präziser erscheint eine Unterscheidung in begriffs- und diskursgeschichtliche Überlegungen, wie sie hier auch vorgeschlagen wird und wie sie im Folgenden für diskursgeschichtliche Aspekte skizziert werden soll. Doch auch bereits im bisher diskutierten begriffsgeschichtlichen Kontext spielt die diskursgeschichtlich relevante Frage nach der Verwendung des Begriffs eine zentrale Rolle. Die Geschichte der ‚Rückeroberung' des Anspruchs auf die Prägung des Begriffs ‚Literatur der Inneren Emigration' durch Thomas Mann – die inzwischen vielerorts bis hin zu Wikipedia ihren Niederschlag gefunden hat – kann als Indiz für einen Prozess der Umwertung verstanden werden: Die ‚Rückeroberung' der Prägerechte für Thomas Mann ‚bereinigte' den von Anfang an als problematisch diskutierten Begriff. Wer sich damit – aus guten Gründen – nicht zufriedengeben mochte oder mag, verwendet den Begriff, setzt ihn aber in einfache Anführungszeichen.

2 Diskursgeschichtliche Überlegungen

Ein Begriff, der sich auf veröffentlichte Texte bezieht, die etwas Innerliches zu erkennen geben, ohne dass es jedoch öffentlich würde, ist ein fragwürdiger Begriff; Thomas Manns erstes, später modifiziertes Urteil über die in den Jahren zwischen 1933 bis 1945 in Deutschland gedruckte Literatur weist darauf hin. Offenkundig aus dieser Erkenntnis heraus weist Ernst Jünger, einer der prominentesten und zugleich umstrittensten Autoren der sogenannten ‚Literatur der Inneren Emigration' in Deutschland, den Begriff zurück. Befragt nach seiner eigenen Einschätzung seines 1939 in Deutschland veröffentlichten Romans *Auf den Marmorklippen* antwortete er:

---

27 Zu bedeutenden unveröffentlichten Texten aus den Jahren 1933–1945 gehören u.a. Werke Ernst Barlachs, die Tagebücher Hermann Kasacks, die lyrischen Arbeiten Oskar Loerkes und Wilhelm Lehmanns und die Sonette Albrecht Haushofers. Bekannt und relevant als ‚Beleg' für die Existenz einer widerständigen Literatur in der unmittelbaren Nachkriegszeit wird der umfangreiche, vor 1945 begonnene und 1946 veröffentlichte ‚christliche' Roman ↗ *Das unauslöschliche Siegel* von Elisabeth Langgässer.

> In der Tat wirkte das Buch sogleich wie eine Eruption und ich hatte während des ganzen Krieges Schwierigkeiten damit. [...] In meinem Archiv liegen hunderte von Belegen, die ich auch dort ruhen lasse, denn ich rechne mich nicht zur ‚Inneren Emigration' oder zu den Autoren von ‚verdeckter Schreibweise', sondern ich habe mich für jeden, der lesen konnte, gezeigt.[28]

Jüngers bündiger Bescheid distanziert sich von fruchtlosen akademischen Streitereien um Begrifflichkeiten. Diese halten sich, so legt es seine Antwort nahe, bei äußerlichen Fragen der Etikettierung auf. Jünger verweist stattdessen auf ‚die Sache selbst': auf den Text. Gerade *Marmorklippen* ist jedoch ein besonders eindrückliches Beispiel dafür, dass das schlichte Sich-Zeigen eines Textes keine Klarheit zu schaffen vermag. In der Forschung gelten die *Marmorklippen* als eines der umstrittensten Werke der ‚Literatur der Inneren Emigration'. Die Differenzen innerhalb der engeren fachlichen Debatten sind in diesem Fall so unüberbrückbar, dass sie sich bis in Lexikoneinträge und Literaturgeschichten hinein fortsetzen: Wird der Roman von der einen Seite als das paradigmatische Beispiel für einen Roman der Inneren Emigration genannt, so wird er von der anderen Seite ‚selbstverständlich' nicht der ‚Literatur der Inneren Emigration' zugerechnet; wie wenig ‚selbstverständlich' dies ist, markiert indes die explizite Negation, die in diesem Zusammenhang offenkundig erforderlich ist.[29]

Und auch Ernst Jünger vertraut in dieser heiklen Angelegenheit keineswegs allein auf die Klarheit, die das Sehen seines Textes erzeugt. Bemüht wird ein „Archiv", in dem sich zahllose „Belege" für die Schwierigkeiten befinden, welche die Veröffentlichung seines Textes bescherte. Was aber sollen diese Belege beweisen über die Schwierigkeiten hinaus, die in der Forschung schon bald bekannt waren und seit Langem recht gut erforscht sind?[30] Doch wohl eben dies, was über den

---

28 Ernst Jünger in einem ungedruckten und undatierten Brief an Rudy Abeßer, zit. n. Rotermund 2007, S. 17, Fn. 3.
29 Inge Stephan formuliert in *Deutsche Literaturgeschichte. Von den Anfängen bis zur Gegenwart*: „Aufgrund seiner missbräuchlichen Reklamation durch solche Autoren, die besser hätten schweigen sollen, ist der Begriff in Verruf geraten, ja die Existenz einer ‚Inneren Emigration' als solche wurde als haltloser ‚Mythos' (Schonauer) abgetan. Inzwischen haben neuere Forschungen jedoch ergeben, dass es eine ‚Innere Emigration', d.h. eine Oppositionsliteratur, die sich nicht gleichschalten ließ und regimekritisch gemeint war, in Deutschland tatsächlich gegeben hat. Es ist aber umstritten, was darunter zu verstehen ist und welche Autoren dazu gerechnet werden können. Relativ einfach zu sagen ist, wer nicht dazu gerechnet werden kann. In erster Linie sind hier Gottfried Benn und Ernst Jünger zu nennen, die immer wieder zu Repräsentanten der ‚Inneren Emigration' erklärt worden sind und sich nach 1945 auch selbst gern so gesehen haben." (Stephan 2008, S. 394)
30 Vgl. hierzu ausführlich Kiesel 2007.

Text hinaus und auf den Autor ‚hinter' dem Text verweist: Dass wir es hier mit einem Widerstandskämpfer zu tun haben, dessen persönliche Integrität mit der Feder in der Hand erstritten wurde und die über jeden Zweifel erhaben ist, damals wie heute. Nicht nur Jünger ist nach 1945 darum bemüht, in kommentierenden Paratexten geistige und literarische Entwicklungslinien zu ziehen, die durch die Vorgaben der nationalsozialistischen Herrschaft nicht gebrochen oder verbogen wurden. Es entsteht eine Vielzahl von Geschichten unkorrumpierter Kontinuität; im Deutschland der Nachkriegszeit hört man sie gern, nachweislich lieber als die Erzählungen, mit denen die Exilautoren aufwarten können. Da ist vor allem Gottfried Benn, neben Jünger der am häufigsten genannte prominente Vertreter der ‚Literatur der Inneren Emigration' – 1951 mit dem Büchner-Preis ausgezeichnet, 1953 mit dem Bundesverdienstkreuz. Seine Reden in den Jahren nach 1945 machen anschaulich, wie viel kleinere und durchaus auch größere ‚Korrekturarbeiten' für diese Kontinuitätserzählungen von unkorrumpierbarer Geistesgröße zu leisten sind.[31] Die rhetorischen Muster, die sich in den Selbstauskünften Jüngers und Benns erkennen lassen, charakterisieren eine Vielzahl von Äußerungen, mit denen Autorinnen und Autoren nach 1945 ihr persönliches Verhalten und ihre literarische Entwicklung kommentieren.

Die Rezeptionsgeschichte zeigt, dass es sich dabei keineswegs nur um persönliche Angelegenheiten handelt. Die Einschätzung der Integrität einer Autorin oder eines Autors, die der Inneren Emigration zugerechnet werden – oder dezidiert nicht zugerechnet werden –, hat entscheidenden Einfluss auf die Rezeption der Werke; immer wieder finden sich im Falle literarisch besonders geschätzter Werke Versuche von ‚Ehrenrettungen'. Erwin Rotermund hat dafür plädiert, nicht länger den unscharfen Begriff ‚Literatur der Inneren Emigration' zu verwenden, sondern sich auf die Untersuchung ‚verdeckter Schreibweisen' und auf die Analyse von Verfahren der literarischen Camouflage zu beschränken, womit er bereits über die Wahl der Begrifflichkeit einen literaturwissenschaftlichen Akzent setzt. Diese Beschränkung zielt nicht darauf ab, die jeweiligen Kontexte und Funktionsweisen der zu untersuchenden Texte auszuklammern. Vielmehr geht es

---

31 Zu einer der größeren ‚Korrekturen', die Benn vornimmt, gehört seine 1952 anlässlich einer Gedenkveranstaltung für Else Lasker-Schüler angestrengte Berufung auf die einst so enge persönliche und literarische Verbundenheit mit der Dichterin. Diese Verbundenheit war ihm damals von Lasker-Schüler in bitteren Versen aufgekündigt worden, nachdem er sich und seine expressionistische Dichtung den neuen Machthabern anzudienen versucht hatte. Zu den Korrespondenzen Lasker-Schüler/Benn und zu seiner erinnerungspolitischen Positionierung nach 1945 vgl. Skrodzki 1999. Zur erinnerungspolitischen Positionierung von Benn nach 1945 vgl. auch den Beitrag vor Dirk Kretschmar zu Gottfried Benn in diesem Band.

darum, sie zu identifizieren und explizit zu benennen, sie systematisch voneinander zu scheiden und in ihrem Verhältnis zueinander zu hierarchisieren. Rotermunds Vorschlag aufzugreifen bedeutet, die Beschäftigung mit Texten, die zwischen 1933 bis 1945 in Deutschland entstanden sind, für Vergleiche mit narrativen Strategien zu öffnen, wie sie in anderen politischen Zwangsverhältnissen von Zensur und Diktatur zu beobachten sind.[32]

Die Unverzichtbarkeit einer sorgfältigen Analyse von Kontexten bei Texten, die in politischen Zwangsverhältnissen entstanden sind, erweist sich anschaulich an Texten, die in der uninformierten Rezeption zunächst als ‚unpolitisch' wahrgenommen werden. In der deutschsprachigen Literatur betrifft dies in besonderer Weise Werke der christlichen Dichtung. Vor allem die sich zum Katholizismus bekennenden Autorinnen und Autoren standen in Deutschland zwischen 1933 und 1945 unter besonderer Beobachtung. Sie galten nicht nur als widerständig aus ihrer persönlichen Glaubensüberzeugung heraus, sondern zudem als gut organisiert und vernetzt, insofern als besonders gefährlich und als genau zu beobachten.[33] Protestantische Autoren sahen sich einer vergleichbar aufmerksamen Beobachtung durch die Zensur ausgesetzt. Dies gilt etwa für Jochen Klepper, den Verfasser des Liedtextes *Die Nacht ist vorgedrungen*, dessen erste Strophe lautet:

> Die Nacht ist vorgedrungen
> Der Tag ist nicht mehr fern
> So sei nun Lob gesungen
> dem hellen Morgenstern.[34]

---

[32] Für die zwischen 1933 und 1945 entstandenen Texte der sogenannten Inneren Emigration wäre damit eine ähnliche Öffnung zu versuchen wie sie für die zwischen 1933 und 1945 entstandene Exilliteratur vorgeschlagen worden ist; der Beitrag begreift sich in dieser wie in jener Hinsicht als ein Beitrag im Rahmen dieser Bemühungen. Walter A. Berendsohn schreibt in diesem Sinne 1976: „Eine künftige Geschichte der deutschen Emigrantenliteratur [...] zu schreiben, hat nur dann Sinn und sie kann nur dann Bedeutung gewinnen, wenn es ein Anderes Deutschland gibt, das während des Dritten Reiches unterdrückt und fast verstummt war, das aber weiterlebt, allmählich wiederersteht und sich das, was die deutschen Emigranten an dauerhaftem Literaturgut geschaffen haben, als wertvollen Bestandteil seiner Kulturüberlieferung einfügt." (Berendsohn 1976, S. 6)

[33] Mit Konzeptionen christlicher Dichtung befassten sich überwiegend katholische Autorinnen und Autoren. Zur (Vor-)Geschichte der christlichen Dichtung im 20. Jahrhundert vgl. die materialreiche Studie von Friedrich Vollhardt mit dem Titel *„Hochland"-Konstellationen. Programme, Konturen und Aporien des literarischen Katholizismus am Beginn des 20. Jahrhunderts* (Vollhardt 2008). Richard Löwenthal unterteilt den Widerstand im Deutschland der Jahre 1933–1945 in drei Strömungen: politische Verweigerer, weltanschauliche Dissidenten und konfessionelle Autoren (Löwenthal 1997, S. 23).

[34] Klepper 1938, S. 20.

Die ‚widerständige' Qualität dieses Kirchenliedes, das heute noch in Gottesdiensten gesungen wird, erschließt sich erst, wenn Unterlagen aus der Entstehungszeit hinzugezogen werden. Dann erst wird deutlich, dass das, was man heute möglicherweise als misanthropische Klage über die Welt auffassen mag, zu jenem Zeitpunkt, als es beim Amt Rosenberg einzureichen war, ein sehr konkret zu beschreibendes Wagnis darstellte. Dort wurde es gelesen als Einspruch gegen das Leben in einer verdunkelten Welt, in der allein die Hoffnung auf göttliche Erlösung – und nicht auf einen weltlichen ‚Führer' – Licht hereindringen lässt. Neben den Akten aus dem Amt Rosenberg sind auch Kleppers Tagebuchaufzeichnungen aus dieser Zeit überliefert.[35] Sie legen ein beklemmendes Zeugnis von den Maßnahmen der Zensur und von ihren Folgen ab, von den Bemühungen, denen sich Klepper unterzog, um ihnen gerecht zu werden, ohne sich und seinen Glauben zu verraten – und schließlich von seinem verzweifelten Scheitern an den Forderungen, die nicht nur an sein literarisches Schaffen, sondern auch an seine persönlichsten Lebensumstände gestellt wurden. Am 11. Dezember 1942 nahm sich Jochen Klepper gemeinsam mit seiner jüdischen Frau und seiner Stieftochter das Leben.

Dass das Lied heute noch gesungen wird, dass aber die Umstände seiner Entstehungs- und Rezeptionsgeschichte nicht mehr bekannt sind, es also mit anderen Bedeutungen belegt wird, stellt nicht die ‚widerständigen' Implikationen infrage, die es zur Zeit seines Erscheinens hatte. Vielmehr wird deutlich, in welcher Weise sich Funktionen poetischer Texte je nach Kontexten verschieben und verändern. Angesichts politischer Zwangsverhältnisse jedoch wird eines der Bestimmungsmerkmale der poetischen Funktion von Texten zum Makel. Der literaturwissenschaftliche Diskurs gerät an dieser Stelle an seine Grenzen. An diese Grenze führt ihn schließlich auch die Begrifflichkeit der ‚verdeckten Schreibweise' und der ‚literarischen Camouflage'. Beide Begriffe gehen von einer (mehr oder weniger) klaren und eindeutigen politischen Botschaft aus, die den Texten in ihren jeweiligen Kontexten eingeschrieben ist und die in einer sorgfältigen Text/Kontext-Analyse erschlossen werden kann.[36]

---

[35] Klepper 1951, siehe auch Klepper 1973. Zu Klepper vgl. Bluhm 1991 und auch Kroll 1996.
[36] Rotermund übersieht diesen Aspekt keineswegs. Entsprechend zurückhaltend benennt er Kriterien für die ‚verdeckte Schreibweise'. Unter Bezugnahme auf Leo Strauss und sein 1952 erschienenes Buch *Persecution and the Art of Writing* (Glencoe/Illinois 1952) benennt Rotermund die entsprechenden narrativen Strategien als „Verstöße gegen die Stilprinzipien der klassischen Rhetorik [...], besonders an die gegen die zentrale Tugend der Angemessenheit (aptum) und gegen die Klarheit (perspecuitas), die neben der Sprachrichtigkeit und dem Schmuck die Effektivität der Rede garantieren sollen. [...] Wenn man das in der klassischen Rhetorik als Verletzung der Angemessenheit Behandelte und das bei Strauss unter dem Aspekt der planvollen ‚literarischen

Wenn sich Ernst Jünger in seinem Statement zu den *Marmorklippen* sowohl gegen den Begriff ‚Literatur der Inneren Emigration' wie gegen den des ‚verdeckten Schreibens' wendet, so beruft er sich (außer auf die Dokumente im Keller, die seine persönliche Integrität bezeugen sollen) auch, vielleicht sogar allererst, auf die mit der Moderne entstandene Auffassung, dass sich der literarische Text in einem quasi-religiösen Rezeptionsgeschehen ‚zeigt' – in einer Klarheit, die ‚höher ist als jede Vernunft'. Jünger kann auf die Auffassung rekurrieren, dass die Mehr- und Vieldeutigkeit literarischer Texte nicht nur ihre poetische Funktion bezeichnet, sondern für ihre literarische Qualität bürgt. ‚Qualität' wäre hier nicht als ein neutraler Begriff zu verstehen, sondern als ein durchaus wertender. Mit ihm verbindet sich eine Aufforderung an die Forschung, die literarische Qualität von Texten im Einzelfall zu prüfen, die zwischen 1933 und 1945 in Deutschland veröffentlicht wurden – und sie gegebenenfalls zu erkennen und anzuerkennen.[37]

Der Ansatz, jeden Text im Einzelfall unter besonderer Berücksichtigung des Kontextes seiner Entstehungs- und Veröffentlichungsgeschichte zu prüfen, geht davon aus, dass unter den Bedingungen von Zensur und Diktatur von widerständigen ‚Strömungen' oder ‚Gruppierungen' kaum gesprochen werden kann; eine gewisse Ausnahme bilden die Kreise der christlichen Dichter. Eine signifikante Annahme bilden jedoch die jüdischen Autorinnen und Autoren, die in Deutschland zwischen 1933 und 1945 schrieben. Sie alle waren vom Ausschluss aus der RSK betroffen, sie alle waren existentiell bedroht, und sie alle wurden ermordet, sofern sie nicht noch rechtzeitig fliehen oder untertauchen konnten. Um der Sonderstellung dieser Autorinnen und Autoren gerecht zu werden, ließe sich erwägen, sie nicht der Inneren Emigration zuzurechnen – so als ob sie eine Wahl gehabt hätten –, sondern von Autorinnen und Autoren des Inneren Exils zu spre-

---

Mängel' Angedeutete für eine Poetik und Hermeneutik der verdeckten Schreibweise systematisch auswerten will, bieten sich die in der Pragmalinguistik seit längerem diskutierten Gesprächsprinzipien an." Diese sind, so schließt Rotermund, „ergiebig vor allem für zweckorientierte publizistische Gebrauchstexte; für die Dichtung müssten die Gesprächsprinzipien modifiziert werden" (Rotermund 2007, S. 23f.). Entsprechend wenig ‚programmatisch' ist auch die umfangreiche Untersuchung *Zwischenreiche und Gegenwelten. Texte und Vorstudien zur ‚verdeckten Schreibweise'* im „Dritten Reich" von Heidrun Ehrke-Rotermund und Erwin Rotermund konzipiert (Ehrke-Rotermund/Rotermund 1999). Auf eine kurze „Einführung in die Poetik, Rhetorik und Hermeneutik der ‚Verdeckten Schreibweisen'" (S. 16–24) folgen eingehende exemplarische Analysen.

37 Für eine differenzierte Untersuchung von Einzelfällen spricht sich auch Hans Dieter Schäfer in seiner zuerst 1984 veröffentlichten Arbeit *Das gespaltene Bewusstsein* (Schäfer 2009) aus, in der er Studien zu den Werken von Horst Lange, Wilhelm Lehmann, Wolfgang Koeppen, Peter Huchel, Günter Eich u.a. vorlegt.

chen – und damit ihre Zwangslage zu markieren.³⁸ Für diese begriffliche Differenzierung spräche nicht nur die prinzipiell andere Situation, in der sich jüdische Schreibende im Vergleich mit ihren ‚arischen' Kolleginnen und Kollegen befanden. Für diese begriffliche Differenzierung spräche auch, dass damit zugleich eine zentrale literarische Kategorie vieler ihrer Werke benannt werden kann. Eine Vielzahl von Texten jüdischer Autorinnen und Autoren, die in der Zeit zwischen 1933 und 1945 entstanden sind, zeigt, dass sie sich unter dem Druck der zunehmenden Ausgrenzung und existentiellen Bedrohung der jüdischen Tradition zuwenden, insbesondere der für das Judentum zentralen Beschäftigung mit dem Exil.³⁹ Doch bleibt die Frage kritisch zu reflektieren, ob sich diese Differenzen zwischen jüdischen und nichtjüdischen Autorinnen und Autoren in einer begrifflichen Unterscheidung der Zuordnung ihrer Werke im einen Fall zur ‚Literatur der Inneren Emigration', im anderen Fall zur ‚Literatur des Inneren Exils' niederschlagen sollten. In der oppositionellen Setzung der beiden Begriffe nämlich würden lebensgeschichtliche Umstände festgeschrieben, wären spezifische narrativer Verfahren, die gerade gegen Ausgrenzung und tödliche Bedrohung anschreiben, nicht adäquat zu erfassen. Am Beispiel Gertrud Kolmars, der bedeutendsten Vertreterin der deutsch-jüdischen Literatur in den Jahren zwischen 1933 und März 1943, dem vermutlichen Datum ihrer Ermordung in Auschwitz, lassen sich diese Bedenken skizzieren. Nach 1933 entschied sich Kolmar dazu, mit dem gebrechlichen Vater in Deutschland zu bleiben und für ihn zu sorgen. Aus den Briefen an ihre ins Exil geflohene Schwester Hilde geht hervor, dass Kolmar diese Entscheidung als einen Schritt begriff, mit dem sie *in Freiheit* auf die Zwangssituation reagierte, in die sie sich durch die nationalsozialistische Rassenpolitik gestoßen sah. Diese Auffassung von Freiheit findet sich in ihren literarischen

---

38 Paul Michael Lützeler verwendet diesen Begriff in seinem Beitrag im vorliegenden Band und schlägt vor, den Begriff der ‚Literatur der Inneren Emigration' durch den des ‚Inneren Exils' zu ersetzen. Sein Argument geht von einer Gegenüberstellung von Emigration und Exil unter dem Aspekt der Pläne für eine Rückkehr aus. Während der Emigrant das Land verlasse, ohne an Rückkehr zu denken, gehe der Exilant mit dem festen Vorhaben fort, wieder zurückzukommen. Entsprechend wolle auch der im Land zurückgebliebene ‚innere Emigrant', sobald sich die politischen Verhältnisse geändert haben, wieder aus seiner sozialen Isolation heraustreten und Teil der Gemeinschaft werden. Aus diesem Grund, so argumentiert Lützeler, sei der Begriff des ‚Inneren Exils' dem der ‚Inneren Emigration' vorzuziehen. – Die hier angesprochenen Überlegungen fokussieren die Begriffe in ihrer Gegenüberstellung anders. Sie beschränken ihre Argumentation auf die deutsch-jüdische Literatur, und die Bedenken, die sie schließlich gegen die alternative Begrifflichkeit formulieren, leiten sich aus Überlegungen zu Verfahren der Narration ab, also aus ausschließlich literaturwissenschaftlichen Kategorien.
39 Vgl. den Beitrag von Itta Shedletzky im vorliegenden Band, der auch die entsprechenden Hinweise auf die einschlägige Forschung enthält.

Werken wieder. Ihre Gedichte wie ihre Prosatexte entwerfen immer neue, vielfältige Figuren der Inversion, in denen Zwangssituationen zu freien Entscheidungen subvertiert werden und in denen Fremdzuschreibungen in einem Verfahren der aktiven Selbstermächtigung in einem neu gewonnenen Selbstverständnis ‚aufgehen'. Diese Figuren der Inversion, die Kolmar in ihren Werken in eine als spezifisch jüdisch ausgewiesene Tradition einschreibt, charakterisieren ihr literarisches Werk nach 1933.[40] Diese charakteristische und überaus beeindruckende Besonderheit des Erzählens bei Kolmar würde durch die begriffliche Zuordnung ihres Werks zu einer ‚Literatur des Inneren Exils' verfehlt, genauer: Sie wäre in einer *gegen* die eigens *für* die Literatur deutsch-jüdischer Autorinnen und Autoren eingeführten Kategorie zu leisten.

In dieser Widersprüchlichkeit artikuliert sich nicht allein die Problematik des Begriffs ‚Literatur des Inneren Exils'. Die Schwierigkeiten, die sich mit der Entscheidung für einen Begriff verbinden – ‚Literatur der Inneren Emigration', ‚verdeckte Schreibweisen' und ‚literarische Camouflage' – sind begrifflich nicht aufzulösen und verlangen den Rückzug auf den Einzelfall. Dieser Rückzug ist unvermeidlich und wohlfeil zugleich: Überblicksdarstellungen und Lexikoneinträge kommen ohne Kategorien und Begriffe nicht aus, die zumindest Richtungen und Tendenzen markieren. Angesichts der schwierigen Lage verfahren sie in der Regel pragmatisch und treffen – explizit oder implizit – eine Unterscheidung in Begriffs- und Sachgeschichte.[41] Unter der Rubrik ‚Wort- und Begriffsgeschichte' wird die Problematik des Begriffs dargelegt. Unter der Rubrik ‚Sachgeschichte' werden dann jene Werke aufgeführt, die gemeinhin der Inneren Emigration zugerechnet werden. Verbunden mit diesen Darstellungen wird zudem der Versuch unternommen, Kriterien zu benennen, die als typisch für Werke der Inneren Emigration gelten können. Die Frage der Gattungszugehörigkeit steht hier zumeist am Anfang. Als ‚typisch' werden die Gattungen benannt, die es den Autorinnen und Autoren erlauben, sich nicht zu den zeitgeschichtlichen Geschehnissen äußern

---

40 Vgl. z. B. das Gedicht *Wir Juden* (Kolmar 2003, S. 371 ff.), vgl. auch den Ende 1939/Anfang 1940 verfassten Prosatext *Susanna* (Kolmar 1993). Zu Kolmars Exilverständnis im Kontext der jüdischen Tradition vgl. Erdle 1993. Zur Thematisierung des Exils bei Kolmar siehe auch den Beitrag von Franz Fromholzer zu Gertrud Kolmar in diesem Band.
41 Der vorliegende Beitrag wählt in gewisser Weise eine entsprechende Zweiteilung, wenn er im ersten Teil die Begriffs- und Diskursgeschichte und im zweiten Teil eine Problematisierung der Begrifflichkeit an exemplarischen, rezeptionsgeschichtlich besonders prominenten Texten vornimmt.

zu müssen, also historische Romane[42] und naturlyrische Werke. Wie problematisch diese Zuordnungen indes sind, verschweigt kaum ein Eintrag: Die Gattung des historischen Romans wird mindestens ebenso häufig als ‚typische' Gattung der Exilliteratur vorgestellt; die prinzipiellen Überlegungen, die Alfred Döblin 1936 zum historischen Roman – „Jeder gute Roman ist ein historischer Roman" – formulierte, gestatten es kaum, diese Gattung generell als eine eskapistische zu diskreditieren.[43] Ähnliches gilt für die Naturlyrik. In jenen Zeiten, in denen ein Gedicht über einen Baum schon ein Verbrechen ist, wie Bertolt Brecht es formuliert hat, wird in der Tat gelegentlich das Schreiben über die Natur zum ‚Verbrechen', zum Anlass ‚verdeckten Schreibens'. Die Gedichte Oskar Loerkes und Wilhelm Lehmanns legen Zeugnis davon ab. Versuche, verallgemeinernd Charakteristika für die ‚Literatur der Inneren Emigration' zu benennen, kommen über oberflächliche Klischees kaum hinaus. Erst hinter diesem Oberflächlichen öffnen sich die Spielräume der literarischen Camouflage.

Fazit II

Das Festhalten an einem übergeordneten Begriff erlaubt es, einen Namen für jene literarischen Werke zur Verfügung zu haben, in denen sich in Deutschland in den Jahren zwischen 1933 und 1945 geistiger Widerstand artikulierte und die dennoch veröffentlicht werden konnten.[44] Gute Gründe sprechen dafür, den Begriff ‚Literatur der Inneren Emigration' durch einen anderen, begriffsgeschichtlich weniger belasteten und zutreffenderen Begriff zu ersetzen. Die Suche nach Alternativen zeigt indes, dass die Probleme, die sich mit diesem Begriff verbinden, damit

---

42 Vgl. auch Rotermund, der die „historische Analogie bzw. Allegorie" als „wohl die wichtigste und eindrucksvollste Form der ‚Verdeckten Schreibweise' zwischen 1933 und 1945" bezeichnet (Rotermund 2007, S. 20).

43 Döblin schreibt, dem historischen Roman sei zu Beginn des 20. Jahrhunderts „eine *neue eigene Funktion berichtender Art* zugefallen", nämlich die Funktion einer „Spezialberichterstattung aus der persönlichen und gesellschaftlichen Realität" (Döblin 1989, S. 304).

44 In seiner *Einführung in die deutsche Emigrantenliteratur* aus dem Jahr 1976 unternimmt Walter A. Berendsohn eine ausgewogene Darstellung des Konzepts der ‚Literatur der inneren Emigration', in der er die Problematik des Begriffs skizziert, zugleich aber an dem Begriff festhält aus der Überzeugung heraus, dass es in den Jahren zwischen 1933 und 1945 zweifellos „eine Dichtung des inneren Widerstands gab" (Berendsohn 1976, S. 20). In diesem Sinne ist auch bereits sein Eintrag *Emigrantenliteratur* in dem von Kohlschmidt und Mohr im Jahr 1958 herausgegebenen *Reallexikon der deutschen Literaturgeschichte* zu verstehen, den Berendsohn mit einem Absatz zur Literatur der Inneren Emigration einleitet. Vgl. hierzu zuletzt Hans Dieter Zimmermann, der ebenfalls dafür plädiert, an dem Begriff der ‚Inneren Emigration' als einem eingeführten Begriff festzuhalten. Den Begriff der Dissidentenliteratur verwirft er mit dem Argument, sie könne leicht „polemisch missbraucht werden" (Zimmermann 2012, S. 60).

kaum zu lösen sind. Für welchen Begriff man sich auch entscheiden mag: Deutlich wird, dass es sich bei der Wahl der Begrifflichkeit eben nicht – so wie Jünger es nahelegen möchte – lediglich um eine Frage der äußerlichen Etikettierung handelt. Vielmehr sind damit immer auch zugleich Probleme und Fragestellungen angesprochen, die ins Zentrum der Texte und ihrer Kontexte zielen.

Im Verweis auf die gut erschlossene – wenn auch, wie argumentiert wurde, nicht unproblematische – Rekonstruktion der Begriffs- und Diskursgeschichte lässt sich argumentieren, das Festhalten an dem eingeführten Begriff ‚Literatur der Inneren Emigration' verfüge über den Vorteil, dass mit ihm zugleich die kontroversen Debatten unvermeidlich mitgedacht und -thematisiert werden müssen, die den Begriff von Anfang an begleiten. Das Festhalten an dem umstrittenen Begriff verpflichtet damit darauf, im Umgang mit dem je einzelnen Text sein Verhältnis zu seinen Funktionsweisen und Kontexten mit besonderer Aufmerksamkeit zu prüfen.

Die Kontexte, in denen Werke der sogenannten Inneren Emigration und Werke der Exilliteratur entstanden, sind grundsätzlich voneinander verschieden. Insofern sind Werke der Inneren Emigration und exilliterarische Texte nur mit größter Sorgfalt miteinander in Beziehung zu setzen. Da jedoch nicht nur die je aktuellen Umstände und Bedingungen des Schreibens für die Produktion literarischer Texte wesentlich sind, sondern sich auch die Weiterentwicklung geistiger Traditionslinien und literarischer Strömungen in ihnen niederschlägt, lassen sich gleichwohl sinnvoll Vergleiche anstellen. Unter anderem wären dabei die unterschiedlichen Bedingungen des Schreibens unter Zensur, Verbot und Exil in Anschlag zu bringen, und es wäre zu prüfen, ob und inwiefern sich daraus Konsequenzen für das Fortentwickeln von Inhalten und für die Weiterentwicklung narrativer Verfahren ableiten lassen. Dabei ist von Verallgemeinerungen abzusehen. „Und die ‚Innerlichkeit', die den ‚Inneren Emigranten' manchmal pauschal vorgeworfen wird", betont Hans Dieter Zimmermann zu Recht, „fand sich auch in Texten äußerer Emigranten. […] Nicht nur der Begriff ‚Innere Emigration' ist höchst fragwürdig, auch der Begriff Exilliteratur ist es, insofern er eine Gemeinsamkeit behauptet, die so nicht vorhanden ist."[45] Es gilt, auf moralisch aufgeladene Pauschalisierungen und Lagerbildungen, die sich oftmals aus den Biografien der Autorinnen und Autoren ableiten, in der Auseinandersetzung mit Texten der ‚Inneren Emigration'[46] ebenso zu verzichten wie in der vergleichenden Analyse von Texten der ‚Inneren Emigration' und der Exilliteratur.[47]

---

[45] Zimmermann 2012, S. 47, siehe auch S. 49f.
[46] Die Grenze zwischen pauschalisierenden Verallgemeinerungen und sinnvollen Einteilungen ist dabei nicht immer leicht zu ziehen. So versucht etwa Jost Hermand für die ‚Literatur der Inneren Emigration' eine Unterscheidung zwischen alter und junger Generation zu treffen. Dabei schreibt er widerständiges Potential ganz überwiegend den Werken jener Autorinnen und Auto-

Literatur

Barbian, Jan-Pieter: *Literaturpolitik im NS-Staat: Von der "Gleichschaltung" bis zum Ruin*. Frankfurt a. M. 2010.

Barbian, Jan-Pieter: „Zwischen Anpassung und Widerstand. Regimekritische Autoren in der Literaturpolitik des Dritten Reiches". In: Kroll/Voss 2012, S. 63–99.

Benn, Gottfried: „Antwort an die literarischen Emigranten" (1933). In: *Autobiografische und vermischte Schriften*. Gesammelte Werke in vier Bänden, Bd. 4. Hg. v. Dieter Wellershoff. München 1977, S. 24–32.

Berendsohn, Walter A.: „Das ‚andere Deutschland': Illusion oder Wirklichkeit?" In: Ders.: *Die humanistische Front. Einführung in die deutsche Emigrantenliteratur. Zweiter Teil: Vom Kriegsausbruch bis Ende 1946*. Worms 1976, S. 6–32.

Bloch, Ernst: „Zerstörte Sprache – Zerstörte Kultur" (1939). In: *Politische Messungen, Pestzeit, Vormärz*. Gesamtausgabe, Bd. 11. Hg. v. Burghart Schmidt. Frankfurt a. M. 1985, S. 277–299.

Bluhm, Lothar: *Das Tagebuch zum Dritten Reich. Zeugnisse der Inneren Emigration*. Bonn 1991.

Böttiger, Helmut (Hg.): *Doppelleben. Literarische Szenen aus Nachkriegsdeutschland*, Bd. 1. Begleitbuch zur Ausstellung. Erarb. v. Helmut Böttiger u. Mitarbeit v. Lutz Dittrich; Bd. 2. Materialen zur Ausstellung. Hg. v. Bernd Busch u. Thomas Combrink. Göttingen 2009.

Brecht, Bertolt: „Svendborger Gedichte VI". In: *Gesammelte Gedichte*, Bd. 2. Frankfurt a. M. 1976, S. 718–724.

Brekle, Wolfgang: *Schriftsteller im antifaschistischen Widerstand 1933–1945 in Deutschland*. Berlin, Weimar 1985.

Caemmerer, Christiane u. Walter Delabar (Hg.): *Dichtung im Dritten Reich?* Opladen 1996.

Denkler, Horst u. Karl Prüm (Hg.): *Die deutsche Literatur im Dritten Reich. Themen – Traditionen – Wirkungen*. Stuttgart 1976.

Döblin, Alfred: „Der historische Roman und wir". In: *Schriften zu Ästhetik, Poetik und Literatur. Ausgewählte Werke in Einzelbänden*. Begründet v. Walter Muschg. In Verb. mit den Söhnen des Dichters, hg. v. Anthony W. Riley, Bd. 29. Hg. v. Erich Kleinschmidt. Olten, Freiburg i. Br. 1989, S. 291–316.

Ehrke-Rotermund, Heidrun u. Erwin Rotermund (Hg.): *Zwischenreiche und Gegenwelten. Texte und Vorstudien zur ‚verdeckten Schreibweise' im ‚Dritten Reich'*. München 1999.

---

ren zu, die erst nach 1933 zu schreiben begannen: „Genau besehen blieb nämlich die Mehrheit aller zwischen 1933 und 1945 in Deutschland publizierenden Autoren entweder bei ihren älteren nationalkonservativen Überzeugungen oder bevorzugte nach wie vor unpolitische Themen (Hermand 2010, S. 182). Die junge Generation hingegen fing „erst nach 1933 an zu schreiben. Die demokratisch-liberalen oder gar linken Tendenzen in der Literatur der Weimarer Republik waren ihnen daher zumeist fremd. Eine Flucht ins Exil oder ein politischer Widerstand kam demnach für die, die weder Linke noch Juden waren, kaum in Betracht. Sie nahmen die Verhältnisse nach 1933, welche sie persönlich nicht bedrohten, erst einmal so hin wie sie waren, und versuchten, innerhalb des Dritten Reichs eine Nische zu finden [...]" (ebd., S. 183).

47 Einen wichtigen Schritt in diese Richtung unternimmt der von Wilhelm Haefs herausgegebene Band *Nationalsozialismus und Exil 1933–1945. Hansers Sozialgeschichte der deutschen Literatur vom 16. Jahrhundert bis zur Gegenwart*, Bd. 9 (München 2009).

Erdle, Birgit R.: „Verbotene Bilder. Zur Interpretation des Exils bei Gertrud Kolmar". In: *Deutsch-jüdische Exil- und Emigrationsliteratur im 20. Jahrhundert*. Hg. v. Itta Shedletzky u. Hans-Otto Horch. Tübingen 1993, S. 121–137.

Graeb-Könnecker, Sebastian: *Literatur im Dritten Reich. Dokumente und Texte*. Stuttgart 2001.

Grimm, Reinhold u. Jost Hermand (Hg.): *Exil und Innere Emigration*, Bd. 1. Frankfurt a. M., Bonn 1972.

Grosser, Johannes Franz Gottlieb (Hg.): *Die große Kontroverse. Ein Briefwechsel in Deutschland*. Hamburg u. a. 1963.

Haefs, Wilhelm (Hg.): *Nationalsozialismus und Exil 1933–1945. Hansers Sozialgeschichte der deutschen Literatur vom 16. Jahrhundert bis zur Gegenwart*, Bd. 9. München 2009.

Hermand, Jost: *Kultur in finsteren Zeiten. Nazifaschismus, Innere Emigration, Exil*. Köln, Weimar, Wien 2010.

Hillesheim, Jürgen u. Elisabeth Michael (Hg.): *Lexikon nationalsozialistischer Dichter: Biografien, Analysen, Bibliografien*. Würzburg 1993.

Hohendahl, Peter Uwe u. Egon Schwarz (Hg.): *Exil und Innere Emigration*, Bd. 2. Frankfurt a. M. 1973.

Holzner, Johann u. Karl Müller (Hg.): *Literatur der ‚Inneren Emigration' aus Österreich*. Wien 1998.

Jünger, Ernst: „Auf den Marmorklippen". In: *Sämtliche Werke*, Bd. 15. Erzählungen. Stuttgart 1978, S. 247–351.

Jünger, Ernst: *Der Arbeiter. Herrschaft und Gestalt*. Stuttgart 1981.

Kaufmann, Ulrich: *O.M. Graf: Rebell, Erzähler, Weltbürger*. München 1994.

Ketelsen, Uwe-Karsten: *Literatur und Drittes Reich*, 2., durchges. Aufl. Vierow 1992.

Kiesel, Helmuth: *Ernst Jünger: Die Biografie*. München 2007.

Klepper, Jochen: *Kyrie. Geistliche Lieder*. Berlin 1938.

Klepper, Jochen: „Das Tagebuch der letzten Woche". In: *Die Flucht der Katharina von Bora oder Die klugen und die törichten Jungfrauen. Aus dem Nachlaß unter Benützung von Tagebuchaufzeichnungen*. Hg. u. eingel. v. Karl Pagel. Stuttgart 1951, S. 19–30.

Klepper, Jochen: *Briefwechsel 1925–1942*. Hg. u. bearb. v. Ernst Riemenschneider. Stuttgart 1973.

Kolmar, Gertrud: *Susanna*. Mit einem Nachw. v. Thomas Sparr. Frankfurt a. M. 1993.

Kolmar, Gertrud: *Das lyrische Werk. Gedichte 1927–1937*. Hg. v. Regina Nörtemann. Göttingen 2003.

Krohn, Claus-Dieter, Erwin Rotermund, Lutz Winckler u. Wulf Koepke, *Aspekte der künstlerischen Inneren Emigration 1933–1945*. München 1994 (Exilforschung. Ein internationales Jahrbuch, Bd. 12).

Kroll, Frank-Lothar: *Wort und Dichtung als Zufluchtstätte in schwerer Zeit*. Berlin 1996.

Kroll, Frank-Lothar: „Intellektueller Widerstand im Dritten Reich. Möglichkeiten und Grenzen". In: Kroll/Voss 2012, S. 13–44.

Kroll, Frank-Lothar u. Rüdiger von Voss: *Schriftsteller und Widerstand. Facetten und Probleme der ‚Inneren Emigration'*. Göttingen 2012.

Lämmert, Eberhard: „Beherrschte Literatur. Vom Elend des Schreibens unter Diktaturen". In: Rüther 1997, S. 15–38.

Langgässer, Elisabeth: *Das unauslöschliche Siegel*. Düsseldorf 1946.

Loewy, Ernst: *Literatur unterm Hakenkreuz. Das Dritte Reich und seine Dichtung. Eine Dokumentation* (1966). Frankfurt a. M. 1990.

Loewy, Ernst: „Zum Paradigmenwechsel in der Exilliteraturforschung". In: *Deutsch-jüdische Exil- und Emigrationsliteratur im 20. Jahrhundert*. Hg. v. Itta Shedletzky u. Hans-Otto Horch. Tübingen 1993, S. 15–28.
Löwenthal, Richard: „Widerstand im totalen Staat". In: Löwenthal/Zur Mühlen 1997, S. 11–24.
Löwenthal, Richard u. Patrick von zur Mühlen (Hg.): *Widerstand und Verweigerung*. 3. Aufl. Bonn 1997.
Mann, Thomas: *Doktor Faustus. Das Leben des deutschen Tonsetzers Adrian Leverkühn erzählt von einem Freunde*. Gesammelte Werke in Einzelbänden. Frankfurter Ausgabe. Hg. v. Peter de Mendelsohn. Frankfurt a. M. 1980.
Rotermund, Erwin: „Probleme der ‚Verdeckten Schreibweise' in der literarischen ‚Inneren Emigration' 1933–1945: Fritz Reck-Malleczewen, Stefan Andres und Rudolf Pechel". In: *„Gerettet und zugleich von Scham verschlungen." Neue Annäherungen an die Literatur der ‚Inneren Emigration'*. Hg. v. Michael Braun u. Georg Guntermann unter Mitarb. v. Christiane Gandner. Frankfurt a. M. 2007, S. 17–38.
Rüther, Günter (Hg.): *Literatur in der Diktatur. Schreiben im Nationalsozialismus und DDR-Sozialismus*. Paderborn 1997.
Sarkowicz, Hans u. Alf Mentzer: *Schriftsteller im Nationalsozialismus. Ein Lexikon*. Berlin 2011.
Schäfer, Hans Dieter: *Das gespaltene Bewußtsein: Vom Dritten Reich bis zu den langen Fünfziger Jahren*. Erw. Neuausgabe. Göttingen 2009.
Schnell, Ralf: „Innere Emigration und kulturelle Dissidenz". In: Löwenthal/Zur Mühlen 1997, S. 211–225.
Schnell, Ralf: *Dichtung in finsteren Zeiten. Deutsche Literatur und Faschismus*. Reinbek bei Hamburg 1998.
Schoeps, Karl-Heinz Joachim: *Literatur im Dritten Reich*. 2., überarb. u. erg. Aufl. Berlin 2000.
Schoor, Kerstin (Hg): *Zwischen Rassenhass und Identitätssuche: deutsch-jüdische literarische Kultur im nationalsozialistischen Deutschland*. Göttingen 2010.
Schoor, Kerstin: *Vom literarischen Zentrum zum literarischen Ghetto: deutsch-jüdische literarische Kultur in Berlin zwischen 1933 und 1945*. Göttingen 2010.
Serke, Jürgen: *Die verbrannten Dichter*. Weinheim u. Basel 1977.
Skrodzki, Karl Jürgen: „Else Lasker-Schülers Gedicht ‚Höre!'". Juni 1999 (http://www.kj-skrodzki.de/Dokumente/Text_005.htm, Stand: 9. 3. 2013).
Stephan, Inge: „Literatur im Dritten Reich". In: *Deutsche Literaturgeschichte. Von den Anfängen bis zur Gegenwart*. Hg. v. Wolfgang Beutin u.a. 7. Aufl. Stuttgart 2008, S. 385–399.
Strothmann, Dietrich: *Nationalsozialistische Kulturpolitik. Ein Beitrag zur Publizistik im Dritten Reich*. 3. Aufl. Bonn 1968.
Thuneke, Jörg (Hg.): *Panorama des literarischen Nationalsozialismus*. Bonn 1987.
Vollhardt, Friedrich: „‚Hochland'-Konstellationen. Programme, Konturen und Aporien des literarischen Katholizismus am Beginn des 20. Jahrhunderts". In: *Moderne und Antimoderne. Der ‚Renouveau catholique' und die deutsche Literatur*. Hg. v. Wilhelm Kühlmann u. Roman Luckscheiter. Freiburg 2008, S. 67–100.
Zimmermann, Hans Dieter: „‚Innere Emigration'. Ein historischer Begriff und seine Problematik". In: Kroll/Voss 2012, S. 45–61.

II Theoretische Perspektivierungen

Bernhard Spies
Konstruktionen nationaler Identität(en) – Exilliteraturforschung und *Postcolonial Studies*

Abstract: Die literatur- und kulturwissenschaftliche Theoriebildung im Zeichen des Postkolonialismus enthält ein Anregungspotential für die Erforschung der Exilliteratur, das zu neuen Forschungsansätzen geführt hat. Der Beitrag versucht eine grundsätzliche Reflexion auf jenes Potential. Er untersucht, wie weit die literarische Produktion und das Selbstbewusstsein des literarischen Exils in postkolonialen Konstellationen befangen ist, wie weit Exilanten ‚postkoloniale' Auffassungen bereits vorwegnehmen und wo die Grenze liegt, jenseits derer die Kategorien der aktuellen Kulturtheorie mit der Exilproblematik nicht mehr kompatibel sind. Im Mittelpunkt stehen das Konzept der Nation im Kontext des ‚anderen Deutschland', das die meisten Exilschriftsteller repräsentieren oder auch erkämpfen wollten und der Schlüsselbegriff der ‚Hybridität', der einerseits auf Forschungslücken aufmerksam macht, andererseits auch an jene Grenze stößt.

Die kulturwissenschaftliche Forschungsmethode, die mit dem Terminus *Postcolonial Studies* bezeichnet wird, hat auch in die Exilforschung Einzug gehalten. Das versteht sich nicht ganz von selbst. *Postcolonialism* ist nämlich im Ausgangspunkt nicht sogleich eine universell anwendbare Methode, sondern zunächst ein Forschungsfeld. Eberhard Kreutzer umschreibt es folgendermaßen:

> Der weltgeschichtliche Bezugspunkt ist [...] die Auflösung der von den europäischen Mächten errichteten Kolonialreiche, die Nachwirkung des imperialen Erbes in den neu entstandenen Nationen (etwa in der Anverwandlung kolonialistischer Denk- und Handlungsmuster) und die Rückwirkung auf die imperialen Zentren durch den Zustrom von Einwanderern aus der Dritten Welt, die etwas vom Konfliktpotential dieses Erbes nach Europa getragen und unseren Kontinent multikulturell verändert haben. [...] Der weitaus größte Teil der Erdbevölkerung ist von diesen Entwicklungen direkt oder indirekt betroffen.[1]

Dass die Bonner Republik, erst recht aber die Bundesrepublik nach 1990 in diese Entwicklung in sozioökonomischer wie kultureller Hinsicht einbezogen ist, liegt auf der Hand. Aber die deutschsprachigen Schriftsteller, die 1933 und in den folgenden Jahren vor der Bedrohung durch den Nationalsozialismus zunächst in die

---

1 Kreutzer 2004, S. 199.

europäischen Nachbarländer und nach 1939 vor allem nach Nord- und Südamerika flohen, gerieten nicht in postkoloniale Konstellationen. Die geografischen und sozialen Bewegungen des Exils verbanden nicht Kolonie und koloniales Mutterland. Auch in sozialer Hinsicht zählten die meisten Exilanten im Herkunftsland Deutschland vor 1933 nicht zu den Schichten, die das Gros der postkolonialen Migranten stellen, sondern vielmehr zur künstlerischen und wissenschaftlichen Elite; es waren gerade die international anerkannten Schriftsteller, die von den Nationalsozialisten verfolgt wurden.[2]

Dass Literaturwissenschaft unter dem Vorzeichen der *Postcolonial Studies* als eine mögliche Zugangsweise zur deutschsprachigen Exilliteratur in Betracht gezogen wird, liegt in erster Linie nicht am Forschungsfeld ‚Literarisches Exil 1933–1945', sondern daran, dass der Postkolonialismus sich international als kulturwissenschaftliche Forschungsrichtung mit einem Anspruch auf eine generell anwendbare Methode etabliert hat. Es ist ein weiterer Schritt der Durchsetzung dieser Methode, dass – seit nunmehr einem guten Jahrzehnt – Exilliteraturforscher postkoloniale Modelle, literarische Produktion und kulturelles Selbstverständnis interpretieren, auf das deutschsprachige Exil übertragen, in der Erwartung, dass die Begriffsbildung, die seit den Pionierarbeiten von Edward Saïd am Material postkolonialer Entwicklungen stattgefunden hat, blinde Stellen der bisherigen Exilforschung erkennen lässt, falsche Selbstverständlichkeiten auflöst und einen neuen, adäquateren Zugang zur Exilliteratur ermöglicht, der zugleich deren Aktualität neu erläutern kann. Diese Versuche gehen zuversichtlich davon aus, dass sich die Methodologie der Postkolonialismus-Studien generell auf die deutsche Literatur der letzten zwei Jahrhunderte übertragen lasse.[3] Wo mit dieser Übertragung ernst gemacht wird, da ergibt sich allerdings nicht einfach eine weitere Lesart der Exilliteratur, die ein frischeres Bild von deren fortdauernder Relevanz liefern würde, sondern eine durchaus kritische Reflexion auf die Leistungen der literarischen Flüchtlinge aus Deutschland und Österreich: In seiner Untersuchung zu *Exil und Postkolonialismus* kommt Stephan Braese zu dem Ergebnis, das literarische Exil habe die in der Exilerfahrung liegende Anregung verspielt, den ‚essentialistischen' Schein der Nation wie auch der nationa-

---

2 Sie zählen zu denjenigen Exilierten, die Saïd als „cosmopolitan exiles" bezeichnet und den „unknown men and women" entgegensetzt, die in großer Zahl aus den französischen Kolonialgebieten nach Paris flohen (Saïd 2001, S. 176).
3 Diesen Standpunkt vertritt Axel Dunker *expressis verbis* im Vorwort zu einem Sammelband, der Beiträge zu postkolonialen Studien der deutschen Literatur des 19. und 20. Jahrhunderts zusammenführt (Dunker 2005). Allerdings behandelt nicht einer der Beiträge Texte aus der Literatur des Exils ab 1933, auch nicht der Aufsatz von Jochen Dubiel, dessen Thema dies am ehesten erwarten ließe (Dubiel 2005).

len Kultur aufzulösen. Darin macht er ein Defizit aus, das er auf die rasche Ausbildung des Anspruchs zurückführt, das ‚andere Deutschland' zu repräsentieren.[4]

Diese prüfende, kritische Verwendung postkolonialer Kategorien scheint mir ein geeigneter Weg zu sein, um die Leistungsfähigkeit der postkolonialen Studien für die Exilliteraturforschung zu erproben. Mein Versuch nimmt Braeses Darstellung als Anregung auf, um weiterzufragen: Wenn man aus seiner Untersuchung lernt, dass „für konstitutive Teile des deutschen Exils [...] jene Dispositionen, die heute als genuin postkoloniale erkennbar und beschreibbar sind, als kategorial historische Kondition unbegriffen" blieben und dass deren „kulturelle Produktivkraft" nicht bemerkt wurde, dann stellt sich gleich die nächste Frage:[5] Wenn die Exilanten schon nicht als Autoren postkolonialer Literatur gelten können – waren sie vielleicht selbst in Verhältnissen befangen, die postkoloniale Theoriebildung durchschaut? Sind sie, statt als potentielle Wegweiser aus den kolonialen Verstrickungen, eher als Verstrickte und insofern doch als Studienobjekte des Postkolonialismus einzuschätzen? Vielleicht lässt sich aus dieser Frageperspektive ein neuer Blick auf das Selbstverständnis wie die literarische Produktion des ‚anderen Deutschland' werfen. Er soll auch zeigen, wo das Exil mit dem postkolonialen Ansatz nicht mehr zu erfassen ist.

1 Das Konzept ‚Nation' in Postkolonialismus und Exil

Seit der Studie von Benedict Anderson, die 1983 unter dem Titel *Imagined Communities: Reflections on the Origin and Spread of Nationalism* erschien,[6] gehört die Kritik am Konzept der Nation zu den theoretischen Fundamenten postkolonialer Theoriebildung. Anderson bestimmt die Nation als eine „vorgestellte Gemeinschaft":

> *Vorgestellt* ist sie deshalb, weil die Mitglieder selbst der kleinsten Nation die meisten anderen niemals kennen, ihnen begegnen oder auch nur von ihnen hören werden, aber im Kopf eines jeden die Vorstellung ihrer Gemeinschaft existiert.[7]
> Schließlich wird die Nation als *Gemeinschaft* vorgestellt, weil sie, unabhängig von realer Ungleichheit und Ausbeutung, als ‚kameradschaftlicher' Verbund von Gleichen verstanden wird.[8]

---

4 Braese 2009.
5 Ebd., S. 2.
6 Die Übersetzung ins Deutsche erschien 1988 unter dem Titel *Die Erfindung der Nation*.
7 Anderson 1988, S. 15.
8 Ebd., S. 17.

Aus der Feststellung, dass das Konzept der Nation die realen sozialen Verhältnisse – die Gegensätze zwischen den Individuen und Gruppen wie auch Beziehungs- und wechselseitige Bedeutungslosigkeit – mit einer davon gerade abstrahierenden Gemeinschaftlichkeit überwölbt, ergeben sich für Anderson eine Reihe von Fragen: Wie kommt es, dass eine so kümmerliche Einbildung wie diese abstrakte Vergemeinschaftung eine derartige Karriere machte, „dass Millionen von Menschen für so begrenzte Vorstellungen weniger getötet haben als bereitwillig gestorben sind"?[9] Die entscheidende theoretische Weichenstellung liegt bereits in der Fragestellung: Wie kann eine Gemeinschaftsidee wie die Nation, die so offenkundig an den realen sozialen Beziehungen der unter ihr zusammengefassten Individuen vorbeigeht, solche praktische Verbindlichkeit gewinnen? Schon die Frage fasst die Nation als eine ‚nicht essentialistische' Einheit; man kann nicht, wie es der nationalistischen Überzeugung selbstverständlich ist, einfach von einem ursprünglichen Vorhandensein der Nation ausgehen, sondern muss die verbindende Kraft dieser Vorstellung wie ihre Rücksichtslosigkeit gegen die unter sie Gefassten aus anderen Gegebenheiten erklären.

Darüber, wie diese Frage zu beantworten sei, gibt es in der Theorie des Postkolonialismus einen gewissen Pluralismus von Auskünften. Anderson führt den Verbindlichkeitsverlust der Religionen im 18. Jahrhundert an, erblickt darin die Notwendigkeit, das (offenbar als überzeitlich akzeptierte) Bedürfnis nach „Umwandlung des Unausweichlichen in Kontinuität, der Kontingenz in Sinn"[10] auf neue Weise zu befriedigen, und gibt einige weitere Bedingungen dafür an, dass dieses Bedürfnis überhaupt vom Nationalismus zufriedengestellt werden konnte. Die wichtigsten darunter seien neue Wahrnehmungsformen der Zeit[11] sowie das Aufkommen des Buchdrucks, auf den er das Entstehen der europäischen Schriftsprachen zurückführt.[12] Homi K. Bhabha, der durch die Schule des französischen Poststrukturalismus gegangen ist, führt diese Ansätze auf seine Weise fort, indem er Andersons Liste der Bedingungen für die Entstehung von Nationalbewusstsein ausdifferenziert und erweitert.[13] Wenn die Zeiterfahrung verändert, wenn die Arbitrarität der Zeichen durchschaut ist, dann erfüllt die Vorstellung der Nation unverzichtbare Funktionen: Sie ermöglicht Identität, sie stiftet Orientierung, indem sie Raum und Zeit durch „kulturelle Signifikation"[14] strukturiert,

---

9 Ebd., S. 17.
10 Ebd., S. 20.
11 Ebd., S. 30–43.
12 Ebd., S. 51.
13 Einschlägig ist hier vor allem Homi K. Bhabhas Aufsatz *DissemiNation. Zeit, Narrative und die Ränder der modernen Nation* (Bhabha 1997).
14 Ebd., S. 172.

und sie umrahmt eine „horizontale" demokratische Gesellschaft egalitärer Individuen.[15] Auf solche Weise begreifen postkoloniale Theoretiker die Nation, der sie einerseits die Qualität einer selbständig gegebenen Gemeinschaftlichkeit absprechen, die sie aber andererseits als einen kulturellen Zusammenhang betrachten, der als „der Wille, eine Nation zu sein",[16] in der Moderne eine unausweichliche Notwendigkeit darstelle. Die essentialistische Annahme der unhintergehbaren Gegebenheit der Nation wird vom Postkolonialismus nicht als bloße Täuschung zurückgewiesen, sondern vielmehr durch eine funktionalistische Erläuterung ihrer Unumgänglichkeit ersetzt.

Vergleicht man diese „entschiedene Dekonstruktion des Begriffs der Nation"[17] mit dem Selbstverständnis der eigenen Nationalität, das in den Stellungnahmen und Debatten des literarischen Exils artikuliert wird, so ergibt sich keineswegs das Bild eines schieren Gegensatzes. Meine Beispiele sind den Schriften von Anna Seghers entnommen, die sich von 1935 bis zu ihrer Remigration 1947 kontinuierlich zu diesem Thema äußerte, und das in dem begründeten Bewusstsein, dabei nicht nur für die politisch links Orientierten, sondern für die große Mehrzahl der Exilanten zu sprechen.

> Wenn wir von Berlin nach dem Rhein gefahren sind, kamen wir durch ein Stück Mitteldeutschland, das bei Tag und Nacht von den gelblichen Schwaden der Leunawerke vernebelt war. Leuna, das bedeutete eine der größten Industrien unsres Landes, die Verwirklichung einer genialen deutschen Erfindung. Leuna bedeutete gleichermaßen eine schmerzliche Phase der deutschen Geschichte, Erinnerung an den mitteldeutschen Aufstand, Kämpfe und Opfer, und die Rache von denen, die heute die Herren in Deutschland sind und schon damals ihr wahres Gesicht zeigten, quälten und mordeten. Leuna bedeutet zudem die unermüdliche präzise Arbeitskraft von einigen zehntausend Arbeitern, heute furchtbar mißbraucht, morgen nicht mehr gegen, sondern für das Volk eingesetzt, von dem sie ein Teil ist. So wie Leuna zeugt jeder Quadratkilometer unsres Landes von der Begabung, von der Arbeitskraft, von dem Widerstand seines Volkes und zugleich von den Brennpunkten seiner Geschichte.[18]

Dieses Bild der deutschen Nation ist keineswegs in sich so einheitlich wie das Verdikt erwarten ließe, hier werde eine Erfahrung der Moderne durch eine essentialistische Position blockiert. Wie die Theoretiker des Postkolonialismus deutet die Exilschriftstellerin auf die sozialen und politischen Gegensätze, die zunächst einmal ganz andere Erfahrungen und Kollektivbildungen zur Folge haben als die

---

15 Ebd., S. 176–182.
16 Ebd., S. 179.
17 Braese 2009, S. 4.
18 Seghers 1970b, S. 190.

Gemeinsamkeit der Nation. Damit weist sie die Vorstellung einer ursprünglich gegebenen Gemeinschaftlichkeit aller Deutschen der Sache nach zurück. Neben diese Zurückweisung stellt Seghers aber eine eigene Version von nationaler Gemeinsamkeit; es ist die Vorstellung eines sittlichen Zusammenhangs der Deutschen, zu dem die meisten Deutschen nach wie vor einen Beitrag leisten – auf jeden Fall die unermüdlichen Arbeiter und die kreativen Erfinder, die technisch wie ökonomisch kooperieren und immer wieder politischen Widerstand gegen die falschen Herren leisten. Stellungnahmen wie diese weisen die Idee einer quasi-natürlichen nationalen Gemeinschaftlichkeit zurück, halten aber an der moralischen Verbindlichkeit einer emphatischen Vorstellung namens ‚Deutschland' fest. Die Frage bleibt also bestehen, wie die nationale Gemeinschaftlichkeit beschaffen ist und woher ihre Verbindlichkeit rührt. Diese Frage wird von Seghers gleich doppelt beantwortet. Keine der zwei Antworten bezeugt einen essentialistischen Begriff der Nation, im Gegenteil: Beide finden sich in den postkolonialen Theorien über Genesis und Geltung der Nationalvorstellung wieder. Die erste Antwort besagt in Formulierungen, die solche von Anderson und vielen Nachfolgern vorwegnehmen, dass die Vorstellung der nationalen Gemeinschaftlichkeit eine Kreation der Geschichte sei, und zwar eine der jüngeren Epochen:

> Es ist noch nicht lange her, daß die Jugend der Völker für ihre Vaterländer in den Tod geht. Die Herausbildung des modernen Vaterlandsbegriffs begann um die Wende des vorigen Jahrhunderts durch die Intervention der europäischen Mächte gegen das Frankreich der französischen Revolution; später durch die Auflehnung der unterdrückten Völker gegen Napoleon.[19]

Die zweite Antwort spezifiziert die erste: Die nationale Vergemeinschaftung sei kein unerklärlicher Naturprozess, sondern ein durch und durch kultureller Vorgang:

> Nicht durch mystische Blutsbande ist der Schriftsteller mit dem Volk verknüpft, sondern durch soziale. Nicht an der Stelle, wo er durch irgend eine schleierhafte Rassezugehörigkeit seiner zufälligen Geburt dem Volke anhängt, sondern an jenem gesellschaftlichen Ort, an dem er sich zugehörig fühlt, durch jene Klasse, durch jene Schicht, mit der er sich innerhalb seines Volkes identifiziert.[20]

Vergleichbare Gegendarstellungen gegen essentialistische Konzepte der Nation finden sich nicht nur in programmatischen Erklärungen von Exilschriftstellern, sondern auch in ihren literarischen Texten zuhauf. Als Beispiel möge einer der

---

[19] Ebd., S. 187.
[20] Seghers 1970c, S. 194.

bekanntesten Deutschlandromane dienen, Arnold Zweigs *Das Beil von Wandsbek*. Der Roman erzählt die Geschichte des Albert Teetjen, Metzger in Wandsbek, der sich dafür gewinnen lässt, ausnahmsweise als Scharfrichter zu fungieren und vier politische Häftlinge hinzurichten. Das blutige Geschäft übernimmt er, weil er die Bezahlung dringend braucht; es steht aber durchaus in Einklang mit seiner politisch-patriotischen Überzeugung. Als das jedoch im Stadtviertel ruchbar wird, boykottieren die meisten Wandsbeker sein kleines Geschäft und lassen den früher beliebten Metzger ihre Verachtung spüren. Diese Erfahrung verändert dessen ganze Wahrnehmung:

> Wenn er [Albert] von der Hochbahn nach Hause ging und seine Vaterstadt sich vernebelt und schmutzig um ihn aufbaute, die vertrauten Straßenzüge, Übergänge, Häuserfronten, kam es ihm vor, als ginge er in Feindesland umher, wie früher in Schaulen oder Grodno. Sie hatte sich in Ausland verwandelt, seine Stadt Hamburg, in die Fremde. Dumpfe Feindseligkeit strahlte sie zu ihm herüber, und er erwiderte sie, den Unterkiefer vorgeschoben. [...] Im besetzten Gebiet konnte es so gewesen sein, da hockten sie in den Stuben bei verschlossenen Türen und haßten ihn an, wenn er als Sieger dahinschritt: meinetwegen, das war ihr Recht. Hier aber, wo er von Geburt an daheim war, zur Schule gegangen, Räuber gespielt, seiner Dienstpflicht genügt und sich jederzeit eins gefühlt mit dem Mann auf der Straße – hier stieß es ihm bitter auf, war neuer Sport. Ohnmächtig wie eine Maus in der Falle, im Zweikampf mit lauter Unbekannten – nichts für seines Vaters Sohn![21]

Dass die nationale Gemeinschaft, auch wenn sie auf die unpolitische Teilmenge der Heimat reduziert wird, durchaus gewaltträchtige Gegensätze einschließt, ist ein Bewusstsein, das sich in der Wahrnehmung des Auftrags-Schlächters als Gefühl der Fremdheit und als Rückerinnerung an seine Erfahrungen als Besatzungssoldat im Ersten Weltkrieg einstellt: Es ist ein starkes Bild, das den inneren Frieden der nationalsozialistisch beherrschten Gesellschaft in Deutschland als einen von den Nationalsozialisten gewonnenen inneren Krieg fasst. Spielraum für eine alternative Vorstellung eines besseren Deutschland lässt es nicht – eigentlich. Denn de facto geben auch und gerade diejenigen Exilschriftsteller, die diese inneren Gegensätze ausstellen, die Idee des ‚anderen Deutschland' keineswegs auf.

Zweifellos verwickeln sich Exilschriftsteller in einen theoretischen Widerspruch, wenn sie beim Blick auf das wirkliche Deutschland dort nichts als Gegensätze wahrnehmen und doch an der Verbindlichkeit der Vorstellung einer einigen und in dieser Einheit irgendwie wertvollen deutschen Nation festhalten. Arnold Zweig verschafft dieser Idee in der – mehrheitlich keineswegs politisch gemeinten – Abscheu vor dem Metzger eine moralische Basis. Anna Seghers konzipiert eine Bewegung, in deren Verlauf die Individuen über eine bewusste Entschei-

---

21 Zweig 1982, S. 339.

dung für eine soziale Klasse, mit der sie sich identifizieren, einer sittlichen Gemeinschaft namens Nation beitreten, d. h. einer Gemeinschaft, die verschiedene Dienste unter einer gemeinsamen Verantwortung zusammenfasst; diese Gemeinschaft kann nicht zuletzt dadurch als sittliche gelten, dass jene Identifikation durch eine kulturelle Selbstdefinition zustande kommt.[22] So explizieren beide die Nation als Konzept, das geeignet ist, die sozialen und politischen Gegensätze in einer höheren Einheit aufzuheben. Damit sprechen sie den Mühen und Leiden einerseits des Exils, andererseits des Lebens unter Hitlers Herrschaft einen Sinn zu, und im gleichen Zug projizieren sie eine zwar grenzüberschreitende, aber immer noch nationale Identität aller Deutschen.

Diese Vorstellung fällt mit vergleichbaren von Saïd, Bhabha und anderen Postkolonialismus-Theoretikern gewiss nicht restlos zusammen, aber sie schließt eine Reihe von offenkundigen Analogien ein, die dagegen sprechen, den Nationen-Begriff des Exils einfach als essentialistisch einzustufen. Dass diese Ähnlichkeiten heutigen Zeitgenossen nicht sofort ins Auge springen, liegt vermutlich am inzwischen sehr weiten Abstand der historischen Horizonte. Das Exil bezog die Idee der Nation auf den Nationalsozialismus, der mit eben dieser Idee seit Jahren seinen beispiellosen Siegeszug betrieb. Von der offenkundigen Macht dieses Konzepts beeindruckt, reklamierten es die Exilanten für sich, die ohnmächtige Opposition, indem sie versuchten, ein von NS-Deutschland unterschiedenes Deutschland als Berufungsinstanz zu etablieren, die sie den Nazis entgegenhalten konnten.[23] Aus dieser Opposition rühren diejenigen Elemente der Nationalvorstellung, die gegen den nationalistischen Naturalismus der NS-Rassisten auf der historischen, kulturellen und ethischen Begründung des vorgestellten Kol-

---

22 In ihrem Beharren darauf, dass die Kollektivierung nicht auf dem Vollzug einer vorausgesetzten Gegebenheit beruhe, sondern auf der freien Entscheidung des Individuums, widerspricht Anna Seghers ausdrücklich der Vorstellung, die gemeinsame Muttersprache gebe das Element der nationalen Gemeinschaft ab. Sie verweist auf Puschkin, Joseph Conrad, B. Traven und eine Vielzahl nicht namentlich genannter jüdischer Schriftsteller, die nicht in der Sprache ihrer Vorfahren schrieben, sondern sich für das Volk entschieden hätten, dessen Sprache sie bereicherten (vgl. Seghers 1970c, S. 194).

23 Dass der politische Opportunismus der Verlierer den Urvater dieser Denkweise abgibt, hat wiederum Anna Seghers deutlicher als andere ausgesprochen: „Jedes Volk, jeder einzelne in dem Volk, reagiert unerbittlich auf jede falsche Einschätzung des nationalen Gefühls. Wo darüber hinweggegangen wird, da ist der Feind, der Faschismus zur Stelle, der diese Leere ausfüllt, der dieses Gefühl auf seine Art ausbeutet." (Seghers 1970b, S. 186) Die Einschätzung, dass man den Nationalismus nicht den Nationalsozialisten überlassen dürfe, teilte das Literarische mit dem Politischen. Seghers' Formulierung gibt den Grundgedanken des Konzepts der Volksfront wieder, mit dem die Kommunistische Internationale ab 1935 ihren eigenen Internationalismus der 1920er Jahre kritisierte.

lektivs beharren. Eben dieses Konkurrenzverhältnis ist aber auch die Grundlage für das Festhalten an der nationalen Emphase, mit der das Bekenntnis zur deutschen Nation den praktisch erfolgten Ausschluss aus ihr als ungerecht zurückweist.

Die Analogien im Selbstbewusstsein des literarischen Exils zu postkolonialer Theoriebildung liegen, wie wir gesehen haben, darin, dass beide Seiten im Konzept der Nation soziale Beziehungslosigkeit wie soziale Gegensätze innerhalb einer Gesellschaft durch eine abstrakte Gemeinsamkeit überwölbt sehen, der eine überindividuell sinn- und identitätsstiftende Potenz innewohne. Die Ähnlichkeit erstreckt sich auch noch auf die Erläuterung, dass diese Gemeinsamkeit das *kulturelle* Produkt *historischer* Notwendigkeiten darstelle. An dieser Stelle aber nimmt der Gedankengang des Exils eine Wendung, die in eine unüberbrückbare Differenz zum Postkolonialismus führt. Die Differenz ergibt sich aus der Frage, *wie* die Notwendigkeit nationalkultureller Selbstidentifikation zu verstehen sei. Die postkoloniale Ableitung des Kulturnationalismus, die diesen funktionalistisch bestimmt, macht an der ‚Erfindung' der Nation ein prekäres, ja potentiell autosubversives Moment aus, das der kulturelle Patriotismus des ‚anderen Deutschland' nicht kennt. Dieses Element erblickt der Postkolonialismus in dem Zirkel, durch den nationale Gemeinschaftlichkeit kulturell gestiftet wird: In den Bildern und Erzählungen von der nationalen Identität erhält das ‚Wir' seinen Inhalt durch ein ‚Ihr', das als schlechthin Anderes ausgegrenzt wird. Im Zirkel der Definition des Selbst – des individuellen wie des kollektiven – durch die Ausgrenzung des Anderen bzw. Fremden macht der Postkolonialismus nicht nur eine stabilisierende Funktion aus; sie besteht darin, dass das Einschlusskriterium als Auszeichnung der im ‚Wir' Zusammengefassten verstanden wird, was umgekehrt die Abwertung der Ausgeschlossenen einschließt – genau genommen besteht die Auszeichnung der im ‚Wir' Zusammengeschlossenen einzig in der Abwertung der Anderen. Zugleich aber konterkariert, der postkolonialen Theorie zufolge, die Auf- und Abwertungsdialektik die psychologische Stabilisierungsfunktion: dadurch nämlich, dass der erheischte Zusammenschluss niemals vollständig gelingt. Was immer als das Ganze vorgestellt wird, es ist weniger als alles und alle – dieser so abstrakte wie grundlegende Gedanke hat in der Theorie des Postkolonialismus verschiedene Ausdrucksweisen gefunden. Die Untersuchungen von Edward Saïd kehren am deutlichsten das moralisch Anstößige nicht erst der materiellen Unterordnung, sondern schon der kulturellen Ausgrenzung für die Ausgegrenzten heraus. Wenn Kultur die ihr eigentümliche Macht ausübt, „kraft ihrer erhabenen oder überlegenen Stellung zu autorisieren, zu dominieren, zu legitimieren, zu degradieren, zu verbieten und zu bestätigen", dann funktioniert sie als ein „System von Ausgrenzungen": „[...] wir, das sind diejenigen, die drinnen, am rechten Ort, in die Gemeinschaft aufgenommen, zugehörig, mit einem Wort:

oben sind; die anderen sind draußen, ausgegrenzt, absonderlich, minderwertig, mit einem Wort: *unten*".[24] Damit legt für Saïd die narrative Strategie der nationalen Identitätsstiftung selbst die Partikularität und Kontingenz ihrer Ein- und Ausschlüsse offen. Bhabha nimmt den Unterton moralischer Empörung deutlich zurück und verlegt sich ganz auf das Ausmalen einer „Ambivalenz der ‚Nation' als einer narrativen Strategie":

> Als Apparat symbolischer Macht bewirkt sie ein andauerndes Flottieren von Kategorien wie Sexualität, Klassenzugehörigkeit, territoriale Paranoia oder ‚kulturelle Differenz' im Akt des Schreibens einer Nation. In dieser De-plazierung und Wiederholung tritt die Nation als Maß der Liminalität der kulturellen Moderne zutage.[25]

Der Terminus ‚Liminalität' ist hier so zu verstehen, dass die Nation, wie die gesamte Moderne, eine zwar nicht hintergehbare, aber stets zweifelhafte Kategorie von begrenzter Tragweite darstelle. Die Anfechtbarkeit der notwendigen Narration besteht für Bhabha in vielem, vor allem darin, dass schon der Einbezug der Einbezogenen nie vollständig gelingt, sodass es nicht nur nach außen, sondern auch nach innen Ränder gibt und die Vergemeinschaftung „Gesetzmäßigkeiten der supplementären Subversion"[26] stets einschließt. In dieser Konstellation liegt nicht nur für Bhabha, sondern für die gesamte postkoloniale Theorie die Möglichkeit wie auch die hinreichende Bedingung dafür, dass ausgegrenzte Kollektive die dominanten Kulturen allein schon durch Anpassung unterlaufen, um sie von den Rändern her in den „Prozess transkulturellen Verhandelns" zu verwickeln.[27]

In dieser Hinsicht denken die deutschen Exilschriftsteller fundamental anders. Die meisten verließen Deutschland nicht in der Überzeugung, dass die Nation einen Naturzusammenhang darstelle, der unwidersprechlich die einen

---

24 Saïd 1997, S. 17. Fast schon polemische Formulierungen gegen das Etablieren solcher Verhältnisse findet Saïd in der Einführung zur zweiten deutschen Ausgabe seines Buches *Orientalismus* (Saïd 2009, S. 16, 30 ff.).
25 Bhabha 1997, S. 151. Vgl. auch S. 162 und 170, dort mit ausdrücklicher Berufung auf Kristeva.
26 Ebd., S. 182.
27 Ebd. Auf den dritten zentralen Begriff des Postkolonialismus, ‚Kultur', wird hier nicht in einem eigenen Abschnitt eingegangen, weil diejenigen Elemente des Begriffs, die für die deutschsprachige Exilliteratur einschlägig sind, weitgehend zusammenfallen mit der Dialektik von Einschluss und Ausschluss, von Auf- und Abwertung, die oben an der kulturellen Kollektivierung zur nationalen Gemeinschaft dargestellt wurde: Seit Saïd wird ‚Kultur' als Komplex von Verbindlichkeiten gefasst, denen Verhältnisse des Dominierens, Legitimierens, Verbietens und Bestätigens innewohnen; insofern wird jeder Kultur ein hegemoniales Binnenverhältnis zugesprochen, das sich durch Ein- und Ausgrenzung nach außen fortsetzt. Zugleich wird die Kultur als die Sphäre angesehen, in der die im Folgenden besprochene Hybridität hergestellt werden kann. Zu Einzelheiten vgl. Braese 2009, S. 5–8.

vereinnahmt und erhebt, die anderen ausgrenzt und unterordnet – aber bald gab es kaum mehr einen Zweifel daran, dass dieser Schein funktioniert und insofern doch mehr darstellt als eine bloße Illusion.[28] Die Erfahrungen, die sie in einem zunehmend vom Faschismus ergriffenen Europa, aber auch in den Fluchtländern ab 1938 mit nationalbewussten bis nationalfanatischen Einordnungen wie Ausgrenzungen machen mussten, hätten – darin sei Braese ausdrücklich zugestimmt[29] – Anlass genug geboten, jede essentialistische Auffassung von Nationalität aufzugeben und mit der darin erklärten nationalen Loyalität zu brechen. Offenbar ließen sich aber eben diese Erfahrungen, welche die Exilanten mit der betörenden und mobilisierenden Macht nationalistischer Kollektivbildungen machen mussten, auch ganz anders interpretieren, nämlich als Indiz dafür, dass das, was beim Töten wie beim Leiden für die Nation eine solch große Rolle spielt, etwas Elementares sein müsse. Dabei ist es nicht ganz zutreffend, den Kulturnationalismus des Exils als Fortsetzung einer seit der Romantik andauernden Tradition aufzufassen, welche die eigene Kultur „mehr vergangenheits- als zukunftsorientiert, mehr statisch als dynamisch" verstehe und einen im Grunde obsoleten Ethnozentrismus verfechte.[30] Das kulturelle ‚Nationbuilding' des ‚anderen Deutschland', dem das literarische Exil sich mehrheitlich verschrieb, bedeutete zumindest bei den kommunistisch, sozialistisch oder linksbürgerlich orientierten Schriftstellern keineswegs Kontinuität, sondern einen Bruch in ihren eigenen Auffassungen. Der zentrale Bezug auf ‚Deutschland' und der Anspruch, als Schriftsteller vor allem Repräsentant dieser Nation zu sein, war nämlich das Produkt einer Wende im kulturellen Selbstbewusstsein der literarischen Intelligenz, die in den ersten Jahren des Exils stattfand. Der Weg zur kulturpatriotischen Positionsbestimmung war umso weiter, je weiter nach links im politischen Spektrum die Schriftsteller sich orientiert hatten. Das wird wiederum an Anna Seghers sehr deutlich. Ihr erster und letzter Roman in der Weimarer Republik, *Die Gefährten* (1932), ist eine groß angelegte Erzählung über den weltweiten Kampf

---

28 Die ↗ *Flüchtlingsgespräche*, die Bertolt Brecht 1940–1944 verfasste, präsentieren im 10. Kapitel ein seltenes Dokument einer kritisch distanzierten Auseinandersetzung mit dem Nationalbewusstsein des Exils. Die beiden Gesprächspartner geben sich wechselseitig Stichworte für Reflexionen, die vor allem auf die Auflösung des fraglos Verpflichtenden und darin Unterordnenden des Patriotismus abzielen. Allerdings bezeugt auch dieses Dokument die Ambivalenz des Exils: An das Ende des Gesprächs setzt Brecht das von ihm selbst verfasste Gedicht *Über Deutschland* und schließt die Unterhaltung der Flüchtlinge mit folgender auktorialer Bemerkung ab: „Ziffel blickte Kalle verwundert an, konnte aber nichts von dem Schafsmäßigen an ihm entdecken, das alle haben, die etwas Patriotisches äußern [...]" (Brecht 1967, S. 1455).
29 Braese weist darauf hin, dass die Exilanten nicht nur die Erfahrung der Moderne, sondern auch die der NS-Herrschaft gemacht haben (Braese 2009, S. 3).
30 Enderle-Ristori 2007, S. IX.

der Kommunisten für die Überwindung der kapitalistischen Gesellschaft. Er projiziert diese Auseinandersetzung ganz dezidiert als globales Geschehen, in dessen Verlauf die nationalen Unterschiede auf allen Seiten jegliche Bedeutung verlieren. Seghers' im Exil geschriebene Romane befassen sich mit der Durchsetzung des Nationalsozialismus in Deutschland, zunächst auf dem Lande (*Der Kopflohn*, 1933) und dann im städtisch-industriellen Bereich (*Die Rettung*, 1937), bis mit dem Roman *Das siebte Kreuz* einer der großen Deutschlandromane des Exils entstand. Diese Romane verlegen die über den Gang der Geschichte entscheidenden Gegensätze immer ausschließlicher in den Gegensatz zwischen zwei Weisen, der Nation Deutschland einen Staat zu geben – entweder einen faschistischen oder einen antifaschistischen. Kommunisten werden in diesem Konflikt zunehmend dadurch identifiziert, dass sie sich als die besseren – verantwortungsbewussteren, in höherem Maße opferbereiten – Patrioten bewähren.[31] Diese enorme Fokussierung der Aufmerksamkeit der Exilanten auf das nationalsozialistisch beherrschte Deutschland ging zunächst einmal gar nicht auf eigene Entscheidung, sondern auf äußeren Zwang zurück: In dem Maß, in dem das von Hitler regierte Deutschland seinen Machtbereich ausdehnte, sodass die Weltordnungsansprüche dieses Staats für die anderen Staaten zunehmend zum Kriegsgrund avancierten, dreht sich das Geschick der Exilanten ganz praktisch immer mehr um ihre Zugehörigkeit zu der Nation, die sie aus ihrem kulturellen Leben ausschloss, ihre bürgerliche Existenz zerstörte und ihnen nach dem Leben trachtete, während ihre Zugehörigkeit zu Deutschland auch von den Fluchtländern in zunehmendem Maße gegen sie geltend gemacht wurde. Diese praktische Bedeutung der eigenen Herkunft wurde von den meisten Exilschriftstellern, die sich zur Aufgabe der Repräsenta-

---

[31] Als Wallau, ein kommunistischer Flüchtling aus dem KZ, dort wieder eingeliefert wird, reflektiert ein Augenzeuge folgendermaßen die absehbare Tötung des Gefangenen: „Gleich im ersten Monat der Hitlerherrschaft hatte man Hunderte unserer Führer ermordet, in allen Teilen des Landes, jeden Monat wurden welche ermordet. Teils wurden sie öffentlich hingerichtet, teils in den Lagern zu Ende gequält. Die ganze Generation hatte man ausgerottet. Das dachten wir an diesem furchtbaren Morgen, und wir sprachen es auch aus, wir sprachen es aus zum ersten Mal, dass wir in solchem Mass ausgerottet, in solchem Mass abrasiert, ohne Nachwuchs vergehen müssten. Was beinahe nie in der Geschichte geschehen war, aber schon einmal in unserem Volk, das Furchtbarste, was einem Volk überhaupt geschehen kann, das sollte jetzt uns geschehen: ein Niemandsland sollte gelegt werden zwischen die Generationen, durch das die alten Erfahrungen nicht mehr dringen konnten. Wenn man kämpft und fällt und ein anderer nimmt die Fahne und kämpft und fällt auch, und der nächste nimmt sie und muss dann auch fallen, das ist ein natürlicher Ablauf, denn geschenkt wird uns garnichts. Wenn aber niemand die Fahne mehr abnehmen will, weil er ihre Bedeutung gar nicht kennt? Da dauerten uns diese Burschen, die Spalier standen zu Wallaus Empfang und ihn bespuckten und anstierten. Da riss man das Beste aus, was im Lande wuchs, weil man die Kinder gelehrt hatte, das sei Unkraut." (Seghers 2000, S. 169f.)

tion eines ‚anderen Deutschland' bekannten, mit einer kulturellen Bedeutungszuschreibung überwölbt, die ihrer ohnmächtigen Betroffenheit eine künstlerische Verantwortung abgewann und ihrer literarischen Produktion das Potential zuschrieb, in den Gang der Geschichte einzugreifen. In der Selbstdefinition der Verjagten und Verfolgten als künstlerische Repräsentanz des ‚anderen Deutschland' reklamierten jene ihre Alleinzuständigkeit für jegliche gültige deutsche Kultur. Damit verschafften sie sich das Bewusstsein einer Mission, die über die meist miserable Tagesaktualität hinauswies, und die Gewissheit, über eine selbständige Geltungsgrundlage ihrer Selbstbehauptung zu verfügen, die in einer nach Nationen und Nationalkulturen aufgeteilten Welt auf Anerkennung pochen kann.[32]

2 Das Konzept Hybridität

Dem essentialistischen Konzept der Nation setzt die postkoloniale Theoriebildung ihr Konzept der ‚Hybridität' entgegen. Unter ‚Hybridität' versteht sie eine Reaktion der von der Kollektivbildung als Andere Ausgeschlossenen; eine solche Reaktion nämlich, welche die Ein- und Abstufungen nicht nur reproduziert, sondern sie zugleich überwindet und dabei eine sehr spezifische, im Grunde einzig-

---

[32] Übrigens waren die Exilschriftsteller die Ersten, die bemerkten, dass sie ihre Loyalität einem vollkommen fiktiven Deutschland erklärt hatten. In den letzten Kriegsjahren und erst recht nach der vollständigen Aufdeckung des Völkermords nach Kriegsende schwand bei den Exilanten sehr schnell die Vorstellung, sie könnten in Deutschland noch eine nennenswerte Zahl von Menschen finden, die ihre eigenen Werthaltungen und kulturellen Maßstäbe teilten, sodass ihr Anspruch darauf, im Exil eine Repräsentationsfunktion erfüllt zu haben, ihnen selbst zweifelhaft wurde. Thomas Mann, der an der Vorstellung eines in sich konsistenten deutschen Nationalcharakters festhielt, kam zum Kriegsende dahin, ihn nur noch in Kategorien der Psychopathologie zu besprechen; ein deutliches Beispiel dafür ist seine Rede *Deutschland und die Deutschen* (1945). Dass die meisten Exilanten nach 1945 selbst solchen Menschen in Deutschland mit großer Reserve begegneten, mit denen sie vor 1933 viele Interessen und Werthaltungen geteilt hatten, zeigt sehr detailliert z. B. das Forschungsprojekt „Erste Briefe / First letters aus dem Exil 1945–1950", das speziell die ersten aus dem Exil nach Deutschland geschriebenen Briefe untersucht. Das von David Kettler initiierte Projekt wird von Primus-Heinz Kucher fortgeführt; der erste Band mit Forschungsresultaten ist mittlerweile erschienen (Kucher 2011). Ganz grundsätzlich wäre es lohnend, nicht nur die literarischen Texte, sondern auch die Korrespondenz der Exilanten von 1945 an auf explizite Äußerungen wie implizite Hinweise hin zu untersuchen, was aus ihrer Idee des ‚anderen Deutschland' geworden ist. Die inzwischen besser erforschte Geschichte der Remigration zeigt jedenfalls, dass für die meisten Exilanten der Anspruch eines nationalkulturellen Repräsentationsverhältnisses früher zu Ende ging als das Exil.

artige *kulturelle Produktivität* entwickelt.[33] Bei der Ausführung dieses Konzepts hat sich eine gewisse Bandbreite der Auffassungen herausgebildet. Eine Position hat Saïd in seiner epochalen Untersuchung des Orientalismus bezogen.[34] Darin deckt er die Unterordnungsansprüche auf, die in den als wesenhaft hingestellten kulturellen Unterschieden liegen, um sie politisch-moralisch zurückzuweisen. Die gegenüberliegende Position der postkolonialen Theoriebildung bilden am Poststrukturalismus geschulte Methoden, die unter weitgehendem Verzicht auf politisch-moralisches Pathos alle kulturellen Wir-Ihr-Bildungen als Prozess der immer wieder notwendigen und ebenso notwendig misslingenden Identifikation dekonstruieren. Wie Hybridität im Detail gefasst wird, hängt vom jeweiligen Verständnis nationaler Identität ab, denn das Konzept ‚Hybridität' formuliert nur dessen kritische Nutzanwendung. Bhabha hält noch am spezifisch kolonialen Ausgangspunkt der kulturellen Macht fest, auf welche die ihr Unterstellten mit Hybridität antworten. Während, so Bhabha, andere Formen der Machtausübung in ihrem Blick auf die Beherrschten vom „Kollektivcharakter des Volkes" ausgehen, gilt für den Kolonialismus:

> Koloniale Autorität erfordert Formen der (kulturellen, ethnischen, administrativen ...) Diskriminierung, welche die stabile, einheitsstiftende Annahme einer Kollektivgröße gar nicht zulassen. Der „Teil" (der immer der kolonialistische Fremdkörper (*foreign body*) sein muss) muss das „Ganze" (eroberte Land) repräsentieren, aber dieses Repräsentationsrecht basiert auf der radikalen Differenz des Teils. Solches Zwiedenken kann nur aufgrund der soeben beschriebenen Strategie der Verleugnung funktionieren, die von uns eine Theorie der „Hybridisierung" von Diskurs und Macht erfordert [...].[35]

Hier wird ‚Hybridität' nicht als Eigenschaft gefasst, sondern als Tätigkeit bzw. als Resultat einer Tätigkeit, die eine bestimmte Strategie verfolgt. Sie ist geeignet, die Fixierung von Polaritäten, welche das eigentlich kritikable Ergebnis der Identitätsbildung durch Abgrenzung darstellt, schon im Ansatz zu vermeiden. Bhabha erläutert diesen Gedanken sehr anschaulich, indem er ein Bild von Renée Green erläutert:

---

[33] Hybridität ist ursprünglich ein Terminus aus der Biologie und bezeichnet dort eine Rassenmischung bzw. eine Kreuzung zweier Pflanzenarten. In der biologistischen Anwendung des Terminus auf soziale Gegebenheiten ist er zunächst abschätzig gemeint. Die Karriere dieses Begriffs zu einem in der Kulturwissenschaft enorm positiv konnotierten Terminus beruht auf dem Austausch des negativ wertenden durch das positiv wertende Vorzeichen, der mit der akademischen Durchsetzung des theoretischen Postkolonialismus einhergeht.
[34] Saïd 2009; die amerikanische Originalausgabe *Orientalism* erschien 1978.
[35] Bhabha 2000, S. 164.

> Das Treppenhaus als Schwellenraum zwischen den Identitätsbestimmungen wird zum Prozeß symbolischer Interaktion, zum Verbindungsgefüge, das den Unterschied zwischen Oben und Unten, Schwarz und Weiß konstruiert. Das Hin und Her des Treppenhauses, die Bewegung und der Übergang in der Zeit, die es gestattet, verhindern, dass sich Identitäten an seinem oberen oder unteren Ende zu ursprünglichen Polaritäten festsetzen. Dieser zwischenräumliche Übergang zwischen festen Identifikationen eröffnet die Möglichkeit einer kulturellen Hybridität, in der es einen Platz für Differenz ohne eine übernommene oder verordnete Hierarchie gibt [...].³⁶

In der weiteren Entwicklung postkolonialer Theoriebildung zeichnen sich zwei Fortschreibungen dieser Auffassung ab. Zum einen wird die Tendenz fortgesetzt, von der moralischen Argumentation nach dem Vorbild Saïds Abstand zu nehmen und das Konzept der Hybridität zur methodologischen Anweisung an kulturwissenschaftliche Theoriebildung zu formalisieren. Was so zustande kommt, ist eine ganz universalistische Vorstellung von kultureller Produktivität überhaupt. Das führt zum Beispiel zu einer „postkolonialen Erzähltheorie", die vorschlägt, einen Dreischritt von „Identität, Alterität und Hybridität" zu konstruieren und diese Dialektik in die bekannten Kategorien der Erzähltheorie – Erzähler und seine Perspektivierung, Figuren und deren Perspektivierung, Raum, Zeit, Intertextualität – einzuschreiben.³⁷ Eine andere, den politisch-moralischen Ausgangspunkt nicht in gleichem Maße abstreifende Fortsetzung zeichnet sich dort ab, wo Hybridität zum Etikett wird, mit dem der kulturellen Produktion der „im Grenzbereich zwischen den Kulturen sich bewegenden Migranten und Randständigen"³⁸ ein besonderer Auftrag zuerkannt wird: Denen, die auf der Suche nach einer Existenzgrundlage über die Kontinente wandern und dort oft kaum geduldet werden, wird eine besondere Befähigung zum Ingangsetzen „einer dialektisch dynamischen Hybridität, die kreative Energien freisetzt",³⁹ zugetraut. Diese Zuschreibung lässt sich auch als Spielraum formulieren, als der „dritte Raum zwischen Herkunft und Fremde"⁴⁰ oder als „Da-Zwischen"⁴¹ zwischen den Kulturen; und wo die postkoloniale Literaturkritik die Erfüllung dieses Auftrags attestiert, spricht sie die Anerkennung eines besonderen Werts aus, eines poetischen wie auch politischen.

Auch hier stellt sich die Frage, was das aus dem Postkolonialismus stammende Konzept der ‚Hybridität' an der Literatur des Exils nach 1933 erhellen

---

36 Ebd., S. 5.
37 Diese methodologische Entwicklung ist sehr kundig in *Go-Between. Postkoloniale Erzähltheorie* von Hanne Birk und Birgit Neumann dargestellt (Birk/Neumann 2002, S. 129).
38 Kreutzer 2004, S. 206.
39 Ebd., S. 208.
40 Zur Mühlen 2009, S. 82.
41 Wolf/Pichler 2007, S. 14.

kann. Die Exilanten waren in der Tat Wanderer zwischen den Welten, randständig in den Exilländern und mit der Notwendigkeit konfrontiert, sich in fremden Sprachen zu bewegen, und zwar ganz anders, als sie es sich vor 1933 vorstellen konnten. Und tatsächlich macht die Betrachtung des literarischen Exils im Lichte der Hybridität auf eine Paradoxie des Exils aufmerksam, die in der traditionellen Exilliteraturforschung über Jahrzehnte harmonisiert und zugedeckt wurde. Im Selbstverständnis der meisten Exilschriftsteller hat die Konfrontation mit fremder Sprache und fremder Kultur für die eigene schriftstellerische Produktivität überwiegend bis vollständig destruktive Folgen. Klagen darüber werden regelmäßig in emphatischer Metaphorik artikuliert. Alfred Döblin etwa setzte das Leben in einer nichtdeutschsprachigen Umgebung mit der Amputation des Schriftstellers gleich, und Leonhard Frank kennzeichnete die Sprache des Dichters im Exil als eine Harfe aus Stein.[42] Diese Hyperbeln kamen zu einiger Berühmtheit, weil sie innerhalb der Exilforschung von Anfang an[43] als Äußerungen authentischer Erfahrung zirkulierten. Dabei begründen solche Selbstbekundungen verzweifelter Dichter im Exil durchaus Zweifel, nicht an der Ehrlichkeit ihrer Urheber, wohl aber an der behaupteten Authentizität der Erfahrung. Die einschlägigen Klagen spielen allenfalls beiläufig auf den Umstand an, dass die sprachliche Bewältigung des Alltags in der fremden Umgebung in fremder Sprache um einiges schwerer fällt – was übrigens vor allem ein ökonomisches und dann erst ein linguistisches Problem ist. Die Verlustanzeige meint auch nicht in erster Linie das keineswegs triviale Fakt, dass das Exil den Verlust des Publikums bedeutet. Wenn sich Autoren, die sich zehn Jahre zuvor durch Dostojewski, Proust und Dos Passos inspirieren ließen, als deutsche Dichter definierten, die im Ausland quasi automatisch ihre poetische Existenz einbüßen, dann fingierten sie eine deutsche Sprachgemeinschaft von sehr emphatischer und ein wenig mystischer Qualität: *Ex negativo* beschworen sie eine Kommunikationsgemeinschaft aller Deutschen, die sich in ihrer gemeinsamen Muttersprache immer schon verständigt haben, noch bevor sie zu sprechen begannen, sodass der Dichter als ihr berufener Sprecher auftreten und in der Gewissheit, dass er immer schon verstanden worden ist, völlig frei und authentisch sich aussprechen kann; nur unter dieser Voraussetzung kommt dem Dichter mit der alltäglichen Gemeinsamkeit der Muttersprache die unverzichtbare Bedingung literarisch-ästhetischer Produktion abhanden. Noch merkwürdiger als dieses Sprachgemeinschaftsideal ist der Umstand, dass

---

42 Die erste weitgehend komplette Zusammenstellung dieser Metaphorik findet sich bei Helene Maimann in ihrer Arbeit *Sprachlosigkeit. Ein zentrales Phänomen der Exilerfahrung* (Maimann 1981).

43 Den Tenor gab bereits Walter A. Berendsohns Pionierarbeit *Die humanistische Front. Einführung in die deutsche Emigranten-Literatur* vor (Berendsohn 1946).

die meisten Schriftsteller schon sehr früh in der Exilzeit fest davon überzeugt waren, dass sie vor 1933 in einer solchen Sprachgemeinschaft gelebt hätten. In der Retrospektive wurde der Sprache des Landes, das sie verjagt hatte, ein Authentizitätsgrad und eine Potenz vollkommenen Ausdrucks zuerkannt, als hätte es weder die Sprachkrise der Jahrhundertwende noch die fortgesetzte Sprachkritik in Philosophie und Literatur gegeben. Sie vergaßen ganz, dass es nicht zuletzt die späteren Exilanten selbst gewesen waren, die Sprachkritik und Sprachzertrümmerung aktiv betrieben hatten, die an der neusachlichen Modernisierung der Literatur durch Auflösung der ästhetischen Ganzheitsideale oder an anderen Experimenten mitgewirkt hatten, und die deshalb von den Nationalsozialisten des Asphaltliteratentums, des Kulturbolschewismus und überhaupt einer entarteten Kunst bezichtigt und 1933 außer Landes gejagt worden waren. Das Paradox des wiederbelebten Idealismus der Nationalsprache hat in der literaturwissenschaftlichen Exilforschung keineswegs die gebührende Aufmerksamkeit erfahren. Zwar gibt es seit einer Reihe von Jahren eine differenzierte Forschung über Zwei- und Mehrsprachigkeit bei Exilautoren[44] – ein Phänomen, das es der Emphase der einzigen eigenen Sprache zufolge gar nicht geben dürfte. Es werden auch immer wieder Überlegungen dazu angestellt, wie den Entwurzelungs- und Kulturschockerfahrungen von Exilanten die Absolutheit eines letzten Worts über das, was literarisches Exil sei, abzusprechen und wie sie als vorübergehende Phase im schließlich doch zustande kommenden Akkulturationsprozess zu verstehen seien.[45] Was indessen fehlt, ist eine kritische Revision des Standpunkts, von dem aus die Exilliteraturforschung in den Jahrzehnten, die heute manchem als die goldenen dieser Forschungsrichtung erscheinen, zur unreflektierten Übernahme des Selbstbewusstseins von Exilliteraten als Wahrheit über die Exilliteratur tendierte: Es ist die Perspektive, die in der Exilliteratur die *geschlossene*, insofern in ihrer Zeit auch gültige *Epoche* deutscher oder auch österreichischer *Nationalliteratur* ausmachen will. Wenn die zunehmende Bildung in postkolonialer Literaturtheorie dazu beiträgt, den schimärischen Charakter dieser historischen und kulturellen Entitäten zu verdeutlichen und die Fixierung der Exilliteraturforschung auf sie aufzulösen, dann kann diese Forschung durch jenen Verlust nur gewinnen.

Eine andere Frage ist die, ob die Erklärungslücken, die sich durch die Revision ‚schiefer' Einschätzungen aufgetan haben, durch die einfache Übertragung postkolonialer Begriffsbildung auf exilliterarische Textbefunde zu schließen sind. Dagegen spricht, dass diese Übertragung, sofern sie bisher unternommen

---

44 Die Weichenstellung zu dieser Forschungsrichtung erfolgte in Lamping 1995.
45 Ittner 2002; vgl. bes. S. 347f.

wurde, vor allem Fehlanzeigen ergeben hat, und das gerade im Hinblick auf die zentrale Kategorie der Hybridität. Die im postkolonialen Sinn notwendige Folge von Migration, eben jene Hybridität, lag offenbar nicht im Horizont der Schriftsteller, die seit 1933 bzw. 1938 aus dem deutschen Sprachraum fliehen mussten.[46] Gegen die Annahme, hier liege ein deutscher Sonderfall vor, spricht der Umstand, dass dieselbe Beobachtung an der ost- und ostmitteleuropäischen Exilliteratur nach 1945 zu machen ist. Es ist die Literatur der Dissidenten, die vor dem Stalinismus in westliche Länder flohen und dort eine nach wie vor auf ihre Herkunftsländer bezogene literarische Tätigkeit entfalteten, deren Produkte zumindest zum Teil in der Sprache des Herkunftslandes verfasst waren. Auch diese umfangreiche Exilliteratur scheint mit den Kategorien ‚Hybridität' und ‚Multikulturalität' nicht wirklich fassbar zu sein.[47] Die Problematik solcher Zuordnungen mag daran liegen, dass im Fall des antistalinistischen wie im Fall des antifaschistischen Exils eine Voraussetzung, die der Postkolonialismus im Migrationsfall immer gegeben sieht, nicht vorhanden war: Diese Exilanten wechselten zwar die Länder, aber ohne ein kulturelles Gefälle zwischen der ‚herrschenden' Kultur der Exilländer und der auch nur angeblich ‚unterlegenen' des Herkunftslandes wahrzunehmen. Diese ‚Wahrnehmung' wurde ihnen von den Exilländern auch nicht auferlegt; nirgendwo sahen sie Anlass zu der Mimikry, die ihnen – Bhabhas Verlaufsprotokoll der Hybridität zufolge – das Einbringen der eigenen Kultur durch Verfremdung beider Kulturen ebenso abverlangt wie ermöglicht hätte. Dies ist ein Punkt – vielleicht von mehreren –, in dem postkoloniale Theoriebildung an spezifisch kolonialen Konstellationen hängt. Sie einfach auf Exilkonstellationen wie diejenige der ost- und südosteuropäischen Schriftsteller nach 1945 oder der deutschsprachigen nach 1933 zu übertragen, führt zu einer gewissen Hilflosigkeit gegenüber den spezifischen Phänomenen derartiger Exilliteratur.

In diesem Zusammenhang sei mir noch eine letzte Überlegung gestattet. Wenn deutsche Schriftsteller, die in der Weimarer Republik die US-amerikanische Kultur beobachtet, kritisiert, karikiert, glorifiziert und nicht zuletzt imitiert hatten, durch die Konfrontation mit eben dieser Kultur auf dem Boden der USA einen regelrechten Kulturschock erlitten haben, dann stehen traditionelle Exilforschung wie auch postkoloniale Theoriebildung diesem Phänomen eher kopfschüttelnd als erklärungsbereit gegenüber. Verweigern sich ausgerechnet Exilan-

---

46 Vgl. die bereits angeführte Untersuchung von Patrik von zur Mühlen (zur Mühlen 2009). Obgleich das Exilland Bolivien geografisch und sozial der postkolonialen Sphäre angehört, kann von zur Mühlen nirgendwo den postkolonial zu erwartenden „Übergang" in den ‚dritten Raum' zwischen Herkunft und Fremde feststellen (vgl. ebd. S. 82). Analog Dubiel 2005, dessen Untersuchung, wie erwähnt, kein einziges Beispiel aus der Exilliteratur anführt.
47 So das Resultat der Untersuchung von Alfrun Kliems (Kliems 2004, bes. S. 297–300).

ten der großen Chance, einen hybriden Zwischenraum zwischen mitgebrachter deutscher und vorgefundener amerikanischer Kultur zu eröffnen? Oder – so meine Gegenfrage – sind beide kulturellen Identitätszuschreibungen, die dieser Vorwurf voraussetzt, kulturelle Konstrukte, deren Plausibilität nur durch die Pseudo-Verortung eines fiktiven Ausschlussverhältnisses zustande kommt? Im zweiten Fall wäre ein Bedarf nach weiterer Erklärung umschrieben: Woher rührt das Bedürfnis, kulturelle Haltungen zu territorialisieren, und die Bereitschaft, solche Territorialisierungen ohne Weiteres plausibel zu finden? Dieser Erklärungsbedarf wäre ein gemeinsamer der Exilliteraturforschung und der postkolonialen Kulturtheorie. Zumindest wurde er in deren Kontext schon formuliert, und zwar von Leslie A. Adelson in ihrer Polemik gegen die territoriale Definition von Identitäten. Sie wandte sich schon im Jahr 2001 gegen die Auffassung, dass Autoren türkischer Abstammung wie Zafer Şenocak, die seit Jahrzehnten in Deutschland leben und schreiben, zum Nutzen des deutschen Publikums Brücken zwischen zwei Welten bauten. Dieser Version eines ‚Dazwischen' hält sie entgegen, dass die Vorstellung der beiden voneinander abzugrenzenden Welten, zwischen denen überhaupt eine Brücke zu bauen wäre, eine gerade in Bezug auf diese Schriftsteller absurde Annahme darstelle:

> Selbst die Auffassung, dass Sprache zur Heimat im Exil oder in der Diaspora wird, setzt voraus, dass eine territoriale ‚Heimat' der Ort der Authentizität sei, von dem sich Sprache als vermeintliche Heimat höchstens in Trauer oder Feier abheben könne.[48]

In diesem Hinweis steckt die Anregung, nicht nur Nation und Kultur, sondern auch alle übrigen aus der Herkunft bezogenen Authentizitätsreservate – Sprache, Heimat, Diaspora, Identität – im Hinblick auf ihre Konstruktion und deren Strategie hin zu überprüfen. Aus dieser Anregung ließe sich zumindest für die Exilliteraturforschung einiger Gewinn ziehen.

Literatur

Adelson, Leslie A.: „Against Between. Ein Manifest gegen das Dazwischen". In: *Literatur und Migration*. Hg. v. Heinz Ludwig Arnold. München 2006 (Text + Kritik Sonderband), S. 36–46.
Anderson, Benedict: *Die Erfindung der Nation. Zur Karriere eines folgenreichen Konzepts*. Übers. v. Benedikt Burkard. Frankfurt a. M. 1988.

---

[48] Ich zitiere nach Adelson 2006, S. 39. Der Aufsatz wurde ursprünglich 2001 unter dem Titel *Against Between* in englischer Sprache veröffentlicht; die deutsche Übersetzung ist von der Autorin autorisiert.

Berendsohn, Walter A.: *Die humanistische Front. Einführung in die deutsche Emigranten-Literatur*. Zürich 1946.
Bhabha, Homi K.: „DissemiNation. Zeit, Narrative und die Ränder der modernen Nation". In: *Hybride Kulturen. Beiträge zur anglo-amerikanischen Multikulturalismusdebatte*. Hg. v. Elisabeth Bronfen, Benjamin Marius u. Therese Steffen. Zürich 1997, S. 149–194.
Bhabha, Homi K.: *Die Verortung der Kultur*. Übers. v. Michael Schiffmann u. Jürgen Freudl. Tübingen 2000 (Engl.: *The Location of Culture*, 1994).
Birk, Hanne u. Birgit Neumann: „Go-Between. Postkoloniale Erzähltheorie". In: *Neue Ansätze in der Erzähltheorie*. Hg. v. Ansgar Nünning u. Vera Nünning. Trier 2002 (WVT-Handbücher zum literaturwissenschaftlichen Studium 4), S. 115–152.
Braese, Stephan: „Exil und Postkolonialismus". In: Krohn/Winckler 2009, S. 1–19.
Brecht, Bertolt: „Flüchtlingsgespräche". In: *Gesammelte Werke*, Bd. 14. Prosa 4. Frankfurt a. M. 1967, S. 1381–1515.
Dubiel, Jochen: „Manifestationen des ‚postkolonialen Blicks' in kultureller Hybridität". In: Dunker 2005, S. 45–68.
Dunker, Axel (Hg.): *Postkolonialismus und deutsche Literatur. Impulse der anglo-amerikanischen Literatur- und Kulturtheorie*. Bielefeld 2005.
Enderle-Ristori, Michaela: „Vorwort". In: Krohn/Rotermund/Winckler/Koepke 2007, S. IX–XII.
Ittner, Jutta: „Diagnose Kulturschock? Das amerikanische Exil im Spiegel des Kulturschock-Konzepts". In: *Akten des X. Internationalen Germanistenkongresses Wien 2000. Zeitenwende – Die Germanistik auf dem Weg vom 20. ins 21. Jahrhundert*, Bd. 7. Gegenwartsliteratur. Hg. v. Peter Wiesinger unter Mitarb. v. Hans Derkits. Bern u. a. 2002 (Jahrbuch für Internationale Germanistik Reihe A, Bd. 59), S. 343–348.
Kliems, Alfrun: „Migration – Exil – Postkolonialismus? Reflexionen zu Kanonisierung und Kategorisierung von Literatur". In: *Migrationsliteratur. Schreibweisen einer interkulturellen Moderne*. Hg. v. Klaus Schenk, Almut Todorow u. Milan Tvrdik. Tübingen, Basel 2004, S. 287–300.
Kreutzer, Eberhard: „Theoretische Grundlagen postkolonialer Literaturkritik". In: *Literaturwissenschaftliche Theorien, Modelle und Methoden. Eine Einführung*. Hg. v. Ansgar Nünning unter Mitwirkung v. Sabine Buchholz u. Manfred Jahn. 4., erw. Aufl. Trier 2004, S. 199–213.
Krohn, Claus-Dieter, Erwin Rotermund, Lutz Winckler u. Wulf Koepke unter Mitarb. v. Michaela Enderle-Ristori (Hg.): *Übersetzung als transkultureller Prozess*. München 2007 (Exilforschung. Ein internationales Jahrbuch, Bd. 25. Hg. im Auftr. der Gesellschaft für Exilforschung).
Krohn, Claus-Dieter u. Lutz Winckler in Verb. mit Wulf Koepke u. Erwin Rotermund (Hg.): *Exil, Entwurzelung, Hybridität*. München 2009 (Exilforschung. Ein internationales Jahrbuch, Bd. 27. Hg. im Auftr. der Gesellschaft für Exilforschung).
Kucher, Primus-Heinz u. a. (Hg.): *Erste Briefe / First Letters aus dem Exil 1945–1950. (Un)mögliche Gespräche. Fallbeispiele des literarischen und künstlerischen Exils*. München 2011.
Lamping, Dieter: „‚Linguistische Metamorphosen'. Aspekte des Sprachwechsels in der Exilliteratur". In: *Germanistik und Komparatistik. DFG-Symposion 1993*. Hg. v. Hendrik Birus. Stuttgart, Weimar 1995, S. 528–540.
Maimann, Helene: „Sprachlosigkeit. Ein zentrales Phänomen der Exilerfahrung". In: *Leben im Exil. Probleme der Integration deutscher Flüchtlinge im Ausland 1933–1945*. Hg. v. Wolfgang Frühwald u. Wolfgang Schieder. Hamburg 1981, S. 31–38.
Saïd, Edward W.: *Die Welt, der Text und der Kritiker*. Frankfurt a. M. 1997.

Saïd, Edward W.: „Reflections on Exile". In: *Reflections on Exile and Other Literary and Cultural Essays*. London 2001, S. 173–186.
Saïd, Edward W.: *Orientalismus*, 2. Aufl. Übers. v. Hans Günter Holl. Frankfurt a. M. 2009.
Seghers, Anna: *Über Kunstwerk und Wirklichkeit*, Bd. 1. Die Tendenz in der reinen Kunst. Bearb. u. eingel. v. Sigrid Bock. Berlin 1970 (= 1970a).
Seghers, Anna: „Deutschland und wir". In: Seghers 1970a, S. 186–191 (= 1970b).
Seghers, Anna: „Volk und Schriftsteller". In: Seghers 1970a, S. 191–197 (= 1970c).
Seghers, Anna: „Das siebte Kreuz. Roman aus Hitlerdeutschland". In: *Werkausgabe*. Hg. v. Helen Fehervary u. Bernhard Spies, Bd. I/4. Das erzählerische Werk 4. Bearb. v. Bernhard Spies. Berlin 2000.
Wolf, Michaela u. Georg Pichler: „Übersetzte Fremdheit und Exil. Grenzgänge eines hybriden Subjekts. Das Beispiel Erich Arendt". In: Krohn/Rotermund/Winckler/Koepke 2007, S. 7–29.
Zur Mühlen, Patrik von: „Entwurzelung und Fremdheitserlebnis im Exilland Bolivien". In: Krohn/Winckler 2009, S. 74–85.
Zweig, Arnold: *Das Beil von Wandsbek. Roman*. Frankfurt a. M. 1982.

Doerte Bischoff
Exil und Interkulturalität – Positionen und Lektüren

Abstract: Nachdem die germanistische Exilforschung und die Interkulturalitätsforschung, die sich jeweils seit den 1970er Jahren etablierten, lange Zeit nahezu ohne Berührungen und ausdrückliche Bezugnahmen aufeinander existierten, zeichnet sich aktuell eine Öffnung der Exilforschung gegenüber Ansätzen und Lektüren ab, die Perspektiven von Akkulturation, Inter- und Transkulturalität ausdrücklich aufgreifen und weiterentwickeln. Selbstkritische Bestandsaufnahmen dokumentieren bereits seit Mitte der 1995er Jahre, dass Kulturtransfer und Interkulturalität geradezu den blinden Fleck einer antifaschistisch orientierten Exilforschung darstellten, welche die wirkmächtige Parole „Gesicht nach Deutschland" fortgeschrieben habe. Anregungen aus der US-amerikanischen Forschung, Exil und Migration stärker zusammen zu diskutieren, sowie ein Vorschlag Anfang der 1980er Jahre, Exilforschung in Bezug auf *Postcolonial Studies* und Traumatheorie neu zu denken, wurden gleichermaßen spärlich rezipiert. Im neueren Wechselbezug zwischen Interkulturalitätsforschung und Exilforschung werden hingegen produktive Aspekte einer explizit transnationalen und komparatistischen Betrachtung von Exilphänomenen und ihrer Literarisierung herausgestellt. Der Beitrag referiert exemplarisch auf Texte der ‚klassischen' Exilepoche (Brecht, Zuckmayer, Werfel), verknüpft die Lektüren aber zugleich mit deutschsprachigen Gegenwartstexten (Vertlib, Honigmann), welche, ausgehend von Exilkonstellationen, die Konstruktivität von Heimat(en) und Identität(en) zwischen den Welten vorführen. Indem Exil hier nicht mehr auf Heimkehr, auf die Restitution eines homogenen kulturellen Orts oder Raums, ausgerichtet erscheint, kann die spezifische ‚Wurzellosigkeit' des Exilanten zum Anlass werden, Identitäten, Gemeinschaften und Literaturen als transkulturelle neu zu entwerfen.

1 Tendenzen der Forschung

In der Germanistik haben sich mit der Exilforschung und der Interkulturalitätsforschung seit den 1970er Jahren zwei distinkte, in sich in hohem Maße ausdifferenzierte Forschungsbereiche herausgebildet, die sich jeweils durch eine Reihe von Schlüsselkategorien und Frageperspektiven charakterisieren lassen. Dass es bis vor Kurzem kaum Überlappungen oder Austausch zwischen beiden Gebieten gegeben hat – weder personell noch institutionell (z. B. im Hinblick auf Zeitschriften, Gesellschaften, Buchreihen, Handbücher, Einführungen etc.) lassen sich bislang deutliche Überschneidungen erkennen –, ist an sich ein bemerkenswertes Phänomen. Zwar gab es vor allem vonseiten der US-amerikanischen Exilforschung, die stärker von Diskussionen um (Im-)Migration sowie von komparatistischen Perspektiven beeinflusst war, immer wieder Impulse zu einer Einbeziehung von Phänomenen kultureller Wechselbeziehungen im Exil[1] bzw. zu einer vergleichenden Exilforschung,[2] letztlich blieben die beiden Felder jedoch verschiedenen Paradigmen verhaftet. Berücksichtigt man, dass die interkulturelle Germanistik eine vergleichsweise junge Disziplin ist, deren Institutionalisierung sich seit den 1980er Jahren vollzieht,[3] so könnte man sogar einen Wechsel der Perspektiven oder Paradigmen vermuten, denn die große Konjunktur der Exilliteraturforschung, die sich in den 1970er und 1980er Jahren auf breiter Ebene und mit großer Resonanz etablierte, verlor seit Mitte der 1990er Jahre an Impetus, was sich nicht zuletzt in einer Reihe von selbstreflexiven und selbstkritischen Beiträgen zu den „Mythen der Exilforschung"[4] und zur Frage, ob die Exilforschung ein „abgeschlossenes Kapitel"[5] sei, manifestierte. Wurde dabei immer wieder auf das Problem verwiesen, dass die dominierende antifaschistische Orientierung der Exilforschung ihren Gegenstand, die seit 1933 von Flüchtlingen aus Deutschland verfasste Literatur, unzulässig auf bestimmte (politische) Funktionen und Aussa-

---

[1] Pfanner 1986; auch der auf eine Augsburger Tagung zurückgehende Sammelband Koopmann/Post 2001 rückt übergreifende Perspektiven des Exils in allerdings recht unverbundenen Einzelbeiträgen in den Blick.
[2] Vgl. z.B. Lewin 1966; Stern 1989. Zum Konzept der Akkulturation vgl. vor allem die Forschungen des (selbst exilierten) Historikers und Antisemitismusforschers Herbert Strauss, etwa seinen Aufsatz *Akkulturation als Schicksal. Einleitende Bemerkungen zum Verhältnis von Juden um Umwelt* (Strauss 1985).
[3] Gutjahr 2002, S. 348.
[4] Winckler 1995. Als „noch weitgehend unerforscht" benennt Winckler zuletzt Prozesse der Akkulturation im Exil: „Zu überdenken ist auch die nationalgeschichtliche Orientierung [...]. Es gab auch ein Exil, das nicht mit dem ‚Blick nach Deutschland' gelebt und geschrieben hat, sondern sich dem jeweiligen Asylland: Frankreich, Palästina, den USA zugewandt und so eine interkulturelle Identität erworben hat." (ebd., S. 79)
[5] Spies 1996. Auch Spies nimmt das „Stichwort ‚Akkulturation'" auf, um mögliche weiterführende, bislang jedoch kaum bearbeitete Forschungsfelder zu skizzieren (vgl. ebd., S. 23). Besonders instruktiv ist auch seine Referenz auf existierende Forschung zum Themenfeld „Sprache und Exil", die in ein Plädoyer mündet, das ganze Spektrum von Sprachverlust und Sprachkrise einerseits, einer als produktiv empfundenen Konfrontation von alter und neuer Sprache sowie Phänomene der Zweisprachigkeit andererseits zu berücksichtigen und strukturell zu untersuchen. Dies impliziere eine Ausweitung der Perspektive sowohl über den Zeitraum 1933–1945 als auch über die Nationalsprachen und -literaturen hinaus.

gen reduziere,⁶ so wurde zugleich die unreflektierte Fixierung auf das Nationale im Mythem vom ‚anderen Deutschland' kritisiert.⁷ Die Vorstellung, dass die Exilanten das andere, eigentliche, moralisch integre und überlegene Deutschland repräsentierten, das während der NS-Zeit und danach gegenüber seiner faschistischen Usurpation und Verhunzung wieder zur Geltung gebracht werden müsse, gehörte zu den wirkmächtigen gemeinschaftsstiftenden Ideen des Exils. Gerade an den historischen Schnittstellen 1945 oder 1968 schienen sie besonders geeignet, nationale Geltung und politische Transformation mit einem aus dem Exil abgeleiteten moralischen Anspruch begründen zu können. „Die Parole, Gesicht nach Deutschland! war für uns alle verbindlich", formuliert Alfred Kantorowicz 1947, was er vor allem darin dokumentiert sah, „daß wir deutsch schrieben, das kostbare Gut der Muttersprache sorgsam wahrten und dem Mißbrauch entzogen, den die Gewalthaber in unserem Lande mit ihr trieben".⁸ Konnte eine solche Darstellung zweifellos an Dokumente und Manifestationen aus dem Exil anknüpfen, so stellte sie in ihrer Verallgemeinerung und Zuspitzung zugleich eine interpretierende Konstruktion dar. Während das Verhältnis zu Deutschland und das Verdienst um die deutsche Kultur in den Vordergrund gestellt wurden, rückten Beziehungen zu den Kulturen der Aufnahmeländer oder gar allmähliche, auch nach 1945 andauernde Prozesse der Akkulturation in den Hintergrund.⁹ Da nur eine kleine Anzahl der Exilierten überhaupt nach Deutschland zurückkam und manche nach der Rückkehr nicht blieben, weil sie sich keineswegs mehr ‚zu Hause' fühlten,¹⁰ bedeutete diese Auslegung der Exilgeschichte jedoch, wie zuletzt Sabina Becker und ihr Freiburger Team in ihren Studien über Exil und Akkulturation anschaulich gezeigt haben, eine signifikante Verkürzung.¹¹ Ähnliches gilt auch für typische Darstellungen der jungen Exilliteraturforschung, die sich selbst – zusammen mit ihrem Gegenstand – in den 1970er Jahren als moralisch legitimierte Instanz setzte. „Das Wort Vaterland nimmt im Exil einen Klang an", schreibt etwa der Germanist (und ehemalige Exilant) Werner Vordtriede nicht ohne Pathos 1968 in einem viel rezipierten Aufsatz, „der an leidender Liebe alle

---

6 Vgl. hierzu neben dem genannten Beitrag von Lutz Winckler besonders Loewy 1991. Loewys zentrale These ist, dass das starke Antifaschismus-Paradigma in der Exilliteraturforschung zur Verdrängung der Verfolgung und Auslöschung der europäischen Juden durch den Nationalsozialismus geführt habe (ebd., S. 266). Vgl. hierzu auch Braese 1996.
7 Vgl. Koebner 1992; Schiller 2002; Jakobi 2006.
8 Kantorowicz 1947, S. 45.
9 Vgl. hierzu auch Hoffmann 1998, hier bes. Sp. 121–123.
10 Vgl. hierzu Loewy 1995b; Koepke 2002.
11 Becker/Krause 2010, Einleitung, S. 1–16; vgl. auch Becker 2009; Krause 2010.

Gesänge strammer Patrioten übertönt."¹² Alle Exildichtungen seien daher als Rettungsversuche für eine abgebrochene Tradition zu verstehen.¹³ Tatsächlich wird offensichtlich nicht nur das Deutsche, die Ungebrochenheit einer besseren deutschen Kultur propagiert und damit ein Diskurs des Nationalen – wenn auch mit anderem Vorzeichen – fortgeführt,¹⁴ auch lässt die bis heute in der Exilforschung erkennbare Tendenz zu Autorenporträts und biografischen Rekonstruktionen einen Hang zur Autoritätsbildung und Heldenverehrung erkennen, die angesichts der von der 1968er-Generation ansonsten angestrebten Autoritäts- und Mythenzertrümmerung erstaunlich ist. Julia Schöll hat dieses Phänomen, das zudem in deutlichem Kontrast zu dem gleichzeitig in Frankreich geführten Diskurs über das Ende des Autors (Foucault/Barthes) steht, damit zu erklären versucht, dass das Bild vom ‚guten Exilanten' die Lücke fülle, „die dadurch entsteht, dass alle in Deutschland Gebliebenen potentiell Schuld auf sich geladen haben".¹⁵ So sehr die diversen Mythenbildungen in der Exilforschung angesichts der spezifischen Situation in Nachkriegsdeutschland historisch plausibel sind, so deutlich wird zugleich, dass es sich hier um eine diskursive Konstellation handelte, in der Artikulationen von kultureller Differenz einerseits, von hybriden, nicht im Hinblick auf eine Kultur oder eine politische Richtung zu vereindeutigenden Subjekten andererseits kaum Raum finden konnten.¹⁶ Denn wenn ein Diskurs – im Sinne Michel Foucaults – Aussagemöglichkeiten reguliert und kanalisiert und Strukturen der Rede und des Wissens durch Ausgrenzung organisiert, so sind es in der Exilforschung der 1970er Jahre offensichtlich gerade diese Aspekte – kulturelle Differenz und Identitäten, die Fremdheit nicht ausschließen, sondern in sich aufgenommen haben –, welche sich dem wissenschaftlichen Blick und der Darstellung entzogen. Das von Paul Michael Lützeler 1986 vorgetragene Plädoyer für eine interdisziplinäre und interkulturelle Exilforschung, die „zu einem kulturellen Ferment werden [könnte], das zur Überwindung von Ethnozentrismus, unreflektierter Enkulturation und Xenophobie" beitragen und auf diese Weise „zur

---

12 Vordtriede 1968, S. 566.
13 Ebd., S. 574.
14 Vgl. zusammenfassend hierzu Braese 2009, S. 2: „Für konstitutive Teile des deutschen Exils blieben jene Dispositionen, die heute als genuin postkoloniale erkennbar und beschreibbar sind, als kategorial historische Kondition unbegriffen, ihre kulturelle Produktivkraft unerkannt." Vgl. weiterhin Bischoff/Komfort-Hein 2012.
15 Schöll 2011, S. 235.
16 Zum Begriff der Hybridität, der als zentrale Kategorie postkolonialer Theoriebildung und Lektüren inzwischen auch vielfältig Eingang in die interkulturelle Literaturwissenschaft gefunden hat, vgl. Bhabha 2000. Zur Begriffsgenese, an der auch Migranten und Exilanten mitgewirkt haben, vgl. Kliems 2007, S. 30, und Ackermann 2004.

Avantgarde einer sich erneuernden Literaturwissenschaft" werden solle,[17] wurde vorerst nicht oder nur sehr vereinzelt eingelöst.[18] 1993 erschien in der komparatistischen Zeitschrift *Arcadia* ein Aufsatz von Elisabeth Bronfen mit dem Titel *Exil in der Literatur: Zwischen Metapher und Realität*, den sie ein Jahr später noch einmal unter dem Titel *Entortung und Identität: Ein Thema der modernen Exilliteratur* publizierte.[19] Indem der zweite Titel ausdrücklich die Verknüpfung von aktuellen Identitätsdiskursen und Exilliteratur fokussiert, lässt er sich als programmatisches Konzept für die Öffnung der verschiedenen Forschungsgebiete zueinander und darüber hinaus als Initiative verstehen, der Exilliteraturforschung neue methodische und theoretische Wege der (Selbst-)Reflexion zu weisen. Bemerkenswerterweise blieb Bronfens Impuls, obwohl sogar doppelt benannt und platziert, zunächst so gut wie ohne Resonanz in der germanistischen Exilforschung, obgleich der zweite Aufsatz in einer germanistischen Zeitschrift erschien und in vergleichender Perspektive ein englischsprachiger und ein deutschsprachiger literarischer Exiltext (Vladimir Nabokovs *The Real Life of Sebastian Knight* und Hilde Spiels ↗ *Lisas Zimmer*) analysiert werden.[20] Man kann also sagen, dass die Anglistin alles getan hat, um ihren innovativen Zugang zur Exilliteratur gerade auch in der Germanistik zu publizieren; der dortigen Exilforschungsgemeinde jedoch erschienen ihre von psychoanalytischer Traumaforschung und postkolonialer Theoriebildung inspirierten Ausführungen offenbar als nicht anschließbar an eigene Fragestellungen und Kategorien.

Wendet man den Blick auf die Interkulturalitätsforschung der vergangenen Jahrzehnte, die sich insgesamt durch eine recht große Offenheit gegenüber neuen methodischen Impulsen ausgezeichnet hat, zeigt sich allerdings ebenfalls eine eher zögerliche Annäherung an Gegenstände und Paradigmen der älteren Exilforschung. Zwar findet sich in Überblicksdarstellungen und Einführungen, etwa

---

17 Lützeler 1986, S. 363.
18 Der Abschnitt über interkulturelle Aspekte umfasst in Lützelers knappem Aufsatz allerdings nur eine Seite, geht selbst also über das Plädoyer nicht hinaus.
19 Bronfen 1993 und Bronfen 1994.
20 Selbst in den erwähnten Beiträgen von Stephan Braese und Sabina Becker, die mit ihrem jeweiligen Fokus auf Paradigmen des Postkolonialismus bzw. der Akkulturation ähnliche Perspektiven für die Exilforschung formulieren, wird Bronfen nicht zitiert. Mein eigener Aufsatz, der anlässlich einer Relektüre von Else Lasker-Schülers *Hebräerland* auch programmatische Thesen zu einer Neuperspektivierung der Exilforschung formuliert und damit auf Bronfens Anregungen verweist, wurde außerhalb der Lasker-Schüler-Forschung, deren Hinwendung zu dekonstruktiven, psychoanalytischen und kulturwissenschaftlichen Lektüren und Fragestellungen von der Exilforschung insgesamt nicht beachtet wurde, ebenfalls kaum rezipiert (vgl. Bischoff 1998). Ausdrücklich auf Bronfens Aufsatz beziehen sich Komfort-Hein 2003 und neuerdings z. B. Schöll 2011, S. 32, und Kliems 2007, S. 30.

bei Ortrud Gutjahr oder Norbert Mecklenburg, regelmäßig der Hinweis, dass Exil- wie Migrationsliteratur als „kulturreflexive Gattungen", welche in besonderer Weise Kulturgrenzen thematisieren und überschreiten, unmittelbar zum disziplinären Textkanon der interkulturellen Germanistik gehörten.[21] Tatsächlich sind dann aber selten entsprechende Lektürebeispiele zu finden. Eine Ausnahme bildet die 2006 erschienene Einführung *Interkulturelle Literaturwissenschaft* von Michael Hofmann, in der zwar keinerlei programmatische Feststellungen über das Verhältnis von Exil und Interkulturalität zu finden sind, die aber zwei dafür relevante Texte ausführlicher analysiert. Neben Peter Weiss' ↗ *Ästhetik des Widerstands* ist vor allem seine Lektüre von Alfred Döblins während seines Exils (in Frankreich) entstandener *Amazonas-Trilogie* aufschlussreich. Diskutiert wird, inwiefern die beschriebene Konfrontation zwischen europäischer Kolonisation und indianischer Kultur in Brasilien, zu der Döblin in der Pariser *Bibliothèque Nationale* intensiv Quellen studiert hatte, auf die faschistische Vertreibungs- und Vernichtungspolitik bezogen ist. In der Literarisierung von Begegnungen, die unterschiedliche kulturelle Mythen und Narrative exponieren und gegeneinander durchlässig werden lassen, verzeichnet Hofmann Hybridisierungen nicht nur auf der thematisch-mythologischen Ebene, sondern auch im Hinblick auf die Poetologie des Textes selbst, die Momente des magischen Realismus der lateinamerikanischen Literatur vorwegnehme.[22] Die Wahl und Produktion einer solchen kulturellen Mischform, so wäre zu folgern, zersetzt den totalitären Gestus kolonialer bzw. faschistischer Mythisierungen und schreibt diesem ein ausgegrenztes Anderes ein. Auch wenn deren Macht ebenso wie die Macht des Textes zur Transformation der Gegenwart und zur Schaffung alternativer Spiel- und Handlungsräume durch den resignativen Schluss begrenzt erscheint, lässt sich der Text doch als ein über drei Bände und acht Jahre hinweg entfalteter Versuch lesen, die mit dem Exil verbundene Fremdheits- und Entwurzelungserfahrung in Szenarien kultureller Vielstimmigkeit zu transformieren und damit letztlich auch produktiv zu machen.[23]

Erst in jüngster Zeit zeichnen sich Versuche ab, Exil, Migration und kulturelle Differenz im Zusammenhang zu diskutieren und die Korrespondenzen der verschiedenen Felder methodisch zu reflektieren. In mancher Weise haben Ottmar Ettes Bücher *ÜberlebensWissen*, *ZwischenWeltenSchreiben* und *ZusammenLebensWissen* (2004–2010)[24] transkulturelle Perspektiven auf die Literatur eröffnet,

---

21 Gutjahr 2002, S. 357; Mecklenburg 2008, S. 31.
22 Hofmann 2006, S. 110–121.
23 Vgl. hierzu auch Stauffacher 1991 sowie Kleinschmidt 1995, S. 104, 108f.
24 Ette 2004, 2005, 2010.

die auch die Erfahrungen des Exils genauer in den Blick nehmen lassen. Dabei wird das Exil, das seit dem 20. Jahrhundert mehr Schreibende als je zuvor betroffen hat, als paradigmatische Konstellation zahlreicher Texte reflektiert. Selbst Romanist und Komparatist, hat sich Ette immer wieder auch Autoren deutscher Herkunft und/oder Sprache wie Max Aub und Emma Kann gewidmet – Anknüpfungsmöglichkeiten für die germanistische Exilforschung sind also auch hier vielfältig gegeben; zugleich machen Studien wie diese aber auch auf die Grenzen einer historischen und vor allem nationalen und nationalsprachlichen Beschränkung der Exilforschung aufmerksam. Ausdrücklich und methodisch reflektiert wird die Produktivität einer Zusammenführung von Exilforschung und Inter- bzw. Transkulturalitätsforschung in den beiden innovativen Bänden des Jahrbuchs für Exilforschung von 2007 (*Übersetzung als transkultureller Prozess*) und 2009 (*Exil, Entwurzelung, Hybridität*) sowie in neueren Arbeiten zu Exil und Akkulturation wie in den bereits erwähnten von Sabina Becker oder der Monografie über jüdische Autoren in Kanada von Eugen Banauch, die theoretisch fundiert und in vielfältigem Bezug auf andere Exile, etwa dem lateinamerikanischer Autoren in Europa, Formen „inter- und transkulturellen Schreibens" ausmacht.[25] Dass in diesen Arbeiten häufig der Begriff der ‚Transkulturalität', entweder in Ergänzung, zum Teil aber auch in Abgrenzung zu dem der ‚Interkulturalität' auftaucht, spiegelt die neuere Tendenz, vor allem die Prozessualität und vielgestaltigen Durchdringungen von Kulturen zu akzentuieren.[26] In dieser Perspektive, die mit Bezug auf allgegenwärtige Migrations- und Globalisierungsprozesse häufig explizit historisch verortet wird, erscheinen Kulturen nicht (mehr) als voneinander abgrenzbare homogene Einheiten, zwischen denen es gelegentlich Berührungen und Austausch gibt – wie es die Vorstellung von *inter*kultureller Begegnung und Wechselwirkung suggeriert –, sondern als vernetzte, binnendifferenzierte und in ständiger Dynamik befindliche Aushandlungsprozesse kultureller Identität.[27] In dem Maße, in dem auch die Interkulturalitätsforschung inzwischen vielfach diese Perspektive einnimmt,[28] werden die Differenzen zwischen den beiden Begriffen allerdings eingeebnet – es ist also im einzelnen Fall darauf zu achten, wie die Begriffe verwendet und theoretisch reflektiert werden.

---

25 Banauch 2009; vgl. auch Farges 2009.
26 Einen wichtigen Impuls für diese Debatte gab der viel rezipierte und kontrovers diskutierte Essay *Transkulturalität. Zur veränderten Verfassung heutiger Kulturen* von Wolfgang Welsch (Welsch 1997).
27 Vgl. hierzu Blumentrath 2007; Antor 2010.
28 Zur Erfahrung der Prozessualität und Kontingenz von Grenzsetzungen zwischen Eigenem und Fremdem als Untersuchungsgegenstand der Interkulturalitätsforschung vgl. Gutjahr 2002, S. 354.

Offensichtlich ergeben sich Berührungspunkte zwischen der Erforschung literarischer Texte aus dem oder über das Exil einerseits und der interkulturellen Literatur andererseits, weil auch Exilanten in aller Regel mit der Erfahrung kultureller Fremdheit in ihren Exilländern konfrontiert sind und weil auf der anderen Seite Begegnungen mit dem Fremden, wie sie die Interkulturalitätsforschung untersucht, das selbstverständliche Verwurzeltsein in der ‚eigenen' Kultur und homogene Identitätsentwürfe infrage stellt. So lässt sich in vielen Exiltexten, nicht selten im Widerspruch zu deren eigener Rhetorik national-kultureller Kontinuität und Zugehörigkeit, nachvollziehen, dass der Rückgriff auf eine einheitliche Kultur des Herkommens angesichts der erfahrenen gewaltsamen Abspaltung und Ausgrenzung nicht ohne Weiteres möglich ist. Versuche einer Restitution und Rettung des Verlorenen manifestieren sich daher auf verschiedene Weise als Konstruktionen „imaginärer Heimatländer" (Salman Rushdie), denen Brüche und Widersprüche eingeschrieben sind und die immer wieder auf das Gemachtsein und die Kontingenz des als Heimat Entworfenen verweisen.[29] Auch Migrationsidentitäten, die Prozesse der Grenzsetzung und der Produktion von Fremdheit in sich aufgenommen haben und zur Schau stellen, sind damit, wie gelegentlich festgestellt wurde, in gewisser Weise einer Exilierung ausgesetzt.[30] Stuart Hall hat Migration einmal als Hinreise bezeichnet; es gibt kein ‚Zuhause', zu dem man zurück könnte.[31] Eine ähnliche Formulierung findet man bereits in den Memoiren Carl Zuckmayers *Als wär's ein Stück von mir* (1966):

> Die Fahrt ins Exil ist ‚the journey of no return'. Wer sie antritt oder von der Heimkehr träumt, ist verloren. Er mag wiederkehren – aber der Ort, den er dann findet, ist nicht mehr der gleiche, den er verlassen hat, und er ist selbst nicht mehr der gleiche, der fortgegangen ist. Er mag wiederkehren, zu Menschen, die er entbehren mußte, zu Stätten, die er liebte und nicht vergaß, in den Bereich der Sprache, die seine eigene ist. Aber er kehrt niemals heim.[32]

---

29 Vgl. Rushdie 1992, S. 22. Zentrale Metapher in diesem Essay ist die des zerbrochenen Spiegels, dessen Bruchstücke Identität nur als Fragment zeigen und (re-)konstruierbar werden lassen.
30 Vgl. etwa Seyhan 2001, S. 11, hier besonders „Introduction. Neither Here/Nor There: The Culture of Exile", S. 3–21. Vgl. auch Kristeva 1990, S. 15–17. Enttäuschungen und Verlusterfahrungen verletzen den Fremden, befähigen ihn aber zugleich, eine Distanz, „um sich und sie [i.e. die Anderen, Anm. d. Verf.] zu sehen", einzunehmen. Nach der „extremen Logik des Exils" zehren sich alle einmal gesetzten Ziele und Heimatentwürfe auf zugunsten einer Existenz im Aufschub oder Übergang.
31 Hall 1987, S. 44.
32 Zuckmayer 1997, S. 539.

Aus der Perspektive der Exilforschung gilt es dabei jedoch, die historisch und politisch spezifischen Gründe und Kontexte des Exils sowie damit verbundene unterschiedliche Möglichkeiten politisch-lebensweltlichen Handelns und literarischer Verhandlung in die Untersuchung mit einzubeziehen und gegebenenfalls einen allzu beliebigen metaphorischen Gebrauch des Exilbegriffs zu problematisieren.[33] Wenn etwa der Soziologe und Filmkritiker Siegfried Kracauer in seinem Buch über die Aufgaben der Geschichtsschreibung auf das Exil, das er seit 1933 selbst erlebte, als produktive Erfahrung Bezug nimmt, die den Historiker – wie den im Exil lebenden antiken Geschichtsschreiber Thukydides – befähige, „etwas von zwei Seiten zu sehen" und das Eigene mit dem Blick des Fremden als Kontingentes zu begreifen,[34] so stellt sich immer auch die Frage, welche historischen Bedingungen, welche institutionellen und diskursiven Kontexte eine solche Deutung des Exils als Chance wissenschaftlicher und literarischer Produktivität erscheinen lassen können. Indem Kracauer etwa konstatiert, die „wahre Existenzweise des Exilierten ist die eines Fremden", der aufgehört habe ‚anzugehören', so rekurriert er auf eine soziologische Debatte, die, angestoßen von Georg Simmel und fortgeführt von US-amerikanischen Stadtsoziologen und (Im-)Migrationsforschern wie Robert Ezra Park, bereits differenzierte Konzepte und Begriffe (nicht zuletzt den des Hybriden bzw. des *marginal man*) bereitstellte, mit denen die aktuelle Exilsituation beschrieben werden konnte.[35] Sicherlich stellt die Situation dieser Intellektuellen, die Offenheit und Flexibilität des Denkens mit einem ständigen Prozess geistiger ‚Migration' verglichen, eine außergewöhnliche und privilegierte dar, die mit den Lebens- und Arbeitsbedingungen, welche die meisten Menschen im Exil antreffen, nicht viel gemein zu haben scheint. Den *happy few* mag es gelingen, wie Julia Kristeva schreibt, im Bewusstsein eines gewonnenen Kosmopolitismus, einer Fremdheit als Lebensart, „die Tränen des Exils" im Nu zu trocknen und „von Exil zu Exil, ohne irgendeine Fixierung [zu wandeln], was für die einen ein Unglück und für die anderen eine unantastbare Leere ist".[36] Und doch ist es bemerkenswert, dass gerade Exilanten wie der in Kairo ausgebildete und später in den USA lebende und lehrende Palästinenser Edward Saïd oder der in der deutschsprachigen jüdischen Gemeinschaft in Prag aufgewachsene Vilém Flusser, der 1939 nach England und später nach Brasilien emigrierte, einer aktuellen Exilforschung wichtige Impulse geben können – und

---

33 Vgl. hierzu auch Kliems 2007, S. 30.
34 Kracauer 2009, S. 95 f.
35 Park 1928. Zur Rolle der exilierten und migrierten Wissenschaftler an der New Yorker School of Social Research vgl. eingehend Claus-Dieter Krohns Beitrag *Differenz oder Distanz? Hybriditätsdiskurse deutscher ‚refugee scholars' im New York der 1930er Jahre* (Krohn 2009).
36 Kristeva 1990, S. 47.

zum Teil, wie vor allem der wegweisende Aufsatz von Elisabeth Bronfen gezeigt hat, bereits gegeben haben –, indem sie Exil, Migration und Transkulturalität in ihren Schriften eng aufeinander beziehen. Beide leugnen nicht die mit der Entortung verbundene Erfahrung des Verlusts und des Schmerzes, für die sie im Gegenteil eindrückliche Bilder finden. Aber sie akzentuieren auch die Chancen, die damit verbunden sind, die exilische Kondition nicht mehr als ein Negativ zu ihrem ursprünglichen Gegenbegriff ‚Heimat', als einen in jedem Fall zu beendenden oder zu überwindenden Zustand zu beschreiben, sondern vielmehr, vom Modus des Exils ausgehend, homogenisierende Nationaldiskurse und Gemeinschaftskonzepte und deren Tendenz zur Ausgrenzung des/der Anderen zu problematisieren. Sowohl in Saïds *Reflections on Exile* wie auch in Flussers Autobiografie ↗ *Bodenlos* wird das Exil nicht in einer universalistischen oder humanistischen Vision menschlicher Gemeinschaft aufgehoben; Begegnung und Dialog werden vielmehr an die Erfahrung von Differenz und gerade auch das Innewerden eigener Verletzbarkeit und Nicht-Restituierbarkeit von ‚Heimat' geknüpft.[37] Erst dann öffnet sich, so Flusser, Raum für ein „Mitsein" mit anderen, in dem Vielfalt und Brüche zutage treten können.[38]

2 Lektüren

Für eine literaturwissenschaftliche Auseinandersetzung mit möglichen Korrespondenzen von Migration und Exil sowie mit der Bedeutung interkultureller Konstellationen in der Exilliteratur genügt es nicht, die Frage nach der „Kreativität des Exils" (Flusser) allein im Hinblick auf die Produktionsbedingungen der Autoren zu stellen – eine Perspektive, welche in der älteren Exilforschung eine zentrale Rolle gespielt hat. Vielmehr gilt es, so meine These, die literarischen Texte daraufhin zu lesen, wie sie Exil- und Fremdheitserfahrungen auf Konstellationen kultureller Differenz beziehen und wie auf diese Weise dichotome Strukturen (Eigenes/Fremdes) und Vorstellungen vordiskursiver Ganzheit und Einwurzelung bearbeitet und problematisiert werden. In einigen Exilgedichten Bertolt Brechts aus den 1930er Jahren ist die „Parole, Gesicht nach Deutschland!", von der Kantorowicz nach 1945 sprach, noch deutlich formuliert. „Unruhig sitzen wir so, möglichst nah den Grenzen, / Wartend des Tags der Rückkehr, jede kleine Ver-

---

[37] Saïd 2001, bes. S. 174: „[...] exile cannot be made to serve notions of humanism. On the twentieth-century scale, exile is neither aesthetically nor humanistically comprehensible."
[38] Flusser 1992, S. 264. Vgl. ähnlich auch Flusser 2007, S. 109.

änderung jenseits der Grenze beobachtend",[39] heißt es etwa in dem Gedicht *Über die Bezeichnung Emigranten* (1937), in dem das Exil ausdrücklich als nichtheimatlicher, dem ‚Heim' entgegengesetzter Ort behauptet wird. „Nur was sie zu ihrem Unterhalt brauchen / Nehmen sie von der fremden Umgebung", beginnt ein anderes mit dem Titel *Gedichte im Exil*, „Da sie keine Gegenwart haben / Suchen sie sich Dauer zu verleihen. Nur um an ihr Ziel zu kommen."[40] Diese hier schon distanziertere Analyse (‚sie' statt ‚wir'), in der die Konstruktion von Heimat, die über eine Leere, einen Bruch von Bindungen errichtet wird, als solche in den Vordergrund tritt, wird in Brechts Prosatext ↗ *Flüchtlingsgespräche* konsequent fortgesetzt. Ziffel und Kalle, der Intellektuelle und der Arbeiter, die sich im Bahnhofsrestaurant in Helsinki begegnen und über ihr gemeinsames Exilschicksal austauschen, handeln nacheinander die Vorzüge und Nachteile ihrer verschiedenen Exilländer ab, wodurch schließlich nationale Identifizierungen als solche fragwürdig werden. Kalle stellt fest:

> Die Vaterlandsliebe wird schon dadurch beeinträchtigt, daß man überhaupt keine richtige Auswahl hat. [...] Sagen wir, man zeigt mir ein Stück Frankreich und einen Fetzen gutes England und ein, zwei Schweizer Berge und was Norwegisches am Meer, und dann deut ich drauf und sag: das nehm ich als Vaterland; dann würd ichs auch schätzen. Aber jetzt ists, wie wenn einer nichts so sehr schätzt wie den Fensterstock, aus dem er einmal heruntergefallen ist.[41]

Bemerkenswerterweise wird die Liebe zum ‚Eigenen' hier nicht mit einer vorgängigen Geborgenheit in Verbindung gebracht, sondern an eine schmerzhafte Abtrennung, ein ‚Herausfallen' geknüpft, das eine naive Verehrung der ‚Heimat' als quasi-masochistisches Verkennen der mit ihr verbundenen Ausgrenzungen vor Augen führt. Die Perspektive des Exilanten lässt die Gewaltförmigkeit homogenisierender Gemeinschafts- und Identitätskonzepte entzifferbar werden; die Trennung erscheint damit nicht als eine zwischen Heimat und Exil, Inländern und Exilanten, sondern als eine, die der vermeintlich vorgängigen und geschlossenen Idee von Heimat (also auch als Entwurf innerhalb der Emigration) selbst bereits eingeschrieben ist. Der Exilant ist aufgrund seiner Erfahrung lediglich derjenige, der befähigt ist, diesen Umstand zu bemerken und zu formulieren und dessen „wurzelloser Standpunkt"[42] Freiheiten des Denkens und des Selbstentwurfs eröffnet, wie sie auch ein französischer Patriotismus, der sich aufgrund der spezifischen französischen (Revolutions-)Geschichte quasi automatisch im Besitz der

---

39 Brecht 1988, S. 81.
40 Brecht 1993, S. 311.
41 Brecht 1995, S. 256.
42 Ebd.

Freiheit glaubt, nicht gewähren kann.[43] Freiheit erhält hier eine weniger inter- als transkulturelle Perspektive, da gerade im Durchgang durch eine Anzahl verschiedener Länder und Kulturen die Relativität von Identitätssetzungen erfahrbar wird. Exil wird dadurch zunehmend auf eine Bewegung, ein Durchqueren von Kulturen bezogen, womit der Ort des Exilanten selbst als ein in Bewegung befindlicher und nicht als ein in Bezug auf ein fixierbares Vaterland eindeutig zu beschreibender Ort erscheint. „Wenn der Begriff Exil ein ursprüngliches Zuhause und das letztendliche Versprechen einer Heimkehr voraussetzt", schreibt der Kulturwissenschaftler Iain Chambers, „so sprengen die Fragen, denen man sich *en route* zu stellen hat, ständig die Grenzen eines solchen Plans. Die Möglichkeiten, weiterhin an derartige Prämissen zu glauben, werden schwächer und fallen weg."[44]

Diese Logik, dass die Idee einer verlorenen oder in Zukunft (wieder) zu gewinnenden Heimat *en route*, das heißt im Durchgang durch die Stationen des Exils und in der permanenten Konfrontation mit kultureller Fremdheit, relativiert, wenn nicht *ad absurdum* geführt wird, findet man sehr exakt gestaltet in einem zeitgenössischen Roman, der sich als Exil- wie als Migrationsroman bezeichnen lässt. Vladimir Vertlibs 1999 erstmals erschienener, autobiografisch geprägter Roman ↗ *Zwischenstationen* schildert die regelrechte Odyssee einer russisch-jüdischen Familie, die vor politischer Repression und Antisemitismus Anfang der 1970er Jahre zunächst nach Israel, dann nach Wien, Rom, in die Niederlande, die USA, ein zweites Mal nach Israel und schließlich wieder nach Österreich führt.[45] Dabei fokussiert er die Bewegung der ständigen Orts-, Sprach- und Kulturwechsel besonders eindrücklich, indem er sie aus der Perspektive eines Kindes bzw. eines Heranwachsenden beschreibt. Während der Vater von einer angesichts aller Rückschläge und Schwierigkeiten staunenswert ungebrochenen Zuversicht getrieben wird, wenn nicht in diesem, dann eben im nächsten Exilland die eigentliche Heimat zu finden, verzeichnet der kindliche Erzähler die kulturellen Konflikte und vielfältigen Erfahrungen kultureller Vermischung und Hybridisierung, denen er ausgesetzt ist, ohne auf einen abstrakten (Gegen-)Begriff der Ganzheit und der Heimat zurückgreifen zu können. Die Neigung des Vaters, an seinen idealisierenden Heimat-Entwürfen festzuhalten, wird dadurch begünstigt, dass er sich überall aus den konkreten Alltags- und Beschäftigungsverhält-

---

[43] Vgl. ebd., S. 254f. Der von Brecht selbst in unterschiedlichen Phasen und Varianten konzipierte Text organisiert sich teilweise in Kapiteln, die verschiedenen Nationen – in Anlehnung an Brechts eigene Odyssee durch mehrere Exilländer – gewidmet sind, deren vermeintliche Nationalcharakteristika einer dialektischen Erörterung unterzogen werden. Das Kapitel über Frankreich ist zugleich dem Prinzip des Patriotismus als solchem gewidmet.
[44] Chambers 1996, S. 3.
[45] Vertlib 2010.

nissen heraushält, indem er sich selbst für unfähig erklärt, die wechselnden Sprachen, Fertigkeiten und Verhaltensregeln zu erlernen. Ermöglicht wird dies durch die große Flexibilität der Mutter, die nicht nur als Mathematikerin und Physikerin tatsächlich gelegentlich eine ihrer Ausbildung angemessene Arbeitsmöglichkeit findet, sondern die gleichermaßen bereit ist, die Familie im fremden Land durch Putzjobs und vergleichbare Tätigkeiten durchzubringen. Offensichtlich taucht hier ein Muster wieder auf, das auch für das Exil 1933–1945 vielfach typisch war. Dabei führt die Einbettung der spezifischen Genderkonstellation in die literarische Verhandlung von Exil, Migration und Heimat deutlich über die Feststellung oder Festschreibung weiblicher Flexibilität im Umgang mit Fremdheitserfahrungen und praktischen Problemen des Exils hinaus. Vielmehr wird, in der ironischen Zuspitzung der Geschlechterstereotype, etwa in wiederkehrenden Beschreibungen, wie der Vater den Ton angibt und die Richtung bestimmt, und zugleich in deren Verkehrung – Aktivität und Passivität sind offensichtlich entgegen der traditionellen Gender-Kodierung zugeordnet –, die Dichotomie von Exil und Migration instabil. Denn wenn der Vater stets derjenige ist, der eine eigentliche, heimatliche Existenz am anderen Ort entwirft und mithin den momentanen Aufenthaltsort als exilischen bestimmt, während die Mutter sich auf die jeweils vorgefundenen Lebensbedingungen einlässt, Kontakte zur einheimischen Bevölkerung knüpft und kreativ auf Fremdheitserfahrungen reagiert, stellt sich mit der Frage nach der Geltung der Geschlechterordnung auch die nach der Unterscheidbarkeit zwischen Exil und Emigration, Bewahrung des Eigenen und Annäherung an ein Anderes/Fremdes. In Bezug auf den Sohn, mit dem der Vater seine Heimatentwürfe wiederholt ausdrücklich in Verbindung bringt, indem er alles für sein Schicksal und seine Zukunft zu tun vorgibt,[46] wird die Diskrepanz zwischen immer neuem Entwurf und konkreter Lebenswirklichkeit, die nie den Charakter der unvermischten Eindeutigkeit oder idealen Ganzheit besitzt, besonders augenfällig. Bezeichnend erscheint daher sein Interesse für Masken,[47] für Bauplätze, an denen die Stadt im Zustand von Umbau und Verwandlung zu besichtigen ist, und für Bücher, die ihm Freiräume zur imaginativen Transformation von Fremdheitserlebnissen und Identifizierungssehnsüchten bieten. Diese Interessen stehen offensichtlich quer zu dem väterlichen Idealismus, der immer neue Länder und Orte als perfekte Heimaten entwirft – zugleich erweisen sie sich als zu diesem komplementär, indem sie ihrerseits auf seinen imaginären und theatralen Charakter verweisen. Indem die verschiedenen Exilkonzepte (Exil einerseits als der Heimat entgegengesetzter, zugunsten einer neuen Verortung zu überwindender

---

[46] Ebd., S. 56.
[47] Vgl. bes. ebd. Kap. IV („Masken"), S. 78–104.

Zustand, andererseits als existentielle Kondition, welche einen anderen Zugang zu kulturellen Wirklichkeiten, die explizit im Plural und zudem als performative und kontingente erlebt werden, bedingt) hier mit Vertretern zweier Generationen assoziiert werden, lässt sich der Roman auch für die Diskussion der ‚klassischen' Exilliteratur sowie für eine kritische Revision der Exilliteraturforschung fruchtbar machen. Deren Tendenz, im Exil entstandene Literatur als *littérature engagée* zu betrachten, die geistige und politische Heimaten entwirft, wird von einer Generation, der Biografien und Phänomene der Migration selbstverständlicher Erfahrungshorizont sind, als nicht zeitgemäß und im Hinblick auf die Komplexität vieler Exiltexte auch als reduktionistisch markiert.

Einen literarischen Ausdruck findet diese Assoziation verschiedener Exilkonzepte mit zwei Generationen unter anderem in Barbara Honigmanns etwa gleichzeitig mit Vertlibs Text erschienenem, ebenfalls stark autobiografischem Briefroman *Alles, alles Liebe*.[48] Im Zentrum steht die Generation der Kinder von Exilanten, die nach 1945 glaubten, mit der DDR als dem anderen deutschen Staat ließen sich die antifaschistischen Gemeinschaftsentwürfe des Exils im Sinne einer neuen Heimat verwirklichen. Angesichts der vielfältigen Repressionen und Ausgrenzungen, welche die Kinder dieser kommunistischen Aufbaugeneration täglich am eigenen Leibe erleben, erscheint ihnen solcher Idealismus realitätsfremd und verlogen. Dabei bringen auch sie ihre alternativen Formen der Gemeinschaftsbildung, die sie subversiv gegenüber den offiziellen Instanzen und Institutionen behaupten, ausdrücklich mit einer Exilerfahrung in Verbindung. Allerdings steht hier der in der Fremdsprache – womöglich als Zitat des Exilanten Carl Zuckmayer – in den Text aufgenommene Satz „exile is no return"[49] im Zentrum einer Auseinandersetzung mit der eigenen, postmodernen exilischen Kondition, die keine Restitution von ganzheitlichen Identitäts- und Heimatentwürfen mehr zulässt. Zum Ausgangspunkt einer anderen Identität wird wie bei Vertlib die kindliche Erfahrung des Exil- und Flüchtlingslebens der Eltern, das auch nach der vermeintlichen Rückkehr zu keinem Ende kommen kann. Diese Identität verknüpft nicht nur das Exilische mit dem Eigensten, sondern entfaltet aus dieser ‚wurzellosen Kondition' auch ihre spezifischen Reflexions- und Schreibpotentiale.[50] An

---

48 Honigmann 2000.
49 Ebd., S. 41.
50 Vgl. hierzu auch Honigmanns ↗ *Eine Liebe aus nichts*. Dort heißt es – bezogen auf den (autobiografisch lesbaren) Entschluss der Protagonistin, nach Frankreich zu emigrieren: „Ich wollte ja auch nicht immer in den Spuren meiner Eltern bleiben, wenngleich ich wußte, daß ich auch nicht aus ihnen herauskomme und mein Auswandern vielleicht nur der Traum von einer wirklichen Trennung, der Wunsch nach einem wurzellosen Leben war. Mehr als von allem anderen bin ich vielleicht von meinen Eltern weggelaufen und lief ihnen doch hinterher." (Honigmann 1993, S. 31)

die Stelle von Identifizierung und Verortung – im politischen, ideologischen und nationalen Sinne – tritt hier ein Konzept der Zerstreuung, das ausdrücklich an eine jüdische Diasporatradition anschließt (διασπορά, griech. ‚Zerstreuung').[51] Tatsächlich sind die Protagonisten des Romans, die von ihren ostdeutschen Lebensorten mit jüdischen Freunden in Riga, Moskau, Tel Aviv oder Wien kommunizieren – wobei auch London als ehemaliger Exilort der Eltern vielfach präsent ist –, überwiegend Juden. Aber der Roman ist nicht nur ein Text über die zweite und dritte Generation europäischer Juden nach dem Holocaust, er behandelt eben auch die Frage, welche Rolle das historische Exil 1933–1945 im kulturellen Gedächtnis der Gegenwart haben kann, indem er auch auf mögliche Bezüge zum Begriff *Galut* (hebr., ‚Exil') der jüdischen Tradition hinweist, der Heimat und Exil nicht als einander ausschließend, sondern als verbundene Begriffe auffasst.[52] Indem das Modell des Briefromans, das im 18. Jahrhundert als dem Zeitalter der Aufklärung und der Befreiung des Individuums von ‚Fremd'-Herrschaft und Unmündigkeit Hochkonjunktur hatte, hier wiederbelebt wird, stellt der Text auch die Frage nach den Bedingungen der Möglichkeit von Freiheit und Individualität im postidealistischen und postideologischen Zeitalter. Eine mögliche Antwort deutet sich an, wenn man die veränderte Rolle der Juden bei der Konstitution des Netzes von Briefen, das eine transnationale, transkulturelle Gemeinschaft entstehen lässt, betrachtet. Hatte etwa in Gellerts Roman *Das Leben der schwedischen Gräfin von G...* der philosemitisch konzipierte Jude als privilegiertes Medium, nämlich als Überbringer der Briefe, fungiert und hatten dessen internationale Beziehungen den Weg für die Ausbreitung der bürgerlichen Gemeinschaft mit ihren Werten und Tugenden bereitet, so sind es in Honigmanns Text nun die jüdischen Figuren, welche über die Grenzen von Ländern und Orientierungen hinweggehende Briefwechsel pflegen, denen aber der Abbruch der Kommunikation und damit auch der Bruch mit dem aufklärerischen Universalitätsdenken nach der Schoah stets eingezeichnet bleibt. Zerstreuung, nicht Vereinigung ist hier das Modell, das angesichts dieser geschichtlichen Zäsur auch für die nichtjüdischen Briefpartner orientierungsgebend ist.[53]

---

51 Vgl. ebd., S. 146: „Aber trotzdem bleibt es wahr, daß die Zerstreuung unser Schicksal ist".
52 Vgl. etwa Kuhlmann 1999; Reiter 2006.
53 Tatsächlich wird aktuell die Frage vielfach diskutiert, ob die Erinnerung an jüdische Traditionen, die Ausgrenzungserfahrungen in einem steten, gemeinschaftsstiftenden Gedenken an die eigene exilische Existenz reflektieren, nicht in besonderer Weise dazu beitragen können, Antworten auf die Herausforderungen zu finden, mit denen Identitäts- und Gemeinschaftskonzepte in Zeiten von Globalisierung und Massenmigration konfrontiert sind. Vgl. etwa Levy/Sznaider 2001; Gilman 2006; Sabin 2008.

Bereits in Texten, die während der Zeit des Exils 1933–1945 entstanden und dies unmittelbar bezeugen, lässt sich zum Teil die Tendenz erkennen, eine jüdische Exil- und Diasporaexistenz angesichts von Massenvertreibungen durch totalitäre Regime nicht nur affirmativ gegen Assimilationskonzepte zu behaupten, sondern in ihr insgesamt eine mögliche Alternative zu ethnonationalen Gemeinschaftsentwürfen zu erkennen. Mit der diasporischen rücken Identitäten ins Zentrum der Aufmerksamkeit, die durch mehrfache, sich überlagernde kulturelle Identifizierungen geprägt sind und darin die Frage nach der *einen* kulturellen Herkunft und Zugehörigkeit zurückweisen. Lassen sich hier einerseits Szenarien und Figurationen erkennen, wie sie die interkulturelle Literaturwissenschaft interessieren, so wird doch zugleich deutlich, warum deutsch-jüdische Konstellationen in der interkulturellen Literaturwissenschaft bislang keine nennenswerte Rolle gespielt haben.[54] Denn solange davon ausgegangen wird, dass Interkulturalität der Begegnung zweier an sich getrennter Kulturen entspringt, können Lebens- und auch Schreibweisen, in denen z. B. Orientierungen an jüdischen wie deutschen Kulturtraditionen sich unauflöslich überlagern, sodass nur mehr von einer transkulturellen Praxis gesprochen werden kann, nicht angemessen beschrieben werden. Eine Einbeziehung gerade der jüdischen Exilliteratur und der Problematisierung jüdischen Exils in die Exilliteraturforschung erscheint mir deshalb besonders aufschlussreich und innovativ nicht zuletzt im Hinblick auf eine kritische Weiterentwicklung von Paradigmen der Interkulturalitätsforschung.

In Franz Werfels Exildrama ↗ *Jacobowsky und der Oberst* ist die titelgebende Figur ein Jude, der in einem historischen Moment zu den anderen Figuren des Textes ins Verhältnis gesetzt wird, an dem diese ebenfalls zu Flüchtlingen werden. Ort der Handlung ist Paris im Jahre 1940, als die französische Hauptstadt von den Deutschen besetzt wurde und sich die Frage nach einer möglichen Bewahrung und Verortung derjenigen Ideen stellte, mit denen Frankreich von seinen Verehrern identifiziert worden war. Eine Antwort gibt „der tragische Herr", eine der typisierten Figuren des Dramas, der zusammen mit anderen Gästen im Keller eines Pariser Hotels die faktische Kapitulation Frankreichs vor den heranrückenden Truppen des faschistischen Deutschlands erwartet. Dieser als „Boulevardier" gekennzeichnete französische Intellektuelle, der die Taschen voller Bücher hat und von sich selbst berichtet, das kleine Hotel bereits „seit zwanzig Jahren [...] zum Hauptquartier meiner Lebens-Irrfahrt erkoren" zu haben, beschließt in dieser Situation, sich dem Strom der Flüchtlinge, die das besetzte Land verlassen, anzuschließen. Dabei sind es in seiner Darstellung nicht nur die Menschen, die fliehen, sondern die Stadt, das Land selbst:

---

54 Vgl. Mecklenburg 2008, S. 32.

> Die Champs-Elysées und die Place de la Concorde und die Innersten Boulevards und die Äußeren Boulevards, sie sperren ab und sie wandern mit, hinaus nach West und Südwest über die großen Landstraßen. Und was zurückbleibt, das ist nicht mehr die Place de la Concorde und Vendôme [...], das sind Fassaden und Kulissen und ein alter flimmernder Film. [...] Wenn die Boches einmarschieren, wird Paris ein schmutziger Sarg sein, in dem nicht einmal mehr ein Leichnam liegt. Ich aber bin in Paris geboren und ich gehöre zu Paris und ich zieh fort mit Paris aus Paris. Und ich will nicht fahren, sondern ich will gehn und gehn mit den andern und mit den wandernden Boulevards, stundenlang, tagelang.[55]

Das durchaus kuriose Bild vom Auszug der Stadt aus der Stadt korrespondiert offensichtlich mit dem gleichfalls komischen Bild von der Lebensirrfahrt des städtischen Bohemiens, der zwar ohne Verwurzelung im Land beziehungsweise ohne bürgerliche Behausung ist, der aber gleichwohl sein Hotel bereits seit zwanzig Jahren bewohnt und dessen Identifikation mit Paris und Frankreich außer Frage steht. Auf die Besetzung der Heimat kann jemand wie er offenbar nur reagieren, indem er die vertraute Umgebung mitziehen lässt. Am Schluss des Werfel'schen Dramas trifft Jacobowsky in den Wirren der Flucht noch einmal den „tragischen Herrn" und stellt ihm gegenüber fest: „Sie sind erstaunlich weit gekommen, Monsieur, zu Fuß! Aber Paris haben Sie doch nicht mitgebracht!" Woraufhin dieser „grandios" entgegnet: „Überall, wo ich bin, ist Paris!"[56] Die Formulierung ist deutlich als verschobenes Zitat von Thomas Manns Ausspruch „Wo ich bin, ist die deutsche Kultur" von 1938 erkennbar.[57] Die von vielen deutschen Exilanten emphatisch beschworene Vorstellung, sie repräsentierten das andere, das eigentliche Deutschland, das vom Nationalsozialismus zu Unrecht beansprucht und usurpiert worden sei, wird so auf Frankreich übertragen, womit die Geste nationaler Selbstbehauptung als solche hervortritt. Dass diese keineswegs einfach gegen den faschistischen Nationalismus mobilisiert werden kann, weil sie in bestimmten Kontexten sogar Komplizin seines Erfolgs sein kann, macht im Drama vor allem die Figur Jacobowsky deutlich. Als Jude gehört auch er zu den Fliehenden in ganz Europa, stört aber in gewisser Weise deren antifaschistische Gemeinschaft, indem er sie daran erinnert, dass er auch aus ihren Herkunftsländern, in denen er unter anderem Pogromen ausgesetzt war, immer wieder vertrieben worden ist. Dabei wird er als glühender Patriot in Szene gesetzt, der sich bislang jedes der fünf Länder, in denen er gelebt hat, als Vaterland zu eigen gemacht hat – gerade diese ja ähnlich auch in Brechts ↗ *Flüchtlingsgesprächen* zur Schau gestellte Serialität, die Möglichkeit von sekundärer Aneignung, von vielfältigen Verlusten,

---

55 Werfel 1959, S. 43.
56 Ebd., S. 127.
57 Vgl. Heinrich Mann 1947, S. 208.

aber auch neuen Identifizierungen, demontiert aber die Idee einer primären Verwurzelung und kulturellen Repräsentanz, auf die sich die nichtjüdischen Figuren, allen voran Jacobowskys Gegenspieler Stjerbinsky, berufen. Indem Werfels Stück die Tendenz nationaler Selbstbehauptung im Exil als europäisches Phänomen inszeniert, dessen Aporien und Grenzen durch die jüdische Figur vorgeführt werden, wirft es grundsätzlich die Frage nach der Logik nationaler Identifizierung und nach möglichen Alternativen auf, die der Erfahrung des Juden, „keines Landes Inländer und aller Länder Ausländer"[58] zu sein, Rechnung tragen. Und auch wenn diese im Stück selbst nicht genauer erkundet werden, so zeichnet sich doch eine Aufweichung der Unterscheidung zwischen statischer Heimat und zu durchquerender Fremde ab, indem die Heimat selbst in Bewegung gerät und die jüdische Existenz als eine in den Blick kommt, in der sich auch die nichtjüdischen Figuren zunehmend wiedererkennen. Ihr aber ist, wie es im Stück heißt, letztlich jedes Vaterland ein „Transitania",[59] ein Ort des Übergangs zwischen den Identifizierungen, der von Abtrennung und Verlust gezeichnet ist und zugleich die Konstruktivität und Performativität nationaler Gemeinschaft zur Schau stellt.

Diese Konstellation demonstriert noch einmal in aller Deutlichkeit, dass ein Exilbegriff, der auf eine verloren gegangene Präsenz bezogen bleibt, an dem Diskursmuster ausschließender Identifizierung und mythischer Selbstbegründung partizipiert, das auch die nationalsozialistische Heimatideologie charakterisiert. Dabei kann man den programmatischen Gestus nationalkultureller Selbstvergewisserung, der so viele Dokumente des deutschsprachigen Exils über die Grenzen der Generationen und politischen Orientierungen hinweg offensichtlich kennzeichnet, kaum als Indiz für die Homogenität der in dieser Zeit entstandenen Texte missverstehen. Ist es einerseits unerlässlich, die Mythen und verborgenen Narrative zu benennen, welche die Rhetorik antifaschistischer Gemeinschaftsentwürfe evoziert und welche ja auch die Exilforschung lange Zeit (re-)produziert hat, so muss es andererseits darum gehen, in jedem einzelnen Text die spezifischen Strategien zu analysieren, die eine nationale Orientierung und Sinnstiftung betreiben, und darüber hinaus für Brüche und Spuren der Alterität im jeweiligen Text aufmerksam zu sein. Denn wie das rekurrente Bild von den wandernden Landschaften zeigt (alternativ könnte man auch das z. B. in Walter Mehrings *Emigrantenchoral* zitierte Bild vom Vaterland, das der Emigrant an „seinen Sohl'n"[60] mit sich trage, nennen), so bleibt ‚die Heimat' in ihren Beschwörungen aus der Fremde ja nicht einfach mit sich identisch. Vielmehr wird sie im Sinne Benedict

---

58 Werfel 1959, S. 78.
59 Ebd., S. 128 f.
60 Mehring 1985, S. 155. Das Bild zitiert Heines *Wintermärchen*.

Andersons als *vorgestellte Gemeinschaft*[61] ja gerade erkennbar durch die Bewegungen und Verschiebungen, denen sie in den einzelnen Imaginationen und Evokationen ausgesetzt ist.[62] Die schmerzhafte Verstrickung in Erinnerungs- und Identitätserzählungen, die Heimat stiften und zugleich Zugehörigkeit absprechen, manifestiert dabei immer wieder ein Singuläres, das die Souveränität der Sprecherposition angreift und das nicht ohne Weiteres in einer Gemeinschaft der Ausgeschlossenen repräsentiert werden kann. Dies gilt (wie bei Honigmann gesehen) gerade auch für Visionen einer sozialistischen bzw. humanistischen Gesellschaft, wie sie im Exil und danach Konjunktur hatten, die, anstatt Widersprüche und Verletzungen in sich aufzuheben, diese eher verdrängten. Demgegenüber trifft man gerade in neueren Texten, welche die literarische Darstellbarkeit und Produktivität von Exil und Migration ausloten, auf Figuren der Zerstreuung, der Hybridität und des Transits als einem Zustand des Übergangs zwischen den Identifizierungen.[63] Zugleich führt diese Tendenz zurück zu klassischen Texten der deutschsprachigen Exilliteratur, die, wie Werfels ↗ *Jacobowsky* oder Seghers' ↗ *Transit*, die Erfahrung der Entortung in die Inszenierung einer Existenz im Transit übersetzen. Die Brücke zwischen den aktuellen Diskursen über Transkulturalität und Exil zu diesen Texten zu schlagen, erscheint aus verschiedenen Gründen notwendig und vielversprechend: Zum einen lässt sich auf diese Weise eine Vorgeschichte jener Brüche und heteronomen Identifizierungen sichtbar machen, von denen transkulturelle Identitäten gezeichnet sind. Vor dem Hintergrund jener „Auflösung einer Weltordnung" durch Nationalsozialismus und Holocaust, wie es bei Seghers einmal heißt,[64] erscheinen diese nicht als exotische Außenseiter, sondern kommen vielmehr, gerade indem sie einen heterotopen Transitraum besiedeln, als paradigmatische Existenzen in den Blick, welche die Erinnerung an den Zivilisationsbruch bewahren. Zum anderen kann eine an neueren Debatten um Hybridität und Zwischenräumlichkeit geschulte Perspektive Brüche, Ambivalenzen, aber auch Residuen nationaler Identifizierungen in Texten aufspüren, die bislang eher auf textuelle Kohärenz hin gelesen wurden.

---

61 Anderson 1996; vgl. den englischen Titel *Imagined Communities*.
62 Vgl. Bronfen 1994, S. 71: Das Sprechen des Exilanten „birgt immer auch ein Moment des Unterschieds in sich."
63 Vgl. hierzu z.B. Aciman 1999.
64 Seghers 1985, S. 16.

Literatur

Aciman, André (Hg.): *Letters of Transit: Reflections on Exile, Identity, Language and Loss.* New York 1999.
Ackermann, Andreas: „Das Eigene und das Fremde: Hybridität, Vielfalt und Kulturtransfer". In: *Handbuch der Kulturwissenschaften*, Bd. 3. Themen und Tendenzen. Hg. v. Friedrich Jaeger u. Jörn Rüsen. Stuttgart 2004, S. 139–154.
Anderson, Benedict: *Die Erfindung der Nation. Zur Karriere eines folgenreichen Konzepts.* Erw. Neuausgabe. Frankfurt a. M., New York 1996 (Engl.: *Imagined Communities.* London 1983).
Antor, Heinz u. a. (Hg.): *From Interculturalism to Transculturalism: Mediating Encounters in Cosmopolitan Contexts.* Heidelberg 2010.
Banauch, Eugen: *Fluid Exile: Jewish Writers in Canada 1940–2006.* Heidelberg 2009.
Becker, Sabina: „,Weg ohne Rückkehr' – Zur Akkulturation deutschsprachiger Autoren im Exil". In: *Hansers Sozialgeschichte der deutschen Literatur vom 16. Jahrhundert bis zur Gegenwart*, Bd. 9. Nationalsozialismus und Exil 1933–1945. Hg. v. Wilhelm Haefs. München, Wien 2009, S. 245–265.
Becker, Sabina u. Robert Krause (Hg.): *Exil ohne Rückkehr. Literatur als Medium der Akkulturation nach 1933.* München 2010.
Bhabha, Homi K.: *Die Verortung der Kultur.* Übers. v. Michael Schiffmann u. Jürgen Freudl. Tübingen 2000 (Engl.: *The Location of Culture.* London, New York 1994).
Bischoff, Doerte: „Avantgarde und Exil. Else Lasker-Schülers Hebräerland". In: *Exil und Avantgarden.* Hg. v. Claus-Dieter Krohn u. a. München 1998 (Exilforschung. Ein internationales Jahrbuch, Bd. 16. Hg. im Auftr. Der Gesellschaft für Exilforschung), S. 105–126.
Bischoff, Doerte u. Susanne Komfort-Hein: „Vom anderen Deutschland zur Transnationalität. Diskurse des Nationalen in Exilliteratur und Exilforschung". In: *Exilforschungen im historischen Prozess.* Hg. v. Claus-Dieter Krohn u. Lutz Winckler mit Erwin Rotermund. München 2012 (Exilforschung. Ein internationales Jahrbuch, Bd. 30. Hg. im Auftr. der Gesellschaft für Exilforschung), S. 242–273.
Blumentrath, Hendrik, Julia Bodenburg, Roger Hillmann u. Martina Wagner-Egelhaaf (Hg.): *Transkulturalität. Türkisch-deutsche Konstellationen in Literatur und Film.* Münster 2007.
Braese, Stephan: „Fünfzig Jahre ,danach'. Zum Antifaschismus-Paradigma in der deutschen Exilforschung". In: Krohn/Rotermund/Winckler 1996, S. 133–149.
Braese, Stephan: „Exil und Postkolonialismus". In: Krohn/Winckler 2009, S. 1–19.
Brecht, Bertolt: *Werke. Große kommentierte Berliner und Frankfurter Ausgabe.* Hg. v. Werner Hecht. Berlin, Frankfurt a. M. 1988–2000.
Brecht, Bertolt: „Über die Bezeichnung Emigranten". In: *Werke*, Bd. 12. Gedichte 2. Sammlungen 1938–1956. Bearb. v. Jan Knopf. Frankfurt a. M. 1988, S. 81.
Brecht, Bertolt: „Gedichte im Exil". In: *Werke*, Bd. 14. Gedichte und Gedichtfragmente 1928–1939. Bearb. v. Jan Knopf u. Brigitte Bergheim. Frankfurt a. M. 1993, S. 311f.
Brecht, Bertolt: „Flüchtlingsgespräche". In: *Werke*, Bd. 18. Prosa 3. Sammlungen und Dialoge. Bearb. v. Jan Knopf unter Mitarb. v. Michael Durchardt, Ute Liebig u. Brigitte Bergheim. Berlin, Weimar, Frankfurt a. M. 1995, S. 195–327.
Bronfen, Elisabeth: „Exil in der Literatur: Zwischen Metapher und Realität". In: *Arcadia* 28 (1993) H. 2, S. 167–183.
Bronfen, Elisabeth: „Entortung und Identität. Ein Thema der modernen Exilliteratur". In: *The Germanic Review* 69 (1994) H. 2, S. 70–78.

Chambers, Iain: *Migration, Kultur, Identität*. Tübingen 1996.
Ette, Ottmar: *ÜberLebensWissen. Die Aufgabe der Philologie*. Berlin 2004.
Ette, Ottmar: *ZwischenWeltenSchreiben. Literaturen ohne festen Wohnsitz*. Berlin 2005.
Ette, Ottmar: *ZusammenLebensWissen. List, Last und Lust literarischer Konvivenz im globalen Maßstab*. Berlin 2010.
Farges, Patrick: „‚I'm a hybrid' (W. Glaser). Hybridität und Akkulturation am Beispiel deutschsprachiger Exilanten in Kanada". In: Krohn/Winckler 2009, S. 40–58.
Flusser, Vilém: *Bodenlos. Eine philosophische Autobiographie*. Bensheim, Düsseldorf 1992.
Flusser, Vilém: *Von der Freiheit des Migranten. Einsprüche gegen den Nationalismus*. Zusammengestellt v. Stefan Bollmann. Berlin, Wien 2007.
Gilman, Sander: *Multiculturalism and the Jews*. New York 2006.
Gutjahr, Ortrud: „Interkulturalität. Neuere deutsche Literatur". In: *Germanistik als Kulturwissenschaft. Eine Einführung in neue Theoriekonzepte*. Reinbek bei Hamburg 2002, S. 345–369.
Hall, Stuart: „Minimal Selves". In: *Identity. The Real Me. Postmodernism and the Question of Identity*. Hg. v. Lisa Appignanesi. London 1987, S. 44–46.
Hoffmann, Christhard: „Zum Begriff der Akkulturation". In: *Handbuch der deutschsprachigen Emigration 1933–1945*. Hg. v. Claus-Dieter Krohn u.a. Darmstadt 1998, Sp. 117–126.
Hofmann, Michael: *Interkulturelle Literaturwissenschaft. Eine Einführung*. Paderborn 2006.
Honigmann, Barbara: *Eine Liebe aus nichts*. Reinbek bei Hamburg 1993.
Honigmann, Barbara: *Alles, alles Liebe*. München, Wien 2000.
Jakobi, Carsten: „Das ‚Andere Deutschland' – alternativer Patriotismus in der deutschen Exilliteratur und Nationaldiskurs des 18. Jahrhunderts". In: *Exterritorialität. Landlosigkeit in der deutschsprachigen Literatur*. Hg. v. Carsten Jakobi München 2006, S. 155–178.
Kantorowicz, Alfred: „Deutsche Schriftsteller im Exil". In: *Ost und West* 1 (1947) H. 4, S. 42–51.
Kleinschmidt, Erich: „Die Erfahrung des Fremden. Schreibdispositionen Alfred Döblins im Exil". In: *Internationales Alfred-Döblin-Kolloquium 1993*. Hg. v. Michel Grunewald. Bern u.a. 1995, S. 95–112.
Kliems, Alfrun: „Transkulturalität des Exils und Translation im Exil. Versuch einer Zusammenbindung". In: *Übersetzung als transkultureller Prozess*. Hg. v. Claus-Dieter Krohn u.a. München 2007 (Exilforschung. Ein internationales Jahrbuch, Bd. 25. Hg. im Auftr. der Gesellschaft für Exilforschung), S. 30–49.
Koebner, Thomas: „Das ‚andere Deutschland'. Zur Nationalcharakteristik im Exil". In: *Unbehauste. Zur deutschen Literatur in der Weimarer Republik, im Exil und in der Nachkriegszeit*. München 1992, S. 197–219.
Komfort-Hein, Susanne: „‚Inzwischenzeit' – Erzählen im Exil. Anna Seghers' ‚Der Ausflug der toten Mädchen' und Peter Weiss' ‚Der Schatten des Körpers des Kutschers'". In: *Aufklärungen. Zur Literaturgeschichte der Moderne*. Festschrift für Klaus-Detlef Müller zum 65. Geburtstag. Hg. v. Werner Frick u.a. Tübingen 2003, S. 343–356.
Koopmann, Helmut u. Klaus-Dieter Post (Hg.): *Exil. Transhistorische und transnationale Perspektiven*. Paderborn 2001.
Koepke, Wulf: „Gibt es eine Rückkehr aus dem Exil?". In: *Deutschsprachige Exilliteratur seit 1933*, Bd. 3. USA. Hg. v. John M. Spalek u.a. Bern, München 2002, S. 334–363.
Kracauer, Siegfried: „Geschichte – Vor den letzten Dingen". In: *Werke*. Hg. v. Inka Mülder-Bach u. Ingrid Belke, Bd. 4. Hg. v. Ingrid Belke. Frankfurt a. M. 2009.
Krause, Robert: *Lebensgeschichten aus der Fremde. Autobiografien deutschsprachiger emigrierter SchriftstellerInnen als Beispiel literarischer Akkulturation nach 1933*. München 2010.

Kristeva, Julia: *Fremde sind wir uns selbst*. Frankfurt a. M. 1990.
Krohn, Claus-Dieter: „Differenz oder Distanz? Hybriditätsdiskurse deutscher ‚refugee scholars' im New York der 1930er Jahre". In: Krohn/Winckler 2009, S. 20–39.
Krohn, Claus-Dieter, Erwin Rotermund u. Lutz Winckler (Hg.): *Rückblick und Perspektiven*. München 1996 (Exilforschung. Ein internationales Jahrbuch, Bd. 14. Hg. im Auftr. der Gesellschaft für Exilforschung).
Krohn, Claus-Dieter u. Lutz Winckler in Verb. mit Wulf Koepke u. Erwin Rotermund (Hg.): *Exil, Entwurzelung, Hybridität*. München 2009 (Exilforschung. Ein internationales Jahrbuch, Bd. 27. Hg. im Auftr. der Gesellschaft für Exilforschung).
Kuhlmann, Anne: „Das Exil als Heimat. Über jüdische Schreibweisen und Metaphern". In: *Publizistik im Exil und andere Themen*. Hg. v. Thomas Koebner u. a. München 1999 (Exilforschung. Ein internationales Jahrbuch, Bd. 7. Hg. im Auftr. der Gesellschaft für Exilforschung), S. 198–213.
Levy, Daniel u. Natan Sznaider: *Erinnerung im globalen Zeitalter. Der Holocaust*. Frankfurt a. M. 2001.
Lewin, Harry: „Literature and Exile". In: *Refractions. Essays in Comparative Literature*. New York 1966.
Loewy, Ernst: „Zum Paradigmenwechsel in der Exilliteraturforschung". In: *Exil und Remigration*. Hg. v. Claus-Dieter Krohn, Erwin Rotermund, Lutz Winckler u. Wulf Koepke. München 1991 (Exilforschung. Ein internationales Jahrbuch, Bd. 9), S. 208–217 (wieder in: Loewy 1995a, S. 261–274).
Loewy, Ernst: *Zwischen den Stühlen. Essays und Autobiographisches aus 50 Jahren*. Hamburg 1995 (= 1995a).
Loewy, Ernst: „Von der Dauer des Exils" (1989). In: Loewy 1995a, S. 314–331 (= 1995b).
Lützeler, Paul Michael: „Exilforschung: interdisziplinäre und interkulturelle Aspekte". In: *Kulturelle Wechselbeziehungen im Exil – Exile across Cultures*. Hg. v. Helmut F. Pfanner. Bonn 1986, S. 358–364 (wieder in: Paul Michael Lützeler: *Klio oder Kalliope? Literatur und Geschichte. Sondierung, Analyse, Interpretation*. Berlin 1997, S. 77–81).
Mann, Heinrich: *Ein Zeitalter wird besichtigt*. Berlin 1947.
Mecklenburg, Norbert: *Das Mädchen aus der Fremde. Germanistik als interkulturelle Literaturwissenschaft*. München 2008.
Mehring, Walter: „Der Emigrantenchoral". In: *Lyrik des Exils*. Hg. v. Wolfgang Emmerich u. Susanne Heil. Stuttgart 1985, S. 155f.
Park, Robert Ezra: „Human Migration and the Marginal Man". In: *The American Journal of Sociology* 33 (1928), S. 881–893.
Pfanner, Helmut (Hg.): *Kulturelle Wechselbeziehungen im Exil – Exile across Cultures*. Bonn 1986.
Reiter, Andrea: „Diaspora und Hybridität. Der Exilant als Mittler". In: *Diaspora – Exil als Krisenerfahrung. Jüdische Bilanzen und Perspektiven*. Hg. v. Armin Eidherr, Gerhard Langer u. Karl Müller. Wien, Klagenfurt 2006 (Zwischenwelt, Bd. 10. Hg. im Auftr. der Theodor Kramer Gesellschaft), S. 36–51.
Rushdie, Salman: „Heimatländer der Phantasie". In: *Heimatländer der Phantasie. Essays und Kritiken 1981–1991*. München 1992, S. 21–35.
Sabin, Stefana: *Die Welt als Exil*. Göttingen 2008.
Saïd, Edward W.: „Reflections on Exile". In: *Reflections on Exile and Other Essays*. Cambridge/Mass. 2001, S. 173–186.
Schiller, Dieter: „Das Exil als das ‚andere Deutschland'? Die Formel von den zweierlei Deutsch-

land". In: *Rechts und links der Seine. Pariser Tageblatt und Pariser Tageszeitung 1933–1940*. Hg. v. Hélène Roussel u. Lutz Winckler. Tübingen 2002, S. 39–55.

Schöll, Julia: „Die Rückkehr des Autors in den Diskurs. Exilforschung als antiautoritäre Denkbewegung". In: *Verfolgt und umstritten! Remigrierte Künstler im Nachkriegsdeutschland*. Hg. v. Michael Grisko u. Henrike Walter. Frankfurt a. M. 2011, S. 231–241.

Seghers, Anna: *Transit*. Mit einem Nachwort von Heinrich Böll. Darmstadt, Neuwied 1985.

Seyhan, Azade: *Writing Outside the Nation*. Princeton 2001.

Spies, Bernhard: „Exilliteratur – ein abgeschlossenes Kapitel? Überlegungen zu Stand und Perspektiven der literaturwissenschaftlichen Exilforschung". In: Krohn/Rotermund/Winckler 1996, S. 11–30.

Stauffacher, Werner: „Exil und Exotik. Zu Alfred Döblins ‚Amazonas'-Roman". In: *Akten des VIII. Internationalen Germanisten-Kongresses Tokyo 1990*, Bd. 8. Emigranten- und Immigrantenliteratur. Hg. v. Yshinori Shichiji. München 1991, S. 191–197.

Stern, Guy: „Das Exil und die amerikanische Gegenwartsliteratur". In: *Deutschsprachige Exilliteratur seit 1933*, Bd. 2. New York. Hg. v. John M. Spalek u. Joseph Strelka. Bern 1989, S. 1514–1523.

Strauss, Herbert A.: „Akkulturation als Schicksal. Einleitende Bemerkungen zum Verhältnis von Juden um Umwelt". In: *Juden und Judentum in der Literatur*. Hg. v. Herbert A. Strauss u. Christhard Hoffmann. München 1985, S. 9–26.

Vertlib, Vladimir: *Zwischenstationen* (1999). 3. Aufl. München 2010.

Vordtriede, Werner: „Vorläufige Gedanken zu einer Typologie der Exilliteratur". In: *Akzente. Zeitschrift für Literatur* 15 (1968), S. 556–575.

Welsch, Wolfgang: „Transkulturalität. Zur veränderten Verfassung heutiger Kulturen". In: *Hybridkulturen. Medien, Netze, Künste*. Hg. v. Irmela Schneider u. Christian W. Thomsen. Köln 1997, S. 67–90.

Werfel, Franz: *Jacobowsky und der Oberst. Komödie einer Tragödie in drei Akten*. Frankfurt a. M. 1959.

Winckler, Lutz: „Mythen der Exilforschung". In: *Kulturtransfer im Exil*. Hg. v. Claus-Dieter Krohn, Erwin Rotermund, Lutz Winckler u. Wulf Koepke. München 1995 (Exilforschung. Ein internationales Jahrbuch, Bd. 13. Hg. im Auftr. der Gesellschaft für Exilforschung), S. 68–81.

Zuckmayer, Carl: *Als wär's ein Stück von mir. Horen der Freundschaft* (1966). Frankfurt a. M. 1997.

Marion Schmaus
Exil und Geschlechterforschung

Abstract: Der Beitrag zeichnet in einem argumentativen Dreischritt die produktive Wechselwirkung und Erweiterung von Exil- und Geschlechterforschung nach, indem erstens die Bedeutung des Exilbegriffs im kontinentalen Feminismus und den *Gender Studies* herausgearbeitet wird, zweitens der Forschungsstand der gegenwärtigen Exil- als Frauenforschung festgehalten und Ansatzpunkte zur methodischen Weiterführung in Richtung historischer Diskursanalyse und *Gender Studies* markiert werden und schließlich, drittens, an exemplarischen Lektüren von Thomas Manns und Anna Seghers' ‚Poetiken des Exils' die Relevanz eines erweiterten Exilbegriffs veranschaulicht wird. Sowohl die Theoriebildung zur Frau als Exilantin der sozialen Ordnung und zu Akten körperlicher und sprachlicher Performanz als auch die Literarisierung des Exils in Texten aus der Kernzeit der Exilforschung von 1933 bis 1945 bringen einen zwischen Realität und Metapher gleitenden Exilbegriff zur Darstellung. Dieser umfasst Historisch-Biografisches, Politisches und Geografisches ebenso wie Metaphysisch-Mythisches, die Geschlechterverhältnisse sowie alternative Wahrnehmungen von Körper, Identität, Autorschaft und Heimat. Diskursanalyse und *Gender Studies* verweisen darauf, dass Metaphern sehr wohl ins Fleisch schneiden, aber auch retten können. Die kulturellen und sprachlichen Praktiken von Exilierung können unter diesen Vorzeichen historisch spezifisch analysiert werden. Es zeigt sich aber auch an Thomas Mann, Anna Seghers, Hélène Cixous und anderen, dass gegen die von außen erzwungene Exilierung ein konstruktiv-poetisches Exilverständnis gesetzt wird, das ein Exil ohne Heimat oder Rückkehr, eine Geschlechterparodie ohne Original und polymorphe Körperwahrnehmungen kennt.

1 „Ich spreche eine Sprache des Exils":[1] Der Exilbegriff in der Geschlechterforschung

Eberhard Lämmert hat darauf hingewiesen, dass mit dem Begriff ‚Exil' eine mit der Existenzform des freien Schriftstellers zusammenhängende „Erfahrung" verhandelt werde, „die Schriftsteller in Europa mindestens seit dem frühen 19. Jahrhundert miteinander teilen und häufig genug auch formuliert haben". Das Exil

---

[1] „Ihr habt es verstanden, ich spreche eine Sprache des Exils." (Kristeva 1978, S. 9; vgl. Ashley/Walker 1990).

zwischen 1933 und 1945 erscheint in dieser Perspektive als radikalisierte Konsequenz der modernen Fassung des freien Schriftstellers als Exiliertem und „Phänotyp der Epoche".[2]

> Tatsächlich vollzog sich mit der gleich massenhaften Emigration oder Ausweisung von Autoren aus ihren jeweiligen Heimatländern für viele zugleich die konsequente Materialisierung einer Sonderexistenz, die dem freien Schriftsteller – oder auch dem freien Künstler überhaupt – in der Moderne auf die eine oder andere Art als Lebensform zugeordnet ist.[3]

Dieser Befund greift zurück auf Elisabeth Bronfens Verständnis des Exilbegriffs zwischen Metapher und Realität[4] und rückt in die Nähe zu Edward Saïds Diagnose der modernen westlichen Kultur:

> Exile is strangely compelling to think about but terrible to experience. [...] But if true exile is a condition of terminal loss, why has it been transformed so easily into a potent, even enriching, motif of modern culture? [...] Modern Western culture is in large part the work of exiles, émigrés, refugees.[5]

Diese Erweiterung des Exilbegriffs ist im Feminismus und der Geschlechterforschung seit den 1970er Jahren vorgezeichnet worden, insbesondere in der poststrukturalistischen Theoriebildung in Frankreich, für die die Namen Julia Kristeva, Luce Irigaray und Hélène Cixous stehen. Alle drei Autorinnen und Theoretikerinnen haben an prominenter Stelle den Exilbegriff verwendet, um die Rolle der Frau in der symbolischen Ordnung, ihren Nicht-Ort, ihre Abwesenheit und ihre Ausgrenzung zu bezeichnen. In Auseinandersetzung mit der sprachphilosophischen Psychoanalyse Lacans versuchen die Theoretikerinnen, „Lacans Postulat von der Unhintergehbarkeit des Symbolischen"[6] außer Kraft zu setzen. Nach Freud kann sich das Individuum erst nach erfolgreicher Bewältigung des Ödipuskomplexes, d.h. nach Anerkennung der verbietenden Instanz des Vaters, die sich zwischen das Individuum und das natürliche Objekt des Begehrens – die Mutter – schiebt, zu einer ausgereiften Persönlichkeit entwickeln. Während dem Jungen diese Anerkennung durch die Kastrationsdrohung des Vaters schnell gelingt, wird diese Bewältigung beim Mädchen aufgeschoben, und sie lässt sich „weniger leicht eindeutig bestimmen".[7] Die Frau kann in der Psychoanalyse diese Schwelle

---

2 Lämmert 2004a.
3 Lämmert 2004b, S. 257.
4 Vgl. Bronfen 1993.
5 Saïd 2000, S. 173.
6 Lindhoff 1995, S. 134.
7 Laplanche/Pontalis 1973, S. 355.

zur Sozialität gewissermaßen nicht vollständig überschreiten, sodass das „Rätsel der Weiblichkeit"[8] zur Figuration des Unheimlichen in der sozialen Ordnung wird. Jacques Lacan hat Freuds Ödipuskomplex dann konsequent auf die Ebene der Sprache verschoben, bei der ödipalen Anerkennung des Gesetzes des Vaters liegt das Augenmerk nun auf der symbolischen Vaterfunktion, nicht auf der realen. Durch die kindliche Identifikation mit dem Vater wird der Phallus als fundamentaler Signifikant der symbolischen Ordnung eingesetzt, der fortan als Wunsch der Mutter (Phallus zu sein) und als das, was Vater und Kind nicht haben, das unbewusste Begehren strukturiert. In beiden Szenarien, Freuds und Lacans, ist die Rolle der Frau als Exilantin der sozialen oder symbolischen Ordnung vorgezeichnet, sodass die kritischen Relektüren des Feminismus ihr Augenmerk auf das der symbolischen Ordnung Vorgelagerte (das Imaginäre bei Irigaray, das Semiotische bei Kristeva) legen werden.

Die Philosophin und Psychoanalytikerin Luce Irigaray nimmt in *Speculum. Spiegel des anderen Geschlechts* eine dekonstruktive Lektüre der abendländischen Masterdiskurse der Philosophie von Platon bis zu Hegel und Freud vor. Hinter diesen vermeintlich neutralen Diskursen zeigt sich ihr zufolge ein auf der Ausgrenzung des Weiblichen und der Erfahrung eines geschlechtlich differenzierten Körpers, menschlicher Vergänglichkeit und Naturgebundenheit basierendes männliches Subjekt:

> Jede bisherige Theorie des Subjekts hat dem „Männlichen" entsprochen. In der Unterwerfung unter eine solche Theorie verzichtet die Frau, ohne es zu wissen, auf die Besonderheit ihrer Beziehung zum Imaginären.[9]

In der symbolischen Textur verfolgt Irigaray die „Spuren eines verdrängten ‚Imaginären'",[10] es geht ihr um eine Dezentrierung des phallozentrischen Diskurses. Von einem *Women's exile*, so der Titel eines 1977 geführten Interviews mit ihr,[11] sprechen ihre Texte in zweifacher Weise: zum einen von einer Vertreibung aus der mütterlichen Einheit, zum anderen von der Exilierung aus der symbolischen Ordnung. Eigentümlich für Dekonstruktion und Poststrukturalismus insgesamt lässt sich auch im Hinblick auf die Texte Irigarays die Trennung zwischen Theorie

---

8 Vgl. Freud 1999, Bd. 14, *Werke aus den Jahren 1925–1931*, S. 241, und ebd., Bd. 12, *Werke aus den Jahren 1917–1920*, S. 258f.
9 Irigaray 1980, S. 169.
10 Lindhoff 1995, S. 130.
11 Irigaray 1990. Die Einleitung von *The Feminist Critique of Language* formuliert: „‚Women's exile' is her cultural Otherness, the condition of being shut out of the endless conversation of men which define what is beautiful, important, and true" (Cameron 1990, S. 32).

und Praxis, Philosophie und Literatur nicht aufrechterhalten. Es handelt sich um eine Form sprachlicher Performanz, um „Frau-Sprechen".[12]

Eine solche selbstreflexive Wendung zeichnet auch Julia Kristevas Adressierung des Exils in ihrem Essay *Ein neuer Intellektuellen-Typ: der Dissident* aus. Die 1965 aus Bulgarien nach Frankreich emigrierte Psychoanalytikerin, Literatur- und Kulturwissenschaftlerin unternimmt in ihrem aufs Politische zielenden Essay eine Neubestimmung des Verhältnisses von Masse und Intellektuellem jenseits des binären Denkens einer Hegel'schen Herr-Knecht-Dialektik. Als Vordenker anderer Formen von Gesellschaft und Körperlichkeit werden zunächst der politische Rebell, der Psychoanalytiker und der experimentelle Schriftsteller konturiert, abschließend allerdings die Frauen und insbesondere die Mütter: „[D]ie Frauen: ist das nicht eine weitere Dissidenz?"

> Allzu befangen in den Grenzen des Körpers und vielleicht auch der Gattung fühlt eine Frau sich in jenen Allgemeinheiten, die das gemeinsame Maß des sozialen Konsenses ausmachen, wie auch in Bezug auf die verallgemeinernde Macht der Sprache, immer *im Exil*. Dieses weibliche Exil in Bezug auf den Sinn und auf das Allgemeine bewirkt, daß eine Frau immer singulär ist, und daß sie durch sich selbst das Singuläre des Singulären manifestiert: die Zerstückelung, den Trieb, das Unsagbare.[13]

Als konstruktiven Weg, um dieser paranoiden Situation zu entkommen, zugleich im Innen und Außen der symbolischen Ordnung verortet zu sein, sieht Kristeva ein neues, vertieftes Verständnis von Schwanger- und Mutterschaft: „Wenn die Schwangerschaft eine Schwelle zwischen Natur und Kultur ist, dann ist die Mutterschaft eine Brücke zwischen Singularität und Ethik." Exilierung wird in Kristevas Essay positiv gewendet. In der „gegenwärtigen Epoche" des „Exils" ist die Existenzform des Exilierten Voraussetzung des Schreibens:

> Wie kann man es vermeiden im gesunden Menschenverstand zu verdämmern, wenn nicht indem man sich aus seinem Land, seiner Sprache, seinem Geschlecht, seiner Identität exiliert? Nichts schreibt sich ohne irgendein Exil.[14]

Diesen Aspekt wird Kristeva 1988 in *Étrangers à nous-mêmes* erneut aufnehmen, indem sie ein „Psychogramm des Exilanten" zeichnet, „wobei sie metaphorisch geweitet die Fremdheit des Exilanten analog mit dem durch das Unbewusste konstituierten Fremden in jedem psychischen Apparat setzt".[15] Kristevas Essay *Ein*

---

12 Vgl. Irigaray 1979, S. 136f., 117, 150f.
13 Kristeva 1978, S. 8. Siehe im Weiteren Kristeva 1990, 1993; Smith 1996; Bjelić 2008.
14 Kristeva 1978, S. 9.
15 Bronfen 1993, S. 169.

neuer Intellektuellen-Typ nimmt eine selbstreflexive Wendung, indem das Sprechen über weibliche Exilierung nun als Ausdruck dieser Existenzform, als persönliche Symptomsprache markiert wird, die allerdings in Wortsprache publik gemacht und so zum Symptom der allgemeinen Sprache wird: „Ihr habt es verstanden, ich spreche eine Sprache des Exils. Eine Sprache des Exils, das erstickt einen Schrei, das ist eine Sprache, die nicht schreit."[16]

Es handelt sich bei den Beiträgen der genannten Denkerinnen eines poststrukturalistischen Feminismus zumeist um zeitlich und räumlich genau verortete sprachliche Interventionen, die nicht ihrerseits als abgelöste Theoriebildung etwa im Sinne von Freuds psychischem Apparat oder Lacans Spiegelstadium oder väterlichem Gesetz verstanden werden wollen. So grenzen sich auch Kristevas Verschiebungen innerhalb der psychoanalytischen Sprachphilosophie, ihr Augenmerk auf die durch die Mutter-Kind-Dyade geprägte präödipale Phase und das dieser zugeordnete Semiotische, in ihrem Theoriegestus deutlich von Freud und Lacan ab. Es geht ihr zufolge beim Feminismus nicht um eine neue Religion, sondern um die Arbeit an einer spezifischen und detaillierten Analyse.

Dies verbindet ihren Ansatz mit Hélène Cixous und ihrem Konzept einer *écriture féminine*, die als subversive Schreibpraxis gegen eine männliche Ökonomie des Mangels, der eindeutigen Bedeutung und letztlich des Todes gerichtet ist. „Kernpunkt ihrer Überlegungen ist eine Ethik des Schreibens, die der Alterität des Anderen Rechnung trägt und die sie paradigmatisch in der nichtnarzißtischen Mutterliebe verwirklicht sieht".[17] Leben und Werk der 1937 in Algerien geborenen Schriftstellerin, Literaturwissenschaftlerin und feministischen Theoretikerin Hélène Cixous, Tochter einer aschkenasischen, 1933 aus Deutschland emigrierten Jüdin und eines sephardischen Juden, ist vom Exil geprägt. Ihre Dissertation beschäftigt sich mit *L'Exile de James Joyce ou l'art du remplacement* (1968). In ihren seit den 1990er Jahren verstärkt autobiografischen Texten wie *Mon Algériance*[18] oder *Benjamin à Montaigne. Il ne faut pas le dire* (2001) werden übliche Zuschreibungen des Exils problematisiert, und es ist ein konstruktives Exilverständnis erkennbar. Entgegen der geläufigen Unterscheidung von politischer, biografisch-historischer und metaphorisch-geschlechtlicher Exilerfahrung erscheint Letztere als die einschneidende. Die vielfachen Exilierungen als Jüdin in Algier, als französische Staatsbürgerin in Algerien und als Schriftstellerin in der Welt lassen sich gleichsam hierarchisieren.

---

16 Kristeva 1978, S. 9. Neben der Emigration nach Frankreich und der Exilierung als Frau in der symbolischen Ordnung weist Kristeva auf eine weitere eigene Exilerfahrung hin: „Exilierte des Sozialismus und einer marxistischen Rationalität" (ebd., S. 10).
17 Feldmann/Schülting 1998, S. 107.
18 Cixous 1998. Vgl. hierzu auch Penrod 2003; Hilfrich 2003.

> In France, what fell from me first was the obligation of the Jewish identity. On one hand, the anti-Semitism was incomparably weaker in Paris than in Algiers. On the other hand, I abruptly learned that my unacceptable truth in the world was my being a woman. [...] Up until then, living in a world of women, I had not felt it, I was Jewess, I was Jew.[19]

Bereits zuvor hatte Cixous dieses Exil der Schriftstellerin akzentuiert und zugleich positiv im Hinblick auf die Möglichkeit von Kreativität gewendet. Sie spricht diesbezüglich von einem „double exile", einem, das – ähnlich wie dies Saïd und Lämmert später akzentuieren werden – zur Existenz des Schreibenden gehört, und einem, das der Frau im Patriarchat zukommt:

> Exile – real or imaginary exile – presides over the destiny of writers. [...] There is something of foreignness, a feeling of not being accepted or of being unacceptable, which is particularly insistent when as a woman you suddenly get into that strange country of writing where most inhabitants are men and where the fate of women is still not settled. [...] So, sometimes you are even a double exile, but I'm not going to be tragic about it because I think it is a source of creation and symbolic wealth.[20]

In Cixous' autobiografischen Texten scheint ein Exil ohne Heimat auf, und zwar in einem zweifachen Sinn: einmal als geografische Ortlosigkeit und einmal als sprachliche Heimatlosigkeit. Ihre Muttersprache im Literalsinn war das Deutsche,[21] die Vatersprache das Französische, die erste Schulsprache das Englische. Diese Mehrsprachigkeit wird von ihr allerdings als Segen und kreatives Potential erfahren:

> Blessing: my writing stems from two languages, at least. In my tongue the "foreign" languages are my sources, my agitations. "Foreign": the music in me from elsewhere; precious warning: don't forget that all is not here, rejoice in being only a particle, a seed of chance, there is no center of the world, arise, behold the innumerable, listen to the untranslatable.[22]

Suspendiert wird in Cixous' Texten auch die geografische und/oder nationale Verortung. Von einem Willen zur Rückkehr – oftmals Bestandteil der Bestimmungen von Exilliteratur – kann jedoch nicht gesprochen werden: wohin auch?

---

19 Cixous/Calle-Gruber 1997, S. 204.
20 Wilcox 1990, S. 12f.
21 Vgl. Cixous 1991, S. 21f.
22 Cixous 1991, S. 21. Vgl. Cixous 1998, S. 225f.: „We played at languages in our house [...]. For a long time I asserted – but I did not believe it – that my mother tongue was German – but it was to ward off the primacy of French, and because German, forever distanced from the mouth of my conscience by the Nazi episode, had become the idealizable language of my dead kin. These excluding circumstances made French and German always seem to be coming to me charming like the foreign fiancée."

Neither France, nor Germany nor Algeria. No regrets. It is good fortune. Freedom, an inconvenient, intolerable freedom, a freedom that obliges one to let go, to rise above, to beat one's wings. To weave a flying carpet. *I felt perfectly at home, nowhere.*[23]

Der geografische Nationalstaat wird in ihren Texten durch einen literarischen Raum ersetzt.[24] So lässt sich im Hinblick auf Hélène Cixous von einem Exil ohne Heimat sprechen; die Entortung wird konstruktiv im Sinne einer schreibenden Landnahme genutzt. Angemerkt sei hier, inwiefern gerade Cixous' Texte als Ansatzpunkte für eine produktive Wechselwirkung und Erweiterung von Exil- und Geschlechterforschung gelten können. Cixous gehört zur zweiten Generation von Exilantinnen und teilt Erfahrungen mit, deren Berücksichtigung als Forschungsdesiderat eingeklagt wird.[25] In ihrer dezidiert autobiografischen Ausrichtung kommen ihre Texte der in der Exilforschung vorgenommenen Aufwertung der Selbstlebensschrift und einer Poetik des Alltags entgegen. Cixous' Leben und Schreiben ist allerdings auch dazu angetan, die in der Exilforschung bislang noch geläufige Infragestellung einer metaphorischen Erweiterung des Exilbegriffs zu revidieren. Die lebend und schreibend vollzogenen Erkenntnisse poststrukturalistischer Theoriebildung, dass Metaphern sehr wohl ins Fleisch schneiden, aber auch retten können, wären gerade angesichts der Kernzeit der Exilforschung zu den Jahren 1933–1945 zu berücksichtigen. Cixous' autobiografische Wendung einer *écriture féminine* scheint mir paradigmatisch für den Poststrukturalismus und seine dezidierte Standpunktepistemologie zu sein. Es handelt sich um Reflexionen, die sich an der Grenze von Leben und Text vollziehen – eine Grenze, die für die Geschlechter- wie die Exilforschung gleichermaßen von Bedeutung ist.[26] Figuren wechselseitiger Beglaubigung werden aufgerufen. Das Sprechen und Schreiben wird durch die Existenz verantwortet, und diese wiederum vollzieht sich in sprachlichen Akten.

Weiter- und in gewissem Sinn auch zu einem besseren Verständnis geführt hat diesen poststrukturalistischen Feminismus die in den 1990er Jahren prominent durch Judith Butlers *Gender Trouble* (1990) etablierte Richtung der *Gender Studies*. Butlers Theorie der Performanz kann als handlungs- und sprechakttheoretische Vertiefung der mit *écriture féminine* und *parler femme* assoziierten Schreib-

---

23 Cixous 1998, S. 208. Vgl. ebd., S. 224: „The possibility of living without taking root was familiar to me. I never call that exile. Some people react to expulsion with the need to belong. For me, as for my mother, the world sufficed, I never needed a terrestrial, localized country."
24 Vgl. Cixous/Calle-Gruber 1997, S. 204: „From 1955 on, I adopted an imaginary nationality which is literary nationality."
25 Vgl. Quack 1996, S. 39f.
26 Vgl. Schöll 2011.

projekte kritischer Intervention verstanden werden. Der kontinentale Feminismus als ein Denken der sexuellen Differenz lässt sich unter der Kategorie (strategischer) Essentialismus verorten (Kristeva, Cixous, Irigaray), während der amerikanische, sogenannte Second-Wave-Feminismus mit der soziologisch orientierten Kategorie *Gender* dem konstruktivistischen Paradigma zuzurechnen ist.[27] Der in Michel Foucaults Ansatz einer *ethics of pleasure* vertretene Antiessentialismus wird hier aufgegriffen. Seine Diagnose, dass die Idee des Geschlechts und der Sexualität Produkte des im 19. Jahrhundert entstandenen Sexualitätsdispositivs sind, die ein heterogenes Ensemble von Körper, Sexualorgan, Lüsten, Verwandtschaftsbeziehungen etc. zu einer systemfunktionalen Einheit zusammenschließen,[28] wurde zum Ausgangspunkt für einen konstruktiven Umgang mit der Kategorie Geschlecht. Die zugleich avancierteste und umstrittenste Version eines solchen Konstruktivismus hat Judith Butler unter dem Vorzeichen *gender performance* vorgelegt. Mit Aspekten von Performance, Drama, Travestie, Parodie und Komödie kennzeichnet sie die kulturelle Inszenierung von Geschlecht und Körper und gibt dieser eine durchaus theatralische Wendung. Auf der Bühne des Sozialen kann Frau/Mann die kulturellen Rollen des biologischen Geschlechts (*sex*) und der Geschlechtsidentität (*gender*) entweder naturalistisch nachspielen oder mit der Einsicht in die Artifizialität der Rolle als soziale Konstruktion diese parodistisch nachahmen, z. B. in diversen Formen des Rollentauschs. So können erstens die Rolle denaturalisiert, ihre Künstlichkeit offen in Szene gesetzt und zweitens die Rolle selbst verändert und umgeschrieben werden.[29] Die Geschlechtsidentität (*sex/gender*) ist „eine Art Werden oder Tätigkeit, die nicht als Substanz oder als substantielles Ding oder als statische kulturelle Markierung aufgefasst werden darf, sondern eher als eine Art unablässig wiederholte Handlung".[30] Ob und wann es sich bei der kulturellen Inszenierung von Körper und Geschlecht um subversive Strategien der „parodistische[n] Vervielfältigung der Identitäten"[31] handelt, ist eine Frage, die sich nicht vorab theoretisch beantworten lässt, sondern nur im genauen Blick auf die kulturellen Praktiken. Denn eine Parodie ihrer selbst ist die Geschlechtswerdung entlang der heterosexuellen Matrix laut Butler von jeher, da die Geschlechternormen Idealtypen des Weiblichen und Männ-

---

27 Zu den Kontroversen innerhalb des Feminismus (sexuelle Differenz/Gender) und zwischen Feminismus und *Gay and Lesbian Studies* vgl. Butler 1994a und im Weiteren Butler 1994b sowie Schor 1994.
28 Vgl. Foucault 1988, S. 184; Foucault 1978, S. 144 f.
29 Vgl. Butler 1991, S. 214.
30 Ebd., S. 167.
31 Ebd., S. 203.

lichen generieren – „ein Ideal, das niemand verkörpern *kann*"[32] –, an deren Imitation Frau/Mann notwendig scheitern muss, sodass es sich bei diesem Prozess um eine unvermeidliche Komödie handelt. Butlers Plädoyer gilt einer „politics of aesthetic representation",[33] für solche ästhetischen Praktiken, die sich durch unvorhersehbare kulturelle Zeichen einer unmittelbaren Lektüre verschließen, unsere Fähigkeit zum *close reading* herausfordern und auf diesem Wege einer Vereinnahmung durch die traditionelle Bezeichnungspraxis widerstehen. Kulturelle Praktiken der Travestie (*drag*), des Kleidertausches sowie lesbischer Butch/Femmes-Identitäten finden diesbezüglich Berücksichtigung. Butler teilt die im kontinentalen Feminismus gemachte Diagnose einer Exilierung des Weiblichen, erweitert die Analyse der Ausgrenzungsmechanismen allerdings. Ihre Auffassung diskursiver Zurichtung kann das Einschneidende kultureller Prägungen verdeutlichen und damit der im Feminismus und in der Exilforschung gleichermaßen anzutreffenden Verharmlosung der Wendung von Exil als Metapher entgegentreten. „Als Überlebensstrategie in Zwangssystemen ist die Geschlechtsidentität eine Performanz, die eindeutig mit Strafmaßnahmen verbunden ist."[34] Wenn Judith Butler von ‚Verkörperung' und ‚Materialisierung' spricht, wird deutlich, dass sie mit ihrer Theorie der Performativität der Geschlechtsidentität ein Diskurs- bzw. Sprachmodell vertritt, in dem Sprache nicht einfach als deskriptiv oder repräsentativ verstanden wird, sondern produktiv und performativ ist. Sie ruft hervor, was sie benennt. So treten in Butlers Texten der Körper, das Geschlecht und das Subjekt als Diskurseffekte bzw. Bezeichnungspraktiken auf. Vorstellungen des Vordiskursiven, des Natürlichen bzw. Substantiellen werden zu Legitimationsformen, durch die der Diskurs seine eigene Produktivität verschleiert und Bereiche gegen politische Auseinandersetzung abschottet. Demgegenüber lässt die Theorie der Performanz die Identitätskategorien (Frau, Körper, Geschlecht, Subjekt) als Orte des Politischen sichtbar werden. Sie treten zunächst als Prinzipien der Intelligibilität und der Regulierung in Erscheinung – „Identitätskategorien haben niemals nur einen deskriptiven, sondern immer auch einen normativen und damit ausschließenden Charakter"[35] –, deren Infragestellung bzw. Dekonstruktion sie für eine mögliche Resignifikation öffnet. Handlungsfähigkeit wird in diesem Kontext als Umdeutung, subversive Wiederholung bzw. entstellendes Zitat wahrgenommen. Im Hinblick auf konkrete politische Sprechakte hat sich Butler in jüngster Zeit im Kontext des Israel-Palästina-Konflikts

---

32 Ebd., S. 204.
33 Butler 1996, S. 123.
34 Butler 1991, S. 205.
35 Butler 1993, S. 49.

an Edward Saïds Exilverständnis angelehnt. In ihrer „Edward Saïd Memorial Lecture" 2010 an der amerikanischen Universität in Kairo *What Shall We Do Without Exile?* und in ihrem Beitrag zum Streit um den Kafka-Nachlass konturiert sie in Analogie zur Geschlechtsidentität als einer Parodie ohne Original ein Exil ohne Heimat bzw. Rückkehr, und Kafka wird ihr zum Garanten einer „poetics of nonarrival".[36]

Feminismus und *Gender Studies* können der Exilforschung wichtige Impulse vermitteln, da hier die Grenze zwischen Leben und Text, Individuum und Sprachhandlung und damit der Kern der Exilforschung traktiert wird, insofern sich diese einem Textkorpus zuwendet, das nach Elisabeth Bronfen und anderen von einer zweifachen Diskursivität zwischen Realität und Metapher gekennzeichnet ist, einer „Verschränkung von einem einerseits auf eine Realität verweisenden und andererseits universalisierenden Diskurs des Exils".[37] Diesem Beitrag ist daran gelegen zu zeigen, dass dieser Theorieansatz nicht von außen an die Exilforschung herantritt, sondern in seinem Selbstverständnis von „ich spreche die Sprache des Exils" (Kristeva) als radikale Standpunktepistemologie selbst Bestandteil der Exilliteratur ist.

2 Frauen im Exil: Frau und Geschlecht in der Exilforschung

Fragen der Frauen- und Geschlechterforschung sind in der Exilforschung erst mit einiger Verspätung in den 1980er Jahren aufgenommen worden. Susanne Mittag und Heike Klapdor wandten sich dieser „überlesenen Geschichte" als Erste zu.[38] Gabriele Kreis' Studie *Frauen im Exil. Dichtung und Wirklichkeit* (1984) verband Interviews mit Zeitzeuginnen (zumeist Ehefrauen und Mitarbeiterinnen prominenter Exilautoren wie Marta Feuchtwanger und Salka Viertel, aber auch Irmgard Keun kommt zu Wort) und die literarisch gestaltete Exilerfahrung meistenteils männlicher Autoren. Im folgenden Jahr erschien Klapdors Dissertation, die sich mit *Heldinnen. Die Gestaltung der Frauen im Drama deutscher Exilautoren 1933–1945* befasst. Klapdor arbeitete an Weiblichkeitsbildern der nahezu ausschließlich männlich geprägten Exildramatik, u.a. von Bertolt Brecht und Friedrich Wolf, die Diskrepanz zwischen klischeehafter Überzeichnung auf der Projek-

---

36 Butler 2011. Dort heißt es: „Exile may in fact be a point of departure for thinking about cohabitation and for bringing diasporic values back to that region. This was also no doubt Edward Saïd's point when, in *Freud and the Non-European*, he called for the exilic histories of both Jews and Palestinians to serve as the basis for a new polity in Palestine."
37 Bronfen 1993, S. 183.
38 Mittag 1981; Klapdor 1982.

tionsfläche des männlichen Imaginären und realer Exilerfahrung von Frauen heraus und kam damit zu einem ähnlichen Ergebnis wie Kreis. 1993 widmete sich erstmals das *Internationale Jahrbuch für Exilforschung* im elften Band dem Thema *Frauen und Exil. Zwischen Anpassung und Selbstbehauptung*, der auch eine von Susanne Rockenbach und Sabine Rohlf besorgte Bibliografie zum Thema beinhaltet.[39] Es erschienen in den Folgejahren Sammelbände, Anthologien und Monografien zu Autorinnen, die dem bedeutsamen Forschungsschwerpunkt der Sicherung und Bewahrung von weiblicher Lebenserfahrung und Texten von Exilautorinnen nachkommen. Als eines der wichtigsten Instrumente einer an Frauen- und Geschlechterforschung orientierten Exilforschung ist diesbezüglich Renate Walls zweibändiges *Lexikon deutschsprachiger Schriftstellerinnen im Exil 1933–1945* (1995) zu nennen. Seit 1991 findet unter der Leitung der Initiatorin Beate Schmeichel-Falkenberg eine Tagungsreihe der Arbeitsgruppe *Frauen im Exil* innerhalb der *Internationalen Gesellschaft für Exilforschung* statt, die Tagungsbände vorgelegt hat.[40]

In einzelnen Beiträgen von Sonja Hilzinger, Hiltrud Häntzschel, Sibylle Quack, Irmela von der Lühe, Sabine Rohlf und Julia Schöll werden der Forschungsstand benannt und Forschungsdesiderate konturiert.[41] Quack führt in ihrem Beitrag folgende Forschungsdesiderate an: Sozialgeschichte, Wissenschaftler und Wissenschaftlerinnen im Exil, Alltagsgeschichte, jüdische Identität und *second generation*.[42] Sie ist darin exemplarisch für den bisherigen Zuschnitt feministischer, deutlich frauenzentrierter Exilforschung. In der Tat handelt es sich im Hinblick auf eine sozialgeschichtliche Aufarbeitung der Lage der Frauen im Exil um wichtige historisch und statistisch zu führende Grundlagenarbeit – gerade angesichts des bisherigen Befundes ungleich schlechterer Chancen von Frauen, den Weg ins Exil zu schaffen. Die Einwanderungsbestimmungen etwa nach Palästina waren geschlechtsbezogen und führten dazu, dass „im gesamten Einwanderungszeitraum weniger Frauen als Männer nach Palästina einwanderten".[43] Mit Alltagsgeschichte ist im Weiteren ein zentraler Aspekt der bisherigen Exil- als Frauenforschung benannt. Techniken der *oral history*, das Zeitzeugengespräch, werden hier verwendet, die Veröffentlichung von autobiografischer und dokumentarischer Literatur, von Tagebüchern und Briefen ist anvisiert. Auch die weiteren von Quack genannten Punkte, Wissenschaftsgeschichte und jüdische Identität, ma-

---

39 Rockenbach/Rohlf 1993.
40 Schmeichel-Falkenberg 1996; Krohn 1999; Hansen-Schaberg/Schmeichel-Falkenberg 2000; Bolbecher 2007.
41 Vgl. Hilzinger 1995; Häntzschel 1995, 1997; Quack 1996, Lühe 1996; Rohlf 2002b; Schöll 2002b.
42 Vgl. Quack 1996, S. 36–41.
43 Ebd., S. 36.

chen deutlich, dass sich die bisher dominierende frauenorientierte Exilforschung als eine transdisziplinäre, dezidiert an den historischen Wissenschaften ausgerichtete versteht.

Es ist erstaunlich, dass bis auf wenige Ausnahmen die oben vorgestellten Ansätze des Feminismus und der *Gender Studies* so gut wie keinen Widerhall in der Exilforschung gefunden haben. Als Ausnahmen sind die Studien von Birgit R. Erdle, Sabine Rohlf, Doerte Bischoff und Julia Schöll zu nennen.[44] Erdle etwa nimmt in *Antlitz – Mord – Gesetz. Figuren des Anderen bei Gertrud Kolmar und Emmanuel Lévinas* (1994) das lyrische Werk Gertrud Kolmars auch vor dem philosophischen Hintergrund Kristevas wahr und macht mit ihrer Hinwendung zu Kolmar als einer „Exilantin, die nicht emigrieren konnte",[45] auf den bedeutsamen Aspekt aufmerksam, dass bei der kontrollierten Erweiterung exiltheoretischer Arbeitsfelder neben der Wahrnehmung der ‚inneren Emigration' doch auch jene der KZ-Literatur zum Kernbereich der Beschäftigung gehören sollte. Dies kann der von Stephan Braese diagnostizierten „Marginalisierung des Kernereignisses des NS-Faschismus, der Massentötungen in den Vernichtungslagern"[46] in der Exilforschung entgegenwirken. Rohlfs Dissertation *Exil als Praxis – Heimatlosigkeit als Perspektive?* (2001) liest Exilromane von Alice Rühle-Gerstel, Irmgard Keun, Adrienne Thomas, Christa Winsloe und Annemarie Schwarzenbach im Kontext poststrukturalistisch-dekonstruktiver Methodik und denkt u.a. unter den Vorzeichen von *Weiblichkeit – Abwesenheit – Differenz* sowie *Frauen, Fremdheit und Symbolische Ordnung* Ansätze von Kristeva, Derrida und Butler weiter.[47]

Ein fortgeführter Dialog der bisher genannten Arbeitsfelder wäre im Hinblick auf eine wechselseitige Befruchtung von Exilforschung und *Gender Studies* wünschenswert. Die Neigung der dekonstruktiven Lektürepraxis von Kristeva, Irigaray und anderer, ihre kritischen Interventionen auf eine Kanonrelektüre der großen Denker und avantgardistischer Literatur zu beschränken, würde durch eine konkretere Wahrnehmung vielfältiger Exilerfahrungen und Texte, wie sie die bisherige Exilforschung praktiziert hat, bereichert. In den im Vorangegangenen angedeuteten autobiografischen und ethischen Wendungen der Dekonstruktion spätestens in den 1990er Jahren sehe ich eine solche Richtung eingeschlagen. Bereits Michel Foucaults historische Diskursanalyse, die sich in den 1970er Jahren autobiografischen Gebrauchstexten zuwendet, um unterdrückte Wissensarten zu bewahren, konnte und kann hier Vorbild sein.[48] Die historische Diskursanalyse

---

44 Siehe Doerte Bischoff 2002; Schöll 2002a.
45 Erdle 1994, S. 24.
46 Braese 1996, S. 134.
47 Vgl. Rohlf 2002b, S. 26–31, 54–85, und die Rezension Schöll 2004.
48 Vgl. Foucault 1975; Farge/Foucault 1989; Barbin/Foucault 1998.

sowie ihre Perspektivierung und Weiterführung in den *Gender Studies* sei allerdings ebenso der frauenzentrierten Exilforschung angeraten, um den bislang weitgehend sozial- und alltagsgeschichtlichen Ansatz zu erweitern. Die Befunde von Sabine Rohlf und Julia Schöll, dass Heinrich und Thomas Mann in ihren Hitler-Analysen und anderswo die gleiche Sprache stereotyper Homophobie sprechen, die auch die nationalsozialistischen Diskurse prägte,[49] zeigen, wie ertragreich eine solche Erweiterung sein kann. Der ethisch-subversive Impetus der *Gender Studies*, denen es auch um widerständig-travestierende Sprachpraktiken der Wiederholung des Schon-Gesagten geht, könnte die Texte allerdings nicht allein in ihrer Zeitgebundenheit, sondern auch in ihrem kritischen Widerspruchsgeist zum Sprechen bringen. Die Befunde der hochgradig intertextuellen und mythopoetischen Verfasstheit von Exilliteratur lassen sich in dieser Hinsicht perspektivieren. Die epistemologisch-selbstreflexiven Qualitäten der *Gender Studies* – „ich spreche eine Sprache des Exils" – sind hier noch einmal hervorzuheben wie auch ihre Lektürepraxis einer Verflüssigung starrer Bedeutungen in Akten des *close reading* und schließlich ihre Problematisierung der Begriffe von Exil, Geschlecht, Körper und Identität. Geschlechterparodie ohne Original, Exil ohne Rückkehr, polymorphe Körperwahrnehmungen und Ichverdoppelung bzw. -spaltung können aus der Perspektive der *Gender Studies* als Symptome der Exilierung, aber auch als textuelle Konstruktionsformen alternativer Körper, Geschlechter und Identitäten wahrgenommen werden. Die Theorie der Performanz erscheint mir adäquat für die Erfassung der Prozessualität des gerade die Exilliteraturforschung Interessierenden: des Übergangs von Leben in Text und zurück. Insbesondere die Dringlichkeit der Spracharbeit kann aus einer solchen Perspektive unterstrichen werden, insofern es in Exilliteratur um ein Überleben im Text, um die Rückkehr in eine imaginäre Heimat oder die Schaffung literarischer Heimaten wie auch um die Restituierung von Identität und Autorschaft gehen kann. In einem abschließenden Teil soll in exemplarischen Lektüren von Thomas Manns Josephs-Romanen und dem Pseydonym Anna Seghers die Produktivität einer im Sinne der *Gender Studies* erweiterten Exilforschung skizziert werden.

3 Thomas Manns Josephs-Romane

Thomas Manns Josephs-Romane interessieren unter diesem Aspekt in ihrer widerständigen Inszenierung von Körper, Geschlecht und Sexualität, was u.a. an der Konturierung ihres Protagonisten Joseph akzentuiert werden kann; sie inte-

---

[49] Vgl. Rohlf 2002a; Schöll 2002c.

ressieren in ihrer kulturwissenschaftlich informierten hybriden Ästhetik, die sich in der Allegorese von Rahels Kleid Ausdruck verschafft; und sie zeichnen sich durch eine widerständige Mythopoetik aus, die wie Thomas Mann im Brief formuliert, „den Mythos den faschistischen Dunkelmännern aus den Händen" nehmen und „ins Humane"[50] umfunktionieren will. Manns Technik ist eine der psychoanalytisch informierten Psychologisierung des Mythos.

Die alttestamentarische Exilerzählung von Joseph hat Thomas Mann mit seiner Tetralogie *Joseph und seine Brüder* in monumentaler Weise ausgestaltet, aus den 14 Kapiteln in der *Genesis* werden 1800 Seiten. Die zwischen 1933 und 1943 erschienenen Josephs-Romane unternehmen nichts Geringeres als eine Kulturgeschichte der Gesittung, die weit zurück in die Vergangenheit reicht und sich bis in die Erzählgegenwart erstreckt. Im Nachdenken über das Geschichtenerzählen in nationalsozialistischer Zeit profiliert sich eine Poetik des Exils, deren Kernaussage lautet: Sich „einschalten", um nicht „ausgeschaltet zu werden".[51] Dass diese Kulturgeschichte der Gesittung als Geschichte Israels erzählt wird, ist die besondere, gegen die Nationalsozialisten und ihre Rassenpolitik gerichtete Provokation dieses Exilromanprojekts.

Mit ihrem Protagonisten und seiner Körperlichkeit führen die Romane eine dissoziierte Wahrnehmung von Körper, Geschlecht und Sexualität ein, die Raum lässt für vielfältige Formen der Verführung, für Parodie und Travestie. Joseph zeichnet eine androgyne Schönheit jenseits eindeutiger Zuschreibung aus: „schön wie Weib und Mann, schön von beiden Seiten her",[52] die ihre Wirkung gleichermaßen auf Mann und Weib ausübt. Die Körper in den Josephs-Romanen werden jeweils auch unter dem Index Alter durchdekliniert, und es werden ihnen in dieser Hinsicht etwa im Hinblick auf Potiphar oder dessen Schwiegereltern unterschiedliche Grade an und Formen von Sinnlichkeit zugeschrieben. Die von Butler so apostrophierte zwangsheterosexuelle Matrix wird ebenso unterlaufen wie einer einfachen binären Opposition männlicher und weiblicher Körper widerstanden wird. In der von Anfang an gebrauchten Anrede Josephs als „Rahels Sohn", versehen mit „Rahels Augen",[53] ist sein weiterer Weg eines Crossdressers im zweiten Roman *Der junge Joseph* gleichsam vorgezeichnet.

Als mütterliches Erbe wird dem Lieblingssohn Joseph das auch als „Schleier"[54] und mithin Dichtungssymbol apostrophierte Rahel-Kleid vom Vater zum Geschenk gemacht. Dieses Kleid wird in den Romanen zur Allegorie einer hybriden

---

50 Brief von Thomas Mann an Karl Kerényi vom 18. 2. 1941, zit. n. Dierks 2005, S. 302.
51 Mann 1991, Bd. 4, S. 266.
52 Mann 1991, Bd. 2, S. 11.
53 Ebd., S. 11, 259.
54 Ebd., S. 95.

Ästhetik und zugleich Sinnbild einer Poetik des Exils. Das Kleidungsstück stellt eine diachrone Verbindung zwischen den Generationen her und wandert von Hand zu Hand durch die Texte. Die textile Struktur dieses „jungfräulichen Gewandes", das „leicht und schwer zugleich" ist, wird besonders hervorgehoben. In dieses Kleid sind „Zeichen und Bilder", aber auch „Sprüche"[55] eingewoben, die aus babylonischer, ägyptischer und biblischer Tradition stammen: Ischtar, Gilgamesch, Bilder aus dem ägyptischen Totenbuch, das Paradies, Sprüche aus dem Hohelied. Das Kleid stellt eine „multikulturelle Bricolage"[56] dar und versinnbildlicht darin den hybriden Kulturraum, den die Josephs-Romane programmatisch ausgestalten. Hybrid sind auch die auf dem Kleid zu sehenden Körper, Geschlechter, Tier-, Gott- und Menschenwesen und ihre Beziehungen respektive Liebesbeziehungen untereinander: „Gilgamesch mit dem Löwen im Arm", „Getier", „Buhlen der Göttin", „der bunte Vogel", „Skorpion-Menschenpaar", „bärtige Geister", „Nana mit Taube". „Bin ich ein Schäfervogel im bunten Rock? Mami's Schleiergewand – wie steht es dem Sohne?",[57] fragt Joseph beim ersten Anblick und der Anprobe des Rahel-Kleides. Mit Jan Assmanns emphatischer Lektüre der Josephs-Romane als eines Beitrags zur Gedächtnistheorie bin ich geneigt, in Rahels Kleid eine Allegorie für das kulturelle Gedächtnis zu sehen.[58] Das von der sozialen Dimension zu scheidende, da nicht menschlich verkörperte, kulturelle Gedächtnis materialisiert sich Maurice Halbwachs wie Aleida und Jan Assmann zufolge dinghaft in symbolischen Formen der Kultur: in Bildern, Riten und Texten. Mit Rahels Kleid entwerfen die Romane eine geschlechtlich und kulturell hybride Allegorie des kulturellen Gedächtnisses. Vor dem zeitgeschichtlichen Hintergrund nationaler und ethnischer Reinheits- und Einheitsfantasien verhelfen sie der Vielfalt von Imagination und Kultur zum Ausdruck und versuchen, ein Gedächtnis an diese zu bewahren. Insofern gerade Josephs Crossdressing den Zorn seiner Brüder hervorruft, die in einer Art atavistischem Gewaltexzess und in Figuration nationalsozialistischer SA-Horden das Rahel-Kleid zerfetzen, wird dieses zum Sinnbild des Ausgegrenzten und in der Kunst zu Restituierenden.

Die Einleitung zur Tetralogie mit dem Titel *Höllenfahrt* (1927) reflektiert bereits das erzählerische Unternehmen in seinem mythopoetischen Verfahren, das sich im Fortschreiben biblischer, ägyptischer Mythen etc. ebenso dokumentiert wie in Rahels Kleid, und analysiert die Remythisierungstendenzen der Zeit. Die Abgrenzungen zum logosfeindlichen Wiederaufleben des Mythos etwa in Alfred Baeum-

---

55 Mann 1991, Bd. 1, S. 293f.
56 Assmann 2006, S. 74.
57 Mann 1991, Bd. 2, S. 95f.
58 Vgl. Assmann 2006, S. 67–75.

lers Bachofen-Einleitung (1926) oder in Ludwig Klages' *Der Geist als Widersacher der Seele* (1929–1932) fallen deutlich aus. Als Ungeist kommentiert das Vorspiel solchen Geist, der sich „selbstverleugnerisch" in den Dienst des Todes, nicht des Lebens stellt, „die Gräber feier[t], die Vergangenheit den alleinigen Quell des Lebens nenn[t] und sich selbst als den boshaften Zeloten und mörderisch lebenknechtenden Willen bekenn[t] und preisg[ibt]". Demgegenüber gelte es, den Geist als „Boten der Mahnung, das Prinzip der Anstoßnahme, des Widerspruchs" zu befestigen, gegen „lauter lusthaft Einverstandene" und gegen das „Gewordene und Gegebene".[59] Historisch identifizieren die Josephs-Romane diesen progressiven Widerstandsgeist der Wanderschaft und Unruhe mit der Abrahamsreligion. Darum lässt sich eine Kulturgeschichte der Gesittung als Geschichte Israels erzählen.

Im Nachdenken über den Sintflut-Mythos hält der Erzähler den zeitgeschichtlichen Sinn von mythischem Katastrophenbewusstsein und kulturellem Gedächtnis im Vorspiel fest: Es bedürfe eines „Warners", eines „Wissenden und Hochgescheiten, welcher die Zeichen zu deuten" verstehe und durch „kluge Vorkehrungen" vorm Verderben errette oder „die Tafeln des Wissens als Samen zukünftiger Weisheit"[60] bewahre. Damit ist Joseph, der Traumdeuter und Ernährer, angesprochen, aber auch das Romanprojekt selbst, das in den Gedächtnisallegorien von Rahels Kleid und „Tafeln des Wissens" seine kulturgeschichtliche Programmatik reflektiert. Für eine Poetik des Exils prägt die *Höllenfahrt* das Bild der „Gesandtenverderbnis" des Geistes:

> Wie es nun aber geschieht, daß der Gesandte eines Königreiches bei einem anderen, feindlichen, wenn er sich lange dort aufhält, im Sinne seines eigenen Landes der Verderbnis verfällt, indem er nämlich auf dem Wege der Einbürgerung und der Angleichung und Abfärbung unvermerkt in die Denkweise und auf den Interessenstandpunkt des feindlichen hinübergleitet, so daß er zur Vertretung der heimischen Interessen untauglich wird und abberufen werden muß: so oder ähnlich ergeht es in seiner Sendung dem Geiste. Je länger sie währt, je länger er sich hier unten diplomatisch betätigt, desto deutlicher erfährt – vermöge jener Gesandtenverderbnis – seine Tätigkeit einen inneren Bruch [...].[61]

Dieser verfällt, anstatt die „heimischen Interessen" zu wahren, also in der Logik der Lehre für das Höhere, Reine und Eine einzustehen, dem „feindlichen [...] Interessenstandpunkt", dem Niederen, Hybriden und Unterschiedenen. Bereits die *Höllenfahrt* plädiert so für ein Sich-Einlassen auf geschlechtliche und kulturelle Vielfalt, was zuvor an der Körper- und Geschlechterwelt und der multikulturellen Bricolage von Rahels Kleid erläutert wurde.

---

59 Thomas Mann 1991, „Vorspiel: Höllenfahrt", in: Bd. 1, S. 11–56, hier: S. 50.
60 Ebd., S. 32.
61 Ebd., S. 44.

Mit der „Gesandtenverderbnis" schrieb sich der Autor Thomas Mann im Jahr 1927 entstehungsgeschichtlich, ästhetisch und ethisch eine Poetik des Exils vor, die dann das Romanprojekt und die Lebensführung seines Autors in den Jahren des Exils seit 1933 leiten sollte. Fragt man sich, ob diese Poetik bis zum vierten, zwischen 1940 und 1943 entstandenen Roman gravierende Veränderungen erfährt, so ist nur dies zu konstatieren: Der zeitgeschichtliche Hintergrund drängt immer stärker in die Texte. Im dritten Teil kommt anhand einer Priestergestalt, die Joseph durch kultisch-ethnische Reinheitsgesetze aus dem Hause Potiphars entfernen will, die nationalsozialistische Rassenideologie zur Darstellung. Im vierten Teil liest sich das Gespräch zwischen Echnaton und Joseph als Kritik an der Appeasement-Politik gegenüber Hitler. Entsprechend dringlich fällt auch die poetologische Selbstbesinnung aus. Anlässlich der Thamar-Episode kommt der Erzähler explizit auf das Prinzip der „Einschaltung" zu sprechen. Thamar, das ist in der Bibel die Ehefrau der kinderlos sterbenden Juda-Söhne Ger und Onan, die sich schließlich von Juda selbst Kinder ertrotzt. Bei Mann wird Thamar zum weiblichen Double Josephs. Sie verkörpert seine Anlagen ins Extrem gesteigert: verführerische Sinnlichkeit, geistige Strenge und unbedingter Handlungswille. In Mitsicht mit dieser Figur formuliert der Erzähler:

> Nicht umsonst trat uns wiederholt und mit einem gewissen Eigensinn das Wort „Einschaltung" auf die Lippen. Es ist die Losung der Stunde. Es war Thamars Wort und ihre Losung. Sich selbst wollte sie einschalten, und tat es mit erstaunlicher Entschlossenheit, in die große Geschichte, das weitläufigste Geschehen, von dem sie durch Jaakob Kunde erhalten, und von dem ausgeschaltet zu werden sie sich um keinen Preis gefallen ließ. [...] Denn durch Verführung schaltete Thamar sich ein in die große Geschichte, von der diese hier nur eine Einschaltung ist.[62]

‚Sich einschalten', um nicht ‚ausgeschaltet zu werden', prägnanter lässt sich die ethische Programmatik von Thomas Manns Poetik des Exils nicht fassen.

4 Das Pseudonym Anna Seghers

Als sprechender Ausdruck der von Cixous, Saïd und Lämmert konstatierten Exilerfahrung des modernen Schriftstellers kann das Pseudonym verstanden werden, das Existenz und Autorschaft auf Distanz hält. In besonderer Weise gilt dies noch einmal für das Pseudandronym, den männlichen Künstlernamen für eine Schriftstellerin, der im 19. Jahrhundert oft genug den Weg zur Publikation und

---

[62] Mann 1991, Bd. 4, S. 266.

zum Erfolg ebnete. Die Fremdheit des Schriftstellers in der modernen Gesellschaft, die Fremdheit der Schriftstellerin in patriarchalisch geprägten Literaturdiskursen wird durch den Namenswechsel angezeigt.

An Karoline von Günderrodes ‚Tian' ist zu denken oder an das Akronym ‚Talvj', unter dem Therese Albertine Luise von Jakob Robinson ihre zunächst in Russland, dann in Amerika gesammelten Exilerfahrungen literarisierte.[63] Auch die unter dem Pseudonym Anna Seghers veröffentlichende Autorin Netty Reiling, verheiratete Radványi, hat, was weniger bekannt ist, unter einem Pseudandronym (Peter Conrad) publiziert.[64] Ihr Pseudonym Anna Seghers ist von besonderem Interesse, da sich hinter diesem ein poetologisches Programm verbirgt, das Autorschaft und Exil gleich mehrfach engführt.[65] Zwei Texte sind diesbezüglich relevant, Seghers' erste Erzählung *Die Toten auf der Insel Djal*, mit der sie ihr Pseudonym begründet, und ihr Exiltext *Der Ausflug der toten Mädchen*, in dem durch die punktuelle Rückkehr zum realen Namen die Autorschaft unter dem Vorzeichen des Pseudonyms in einer Situation äußerster Bedrohung noch einmal restituiert wird.

Mit dem Untertitel *Eine Sage aus dem Holländischen, nacherzählt von Antje Seghers* führt Netty Reiling in ihrer 1924 in der *Frankfurter Zeitung* erstveröffentlichten Erzählung *Die Toten auf der Insel Djal* ihr Pseudonym ein. Die Erzählerin weist sich als Nachfahrin ihres Protagonisten, des Pfarrers Jan Seghers aus, der als Beichtvater der an der Insel Djal strandenden schiffbrüchigen Seefahrer tätig und, so die Pointe des Textes, selbst ein Untoter ist, der sich von Gott die Rückkehr ins Leben ertrotzt hat. Er hört den „furchtbaren, schäumenden, nach Leben und Tod riechenden Beichten der krepierenden Schiffer von fünf Kontinenten" zu.[66] Mythen von Ahasver bis zum Fliegenden Holländer klingen durch diese Figur an. Seghers' Schreiben verbindet sich hier bereits mit der für ihr Werk charakteristischen Anlehnung an kollektive Erzählformen wie Sage, Märchen und Mythos sowie mit einem Internationalismus, der auch ihre weiteren Texte prägen wird. Autorschaft und Exil werden in der Weise miteinander verbunden, dass aus und von der Fremde geschrieben wird. Das Exil wird geografisch und metaphorisch-religiös gestaltet. Auf Geografisches weisen der Untertitel *Aus dem Holländischen*, der Handlungsort, die Insel Djal, sowie die dort mitgeteilten Beichten „von fünf Kontinenten". Dieses geografische Exil wird allerdings metaphysisch vertieft, indem religiöse Exilmythen aufgerufen werden. Der untote Jan Seghers

---

63 Wallach 2003.
64 Vgl. Seghers 1994b, S. 224.
65 Vgl. auch Greiner 1983; Greiner 2003b: Exil wird hier psychoanalytisch-semiotisch gefasst.
66 Seghers 1994c, S. 7.

wird auch als „Leibhaftiger"[67] angesprochen und verweist damit auf jüdisch-apokryphe Erzählungen vom Engelssturz, der gewaltsamen Verbannung aus dem Himmel,[68] während mit der als Totenreich gezeichneten Insel Djal der Tod als gewaltsame Verbannung aus dem Leben zur Darstellung kommt. Verfolgt man weitere intertextuelle und -mediale Spuren, werden reale Exilerfahrungen einbezogen. So hat Helen Fehervary den Antagonismus von Jan Seghers und Morten Sise als Figuration der Auseinandersetzung zwischen den exilierten jüdisch-ungarischen Intellektuellen György Lukács und Karoly Mannheim gelesen, von deren Verwerfungen die junge Netty Reiling durch ihren späteren Ehemann László Radványi, einem langjährigen Weggefährten Lukács' und Mannheims, genauere Kenntnis hatte.[69] Ein letzter Blick auf den Grabstein des Protagonisten mit der Inschrift „Hier ruht / JAN SEGHERS / gestorben auf Djal / im Jahre des Herrn 1625 / im kalomistischen Glauben / in dem er lebte und geboren wurde / zu Altmark / 1548"[70] zeigt, dass die eigene Autorschaft mit einem Grenzgänger zwischen Tod und Leben, den Orten, Zeiten, Kulturen, Religionen, Sprachen und Künsten verbunden wird. Mit dem Namen Seghers weist die Autorin in die Sphäre der Kunst und in zeitliche Ferne zurück auf den exzentrischen Maler und Radierer Hercules Seghers (ca. 1589–1638), einen Zeitgenossen Rembrandts.[71] Die Jahreszahlen könnten sich auf einen Erfolgsautor protestantischer Erbauungsliteratur, den Geo- und Kartografen sowie religiösen Schriftsteller John Norden beziehen. Jan Seghers' religiöser Charakter, sein „reformiertes Herz" und seine „wilden und zornigen Gebete",[72] durch die er seine Rückkehr ins Leben erwirkt, steht in Analogie zu jenem John Norden, dessen Gebetssammlungen solche von über tausend Versen Länge beinhalten.[73] Mit dem von Seghers geprägten Neologismus „kalomistischer Glaube" wird die religiöse Grundierung dieses Charakters noch näher bestimmt. „Kalomistisch" ist in der Forschung als Variation von *calvinistisch* ge-

---

67 Ebd., S. 7.
68 Bonwetsch 1922, S. 6 f. Auch die später erwähnten „sieben Engel" verweisen auf jüdisch-apokryphe Überlieferung (Seghers 1994c, S. 7; vgl. Greiner 1983, S. 331).
69 Vgl. Fehervary 2001, S. 81–90.
70 Seghers 1994c, S. 12.
71 Vgl. Albrecht 2005. Albrecht verweist auf die 1922 erschienene Studie des Heidelberger Kunsthistorikers Wilhelm Fraenger *Die Radierungen des Hercules Seghers*, die der Kunstgeschichtsstudentin Netty Reiling, die dort 1924 über *Jude und Judentum im Werke Rembrandts* promovierte, sicherlich bekannt war. Auch Christa Wolf unterstreicht die Bezüge zu jenem „Nicht-Klassiker" der Rembrandt-Zeit in Christa Wolfs *Die Dissertation der Netty Reiling* (Wolf 1990, Bd. 1, S. 346–352, 348. Siehe auch Anna Seghers' Selbstaussage zum Pseudonym im Gespräch mit Christa Wolf, ebd., S. 332 f.).
72 Seghers 1994c, S. 7, 12.
73 Vgl. Patterson 2007, S. 157–169, 327 ff.

lesen worden[74] und auch als Anlehnung an „chiliastisch".[75] Helen Fehervary plädiert hingegen für eine religiös-poetische Auslegung dieses Glaubens, indem sie „kalomistisch" aus dem Ungarischen ableitet:

> Basing it on the Hungarian noun *kaland* (adventure, escapade) [...] combined with *misztikus* (mystical), she created the composite „kalomistisch" which in combination with the notion of conviction or faith implies a believe in „mystical adventure".[76]

Ein mystischer Abenteurergeist oder ein epischer, wie in Bezug auf Georg Lukács' *Theorie des Romans* gesagt werden kann,[77] – in dieser Zeichnung erweist sich Jan Seghers als Nachfahre des Odysseus, eines anderen Exilierten und Schiffbrüchigen, und die Autorin stellt sich in mythisch-epische Erzähltraditionen homerischer Provenienz.

Zu diesem mehrfach unter das Vorzeichen Exil – geografisch, metaphysisch-mythisch, realpolitisch und poetisch – gestellten Erzählprogramm der *Toten auf der Insel Djal* kommt Anna Seghers in ihrer 1943/44 im mexikanischen Exil entstandenen Novelle *Der Ausflug der toten Mädchen* in besonderer Weise zurück. Als Kommunistin und Jüdin von den Nationalsozialisten vertrieben, restituiert die Autorin im Moment der Katastrophe, traumatisiert durch die Exilerfahrung, durch die Nachrichten aus Deutschland von der Deportation ihrer Mutter ins KZ und durch einen schweren Autounfall, ihre Autorschaft erneut unter dem Vorzeichen des Exils. Der mehrere Zeit-, Erinnerungs- und Wahrnehmungsebenen integrierende Text zeigt eine sich im mexikanischen Exil befindende Ich-Erzählerin, die in der Erinnerung zu einem Schulausflug an den Rhein zurückkehrt. Nach einem schweren Autounfall erst allmählich das Gedächtnis zurückgewinnend, legt die Erzählerin in die Erinnerung an den „alten, frühen Namen" „Netty" die Hoffnung, „er könnte mich wieder gesund machen".[78] Der Text vollzieht eine solche Genesung durch die Rekonstruktion und Reintegration des Kindes Netty,

---

[74] Margrid Bircken zieht eine Verbindung von Reilings Dissertation zum Calvinisten Rembrandt (vgl. Bircken 2005, S. 235).

[75] Fehervary verweist diesbezüglich auf Bezüge zum „chiliastic-messianic striving of Georg Lukács" und auf Radványis 1923 bei Karl Jaspers eingereichte Dissertation *Der Chiliasmus* (Fehervary 2001, S. 90f.). Siehe auch Simone Bischoff 2009, S. 65f.

[76] Fehervary 2001, S. 77. Fehervary sieht darin eine Widmung an László Radványi und insgesamt den ungarischen Intellektuellenzirkel um Lukács, ebenso wie in dem Ortsnamen *Djal*, der als Anklang an das ungarische Verb *gyaláz* („meaning to abuse") und das Substantiv *gyalázat* („meaning dishonor and shame") verstanden werden könne, aber auch phonetisch auf Lukács' Spitznamen „Gyuri" verweise (ebd., S. 77, 68).

[77] Vgl. Lukács 1971, S. 22.

[78] Seghers 1994a, S. 196f.

sodass die Ich-Erzählerin in langsamen Schritten erzählend ins Leben zurückfindet und die Autorschaft Anna Seghers' erneuert wird. In diesem Sinne kommentiert Christa Wolf Seghers' einzige autobiografische Erzählung: „‚Der Ausflug der toten Mädchen' beschreibt nicht die Entscheidung zu leben, er *ist* diese Entscheidung, er schildert nicht, sondern *ist* Genesung".[79] *Der Ausflug der toten Mädchen* steht dabei in inverser Spannung zu *Die Toten auf der Insel Djal*. Während sich dort die Erzählerin eine imaginäre Genealogie entwirft und mit dem fiktiven, sprechenden Namen *Antje Seghers* zeichnet, kehrt die als öffentliche Person nun gänzlich mit ihrem Pseudonym verwobene Anna Seghers im *Ausflug* zu ihrem alten Namen und mit der Adressierung ihrer Mutter zu ihrer realen Familie zurück. Dieser Name Netty erscheint allerdings, ebenso wie die mit ihm assoziierte Welt der Kindheit, als Fiktion, als ein verlorener, allein in der Fantasie zu restituierender U-Topos – ähnlich sagenhaft wie die Insel Djal und der Protagonist Jan Seghers. Wieder ist es ein Erzählen aus einem Totenreich, und in unheimlicher Analogie zum untoten Jan Seghers ist die Ich-Erzählerin des *Ausflugs der toten Mädchen* das einzige der im Titel genannten Mädchen, das der NS-Todesmaschinerie entkommt und ins Leben zurückkehren kann. Eine für unseren Zusammenhang signifikante Differenz zur Poetik der *Toten auf der Insel Djal* sei angemerkt. Dort wird eine geschlossene Männerwelt geschildert, und Antje Seghers schreibt sich durch die intertextuellen und -medialen Anklänge in eine männlich geprägte Kultur- und Literatursphäre ein. Im *Ausflug* hingegen steht sowohl die dargestellte Welt der Mädchen wie auch die Rekonstruktion der Autorschaft, und dies ist eine Besonderheit in Seghers' Werk, unter dem Vorzeichen weiblich-jüdischer Identität. Das fantasierte Wiedersehen mit der nach Polen deportierten Mutter und der von der jüdischen Lehrerin Johanna Sichel erteilte „Auftrag",[80] die Begebenheiten des Schulausflugs aufzuzeichnen, initiieren das Erzählen. Für eine einsinnig feministische Lektüre bietet sich der Text, wie auch Seghers' weiteres Werk, jedoch nicht an, insofern kein moralischer Unterschied zwischen den Geschlechtern konturiert wird. Mädchen und Jungen, Männer und Frauen gehören gleichermaßen der im Text dargestellten Täter- und Opfergruppe an. Im *Ausflug* scheidet die Erzählerin in Kindergestalt, jedoch mit dem Wissen der Erwachsenen, wie Christa Wolf kommentiert, „durch ein einfaches Prüfmittel die Guten von den Bösen [...]: durch die Frage, wie sie sich unter den Nationalsozialisten verhalten haben, verhalten werden".[81] Deutlich wird dies an der im Zentrum der Erzählung stehenden Figurengruppe von Netty und ihren beiden Freundinnen:

---

79 Wolf 1990, Bd. 1, S. 309.
80 Seghers 1994a, S. 225.
81 Wolf 1990, Bd. 1, S. 360.

„Marianne und Leni und ich, wir hatten alle drei unsere Arme ineinander verschränkt in einer Verbundenheit, die einfach zu der großen Verbundenheit alles Irdischen unter der Sonne gehörte."[82] Die Erzählung bewahrt diese kindliche Gemeinschaft und stellt sie dem im Nationalsozialismus lancierten Ideologem der *Volksgemeinschaft* entgegen. Diese Verbundenheit steht in äußerstem Kontrast zu dem sich in Täter und Opfer aufspaltenden Verhalten der erwachsenen Frauen während der NS-Zeit, das der Text im Stakkato der Zeitschichtung und -raffung in der Montage ausstellt:

> Ich sehe Marianne immer weiter mit ihrer roten Nelke zwischen den Zähnen, auch wie sie den Nachbarinnen der Leni bösartige Antworten gibt, auch wie sie mit halbverkohltem Körper, in rauchenden Kleiderfetzen in der Asche ihres Elternhauses liegt. [...] Sie hatte keinen leichteren Tod als die von ihr verleugnete Leni, die von Hunger und Krankheiten im Konzentrationslager abstarb.[83]

Die moralische Wertung verläuft nicht entlang der Kategorie Geschlecht, wie sich der Text auch einfachen monokausalen Erklärungen widersetzt. Gelesen vor dem Hintergrund der *Gender Studies* wäre am *Ausflug der toten Mädchen* an der Aufwertung der Lebenssphären von kindlicher Wahrnehmung und alltäglicher Handlung sowie an der Einschreibung in eine weibliche Kultursphäre anzusetzen, insofern der Auftrag der jüdischen Lehrerin das Schreiben anleitet und die ersehnte Rückkehr zur toten Mutter die Fantasietätigkeit motiviert:[84]

> Meine Mutter stand schon auf der kleinen, mit Geranienkästen verzierten Veranda über der Straße. Sie wartete schon auf mich. [...] Sie stand vergnügt und aufrecht da, bestimmt zu arbeitsreichem Familienleben, mit den gewöhnlichen Freuden und Lasten des Alltags, nicht zu einem qualvollen, grausamen Ende in einem abgelegenen Dorf, wohin sie von Hitler verbannt worden war.[85]

Christa Wolf hat Seghers' Poetik des Alltags, die literarische Bewahrung des „gewöhnlichen Lebens" als eine Lektion in der Kunst der „Banalität des Guten"[86] verstanden und dem Faschismus entgegengestellt. Die Autorin selbst diagnostizierte 1944 in *Aufgaben der Kunst*: „Die Bewußtbarmachung der Wirklichkeit durch die

---

82 Seghers 1994a, S. 217.
83 Ebd., S. 219.
84 Dies ließe sich in produktiven Dialog mit Kristevas psychoanalytisch-semiotischem Exilverständnis setzen, demzufolge das „Exil" eine „Überlebenstechnik angesichts des toten Vaters sei", was *Die Toten auf der Insel Djal* ausstellen, *Der Ausflug der toten Mädchen* allerdings umdeutet (vgl. Kristeva 1978, S. 10).
85 Seghers 1994a, S. 223.
86 Wolf 1990, Bd. 1, S. 264, 20.

Kunst umfaßt alle Gebiete des Lebens", „das Individuum mit allen seinen auslebbaren Eigenschaften, mit seiner sozialen Bedingtheit, mit seinen offenen und verborgenen Leidenschaften". Die Ausblendung des ganzen Menschen aus dem Raum der Kunst hat ihrer Ansicht nach fatale Folgen im Faschismus gezeitigt: „Die ‚Tendenzkunst' hat große Gebiete unbeachtet gelassen, und der Faschismus hat später diese Hohlräume der Gefühle für sich benutzt."[87] Will Thomas Mann mit den Josephs-Romanen den Faschisten den Mythos aus den Händen nehmen, so will Seghers in *Ausflug der toten Mädchen* Gemeinschaftsgefühl und Heimat der nationalsozialistischen Deutungshoheit entreißen. Auch die Vorstellung des Ausflugs als „zwangloses Ineinander von Reise und Heimkehr"[88] wird der gewaltsamen Exilierung durch die Nationalsozialisten entgegengesetzt.

Manns und Seghers' Literarisierung des Exils ist gemeinsam, dass sie einen erweiterten Exilbegriff zur Darstellung bringen, der sich durch einen gleitenden Übergang zwischen Realität und Metapher auszeichnet. Metaphysisches, Geografisches, Politisches, die Geschlechterverhältnisse sowie alternative Wahrnehmungen von Körper, Heimat, Identität und Autorschaft werden benannt. Dabei wahren ihre Exiltexte nach 1933 die Kontinuität zu ihren Mitte der 1920er Jahre entworfenen Poetiken des Exils, wie sie Mann im *Vorspiel: Höllenfahrt* und Seghers in *Die Toten auf der Insel Djal* ausgestaltet haben.

Literatur

Albrecht, Friedrich: „Originaleindruck Hercules Seghers". In: *Bemühungen. Arbeiten zum Werk von Anna Seghers 1965–2004*. Bern 2005, S. 147–168.

Ashley, Richard K. u. R.B.J. Walker: „Introduction: Speaking the Language of Exile. Dissident Thought in International Studies". In: *International Studies Quarterly* 34 (1990) H. 3 (Special Issue: Speaking the Language of Exile: Dissidence in International Studies), S. 259–268.

Assmann, Jan: *Thomas Mann und Ägypten. Mythos und Monotheismus in den Josephsromanen*. München 2006.

Barbin, Herculine u. Michel Foucault: *Über Hermaphrodismus. Der Fall Barbin*. Frankfurt a. M. 1998.

Bircken, Margrid: „Das Selbst im Text". In: *Argonautenschiff* 14 (2005), S. 226–240.

Bischoff, Doerte: *Ausgesetzte Schöpfung. Figuren der Souveränität und Ethik der Differenz in der Prosa Else Lasker-Schülers*. Tübingen 2002.

Bischoff, Simone: *„Gottes Reich hat begonnen." Der Einfluß chiliastischer Hoffnung auf die DDR-Romane von Anna Seghers*. Frankfurt a. M. u. a. 2009.

---

87 Seghers 1970, Bd. 1, S. 197, 199.
88 Bossinade 1986, S. 105.

Bjelić, Dušan I.: „Julia Kristeva: Exile and Geopolitics of the Balkans". In: *Slavic Review* 67 (2008) H. 2, S. 364–383.
Bolbecher, Siglinde (Hg.): *Frauen im Exil*. Klagenfurt 2007.
Bonwetsch, G. Nathanael (Hg.): *Die Bücher der Geheimnisse Henochs, das sogenannte Slavische Henochbuch*. Leipzig 1922.
Bossinade, Johanna: „Haus und Front. Bilder des Faschismus in der Literatur von Exil- und Gegenwartsautorinnen. Am Beispiel Anna Seghers, Irmgard Keun, Christa Wolf und Gerlind Reinshagen". In: *Neophilologus* 70 (1986), S. 92–118.
Braese, Stephan: „Zum Antifaschismus-Paradigma in der deutschen Exilforschung". In: Krohn/Rotermund/Winckler 1996, S. 133–149.
Bronfen, Elisabeth: „Exil in der Literatur: Zwischen Metapher und Realität". In: *Arcadia* 28 (1993) H. 2, S. 167–183.
Butler, Judith: *Das Unbehagen der Geschlechter*. Frankfurt a. M. 1991.
Butler, Judith: „Kontingente Grundlagen: Der Feminismus und die Frage der Postmoderne". In: *Der Streit um Differenz. Feminismus und Postmoderne in der Gegenwart*. Hg. v. Seyla Benhabib u. a. Frankfurt a. M. 1993, S. 31–58.
Butler, Judith: „Against Proper Objects". In: *Differences. A Journal of Feminist Cultural Studies* 6 (1994), S. 1–26 (= 1994a).
Butler, Judith: „J. Butler with Rosi Braidotti (Interview): Feminism by Any Other Name". In: *Differences. A Journal of Feminist Cultural Studies* 6 (1994) H. 2/3, S. 27–61 (= 1994b).
Butler, Judith: „Gender as Performance". In: *A Critical Sense. Interviews with Intellectuals*. Hg. v. Peter Osborne. London, New York 1996, S. 109–125.
Butler, Judith: „Who owns Kafka?". In: *London Review of Books* 33 (2011) H. 5, S. 3–8 (http://www.lrb.co.uk/v33/n05/judith-butler/who-owns-kafka, Stand: 20. 2. 2013).
Cameron, Deborah: *Feminist Critique of Language. A Reader*. London 1990.
Cixous, Hélène: *L'exile de James Joyce ou l'art du remplacement* (Dissertation). Paris 1968.
Cixous, Hélène: „*Coming to Writing*" *and Other Essays*. Hg. v. Deborah Jenson. Cambridge/Mass., London 1991.
Cixous, Hélène: „My Algeriance, in other words: to depart not to arrive from Algeria". In: *Stigmata, Escaping Texts*. London, New York 1998, S. 204–231 (http://amchoreo.files.wordpress.com/2010/12/hc3a9lc3a8ne-cixous-stigmata-escaping-texts.pdf, S. 126–141, Stand: 21. 2. 2013) (Franz.: „Mon Algériance". In: *Les Inrockuptibles* 115 (20. 8.–2. 9. 1997), S. 71–74).
Cixous, Hélène: *Benjamin à Montaigne. Il ne faut pas le dire*. Paris 2001; deutsch: *Benjamin nach Montaigne. Was man nicht sagen darf*. Wien 2008.
Cixous, Hélène u. Mireille Calle-Gruber (Hg.): *Hélène Cixous, Rootprints: Memory and Life Writing*. London 1997.
Dierks, Manfred: „Thomas Mann und die Mythologie". In: *Thomas Mann Handbuch*. Hg. v. Helmut Koopmann. 3., aktualisierte Aufl. Frankfurt a. M. 2005, S. 301–306.
Erdle, Birgit R.: *Antlitz – Mord – Gesetz. Figuren des Anderen bei Gertrud Kolmar und Emmanuel Lévinas*. Wien 1994.
Farge, Arlette u. Michel Foucault (Hg.): *Familiäre Konflikte: Die „Lettres de cachet". Aus den Archiven der Bastille im 18. Jahrhundert*. Frankfurt a. M. 1989.
Fehervary, Helen: *Anna Seghers. The Mythic Dimension*. Ann Arbor 2001.
Feldmann, Doris u. Sabine Schülting: „Écriture féminine". In: *Metzler Lexikon Literatur- und Kulturtheorie. Ansätze – Personen – Grundbegriffe*. Hg. v. Ansgar Nünning. 2., erw. Aufl. Stuttgart, Weimar 1998, S. 107f.

Foucault, Michel (Hg.): *Der Fall Rivière. Materialien zum Verhältnis von Psychiatrie und Strafjustiz.* Frankfurt a. M. 1975.
Foucault, Michel: *Dispositive der Macht. Über Sexualität, Wissen und Wahrheit.* Berlin 1978.
Foucault, Michel: *Der Wille zum Wissen. Sexualität und Wahrheit*, Bd. 1. 2. Aufl. Frankfurt a. M. 1988.
Freud, Sigmund: *Gesammelte Werke chronologisch geordnet.* Hg. v. Anna Freud u. a. Frankfurt a. M. 1999.
Greiner, Bernhard: „‚Sujet barré‘ und Sprache des Begehrens: Die Autorschaft ‚Anna Seghers‘". In: *Literaturpsychologische Studien und Analysen.* Hg. v. Walter Schönau. Amsterdam 1983, S. 319–351.
Greiner, Bernhard (Hg.): *Placeless Topographies: Jewish Perspectives on the Literature of Exile.* Tübingen 2003 (= 2003a).
Greiner, Bernhard: „Re-Präsentation: Exil als Zeichenpraxis bei Anna Seghers". In: Greiner 2003a, S. 161–174 (= 2003b).
Hansen-Schaberg, Inge u. Beate Schmeichel-Falkenberg (Hg.): *Frauen erinnern. Verfolgung – Widerstand – Exil 1933–1945.* Mit einem Vorw. v. Christa Wolf. Berlin 2000.
Häntzschel, Hiltrud: „Bemerkungen zum gegenwärtigen Stand der Forschung über Frauen im Exil". In: *Argonautenschiff* 4 (1995), S. 297f.
Häntzschel, Hiltrud: „Geschlechterrollen – Geschlechterrollenbilder im Exil". In: *Verlegen im Exil. Reden, Vorträge, Statements, Fakten & Fiktionen, Lyrik und Prosa.* Hg. v. Volker Heigenmooser u. Johann P. Tammen. Bremerhaven 1997, S. 116–122.
Hilfrich, Carola: „‚The Land of Others‘. Geographies of Exile in Hélène Cixous's Writings". In: Greiner 2003, S. 187–201.
Hilzinger, Sonja: „Frauen – Literatur – Exil. Überlegungen zum Thema Exilliteratur unter geschlechtsspezifischen Aspekten". In: *Mitteilungen des Deutschen Germanistenverbandes* 42 (1995) H. 4, S. 61–70.
Irigaray, Luce: *Das Geschlecht, das nicht eins ist.* Berlin 1979.
Irigaray, Luce: *Speculum. Spiegel des anderen Geschlechts.* Frankfurt a. M. 1980.
Irigaray, Luce: „Women's exile. Interview with Luce Irigaray". In: Cameron 1990, S. 80–96.
Klapdor, Heike: „Das Exil der Frauen. Thesen zu einer überlesenen Geschichte". In: *Sammlung. Jahrbuch für antifaschistische Literatur und Kunst*, Bd. 5. Hg. v. Uwe Naumann. Frankfurt a. M. 1982, S. 115–122.
Klapdor, Heike: *Heldinnen. Die Gestaltung der Frauen im Drama deutscher Exilautoren 1933–1945.* Weinheim, Basel 1985.
Kreis, Gabriele: *Frauen im Exil. Dichtung und Wirklichkeit.* Düsseldorf 1984.
Kristeva, Julia: „Ein neuer Intellektuellen-Typ: der Dissident". In: *Die Schwarze Botin. Frauenhefte* 7 (1978), S. 5–10 (Franz.: „Un nouveau type d'intellectuel: Le dissident". In: *Tel Quel* 74 (1977), S. 3–8; Engl.: „A New Type of Intellectual: The Dissident". In: *The Kristeva Reader.* Hg. v. Toril Moi. New York 1986, S. 292–300).
Kristeva, Julia: *The Kristeva Reader.* Hg. v. Toril Moi. Oxford 1986.
Kristeva, Julia: *Fremde sind wir uns selbst.* Frankfurt a. M. 1990 (Franz.: *Étrangers à nous-mêmes.* Paris 1988).
Kristeva, Julia: *Nations Without Nationalism.* Übers. v. L.S. Roudiez. New York 1993.
Krohn, Claus-Dieter, Erwin Rotermund u. Lutz Winckler (Hg.): *Rückblick und Perspektiven.* München 1996 (Exilforschung. Ein internationales Jahrbuch, Bd. 14. Hg. im Auftr. der Gesellschaft für Exilforschung).

Krohn, Claus-Dieter, Erwin Rotermund, Lutz Winckler u. Wulf Koepke unter Mitarb. v. Sonja Hilzinger (Hg.): *Sprache – Identität – Kultur. Frauen im Exil*. München 1999 (Exilforschung. Ein internationales Jahrbuch, Bd. 17. Hg. im Auftr. der Gesellschaft für Exilforschung).

Lämmert, Eberhard: „‚Oftmals such' ich ein Wort.' Exil als Lebensform". In: *Trans. Internet-Zeitschrift für Kulturwissenschaften* 15 (2004), o.S. (= 2004a).

Lämmert, Eberhard: „Der verbannte Dichter – Eine europäische Figur". In: *Für viele stehen, indem man für sich steht. Formen literarischer Selbstbehauptung in der Moderne*. Hg. v. Eckart Goebel u. Eberhard Lämmert. Berlin 2004, S. 242–259 (= 2004b).

Laplanche, Jean u. Jean-Bertrand Pontalis: *Das Vokabular der Psychoanalyse*. Frankfurt a. M. 1973.

Lindhoff, Lena: *Einführung in die feministische Literaturtheorie*. Stuttgart 1995.

Lühe, Irmela von der: „Und der Mann war oft eine schwere, undankbare Last. Frauen im Exil – Frauen in der Exilforschung". In: Krohn/Rotermund/Winckler 1996, S. 44–61.

Lukács, Georg: *Theorie des Romans. Ein geschichtsphilosophischer Versuch über die Form der großen Epik*. Frankfurt a. M. 1971.

Mann, Thomas: *Joseph und seine Brüder*, Bde. 1–4. Frankfurt a. M. 1991.

Mittag, Susanne: „‚Im Fremden ungewollt zuhaus'. Frauen im Exil". In: *Exil. Forschung, Erkenntnisse, Ergebnisse* 1 (1981), S. 49–57.

Patterson, Mary Hampson: *Domesticating the Reformation: Protestant Bestsellers, Private Devotion, and the Revolution of English Piety*. Madison 2007.

Penrod, Lynn: „Algeriance, exile, and Hélène Cixous". In: *College Literature* 30 (2003) H. 1, S. 135–145.

Quack, Sibylle: „Die Aktualität der Frauen- und Geschlechterforschung für die Exilforschung". In: Krohn/Rotermund/Winckler 1996, S. 31–43.

Rockenbach, Susanne u. Sabine Rohlf: „Auswahlbibliographie Frauen und Exil". In: *Frauen und Exil. Zwischen Anpassung und Selbstbehauptung*. Hg. v. Claus-Dieter Krohn u. a. München 1993 (Exilforschung. Ein internationales Jahrbuch, Bd. 11. Hg. im Auftr. der Gesellschaft für Exilforschung), S. 239–277.

Rohlf, Sabine: „Antifaschismus und die Differenz der Geschlechter in ‚Der große Mann' von Heinrich Mann". In: Schöll 2002a, S. 147–164 (= 2002a).

Rohlf, Sabine: „Die Exilforschung entdeckt die Frau". In: *Exil als Praxis – Heimatlosigkeit als Perspektive? Lektüre ausgewählter Exilromane von Frauen*. München 2002, S. 32–49 (= 2002b).

Saïd, Edward W.: *Reflections on Exile and Other Essays*. Cambridge/Mass. 2000.

Schmeichel-Falkenberg, Beate: „Frauen im Exil: ein Überblick". In: *Argonautenschiff* 5 (1996), S. 318–322.

Schöll, Julia (Hg.): *Gender – Exil – Schreiben*. Würzburg 2002 (= 2002a).

Schöll, Julia: „Einführung". In: Schöll 2002a, S. 13–16 (= 2002b).

Schöll, Julia: „Geschlecht und Politik in Thomas Manns Exilroman ‚Lotte in Weimar'". In: Schöll 2002a, S. 165–184 (= 2002c).

Schöll, Julia: „Sabine Rohlf: Exil als Praxis – Heimatlosigkeit als Perspektive? Lektüre ausgewählter Exilromane von Frauen" (Rez.). In: *Jahrbuch zur Kultur und Literatur der Weimarer Republik* 9 (2004), S. 315–320.

Schöll, Julia: „Die Rückkehr des Autors in den Diskurs. Exilforschung als antiautoritäre Denkbewegung". In: *Verfolgt und umstritten! Remigrierte Künstler im Nachkriegsdeutschland*. Hg. v. Henrike Walter u. Michael Grisko. Frankfurt a. M. u. a. 2011, S. 231–242.

Schor, Naomi: *The Essential Difference*. Bloomington, Indianapolis 1994.

Seghers, Anna: *Über Kunstwerk und Wirklichkeit*. 3 Bde. Bearb. u. eingel. v. Sigrid Bock. Berlin 1970/71.
Seghers, Anna: „Der Ausflug der toten Mädchen". In: *Reise ins elfte Reich. Erzählungen 1934–1946*. Berlin 1994, S. 194–225 (= 1994a).
Seghers, Anna: *Der letzte Mann der Höhle. Erzählungen 1924–1933*. Mit einem Nachwort v. Sonja Hilzinger. Berlin 1994 (= 1994b).
Seghers, Anna: „Die Toten auf der Insel Djal". In: Seghers 1994b, S. 7–12 (= 1994c).
Smith, Anna: *Julia Kristeva. Readings of Exile and Estrangement*. New York 1996.
Wall, Renate: *Lexikon deutschsprachiger Schriftstellerinnen im Exil 1933–1945*. Freiburg i. Br. 1995.
Wallach, Martha Kaarsberg: „Exile and Nation, Body and Gender in the Works of Talvj (1797–1870)". In: *Writing against Boundaries. Nationality, Ethnicity and Gender in the German-speaking Context*. Hg. v. Barbara Kosta u. Helga Kraft. Amsterdam, New York 2003, S. 29–38.
Wilcox, Helen u. a. (Hg.): *The Body and the Text: Hélène Cixous, Reading and Teaching*. London 1990.
Wolf, Christa: *Die Dimension des Autors. Essays und Aufsätze, Reden und Gespräche 1959–1985*. 2 Bde. Ausgew. v. Angela Drescher. Frankfurt a. M. 1990.

III Exil und Erinnerung

Günter Butzer
Erinnerung des Exils

Abstract: Unter Rückgriff auf die räumliche Gedächtniskonzeption der rhetorischen *ars memoriae* und den komplexen fiktiv-faktualen Entwurf der Exilerfahrung in Ovids Exildichtung beschreibt der Beitrag die Erinnerung des Exils als eine katastrophische, sofern die Ordnungsstrukturen des Gedächtnisses, die ihr Fundament in der zerstörten Kultur der Erinnernden hatten, verloren gegangen sind. Die Erinnerungsräume der Exilierten erweisen sich als im Nachhinein konstruierte und von der eigenen Exilerfahrung durchdrungene „Erinnerungen aus der Gegenwart". Figuren, mit deren Hilfe die Unverfügbarkeit der authentischen Gedächtnisinhalte vorgestellt wird, bilden die Entstellung und der Entzug. In Abgrenzung von kulturwissenschaftlichen Erinnerungsauffassungen, die am Konzept kultureller Identität orientiert sind, entwickelt der Aufsatz ein am Differenzparadigma ausgerichtetes Modell, das an die Stelle einer linearen Zeitvorstellung die Gleichzeitigkeit von Gegenwart und Vergangenheit, von Leben und Tod setzt und sich im Gedächtnisraum der Literatur realisiert. Die kulturelle Erinnerung des Exils emanzipiert sich dadurch von (auto-)biografischen Bezügen und präsentiert sich als Reflexion auf die Art und Weise, wie das Exil zu erinnern sei.

1

Schon bei Ovid ist das Exil die Katastrophe. Aus der Ferne des Exilorts Tomi (bei Ovid heißt er Tomis) am Schwarzen Meer erinnert er die Vertreibung aus Rom als Weg in die Unterwelt. Die Familie und die Freunde haben sich versammelt und stimmen ein Seufzen und Jammern an, das ihm wie eine Totenklage erscheint: „Männer und Frauen, ja Sklaven betrauern mich wie einen Toten."[1] Aus Rom verbannt zu werden, ist der Tod für Ovid. Das, was er einmal war – der gefeierte Dichter –, ist unter dem Bannspruch des Cäsars begraben, sein Werk unterliegt der *damnatio memoriae*, dem aktiven Vergessen, und seine Bücher werden aus den Bibliotheken entfernt (vgl. trist. III, 1). Doch der Tod ist noch nicht das Schlimmste: Wie bei einer Hinrichtung wird Ovids Körper, Metonymie seiner Person, auseinandergerissen: Ein Teil bleibt in der Heimat zurück, der andere wandert ins Totenreich: „Ganz so ist meine Trennung, als ließe ich eigene Glieder, / ja, ein Teil

---

[1] „femina virque meo, pueri quoque funere maerent" (trist. I, 3, 23). Die Nachweise aus Ovids *Tristia* beziehen sich auf *Briefe aus der Verbannung* (Ovidius 1990).

meines Leibs löst sich, so scheint's, von mir ab."[2] Als Leichnam trägt man ihn hinweg, struppig, das Haar im Gesicht, die Kleidung beschmutzt.[3] Seine Frau, die machtlos dabei steht, verhält sich, als sähe sie einen Scheiterhaufen errichtet und müsse die Leichenverbrennung ihres Mannes mit ansehen, und wie die indischen Witwen will sie ihn in den Tod begleiten, um die Katastrophe vergessen zu können.[4]

Versteht man die Verbannung derart als Zerstörung der Person, gerät die Erinnerung im Exil zur Suche nach dem verlorenen Ich. Die von Ovid herausgestellte Gewaltsamkeit der Vertreibung hinterlässt nicht nur Läsuren, sondern zerstört regelrecht die eigene Vergangenheit. Der sich erinnernde Autor wird dadurch zum Gedächtniskünstler – wie jener griechische Dichter Simonides, der seine Kunst anlässlich einer anderen Katastrophe erfand:

> Man erzählt sich nämlich, dass Simonides, als er bei Skopas, einem reichen und vornehmen Manne, zu Krannon in Thessalien speiste, ein Lied auf ihn gesungen habe, in dem nach Dichterart zur Ausschmückung Kastor und Pollux ausführlich besungen seien. Da habe Skopas in allzu schäbiger Gesinnung zu Simonides gesagt, er werde ihm für dieses Lied die Hälfte dessen geben, was er mit ihm vereinbart habe; die andere Hälfte solle er gefälligst bei seinen Tyndariden holen, die er ebenso gepriesen habe. Kurz darauf habe man Simonides, so heißt es, ausgerichtet, dass er nach draußen kommen solle; zwei junge Männer stünden an der Türe, die dringend nach ihm riefen. Da sei er aufgestanden und hinausgegangen, habe aber niemanden gesehen. Unterdessen sei der Raum, wo Skopas speiste, eingestürzt. Durch diesen Einsturz sei er selbst mit seinen Angehörigen verschüttet und getötet worden. Als die Verwandten sie bestatten wollten und die Opfer auf keine Weise voneinander unterscheiden konnten, soll Simonides aufgrund der Tatsache, dass er sich daran erinnern konnte, an welcher Stelle der betreffende jeweils gelegen hatte, Hinweise für die Bestattung jedes einzelnen gegeben haben. Durch diesen Vorfall aufmerksam geworden, soll er damals herausgefunden haben, dass es vor allem die Anordnung sei, die zur Erhellung der Erinnerung beitrage. Wer diese Seite seines Geistes zu trainieren suche, müsse deshalb bestimmte Plätze wählen, sich die Dinge, die er im Gedächtnis zu behalten wünsche, in seiner Phantasie vorstellen und sie auf die bewussten Plätze setzen. So werde die Reihenfolge dieser Plätze die Anordnung des Stoffs bewahren, das Bild der Dinge aber die Dinge selbst bezeichnen, und wir könnten die Plätze an Stelle der Wachstafel, die Bilder statt der Buchstaben benutzen.[5]

---

2 „dividor haud aliter, quam si mea membra relinquam, / et pars abrumpi corpore visa suo est" (trist. I, 3, 73f.).
3 „sive illud erat sinen funere ferri, / squalidus inmissis hirta per ora comis" (trist. I, 3, 89f.).
4 „nec gemuisse minus, quam si nataeque virique / vidisseet structos corpus habere rogos / et voluisse mori, moriendo ponere sensus" (trist. I, 3, 97–99).
5 „Dicunt enim, cum cenaret Crannone in Thessalia Simonides apud Scopam fortunatum hominem et nobilem cecinissetque id carmen, quod in eum scripsisset, in quo multa ornandi causa poetarum more in Castorem scripta et Pollucem fuissent, nimis illum sordide Simonidi dixisse se dimidium eius ei, quod pactus esset, pro illo carmine daturum; reliquum a suis Tynda-

Die Katastrophe entstellt auch hier die Toten bis zur Unkenntlichkeit. Sie sind nicht mehr sie selbst, so wie Ovids Person durch das Exil zerrissen und zerstört wird. Es ist lediglich die Bewahrung der räumlichen Anordnung, die die Toten vor dem Vergessen schützt und ihre Identifizierung ermöglicht. Auf dieser Grundlage hat ein anderer Exilschriftsteller, Dante Alighieri, seine individuelle und kollektive Vergangenheit als einen riesigen Gedächtnisraum inszeniert, der nach genauen Regeln architektonisch gestaltet ist: nämlich als Hölle. Auf die Vorhölle und den Gang durchs Höllentor folgen neun Höllenkreise, die wie in einem Trichter konzentrisch angeordnet sind und in denen jeder Tote seinen genau bestimmten Ort und seine Strafe zugewiesen erhält, entsprechend der Sünde, die ihn dorthin gebracht hat. Dantes Hölle ist ein Gedächtnistheater – mit Luzifer auf der Bühne! –, das nach den Regeln der von Simonides erfundenen Gedächtniskunst gestaltet ist:[6] Wie der rhetorische Gedächtniskünstler imaginiert auch Dante einen gut strukturierten Raum, in dem er die zu bewahrenden Inhalte – beim Redner die Teile seiner Rede, bei Dante der gregorianische Sündenkatalog – mithilfe von Bildern niederlegt, die diesen ähnlich sind. Die gequälten Toten in Dantes Inferno sind demnach besonders bewegende Bilder (*imagines agentes*), deren Eindrücklichkeit ihre Merkfähigkeit steigern und damit das Gedächtnis des mit ihnen verbundenen Wissens gewährleisten soll. Denn aufgrund der Ähnlichkeitsbeziehung zwischen dem Bild und dessen Gehalt wird mit der *imago agens* des leidenden Toten zugleich die das Leiden motivierende Sünde erinnert, die in der Strafe gemäß dem Prinzip des *contrapasso* abgebildet wird: Die Art des Leidens gemahnt an die Sünde, die es verursacht hat.

Einen solchen Gedächtnisraum entwirft gut 600 Jahre nach Dante Walter Benjamin in seinem Buch *Berliner Kindheit um neunzehnhundert*, an dem er wäh-

---

ridis, quos aeque laudasset, peteret, sie ei veideretur. Paulo post esse ferunt nuntiatum Simonidi, ut prodiret; iuvenis stare ad ianuam duo quosdam, qui eum magno opere evocarent; surrexisse illum, prodisse, vidisse neminem: hoc interim spatio conclave illud, ubi epularetur Scopas, concidisse; ea ruina ipsum cum cognatis oppressum suis interisse: quos cum humare vellent sui neque possent obtritos internoscere ullo modo, Simonides dicitur ex eo, quod meminisset quo eorum loco quisque cubuisset, demonstrator unius cuisque sepeliendi fuisse; hac tum re admonitus invenisse fertur ordinem esse maxime, qui memoriae lumen adferret. Itaque eis, qui hanc partem ingeni exercerent, locos esse capiendos et ea, quae memoria tenere vellent, effingenda animo atque in eis locis conlocanda; sic fore, ut ordinem rerum locorum ordo cerservaret, res autem ipsas rerum effigies notaret atque ut locis pro cera, simulacris pro litteris uteremur." (Cicero 1997, II, 352–354) Zur Beziehung von Mnemotechnik und Schrift vgl. Pethes 1999, S. 47–62.
6 Vgl. Yates 1972, S. 94–96.

rend seines Pariser Exils zwischen 1932 und 1938 geschrieben hat.[7] Es ist ein Raum, der die durch das Exil verschüttete Unterwelt der eigenen Kindheit wieder zum Leben erweckt und mit ihr jene großbürgerlich-jüdische Kultur, die durch die Katastrophe des Nationalsozialismus endgültig zerstört wurde. Anhand seines inneren Stadtplans von Berlin rekonstruiert Benjamin die Bilder seiner Kindheit, die sowohl an öffentlich-kulturelle und, mehr noch, an privat-intime Orte gebunden sind.[8] Dabei transformiert die Perspektive des Kindes, aus der heraus Benjamin seine Erinnerungen schildert, die öffentlichen wie die privaten Plätze in einen homogenen, zugleich magischen und mythischen Raum, der nicht einfach der persönliche Raum Benjamins, sondern derjenige *einer* „Berliner Kindheit um neunzehnhundert" ist.

Diese – erinnerte – Kindheit ist jedoch zugleich auch eine erinnernde Kindheit, und zwar eine nach rückwärts wie nach vorwärts erinnernde (was ja innerhalb der erinnerten Erinnerung durchaus möglich ist). Sie führt hinab in die zeitlichen Tiefen der Orte und macht diese zu Echo-Räumen, in denen sich Vergangenheit und Gegenwart durchdringen. Daher rührt die zugleich in die mythische Vorgeschichte der Menschheit und in die katastrophische Zukunft der deutschen Juden reichende Dimension von Benjamins Exilerinnerung.[9] Sie beruht auf einer Verkehrung der kindlichen Perspektive, die das Fremde vertraut und das Heimliche unheimlich erscheinen lässt.[10] Es ist eine, wie Benjamin an anderer Stelle schreibt, „im Stand der Ähnlichkeit entstellte[ ] Welt",[11] auf deren Geborgenheit der Schatten des Todes und der Zerstörung fällt. So gerät der Lieblingsaufenthalt des Kindes in der Loggia der elterlichen Wohnung wegen deren Unbe-

---

[7] Bereits die Entstehungs- und Überlieferungsgeschichte von Benjamins Werk ist eng mit dessen Exilerfahrung verbunden. Seit dem Beginn der Arbeit an der *Berliner Kindheit* im Herbst 1932 erstellte er immer wieder neue Fassungen, die verschiedenen Verlagen angeboten wurden, ohne jemals als integraler Text publiziert zu werden. Stattdessen erschienen verstreute Einzelstücke, vor allem in der *Frankfurter Zeitung* und der *Vossischen Zeitung*, oftmals pseudonym. Die heute maßgebliche und hier verwendete Fassung letzter Hand aus dem Jahr 1938 wurde erst 1981, über vierzig Jahre nach Benjamins Tod, in dem von Georges Bataille in der Pariser Nationalbibliothek versteckten Konvolut von Schriften Benjamins aufgefunden und erstmals 1987 von Rolf Tiedemann veröffentlicht. Die von der Exilsituation erzwungene Gestalt der *Berliner Kindheit* als „zerschlagenes Buch" (Günter 1996, S. 111) verweist aber zugleich auf ein Prinzip der Mortifikation und Zerstreuung, das unter dem Begriff der Allegorie für Benjamins Schreib- und Denkweise charakteristisch geworden ist.
[8] Vgl. Lemke 2008.
[9] Vgl. Günter 1996, S. 131–138.
[10] Vgl. Benjamin 1987, S. 14f. Weitere Nachweise aus dieser Ausgabe der *Berliner Kindheit* sind im Text mit der Sigle „*B*" und der Seitenzahl gekennzeichnet.
[11] Benjamin 1980b, S. 314.

wohnbarkeit dem Erinnernden, „der selber nicht mehr recht zum Wohnen kommt" (*B*, 13), zum Trost, und der Schwellenraum zwischen der bürgerlichen Enge und der Weite der Stadt erscheint als Vorwegnahme eines vertrauten Exils; das Kind aber, das sich in der Loggia aufhielt, sieht der Exilant Benjamin – wie der Exilant Ovid – als toten, abgespaltenen Teil seiner selbst, „wie in einem längst ihm zugedachten Mausoleum" (ebd.). Scheinbar harmlose technische Errungenschaften wie das im hintersten Winkel der Wohnung installierte Telefon werden in der erinnerten Wahrnehmung des Kindes zum „Alarmsignal, das nicht allein die Mittagsruhe meiner Eltern, sondern das Zeitalter, in dessen Herzen sie sich ihr ergaben, gefährdete" (*B*, 18).

Durch solcherart erinnerte Zukunft gewinnt diese Wahrnehmung prophetische Qualitäten. „An solchen Orten", heißt es einmal, „scheint es, als sei alles, was eigentlich uns bevorsteht, ein Vergangenes" (*B*, 43). Indem es die verborgenen Winkel der Wohnungen und öffentlichen Räume Berlins und seiner Umgebung erkundet, entdeckt das Kind deren geheime Verbindungen zu einer mythischen, und das heißt für Benjamin stets: faszinierend-unheimlichen Vergangenheit, die zugleich auf eine unheilvolle Zukunft vorausweist.[12] Die Straße, in der die geliebte Großmutter wohnt, wird ihm so „zum Elysium, zum Schattenreich [das Elysium ist ja für die Griechen und Römer ein Teil der Unterwelt, Anm. d. Verf.] unsterblicher, doch abgeschiedener Großmütter" (*B*, 51), und im Inneren der Siegessäule imaginiert er statt der Helden des Krieges von 1870/71 die Bilder von Dantes Inferno (vgl. *B*, 17). Auch die scheinbar harmlose Schmetterlingsjagd des Jungen gerät in ein zweideutiges Licht:[13] Einerseits verbreitet das jagende Kind „Zerstörung, Plumpheit und Gewalt" in der Natur; andererseits vermag es den Schmetterling nur zu fangen, wenn es sich selbst „in allen Fibern [...] dem Tier anschmiegt[ ]" (*B*, 20 f.). Damit die Jagd erfolgreich sei, muss es selbst zu Natur werden, muss sich entmenschen, und erst der Fang des Tieres ist der Schlüssel, um wieder ins Menschendasein zurückzukehren. Wie bei diesen „subtilen Jagden"

---

12 Vgl. Benjamin 1983, S. 493: „Aufgabe der Kindheit: die neue Welt in den Symbolraum einzubringen. Das Kind kann ja, was der Erwachsene durchaus nicht vermag, das Neue wiedererkennen. [...] Jeder wahrhaft neuen Naturgestalt – und im Grunde ist auch die Technik eine solche, entsprechen neue ‚Bilder'. Jede Kindheit entdeckt diese neuen Bilder um sie dem Bilderschatz der Menschheit einzuverleiben." (vgl. ebd., S. 576)

13 Auch Zweideutigkeit ist für Benjamin eine Eigenschaft des Mythos. Über den im Gehen erinnernden Flaneur vgl. ebd., S. 524: „Den Flanierenden leitet die Straße in eine entschwundene Zeit. Ihm ist eine jede abschüssig. Sie führt hinab, wenn nicht zu den Müttern, so doch in eine Vergangenheit, die um so bannender sein kann als sie nicht seine eigene, private ist. Dennoch bleibt sie immer Zeit einer Kindheit. Warum aber die seines gelebten Lebens? Im Asphalt, über den er hingeht, wecken seine Schritte eine erstaunliche Resonanz. Das Gaslicht, das auf die Fliesen herunterstrahlt, wirft ein zweideutiges Licht auf diesen doppelten Boden."

(um eine Formulierung des Schmetterlingssammlers Ernst Jünger aufzugreifen), steht das Kind unter einer ständigen Bedrohung, die zugleich eine Verführung ist: sich in der Dingwelt zu verlieren. Wenn es beim Verstecken in der Wohnung hinter der Portiere steht, wird es „selbst zu etwas Wehendem und Weißem, zum Gespenst", und „hinter einer Türe ist es selber Tür, ist mit ihr angetan als schwerer Maske und wird als Zauberpriester alle behexen", steht aber zugleich in der Gefahr, sollte es entdeckt werden, „für immer als Gespenst in die Gardine" verwoben oder „auf Lebenszeit [...] in die schwere Tür" (B, 61) gebannt zu werden.

Es ist diese den gesamten Text der *Berliner Kindheit* durchziehende Bannung des Ichs durch die Objektwelt – die Räume, Orte und Gegenstände –, die das vergangene Leben als „entstellte Welt der Kindheit" (B, 59) erscheinen lässt, welche auf die zukünftige Verbannung und zugleich auf die Notwendigkeit der Verbergung verweist.[14] So erscheint das vergangene Ich „entstellt von Ähnlichkeit mit allem, was um mich war. Ich hauste wie ein Weichtier in der Muschel im neunzehnten Jahrhundert, das nun hohl wie eine leere Muschel vor mir liegt" (ebd.). Die erinnerte Erinnerung ist jedoch qua Entstellung zugleich erinnertes Vergessen. Denn Entstellung ist für Benjamin die Form, die die Welt im Zustand des Vergessens annimmt, und aus diesem traumartigen Zustand könnte sie nur ein revolutionäres Erwachen erlösen, von dem das Europa der 1930er Jahre weiter denn je entfernt ist. Die paradigmatische Figur der Entstellung aber ist für Benjamin – bei Kafka wie in seinem eigenen Text – der Bucklige, der in der körperlichen Deformation das leibgewordene Gedächtnis der Entstellung repräsentiert. Mit ihm endet Benjamins *Berliner Kindheit*. Denn das ‚bucklichte Männlein' des gleichnamigen Kinderlieds aus *Des Knaben Wunderhorn* hat „von jedwedem Ding, an das ich kam, den Halbpart des Vergessens" (B, 79) eingetrieben und damit die Vergangenheit entstellt, die seither – zusammen mit dem Buckligen selbst – auf ihre Befreiung wartet. „Aber das Vergessen betrifft immer das Beste, denn es betrifft die Möglichkeit der Erlösung."[15]

Was Benjamins Exilerinnerung an die Berliner Kindheit zeigt, ist zuvorderst die Konstruktivität jedes Erinnerungsprozesses, der niemals auf das Faktuale der Vergangenheit gerichtet ist, sondern immer „Erinnerungen aus der Gegenwart"[16] präsentiert. Die Texte des Exils sind sich dessen bewusst. Egal, ob sie eine ↗ *Welt von Gestern* – so der Titel der Exilautobiografie Stefan Zweigs – als unwiederbringlich vergangene entwerfen oder ob sie in der vergangenen Entstellung die

---

14 Nicht zuletzt ist es die Sprache, die für Benjamin das Residuum des mimetischen Vermögens schlechthin bildet und die Möglichkeit bietet, „in die Worte, die eigentlich Wolken waren, mich zu mummen" (B, 59). Vgl. dazu ausführlich Lemke 2008, S. 73–116.
15 Benjamin 1980c, S. 434. Vgl. Weigel 1997, S. 78f.
16 Vgl. Rusch 1991.

Einübung in die gegenwärtige Notwendigkeit des Verschwindens wiedererkennen – stets ist die erinnerte Vergangenheit ‚tingiert' (Benjamin) mit Aktualität. In Weiterführung und Umkehrung von Ovids Bestimmung des Exils als Totenreich (vgl. trist. V, 7) erscheint nunmehr die vergangene Welt als Unterwelt, in die das Ich wie von einem Fluch gebannt wurde, um dort eine ewig sich wiederholende Strafe zu erleiden, die als mythisches Schicksal erlebt wird, das kein individuelles ist, sondern die ganze Welt betrifft. Denn das Vergessene, so Benjamin in seinem Kafka-Essay, „ist niemals ein nur individuelles. Jedes Vergessene mischt sich mit dem Vergessenen der Vorwelt, geht mit ihm zahllose, ungewisse, wechselnde Verbindungen zu immer wieder neuen Ausgeburten ein."[17] So ist das Vergessen auch eine Form des Gedächtnisses – eines Gedächtnisses, das gerade durch seine Entstellung auf die Notwendigkeit der Befreiung verweist, die für Benjamin immer eine Befreiung nicht einzelner Individuen oder Kollektive, sondern der gesamten Menschheit, ja der Zeit schlechthin darstellt.

Doch das Vergessen hat für das Schreiben im Exil noch eine weitere Dimension, die wiederum von Ovid thematisiert wird. Auf die an sich selbst gestellte Frage, warum er im Exil fortfahre zu dichten, obschon ihm gerade sein Schreiben die Verbannung beschert habe, antwortet er: „Freilich wünscht' ich, ich hätte die Hände nie in der Musen / heiligem Dienste geregt, die mein Verderben gewollt. / Jetzt aber – was soll ich tun? Jetzt hält mich die Macht dieses Dienstes."[18] Die Überlegung mündet in die argute Formulierung, die wohl jeder Exilautor unterschreiben könnte: „[...] elend gemacht durch die Kunst, liebe ich Narr doch die Kunst."[19] Denn hat auch die Kunst die Vertreibung provoziert, so fungiert sie im Exil auch als Remedium des von ihr selbst – wenigstens scheinbar, tatsächlich durch die Machthaber – hervorgerufenen Schmerzes: „[...] sie verbietet dem Geist, nur stets seine Schmerzen zu sehen, / macht ihn vergessen das doch stets gegenwärtige Leid".[20] Das Schreiben dient also nicht nur, wie bislang dargelegt, der Erinnerung an die zerstörte Vergangenheit, es bildet auch eine Technik des heilsamen Vergessens beziehungsweise, wie Ovid sagt, des ‚Nichterinnerns' („inmemoremque facit"), modern gesprochen: der Verdrängung. Die Unterwelt des Exils hält einen Trunk aus dem Lethe-Fluss bereit, der den Toten mit heilsamem Vergessen der Vergangenheit belohnt: „[...] und, als tränke ich Becher voll schlummerbringender Lethe, / werde ich von dem Gefühl widrigen Schicksals be-

---

[17] Benjamin 1980c, S. 430.
[18] „non equidem vellem, quoniam nocitura fuerunt, / Pieridum sacris inposuisse manum. / sed nunc quid faciam? vis me tenet ipsa sacrorum" (trist. IV, 1, 27–29).
[19] „[...] et carmen demens carmine laesus amo" (trist. IV, 1, 30).
[20] „semper in obtutu mentem vetat esse maloruem, / praesentis casus inmemoremque facit" (trist. IV, 1, 39f.).

freit".[21] Schreiben im Exil wird hier zur Selbsttechnik – „Nur für mich selbst – denn was sollt' ich beginnen? – [...] schreib ich"[22] –, die keinen Adressaten benötigt, weil die tröstende Wirkung der Muse vor allem auf den Schreibenden selbst zurückwirkt.[23]

Diese therapeutische Wirkung des Schreibens im Exil sollte bedacht werden, bevor noch von der Frage nach politischer Aktualität oder Eskapismus der Exilliteratur die Rede ist. Walter Benjamin greift sie auf, wenn er im Vorwort seines Textes erklärt, seine Kindheitserinnerungen beruhten auf einem „Verfahren der Impfung", also der Immunisierung gegen das, was sie heraufbeschwören: „Ich [...] rief die Bilder, die im Exil das Heimweh am stärksten zu wecken pflegen – die der Kindheit – mit Absicht in mir hervor. Das Gefühl der Sehnsucht durfte dabei über den Geist ebensowenig Herr werden wie der Impfstoff über einen gesunden Körper" (B, 9). Auch hier liegt eine Selbsttechnik vor, die die Stoiker als ‚Prämeditation' bezeichnet haben; sie besteht in der willkürlichen Imagination leidvoller Erfahrung – von Unglücks- und Todesfällen –, um sich in der Fantasie damit vertraut zu machen und so geistig gewappnet zu sein, wenn die Katastrophe eintrifft. Ziel ist jeweils die rationale Kontrolle der Leidenschaften. Zu bemerken ist jedoch, dass das Unglück, vor dem sich Benjamin schützen will, die unvermutet an ihn herantretende Erinnerung an das Glück der Kindheit darstellt, das ihn womöglich daran hindert, die Gefährdung des Exils zu meistern. In der Unterwelt des Exils darf es also kein Glück geben, und um es abzuhalten, ruft Benjamin die Einsicht „in die notwendige gesellschaftliche Unwiederbringlichkeit des Vergangenen" (ebd.) zu Hilfe. Erst durch diesen mit der Erinnerung einhergehenden Gestus der Abwehr geschieht es, dass die Bilder der Kindheit selbst etwas von der Gefährdung enthalten, der der Erinnernde ausgesetzt ist. Sie „präformieren", so Benjamin, „in ihrem Innern spätere geschichtliche Erfahrung" (ebd.), und so ist „wohl zu merken, wie sehr der, von dem hier die Rede ist, später der Geborgenheit entriet, die seiner Kindheit beschieden gewesen war" (B, 10). Authentisch sind diese Bilder also nicht im Sinne einer Wiederauferstehung der Welt der Kindheit im Exilierten, sondern gerade in ihrer Doppelgesichtigkeit von Vergangenheit und Gegenwart, die untrennbar in ihnen zusammenschießen. Es

---

21 „utque soporiferae biberem si pocula Lethes, / temporis adversi sic mihi sensus abest" (trist. IV, 1, 47f.).
22 „ipse mihi – quid enim faciam? – scriboque" (trist. IV, 1, 91).
23 Vgl. Stroh 1981, S. 2658–2669. Dabei spielt es eine untergeordnete Rolle, ob man die konsolatorische Wirkung des Dichtens, wie Stroh, als authentisch oder, wie Niklas Holzberg, als Selbststilisierung versteht (Holzberg 1997, S. 181ff.).

sind – mit einem Begriff Benjamins – dialektische Bilder,[24] die das Vergangene im Lichte der Aktualität präsentieren und es dadurch nicht als abgeschlossen und abgetan vorstellen, sondern einen Anspruch der Vergangenheit an die Gegenwart formulieren, der für Benjamin ein Anspruch auf Erlösung ist – denn wer die Gegenwart befreit, der befreit immer zugleich die Vergangenheit mit. Die dialektischen Bilder zeigen also eine entstellte Kindheit – nicht, wie sie damals gewesen ist, sondern wie sie sich dem Exilierten darstellt – und verweisen dadurch auf die Unerlöstheit beider: der Vergangenheit wie der Gegenwart.

2

Der im Exil erinnerte Gedächtnisraum seiner Kindheit ist bei Benjamin kein übersichtliches, wohl strukturiertes Gebäude, wie es die Mnemotechnik und in deren Nachfolge Dante vorstellen, sondern ein Irrgarten der Erinnerung. Den entstellten Raum der Kindheit wiederzufinden, gelingt nicht über einen am Stadtplan oder an Fotografien orientierten Weg zurück, sondern bedarf der strategischen Verwirrung. Dementsprechend heißt es in einem programmatischen Text der *Berliner Kindheit*: „Sich in einer Stadt nicht zurechtfinden heißt nicht viel. In einer Stadt sich aber zu verirren, wie man in einem Walde sich verirrt,[25] braucht Schulung. [...] Diese Kunst habe ich spät erlernt" (*B*, 23). Auch das Verirren im Stadtraum stellt demnach eine Gedächtniskunst dar, aber eine, die nicht souverän über das Vergangene gebietet, sondern vielmehr darauf angewiesen ist, dass es sich gelegentlich von selbst preisgibt. Dieses bei Benjamin mentale Programm einer Erinnerung des Exils – Genitivus subjectivus – als zufälliges Entdecken des Vergangenen im Raum gerät in der nachträglichen Erinnerung des Exils – Genitivus objectivus – zu einem Programm praktischer Erinnerung, deren Ursache dieselbe ist wie bei Ovid: das Exil als Katastrophe.

---

24 Vgl. Benjamin 1983, S. 576 f.: „Bild ist dasjenige, worin das Gewesene mit dem Jetzt blitzhaft zu einer Konstellation zusammentritt. Mit andern Worten: Bild ist die Dialektik im Stillstand. [...] Nur dialektische Bilder sind echte (d. h.: nicht archaische) Bilder."
25 Hier handelt es sich eventuell um eine Anspielung auf den berühmten Beginn von Dantes *Commedia*: „Nach halber Fahrt durch unser Erdenleben / Fand ich in einem Wald mich, irrgegangen, / Weil ich des rechten Wegs nicht achtgegeben" [„Nel mezzo del cammin di nostra vita / mi ritrovai per una selva oscura, / ché la diritta via era smarrita"] (Dante 1989, Inferno I, 1–3). Die Verirrung wird hier moralisch-allegorisch verstanden, Dantes Weg durchs Jenseits entsprechend als Weg der Läuterung.

Die transformierte Konzeption der Mnemotechnik[26] lässt sich wie folgt beschreiben: Das Durchschreiten realer Räume führt zu einer Verselbständigung der Gedächtnisorte, über deren Bilder der Erinnernde nicht frei verfügt, die sich vielmehr spontan und unerwartet einstellen – oder eben auch nicht. Der Akteur ist also zuallererst ein Wahrnehmender, der allenfalls mit einer unbestimmten Erwartung unterwegs ist, deren Erfüllung er nicht unter Kontrolle hat. Stellen sich indessen Erinnerungsbilder ein, sind diese stets das Produkt eines Zusammenspiels von Subjekt und Raum, da die Orte im strengen Sinn ja kein Gedächtnis haben, sondern die Konstellation von Mensch und Ort die Erinnerung zur Erscheinung bringt. Diese Bindung des Gedächtnisses an den Körper, an bestimmte Gesten und Haltungen sowie an die räumliche Situativität des Erinnernden ist typisch für das traumatische Erinnern, in dem die das Trauma verursachenden Erlebnisse dem Bewusstsein nicht zugänglich sind und sich stattdessen auf unkontrollierte Weise in bestimmten Situationen einstellen, die nicht zuletzt als körperliche Wiederholung der traumatogenen Ereignisse auftreten.[27] Die traumatische Erinnerung ist also situativ und präsentisch (man könnte auch sagen: sie ist symptomatisch); sie drängt sich spontan als Wiederholung des Vergangenen auf, ohne dass in der Regel konkret gesagt werden könnte, was genau den Inhalt des Gedächtnisses ausmacht.

In zugleich beispielhafter und extremer Form erscheint diese Erinnerung in einem Text, der nicht selbstverständlich der Exilliteratur zugerechnet werden darf,[28] weil er von einem in den 1960er Jahren aus Deutschland emigrierten Autor stammt und kein im engeren Sinn autobiografischer Text ist: W.G. Sebalds *Austerlitz* aus dem Jahr 2001.[29] Gleichwohl kann dieses Werk als Erinnerung des Exils gelesen werden – wenn nicht desjenigen des Autors, so doch des fiktiven Protagonisten Jacques Austerlitz, sodass sich Sebalds Roman als Versuch einer Antwort auf die Frage verstehen lässt, wie das Exil aus heutiger Sicht zu erinnern sei. Extrem ist die Form dieser Erinnerung schon allein deshalb, weil Austerlitz bis zu seinem fünfzehnten Lebensjahr gar nicht weiß, dass er sich im Exil befindet. Als Kind von den jüdischen Eltern mit einem Flüchtlingstransport von Prag nach London geschickt, wächst er bei Pflegeeltern in Wales auf, die er für die leib-

---

26 Vgl. Aleida Assmann, die die Differenz zwischen der rhetorischen Mnemotechnik und dem Gedächtnis der Orte als semiotische Differenz von arbiträrem Symbol und kausalem Index versteht (Aleida Assmann 1994, S. 17–35; vgl. auch Butzer 2001).
27 Vgl. Caruth 1996. Zur Geschichte der Trauma-Theorie vgl. Leys 2000. Zum Forschungsstand vgl. Fischer/Riedesser 1999.
28 Zur Diskussion vgl. Fuchs 2004, S. 10–12.
29 Weitere Nachweise aus Sebalds *Austerlitz* werden im Folgenden nach Sebald 2008 mit der Sigle „A" und Seitenangabe zitiert.

lichen hält. Und auch nachdem er seinen wirklichen Namen weiß, bleibt die Vergangenheit für ihn dennoch weitgehend im Dunkeln:

> Tatsächlich bin ich während all der von mir in dem Predigerhaus in Bala verbrachten Jahre nie das Gefühl losgeworden, etwas sehr Naheliegendes, an sich Offenbares sei mir verborgen. Manchmal war es, als versuchte ich aus einem Traum heraus die Wirklichkeit zu erkennen; dann wieder meinte ich, ein unsichtbarer Zwillingsbruder ginge neben mir her, sozusagen das Gegenteil eines Schattens. (A, 84)

Es ist, mit Benjamin zu sprechen, die Entstellung des Vergangenen in der Vergessenheit, die sein Erkennen verhindert. Im Ich artikuliert es sich durch ein Gefühl des Unheimlichen, das Nähe und Fremdheit vereint, ohne sein Geheimnis preiszugeben. Erst als der längst erwachsene Kunsthistoriker Austerlitz, mit seinem ausgeprägten Interesse an Architektur, das auch Profanbauten wie Bahnhofsgebäuden und Festungsanlagen gilt, einmal zufällig in der Londoner Liverpool Street Station, zu der es ihn auf seinen rastlosen Spaziergängen „unwiderstehlich immer wieder hinzog" und die ihm wie „eine Art Eingang zur Unterwelt" (A, 188) vorkommt, einen ganz bestimmten Raum – den Ladies Waiting Room – betritt, „von dessen Existenz in diesem abseitigen Teil des Bahnhofs ich bis dahin keine Ahnung gehabt hatte" (A, 197), spürt er plötzlich „Erinnerungsfetzen, die durch die Außenbezirke meines Bewußtseins zu treiben begannen" (A, 199). Er begreift, dass er genau in diesem Wartesaal vor einem halben Jahrhundert in England angelangt sein muss und dass dieser Saal gewissermaßen seine verschüttete Vergangenheit enthält:

> Erinnerungen, hinter denen und in denen sich viel weiter noch zurückreichende Dinge verbargen, immer das eine im andern verschachtelt, gerade so wie die labyrinthischen Gewölbe, die ich in dem staubgrauen Licht zu erkennen glaubte, sich fortsetzten in unendlicher Folge. Tatsächlich hatte ich das Gefühl, sagte Austerlitz, als enthalte der Wartesaal, in dessen Mitte ich wie ein Geblendeter stand, alle Stunden meiner Vergangenheit [...]. (A, 200)

Hatte er sich zuvor als Schatten seines eigentlichen Ichs empfunden, erinnert er sich nun „zum erstenmal, soweit ich zurückdenken konnte, an mich selber" (A, 201). Damit scheint der Bann des Vergessens gebrochen, und – wie in Marcel Prousts Roman *À la recherche du temps perdu*, der offensichtlich das Vorbild für diese Szene unwillkürlicher Erinnerung abgegeben hat – das Exil mitsamt seiner Vorgeschichte aus dem Wartesaal aufzuerstehen. Jedoch wird diese Erwartung letztlich enttäuscht. Es sind nämlich immer nur einzelne Fragmente der Vergangenheit, die an verschiedenen Örtlichkeiten auftauchen und mit deren Hilfe sich Austerlitz Schritt für Schritt an seine Herkunft – seine Heimatstadt Prag, seine in Theresienstadt internierte Mutter und seinen nach Paris geflohenen Vater – herantastet; Fragmente, die sich nie zu einem vollständigen Bild des eigenen Lebens vereinen lassen.³⁰ Das Gefühl, „nie wirklich am Leben gewesen zu sein" (*A*, 202), wird Austerlitz auf seinen ruhelosen Wanderungen durch Europa nie verlassen. Immer, wenn er denkt, am Ziel zu sein, tut sich, wie im „labyrinthischen Gewölbe" der Liverpool Street Station, eine neue Folge von Räumen auf, die er nicht zu ermessen vermag. Die Situationen, die ihm vorkommen, „als sei ich auf diesen Wegen schon einmal gegangen" (*A*, 220), hinterlassen stets eine Unsicherheit, ob dies, was da erscheine, tatsächlich die eigene Lebensgeschichte sei; die „Empfindung des Abgetrenntseins und der Bodenlosigkeit" (*A*, 161) geht nie ganz verloren, und so verharrt Austerlitz letztlich im Zustand des Exils.

Auf diese Weise erscheint in Sebalds Roman nicht nur der Protagonist als Gefangener seines persönlichen Exiltraumas,³¹ sondern das Exil selbst gewinnt eine traumatische Struktur. Zeigt sich bei Benjamin die Welt der Kindheit in die durch das Exil motivierte Ambivalenz von Glück und Entstellung hineingezogen und zu einer Folge von dialektischen Bildern erstarrt, gerät bei Sebald das Exil selbst zum Spiegelkabinett der Erinnerung, aus dem es kein Entkommen gibt. Denn entstellt ist für Austerlitz nicht nur das Bild der eigenen Kindheit, das unwiederbringlich vom Exil zerbrochen wurde, entstellt ist für ihn die Zeit selbst, die „durch die Jahrhunderte und Jahrtausende selber ungleichzeitig gewesen ist" und, wie Dantes Inferno, „den trostlosen Prospekt eröffne eines immerwährenden Elends und einer niemals zu Ende gehenden Pein" (*A*, 151f.). Verlust und Tod determinieren die traumatische Struktur des Exils, die Austerlitz aus der Zeit herausreißt und ihn, ein Gespenst unter Gespenstern, im Labyrinth des Gedächtnisses umherirren lässt. Die Vergangenheit selbst ist ein Wiedergänger, der nicht aus einer anderen Zeit, sondern aus einer anderen, gleichzeitigen Welt kommt,³² die denselben Anspruch auf Realität erhebt wie die unsrige. Es scheint Austerlitz,

---

30 So heißt es über die Wiederholung der Abfahrt vom Prager Bahnhof Richtung Westen durch den Erwachsenen: „Manchmal schien es mir, als ob sich die Schleier teilen wollten [...], doch sowie ich eines der Fragmente festhalten wollte, verschwand es in der über mir sich drehenden Leere." (*A*, 316)
31 „Es nutzte mir offenbar wenig, daß ich die Quellen meiner Verstörung entdeckt hatte, mich selber, über all die vergangenen Jahre hinweg, mit größerer Deutlichkeit sehen konnte als das von seinem vertrauten Leben von einem Tag auf den anderen abgesonderte Kind: die Vernunft kam nicht an gegen das seit jeher von mir unterdrückte und jetzt gewaltsam aus mir hervorbrechende Gefühl des Verstoßen- und Ausgelöschtseins." (*A*, 330)
32 Salman Rushdie beschreibt diese Welt in seinem Orpheus-und-Eurydike-Roman *The Ground Beneath Her Feet* als „Otherworld", die durch einen Riss in der Oberfläche der Wirklichkeit („a rip [...] in the surface of the real") sichtbar wird und keine Gegenwelt darstellt, sondern: „The same only different" (Rushdie 2000, S. 268 u. 350).

> als gäbe es überhaupt keine Zeit, sondern nur verschiedene, nach einer höheren Stereometrie ineinander verschachtelte Räume, zwischen denen die Lebendigen und die Toten, je nachdem es ihnen zumute ist, hin und her gehen können, und je länger ich es bedenke, desto mehr kommt mir vor, daß wir, die wir uns noch am Leben befinden, in den Augen der Toten irreale und nur manchmal, unter bestimmten Lichtverhältnissen und atmosphärischen Bedingungen sichtbar werdende Wesen sind. (A, 269)

Wer die Toten und wer die Lebenden sind, ist also nur eine Frage der Beleuchtung bzw. der Belichtung, wie mehrfach anhand der den Text begleitenden Fotografien verdeutlicht wird.[33] Damit man „auf dem belichteten Papier die Schatten der Wirklichkeit [...] aus dem Nichts hervorkommen sieht", braucht es eine bestimmte Entwicklungszeit, weder zu viel noch zu wenig, „genau wie Erinnerungen [...], die ja auch inmitten der Nacht in uns auftauchen und die sich dem, der sie festhalten will, so schnell wieder verdunkeln" (A, 117).[34] Austerlitz' vormalige Kinderfrau Vera spricht

> von dem Unergründlichen, das solchen aus der Vergessenheit aufgetauchten Photographien zu eigen sei. Man habe den Eindruck, sagte sie, es rühre sich etwas in ihnen, als vernehme man kleine Verzweiflungsschreie, gémissements de désespoir, [...] als hätten die Bilder selbst ein Gedächtnis und erinnerten sich an uns, daran, wie wir, die Überlebenden, und diejenigen, die nicht mehr unter uns weilen, vordem gewesen sind. (A, 266)

Fotografien zeigen, so Siegfried Kracauer in seinem Essay *Die Photographie*, eine „Totenwelt", und die „Wiederkehr des Toten" ist für Roland Barthes ihr „unheimliche[r] Beigeschmack".[35] Doch auf diesen Fotografien befinden sich nicht nur die toten anderen, sondern auch Austerlitz selbst, der sich allerdings nicht wiederzuerkennen vermag; alles ist „ausgelöscht von einem überwältigenden Gefühl der Vergangenheit" (A, 267). Die Fotografien als „Bilder von einer verblichenen Welt" (A, 188) vermitteln, ebenso wie die „im Aufscheinen schon vergehenden Bilder" (A, 352) des nationalsozialistischen Propagandafilms über Theresienstadt, den Austerlitz sieht, ein schemenhaftes Bild des Vergangenen, das nie an Schärfe gewinnt. Alles ist „zugleich bekannt und vollkommen fremd" (A, 306), auch das (vermeintliche) Gesicht der Mutter in einer wiederholt betrachteten Einstellung des Films über Theresienstadt: „[...] ich schaue wieder und wieder in dieses mir gleichermaßen fremde und vertraute Gesicht" (A, 359).[36] Austerlitz erkennt das Vergangene immer nur im Entzug, als etwas, das zugleich da und nicht da ist und

---

[33] Vgl. Butzer 2010, S. 305.
[34] Zur fotografischen Gedächtnismetaphorik vgl. Draaisma 1999, S. 123–139; speziell zur Metaphorik fotografischer Entwicklung für Gedächtnis und Erinnerung vgl. Butzer 2005, S. 21f.
[35] Vgl. Kracauer 1977, S. 38; Barthes 1985, S. 17.
[36] Auch von Austerlitz' Leben werden nur die schwarzweißen Bilder übrigbleiben (A, 414).

einem Wiederholungszwang unterliegt, der sich im Erlebnis des *déjà vu* kristallisiert: in der unheimlichen Verdoppelung der Existenz mittels einer Wahrnehmung, die immer zugleich Wiederholung von etwas ist, das sich der Erinnerung entzieht.[37]

Die Erinnerung des Exils – so könnte man resümieren – ist für Austerlitz eine Erinnerung des Entzugs, und die Ursache hierfür ist wiederum keine individuelle, sondern eine historische: Ganz Europa, so die allmählich im Verlauf des Texts sich konkretisierende Einsicht, ist überzogen mit (un)heimlichen Erinnerungsorten, die man nicht mehr zum Sprechen zu bringen vermag[38] – überall Sammellager, Internierungslager, Folterstätten, Konzentrationslager, Vernichtungslager, die sich zu einer kontinentalen Topografie des Terrors formieren, der nicht zu entkommen ist: „überall nur die Zeichen der Vernichtung" (A, 420). Durch die Engführung mit der Vernichtung erscheint der Erinnerungsraum des Exils als prekärer Zwischenraum, der Austerlitz' „von jeher sich rührende[n] Verdacht" bestätigt, „daß die Grenze zwischen dem Tod und dem Leben durchlässiger ist, als wir gemeinhin glauben" (A, 401). Gegenwart und Vergangenheit, Diesseits und Jenseits, die Lebenden und die Toten existieren gleichzeitig und sind lediglich durch ein dünnes Medium getrennt, durch das man je nach Beleuchtung auf die eine oder die andere Seite sehen kann. In Sebalds Text vollzieht sich die Erinnerung des Exils an (der) Stelle dieses Mediums.

3

Mit dieser Auffassung einer Erinnerung des Exils als Erinnerung der Entstellung und des Entzugs möchte ich der Ansicht entgegentreten, dass das Exil mithilfe einer Erinnerungskonzeption zu verstehen sei, die von der Katastrophe selbst nicht berührt würde.[39] Vielmehr tangiert diese den Begriff der Erinnerung, der

---

37 Vgl. Schwarz 2003; allgemein vgl. Krapp 2004.
38 Das Thema der schweigenden Erinnerungsorte wurde in der Literatur über den Holocaust intensiv diskutiert. Vgl. etwa die Auseinandersetzung Ruth Klügers mit Peter Weiss' Essay *Meine Ortschaft* in Klüger 1998, S. 75f. Dazu Aleida Assmann 2009, S. 328–334.
39 In der gegenwärtigen kulturwissenschaftlichen Gedächtnisforschung lassen sich ein Identitäts- und ein Differenzparadigma unterscheiden. Während das erstere Paradigma die traditions- und identitätsstiftende Leistung des kulturellen Gedächtnisses betont, legt das zweite den Schwerpunkt auf dessen prinzipielle Ungleichzeitigkeit und Heterogenität und stellt den Machtaspekt jeder kulturellen Überlieferung heraus. Das Identitätsparadigma vertreten u.a. Jan Assmann 1992 sowie Erll 2005. Für das Differenzparadigma stehen u.a. Lachmann 1990 und Weigel 1994. Bettina Mosbach untersucht Sebalds Werk vom Begriff der Katastrophe her (Mosbach 2008, zu *Austerlitz* S. 213ff.).

nicht als Ver-Gegenwärtigung vergangener Zeit – des Exilanten wie des Exils – zu fassen ist, sondern die Konzepte von Gegenwart und Vergangenheit, ja von Zeitlichkeit schlechthin betrifft. Insofern ist aber auch die in der kulturwissenschaftlichen Gedächtnisforschung immer wieder neu aufgeworfene Frage nach dem Übergang vom kommunikativen zum kulturellen Gedächtnis[40] zumindest für die Literatur des Exils zu relativieren. Sie zielt auf die Differenzierung eines lebendigen, im persönlichen Austausch sich aktuell haltenden Gedächtnisses der (Über-)Lebenden auf der einen Seite und eines medial konstituierten Archivs des Vergangenen auf der anderen Seite. Den Erfolg dieses Übergangs gelte es angesichts des schon bald endgültigen Verlusts von Zeitzeugen zu gewährleisten.[41] Wenn aber die Erinnerung des Exils von Anfang an eine Erinnerung der Entstellung und des Entzugs gewesen ist, die sich in einer konkreten Konstellation von Textualität und Bildlichkeit artikuliert und dadurch einen Raum entwirft, in dem sich Leben und Tod unauflösbar durchdringen, kann von einem linearen Übergang der ‚lebendigen' Erinnerung zum ‚toten' Archiv keine Rede mehr sein.[42] Der Gedächtnisraum des Exils stellt sich stattdessen – und das soll an einem letzten Text erläutert werden – als Raum der Literatur dar.

Wir kehren ein letztes Mal zum Exilanten Ovid zurück. In Christoph Ransmayrs Roman ↗ *Die letzte Welt* aus dem Jahr 1988 wird von dem Römer Cotta berichtet, der an Ovids Exilort Tomi reist: auf der Suche nach dem Autor und dessen verschollenem Text der *Metamorphosen*, den Ovid vor der Abreise in seiner römischen Wohnung verbrannt haben soll. Doch Ovid ist in Tomi, der düsteren und schmutzigen Bergwerksstadt am Schwarzen Meer, nicht aufzufinden, und von seinem Werk sind nur Fragmente erhalten – nicht auf Pergament, sondern auf Steinkegeln und Stofffetzen, welch letztere Ovids Diener Pythagoras beschriftet hat. Darüber hinaus erzählt die Prostituierte Echo Cotta Geschichten aus einem ‚Buch der Steine', die sie von Ovid gehört haben will, und er bekommt die Tapisserien der taubstummen Weberin Arachne zu sehen, die ein ‚Buch der Vögel' darstellen. Andere Teile der *Metamorphosen*, die nicht auf diese fragmentierte Weise

---

40 Vgl. v.a. Jan Assmann 1992, S. 48–66; Aleida Assmann 2006, S. 21–61.
41 Vgl. Lutz Winckler unter Bezugnahme auf die assmannschen Arbeiten (Winckler 2010a). Wincklers Beitrag im selben Bd. 28 von *Exilforschung* zu Anna Seghers ↗ *Transit* (Winckler 2010b) ist ein eindrucksvoller Beleg für die Komplexität der literarischen Erinnerung des Exils, die mit den Kategorien einer auf die kollektive Identität fixierten Erinnerungstheorie nicht zu erfassen ist.
42 Zur Semantisierung von ‚lebendiger' Erinnerung und ‚toter' Historiografie vgl. bereits Halbwachs 1985, S. 34–77.

mündlich, schriftlich oder bildhaft bewahrt wurden,[43] erlebt Cotta *in actu* in der Stadt Tomi. Denn wie schon die erwähnten Figurennamen andeuten, ist die Stadt bevölkert mit Wesen aus Ovids Epos: dem Seiler Lycaon, der sich des Nachts in einen Wolf verwandelt; der Gemischtwarenhändlerin Fama mit ihrem ‚fallsüchtigen' Sohn Battus; dem Schlachter Tereus mit der von ihm vergewaltigten Schwägerin Philomela und seiner Frau Procne, die nach der Offenbarung der Gewalttat den gemeinsamen Sohn Itys ermordet; dem Totengräber Thies, der mit Proserpina verlobt ist; dem Schnapswirt Phineus; dem Köhler Marsyas, einem der Freier Echos; dem thessalischen Seefahrer Iason, der den Handel zwischen Tomi und dem Mittelmeerraum betreibt; schließlich – um nur die wichtigsten zu nennen – dem Filmvorführer Cyparis, der jedes Jahr nach Tomi kommt und ein Melodram über das Liebespaar Ceyx und Alcyone sowie eine Heldentrilogie über Hector, Hercules und Orpheus zeigt.

Cotta, der von den *Metamorphosen* nur Auszüge kennt, die der Autor noch in Rom auf Lesungen vor einem ausgewählten Publikum vorgetragen hat, begreift erst allmählich, dass Ovid sein verlorenes Werk nicht noch einmal mit Tinte auf Pergament, sondern in die Realität seiner Exilwelt hineingeschrieben hat. Die ‚letzte Welt' ist demnach die Verwirklichung des Ovid'schen Textes, dem dadurch indessen eine andere Richtung gegeben wird: Wenn Ovid – im Sinne der hellenistischen Tradition aitiologischer Dichtung, die den Ursprung von Städten, Festen und Bräuchen erzählt – das Reich der Natur, angefangen von den Mineralien über die Pflanzen bis zu den Tieren als Ergebnis der Verwandlungen göttlicher und menschlicher Gestalten darstellt und damit eine Verlebendigung und Anthropomorphisierung der Natur vollzieht, beschreibt Ransmayrs letzte Welt den allmählichen Übergang der Kultur ins Natürliche und des Organischen in die Versteinerung. Die hoffnungsvollen Geschichten des ‚Buchs der Vögel' oder der treuen Liebe von Alcyone und Ceyx erscheinen (fast) nur noch als mediale Projektion, während die reale Welt sich in eine Welt der Steine verwandelt, in die, wie Cotta vermutet, auch der verschollene Dichter Ovid bereits übergegangen ist und in der auch Cotta am Ende des Romans verschwindet.

Die Verwandlung von Welt und Text ist demnach eine wechselseitige: So, wie das Buch der *Metamorphosen* sich in der letzten Welt Tomis verwirklicht hat, erscheint diese Welt als Buch, das vom exilierten Dichter Ovid geschrieben wurde: „Aus Rom verbannt, aus dem Reich der Notwendigkeit und der Vernunft, hatte

---

43 ‚Bewahrung' ist hier nur vorläufig zu verstehen, denn das ‚Buch der Steine' verschwindet zusammen mit der mündlichen Überlieferungsfigur Echo, und die Wandteppiche Arachnes, die diese nach ihrer Fertigstellung nicht mehr interessieren, verrotten in einer Kammer ihres Hauses. „Nasos ‚Metamorphosen'", so Friedmann Harzer, „erweisen sich als medial u-topisch, sie verschwinden in dem unsäglichen Hiatus *zwischen* Stimme und Schrift" (Harzer 2000, S. 178).

der Dichter die *Metamorphoses* am Schwarzen Meer zu Ende erzählt" und dadurch eine „Erfindung der Wirklichkeit" praktiziert, die „keiner Aufzeichnung mehr"[44] bedurfte. Die Indifferenz von Text-Welt und Welt-Text, „in welchem die Differenz zwischen Imaginärem und Realem kollabiert",[45] muss jedoch auch auf die intertextuelle Beziehung zwischen Ransmayrs Roman und Ovids Exildichtung bezogen werden, in der dieser immer wieder die Unwirklichkeit seines barbarischen Verbannungsorts am Rande der Welt beschreibt. Ransmayr projiziert also in ↗ *Die letzte Welt* die – auch von Ovid als solche verstandene – fiktionale Dichtung der *Metamorphosen* auf die faktualen Briefe, die Ovid aus dem Exil geschrieben hat, und schafft so einen homogenen Erzählraum, in dem Facta und Ficta sich gegenseitig erinnern.[46] Dieses postmoderne Verfahren macht darauf aufmerksam, dass wir Ovids Exil – von dem Teile der Forschung annehmen, dass es womöglich selbst eine Erfindung des Autors gewesen sei[47] – wie die *Metamorphosen* auch nur als Text haben und somit (aus der Perspektive der Erinnerung) die Realität des Exils und die Erfindung der Verwandlungen tatsächlich auf derselben Ebene angesiedelt sind. So gesehen, sind – und das führt uns Ransmayrs Roman anschaulich vor Augen – die *Metamorphosen* im gleichen Sinn Exildichtung wie die *Tristia* und die *Epistulae ex Ponto*. Insofern gerade das Ineinander von Ficta und Facta den Text des Exils konstituiert, ist auch ↗ *Die letzte Welt* ein Exilroman. Die Erinnerung des Exils ist demnach, wie schon bei Sebalds *Austerlitz* zu sehen war, nicht an das Erleben des Exils gebunden. Wie der Erinnerungsbegriff neben seiner biologisch-psychologischen eine kulturelle Dimension beinhaltet, die relativ autonom nach eigenen Regeln funktioniert, so existiert auch eine kulturelle Erinnerung des Exils, die keine autobiografische Grundlage haben muss, um sich als solche auszuweisen. Insbesondere die neueren Texte zeigen dieses Reflexivwerden der Exilerinnerung, das im Grunde jedoch schon bei Benjamin zu beobachten ist: als Reflexion der Art und Weise, wie das Exil zu erinnern sei.

---

44 Ransmayr 1989, S. 278f.
45 Harzer 2010, S. 193. Vgl. ebd., S. 196: „Die fiktionale Realisierung von Metamorphosen wird, so könnte man sagen, in der ‚Letzten Welt' zum Ausdruck für eine allmähliche Vertextung der Welt."
46 Vgl. Vollstedt 1998.
47 Vgl. Burkard Chwalek, der die Beziehung von Wirklichkeit und Literatur in Ovids Exildichtung eingehend und umsichtig behandelt (Chwalek 1996).

Literatur

Assmann, Aleida: „Das Gedächtnis der Orte". In: *Deutsche Vierteljahrsschrift für Literaturwissenschaft und Geistesgeschichte* 68 (1994) (Sonderheft „Stimme, Figur"), S. 17–35.
Assmann, Aleida: *Der lange Schatten der Vergangenheit. Erinnerungskultur und Geschichtspolitik.* München 2006.
Assmann, Aleida: *Erinnerungsräume. Formen und Wandlungen des kulturellen Gedächtnisses.* 4., durchges. Aufl. München 2009.
Assmann, Jan: *Das kulturelle Gedächtnis. Schrift, Erinnerung und politische Identität in frühen Hochkulturen.* München 1992.
Barthes, Roland: *Die helle Kammer. Bemerkungen zur Photographie.* Frankfurt a. M. 1985.
Benjamin, Walter: *Gesammelte Schriften*, Bd. II. Essays, Aufsätze, Vorträge. Hg. v. Rolf Tiedemann u. Hermann Schweppenhäuser unter Mitw. v. Theodor W. Adorno u. Gershom Scholem. Frankfurt a. M. 1980 (= 1980a).
Benjamin, Walter: „Zum Bilde Prousts". In: Benjamin 1980a, Bd. II/1, S. 310–324 (= 1980b).
Benjamin, Walter: „Franz Kafka. Zur zehnten Wiederkehr seines Todestages". In: Benjamin 1980a, Bd. II/2, S. 409–438 (= 1980c).
Benjamin, Walter: *Das Passagen-Werk*, Bd. 1. Hg. v. Rolf Tiedemann. Frankfurt a. M. 1983.
Benjamin, Walter: *Berliner Kindheit um neunzehnhundert.* Fassung letzter Hand u. Fragmente aus früheren Fassungen. Frankfurt a. M. 1987.
Butzer, Günter: „Dynamisierung des Raums. Transformationen der Mnemotechnik bei Montaigne, Sterne und Baudelaire". In: *Raumkonstruktionen in der Moderne. Kultur – Literatur – Film.* Hg. v. Sigrid Lange. Bielefeld 2001, S. 23–48.
Butzer, Günter: „Gedächtnismetaphorik". In: *Gedächtniskonzepte der Literaturwissenschaft. Theoretische Grundlegung und Anwendungsperspektiven.* Hg. v. Astrid Erll u. Ansgar Nünning. Berlin, New York 2005, S. 11–29.
Butzer, Günter: „Rewind. Die grausame Wirklichkeit der Medien in Akira Kurodas Roman ‚Made in Japan'". In: *Medialer Realismus.* Hg. v. Daniela Gretz. Freiburg i. Br. 2010, S. 295–310.
Caruth, Cathy: *Unclaimed Experience: Trauma, Narrative, and History.* Baltimore u. a. 1996.
Chwalek, Burkard: *Die Verwandlung des Exils in die elegische Welt. Studien zu den „Tristia" und „Epistulae ex Ponto" Ovids.* Frankfurt a. M. u. a. 1996.
Cicero, M. Tullius: *De oratore.* Lat./dt. Übers. u. hg. v. Harald Merklin. 3., bibliogr. erg. Aufl. Stuttgart 1997.
Dante Alighieri: *La Divina Commedia.* Ital./dt. Übertr. u. erl. v. August Vezin, eingel. v. Manfred Hardt. Basel, Rom 1989.
Draaisma, Douwe: *Die Metaphernmaschine. Eine Geschichte des Gedächtnisses.* Übers. v. Verena Kiefer. Darmstadt 1999.
Erll, Astrid: *Kollektives Gedächtnis und Erinnerungskulturen. Eine Einführung.* Stuttgart, Weimar 2005.
Fischer, Gottfried u. Peter Riedesser: *Lehrbuch der Psychotraumatologie.* 2. Aufl. München, Basel 1999.
Fuchs, Anne: *„Die Schmerzensspuren der Geschichte". Zur Poetik der Erinnerung in W. G. Sebalds Prosa.* Köln u. a. 2004.
Günter, Manuela: *Anatomie des Anti-Subjekts. Zur Subversion autobiographischen Schreibens bei Siegfried Kracauer, Walter Benjamin und Carl Einstein.* Würzburg 1996.

Halbwachs, Maurice: *Das kollektive Gedächtnis*. Frankfurt a. M. 1985.
Harzer, Friedmann: *Erzählte Verwandlung. Eine Poetik epischer Metamorphosen (Ovid – Kafka – Ransmayr)*. Tübingen 2000.
Holzberg, Niklas: *Ovid. Dichter und Werk*. München 1997.
Klüger, Ruth: *weiter leben. Eine Jugend*. 7. Aufl. München 1998.
Kracauer, Siegfried: „Die Photographie". In: *Das Ornament der Masse*. Frankfurt a. M. 1977, S. 21–39.
Krapp, Peter: *Déjà Vu: Aberrations of Cultural Memory*. Minneapolis 2004.
Krohn, Claus-Dieter u. Lutz Winckler (Hg.). *Gedächtnis des Exils – Formen der Erinnerung*. München 2010 (Exilforschung. Ein internationales Jahrbuch, Bd. 28. Hg. im Auftr. der Gesellschaft für Exilforschung).
Lachmann, Renate: *Gedächtnis und Literatur. Intertextualität in der russischen Moderne*. Frankfurt a. M. 1990.
Lemke, Anja: *Gedächtnisräume des Selbst. Walter Benjamins „Berliner Kindheit um neunzehnhundert"*. 2., überarb. Aufl. Würzburg 2008.
Leys, Ruth: *Trauma: A Genealogy*. Chicago, London 2000.
Mosbach, Bettina: *Figurationen der Katastrophe. Ästhetische Verfahren in W.G. Sebalds „Die Ringe des Saturn" und „Austerlitz"*. Bielefeld 2008.
Ovidius Naso, Publius: *Briefe aus der Verbannung. Tristia, Epistulae ex Ponto*. Lat./dt. Übertr. v. Wilhelm Willige, eingel. u. erl. v. Niklas Holzberg. München, Zürich 1990.
Pethes, Nicolas: *Mnemographie. Poetiken der Erinnerung und Destruktion nach Walter Benjamin*. Tübingen 1999.
Ransmayr, Christoph: *Die letzte Welt*. Berlin, Weimar 1989.
Rusch, Gebhard: „Erinnerungen aus der Gegenwart". In: *Gedächtnis. Probleme und Perspektiven der interdisziplinären Gedächtnisforschung*. Hg. v. Siegfried J. Schmidt. Frankfurt a. M. 1991, S. 267–292.
Rushdie, Salman: *The Ground Beneath Her Feet*. London 2000.
Schwarz, Anette: „Uncanny Strategies. Psychoanalysis and the Boundaries of a Discipline". In: *Déjà-vu in Literatur und bildender Kunst*. Hg. v. Günter Oesterle. München 2003, S. 219–232.
Sebald, W.G.: *Austerlitz*. 4. Aufl. Frankfurt a. M. 2008.
Stroh, Wilfried: „Tröstende Musen. Zur literarhistorischen Stellung und Bedeutung von Ovids Exilgedichten". In: *Aufstieg und Niedergang der römischen Welt*, Bd. II, 31/4. Hg. v. Wolfgang Haase. Berlin, New York 1981, S. 2638–2684.
Vollstedt, Barbara: *Ovids „Metamorphoses", „Tristia" und „Epistulae ex Ponto" in Christoph Ransmayrs Roman „Die letzte Welt"*. Paderborn u. a. 1998.
Weigel, Sigrid: *Bilder des kulturellen Gedächtnisses. Beiträge zur Gegenwartsliteratur*. Dülmen-Hiddingsel 1994.
Weigel, Sigrid: *Entstellte Ähnlichkeit. Walter Benjamins theoretische Schreibweise*. Frankfurt a. M. 1997.
Winckler, Lutz: „Gedächtnis des Exils. Erinnerung als Rekonstruktion". In: Krohn/Winckler 2010, S. IX–XVI (= 2010a).
Winckler, Lutz: „Eine Chronik des Exils. Erinnerungsarbeit in Anna Seghers' ‚Transit'". In: Krohn/Winckler 2010, S. 194–210 (= 2010b).
Yates, Frances A.: *The Art of Memory*. 2. Aufl. London 1972.

Lutz Winckler
Exilliteratur und Literaturgeschichte – Kanonisierungsprozesse

Abstract: Thema ist die Aufarbeitung der Gedächtnisgeschichte des literarischen Exils anhand ausgewählter Texte aus Forschung, Schule und Buchmarkt. Anhand der Leitthemen politisches Exil und Antifaschismus, Exil als Fremderfahrung und als interkulturelle Vermittlungsinstanz werden historische Orientierungen der Forschung vorgestellt. Versuche einer Kanonbildung im engeren Sinn hat es in der Schule gegeben, entwickelt in den unterschiedlichen pädagogischen Grundkonzepten der Bundesrepublik und der DDR seit den 1950er Jahren, nachzulesen in den Lehrplänen und Unterrichtshilfen. Während in der Bundesrepublik die Leerstelle Exilliteratur erst seit den 1980er Jahren mit Konzepten besetzt wird, die den Zusammenhang von Exil und Migration betonen, liegt in der DDR der Schwerpunkt auf dem antifaschistischen Exil, das aber hinter der sozialistischen Gegenwartsliteratur und der Literatur des 18. und 19. Jahrhunderts zurücksteht. Abschließend wird ein Blick auf die Rolle der Exilliteratur in Editionen wie dem von Marcel Reich-Ranicki herausgegebenen Kanon der deutschen Literatur geworfen. Als Fazit kann festgehalten werden, dass an die Stelle eines normativen, nationalgeschichtlich orientierten Kanons in Forschung, Unterricht und Leseverhalten ein generationsspezifisches Aushandeln transnationaler Lektüren getreten ist.

1 Kollektive Amnesie

In einem im Jahr 1959 verfassten Essay hat Theodor W. Adorno darüber nachgedacht, was das Wort von der ‚Aufarbeitung der Vergangenheit', so der Titel seines Essays, bedeuten könnte.[1] Seine Überlegungen zeigen, wie stark noch zwei Jahrzehnte nach Kriegsende die Abwehr der Erinnerung an die NS-Vergangenheit war. Psychologisch stützte sich diese Abwehr auf das nicht nur in der Bundesrepublik nachgewiesene Syndrom autoritärer Mentalitäten und Verhaltensweisen. Autoritäre Persönlichkeiten – ein Begriff, den Adorno im Zuge von ihm angeleiteter Feldstudien in den USA entwickelt hatte – sind ichschwache Personen, die ihre Identität durch Anpassung und Unterwerfung unter das gesellschaftliche Kollektiv beziehen. Dieser Begriff war übertragbar auf das Verhalten der deut-

---

1 Adorno 1964.

schen Bevölkerung unter dem Nationalsozialismus; er erklärte zugleich die Verzögerungen und Widerstände bei der Aufarbeitung der Vergangenheit. Große Teile der deutschen Bevölkerung, so Adorno in seinem Essay, empfanden die Niederlage des NS nach wie vor als Kränkung ihres „kollektiven Narzißmus"[2] und reagierten auf ihre eigene Geschichte mit Verdrängen und Vergessen. Symptomatisch waren die offiziellen Diskurse der ‚Stunde Null' und des ‚Neuanfangs' oder die von der Gruppe 47 propagierte Ästhetik des ‚Kahlschlags', hinter der sich, wie Klaus Briegleb zeigen konnte, die Kontinuität nationalsozialistischer Denk- und Sprachmuster verbarg: ‚Leerstellen' des Gedächtnisses und die Projektion der eigenen Mitschuld und Mittäterschaft auf die Opfer, sichtbar im Fortleben antisemitischer Stereotype und dem Vorwurf an die Emigranten, sie hätten Deutschland und die Deutschen 1933 ‚im Stich gelassen'.[3]

Angesichts seines, wie Adorno zugesteht, bewusst zugespitzten Szenariums, einer Atmosphäre kollektiver „Amnesie", von der Peter Härtling 20 Jahre später im Rückblick sprach,[4] ist es nicht verwunderlich, dass die wissenschaftliche Aufarbeitung des Exils – und ich spreche hier in erster Linie vom literarischen Exil – ‚von außen' kommen musste. Die ersten Bestandsaufnahmen, zumeist in der Form von Anthologien, stammten von Exilierten: Walter Berendsohns Einführung in die Emigrantenliteratur, die unter dem programmatischen Titel *Die humanistische Front* 1946 im Europa-Verlag Zürich erschien;[5] die von Alfred Kantorowicz gemeinsam mit Richard Drews zusammengestellte Exilanthologie *Verboten und verbrannt. Deutsche Literatur 12 Jahre unterdrückt*, 1947 in Berlin und München veröffentlicht; die Anthologie *Das Wort der Verfolgten* von Bruno Kaiser mit Texten von Heine bis Brecht, Berlin 1947; oder der *Abriss der deutschen Literatur im Exil 1933–1947* von Franz Carl Weiskopf, der unter dem Titel *Unter fremden Himmeln* ebenfalls 1947 in Berlin erschien. Günther Weisenborn, der die erste Geschichte des innerdeutschen politischen Widerstands, *Der lautlose Aufstand* (erschienen 1953 bei Rowohlt), verfasste, kam aus der ‚Inneren Emigration' und hatte die letzten Kriegsjahre im Gefängnis verbracht.

Die Literaturgeschichtsschreibung des Exils, die aus den von Adorno geschilderten Gründen erst mit fast 25-jähriger Verspätung, in den späten 1960er Jahren, einsetzte, wurde anfangs stark von exilierten Wissenschaftlern bestimmt. Egon Schwarz und Guy Stern in den USA, Rita Thalmann und der aus der Résistance kommende Gilbert Badia in Frankreich, Ernst Loewy, Werner Vordtriede, Konrad

---

2 Ebd., S. 135.
3 Briegleb 2003, S. 229 ff.
4 Härtling 1981.
5 Der zweite Teil, 1953 als Manuskript fertiggestellt, konnte wegen mangelndem Leserinteresse erst 1976 im Verlag Georg Heintz in Worms erscheinen.

Feilchenfeldt in der Bundesrepublik, Silvia Schlenstedt in der DDR brachten ihre durch das Exil bestimmten Erfahrungen in die Forschung ein: Erfahrungen von Widerstand und Opposition, von Ausgrenzung und Isolierung, Erfahrungen mit der Kultur der Gastländer und dem Erwerb einer neuen kulturellen Identität. Ihre wissenschaftliche Arbeit war orientiert an zentralen Werten eines humanistischen Menschenbildes und daraus resultierenden sozialen und politischen Verpflichtungen, in der ganzen Spannweite von Demokratie bis zum Sozialismus. Gesellschaftskritische Fragestellungen und literatursoziologische Methoden, Faschismustheorie, wie sie von exilierten Sozialwissenschaftlern und Philosophen, Politologen und Literaturwissenschaftlern wie Theodor W. Adorno, Leo Löwenthal, Hans Gerth oder Hans Mayer entwickelt worden waren, gingen in die Forschungen ein. Wirksam wurden diese Erfahrungen und Methoden im Gefolge der Studentenbewegung. Das in provokativen Formen vorgetragene Interesse an der Aufarbeitung des Faschismus, das im Zentrum der politischen und wissenschaftlichen ‚kritischen Reflexion' stand, führte zu einer Wiederentdeckung des Exils. Das literarische Exil – die vorher nicht wahrgenommenen, unbekannten oder vergessenen Werke Klaus Manns, Lion Feuchtwangers, Arnold Zweigs, die Exilromane Anna Seghers' – wurde gelesen und interpretiert als verborgenes Gedächtnis einer anderen deutschen Geschichte, als Reservoir gesellschaftlicher Perspektiven und ästhetischer Alternativen – als eine andere Literatur, die die abgebrochene Tradition einer im weitesten Sinn politischen Literatur wieder aufnahm.

Wissenschaftsgeschichtlich gesehen, bot sich in der gleichzeitigen Krise der Germanistik die literaturwissenschaftliche Exilforschung und ihr Versuch, den Zusammenhängen von Literatur und Politik nachzugehen, als Alternative zur Methode werkimmanenten Interpretierens an – als „Korrektur", wie Jost Hermand pointiert formuliert hat, „an der idealistischen Weltenthobenheit" der traditionellen Germanistik.[6] Hans-Albert Walter, dessen (bis heute unabgeschlossene) Geschichte der deutschen Exilliteratur 1933–1950 den Beginn der westdeutschen Exilforschung markiert,[7] hat es 1970 im Untertitel eines in der *Frankfurter Rundschau* und der Zeitschrift *Merkur* veröffentlichten Beitrags so formuliert: „An der deutschen Exilliteratur könnte die Germanistik den Ausweg aus der Krise proben."[8]

Wenn ich vom Primat des Geschichtlichen sprach, unter dem die Rezeption der Exilliteratur stand, so möchte ich diese These im Folgenden präzisieren und

---

6 Hermand 1994, S. 151.
7 Walter 1972, 1973; 1978, 1984, 1988, 2003.
8 Walter 1970, 1971.

einschränken. Ich werde mich auf zwei Diskurse beschränken, in denen die Exilliteratur wahrgenommen und wissenschaftlich dargestellt wurde: als Literatur der Opposition und des Widerstands, der Faschismus- und Deutschlandkritik – einer im Kern politischen Literatur (Kap. 2) und als Literatur der Opfer und Verfolgten, der Grenzgänger zwischen den Kulturen, die an die Alltagserfahrungen des Exils anknüpft (Kap. 3 und 4). Zuletzt werde ich mich mit Fragen des Kanons im engeren Sinn beschäftigen und anhand einiger ausgewählter Beispiele dem Stellenwert der Exilliteratur in literarischen Anthologien und der Schule nachgehen (Kap. 5 und 6).

2 Diskurse: Politisches Engagement – ‚Antifaschismus'

Die Wahrnehmung und wissenschaftliche Darstellung der Exilliteratur als politischer Literatur kristallisiert sich um den Begriff des Engagements. Der Begriff umfasst das politische Engagement der Schriftsteller im Spanischen Bürgerkrieg und im Zweiten Weltkrieg aufseiten der Alliierten, beschreibt die aktive Rolle von Schriftstellern im Pariser Komitee zur Vorbereitung einer deutschen Volksfront im Exil (mit Heinrich Mann als Präsidenten oder mit Erich Weinert als Präsidenten des Nationalkomitees Freies Deutschland im Zweiten Weltkrieg), betont die politische Arbeit von Schriftstellerorganisationen wie dem deutschen Exil-P.E.N. in London und dem Schutzverband deutscher Schriftsteller in Paris, die Präsenz der Schriftsteller und Künstler in kulturellen Organisationen wie dem Austrian Centre in London, dem Freien Deutschen Kulturbund in London und Südamerika oder der American Guild for German Cultural Freedom in den USA. Das Engagement bezieht sich auch auf die Literatur. Der politische Essay (beispielsweise Klaus und Heinrich Mann), der journalistische Leitartikel (beispielsweise Joseph Roth), die von der BBC nach Deutschland ausgestrahlten Radioreden Thomas Manns verschoben die Grenzen der Literatur weit in die Publizistik hinein. Das Engagement bildete schließlich auch den Schlüsselbegriff, um zentrale Themen und Formen der Exilliteratur herauszuarbeiten. In seinem bis heute lesenswerten Abriss der *Literatur im Exil*, 1981 in der u. a. von Jan Berg herausgegebenen *Sozialgeschichte der deutschen Literatur von 1918 bis zur Gegenwart* erschienen,[9] stellt Jan Hans die Exilliteratur als Zeitgeschichtsliteratur vor. Er unterscheidet dabei unterschiedliche Phasen und Formen: den reportageähnlichen Zeitzeugenroman, verfasst von Autoren, die – wie

---

9 Hans 1981.

Gerhart Seger, Max Billinger, Wolfgang Langhoff oder Willi Bredel – als ehemalige Häftlinge von den politischen Gefängnissen und Lagern im ‚Dritten Reich' berichteten, die Enthüllungsdramatik wie Friedrich Wolfs *Professor Mamlock* oder Bertolt Brechts dramatische Szenen *Furcht und Elend des Dritten Reichs* und der *Aufhaltsame Aufstieg des Arturo Ui*, den Deutschlandroman und Romane über das Exil wie Klaus Manns *Mephisto* und ↗ *Der Vulkan*, Lion Feuchtwangers ↗ *Exil*, *Das siebte Kreuz* und ↗ *Transit* von Anna Seghers. Die letzte Phase ist gekennzeichnet durch eine Haltung, in der die unmittelbare Erfahrung des Exils zurücktritt und aus der Distanz des historischen Vergleichs, philosophischer Reflexion und ästhetischer Selbstkritik gedeutet wird. Jan Hans spricht vom „Epochenroman" und meint damit so unterschiedliche Werke wie Thomas Manns ↗ *Dr. Faustus*, Heinrich Manns historischen, im Exil abgeschlossenen Roman *Die Jugend und Vollendung des Königs Henri Quatre*, seine Autobiografie ↗ *Ein Zeitalter wird besichtigt*, Hermann Brochs ↗ *Der Tod des Vergil*, Anna Seghers' *Die Toten bleiben jung* sowie, in der Dramatik, Bertolt Brechts *Mutter Courage* und *Das Leben des Galilei*.

Exilliteratur wurde als Zeitdokument gelesen, interpretiert und dokumentiert. So ist etwa die 1979 von Ernst Loewy herausgegebene und in den 1980er Jahren als Fischer-Taschenbuch erschienene Anthologie *Exil. Literarische und politische Texte aus dem deutschen Exil 1933–1945* als geschichtliches „Lesebuch"[10] konzipiert, das die literarischen Texte nach thematischen Gesichtspunkten anordnet: „Deutschland unterm Nationalsozialismus", „Flucht und Widerstand im Exil", „Perspektiven für den politischen und kulturellen Neuanfang nach dem Krieg".

Diese und andere Versuche einer literarischen Bestandsaufnahme operierten mit einem Begriff des literarischen Realismus, der seine ästhetischen Kategorien im engen Zusammenhang mit gesellschaftlicher und geschichtlicher Erfahrung entwickelte. Neben traditionellen Formen – der Fabel, dem Konflikt und einer auf das Typische abhebenden Personengestaltung – umfasst die realistische Schreibweise zentrale Elemente avantgardistischen Erzählens: innerer Monolog, Simultaneität und Collage, Ersetzung der auktorialen Perspektive durch die Einführung eines oder mehrerer Erzähler, Unterbrechung der Erzählung durch den Kommentar, die Einfügung von Dokumenten – ästhetische Elemente also eines sich selbst infrage stellenden Erzählens, einer im Akt des Schreibens erst sich herstellenden Kunst.

---

10 Loewy 1979, S. 30.

Exkurs 1: Der Roman ↗ *Transit* setzt ein mit der Exposition einer von der Autorin Anna Seghers erfundenen Erzählsituation. In einer Pizzeria am Binnenhafen von Marseille erzählt der anonyme Erzähler (der im Verlauf der Erzählung immer wieder mit falschen Namen als Seidler, Weidel belegt und mit ihnen identifiziert wird) einem anonymen Zuhörer eine Geschichte, die im Verlauf der Erzählung zu seiner eigenen Geschichte wird. Die mündliche Erzählung, der Dialog, ist das fingierte Modell, das auf Anleihen aus literarischen Formen, dem Märchen und der Sage, der topografischen Beschreibung, der tagebuchartigen Aufzeichnung, dem Zeitzeugenbericht angewiesen ist. Die Form, die die Erzählung annimmt, ist die Erinnerung, die die mitgeteilten Ereignisse, die Erfahrung des Andern, Fremden, in den Strom der persönlichen Erinnerung reißt – die selbst wieder individuelle und identitäre Gestalt nur in dem Maß annimmt, indem sie sich als Erzählung und Wahrnehmung des Andern bewährt. Eine Erzählweise ununterbrochener Spiegelungen, die ausdrückt – und das ist das eigentliche Sujet des Romans –, was Exil bedeutet: neben der physischen Bedrohung und Verfolgung die Krise und den drohenden Zerfall der bisherigen Wahrnehmungsmuster und Verhaltensweisen.[11]

Den Hintergrund für die Politisierung des Exils, des politischen Engagements der Schriftsteller und einer ‚realistischen', der Zeitgeschichte zugewandten Literatur bildete der ‚Antifaschismus' als europäische Bewegung. Als intellektuelles Postulat umfasste der Antifaschismus, worauf Eric Hobsbawn in seinem jüngsten Buch hingewiesen hat,[12] große Teile jener Intellektuellen, die in der Weltwirtschaftskrise und im Faschismus den Ausdruck einer Krise des Kapitalismus sahen und sich dem Sozialismus annäherten. Als politische Protestbewegung führte der Antifaschismus in der französischen Volksfront bürgerliche, sozialistische und kommunistische Parteien in dem Versuch zusammen, die Demokratie durch soziale Reformen zu erneuern. In dieses durch den Antifaschismus bezeichnete politische und kulturelle Kräftefeld, das offen für unterschiedliche politische und kulturelle Akteure, für alternative Formen der Faschismuskritik und divergierende politische und kulturelle Interpretationen und Lösungsvorschläge der Krise war, gehört auch das literarische Exil als politisches Phänomen.

Wenn der ‚Antifaschismus' als literaturhistorischer Diskurs auf die marxistische Exilforschung beschränkt geblieben ist, so hängt das mit der hier im Einzelnen nicht nachzuzeichnenden Instrumentalisierung des Antifaschismus als

---

[11] Seghers 2001. Vgl. auch Winckler 2010b.
[12] Hobsbawn 2011.

politischer Bewegung durch die KPD, der antifaschistischen Literatur durch die Kulturpolitik und Literaturwissenschaft der DDR zusammen. Dies führte in der DDR, die einer großen Zahl von emigrierten Intellektuellen, Wissenschaftlern und Künstlern eine neue Heimat bot, zu einer „halbierte(n) Einbürgerung der Exilliteratur".[13] Die Haltung der DDR und ihrer Kulturpolitik gegenüber dem Exil war ambivalent. Sie hat Schriftsteller und Künstler wie Anna Seghers, Bertolt Brecht, Johannes R. Becher, Willi Bredel, Ludwig Renn, Friedrich Wolf, Arnold Zweig, die Komponisten Hanns Eisler und Paul Dessau, Philosophen und Wissenschaftler wie Ernst Bloch, Hans Mayer oder Jürgen Kuczynski ins Land zurückgerufen. Sie hat die Werke der zurückgekehrten Schriftsteller, aber auch das Werk Lion Feuchtwangers, Heinrich und Thomas Manns in sorgfältigen Ausgaben ediert. Andere Autoren, die mit der Kulturpolitik und dem offiziellen Geschichtsbild nicht kompatibel erschienen, bezogen auf dem Buchmarkt eine Randstellung oder wurden ignoriert: Erich Maria Remarque und Alfred Döblin waren mit im Exil entstandenen Romanen, *Arc de Triomphe* bzw. *Hamlet oder Die lange Nacht nimmt ein Ende*, seit den 1950er Jahren auf dem Buchmarkt vertreten; Klaus Manns Roman *Mephisto* erschien ebenfalls in den 1950er Jahren und hatte mehrere Neuauflagen, der ↗ *Vulkan* folgte in den 1960ern, der *Wendepunkt* erst in den 1970er Jahren; Stefan Zweigs Novellen und historische Romane wie *Marie Antoinette* wurden veröffentlicht, *Triumpf und Tragik des Erasmus von Rotterdam* erschien erst in den 1980er Jahren, seine Autobiografie ↗ *Die Welt von gestern. Erinnerungen eines Europäers* erst 1990; von Joseph Roth erschien der *Radetzkymarsch* in den 1950er Jahren, *Die Kapuzinergruft* erst 1990; von Hermann Kesten wurde nur ein einziger Titel publiziert: *Die Kinder von Guernica* (1985). Hingewiesen sei auf die Philosophen und Kunsttheoretiker: Von Walter Benjamin erschien erst in den 1980er Jahren eine knappe Auswahl von Schriften, die Texte Theodor W. Adornos waren nicht zugänglich, Georg Lukács' literaturtheoretische Schriften verschwanden 1956 nach seinem Engagement für die ungarische Revolution aus den Bibliotheken und Verlagen; ähnlich erging es Ernst Bloch, der wie Hans Mayer Anfang der 1960er Jahre die DDR verließ. Die Ambivalenz im Umgang mit dem Exil hat Simone Barck in ihrer Studie *Antifa-Geschichte(n). Eine literarische Spurensuche in der DDR der 1950er und 1960er Jahre* in minutiösen Analysen dargestellt.[14] Sie zeigt, wie sich die normative Funktion des Antifaschismus als Mythos in der Gedächtnispolitik der DDR über literarische Zensurmaßnahmen, Publikationsverbote, Ausschlussprozesse sowie über politische und wissenschaftliche Kontrollmechanismen durchsetzte und wie

---

13 Emmerich 1996, S. 77 ff.
14 Barck 2003.

gleichzeitig der Antifaschismus als Geschichte der Opfer, als Geschichte eines über die Partei hinausreichenden Widerstands, in den 1970er und 1980er Jahren das geschlossene Geschichtsbild aufbrach und die Zensur unterlief. Das Standardwerk der DDR-Literaturgeschichtsforschung zum Exil, die von einer Forschergruppe um Werner Mittenzwei herausgegebene siebenbändige Geschichte der *Kunst und Literatur im antifaschistischen Exil 1933–1945*, reflektiert diese Bruchstelle. Die nach Ländern angeordnete Darstellung orientiert sich einerseits am „roten Faden"[15] der Parteigeschichte, öffnet aber gleichzeitig den Blick auf ein weites Spektrum des Exils: auf nichtkommunistische Aktivitäten und Institutionen wie das Zürcher Schauspielhaus, die Schweizer und holländischen Buchverlage, die in New York erscheinende Zeitschrift der jüdischen Emigration *Aufbau*, die ‚bürgerlich-humanistische' Literatur.[16]

Der von mir selbst und einigen anderen Forschern unternommene Versuch, die ‚antifaschistische Literatur' in die sich in den 1970er Jahren in der Bundesrepublik entstehende Exilforschung einzubeziehen, bezog die engagierte nichtsozialistische Literatur von Anfang an ein und war anschlussfähig an die damalige Diskussion über eine politische, auf die ‚Erfahrung des Faschismus' bezogene Exilforschung.[17]

---

15 Lokatis 2003.
16 Zur Kritik vgl. Walter 1982; Winckler 1983.
17 Zu unterscheiden ist die systematische Kritik des Antifaschismus als Diskurs, dessen Grundelemente, Hierarchisierung, Ausschluss/Einschluss-Denken und Teleologie, ihn als mythischen Diskurs ausweisen, als selbstreferentielles, performatives System „einer Welt ohne Widersprüche" (Barthes 1964, S. 131), und die historische Kritik am Antifaschismus als politischer und literarischer Praxis, die im Vergleich von ursprünglicher Programmatik und nachfolgender Instrumentalisierung den Wandel einer an Faschismuskritik, Opposition und Widerstand gebundenen Erfahrung der Verfolgten und Exilierten in ein geschlossenes System aktualisierter politischer Wahrnehmung und Kontrolle nachzeichnet. Die literatur- und geschichtswissenschaftliche Methodik muss beide ‚Kritiken' miteinander verbinden und in der Interpretation jeweils konkret vermitteln. Antonia Grunenberg vernachlässigt in *Antifaschismus – ein deutscher Mythos* die historische Kritik und projiziert die Diskursstruktur des Mythos als „einer unwiderlegbaren Ordnung von Bildern und Symbolen" (Grunenberg 1993, S. 12) umstandslos auf die Dokumente der 1930er Jahre. Die literaturwissenschaftliche Exilforschung der DDR, wie sie sich in den 1970er und 1980er Jahren entwickelte, hat die diskursive Vorgabe des ‚Antifaschismus' als systemischen Rahmen respektiert, ist aber in seiner historischen Ausdeutung zunehmend eigene Wege gegangen und hat einen differenzierten Blick auf die konkreten politischen und sozialen Funktionen und die ästhetischen Qualitäten der Exilliteratur entwickelt. Vgl. dazu den (selbst)kritischen ‚Rückblick' von Dieter Schiller, *Zur Exilliteraturforschung in der DDR* (Schiller 1994). Mein Versuch, in der Forschung der Bundesrepublik am historischen Antifaschismus anzuknüpfen, orientierte sich an einem offenen, aber performativen Begriff ‚antifaschistischer Literatur' (vgl.

Entscheidend scheint mir zu sein, und damit möchte ich diesen Rückblick abschließen, dass eine am Primat des Politischen orientierte Aufarbeitung des Exils die Wahrnehmung und wissenschaftliche Aufarbeitung einer anderen Exilliteratur einschränkte: einer Literatur, die sich an den Rändern der politischen Erfahrungen, politischer Solidaritäten und Zusammenschlüsse des Exils konstituierte, einer Literatur, die auf Erfahrungen der Isolierung, der Vereinzelung, des Sprach- und Identitätsverlusts verwies – einer Literatur von Grenzerfahrungen, die doppeldeutig von der Pathologie des Fremden und der Entdeckung des Neuen bestimmt war.

3 Diskurse: Erfahrung Exil – Transkulturalität

Erfahrungen sind an vorgegebene Strukturen, Ordnungsschemata und Gewohnheiten gebunden, systemisch: an Typik oder Relevanz.[18] Diese Merkmale entwickeln sich im Alltag, sie setzen Stetigkeit, Vertrauen in die umgebenden Menschen voraus, sie sind an die Anerkennung sprachlicher und verhaltensmäßiger Regeln gebunden. Wenn der Alltag und seine Normalität, wie im Exil, gewaltsam zerstört wird, kommt es zur Krise der Erfahrung: das Ausgestoßenwerden, die Begegnung mit der Fremde erzeugt Gefühle der Unsicherheit und Angst, die Tatsache der Verfolgung hinterlässt bei den Verfolgten traumatische Eindrücke der Entwurzlung und Ausgrenzung, erzeugt schwere psychische Schocks – Erfahrungen, die zum Verdrängen und Verstummen führen können.

Exkurs 2: Der Erzähler in ↗ *Transit*, der seinen Namen verloren hat, unter einem angenommenen Namen und einer ihm zugeschriebenen Identität lebt, versucht seine eigene Geschichte, seine verlorene Identität Schritt für Schritt durch das Erzählen, den fiktiven Dialog mit einem schweigenden, ebenfalls anonymen Zuhörer zurückzugewinnen. Eine Autofiktion der Autorin Anna Seghers, die ihre Situation in einem Brief vom 26. Mai 1941 an Franz Carl Weiskopf beschreibt:

Winckler 1977, 1979, und Fritsch/Winckler 1982). Die Modifizierung des ursprünglich eng gefassten Begriffs und seine Neubestimmung als ‚Krisenliteratur' ist in den Vorworten nachzulesen. Zu den Beiträgern zählten: Hans Mayer, Erich Fried, Herbert Claas, Wolfgang Emmerich, Ulla Hahn, Jost Hermand, Uwe Naumann, Helmut Peitsch, Gert Sautermeister und Klaus R. Scherpe. Einen guten Einblick in den damaligen Stand der Diskussion vermittelt eine in der *Sammlung* veröffentlichte Diskussion über *Probleme der Erforschung und Vermittlung von Exilliteratur* (Bock 1979).
18 Waldenfels 1990, S. 213.

> Pendant cette année j'avais souvent l'impression d'être morte et hors de ce monde, et maintenant je vois bien: J'étais morte et j'étais hors de ce monde. C'est pour moi une nécessité vitale d'écrire et pour cela aussi il me faut vous parler.[19]

Phänomene der Exterritorialisierung hat die Exilforschung im Blick, wenn sie sich Themen wie Illegalität, Widerstand, Verfolgung und Krieg, insbesondere auch dem Schicksal des jüdischen Exils zuwendet, sich mit Fragen des Identitäts- und Sprachverlusts, dem Versuch, mithilfe der Sprache im Exil zu überleben, beschäftigt. Oder den Blick auf die Evokation der verlorenen Heimat, deutscher Landschaften und Städte lenkt; den literarischen Versuchen nachforscht, das Gedächtnis an die aufgegebenen und bedrohten Traditionen wachzuhalten. Wolfgang Emmerich und Susanne Heil haben dies zu Schwerpunktthemen ihrer 1985 veröffentlichten Anthologie *Lyrik des Exils*[20] gemacht: Brechts *Svendborger Gedichte* oder seine *Hollywood-Elegien*, Alfred Wolfensteins Naturallegorien *Herbst, 1939 II* in Paris, Max Hermann-Neißes *Bäume im Exil* sind Beispiele für die widersprüchliche Erfahrung des Fremden und des Neuen; Johannes R. Bechers *Deutschlandpoesie* mit Texten über süddeutsche Landschaften und Städte sprechen von der Melancholie des Verlusts. Beispiele für Trauer, Ratlosigkeit, Verzweiflung, für den Selbstmord finden sich auch in den Romanen. Von den Nebenfiguren in Feuchtwangers ↗ *Exil* – Anna Trautwein, Harry Meisel – dringen sie in Klaus Manns Romanen bis zu den Hauptfiguren, Martin Korella im *Vulkan*, vor.

Am Beginn der wissenschaftlichen Aufarbeitung des Exils als Erfahrung des Verlusts und der Fremdheit steht der sehr poetische, bis heute nachwirkende Aufsatz von Werner Vordtriede, *Vorläufige Gedanken zu einer Typologie der Exilliteratur*, aus dem Jahr 1968.[21] In einem Durchgang durch die Weltliteratur von Homer, Ovid und Dante über Goethe, Victor Hugo, Heinrich Heine, Baudelaire, Mallarmé bis hin zu Bertolt Brecht, Johannes R. Becher, Max Hermann-Neiße versammelt Vordtriede die sich wiederholenden Motive einer Typologie des Fremden: „Heimwehkrankheit", „Todessehnsucht", „Verstummen" – aber auch heroisches „Pathos" und „Haß" werden als die zeitlosen Konstanten einer Poesie existentieller Fremdheit gedeutet. Die Dichter der Emigration, die Brecht in *Über die Bezeichnung Emigranten* als politisch „Vertriebene" und „Verbannte" bezeichnet, werden von Vordtriede als „existentiell Verbannte" bezeichnet.[22] Vordtriede deutet den Weg ins Exil als „Nekyia", als „Reise des Lebenden zu den Toten". Exil bedeutet in diesem Sinn Untergang: „Verstummen" und „Erstarrung" und zugleich

---

19 Seghers 2008, S. 103.
20 Emmerich/Heil 1985.
21 Vordtriede 1968.
22 Ebd., S. 559.

Neugeburt, eine Reise „zu den Ursprüngen der Tradition, zur eigentlichen Klassizität, die er [der Dichter, Anm. d. Verf.] rein und lebendig zurückholt".[23] Das erinnert an die Sprache des Mythos, einer mythologischen Kehre von Untergang und Aufgang, Tod und Leben. Dichtung wird von Vordtriede als Exildichtung schlechthin verstanden, der Vorgang des Schreibens gedeutet als immergleicher Vollzug eines poetischen Ursprungs, der die Quellen der Kunst jenseits der realen, erlebten Geschichte sucht.[24]

Diese Wendung zum Mythos, die metahistorische Begründung des Exils, die existentielle Umdeutung des Schreibens *im* Exil zum Schreiben *als* Exil verstellen den Blick auf eine wesentliche Leistung der Thesen Vordtriedes: die durch die komparatistische Methode erreichte Öffnung der Exilliteratur zur Weltliteratur. Neuere komparatistische Untersuchungen, der 2004 erschienene Aufsatz Eberhard Lämmerts *„Oftmals such' ich ein Wort." Exil als Lebensform,*[25] der von Helmut Koopmann und Klaus-Dieter Post 2001 herausgegebene Sammelband *Exil. Transhistorische und transnationale Perspektiven,*[26] nehmen diesen Gedanken auf und betonen die transkulturellen Perspektiven der Exilliteratur. Die literarischen Topoi der Ausgrenzung, Isolierung und Fremdheit werden hier nicht als metahistorische Konstanten angesehen, sondern miteinander verglichen als unterschiedliche Formen des Schreibens in der Fremde. Diese historisch vergleichenden Deutungen beziehen sich auf einen Literatur- und Kunstbegriff, der kennzeichnend für die literarische Moderne ist, dessen historische Grundlagen auf den Geniebegriff der Renaissance und die Anonymität des Schriftstellers auf dem literarischen Markt verweisen. Gemeint ist ein Schreiben an der Grenze; der Exilschriftsteller verkörpert als „der Vereinzelte, am Rande sich aufhaltend, nicht mehr Teilhaber der Gesellschaft, sondern bestenfalls ihr Kritiker"[27] den Typus des modernen Schriftstellers.

Der Begriff der ,Fremdheit' bezieht sich in diesen Untersuchungen auf ästhetische Erfahrungen. Neben der „Genealogie des exilierten Dichters"[28] und der literarischen Typologie der Fremdheit gibt es eine soziale Pathologie realer Fremdheitserfahrungen und eine Typologie konkreter Ausgrenzungsprozesse im Alltag des Exils. Diese Typologie bezieht sich auf administrative Vorgänge der Registrierung und Kontrolle, der Erteilung, Verweigerung, des Entzugs von Aufenthalts- und Arbeitsgenehmigungen, der Ausweisung, der Internierung, der Depor-

---

23 Ebd., S. 575.
24 Dazu Weber 1995.
25 Lämmert 2004.
26 Koopmann/Post 2001.
27 Koopmann 2001, S. 19.
28 Lämmert 2004, S. 30.

tation im Zweiten Weltkrieg. Sie umfasst die Arbeit der Hilfsorganisationen, Schule und Ausbildung, Sprachwechsel und Spracherwerb, die Wohnverhältnisse – kurz, alle realen Alltagsbedürfnisse im Exil. Die historischen Parallelen zur gegenwärtigen Migration, der Asyl- und Integrationspraxis in der Bundesrepublik und den europäischen Ländern sind evident. Davon ausgehend hat Wolfgang Frühwald ein zur Geschichte und zur Gegenwart hin offenes „Modell" der Exilforschung als Migrationsforschung entwickelt.[29] Die Erforschung des historischen Exils wird dabei in den übergreifenden Zusammenhang der aktuellen Migrationsbewegung gestellt. Die Erinnerung an das deutsche Exil, an die 500 000 nach 1933 aus Deutschland, Österreich und der Tschechoslowakei vertriebenen Menschen, wird zum kritischen Maßstab für die gegenwärtige Asylpolitik. Auf der anderen Seite kann die Leistung und Erforschung der Integration eines großen Teils dieser Flüchtlinge in den Gastländern zum Beispiel für die Integration der heutigen Flüchtlinge in Deutschland und Europa dienen.

Mit den Fremdheitserfahrungen im Alltag und Problemen der Integration befasst sich der von Wolfgang Frühwald und Wolfgang Schieder herausgegebene Band *Leben im Exil. Probleme der Integration deutscher Flüchtlinge im Ausland 1933–1945*.[30] Sein Untertitel verweist auf den thematischen Schwerpunkt. In der Einleitung nennen die Herausgeber drei Problemkreise: die Alltagsprobleme, die juristischen und beruflichen Voraussetzungen der Integration und Akkulturation in den Exilländern und den Einfluss fremder Kulturen auf das kulturelle Leben im Exil, d. h. auf die Entwicklung politischer und gesellschaftlicher Theorien, auf die Konservierung und Veränderung der Sprache, auf die Übersetzung als kulturelle Praxis, die nicht nur die Sprache, sondern auch die Literatur und Kunst im Exil betrifft. Wieder aufgenommen und fortgeführt wurden diese Untersuchungen im 1988 von Manfred Briegel und Wolfgang Frühwald herausgegebenen Band *Die Erfahrung der Fremde*.[31]

Die Erfahrung der Fremde bedeutet eben nicht nur Ausgeschlossenheit, Entwurzelung, Angst, sondern verweist an ihrem anderen Extrem auf „Neugier", auf Offenheit gegenüber dem „Unbekannten, Fremden und Fremdartigen".[32] Darauf reagiert die Akkulturationsforschung, die sich mit der Integration der Exilierten in Alltag und Beruf beschäftigt, dem kulturellen Austausch, den kulturellen Mustern des Fremden im Vergleich zu den mitgeführten eigenen kulturellen Traditionen, den Ursachen und Folgen des Sprachwechsels – so wechselte Klaus Mann

---

29 Frühwald 1995.
30 Frühwald/Schieder 1981.
31 Briegel/Frühwald 1988.
32 Waldenfels 1990, S. 254.

nach 1945 in die englische Sprache, Ernst Erich Noth veröffentlichte seine Essays und Romane bereits in den 1930er Jahren auf Französisch, der Dadaist Max Ernst schloss sich den französischen Surrealisten an, Hans Hartung wurde nach 1945 zu einem der wichtigsten Vertreter der Malerei des Informel, und Hollywood wurde zum Schmelztiegel des internationalen Filmexils und zum Laboratorium einer aus europäischen und nordamerikanischen Quellen gespeisten Filmkunst.[33]

Mit Alltagserfahrungen des Exils, Grenzüberschreitungen und Ankunftserfahrungen beschäftigen sich auch kulturwissenschaftliche Forschungen, deren Fragestellungen und Methoden aus der Migrationsforschung bekannt sind. Im Vordergrund stehen die konkreten Abläufe der erzwungenen Migration, der Trennung vom bisherigen Leben und der Integration in das neue Land. Die Grundlage bilden mündliche und schriftliche Formen von Grenzerzählungen und Ankunftsberichten, Zeugnisse der Überlebensbedingungen in den Lagern und Transit-Orten. Eine soziologische und fiktionale Typologie aller Arten von Transportmitteln – Karren und Automobile, Eisenbahnen und Schiffe – wird entwickelt. Es handelt sich, mit einem Begriff von Joachim Schlör, um eine Typologie der „Dinge der Emigration".[34] Eine zentrale Rolle spielen die Koffer. Sie enthalten Erinnerungsstücke an das alte und Gebrauchsgegenstände für das neue Leben; das Einpacken und das Auspacken sind zeremonielle Verhaltensweisen des Abschieds und der Ankunft, die mitgenommenen Dinge sind konkret-metaphorische Doppelwesen: Als Gebrauchsdinge haben sie konkrete Funktionen im Alltag, als Erinnerungsstücke haben sie Zeichenfunktion, sind vieldeutig interpretierbar – als Andenken und Hoffnungsträger, als transportable Reliquien, die die Überfahrt schützen sollen, als Gründungshelfer beim Neuanfang, dem Erwerb einer neuen Identität.

Die Interpretation des Exils als migratorischer Existenz[35] und einer sie charakterisierenden Erfahrung des Dazwischen, eines „Agierens und Denkens auf der Grenze",[36] schließt auf zu dem von Homi K. Bhabha im Zusammenhang mit seinen kulturkritischen Studien entwickelten Begriff der „Liminalität".[37] Gemeint ist damit eine kulturelle Erfahrung, die auf die Hybridität einer postnationalen

---

33 Zum aktuellen Forschungsstand vgl. Sabina Becker und Robert Krause in der Einleitung des von ihnen herausgegebenen Bandes *Exil ohne Rückkehr. Literatur als Medium der Akkulturation nach 1933* (Becker/Krause 2010, Einleitung, S. 1–16). Die Herausgeber betonen die Offenheit des Akkulturationsprozesses, der nicht auf ‚Homogenisierung' bzw. Synthese, sondern auf die ‚Globalisierung der Differenz' angelegt sei (vgl. S. 6f.).
34 Schlör 2005, 2012.
35 Krauss 2004; Braese 2009, insbes. S. 14ff. zum Stichwort „Diaspora".
36 Waldenfels 1990, S. 64.
37 Bhabha 2007, S. 209.

und postkolonialen Welt reagiert. Bhabha versteht die Kultur als hybriden „Zwischenraum", kulturelle Aktivität als kommunikatives „Verhandeln" unterschiedlicher Traditionsbestände, ethischer und ästhetischer Normen im offenen Feld postnationaler Gesellschaften. Der daran anschließende Begriff der „Exilpoetik"[38] bezieht sich einmal auf Exilliteratur im engeren Sinn als „transnationale Geschichten von Migranten, Kolonisierten oder politischen Flüchtlingen",[39] darüber hinaus aber auf die gesamte in kulturellen Zwischenräumen agierende Literatur und deren Funktion, „kulturellen Dissens und kulturelle Alterität"[40] zu vermitteln. Für diese Literatur der Grenzerfahrung schlägt Bhabha den Begriff der ‚Weltliteratur' vor. „Das Studium der Weltliteratur", so Bhabha, könnte das Studium der „Art und Weise sein, in der Kulturen sich durch ihre Projektion von ‚Andersheit' (an)erkennen".[41]

Wir sind wieder bei der Literatur angelangt – am Gegenpol jenes Werkverständnisses und Literaturkanons, wie ihn die frühe Exilforschung aus der Perspektive des ‚anderen Deutschland' entwickelt hat. Eine an der Typologie des Fremden und der Thematik hybrider Kulturen orientierte Forschung setzt andere Schwerpunkte der Auswahl und der Interpretation. Autobiografien, Tagebücher und Briefe, Reportagen, Reisebeschreibungen und Stadtflanerien, Übersetzungen, Texte deutscher Autoren in englischer (oder französischer) Sprache, die Literatur der ‚zweiten', zwischen den Kulturen lebenden Generation – Paul Celan, Peter Weiss, Edgar Hilsenrath, Wolfgang Hildesheimer – gewinnen für die Exilforschung zunehmend an Bedeutung. Die klassischen Werke der politischen Exilliteratur werden neu interpretiert. Die Rezeptionsgeschichte des Romans ↗ *Transit* von Anna Seghers, um nur dieses Beispiel zu nennen, zeigt die Pluralität und den Wandel der Lektüren und Interpretationen. Der Roman kann, wie in der frühen Exilforschung, als politischer Widerstandsroman verstanden werden, er kann als Exilroman im engeren Sinn, als Pathologie des Fremden und der Grenze oder als Gleichnis existentieller, gar metaphysischer Obdachlosigkeit gelesen werden.[42] Er kann aber auch – und seine Titelmetapher deutet darauf hin – als Beschreibung und literarische Durchquerung hybrider Zwischenräume, als Grenzerfahrung zwischen Sprachen und Kulturen verstanden werden. Der Erfahrungs- und Textraum des Romans wäre dann Marseille als vielsprachiges, vielvölkriges ‚Babylon', als ein nach allen Seiten und Zeiten hin offenes Tor zur Welt.

---

38 Ebd., S. 7.
39 Ebd., S. 18.
40 Ebd., S. 17.
41 Ebd., S. 18.
42 Zur Rezeptions- und Deutungsgeschichte von ↗ *Transit* vgl. Sylvia Schlenstedts Kommentar zur von ihr bearbeiteten Ausgabe (Seghers 2001, S. 311–364).

Exkurs 3: Homi K. Bhabha verweist auf Formen der Mimikry[43] als einem ambivalenten Verhalten unter der kolonialen Hegemonie, als spielerische, protestierende, parodierende Formen einer Identität im ‚Zwischenraum'. Ob diese Formen einer hybriden Ästhetik bei der Rekonstruktion von ‚Identität' auch für das Spiel des ‚Erzählers' in ↗ Transit mit Rollen und Namen, dem Ausspielen seiner ausgeliehenen, ihm zugeschriebenen Identitäten gegenüber den Kontrollen und Nachstellungen der Behörden gilt, wäre zu untersuchen. Sicher ist, dass charakteristische, die Figur bestimmende Verhaltensweisen – das Zögern zwischen Dableiben und Abreise, Zurückgabe und Tausch, die Verwechslung von Papieren – eine Situation des Dazwischen beschreiben, dass das Spiel mit der Anonymität und unterschiedlichen Identitäten die Voraussetzung bildet für die Konstruktion des Romans als epischem Zwischenraum, der die Erfahrung des Exils als ‚Agieren auf der Grenze' und die Erzählung dieser Erfahrung erst möglich macht. Die immer wieder zitierte Beschreibung Marseilles als Sprachen- und Völkerbabylon, der mythologische Hinweis auf das ‚uralte', sich über die Jahrhunderte erneuernde vielsprachige „Hafengeschwätz"[44] kann eben auch anders gedeutet werden denn als existentielle Metapher der Fremdheit: als Ort, der sich über die Sprache und mittels der Sprache zum Raum hybrider Erfahrung erweitert.[45]

4 Diskurse: Das ‚andere Deutschland' – Kulturnation oder Weltliteratur

Die wissenschaftsgeschichtliche Bedeutung der sich abzeichnenden transnationalen und transkulturellen Wendung der Exilforschung wird deutlich, wenn man sie absetzt vom nationalgeschichtlichen Diskurs, der die Forschung lange bestimmt hat (und die Erinnerungskultur auch noch heute bestimmt). Ich meine die Rekonstruktion und Evokation des Exils unter dem Begriff des ‚anderen Deutschland'. Seine Herkunft ist unklar, vermutlich stammt der Begriff aus der pazifistischen Bewegung der Weimarer Republik und ihrer Zeitschrift *Das andere Deutschland*. Im Exil nimmt der Begriff unterschiedliche Bedeutungen an. Sie reichen vom Ausdruck für Gefühle des Heimwehs, der Sehnsucht nach Deutschland und deren literarischer Evokation bis hin zum Anspruch, eine kulturelle und politische Alternative zum nationalsozialistischen Deutschland zu verkörpern. In sei-

---

43 Bhabha 2007 („Von Mimikry und Menschen").
44 Seghers 2001, S. 88f.
45 Vgl. meine Interpretation des Romans in *Eine Chronik des Exils. Erinnerungsarbeit in Anna Seghers' „↗ Transit"* (Winckler 2010b).

ner ‚vergeistigten' Form, als Kulturnation, wird der Begriff des ‚anderen Deutschland' zum identitären Symbol, zum performativen Zeichen der intellektuellen, vor allem auch der gebildeten jüdischen Emigration. Er erlaubt es, innerhalb der geschichtlichen Tradition zwei Stränge zu unterscheiden: einen kulturellen, an den Humanismus gebundenen und einen politischen, mit Gewalt und Macht verbundenen. Die nationale Machtstaatsideologie, so die Argumentation, habe in den Faschismus geführt, die Kulturnation hingegen sei ins Exil vertrieben und das legitime Legat der Exilierten. Im Symbol des verbrannten Buches, das für Unterdrückung und Verfolgung überhaupt steht, erkennt sich das Exil insgesamt, das politische und kulturelle, das intellektuelle und proletarische, das bürgerliche und das jüdische Exil als das ‚andere', bessere Deutschland wieder.

Bei der Geschichte dieses Begriffs wird nicht bedacht, dass dieser Begriff und seine Komponenten ‚Kultur' und ‚Nation' zwischen dem 19. zum 20. Jahrhundert einen radikalen Funktionswandel durchgemacht haben, der sich folgendermaßen resümieren lässt: Eine aus der Aufklärung stammende lebenspraktische, emanzipatorische Bedeutung, die Bildung und Kultur in unmittelbaren Zusammenhang mit den bürgerlichen Freiheitspostulaten stellte, verengte sich bereits im 19. Jahrhundert zu einer auf Wissenschaft und Kunst begrenzten Funktion. Sozialgeschichtlich wurden Bildung und Kultur zum ‚Rückzugsraum' einer bürgerlichen Elite, „der für den Mangel an politischer Beteiligung kompensierte und die Ablösung des geistigen Lebens von den vielfältigen Formen der Praxis verfestigte".[46] Die Folge dieser Entwicklung war eine ‚Sakralisierung' der Kultur, die die Trennung von Politik und Kultur, aus der sie herrührte, verstärkte und idealisierend überhöhte.

Die Entkoppelung der Bildung und Kultur vom Sozialen und Politischen hat ihre Parallele in einem anderen Entkopplungsprozess, der die andere, für die Moderne entscheidende Diskursformation, die Nation, betraf. Auch sie konnte sich in Deutschland nicht als politische Praxis und Diskurs einer auf die Freiheitsrechte gegründeten Bürger- und Zivilgesellschaft entwickeln. Ihr Abdriften in den rassistischen Nationalismus war eine so zwar nicht vorgesehene, aber doch reale Konsequenz. Das Exil antwortete darauf mit der kulturellen Kodierung der Nation: dem Zusammenschluss der entpolitisierten Diskurse Kultur und Nation im Begriff der ‚Kulturnation'. Die Kultur übertrug ihr humanistisches Potential auf die Nation, durchlief dabei aber selbst einen Prozess der Nationalisierung:[47] Diese Ambivalenz durchzieht die Geschichte des Begriffs der Kulturnation und seines

---

46 Assmann 1993, S. 45; grundsätzlich: Bollenbeck 1994 (insbes. zur Transformation S. 160ff. und zur Krise der Begriffe Bildung und Kultur S. 225ff.).
47 Eisenstadt 2006, darin *Die Konstruktion kollektiver Identität im modernen Nationalstaat* (S. 193–206).

Gebrauchs im Exil (sie reicht bis in die aktuelle Debatte um den Kulturstandort Deutschland hinein). Wenn die Kulturnation im Exil zum klassischen ‚Rückzugsort' und geistigen Terrain einer Identität in der Fremde, zum Stichwort kultureller und politischer Resistenz, zum kulturellen Reservoir des Überlebens werden konnte, so war doch die Nation Rahmen und Perspektive der Orientierung, blieb der kulturelle Universalismus bezogen und eingeschränkt auf das ‚andere Deutschland'. Umgekehrt konnte das Symbol des ‚verbrannten Buchs' zum Symbol für das gesamte, auch das politische Exil werden.[48] Die Erforschung transkultureller Aspekte und Verläufe, wie sie die Migrationsforschung betreibt, weist dagegen über den nationalgeschichtlichen Rahmen der traditionellen Exilforschung hinaus.[49]

Exkurs 4: Die Hinweise auf die Muttersprache, die nationalsprachliche Kodierung des Erzählens in ↗ *Transit* gehören zu den schwächsten Teilen des Romans, sie fallen als folgenlose Bekenntnisse des Erzählers aus dem Roman heraus, sind nicht in die Handlung integriert. Sie stehen quer zur sprachlichen Hybridität, die die ausgesprochene und unausgesprochene Voraussetzung des szenischen, an die Erzählerfigur und die übrigen Romanfiguren gebundenen Erzählens bildet. ↗ *Transit* bedeutet auch insofern einen Übergang und Durchgang, eine Durchquerung eines Zwischenraums und einer Zwischenzeit, als hier eine transkulturelle Perspektive für die Literatur selbst angezeigt und eröffnet wird, hinter die Anna Seghers selbst – mit Ausnahme ihrer mexikanischen Erzählungen und kleinen Geschichten – später wieder zurückfällt. Bereits der *Ausflug der toten Mädchen* ist, trotz der hybriden Rahmenerzählung, eine Erinnerung an Deutschland und die Geschichte ihrer Generation. Die *Toten bleiben jung* bezeichnet die Rückkehr zur deutschen Geschichte. Begründet und vermittelt ist diese Rückwendung durch ein Umerziehungskonzept, das sich an den Traditionen und Perspektiven einer ‚anderen' kulturnationalen Tradition orientiert, aber nichtsdestoweniger national kodiert bleibt – mit Folgen für die Erziehung und Lesekultur in der DDR.

---

[48] Roussel 2004. Ein Beispiel für die nationale Kodierung kultureller Traditionen ist auch der Goethekult des Exils und seine Goethebilder, dokumentiert in der Ausstellung des Deutschen Exilarchivs, Frankfurt a. M., und dem zur Ausstellung herausgegebenen Buch „... *er teilte mit uns allen das Exil*". *Goethebilder der deutschsprachigen Emigration 1933–1945* von Brita Eckert und Werner Berthold (Eckert/Berthold 1999).
[49] Das Zurücktreten des nationalgeschichtlichen Horizonts hat vor allem auch die in den späten 1980er Jahren einsetzende Erforschung des jüdischen Exils ermöglicht. Vgl. Loewy 1991; Shedletzky/Horch 1993; Stern 1998.

5 Kanon

Der Begriff des ‚Kanons' ist bislang noch nicht gefallen, und dennoch stehen die bisherigen Überlegungen in unmittelbarem Zusammenhang mit dem Thema Kanon.[50] Eine seiner Voraussetzungen ist die Auswahl. Die diskursiven Prozesse der Auswahl und deren Formen – Ausschließung und Einschließung, Hierarchisierung mit dem performativen Anspruch normativer Geltung und Identitätsbildung – bestimmen, wie ich zu zeigen versucht habe, die gesamte Geschichte der Exilforschung. In der Bundesrepublik blieb die Auswahl pluralistisch, die Entscheidungen sind revidierbar, der Geltungsanspruch ist relativ. Die Auswahl bleibt durchlässig und offen, die jeweiligen Vorschläge rechnen mit der Kritikfähigkeit von autonomen Lesern. Anders in der DDR: Hier war die Auswahl begrenzt, sie wurde kontrolliert und zensiert, war an strikte Normen, den Antifaschismus als politische Legitimationsideologie, gebunden. Mit dem Zurücktreten der Kontrollen an der Wende zu den 1980er Jahren ergaben sich Möglichkeiten zur Öffnung. Aber die Auswahlkriterien orientierten sich nach wie vor an dem an ein teleologisches Geschichts- und Fortschrittsbewusstsein gebundenen Prinzip der ‚Parteilichkeit'.

Zum Kanon im eigentlichen Sinn wird die Auswahl aber erst – und hier beginnt eine neue Überlegung – durch zwei weitere diskursive Prozesse: durch die Entzeitlichung und Sakralisierung der ausgewählten Texte. Aleida Assmann hat diese für die Kanonbildung charakteristischen Prozeduren am Beispiel des klassischen deutschen Literaturkanons und des ihm zugrunde liegenden Bildungsbegriffs beschrieben.[51] Sie hat gezeigt, wie innerhalb des zur ‚Bildungsreligion' transformierten humanistischen Bildungskonzepts die ‚klassisch' genannten Werke zu zeitlosen ästhetischen Mustern und ethischen Modellen erhoben wurden.[52] Oder um es in einem Bild zu formulieren: Die klassischen Autoren und ihre Werke wurden die Fixsterne am Bildungshimmel, zu dem das Bildungsbürgertum und alle diejenigen, die zu ihm gehören wollten (aufsteigende Angestellte und Ingenieure, bildungsbewusste Arbeiter), aufblickten. Der Kanon bildete den Grundstein der Kulturnation. Er wurde – als Zitat – bei allen denkbaren Gelegenheiten angerufen, diente als Wegweiser, Ratgeber, als Zeuge und Nothelfer im Alltag: als Parolengeber im Krieg – Goethe oder Hölderlin im Tornister 1914, 1939 –, zugleich aber auch als offenes oder geheimes Erkennungszeichen, als symbolischer Nothelfer im Exil.[53]

---

50 Vgl. Assmann/Assmann 1987.
51 Assmann 1993, S. 57–66.
52 Ebd., S. 40–47.
53 Vgl. etwa zum Goethekult im Exil Eckert/Berthold 1999 oder Nico Rosts Lagererinnerungen, die unter dem Titel „*Goethe in Dachau*". *Literatur und Wirklichkeit* erschienen (Rost o. J.).

Dieser Himmel ist eingestürzt, die von Max Weber konstatierte „Entzauberung der Welt", die glaubte, in der Kultur ein Palliativ gefunden zu haben, hat diese selbst erreicht. Kultur ist zur Alltagskultur geworden, Bildung zur Ausbildung – oder, soweit sie sich am traditionellen Kern orientiert, zur Angelegenheit von Individuen. Die Forschung, insbesondere auch die Exilforschung, hat auf diese Vorgänge mit einer entschiedenen ‚Historisierung' und ‚Verzeitlichung' ihres Gegenstands, einer Kontextualisierung ihrer Methoden reagiert. ‚Antifaschismus', ‚Exil als Lebensform', das ‚andere Deutschland' sind als Erfahrungsweisen und Selbstdeutungen des Exils selbst zeitgebunden. Ihre wissenschaftliche Aufarbeitung orientiert sich an Interpretationsmodellen und Methoden, die sowohl die Geschichtlichkeit der literarischen Werke als die Geschichtsgebundenheit der wissenschaftlichen Interpreten berücksichtigen: Interpretation als Aushandeln der Spannung von geschichtlichem ‚Erfahrungsraum' und ‚Erwartungshorizont' (Reinhart Koselleck). Der Charakter der Exilliteratur selbst und die Epistemologie der Exilforschung stehen konträr zur Kanonisierung und ihrem zentralen Merkmal der ‚Entzeitlichung'.

Das gilt für die Forschung in der Bundesrepublik. Die DDR-Forschung hatte es mit dem Paradox zu tun, dass die auf radikale Verzeitlichung abgestellte Theorie materialistischer Geschichtsdeutung im ‚realen Sozialismus', als ‚Ziel und Erfüllung der Geschichte', stillgestellt wurde. Andererseits führte aber die geschichtsteleologisch begründete Ankunftsideologie zu einer Relativierung des antifaschistischen Exils als ‚Vorstufe' zur sozialistischen Gegenwart und erlaubte eine Abkopplung des Exils von deren normativen Deutungsmustern. Diese Rehistorisierung, Dieter Schiller spricht von einer „Historisierung des Themas" Exil,[54] eröffnete Spielräume, die es erlaubten, den Begriff der antifaschistischen Literatur zu erweitern und in den historischen Kontext mit der ‚anderen' Exilliteratur zu stellen. Die siebenbändige *Antifaschistische Literatur 1933–1945* war Ausdruck dieser Öffnung.

Das dritte und entscheidende Moment der Kanonisierung ist die Sakralisierung der Literatur. Sie entsteht, wie Aleida Assmann wieder am traditionellen Bildungskanon gezeigt hat, am Übergang der privaten Lektüre und der wissenschaftlichen Interpretation zur Öffentlichkeit: der Schule, der Literaturkritik und des journalistischen Feuilletons.

Die der Sakralisierung zugrunde liegende Bildungsreligion hat in der DDR im Kontext der sozialistischen ‚Kulturnation' als humanistisches Erbe nachgewirkt und ein Fortleben des an der Aufklärung und der Klassik orientierten Literaturkanons, erweitert um die Werke oppositioneller Autoren von Heinrich Heine bis

---

54 Schiller 1975.

Heinrich Mann, ermöglicht. In der Bundesrepublik wurde der Bildungsbegriff in der Nachkriegszeit unter christlich-abendländischem Vorzeichen restauriert, in den 1960er Jahren abgelöst durch ein an Kritik, Autonomie und beruflicher Qualifikation orientiertes Erziehungs- und Bildungskonzept. Hasko Zimmer zitiert aus dem niedersächsischen Gymnasialplan von 1952 die allgemeinen Lernziele, „der Jugend die heiligen Zeugnisse [der Sprache, H.Z.] zu erschließen, ihr Gemüt und ihren Geist durch sie zu bilden und ihren Willen auf die Verwirklichung der Werte zu lenken, von denen sie zeugen". Als Erziehungsziel wird genannt: „Menschen zu bilden, die fähig und gewillt sind, den Mitmenschen zu dienen und ein schlichtes, verinnerlichtes, gesittetes Leben zu führen". Die Lehrpläne in Baden-Württemberg von 1957 beziehen sich auf das „Kulturgut des christlichen Abendlandes" und begründen damit erzieherische Werte wie „geistige Zucht", „Ordnung", „Ehrfurcht vor den großen geistigen und künstlerischen Schöpfungen".[55]

Das auf die 68er-Bewegung zurückgehende Programm einer ‚kritischen Erziehung' und eines ‚kritischen Lesens' führte nicht nur zu einer Neubewertung der Literaturgeschichte und zur Privilegierung gesellschaftskritischer Interpretationsmethoden in den Universitäten, Schulen, im öffentlichen Leseverhalten und in der Literaturkritik, sondern hatte auch – in einer ursprünglich nicht beabsichtigten Radikalisierung – zur Folge, dass mit dem traditionellen Kanon die Literatur im engeren Sinn aus den Lehrplänen und dem Feuilleton verschwand. Sogenannte Gebrauchstexte (Reklame, Unterhaltungsliteratur, publizistische Genres) verdrängten die ‚eigentliche' Literatur. Der kritische Impuls führte zunächst also nicht, wie man eigentlich hätte erwarten sollen, zu einer Aufwertung und Reintegration der engagierten Literatur, insbesondere der Exilliteratur und ihrer historischen Vorläufer.[56]

Die Rückkehr der Literatur, nicht des Kanons, in die Schule vollzog sich erst in den 1980er Jahren. Sie ging im Wesentlichen auf zwei Entwicklungen zurück: zunächst auf die Ausrichtung der ‚kritischen Erziehung' auf ein pluralistisch an-

---

55 Zimmer 2007 (die Zitate zu Niedersachsen S. 100, 101, zu Baden-Württemberg S. 103f.). Zum Konzept der demokratischen bzw. sozialistischen Kulturnation in der SBZ und DDR ebd., S. 108ff. – Das ‚christliche Abendland' und die sozialistische ‚Kulturnation' sind die oppositionellen Leitbegriffe einer Pädagogik (und darüber hinaus der Kulturpolitik) der ‚deutsch-deutschen Systemkonkurrenz' (ebd., S. 113). Die Tatsache, dass die Tradition des ‚anderen Deutschland' zur Legitimierung einer gesamtdeutschen Kulturnation, für die stellvertretend die DDR steht, herangezogen werden kann, unterstreicht die ‚nationale Kodierung' der Kultur. Deren antifranzösischen und antidemokratischen Traditionen werden als antiwestliche bzw. antiimperialistische Tendenzen revitalisiert. Die stockkonservative Abendlandideologie ist über diesen Kulturnationalismus hinaus.
56 Zum Konzept des ‚kritischen Lesens' vgl. Lecke 1994.

gelegtes ‚Orientierungswissen', die Entwicklung und Förderung von ‚Kommunikationsfähigkeit', die Ausrichtung der Erziehung auf das ‚mündige Individuum' und seine Entscheidungsfähigkeit; und zweitens auf die Wiederentdeckung der ästhetischen Dimension der Texte und, damit verbunden, eine Neubewertung der Literatur, die sich mit den ihr eigentümlichen sprachlichen Mitteln und ästhetischen Formen am kritischen Diskurs beteiligen solle. Die schulische Erziehung und die wissenschaftliche Ausbildung in der DDR waren demgegenüber stark normbestimmt, ihr Ziel blieb ausgerichtet an der Erziehung zur ‚sozialistischen Persönlichkeit'. Kritikfähigkeit und individuelle Autonomie wurden zwar gefördert, blieben aber dem Ziel der Integration der Individuen ins gesellschaftliche Kollektiv untergeordnet. Die Erziehungsstile blieben rigid, an die Person des Lehrers gebunden und am Stoffplan ausgerichtet. Lektüre und Interpretation betonten, auch in der Literaturkritik und der literaturwissenschaftlichen Interpretation, den Primat ideologischer Aspekte gegenüber den ästhetischen Aspekten der Werke – eine Tendenz, die sich erst Ende der 1970er Jahre abschwächte.[57]

Diese knappen Hinweise auf den Wandel des Erziehungssystems Schule und die unterschiedlichen Bildungsziele in beiden deutschen Staaten müssen hier genügen. Sie erklären die Bedeutung und Struktur bzw. die Abwesenheit des Literaturkanons in der Schule. Einen solchen Kanon, der die Kriterien selektiver Auswahl, der Zeitlosigkeit und der Sakralisierung aufweist, hat es danach allenfalls im Bildungssystem der DDR gegeben. In der Tat gab es in der DDR bis zum Schluss verbindliche Lehrpläne, jahrgangsspezifische Lektürelisten und Lesebücher; Lektürehilfen sollten am Beispiel von ‚Hauptwerken' die großen Interpretationslinien vorstellen. Die curriculare Anordnung der Lektüre folgte einem „Geschichtsverständnis, das eine ungebrochene Linie gesellschaftlicher Kämpfe (zeigt), die in die Harmonie des realen Sozialismus mündet".[58]

---

[57] Vgl. dazu Harro Müller-Michaels' historisch-vergleichenden Überblick *Deutschunterricht* (Müller-Michaels 1990). Zu den allgemeinen Erziehungszielen in der DDR und der Bundesrepublik, der ‚sozialistischen Allgemeinbildung' in der DDR vgl. S. 236 f.; zur ‚Kommunikationsfähigkeit' und zum Persönlichkeitsbild des ‚mündigen Individuums' in den Rahmenplänen für Nordrhein-Westfalen und Baden-Württemberg vgl. S. 238 f.

[58] Ebd., S. 242. – Einen differenzierten Überblick über einzelne Phasen und Schwerpunkte der literarischen Kanonbildung in der SBZ und DDR gibt Wilfried Bütow. Er unterscheidet verschiedene Lektüreschwerpunkte, die jeweils unterschiedlichen politischen Phasen der SBZ bzw. der DDR entsprechen: den Schwerpunkt ‚klassisches Erbe' für die unmittelbare Nachkriegszeit (Bütow 2007, S. 77–79), den Schwerpunkt ‚sozialistische Gegenwartsliteratur' für die 1950er Jahre (ebd., S. 79–81), ein durchgängiges, alle Jahrgangsstufen umfassendes Konzept ‚ideologischer Erziehung' mit einem eigenen Schwerpunkt ‚ästhetischer Bildung' (ebd., S. 81–87) in den 1960er und 1970er Jahren und eine Flexibilisierung der Auswahl, der ästhetischen und ideologischen Wertung, eine Öffnung des Kanons seit 1983 (ebd., S. 87 f.).

In diesen Vorgaben, die durch historische und nicht durch ästhetische Kriterien bestimmt waren, nimmt die Exilliteratur ihren Platz als ‚Übergangsliteratur' von der ‚bürgerlich-humanistischen' zur sozialistischen Literatur ein. Dieser ‚rote Faden' war insgesamt weniger bedeutend, als man vielleicht erwarten würde. Unter dem Stichwort „Deutsche Schriftsteller im Kampf gegen Faschismus und Krieg, für Frieden, Demokratie und Sozialismus" führt der zuletzt gültige Lehrplan *Deutsche Sprache und Literatur* für die Abiturstufe (1988)[59] Werke von Arnold Zweig, Willi Bredel, Anna Seghers, Johannes R. Becher und Thomas Mann auf. Dramen und Gedichte von Bertolt Brecht, Johannes R. Becher, Erzählungen von Anna Seghers werden zusammen mit Werken von Peter Weiss, Heinrich Böll, Gabriel García Marquez unter dem Stichwort „Bewahrung und Weiterentwicklung humanistischer Traditionen in der sozialistischen und in der progressiven bürgerlichen Literatur der Gegenwart" genannt. Die Textauswahl *Literatur. Klassen 11 und 12* (1986)[60] führt unter den entsprechenden Themenkomplexen zusätzliche, zumeist kurze Texte von Lion Feuchtwanger, Ernst Toller, Hermann Hesse, Franz Werfel, Egon Erwin Kisch, Erich Weinert und Anna Seghers bzw. Bertolt Brecht, Erich Arendt, Louis Fürnberg und Arnold Zweig auf. Eine eigenständige Epoche ‚Exilliteratur' gab es im Lesekanon des Deutschunterrichts der DDR also nicht. Die behandelten Werke – im Kern geht es um Arnold Zweigs *Erziehung vor Verdun*, Anna Seghers' *Das siebte Kreuz*, Willi Bredels *Die Väter* – haben Vorbildfunktion für die Gegenwart.[61] Die exemplarische Bedeutung wird durch eine Lektüre erschlossen, die auf Figuren, Handlungsabläufe, Konflikte und deren Lösung – den zentralen Kategorien des traditionellen, am Stoff orientierten Realismuskonzepts – orientiert ist. (Einen Roman wie ↗ *Transit* wird man im Schulkanon der DDR vergeblich suchen.)

Die Kanonisierung literarischer Werke, die Stilisierung von Romanfiguren zu Vorbildern sozialistischen Verhaltens unterliegt dennoch zeitlichem Wandel. So verlagerte sich, um ein Beispiel zu nennen, bei der Interpretation des *Siebten Kreuzes* von Anna Seghers der Ausgangspunkt der kanonischen Wertung von der Hauptfigur Georg Heisler, dessen literarische Charakteristik im Roman wider-

---

59 Ministerrat der DDR 1988, S. 61, 69.
60 Bütow 1986.
61 Ministerrat der DDR 1988 S. 61–66. – Hinzu kommen, alle Jahrgänge eingeschlossen, Bertolt Brechts *Gewehre der Frau Carrar*, Friedrich Wolfs *Professor Mamlock*, Gedichte von Johannes R. Becher (vgl. Friedrich 2002). Eine quantitative Analyse (ebd., S. 382f.) sämtlicher Lehrpläne der DDR (1953, 1959, 1966, 1983) ergibt folgende Anteile der ‚antifaschistischen Literatur', wobei zwischen Exilliteratur und sozialistischer Gegenwartsliteratur nicht unterschieden wird: 1. für die Klassen 5–8, ab 1959 für die Klassen 5–10: 9 (1953), 18 (1959), 23 (1966), 24 (1983); 2. für die erweiterte Oberstufe Klassen 9–12: 16 (1959), 26 (1968), 21 (1979), 14 (1986).

sprüchlich bleibt, auf die Nebenfigur des Kommunisten Erich Wallau, der als Figur geschlossen gezeichnet ist und als Märtyrer des Widerstands stirbt.[62]

In der Bundesrepublik hat es nach dem versuchten Kahlschlag der 1970er Jahre im Gefolge des Konzepts der ‚kritischen Erziehung' immer wieder Versuche, wenn nicht der Erneuerung des Kanons, so doch der Festlegung von Maßstäben für die Auswahl einer verbindlichen Lektüre in der Schule gegeben. Die *Erklärung der Kultusministerkonferenz* von 1986 nannte vier Kriterien für die Auswahl „literarisch bedeutende(r) Werke deutscher Dichtung": erstens epochentypische Repräsentanz, zweitens dichterisch-ästhetische Originalität, drittens motiv-, form- und stilgeschichtliche Relevanz, viertens „zeitlos-exemplarischer Sinn- und Problemgehalt".[63] Neben innerliterarischen Kriterien, die mit vieldeutigen Begriffen wie „Originalität" und „Repräsentanz" operieren, wird mit der Forderung nach „zeitlos-exemplarischem Sinn- und Problemgehalt" ein klassisches Element des Kanonbegriffs ins Spiel gebracht, dessen geschichtliche Grundlage, die bildungsbürgerliche Kunstreligion und deren ästhetisches Pendant, von der pädagogischen Diskussion und der literaturwissenschaftlichen Methodik längst überholt war. Folgen hatte diese Erklärung daher nicht. Die seitdem erlassenen und bis heute gültigen Rahmenrichtlinien der einzelnen Bundesländer verzichten auf solche Relikte eines normativen Bildungs- und Literaturverständnisses und begnügen sich mit Hinweisen und Lektüreempfehlungen. Nicht ein neuer Kanon, sondern die „freie Verfügung über die kulturelle Tradition"[64] bildet den möglichen Leitfaden des Deutschunterrichts.

Im Vordergrund steht die Entwicklung kommunikativer und kultureller, sprachlicher und ästhetischer Kompetenzen. In die Definition der pädagogischen Grundziele fließen offene Werte ein: Wissen, Empathie, Wahrnehmungsfähigkeit, Toleranz.[65] Bayern bindet das Erziehungsziel „Offenheit für Veränderungen" an die „Notwendigkeit von Normierungen".[66] Berlin bezieht die Erziehungs- und Bildungsziele des Literaturunterrichts „auf die zivilgesellschaftliche Grundfunktion der Schule" und bindet die Kommunikationsfähigkeit an „das grundlegende demokratische Prinzip der Diskussionsfähigkeit".[67] Brandenburg betont mit Hinweis auf die gegenwärtige „Globalisierung" die Bedeutung „interkultureller und intermedialer Zusammenhänge".[68]

---

62 Vgl. ebd., S. 384.
63 Hein 1990, S. 328.
64 Bürger 1982, S. 106.
65 Baden-Württemberg 2004, S. 76.
66 Bayern 2004.
67 Berlin 2011, S. 9.
68 Brandenburg 2007, S. 6.

In den an die Rahmenrichtlinien anschließenden Lektürevorschlägen für die gymnasiale Oberstufe finden sich überraschend zahlreiche Hinweise auf die Exilliteratur. Bayern führt „Exilliteratur und literarischen Widerstand" als eigene Literaturepoche innerhalb der Literatur des 20. Jahrhunderts an.[69] Das „Lektüreverzeichnis Deutsch" in Baden-Württemberg enthält konkrete Hinweise auf Werke bzw. Autoren der Exilliteratur: auf Anna Seghers' *Siebtes Kreuz*, Ödön von Horváths *Jugend ohne Gott*, Bertolt Brechts Dramen *Furcht und Elend des Dritten Reichs, Mutter Courage, Leben des Galilei*; Dramen von Carl Zuckmayer und Peter Weiss; Lyrik von Brecht, Paul Celan, Nelly Sachs und Erich Fried.[70] Berlin führt unter dem Themenschwerpunkt „Deutschsprachige Autoren im Kontakt mit anderen Kulturen" Exilliteratur und Literatur der Migration an,[71] übrigens ähnlich wie Brandenburg, das die Exilliteratur im Themenkomplex der Migrationsliteratur, darunter zeitgenössische deutschsprachige Literatur türkischstämmiger Autoren, aufführt[72]. Eine Ausnahme der hier untersuchten Bundesländer bildet Sachsen, in dessen Lektürevorschlägen die Exilliteratur, die Literatur des Widerstands, aber auch die gesamte Literatur der 1920er Jahre und die sozialistische Literatur ausgeblendet werden.[73]

Auch für die Versuche, einen für das literarische Publikum in der Bundesrepublik verbindlichen Lektürekanon einzuführen, gilt, dass ein verbindliches und verpflichtendes, einem solchen Kanon zugrunde liegendes Bildungs- und Kulturkonzept nicht mehr vorhanden ist. Marcel Reich-Ranicki, auf den der jüngste dieser Versuche zurückgeht, spricht deshalb auch in der Begründung seines 2002 in 50 Bänden erschienenen *Kanons lesenswerter deutschsprachiger Werke* von einer Leseliste: „Ein Kanon", so Reich-Ranicki, sei kein „Gesetzbuch", sondern eine Liste empfehlenswerter, wichtiger, exemplarischer [...] Werke".[74] Es fehlt der Hinweis auf die traditionelle Bildungsidee; an ihre Stelle rückt der persönliche Geschmack des belesenen Literaturkritikers. Ästhetische Auswahlkriterien werden nicht bemüht, Reich-Ranicki begnügt sich mit dem vieldeutigen, vielversprechenden, aber nicht überprüfbaren Hinweis auf die „Schönheit" der Werke. Die Lektüre soll nicht so sehr bilden – „sie soll den Menschen Freude, Vergnügen und Spaß bereiten". Letztlich orientiert sich die Auswahl am literarischen Markt und

---

69 Bayern 2004.
70 Baden-Württemberg 2004.
71 Berlin 2011, S. 21.
72 Brandenburg 2007, S. 11.
73 Sachsen 2004/2009/2011. Vgl. den Überblick über die Lernbereiche der Jahrgangsstufen 11/12 Grundkurs (S. 40–46), Leistungskurs (S. 47–55), sowie die Lektüreliste für den Grund- und den Leistungskurs (S. 56).
74 Reich-Ranicki 2001, S. 212; die nachfolgenden Zitate ebd., S. 213.

einem Bedürfnis der Leser und Käufer nach Orientierung im unüberschaubaren Bücherangebot – einer von Reich-Ranicki sogenannten „Sehnsucht nach Ordnung". Thomas Steinfeld hat deshalb zu Recht von einem „Akt der entschiedenen Reduktion" gesprochen, der die Komplexität des literarischen Angebots und der Lektüren auf einen Standard überschaubarer Werke und literarischer Normen zurückführen solle. Die Wiederbelebung des Kanons, sei es auch nur in der Form einer „Leseliste", sei der Versuch, „eine Welt" der Literatur „zu schließen, zuzumachen" und „zu verriegeln".[75] Die Frage, welche Werke der Exilliteratur in diese ‚Leseliste' aufgenommen wurden, relativiert sich daher. So ist in der Abteilung Romane Anna Seghers mit dem *Siebten Kreuz* vertreten; bei den Erzählungen Bertolt Brecht, Alfred Döblin (warum nicht bei den Romanen?), Joseph Roth, Robert Musil, Ernst Weiß, Lion Feuchtwanger, Elias Canetti, Ernst Bloch (!). Brecht ist ferner mit drei, Ödön von Horváth mit zwei Dramen vertreten. Exilautoren erscheinen am häufigsten in der Rubrik Lyrik: Else Lasker-Schüler mit 15 Gedichten, Karl Wolfskehl mit drei, Max Hermann-Neiße mit fünf, Franz Werfel mit vier Gedichten. Weiter: Johannes R. Becher, Nelly Sachs, Theodor Kramer, Rose Ausländer, Hans Sahl. Es stechen hervor Paul Celan mit 20 und, alle übertreffend, der „Jahrhundert-Dichter" (so Reich-Ranicki) Bertolt Brecht mit 62 Gedichten. Exilautoren sind auch in den Essay-Bänden vertreten – neben Heinrich Mann, Thomas Mann, Hermann Hesse, Stefan Zweig, Robert Musil, Egon Erwin Kisch, Oskar Maria Graf, Anna Seghers, Elias Canetti oder Klaus Mann auch Ernst Bloch, Georg Lukács, Walter Benjamin, Theodor W. Adorno, Hannah Arendt und Hans Mayer.[76]

Für die Exilliteratur hat das nicht viel zu sagen: Die Auswahl ist nicht nach historischen Epochen angelegt, sondern nach den Geburtsjahren der Autoren. Sie orientiert sich überdies an der autonom gesetzten Geschichte und Poetik literarischer Gattungen und nicht an historischen Entstehungs- und Wirkungszusammenhängen. So stehen Gedichte von Nelly Sachs, Gertrud Kolmar, Bertolt Brecht oder Paul Celan unmittelbar neben solchen von Georg Britting, Rudolf Alexander Schröder oder gar Agnes Miegel, die alle im ‚Dritten Reich' veröffentlicht und auf die eine oder andere Weise mit dem Regime zusammengearbeitet haben. In die Essay-Bände wurden neben Texten von Exilautoren auch Texte von Ernst Jünger, Friedrich Sieburg und Gottfried Benn aufgenommen.

Exil als historisches Ereignis, Exilliteratur mit ihren besonderen ästhetischen Formen und Inhalten sind in der Leseliste Reich-Ranickis nicht vorgesehen – und können es auch nicht, da ihre hier von mir herausgestellten historischen Eigen-

---

[75] Steinfeld 2002.
[76] Reich-Ranicki 2002–2006 (Romane: 20 Bde. 2002, Erzählungen: 10 Bde. 2003, Dramen: 8 Bde. 2004, Gedichte: 7 Bde. 2005, Essays: 5 Bde. 2006).

schaften und ästhetischen Funktionen auf einem Literaturverständnis beruhen, das in strikter Opposition steht zu einer Auffassung, die Kunst und Literatur als von der Geschichte abgelöste ‚Institution' begreift.

6 Gedächtnis des Exils – Erinnerung als Rekonstruktion

Aufschlüsse über Geschichte und Funktion des Kanons, Antworten auf die Frage nach dem Platz der Exilliteratur in der Forschung, der literarischen Öffentlichkeit und der Schulpädagogik lassen sich im Blick auf die Gedächtniskultur des Exils abschließend erörtern. Die wissenschaftliche Gedächtniskultur handelt von den vergessenen und verdrängten, den von Auslöschung bedrohten Traditionen einer oppositionellen Literatur, ihren historischen Akteuren und Zeugen. Exilgedächtnis, so verstanden, ist Opfergedächtnis: Erinnerung an diejenigen, die ihr Leben und Werk bewusst als Widerstand und Opposition, als Anklage und Verweigerung verstanden haben; Erinnerung aber auch an unvollendete und gescheiterte Werke, an gewaltsam abgebrochene Lebensläufe.

Im ersten Fall spricht Aleida Assmann von „sakrifiziellem" Gedächtnis, im zweiten von „viktimologischem" Gedächtnis, das eine heroisiert, das andere beklagt die Opfer.[77] Beide Gedächtnisformen können zur Kanonisierung der Exilerfahrung und der Exilliteratur führen. Die Heroisierung des antifaschistischen Diskurses, die Überhöhung des Exils zur Existenzmetapher, die ‚Vergeistigung' schließlich des Diskurses vom ‚anderen Deutschland' haben als Formen viktimologischen und heroisierenden Gedächtnisses im Exil selbst, in der wissenschaftlichen Forschung, in der pädagogischen Programmierung und der öffentlichen Kommentierung den Boden für die Kanonisierung der Exilliteratur bereitet. Es ist in allen diesen Fällen eine bestimmte Form emotionaler ‚Aktualisierung', die – unmittelbar am Text anknüpfend und seine Aussage in die Gegenwart hineinverlängernd – die Kanonisierung ermöglicht. Die Aktualisierung – als Leserreaktion oder als wissenschaftliche Haltung – geht bewusst oder unbewusst von der Tatsache eines unmittelbaren Sinn- und Lebenszusammenhangs zwischen den Texten und ihren Autoren einerseits, den Lesern und Interpreten andererseits aus: zwischen historischem Zeugnis und seinen gegenwärtigen Adressaten. Diese Haltung – und mit ihr verbunden die Annahme eines aktuellen Zeit- und Sinnkontinuums – ist das Merkmal des ‚kommunikativen Gedächtnisses'. Jan und Aleida Assmann verstehen darunter ein auf den Lebenszusammenhang und den Erfahrungsaustausch von drei Generationen bezogenes ‚geschlossenes' Gedächt-

---

[77] Assmann 2006, S. 72–74.

nis, das sich kommunikativ über die Alltagssprache, aber auch über zeitgenössische Texte und Bilder herstellt.[78] Sein Zeitbewusstsein ist kontinuierlich, sein Wahrnehmungshorizont und das ihm zugrunde liegende Wertgefüge bleiben, einmal erworben, stabil. Das kommunikative Gedächtnis hat unmittelbar identitäts- und gemeinschaftsbildende Funktion. Geschichtliche Erfahrung ist bezogen auf den intergenerationellen Lebenszusammenhang und geht als solche in die Alltagserfahrung und die Wertorientierung ein. Geschieht dieser Übergang unmittelbar und spontan, führt dies zu einer Absolutsetzung der geschichtlichen Erfahrungen – die im Fall des Exils und seiner wissenschaftlichen Aufarbeitung bis zu einer Mythisierung des ‚anderen Deutschland' und der damit verbundenen Erfahrungen des Widerstands und des Verlusts führen können.

Mit dem Erreichen der Generationenschwelle wird dieses kommunikative Gedächtnis obsolet, dysfunktional. Das gilt im Besonderen für das Gedächtnis des Exils – ganz gleich, ob man den zeitlichen Ausgangspunkt bei der älteren, um 1870 geborenen, oder jüngeren, um 1900 geborenen Generation der Exilschriftsteller, bei Heinrich und Thomas Mann oder bei Bertolt Brecht, Anna Seghers, Klaus Mann, ansetzt oder bei der Generation der als Kinder und Jugendliche ins Exil Gegangenen wie Peter Weiss, Wolfgang Hildesheimer, Erich Fried oder Hilde Spiel. Für die Exilforschung heißt dies, dass den exilierten Literaturwissenschaftlern und der nachfolgenden, noch im Kontakt mit den Exilierten arbeitenden Generation von Exilforschern, den Zeitzeugen selbst und deren Zeugen, jetzt die Zeugen der Zeugen gefolgt sind: die gegenwärtigen Schüler, Studenten und Leser, die jüngeren Forscher der Exilliteratur. In den Termini der Gedächtniskultur: Das kommunikative Gedächtnis wird abgelöst durch das kulturelle Gedächtnis. Diese Ablösung markiert einen Einschnitt in der Wahrnehmung des Exils. An die Stelle eines unmittelbaren oder rekonstruierten Erfahrungszusammenhangs zwischen Zeugen, Adressaten und Interpreten treten der Überlieferungszusammenhang der ins Archiv übergewechselten Texte und ein auf die Rekonstruktion von Kontexten und Bedeutungen angewiesenes Verständnis.[79] Die Leser und Benutzer des Archivs verstehen sich nicht mehr als unmittelbare Zeitgenossen des Exils (auch nicht als imaginierte Richter und Rächer, als Helfer und Tröster), sondern als Nachlebende, die sich aus der Distanz den Zugang zu den Zeugnissen des Exils erst schaffen und ihre Bedeutung(en) im Kontext eigener Erfahrungen, mithilfe neuer Methoden, für sich selbst erschließen müssen. Die Tatsache, dass das Ar-

---

78 Assmann 2002, S. 184 f. Entwickelt hat die Begriffe des kommunikativen und kulturellen Gedächtnisses Jan Assmann in *Das kulturelle Gedächtnis. Schrift, Erinnerung und politische Identität in frühen Hochkulturen* (Assmann 2000, S. 48 ff.).
79 Vgl. dazu Winckler 2010a.

chiv nicht nur die Dokumente des Exils, sondern alle dem Wissen zugänglichen Dokumente einer historisch gewordenen Kultur umfasst, bedeutet auch, dass die wissenschaftliche Rekonstruktion des Exils immer den Gesamtzusammenhang überlieferter Texte, literarischer Gattungen und ästhetischer Formen mit umfasst. Mit dem Überschreiten der Gedächtnisschwelle, dem Übergang vom kommunikativen zum kulturellen Gedächtnis – vom ‚Leben' ins ‚Archiv' –, ist eine strikte ‚Historisierung' des Exils verbunden. Diese Historisierung betrifft den Zusammenhang mit der geschichtlichen und kulturellen Überlieferung. Sie bezieht sich gleichermaßen auf die Gegenwart. Die Erfahrungen der gegenwärtigen Leser und Interpreten, der zeitgeschichtliche Kontext aktueller Exile und die Antworten, die die Gegenwart – die Gesellschaft, die Politik, die Wissenschaft und die Literatur – darauf finden, bilden den Erfahrungshorizont, von dem aus der Blick der Leser und Forscher sich zurück auf das historische Exil richtet. Exilforschung als ‚Rekonstruktion' der Texte und Dokumente im Archiv umfasst beide Seiten der ‚Historisierung': die Kontextualisierung der Texte im Rahmen der kulturellen Überlieferung und ihre Aktualisierung im Horizont der Gegenwart. Das Verfahren ‚historischer Rekonstruktion' steht im denkbar größten Gegensatz zur Kanonisierung.

Die Arbeit am ‚offenen Archiv' der kulturellen Überlieferung in der Forschung und der Lektüre der Exilliteratur ist niemals abgeschlossen. Exilliteratur versteht sich selbst bereits als ‚offenes Archiv', das alle Arten literarischer Formen und Gattungen enthält, deren Bedeutung Autoren und Leser immer wieder neu für sich erschließen müssen.

Das unvollendete Manuskript, das der ↗ Transit-Erzähler im Koffer des verstorbenen Dichters Weidel findet,[80] weist die unterschiedlichsten Genre-Merkmale auf: Merkmale des Märchens, der Sage, des Abenteuerromans und der Autofiktion, an denen entlang die Lektüre des Erzählers sich entwickelt. Sie sind gleichzeitig, und das ist der narratologische Einfall von Anna Seghers, Gattungsmerkmale des Romans ↗ Transit selbst. Welche Aspekte dominieren, entscheiden jeweils der Leser und der heutige Interpret. Die Bedeutung literarischer Formen, ihre generative Funktion für das Erzählen und nicht der Inhalt ist das eigentliche Thema des Romans. Es geht um die Möglichkeit des Erzählens in der Katastrophe, die Rekonstruktion der Literatur im Rückgriff auf das Archiv seiner Formen und Funktionen – und dieser Prozess ist, wie jede neue Lektüre des Romans zeigt, niemals abgeschlossen.

---

80 Seghers 2001, S. 25 ff.

Literatur

Ackermann, Michael: *Exilliteratur 1933–1945: Migration und Deutschunterricht*. Frankfurt a. M. u. a. 2004.
Adorno, Theodor W.: „Was bedeutet: Aufarbeitung der Vergangenheit"? In: *Eingriffe. Neun kritische Modelle*. Frankfurt a. M. 1964, S. 125–146.
Assmann, Aleida: *Arbeit am nationalen Gedächtnis. Eine kurze Geschichte der deutschen Bildungsidee*. Frankfurt a. M., New York, Paris 1993.
Assmann, Aleida: „Vier Formen des Gedächtnisses". In: *Erwägen. Wisssen. Ethik* 13 (2002) H. 2, S. 183–190.
Assmann, Aleida: *Der lange Schatten der Vergangenheit. Erinnerungskultur und Geschichtspolitik*. München 2006.
Assmann, Aleida u. Jan Assmann: „Kanon und Zensur als kultursoziologische Kategorien". In: *Kanon und Zensur*. Hg. v. dens. München 1987, S. 7–27.
Assmann, Jan: *Das kulturelle Gedächtnis. Schrift, Erinnerung und politische Identität in frühen Hochkulturen*. München 2000.
Barck, Simone: *Antifa-Geschichte(n). Eine literarische Spurensuche in der DDR der 1950er und 1960er Jahre*. Köln, Weimar, Wien 2003.
Barthes, Roland: *Mythen des Alltags*. Frankfurt a. M. 1964.
Becker, Sabina u. Robert Krause (Hg.): *Exil ohne Rückkehr. Literatur als Medium der Akkulturation nach 1933*. München 2010.
Bhabha, Homi K.: *Die Verortung der Kultur*. Übers. v. Michael Schiffmann u. Jürgen Freudl. Tübingen 2000 (Engl.: *The Location of Culture*, 1994).
Bock, Sigrid, Wolfgang Emmerich u. a.: „Probleme der Erforschung und Vermittlung von Exilliteratur. Ein Gespräch mit Sigrid Bock, Wolfgang Emmerich, Jan Hans, Jost Hermand, Wulf Koepke, Uwe Naumann, Lutz Winckler und Dieter Schiller". In: *Sammlung. Jahrbuch für antifaschistische Literatur und Kunst*, Bd. 2. Hg. v. Uwe Naumann, Frankfurt a. M. 1979, S. 144–165.
Bollenbeck, Georg: *Bildung und Kultur. Glanz und Elend eines deutschen Deutungsmusters*. Frankfurt a. M., Leipzig 1994.
Braese, Stephan: „Exil und Postkolonialismus". In: *Exil, Entwurzelung, Hybridität*. Hg. v. Claus-Dieter Krohn u. Lutz Winckler in Verb. mit Wulf Koepke u. Erwin Rotermund. München 2009 (Exilforschung. Ein internationales Jahrbuch, Bd. 27. Hg. im Auftr. der Gesellschaft für Exilforschung), S. 1–19.
Briegel, Manfred u. Wolfgang Frühwald (Hg.): *Die Erfahrung der Fremde. Kolloquium des Schwerpunktprogramms „Exilforschung" der Deutschen Forschungsgemeinschaft*. Weinheim u. a. 1988.
Briegleb, Klaus: *Missachtung und Tabu. Eine Streitschrift zur Frage: „Wie antisemitisch war die Gruppe 47?"* Berlin, Wien 2003.
Bürger, Christa: „Thesen zur Traditionsaneignung". In: *Diskussion Deutsch* 13 (1982) H. 64, S. 105–107.
Bütow, Wilfried: *Literatur. Klassen 11 und 12. Textauswahl*. Berlin 1986.
Bütow, Wilfried: „Kanon und Literaturunterricht in der DDR". In: Czech 2007, S. 71–93.
Czech, Gabriele (Hg.): *„Geteilter" deutscher Himmel? Zum Literaturunterricht in Deutschland in Ost und West von 1945 bis zur Gegenwart*. Frankfurt a. M. u. a. 2007.
Eckert, Brita u. Werner Berthold: *„... er teilte mit uns allen das Exil". Goethebilder der deutschsprachigen Emigration 1933–1945.* Wiesbaden 1999.

Eisenstadt, Shmuel N.: *Theorie und Moderne. Soziologische Essays*. Wiesbaden 2006.
Emmerich, Wolfgang u. Susanne Heil (Hg.): *Lyrik des Exils*. Stuttgart 1985.
Emmerich, Wolfgang: *Geschichte der DDR-Literatur*. Leipzig 1996.
Friedrich, Bodo: „,Antifaschismus' im Deutschunterricht der SBZ und DDR. Zu einer politischen Dimension literarischer Allgemeinbildung". In: *Politik – Bildung – Gesellschaft. Studien zur exemplarischen Verhältnisbestimmung in sozialgeschichtlicher und zeitdiagnostischer Perspektive. Für Wolfgang Lobrecht zum 70. Geburtstag*. Hg. v. Bernhard Claußen u. Susanne Zschieschang. Glienicke, Cambridge 2002 (Demokratie und Aufklärung Materialien, Bd. 2), S. 375–398.
Fritsch, Christian u. Lutz Winckler (Hg.): *Faschismuskritik und Deutschlandbild im Exilroman*. Hamburg 1982.
Frühwald, Wolfgang: „Die ‚gekannt sein wollen'. Prolegomena zu einer Theorie des Exils". In: *Innen-Leben. Ansichten aus dem Exil. Ein Berliner Symposium*. Hg. v. Hermann Haarmann. Berlin 1995, S. 56–69.
Frühwald, Wolfgang u. Wolfgang Schieder (Hg.): *Leben im Exil. Probleme der Integration deutscher Flüchtlinge im Ausland 1933–1945*. Hamburg 1981.
Grunenberg, Antonia: *Antifaschismus – ein deutscher Mythos*. Reinbek bei Hamburg 1993.
Haarmann, Hermann (Hg.): *Heimat, liebe Heimat. Exil und innere Emigration (1933–1945)*. Berlin 2004.
Hans, Jan: „Literatur im Exil". In: Jan Berg u. a.: *Sozialgeschichte der Literatur von 1918 bis zur Gegenwart*. Frankfurt a. M. 1981, S. 419–466.
Härtling, Peter: „Die Macht der Verdränger". In: *Literatur des Exils. Eine Dokumentation über die P.E.N.-Jahrestagung in Bremen vom 18. bis 20. September 1980*. Hg. v. Bernd Engelmann. München 1981, S. 172–179.
Hein, Jürgen: „Kanon-Diskussion in Literaturdidaktik und Öffentlichkeit. Eine Bestandsaufnahme". In: *Literaturdidaktik – Lektürekanon – Literaturunterricht*. Hg. v. Detlef C. Kochan. Amsterdam 1990 (Amsterdamer Beiträge zur Neueren Germanistik Bd. 30), S. 311–346.
Hermand, Jost: *Geschichte der Germanistik*. Reinbek bei Hamburg 1994.
Hobsbawn, Eric: *How to Change the World. Tales of Marx and Marxism*. New York 2011.
Koopmann, Helmut: „Exil als geistige Lebensform". In: Koopmann/Post 2001, S. 1–19.
Koopmann, Helmut u. Klaus-Dieter Post (Hg.): *Exil. Transhistorische und transnationale Perspektiven*. Paderborn 2001.
Koselleck, Reinhart: „,Erfahrungsraum' und ‚Erwartungshorizont' – zwei historische Kategorien". In: Ders.: *Vergangene Zukunft. Zur Semantik geschichtlicher Zeiten*. Frankfurt a. M. 1979, S. 349–375.
Krauss, Marita: „Heimat – Begriff und Erfahrung". In: Haarmann 2004, S. 11–27.
Krohn, Claus-Dieter u. Lutz Winckler in Verb. mit Erwin Rotermund (Hg.): *Gedächtnis des Exils – Formen der Erinnerung*. München 2010 (Exilforschung. Ein internationales Jahrbuch Bd. 28).
Lämmert, Eberhard: „,Oftmals such' ich ein Wort.' Exil als Lebensform". In: Haarmann 2004, S. 29–42.
Lecke, Bodo: „Die ‚curriculare Wende' der Didaktik und die Entstehung des kritisch-politischen Deutschunterrichts (1965–1975)". In: *Deutschunterricht zwischen Reform und Modernismus. Blicke auf die Zeit 1968 bis heute*. Hg. v. Joachim S. Hohmann. Frankfurt a. M. u. a. 1994, S. 44–68.
Loewy, Ernst (Hg.): *Literarische und politische Texte aus dem deutschen Exil 1933–1945*. Stuttgart 1979.

Loewy, Ernst: „Zum Paradigmenwechsel in der Exilforschung". In: *Exil und Remigration*. Hg. v. Claus-Dieter Krohn, Erwin Rotermund, Lutz Winckler u. Wulf Koepke. München 1991 (Exilforschung. Ein internationales Jahrbuch, Bd. 9), S. 208–217.

Lokatis, Siegfried: *Der rote Faden. Kommunistische Parteigeschichte und Zensur unter Walter Ulbricht*. Köln 2003.

Ministerrat der Deutschen Demokratischen Republik, Ministerium für Volksbildung (Hg.): *Lehrplan Deutsche Sprache und Literatur*. Berlin 1988.

Müller-Michaels, Harro: „Deutschunterricht". In: *Materialien zur Lage der Nation. Vergleich von Bildung und Erziehung in der Bundesrepublik Deutschland und in der Deutschen Demokratischen Republik*. Hg. vom Bundesministerium für innerdeutsche Beziehungen. Köln 1990, S. 233–250.

Reich-Ranicki, Marcel: „‚Literatur muss Spaß machen'. Marcel Reich-Ranicki über einen neuen Kanon lesenswerter deutschsprachiger Werke". In: *Der Spiegel* (18. 6. 2001) H. 25, S. 212–223.

Reich-Ranicki, Marcel (Hg.): *Der Kanon. Die deutsche* Literatur, 50 Bde. Frankfurt a. M., Leipzig 2002–2006.

Rohrwasser, Michael: „Unser Kanon der Exilliteratur". In: *Der Kanon – Perspektiven, Erweiterungen und Revisionen*. Hg. v. Jürgen Struger. Wien 2008, S. 251–269.

Rost, Nico: *„Goethe in Dachau". Literatur und Wirklichkeit*. Berlin o. J.

Roussel, Hélène: „Bücherschicksale. Buchsymbolik, literarische Buch- und Bibliotheksphantasien im Exil". In: *Bücher, Verlage, Medien*. Hg. v. Claus-Dieter Krohn, Erwin Rotermund, Lutz Winckler u. Wulf Koepke unter Mitarb. v. Ernst Fischer. München 2004 (Exilforschung. Ein internationales Jahrbuch, Bd. 22), S. 11–28.

Schiller, Dieter: „Die sozialistische Nationalliteratur der DDR und das Erbe der Literatur des antifaschistischen Exil". In: *Verteidigung der Menschheit*. Hg. v. Edward Kowalski. Berlin 1975, S. 420–440.

Schiller, Dieter: „Zur Exilliteraturforschung in der DDR. Ein Rückblick aus persönlicher Sicht". In: *Aspekte der künstlerischen Inneren Emigration 1933–1945*. Hg. v. Claus-Dieter Krohn, Erwin Rotermund, Lutz Winckler u. Wulf Koepke, München 1994 (Exilforschung. Ein internationales Jahrbuch, Bd. 12), S. 95–118.

Schlör, Joachim: „Dinge der Emigration. Eine Projektskizze". In: *Autobiografie und wissenschaftliche Biografik*. Hg. v. Claus-Dieter Krohn, Erwin Rotermund, Lutz Winckler u. Wulf Koepke, München 2005 (Exilforschung. Ein internationales Jahrbuch, Bd. 23), S. 222–238.

Schlör, Joachim: „‚Menschen wie wir mit Koffern'. Neue kulturwissenschaftliche Zugänge zur Erforschung jüdischer Migrationen im 19. und 20. Jahrhundert". In: *„Nach Amerika nämlich." Jüdische Migrationen in die Amerikas im 19. und 20. Jahrhundert*. Hg. v. Gerald Lamprecht, Ulla Kriebernegg, Roberta Maierhofer u. Andrea Strutz. Göttingen 2012, S. 23–54.

Seghers, Anna: „Transit". In: *Werkausgabe*. Hg. v. Helen Fehervary u. Bernhard Spies, Bd. I/5. Das erzählerische Werk 5. Bearb. v. Silvia Schlenstedt. Berlin 2001.

Seghers, Anna: *Werkausgabe*. Hg. v. Helen Fehervary u. Bernhard Spies, Bd. V/1. Briefe 1924–1952. Bearb. v. Christiane Zehl Romero u. Almut Giesecke. Berlin 2008.

Shedletzky, Itta und Hans Otto Horch (Hg.): *Deutsch-jüdische Exil- und Emigrationsliteratur im 20. Jahrhundert*. Tübingen 1993.

Steinfeld, Thomas: „Die Kompaktanlage". In: *Süddeutsche Zeitung* (20. 9. 2002).

Stern, Guy: *Literarische Kultur im Exil. Gesammelte Beiträge zur Exilforschung*. Dresden, München 1998.

Vordtriede, Werner: „Vorläufige Gedanken zu einer Typologie der Exilliteratur". In: *Akzente. Zeitschrift für Literatur* 15 (1968), S. 556–575.
Waldenfels, Bernhard: *Der Stachel des Fremden*. Frankfurt a. M. 1990.
Walter, Hans-Albert: „Noch immer: Draußen vor der Tür". *Frankfurter Rundschau* (17. 10. 1970) u. *Merkur* 273 (1971), S. 77–84.
Walter, Hans Albert: *Deutsche Exilliteratur 1933–1945*. Bd. 1: Bedrohung und Verfolgung bis 1933. Darmstadt, Neuwied 1972. Bd. 2: Asylpraxis und Lebensbedingungen in Europa. Darmstadt, Neuwied 1972. Bd. 7: Exilprese I. Darmstadt, Neuwied 1973. – Die neuorganisierte Ausgabe: *Deutsche Exilliteratur 1933–1950*. Bd. 1.1.: Die Mentalität der Weimardeutschen. Die ‚Politisierung' der Intellektuellen. Stuttgart 2003. Bd. 2: Europäisches Appeasement und überseeische Asylpraxis. Stuttgart 1984. Bd. 3: Internierung, Flucht und Lebensbedingungen im Zweiten Weltkrieg. Stuttgart 1988. Bd 4: Exilpresse. Stuttgart 1978.
Walter, Hans-Albert: „Schwierigkeiten beim Kurs auf die Realität. Zum ersten Versuch einer Gesamtdarstellung von Kunst und Literatur im Exil". In: *Sammlung. Jahrbuch für antifaschistische Literatur und Kunst*, Bd. 5. Hg. v. Uwe Naumann. Frankfurt a. M. 1982, S. 92–108.
Weber, Regina: „Der emigrierte Germanist als ‚Führer' zur deutschen Dichtung? Werner Vordtriede im Exil". In: *Kulturtransfer im Exil*. Hg. v. Claus-Dieter Krohn, Erwin Rotermund, Lutz Winckler u. Wulf Koepke. München 1995 (Exilforschung. Ein internationales Jahrbuch, Bd. 13. Hg. im Auftr. der Gesellschaft für Exilforschung), S. 131–165.
Winckler, Lutz (Hg.): *Antifaschistische Literatur*, 3 Bde. Kronberg im Ts. 1977–1979.
Winckler, Lutz: „Kunst und Literatur im antifaschistischen Exil 1933–1945. Über den notwendigen Versuch, Exilgeschichte als Geschichte der ‚Ästhetik des Widerstands' zu schreiben". In: *Connaissance de la RDA*. Hg. v. Gilbert Badia u. a. Paris 1983, S. 87–111.
Winckler, Lutz: „Gedächtnis des Exils. Erinnerung als Rekonstruktion". In: Krohn/Winckler 2010, S. IX–XVI (= 2010a).
Winckler, Lutz: „Eine Chronik des Exils. Erinnerungsarbeit in Anna Seghers' ‚Transit'". In: Krohn/Winckler 2010, S. 194–210 (= 2010b).
Zimmer, Hasko: „Literaturunterricht und Systemkonkurrenz. Deutschlehrpläne der Bundesrepublik und der DDR im Kontext der fünfziger Jahre". In: Czech 2007, S. 95–116.

Internetverweise

Baden-Württemberg, Ministerium für Kultus, Jugend und Sport: *Bildungsplan Gymnasium*, 2004 (http://bildung-staerkt-menschen.de, Stand: 20. 2. 2013).
Bayern, Staatsinstitut für Schulqualität und Bildungsforschung: *Lehrplan (Pflicht-/Wahlpflichtfächer) Jahrgangsstufen 11/12 Deutsch 12, 12.5*, 2004 (http://www.isb-gym8-lehrplan.de, Stand: 20. 2. 2013).
Berlin, Senatsverwaltung für Bildung, Jugend und Sport: *Rahmenlehrplan für die gymnasiale Oberstufe. Deutsch*, 2011 (http://bildungsserver.berlin-brandenburg.de/curricula_gost_bb.html, Stand: 20. 2. 2013).
Brandenburg, Landesinstitut für Schule und Medien Berlin-Brandenburg: *Hinweise zum Unterricht in der Jahrgangsstufe 11 im Land Brandenburg. Deutsch*, 2007 (http://bildungsserver.berlin-brandenburg.de/, Stand: 20. 2. 2013).
Sachsen, Sächsisches Staatsministerium für Kultus und Sport: *Lehrplan Gymnasium. Deutsch*, 2004/2009/2011 (http://195.37.90.111/apps/lehrplandb/, Stand: 20. 2. 2013).

IV Literarische Analysen

Ilse Aichinger: *Unglaubwürdige Reisen* (2005)

Ilse Aichinger *1. 11. 1921 Wien.

Inhalt

Ilse Aichingers *Unglaubwürdige Reisen* versammelt Prosaminiaturen, die 2001 bis 2004 im Wiener Kaffeehaus Demel als wöchentliche Reisefeuilletons für die Wiener Tageszeitung *Der Standard* entstanden sind und auf flüchtigem Schreibmaterial wie Einkaufstüten, Kreuzworträtsel-Rückseiten oder Menükarten festgehalten wurden. Erzählt wird von imaginären Reisen, die ohne konventionelle Reiseführer auskommen und nicht an exotische Orte führen. So entsteht ein dichtes Wegenetz aus autobiografischen Kindheits- und Jugenderinnerungen an Krieg und Verfolgung, verknüpft mit tagesaktuellen, welthistorischen und popkulturellen Ereignissen: Wenn etwa Pippi Langstrumpf Wien besucht oder wenn danach gefragt wird, was Hofmannsthal mit den ‚Viennabikes', den Gratisfahrrädern der Stadt Wien, und deren Missbrauch anfinge, ist stets ein narrativer Kurzschluss mit Erinnerungen an verstorbene Angehörige und Freunde möglich, die als Schattenrisse imaginativ belebt werden. All diese Reisen werden in einem leichten Ton präsentiert und stehen doch im Bann einer traumatischen Erinnerung. Fast ausnahmslos nehmen sie ihren Ausgang „von Wien her" oder führen „auf Wien hin" (vgl. Fässler 2011), und eindringlich insistieren sie darauf, dass jede auf Erkenntnis zielende Reise gerade nicht in die Fremde führen kann, sondern auf gewohnten Wegen bleiben muss, um das Fremde im Eigenen entdecken zu können.

Analysen

Narrationen des Exils
Die Erzählminiaturen in *Unglaubwürdige Reisen* formulieren eine Poetik des Exils, auch wenn Ilse Aichinger während und unmittelbar nach dem Zweiten Weltkrieg weder erzwungen noch freiwillig von ihrem Heimatort Wien getrennt war. Als Tochter einer jüdischen Ärztin und eines nichtjüdischen Lehrers in Wien geboren, wuchs sie gemeinsam mit ihrer Zwillingsschwester Helga in Linz und Wien auf. Während die Schwester 1939 kurz vor Kriegsausbruch mit einem der letzten Jugendtransporte nach England exilieren konnte, blieb Ilse Aichinger zum Schutz der Mutter in Wien, auch dann, als der geplante Nachzug der restlichen Familie scheiterte und 1942 die Großmutter und die jüngeren Geschwister der Mutter nach Minsk deportiert wurden. Die Schwester, Helga Michie, zu deren

Freundeskreis u. a. die Exilautoren Elias und Veza Canetti, Erich Fried und Hilde Spiel gehörten, ist auch nach dem Krieg im englischen Exil geblieben (vgl. Rix 2011). Nicht nur die intertextuellen Verweise, etwa auf Elias Canetti und Erich Fried in *Canetti im nassen englischen Wind*, unterstreichen die Bedeutung Londons als Exilort. Auch die immense intratextuelle Verflechtung der einzelnen Prosaminiaturen untereinander fokussiert immer wieder aufs Neue auf England und London, das in *Die blaue Milch der Grünangergasse* oder in *Ausflug in die Wiener Anatomie* als Exilort Freuds (*UR*, 31 u. 37) in den Blick rückt sowie in *Hofmannsthal und die Viennabikes* „dem emigrierten Hofmannsthal-Sohn Raimund" (*UR*, 53) zum Fluchtort wird.

Als zweite Heimat der Schwester ist das Land zwar fremd, als das Land der geglückten Flucht aber zugleich ein Vertrauen und Trost spendendes Land. Es ist gerade die Ambivalenz des ‚Dazwischen', die *Eine Lobrede auf England* ermöglicht: „Man hat wenig Wahl", heißt es hier, „England ist auch nicht verwandt, sondern extrem unverwandt" (*UR*, 71), und gerade deshalb verbindet sich mit England „das Glück, da zu bleiben, wo man sich eben nicht aufhält" (*UR*, 73). Expliziter noch wird England als Glück verheißendes Exilland und Ort des Zusammenfallens von Gegensätzen in *Canetti im nassen englischen Wind* dargestellt, das vom ersten Wiedersehen mit der Schwester erzählt: „1948 brach ich, bis heute unglaublich und glaubwürdig, nach England auf, wo meine Schwester und die Schwester meiner Mutter zehn Jahre zuvor – unfreiwillige Reisende, doch für immer freiwillige Engländer – gelandet waren." (*UR*, 74) Das reale Exil der Schwester, der anderen Hälfte ihrer Zwillingsexistenz, zum einen, die Zeugenschaft der Deportation naher Verwandter sowie die im und nach dem Krieg erlittenen Repressionen zum anderen, bedingen Aichingers Wahrnehmung der eigenen Existenz als die einer Exilierten sowie die traumatische Erfahrung des Ausgeschlossen- und Verworfenseins. So ist Aichingers Exil nicht nur ein metaphorisches, mit dem die eigene Subjekt- und/oder Autor-Position reflektiert würde (vgl. Bronfen 1993, S. 172), sondern gründet in der Erfahrung des Entronnenseins, die von der Erfahrung nicht zu trennen ist, der „Unzugehörigkeit ausgesetzt" (*UR*, 164) und in der Herkunftskultur fremd und heimatlos, mithin in einer Position des Dazwischen verortet zu sein. Der Versuch, diese Erfahrungen in Literatur zu transformieren, wird insbesondere in dem nach 2000 entstandenen Spätwerk in bedingungsloser Klarheit und Präzision benannt, bestimmt aber bereits den Roman *Die größere Hoffnung* von 1947. Dort wird die Schwedenbrücke, auf der Ilse Aichinger ihre jüdischen Angehörigen, die in einem Lastwagen in den Tod deportiert wurden, zum letzten Mal gesehen hat, erstmals literarisch übersetzt, und zwar in das Projekt einer Brücke der größeren Hoffnung, in der Leben und Tod keine unaufhebbaren Gegensätze bilden. Eine explizit autobiografische Kontur erhält diese traumatische Erfahrung dann erst 2001 in *Wien 1945, Kriegsende* aus dem Band

Film und Verhängnis. Blitzlichter auf ein Leben. In *Danzig, zum Geburtstag von Günter Grass* aus *Unglaubwürdige Reisen* wird wiederum die autofiktional lesbare Frage gestellt, was gewesen wäre, wenn Oskar Matzerath die verfolgten Kinder aus der *Größeren Hoffnung* getroffen hätte: „Hätte der Rhythmus seiner Trommel den Rhythmus der Transporte über die Schwedenbrücke wenigstens ein wenig aus dem Gleichmaß bringen können?" (UR, 67) Aichingers Schreiben ist nicht nur hier darauf ausgerichtet, Brücken zu bauen, Zugang zu den ‚Versunkenen' und ‚Verlorenen' zu erhalten. Stets ist es darauf fokussiert, die historische Erfahrung in poetisches Sprechen zu übersetzen. So entstehen Reisen der Grenzerweiterung, bei denen Distanz in Nähe, Fremdes in Vertrautes sowie Zeitliches in Räumliches transformiert wird und umgekehrt. Dabei wird der fixe Schreibort zugleich zum Grenzort einer Narration und zum Ausgangsort eines intertextuellen und transitorischen Erzählens, das – der sogenannten Migrationsliteratur im Zeichen von Globalisierung und transkulturellen Erfahrungsmodi vergleichbar – unterschiedliche Zeiten und Räume miteinander verbindet sowie Verlusterfahrung und Sinnstiftung miteinander verschränkt.

Theoretische Perspektivierungen
Dieses transhistorische und transitorische Erzählverfahren wird etwa in *Pippi Langstrumpf im „71er"-Wagen* entfaltet. Mit Pippi Langstrumpf hat Astrid Lindgren eine Kinderbuchfigur geschaffen, die für die Rebellion gegen die Welt der Erwachsenen sowie für die performative Transgression und Subversion binärer Geschlechternormen steht. Mit ihrem anarchischen Kinderblick rückt Pippi, deren Berufswunsch Seeräuber ist, in eine gewisse Nähe zu jener vornehmlich über die weibliche Hauptfigur Ellen vermittelten Perspektive der Kindheit auf Krieg, Ausgrenzung und Verfolgung der Juden in *Die größere Hoffnung* – zugleich ist damit eine Verbindung zu jenem generell für Aichingers Schaffen im Zeichen des Anarchischen leitenden Konzept des Misstrauens sowie der Wahrnehmungsstruktur einer ‚Sicht der Entfremdung' hergestellt. Diese ist eine den Reiseberichten des zur See gefahrenen Ernst Schnabel abgelesene Kinder-Sicht in einen Tiefenraum, der das Wahrgenommene auf seinen ‚Möglichkeitssinn' hin ausleuchtet und gerade dadurch ‚Wirklichkeitssinn' erzeugt. Diese „Sicht der Kindheit" (Aichinger 2001b, S. 51) ist geschult am fotografischen Blick. Als ‚Sicht der Entfremdung', die „den Unfug des Sightseeing auf[hebt]" (ebd., S. 56) und die „Sprache der Fremde" zu Wort kommen lässt (ebd., S. 60), bringt sie erstarrte Bilder und die erstarrte Sprache wieder in Bewegung. Exiltheoretisch interessant ist überdies die Erkenntnis, dass mit dem tiefendimensionalen, fremden Blick „die Zeit [...] zum Raum" und „der Raum zur Zeit wird" (ebd., S. 54). Hier zeigt sich eine Nähe zur Wahrnehmungsstruktur transkultureller Poetiken, gelten doch Phänomene der Heterochronie und Heterotopie als deren charakteristische Merkmale.

In diesen gender-, wahrnehmungs- und machttheoretisch gleichermaßen perspektivenreichen Kontext ist auch Aichingers Pippi zu stellen, die in *Pippi Langstrumpf im „71er"-Wagen* nach Wien reist, „obwohl sie anarchisch genug ist, um ‚bei uns' schwer vorstellbar zu sein" (*UR*, 33). Der auf Pippis Reise mitgenommene Leser darf sich nun vorstellen, wie Pippi gegen alle Konventionen des Sightseeings Wien wahrnimmt und dabei mit der Überwindung ‚natürlicher' Raum- und Zeithorizonte auch die kulturelle Ordnung Wiens mit ihren fest etablierten Hierarchien und Normen verunsichert. Die Vorstellung, dass Pippi „Ruhmeshallen und Weiheräume [...] nur als Passage verwenden" (ebd.) würde, verdeutlicht die politische, machtkritische, subversive und ethische Dimension einer kindlich-anarchischen Weltsicht, die im Horizont der historischen Erfahrung in der anonymen Masse der ‚Vielen' immer die Existenzberechtigung und Rettung des Einzelnen im Blick hat:

> Man sollte Pippi, die Pillen gegen das Erwachsenwerden nahm, das letzte Wort lassen: „Aber bedenkt mal, wenn ich gerade gelernt habe, wie viele Hottentotten es gibt, und einer davon bekommt Lungenentzündung und stirbt – dann war alles umsonst." – Und damit verlässt sie Wien wieder, das Klappern fremder Sohlen und die Hottentotten der Inneren Stadt. (*UR*, 34f.)

Pippis unglaubwürdige Reise nach Wien ist überdies in medientheoretischer Hinsicht von Interesse, und zwar insofern, als Aichingers Narrationen des Exils immer auch von ihrer Kinoleidenschaft erzählen. Im Kontext von *Film und Verhängnis. Blitzlichter auf ein Leben* (2001) betrachtet – jenem Prosaband, der Lebensgeschichte und Kinogeschichte, das Verhängnisvolle der eigenen jüdischen Existenz und die Glückserfahrungen, die das Kino als Ort des Verschwindens bietet (vgl. Ivanovic 2009), wechselseitig aufeinander bezieht –, ist Pippis Erscheinen in Wien einem Kinobild vergleichbar: Wie die flüchtigen Kinobilder blitzt Pippis unglaubwürdige Reise nach Wien auf, wie ein flüchtiges, gleich wieder verschwindendes Vorstellungsbild, welches jedoch Assoziationen zu den vielen anderen in die Vergangenheit zurückreichenden Vorstellungsbildern in *Unglaubwüdige Reisen* sowie generell zum Universum von Aichingers Textwelten knüpft; Benjamins Verständnis des dialektischen Bildes im „Jetzt der Erkennbarkeit" (Benjamin 1991, S. 578) nahe, schießen diese Bilder immer wieder aufs Neue blitzhaft mit den Bildern der Gegenwart in Erkenntnis vermittelnde Konstellationen zusammen, die „den geschichtlichen ‚Augenblick der Gefahr' [erfassen], wie das Walter Benjamin nennt" (Reichensperger/Wittstock 2001, S. 158).

Exil und Erinnerung
Kontinuität zwischen Aichingers frühen und späten Texten stiftet jenes durch das Trauma der Zeugenschaft und der Trennung begründete Anliegen, schreibend die Toten anwesend zu machen, im Raum der Schrift eine Gemeinschaft von

Überlebenden und Toten zu stiften und derart das Exilgedächtnis als Opfergedächtnis zu konfigurieren. Allerdings suggeriert das Spätwerk eine intensivere autofiktionale Lesbarkeit. Bereits *Eine Zigarre mit Churchill*, der Eingangstext von *Unglaubwürdige Reisen*, schildert eine unglaubwürdige Reise, die nicht „in die Ferne" führt, sondern „in die Geschichte" – zunächst zu Madame Tussauds Lebensgeschichte, d.h. auch zu den Leichenhaufen der Französischen Revolution und zur ersten Pariser Wachsfiguren-Ausstellung, einer „Vorform des Kinos", dann zum Londoner Wachsfigurenkabinett, das damals noch nicht „Chamber of Horrors" hieß, zur „Überfahrt nach Irland", bei der „Madame Tussaud und einige ihrer Figuren" nur knapp dem Tod entronnen sind, und schließlich zu den Wachsfiguren Adolf Hitlers und Winston Churchills (*UR*, 15f.). Auf engstem Raum werden Bilder so übereinander geblendet, dass mit den Paradigmen Kino, Tod, Meer, Schiff, Rettung und London poetische Chiffren einer Selbstverortung im Transitorischen und damit eine Narration des Exils entsteht, die auch eine Einführung in richtiges Reisen sein will: In Reisen, die zwischen Fakt und Fiktion nicht unterscheiden, derart in Erfahrungen des Exiliertseins vorstoßen und diese qualitativ erweitern. Solche Reisen legen – zumal die Wachsfiguren Freuds Wachstafel-Gleichnis assoziieren – Dauerspuren im Gedächtnis an, was wiederum eine Verbindung von Vergangenheit und Gegenwart ermöglicht, in der sich das individuelle Erinnern gegenüber den normativen Vorgaben des kulturellen Gedächtnisses behauptet.

Entsprechend könnte man Churchill „auf eine Zigarre einladen, an Hitler vorbeispazieren und Zigarrenasche fallen lassen" (*UR*, 18f.). Diese den Text abschließende Vorstellung führt in das Archiv des kulturellen Bildgedächtnisses. Aktualisiert wird hier das berühmte Bild von Churchill mit Zigarre im Mund und triumphal zur Siegergeste erhobener rechter Hand, und angeregt wird damit zu einem neuen, entfremdenden Blick auf das historische Faktum von Churchills Kritik an der Appeasement-Politik Chamberlains mit ihren weitgehenden Konzessionen gegenüber Hitler.

Aichingers Poetik des Exils zielt nicht auf das Erschreiben einer festen Identität. Vielmehr zeigen die Texte ein Ich in Bewegung, und die imaginären Reisen sind transkulturelle Textbewegungen einer nomadischen Existenz, die in der Welt und in den Literaturen der Welt die Entortung aufsucht und der Verschwundenen gedenkt. Diese Textbewegungen hybridisieren das schreibende Ich, sodass auch andere Reisende – genannt werden u.a. Hofmannsthal, Grillparzer, Grass, Canetti oder Stifter, die Beatles, Bob Dylan, Fritz Lang oder Marlene Dietrich – diese unglaubwürdigen Reisen unternehmen können. Die Textbewegungen ‚subvertieren' überdies essentialistische Auffassungen von Heimat, Kultur oder Nation und entgrenzen den einen Exilort zum Kaleidoskop möglicher Exilorte des 20. Jahrhunderts. Eindrücklich kommt dies in *Erlebnisgarantie für Wiener in Shanghai* zur Geltung. Der Text spiegelt in der Biografie Dr. David Weisselbergs autobiografische Erfahrungen verweigerter „Zugehörigkeit" in der fremden Heimat Wien. An ihm werden die latenten Auschließungs- und Gewaltmechanismen eines geschichtsblinden Umgangs mit den Begriffen ‚Heimat', ‚Fremde' und ‚Reisen' ausgestellt: Eingangs durch die rhetorische Frage, warum die im Dumont-Reiseführer angepriesene „Erlebnisgarantie" nur „für heute, morgen und übermorgen", aber nicht für „gestern" (*UR*, 161) gelten soll. Den Hinweisen, dass Shanghai „seit Mitte des 19. Jahrhunderts ein Einwanderungsland, ein Magnet" ist und Aldous Huxley, der Autor des dystopischen Romans *Brave New World* (1932), dort wie nirgendwo den „Eindruck von konzentriertem, üppigem, geballtem Leben" (ebd.) hatte, folgt in hartem Kontrast Dr. David Weisselbergs Lebensgeschichte: Sein „Ende" – und mit dieser Auskunft endet auch der Text – „in einem der vielen Vernichtungslager macht sein freundliches, fast devotes Lächeln zum Menetekel" (*UR*, 164). Dieser nachträglichen Deutung des freundlichen Gesichts als warnendes Vorzeichen kommenden Unheils geht unmittelbar die Dokumentation der Schreibgegenwart „in der Hofzuckerbäckerei Demel" voraus, in der das Ich am Nebentisch sagen hört: „Mir ist nichts fremd." (ebd.) Es ist – so Aichinger in *Unter Charmeuren* – einer jener Sätze, der „das Land hier unverwechselbar [macht]. Aber ich kenne diese Art von Unverwechselbarkeit, sie ist mir nicht fremd. Nicht nur deshalb möchte ich nicht in die Fremde, sondern will in der Fremde bleiben, die mörderisch, aber vertraut ist, in Wien." (Aichinger 2006, S. 49) Konsequent historisiert Aichingers Poetik des Exils die odysseeische Heimatlosigkeit dahingehend, dass das gegenwärtige Wien mit seiner unbewältigten Xenophobie eine Heimat ist, die heimatlos macht und imaginäre Reisen in die Fremde erzwingt. Inwiefern der Schreibort in den Wiener Cafés einerseits Rückzugsort für das schreibende Ich in eine Art ‚Innere Emigration' und andererseits ein Anschauungsraum für das gleichsam zeitlose imperiale Machtbegehren eines den Mythos Habsburg fortschreibenden kulturellen Selbstverständnisses Österreichs ist, benennt die in *Im Auge des Taifuns: Das „Demel"* unternommene Reise ins Café Demel. Sie endet mit „‚Haben schon gewählt?' heißt es bei Demel. Aber welche Wahl im Leben ist offen?" (*UR*, 95), und beginnt so:

> Das Frühstücksei um 12.43 oder einfach „ein Buttersemmerl, wenn belieben" zur Portion heißer Schokolade: So hilft schon am späten Morgen die Ahnung, im Mittelpunkt eines Herrschaftsgebiets gelandet zu sein. Viel mächtiger als die USA. Die Demels waren seit 1857 „Imperial- und Hoflieferanten", unter Franz Joseph wurde Ludwig Demel dazu ernannt. Mit „möchten" beginnen beim k.u.k. Hofzuckerbäcker die Fragen. Die Freiwilligkeit bleibt im Rahmen. Auch die Wahl [...]. (*UR*, 93)

Die Verknüpfung der Fremdheits- und Ausschlusserfahrung mit Reflexionen über den Existenzzwang macht reales und metaphorisches Exil nahezu ununterscheidbar: Und auch wenn das Schreiben Fluchtort vor diesem doppelten Exil ist, so kann das Trauma der Trennung auch durch seine in *Unglaubwürdige Reisen* geleistete Übersetzung in poetisches Sprechen nicht heilen.

Fazit

Aichingers *Unglaubwürdige Reisen* formieren eine Poetik des Exils, für die eine historisch nachweisbare Verbannung aus der Heimat nicht grundlegend ist, aber auch ein nur metaphorisches Verständnis von Exil zu kurz greift, zumal die aufgesammelten Reiseorte auch historische Exilorte sind. Auf der Basis zweier Erfahrungsdimensionen – die von der Biologie aufgezwungene ‚Zumutung der Existenz' und die von der Biopolitik aufgezwungene Entortung – werden vielmehr autobiografische und historische Erfahrung, Formen des individuellen und des kulturellen Gedächtnisses, inter- wie intratextuelle Verweisungszusammenhänge sowie Wahrnehmungs-, Sprach-, Macht- und Medienreflexion auf komplexe Weise miteinander verschränkt (vgl. Thums 2013). Konstitutiv hierfür ist ein poetisches Sprechen, das – wie in *Pippi Langstrumpf im „71er"-Wagen* – Zeiten, Räume und Wahrnehmungsmodi in das Transhistorische einer unabschließbaren Vergangenheit übersetzt, dabei v. a. Brücke, Meer und Seefahrt als poetische Chiffren für die Selbstverortung im Transitorischen einsetzt und im Medium des Films, der Fotografie und des Kinos die ‚Sicht der Entfremdung' produktiv macht. So erstellt Aichingers Poetik des Exils, deren Anschlussfähigkeit an gegenwärtige Auseinandersetzungen mit Exil und Migration als Massenphänomen und paradigmatische Konstellation im 20. und 21. Jahrhundert noch zu entdecken ist, ein auf die Zukunft hin offenes Exilgedächtnis, in welches auch die Erfahrungen der kulturellen Fremdheit und des Unbehaustseins im Kontext allgegenwärtiger Migrations- und Globalisierungsprozesse eingetragen werden können.

Barbara Thums

Literatur

(*UR*) Aichinger, Ilse: *Unglaubwürdige Reisen*. Hg. v. Simone Fässler u. Franz Hammerbacher. Frankfurt a. M. 2005.

Aichinger, Ilse: „Die Sicht der Entfremdung. Über Berichte und Geschichten von Ernst Schnabel". In: *Kurzschlüsse*. Hg. u. mit einem Nachw. vers. v. Simone Fässler. Wien 2001, S. 51–62 (=2001a).

Aichinger, Ilse: „Wien 1945, Kriegsende". In: *Film und Verhängnis. Blitzlichter auf ein Leben*. Frankfurt a. M. 2001, S. 56–61 (=2001b).

Aichinger, Ilse: „Unter Charmeuren". In: *Subtexte*. Wien 2006, S. 49–52.
Benjamin, Walter: *Gesammelte Schriften*, Bd. V.1. Das Passagen-Werk. Hg. v. Rolf Tiedemann u. Hermann Schweppenhäuser. Frankfurt a. M. 1991.
Bronfen, Elisabeth: „Exil in der Literatur: Zwischen Metapher und Realität". In: *Arcadia* 28 (1993) H. 2, S. 167–183.
Fässler, Simone: *Von Wien her, auf Wien hin. Ilse Aichingers „Geographie der eigenen Existenz"*. Wien u. a. 2011.
Ivanovic, Christine: „Ilse Aichingers Poetik des Verschwindens". In: *Symposium* 63 (2009) H. 3, S. 178–193.
Reichensperger, Richard u. Uwe Wittstock: „Ich bin im Film" (2001). In: Ilse Aichinger: *Es muss gar nicht bleiben. Interviews 1952–2005*. Hg. u. mit einem Nachw. v. Simone Fässler. Wien 2011, S. 154–158.
Rix, Ruth: „,Auntie' in England. A Personal Memoir". In: *Wort-Anker Werfen. Ilse Aichinger und England*. Hg. v. Rüdiger Görner, Christine Ivanovic u. Sugi Shindo. Würzburg 2011, S. 15–26.
Thums, Barbara: „Zumutungen, Ent-Ortungen, Grenzen. Ilse Aichingers Poetik des Exils". In: *Literatur und Exil: Neue Perspektiven*. Hg. v. Doerte Bischoff u. Susanne Komfort-Hein. Berlin 2013 (im Erscheinen).

Jenny Aloni: *Der Wartesaal* (1969)

Jenny Aloni, geb. Rosenbaum * 7. 9. 1917 Paderborn, † 30. 9. 1993 Ganei Yehuda (Israel). Stationen des Exils: ab 1939 Palästina/Israel.

Inhalt

Der Wartesaal ist die von der Protagonistin verwendete Bezeichnung für eine psychiatrische Klinik im Israel der Nachkriegszeit, aus der sie die ‚Verzeichnung' ihrer Eindrücke und die Gedanken an ihre ungeborene Tochter Lisa entwirft. Die Handlung des kurzen Romans spielt sich jedoch sowohl im Israel der Nachkriegszeit als auch in Deutschland während der NS-Zeit ab. Im ersten Teil des Romans beschreibt die Protagonistin die Eigenarten ihrer Mitpatienten in der Klinik, der sogenannten ‚Wartenden' und ‚Passagieren', ihren eigenen, oft von Selbstschutz geprägten Bezug zu den Personen ihrer Umgebung und die gemeinsamen Aktivitäten in der Klinik. In den folgenden Teilen des Romans wendet sie sich ihrer Vergangenheit zu und setzt sich mit ihrer kurzen gescheiterten Ehe sowie mit ihrer Laufbahn in der NSDAP auseinander. Als Tochter einer jüdischen Mutter wird sie schließlich inhaftiert und in Konzentrationslager gebracht. In der israelischen Klinik leidet sie unter anderem als KZ-Überlebende stark unter dem Schuldgefühl, ihre Eltern, vor allem ihre jüdische Mutter, durch ihre NS-Aktivitäten hintergangen zu haben. Die Erkenntnis, dass sie dieser Vergangenheit nicht entrinnen kann, versetzt die Protagonistin in ein innerliches und äußerliches Exil, von dem es keine Rückkehr gibt.

Analysen

Narrationen des Exils
Der Roman wurde in deutscher Sprache in Israel verfasst, wo sich der Autorin keine Möglichkeit zur Veröffentlichung bot. Die Erstauflage erschien 1969 in der Reihe ‚Neue Prosa Herder' (W, 109). Aloni schrieb den Roman in den 1960er Jahren, basierend auf ihren Begegnungen mit seelisch Kranken, auf die sie in ihrer 19 Jahre währenden Tätigkeit als Freiwillige in einem psychiatrischen Krankenhaus in Israel traf (W, 109). Im Unterschied zu ihrem Roman *Zypressen zerbrechen nicht*, in dem sie die zum Teil autobiografischen, schwierigen Flucht- und Integrationserfahrungen der Schriftstellerin im Exil bzw. in der neuen Heimat literarisiert, wird in *Der Wartesaal* die Thematik des Exils vorwiegend metaphorisch anhand von Zuständen wie Warten, seelischer Krankheit, Schwanger- und Mutterschaft dargestellt. Gleichzeitig rücken in der zweiten Hälfte des Romans spezifische historische Gegebenheiten in den Vordergrund: Die Protagonistin teilt ihrer ungeborenen Tochter den Verrat an den eigenen Eltern – dem nichtjüdischen Vater und der jüdischen Mutter – in Deutschland während der Zeit des Nationalsozialismus mit, womit der historischen und politischen Ebene des Exils eine eigene Rolle zugeordnet wird.

Während *Der Wartesaal* und *Zypressen zerbrechen nicht* die ‚Schuldpsychose' und die ‚Selbstanklage' der jeweiligen Erzählerin als Holocaustüberlebende behandeln (vgl. Pazi 2001, S. 274; Becker 1995, S. 126), unterscheiden sich beide Romane im Umgang mit der Frage des Exils. Erst im zweiten Teil des später erschienenen und in der Forschung bisher kaum berücksichtigten *Wartesaal* wird das historisch-politische Gefüge behandelt. Zudem wird die in der (deutschjüdischen) Exilliteratur geläufige Metapher des ‚Wanderns' durch Bilder des ewigen Wartens und einer nicht enden wollenden ‚Passage' ersetzt. Nicht nur der Titel des Romans, sondern auch sein einführender Satz „Warten, nichts als Warten" (W, 5) stellen diese Metaphern in den Vordergrund. Die Mitpatienten werden durchgehend als ‚Wartende' und als ‚Passagiere' bezeichnet. Einerseits warten sie auf den erwünschten Tod oder auf die Rückkehr in das Leben außerhalb der Klinik, andererseits ist dieses ‚Warten' das ziellose, existentielle Wesen der beschriebenen Personen. Die Protagonistin selbst wartet auf ein Zeichen von ihrem ‚Erzfeind', der sich im Laufe des Romans als ihr Ex-Mann erweist. Er verließ sie für seine Jugendliebe und verriet Jahre später den Nationalsozialisten ihre jüdische Herkunft, was zur Folge hatte, dass sie ins Konzentrationslager deportiert wurde. In der Gegenwart erhofft sich die Protagonistin durch die fatale Wiederkehr dieses namenlosen, mythischen ‚Erzfeinds' eine Erlösung von ihren seelischen Leiden.

Der Titel des Romans und das Motiv des exilischen Wartens knüpfen an frühere Literarisierungen dieser Metapher an, unmissverständlich an die *Wartesaal*-Trilogie von Lion Feuchtwanger. Kurz nach Kriegsausbruch 1939 schrieb Feuchtwanger im Nachwort zum dritten Roman ↗ *Exil* über die Zeit zwischen 1914–1939: „Zweck der Trilogie ist diese schlimme Zeit des Wartens und des Übergangs, die dunkelste, welche Deutschland seit dem Dreißigjährigen Krieg erlebt hat, für die Späteren lebendig zu machen" (Feuchtwanger 1957, S. 813). Nichtsdestotrotz bezeichnet Feuchtwanger den ‚Wartesaal' als „das Lebensgefühl der Übergangszeit" (ebd., S. 816). Es impliziert die Hoffnung auf Rückkehr aus dem Exil. Aloni hingegen schließt Ende der 1960er Jahre in ihrem Begriff des Wartens die Möglichkeit einer Rück- oder Heimkehr aus. In ihrem *Wartesaal* ist das Warten absurd, es ist qualvoll und ohne Aussicht auf ein Ende. Hier wird im Gegensatz zu einer früheren Generation von Exilautoren, die im Sinne der ‚Wartesaal-Psychologie' auf eine kritische Auseinandersetzung mit dem Gastland verzichteten (vgl. Becker 1995, S. 116, 118), die kritische Einstellung Alonis zu Palästina, später Israel, auffällig. Diese Haltung thematisiert sie bereits in ihren früheren Werken deutlich durch Fragen zur Akkulturation, wie sie in *Zypressen* behandelt werden, sowie im Umgang mit Erinnerungen an die Schoah in *Zypressen* und in *Der Wartesaal*.

Das Motiv des Wartens wird bei Aloni auch anhand einer metaphorisch-geschlechtlichen Thematik erweitert und mit der Schuldpsychose der Erzählerin in Verbindung gebracht. Ihre gleichzeitige Selbstinszenierung als verräterische Tochter *und* als Mutter einer ungeborenen Tochter verdammt sie dazu, in einem ewigen Warte- und Exilzustand ausharren zu müssen. Zum einen wird die Protagonistin durch den Verrat an ihrer eigenen Mutter im ‚Wartesaal' der Lebenden stets verfolgt und bedrängt von den Bildern der gefolterten und verhungerten Mutter. Der indirekte, metaphorische Muttermord verhindert eine Rückkehr zur Mutter, um in ihrer mütterlichen Zuneigung Erlösung zu erlangen. Zum anderen wird der pränatale Bund zwischen Mutter und Tochter in diesem Roman zu einem Dauerzustand. Wegen der ausbleibenden Geburt der Tochter Lisa bezeichnet diese Schwangerschaft einen Stillstand, der für die Mutter keine Erlösung bzw. Entbindung in Aussicht stellt. Der Mutterbauch symbolisiert vielmehr einen weiteren ‚Wartesaal', in dem die ungeborene Lisa verharrt. Sie ist die ewig stumme Hauptadressatin der Aufzeichnungen ihrer Mutter: „Schweig, Lisa, vernagle deinen Mund, damit ihm nie wieder die Frage nach dem Sinn entschlüpft." (*W*, 96) Die Protagonistin des Romans sitzt so in einem zweifachen Wartesaal fest: Sie wird von der ewigen Wiederkehr ihrer eigenen toten Mutter gequält, und sie kommuniziert ununterbrochen mit ihrer stummen, ungeborenen Tochter.

Die ‚wartenden' Patienten des Krankenhauses sind als Exilanten des ‚normalen' Lebens außerhalb zu betrachten. „Sie wandern nirgendwohin" (W, 17), denn „Gang ist gleich Stillstand und Vorwärtsdringen gleich Beharren" (W, 17f.). Sie sind verlorene ‚Passagiere', für die es weder eine Rückkehr in die Vergangenheit noch eine Heimkehr gibt. In ihrem andauernden Aufenthalt harren sie auf „eine lange Fortsetzung der unterbrochenen Reise" (W, 18). Dies erinnert an Vorstellungen von der jüdischen Passage oder Reise, die jedoch hoffnungsvoller als offenes Narrativ dargestellt werden – etwa in den *Zioniden* von Jehuda Halevi. Sowohl in den Gedichten als auch in Halevis Biografie bleibt Heimkehr eine ewig aufgeschobene Aufhebung des Exilzustands (vgl. DeKoven Ezrahi 2003, S. 47). Im Unterschied hierzu knüpft der Vergleich zwischen ewigem Wandern und endlosem Warten, welche als Fluch aufgefasst werden, an das christliche Ahasver-Motiv an.

Theoretische Perspektivierungen
In *Der Wartesaal* wird die politisch-historische Exilerfahrung der in Israel lebenden, halbjüdisch-deutschen Protagonistin durch die Metaphorik von Warten, Schwanger-, Mutterschaft und seelischer Krankheit ergänzt. Die von Denkerinnen wie Hélène Cixous angefochtene Unterscheidung zwischen biografisch-historischer und metaphorisch-geschlechtlicher Exilerfahrung wird in diesem Roman aufgehoben. Die Protagonistin ist wegen ihrer gemischten Herkunft und ihren ideologischen Entscheidungen sowohl in Deutschland während der NS-Zeit als auch in Israel den unterschiedlichsten Erfahrungen von Exil ausgesetzt. Dabei kommt in diesen unterschiedlichen Konzeptionen von Exil dem Geschlecht der Protagonistin eine herausgehobene Bedeutung zu. Mit Hélène Cixous und Julia Kristeva ist sie zunächst als Frau, Schriftstellerin und als Mutter-Tochter, als eine Exilantin und Außenseiterin konzipiert (vgl. Cixous 1976; Kristeva 1986). Die sprachliche Isoliertheit der Ich-Erzählerin in der Klinik und in der monologischen Kommunikation mit Lisa korrespondiert mit Julia Kristevas und Luce Irigarays späteren Thesen zur Frau als Exilantin innerhalb der (phallozentrischen) symbolischen Ordnung (vgl. Kristeva 1986; Irigaray 1980). Die Mutter-Tochter Beziehung spielt sich im ‚Wartesaal' oder im ewigen Aufschub der prä-symbolischen (semiotischen) Ordnung der Schwangerschaft ab (vgl. Kristeva 1980, S. 237–240; Wirth-Nesher 1998, S. 317).

Die in dieser symbolischen Ordnung namenlose, exilierte Protagonistin ist sich ihres Sprachexils bewusst. Sie belegt ihre Co-‚Passagiere' mit unpersönlichen Namen, die auf verschiedene sprachliche Marginalisierungen deuten: als ‚Seufzerin', ‚Weinende', ‚Poetin' und ‚Madonna'. Es steht aus, ob die weiblichen Mit-Wartenden in diesen Formen der Artikulation eine subversive *écriture fémi-*

nine (vgl. Cixous 1976) entwerfen. Diese Frage bleibt auch für die Protagonistin selbst unbeantwortet. Das Thema ihrer seelischen Krankheit unterstreicht die Marginalisierung der Patientinnen innerhalb des in der Psychiatrie vorherrschenden Diskurses. Die ‚Seufzerin', die ‚Weinende' und die ‚Madonna' befinden sich an der Schwelle zur Sprache, da sie sich meist, auch in ihrer Rolle als Mütter ihrer vermissten Kinder, zwar körperlich, visuell, lautmalerisch ausdrücken, doch ohne Worte bleiben.

Die Protagonistin versteht den ‚Wartesaal' der psychiatrischen Klinik als einen geografisch, gesellschaftlich und zeitlich abgeschiedenen Ort. Wie in Thomas Manns ‚Berghof' haben die ‚Wartenden' in Alonis Roman ein entstelltes Zeitgefühl, das ihrer gesellschaftlichen Isolierung entspricht. Die seelisch kranken ‚Passagiere' befinden sich auf einer Odyssee, von der es keine Rück- oder Heimkehr gibt. Dies steht in einem bezeichnenden Gegensatz zu der Figur des Flüchtlings Helga-Hagar in *Zypressen*. Diese kann nach Integrationsschwierigkeiten am Ende des Romans ein Gefühl der Zugehörigkeit zu der neuen Heimat entwickeln und somit ihren exilischen Zustand hinter sich lassen.

Die Begriffe ‚Nation' und ‚Kultur' werden kategorisch im zweiten und dritten Teil des Romans behandelt. Hier erzählt die Protagonistin, wie sie sich bewusst gegen die hybride Konstellation ihrer Familie und ihrer eigenen Herkunft entschied, eine Entscheidung, die ihr nichtjüdischer Vater klar zurückwies. Im Gegensatz dazu wird die Erzählerin sowohl von ihrem ehemaligen Ehemann als auch von ihrem zeitweiligen Freund in der NSDAP ihrer jüdischen Herkunft wegen betrogen, sie wird ihrer jüdischen Herkunft wegen verhaftet und in Konzentrationslager gebracht. Die nationalen Identitätskonflikte der Erzählerin überschneiden sich mit ihren Familienbeziehungen. So resultieren der Verrat an den eigenen Eltern und die schon ursprünglich problematische Beziehung mit der Mutter in quälenden Selbstanklagen, welche die jetzige Identität der Erzählerin mitbestimmen. Gleichzeitig fasst sie sich als Opfer in der Beziehung mit ihrem Ehemann auf, eine Rolle, die sie ironischerweise von ihrer Schuldpsychose lösen könnte. Während die Beziehung mit der ungeborenen Tochter von diesen nationalen und ideologischen Identitätskonflikten frei zu sein scheint, basiert der tragische Dialog mit ihr auf dem Gefühl der Verantwortung, der Tochter die eigene schmerzhafte Vergangenheit mitteilen zu müssen.

Exil und Erinnerung

„Meine Hand ist die Chronistin derer, die nicht wissen, dass sie warten, es vergessen haben oder niemals wussten", so schreibt die Protagonistin im letzten Teil des Romans (*W*, 100). Sie versteht sich selbst als die ‚Antenne', den ‚Radar' der „Wartehalle der Verworfenen", als eine, die das „Unaussprechliche und Unsichtbare spürt" (*W*, 100f.). Der Roman beschäftigt sich explizit mit dem Konflikt zwischen dem Versuch, eine Chronik des vergangenen Lebens zu entwerfen, und dem Bedürfnis, diese Vergangenheit zu verdrängen. Dementsprechend enthüllt sich, was am Anfang des Romans als „Verzeichnen" benannt wurde, zunehmend als potentielles ‚Entstellen' des Vergangenen, denn „Nichts war je wirklich, alles nur erträumtes Leben, alles nur Traum, der mich wie Leben dünkte" (W, 107). Die Erzählerin beschreibt Erinnerung als „mürbe" und „fadenscheinig" (W, 52). Sie distanziert sich von ‚ihrem' Leben und unterscheidet zwischen sich und der Person, die in der Vergangenheit ihren Namen trug (dieser bleibt verborgen) (W, 48). Doch fragt sich die Protagonistin, was Sich-Erinnern bedeutet, und stellt fest, dass man die Vergangenheit weder leugnen noch sich selbst entfliehen kann (W, 48) – ein Gedanke, der auch in den früheren Romanen Alonis eine zentrale Rolle spielt. Es ist nicht klar, ob Erinnerung ein ‚Wiederfinden' dessen bedeutet, was verloren ging, „oder nur den Schleier lüften, der die Sicht sperrt", eine Art Wandern durch die „hohen Hecken" von Dornen, in einem „Brachland der Seelen". Am Ende dieser Reflexionen bekennt sie schließlich, ihr Leben sei „ein aus Irrungen geknüpftes Netz", welches sie der ungeborenen Tochter Lisa beschreiben will (W, 47).

Während die Protagonistin in *Zypressen zerbrechen nicht* ihre Selbstanklagen und schwierigen Erinnerungen am Ende des Romans hinter sich lassen kann und den Entschluss fasst, ein neues Leben zu beginnen, ist ein Entkommen in *Der Wartesaal* völlig ausgeschlossen. Die Vergangenheit dringt stets in die Gegenwart ein: Die Protagonistin sieht ihre Eltern des Nachts in Form einer abgemagerten und deformierten Bettlerin und eines „Muselmanen im letzten Hungerstadium" (W, 71). Die Versuche, ihre Mutter aus dem Gedächtnis zu vertreiben und die Vergangenheit aus ihrem Fleisch auszubrennen, bleiben erfolglos (W, 72f.). Demzufolge notiert sie: „Ich bemühe mich, zu sehen, was war, um zu begreifen, wie ich wurde, die ich bin. Es gelingt mir nicht, so deutlich mein Gedächtnis anderes auch bewahrt hat. Nichts als ein dichter, eintönig gelber Nebel blieb." (W, 88)

Die von Selbstzweifeln geplagte Chronistin ist vom Phantom ihrer Eltern einerseits gequält, andererseits erhofft sie sich die Auflösung ihrer Erinnerungsleiden durch den Monolog an ein drittes Phantom – ihre ungeborene Tochter. Diese fragwürdigen Verzeichnungen sind private Erinnerungs-Akte. Als strittige, konfuse Fragmente wehren sie sich gegen ihre unmittelbare Aufnahme in das kollektive Gedächtnis. Eine Art Sprachexil erschwert diese Prozedur, da die sogenannte Chronistin in einer Welt lebt, an deren Sprachen sie nicht teilnimmt. Ihre Phantom-Adressaten sind stumm und tot, während die Mitpatienten im Krankenhaus an außer- bzw. prä-symbolischen Ordnungen teilnehmen: Die sogenannte ‚Trällerin', z.B., schreit, kreischt und brüllt (W, 84). Es gibt demzufolge weder diachronische noch synchronische Dialogpartner, die mit der Protagonistin eine tradierende Sprach- und Erinnerungsgemeinschaft bilden könnten.

Der Roman lässt die konfuse Auseinandersetzung ungeklärt, die seine Protagonistin mit der Frage der Erinnerung führt. Er verdeutlicht Vorgänge des Verdrängens und Entstellens durch die Erlebnisse des Holocaust und des Exils. Als Holocaustüberlebende in Israel setzt sich die Ich-Erzählerin mit ihrer privaten Schuldpsychose und dem öffentlichen Holocaustdiskurs in Israel auseinander. Während der Einschnitt im öffentlichen Holocaustdiskurs im Israel der 1960er Jahre (durch den Eichmann-Prozess 1961, siehe Zimmerman 2002, S. 198) lediglich angedeutet wird, ist die kritische Haltung Alonis der kanonischen Erinnerungskultur gegenüber deutlich (vgl. Steinecke 2010, S. 64). Die quälenden Selbstanklagen der Erzählerin und das Fehlen eines lebendigen Dialogpartners, dem sie ihre Erinnerungen mitteilen kann, bestätigen ihre Marginalisierung in dieser kollektiven Erinnerungskultur. Der öffentliche Holocaustdiskurs in Israel unterscheidet generell zwischen einem aktivistischen, heroischen Widerstand (der Partisanen und Ghettokämpfer) und dem passiven Verhalten der Opfer (vgl. Zerubavel 1994, S. 66). In diesem Rahmen verkörpert die Protagonistin in *Der Wartesaal* keine eindeutige Rolle. Sie zeigt vielmehr, dass diese groben Verhaltensmuster sich gegenseitig nicht ausschließen: Selbst leistete sie eine Art Widerstand, indem sie aktiv und gewissenlos versuchte, ihrem Schicksal als Jüdin in Deutschland während der NS-Zeit zu entfliehen, gleichzeitig war sie jedoch durch den Verrat an den eigenen Eltern Mit-Täterin und schließlich auch Opfer der Massenverfolgungen und Konzentrationslager. Neben israelischen, Hebräisch schreibenden Autoren wie Haim Guri, welche in ihren Werken den desillusionierenden Effekt des Eichmann-Prozesses nach Jahrzehnten einer erstrebten Holocaustamnesie in Israel behandelten (vgl. Hartman, 1994, S. 69), entfaltet *Der Wartesaal* somit eine Form des ‚selektiven Erinnerns'. Im Rahmen von kollektiven Erinnerungsschemata schafft diese Form genug Raum für persönliche und differenzierte Erinnerungen und unterstreicht ihre konfliktreiche Komplexität.

Fazit

Der Wartesaal wurde im Gegensatz zu *Zypressen zerbrechen nicht* in der Forschung bisher keiner eigenständigen Untersuchung für würdig befunden, sondern lediglich in Anmerkungen erwähnt. In Berichtform geschrieben, ist *Zypressen* zugänglicher als *Der Wartesaal*. Gerade der experimentelle, herausfordernde Umgang mit der Exilthematik macht diesen jedoch für die Fragen von Exil und Erinnerung weit ergiebiger als *Zypressen*. Wie gezeigt, entwirft Aloni in *Der Wartesaal* Parallelen zwischen Konzeptionen von Exil, Mutter-, Schwangerschaft und seelischer Krankheit, bevor diese systematisch von feministischen Denkerinnen der 1970er Jahre entfaltet wurden. Die wesentliche Bedeutung des Romans entspringt also erstens der metaphorisch-geschlechtlichen Auseinandersetzung mit dem Exil und zweitens der Heraushebung des Konflikts zwischen privater und kollektiver Holocausterinnerung in Israel.

Lina Barouch

Literatur

(*W*) Aloni, Jenny: *Gesammelte Werke in Einzelausgaben,* Bd. 5. Der Wartesaal (1. Aufl. 1969). Hg. v. Friedrich Kienecker u. Hartmut Steinecke. Paderborn u. a. 1992.

Aloni, Jenny: *Gesammelte Werke in Einzelausgaben*, Bd. 2. Zypressen zerbrechen nicht (1. Aufl. 1961). Hg. v. Friedrich Kienecker u. Hartmut Steinecke. Paderborn u. a. 1992.

Becker, Sabine: „Zwischen Akkulturation und Enkulturation. Anmerkungen zu einem vernachlässigten Autorinnentypus. Jenny Aloni und Ilsa Losa". In: *Kulturtransfer im Exil.* Hg. v. Claus-Dieter Krohn, Erwin Rotermund, Lutz Winckler u. Wulf Koepke. München 1995 (Exilforschung. Ein internationales Jahrbuch, Bd. 13. Hg. im Auftr. der Gesellschaft für Exilforschung), S. 114–136.

Cixous, Hélène: „The Laugh of the Medusa". In: *Signs* 1 (1976) H. 4, S. 875–893.

Cixous, Hélène: „My Algeriance, in other words: to depart not to arrive from Algeria". In: *Stigmata, Escaping Texts.* London, New York 1998, S. 204–231 (http://amchoreo.files.wordpress.com/2010/12/hc3a9lc3a8ne-cixous-stigmata-escaping-texts.pdf, S. 126–141, Stand: 21. 2. 2013) (Franz.: „Mon Algériance". In: *Les Inrockuptibles* 115 (20. 8.–2. 9. 1997), S. 71–74).

DeKoven Ezrahi, Sidra: „When Exiles Return: Jerusalem as Topos of the Mind and Soul". In: *Placeless Topographies. Jewish Perspectives on the Literature of Exile.* Hg. v. Bernhard Greiner. Tübingen 2003, S. 39–52.

Feuchtwanger, Lion: *Exil. Roman* (1. Aufl. 1939). Berlin 1957.

Hartman, Jeffrey: „Sichtbares Dunkel. Über das Gestalten der Holocausterinnerung". In: *Alpayim* 10 (1994), S. 68–93 (Hebr.).

Irigaray, Luce: „Women's Exile. Interview with Luce Irigaray" (1977). In: *The Feminist Critique of Language. A Reader.* Hg. v. Deborah Cameron. London, New York 1990, S. 80–96.

Kristeva, Julia: *Desire in Language.* Oxford 1980.

Kristeva, Julia: „A New Type of Intellectual: The Dissident" (1977). In: *The Kristeva Reader.* Hg. v. Toril Moi. New York 1986, S. 292–300.

Pazi, Margarita: *Staub und Sterne. Aufsätze zur deutsch-jüdischen Literatur.* Göttingen 2001.

Steinecke, Hartmut: „Jenny Aloni. Abschied von Europa – Literarisierung einer Lebensentscheidung". In: *Abschied von Europa. Jüdisches Schreiben zwischen 1930–1950.* Hg. v. Alfred Bodenheimer u. Barbara Breysach. München 2010, S. 53–66.

Wirth-Nesher, Hana: „The Languages of Memory. Cynthia Ozick's The Shawl". In: *Multilingual America. Transnationalism, Ethnicity and the Languages of American Literature.* Hg. v. Werner Sollors. New York 1998, S. 313–326.

Zerubavel, Yael: „Der Tod der Erinnerung und die Erinnerung des Todes. Mezzada und der Holocaust als historische Metaphern". In: *Alpayim* 10 (1994), S. 42–67 (Hebr.).

Zimmermann, Moshe: *German Past – Israeli Memory.* Tel Aviv 2002 (Hebr.).

Rose Ausländer: *Ein Tag im Exil* (1967), *Le Cháim* (1967), *Mutterland* (1978)

Rose Ausländer, geb. Rosalie Beatrice (Ruth) Scherzer *11. 5. 1901 Czernowitz, †3. 1. 1988 Düsseldorf. Stationen des Exils: 1916–1918 Budapest/Wien, 1921–1931 USA, 1946–1964 USA, 1964–1988 Deutschland.

Inhalt

Rose Ausländers lyrische Texte kreisen um die Motive der Heimatlosigkeit und des Exils, der Wanderexistenz des Vertriebenen sowie der Schöpferkraft der Sprache. Die Gedichte *Ein Tag im Exil*, *Le Cháim* und *Mutterland*, in denen diese Motive auf paradigmatische Weise zum Ausdruck kommen, exemplifizieren Ausländers ‚Poetik des Exils'. Das Gedicht *Ein Tag im Exil* (*HÄ*, 72) beschreibt die traumatische Erfahrung des Exils als „Haus ohne Türen und Fenster". Deutlich wird dabei eine Parallele zur Gefangenschaft gezogen. In der tristen, farblosen Eintönigkeit der Tage erfährt der lyrische Sprecher seine Isolation und Abgeschiedenheit gegenüber der Außenwelt. Im Gedicht *Le Cháim* (*HÄ*, 284–288) dient die Figur des ‚ewigen Juden' Ahasver als Sinnbild für die unentwegte Wanderschaft des Heimatlosen. Zuflucht findet der Heimatlose in einer abgeschotteten Gemeinschaft, dem „gefrornen Dorf" (*HÄ*, 72), das als Chiffre für das Exil verstanden werden kann. Eine Möglichkeit, den Verlust der Heimat zu kompensieren, zeigt das Gedicht *Mutterland* (*HO*, 98). Es ist die schöpferische Kraft der Sprache, die mütterliche Geborgenheit spendet und ein Weiterleben nach der Katastrophe ermöglicht.

Analysen

Narrationen des Exils
Die Flucht vor den Wirren des Ersten Weltkrieges verschlug Rose Ausländer und ihre Familie aus der Heimat Bukowina nach Budapest und Wien. 1921 zwang sie der Tod des Vaters und die daraus resultierende „bitterste Not" (vgl. Braun 1999, S. 13), in die USA auszuwandern. 1931 kehrte sie in die Bukowina zurück und überlebte die Zeit des NS-Regimes mit den Schrecken des Krieges und der Verfolgung der Juden im Ghetto und in Verstecken. Die politische Neuordnung nach dem Zweiten Weltkrieg zwang sie erneut zu emigrieren, zunächst in die USA, später über Umwege nach Deutschland. Dies bedeutet nun zweierlei: Erstens lebte Rose Ausländer gerade in den Jahren 1933 bis 1945, die zumeist im Fokus der Exilliteratur-Forschung stehen, nicht im Exil, dennoch wird zweitens deutlich, dass

die Dichterin sowohl von der Erfahrung der Vertreibung und Heimatlosigkeit als auch der direkten Bedrohung durch die Nationalsozialisten ein authentisches Zeugnis ablegen kann. Die hier ausgewählten Texte entstanden nach dem Zweiten Weltkrieg während der Aufenthalte in den USA und Deutschland und wurden 1967 (*Le Cháim, Tag im Exil*) und 1978 (*Mutterland*) in Deutschland veröffentlicht. Eng verknüpft mit der Biografie der Dichterin nehmen sie in unterschiedlicher Weise Bezug auf die Exilthematik. Die Gedichte weisen aber stets über den biografischen Rahmen hinaus auf den Grund allgemein menschlicher Erfahrung hin. Der in den Texten konturierte Exilbegriff lässt somit mehrere Konnotationen zu.

Der Anfangspunkt jeder Exilerfahrung, der Verlust der Heimat, wird im Gedicht *Mutterland* (*HO*, 98) kurz und drastisch beschrieben: Das Vaterland ist „begraben im Feuer" und damit unwiderruflich verloren. Diese knappe, eindringliche Beschreibung der verheerenden Folgen des Krieges lässt sich autobiografisch als Verweis auf die persönlichen Erfahrungen des Kriegsgeschehens deuten, wird jedoch aufgrund des Fehlens konkreter zeitlicher und räumlicher Beschreibungen auch als geschichtlich nicht fixiertes Ereignis lesbar. Die Erfahrung des Heimatverlustes wird in eine überindividuelle Sphäre überführt, die sie als Bestandteil der *conditio humana* ausweist. Die Verortung der Exilerfahrung in einem transkulturellen, überpersönlichen Rahmen tritt noch deutlicher im Gedicht *Ein Tag im Exil* hervor. Zunächst schließt der Text sukzessive an mythologische sowie an religiöse Traditionen an. Durch den intertextuellen Bezug auf Adam und die *Genesis* (vgl. 1. Mose 3,23) knüpft das Gedicht an den Urtext der Vertreibung und des Exils an. Ebenso verweist der Text als Sinnbild für das Exil auf Abraham, der aus Ur nach Kanaan auszog (vgl. 1. Mose 11,31–13,12). Die intertextuelle Bezugnahme auf Abraham als Stammvater der monotheistischen Religionen setzt die Exilerfahrung in einen Zusammenhang, der Christentum, Judentum und Islam mit einbezieht. Versteht man Abraham jedoch nach der Aggada als Idealfigur des Talmud, des mündlichen Gesetzes, und nach der Tanhuma (vgl. Bowker 1999, S. 9 u. 975), einem aggadischen Midrasch, als Prototyp, dessen Erfahrungen symbolisch und stellvertretend für das dem Volke Israel Widerfahrene stehen, so ist der Text auch in einem spezifisch jüdischen Deutungsrahmen auslegbar. Der Verweis auf Ahasver, den ewig heimatlos umherirrenden jüdischen Wanderer, verstärkt ebenfalls die Möglichkeit eines Textverständnisses im speziell jüdischen Kontext. Dabei lässt sich das Gedicht in die Tradition von Texten einordnen, welche die Galut thematisieren, die Vertreibung und die Zerstreuung des jüdischen Volkes. Doch letztendlich sind Adam, Abraham und Ahasver nur „sterbliche Masken" (*HÄ*, 30) und stehen stellvertretend für unzählige Menschen (vgl. *HÄ*, 30), die Vertreibung, Verfolgung und den Verlust der Heimat am eigenen Leib erfahren haben. Somit wird die Exilerfahrung als ein möglicher Bestandteil allgemeiner

Grundbedingungen des menschlichen Daseins ausgewiesen. Die dem Gedicht inhärente Deutungsoffenheit ist ein spezifisches Charakteristikum der Lyrik Rose Ausländers. Durch die Verwendung von vagen Andeutungen, Chiffren und knappen intertextuellen Verweisen entsteht ein Spielraum an unterschiedlichen Interpretationsmöglichkeiten. Die Texte können so auf mehreren Ebenen verstanden und der in ihnen figurierte Exilbegriff verschieden ausgelegt werden.

Auch im Gedicht *Le Chaim* findet sich diese bewusst evozierte Mehrdeutigkeit wieder. Die Beschreibung der Wanderschaft und Verfolgung des Vertriebenen lässt sich zunächst in einen jüdischen Kontext bringen und als Zeugnis der dauernden Wanderschaft verstehen, die konstitutiv für das Schicksal des jüdischen Volkes ist. Die erneute Bezugnahme auf die Figur des ewigen Wanderers Ahasver evoziert diese Lesart. An ihn, den „Sabbatgast" (*HÄ*, 72), ist der alte jüdische Trinkspruch ‚Le Chaim' (hebr., ‚Auf das Leben') zunächst gerichtet. Unter Berücksichtigung des Gedichts *Ohne Wein und Brot* aus dem zwischen 1942 und 1944 im Czernowitzer Ghetto entstandenen Zyklus *Gettomotive* sind die ‚Wölfe', die den Vertriebenen verfolgen, als Chiffre für die Soldaten der Wehrmacht und der deutschen Verbündeten entschlüsselbar. Dadurch entsteht eine weitere Bedeutungsebene. So wird die Erfahrung der Vertreibung und Wanderschaft des jüdischen Volkes in einen konkret geschichtlichen Rahmen gefasst, der Verfolgung der Juden durch die Nationalsozialisten. Unter diesen Aspekten betrachtet, ist der Text als Zeugnis und literarisches Dokument der Schoah zu lesen. Die Momente der Verfolgung und Wanderschaft sind jedoch als Teil der Exilerfahrung wiederum in einen überindividuellen, an keine bestimmte Gruppe oder Glaubensgemeinschaft gebundenen Zusammenhang eingebettet. Der Trinkspruch ‚Le Chaim' richtet sich nicht nur an Ahasver, sondern gilt dem Wohl „aller Wanderbrüder" (*HÄ*, 72). Als „Echo subjektiver Erfahrungen" (Axmann 2007, S. 47) auf konkrete, historische Tatsachen loten Ausländers Gedichte das Feld allgemeiner menschlicher Lebensbedingungen aus.

Theoretische Perspektivierungen
Die Erfahrung des Exils schließt zumeist die Erfahrung von Alterität mit ein. Am Ausgangspunkt der Begegnung mit einem anderen Kulturkreis stehen das Gefühl der Isolation und das Gewahrwerden der eigenen Fremdheit. Der neue Aufenthaltsort ist für den Exilierten ein Haus „ohne Türen und Fenster" (*HÄ*, 30). Auf sich selbst zurückgeworfen, stellt sich für den Einzelnen angesichts der Alteritätserfahrung und der Isolationssituation zwangsläufig die Frage nach der eigenen Identität. Zudem muss sich der aus der Heimat Vertriebene mit den Geschehnissen der Vergangenheit, den „Geschichten der Schatten" (*HÄ*, 30), auseinandersetzten, die ihm möglicherweise traumatische Erlebnisse in das Gedächtnis zurückrufen. Diesen existentiellen Verunsicherungen ausgesetzt, ist der Exilierte

durch die Umstände gezwungen, seine Identität unter den gegebenen Bedingungen neu zu bestimmen. Im Gedicht *Le Chaim* wird die Abschottung gegenüber der Außenwelt dadurch markiert, dass der neue Aufenthaltsort als „gefrorenes Dorf" mit „Hütten ummauert von Schnee" (*HÄ*, 72) dargestellt wird. Auf sich selbst zurückgeworfen, der Geborgenheit spendenden Heimat beraubt, erkennt der Vertriebene die sinn- und identitätsstiftende Ordnung der Kultur in ihrer Kontingenz.

Rose Ausländers ureigene Antwort auf dieses grundlegende Gefühl der Verlassenheit und den Verlust ihrer Heimat, zugleich programmatisch für einen Großteil ihres Werkes, findet sich in dem Gedicht *Mutterland*. Das Wort spendet als Mutterland Geborgenheit und einen Platz zum Leben (vgl. *HO*, 98). Es wird offensichtlich, dass „Sprache und Schrift eine Art neue Heimat der Dichterin im Exil bilden" (Horch 2008, S. 39). Doch diese Sprache muss erst in einem Prozess von Wechselwirkungen zwischen Eigenem und Fremdem, Altem und Neuem gefunden und erprobt werden. Auch die Folgen des Krieges formen Rose Ausländers lyrische Sprache: „Was später über uns hereinbrach, war ungereimt, so alpdruckhaft beklemmend, daß – erst in der Nachwirkung, im nachträglich voll erlittenen Schock – der Reim in die Brüche ging" (*HÄ*, 286). Während die Gedichte des Frühwerks, u.a. im Band *Regenbogen*, gereimt und teilweise in traditionellem Versmaß arrangiert sind, ist die Nachkriegslyrik durch Reimlosigkeit und Reduktion der Aussage gekennzeichnet. Wirkt sich die Begegnung mit einer fremden Sprache und einer fremden Kultur für die meisten Exilschriftsteller überwiegend negativ auf deren literarische Produktivität aus, so ist dies bei Rose Ausländer nicht der Fall. Im Gegenteil, sie findet über Schreibversuche in englischer Sprache, die in Zeitungen und im Radio eine Plattform erhalten sowie durch die Auseinandersetzung mit der Lyrik der amerikanischen Moderne eigene Ausdrucksformen. Dabei verwendet sie verstärkt freie Rhythmen und macht, inspiriert durch das Werk Edward Estlin Cummings, von Wortneuschöpfungen Gebrauch (vgl. Silbermann 2003, S. 30). Diese gestalterischen Mittel behält Ausländer bei, obwohl sie das Schreiben in englischer Sprache aufgibt und ihre Texte wieder auf Deutsch verfasst. Zudem wirkt auch die Begegnung mit moderner deutscher Dichtung auf ihr schriftstellerisches Schaffen. Unter dem Eindruck der Gedichte Paul Celans verknappt sie ihre Aussagen und drückt Persönliches nicht mehr direkt, sondern über Umwege sprachlicher Bilder aus (vgl. ebd., S. 31). In einem transkulturellen Hybridisierungsprozess – dem Zusammenspiel von Verlust, Rückgriff auf die Tradition, fremden Einflüssen und Experimenten – entsteht somit Ausländers ureigene Dichtersprache.

Das Bekenntnis der Dichterin zum „Mutterland Wort" (*HO*, 98) ist zugleich auch eine Anerkennung und Bestätigung der Schöpferkraft der Sprache. Aus der Perspektive von gendertheoretischen Ansätzen spiegelt sich in der Opposition vom „Mutterland Wort" (*HO*, 98) und dem „verbrannten Vaterland" (ebd.) das

Verhältnis des femininen Elementes der Sprache, verstanden als Kraft zur kulturellen Sinnstiftung, gegenüber der rigiden symbolischen Ordnung des Mannes wider. Der Rekurs Ausländers auf das weiblich konnotierte Schöpferpotential des Wortes impliziert zugleich die Notwendigkeit schöpferischer Spracharbeit, welche eine Rückkehr in eine imaginäre Heimat erlaubt oder bei der Erschaffung literarischer Heimatwelten behilflich ist. Hierbei zeigt sich ein möglicher konstruktiver Umgang mit der Exilsituation, in welcher unter Nutzung der femininen Gestaltungskraft der Sprache im Schreiben die Möglichkeit zur Neuverortung besteht.

Exil und Erinnerung
Die traumatische Erfahrung des Exils erschüttert die eigene Identität und stellt das eigene Ich rigoros infrage, sodass es in Reaktion auf die Umstände auch zerbrechen kann. Dann kann der Akt des Schreibens als Maßnahme dienen, um das verlorene Ich wieder zu konstituieren. Die schriftliche Auseinandersetzung mit den Geschehnissen der Vergangenheit und der Situation der Gegenwart kann den Prozess des Wiederfindens und Neubestimmens von Identität unterstützen. In diesem Sinne besitzt das Schreiben für den Exilierten eine therapeutische Funktion. Für Rose Ausländer ist dies ein wesentlicher Impuls für ihre Dichtung: „Warum ich schreibe? Weil ich, meine Identität suchend, mit mir deutlicher spreche auf dem wortlosen Bogen. [...] Ich bin gespannt auf die Wörter, die zu mir kommen wollen." (*HÄ*, 284) Hilft der Akt des Schreibens zum einen auf der Suche nach dem eigenen Ich, so kann er auch dabei behilflich sein, das durch die Verfolgung erlittene Leid zu verarbeiten und zu bewältigen. Ebenso kann der Versuch unternommen werden, im Schreibprozess die Erinnerung an die Heimat vor der Vertreibung zu bewahren. Diese Erinnerungsarbeit leistet Rose Ausländer in unzähligen Gedichten auf vielfältige Weise. Zumeist finden sich in ihnen vage Andeutungen der erlebten Not, wie beispielsweise die „Geschichten der Schatten" (*HÄ*, 30) im Gedicht *Ein Tag im Exil* exemplifizieren, aber auch verschlüsselte Anhaltspunkte für die Geschehnisse der Vergangenheit, wie beispielsweise die „Wölfe" (*HÄ*, 72) im Gedicht *Le Chaim* illustrieren. Jedoch lässt sich auch eine explizite Markierung in den Texten Ausländers ausmachen, die auf direkte Weise die Schrecken des Krieges aussprechen, so zum Beispiel die Darstellung des im Feuer begrabenen Vaterlandes (vgl. *HO*, 98) in *Mutterland* oder die Erinnerungen an die Kriegszeit in der Prosa *Alles kann Motiv sein* (*HÄ*, 284–288). Hinzu kommen eine Vielzahl an Gedichten, die Orte und Landschaften ihrer Heimat, der Bukowina, thematisieren und dabei eine Vorstellung der einstigen Geborgenheit und glücklichen Kindheit der Dichterin vermitteln. In den Gedichten „entsteht, buchstäblich, eine Landkarte erinnerter Denkwürdigkeiten dieses Raums" (Werner 1999, S. 104), und sie bewahren diesen Erinnerungsraum unbeirrt von den Ein-

drücken und Auswirkungen des Krieges sowie des Exils auf. So wird das „Verlorene als Unverlierbares dem Gedächtnis" (ebd., S. 105) überantwortet. Doch nicht nur das Verlorene, auch das Erlebte und Erlittene wird in den Texten an das kollektive Gedächtnis übergeben. In dieser Überantwortung wirken Ausländers Gedichte an der Erinnerungskultur der Nachkriegszeit mit, denn die Texte geben „Rechenschaft über Vorgänge, denen sie und andere ausgesetzt waren" (Bender 1991, S. 223). Sie erteilen in lyrischer Weise Auskunft über das Exil und dessen traumatische Folgen, vermitteln dabei aber ebenso den unbedingten Willen zum Weiterleben und zur kreativen sprachlichen Auseinandersetzung mit der Exilsituation und fundieren dadurch Rose Ausländers Rezeption als „sprachmächtige Zeugin der Leidensgeschichte" (Hinck 1991, S. 247) des 20. Jahrhunderts.

Fazit

In den besprochenen Texten umreißt die Dichterin verschiedene Momente der Exilerfahrung, die immer auch im engen Bezug zur eigenen Biografie stehen: Heimatverlust, Vertreibung, die Mühsal der Wanderschaft der Vertriebenen, die Isolation am neuen Aufenthaltsort sowie die Frage nach der eigenen Identität. Dabei erweisen sich intertextuelle und kulturwissenschaftliche Ansätze als besonders ergiebig, um das Exilverständnis Rose Ausländers in diesen Texten genauer zu beleuchten. Ein tieferes Verständnis der dargestellten Momente des Exils erschließt sich durch die Analyse der intertextuellen Verweise sowie der Frage nach den geistesgeschichtlichen Traditionen, in die sich die Texte einschreiben. Dadurch wird die charakteristische Deutungsoffenheit der Texte ersichtlich, die auf verschiedenen Ebenen interpretiert werden können, sich dabei jedoch vorwiegend auf die Grundbedingungen menschlichen Daseins zurückführen lassen. Unter Anwendung von kulturwissenschaftlichen Methoden lässt sich zeigen, wie die Erfahrung von Alterität im Exil zur (Wieder-)Erkenntnis der Schöpferkraft der Sprache führen kann. Ihre Relevanz und Bedeutsamkeit erhalten die Texte aber vor allem deshalb, weil neben der Verarbeitung der traumatischen Erfahrung von Verfolgung und Exil in ihnen der Versuch unternommen wird, durch die schöpferische Kraft des Wortes auch das Menschliche und Lebenswerte auszusprechen und somit zu bewahren.

Andreas Klein

Literatur

(*HÄ*) Ausländer, Rose: *Hügel aus Äther unwiderruflich. Gedichte und Prosa 1966–1975.* Frankfurt a. M. 1984 (S. 30: *Ein Tag im Exil*; S. 72: *Le Cháim*).
(*HO*) Ausländer, Rose: *Ich höre das Herz des Oleanders. Gedichte 1977–1979.* Frankfurt a. M. 1984 (S. 98: *Mutterland*).

Ausländer, Rose: „Ohne Wein und Brot". In: *Die Erde war ein atlasweißes Feld. Gedichte und Prosa 1927–1956.* Frankfurt a. M. 1984, S. 155.
Axmann, Elisabeth: „Plagen und Wunder – Zu Rose Ausländers Gedichtband ‚Andere Zeichen'". In: *Fünf Dichter aus der Bukowina.* Hg. v. Elisabeth Axmann. Aachen 2007, S. 45–52.
Bender, Hans: „Immer zurück zum Pruth (über ‚Gesammelte Gedichte')". In: Braun 1991, S. 220–223.
Bowker, John (Hg.): *Das Oxford-Lexikon der Weltreligionen.* Düsseldorf 1999.
Braun, Helmut (Hg.): *Rose Ausländer – Materialen zu Leben und Werk.* Frankfurt a. M. 1991.
Braun, Helmut: „‚Ich bin 5000 Jahre jung'. Vortrag zu Leben und Werk von Rose Ausländer". In: Braun/Hampel 1999, S. 7–51.
Braun, Helmut u. Klaus Hampel (Hg.): *„Endlos von Neuem anfangen" – Die Dichterin Rose Ausländer (1901–1998).* Münster 1999.
Die Bibel. Altes und Neues Testament. Einheitsübersetzung. Freiburg 1980.
Hinck, Walter: „Und Meer und Sterne (über ‚Gesammelte Werke')". In: Braun 1991, S. 244–247.
Horch, Hans Otto: „Rose Ausländers ‚36 Gerechte' (1967) als Gedichtzyklus. Eine Annäherung. Mit abschließenden Bemerkungen zum Kontext der deutsch-jüdischen Literaturgeschichte". In: *„Blumenworte welkten" – Identität und Fremdheit in Rose Ausländers Lyrik.* Hg. v. Jens Birkmeyer. Bielefeld 2008, S. 35–55.
Silbermann, Edith: *Rose Ausländer – Sappho der östlichen Landschaft.* Aachen 2003.
Werner, Klaus: „Vom Traumreich nach Kimpolung – Die Bukowina in Rose Ausländers Landschaftsgedicht". In: Braun/Hampel 1999, S. 87–115.

Vicki Baum: *Hotel Shanghai* (1939)

Vicki (eigentl. Hedwig) Baum *24. 1. 1888 Wien, †29. 8. 1960 Hollywood/ Los Angeles. Stationen des Exils: ab 1932 Los Angeles.

Inhalt

Der 1939 zunächst unter dem Titel *Shanghai '37* erschienene Roman der österreichischen Schriftstellerin Vicki Baum thematisiert Erfahrungen des Exils und der Heimatlosigkeit in einer multiperspektivischen Zusammenführung mehrerer Einzelschicksale. Der erste Teil des Romans (*Die Menschen*) beschreibt die Lebenswege der neun Hauptfiguren bis zu ihrem Eintreffen in Shanghai kurz vor dem Ausbruch des Zweiten Chinesisch-Japanischen Krieges am 7. Juli 1937. Die Personen entstammen verschiedenen Kulturkreisen und Nationen und gehören gegensätzlichen sozialen Milieus an. Wie auch Vicki Baums eigene Situation als Emigrantin in den USA nicht unbedingt der klassischen Exilsituation entspricht, so finden auch die Protagonisten des Romans aus den unterschiedlichsten Gründen in Shanghai zusammen. Ihre Auswanderung nach Shanghai erfolgt sowohl aufgrund von Repressionen als auch aus freien Stücken. Während beispielsweise der jüdische Arzt Dr. Hain Deutschland aus politischen Gründen verlassen muss, kehrt der arbeitslose Chemiker Frank Taylor den Vereinigten Staaten aus Perspektivlosigkeit den Rücken, und seine Verlobte Ruth folgt ihm aus rein persönlichen Gründen. Der zweite Teil des Romans (*Die Stadt*) schildert das Zusammentreffen und die letzten Tage der Hauptfiguren in Shanghai. Die bedrohlich schillernde Großstadt ist als Sammelbecken für Vertriebene und Gestrandete aus aller Welt ein Ort der kulturellen Vermischung, von der auch die Hauptfiguren des Romans betroffen sind. *Hotel Shanghai* endet in Übereinstimmung mit den historischen Ereignissen tragisch. Obwohl das Hotel „Shanghai" auf internationalem Boden steht, wird es im August 1937 von einer chinesischen Fliegerbombe zerstört. Der Fokus des Romans liegt allerdings nicht auf der Rekonstruktion historisch-politischer Realitäten, sondern auf der Entfaltung der fiktiven Lebensläufe der auftretenden Personen.

Analysen

Narrationen des Exils
Fasst man Exil als Vertreibung aus dem Heimatland aufgrund politischer Repressionen oder existentieller Not auf und ergänzt, dass der Exilierte stets auf eine Rückkehr in sein Heimatland bedacht ist, erscheint die Zuordnung der Autorin Vicki Baum zur Exilliteratur im engeren Sinn zunächst fraglich. Vicki Baum verließ Deutschland mit ihrer Familie bereits 1932. Zweifellos spielte die Situation in Deutschland dabei eine wichtige Rolle (vgl. Bell 1976, S. 249), wahrscheinlich aber waren berufliche Gründe ausschlaggebend für die Emigration (vgl. Nottelmann 2002, S. 40). Die Anpassung an die neue Heimat gelang Vicki Baum außergewöhnlich gut; bereits 1938 wurde sie eingebürgert, und ab 1941 schrieb sie ihre Romane in englischer Sprache (vgl. Valencia 2006, S. 231). Da Vicki Baum von 1931 bis 1941 regelmäßig für den Film arbeitete, gab es keine ernsthaften finanziellen Probleme (vgl. Strelka 1999, S. 209). Trotzdem enthält die 1962 postum veröffentlichte Autobiografie *Es war alles ganz anders* Kritik an der Wahlheimat sowie Klagen über Heimweh: „Niemand, der längere Zeit in den Vereinigten Staaten gelebt hat, kommt anderswo mit dem Leben zurecht; wir sind sehr verwöhnt hier, sehr anspruchsvoll in materiellen Dingen und Alltagskomfort. Und doch – immer

haben die Augen Heimweh" (Baum 1987, S. 469). Seit sich Vicki Baum 1932 in den USA niederließ, unternahm sie mehrere ausgedehnte Reisen, die sie 1935 und 1936 jeweils auch für wenige Tage nach Shanghai führten. *Hotel Shanghai* ist innerhalb weniger Monate im Sommer 1938 entstanden und wurde zunächst in loser Folge in der Zeitschrift *Cosmopolitan* veröffentlicht. Der Roman beleuchtet die Exilthematik aus mehreren, kulturell und soziografisch divergierenden Perspektiven. Unter den Hauptpersonen befinden sich drei Chinesen, ein Japaner, eine Russin und zwei Amerikaner sowie zwei Deutsche. Über die internationalen Hauptfiguren findet ein breites politisches und soziokulturelles Panorama der jeweiligen Kulturkreise Eingang in den Roman. Neben dem Ausbruch des Zweiten Chinesisch-Japanischen Krieges werden die amerikanische Massengesellschaft und die traditionelle japanische sowie die chinesische Gesellschaft geschildert. Auch die Situation im nationalsozialistischen Deutschland wird in *Hotel Shanghai* thematisiert (vgl. Müller 2011, S. 320). Der jedoch größtenteils knappen Schilderung der politischen Verhältnisse in den Herkunftsländern steht eine umso eindringlichere Darstellung der neun Einzelschicksale im Exil gegenüber. Diese Anwendung einer erzähltechnischen „Doppelstruktur" (vgl. Nottelmann 2002, S. 292), bei der auf einer ersten Ebene die soziale und historische Realität abgebildet wird und auf einer zweiten Ebene romantische und existentielle Topoi sowie Gefühlszustände ausgestaltet werden, ist kennzeichnend für Baums Romane. Dr. Hain, ein jüdischer Arzt, der Deutschland verlassen musste und über Frankreich nach Shanghai gelangte, fristet ein Außenseiterdasein in Einsamkeit: „Er war es nicht mehr gewohnt zu sprechen. Er hatte die verrostete Stimme, die Menschen eigen ist, die ganz vereinsamt leben." (*HS*, 268) Der Verlust der Heimat wird von Vicki Baum bei den meisten Figuren als ambivalentes Phänomen beschrieben. Neben einer Mystifizierung des Heimatlandes, wie sie zum Beispiel der Japaner Yoshio Murata durchlebt – „Japan, da es fern und Heimat war, verklärte sich und wurde schöner von Tag zu Tag" (*HS*, 166) –, wird die Trennung von der Heimat für viele Figuren zu einem traumatischen Erlebnis, das sie auch innerlich von ihrem Herkunftsland entfernt. Trotzdem wird das Exilland nicht zur neuen Heimat. So finden sich etwa die beiden Deutschen Dr. Hain und der politische Flüchtling und Musiker Kurt Planke in einer desolaten Lage wieder: „Das Nichts, in dem die Emigranten lebten, wurde schwarz und tief und undurchdringlich dicht wie nie zuvor. Die fremde Stadt schluckte sie auf." (*HS*, 73) Zwar erhält Dr. Hain eine „kleine Unterstützung von einem Hilfskomitee für deutsche jüdische Auswanderer" (*HS*, 257), die er mit Kurt Planke teilt, trotzdem leben sie in Armut und ohne richtige Arbeit. Weder Literatur noch Religion bieten den Protagonisten eine Stütze – auch nicht den wirtschaftlich und sozial Bessergestellten wie der Russin Helen Russell. Lediglich der überaus belesene Japaner Yoshio Murata findet Zuflucht im Verfassen japanischer Silbengedichte und in der Rezitation deutscher Klassiker (vgl. *HS*, 445). Jedoch werden intertextuelle Anspielungen dieser Art, wie sie sich im Roman gelegentlich finden, nicht weiter vertieft (vgl. auch *HS*, 454). Die kommerzielle Ausrichtung der Romane Vicki Baums auf ein an die Erzählstrukturen des Hollywood-Kinos gewöhntes Massenpublikum bedingt vielmehr, dass intertextuelle Bezugspunkte vor allem zu den Vorbildern der amerikanischen *Mainstream*-Literatur (vgl. Nottelmann 2007, S. 291) auszumachen sind. Genauso wenig wie Literatur oder Kunst kommen Religion oder Religiosität in *Hotel Shanghai* als ‚Ersatzheimaten' infrage. So ist es dem chinesischen Kaufmann Bo Gum gleichgültig, „zu welchen Göttern der Sohn betet" (*HS*, 28), solange er die Familie ehrt. Allein zwischenmenschliche Beziehungen dienen den Figuren als Fixpunkte und Hoffnungsträger – und binden sie an die alte Heimat. So wartet der jüdische Arzt Dr. Hain in Shanghai sehnsüchtig darauf, dass seine ‚arische' Frau Deutschland ebenfalls verlassen und ihm nach Shanghai folgen wird (vgl. *HS*, 354 f.).

Theoretische Perspektivierungen
Das Shanghai des Romans wird von Vicki Baum als pulsierender, jedoch vor allem durch wirtschaftliche Interessen bestimmter kultureller Schmelztiegel beschrieben:

> Indische, russische, annamitische, chinesische Polizisten sorgen für Ordnung. Diebesbanden und Einbrecher teilen die Beute der Nacht. [...] Murmelnde Priester zünden Kerzen und Weihrauch an, und Menschen aller Religionen beten vor Altären jedes Glaubens, Buddhisten, Taoisten und Lamas; Katholiken, Protestanten, Mormonen; Christen sämtlicher Schattierungen und Sekten raufen sich um die Seelen der Chinesen; Verkäufer aller Nationen raufen sich um ihr Geld. (*HS*, 305)

Die Stadt ist ein Raum, in dem die Protagonisten fortwährend mit Erfahrungen von Alterität konfrontiert werden und Prozessen kultureller Durchmischung ausgesetzt sind, die zu einer Infragestellung, Neubestimmung oder dem Verlust der eigenen Identität führen. Der opiumsüchtige Kuli und Kriegsflüchtling Lung Yen umschreibt diese Problematik in einfachen, aber präzisen Worten, als er seinem Sohn die eigene Misere in Shanghai erklärt: „In der großen Stadt verändern sich die Menschen." (*HS*, 342) Betrachtet man die Einstellungen der Hauptfiguren zu ihren Herkunftsländern, so ist auffällig, dass sich die meisten auch im internationalen Shanghai zuallererst über ihre Zugehörigkeit zu einer bestimmten Nation definieren und auf diese bezogen bleiben. Im Verhältnis zur kulturellen Vielfalt im Schmelztiegel Shanghai jedoch geraten die starren nationalen Selbstvergewisserungen der Exilanten in Bewegung: „Die Fremden verachten und bewundern die Chinesen. Die Chinesen verachten und bewundern die Fremden." (*HS*, 306) Zum einen also stellt der essentialistische Begriff der Nation in *Hotel Shanghai* ein unhintergehbares Faktum dar, das gerade auch in einer interkulturellen Umgebung einen positiven Umgang mit Alterität und eine gelungene Akkulturation der Individuen verhindert. Besonders deutlich wird dies in der Begegnung zwischen dem englischen Aristokraten Bertie Russell und dem chinesischen Arzt Dr. Chang (vgl. *HS*, 261–274). Der von der Idee eines nationalen Chinas besessene Chang macht den Engländer im Auftrag der Stadtverwaltung mit der Kultur Chinas bekannt. Russell reagiert auf die fremde Kultur, die er als Bedrohung seiner eigenen Identität empfindet, mit rassistischen Klischees. Zum anderen jedoch steht der kategorischen Ablehnung des Fremden in *Hotel Shanghai* eine Reihe von Beispielen für lebendige Akkulturationsprozesse gegenüber. Vicki Baum führt dem Leser an mancher Stelle die Kontingenz der als selbstverständlich vorausgesetzten eigenen Kultur vor Augen, indem sie jene aus der Perspektive der anderen Kultur schildert. So zeugen die Beobachtungen des Kaufmanns Bo Gum, der die Europäer für ihre technischen und ökonomischen Leistungen zwar bewundert, die englische Sprache aber geringschätzt, von einer kulturellen Voreingenommenheit, die auf den westlich-europäischen Leser zurückgeworfen wird und ihn dazu bewegen kann, die vorgefasste Sicht auf seine eigene Kultur zu relativieren:

> So ließ er sich von dem Neffen die Schriftzeichen und Worte dieser dummen Teufel erklären und fand bald heraus, daß sie in Wahrheit Barbaren waren[.] [I]hre Sprache war arm und hatte nur einen Ton und ein Wort, wo die eigene Sprache fünf Töne und fünfzig Wörter hatte. (*HS*, 23)

Grundsätzlich ist Bo Gum zwar durch traditionelle chinesische Wertvorstellungen geprägt, durch seine beruflichen Kontakte ist er aber mit westlichen Kulturstandards vertraut und auch dazu bereit, diese zu tolerieren. Diese prinzipielle Offenheit dem Anderen gegenüber führt dazu, dass er am Ende des Romans – entgegen den chinesischen Traditionen und seinen persönlichen Überzeugungen – die zeugungsunfähige amerikanisch-chinesische Ehefrau seines Sohnes akzeptiert. Wenn auch gegen die Stimme ihres „modernisierten Herzen[s]" (*HS*, 408), gesteht diese ihrerseits zu, dass der notwendige Nachwuchs mit einer Konkubine gezeugt wird. Im Sinne der *Postcolonial Studies* ließe sich angesichts dieses Familienschicksals von einem Fall kultureller Hybridität sprechen. Er zeigt, wie aus vorhandenen Identitäten über eine Konfrontation mit kultureller Alterität neue hybride Existenzformen – hier Familienmodelle – hervorgehen. Auf der sprachlichen Ebene des Romans werden Formen kultureller Überlagerung erkennbar, wenn sich beispielsweise Kurt Planke mit den Bewohnern Shanghais in Pidgin-Englisch (*HS*, 259) verständigt.

Hotel Shanghai thematisiert Exil und Heimatlosigkeit als Probleme, die Mann und Frau in gleicher Weise betreffen. Der Roman ist somit nicht Ausdruck einer avancierten feministischen Positionierung, eher variiert er traditionelle Frauenbilder. Andere Texte Vicki Baums, wie etwa der 1928 erschienene Roman *stud. chem. Helene Willfüer*, sind in diesem Zusammenhang sicher aufschlussreicher. Dieser Roman stellt eine weibliche Hauptperson und frauenspezifische Themen ins Zentrum der Handlung. Die weiblichen Figuren in *Hotel Shanghai* sind hingegen Teile eines „Figurenensembles" (vgl. Nottelmann 2002, S. 38). Grundsätzlich oszillieren die weiblichen Figuren in *Hotel Shanghai* zwischen den Polen Emanzipation und Anpassung. Daraus resultieren zwei dominante weibliche Rollen: Unabhängig und verführerisch (die Russin Jelena Turbova, Ehefrau des englischen Adeligen Bertie Russell) sowie schutzbedürftig und unterwürfig (Ruth, die Verlobte Frank Taylors).

Exil und Erinnerung
Vicki Baum verfolgt eine Erzählstrategie, die bewusst Ficta und Facta vermengt, um einen Erinnerungsraum konstruieren zu können, der den Wirren und Ereignissen einer „Zeit der Katastrophen" (*HS*, 275) die Komplexität und Tragik singulärer Lebensläufe entgegenhält. Der Schauplatz des Romans, Shanghai, ist ein Ort deutscher und österreichischer Geschichte. Weil zur Einreise kein Visum benötigt wurde, flohen zwischen 1938 und 1941 Tausende verfolgte Juden aus Europa nach Shanghai. Für den Leser ist es keine Überraschung, dass die neun fiktiven Einzelschicksale, von denen Vicki Baum in *Hotel Shanghai* erzählt, während der Bombardierung Shanghais durch eine chinesische Fliegerstaffel im Zweiten Chinesisch-Japanischen Krieg 1937 den Tod finden. *Hotel Shanghai* vollführt eine Form der ‚Erinnerungsarbeit', die dadurch an unzählige Vertriebene erinnern will, dass fiktive – also mögliche – Schicksale in epischer Breite mit den unumstößlichen Fakten der Geschichte kontrastiert werden. Die fiktiven Figuren werden so zu Stellvertretern der realen Schicksale, die das kollektive Gedächtnis nicht fassen kann, und der literarische Text wird zum „eigentlichen Ort des Exils", indem er aufzeichnet und abrufbar macht, was Exil, in seinen unterschiedlichen und teilweise gegensätzlichen Ausprägungen, bedeuten kann. Für die Hauptfiguren sind Erinnerungen an die Vergangenheit und ihre Heimatländer zwar wichtig, sie blitzen aber meistens nur diffus zwischen den Verstrickungen und Problemen ihres Alltags auf. Manchmal erinnert sich Kurt Planke an die heimische Ostsee oder Murata an das Japan seiner Kindheit, doch diese Erinnerungen sind meistens schwach und dunkel. Die zweiteilige Konstruktion des Romans hält den schwachen Erinnerungen der Figuren einen anderen Umgang mit Geschichte und Erinnerung entgegen. Im zweiten Teil des Romans (*Die Stadt*) nämlich wird der Leser beständig dazu aufgefordert, sich die Lebensgeschichten der Figuren zu vergegenwärtigen, die er im ersten Teil (*Die Menschen*) gelesen hat. Die Erinnerung an die im ersten Teil erzählten Lebensgeschichten soll ihm

helfen, sich in dem verzweigten Handlungsverlauf des zweiten Teils zurechtzufinden: Die Menschen sind „Resultate der Zeit, in der sie leben" (*HS*, 465). Damit weist der Roman Erinnerung als das zentrale Instrument aus, um Geschichte(n) zu verstehen – und um die auf ihre Gegenwart beschränkten exilierten Figuren wieder in den Zusammenhang ihrer (Lebens-)Geschichte einzubinden. Die den Exilierten in seiner je einzigartigen Identität verstörende Erfahrung des Exils erschließt dieser Roman nicht über ihre räumliche als vielmehr über ihre zeitliche Dimension:

> Oft, wenn wir die Vergangenheit eines Menschen kennen und ihn dann wiedersehen, verwickelt und tief beschäftigt mit seiner winzigen und alltäglichen Gegenwart, dann fragen wir uns voll Verwunderung: wie ist es möglich? Wie ist es möglich, daß die Menschen, denen wir von ihrer Geburt an bis nach Shanghai gefolgt sind, dort leben, wie sie leben? Wundert euch nicht. Millionen leben wie sie, über den Gräbern der Millionen, die gestorben sind. Denn Vergessenkönnen ist der tiefste Segen, der uns geschenkt ist, und das Gewöhnliche ist uns zugewiesen als unser Element und als die Wohnstatt unserer Seele. (*HS*, 275)

Gegen Ende des Romans erinnert sich der Leser schließlich auch an die verwickelte Flüchtlingsgeschichte des jüdischen Arztes Dr. Hain, der seit seinem Eintreffen in Shanghai auf eine Gelegenheit wartet, seine in Deutschland verbliebene Frau wiederzusehen. Kurz vor dem Bombardement erhält er ein Telegramm von ihr, das ihm mitteilt, dass sie in Deutschland bleiben werde, da sie eingesehen hat, „daß unser Führer Recht hat" (*HS*, 432).

Die Werke Vicki Baums waren während der Zeit der nationalsozialistischen Diktatur verboten (vgl. Steinaecker 2011, S. 41), in der Nachkriegszeit wurden sie überwiegend im Kontext der Trivialliteraturforschung rezipiert (vgl. ebd., S. 10). *Hotel Shanghai* wurde 1997 von Peter Patzak für das Fernsehen unter dem Titel *Shanghai 37* verfilmt. 2008 wurde der Roman von Elke Heidenreich in ihrer TV-Sendung *Lesen!* erneut einem breiten Publikum vorgestellt (vgl. ebd., S. 293).

Fazit

Hotel Shanghai erzählt vom Schicksal einer Gruppe von Menschen, die sich nach beschwerlichen Lebenswegen gemeinsam im Exil in Shanghai wiederfinden. Der Verlust der Heimat wird von den meisten Protagonisten als traumatisches Erlebnis empfunden, das in der Folge auch eine Integration in die Kultur des Exillandes verhindert. Unter Zuhilfenahme kulturwissenschaftlicher Methoden lässt sich jedoch zeigen, dass der Roman auch Beispiele für gelungene Akkulturationsprozesse im Exil bereithält. Gerade in einer transkulturellen Lebenswelt eröffnen sich auf diese Weise Perspektiven, die für den Einzelnen über die Konfrontation mit dem (kulturell) Anderen neue Existenzformen ermöglichen. Besonders ergiebig für ein Verständnis des Romans und seiner anhaltenden Relevanz ist die Frage nach dem Verhältnis von Exil und Erinnerung. Nur mittels Erinnerung wird Exil für den Außenstehenden erfahr- und verstehbar. Das gilt sowohl für Exil als realgeschichtliches Phänomen in der Mitte des 20. Jahrhunderts als auch für den Einzelfall. Literatur kann diese ‚Erinnerungsarbeit' leisten, und in *Hotel Shanghai* verlangt Vicki Baum von ihren Lesern, sich aktiv daran zu beteiligen. Denn nur, wenn der Leser sich im zweiten Teil des Romans (*Die Stadt*) die Lebenswege der Protagonisten aus dem ersten Teil (*Die Menschen*) beständig in Erinnerung ruft, verliert er im zweiten, auf die Katastrophe zulaufenden Teil des Romans nicht den Überblick. Und nur so kann er erfassen, was Exil – in all seinen verschiedenen Ausprägungen und Facetten – für den einzelnen Betroffenen bedeutet.

Björn Sommersacher

Literatur

(*HS*) Baum, Vicki: *Hotel Shanghai*. Köln 1987.

Baum, Vicki: *Es war alles ganz anders. Erinnerungen* (1962). Köln 1987.
Bell, Robert F.: „Vicki Baum". In: *Deutsche Exilliteratur seit 1933*, Bd. 1.1 Kalifornien. Hg. v. John M. Spalek u. Joseph P. Strelka. Bern 1976, S. 247–258.
Heuer, Renate (Red.): Art. „Vicki Baum". In: *Lexikon deutsch-jüdischer Autoren*, Bd. 1. München, London 1992, S. 404–418.
Müller, Stefan: *Ach, nur n' bisschen Liebe. Männliche Homosexualität in den Romanen deutschsprachiger Autoren in der Zwischenkriegszeit 1919 bis 1939*. Würzburg 2011.
Nottelmann, Nicole: *Strategien des Erfolgs. Narratologische Analysen exemplarischer Romane Vicki Baums*. Würzburg 2002.
Nottelmann, Nicole: *Die Karrieren der Vicki Baum. Eine Biographie*. Köln 2007.
Steinaecker, Stefanie von: *„A Little Lower than the Angels". Vicki Baum und Gina Kaus. Schreiben zwischen Anpassung und Anspruch*. Bamberg 2011.
Strelka, Joseph P.: *Des Odysseus Nachfahren: Österreichische Exilliteratur seit 1938*. Tübingen, Basel 1999.
Valencia, Heather: „Vicki Baum: ‚A First-Rate Second-Rate Writer'?" In: *German Novelists of the Weimar Republic. Intersections of Literature and Politics*. Hg. v. Karl Leydecker. New York 2006, S. 229–251.

Gottfried Benn: *Essays, Lyrik, Briefe* (1933–1945)

Gottfried Benn *2. 5. 1886 Mansfeld (Brandenburg), †7. 7. 1956 Berlin.

Inhalt

Gottfried Benn wird hier als Repräsentant einer besonderen Form der inneren Emigration zur Zeit des Nationalsozialismus behandelt. Radikaler als andere wert- und nationalkonservative Intellektuelle der Weimarer Republik sucht er 1933 den ideologischen und literaturpolitischen Schulterschluss mit den neuen Machthabern, um sich wenig später ebenso radikal wieder von ihnen zu distanzieren. Ohne sich dem aktiven Widerstand anzuschließen, aber auch ohne den Weg der Emigration ins Ausland anzutreten, bringt Benn seine Ablehnung des Regimes poetisch, brieflich und essayistisch zum Ausdruck. Diese Haltung des ‚Dagebliebenen-und-dennoch-Dagegenseins' brachte Benn sowohl während der NS-Herrschaft als auch nach 1945 in Anschlag gegen die Auslandsemigranten. Auf diese Weise wurde er zu einer Identifikationsfigur für all jene Deutschen, die im Dritten Reich ebenfalls eine Mittelposition zwischen offenem Widerstand und blindem Mitläufertum bezogen hatten.

Unter dem Eindruck der Ereignisse des Jahres 1934 sieht Gottfried Benn, der den Nationalsozialismus zunächst enthusiastisch begrüßt und hymnisch gefeiert hatte, seine Hoffnung auf Anerkennung durch die neuen Machthaber gescheitert. Zahlreiche Passagen aus Benns Briefwechsel lassen erkennen, dass seine Distanzierung vom Nationalsozialismus Mitte 1934 beginnt. Den ersten Schritt auf seinem Weg des Rückzugs aus der literarischen Öffentlichkeit, den Wiedereintritt in die Reichswehr, bezeichnet Benn mit einer vielfach zitierten und äußerst umstrittenen Formulierung als „aristokratische Form der Emigrierung" (Brief an Friedrich Wilhelm Oelze vom 18. November 1934; *BR*, 39). Die Briefe dokumentieren die komplexe Gemengelage der politischen Ereignisse, kunsttheoretischen Reflexionen und persönlichen Erfahrungen, die Benn zu dieser Kehrtwende veranlassen. Die Repressionswellen im Zuge der Niederschlagung des sogenannten ‚Röhm-Putsches' im Juni/Juli 1934 werden ebenso erwähnt wie die totalitäre Kulturpolitik des Regimes und sein intellektuellenfeindliches, plebejisches Gepräge (Briefe an Oelze vom 24. Juli 1934 und 7. September 1934; *BR*, 36 und 37 f.). Auch das in der Diktatur florierende Denunziantenunwesen kommt offen zur Sprache. Die Briefe zeigen, dass Benns politische Abkehr vom NS-Staat mit der Fundamentalkritik an eigenen poet(olog)ischen Entwürfen der späten 1920er und frühen 1930er Jahre einhergeht, die den heraufziehenden Totalitarismus euphorisch als Ende des Nihilismus und als Verschmelzung von Kunst und Macht gepriesen sowie künstlerisch-literarische Strömungen wie den Expressionismus, den italienischen Futurismus und die Lyrik Stefan Georges zu ideologischen und ästhetischen Wegbereitern des Nationalsozialismus erklärt hatten. Ab 1935 beginnt Benn, sich einen hermetisch geschlossenen ‚Exilraum' subversiver Texte zu schaffen, die mit seinen früheren ideologisch-ästhetischen Überzeugungen und dem Nationalsozialismus abrechnen.

Analysen

Narrationen des Exils
Bereits in den noch publizierten Essays *Lebensweg eines Intellektualisten* (1934) und *Sein und Werden* (1935) leitet Benn die Verabschiedung seiner Thesen ein, die von einer Vereinbarkeit von Kunst und (nationalsozialistischer) Macht ausgingen. Anknüpfend an die eigenen Konzepte autonom-selbstwertiger Kunst und a-politischen Künstlertums der frühen 1920er Jahre, beginnt er hier jene Grenze zwischen ‚historischer Welt' (= Geschichte, Politik, Staat etc.) und ‚Ausdruckswelt' (= Kunst) erneut zu befestigen, die dann in den unveröffentlichten Essays der 1940er Jahre wie *Kunst und Drittes Reich* (1941), *Zum Thema: Geschichte* (1943) oder *Ausdruckswelt* (1943 und 1944) zum poet(olog)ischen Axiom erhoben wird.

Auch Benns Lyrik ist ab Mitte der 1930er Jahre zunehmend von solipsistischen Formen und Inhalten geprägt. Orientiert an paradigmatischen Theoremen der Lyrik als privilegierter Gattung subjektiv-monologischer Selbstaussprache und als Reflexionsmedium individuellen Erlebens, kreisen die nur noch für ‚die Schublade' geschriebenen Gedichte vielfach um Fluchten des lyrischen und dichterischen ‚Ich' in die ‚a-sozialen' Räume autonomer poetischer Imagination und einer emphatisch erfahrenen Natur.

Gemeinsam ist allen nach 1935/36 entstandenen Essays und Gedichten Benns ihre unverhohlene Gegnerschaft zum Nationalsozialismus. Dennoch wird die Frage, ob man Gottfried Benn zur ‚Inneren Emigration' zählen könne, nach wie vor höchst kontrovers beantwortet. Jürgen Schröder konstatiert, dass von den in Deutschland gebliebenen Schriftstellern kein zweiter in seinen Texten „so unverhüllt, so rücksichtslos, so brutal mit dem NS-Regime und seinem Deutschland ins Gericht gegangen" und „in dieser Hinsicht mehr riskiert" (Schröder 1994, S. 36) habe als Benn. Ganz anders dagegen Inge Stephan: Zwar sei umstritten, was ‚Innere Emigration' bedeute und welche Autoren sie repräsentierten, „relativ einfach zu sagen" sei jedoch, wer nicht dazu gehört habe: „In erster Linie sind hier Gottfried Benn und Ernst Jünger zu nennen" (Stephan 2009, S. 442). Bezogen auf Benn, lautet die Begründung, er habe „zeitweilig zu den Sympathisanten des Nationalsozialismus" gehört, sei „tatkräftig" an der „Verfolgung jüdischer und politisch missliebiger Autoren" beteiligt gewesen, und seine „spätere Abwendung von den Nationalsozialisten, sein Verstummen als Dichter und sein Eintritt in die Wehrmacht als Stabsarzt [...]" seien „weniger Widerstandshandlung als Ausdruck der Enttäuschung und Vereinsamung" (ebd.) gewesen. Für Schröder hingegen tragen Benn seine Texte und Reflexionen gegen den Nationalsozialismus zu Recht das Prädikat ‚innerer Emigrant' ein und machen sein kurzfristiges literarisches und literaturpolitisches Engagement für den Nationalsozialismus mehr als wett.

Dieter Wellershoff (1986) und Harro Müller (1990) nehmen die Eigenart dieses Engagements genauer in den Blick und plädieren dafür, Benns NS-Panegyrik in den berühmt-berüchtigten Essays *Der neue Staat und die Intellektuellen* (1933), *Züchtung* (1933), *Antwort an die literarischen Emigranten* (1933), *Rede auf Marinetti* (1934) und *Dorische Welt* (1934) eher ästhetiktheoretisch als politisch zu lesen. Wellershoff nennt Benn einen „schwungvolle[n] Rhapsode[n] des Regimes" (Wellershoff 1986, S. 162) und verweist mit dieser Metapher auf die elaborierte Kunstförmigkeit der genannten Texte, die bereits damit mehr seien als politische Ergebenheitsadressen. Müller konstatiert, dass die Essays auch inhaltlich primär der Ästhetisierung und damit der weitgehenden Entpolitisierung des Nationalsozialismus dienten (vgl. Müller 1990). Benn preise den totalen Staat nicht als politische, sondern als ästhetische Formation, deren Ziel in der Therapie der an Kontingenz und Wertezerfall krankenden Moderne bestehe; im NS-Staat werde, so Benns Vision, die von der funktionsdifferenzierten Moderne gezogene Grenze zwischen Kunst und Politik kollabieren; *Form(ierung)* und *Züchtung* durchwalten dann als systemübergreifende, ästhetisch und politisch wirkende Energien gemeinsam die Politik und die Kunst (vgl. ebd.).

> Form –: in ihrem Namen wurde alles erkämpft, was Sie im neuen Deutschland um sich sehen; Form und Zucht; die beiden Symbole der neuen Reiche; Zucht und Stil im Staat und in der Kunst: die Grundlage des imperativen Weltbildes, das ich kommen sehe. (*Rede auf Marinetti*, SW IV, 119)

Basierend auf dieser ‚Ästhetisierung des Politischen' (im Sinne von Benjamin), die sich ebenso von den als kunstanalog verstandenen mythologisch-irrationalen und eruptiven Momenten des Nationalsozialismus fasziniert zeigt, setzt Benn der Kritik Klaus Manns an seiner Sympathie für die neuen Machthaber das Argument entgegen, der Nationalsozialismus sei kein gewöhnliches politisches System, vielmehr finde in ihm der Zucht- und Formwille des schöpferischen, also seiner wahren Natur nach künstlerischen (Welt-)Geistes seinen finalen Ausdruck.

> [...] nie in einer der wahrhaft großen Epochen der menschlichen Geschichte [wurde] das Wesen des Menschen anders gedeutet [...] als irrational, irrational heißt schöpfungsnah und

schöpfungsfähig. Wollen Sie [...] endlich doch verstehen, es handelt sich hier gar nicht um Regierungsformen, sondern um eine neue Vision von der Geburt des Menschen, vielleicht um [...] die letzte großartige Konzeption der weißen Rasse, wahrscheinlich um eine der großartigsten Realisationen des Weltgeistes überhaupt. (*Antwort an die literarischen Emigranten*, SW IV, 26 f.)

Benns Rückzug in die Innere Emigration manifestiert sich poet(olog)isch als Rückkehr zu radikalen Auffassungen künstlerischer Autonomie und politisch als Destruktion nationalsozialistischer Fundamentalideologeme. Dabei entfaltet der Rückgriff auf die Semantik gesellschaftlicher Stratifikation, die Benn mit seiner Formulierung von der „aristokratische(n) Form der Emigrierung" zur Nobilitierung der Armee als von ihm gewählten Exilort einsetzt, ein mehrdimensionales anti-nationalsozialistisches Potential. Zum einen goutiert Benn den Habitus des zu Beginn der 1930er Jahre noch mehrheitlich aristokratisch zusammengesetzten Offizierskorps und reagiert entsprechend ablehnend auf die systematische Verdrängung der Aristokratie von der Armeespitze ab 1935. Darüber hinaus zielt das Vokabular gesellschaftlicher Schichtung in Benns Texten nach 1934 auf die generelle Kritik am nationalsozialistischen Kernideologem der Volksgemeinschaft ab. Ihren Höhepunkt erreicht die Subversion dieses systemfundierenden Begriffs im Essay *Kunst und Drittes Reich* (1941). Bildgesättigt und sentimentalisch verklärend (re-)imaginiert er die glamouröse Verfeinerung der europäischen Oberschichtenkultur des *fin de siècle*, um vor der Kulisse dieses ‚Gesamtkunstwerks' die kleinbürgerliche, nationalistisch-völkische Enge des Dritten Reiches und seiner offiziösen Kunst umso sarkastischer als Verfallsgeschichte zu entlarven. In diesem Essay erhebt Benn außerdem eben jene europäischen Orte – wie London, Paris und Südfrankreich – zu Schauplätzen der kulturellen Blüte und des aristokratischen *bon goût*, für die er noch 1933 in seiner *Antwort an die literarischen Emigranten* als aus der Geschichte gefallene Sammelbecken dekadent-erschlaffter Intellektueller nichts als Verachtung empfunden hatte.

> Sie schreiben mir einen Brief aus der Nähe von Marseille. In den kleinen Badeorten am Golf des Lyon, in den Hotels von Zürich, Prag und Paris, schreiben Sie, säßen jetzt als Flüchtlinge die jungen Deutschen, die mich und meine Bücher einst sehr verehrten. Durch Zeitungsnotizen müßten Sie erfahren, daß ich mich dem neuen Staat zur Verfügung hielte [...], aber, so lautet meine Gegenfrage, wie stellen Sie sich denn nun eigentlich vor, daß die Geschichte sich bewegt? Meinen Sie, sie sei in französischen Badeorten besonders tätig? (*SW* IV, 24 f., 32)

Aufgrund dieser Umkehrung der Positionen kann *Kunst und Drittes Reich* als versuchter Schulterschluss Benns mit den Emigranten im Ausland gelesen werden. Dies zeigt sich auch in folgender Passage: „Dies Volk speit seine Genies aus wie das Meer seine Perlen: für die Bewohner anderer Elemente." (*SW* IV, 285) Diese

Metapher ebnet jede qualitative Differenz zwischen innerer und äußerer Emigration ein. Benn sieht sowohl die vertriebenen Autoren als auch sich selbst als ausgespiene Genies, wobei er sich willentlich nicht über die Landesgrenzen hat spülen lassen. Aus dieser Entscheidung leitet er dann doch ein Höherstellungsmerkmal seiner Form der inneren Emigration gegenüber den Auslandsemigranten ab. Von der *Antwort an die literarischen Emigranten* (1933) – „über die deutschen Vorgänge [kann man] nur mit denen sprechen [...] die sie auch innerhalb Deutschlands selbst erlebten" (*SW* IV, 24) – über den vorletzten Kriegsbrief an Oelze vom 19. März 1945 – „Wer über Deutschland reden u. richten will, muss hier geblieben sein" (*BR*, 388) – bis zur Autobiografie *Doppelleben* (1950) – bleibt diese Auffassung unrevidiert. Für Benn muss sie dies auch bleiben, denn in eben diesem Reden und Richten über Deutschland im Medium essayistischer und literarischer Texte vollzieht sich seine Innere Emigration.

Theoretische Perspektivierungen
Benns Schreibprojekt der Inneren Emigration verfolgt eine ‚Umwertung der Werte' durch eine ‚Umwertung der Worte'. Die Rückkehr auf poet(olog)ische Positionen künstlerischer Selbstbezüglichkeit basiert auf der Entkontaminierung ästhetischer Begriffe von jener politischen Semantik, die Benn ihnen, wie im Fall der ästhetischen Fundamentalkategorie ‚Form', 1933/34 selbst unterstellt hatte. Zugleich wird der in den frühen Essays konsequent ästhetisierte und damit entpolitisierte Nationalsozialismus nun ebenso konsequent re-politisiert, um ihn als gleichermaßen banale wie verbrecherische Herrschaftsform brandmarken zu können. Besonders deutlich zeigen sich diese Inversionsbewegungen an Texten der 1940er Jahre, in denen Benn die Austreibung der ästhetischen und geschichtsphilosophischen Semantik aus der NS-Ideologie sogar unter identischen Titeln vollzieht. Der Essay *Züchtung* des Jahres 1933 kreiste in nietzscheanischer Diktion um die mentale Ertüchtigung des deutschen Volkes: „Gehirne muß man züchten, große Gehirne, die Deutschland verteidigen [...] Eine militante Transzendenz, ein Richtertum aus hohen wehrenden Gesetzen." (*SW* IV, 38) Der gleichnamige Essay von 1940 benennt nüchtern die Usurpation und realpolitische Umsetzung dieser Züchtungvision durch die NS-Vernichtungsmaschinerie.

> Dann sahen wir einen anderen Züchter kommen, [...] den totalen Staat. Der berief sich auf Nietzsche. [...] Ein tiefgreifendes Experiment, für das sich die Halluzinationen des Einsiedlers durch die Konzentrationslager und die Genickschüsse der Staatsverwaltung ergänzte [...]. (*SW* IV, 249)

Eine ebenso umfassende systemkritische Umarbeitung nimmt Benn am Begriff ‚Reich' vor, der, verbunden mit weitreichenden Deutungsnarrativen der Inneren Emigration, eine dezidiert christliche Perspektive erhält. Dieser Prozess, der eine erhebliche Gegnerschaft zur (Reichs-)Ideologie des NS-Systems an den Tag legt, vollzieht sich vor allem im Briefwechsel und ab 1936 in Benns Lyrik. Benn nutzt nun die christliche ‚Zwei-Reiche-Lehre' zur Restitution der unaufhebbaren Differenz zwischen dem ‚Reich' der Macht und dem ‚Reich' der Kunst: „[Nietzsches] blonde Bestie, seine Züchtungskapitel sind immer noch Träume von der Vereinigung von Geist und Macht. Das ist vorbei. Es sind zwei Reiche." (Brief an Ina Seidel vom 30. 9. 1934, Benn 1957, S. 61) Wie Christus einst den Versuchungen des Satans in der Wüste widerstand – „Mein Reich ist nicht von dieser Welt" (Joh. 18,36) –, so widersteht nun Benn, sich das Mönchsideal der *imitatio christi* auf den Leib schreibend, der (satanischen) Macht des Nationalsozialismus. An die Stelle der christlichen Transzendierung der Immanenz qua Verweis auf das – künftige – Reich Gottes tritt bei Benn nun die Transzendierung der nationalsozialistischen Wirklichkeit qua Verweis auf das – im gegenwärtigen Schutzraum der inneren Emigration zu errichtende – (Text-)Reich autonomer Poesie. Zentraler Programmtext dieser semantisch-poetologischen Formation ist das Gedicht *Einsamer nie* aus dem Jahr 1936.

> Einsamer nie als im August: / Erfüllungsstunde –, im Gelände / die roten und die goldenen Brände, / doch wo ist deiner Gärten Lust? // Die Seen hell, die Himmel weich, / die Äcker rein und glänzen leise, / doch wo sind Sieg und Siegsbeweise / aus dem von dir vertretenen Reich? // Wo alles sich durch Glück beweist / und tauscht den Blick und tauscht die Ringe / im Weingeruch, im Rausch der Dinge, –: / dienst du dem Gegenglück, dem Geist. (*SW* I, 135)

Der Begriff des ‚Geistes' umgreift, als Gegenbegriff zu den äußeren Reichen ‚Politik', ‚Öffentlichkeit', ‚Geschichte' etc., das innere Reich freier poetischer Imagination des in der Inneren Emigration verharrenden, ausschließlich sich selbst bespiegelnden, dem Ethos selbstreferentieller Kunst verpflichteten dichterischen Ichs.

Das Prinzip der Gegendiskursivität in Form subvertierender Umsemantisierungen erfasst in Benns Texten der Inneren Emigration nahezu das gesamte nationalsozialistische Ideologie- und Begriffsinventar. Dabei kommt es, gefasst in aktuelle kulturwissenschaftliche und theoretische Terminologie, zur Tradierung der kulturkonstitutiven Kategorien *gender*, *class* und *nation*, jedoch erfahren die Hierarchien ihrer zweiwertigen Funktionsterme (Mann/Frau; Aristokratie/Volk; Deutschland/Ausland) eine radikale Umkehrung. Nahm zunächst das Männliche, Völkische, Deutsche den höherwertigen Platz ein, sind es seit 1934 und vor allem in der Inneren Emigration die Gegenbegriffe, die aufgewertet werden. Der soldatisch-männlichen Weltanschauung des Nationalsozialismus setzt Benn nun eine pazifistisch-weibliche, der völkischen eine aristokratische, der nationalistischen eine transkulturell-internationalistische entgegen.

Exil und Erinnerung
Mit ursächlich für Benns rasanten Aufstieg zu einem der führenden und höchst dekorierten Literaten (Büchner-Preis 1951) der jungen Bundesrepublik ist die Tatsache, dass die in seinen poet(olog)ischen und autobiografischen Texten der späten 1940er Jahre – *Statische Gedichte* (1948/49), *Trunkene Flut* (1949), *Berliner Brief* (1949) und *Doppelleben* (1950) – umrissenen Fixpunkte eines individuellen Erinnerungsdiskurses zugleich den maßgeblichen Fraktionen der gesamtgesellschaftlichen Memorialdebatten Anknüpfungsmöglichkeiten boten. Die Literaturszene konnte sich in den Gedichten und lyriktheoretischen Reflexionen wiederfinden, da sie Kontinuitäten zur Lyrik der 1920er Jahre, zu autotelischer Formdominanz und expressionistischer Avantgardeästhetik herstellten. Die essayistisch-autobiografischen Texte konstruierten das Selbstbild eines von allen Machthabern und Ideologien zum Außenseiter gestempelten Dichters, der sich bereits früh den Anforderungen des NS-Regimes entzog und es daher nicht nötig habe, sich nun einer Auseinandersetzung um persönliches Versagen und individuelle Schuld zu stellen. Diese Einstellung Benns bot all jenen Deutschen einen mentalen Halt, die sich ebenso ‚durchlaviert' hatten, die weder zu Verbrechern geworden waren noch aktiven Widerstand geleistet hatten.

Fazit

Benns Lyrik verweigert sich spätestens ab 1936 jeglicher Fremdfunktionalisierung, während die poetologischen Essays und Briefe der 1940er Jahre diesen Prozess unter Berufung auf programmatische Kernbestände literarischer Autonomie reflexiv absichern. Benns Invektiven gegen Nationalsozialismus und pervertiertes Deutschtum in den politischen Essays der Inneren Emigration stehen den schonungslosen Attacken der Auslandsemigranten in nichts nach. Insofern kann es nicht als Nachkriegsopportunismus gewertet werden, wenn Benns Stellungnahmen zur sogenannten ‚Großen Kontroverse' des Jahres 1946 zwischen den in Deutschland verbliebenen Autoren und den Exilanten eine größere Nähe zu Letzteren erkennen lassen. Seine Willfährigkeit gegenüber der repressiven Literaturpolitik des Regimes im Jahr 1933, vor allem seine Beteiligung an der Gleichschaltung der Sektion Dichtkunst der Preußischen Akademie der Künste (vgl. Jens 1994), spielt Benn nach 1945 hingegen herunter. Der konsequent deskriptive, moralisch-normative Urteile weitgehend suspendierende Blick neuerer Forschungen (vgl. Hoffmann 2007; Dyck 2007; Ansel 2007) erlaubt es, sowohl Benns Nähe zum Nationalsozialismus als auch die Komplexität und Ambivalenz seiner Distanzierung vom System einer objektiven Analyse zu unterziehen.

Dirk Kretzschmar

Literatur

(*BR*) Benn, Gottfried: *Briefe an F.W. Oelze 1932–1945*. Hg. v. Harald Steinhagen u. Jürgen Schröder. Wiesbaden, München 1977.
(*SW* I) Benn, Gottfried: *Sämtliche Werke*. Hg. v. Gerhard Schuster (Stuttgarter Ausgabe), Bd. I. Gedichte 1. Stuttgart 1986.
(*SW* IV) Benn, Gottfried: *Sämtliche Werke*. Hg. v. Gerhard Schuster (Stuttgarter Ausgabe), Bd. IV. Prosa 2. Stuttgart 1989.

Ansel, Michael: „Zwischen Anpassung und künstlerischer Selbstbehauptung. Gottfried Benns Publikationsverhalten in den Jahren 1933 bis 1936". In: Martínez 2007, S. 35–70.
Benn, Gottfried: *Ausgewählte Briefe*. Wiesbaden 1957.
Dyck, Joachim: „Gottfried Benn, ein ‚reinrassiger Jude'?" In: Martínez 2007, S. 113–132.
Hoffmann, Dieter: „Totalität und totalitär. Gottfried Benn und die Expressionismusdebatte". In: *Gottfried Benn (1886–1956)*. Hg. v. Walter Delabar u. Ursula Kocher. Bielefeld 2007, S. 37–50.
Jens, Inge: *Dichter zwischen rechts und links. Die Geschichte der Sektion für Dichtkunst an der Preußischen Akademie der Künste*. 2. Aufl. Frankfurt a. M. 1994.
Martínez, Matías (Hg.): *Gottfried Benn – Wechselspiele zwischen Biographie und Werk*. Göttingen 2007.
Müller, Harro: „Gottfried Benns paradoxer Antihistorismus. Einige Überlegungen über Zusammenhänge zwischen ästhetischem Absolutismus und faschistischem Engagement". In: *Geschichte als Literatur. Formen und Grenzen der Repräsentation von Vergangenheit*. Hg. v. Hartmut Eggert, Ulrich Profitlich u. Klaus R. Scherpe. Stuttgart 1990, S. 182–195.
Schröder, Jürgen: „Imitation Christi. Ein lyrisches Bewältigungsmodell in den Jahren 1934–1936". In: *Gottfried Benn und die Deutschen. Studien zu Werk, Person und Zeitgeschichte*. Tübingen 1985, S. 39–57.
Schröder, Jürgen: „‚Es knistert im Gebälk'. Gottfried Benn – ein Emigrant nach innen". In: *Aspekte der künstlerischen Inneren Emigration 1933–1945*. Hg. v. Claus-Dieter Krohn, Erwin Rotermund, Lutz Winckler u. Wulf Koepke, München 1994 (Exilforschung. Ein internationales Jahrbuch, Bd. 12), S. 31–52.
Stephan, Inge: „Die Literatur der ‚Inneren Emigration'". In: Wolfgang Beutin u.a.: *Deutsche Literaturgeschichte von den Anfängen bis zur Gegenwart*. Stuttgart 2009, S. 442–447.
Wellershoff, Dieter: *Gottfried Benn. Phänotyp der Stunde. Eine Studie über den Problemgehalt seines Werkes*. Köln 1986.

Thomas Brasch: *Der schöne 27. September. Gedichte* (1980)

Thomas Brasch *19. 2. 1945 Westow (North Yorkshire, Großbritannien), †3. 11. 2001 Berlin.

Inhalt

Neben einigen im nationalsozialistischen Deutschland situierten Texten ist Thomas Braschs 1980 veröffentlichter Gedichtband *Der schöne 27. September* hauptsächlich von westlichen „Spielorte[n]" (Ponath 1999, S. 99) geprägt. Doch zahlreiche Exilmetaphern und -situationen formieren sich zu einem der Leitthemen des Bands und offenbaren Braschs pessimistisches Geschichtsbild. Die historisch verorteten Schicksale dienen zur Analyse der für Brasch untrennbar mit der Gegenwart verbundenen Vergangenheit – geschichtlicher wie gesellschaftlicher Fortschritt erscheinen als Illusion. Zugleich ist Exil bei Brasch Metapher für die Fremdheit des Individuums in der als Staat organisierten Gesellschaft, deren Deformationen sich auf der Ebene des Mikrokosmos spiegeln. So sind Subjektivität und Individualismus nur im ‚Unbrauchbarsein' erreichbar, einer Verweigerung gegenüber Gesellschaft und Staat, die allein in der Flucht in Wahnsinn oder Asozialität – Sonderformen des metaphorischen Exils – gelingen kann.

Analysen

Narrationen des Exils
Thomas Braschs Exilsituation ist eine besondere. Seine aus jüdischen Familien stammenden Eltern waren in den späten 1930er Jahren nach England emigriert; er selbst wuchs als Exilant der zweiten Generation in der SBZ/DDR auf. Dort führte eine andauernde Konfliktgeschichte (vgl. Geist 2002) Ende 1976 schließlich zur Genehmigung seiner „einmaligen Ausreise zwecks Übersiedlung aus der DDR" in die Bundesrepublik. Bezeichnungen wie ‚Exilschriftsteller', ‚DDR-Autor', aber auch ‚jüdischer Autor' lehnte Thomas Brasch für sich jedoch als einengende Kategorisierungen ab (vgl. Raddatz 1977; im Gegensatz etwa zu Barbara Honigmann). Zugleich demonstrierte er stets seine Distanz zur Bundesrepublik – so ließ er sich 1983 den Verzicht auf die deutsche Staatsbürgerschaft beurkunden, gleichsam eine offizielle Besiegelung seiner Fremdheit. Sein Landwechsel setzte ihn in entscheidenden Punkten anderen Gegebenheiten aus, als sie die im Nationalsozialismus Exilierten vorfanden: Obgleich er im Gastland wie andere prominente Schriftsteller aus der DDR als Dissident behandelt wurde, konnte sich

Brasch angesichts der geteilten Vergangenheit der beiden deutschen Staaten nicht als Repräsentant eines ‚anderen Deutschland' empfinden. Zudem war er nicht mit einer fremden Sprache und den damit einhergehenden Publikationsschwierigkeiten konfrontiert – Brasch wurde von westdeutschen Verlagen geradezu umworben (vgl. Berbig 2005, S. 164), und sein Gedichtband erschien wie schon *Kargo* (1977) und *Rotter* (1978) beim renommierten Frankfurter Suhrkamp-Verlag.

Während in *Der schöne 27. September* die für Exilliteratur so charakteristische Auseinandersetzung mit dem verlassenen Staat entfällt, setzt sich doch bereits das Eröffnungsgedicht in Bezug zu einer der ältesten Exilerzählungen überhaupt: dem Ausschluss von Adam und Eva aus dem Garten Eden. Dabei werden programmatisch die Vorzeichen benannt, unter denen die Exilmetaphern im Band zu lesen sind – in parodistischer Verkehrung spricht *Schlimmer Traum* vom Schrecken einer Vertreibung „ins Paradies" (*DsS*, 7), denn die Zustände in den ‚Gastländern' erweisen sich für die Exilierten alles andere als ‚paradiesisch'. Zudem ist das Paradies als Ort ewiger Harmonie in der Weltsicht Braschs, der in den „Widersprüchen [...] die Hoffnungen" erkennt (Rede zum Bayerischen Filmpreis 1981, vgl. Brasch 1982), eine Horrorvision des Stillstands, und genau diese sieht der Band im deutschen Exil- und „Niemands Land" (*DsS*, 25) wahr werden.

Gleich einem „soziologische[n] Experiment" (Wilke 2010, S. 31) werden in *Der schöne 27. September* Exilsituationen durchgespielt, die aus Zeit- und Literaturgeschichte bekannt sind. Eingang finden aber auch aus Braschs Biografie entlehnte Figuren. Gemeinsam ist den Exilanten die Erfahrung der Ausgrenzung in der Fremde; ob ihnen das Partizipationsrecht abgesprochen wird („Was gings den an", *DsS*, 30), oder ihre Identitätskonstruktionen durch die herrschenden Anderen, das sich abgrenzende ‚Wir' im Sinne Edward Saïds, zerstört werden. Symbole wie der New Yorker Hafen haben im Band ihre Leuchtkraft als Versprechen auf eine neue Heimat eingebüßt, denn die Exilländer bieten keine Möglichkeit zur Integration. So scheitern auch Assimilationsbestrebungen grundsätzlich und bergen zudem die Gefahr der Selbstentfremdung, was Brasch etwa am prominenten Fall Bertolt Brechts vorführt. Als sei er Teil seiner eigenen berühmten Exilliteratur, den *Hollywood-Elegien* (vgl. Wilke 2010, S. 26–39), versucht Brecht bei Brasch verbissen, sich entgegen den eigenen Überzeugungen zu amerikanisieren und kann doch in seinem kalifornischen Exil den von außen aufgedrückten Stempel der Fremdheit nicht abstreifen (*DsS*, 17).

Als Heimat bleibt den Exilanten allein das Niemandsland des ‚Dazwischen'. Imaginationen von Heimreisen offenbaren im Gedichtband die Unerreichbarkeit des Zurückgelassenen: Zwar träumt der holländische Brandstifter Marinus Van der Lubbe im deutschen Exil von der Rückreise, doch letztlich gelangt bloß seine verstümmelte Leiche nach Holland (*DsS*, 30), und der mit autobiografischer

Maske versehene Sprecher von *Drei Wünsche, sagte der Golem* (*DsS*, 18) kann sich die Heimkehr nach Ost-Berlin nur in Begleitung der Toten, als apokalyptisches Szenario, ausmalen.

Allein die Fluchten ins symbolische Exil des Wahnsinns oder der Asozialität können im Gedichtband glücken – „Die Nadel ins / eigene Fleisch: hinter / der Toilettentür verlassen / einen Staat: der wird / von allen guten Geistern verlassen" (*DsS*, 8). So lotet *Der schöne 27. September* anhand der unterschiedlichen Exilsituationen Möglichkeiten und Grenzen eines metaphorischen inneren Exils aus, das sich Konzepten wie Heimat und Zugehörigkeit verweigert.

Theoretische Perspektivierungen
Thomas Braschs Gedichtband dekonstruiert sämtliche Modelle von Heimat. Auch im Herkunftsland werden seine Figuren ausgegrenzt oder verfolgt und sind vom Staat zu bloßen ‚Untermietern' (vgl. *DsS*, 15, 63) degradiert, deren Partizipation verhindert wird. Dies wird in erster Linie – wenn auch nicht ausschließlich – an der Bundesrepublik demonstriert. Die Konzentration auf das Exilland darf in Braschs Fall natürlich nur sehr bedingt als kulturelle Integrationsbestrebung betrachtet werden, denn die Auseinandersetzung mit der Bundesrepublik vollzieht sich ausgesprochen kritisch. Zudem gelten die beiden deutschen Staaten Brasch „als zwei Seiten einer Medaille" (Geist 2002, S. 177). Die Konstruktion einer nationalen Kultur der Feigheit und Teilnahmslosigkeit, die Züge der Idee des Nationalcharakters aufweist, mag dabei auf den ersten Blick durchaus essentialistisch anmuten, wenn auch mit umgekehrten Vorzeichen. Widerstand gegen Vereinnahmungen proben schließlich neben den Exilanten nur die Ausländer: Van der Lubbe, die namenlose niederländische Hure, der texanische Mörder Gary Gilmore oder der amerikanische Sänger Bob Dylan.

Doch *Der schöne 27. September* begründet die ‚deutschen' Untugenden letztlich entgegen einem essentialistischen Verständnis von Nation und Kultur historisch: als Auswirkungen des speziell in der preußischen Geschichte besonders starken Staats. Der Staat als Organisationsform, die Subjektivität und Individualismus erstickt, ist für Brasch gerade *kein* nationales Phänomen („dieser jener jeder", *DsS*, 54) und lässt sich auch nicht auf das sozialistische oder das kapitalistische System beschränken. So werden die Identitätsentwürfe seiner Figuren durch die Erfahrung von Ausgrenzung gleichermaßen im historischen Exil wie im metaphorischen Exil des Herkunftslands erschüttert.

Dabei wird die Akzeptanz der Alterität in *Der schöne 27. September* durchaus positiv bewertet, denn erst die verhinderte Integration ermöglicht es, sich gegenüber Staat und Gesellschaft zu verweigern und so Subjekt zu bleiben. In Parallele zu Kristeva erklärt die im Band implizit formulierte Künstlerpoetik (vgl. Markus 2007, S. 83–86) ein hohes Maß an Fremdheit und Wurzellosigkeit zur Voraussetzung des Schreibens. Man muss seinem eigenen Land und seiner Identität fremd werden, um schreiben zu können, denn „[w]riting is impossible without some kind of exile" (Kristeva 1986, S. 298). Die Konfrontation mit der eigenen Alterität in der Fremde ermöglicht es den Schriftstellerfiguren in Braschs Gedichtband von Brecht bis Dylan, ihre Unabhängigkeit und damit ihre Integrität als Künstler zu bewahren: „Wer schreibt der treibt / So oder so." (*DsS*, 42) Seine Autonomie und damit auch seine künstlerische Wahrnehmung hingegen verliert, wer an einem homogenen Identitätsentwurf festhalten will und der Erfahrung von Fremdheit ausweicht. Die vollkommene ‚Selbst-Entfremdung' wird durch Spaltungsfigurationen ausgedrückt, die das Gegenstück zu den gewaltsamen Versuchen der Ichverdopplung durch Kannibalismus und Mord im Gedichtband darstellen.

In dem Gedicht *Meine Großmutter* (*DsS*, 14f.) vollzieht sich die für den *Schönen 27. September* so charakteristische Verschränkung von historischem und metaphorischem Exil auf beispielhafte Weise an einer Figur, für die Braschs Großmutter väterlicherseits Pate stand. Während Braschs Vater 1939 mit einem der Kindertransporte nach England emigrierte, blieb die Großmutter, wie ihr Sohn zum Katholizismus konvertiert und durch ihre ‚Mischehe' bis in die 1940er Jahre vor Deportationen geschützt, im nationalsozialistischen Deutschland. Braschs Gedicht verwendet ihre Biografie jedoch nur als Folie, wie etwa die Zuspitzung und Änderung der Fakten im textgenetischen Prozess belegen (vgl. Markus 2007, S. 68) – vorgeführt wird der Prozess einer inneren Exilierung. Durch die historischen Gegebenheiten steht die Großmutter als Jüdin von Geburt an gesellschaftlich „[a]m Rand". Zugleich befindet sie sich als Frau im Sinne Hélène Cixous' in einem *double exile* (Cixous 1991, S. 13) – eine Vorstellung, die das Gedicht bestimmt und es für gendertheoretische Analyseansätze prädestiniert. Obwohl die Beziehungen der Großmutter auf den ersten Blick unkonventionell sind, definiert sie sich lange nur über die Männer in ihrem Leben: Vater und Ehemänner. Dabei mischen sich die beiden Exildiskurse des Gedichts, der des inneren Exils einer nicht emigrierten Jüdin und der des Exils der Frau in einer männlich dominierten Welt, denn über den dritten Ehemann versucht die Großmutter, ihre Alterität durch totale Assimilation zu kompensieren: Sie wird „katholisch wie er". Ungläubig muss sie registrieren, dass ihr die gesellschaftliche Integration dennoch verwehrt bleibt und man sie als Fremde verfolgt: „Als / die Nazis sie holten, rief sie: Was / wollt ihr von mir: Ich bin keine Jüdin mehr." Letztlich rettet sie die Ehe mit einem ‚Arier' zwar vor der Deportation, doch pervertiert sich die Abhängigkeit von ihrem Mann durch die historische Lage derart, dass sie dessen neue Geliebte akzeptieren muss, um ihren schützenden Status als ‚Mischehepartner' nicht zu verlieren.

Als Frau und als Jüdin wird das innere *double exile* der Großmutter-Figur, der jede Heimat genommen ist, durch äußere Orte bestimmt. Im Haushalt ihres untreuen Mannes erhält sie ihrer Geschlechterrolle gemäß das Zimmer neben der Küche, und viele Jahre später stirbt sie neben dem Küchenherd. Die Verfolgungen der Nationalsozialisten zwingen sie zeitweilig ins Konzentrationslager und in die „Irrenanstalt", wo selbst die Imagination von Emigrieren unmöglich erscheint: Ihr Roman beschreibt die redundante „Auswanderung eines Ameisenstaates von / Deutschland nach Amerika nach Afrika nach Deutschland". Doch zugleich bieten ihr das Konzentrationslager und der anschließende Aufenthalt in der Psychiatrie als Heterotopien Freiräume für ihr Anderssein, denn nur an diesen Orten kann sie Autorin sein. Die im Lager verfassten Gedichte steckt sie vor ihrer Entlassung „in den Ofen" – obwohl sie dem physischen Vernichtungstod entkommen ist, muss sie ihre Kreativität, Teil ihrer Persönlichkeit, für die Rückkehr in die Räume der Gesellschaft zerstören.

Nach Kriegsende kann sie weder in München noch Potsdam eine neue Heimat finden. Statt wieder zu schreiben, arbeitet sie in der britischen Besatzungszone ausgerechnet als Post-Zensorin; nach dem Wechsel in die DDR bleibt ihr die gendertypische unqualifizierte Arbeit in der Altenpflege, deren entwürdigender Zug vom Sprecher durch drastische Sprache („kratzte / unter alten Frauen Scheiße / aus den Laken") betont wird. Doch obgleich Braschs Figur nach außen hin ihrer Frauenrolle nicht entfliehen kann, eröffnet sich ihr letztlich der Wahnsinn als erfolgreicher Fluchtraum. So kann sie zurück in die Rolle der Mutter eines Kleinkindes schlüpfen, ein an Judith Butlers Konzept der *gender performance* erinnerndes Spiel – sie nutzt das gewonnene Machtgefälle gegenüber dem Sohn, einem erwachsenen Mann, und erteilt ihm wie einem Kind Anweisungen. Auch der Sprecher interpretiert die Unzurechnungsfähigkeit der Großmutter als letztliches Erreichen von Autonomie in der selbstbestimmten Verweigerung: „ihr Hirn sprang über. / Sie wollte nicht Heimat sagen: / Sie hatte kein Dach darüber." So demonstriert Brasch an der Figur der als Frau und Jüdin doppelt exilierten Großmutter die Artifizialität von Konstrukten wie Heimat und benennt das innere Exil im Wahnsinn als Flucht- und Gegenraum.

Exil und Erinnerung
Obwohl Braschs Gedichtband zahlreiche Figuren der Zeitgeschichte und der eigenen Biografie auftreten lässt, interessiert an ihnen nicht das individuelle (Opfer-)Gedenken. Wie die Charaktereigenschaften werden auch die historisch verbürgten Rahmendaten im Schreibprozess verändert, bis der Schicksal und Zeit überschreitende Beispielcharakter der Figuren deutlich hervortritt. Die Vergangenheit erscheint vergegenwärtigt, wobei die Artifizialität dieses Verfahrens durch auktoriale Erzählerkommentare und an „Bühnenanweisung[en]" (Wilke 2010, S. 31) erinnernde Auftakte betont wird. So formuliert die Präsenz des Zurückliegenden im Band und seine Verschränkung mit der Gegenwart vor allem

ein jeden Fortschritt als Illusion ablehnendes tiefpessimistisches Geschichtsverständnis.

Der Modus der subjektiven Erinnerung wird im Gedichtband aufgrund der Nähe zu Nostalgie und Sentiment negativ bewertet, was unter Umständen auch erklärt, weshalb die autobiografische Exilsituation des Autors weitgehend ausgespart wird. Dennoch besitzen die Gedichte durch die Vergegenwärtigung der Vergangenheit natürlich erhebliches erinnerndes Potential: Wie z. B. in W. G. Sebalds *Austerlitz* existieren Gegenwart und Vergangenheit, die Lebenden und die Toten gleichzeitig. So erfüllen die Auflösung der Zeitstruktur und das Ineinandergreifen von Ficta und Facta also durchaus Merkmale exilierten Schreibens.

Braschs Gedichtband fand 1980 große Resonanz im deutschsprachigen Raum (mit Ausnahme der DDR) – davon zeugen u. a. zahlreiche Rezensionen, die Verleihung des neu geschaffenen *F.A.Z.*-Literaturpreises und eine noch im Erscheinungsjahr veröffentlichte zweite Auflage. Vor allem die thematische Konzentration auf die Bundesrepublik polarisierte, was wohl durchaus vom Autor intendiert war: So hatte Brasch etwa ein aus den frühen 1970ern stammendes polemisches Gedicht für die Aufnahme in den Band mit dem exilmetaphorisch aufgeladenen Titel *Die freundlichen Gastgeber* (*DsS*, 46) ausgestattet. Einige Kritiker unterstellten Braschs kritischem Blick auf die Bundesrepublik „simple Parteibonzendialektik" (*Rheinische Post*, 26. 4. 1980) oder verglichen seine „Losungen" pejorativ mit den „Spruchbänder[n] des Staates, den er vor dreieinhalb Jahren verließ" (SFB-Feature, [o.D.]). Andere lobten gerade, dass er neue Themen gefunden habe: Er sei nun „Westler durch und durch" (*HNA*, 17. 5. 1980). Die Jury des *F.A.Z.*-Preises rief ihn, in fast kongruenter Formulierung mit der *NZZ* (9. 6. 1980), sogar zum poetischen Sprecher seiner (gesamtdeutschen) Generation aus.

Während die Nachrufe auf Brasch 2001 vor allem seinem ungewöhnlichen Lebenslauf Tribut zollten, hat die zuvor spärliche wissenschaftliche Beschäftigung mit seinen Werken seit Ende der 2000er Jahre deutlich zugenommen. Dies korrespondiert mit neuen verlegerischen Bemühungen um Brasch: Für 2013 hat der Suhrkamp-Verlag eine Werkausgabe der Gedichte angekündigt, deren umfangreicher Kommentarapparat Material für eine Re-Lektüre des *Schönen 27. Septembers* verspricht.

Fazit

Braschs Gedichtband *Der schöne 27. September* weist eine Vielzahl von Exilmetaphern auf, und seine Figuren repräsentieren eine weite Bandbreite an entsprechenden Erfahrungen: die historische Exilierung aus dem nationalsozialistischen Deutschland, das innere Exil der im NS-Staat Verfolgten, die freiwillige

Emigration, das metaphorische Exil aus der Gesellschaft in die Asozialität, aber auch das *double exile* der Frau (vgl. Cixous 1991). Eine essentialistische Vorstellung von Heimat und Nation wird in den Gedichten destabilisiert.

Das Zusammenspiel von historisch verorteten und metaphorischen Exilsituationen dient zum einen einer analytischen Aufarbeitung der Vergangenheit, die die Schreibgegenwart bestimmt. Zum anderen transportieren die Exilmetaphern Braschs These von der grundlegenden Fremdheit des Individuums in der Gesellschaft. Dabei wird die Erfahrung von Alterität als Chance gedeutet: Sie ist Voraussetzung für die Entstehung von Kunst und erlaubt eine Annäherung an das Ideal des selbstbestimmten Subjekts, das sich im metaphorischen inneren Exil Konzepten von Heimat, Zugehörigkeit und homogener Identität verweigert.

Hannah Markus

Literatur

(*DsS*) Brasch, Thomas: *Der schöne 27. September. Gedichte.* Frankfurt a. M. 1980.

Berbig, Roland (Hg.): *Stille Post. Inoffizielle Schriftstellerkontakte zwischen West und Ost.* Berlin 2005.
Brasch, Thomas: „Rede zur Verleihung des Bayerischen Filmpreises 1981". In: *Die Zeit* (22. 1. 1982). Vgl. auch http://www.youtube.com/watch?v=y2V1CMBJ8wI (Stand: 25. 2. 2013).
Cixous, Hélène: „*Coming to Writing" and Other Essays.* Hg. v. Deborah Jenson. Cambridge/ Mass., London 1991.
Geist, Peter: „Mit den Toten nach Hause. Eine Rück-Sicht auf Thomas Brasch". In: *Neue Rundschau* 113 (2002) H. 1, S. 171–184.
Kristeva, Julia: „A New Type of Intellectual: The Dissident" (1977). In: *The Kristeva Reader.* Hg. v. Toril Moi. New York 1986, S. 292–300.
Markus, Hannah: „Zu genau komponiert, unfertig abgenabelt. Nachlass, Druck, Deutung: Thomas Braschs Gedichtband ‚Der schöne 27. September'", 2007/2011 (http://publikationen.ub.uni-frankfurt.de/frontdoor/index/index/docId/21937, Stand: 20. 2. 2013).
Ponath, Jens: *Spiel und Dramaturgie in Thomas Braschs Werk.* Würzburg 1999.
Raddatz, Fritz J.: „‚Für jeden ist die Welt anders'. Interview mit Thomas Brasch". In: *Die Zeit* (22. 7. 1977), S. 35.
Schmitz, Walter: „Thomas Brasch. Entgrenzte Autorschaft". In: *Deutsch-deutsches Literaturexil. Schriftstellerinnen und Schriftsteller aus der DDR in der Bundesrepublik.* Hg. v. Walter Schmitz u. Jörg Bernig. Dresden 2009, S. 326–384.
Wilke, Insa: *Ist das ein Leben. Der Dichter Thomas Brasch.* Berlin 2010.

Bertolt Brecht: *Flüchtlingsgespräche* (1957)

Bertolt Brecht *10. 2. 1898 Augsburg, †14. 8. 1956 Berlin (DDR). Stationen des Exils: 1933–1939 Dänemark, 1939–1940 Schweden, 1940–1941 Finnland, 1941 Moskau, 1941–1947 USA, 1947–1948 Zürich.

Inhalt

Im Bahnhofsrestaurant von Helsingfors treffen sich zwei Männer, der Metallarbeiter Kalle und der Physiker Ziffel. Beide haben nach der Machtübernahme durch die Nationalsozialisten Deutschland verlassen, in Finnland haben sie Zuflucht gefunden. Sie reden über Politik. Thema ist der Zustand der Welt, wie er sich den beiden Emigranten präsentiert. Satirisch wird die Ordnungsliebe der Nationalsozialisten behandelt, die Notwendigkeit, der „Begriffsverwirrung" der Zeit (*F*, 209) popularphilosophisch beizukommen: durch geschichtliche Rückblicke, die wechselseitige Mitteilung eigener Erfahrungen, durch Bemühungen, die wahre Natur verschleierter Vorgänge ausfindig zu machen. Ziffel schreibt an seinen Memoiren und liest Kalle daraus vor; Kalle ist kritischer Zuhörer, kommentiert aus der Sicht des Proleten. Detaillierte Berichte über seine Augsburger Jugend legen es nahe, in Ziffel ein Selbstporträt Brechts zu sehen, das aber zugleich in die Rolle des Physikers verfremdet ist, der in der Zeit der Weimarer Republik das Aufkommen Hitlers beobachtet; später präsentiert sich Ziffel als Schulfreund eines „Stückeschreibers" (*F*, 242), liest aber dann auch ein Gedicht „aus der ‚Steffinischen Sammlung'" vor (*F*, 244), Identität und Nichtidentität mit Brecht immer wieder offenbarend und zugleich verschleiernd. Eingeblendet sind Erfahrungen beim Versuch, ein amerikanisches Visum zu erlangen, und Berichte über die Rolle Dänemarks nach der Besetzung durch die deutsche Wehrmacht. Ein zentrales Gespräch handelt von Hegels Dialektik; Ziffel erklärt ihn zum „größten Humoristen unter den Philosophen" (*F*, 262). Andere Gespräche folgen über Schweden und Lappland, über „Herrenrassen" und die „Weltherrschaft" (*F*, 290), immer wieder unterbrochen von Bemerkungen über den „Dingsda" (*F*, 230) und den „Wieheißterdochgleich" (*F*, 229). Die Gespräche enden mit einem Toast „auf den Sozialismus" (*F*, 304) – nur zu erreichen, so Kalle, durch die äußerste Tapferkeit, den tiefsten Freiheitsdurst, die größte Selbstlosigkeit und den größten Egoismus.

Analysen

Narrationen des Exils

Die Örtlichkeit der Flüchtlingsgespräche ist nicht erfunden; Brecht, der sich mit seiner Familie, Margarete Steffin und Ruth Berlau vom 17. April 1940 bis zum 15. Mai 1941 in Finnland aufhielt, wohnte 1940 zunächst in einem Hotel in der Nähe des Bahnhofs von Helsinki (bei Brecht Helsingfors, der schwedische Name für Helsinki) und besuchte öfters das Bahnhofsrestaurant. Aber das Restaurant ist dennoch nicht viel mehr als eine quasi symbolische Kulisse, ein transitärer Ort wie die Cafés in Anna Seghers' ↗ *Transit*, ein Wartesaal, in dem Vertriebenen stundenweise die Illusion einer Bleibe vermittelt wird. Von einer festen Örtlichkeit kann ebenso wenig die Rede sein wie von einer genauer fixierten Zeit. Die Gespräche dauern etwa ein halbes Jahr, vom Sommer bis zum Winter 1940, und betreffen nahezu alle europäischen Länder, besonders die typischen Fluchtländer wie Frankreich, Dänemark, Schweden, Finnland und auch die Schweiz. Die USA werden ebenfalls erwähnt, nicht hingegen die Tschechoslowakei und die Sowjetunion. Es sind also im Wesentlichen die Fluchtländer Brechts, aus denen berichtet wird. Der zeitliche Rahmen ist ebenfalls nicht auf die Jahre 1940/41 beschränkt; die ersten Jahrzehnte aus Brechts (Augsburger) Jugend sind ebenso einbezogen wie die Jahre der Weimarer Republik, das Aufkommen der Nationalsozialisten in Deutschland und die Verhältnisse unter der NS-Diktatur; innenpolitisch sind das die Jahre der ersten Konzentrationslager 1933 bis zur sich abzeichnenden Niederlage Deutschlands 1943. Ein Schwerpunkt fällt allerdings auf die Zeit um 1940/41: Sie ist bestimmt vom deutschen Überfall auf Polen 1939, vom Nichtangriffspakt zwischen Deutschland und der UdSSR im gleichen Jahr, vom finnischen Winterkrieg 1939/40 und vom Einrücken der Deutschen in Finnland 1941. Aber der Rahmen des von den beiden Flüchtlingen Besprochenen ist sehr viel größer. Brecht hat auch Texte aus früheren Jahren eingearbeitet, etwa seinen Kommentar zu einer Hitlerrede von 1936; auch sein Epigramm *Die Maske des Bösen* aus dem Jahr 1942 findet sich in den *Flüchtlingsgesprächen*. Auf jeden Fall war der Anstoß zu solchen Gesprächen älter; Brecht hat in seinem Arbeitsjournal am 1. Oktober 1940 notiert: „ich las in Diderots JAKOB DER FATALIST, als mir eine neue möglichkeit aufging, den alten ZIFFEL-plan zu verwirklichen. Die art, zwiegespräche einzuflechten, hatte mir schon bei KIVI gefallen. dazu habe ich vom PUNTILA noch den ton im ohr. ich schrieb probeweise 2 kleine kapitel und nannte das ganze FLÜCHTLINGSGESPRÄCHE" (Brecht 1993, S. 181). Wenn Brecht ins Bahnhofsrestaurant von Helsinki ging, kam er oft am Denkmal des Aleksis Kivi vorbei, des finnischen Nationaldichters aus dem 19. Jahrhundert. Die *Flüchtlingsgespräche* waren vermutlich 1941 nicht abgeschlossen; Brecht hat auch noch in Amerika an ihnen gearbeitet, dort entstanden auf jeden Fall Teile des Werks.

Theoretische Perspektivierungen
Für Brecht bot das Exil die Möglichkeit, eine von Anfang an geübte literarische Technik zu aktualisieren: den Widerspruch. Brecht hatte bereits in seinen frühen Augsburger Theaterkritiken dem bourgeoisen Geschmack des damaligen Theaterpublikums und der Muffigkeit eines faulen Theaterbetriebs widersprochen. Brecht schreibt im Widerspruch zur Tradition, indem er das Überlieferte umformt, um damit eine eigentliche Wahrheit sichtbar zu machen: Dem Zuschauer, dem Leser soll die Binde von den Augen gerissen werden, damit er sehend wird. Brecht schreibt das, was als Wahrheit oder Wirklichkeit gilt, dabei immer radikal um: Eine Grauzone, ein *clair-obscur* kennt er nicht; er arbeitet in Schwarz-Weiß-Polarisierungen, duldet keine Zwischentöne. Das prägt vor allem die Lehrstücke: Sie leben bis in die Grundstruktur nicht nur vom Schwarz-Weiß, sondern auch vom Richtig und Falsch. Es gibt nur Fehler und das Verbessern der Fehler, falsches Handeln und rechtes Handeln; es gibt nur Polarisierungen und Antinomien. Als er ins Exil gehen musste, nahm er diese Methode der Wirklichkeitserkenntnis quasi mit: Im Exil potenzierten sich Gegensätze, die unaufhebbar schienen.

Das Exil hat Brechts Neigung, in Polaritäten zu denken, offensichtlich noch verstärkt; ‚Früher' steht gegen ‚Jetzt', Recht und Geborgenheit gegen Unrecht und Willkür, der in der Gemeinschaft Lebende gegen den aus der Gemeinschaft Ausgestoßenen. Umakzentuierungen verändern nicht den Dualismus in Denken und Selbstverständnis, sondern befestigen ihn eher, etwa dann, wenn seit 1934 durch das Gegensatzpaar von anonymer Masse und dem einzelnen Ich zugleich auch der Gegensatz von ‚Heimat' und ‚Fremde' neu interpretiert wird: Der alte Bedeutungsgehalt dieser Begriffe ist in sein Gegenteil verkehrt, der ursprünglich positive Wert von ‚Heimat' wird dadurch degradiert, dass ‚sie' dort herrschen, die gesichtslose Masse der Faschisten und ihrer Gefolgsleute; der an sich negative Wert der Fremde aber ist dadurch aufgewertet, dass nur dort hinfort Freiheit, Erkenntnis und Lehre möglich sind. Doch die grundsätzliche Antinomie bleibt.

Darin sprechen sich natürlich auch generationstypische Exilerfahrungen aus; aber Brecht hat ihre dualistische Struktur vielleicht am eindringlichsten beschrieben. Die frühen Äußerungen des Exulanten Brecht zeigen, dass ein derart dualistisches Denken am ehesten in der Lage war, über den NS-Staat aufzuklären: So ist bei ihm von der „Kraft der Rasse", der „Erleuchtung des Führers", von „besonderen Listen" und von „übermenschlichen Wundern" (Brecht 1995, Bd. 14, S. 189) die Rede, nationalsozialistisches Vokabular, das hier aber bezeichnenderweise nicht widerlegt, sondern nur umgedreht, auf seine eigentliche Bedeutung hin entlarvt wird: Bei Brecht sind die Definitionen des Nationalsozialismus häufig nur umgekehrte Definitionen des Nationalsozialismus selbst. Das bezeugt *Das Lied vom Anstreicher Hitler* (Brecht 1995, Bd. 11, S. 215) ebenso wie die Reihe der

Hitler-Choräle (ebd., S. 216–224). Historische Vergleiche kamen zuweilen hinzu. Ihre seit 1934 wachsende Zahl vertiefte den Dualismus des Weltverständnisses nur noch, führte aber zu einer unhistorischen Verallgemeinerung und zu Parallelen, die nicht so sehr die Macht, sondern vor allem die Ohnmacht des antinomischen Denkens vor der Wirklichkeit nach 1933 nur umso deutlicher machten.

Das Drama der Exilzeit lässt Ähnliches erkennen. Die Szenen von *Furcht und Elend des Dritten Reiches* basieren zwar „auf Augenzeugennotizen und Zeitungsberichten" (Brecht 1967, Bd. 3, S. 1187). Aber auch dort finden sich typische Polarisierungen – Brecht bedient sich in allen Szenen einer Umwertungstaktik, die auf das Umpolen der augenscheinlichen Verhältnisse zu den wahren Verhältnissen hinausläuft: So ist der Schuldiggesprochene in Wirklichkeit der Unschuldige, der Richter der Angeklagte, die Verbrecher werden freigesprochen. Brecht entlarvt die Wirklichkeit, indem er das Augenfällige auf sein Gegenteil hin und damit auf seinen wahren Charakter umdeutet. Polarisierungen, Umkehrungen des scheinbar Richtigen ins wirklich Falsche, des Unzutreffenden ins wirklich Zutreffende – es sind Brechts Mechanismen der Uminterpretation des Wirklichkeitsanscheins, die für seine Reaktionen auf den Nationalsozialismus charakteristisch sind. Andere Emigranten haben etwa Grundwerte der Aufklärung, das bürgerliche Ethos einer allgemeinen Humanität gegen das NS-Regime zu aktivieren versucht – bei Brecht hat sich auch 1939 noch nichts geändert.

Man muss die *Flüchtlingsgespräche* vor diesem Hintergrund sehen, um die Veränderungen zu erkennen, die sie mit sich brachten. Auch in seinen *Flüchtlingsgesprächen* geht es um das Entlarven von Verhältnissen, die nach Aufklärung verlangen, da sie so offensichtlich der Richtigstellung bedürfen. Doch die Gespräche läuten ein Ende der starren Gegenüberstellungen ein: Aus den Polarisierungen der frühen Exilzeit Brechts werden Gegensätzlichkeiten, die sich ständig verändern, und so kommt in das Durchschauen der nationalsozialistischen Wirklichkeit eine Dynamik, die Brecht 1933 noch nicht kannte. Brecht sah die Möglichkeiten, die eine literarische Form bot, die *eo ipso* Gegensätzliches in sich barg, aber auf einen quasi prozessualen Erkenntnisgewinn durch Infragestellungen und Widerlegungen hinauslief: Es war der Dialog. Er erwies sich nicht nur als ideale Form, um dem Phänomen Exil mit seinen fließenden Wirklichkeiten gerecht zu werden, sondern mehr noch, um einen Entlarvungs- und Erkenntnisprozess in Gang zu setzen, den es in dieser Form vorher bei Brecht nicht gegeben hatte.

Nichts eignete sich dazu besser als das lang andauernde, immer wieder neu begonnene und eigentlich doch nie abgebrochene Gespräch. Aus dem Gegeneinander der Ansichten ergibt sich Erkenntnis, die nur so zustande kommen kann: Die Wirklichkeit erscheint als Provokation, die eine Antwort verlangt, und es ist das Gespräch, mit dessen Hilfe ein Sachverhalt derart ausgelotet werden kann, dass er sich so darstellt, wie er eigentlich ist. Die Gespräche gleichen Versuchsanordnungen, die etwas Vorgebliches in Zweifel ziehen und ein Phänomen so beleuchten, bis es sich in seiner wahren Natur zu erkennen gibt: Die Wahrheit wird gewissermaßen herausgefragt im Hin und Her von Rede und Gegenrede. Wenn das auch nicht selten ins Absurde führt, so kommt gerade dadurch ans Licht, was sonst verschwiegen worden wäre, und gibt zu erkennen, dass die normal erscheinende Welt tatsächlich absurd ist – und das Absurde die temporäre Normalität ausmacht. Wichtigstes Hilfsmittel ist das Lächerlichmachen: Es öffnet den Blick für das Abstruse der Verhältnisse, die als normal gelten, und für die Normalität des Abstrusen in der Welt und aus der Sicht von Exulanten.

So fallen Dinge ins Auge, die scheinbar Selbstverständlichkeiten sind, aber bei schärferer Betrachtung alles andere als selbstverständlich sind. Brecht bedient sich eines raffiniert-einfachen Verfahrens, das auf das Durchschauen der Wirklichkeit aus ist. Die Umkehrung des Gegebenen ist dabei das wichtigste Instrument der Erkenntnis. So, wie das Bier in der Emigration nicht Bier ist, so sind die Zigarren nicht Zigarren, wobei das eine, so die Argumentation des anfangs noch namenlosen Gesprächspartners, das andere ausgleicht – mit dieser trivialen Alltags-Beobachtung setzt das erste Gespräch ein, an dem nichts auffällig ist als die verquere Logik, die eine scheinbare Ungleichwertigkeit betont, die aber gar nicht gegeben ist: Beides mag mit sich identisch sein, ist es aber nicht im Vergleich mit dem eigentlich so Benannten – von einem Ausgleich kann keine Rede sein, gleich ist dem einen wie dem anderen vielmehr nur, dass weder das eine noch das andere das ist, was es zu sein vorgibt. Die Welt wird getäuscht – und so geht es darum, diese Täuschung als Täuschung zu entlarven.

Nichts bleibt in diesen Gesprächen davor sicher. Die *Flüchtlingsgespräche* sind angewandte Aufklärung angesichts der „Begriffsverwirrung", die herrschend geworden ist, obwohl die Begriffe gerade Klarheit schaffen sollten. So werden diese dekuvriert, die ins Gespräch gebrachte „Begriffsverwirrung" erweist sich als richtige Sicht der Dinge. Dazwischen finden sich Appelle, die diejenigen Brechts sind: „man liest viel zuwenig die klassischen Schriftsteller" (F, 225) – Brecht hat sie bis zum Ende seines Lebens gelesen. „Die Idee von der Rasse ist der Versuch von einem Kleinbürger, ein Adeliger zu werden" (F, 290) – besser hätte Hitlers Ideologie nicht umschrieben sein können. „Scharfes Denken ist schmerzhaft" (F, 282), sagt Ziffel, sagt Brecht. „Der Staat vertritt die Allgemeinheit, indem er alle besteuert, herumkommandiert, am gegenseitigen Verkehr hindert und in den Krieg treibt" (F, 266), sagt Kalle, sagt Brecht. Aber derartige Sätze machen nicht die Essenz der *Flüchtlingsgespräche* aus. Sie sind eingestreute Feststellungen, an deren Richtigkeit weder Kalle noch Ziffel zweifeln. Doch sie bekommen ihr Gewicht erst durch jene anderen Richtigstellungen, die den eigentlichen Inhalt der Flüchtlingsgespräche bilden. Brecht hat sie mit dem Begriff der ‚Dialektik' belegt. Aber in Wahrheit handelt es sich um rückgängig gemachte Verfremdungen. Anders gesagt: Die Wirklichkeit, die sich aus der Sicht der Exulanten darbietet, ist so verfremdet, dass diese Verfremdung des Daseins wieder aufgehoben werden muss, und Sinn und Absicht der Gespräche ist es, die verrätselte, verfremdete Welt, die weithin eine Welt der Lügen ist, als solche sichtbar zu machen, eine von den Nationalsozialisten, von dem „Wieheißterdochgleich" der Welt aufgezwungene Optik zu berichtigen. Nirgendwo gelingt das besser als im Gespräch unter Exulanten. Deren Leben ist paradox und so auch ihre Unterhaltung; aber das Paradox will als Erkenntnisinstrument genutzt sein, um die eigentliche Wirklichkeit erkennen zu können.

Exil und Erinnerung
Das Exil hat nicht nur die Perspektiven verändert, es schärft auch den Blick für Lebensläufe. Ziffel versucht sich an Memoiren: Es ist in Abbreviaturen die (schonungslos auch *in eroticis* geschriebene) Lebensgeschichte des Augsburgers Brecht – ein Lebenslauf aus dem wilhelminischen Deutschland bis in die 1920er Jahre. Auch hier hat der Rückblick aus dem Exil die Augen geöffnet. Es lassen sich aber zugleich weitere Verfremdungen finden. Ziffel erwähnt, er habe das Gedicht „von einem Stückeschreiber gefunden, mit dem ich auf dem Gymnasium war" (F, 242): Es ist Brecht, der sich hier in den Memoiren Ziffels findet, die aber zugleich die Brechts sind. Es sind Verdoppelungsphänomene, die für das Exil nur zu typisch sind: Eine eindeutige Realität gibt es nicht mehr. Nichts schärft den Blick besser als das Exil. Es ist in der Tat „die beste Schul für Dialektik" (F, 264).

„Die Dialektik, sie lebe hoch!" (F, 264), sagt Ziffel, der so viel von Brecht in sich hat. Der Begriff ist missverständlich und, wie könnte es anders sein, bewusst missverständlich oder vielmehr humoristisch zu verstehen. Uminterpretationen der vorgeblichen Wirklichkeit sind nicht Dialektik, und Brecht hat das Seinige getan, um diesem Begriff den philosophischen Ernst ein für alle Mal zu nehmen, wenn er Hegel den größten Humoristen unter den Philosophen nennt. Brechts „Dialektik" zielt auf Umkehrung von Verfremdungen ab, argumentiert paradox, um eindeutig zu sein, und sein *modus parlandi* ist der Humor. Es ist Humor, der den Grundton der *Flüchtlingsgespräche* bestimmt; der ist nicht nur Thema einiger Gespräche (über Dänemark, über Hegel), sondern ist nichts anderes als Brechts Form der „Dialektik": Humor verkehrt eine Wirklichkeit in ihr Gegenteil, und zugleich bewältigt er sie. Es ist der Modus des humoristischen Durchschauens, der die Gespräche von Anfang an prägt. Es ist humoristisch, dass aus den falschen Voraussetzungen richtige Schlussfolgerungen gezogen werden – aber es ist die einzig mögliche Art des *Verhaltens in der Fremde*, wie ein Gedicht Brechts überschrieben ist. Es ist zugleich ein Befreiungsversuch, um sich, mit Schiller zu sprechen, mit Freiheit in die Notwendigkeit fügen zu können.

Fazit

Der Weg ins Exil bedeutet einen *Wechsel der Dinge*, wie ein spätes Gedicht Brechts überschrieben ist; auf einen Wechsel der Perspektive laufen die *Flüchtlingsgespräche* hinaus. Es sind vor allem Alltäglichkeiten, die jetzt in ihrer Paradoxalität erscheinen: In einer Abfolge, die andeutet, dass in der Welt der Flüchtlinge das Gespräch prinzipiell ins Unendliche weitergeführt werden könnte. Die *Flüchtlingsgespräche* sind vielleicht das einzige wirklich große humoristische Werk Brechts, ein Sprachspiel, das sich der theatralischen Inszenierung weitgehend entzieht (auf dem Theater hatte es fast keinen Erfolg, weder in München 1962 noch in Ost-Berlin 1966), aber das es mit den großen Dialogen der Weltliteratur ohne Weiteres aufnehmen kann. Es findet seine dramatische Entsprechung nicht in der späten Lyrik Brechts, auch nicht in seinen Theatertheorien, sondern in *Herr Puntila und sein Knecht Matti*, in dem ebenfalls humoristisch entlarvt wird, was Schein ist, und der Schein genutzt wird, um die Wirklichkeit erträglich zu machen.

Helmut Koopmann

Literatur

(*F*) Brecht, Bertolt: „Flüchtlingsgespräche". In: *Werke*. Große kommentierte Berliner und Frankfurter Ausgabe. Hg. v. Werner Hecht u. a., Bd. 18. Prosa 3. Sammlungen und Dialoge. Bearb. v. Jan Knopf unter Mitarb. v. Michael Durchardt, Ute Liebig u. Brigitte Bergheim. Berlin, Weimar, Frankfurt a. M. 1995, S. 195–327.

Bahr, Ehrhard: „Exil-Dialektik als Performanz. Bertolt Brechts ‚Flüchtlingsgespräche' (1936–1944)". In: *Exilsituation und inszeniertes Leben*. Hg. v. Helmut Koopmann u. Leonie Marx. Münster 2013, S. 151–162.

Brecht, Bertolt: *Gesammelte Werke*, Frankfurt a. M. 1967 (werkausgabe edition suhrkamp).

Brecht, Bertolt: *Arbeitsjournal*, Bd. 1. 1938 bis 1942. Hg. v. Werner Hecht. Frankfurt a. M. 1993.

Harzer, Friedmann: „‚Kalle, Mensch, Freund, ich habe alle Tugenden satt.' Zur Dialektik der Anerkennung in Brechts ‚Flüchtlingsgesprächen'". In: *Der Philosoph Bertolt Brecht*. Hg. v. Mathias Mayer. Würzburg 2011, S. 245–272.

Häußler, Inge: *Denken mit Herrn Keuner. Zur deiktischen Prosa in den Keunergeschichten und Flüchtlingsgesprächen*. Berlin 1981.

Müller, Klaus-Detlef: *Brechtkommentar zur erzählenden Prosa*. München 1980, S. 286–306.

Müller, Klaus-Detlef: „Angestiftet von Diderot. Brechts ‚Flüchtlingsgespräche'". In: *Literatur im Spiel der Zeichen*. Festschrift für Hans Vilmar Geppert. Hg. v. Werner Frick, Fabian Lampart u. Bernadette Malinowski. Tübingen 2006, S. 239–254.

Neureuter, Hans Peter: *Brecht in Finnland. Studien zu Leben und Werk 1940–1941*. Regensburg 1987.

Neureuter, Hans Peter: „Schauplatz Helsinki. Zu Brechts Flüchtlingsgesprächen". In: *Mare Balticum* (1998), S. 45–53.
Neureuter, Hans Peter: „Flüchtlingsgespräche". In: *Brecht Handbuch*, Bd. 3. Hg. v. Jan Knopf. Stuttgart 2002, S. 333–348.
Stammen, Theo: „Exil als Lebens- und Denkform. Zu Brechts ‚Flüchtlingsgesprächen'". In: *Bertolt Brecht – Aspekte seines Werkes, Spuren seiner Wirkung* (1983). Hg. v. Helmut Koopmann u. Theo Stammen. München 1994, S. 273–302.
Thiele, Dieter: „Proletarier und Intellektuelle. Brechts ‚Flüchtlingsgespräche' als Beitrag zur Bündnispolitik". In: *Weimarer Beiträge* 24 (1978) H. 2, S. 43–68.

Hermann Broch: *Der Tod des Vergil* (1945)

Hermann Broch *1. 11. 1886 Wien, †30. 5. 1951 New Haven/Connecticut. Stationen des Exils: 1938 England, Schottland, 1938–1951 USA.

Inhalt

Der Roman beschreibt die letzten achtzehn Stunden im Leben des römischen Dichters Vergil. Der todkranke Vergil kehrt auf einem Schiff der kaiserlichen Flotte von Athen, wo er sich ganz der philosophischen Erkenntnis widmen wollte, zurück nach Brundisium. Die Hafenstadt liegt in johlendem Taumel, denn der gleichfalls aus Griechenland zurückgekehrte Cäsar Augustus hat aus Anlass seines Geburtstags große Feierlichkeiten angekündigt. In einer Sänfte wird der ruhmreiche Dichter durch die Slums von Brundisium getragen. Dabei wird er mit einer grölenden, entfesselten Menschenmasse konfrontiert, die ihn verhöhnt. Schockartig wird Vergil die Kluft zwischen den idealen Welten seiner Poesie und der ungeschminkten Realität voll Armut und Elend vor Augen geführt. Zugleich erkennt er, dass der umjubelte Herrscher Octavian zwar den blutigen Bürgerkriegen ein Ende machen, doch keineswegs Ordnung und Menschlichkeit im Reich etablieren konnte. In einem Gästezimmer im kaiserlichen Palast verbringt Vergil seine letzte qualvolle Fiebernacht, in der sich Traum, Erinnerung und marternde Selbstschau vermengen. Sein Leben als Dichter erscheint Vergil als eine Flucht vor der Verantwortung gegenüber der Geschichte, die Hingabe an die Schönheit von Versen als Verrat am Sozialauftrag der Kunst und an der ethischen Verpflichtung des Menschen im Allgemeinen. Aus diesem Grund beschließt er, das Manuskript der *Aeneis*, das er in einem Koffer mit sich führt, zu verbrennen. Am folgenden Tag versucht Vergil diesen Entschluss vor seinen Freunden Lucius und Plotius und schließlich vor dem Herrscher Octavian selbst zu verteidigen. Octavian fordert das Epos zur Legitimation seines Reichs und nach langem Streitgespräch verzichtet

Vergil schließlich auf sein Opfer und macht dem Herrscher die *Aeneis* unter der Bedingung zum Geschenk, dafür seine Sklaven frei zu lassen. Der Roman endet mit der traumhaft-mythischen Todesfahrt Vergils und der Ahnung einer Zeitenwende.

Analysen

Narrationen des Exils
Broch beendet die erste Fassung des *Tod des Vergil*, eine neun Manuskriptseiten umfassende Erzählung, im Jahr 1937, also noch vor seinem Exil. Am 13. März 1938, am Morgen nach dem sogenannten Anschluss Österreichs an Nazideutschland, wird Broch in Bad Aussee inhaftiert. Zwar wird er am 31. März aus dem Gefängnis entlassen, doch die antisemitischen Ausschreitungen in Wien treiben ihn in die Emigration. Das Manuskript begleitet ihn auf seiner Flucht über England und Schottland in die USA und wird ihn, neben seiner Arbeit an der sozialpsychologischen Studie zum Massenwahn, dem Fragment gebliebenen Roman *Die Verzauberung* und der Völkerbund-Resolution, acht Jahre lang beschäftigen, bis es 1945 in seiner endgültigen Fassung erscheint.

Zwei der Themen, die schon in der kurzen ersten Fassung anklingen, gewinnen dabei zusehends an Komplexität und Intensität: die Massenpsychose und der Verdacht gegen die Kunst. Beide erscheinen als Symptome einer Spät- und Endzeit, die in Brochs geschichtsphilosophischer Konzeption durch den Verlust eines integrativen Zentralwertes gekennzeichnet ist. Das Fehlen einer gemeinsamen Weltsicht, von *religio* im weitesten Sinn, stürzt den Menschen in ethische und metaphysische Orientierungslosigkeit. Die im *Tod des Vergil* dargestellte kulturelle und soziale Krise des spätrömischen Reiches dient als Analogie für Brochs eigene Zeit. Broch wendet also ein im historischen Roman des Exils beliebtes Schema an, indem er eine vergangene Epoche als Chiffre für die Gegenwart versteht. Doch er geht weit über die Erzählkonventionen des historischen Romans hinaus; Geschichte wird bei ihm Introspektion, die den Traum, das Unbewusste und mythische Bilder einschließt. Formal entspricht *Der Tod des Vergil* nur in einigen Passagen einem Roman im landläufigen Sinne, er ist zugleich lyrischer Gesang, monologische Selbstschau, philosophischer Essay und weist eine Art „Nachtlogik" auf, die mit „blitzartigen Verbindungen und Trennungen sich höchst ‚unlogisch' gibt und so eine andere nicht kausal oder chronologisch organisierte Form des Erkennens ausweist" (Broch 1975, S. 207).

Auch wenn das Wort *Exil* im Roman selbst nicht vorkommt, hat Brochs eigene Exilerfahrung auf den Roman eingewirkt. Das zeigt sich schon an den Paratexten. Der Roman ist Stephen Hudson (eigentlich Sydney Schiff), dem britischen Romancier und Übersetzer, gewidmet, der sich nicht nur bei der Beschaffung eines britischen und amerikanischen Visums für Broch einsetzte, sondern ihm auch bei der Überfahrt von London nach New York 600 Dollar als Startkapital schenkte und ihm Empfehlungen an amerikanische Freunde mitgab (vgl. Lützeler 1988a, S. 241). Das erste, einem Vers der *Aeneis* entnommene Motto des Romans – „fato profugus" – spielt auf Vertreibung und Flucht des Aeneas an, den das Schicksal von Troja nach Italien verschlagen hat. Die radikale Infragestellung der Kunst, die man bei Broch bereits in den frühen 1930er Jahren beobachten kann, gewinnt durch das Exil noch an Schärfe. So transformieren sich für Vergil die Stimmen der Weiber im Hafenviertel, die sein dichterisches Schaffen verhöhnen, zu den Stimmen der Zeit: „… oh, es war die Zeit selber, welche ihn höhnend rief, die unabänderlich dahinflutende Zeit mit der ganzen Mannigfaltigkeit ihrer Stimmen und mit der ganzen saugenden Kraft, die ihr und nur ihr innewohnt" (*TdV*, 43). Durch die Verwüstungen der Zeit verliert Dichtung für Vergil jede moralische Legitimation, denn „nichts vermag der Dichter, keinem Übel vermag er abzuhelfen" (*TdV*, 15), schlimmer noch: Im Angesicht des menschlichen Elends verbirgt sich im unverbindlichen ästhetischen Spiel der Literatur selbst „Grausamkeit" (*TdV*, 117). In dieser Verdammung der Kunst aus ethischen Gründen kann man eine Vorwegnahme von Adornos berühmtem Verdikt sehen, es sei nach Auschwitz barbarisch, Gedichte zu schreiben (vgl. Adorno 1977, S. 26). Manfred Durzak hat darauf hingewiesen, dass Vergil „sich für Broch zum Sinnbild des exilierten Dichters schlechthin [erweitert], der, mit der Erfahrung des nahenden Todes konfrontiert, sein Leben überschaut und seine künstlerische Produktion umfassend in Zweifel zieht" (Durzak 1973, S. 435).

Brochs Roman ist zudem ein tiefsinniger politischer Kommentar. Zwar kann man Octavian nicht einfach als Hitlerfigur auffassen, denn er ist auch Freund Vergils und nicht ohne sympathische Züge gezeichnet, dennoch ist er auch Politiker und Diktator, der die Massen mit demagogischen Mitteln führt, der Zucht und Disziplin fordert und den Staat zum Religionsersatz macht. „Die Frömmigkeit, das ist der Staat, das ist der Dienst am Staate, das ist die Einordnung in ihn; fromm ist, wer mit seiner ganzen Person und seinem ganzen Werk dem Staat dient …" (*TdV*, 353f.) Wie für den Nationalsozialismus und die anderen totalitären Bewegungen des 20. Jahrhunderts zählt für Octavian der einzelne Mensch nichts, nur das Kollektiv ist von Bedeutung. Das Gesamtwohl, so Octavian, beanspruche „die völlige Unterordnung des Einzelnen unter die Staatsgewalt" und nehme sich das Recht, „das durch seine Macht geschützte Einzelleben wieder zurückzufordern und zu vernichten, sobald die Sicherheit und der Schutz der Gesamtheit solche Vernichtung erheischt" (*TdV*, 138). Die Nationalsozialisten versuchten durch gewaltige Aufmärsche in symmetrischer Formation Ordnung, durch Symbole und Heilrufe Bindung sowie höhere Weihe zu suggerieren (vgl. Heizmann 2005, S. 259): Diese Manipulation wird in Brochs Roman entlarvt, indem er das wahre

Gesicht der Massen zeigt. Bei der Ankunft ihres Herrschers brechen sie in ein nicht mehr menschliches Geheul aus: „Unheil, ein Schwall von Unheil, ein ungeheurer Schwall unsäglichen, unaussprechbaren Unheils brodelte in dem Behälter des Platzes, fünfzigtausend, hunderttausend Münder brüllten das Unheil aus sich heraus." (*TdV*, 22) Wenn Vergil im Gespräch mit Octavian an die Frömmigkeit appelliert, nur sie könne den Menschen aus seiner Einsamkeit retten (vgl. *TdV*, 353); wenn er die Notwendigkeit von Sinnbildern und einen irrationalen Erkenntnisgrund jenseits von „Verstandeswahrheit" (*TdV*, 324) beschwört, dann wird darin ein für Brochs politisches und literarisches Werk grundlegender Gedanke deutlich: dass Rationalität allein dem Menschen keine gehaltvolle Identifikation bieten kann, dass die in Mythos und Religion gebundenen Energien durch Säkularisation nicht einfach aufgelöst werden – sie werden vielmehr freigesetzt und führen so zu jener politischen Idolatrie, die die totalitären Staaten des 20. Jahrhunderts kennzeichnet.

Theoretische Perspektivierungen
Das amerikanische Exil war für Broch von Bedeutung, was sein Demokratieverständnis betraf. Das macht er im Brief vom 29. September 1950 an den amerikanischen Germanisten Hermann Salinger deutlich (vgl. Broch 1981, S. 499). Im selben Brief stellt er aber auch fest, dass die amerikanischen Einflüsse auf sein Werk mit null zu bewerten seien. Broch verfügte über ordentliche Englischkenntnisse, aber Englisch wäre für ihn als künstlerisches Medium nie infrage gekommen, zumal er sich innerlich von der Literatur mehr oder minder losgesagt hatte und in den USA eher auf eine wissenschaftliche Karriere setzte. Da er in den USA aber allenfalls als Autor bekannt war und dabei keineswegs den Bekanntheitsgrad eines Thomas Mann oder Stefan Zweig besaß, war er weit mehr als diese arrivierten Autoren einem brutalen Existenzkampf ausgesetzt. So entstand die paradoxe Situation, dass er, trotz seiner Zweifel am Wert der Literatur, sein radikales modernistisches Romanexperiment über den sterbenden Vergil zu Ende schreiben musste. Schon 1940 schrieb er in einem Brief an Stefan Zweig, dass die Fertigstellung des *Tod des Vergil* auch dazu dienen solle, seine Stellung in den USA zu konsolidieren (vgl. Turner 1990, S. 534). Letztlich kommt der Arbeit am *Tod des Vergil* in den USA „eine identitätsstiftende Dimension zu" (Schneider-Handschin 2008, S. 751), denn Broch knüpft damit an ein in Europa begonnenes Projekt an und versucht, seinen Ruf als modernistischer Autor zu festigen, freilich mit der Absicht, dadurch für seine wissenschaftlichen Vorhaben stipendienwürdig zu werden. Dieses Paradox hat sich in die Erzählstruktur des Romans eingeschrieben. Der in einer äußerst kunstvollen Sprache geschriebene *Tod des Vergil* ist einer der emphatischsten und am schwierigsten zugänglichen Romane der Weltliteratur, der zugleich die Berechtigung von Literatur und die soziale Rolle des Schriftstellers in

Zweifel zieht. Innerhalb des Mediums Literatur werden die „Ohnmacht, Grenzen und ethischen Schwächen" (Lützeler 1988b, S. 204) des Mediums Literatur selbst zum Thema. Das Erzählte wird immer wieder von kritischen Reflexionen Vergils begleitet, wodurch fast der Eindruck eines metafiktionalen Kommentars entsteht, der nicht nur die Voraussetzungen des eigenen Werks und die wortverspielte Schönheitstrunkenheit der poetischen Sprache, sondern auch die Literatur schlechthin infrage stellt. Vergils Attacken gegen den Prunk seiner Sprache müssen zwangsläufig auch für Broch gelten, der ja in seinem Roman einen erheblichen rhetorischen Aufwand betreibt. Bezeichnend ist denn auch, dass in diesem Roman über einen Künstler nicht wie gewöhnlich die Entstehung oder Rettung des Kunstwerks gegen eine feindliche Umwelt das zentrale Motiv bildet, sondern die Vernichtung des Kunstwerks. Die Suche nach Erkenntnis durch das Kunstwerk erscheint Vergil sinnlos, da die Kunst von der Wirklichkeit und vom praktischen Leben abgetrennt ist.

Als Vergil nach seiner qualvollen Fiebernacht, in der er beschließt, die *Aeneis* zu verbrennen, erwacht, sitzt bezeichnenderweise ein Sklave an seiner Seite. Er verkörpert das Leid, das der Mensch seinem Mitmenschen zufügt: „Waffe erschlug einst den Ur-Ahn, und immer aufs Neue, den Mord wiederholend, mit klirrender Waffengewalt rottet der Mensch sich aus." (*TdV*, 252) Doch der Sklave wird für Vergil auch zur Hoffnung auf eine neue Humanität, in der es keine Herrschaft und Unterdrückung mehr geben wird. Im Gespräch mit dem Herrscher plädiert Vergil darum für ein zu schaffendes Reich, das nicht mehr Reich der Volksmassen ist, sondern eines der „Menschengemeinschaft, [...], getragen von der menschlichen Einzelseele, von ihrer Würde und von ihrer Freiheit" (*TdV*, 345). Vergil verzichtet auf die Vernichtung seines Manuskripts, weil er nicht mehr an die Bedeutung der Literatur beim Aufbau dieser neuen Humanität glaubt. Der dem Herrscher übergebene Manuskriptkoffer erscheint ihm als „Sarg" (*TdV*, 376), und auf seiner Todesfahrt erblickt Vergil tief im Westen das Sternbild des Pegasus, das nun untergehen muss (vgl. Heizmann 1997, S. 173). Für die Übergabe des Manuskripts an Octavian erlangt Vergil immerhin die Freilassung von dessen Sklaven, er setzt also an die Stelle der Literatur die konkrete politische Aktion. Broch hat sich in seiner Korrespondenz immer wieder mit dem moralischen Dilemma des Schriftstellers auseinandergesetzt, auch und gerade in Bezug auf den *Vergil*, aus dem ja trotz des Generalverdachts gegen die Literatur ein abgeschlossener Roman wurde. 1947 schreibt er an Egon Vietta: „(1) das Spielerische des Kunstwerks ist in einer Zeit der Gaskammern unstatthaft, (2) wenn das Grunderlebnis des Vergil von den Gaskammern etc. bedingt war, so war es ein Sakrileg, es in einen Roman zu verwandeln." (Broch 1981, S. 187) Eine Rechtfertigung des Werks sieht er nur noch, wenn „das Buch einigen Leuten in Deutschland wirklich etwas geben und so an der Neuformung des deutschen Geistes mitwirken könnte" (ebd., S. 189).

Exil und Erinnerung

Die Arbeit am *Tod des Vergil* gewinnt für Broch in zweifacher Hinsicht therapeutische Funktion. Zum einen bringt ihn die Inhaftierung und ständige Bedrohung durch die Nazis in einen Zustand, in dem er glaubt, sich auf den eigenen Tod vorbereiten zu müssen, und in dem er im Sterben des römischen Dichters das eigene Sterben zu imaginieren beginnt. Rückblickend schreibt er an Herbert Zand über die Entstehung des *Tod des Vergil*:

> Das Buch ist nicht als Buch, sondern als eine Art privates Tagebuch geschrieben worden, d. h. es wurde als Buch begonnen, wurde als Tagebuch fortgesetzt und wurde dann schließlich wieder zu einem Buch umgestaltet. Während der Tagebuchzeit glaubte ich, daß ich niemals mehr etwas veröffentlichen und im Konzentrationslager enden würde; es war also private Auseinandersetzung mit dem Todeserlebnis und der Todesrealität. (Lützeler 1988a, S. 220)

In der acht Jahre währenden Arbeit an diesem Buch gewinnt dieses für Broch aber auch die Qualität einer *summa*, es wird zur Bilanz der eigenen Existenz, des eigenen Denkens und literarischen Schaffens und zu einer Form der Katharsis. Die Einsichten aus dem abgebrochenen politisch-religiösen Roman *Die Verzauberung* und aus der Fragment gebliebenen *Massenwahntheorie* gehen ebenso in das Buch ein wie die Zweifel an der Literatur, welche die Produktion begleiten. Vergils Tiraden gegen „die Verworfenheit einer Schönheit, die sich selbst zum Gesetz gesetzt hat" (*TdV*, 117), sind auch als kritische Selbstbefragung Brochs zu lesen, der in der *Verzauberung* in weit ausschwingenden lyrisch-hymnischen Passagen seelisches Erleben und Naturstimmung zu einer Art religiösem Erweckungserlebnis zu verdichten versuchte (vgl. Heizmann 2003, S. 192f.). Vergil, der einst selbst diesen orphischen Traum träumte und sich als Erlöser der Menschheit sah, erteilt diesem hybriden kunstreligiösen Konzept eine klare Absage: „Ach, nicht einmal Orpheus hatte solches je erreicht, nicht einmal er in seiner Unsterblichkeitsgröße rechtfertigte solch überblich eitle Ehrgeizträume und solch sträfliche Überschätzung des Dichtertums!" (*TdV*, 128) Brochs literarisches Schaffen der 1930er Jahre ist von einem lyrischen und mythopoetischen Dichtungskonzept geprägt, mit der hohen Intention, in einer zu kaltrationaler Sachlichkeit verkommenen Welt wieder religiöse Kräfte im Menschen wachzurufen. Max Webers These von der Entzauberung der Welt, die sich in Anbetracht der kultischen Formen im Nationalsozialismus als einseitig erweist, versucht Broch mit einem Wiederverzauberungsprogramm zu begegnen. Der Roman *Die Verzauberung* ist wohl wegen dieses hohen Anspruchs Fragment geblieben. *Der Tod des Vergil* ist der Schwanengesang zu Brochs dichterischem Konzept, auch wenn Vergil als Mensch erlöst wird und mit der Gewissheit einer neuen Weltgläubigkeit sterben kann. Als Dichter ist Vergil gescheitert. Der Roman stellt indessen nicht nur ein individuelles, sondern auch ein kollektives Gedächtnismedium dar. Denn *Der Tod des Vergil* ist eines der letzten kühnen Experimente des modernen Romans, einer der letzten Versuche, Kunst als Botin einer neuen Totalität zu schaffen.

Fazit

Broch reflektiert in der historischen Analogie die Problematik der eigenen Epoche. Auch wenn *Der Tod des Vergil* nicht als *roman à clef* zu lesen ist, zeigt er in Gestalt des Herrschers Octavian die Vorgehensweise und fatale Attraktivität der politischen Ideologien des 20. Jahrhunderts, denen jedes Mittel recht ist, um „die Massen zur Einheit zu bringen" (*TdV*, 341). Exil erweitert sich dabei zur „geschichtlichen Krisensituation schlechthin, verbunden mit dem Ausblick auf ihre Überwindung durch eine neue Religiosität" (Durzak 1973, S. 435). Auch wenn der Roman damit eine lange Deutungstradition aufgreift, die Vergil aufgrund seiner vierten Ekloge als Künder des Christentums sieht, spricht er der Literatur in einer Epoche, die deutlich als Spätzeit gezeichnet und von Grauen geprägt ist, jegliche moralische Berechtigung ab. An ihre Stelle tritt die konkrete politische Aktion. In der Freilassung der Sklaven zeigt sich der Beginn jener Humanität, zu welcher der Roman aufrufen möchte.

Broch zieht mit der Verurteilung der Kunst auch die kritische Summe seines eigenen mythopoetischen Dichtungskonzepts. Dennoch hegt er die Hoffnung, mit dem *Vergil* zum amerikanischen *re-education*-Programm der Deutschen beizutragen. Doch die Rezeption wird durch Not und Chaos der Nachkriegsjahre (vgl. Lützeler 1988a, S. 300) und wohl auch durch den hohen Schwierigkeitsgrad des Romans erschwert. Heute gilt *Der Tod des Vergil* als eines der kühnsten Experimente im Medium des Romans und als ein ungewöhnliches Dokument seiner Zeit.

Jürgen Heizmann

Literatur

(*TdV*) Broch, Hermann: *Der Tod des Vergil*. Kommentierte Werkausgabe, Bd. 4. Hg. v. Paul Michael Lützeler. Frankfurt a. M. 1976.

Adorno, Theodor W.: „Kulturkritik und Gesellschaft". In: *Prismen*. Hg. v. Rolf Tiedemann. Frankfurt a. M. 1977, S. 11–31.

Broch, Hermann: „Die mythische Erbschaft der Dichtung". In: *Kommentierte Werkausgabe*, Bd. 9/2. Hg. v. Paul Michael Lützeler. Frankfurt a. M. 1975, S. 202–211.

Broch, Hermann: „Briefe 3 (1945–1951)". In: *Kommentierte Werkausgabe*, Bd. 13/3. Hg. v. Paul Michael Lützeler. Frankfurt a. M. 1981.

Durzak, Manfred: „Zeitgeschichte im historischen Modell. Hermann Brochs Exilroman ‚Der Tod des Vergil'". In: *Die deutsche Exilliteratur 1933–1945*. Hg. v. Manfred Durzak. Stuttgart 1973, S. 430–442.
Heizmann, Jürgen: *Antike und Moderne in Hermann Brochs ‚Tod des Vergil'. Über Dichtung und Wissenschaft, Utopie und Ideologie*. Tübingen 1997.
Heizmann, Jürgen: „A Farewell to Art. Poetic Reflection in Brochs ‚Der Tod des Vergil'. In: *Hermann Broch – Visionary in Exile. The 2001 Yale Symposium*. Hg. v. Paul Michael Lützeler. Rochester/New York 2003, S. 187–200.
Heizmann, Jürgen: „Dichtung versus Imperium in Brochs ‚Tod des Vergil'". In: *Hermann Broch. Politik, Menschenrechte – und Literatur?* Hg. v. Thomas Eicher, Paul Michael Lützeler u. Hartmut Steinecke. Oberhausen 2005, S. 255–271.
Lützeler, Paul Michael: *Hermann Broch. Eine Biographie*. Frankfurt a. M. 1988 (= 1988a).
Lützeler, Paul Michael: „Literatur und Politik". In: *Brochs theoretisches Werk*. Hg. v. Paul Michael Lützeler und Michael Kessler. Frankfurt a. M. 1988, S. 195–209 (= 1988b).
Schneider-Handschin, Esther: „Widerstand und ‚Selbstamerikanisierung[s]'-Versuche Hermann Brochs". In: *Études Germaniques* 63/4 (2008), S. 749–759.
Turner, David: „Stefan Zweig und Hermann Brochs ‚Der Tod des Vergil'. Unveröffentlichtes zur Publikationsgeschichte eines Romans". In: *Zeitschrift für deutsche Philologie* 109/4 (1990), S. 529–538.

Georg Büchner: *Danton's Tod. Ein Drama* (1835)

Georg Büchner *17. 10. 1813 Goddelau, †19. 2. 1837 Zürich. Stationen des Exils: 1835–1836 Straßburg, 1836–1837 Zürich.

Inhalt

An einem Wendepunkt der Französischen Revolution stehen sich im März 1794 innerhalb des Nationalkonvents die gemäßigten Revolutionäre um Danton und die radikalen Jakobiner um Robespierre gegenüber. Die Dantonisten fordern ein Ende der revolutionären Gewalt: „Die Revolution muss aufhören und die Republik muß anfangen." (*DT*, 6) Robespierre dagegen bekämpft die Dantonisten, die „mit allen Lastern und allem Luxus der ehemaligen Höflinge Parade machen" (*DT*, 16) als Feinde der Revolution, die für ihn als „erhabne[s] Drama" (*DT*, 14) vollendet werden muss. Zwischen den Parteien steht das Volk, dessen materielles Elend durch zahllose Hinrichtungen der *Grande Terreur* nicht gemildert wird. Auf Dantons Verhaftung wegen Hochverrats folgen Gefangenschaft und Prozess vor dem Revolutionstribunal, was für alle Dantonisten unter der Guillotine endet.

Mit dem im Titel gesetzten Fokus auf eine historische Person scheint der Dramentext auf den ersten Blick wenig Spielraum für unerwartete Wendungen zu bieten; er ist jedoch gekennzeichnet durch eine radikale, nahezu postmoderne Perspektivierung von Geschichte und wirft Fragen nach Repräsentation, Identität und Verortung auf. Mit seiner Suche nach einem Ort, der nicht mit dem Namen der Republik zusammenfällt, stellt das Stück die Frage nach dem Exil angesichts einer drohenden Unmöglichkeit jedweder Fremdheit.

Analysen

Narrationen des Exils
Neben der politischen Flugschrift *Der Hessische Landbote* ist das 1835 erschienene Drama *Danton's Tod* der einzige Text Büchners, der noch zu Lebzeiten veröffentlicht wurde. Anders als die postum veröffentlichten Texte – *Lenz*, *Leonce und Lena* und *Woyzeck* – entstand er nicht im Exil, wohl aber unter direktem Druck drohender polizeilicher Verfolgung. Schon zu Beginn der 1830er Jahre verkehrte Büchner in Straßburg in deutschen Exilantenkreisen – sein eigenes, bis zu seinem frühen Tod andauerndes Exil begann jedoch erst kurz nach seiner Arbeit an *Danton's Tod*.

Doch lässt sich auch in Abwesenheit einer bio- oder faktografischen Exilsituation dennoch und vielleicht gerade *Danton's Tod* als ein Text lesen, der Fragen des Exils verhandelt und damit für die literaturwissenschaftliche Exilforschung von Bedeutung sein kann? Wie ist ihm der Ort, von dem er spricht, zur Frage und Bedingung geworden?

Bei der Lektüre des Textes fällt zunächst auf, dass im gesamten Drama nur an zwei Stellen die Möglichkeit verhandelt wird, Dantons Leben durch Flucht ins Exil zu retten – wobei die Flucht jeweils von Danton verworfen wird. Zuerst am Beginn des zweiten Aktes: „PARIS. So flieh Danton! / DANTON. Nimmt man das Vaterland an den Schuhsohlen mit?" (*DT*, 32) Bezeichnenderweise wird hier das „Vaterland" genau in einem Moment eingeführt, in dem die Möglichkeit seines Verlustes durch Flucht ins Exil in Erwägung gezogen wird. Mit seiner Frage ruft Danton den für die Exilliteratur bedeutenden Topos der beweglichen Heimat auf, scheint diese Beweglichkeit jedoch anzuzweifeln. Auf den ersten Blick artikuliert sich hier das Selbstverständnis eines standhaften Revolutionärs, der mit seinem Verbleib am Ort Treue gegenüber Vaterland und Revolution demonstriert und bereit ist, seine Standpunkte auch am Standort ihrer Verhandlung zu verteidigen. Doch mit Blick auf die zweite Dramenstelle, an der die Möglichkeit der Flucht zur Sprache kommt, wird deutlich, warum Danton sie nicht ergreifen will: „Der Wohlfahrtsausschuß hat meine Verhaftung beschlossen. Man hat [...] mir einen Zufluchtsort angeboten. Sie wollen meinen Kopf, meinetwegen. [...] Was liegt daran?" (*DT*, 38) Die selbsternannten Richter des Vaterlandes sind Danton nicht nur dicht auf den Fersen, sie sitzen ihm bereits im Nacken: fordern seinen Kopf. Er bleibt – doch nicht aus Treue dem Vaterland gegenüber, wie es im „Fußsohlen"-Ausspruch noch den Anschein erweckt; hier spricht kein heroischer Märtyrer, der bereit ist, sich für die Sache zu opfern, sondern jemand, der weiß, dass diese längst *ihn* geopfert hat und der auch deshalb in seinem Dasein keinen Sinn mehr zu finden glaubt. Die Frage nach dem Exil stellt sich somit im Zusammenhang existentieller Fragen, mit denen sich Danton konfrontiert sieht. Diese tauchen allerdings in einer Weise auf, die zeigt, dass sich in ihnen gerade nicht ‚Sein selbst' ausspricht – sie entzünden sich an der sozialen Realität: Das räumliche Exil aufzusuchen, stellt für Danton deshalb keine Alternative dar, da die politische Wirklichkeit keine anderen Orte mehr gewährt, zu denen sein Dasein sich orientieren kann. So weiß Danton, dass die Revolution ihm die Möglichkeit eines anderen Lebensentwurfes nimmt, sobald er im Sinne ihres Geschichtsbildes verortet und identifiziert ist: „Die Revolution nennt meinen Namen. Meine Wohnung ist bald im Nichts und mein Name im Pantheon der Geschichte." (*DT*, 54) Zwar erscheint in solchen Reden „das Nichts", das „bald mein Asyl seyn [wird]" (ebd.) – also die Auflösung einer jeden Verort- und Identifizierbarkeit –, noch als ‚Gegenort' zur Welt, doch sogar dies scheint Danton wieder zurückzunehmen, wenn ihm der Tod nur noch die einfachere Form seiner selbst zu sein scheint, und das Leben bloß die „organisirtere Fäulniß" (*DT*, 64), die bereits alles durchdrungen hat. Damit birgt der Tod nicht mehr die Möglichkeit, die Welt zu überwinden, die bereits eins mit ihm geworden ist: Das Leben ist nicht das Exil, das zu überdauern wäre, der Tod nicht der Beginn einer Heimkehr oder ein Aufbruch zu einem Ort wahrer Bestimmung, wie die christliche Tradition es sich noch auszumalen vermochte. Ist für Camille die Welt selbst noch „der ewige Jude" (ebd.), also sowohl Ort als auch Subjekt eines umfassenden Exils, eines Zustandes von Fremdheit und Suche nach Bedeutung – was einem jüdischen Exilverständnis von der „Welt als Exil" (Sabin 2008) nahekommen würde –, so hat für Danton das „Gewimmel" (*DT*, 64) der Welt keinen Raum mehr für das Nichts gelassen, das im Moment der Schöpfung (also in der Übersetzung von Nichts in Etwas, in Name und Bedeutung) „sich ermordet" (ebd.) hat. Aus dieser Welt kann man nicht mehr zu einem anderen Ort über-setzen, weil ideologische Setzungen Realität so festgeschrieben haben, dass sie kein Außen mehr erlauben – wer hier Asyl fordert, hat sich als „Verbrecher" identifizierbar gemacht (*DT*, 44). Das Vaterland ist somit selbst nicht bewegbar und nicht beweglich. Es kennt – betont St. Just – keine Zwischenorte mehr, keine Topoi der Flucht, Wanderung und Leere, „weder das rothe Meer noch die Wüste" (*DT*, 47), sondern ist mit den Prinzipien der Revolution, deren Akteuren es gerade unerträglich ist, dass alles „wüst und leer" (*DT*, 29) werden könnte, so identifiziert, dass es zur Sinntotalität erstarrt. Danton sieht sich einer Gesellschaft gegenüber, die unter dem Primat der Gleichheit die Differentialität ihrer Geschichte zum Verschwinden bringen muss, bis alles in ihrem Sinne gleich-gültig, eine Form des Todes ist.

Das Exil erscheint so in Beziehung zum Vaterland nicht mehr als Verbannungsort, sondern als durch es verbannter Ort der Fremdheit, der als „Zufluchtsort" unmöglich wird: Er ist verbannt vom Namen der Republik als Ort ihrer Repräsentation.

Theoretische Perspektivierungen
Das Exil als verbannter Ort der Fremdheit wirft die Frage nach der Totalität der Wirklichkeit auf und stellt sich der Konstitution nationalstaatlicher Diskurse: „Blickt um Euch, das Alles habt Ihr gesprochen" (*DT*, 53), konstatiert Mercier mit Blick auf die Grausamkeiten der Revolution, die er nicht als einfach hinzunehmendes *factum brutum*, sondern als Resultat spezifischer Sprachakte durchschaut, als „mimische Uebersetzung Eurer Worte" (ebd.). Damit wird Sprache – wie Judith Butler es beschreibt – „als Handlungsmacht gedacht; Sprache ist [...] die Handlung und ihre Folgen" (Butler 2006, S. 18ff.). So stellt der Text die Inszeniertheit und Performativität von Wirklichkeit dar, innerhalb derer die Figuration der Sprache als Macht Voraussetzung für die Figurationen der politischen Repräsentation wird; Vaterland, Volk und Revolution tauchen in erster Linie als *Namen* auf, in und mit denen gehandelt wird. Sie referieren damit nicht auf ein außersprachlich Reales, sondern werden als Strategien erkennbar, die immer wieder das Bekenntnis einfordern, das jene Realität hervorbringt und stabilisiert, auf die sie sich beziehen. Im Namen von Vaterland, Volk und Revolution benennt Robespierre die Republik als Ort der Bürger, die als „Republikaner" ihren Namen tragen – „Royalisten und Fremde sind Feinde" (*DT*, 15). Mit den Gründungsakten der Republik wird der Fremde zum Feind erklärt – und verliert bereits damit den Ort einer Fremdheit, die unabhängig vom Eigenen Folgendes bedeuten kann: Ausgeschlossen von der Republik, muss der Fremde in ihrem Selbstverständnis den Platz des Feindes einnehmen – womit sie sich als eben jene totale „Allgemeinheit, die keine Fremdheit mehr kennt" (Waldenfels 1997, S. 81), behaupten kann. „Wir sind hier im Namen des Volkes" (*DT*, 43) – dieser Ausspruch benennt nicht nur den Grund, sondern auch den Ort der Versammlung, an dem von der Republik geredet werden kann: Das Sprechen ist ein Sprechen in diesem Namen und der durch ihn abgesteckten Grenzen. So verdoppelt sich die Figuration der Sprache als Handlungsmacht, wo sie mit der Figuration der revolutionären Stimme einhergeht. Diese Stimme, die „im Namen des Volkes" spricht, wo sie dieses Volk benennt, sucht somit die Stimme eines kollektiven Körpers zu sein, der Teil einer – wie St. Just ausführt – „Körperwelt" (*DT*, 46) ist, innerhalb derer die Revolution die neue Menschheit mit „urkräftigen Gliedern" (*DT*, 47) zum Vorschein bringen wird. Das Volk wird dort verortet, wo es auch *als* Stimme das Volk der

Stimme ist, „rhetorische Strategie sozialer Bezugnahme" (Bhabha 1997, S. 158). Auch Danton betont die Macht dieser seiner Stimme, die einst „aus dem Golde der Aristocraten und Reichen dem Volke Waffen geschmiedet [hat]" (*DT*, 55f.). Die Stimme der Revolutionäre behauptet sich damit nicht nur in ihrer Wirkung, sondern diese Wirkung ist bereits Effekt ihrer Figuration als „Bild der souveränen Macht [...], in dem sich eine als Emanation eines Subjektes vorgestellte Macht in der Stimme vortut, dessen Effekte als die magischen Effekte dieser Stimme erscheinen" (Butler 2006, S. 57). Doch wenn Danton noch versucht, Stimme und Namen des Volkes im Sprechakt zu versöhnen, wenn er ausruft „Mein Name! das Volk!" (*DT*, 23), so ist er zu diesem Zeitpunkt schon der, dessen Name von der Revolution genannt wird: nicht mehr Namensgeber der Revolution, sondern Objekt der Gewalt. Damit verliert er das Stimm-Recht innerhalb der Repräsentation und zählt zu denjenigen, die nicht mehr für die Republik sprechen können, da sie in ihrem Namen die Feinde dieses Namens sind. Wenn die Republik die Fremden nicht als Feinde bekämpfen würde – wenn sie also eine Bedeutung außerhalb ihres Namens hätten –, dann würde die Republik die Gefährdung der Einheit dulden, einen Bruch in der Repräsentation. „[N]ur die Todten kommen nicht wieder" (*DT*, 29) ist die Konsequenz, die Robespierre zieht. Als Tote, davon scheint Robespierre auszugehen, können die Fremden als durch die Revolution besiegte Feinde in die Ordnung politischer Repräsentation aufgenommen werden, kehren nicht mehr als Fremde, sondern als Feinde zurück, denen die Republik überlegen war.

Doch Robespierre unter- und überschätzt die Möglichkeiten der Repräsentation des Gedächtnisses. Als verstörende Stimme suchen die im Namen der Revolution Getöteten die Ordnung des Gedächtnisses heim und lassen so in Danton eine Stimme laut werden, die nicht mehr in seiner Macht zu stehen scheint.

Exil und Erinnerung
Danton's Tod zeigt, dass mit Gründung der Republik auch ein kollektives Gedächtnis geschaffen werden muss, dass „die Toten unter Überwachung" (Baudrillard 1991, S. 203) der Macht stellt und sie in die Ordnung der Repräsentation überführt – worin sich Dantons Bewusstsein begründet, dass auch der Tod im Namen der Republik nichts anderes mehr als das Leben in ihrem Namen bedeutet.

„Die Revolution wird über ihre Leichen nicht stolpern" (*DT*, 59), ist sich St. Just sicher, für den die Toten „Interpunctionszeichen" (*DT*, 46) der Geschichte sind und in ihr erträglich werden, weil sich „eine Kultur und ein soziales Gedächtnis symbolisch mit jedem Tod belasten" (Derrida 2000, S. 108) können. Die Belastbarkeit des sozialen Gedächtnisses setzt jedoch voraus, dass die Geschichte seiner Konstitution (damit die Geschichte des Namens) vergessen wird. Wie Homi K. Bhabha, auf Ernest Renan rekurrierend, problematisiert (Bhabha 1997, S. 176ff.), steht am Beginn des kollektiven Nationalgedächtnisses die Pflicht zu vergessen. Danton weiß um diese Politik der Erinnerung und sehnt auch deswegen das Vergessen herbei: „[M]ir giebt das Grab mehr Sicherheit, es schafft mir wenigstens V e r g e s s e n!" (*DT*, 39) Das Gedächtnis wird ihm nicht nur zur unerträglichen Last, sondern auch zur Bedrohung seines Lebens: „Mein Gedächtniß tödtet mich" (ebd.). Diese Angst vor dem Gedächtnis befällt Danton nicht nur deshalb, weil schmerzvolle Erinnerung an die eigene Schuld ihn dazu treibt, mit dem „Tod zu kokettiren" (ebd.), sondern auch, weil er weiß, dass gerade das, was in seinem Schmerz zum Ausdruck drängt, nicht Teil der kollektiven Narration werden kann und er sich ihrem Vergessen verpflichtet, wo er in ihrem Namen spricht. Es scheint also, als wolle Danton dieses Vergessen vergessen: die Schuld, mit dem ihn die Erinnerung konfrontiert und den Schuldzusammenhang, in dem ein kollektives Gedächtnis sich etabliert, das durch das Vergessen der Schuld hervorgebracht worden ist. Wo er seine Stimme als Macht mit dem Namen des Volkes identifiziert, kann er dies nicht aussprechen, da das angerufene Volk bereits Effekt dieser organisierten Erinnerung ist. Die Stimmen der Toten sprechen sich im Zwischenzustand des Traumes aus und können nicht mehr mit der Macht identifiziert werden, was für Danton eine unheimliche Erfahrung des Fremden ist: „Nein, ich sprach nicht, das dacht' ich kaum, das waren nur ganz leise heimliche Gedanken." (*DT*, 40) Mit dem Trauma, das hier die Stimme zu ergreifen beginnt, die selbst von ihm nicht sprechen kann, kehrt in die Republik nicht das Fremde als Fremdes zurück, als traumatischer Teil ihrer Geschichte spaltet es jedoch die Eindeutigkeit ihres Namens, der mit seiner Geschichte eine zum verbannten Ort der Fremdheit führende Spur hinterlassen hat, die in ihm nicht repräsentiert werden kann.

Diese Spuren sind es, mit denen *Danton's Tod* jeder ideologischen Vereinnahmung sich widersetzt und durch die Büchner Konturen bekommt, als – wie Anna Seghers es 1944 aus dem Exil formulierte – „einer der ersten und auch heute noch wenigen deutschen Dichter, die im Leben und Werk die politische Emigration am weitgehendsten verkörpern" (Seghers 1980, S. 160).

Wie weit-gehend *Danton's Tod* ist, wird auch in der Lektüre Paul Celans sichtbar, der dort einen Aufbruch des Textes ins „Offene und Leere" (Celan 1999, S. 10) erkennt, wo Lucile, die mit ihrem Ausruf „Es lebe der König" umgehend „[i]m Namen der Republik" verhaftet wird (*DT*, 81), durch diesen Ausruf ein „Gegenwort" (Celan 1999, S. 3) zur Sprache bringt, das nicht mit dem Namen des Königs identisch ist, den es zitiert. Weil es deswegen auch nicht im Namen der Republik gänzlich zum Verstummen gebracht werden kann, findet man in diesem – so fragt Celan – „vielleicht den Ort, wo das Fremde war"? (ebd., S. 7)

Fazit

Heimat und Exil – „das u n d dazwischen", das verschiedene Topoi rhetorisch miteinander verbindet, ist, so weiß Danton, „ein langes Wort" (*DT*, 7), weil es die als natürlich erscheinende Verbindung substituierbar und das dialektisch Versöhnte als Produkt einer zurückgelegten „weiten Strecke" (*DT*, 46) entzifferbar werden lässt. Auf der Suche nach einem solchen Dazwischen zeigt sich *Danton's Tod* als ein Text, der für die literaturwissenschaftliche Exilforschung die Frage nach dem Exil dort bedeutend werden lassen kann, wo ideologische Verortung so übermächtig zu werden droht, dass es keinen Zufluchtsort mehr zu geben scheint, den sie nicht bereits mit einer Bedeutung besetzt hält. Gelesen mit postmoderner Theorie, tauchen „Vaterland" und „Volk" nicht als essentialistische Kategorien auf, sondern werden als Namen innerhalb rhetorischer Identitätsstrategien sichtbar, die das ihnen Fremde als besiegte und getötete Feinde in die Ordnung der Republik integrieren. Diese jedoch stören die Narrationen des kollektiven Gedächtnisses, wo sie die Geschichte als Trauma heimsuchen, das von ihr nicht mehr eingeholt werden kann. Der Ort, von dem das Drama spricht – darauf verweist auch Celans Büchner-Lektüre –, behauptet sich somit in den Brüchen der Repräsentation.

An diesen Bruchstellen lenkt *Danton's Tod* die Aufmerksamkeit von Dantons Tod, vom Ort des Todes, vom überwachten Tod im Namen der Republik, auf den durch ihn verbannten Ort der Fremdheit, für die ein Name das Exil ist, in dem die Mächtigen noch hören, dass ihre Stimme versagt: „[E]s fehlt uns was, ich habe keinen Namen dafür [...]." (*DT*, 31)

Miriam N. Reinhard

Literatur

(*DT*) Büchner, Georg: *Danton's Tod*. Sämtliche Werke und Schriften. Historisch-kritische Ausgabe mit Quellendokumentation und Kommentar (Marburger Ausgabe). Hg. v. Burghard Dedner u. Thomas Michael Meyer, Bd. 3/2. Text, Editionsbericht. Darmstadt 2000.

Baudrillard, Jean: *Der symbolische Tausch und der Tod*. München 1991.
Bhabha, Homi K: „DissemiNation. Zeit, Narrative und die Ränder der modernen Nation". In: *Hybride Kulturen. Beiträge zur anglo-amerikanischen Multikulturalismusdebatte*. Hg. v. Elisabeth Bronfen, Benjamin Marius u. Therese Steffen. Tübingen 1997, S. 149–194.
Butler, Judith: *Haß spricht. Zur Politik des Performativen*. Frankfurt a. M. 2006.
Celan, Paul: *Werke. Tübinger Ausgabe*. Hg. v. Jürgen Wertheimer, Bd. 3. Der Meridian. Endfassung – Entwürfe – Materialien. Hg. v. Bernhard Böschenstein u. Heino Schmull. Frankfurt a. M. 1999.

Derrida, Jacques: *Apokalypse. Von einem neuerdings erhabenen, apokalyptischen Ton in der Philosophie.* Wien 2000.
Sabin, Stefana: *Die Welt als Exil.* Göttingen 2008.
Seghers, Anna: *Aufsätze, Ansprachen, Essays 1927–1953.* Berlin 1980.
Waldenfels, Bernhard: *Topographien des Fremden. Studien zur Phänomenologie des Fremden 1.* Frankfurt a. M. 1997.

Veza Canetti: *Die Schildkröten* (1999)

Veza Canetti (eigentl. Venetiana Canetti; Pseud. Veza Magd, Veronika Knecht, Martha, Martina u. Martin Murner) * 21. 11. 1897 Wien, †1. 5. 1963 London. Stationen des Exils: 1938–1963 England.

Inhalt

Der Roman *Die Schildkröten* handelt von der Entrechtung, Enteignung und Verfolgung der jüdischen Bevölkerung in Wien nach dem ‚Anschluss' Österreichs an das Deutsche Reich im Jahre 1938. Der jüdische Schriftsteller Andreas Kain und seine Frau Eva werden von dem Nationalsozialisten Baldur Pilz aus ihrer Villa mit „paradiesische[m] Garten" (*DS*, 77) vertrieben und müssen in die Wohnung von Andreas Kains Bruder, dem Geologen Werner Kain, und dessen jüdischem (Zwangs-)Untermieter Felberbaum ziehen. Während Andreas Kain Zuflucht in der Literatur, in der Lektüre der homerischen *Odyssee*, sucht, sieht sich Eva Kain mit den alltäglichen misogynen und antisemitischen Diskriminierungen konfrontiert: „Man ist schwarz und alles umher ist schwarz. Und wie ein düsterer, unheimlicher Schatten schleicht man sklavisch an den schmerzenden Blicken vorbei." (*DS*, 13) Das Ehepaar verharrt, durch die Ungewissheit über den Erhalt einer Ausreisegenehmigung, in einem transitorischen Zustand zwischen Leben und Tod: „Man muß eine Frist bis zur Ausreise einhalten, und man hat keine Einreise. Nirgendshin." (*DS*, 71) Nach den Novemberpogromen eskaliert die Lage zunehmend. Durch eine tragische Verwechslung wird der Geologe Werner Kain anstelle seines Bruders Andreas deportiert und kommt bei Zwangsarbeiten in einem Steinbruch ums Leben. Am Ende reist das Ehepaar Kain mit der Last der Schuld, „daß man auf Borg lebt" (*DS*, 268), und mitsamt der „Asche unseres Bruders" (*DS*, 274) ins englische Exil.

Analysen

Narrationen des Exils
Ebenso wie die Protagonisten, denen als Parias, ihrer sozialen und kulturellen Zugehörigkeit entrissen, am Ende die Flucht ins Exil gelingt, flüchten Veza und Elias Canetti 1938 aus Wien über Paris ins Londoner Exil. Wie die erhaltenen Briefe Canettis aus der Entstehungszeit des Romans zeigen, trägt der Text, wie viele exilliterarische Werke, stark autobiografische Züge (vgl. Canetti 2009). *Die Schildkröten* entstand vermutlich in den ersten Monaten des Exils und wurde im Juli 1939 von einem englischen Verlag angenommen. Der Kriegsausbruch verhinderte jedoch die Publikation. Erst mehr als dreißig Jahre nach Canettis Tod wurde ihr Exilroman 1999 aus dem Nachlass veröffentlicht.

In episodischen Momentaufnahmen wird eine ‚Poetik des Exils' (vgl. Englmann 2001) skizziert, die die Entortungserfahrungen im eigenen Land und die damit einhergehenden Grenzziehungen und Ausgrenzungen multiperspektivisch einfängt. Anhand der Figuren werden divergierende Heimat- und Exilvorstellungen entworfen, die eine Bedeutungsfixierung unterminieren und unterschiedliche Perspektiven auf das Exil eröffnen. Jenseits territorialer Verortung lokalisiert der Schriftsteller Andreas Kain Heimat in der Sprache: „Am schwersten überfällt es den Dichter. Die Sprache ist seine Seele, die Figuren, die er gestaltet, sind sein Körper. Er kann Atem schöpfen, wo seine Sprache lebendig ist, und sein Leben erlischt, wo er nicht mehr versteht und verstanden wird." (*DS*, 27) Die enge Verknüpfung von Sprach- und Heimatverlust akzentuiert die existentielle Dimension des Exils für den Schriftsteller, dessen Heimatkonzept an die literarische Imagination und den Prozess des Schreibens gebunden ist. In *Die Schildkröten* fungiert die deutsche Sprache zugleich als Sprache der Heimat und des Exils, in der sich die deutsch-jüdische Identität ebenso manifestiert wie die deutsch-jüdische Differenz. Diesem deterritorialen Heimatbegriff scheint zunächst das territoriale Heimatkonzept des Bruders Andreas Kains diametral gegenüberzustehen. Für den Geologen Werner Kain bedeutet ‚Heimat' in einem ganz unmittelbaren Sinn den sinnlichen und haptischen Bezug zu Erde und Steinen: „Er ist mit allen Fasern an diese Erde hier gebunden. Er ist hier angeschmiedet." (*DS*, 24) Durch seine Identifikation mit einer Schildkröte, die ihre „Heimat mit sich, auf ihrem Rücken" (*DS*, 44) trägt, wird diese territoriale Konzeption von Heimat zugleich jedoch konterkariert und lässt sich durch die Assoziation eines ‚portativen Vaterlandes' (Heinrich Heine) in der deutsch-jüdischen Tradition verorten. Werner Kains Vorstellung einer ‚Exilheimat' changiert so zwischen Verwurzelung und Wurzellosigkeit und verschränkt die divergierenden Konzeptionen von Territorialität und Deterritorialität miteinander. Mit der Figur Eva Kain werden diese Heimat- und Exilvorstellungen um eine ‚weibliche' Perspektive erweitert, die sich in der Beziehung zu anderen Menschen äußert. Diese suspendiert die oppositionelle Vorstellung von Heimat und Exil und überführt sie in Zwischenräume, die als Räume der Begegnung lesbar werden.

Die Neu- und Wiederaneignung von Tradition, die ein Charakteristikum der deutsch-jüdischen Literatur der Moderne darstellt (vgl. Shedletzky 1993), manifestiert sich in *Die Schildkröten* über den Rekurs auf jüdische Heimat- und Exilkonzepte einerseits sowie auf biblische Erzählungen und Motive andererseits und affirmiert eine transnationale und transkulturelle Existenz. Durch Verfahren der Inversion (vgl. Bannasch 2002) und der Groteske adaptiert und transformiert Canetti alttestamentarische und mythische Erzählungen, Motive und Figuren. Im Zuge dieser Re-Lektüren werden unter anderem die biblische Geschichte von Kain und Abel sowie die Exilierung Kains, die durch die Brüder Andreas und Werner Kain reflektiert wird, neu- und umgeschrieben, ebenso wie die Ur-Erzählung des Exils, die Vertreibung aus dem Paradies, die anhand des Ehepaars Kain aktualisiert wird, und die Figur des Lot, die dem gläubigen Juden Felberbaum als Identifikationsfigur seiner ‚Auserwähltheit' und dem Nationalsozialisten Baldur Pilz als Alteritätsentwurf dient. Die Inversion der Messiasfigur, die der Erlösung durch eine transzendente Instanz die Eigenverantwortung des Menschen entgegenstellt, akzentuiert zudem Canettis ethischen Impetus. Der Rückgriff auf biblische und mythische Motive sowie die Parodie des religiösen Sprachduktus dienen der Demaskierung der pervertierten Welt des Nationalsozialismus und charakterisieren Canettis poetologisches Verfahren der Verfremdung:

> Dem Führer wird jetzt gehuldigt und nicht dem Gekreuzigten. Das bedeutet diese Fahne. Der Führer hat erlassen: der Mensch sei arisch. Er sei vertrauensvoll. Er glaube an ihn und verneige sich vor ihm. Er lasse ab von allen Gedanken, von aller Eigenmacht. Er begebe sich in die Gewalt des Führers. Der werde für ihn sorgen. Besser als Jesus Christus. (*DS*, 20f.)

Durch die Allegorie der Schildkröte, die immer neue Verweise, Transformationen und Transgressionen von Bedeutung eröffnet (vgl. Englmann 2001, S. 310–313), wird ein Bezug zu jüdischen Exil- und Heimatvorstellungen sowie zur jüdischen Geschichte hergestellt. So können die Schildkröten – die Andreas Kain davor bewahrt, dass ihnen ein Hakenkreuz „für alle Zeiten ins Gehäuse gebrannt" (*DS*, 14) wird – auf der Handlungsebene als Allegorie der verfolgten Juden gelesen werden. Die Schildkröte fungiert durch ihren Panzer außerdem als Allegorie der Heimat in der Heimatlosigkeit, als Ausdruck der jüdischen Diaspora (vgl. Košenina 2003, S. 82). Darüber hinaus symbolisiert sie die Geschichte des Judentums als Geschichte des Leids und der Verfolgung sowie als Geschichte unzerstörbarer Humanität: „Denn die Schildkröte stirbt nicht so bald. Sie hat auch einen inneren Panzer und darum stirbt sie nicht." (*DS*, 146) Die Allegorie der Schildkröte lässt sich somit als adäquate Ausdrucksform der „Geschichte als Leidensgeschichte der Welt" (Benjamin 1963, S. 183) lesen.

Theoretische Perspektivierungen
Der Roman demaskiert den Konstruktcharakter essentialistischer Konzepte von Nation, Kultur, Heimat und Identität und entwirft individuelle und kollektive Identitätsmodelle jenseits kultureller und territorialer Verortung. Gegen die essentialistische Vorstellung einer Homogenität von Kultur werden intrakulturelle Differenzen fokussiert, die die Figuren in einem transkulturellen Raum verorten, in dem die deutsche und die jüdische Kultur konvergieren (vgl. Kilcher 2012, S. VI). Akzentuiert wird die Diskrepanz zwischen Selbst- und Fremdwahrnehmung. Entgegen der Dichotomisierung von Eigenem und Fremdem, der faschistischen Stigmatisierung des ‚Jüdischen' als dem ‚Anderen', konstatiert Canetti die Ununterscheidbarkeit von ethnischen und religiösen Zugehörigkeiten und entlarvt den Antisemitismus am Beispiel des SA-Mannes Baldur Pilz als fantasmagorisches Konstrukt. So verfügt Baldur Pilz, der auch als Kontrastfigur zum gebildeten, kosmopolitischen Ehepaar Kain fungiert, weder über eine identitätsstiftende Sprache – er spricht wie ein „Papagei" und „nur [in] eingelernte[n] Phrasen" (*DS*, 96) – noch über Bildung. In karikaturhafter Überzeichnung wird durch die Figur Baldur Pilz die Absurdität des nationalsozialistischen Regimes offen gelegt, das einer „zerknüllten schmutzigbraunen Masse" (*DS*, 112) – wie die Figur selbst eine ist – gleicht.

Der Roman zeichnet ein heterogenes Bild der jüdischen Gemeinschaft, in dem sich divergierende Interpretationen jüdischer Identität manifestieren. Während sich der gläubige Jude Felberbaum, der als tragikomische Hiobsfigur (vgl. Lühe 2002, S. 72) gezeichnet wird, „selig" fühlt, dass er „eines Stammes war mit diesen Menschen", und „unbedingt mit ihnen geächtet werden" (*DS*, 158) will, erfährt das säkular lebende jüdische Ehepaar, Andreas und Eva Kain, die „neuen Gesetze" (*DS*, 13) als stigmatisierende Zuordnung zu einer jüdischen Zwangsgemeinschaft. Es verbindet sie nichts mit dem Kollektiv der Menschen, die per Dekret zu ‚Juden' ernannt wurden, sie erfahren ihr ‚Jüdisch-Sein' als Zuweisung. Der Vorstellung einer spezifischen *conditio judaica* setzt Canetti die Vorstellung einer ‚jüdischen Identität' entgegen, die sich durch vielschichtige Transformations- und Differenzierungsprozesse einer begrifflichen Definition widersetzt (vgl. Rochus 2012), indem reduktionistische und essentialistische Kategorisierungsversuche von den Figuren durchkreuzt werden. Die Vorstellung von Kollektividentitäten, wie sie die nationalsozialistische Ideologie propagiert, wird gleichsam durch nichtjüdische Figuren, die sich der Zuschreibung einer ‚arischen' Identität widersetzen, unterlaufen.

In verschiedenen Episoden des Romans wird die nationalsozialistische Überzeugung, Juden durch ihre Körpermerkmale eindeutig selektieren zu können, *ad absurdum* geführt. Der propagierten nationalsozialistischen Rassenideologie, die von der Lesbarkeit körperlicher Merkmale ausgeht, setzt Canetti die „Dekonstruktion des Sichtbarkeitsparadigmas" (Strohmaier 2005, S. 127) entgegen. Die Körper der jüdischen Figuren erweisen sich als nicht dechiffrierbar, sie entziehen sich einer eindeutigen Kategorisierung und geben sich als ‚lügende Körper' zu erkennen. So entpuppt sich der „vermeintliche Judensohn", der die „Nase krumm und Haare darin [hat]", als italienischer Katholik (*DS*, 117) und der „berühmte Kommissar, der wie drei Juden ausschaut", als „ein scharfer Nazi" (*DS*, 164). Den prototypischen ‚jüdischen' Körpern Werner und Eva Kains stehen die Körper Andreas Kains und Hildes gegenüber, die prototypische ‚arische' Züge tragen.

Der Körper fungiert zudem als Einschreibefläche von gesellschaftlichen Machtstrukturen sowie als Ort der geschlechtlichen Markierung. Anhand der Figur Eva Kain wird eine mehrfache Marginalisierung literarisch inszeniert, indem das Moment der Fremdheit als jüdisches Paradigma *par excellence* mit Marginalisierung und Fremdheitserfahrung als Konstituenten weiblicher Existenz und der Erfahrungen der Fremdheit als Folge der realen Exilierung verschränkt werden. Dabei wird die Figur Eva Kain immer wieder mit Tropen der Fremdheit und der Ortlosigkeit assoziiert, die ‚das Weibliche' und ‚das Jüdische', insbesondere über die Körperzeichnungen, als ‚das Andere' markieren, durch das Explizieren dieser Markierung durch die Figur selbst jedoch zugleich konterkarieren. Indem sich Eva Kain den ‚antisemitischen' Blick der Kategorisierung von ‚Juden' und ‚Ariern' auf der Grundlage der körperlichen Konstitution aneignet, wird die Absurdität der nationalsozialistischen Rassenideologie entlarvt: „Blonde Menschen, denkt Eva krankhaft, können nie unglücklich sein. Sie sind hell und sehen die Welt hell. [...] Es färbt schon das braune Auge die Welt braun." (*DS*, 64) Die Verschränkung von weiblichem und jüdischem Exil als Denkfigur wird über die Aktualisierung der alttestamentarischen Figur Eva, dem Symbol der weiblichen Sünde, evoziert, zugleich jedoch transformiert. In Analogie zu der Re-Lektüre der alttestamentarischen Schmerzensfigur Kain avanciert Eva Kain als Schmerzensfrau zur Symbolfigur des jüdischen und weiblichen Exils.

Mit dem Topos des männlichen Genies, den der Schriftsteller und Gelehrte Andreas Kain verkörpert, und seiner weiblichen Muse, der sich aufopfernden Ehefrau Eva Kain, werden traditionelle Geschlechterrollen ebenso wie die stereotypen geschlechtlichen Attribute der männlichen Ratio und weiblichen Emotio zitiert, jedoch durch die Figurenzeichnung, die zwischen Typisierung und Differenzierung changiert, gleichzeitig durchkreuzt. ‚Männlichkeit' und ‚Weiblichkeit' erweisen sich als performative Akte, die zwischen Auto- und Heteroimago oszillieren und den rassistischen und misogynen Diskurs der Zeit, der die Naturalisierung von ethnischer und geschlechtlicher Alterität propagiert, wie Otto Weiningers Engführung von Effeminierung und Judaisierung der Gesellschaft in *Geschlecht und Charakter* (1903) belegt, als essentialistische Reduktion kritisieren.

Exil und Erinnerung
In *Die Schildkröten* werden Verfahren der Verfremdung mit einer Ethik und Ästhetik des Pathetischen verschränkt, das die Entortungs- und Exilerfahrungen im eigenen Land als traumatische lesbar werden lässt. Das Trauma schreibt sich in den Körper der Figuren ein und wird als ‚Narbenschrift' (Friedrich Nietzsche) entzifferbar. Dabei fungiert insbesondere das Gesicht, die „Ausdrucksbedeutung des Antlitzes", als sichtbares Gedächtnis, in „ihm ist abgelagert, was von der Vergangenheit des Individuums in den Grund des Lebens hinabgestiegen und zu beharrenden Zügen in ihm geworden ist" (Simmel 1968, S. 485). Auf der Ebene der Narration erfährt diese traumatische Erfahrung ihre Entsprechung in einem ‚pathetischen Ton', der die grotesken Passagen immer wieder ins Pathos ‚kippen' lässt. Dieser ‚pathetische Ton' kann – entgegen der gängigen Forschungsmeinung, die diesen Ton als ‚Schwäche' des Romans diskreditiert – als Versuch gelesen werden, den leidvollen Erfahrungen des Exils sprachlich gerecht zu werden, als ein bewusst eingesetztes literarisches Verfahren, das gerade im Kontrast zur Groteske als ein *Verfahren* markiert wird.

In einer Zeit der Krise avanciert das Erzählen selbst zu einer sinnstiftenden Kulturtechnik, die es erlaubt, Widerstand gegen die nationalsozialistische Deformation des eigenen Selbstverständnisses zu artikulieren, die Selbstachtung in der Sprache und im Denken und damit die menschliche Würde in unmenschlichen Zeiten zu wahren. So erfährt das Erzählen in jüdischer Tradition, dem insbesondere eine Erinnerungsfunktion zukommt, in *Die Schildkröten* eine Transformation. Das Gebet an Jom Kippur, dem jüdischen Versöhnungstag, wird durch eine säkularisierte Form des Erzählens von Geschichten der Hoffnung und Rettung substituiert, deren Funktion für das Zwangskollektiv der jüdischen Figuren in Anlehnung an die Tradition novellistischen Erzählens als Überlebensstrategie, als narratives Ritardando des Todes lesbar wird.

Bevor Canetti in den 1990er Jahren unter dem Namen Veza Canetti als deutsch-jüdische Autorin wieder- bzw. neuentdeckt wurde, veröffentlichte sie in den 1930er Jahren unter verschiedenen Pseudonymen Erzählungen in zumeist der österreichischen Sozialdemokratie nahestehenden Publikationsorganen. Der Anteil Elias Canettis an der verspäteten Publikation und Rezeption von Veza Canettis Texten wird in der Forschung kontrovers diskutiert (vgl. Göbel 2002). Die späte Rezeption ihrer Werke lässt sich jedoch auch in die Tradition einer verspäteten Rezeption weiblich(-jüdisch)er Autorschaft einordnen, einer Autorschaft, für die das Exil den Bruch und zumeist auch das Ende der schriftstellerischen Existenz bedeutet und der, im Gegensatz zur männlichen Autorschaft, der Anschluss nach 1945 nicht mehr gelingen wollte. Neuere exilliterarische Ansätze haben neue produktive Perspektiven für die Exilliteratur ergeben und verstärkt zu literaturwissenschaftlichen Veröffentlichungen geführt, die sich Neuverortungen und Kanonisierungsprozessen von bisher in der Forschung vernachlässigten Exiltexten weiblicher Autoren wie Veza Canetti widmen.

Fazit

Durch Figuren der Inversion und Verfahren der Verfremdung unterminiert Veza Canettis *Die Schildkröten* nationalsozialistische Essentialisierungstendenzen von Kultur, Nation und Identität und eröffnet einen Zwischenraum, der die Dichotomisierungen von Identität und Alterität, Eigenem und Fremdem, Männlichkeit und Weiblichkeit jenseits von Eindeutigkeiten und Ursprünglichkeiten suspendiert.

Durch die Re-Lektüre biblischer Geschichten und Motive in jüdischer Tradition, insbesondere der Opferung, des Leids und des Exils, reflektiert der Text das Selbstverständnis jüdischen Daseins, das zwischen Einzigartigkeitsbewusstsein einerseits und Differenzerfahrung andererseits (vgl. Hammer 2004, S. 21) osziliert. Dabei werden Entwürfe kultureller Verortung, die auf Interferenzen von Fremde und Heimat verweisen, mit der Fokussierung auf jüdische Exilvorstellungen jenseits exklusiver kultureller oder geografischer Verortung lesbar.

Durch das Moment der Paradoxie, dem die Unmöglichkeit der Bedeutungsfixierung inhärent ist und das als jüdische und zugleich weibliche Denkfigur lesbar wird, verweigert Canettis Text die Affirmation des ‚Jüdischen' als geschlossenem Identitätsentwurf und bleibt gleichzeitig der Geschichte des Judentums als einer Geschichte des Leidens und des Exils eingedenk.

Gerhild Rochus

Literatur

(*DS*) Canetti, Veza: *Die Schildkröten. Roman*. Mit einem Nachw. v. Fritz Arnold u. einer Lebenschronik. München, Wien 1999.

Bannasch, Bettina: „Zittern als eine Bewegung des Widerstands. Veza Canettis frühe Erzählung ‚Geduld bringt Rosen' und der Roman ‚Die Gelbe Straße'". In: *Veza Canetti*. Hg. v. Heinz Ludwig Arnold. Gastredaktion Helmut Göbel. München 2002 (Text + Kritik 156), S. 30–47.

Benjamin, Walter: *Ursprung des deutschen Trauerspiels*. Frankfurt a. M. 1963.

Canetti, Veza u. Elias Canetti: *Briefe an Georges*. Hg. v. Karen Lauer u. Kristian Wachinger. Frankfurt a. M. 2009.

Englmann, Bettina: *Poetik des Exils. Die Modernität der deutschsprachigen Exilliteratur.* Tübingen 2001.
Göbel, Helmut: „Zur Wiederentdeckung Veza Canettis als Schriftstellerin. Eine persönliche Anmerkung". In: *Veza Canetti.* Hg. v. Heinz Ludwig Arnold. Gastredaktion Helmut Göbel. München 2002 (Text + Kritik 156), S. 3–10.
Hammer, Almuth: *Erwählung erinnern. Literatur als Medium jüdischen Selbstverständnisses. Mit Fallstudien zu Else Lasker-Schüler und Joseph Roth.* Göttingen 2004.
Kilcher, Andreas B.: „Einleitung". In: *Metzler Lexikon der deutsch-jüdischen Literatur. Jüdische Autorinnen und Autoren deutscher Sprache von der Aufklärung bis zur Gegenwart.* Hg. v. Andreas B. Kilcher. 2., aktualisierte u. erw. Aufl. Stuttgart, Weimar 2012, S. VI–XXVII.
Košenina, Alexander: „‚Wir erheben uns über das Land und verlassen es mit Verachtung.' Veza Canettis Exilroman ‚Die Schildkröten'". In: *Dennoch leben sie. Verfemte Bücher, verfolgte Autorinnen und Autoren. Zu den Auswirkungen nationalsozialistischer Literaturpolitik.* Hg. v. Reiner Wild. München 2003, S. 77–86.
Lühe, Irmela von der: „‚Zum Andenken an die fröhlichste Stadt Zentraleuropas'. Veza Canettis ‚Die Schildkröten' im Kontext der deutschsprachigen Exilliteratur". In: *Veza Canetti.* Hg. v. Heinz Ludwig Arnold. Gastredaktion Helmut Göbel. München 2002 (Text + Kritik 156), S. 65–81.
Rochus, Gerhild: Art. „Veza Canetti". In: *Metzler Lexikon der deutsch-jüdischen Literatur. Jüdische Autorinnen und Autoren deutscher Sprache von der Aufklärung bis zur Gegenwart.* Hg. v. Andreas B. Kilcher. 2., aktualisierte u. erw. Aufl. Stuttgart, Weimar 2012, S. 100–102.
Simmel, Georg: *Gesammelte Werke,* Bd. 2. Soziologie. Untersuchungen über die Formen der Vergesellschaftung. Berlin 1968.
Shedletzky, Itta: „Existenz und Tradition. Zur Bestimmung des ‚Jüdischen' in der deutschsprachigen Literatur". In: *Deutsch-jüdische Exil- und Emigrationsliteratur im 20. Jahrhundert.* Hg. v. Itta Shedletzky u. Hans Otto Horch. Tübingen 1993, S. 3–14.
Strohmaier, Alexandra: „Groteske Physiognomien. Zum semiotischen Konzept des Körpers in den Texten Veza Canettis". In: *Veza Canetti.* Hg. v. Ingrid Spörk und Alexandra Strohmaier. Graz, Wien 2005, S. 121–150.

Alfred Döblin: *Schicksalsreise* (1949)

Alfred Döblin *10. 8. 1878 Stettin, †26. 6. 1957 Emmendingen. Stationen des Exils: 1933 Schweiz, 1933–1940 Frankreich, 1940–1945 USA.

Inhalt

In drei Bücher unterteilt, präsentiert *Schicksalsreise* die Flucht- und Exilerlebnisse eines autobiografischen Ichs, dessen Daten sich mit denen Alfred Döblins decken. Das erste und umfangreichste Buch, *Europa, ich muß dich lassen,* setzt am 16. Mai 1940 mit dem Durchbruch der Wehrmacht im Norden Frankreichs ein. Es schildert die Wochen der chaotischen Flucht des Protagonisten durch Frankreich, zunächst getrennt von seiner Frau und dem jüngsten Sohn, die ihn schließlich nach Mende in ein Barackenlager führt. Nach zweiwöchigem Aufenthalt dort gelingt es ihm, seine Familie in Toulouse wiederzutreffen. Die weitere Flucht führt nach Marseille und von dort aus über Spanien nach Portugal, wo sie schließlich am 3. September ein Schiff nach Amerika besteigen können. Die Schilderung des Erlebten bildet den Rahmen für die religiöse Erweckung des Protagonisten als Grundlage seiner späteren Konversion zum Christentum. Das zweite Buch *Amerika* behandelt knapp den Aufenthalt in Hollywood und den dort im Jahr 1941 erfolgenden Übertritt zum Katholizismus, das dritte Buch *Wieder zurück* schließlich die Erfahrungen nach der Rückkehr nach Deutschland im Jahr 1945.

Analysen

Narrationen des Exils
Schicksalsreise entstand in Etappen. Döblin schrieb *Europa, ich muß dich lassen* im amerikanischen Exil nieder und schloss es im November 1941 ab, jedoch gelang es ihm nicht, bereits dort einen Verleger zu finden. *Amerika* und *Wieder zurück* fügte er erst 1948 in Deutschland hinzu, wo *Schicksalsreise* schließlich im November 1949 veröffentlicht wurde (vgl. Schoeller 2011, S. 573 u. 727).

Döblin entwirft in *Schicksalsreise* kein Bild des gesamten Aufenthalts im Exil ab 1933, sondern setzt erst kurz vor Beginn der Flucht aus Paris im Sommer 1940 ein. Die Krise der Flucht- und Exilerfahrung, von ihm wiederholt ins Licht einer Robinsonade gerückt (vgl. *SR*, 103), erscheint dem autobiografischen Ich in seinen eigenen Romanen bereits vorausgeahnt. So merkt er zu *Babylonische Wandrung* (1934) an: „Es war das Gefühl meiner eigenen verlorenen Situation. [...] Es war die Vorwegnahme des Exils, und noch vieles mehr." (*SR*, 305) Stärker noch ist aber die Identifikation mit Friedrich Becker, dem Protagonisten des Romans *November 1918* (1939–1950). Döblin hatte das Manuskript des zweiten Teils dieses Romans am 16. Mai 1940 abgeschlossen, dem „Schicksalsdatum" (*SR*, 85), und trug es auf der Flucht zeitweise bei sich. In Beckers Identitätskrise und Hinwendung zum Christentum sieht das Ich rückblickend eine Vorhersage seines eigenen Weges, der zur „notwendige[n] Fortsetzung der literarisch gestalteten Krise" (Wołkowicz 2010, S. 79) wird: „Was ich erfuhr, was nahte, die Krise, hatte ich geistig vorerlebt. Es war [...] vorerlebt, aber nicht abgelebt." (*SR*, 269)

Die in die Darstellung der Flucht eingebettete Schilderung der religiösen Erweckung bildet auch den Kern der *Schicksalsreise*. Schon der Untertitel *Bericht und Bekenntnis* verweist auf die doppelte Gestalt des Textes und stellt diesen in die Tradition der „selbstbiographischen christlichen Bekenntnisliteratur" (Jaeger 1995, S. 291). Der religiöse Hintergrund ist für Döblin überhaupt erst ausschlaggebend, *Schicksalsreise* zu verfassen:

> Was ist denn an dem Ganzen? Lohnt es, das niederzuschreiben, die Fahrt von da nach da, die Schwierigkeiten, die sich erhoben und was es sonst noch gab? [...]
> es war keine Reise von einem französischen Ort zum andern, sondern eine Reise zwischen Himmel und Erde. [...]
> Nur weil es sich so verhielt, begebe ich mich daran, die Fahrt, ihre Umstände, aufzuzeichnen. (*SR*, 65)

Die existentielle Erschütterung, die er erfährt, wird dabei zum Anstoß, gar zur Notwendigkeit für die Erweckung des Atheisten Döblin (vgl. Niggl 2010, S. 67). Wohl auch aufgrund seiner Beschäftigung mit den Schriften Sören Kierkegaards und Johannes Taulers in Paris, die „das Elend zur Voraussetzung der Gotteserfahrung [erhoben]" (Weissenberger 1974, S. 44f.), kommt Döblin zu der Überzeugung, dass es zu seiner „neue[n] Einsicht in den Zusammenhang von Ich, Welt und Gott [...] notwendigerweise der existenziellen Entwurzelung, der (erzwungenen) Preisgabe aller Lebensgewohnheiten, der vertrauten Umgebung und der scheinbar festgefügten eigenen Identität bedurfte [...]" (Wołkowicz 2010, S. 72). So klagt der Protagonist: „Dies ist die Zeit der Beraubung. Mein Ich, meine Seele, meine Kleider wurden mir weggenommen. Ich weiß nicht, was eigentlich von mir noch Bestand hat." (*SR*, 124) Er begreift die Ereignisse jedoch als Katalysator der Selbstreflexion: „Die Leere war schon da. Sie wurde nur aufgedeckt. [...] Der ganze Umbau um einen Menschen, der ihn sonst über sich hinwegtäuscht, ist nun weggeblasen." (*SR*, 109) In dieser Verbindung von Existenzkrise und Gottfindung folgt der Text der Tradition der apophatischen Mystik (vgl. Wołkowicz 2010, S. 72f.).

Wichtigste Station auf diesem Weg ist die Kathedrale von Mende, wo das Ich Jesus als mögliche Lösung seiner Krise erkennt: „Er hat durch sein Erscheinen gezeigt, daß dies alles hier nicht so sinnlos ist, wie es scheint [...]. Wenn dies stimmt, [...] so erhielte die menschliche Existenz überhaupt erst einen Boden. [...] So ist sie nur Zufall, Fall ins Leere." (*SR*, 105f.) Die Annahme dieses Gedankens fällt ihm jedoch nicht leicht, nicht zuletzt aufgrund der Theodizee-Problematik: „Wenn also Gott sich nicht von dieser Welt gelöst hat und an ihr teilnimmt, [...] was ist das, frage ich, daß er sich auch in die Gestalt der Nazis steckt und baut Konzentrationslager? Ja, er baut sie, wer sonst? Es ist aber unbegreiflich, zum Zittern unbegreiflich." (*SR*, 107) Die Suche bleibt vorläufig unvollendet: „Ich befrage wieder mein Inneres und das Kruzifix. Aber ich erhalte keine Antwort. Ich komme nicht weiter." (*SR*, 108)

Gottessuche und -erkenntnis werden zum zentralen Thema und prägen die Wahrnehmung der Ereignisse. Die Flucht wird zu einer „ungewollten und ungeplanten Pilgerfahrt" (Koepke 1991, S. 29), die dem Protagonisten insgesamt präfiguriert erscheint. Den „Kampf gegen Dämonen" (*SR*, 77) deutet er später als göttlichen Plan: „Aus den unsichtbaren Welten strömen auch die Winke und Zufälle, die Zeichen in diese sichtbare Welt ein". (*SR*, 135) Zentral ist für ihn dabei ein Zirkusplakat in Mende, das das Datum des 16. Mai trägt: „Hier ist etwas, das um mich weiß. [...] Das Plakat will mir einen Wink geben." (*SR*, 85) Der Getriebene entwickelt eine Besessenheit mit diesen Zeichen, kommentiert diese aber durchaus selbstironisch: „Er legt faktisch allen Dingen, die ihm passieren – pardon, mit Auswahl, nur den schlechten – einen tieferen Sinn bei. [...] Es grenzt an den Beziehungswahn der Paranoia". (*SR*, 100)

Theoretische Perspektivierungen
Vor dem Hintergrund der religiösen Entwicklung scheint für Döblin die Frage nach nationaler Identität und kultureller Zugehörigkeit zweitrangig, sie ist aber durchaus von Bedeutung für ihn. So reflektiert das Ich: „Die Fahne, um die Fahne geht es. Welche Fahne habe ich aber gehalten? Welche Fahne halte ich?" (*SR*, 131) Angesichts der Exil- und Fluchterfahrung, die „sein Gefühl der Isolation und des Entwurzeltseins [verstärkt]" (Hu 2006, S. 157), scheint sich die Identität des Exilierten zunehmend aufzulösen: „Ich erinnere mich nicht, je zu irgendeiner Zeit meines Lebens so wenig ‚ich' gewesen zu sein." (*SR*, 29)

Auffällig in *Schicksalsreise* ist dabei die Unmöglichkeit der Verwurzelung in einer neuen Heimat. Einerseits bestand eine enge Bindung an Frankreich: Döblin hatte im Oktober 1936 mit seiner Familie die französische Staatsbürgerschaft erhalten (vgl. Schoeller 2011, S. 469), ab Ende 1939 arbeitete er für das Amt für Gegenpropaganda (vgl. ebd., S. 506) und seine Söhne Klaus und Wolfgang dienten in der französischen Armee. Andererseits wird der zu Beginn des Textes in der Beschreibung des Kriegsgeschehens deutlichen Identifikation mit Frankreich (vgl. Sackett 2002, S. 598f.) und Entfremdung von Deutschland – „Es bricht über uns herein. Wir können keinen Widerstand leisten. Der Deutsche ist überstark." (*SR*, 21) – eine im Verlauf der Flucht zunehmende Ernüchterung gegenübergestellt. Sein Akzent und der im Pass verzeichnete Geburtsort bringen den Protagonisten wiederholt in Bedrängnis (vgl. u.a. *SR*, 67f. und 89). Eine vollständige Assimilation in die Kultur seines Gastlandes bleibt ihm verwehrt:

> Die Sprache hat mir seit 1933 oft ein Bein gestellt und hat mir das Vergnügen daran verdorben, das Naziland hinter mir zu haben. Natürlich betrat ich Frankreich als Ausländer, aber ich hätte mein besonderes Ausländerwesen – jedenfalls nach außen hin – ebenso herzlich gern und hundertprozentig liquidiert, so wie die Nazis mich mit ihrer Ausbürgerung liquidierten. (*SR*, 113)

Darüber hinaus wirkt sich das Sprachproblem auch negativ auf sein Selbstverständnis als Dichter aus (vgl. Weissenberger 1974, S. 37), was in Verbindung mit der Krise zu seinem „Verstummen als Schriftsteller" (Wołkowicz 2010, S. 76) führt. „Die Feder wurde mir aus der Hand geschlagen" (*SR*, 17), heißt es schon zu Beginn, und nach den Erfahrungen in der Kathedrale von Mende fährt er fort:

„Soll ich mich hinsetzen in einem Winkel und auf altgewohnte Art schreiben, – für wen, Deutsch schreiben? Schreiben hat seine Zeit und seinen, einmal verschwindenden Sinn gehabt". (*SR*, 151) Tatsächlich nimmt Döblin erst Anfang 1941 im amerikanischen Exil mit *Schicksalsreise* seine Tätigkeit zur „Besinnung" (*SR*, 269) wieder auf.

Das Gefühl der Fremdheit bleibt allerdings auch dort bestehen: „Das Land im Ganzen, Amerika, gefiel mir sehr. Es tat mir wohl, aber es nahm mich nicht an, es war nicht mein Land oder: Ich war nicht ein Mann für dieses Land." (*SR*, 293) Fernab von Europa, nach einem erfolglosen Jahr als Drehbuchautor in Hollywood von der Wohlfahrt abhängig, sprachlich und sozial isoliert, sieht sich das Ich als einen zur Untätigkeit verdammten „Zuschauer" (*SR*, 275) in der Rolle eines „Einsiedlers" (*SR*, 295). Diese Isolation nagt an Döblins Selbstverständnis als Schriftsteller, basiert dieses doch gleichermaßen auf Außenseitertum wie auf einer für ihn notwendigen Zugehörigkeit zur Gesellschaft (vgl. Bannasch 2013, S. 215). So ist es auch nicht verwunderlich, dass er die Möglichkeit wahrnimmt, nach Kriegsende nach Deutschland zurückzukehren. Von der Entwurzelung geprägt, betrachtet das Ich allerdings schon in Mende das Konzept der Heimat, auch im Hinblick auf eine mögliche Rückkehr nach Deutschland, skeptisch: „Ob es für mich eine Heimkehr gibt? Ein ‚Heim' hatten wir schon lange kaum." (*SR*, 147) Schließlich erweist sich für den Protagonisten diese Rückkehr nur als letzter Schritt eines „mehrfachen Entfremdungsprozess[es]" (Nenguie 2007, S. 171): „Ich sehe nicht die Straßen und Menschen, wie ich sie früher sah. Auf allen liegt, wie eine Wolke, was geschehen ist und was ich mit mir trage: die düstere Pein der zwölf Jahre. Flucht nach Flucht." (*SR*, 308f.).

Neben der Frage der nationalen Identität ist auch Döblins Auseinandersetzung mit seiner jüdischen Herkunft von Interesse. In *Schicksalsreise* wird diese zugunsten der Etablierung der neuen christlichen Identität deutlich vernachlässigt (vgl. Sackett 2002, S. 597), dementsprechend knapp fällt Döblins Betrachtung im Kapitel „Ich prüfe und befrage mich" (*SR*, 125–136) aus. Aus einem nicht religiös geprägten Elternhaus stammend, beschäftigte er sich erst nach den Berliner Pogromen von 1923 intensiver mit dem Judentum, auch deshalb, weil er seine jüdischen Bekannten nur als assimilierte „Reste eines untergegangenen Volkes" (*SR*, 132) wahrnahm. Aus „Interesse am jüdischen Schicksal" (*SR*, 132) unternahm er eine Polenreise und engagierte sich im Exil bis 1938 für die Freilandbewegung (vgl. Schoeller 2011, S. 273–284 und 474–477). Im Text wird seine Enttäuschung in Hinblick auf diese Zeit klar: „Aber ich blieb draußen. Meine Worte bedeuteten hier nichts, und ich empfing nichts. Wieder eine Fahne, die ich nicht halten konnte." (*SR*, 133)

Bedenkt man, in welchem Maße *Schicksalsreise* auf Selbstreflexion ausgerichtet ist, erscheint es umso interessanter, dass Döblin nach dem Wiedersehen mit Ehefrau und Sohn in Toulouse den Bericht des Ichs unterbricht, um Erna Döblin in dem Kapitel „Eine andere Flucht" (*SR*, 175–202) ihre Erlebnisse schildern zu lassen. Im Folgenden ist sie es, die im Text den weltlichen Gegenpol zu dem nach seinen Erfahrungen beinahe betäubt wirkenden Protagonisten bildet. In Döblins Darstellung fasst seine Frau noch in Toulouse den Plan zur Flucht nach Amerika (vgl. *SR*, 204), wobei sie dies in einem nicht mehr in *Schicksalsreise* aufgenommenen Text von sich weist; sie habe ihre beiden in Frankreich zurückbleibenden Söhne nie alleine lassen wollen (vgl. Schoeller 2011, S. 548). Letztlich ist es Erna Döblin, der überhaupt das Gelingen der Flucht zu verdanken ist. Als die Offiziere in Toulouse die nötige Ausreisegenehmigung aufgrund der Waffenstillstandsvereinbarungen verweigern und Döblin resigniert aufgeben will, appelliert seine Frau an das Ehrgefühl der Männer – unter anderem mit Verweis auf den Militärdienst ihrer Söhne – und erreicht so, dass die rettende Genehmigung erteilt wird (vgl. *SR*, 213–215). Rückblickend resümiert das Ich: „In diesen Wochen stand sie neben mir, auf einem anderen Boden als ich, auf einem realen und festen. Sie, eine Realität, warf ihre Gewichte in die Waage. Sie schlug um sich und behauptete sich." (*SR*, 213)

Exil und Erinnerung
Bereits zu Beginn weist das Ich explizit darauf hin, welche Bedeutung *Schicksalsreise* als individuelles Gedächtnismedium hat:

> Und wenn ich im Folgenden die Ereignisse der kommenden Wochen schildere, so tue ich es nicht wegen ihres besonderen, historischen Charakters, sondern um das Auffällige, Eigentümliche, Unheimliche dieses Zeitabschnittes festzuhalten.
> Ich hatte während dieser Wochen die Gewißheit, sehr wichtige Dinge zu erfahren – wider meinen Willen – und eine Einsicht zu erlangen, die über meiner gewöhnlichen lag. Zu dieser Einsicht will ich wieder dringen. Sie will ich festhalten und sicherstellen. Darum schreibe ich dies auf. (*SR*, 29)

Im zweiten Buch wird die Intention deutlich, den Ereignissen ein „Denkmal" (*SR*, 277) zu setzen, und zwar nicht nur den Erfahrungen der Flucht, sondern auch der religiösen Erweckung und Konversion, die *Schicksalsreise* aus der Vielzahl anderer Exilberichte heraushebt (vgl. Bannasch 2013, S. 226f.).

Der Text präsentiert sich jedoch ebenfalls als Gedächtnismedium auf kollektiver Ebene. Neben dem Bild des von den Flüchtlingsströmen gezeichneten Frankreichs sind vor allem Döblins im dritten Buch festgehaltene Eindrücke vom Nachkriegsdeutschland von Bedeutung. Einer Beschreibung der äußeren Zerstörung stellt der Protagonist hier seine kritische Einschätzung der Geisteshaltung in der Bevölkerung gegenüber, auf die das Erlebte keinesfalls „erzieherisch" (*SR*, 314) wirkt. Speziell die Aussicht auf eine selbstkritische Auseinandersetzung mit der jüngsten Vergangenheit sieht er als illusorisch an:

> Sie haben, wie immer, einer Regierung, so zuletzt dem Hitler pariert, und verstehen im Großen und Ganzen nicht, warum Gehorchen diesmal schlecht gewesen sein soll. Es wird viel leichter sein, ihre Städte wieder aufzubauen als sie dazu zu bringen, zu erfahren, was sie erfahren haben und zu verstehen, wie es kam. (*SR*, 316)

Die Rezeption von *Schicksalsreise* war überaus schlecht. Die Erstauflage vom November 1949 verkaufte sich nur schleppend (vgl. Schoeller 2011, S. 727f.), die wenigen positiven Rezensionen fanden sich größtenteils in der der katholischen Kirche nahestehenden Presse (vgl. Hu 2006, S. 147). Die Kritik galt dabei vor allem Döblins Wandlung zum Katholiken. Schon nachdem er seine Konversion 1943 an seinem 65. Geburtstag in Amerika öffentlich gemacht hatte, stieß er auf Unverständnis: „Man lehnte mich schweigend ab." (*SR*, 274) Döblin geht auf die harschen Angriffe ein, die er nach einem Vortrag in Berlin, auch in Bezug auf seine 1946 veröffentlichte religiöse Schrift *Der unsterbliche Mensch*, ertragen musste. Der allgemeine Vorwurf in den Zeitungen war, er habe „‚als Denker vor der Mystik kapituliert'" (*SR*, 351). Diese Reaktionen lässt Döblin seinen Protagonisten schon in Mende voraussahnen: „Was würden diese Demokraten und Sozialisten zu meinen Mender Gedanken sagen? Die würden schweigen und nachher über mich höhnen." (*SR*, 207) Die Kritik an seiner Wandlung wirkte sich lange Zeit sogar negativ auf die Rezeption seines gesamten Spätwerks aus (vgl. Hu 2006, S. 148).

Fazit

Mit *Schicksalsreise* liegt ein autobiografischer Text vor, der insbesondere die Themen ‚Identität' und ‚Erinnerung' im Kontext des Exils fokussiert. Dabei macht ihn speziell der Unterschied zu anderen exilliterarischen Texten für die Forschung interessant. Während die Darstellung der äußeren Umstände anderen Exilberichten ähnelt, wird die Lösung der existentiellen Krise jedoch in der Hinwendung zum Christentum verortet. Döblin setzte der hinterfragten nationalen Identität eine neu geschaffene christliche Identität entgegen, eine „Änderung der Lebensform" (Koepke 1991, S. 29), die auch zu einem neuen Selbstverständnis als Schriftsteller führte. So präsentiert sich *Schicksalsreise* nicht bloß als Bericht der Flucht und des Exils, sondern vielmehr als Selbstoffenbarung und literarisch konstruiertes Denkmal von Döblins Konversion.

Frederik Offen

Literatur

(*SR*) Döblin, Alfred: *Schicksalsreise. Bericht und Bekenntnis.* Hg. v. Anthony W. Riley. München 1996.

Bannasch, Bettina: „‚der Jude meines Namens' – ‚der Dichter meines Namens'. Zur Neukonzeption von religiöser Identität und Autorschaft in Alfred Döblins ‚Schicksalsreise'". In: *Exilerfahrung und Konstruktionen von Identität in den Jahren 1933 bis 1945.* Hg. v. Hans Otto Horch, Hanni Mittelmann und Karin Neuburger. Berlin, Boston/Mass. 2013, S. 207–232.

Hu, Wei: *Auf der Suche nach der verlorenen Welt. Die kulturelle und die poetische Konstruktion autobiographischer Texte im Exil.* Frankfurt a. M. 2006.

Jaeger, Michael: *Autobiographie und Geschichte. Wilhelm Dilthey, Georg Misch, Karl Löwith, Gottfried Benn, Alfred Döblin.* Stuttgart 1995.

Koepke, Wulf: „Die Irrfahrt durch Frankreich 1940 und die Identität des Exils". In: *Internationales Alfred-Döblin-Kolloquium, Lausanne 1987.* Hg. v. Werner Stauffacher. Bern 1991, S. 25–35.

Nenguie, Pierre Kodjio: „Exil, Grenzgängertum und Provokation. Alfred Döblins Nachkriegsdeutschland". In: *Internationales Alfred-Döblin-Kolloquium, Mainz 2005.* Bern 2007, S. 167–187.

Niggl, Günter: „Erfahrung von Zeitgeschichte und religiöse Bekehrung in Döblins ‚Schicksalsreise' (1949)". In: Sauerland 2010, S. 59–70.

Sackett, Robert E.: „Döblin's Destiny. The Author of *Schicksalsreise* as Christian, Jew and German". In: *Neophilologus* 86 (2002), S. 587–608.

Sauerland, Karol (Hg.): *Alfred Döblin. Judentum und Katholizismus.* Berlin 2010.

Schoeller, Wilfried F.: *Alfred Döblin. Eine Biographie.* München 2011.

Weissenberger, Klaus: „Alfred Döblin im Exil. Eine Entwicklung vom historischen Relativismus zum religiösen Bekenntnis". In: *Colloquia Germanica* 8 (1974), S. 37–51.

Wołkowicz, Anna: „Der Gekreuzigte und der Gehenkte. Zur religiösen Verwandlung in Döblins ‚Schicksalsreise'". In: Sauerland 2010, S. 71–101.

Hilde Domin: *Das zweite Paradies. Roman in Segmenten* (1968)

Hilde Domin, geb. Löwenstein (verh. Palm) * 27. 7. 1909 Köln, † 22. 2. 2006 Heidelberg. Stationen des Exils: 1932–1939 Italien, 1939–1940 Großbritannien, 1940–1952 Dominikanische Republik, 1953–1954 USA.

Inhalt

Die über die gesamte Erzählung hinweg namenlos bleibende Protagonistin und ihr Ehemann Constantin machen während eines gemeinsamen Ausflugs Rast in einem fränkischen Hotel, welches ihnen noch aus der Zeit vor ihrem nationalsozialistisch erzwungenen Exil bekannt ist. Während Constantin aufgrund einer Fußverletzung im Hotelzimmer bleibt, begibt sich seine Frau auf den schon einmal gegangenen Weg zum nahegelegenen Schloss. Von dessen Turm aus lässt sie ihre zwiespältig erlebte Rückkehr aus dem Exil in die alte nunmehr veränderte Heimat Revue passieren und setzt sie mit dem Wiederbelebungsversuch ihrer langjährigen Ehe mit Constantin in Beziehung. Ihre erst kürzlich beendete Affäre mit Wolfgang zugunsten eines Neuanfangs mit Constantin zu überwinden, war der Grund für die Protagonistin, auf die Reise zu gehen. Nach ihrer scheinbar geläuterten Rückkehr ins Hotel besuchen sie und Constantin am darauffolgenden Tag ein Museum, wo sie auf das Porträt eines Mannes stoßen, das der Protagonistin abermals Wolfgang ins Gedächtnis ruft.

Analysen

Narrationen des Exils
„Ich stelle fest", bemerkt die deutsch-jüdische Lyrikerin Hilde Domin 1969, ein Jahr nachdem ihr einziger und stark autobiografisch geprägter Roman *Das zweite Paradies* erschienen ist, „daß die Erfahrungen der Rückkehr weit stärker als die des Exils in mein Werk eingegangen sind, obwohl das nur eine Akzentfrage ist, insofern Rückkehr für mich eben ‚Rückkehr aus dem Exil' bedeutete" (Domin 1974c, S. 146). Als „Dichterin der Rückkehr" (Gadamer 1998) bezeichnet, deren erster Gedichtband *Nur eine Rose als Stütze* erst fünf Jahre nach ihrer 1954 erfolgten Remigration nach Deutschland erschien, erfuhr Domin von der Exilforschung bis in die 1980er Jahre hinein keine bis nur wenig Beachtung. Erst die begriffliche und zeitliche Erweiterung des bis dato auf die Zeitspanne zwischen 1933 und 1945 begrenzten Exilbegriffs erlaubte eine Aufnahme Domins in den exilliterarischen Kanon, wobei die Exilforschung sich jedoch vorrangig auf das lyrische Werk der Autorin konzentrierte.

Dies erscheint umso misslicher, als der 1968 veröffentlichte und von Domin selbst als ihr ‚wichtigstes Buch' (vgl. Scheidgen 2006, S. 84) bezeichnete Roman *Das zweite Paradies* den komplexen und ambivalenten Erfahrungen, die mit der Entwurzelung durch Vertreibung, der im Exil erlebten Heimatlosigkeit und vor allem mit der Rückkehr in ein Land einhergingen, aus dem sie einst verstoßen wurde, auf eindrückliche Weise literarisch gerecht zu werden sucht. Im Vordergrund des Romans steht die narrative Verknüpfung von Heimat und Liebe. Beide sind der Erzählerin abhandengekommen und bedürfen nun einer mühsamen Wiederherstellungsarbeit. Die schmerzliche Erfahrung des Exils durch die nationalsozialistische Vertreibung aus der alten Heimat und der Verlust der symbolischen Heimat in der ehelichen Liebe zu Constantin lassen die Protagonistin einen gleich doppelten Heimatverlust empfinden und sie die sehnsuchtsvolle Frage nach der Möglichkeit einer zweiten Heimat, eines ‚zweiten Paradieses' stellen.

Constantin, dessen Name sich nicht zufällig vom lateinischen ‚constans' (‚der Beständige' bzw. ‚der Standhafte') ableitet, sperrt sich jedoch vehement gegen die Vorstellung eines veränderten, weil zweiten Paradieses und verlangt, „daß alles so bleibt, wie es gestern war" (*DzP*, 95). Demgegenüber kann und will die Protagonistin „wie sehr sie sich auch Mühe gab, [...] in dies enge Bild, den alten Traum, so wenig wieder hereinkriechen wie ein Küken in das Ei" (*DzP*, 94). Die exilbedingte Gebrochenheit der Bilder ihrer einst für unerschütterlich gehaltenen Identität und Heimat ist das eigentliche Thema der Erzählung.

Hierfür spricht auch die außergewöhnliche, auf dem Montageprinzip beruhende Bauform des ‚Romans in Segmenten'. So wird die personal verfasste Binnenerzählung von insgesamt sieben weiteren achronologisch angeordneten und zum größten Teil in Ich-Form erzählten (Traum-)Segmenten eingerahmt, welche die Erzählhandlung vorwegnehmen, ergänzen oder irritieren. Wird die Vorstellung einer konstanten einheitlichen Identität bereits durch die konsequente Namenlosigkeit der Protagonistin infrage gestellt, so eröffnet die Montageform des Romans einen polyperspektivischen Erzählraum, der einmal mehr auf „die Unmöglichkeit einer einheitlichen menschlichen Welterfahrung und somit die Notwendigkeit eines Gefühls der Fremdheit in der Welt" (Karsch 2008, S. 429) verweist.

Insofern der Roman das biblische Motiv der Vertreibung aus dem Paradies zur allegorischen Referenz einer individuellen Lebens- und Liebesgeschichte werden lässt, konkretisiert er Domins an anderer Stelle geäußerte Überzeugung, beim Exil und der Suche nach einem zweiten Paradies handle es sich um eine Grundsituation des Menschseins, um die „Extremerfahrung der Conditio humana" (Domin 1988, S. 118). Ob es dieser existentialistisch anmutende Exilbegriff ein Stück weit mitzuverantworten hatte, dass der Roman in den Besprechungen der großen Feuilletons auf weitgehendes Unverständnis stieß, bleibt nur zu vermuten. Der zeitgenössische Schriftstellerkollege Paul Konrad Kurz führt die mangelnde Anerkennung des Romans auf dessen experimentelle, gattungsüberschreitende Form zurück. So steht *Das zweite Paradies* als lyrischer, stark von innen heraus erzählter und autobiografisch grundierter Ich-Roman quer zu den Erwartungen der damaligen Literaturkritik (vgl. Kurz 1998, S. 95).

Umso vielversprechender scheint es angesichts der gegenwärtigen Öffnung der Exilforschung für Anregungen kulturwissenschaftlicher Forschungsbereiche wie den *Postcolonial* und *Gender Studies*, den schon stilistisch und sprachlich vollzogenen Grenzverschiebungen in *Das zweite Paradies* auch inhaltlich nachzuspüren.

Theoretische Perspektivierungen
Ebenso wie Domin begleiten die Protagonistin ihres Romans bei ihrer Rückkehr aus dem Exil zwiespältige Gefühle. Gleichwohl sie der Möglichkeit eines zweiten

Paradieses, einer zweiten Heimat mit Zuversicht entgegenblickt, sieht sie sich mit der paradoxen Erfahrung konfrontiert, dass Heimat nur dort existieren kann, wo sich die Rede von ihr noch nie als nötig erwiesen hat.

> Das Zuhause ist da, und man fühlt es nicht. Wenn man es erst fühlt und betastet, wenn man es erst in die Hand nimmt wie eine zerbrechliche Kostbarkeit, die gleich hinfallen kann – die auch vielleicht schon einmal geleimt wurde –, ist es mit dem Zuhause vorbei. (*DzP*, 39f.)

Ihre Remigration beschreibt die Protagonistin mithin als eine Heimkehr in den Mythos, der sich nunmehr – im Unterschied zu der Zeit vor ihrer Vertreibung ins Exil – klar als solcher zu erkennen gibt. „Die Rückfahrt nach Ithaka, so strapaziös" (*DzP*, 89), erinnert sie an ihre Rückkehr nach Deutschland. Sie vergleicht diese mit der mythischen Ankunft Odysseus' an Ithakas Küste, seiner ursprünglichen Heimat, die er aufgrund der langen Abwesenheit nicht wiederzuerkennen vermag. „Vieles hat sich geändert in den Straßen von Ithaka, fast nur die Namen sind die gleichen" (*DzP*, 92), muss auch die Protagonistin feststellen. In ihr Gedächtnis ruft sich allenfalls ein „mythisches Gestern, deinen Schuhen noch erinnerlich" (*DzP*, 73). Die einst naiv mythisierte Heimat wird nicht nur als Mythos durchschaut, vielmehr noch entpuppt sie sich als ebenso scheinheiliges wie fragiles Märchenland. So sieht das Ehepaar nach langer Zeit

> zum ersten Mal wieder tapezierte Wände, Zimmer mit Blumenmustern, Federbetten. Und gelbe kleine Briefkästen wie in der Kinderzeit. Und die Post kam in gelbem Wagen mit dem Posthörnchen darauf, und sie standen da und sahen die Posthörnchen an, Märchenzubehöre. (*DzP*, 116)

„Nur wer ausgestoßen war", resümiert die Protagonistin, „wer im bitteren Ernst hat draußen leben müssen, was nicht dasselbe ist wie eine Reise, der weiß, wie sich das eigene Land dem fremden Auge bietet" (*DzP*, 83f.). Es ist diese durch Entwurzelung und Exil erzwungene Sensibilisierung für die Mythizität von Heimat und Identität, der sowohl die Protagonistin als auch Domin letztlich ein produktives Potential abzugewinnen vermögen. „Jedes Ausgestoßenwerden in Fremde ist Geburt" (*DzP*, 94), heißt es nicht nur im Roman, sondern – in variierter Form – auch in der autobiografischen Rückschau der Autorin. „,Wiedergeburt', das war, als ich plötzlich anfing zu schreiben. Diese Wiedergeburt läßt sich genau datieren: auf den November 1951, fast drei Jahre vor meiner Rückkehr." (Domin/Bauer 1974, S. 127) Ihre im Zuge dieser ‚Parthenogenese' vorgenommene Namensänderung von Palm, dem Familiennamen ihres Ehemanns Erwin Walter Palm, zu Domin, angelehnt an ihr langjähriges dominikanisches Exil Santo Domingo, liest sich in diesem Kontext nicht nur als langfristige „Strategie, [...] die neue Identität als Autorin mit der Exilsituation zu verbinden" (Karsch 2008, S. 426). Darüber hinaus steht sie für die Emanzipation Domins von der ideellen und finanziellen Inanspruchnahme ihres schriftstellerisch tätigen Mannes. So waren schon bevor Domin respektive die Protagonistin ihres Romans „zu einem Beruf gekommen war und ihn verteidigte, hartnäckig verteidigte, [...] gelegentlich Berufe auf sie zugelaufen, aber sie hatte sie mit einer Handbewegung verscheucht, beschäftigt wie sie war, in seinem Dienst zu stehen" (*DzP*, 124). Dass Domins eigene im Exil gelebte Bereitschaft, ihre literarischen Ambitionen zugunsten der akademischen und schriftstellerischen Karriere ihres Mannes zurückzustellen, der Autorin hier zur Vorlage wurde, bezeugen zahlreiche ihrer aufopferungsvollen Briefe an Palm (vgl. Domin 2009). Letztlich kann Domin zu denjenigen Frauen im Exil gezählt werden, die „in der Extremsituation der Flucht das Überleben garantierten, praktisch und pragmatisch" (Lühe 1996, S. 48) und auf diese Weise zwar riskierten, klassische Geschlechtsmuster zu reaktivieren, andererseits jedoch gerade zu deren Dynamisierung beitrugen (ebd., S. 51). Insofern Domin ihre Protagonistin schreibend einen gleich zweifachen Emanzipationsprozess durchlaufen lässt – zum einen, gegen Constantins Alleinanspruch auf literarische Produktivität anzuschreiben und zum anderen, sich schreibend an eine durch das Exil unvermeidlich gewordene „Erneuerung der Bilder" (*DzP*, 106) von sich selbst, ihrem Mann, vor allem aber ihrer alten Heimat Deutschland zu wagen – erhält ihr Roman eine nicht nur autobiografisch, sondern auch gesellschaftspolitisch gesehen performative Dimension.

Domins oft zitiertes Diktum von ihrer im Exil angetretenen ‚Heimkehr ins Wort' sollte mithin nicht im Sinne einer getreuen Übersetzung des ‚nationalen' Heimatkonzeptes in die ‚ideelle' Heimat Sprache missverstanden werden. Dass ‚Sprache als Heimat' bei Domin „keine[n] festschreibbare[n] kollektive[n] Wert [meint], sondern ein offenes System, das erworben, modifiziert und verworfen werden kann" (Herweg 2011, S. 209), dem folglich auch ein Potential zur performativen *Um*schreibung eignet, drückt sich unter anderem 1966 in ihrer folgenden Überlegung in einem ‚offenen Brief' an Nelly Sachs aus:

> Daß der Ausgestoßene [...] ein besonders waches Verhältnis zum Wort hat, gerade wegen seiner Intimität mit fremden Sprachen, daß er ganz von selbst zum „Botschafter" wird, in die fremden Sprachen die eigene hineintragend, und umgekehrt der Muttersprache „Welt" anverwandelnd, ist nur ein weiteres der Paradoxe, die sein Leben ausmachen. (Domin 1974b, S. 141)

Exil und Erinnerung
Die mit Nachdruck geäußerte Forderung der Protagonistin, die alten, brüchig gewordenen Bilder aufzugeben, um sich „auf einer neuen Plattform treffen" (*DzP*, 125), gemeinsam erinnern und für die Möglichkeit eines ‚zweiten Paradieses' einsetzen zu können, richtet sich nicht nur an Constantin, sondern auch an

das nachkriegsdeutsche Lesepublikum von *Das zweite Paradies*, insbesondere an all jene „Zuhausegebliebenen, die die Schrecken jener Jahre nicht wahrhaben wollten" (*DzP*, 105). Gerade deren „Kontinuität scheint den weit Herausgeschleuderten das eigentlich Abenteuerliche. [...] Leute, für die das Zuhause etwas Selbstverständliches ist und die nicht wissen, daß es eine Leihgabe ist" (*DzP*, 39). Dass Heimat einer verlierbaren Leihgabe gleicht, die es sorgsam zu erhalten und für die es sich zu engagieren gilt, deren Mythizität und politische Instrumentalisierbarkeit genauso zu problematisieren sind, wie es sich lohnt, an sie zu glauben, hat die Protagonistin das Exil gelehrt. In Anspielung auf den knapp zehn Jahre zuvor erschienenen Roman *Die Blechtrommel* von Günter Grass beklagt sie daher eine deutsche Erinnerungskultur, die, anstelle einer aufrichtigen, konstruktiven und zukunftsorientierten Auseinandersetzung mit der gemeinsam zu verhandelnden Geschichte Deutschlands und der Erinnerung an sie, suggeriere, dass „das Lernen kaum [lohnt]. Deswegen machen sie bei der Dreijährigkeit halt. Die Stäbe des Kinderbetts zwischen sich und der Welt. Die Röcke der Urmutter allenfalls. In Beinhöhe bleiben!" (*DzP*, 118) Der Protagonistin zufolge lasse sich die nationalsozialistische Geschichte Deutschlands jedoch ebenso wenig auf ein Gestern zusammenschrumpfen, wie die gegenwärtige Bundesrepublik sich auf ein Heute reduzieren ließe. Vielmehr komme es darauf an, anzuerkennen, dass „das Gestern im Heute enthalten [ist], unzweifelhaft" (*DzP*, 91). Nicht umsonst hat Domin der Erstausgabe von *Das zweite Paradies* in Frakturschrift abgedruckte *Spiegel*-Zitate beigefügt, welche die poetische Erzählung abrupt unterbrechen und mit der politischen und sozialen Wirklichkeit der Bundesrepublik kontrastieren. Dass die einmal gestohlene Heimat nicht mehr eins zu eins zurückgewonnen werden könne, dass jedes zweite Paradies zwangsläufig die Zerstörung des ersten Paradieses beinhalte, sei eine Erfahrung, die insbesondere die Heimgekehrten, die im deutschen ‚Nach-Exil' angekommenen Remigrantinnen und Remigranten zu spüren bekämen.

> Zwei Heimgekehrte vielleicht, versuchen die Koordinaten zu kreuzen, betrinken sich in der Fensternische von früher. Um des Gestern willen, das sich im Heute versteckt. Beklagen sich, daß sie draußen die Zeit verloren haben. [...] Drinnen ist eine andere Zeit, eine langsamere Zeit, man kann die Zeit anfassen, zuhause. Man kann sie vollstopfen und es geht eine Menge hinein, man kann vieles mit ihr tun. Außer diesem: sie zum Ausspeien des Gestern zu zwingen, das schon in ihren Adern fließt. (*DzP*, 92)

Das hier zur Sprache gebrachte, für die nachexilische Lebenswelt der Remigrantinnen und Remigranten so charakteristische Raum-Zeit-Kontinuum von Heimat- und Exilerfahrung wird in *Das zweite Paradies* auch auf narrativer Ebene veranschaulicht. Ähnlich wie das von Constantin zurückgesehnte Liebesparadies mit seiner Frau durch ihre Affäre mit Wolfgang „in Unordnung geraten" (*DzP*, 77) ist und nun durch die andauernde imaginäre Präsenz von Wolfgang, sei es in den Erinnerungen und Träumen der Protagonistin, sei es jäh und unversehens auf einem Gemälde im Museum, immer wieder durchkreuzt, infrage gestellt und unterlaufen wird, scheint ihre Exilerfahrung den Versuch eines Arrangements mit der alten neuen Heimat wenn auch nicht als vergeblich zu erweisen, dann zumindest zeitlebens zu irritieren, hinterfragen und grundlegend zu gestalten.

Fazit

Hilde Domins Roman *Das zweite Paradies* lässt einen von der retrospektiven Perspektive der remigrierten Protagonistin konturierten Exilbegriff aufscheinen, dessen Ränder mithin über das traditionelle Verständnis des Exils als einem räumlich wie zeitlich definierten Lebensabschnitt hinausreichen. Insofern die Exilerfahrung der Protagonistin ihre neue emanzipierte Identität als Lyrikerin hervorgebracht und deren nachexilische Lebens- und Gedankenwelt insgesamt nachhaltig geprägt und mitgestaltet hat, erweist sie sich als eine weder räumlich noch zeitlich fixier- bzw. abschließbare ‚Extremerfahrung der Conditio humana'. Dem durch Vertreibung und Exil erfahrenen Leid der Protagonistin und ihrer daran sich anschließenden Skepsis gegenüber Heimat- und auf die Herkunft bezogenen Identitätskonzepten steht das mit der Rückkehr gewonnene Bewusstsein von der zwangsläufigen Entwicklung und potentiellen Wandelbarkeit jener Konzepte gegenüber.

Vor diesem Hintergrund wird ersichtlich, woher *Das zweite Paradies* seine Relevanz für eine interdisziplinäre, ihren begrifflichen und zeitlichen Radius erweiternde Exilforschung bezieht. So verspricht der Roman bereits insofern wertvolle Impulse für Letztere bereitzuhalten, als er Heimat und Exil weder als einander ausschließende noch als territorialisierbare Pole, sondern als einander auch raumzeitlich überlagernde Erfahrungen in den Blick nimmt.

Denise Reimann

Literatur

(*DzP*) Domin, Hilde: *Das zweite Paradies. Roman in Segmenten*. Frankfurt a. M. 1993.

Domin, Hilde: *Von der Natur nicht vorgesehen. Autobiographisches*. München 1974 (= 1974a).
Domin, Hilde: „Offener Brief an Nelly Sachs. Zur Frage der Exildichtung" (1966). In: Domin 1974a, S. 136–142 (= 1974b).
Domin, Hilde: „Exilerfahrungen. Untersuchungen zur Verhaltenstypik" (1969). In: Domin 1974a, S. 143–156 (= 1974c).

Domin, Hilde: *Das Gedicht als Augenblick von Freiheit.* München 1988.
Domin, Hilde: *Die Liebe im Exil. Briefe an Erwin Walter Palm aus den Jahren 1931–1959.* Hg. v. Jan Bürger u. Frank Druffner unter Mitarb. v. Melanie Reinhold. Frankfurt a. M. 2009.
Domin, Hilde u. R.A. Bauer: „R.A. Bauer interviewt Hilde Domin 1972 in Heidelberg" (1972). In: Domin 1974a, S. 126–130.
Gadamer, Hans-Georg: „Hilde Domin, Dichterin der Rückkehr" (1971). In: Wangenheim 1998, S. 29–50.
Herweg, Nikola: *„nur ein land / mein sprachland". Heimat erschreiben bei Elisabeth Augustin, Hilde Domin und Anna Maria Jokl.* Würzburg 2011.
Karsch, Margret: „Die Darstellung der jüdischen Remigration in Hilde Domins Roman ‚Das zweite Paradies' (1968)". In: *„Auch in Deutschland waren wir nicht wirklich zu Hause". Jüdische Remigration nach 1945.* Hg. v. Irmela von der Lühe, Axel Schildt u. Stefanie Schüler-Springorum. Göttingen 2008, S. 422–442.
Kurz, Paul Konrad: „Auf der Suche nach dem verlorenen Paradies" (1996). In: Wangenheim 1998, S. 76–95.
Lühe, Irmela von der: „‚Und der Mann war oft eine schwere, undankbare Last'. Frauen im Exil – Frauen in der Exilforschung". In: *Rückblick und Perspektiven.* Hg. v. Claus-Dieter Krohn, Erwin Rotermund u. Lutz Winckler. München 1996 (Exilforschung. Ein internationales Jahrbuch, Bd. 14. Hg. im Auftr. der Gesellschaft für Exilforschung), S. 44–61.
Scheidgen, Ilka: *Hilde Domin. Dichterin des Dennoch.* Lahr 2006.
Wangenheim, Bettina von (Hg.): *Vokabular der Erinnerungen. Zum Werk von Hilde Domin.* Aktualisiert v. Ilseluise Metz. Frankfurt a. M. 1998.

Lion Feuchtwanger: *Exil* (1940)

Lion Feuchtwanger (Pseud. J.L. Wetcheek) * 7. 7. 1884 München, † 21. 12. 1958 Los Angeles. Stationen des Exils: 1933–1940 Frankreich, 1940–1958 USA.

Inhalt

Im Jahre 1935 wird Friedrich Benjamin, ein im Pariser Exil lebender Redakteur der antifaschistischen Emigrantenzeitung *Pariser Nachrichten* (‚P.N.'), von nationalsozialistischen Agenten nach Deutschland verschleppt. In seiner journalistischen Tätigkeit wird Benjamin von dem ebenfalls nach Paris emigrierten Musiker Sepp Trautwein vertreten. Mit Bestimmtheit sieht der Künstler die Priorität seiner Aufgabe in der Befreiung seines Vorgängers und erzeugt mit seinen glühenden Artikeln eine solche Resonanz, dass es zum Anliegen der Nationalsozialisten wird, die ‚P.N.' unschädlich zu machen. Mit dieser Aufgabe wird der NS-konforme Pariser Vertreter der *Westdeutschen Zeitung*, Erich Wiesener, betraut. Dieser, in der Absicht, die Emigrantenzeitung zu unterwandern und schließlich in die Propagandaapparat des NS-Staates zu integrieren, bringt Louis Gingold, den Herausgeber der ‚P.N.', in die Abhängigkeit vom deutschen Regime, wodurch die Vorgänge in der Redaktion stark beeinflusst werden. Als in der nächsten Konsequenz die Bestrebungen der Nationalsozialisten durchgesetzt werden, Sepp Trautwein zu entlassen, kommt es zur Meuterei der Redakteure der ‚P.N.' und zur Gründung des Konkurrenzblattes *Pariser Deutsche Post* (‚P.D.P.'). Unter anderem aufgrund des Freitodes seiner Frau Anna und seines musikalischen Schaffens ist Sepp Trautwein jedoch trotz der großen Geste zunächst nicht dazu geneigt, an der neuen Zeitung mitzuwirken, sieht sich letztlich aber dennoch in der Pflicht, die ‚Sache Benjamin' zu Ende zu führen. Die letztendliche Freilassung des Entführten ermöglicht Trautwein schließlich die Rückkehr zu seiner Musik und die Arbeit an einem neuen Projekt, dessen Umsetzung ihm durch die Erfahrungen der vergangenen Zeit im Exil und seiner redaktionellen Tätigkeit erst möglich geworden ist. Trautwein komponiert eine Symphonie, welche – entgegen seinem früheren ästhetizistischen Kunstverständnis – als politisches Werk angelegt ist und nennt diese *Der Wartesaal*. Dies ist zugleich der Titel der Trilogie des Autors Lion Feuchtwanger, deren abschließenden Teil der Roman *Exil* darstellt.

Analysen

Narrationen des Exils
Auf einem Schriftstellerkongress in Los Angeles 1943 skizziert Lion Feuchtwanger die besondere Situation des Schriftstellers im Exil und beschreibt die Folgen dieses Umstandes für das Schreiben:

> Allmählich, ob wir wollen oder nicht, werden wir selbst verändert von der neuen Umwelt, und mit uns verändert sich alles, was wir schaffen. Es gibt keinen Weg zur inneren Vision als den über die äußere. Das neue Land, in dem wir leben, beeinflusst die Wahl unserer Stoffe, beeinflusst die Form. Die äußere Landschaft des Dichters verändert seine innere. (zit. n. Leupold 1975, S. 74)

Lion Feuchtwanger ist einer der ersten Intellektuellen, die nach der Machtergreifung Hitlers ausgebürgert werden. Er begibt sich ins Exil an die französische Riviera. Dort entsteht zwischen Mai 1937 und August 1939 das Werk *Exil*, ein Roman, in welchem – eingebettet in die grundsätzlichen Schwierigkeiten und Fragestellungen des exilierten Daseins – ein Profil der Epoche, der „Zeit des Wartens und des Übergangs" (*E*, 851) entworfen wird, mit welcher sich Feuchtwanger selbst konfrontiert sieht.

Die Dynamik der Handlung entsteht aus der konkreten Exilsituation und den individuellen Umgangsweisen des Einzelnen mit dieser. Unter dem gemeinsamen Nenner des ‚Nicht-Mehr-Zu-Hause-Seins' und der (momentanen) Unmöglichkeit der Rückkehr zeichnet Feuchtwanger ein mehrdimensionales Bild von den deutschen Emigranten in ihrer Gesamtheit und der Bedeutung des Exils.

Im Laufe des Romans entwickelt sich Sepp Trautwein von einem nicht primär politisch motivierten Künstler zu einem Musiker, dem in seinem Projekt ‚Wartesaal' eine Synthese von Kunst und Politik gelingt. Trautweins Frau Anna scheitert bei dem Versuch, im Pariser Exil eine Ersatzheimat – ein zweites München – zu schaffen, sie resigniert und wählt schließlich in ihrer Verzweiflung und Erschöpfung den Freitod. Der gemeinsame Sohn Hanns hingegen widmet – ebenso wie sein Vater, jedoch mit anderen Mitteln – sein Leben dem Kampf gegen den Faschismus und dem Entwurf einer neuen, besseren Gesellschaftsordnung. Er wandert am Ende des Romans in die Sowjetunion aus.

Die sich in Trautweins ‚Wartesaal'-Symphonie abzeichnende Abwendung von literarischen Adaptionen als Grundlage und Inspiration künstlerischen Schaffens und die Hinwendung zu gegenwärtigen gesellschaftlichen und politischen Umständen, zum ‚Leben selbst' als Quelle seiner Produktivität, weist auf eine sich in und durch Trautwein entwickelnde Poetik des Exils hin. So sind die intertextuellen Bezüge seiner früheren Werke zu Aischylos, Walther von der Vogelweide und Horaz Sinnbild für seine ästhetizistische und unpolitische Kunstauffassung der Vorexilzeit, welche in Zeiten des Nationalsozialismus infrage gestellt werden muss (vgl. *E*, 637; Winckler 1986).

Trautweins Ideale, sein Engagement und seine Bestrebungen im ‚Fall Benjamin' sowie die stete Gegenwärtigkeit des antifaschistischen Exilantenblattes als Dreh- und Angelpunkt der Handlung verdeutlichen, dass sich das Geschehen unter dem Vorzeichen und dem ständigen Bezug zum nationalsozialistischen Deutschland entfaltet. Die Sehnsucht nach der verlorenen Heimat und der politische Kampf um ihre Befreiung sowie der Überlebenskampf in den neuen Verhältnissen bildet somit ein Leitmotiv des Romans und charakterisiert eine Lesart des Exils. Es ist ein Exil, welches ein auf die Zukunft gerichtetes Moment innehat: Die Hoffnung auf Rückkehr in die verlorene Heimat. In diesem Sinne lässt Feuchtwanger Sepp Trautwein den Roman mit den Worten „Zeit lassen" (*E*, 850) beschließen und gibt damit Raum für Zuversicht, für Zukünftiges.

Dem Motiv des Exils kommt im Judentum eine besondere Bedeutung zu. Es erscheint in Bezug auf Feuchtwangers jüdischen Hintergrund und auf die jüdischen Figuren im Roman – die Hauptfigur Trautwein ist bezeichnenderweise *kein* Jude – von besonderem Interesse. Feuchtwanger, in dessen Elternhaus die jüdische Tradition einen hohen Stellenwert einnahm, befand sich selbst in einem Spannungsfeld zwischen „religiöse[r] Orthodoxie, soziale[r] Assimilation [und] persönliche[r] Rebellion" (Kinkel 1998, S. 27). In dieser Auseinandersetzung fand er den auf sein literarisches Schaffen bezogenen Weg eines sich in die geistigliterarische Tradition des Judentums einschreibenden Schriftstellers, welcher –

geprägt von der deutschen Sprache und Form – seine jüdischen Wurzeln in ein kosmopolitisches Weltbild integriert (vgl. Stern 2011, S. 28). In diesem Zusammenhang kann Feuchtwanger als Chronist seiner Zeit, aber auch als Analyst der Historie und ihrer prinzipiellen Abläufe in Verbindung mit Heine gesetzt werden.

Der religiöse Diskurs wird in der Figur Louis Gingolds, dem Herausgeber der ‚P.N.', am explizitesten ausformuliert. Im Glauben „an einen sehr persönlichen Gott" (E, 371) – ein Motiv, welches sich ebenfalls in die Heine'sche Tradition einreihen lässt – erhebt Gingold den Bund mit Gott zum Leitfaden seines Handelns. Satirisch stellt Feuchtwanger in diesem Kontext dar, wie Gingold in der individuellen Auslegung der aus dem Verhältnis mit Gott hervorgehenden Rechte und Pflichten private und wirtschaftliche Interessen in einen Zusammenhang mit Gottes Willen setzt, sodass sich letztendlich sogar die vermeintlich geschäftliche Verbindung zu den Nationalsozialisten, den ‚Judenfeinden' in Gottes Plan integrieren lässt. Gingolds Auffassung bezüglich der an ihn gerichteten ‚Zeichen Gottes' lässt, trotz der tendenziellen Ironisierung Feuchtwangers, auf den Ritus einer vermeintlich direkten Kommunikation zwischen dem Gläubigen und seinem Herrn und damit auch auf einen Glauben an dessen Gegenwärtigkeit im Exil, der ‚Schechina' schließen. Der sich im Exil daraus ergebende Rückbezug auf Gott, das Vertrauen in die göttliche Lenkung der Geschichte, kann somit ebenfalls auf eine in die Zukunft gerichtete und von Hoffnung erfüllte Lesart des Exils ausgelegt werden, ähnlich, wie sie letztendlich ohne transzendenten Bezug von Trautwein mit den Worten „Zeit lassen" (E, 850) postuliert wird.

Theoretische Perspektivierungen
Die sich in Exil ausformulierende Präsenz des Topos ‚Deutschland' als stete Vergleichsgröße zu der Situation in Frankreich ist signifikant; die deutsche Identität wird grundsätzlich nicht infrage gestellt. Das Festhalten der Protagonisten an der verlorenen Heimat als Bezugs- und Mittelpunkt ihres Exillebens kann in diesem Kontext auch als symbolisches, scheinbar aussichtsloses, in jedem Fall aber zermürbendes Aufbegehren gegen die Abläufe der Geschichte ausgelegt werden. So ist auch der Bezug zur französischen Gesellschaft primär als Rahmenbedingung entworfen, welcher eher Attribute bürokratischer, sprachlicher oder gesellschaftlicher Barrieren zugeschrieben werden, als dass die Gelegenheit der kulturellen Bereicherung im Vordergrund steht. Die hier explizit beschriebene Exilsituation muss allerdings im Kontext eines sich stets in Abhängigkeit von Ort und Zeit neu definierenden und auswirkenden Exilbegriffs erfasst werden. Als Leitfaden gilt der Kampf um die Heimat; Deutschland ist nicht aufgegeben und das Exil soll Übergangszeit bleiben.

Im Verhältnis von Heimat, Nation und Identität eröffnet Feuchtwanger allerdings einen weiteren Diskurs bezüglich der jüngeren Generation des Exils. Exemplarisch zeigt er an Hanns Trautwein ein Modell übernationalen Denkens auf, wie es sich nicht zuletzt in seinen politischen Überzeugungen, aber auch seinen sozialen Verflechtungen ausdrückt. Der Heimatbegriff wird auf einen Ort projiziert, welcher als die ‚bessere Welt' erscheint. Sein Kampf gegen den Nationalsozialismus ist kein Kampf für die Heimat, es ist ein Kampf für seine Überzeugung, sein Weltbild und gegen den Faschismus. Die Loslösung von einem traditionell ausgelegten Heimatbegriff wird in dem Roman durch eine weitere Figur, den begnadeten Jungschriftsteller Harry Meisel, repräsentiert und sogar noch weitergeführt. Der Weg zurück nach Deutschland scheint auf immer verbaut; für Harry Meisel lautet die Alternative nicht Russland, sondern Amerika – oder der Tod. Beide stellen aus seiner Perspektive Orte und Zustände dar, welche sich nicht zuletzt durch eine metaphorische Distanz zu vergangenen und gegenwärtigen Umständen auszeichnen. Die vielleicht bewusste Fahrlässigkeit, mit welcher Harry Meisel seinen Tod in Kauf nimmt, zeugt von einer essentiellen Aussichtslosigkeit sowie einer Demontage, Desillusionierung und Negation von Heimat in jeglicher Form. Das Grunderlebnis und -erleben einer fehlenden Zugehörigkeit formuliert er noch zu Lebzeiten gegenüber Trautwein in einem Gespräch, in dem er den sich auflösenden Heimatbegriff um eine zeitliche Dimension erweitert: „Ich bin ein Mensch des dritten Jahrtausends." (*E*, 146) So wird das Exil in seiner Person als ein existentieller Zustand markiert.

An eben dieser Schnittstelle zwischen kulturellen und persönlichen Konflikten findet in Feuchtwangers Roman eine (Neu-)Bestimmung von Geschlechterrollen angesichts der Exilerfahrung statt. So ist das adoleszente Entwicklungsstadium der porträtierten Heranwachsenden stets in Bezug zu einem symbolisch geladenen und gesellschaftlich bedingten Männerbild zu setzen. Die Auseinandersetzung damit versinnbildlicht sich neben dem Motiv des Geltungskampfes mit einer Vaterfigur auch in einem performativen Umgang mit dem Selbstentwurf der noch nicht gefestigten männlichen Identität. Diese Verunsicherungen des Selbstverständnisses, wie sie beispielsweise Hanns im Umgang mit der französischen Haushaltshilfe der Trautweins erfährt, zeigen Differenzen zwischen Selbstbild, Performanz und tatsächlicher Geschlechtsidentität auf und können damit das Verhältnis von gesellschaftlich geprägten und natürlich bedingten Geschlechterrollen infrage stellen. Ebenso kann der Freitod Anna Trautweins als Überwindung einer im familiären Alltagsgeschehen manifestierten Geschlechterrolle gesehen werden, die sich unter den Umständen des Exils weiter zuspitzt. Die an Selbstaufgabe grenzende Hingabe für ihre Familie, ihre Opferbereitschaft und Einsamkeit bezüglich der sich im Exil einstellenden existentiellen Sorgen, welche sie auf sich nimmt, um ihrem Mann Raum zur künstlerischen und politischen Entfaltung zu geben, zermürben sie und nehmen sie in ihrer Rolle gefangen. Dass Anna in letzter Konsequenz diese Bürden abwirft und sich das Leben nimmt, muss in diesem Zusammenhang als Credo der Freiheit und Emanzipation aufgefasst werden: Mit ihrem Freitod entscheidet sich Anna für sich selbst als Individuum und gibt ihre mütterliche und eheliche Fürsorge auf. Sie behauptet in letzter Konsequenz ihr Recht auf Resignation.

Der Befreiungsakt Anna Trautweins setzt allerdings die Existenz patriarchaler Gesellschaftsstrukturen und fixierter Rollenbilder voraus, welche sich aus vereinzelten Zügen weiblicher Charaktere in Feuchtwangers *Exil* ableiten lassen; insbesondere gilt dies für die einst kapriziöse, libertinäre ‚femme fatale' Ilse Benjamin, welche sich durch die Erfahrung des Exils und die Sorgen um ihren Mann im Laufe des Romans zu einer ‚gezähmten' ‚femme fatale' mit recht bürgerlichen Vorstellungen wandelt. Vielschichtiger ist die Zeichnung Lea de Chasseffierres. Sie hat einen jüdischen Großelternteil, unterhält in Paris jedoch eine bereits lange vor der Machtübergabe an die Nationalsozialisten in Deutschland angebahnte Liebesbeziehung zu dem kultivierten, doch NS-konformen und karriereorientierten Journalisten Wiesener, aus welcher auch ihr Sohn Raoul hervorgegangen ist. Die erotische Anziehung, welcher der brutale, männliche Typus mit seiner rohen Körperlichkeit auf Lea de Chasseffierre ausübt, äußert sich ebenso in dem – wenn auch sehr bewussten und teilweise zweckorientierten – Umgang mit dem ungeschlachten Nationalsozialisten Heydebregg. Lea de Chasseffierre lässt sich damit als ein Bild des assimilierten Judentums lesen, eingespannt zwischen kultivierten ‚Mitläufern' und überzeugten Nationalsozialisten. Feuchtwanger fasst dieses Bild in den Topos der ‚schönen Jüdin' zwischen zwei Männern. Am Ende des Romans wird Lea das nie explizit gewordene Anziehungsverhältnis zu Heydebregg ebenso abbrechen wie das langjährige Liebesverhältnis mit Wiesener.

Exil und Erinnerung
Das Exil als Antithese der Heimat setzt eine Erinnerung an die Heimat voraus und platziert damit den Begriff des Exils in ein Spannungsverhältnis von Vergangenem und Gegenwärtigem. Das Bewusstsein der Exilanten, dass dieses Deutschland in der erinnerten Form nicht mehr existiert, vergangen und gar zum ‚Unort' geworden ist, legt neben der temporalen Voraussetzung für Erinnerung auch eine räumliche Komponente frei. Exil entspricht in diesem Kontext der Abwesenheit von Zeit und Ort, die identitätsstiftende Heimat lebt trotz ihrer geografischen Existenz nur noch in der Erinnerung. Die erinnernde Sehnsucht nach den vergangenen Verhältnissen in Deutschland gilt somit als zweite, auf die Vergangenheit Bezug nehmende Lesart des Exils, welche neben der Hoffnung Trautweins den angestrebten Charakter des Exils als Übergangszeit unterstreicht. Der in diesem Spannungsverhältnis entstehende affirmierte Heimatbegriff, welcher bisweilen Züge einer Stilisierung tragen kann, obwohl oder gerade weil diese Heimat unter dem Regime der Nationalsozialisten nicht mehr auf dieselbe Weise existiert, ist in

diesem Zusammenhang eng mit der Erinnerung an das Vergangene verbunden. So ist der Kampf um die Heimat ebenso ein Kampf gegen das Vergessen wie ein Kampf um und für die eigene Identität.

Die Historisierung des Romans im Zuge des Endes der Epoche der Vorkriegszeit legt eine Doppelstruktur der Erinnerung von Romanstoff und Rezeption frei. Während auf diegetischer Ebene die Erinnerung an das Gewesene Motor der gegenwärtigen, aber in die Zukunft gerichteten Actio ist, damit den steten Rückbezug zum Vergangenen enthält und sich aus diesem entwickelt, zeichnet Feuchtwanger eben jenes Porträt einer Epoche der Heimatlosigkeit, welches ein Erinnern an diese ermöglicht, und erfüllt damit den „Zweck [...] diese schlimme Zeit des Wartens und des Übergangs [...] für die Späteren lebendig zu machen" (*E*, 851). Damit hilft der Roman selbst im Zeichen des Kampfes gegen das Vergessen und dient dem Erinnern des Exils.

Als erinnerndes Werk eines im Exil lebenden Chronisten und Analysten einer Zeit, welche Erinnerung ebenso notwendig wie schwierig macht, ist Feuchtwangers Schaffen auch bezüglich seiner Rezeption interessant. In der Nachkriegszeit ergeben sich in Deutschland zwei unterschiedliche ideologisch geprägte Rezeptionsräume. Die DDR ordnet Feuchtwanger in die Tradition bürgerlich-humanistischer Schriftsteller ein und stellt insbesondere seine Sympathien zu sozialistischem Gedankengut heraus. Mit zahlreichen Ehrungen und der Aufnahme Feuchtwangers in den Literaturkanon ergeben sich günstige Veröffentlichungsbedingungen und eine breite Rezeption (vgl. Vaupel 2007, S. 95–130). Auch wenn in der frühen Bundesrepublik die Rezeption nicht vollkommen ausbleibt, so hemmen unter anderem die Vereinnahmung Feuchtwangers durch die DDR, eine tendenzielle Entpolitisierung der Bundesrepublik und eine damit einhergehende geschichtliche Verdrängung sowie der marktwirtschaftlich orientierte Buchmarkt der Bundesrepublik eine breite Rezeption seines Werkes. Mit dem bereits in den 1970er Jahren aufkommenden akademischen Interesse an Exilliteratur rückt Feuchtwanger jedoch auch in Westdeutschland immer mehr in das öffentliche Bewusstsein des allgemeinen Literaturbetriebs. Das auch im wiedervereinigten Deutschland vorhandene Interesse an Exilliteratur, deutsch-jüdischer Literatur sowie am historischen Roman sichert Feuchtwanger seinen heutigen Platz in der Literaturgeschichte (vgl. Vaupel 2007, S. 131–170).

Fazit

Mit seinem reichhaltigen Figurenarsenal entwirft Lion Feuchtwanger ein Bild des deutschen Lebens im Exil, das Allgemeingültigkeit und Repräsentativität beansprucht. Dieses Exil definiert sich durch den steten Blick in Richtung Deutschland.

Im Spannungsverhältnis von alltäglichen Umständen und existentiellen Fragestellungen stellt es den Kampf um die verlorene und moralisch verfallene Heimat in den Vordergrund. Gerade im Hinblick auf Feuchtwangers schriftstellerisches und von der jüdischen Tradition und Bildung geprägtes Selbstverständnis tritt er damit als ein Chronist seiner Zeit auf und skizziert – darüber hinausgehend – in seinem Roman eine ‚Ethik des Exils' (vgl. Rothmund 1990, S. 349–355). Als deutsch-jüdischer Romancier, welcher bis zu seinem Lebensende im Exil verbleibt und ein vielschichtiges Gesamtwerk schafft, entwickelt er ein integratives Geschichts- und Weltbild, welches in seiner literarischen Umsetzung – insbesondere in *Exil* – immer noch neue Impulse für Kunst, Wissenschaft und Gesellschaft zu setzen vermag.

Marco Milling

Literatur

(*E*) Feuchtwanger, Lion: *Exil*. Berlin 2008.

Kinkel, Tanja: *Naemi, Ester, Raquel und Ja'ala – Väter, Töchter, Machtmenschen und Judentum bei Lion Feuchtwanger*. Bonn 1998.
Leupold, Hans: *Lion Feuchtwanger*. Leipzig 1975.
Rothmund, Doris: *Lion Feuchtwanger und Frankreich*. Frankfurt a. M. 1990.
Stern, Frank: *Feuchtwanger und Exil – Glaube und Kultur 1933–1945*. Oxford 2011.
Sternburg, Wilhelm von: *Lion Feuchtwanger – Ein deutsches Schriftstellerleben*. Berlin 1994.
Vaupel, Angela: *Zur Rezeption von Exilliteratur und Lion Feuchtwangers Werk in Deutschland – 1945 bis heute*. Bern 2007.
Winckler, Lutz: „Kunst und Politik in Lion Feuchtwangers Roman ‚Exil'". In: *Revue D'Allemagne* 18 (1986), S. 353–366.

Vilém Flusser: *Bodenlos. Eine philosophische Autobiographie* (1992)

Vilém Flusser *12. 5. 1920 Prag, †27. 11. 1991 Bor u Tachova (Tschechien). Stationen des Exils: 1939 England, 1940–1972 Brasilien, 1972 Italien, 1973–1991 Frankreich.

Inhalt

Bodenlos ist Vilém Flussers Autobiografie. Sie erzählt zunächst von seiner Kindheit, Jugend und Studienzeit im multikulturellen Prag zwischen den Weltkriegen, vom Einmarsch der Deutschen 1939, der folgenden Flucht über London nach São Paulo und von seinen Versuchen, sich dort Natur, Kultur und Sprache des Landes anzueignen. Danach porträtiert Flusser zahlreiche für ihn wichtige Gesprächspartner, wobei er zugleich sich selbst charakterisiert, und berichtet von seinem intellektuellen Engagement als Feuilletonist, Kommunikations- und Wissenschaftstheoretiker sowie Abgesandter für kulturelle Zusammenarbeit in Brasilien. Flussers Erinnerungen schließen mit essayistischen Reflexionen über seine jüdische Herkunft, eigene autobiografische und philosophische Projekte und über Heimat und Heimatlosigkeit allgemein.

Analysen

Narrationen des Exils
Wieder in Europa, begann Vilém Flusser auf Wunsch seiner Frau Edith, an einer Autobiografie zu arbeiten. Dabei entstand 1973/74 in Norditalien und Frankreich ein Text, den er *Zeugenschaft aus der Bodenlosigkeit* nannte und der 136 handgeschriebene Seiten umfasste. Aus diesem zu Lebzeiten weder publizierten noch abgeschlossenen Manuskript stammen die Teile I bis III der 1992 im Bollmann-Verlag postum erschienenen Autobiografie. Deren vierten und letzten Teil bilden drei autobiografische Essays, die in den Jahren zuvor verfasst und teilweise bereits andernorts veröffentlicht worden waren. Den zweiten und dritten dieser Aufsätze hat Flusser in unmittelbarem Zusammenhang mit dem Besuch seiner Geburtsstadt Prag im November 1991 geschrieben, wohin er über 50 Jahre nach seiner Flucht erstmals wieder reiste, um im Goethe-Institut einen Vortrag zu halten (vgl. *BL*, 287 ff.). Auf der Rückfahrt starb er bei einem Verkehrsunfall.

Vor diesem entstehungsgeschichtlichen Hintergrund bedarf es genauerer Erläuterungen, inwiefern der Text überhaupt zur Exilliteratur zu zählen ist. Versteht man nämlich, wie die ältere Forschung, unter deutscher Exilliteratur nur Werke, die zwischen 1933 und 1945 im Exil verfasst worden sind, so spricht die mehr als ein Vierteljahrhundert später einsetzende Textproduktion von *Bodenlos* gegen eine solche Zuordnung. Allerdings macht der oben rekapitulierte Inhalt deutlich, dass der Begriff und die Erfahrung des Exils für Flussers Werk zentral sind. Angesprochen ist mithin das grundsätzliche Problem, Autobiografien, die zumeist erst spät im Leben geschrieben und geraume Zeit nach dem Ende des politischen Exils publiziert wurden, adäquat zu klassifizieren. Insbesondere die Lebenserinnerungen jüngerer Exilanten wie Flusser oder der sogenannten ‚zweiten Generation' legen es nahe, den Bereich der deutschen Exilliteratur über das Jahr 1945 hinaus auszudehnen und später entstandene Texte ebenfalls zu berücksichtigen (vgl. Krause 2010, S. 9–40).

Um zu zeigen, dass es sich bei *Bodenlos* um ein Exilwerk in diesem Sinne handelt, bietet es sich an, die Entstehungsbedingungen näher zu betrachten. Flusser begann sein Manuskript 1973 in einer geografischen, zeitlichen und lebensgeschichtlichen Situation, die sich weder klar als Exil noch als Nachexil identifizieren lässt. Unmittelbar zuvor waren Vilém und Edith Flusser zwar aus Brasilien, wo sie die letzten 32 Jahre verbracht hatten (vgl. Klengel/Siever 2009), nach Europa zurückgekehrt, doch zog das Ehepaar nicht in die frühere tschechoslowakische Heimat, sondern lebte fortan auf der anderen Seite des ‚Eisernen Vorhangs' an wechselnden Orten in Norditalien und Frankreich. Während zahlreicher Vortragsreisen in Europa, den USA und auf Brasilien-Besuchen konnte Flusser Kontakte knüpfen, aber keine feste Anstellung finden. Er und seine Frau führten in den 1970er Jahren ein „Nomadenleben" (Guldin/Finger/Bernardo 2009, S. 24), das zur gleichen Zeit auch als theoretisches Konzept in seinem Œuvre Konturen annahm (vgl. *Planung des Planlosen*, 1970; *Wohnwagen*, o.J.; *Vom Gast zum Gastarbeiter*, o.J.; alle in Flusser 2007), später programmatisch ausformuliert wurde (vgl. *Nomadische Überlegungen*, 1990; ebd.) und sich auch im Schlussteil seiner Autobiografie wiederfindet. Wenn Flusser dort mit dem Personalpronomen „wir" ausdrücklich „Vertriebene, Flüchtlinge oder von Kornhaus zu Kornhaus pendelnde Intellektuelle" meint (*BL*, 249), fasst er Exilanten und Konferenzreisende als Gruppe zusammen und nennt zugleich *en passant* den Ursprung des zitierten Essays, der auf seinen Vortrag beim zweiten „Kornhaus-Seminar" 1985 im Allgäu zurückgeht. Flusser integriert also Erfahrungen aus der Entstehungszeit von *Bodenlos* in den Text und setzt diese ‚nomadische' Lebensphase explizit mit der vorherigen Exilsituation in Beziehung. Indem er dabei unterschiedliche historische, politische und soziokulturelle Zustände amalgamiert, nimmt Flusser die neuere Forschungstendenz vorweg, das Exil 1933–1945 im Kontext weltweiter Flüchtlings- und Migrationsbewegungen einschließlich der intellektuellen Boheme zu sehen. Um jedoch weder deren Differenzen noch Flussers Überlegungen diesbezüglich (vgl. *Für eine Philosophie der Emigration*, o.J.; in Flusser 2007) zu nivellieren, ist der Begriff des Exils in seiner Autobiografie selbst zu fokussieren.

Einerseits dokumentiert *Bodenlos* über weite Strecken als faktualer Lebensbericht Flussers konkretes Exil, v.a. in Brasilien, den dortigen Verbleib nach Kriegsende sowie punktuell auch seine unstete Lebenssituation seit der Rückkehr nach Europa. Geschichtliche und politische Vorkommnisse werden aber andererseits stark subjektiv geschildert und von Anfang an in dezidiert phänomenologischem Vokabular und im Rekurs auf philosophische und literarische Topoi thematisiert. Zu diesen Topoi gehört vor allem das Leitmotiv der existentiellen „Bodenlosigkeit", das bereits im Titel von Flussers Autobiografie auftaucht und in der Einleitung vom „Wort ‚absurd'" hergeleitet wird (*BL*, 9 u. 11). Hier zeigt sich das für sein Denken und Schreiben charakteristische Verfahren, auf teilweise fragwürdige Etymologien zurückzugreifen (vgl. Flusser/Lenger 1996, S. 149). Bewusst wählt Flusser analoge „Beispiele aus der Botanik, der Astronomie und der Logik", um „in die Stimmung dieses Buches einzuführen", das die „Stimmung des absurden Lebens" bezeugen soll. Sie wird als *conditio humana* begriffen, die „jeder gut aus eigener Erfahrung" kenne (*BL*, 10). In „Literatur, Philosophie und Kunst" lasse sich die „Bodenlosigkeit" jedoch nur „umschreiben", denn als eine subjektive „Erfahrung der Einsamkeit" degeneriere sie, „wenn öffentlich besprochen, zu leerem Gerede" (*BL*, 11), wie es bereits Heidegger kritisiert hatte (Heidegger 1993, S. 168f.), auf den sich Flusser vielfach bezieht. Indem man stattdessen „autobiographisch seine eigene Lage schildert", könne man probieren, „sie direkt zu bezeugen", und hoffen, dass „sich in der Schilderung andere erkennen". Somit erscheint die Autobiografie als einzig adäquate Darstellungsform der „Bodenlosigkeit" und zugleich als die angemessene Narration des Exils, denn Exilanten gehören zu denjenigen „Menschen, für die Bodenlosigkeit die Stimmung ist, in der sie sich sozusagen objektiv befinden" (*BL*, 11).

Doch während einige Mitexilanten Flussers an die baldige Rückkehr nach Prag denken oder hoffen, in Palästina eine „neue Wirklichkeit aufbauen" zu können, verliert er im belagerten England jeglichen Glauben an eine „Basis". Soziale und individuelle Faktoren verstärken sich dabei gegenseitig. Zusätzlich zum „Verlust der Heimat, der Familie, der Tradition, der wirtschaftlichen Stellung", den alle Exilanten teilen, trifft Flusser „der Verlust eines disziplinierten Philosophiestudiums", der „Berufung zum Schreiben" und „des marxistischen Glaubens" (*BL*, 34 f.). Daraus resultiert eine nihilistische „Gleichgültigkeit", in der er „eine vage Ähnlichkeit mit einigen philosophischen Standpunkten" Schopenhauers und Nietzsches erkennt und Goethes *Faust* als „Offenbarung des Geheimen" empfindet, und zwar „nicht wegen Faust, sondern wegen Mephisto" (*BL*, 35 u. 29).

Die genannten intertextuellen Verweise dokumentieren Flussers Lektüren und geistige ‚Wahlverwandtschaften' und wären im Kontext seiner nach und nach anwachsenden Reisebibliothek zu untersuchen (vgl. Hennrich 2011), die bei der Flucht außer Goethes *Faust* nur „ein hebräisches Gebetsbuch" umfasste. Letzteres hatte er von seiner Mutter erhalten, „aus damals wie heute völlig undurchsichtigen Gründen" mitgenommen und „später verloren" (*BL*, 29), was indirekt die Frage nach einer religiösen Dimension von Flussers Exilbegriff aufwirft: Schon bei *Bodenlos*, dem Titel und Leitmotiv, mag es sich um eine implizite Reaktion auf die Diffamierung der Juden „als entwurzelte Menschen" handeln wie in *Jude sein* (Flusser 1995, S. 61). Für eine solche Neu- und Umkodierung antisemitischer Vorurteile ist die „religiöse Stimmung" wesentlich, die der „Bodenlosigkeit" eigen ist und zum existenziellen Thema führt: „Wie kann man in der Bodenlosigkeit glauben?" (*BL*, 10 u. 92). Flusser bekennt, „das Judentum zwar bewundern und ihm mit einer Art von Heimweh nachtrauern" zu können, aber „im Wesen nicht jüdisch" zu sein: „Das ist vielleicht der tiefste Grund, warum ich mein Engagement an Brasilien unterbrechen mußte: weil es für mich, trotz aller Gewissensbisse, nicht der richtige Gottesdienst war." (*BL*, 183–185)

Theoretische Perspektivierungen
Flussers Autobiografie mittels aktueller kulturwissenschaftlicher Theorien zu perspektivieren, ist dem Verständnis seines Werks zweifellos förderlich. Denn Flusser ist nicht nur einer der einflussreichsten Medien- und Kommunikationstheoretiker des digitalen Zeitalters, sondern auch als Kulturphilosoph bedeutend und in vielerlei Hinsicht erst noch zu entdecken (vgl. Guldin/Finger/Bernardo 2009, S. 57–72; Krause 2010, S. 284–300). Aus seiner Autobiografie lassen sich heuristische Analysekategorien ableiten, die wiederum auf das Werk selbst anwendbar sind, es erklären und dessen reflexiven und performativen Charakter ausmachen.

Wer „bodenlos geworden" ist, hat „die eigene Kultur transzendiert" und gewinnt „ein anders geartetes Kulturerlebnis", das Flusser als eine von „drei Arten" bestimmt, wie man typischerweise mit Kulturen „in Kontakt" trete. Die beiden anderen Arten sind die Wahrnehmung der „Kultur, in die man hineingeboren wird", und „das Kulturerlebnis des ‚klassischen' Immigranten", der „sich an der Grenze zweier Kulturen befindet" (*BL*, 75–77). Diese Typologie erfasst Phänomene des Kulturkontakts und könnte den Migrations- und Kulturwissenschaften nützlich sein, zumal ähnlich wie in Waldenfels' *Phänomenologie des Fremden* (Waldenfels 2006, S. 109ff.) erörtert wird, „ob man die eigene Kultur erkennen und anerkennen kann, da dies ja ein Aus-sich-selbst-Heraustreten erfordert" (*BL*, 75).

Auch Flusser selbst hilft das zitierte Schema, um persönliche Erfahrungen aus Prag, England und Brasilien einzuordnen, obgleich er konstatiert, „nie ‚klassischer' Immigrant gewesen" zu sein, sondern „sich der brasilianischen Kultur" genähert zu haben, „um in ihr Schriftsteller zu werden". Sein Ansatz, „das eigene Erlebnis der brasilianischen Kultur phänomenologisch zu beschreiben", eröffnet theoretische Perspektiven auf die „wichtige Rolle", die „bei allen Kulturerlebnissen der Sprache" zukommt (*BL*, 78). Denn die Phänomenologie führt ihn zu vergleichenden Sprachbeobachtungen auf Grundlage einer Gegenüberstellung von Semantik und Syntax, die ihrerseits Einblicke bieten in Flussers komplexe Sprachbiografie, seine multilingualen Schreibpraktiken und literarischen Experimente (vgl. Guldin 2004; 2005; Krause 2010, S. 228–258). Speziell seine größtenteils nicht wiederabgedruckten portugiesischen Aufsätze stellen ein noch kaum erforschtes Textkorpus dar. Auf dieser Grundlage wäre linguistisch, literatur- und übersetzungswissenschaftlich zu rekonstruieren, wie Flusser versucht, die portugiesische Sprache „mit dem Deutschen und dem Englischen zu manipulieren, wobei das Deutsche vom Tschechischen, Lateinischen, Griechischen und Hebräischen in Frage gestellt wurde" (*BL*, 84).

Schon die Schilderungen dieses Experiments dokumentieren einen engen Zusammenhang von *Exil und Kreativität*, so der Titel eines programmatischen Essays von Flusser (in Flusser 2007). Denn von frühen literarischen Entwürfen abgesehen, vermag er der „Berufung zum Schreiben" erst in Brasilien zu folgen (*BL*, 32). Vor Ort erlernt Flusser die Landessprache „mit großer Leichtigkeit", aber anfangs „nur als Kommunikationsmittel" und teilweise „falsch", bevor er „das portugiesische Schreiben" als „die wirkliche Lebensaufgabe" begreift, wobei sich der „Essay" als die ihm und der brasilianischen Leserschaft genehme „literarische Form" erweist (*BL*, 83 u. 90). Für ihn als Autor hat der Kontakt mit der Fremde also die Funktion eines Katalysators und formt sein (in der modernen Exilliteratur wohl einzigartiges) polyglottes Œuvre. Flussers Fall zeigt, dass die Exilsituation trotz oder gar wegen des Heimatverlusts „eine Herausforderung für schöpferische Handlung" darstellen kann (*Exil und Kreativität*, Flusser 2007, S. 103), was auch in der Exilforschung zunehmend anerkannt wird (vgl. Schreckenberger 2005; Krause 2010).

In diesen Zusammenhang gehört auch Flussers zeitweiliger Rückzug aus São Paulo ins „menschenleere [...] Innere [...]" Brasiliens, den er explizit vom bekannten Topos „Go West, young man" abgrenzt und damit in den Fokus einer *gender*-orientierten Analyse rückt: Denn anders als die forciert maskulin wirkenden Konquistadoren aus der Geschichte des Landes habe er damals „kein Brasilia, keine Amazonenstraße [...] im Sinn" gehabt, sondern sich „in der brasilianischen Natur zu verwurzeln", „um sich selbst darin zu finden"; ein Versuch, der bereits terminologisch und metaphorisch als eine eminent körperliche Praxis der Identitätsstiftung jenseits traditioneller Geschlechterverhaltensweisen erscheint (*BL*, 68 f.).

Exil und Erinnerung

Zu Beginn des zweiten Teils seiner Autobiografie reflektiert Flusser über deren Struktur als individuelles Gedächtnismedium und kündigt an, nun „die Methode dieses Buches in zwei Hinsichten zu ändern". Bisher hat er von seiner Flucht erzählt, die von stetigen Selbstmordgedanken begleitet war und einem passiven „Gleiten und Abrutschen in einen Abgrund" glich, was „eine spezifische Beschreibungsmethode" erfordert hat, die „das Gedächtnis zwingt, das Schändliche daran freizulegen" (*BL*, 100). Um dessen Eigendynamik zu begegnen, von der Flusser u. a. durch die Lektüre Nietzsches gewusst haben dürfte (Nietzsche 1999, S. 86), folgen seine Lebenserinnerungen anfangs einer chronologischen Struktur, die „für eine Beschreibung der Passivität geeignet [ist], weil sie die Ereignisse in eine noch immer allgemein übliche Gesamtschau hineinbaut" (*BL*, 101). Fortan hingegen möchte er von seinem Engagement in Brasilien berichten und ein aktives „Leben beschreiben, das in sozialer und wirtschaftlicher Hinsicht [...] einen Aufstieg, in existentieller Hinsicht aber ein ständiges Pendeln darstellt". Dafür benötigt

Flusser „eine neue Beschreibungsmethode", die „das Gedächtnis zwingt, das ungefähr wahre Gewicht der Bedeutung der eigenen Tätigkeit aufzudecken". Um „intensive Perioden" der Aktivität zu fokussieren und von weniger konzentrierten zu unterscheiden, werden die brasilianischen Gespräche „der Bedeutung nach" geschildert, „die diese Dialoge für das eigene Schreiben und Vortragen und damit indirekt für das Kulturleben Brasiliens haben" (*BL*, 100f.). Die verschiedenen Darstellungsmodi der Vergangenheit basieren demnach auf unterschiedlichen Mnemotechniken, mit deren Hilfe Flusser frühere und womöglich vergessene oder verdrängte Erlebnisse literarisch erinnert (vgl. Krause 2010, S. 96–99).

Doch Flussers Autobiografie stellt nicht nur ein individuelles, sondern auch ein kollektives Gedächtnismedium dar, wird doch Vergangenes stets in einem gewissen Bezugsrahmen rekonstruiert und wie jegliche sprachliche Äußerung durch die Gegenwart und das soziale Umfeld mitbestimmt (vgl. Assmann 1988). Von der alleinigen Erinnerung eines autonomen Subjekts und ihrer Versprachlichung kann folglich nicht ausgegangen werden, vielmehr droht abermals das kollektive „Gerede" (*BL*, 11). Insofern erscheint es nur konsequent, dass Flusser aus Heideggers *Sein und Zeit* (Heidegger 1993, S. 113ff.) das Indefinitpronomen „man" als Form uneigentlicher Rede übernimmt und es in *Bodenlos* größtenteils als Sprechinstanz verwendet. Den Wechsel in die erste Person Singular, zum „Ich", vollzieht Flusser erst spät im Text und nur auf Drängen seines Ansprechpartners beim damals anvisierten Verlag (vgl. *BL*, 175ff. u. 290).

Bedeutsam für die weitere Rezeption seiner Autobiografie ist überdies, dass Flusser einem breiteren Publikum allenfalls als Medientheoretiker und weniger als Exilant und Migrant geläufig ist. Dies mag erklären, warum *Bodenlos* in der Exilforschung bis heute kaum Berücksichtigung gefunden hat und auch in der vorwiegend medientheoretisch orientierten Flusser-Forschung eher randständig behandelt wird. Eine Ausnahme bildet lediglich der eingefügte autobiografische Essay *Wohnung beziehen in der Heimatlosigkeit* (*BL*, 247–264), der seit 1987 mehrfach einzeln erschienen ist und selbst auf kommerziellen Websites als nonkonformistisches Bekenntnis zum Nomadentum auftaucht. Womöglich entspricht gerade diese mediale Breitenwirkung Flussers Absicht, „durch Schreiben andere zu verändern" (*BL*, 217), und bezeugt außerdem, inwiefern seine essayistischen Reflexionen als kollektives Gedächtnismedium fungieren.

Fazit

Bodenlos, der Titel und Leitbegriff von Flussers Autobiografie, verweist auf ihr immanentes Exilverständnis, das eine absurde und existentiell gefährdete Lebenssituation jenseits einer geografisch, kulturell oder sprachlich gegebenen

Heimat umfasst. Dieser weite Exilbegriff speist sich einerseits aus persönlichen Erfahrungen als Prager Deutscher und assimilierter jüdischer Flüchtling, als europäischer Emigrant und brasilianischer Immigrant, als akademischer Außenseiter und intellektueller Grenzgänger; andererseits resultiert er aus Flussers kulturphilosophischen Überlegungen und Diagnosen. In seinem Leben, Denken und Schreiben berühren, überlappen und ähneln sich daher Exil und Emigration, Migration und Nomadentum als Formen der Heimatlosigkeit, die grundsätzlich bejaht wird, wobei der Übersetzung der verschiedenen Sprachen, Kulturen, Medien und Standpunkte ineinander im faktischen und metaphorischen Sinne besondere Bedeutung zukommt. Diese Zusammenhänge sind für eine kulturwissenschaftliche Exilforschung äußerst instruktiv und legen es nahe, *Bodenlos* endlich mehr Beachtung zu schenken und das Werk in den exilliterarischen Kanon aufzunehmen. Schließlich ließe sich über die Autobiografie auch Flussers umfangreiches Gesamtwerk erschließen, dessen hochaktuelle Kerngedanken produktiv mit anderen inter- bzw. transkulturellen sowie postkolonialen Konzepten zu verbinden wären.

Robert Krause

Literatur

(*BL*) Flusser, Vilém: *Bodenlos. Eine philosophische Autobiographie.* Bensheim, Düsseldorf 1992.

Assmann, Jan: „Kollektives Gedächtnis und kulturelle Identität". In: *Kultur und Gedächtnis*. Hg. v. Jan Assmann u. Tonio Hölscher. Frankfurt a. M. 1988, S. 9–19.
Flusser, Vilém: „Jude sein (1)". In: *Jude sein. Essays, Briefe, Fiktionen*. Hg. v. Stefan Bollmann u. Edith Flusser. Mannheim 1995, S. 57–66.
Flusser, Vilém: *Von der Freiheit des Migranten. Einsprüche gegen den Nationalismus.* Zusammeng. v. Stefan Bollmann. Berlin, Wien 2007.
Flusser, Vilém: „Für eine Philosophie der Emigration". In: Flusser 2007, S. 31–34.
Flusser, Vilém: „Planung des Planlosen" (1970). In: Flusser 2007, S. 39–44.
Flusser, Vilém: „Wohnwagen" (o.J.). In: Flusser 2007, S. 45–49.
Flusser, Vilém: „Vom Gast zum Gastarbeiter" (o.J.). In: Flusser 2007, S. 51–54.
Flusser, Vilém: „Nomadische Überlegungen" (1990). In: Flusser 2007, S. 55–64.
Flusser, Vilém: „Exil und Kreativität" (1984/85). In: Flusser 2007, S. 103–109.
Flusser, Vilém u. Hans-Joachim Lenger: „Ein Gespräch" (Nov. 1990). In: *Edition Flusser*, Bd. 9. Zwiegespräche. Interviews 1967–1991. Hg. v. Klaus Sander. Göttingen 1996, S. 146–158.
Guldin, Rainer (Hg.): *Das Spiel mit der Übersetzung. Figuren der Mehrsprachigkeit im Werk Vilém Flussers.* Tübingen, Basel 2004.
Guldin, Rainer: *Philosophieren zwischen den Sprachen. Vilém Flussers Werk.* München 2005.
Guldin, Rainer, Anke Finger u. Gustavo Bernardo: *Vilém Flusser.* Paderborn 2009.
Heidegger, Martin: *Sein und Zeit* (1927). Tübingen 1993.

Hennrich, Dirk-Michael: „Ein luso-brasilianischer Gang durch die ‚Reisebibliothek' von Vilém Flusser". Mai 2011 (http://www.flusserstudies.net/pag/11/hennrich-gang.pdf, Stand: 20. 2. 2013).
Klengel, Susanne u. Holger Siever (Hg.): *Das Dritte Ufer. Vilém Flusser und Brasilien. Kontexte – Migration – Übersetzungen.* Würzburg 2009.
Krause, Robert: *Lebensgeschichten aus der Fremde. Autobiografien deutschsprachiger emigrierter SchriftstellerInnen als Beispiele literarischer Akkulturation nach 1933.* München 2010.
Nietzsche, Friedrich: „Jenseits von Gut und Böse" (1886). In: *Kritische Studienausgabe*, Bd. 5. Hg. v. Giorgio Colli u. Mazzino Montinari. München 1999, S. 9–243.
Schreckenberger, Helga (Hg.): *Die Alchemie des Exils. Exil als schöpferischer Impuls.* Wien 2005.
Waldenfels, Bernhard: *Grundmotive einer Phänomenologie des Fremden.* Frankfurt a. M. 2006.

Erich Fried: *Frühe Gedichte* (1944/45)

Erich Fried *6. 5. 1921 Wien, †22. 11. 1988 Baden-Baden. Stationen des Exils: ab Herbst 1938 London.

Inhalt

Mit der Wiederauflage von *Frühe Gedichte* führte Erich Fried 1986 zwei Gedichtbände zusammen, die er in den ersten Jahren seines Londoner Exils gesondert veröffentlicht hatte, die aber schon damals eng aufeinander bezogen waren: *Deutschland* (1944) und *Österreich* (1945). Der junge Autor thematisiert dort die Fatalität von Faschismus und Krieg und ringt um einen differenzierten Blick, der ihm einen gerechten Umgang mit seiner Herkunftskultur, aber auch eine Identitätsfindung im Exil ermöglicht.

Beide Gedichtbände sind gekennzeichnet durch eine starke Orientierung am Dialogischen. Der Band *Deutschland* (GW, 9–36) setzt sich aus verschiedenen Perspektiven mit Hitlerdeutschland und der Situation des Krieges auseinander. Dabei werden verschiedene Erfahrungshorizonte imaginiert und miteinander ins Gespräch gebracht: diejenigen deutscher Soldaten, die hier als Opfer einer Maschinerie oder zumindest als sinnlos Verführte erscheinen; diejenigen französischer oder tschechischer Soldaten, die mit fremder oder selbst verübter Gewalt konfrontiert sind; diejenigen von Deserteuren und Heimkehrern, die um eine Positionsbestimmung ringen; schließlich diejenigen ziviler Opfer. Am Ende wird die Frage nach der Zukunft Deutschlands gestellt und ein Aufruf zum Widerstand formuliert. Die *Österreich*-Gedichte (*GW*, 37–67) streifen zunächst kurz die Situation des Londoner Exils (Großstadt; Arbeitswelt) und befassen sich sodann mit dem Heimatland, wobei die österreichische Landschaft, aber auch die Stadt Wien, buchstäblich ‚angesprochen' werden: als Orte der verlorenen Kindheit, nun gezeichnet durch Verblendung, Schuld und Zerstörung. Auch dieser Band endet mit direkten Appellen an den Leser und der Aufforderung zu handeln.

Analysen

Narrationen des Exils
Wie Erich Fried selbst anlässlich der Wiederveröffentlichung seiner *Frühe(n) Gedichte* im Jahr 1986 mitteilte, entstanden diese „seit dem Spätsommer 1943" im Londoner Exil, das der Autor im August 1938 nach seiner Flucht aus Wien erreicht hatte und das er zeitlebens beibehielt (*GW*, 641). Der Band *Deutschland. Gedichte* wurde 1944 durch den Austrian P.E.N. in London verlegt; der Band *Österreich. Gedichte* erschien im Spätherbst 1945 im Atrium-Verlag (datiert 1946). Schon als junger Autor hatte sich Erich Fried in Londoner Exilkreisen einen Namen gemacht und in Exilzeitschriften publiziert. Ohne die finanzielle Förderung durch Kollegen hätten die Gedichtbände nicht veröffentlicht werden können: *Deutschland* wurde von David Martin und Joseph Kalmer, *Österreich* von Kurt Maschler und Martin Miller unterstützt (*GW*, 641). Im Zentrum von Frieds ersten Exilgedichten steht weniger die Situation des Vertriebenseins, des Verlusts und der Fremde oder die Suche nach einer ‚neuen Sprache'. Vielmehr setzen sie sich kritisch mit der konkreten Gegenwart auseinander und loten die Möglichkeiten einer deutschsprachigen Dichtung im Angesicht des Faschismus aus. Erich Fried zählte sich zu einer „zweiten Generation" von Exillyrikern (der Begriff wird von ihm anders gebraucht als in der gängigen Exilforschung), die sich nicht ausschließlich (wie die sogenannte „erste Generation") mit Themen wie „Emigration, Fremde, Unrecht, Zeitgeschehen" (*GW*, 652) beschäftigte, sondern den Versuch unternahm, ihre Identität zuallererst im Dialog mit der Herkunftskultur zu bekräftigen. „[J]ede Veröffentlichung ist ein Versuch, Rilkes unwiderlegbares Wort zu überwinden, daß einer, der fortgeht, nicht mehr nach Hause kommt. Überwinden aber kann man nur kraft dessen, was man geworden ist, was man ist." (*GW*, 652) Im Zentrum der Fried'schen ‚Narrationen des Exils' stehen daher einerseits Reflexionen dessen, ‚was ist' (Zerstörung der Heimat im materiellen und immateriellen Sinn), andererseits dessen, ‚was man ist' (ethische Standortbestimmung des Dichters, Engagement für eine ‚andere Zukunft'). Ein besonders aussagekräftiges Beispiel für diese Haltung ist das kurze Gedicht *Es muß sein* aus dem Band *Österreich*:

Es muß sein
Zu den Fliegerangriffen auf Wien

Mein Herz muß vereisen,
vereisen muß mein Herz.
Die grauen Vögel weisen
heimatwärts,
heimatwärts.

Ihre Rippen, die sind aus Eisen,
ihre Botschaft ist brennend Erz!
Jetzt will mein Herz verreisen
heimatwärts.
heimatwärts.
(*GW*, 42)

Typisch erscheint hier die in Frieds Exildichtung häufige Bezugnahme auf die konkrete Zeitgeschichte („Zu den Fliegerangriffen auf Wien"), vor allem aber die charakteristische Mischung aus distanzierter, ‚kalter' Betrachtung einerseits („vereisen"; „es muß sein") und der Betroffenheit und Sehnsucht des Vertriebenen, den es „heimwärts" zieht. Schon durch das Sprachspiel (vereisen, Eisen, verreisen) wird die unmittelbare Durchdringung beider Haltungen markiert. Die Utopie, auf die das Gedicht zielt, ist mit dem ambivalenten Bild des „grauen Vogels" angedeutet: Als Symbol für die Bomber der Alliierten, die Zerstörung bringen, verweist es doch zugleich auf das Wunschbild des Friedens, für das das Motiv des Vogels traditionell auch steht.

Heimatlosigkeit wird so bei Fried nicht als eine universale Existenzbedingung (wie oft in der Exilliteratur und der neueren Exilforschung) aufgefasst, sondern als etwas zu Überwindendes, eine dynamische Konstellation. Das Rilke'sche ‚Fortgehen' bzw. das ‚Fort sein' ist der Ausgangspunkt und die Grundbedingung des Schreibens im Exil, wie auch das Gedicht *Exil* im Band *Österreich* verdeutlicht:

Exil

Auch dies: Es hat mich ja als Kind vertrieben.
Sechs Jahre Fremde bleichen jedes Wort.
Und was die Tinte schreibt, bleibt hingeschrieben.

Die Berge aber sind daheimgeblieben!
Der Stallgeruch, der an den Hang gebaute Ort,
der Wildbach und das Mundartwort,
die Stadt und, auf dem Friedhof schon, die Lieben:
Sie warten alle. – Ich nur, ich bin fort.
(*GW*, 41)

Die gesamte frühe Exillyrik Erich Frieds ist aber geprägt von einer permanenten Aktivität der Vergegenwärtigung, mit der nicht nur das Verlorene heraufbeschworen wird (etwa in Form von Landschaftsbildern, Geruchs-Assoziationen, Sprachklang-Erinnerungen wie im Gedicht *Exil*), sondern ein konstitutives Unterwegssein zum Ausdruck kommt – etwa in Bewegungs-Motiven wie der „Eisenbahnfahrt" (*GW*, 17; vgl. auch: *Letzte Reise*, *GW*, 16; *Kinder*, *GW*, 18; *An der Bahn*, *GW*, 39), der Wanderung (*Heimkehr*, *GW*, 42; *Josua zu Moses*, *GW*, 45), des Flusses (*Gottes Mühlen mahlen im Lethe*, *GW*, 20; *Nach dem Regen*, *GW*, 44) oder des Fliegens (*Es muß sein*, *GW*, 42).

Das Exil wird so bei Erich Fried nicht als ein (statischer) Ort der Fremde und des Verlusts aufgefasst, sondern eher als eine dynamische Haltung: als eine Möglichkeit des immer wieder changierenden, distanzierten Außen-Blicks und eines ‚eingreifenden Denkens', über das sich der Dichter unmittelbar mit der Heimat – als einer veränderbaren Größe – verbindet.

Theoretische Perspektivierungen
In diesem Sinne betont Erich Fried, dass es in seiner Exildichtung nicht um eine „Assimilation an eine andere Kultur" gehe (*GW*, 652):

> Ich hatte das Glück, in eine Zivilisation verschlagen zu werden, die den Fremden kaum heimisch werden lässt. So blieb mir meine Sprache erhalten, bereichert und zugleich bedroht und fruchtbar infrage gestellt durch die Möglichkeit des Abstandes vom Gebrauch und Mißbrauch des Alltags. (...) Zudem ist das Englische dem Deutschen gerade nah und fern genug, seine literarischen Bewegungen und Versuche sind uns gerade fremd und verwandt genug, um nicht nur zu Manieren anzuregen, sondern uns Möglichkeiten zur Erweiterung des Sagbaren zu geben. (*GW*, 651f.)

Stattdessen lassen sich die Fried'schen Exilgedichte mit einer Poetologie des ‚Dazwischen', mit dem Begriff der ‚Dialogizität' und mit einer Ethik des ‚Anderen' beschreiben.

Sture Packalén hat zu Recht von einer Poetologie des „Third Place" gesprochen (Packalén 2005, S. 131), wobei damit kein statischer diskursiver Ort, sondern ein „ständiges Öffnen und Schließen kultureller Grenzen" bezeichnet ist (Berendse 2007, S. 24; vgl. auch Wertheimer 1981). Das Transitorische, das hier (in Anlehnung an Homi K. Bhabha) für die Lyrik Frieds in Anspruch genommen wird, betrifft aber nur am Rande die Sphäre des Kulturaustauschs – wie etwa im Eröffnungsgedicht des Bandes *Österreich: Drei Gebete aus London* (*GW*, 39). Vielmehr bezieht es sich vor allem auf eine ethische Strategie des Dialogischen, die die Lyrik Erich Frieds durchzieht. Immer wieder erschreiben sich die Sprecher der Gedichte, gewissermaßen ‚zwischen den Fronten', ein Gegenüber, mit dem ein Austausch über die zeitgenössisch erfahrene, aber in den unterschiedlichsten Positionen durchlittene Situation gesucht wird. So widmen sich zahlreiche Gedichte namentlich im Band *Deutschland* den Soldaten des Zweiten Weltkriegs: deutschen Soldaten (*Der letzte Ring von Korsun*, GW, 13f.; *Soldatenlied im Osten*, GW, 14) ebenso wie französischen Kriegsgefangenen (*Trankopfer*, GW, 19) oder einem tschechischen Soldaten, der einen ‚Feind' von Angesicht zu Angesicht erschlagen hat (*Ein tschechischer Soldat denkt nach*, GW, 21f.). Auch *Österreichische Freiwillige im britischen Heer* (GW, 47) oder ein deutscher Deserteur kommen zu Wort (*Ein Deutscher im britischen Heer*, GW, 22), andererseits richtet sich ein Gedicht *An die Nationalsozialisten* (GW, 34). Im Übrigen wird auch die Situation der zivilen Kriegsopfer in den Blick genommen – sei es, dass sie Bombenangriffen zum Opfer fallen (*Kinder*, GW, 18; *Trüber Tag*, GW, 51; *Trümmer*, GW, 67), sei es, dass sie als Opfer der nationalsozialistischen Verfolgung zu Tode kommen (*Bekenntnis zu Wien*, GW, 40; *Begräbnis meines Vaters*, GW, 51). Ferner imaginieren die Exilgedichte häufig auch die Situation des ‚Heimkehrers' – aus dem Krieg, aus dem Exil – und fragen nach den Perspektiven eines ‚neuen Deutschland' bzw. eines befreiten Österreichs (*Heimkehrer*, GW, 23; *Heimkehr*, GW, 42). Schließlich finden sich in beiden Gedichtbänden direkte Aufrufe zum Widerstand bzw. Neubeginn (*Notgesang 1 und 2*, GW, 28f.; *Hamlet an Fortinbras*, GW, 30; *Nach der Sintflut 1 und 2*, GW, 30f.; *Einheit*, GW, 63). Mit Michail Bachtin könnte man sagen, dass der Dichter so in seinen Texten eine polyphone Struktur erzeugt. Es geht ihm dabei erklärtermaßen um die Durchkreuzung eines starren Freund-Feind-Denkens, einer Opfer-Täter-Dichotomisierung, wie sie gerade im Londoner Exildiskurs stark verbreitet war, etwa durch die von Robert Vansittart vertretene These vom deutschen Kulturverfall oder das Diktum Ilja Ehrenburgs, der einzig gute Deutsche sei der tote Deutsche (GW, 641; vgl. Berendse 2007, v.a. S. 26–32). Dem hält Fried eine „Reise durch die Diskurse" entgegen (ebd., S. 32), den Versuch nämlich, die historische Erfahrung des Faschismus aus den verschiedensten Perspektiven zu beleuchten. Dass es dabei nicht zuletzt darum geht, im Sinne von Emmanuel Lévinas dem ‚Antlitz des Anderen' Gerechtigkeit widerfahren zu lassen, und dass Fried die vornehmste Aufgabe der Exillyrik gerade darin sieht, mithilfe der Polyperspektivität und der ‚Blicke von außen' den Hass zu überwinden, zeigt das folgende Gedicht:

Einigen Gefallenen

Jene aber, die zwischen den Fronten starben,
zu den Feinden zählt ohne Zögern sie nicht,
denn es kennt keiner von uns ihre wirklichen Farben,
und ein Toter trägt keine Antwort in seinem Gesicht.

Viele fielen, und in verzweifelten Briefen
in ihrem Brotsack war schon ihr Schicksal erzählt.
Andere trugen das Flugblatt, mit dem wir sie riefen.
Welche Straße hätten die gewählt?

Dieser Krieg trifft auch Freunde, die wir erwarben,
viele fanden die Nacht bei den ersten Schritten ins Licht.
Still begrabt, die zwischen den Fronten starben,
zu den Feinden zählt ohne Zögern sie nicht.
(*GW*, 27)

Während Fried im Politischen eine klare Kampfansage an den Faschismus formuliert, geht es hier um die Abkehr von Ausschließungsdenken und den mitmenschlichen Dialog mit dem Anderen als einem der zentralen Merkmale des Fried'schen Exildenkens.

Exil und Erinnerung
Ein wichtiges Mittel ethischen Schreibens in der frühen Exildichtung Erich Frieds ist – neben der inszenierten Dialogizität und dem Zerschreiben dichotomischer Setzungen – die Kulturtechnik des Erinnerns. Dabei spielen drei Dimensionen eine Rolle: die Mnemotechnik der Verortung, intertextuelle Verfahrensweisen und schließlich die Projektion einer ‚erinnerten Zukunft'.

„Erinnerung peinigt und reinigt", heißt es im Gedicht *Einheit* (*GW*, 64), und mit diesem Impetus werden Erinnerungsorte aufgerufen: zuallererst die Heimatstadt Wien (*Bekenntnis zu Wien*, *GW*, 40; *Es muß sein*, *GW*, 42; *Trüber Tag*, *GW*, 52; *Begräbnis meines Vaters*, *GW*, 51; *Stefansplatz 1938*, *GW*, 53); sodann österreichische Landschaften (*Exil*, *GW*, 41; *Heimkehr*, *GW*, 42; *Nach dem Regen*, *GW*, 44; *Ein Bootbauer am Attersee*, *GW*, 52; *An die Alpenjäger*, *GW*, 55; *Heimaturlaub*, *GW*, 56). Den topografischen Erinnerungen ist gemeinsam, dass sie eben nicht – im Akt der Memoria – einen ursprünglichen Zustand erinnernd wiederherstellen (wie dies in der Urszene kulturellen Erinnerns, bei Simonides von Keos, der Fall ist), sondern dass die aufgerufenen Orte von der Gegenwärtigkeit des Leides gezeichnet sind. Genau in dieser Transformation des Erinnerten in die Gegenwart wird das kathartische Moment gesehen. Ähnlich funktionalisiert Erich Fried auch das intertextuelle Verfahren als Form kultureller Erinnerung. So bildet etwa das *Soldatenlied im Osten* (*GW*, 14) eine direkte Kontrafaktur zum Gedicht *Erinnerung beim Wein* aus *Des Knaben Wunderhorn* (vgl. Emmerich 2001, S. 37f.). Romantische Weinseligkeit wird in dieser Parodie umgekehrt in das Grauen des Soldatentodes: „Es dunkelt schon in der Heide, nach Hause wollen wir gehen (...)". (*GW*, 14) Schon in der frühen Fried-Rezeption, etwa durch Thomas Mann, wurde der volksliedhafte Ton hervorgehoben (vgl. Emmerich 2001, S. 23f.), mit dem der Autor den eingängigen Anschluss an die Tradition erzielt und gleichzeitig die Katastrophe der Zerstörung anprangert (vgl. auch *Der Terror sagt sein Sprüchlein auf*, GW, 12; *Münchner Ringelreihn*, GW, 13, oder *Wiener Glockenspiel. Nach einem englischen Kinderlied*, GW, 53). Ein weiteres Mittel ist der Rückgriff auf biblische und mythische Vorlagen. So konfrontiert Fried etwa das Szenario der Vertreibung mit dem Auszug aus Ägypten (*Moses in der Wüste*, GW, 44; *Josua zu Moses*, GW, 45) oder beschreibt die Katastrophe des Krieges im Bild der Sintflut (*Nach der Sintflut 1 und 2*, GW, 31f.). Häufiger als alttestamentarische Prätexte finden sich erstaunlicherweise christliche Bezugshorizonte, namentlich Anspielungen auf die Passionsgeschichte (*Trankopfer*, GW, 19f.; *Aus der Weisheit des Antichrist*, GW, 62f.; *Österreichische Pieta*, GW, 63), aber auch auf die Weihnachtsgeschichte (*Auf dem Weg zu den Partisanen*, GW, 60) oder den Korintherbrief (*Gebet vor dem Urteilsspruch*, GW, 33). Die Erinnerung an christliches Kulturgut dient dabei einerseits als Rückgriff auf ein bewährtes Bewältigungsmodell (vgl. auch *Notgesang 1 und 2* in Anlehnung an *O Haupt voll Blut und Wunden*), andererseits als Kontrastfolie zur Heillosigkeit der Gegenwart. Dies gilt auch für Anspielungen auf antike Mythen, namentlich das Erlösungsmodell der Lethe (*Gottes Mühlen mahlen am Lethe*, GW, 20). Die intertextuellen Bezüge werden allerdings immer wieder überboten durch eine kämpferische Orientierung auf die Zukunft hin. So, wie die Erinnerung an Orte und Texte auf die Zerstörung der Tradition verweist, fungiert die ‚erinnerte Zukunft' als Überwindung dieser Zerstörung. Zahlreiche frühe Gedichte Frieds enthalten direkte Appelle an den Leser und die Aufforderung, am Aufbau eines neuen Deutschlands, eines neuen Österreichs mitzuwirken. Seine gesamte Exildichtung der frühen Jahre versteht Fried als einen solchen Brückenschlag in eine erst noch zu gestaltende Zukunft. Stellvertretend für diese poetologische Konzeption steht das Gedicht *Die Brücke* (GW, 64f.), in dem das Sprecher-Ich im Traum eine ‚Brücke über den Abgrund' imaginiert, die von einem Menschen geschlagen wird: „An dem Abgrund, welchen wir kennen, / habe ich in einem schweren Traum / eine Brücke über das Brennen / ragen gesehen in den leeren Raum." (*GW*, 64) In den folgenden Versen wird vor Augen geführt, wie diese Menschen-Brücke zunehmend an Halt verliert und abzustürzen droht: „Und ich sah ihn die Zehen verrenken, / als seine Haare zu bluten begannen, / und die Hände aus seinen Gelenken / renken und reißen, sich weiter zu spannen." (*GW*, 65) Aus dieser Zerreißprobe entsteht dann jedoch die Vision, geradezu eine (säkularisierte) ‚Verkündigungsszene', die eine Überwindung im buchstäblichen Sinne verheißt: „Und nun wächst er, den ich verkünde, / und wird wachsen, ohne zu fallen, / bis er Brücke ist über die Schlünde / und ein Weg den Kommenden allen." (*GW*, 65) „Überwinden", so hieß es im Selbstkommentar Frieds zu seinen Exilgedichten, „kann man nur kraft dessen, was man geworden ist, was man ist" (*GW*, 652).

Fazit

Es ist vor diesem Hintergrund bezeichnend, dass Erich Fried sein Exil nicht als vorübergehende Phase betrachtet, sondern es zu seiner Existenzbedingung schlechthin erhoben hat. Er blieb zeitlebens in London (vgl. Bauer 2008). Das bedeutet aber nicht, dass er nicht zurückkehrte – im Rilke'schen Sinn. Er kehrte vielmehr permanent zurück, mischte sich ein, machte seinen Außen-Blick fruchtbar, wurde zu einer Zentralfigur der deutschsprachigen Nachkriegsliteratur. An seiner Poetologie des Exils hat er dabei bis zu seinem Tod festgehalten. Exil bedeutet bei Fried nicht das Trauma des Verlusts und der Fremde, sondern eine produktive Chance. Aus der Distanz, aber kritisch-engagiert, entwickelt er eine Poetologie der Vergegenwärtigung, die gleichermaßen Machtkritik übt und den Dialog sucht. Eine Poetologie, die gegen Ausschließungsdenken eine Ethik der Verständigung setzt. Ein dialogisches Schreiben, das den Anderen – Andersdenkende und Fremde – in den Blick nimmt und so eine Brücke über die vielfältigen Abgründe menschenfeindlicher Zerstörung hin zu einer lebenswerten Zukunft schlägt.

Christine Lubkoll

Literatur

(*GW*) Erich Fried: *Gesammelte Werke*, Bd. 1. Gedichte 1. Hg. v. Volker Kaukoreit u. Klaus Wagenbach. Berlin 1993 (S. 9–36: *Frühe Gedichte: Deutschland. Gedichte* (1944); S. 37–67: *Österreich. Gedichte* (1945)).

Bauer, Gerhard: „Exil, verlängert und heftig genutzt. Erich Frieds Gedichte". In: *Exil. Forschung, Erkenntnisse, Ergebnisse* 28 (2008) H. 2, S. 33–46.

Berendse, Gerrit-Jan: „Virtuelles Reisen im Exil. Erich Frieds Gedichtbände ‚Deutschland' (1944) und ‚Österreich' (1945)". In: *Literatur für Leser* 30 (2007) H. 1, S. 21–34.

Dressler, Christine: *„Nach dem Landlos greift des Landlosen Hand". Erich Fried – ein Exilautor? Eine Untersuchung seines nach 1945 entstandenen Werkes*. Wien 1998.

Emmerich, Wolfgang: „Ein Exillyriker der ‚zweiten Generation'. Erich Frieds Zyklen ‚Deutschland' (1944) und ‚Österreich' (1945)". In: *Austriaca* 26 (2001) H. 52, S. 23–41.

Kaukoreit, Volker: *Frühe Stationen des Lyrikers Erich Fried. Vom Exil bis zum Protest gegen den Krieg in Vietnam. Werk und Biographie 1938–1966*. Darmstadt 1991.

Packalén, Sture: „From the ‚Third Reich' to the ‚Third Place'. Paul Celan, Erich Fried and Peter Weiss". In: *Exile and Otherness. New Approaches to the Experience of Nazi Refugees*. Hg. v. Alexander Stephan. Oxford u. a. 2005, S. 121–135.

Wertheimer, Jürgen: „Erich Fried". In: *Die deutsche Lyrik. 1945–1975. Zwischen Botschaft und Spiel*. Hg. v. Klaus Weissenberger. Düsseldorf 1981, S. 344–352.

Oskar Maria Graf: *Die Flucht ins Mittelmäßige. Ein New Yorker Roman* (1959)

Oskar Maria Graf *22. 7. 1894 Berg am Starnberger See, †28. 6. 1967 New York. Stationen des Exils: 1933–1934 Wien, 1934–1938 Brünn (heute: Brno, Tschechien), 1938–1967 New York.

Inhalt

Am Beispiel einer im New York der 1950er Jahre lebenden Gruppe europäischer Emigranten, die trotz Kriegsende nicht nach Europa zurückgekehrt sind, verhandelt Oskar Maria Grafs Roman den prekären Zustand eines zeitlich entkoppelten, prinzipiell endlos fortwährenden Exils. Im Zentrum der Erzählung steht der in den 1930er Jahren aufgrund seiner kommunistischen Umtriebe zwangsemigrierte deutsche Katholik Martin Ling, der sich mit Übersetzertätigkeiten notdürftig über Wasser hält. Aus seiner zum Alltag gewordenen Lethargie kann sich Ling erst lösen, als er von den Mitgliedern eines intellektuellen deutschsprachigen Emigrantenzirkels, dem nach dem gastgebenden Ehepaar Kumian benannten ‚Kumiankreis', dem er selbst angehört, durch ein internes, speziell auf ihn zugeschnittenes Preisausschreiben dazu motiviert wird, schriftstellerisch tätig zu werden. Nach anfänglichem Zögern willigt Ling ein und hat zunächst die Absicht, sich in die große Tradition deutscher Literatur einzuschreiben. Seinem Schriftstellerrivalen Jack Neuenberger, der während seines Exils auch als Geschäftsmann in den USA Fuß gefasst hat, bringt er für dessen am Lesermarkt orientierte, amerikanisch inspirierte ‚Stories' nur Verachtung entgegen. Schließlich adaptiert er jedoch selbst dessen pragmatische Poetologie und wird damit erfolgreich. Nachdem Ling wenig später bei verschiedenen Verlagen unter Vertrag steht und einige seiner ‚Stories' sogar verfilmt werden, nimmt er sich vor, nun doch noch einen literarisch ‚hochwertigen' Roman zu verfassen und so etwas „Besonderes" (*FM*, 440) zu vollbringen. Wieder imitiert er damit das Verhalten Neuenbergers, der mit einem von der Kritik gelobten Roman, der Lings eigenes Leben thematisiert, den Zenit seiner Karriere erreicht hat. Lings Projekt scheitert jedoch, sein Roman bleibt ein bloßes Fragment, das er schließlich eigenhändig verbrennt. Daraufhin kehrt er New York den Rücken, gibt das Schreiben auf und zieht zurück nach Deutschland, wo er sich „unbedacht wie Hunderttausende seinesgleichen ins eisige Einsamsein des Alterns hinein" (*FM*, 499f.) ergibt.

Analysen

Narrationen des Exils

Die Flucht ins Mittelmäßige entsteht in den Jahren 1954–1959 in New York und wird mehrfach überarbeitet, wobei die Arbeitstitel der Entwürfe (*Das große Geschwätz* und *Der misslungene Roman oder die Heimkehr ins Mittelmäßige*) bereits auf die für die Endfassung zentralen Leitthemen (Geschwätz/Literatur, Heimat/Exil) verweisen. Die Eckdaten der Entstehung und Erstpublikation (1959 im Frankfurter Nest-Verlag) setzen auch den Rahmen für die im Roman erzählte Zeit. Während die politischen und sozialen Entwicklungen im Mitteleuropa der späten 1950er Jahre nur am Rande diskutiert werden, finden zeitgenössische Debatten um die gesellschaftliche Entwicklung in den USA verstärkt Eingang in den Text. Vor allem die Nachrichten über den „Terror gegen die Neger" (*FM*, 71) werden im Kumiankreis heftig diskutiert und sind für das im Roman entfaltete Exilverständnis von zentraler Bedeutung.

Denn die Einsicht der ‚ehemaligen Emigranten' in die prekären Verhältnisse innerhalb der US-amerikanischen Gesellschaft verhindert eine abschließende Identifikation mit der ‚Exilheimat'. Anstatt „Amerika zu verhimmeln" (*FM*, 65), stehen die Mitglieder des Kumiankreises den Lebensverhältnissen in den USA mehrheitlich skeptisch und distanziert gegenüber. So kritisiert der Literaturprofessor Stefan Laschinski die mediale Reaktion auf die rassistisch motivierte Ermordung Emmett Lois Tills und vergleicht sie mit den Denunziationen während der NS-Zeit (vgl. *FM*, 68). Die für die USA als typisch konstatierte Kultur der ‚Mittelmäßigkeit', die Ling in Anlehnung an Walt Whitman ins Spiel bringt, wird damit als nur oberflächlich wirksame, „ignorante Selbstzufriedenheit" (Popp 2005, S. 118) sichtbar und so von vornherein als problematisch markiert.

Gleichzeitig führt aber der Vergleich zwischen der rassistischen Propaganda in den USA und der NS-Diktatur ebenso wenig zu einer gesellschaftlich wirksamen Identifikation mit dem *Civil Rights Movement*. Weit davon entfernt, aktiv in die Gestaltung der amerikanischen Gesellschaft einzugreifen und sich mit den Ausgegrenzten zu solidarisieren, beschränkt sich das Engagement des Kumiankreises auf ein distanziertes Debattieren. In seinen Briefen betrachtet Graf die philosophische Kultur der New Yorker Exilgemeinschaft bereits in den 1940er Jahren mit einer gewissen Polemik:

> Die ewig diskutierenden Emigrantenzirkel sind mir höchst gleichgültig geworden, man merkt, wie gestrig sie geworden sind [...]. Es sind alles klägliche Sekten, die aus der Not ihrer unselbstständigen Lage eine Tugend zu machen versuchen! Sie entscheiden nichts, sie bringen nicht mal ihre Leute weiter. (Bauer/Pfanner 1984, S. 168)

Im Roman erweist sich diese ‚sektengleiche' Isolation der Emigrantenzirkel jedoch als notwendige Konsequenz ihres Exils. Als „Staatenlose" (*FM*, 73) bleibt den Emigranten eine unmittelbare Partizipation an den Entwicklungen der amerikanischen Gesellschaft versagt, weil sie ganz grundsätzlich außerhalb dieser Gesellschaft stehen.

Der Begriff, den Martin Ling als Selbstbeschreibung heranzieht und der im Laufe der Erzählung immer wieder als Schlüsselbegriff wirksam wird, ist denn auch nicht der des Exilanten oder Emigranten, sondern derjenige des „Diasporiten" (*FM*, 30). Angelehnt an die Tradition der jüdischen Diaspora, markiert die Bezeichnung im Kontext des Romans den Übergang von einem zeitlich begrenzten Exil (1933–1945) zu einer dauerhaften Existenz in einem fremden Kulturraum. Im Unterschied zum Exil setzt das Verständnis von Diaspora, wie es im Text entwickelt wird, die Einsicht in die Nicht-Restituierbarkeit von ‚Heimat' voraus, denn nicht nur die Integration in die amerikanische Gesellschaft, auch der Weg zurück in die ursprüngliche deutsche Heimat ist den Diasporiten verwehrt. Für den jüdischen Intellektuellen Victor Nagel schließt sein Diasporiten-Dasein bezeichnenderweise nicht nur das zweigeteilte Deutschland und die USA, sondern auch Israel als mögliche Heimat aus. Als einer der Mitglieder des Kumiankreises gegenüber Victor konstatiert, „Israel ist doch sozusagen deine Heimat", und vorschlägt, er solle „als überzeugter Jude" sein „Schicksal mit dem aller andern Juden teilen", weist er diese Option vehement zurück: „‚Das ist infam! Gemein!' fauchte Victor." (*FM*, 72)

Diasporit zu sein, ist für die Figuren des Romans nicht lediglich ein gesellschaftspolitischer Status, sondern eine Haltung, die auch jede politische Ideologie als geistige ‚Heimat' ausschließt. Dies wird etwa an der nur sporadisch im Zirkel der Kumians auftretenden Figur Lohrers deutlich, der als überzeugter Kommunist nicht gleichzeitig Diasporit sein kann: „Für mich hat's deine Diaspora noch nie gegeben. Ich weiß, wo ich hingehör'" (*FM*, 273), stellt er gegenüber Ling fest.

Dabei ist der Status des Diasporiten ein fragiler Zustand. Auf der einen Seite liegt ihm ein gewisses produktives Potential zugrunde, das sich zwar nicht entfaltet, aber durchaus andeutet. Obwohl eine explizit religiöse Erlösungserwartung, die für das jüdische Konzept der Diaspora charakteristisch ist, ausbleibt – „selbstverständlich gibt es keinen Grund für die Hoffnung auf ein baldiges Kommen des Messias" (Stockhammer 1991, S. 75) –, verbindet sich mit der Diaspora in Grafs Roman dennoch die Hoffnung auf eine bessere, zukünftige Gesellschaft: In einem Zwischenort des Provisorischen situiert, richtet sich der Blick des Diasporiten – produktiv gewendet – nach vorn:

> Der Diasporit war gewissermaßen schon längst vergangenheitslos, er stand auch nicht in der Zeit und Umwelt der allgemeinen Gegenwart, er fühlte beständig, daß er sich in einem Zustand des Provisorischen befand, und gerade deswegen sein unruhiges Darüberhinausdenken, sein grenzenloses Hineinplanen in eine fiktive private oder allgemeine Menschenzukunft. (*FM*, 363)

Auf der anderen Seite droht jederzeit die Gefahr, dass der Zustand der Diaspora von der ‚Verstreutheit' in eine radikale Vereinzelung kippt, wie Neuenberger Ling in pessimistischer Wendung ihrer gemeinsamen Lebenssituation deutlich macht:

> Hm, Diaspora? Damit kokettierst du 'rum! Quatsch! Nicht entwurzelt und zerstreut sind wir, fremd, fremd, ist einer dem anderen, fremd! Angst und Furcht und Unsicherheit machen uns verlogen, weil sie natürlich keiner zeigt. Mißtrauisch umlauern wir uns gegenseitig. Bloß für sich bleiben, bloß in seinem Leerlauf [...] mir graust vor diesem honetten Dahinvegetieren! (*FM*, 303)

Theoretische Perspektivierungen
Über die Trias von ‚Exil', ‚Diaspora' und ‚Fremde' bewegt sich Grafs Roman kulturtheoretisch im Grenzbereich von Exilliteratur und Postkolonialismus. Anders, als es für viele Exiltexte charakteristisch ist, die zur Zeit des Nationalsozialismus entstehen, zielt *Die Flucht ins Mittelmäßige* nicht mehr darauf ab, das Bild eines ‚anderen Deutschland' zu entwerfen. Der Übergang von einem zeitlich begrenzten, erzwungenen Exil zur endlosen Diaspora ermöglicht vielmehr eine für den Postkolonialismus typische Kritik am Konzept der Nation, insofern sichtbar wird, dass die integrativen Kräfte der nationalen Idee auch nach 1945 weder im Exilland noch in der restituierten ‚Heimat' für alle Mitglieder der Gesellschaft zur Geltung gebracht werden können. Für Martin Ling erweist sich auch die vermeintliche Heimkehr nach Deutschland letztlich nur als „planlose Flucht in eine neue Diaspora" (*FM*, 497). Aufgrund ihrer Erfahrung kultureller Fremdheit wird den Diasporiten in Grafs Text eine Schlüsselrolle zugewiesen, da sie gezwungen werden, die scheinbar selbstverständliche Verortung in der ‚eigenen' Kultur zu hinterfragen. Dieses ‚Stigma' unterscheidet sie von den sesshaften Bürgern, die im ideologischen Zentrum der Gesellschaft beheimatet sind, und verbindet sie mit den Diasporiten fremder Zeiten und Kulturen, wie etwa Oscar Wilde (*FM*, 488). In der Neukonzeption des Begriffs der ‚Diaspora' wird damit im Sinne postkolonialer Theoriebildung deutlich, „dass es sich bei den Konstruktionen von kultureller und nationaler Identität in Grafs Roman ausdrücklich nicht um essentielle Charakteristika, sondern um *Erzählungen* handelt" (Bannasch 2012, S. 96).

Im Unterschied zur Tradition des Postkolonialismus wird die Entortung der Diasporiten allerdings nicht zwangsläufig als Chance betrachtet, hybride Zwischenräume zu eröffnen und zu gestalten, wie schon Neuenbergers Kritik an Martin Lings Diasporabegriff andeutet. Denn das Defizit an ideeller und nationaler Verortung lässt die Diasporiten – in deutlichem Gegensatz zu den engagierten Protagonisten der amerikanischen Bürgerrechtsbewegung – ohne jeden Rückhalt und damit auch ohne Rückgrat zurück. Anschaulich wird dies in Gestalt der grotesk anmutenden, skelettlosen ‚Quallenschweine', die Martin Ling im Traum begegnen und deren industrielle Herstellung und Massenproduktion das Thema seines Romans bilden sollen.

Auch aus gendertheoretischer Perspektive zeigt sich diese problematische Dynamik, insofern traditionelle Institutionen wie etwa die Ehe der Lebenssituation der Diasporiten nicht mehr gerecht werden, ohne dass alternative Lebenskonzepte produktiv erschlossen würden. Während dem Kommunisten Lohrer eine glückliche Ehe vergönnt zu sein scheint, lebt Victor Nagel als Diasporit in einer *Ménage à trois*, die für alle Beteiligten belastend ist. Martin Lings eigenes Verhältnis mit der verheirateten Emigrantentochter Bärbel, an der er „nur das Vulgär-Sinnliche, das Ordinär-Hurenhafte" (*FM*, 313) schätzt, endet in einer Katastrophe, und auch sein Verhältnis mit Victors Schwester Lisawetha scheitert, weil er aufgrund seiner Erfahrungen in der Diaspora – als Ort der Fremde und Entfremdung – „anderen Menschen völlig lieblos gegenüber[stand]. Ihr Glück und Unglück, nichts von ihrem Wesen rührte ihn innerlich an" (*FM*, 364). Wenn er Frauen mit „Zuhälterstolz" (*FM*, 340) begegnet und ihnen „nur noch als Körper, als pulsierendes Fleisch" (*FM*, 281) gegenübertritt, wird sein misogyner Blick auf ihn selbst zurückgeworfen und die animalische und selbstherrliche Qualität seiner Sexualität ausgestellt.

Die Quallenschweine zeichnen dabei nicht nur ein pessimistisches Bild des in jeder Hinsicht heimatlosen Diasporiten, sondern lassen sich auch als poetologische Reflexion verstehen, da Lings Romanfragment ebenfalls als strukturloses Gebilde in Erscheinung tritt: „Sein Sujet läßt sich auch als Allegorie seiner Form lesen; der Roman mißlingt, weil er zu keiner Konstruktion [...] gelangt, quallenhaft wie die Schweine ist, von denen er erzählen will" (Stockhammer 1991, S. 78). Dem Roman Lings steht jedoch der Roman Neuenbergers gegenüber, den er kurz vor seinem Tod noch fertigstellen kann. Neuenbergers Roman *Der krumme Weg ins Nichts* erzählt Martin Lings eigene Geschichte und lässt sich damit als *mise en abyme* verstehen. Während die Romane der Figuren offenkundig beide das Scheitern der Diaspora als Lebensentwurf zum Thema haben, zeichnet sich Neuenbergers Entwurf immerhin dadurch aus, dass er als Text funktioniert. Ob auf diese Weise ein Schreiben, das vom Scheitern des Schreibens in der Diaspora erzählt, als sinnvoll ausgestellt wird und damit im Sinne postkolonialer Theoriebildung sprachlich eine ‚Heimat' hergestellt werden kann, die ‚real' nicht mehr existiert, lässt der Text offen.

Exil und Erinnerung
Erinnerungen nehmen in *Die Flucht ins Mittelmäßige* quantitativ keinen großen Raum ein. Den wenigen Erinnerungssequenzen, die überwiegend zu Beginn des Romans auftreten und Etappen aus der Vergangenheit Martin Lings erzählen, können im Kontext der Exilthematik dennoch zwei Funktionen zugewiesen werden.

Die Erinnerungen an die Umstände seiner Flucht aus dem nationalsozialistischen Deutschland stellen Martin Ling von Beginn an als Heimatlosen vor und aktualisieren das für den späteren Diasporiten charakteristische „Gefühl des Nicht-mehr-wissen-wohin-Gehörens" (*FM*, 89). Anders als etwa Walter Benjamins *Berliner Kindheit um neunzehnhundert* entwickelt der Text jedoch keine komplizierte, medial verschränkte Konstruktion, um den ‚Irrgarten der Erinnerung' zugänglich zu machen. Auffällig ist vielmehr die aggressive Unmittelbarkeit, mit der sich die Erinnerungen einstellen: „Übermächtig fiel ihn die Erinnerung an. Er sah, er roch, er spürte das Damals, er erzitterte vor dem grauenhaft Unbegreiflichen." (*FM*, 87) In dem Maße, wie die Sehnsucht des Diasporiten sich dahin wendet, eine Heimat zu finden, tritt die Erinnerung als Instanz auf, welche die Erfahrungen des Exils gewaltsam mit dem Subjekt verschränkt und jeden Versuch einer ‚Heimkehr' unterbindet: „Solche Erinnerungen sind wie unwahrscheinlich schnell wuchernde Kletten, die sich um den ganzen Körper schlingen und ihn einengen bis zur Atemlosigkeit." (*FM*, 158)

Im Gegensatz dazu erzeugen die ebenfalls unmittelbar aufgerufenen Erinnerungen an die frühe Kindheit ein Heimatgefühl, das jedoch als vorkatastrophische Idylle jeden Bezug zur Lebenswirklichkeit der Diasporiten verloren hat. So scheint es während eines Weihnachtsfestes, das Ling bei der Familie Emmerle verbringt – die Emmerles sind bereits vor 40 Jahren in die USA emigriert und in der Mitte der amerikanischen Gesellschaft angekommen –, zwar kurzzeitig so, als ließe sich die Idylle der Kindheit im Kreise dieser wohlwollenden Familie wiederherstellen. Als sich Punschgeruch in der Wohnung verbreitet und ‚Stille Nacht' aus dem Radio ertönt, „erinnerte sich auch er [Ling] seiner Kinderjahre" (*FM*, 283), und „ihm war wohl wie schon lange nicht mehr. Was für ein Geschwätz, das mit der ‚Diaspora'! Daheim will der Mensch sein, irgendwo ganz daheim! Mit guten Augen schaute er die Emmerles der Reihe nach an" (*FM*, 241). Hier scheint kurz die Möglichkeit auf, über den für Grafs Gesamtwerk charakteristischen Begriff des ‚Daheimseins' einen Gegenbegriff zur ‚Heimat' einzuführen. Während der Heimatbegriff nationalistisch gefärbt ist, beruht der des Daheimseins nach Graf auf dem Prinzip der Geselligkeit, wie sie für die deutsche Tradition der Esstischrunde oder des Stammtisches typisch ist (vgl. Stockhammer, 1991, S. 75). Indem sich jedoch, wie wenig später deutlich wird, auch der Heimatbegriff aus Kindheitserinnerungen speist (*FM*, 264), wird die eindeutige Trennung von Heimat und Daheimsein als artifizielle Konstruktion sichtbar. Spätestens als Ling wenig später das Familienglück der Emmerles zerstört, indem er ihre verheiratete Tochter zum Ehebruch verführt und indirekt ihren Tod verschuldet – auf dem Weg zu einem Treffen mit ihm wird sie Opfer eines Autounfalls –, ist klar, dass dem Diasporiten auch das ‚Daheimsein' verwehrt bleiben muss.

Dem statischen Gefüge der Erinnerung stellt der Text schließlich die dynamische Form des Traums gegenüber. Während die Erinnerungen Martin Ling eine produktive Existenz in der amerikanischen Gesellschaft erschweren, liefern seine Träume den Stoff für seine Stories wie auch für seinen Roman. Indem Ling jedoch nicht einmal diese in eine bedeutende Form übersetzen kann – die Stories sind auf den kommerziellen Erfolg hin produziert, der wichtige Roman bleibt Fragment – kommt die Dynamik des Traums nicht wirklich zur Entfaltung. Damit bleibt er als Diasporit auch in dieser Hinsicht eine unvollständige Kopie, ein trauriges Akronym seines gesellschaftlich wirkmächtigen Namensgebers *Martin Luther King*.

Fazit

Grafs Roman erweitert den Exilbegriff um das Konzept der Diaspora, die durch eine dauerhafte Existenz in einem fremden Kulturraum bestimmt ist. Die damit verbundene endgültige Entkopplung des Subjekts aus klar strukturierten nationalen und ideologischen Zusammenhängen, die in der Konzeption des Exils immer schon angelegt ist, macht Grafs Roman fruchtbar für postkolonialistische und interkulturelle Fragestellungen. Während die kritische Reflexion nationaler und ideeller Strukturen den gesamten Text durchzieht, kann der Text die aus dieser Auseinandersetzung erwachsene produktive Perspektive im Rahmen eines kulturelle Grenzen überschreitenden, transkulturellen Anliegens allerdings nur andeuten. Der teils kritischen bis pessimistischen Ausdeutung der Möglichkeiten innerhalb der Diaspora kommt für die Exilforschung dennoch eine wichtige Rolle zu, indem sie Erfahrungen von Verlust und Schmerz in den Vordergrund stellt und damit die Schwierigkeiten benennt, die Prozesse transkultureller Identitätsbildung begleiten. Während Martin Lings großer Roman über das skelettlose Quallenschwein seinem eigenen Sujet zum Opfer fällt und scheitert, wird Neuenbergers Roman über die Existenz des Diasporiten hingegen veröffentlicht und reichlich diskutiert. Poetologisch zieht sich der Text damit in den Raum der (Mutter-)Sprache – als Gegenentwurf zum (Vater-)Land – als letzte mögliche Heimat des Diasporiten zurück und begegnet der drohenden Isolation, der endgültigen Fremde mit dem Angebot des literarischen Dialogs.

Torsten W. Leine

Literatur

(*FM*) Graf, Oskar Maria. *Die Flucht ins Mittelmäßige*. Frankfurt a. M. 1959.

Bannasch, Bettina: „Konstruktionen nationaler Identität in der Literatur des Nachexils. Zu Thomas Manns ‚Doktor Faustus' und Oskar Maria Grafs ‚Die Flucht ins Mittelmäßige'". In: *Berührungen. Komparatistische Perspektiven auf die frühe deutsche Nachkriegsliteratur*. Festschrift für Gerhard Kurz. Hg. v. Günter Butzer u. Joachim Jakob. München 2012, S. 83–98.
Bauer, Gerhard: *Oskar Maria Graf. Ein rücksichtlos gelebtes Leben*. München 1994.
Bauer, Gerhard u. Helmut F. Pfanner: *Oskar Maria Graf in seinen Briefen*. München 1984.
Bollenbeck, Georg: „Vom Exil zur Diaspora. Zu Oskar Maria Grafs Roman ‚Die Flucht ins Mittelmäßige'". In: *Gedanken an Deutschland im Exil und andere Themen*. Hg. v. Thomas Koebner, Wulf Koepke u. Joachim Radkau. München 1985 (Exilforschung. Ein internationales Jahrbuch, Bd. 3. Hg. im Auftr. der Gesellschaft für Exilforschung), S. 260–269.
Popp, Valerie: „‚Vielleicht sind die Häuser zu hoch und die Straßen zu lang'. Amerikabilder der deutschsprachigen Exilliteratur". In: *Die Alchemie des Exils. Exil als schöpferischer Impuls*. Hg. v. Helga Schreckenberger. Wien 2005, S. 109–127.
Stockhammer, Robert: „Heimatliteratur im Exil. Oskar Maria Graf". In: *Exil. Forschung, Erkenntnisse, Ergebnisse* 11 (1991) H. 2, S. 71–80.
Weber, Barbara u. Angelika Rahm: „Krise des Mittelmaßes. Zu Oskar Maria Grafs Roman ‚Die Flucht ins Mittelmäßige'. Über das Exil in New York". In: *Anpassung und Utopie. Beiträge zum literarischen Werk Oskar Maria Grafs, Lion Feuchtwangers, Franz C. Weiskopfs, Anna Seghers und August Kühns*. Hg. v. Thomas Kraft u. Dietz-Rüdiger Moser. München 1987, S. 28–44.

Heinrich Heine: *Jehuda ben Halevy* (1851)

Heinrich (eigentl. Harry) Heine *13. 12. 1797 Düsseldorf, †17. 2. 1856 Paris.
Stationen des Exils: 1831–1856 Paris.

Inhalt

Heinrich Heine als Ausgangspunkt der deutschsprachigen Exilliteratur zu setzen, besitzt Tradition: Bereits 1937 stand die Ausstellung „Das Deutsche Buch in Paris 1837–1937" unter dem Untertitel „Von Heinrich Heine bis Heinrich Mann". Diese Ausstellung, die vom Schutzverband deutscher Schriftsteller als Gegenentwurf zur Präsentation des nationalsozialistischen Deutschlands auf der Pariser Weltausstellung im selben Jahr organisiert wurde, illustriert, welch wichtige Bezugsfigur Heinrich Heine für die deutschen Exilschriftsteller der Jahre zwischen 1933 und 1945 war, die, so Anna Seghers, alle Stadien der Emigration mit ihm geteilt hatten (vgl. Goltschnigg/Steinecke 2008, S. 111 ff.).

Das trotz seiner knapp 900 Zeilen als Fragment ausgewiesene Gedicht *Jehuda ben Halevy* erschien erstmals 1851 in der von Heinrich Heine als „dritte Säule [s]eines lyrischen Ruhmes" bezeichneten Gedichtsammlung *Romanzero* bei Campe in Hamburg. Als Teil der *Hebräischen Melodien* berichtet es, durchzogen von mehreren Exkursen und vielfach auf die unterschiedlichsten Intertexte verweisend, vom Leben des spanisch-jüdischen Dichters Jehuda ben Samuel Halevi (um 1075–1141). Dessen mittelalterliche Lebensgeschichte wird von einem lyrischen Ich erzählt, das durch die Zeitangabe „Seit Jehuda ben Halevy / Ward geboren, sind verflossen / Sieben hundert fünfzig Jahre" (*JH* I, V. 26–28) historisch kontextualisiert werden kann und als Sprecherinstanz in den vier Teilen des Großgedichts immer wieder eigene Reflexionen, diverse Exkurse, Kommentare und Erinnerungen in den historischen Stoff einflicht.

Analysen

Narrationen des Exils
Obgleich Heine die theoretischen Implikationen des Fragmentbegriffs marginalisiert hat – laut einem Brief an Julius Campe vom 28. August 1851 habe ihm allein „die Muße zu Feile und Ergänzung" (Heine 1970 ff., Bd. 23, S. 115 ff.) gefehlt –, kann bereits die ihm genuine dichterische Unvollendung als narrativer Verweis auf das „jahrtausendlange" (*JH* II, V. 9) Schicksal der Diaspora gelesen werden (vgl. Reeves 2008, S. 108 f.). Das Exil fungiert innerhalb des Gedichts als ein Meta-Motiv, das sich, wenngleich es äußerst heterogen ausgestaltet ist, in allen Einzelepisoden wiederfindet und so zum Kohärenz stiftenden Element des eigentlich nicht linear erzählten Textes wird.

Bereits anhand der Eingangsverse „Lechzend klebe mir die Zunge / An dem Gaumen, und es welke / Meine rechte Hand, vergäß' ich / Jemals dein, Jerusalem –" (*JH* I, V. 1–4) wird diese Thematik offensichtlich, handelt es sich bei ihnen doch um ein leicht umgestelltes Zitat von Psalm 137,5 und 6 und damit um eine Referenz auf einen der kulturgeschichtlich bedeutsamsten Exiltexte überhaupt. Durch die komplexe Konstruktion – das Zitat wird vom lyrischen Sprecher erinnert und gleichzeitig den anonymen Traumgestalten zugeschrieben, aus denen sich schließlich Jehuda ben Halevy herauslöst – wird die Exilthematik auf beiden Zeitebenen verankert. Im zweiten Teil wird die Überblendung zwischen dem historischen Exil und dem zeitgenössischen Kontext mit einem weiteren Zitat aus dem Psalm, diesmal ohne Anführungszeichen, noch verstärkt, wenn das lyrische Ich sich deutlich unter das an den Wassern Babels sitzende „wir" subsumiert und als unsterblicher Erbe des „dunklen Wehs" zu erkennen gibt (Preisendanz 1993, S. 340). So wird die Galut, die Vertreibung der Juden in die Diaspora, und hier speziell das babylonische Exil, zum überzeitlichen Bezugspunkt sowohl des sephardischen Dichters des Mittelalters Jehuda ben Halevy als auch der Sprecherinstanz des Gedichts.

Nicht zuletzt öffnet sich das Gedicht durch den psalmischen Intertext auch einer autobiografischen Lesart, denn Babylon ist bei Heine auch dann „ein Schlüsselwort für das Exil" (Windfuhr 1978, S. 614), wenn er in der Denkschrift über Ludwig Börne sein Leben in Paris schildert, das, abgesehen von den beiden Reisen nach Deutschland in den Jahren 1843 und 1844, von 1831 bis zu seinem Tod im Jahr 1856 sein endgültiger Aufenthaltsort geblieben war. Ein Zitat aus dem großen Exilpsalm findet sich bereits in einem Brief an Moses Moser aus dem Jahr 1826, in dem Heine sich an die gemeinsame Zeit im ‚Verein für Cultur und Wissenschaft der Juden' zurückerinnert, welcher allerdings schon im Jahr 1824 wieder aufgelöst worden war. Das im Brief Moser zugeschriebene Zitat steht dort jedoch noch nicht im Zusammenhang mit dem geografischen Exil, sondern im Kontext der Taufproblematik und Mosers Ablehnung derselben (vgl. Wolf 1979, S. 85). Bedenkt man aber, dass Heine – so in einem weiteren Brief an Moser nur wenige Monate später, am 8. August 1826 – mit dem berühmten Diktum vom nie abzuwaschenden Juden davon schrieb, „dem deutschen Vaterlande Valet zu sagen", so deutet sich die schicksalhafte Galut bereits zu dieser Zeit an (Heine 1970ff., Bd. 20, S. 265–268).

Im Gedicht wird die innere und äußere Heimatlosigkeit schließlich zum Charakteristikum des Dichters schlechthin. Nicht nur Jehuda ben Halevys Sehnsucht und Liebe gilt Jerusalem, auch Iben Esra führt ein unstetes und heimatloses Leben. Gabirol, der als Nachtigall „[i]n der Dunkelheit der gothisch / Mittelalterlichen Nacht" (*JH* IV, V. 230f.) lebt und durch diesen metaphorischen Kontrast zwischen Orient und Okzident zwar nicht explizit als Dichter im Exil, jedoch als exotisch gekennzeichnet wird, findet einen gewaltsamen Tod. Gabirols Leiche wird zum Nährboden für einen „Feigenbaum / von der wunderbarsten Schönheit" (*JH* IV, V. 259f.), dessen seltsam würzige Früchte träumerisches Entzücken bewirken – die Erfahrung der Gewalt innerhalb einer feindlichen Umwelt wird damit zum Ausgangspunkt für die Poesie.

Auch das lyrische Ich bezieht sich selbst immer wieder in das von Schmerz gekennzeichnete Dichterschicksal ein, so beispielsweise, wenn es im Exkurs zum Perlenkästchen des Königs Darius heißt „[...] und ich selbst / Wälze mich am Boden elend, / Krüppelelend" (*JH* III, V. 114–116). Durch diesen selbstreferentiellen Einschub der Sprecherinstanz wird die zeitgenössische Exilsituation des lyrischen Ichs, das durch diverse Selbstzitate und nur wenig verschlüsselte Hinweise auf die Situation der ‚Matratzengruft' nicht nur als fiktives Dichter-Ich, sondern auch als Chiffre für Heine selbst gelesen werden kann, erneut an das Diasporaschicksal der jüdischen Vorfahren rückgebunden. Dessen historische Stationen werden durch den Weg der ursprünglich im Kästchen enthaltenen Perlenschnur nachgezeichnet, wobei die einzelnen Stationen, also die makedonische Eroberung Persiens durch Alexander, das ägyptische Ptolemäerreich Kleopatras, das Kalifat Cordoba Abd ar-Rahmans III., die Eroberung Cordobas durch Kastilien und der durch den „Geruche / Von gebratnen alten Juden" (JH III, V. 79f.) angedeutete Verweis auf das Alhambra-Edikt für die Geschichte des Judentums bedeutsame historische Umbrüche markieren, die jeweils eine Veränderung der Herrschaftssituation nach sich gezogen hatten. Einzig die letzte Station, der Weg der Perlen von Spanien nach Frankreich zum Haus Rothschild, hebt sich davon ab, verweist jedoch ebenfalls auf ein historisches Exil, nämlich das des ehemaligen spanischen Ministerpräsidenten Mendizábal in Frankreich.

Neben diesen historischen, autobiografischen, intertextuellen und metaphorischen Bezugnahmen auf das Exil werden zahlreiche weitere Motive inszeniert, die eng mit dem des Exils verknüpft sind. Zu nennen ist hier vor allem der durch das sich wieder schwärzende und verjüngende Barthaar wenngleich beiläufig, so doch eindeutig als Ahasver ausgewiesene Pilger aus dem zweiten Teil des Gedichts, sodass über die bisher genannten Variationen hinaus auch eine theologisch-religiöse Exilthematik hinzutritt.

Theoretische Perspektivierungen
Trotz der zunehmenden Diversität der Orientdiskurse bleibt die Wahrnehmung des Judentums als ein orientalisches und daher fremdes Volk im Bewusstsein der Mehrheitsgesellschaft des 19. Jahrhunderts präsent. Diese Situation beklagt auch Ludwig Börne in seinem 78. Brief aus Paris vom 1. März 1832:

> Und uns jüdisch deutschem Volke sagt man, wir wären aus dem Orient gekommen, hätten zur angenehmen Abwechslung die babylonische Gefangenschaft mit der deutschen vertauscht, wir wären fremd im Lande und wir betrachteten ja selbst unsere Mitbürger als Fremdlinge. (Börne 1986, S. 581)

Im Gedicht *Jehuda ben Halevy* wird diese orientalisierende Festschreibung des Judentums aufgegriffen, um sie durch „ein vielfältiges poetologisches Verweisungsspiel zwischen morgenländischer Imagination und deutsch-jüdischer Selbstverortung" (Wittler 2010, S. 38) emanzipatorisch umzukodieren. Das innerhalb des Gedichts hochgradig sinnlich aufgeladene altorientalische Babylon und die Aggada werden zum Ausgangspunkt für die spanisch-jüdische Poesie.

Heine „betritt das Feld des herrschenden Repräsentationsregimes, indem er seine fremdbestimmte Ethnisierung eigenständig neu deutet" (Popal 2009, S. 105) und konventionalisierte Binaritäten, wie die zwischen Orient und Okzident, aufzulösen versucht. So wird beispielsweise das verwüstete Jerusalem, nun von „Waldteufel, Wehrwolf, Schakal" (JH II, V. 123) bewohnt, zum hybriden Schmelzpunkt dreier Fabelgestalten, die jeweils unterschiedlichen Mythologien entnommen sind. Der Waldteufel kann nicht zuletzt durch Johann Wolfgang von Goethes Drama *Satyros oder Der vergötterte Waldteufel* als griechischer Satyr identifiziert werden, der Werwolf ist mit dem germanischen und französischen Kulturraum verknüpft, der Schakal verweist auf den ägyptischen Totengott Anubis. Immer wieder werden – wie zum Beispiel mit dem „plattjudäischen Idiom / Das wir aramäisch nennen" (*JH* I, V. 55f.) – vermeintliche semantische Spannungen evoziert, die sich in einer kulturellen Verschmelzung verflüchtigen.

Im Bereich des Dargestellten hingegen steht eine Auflösung der Diversitäten noch aus. Zwar sind kontrastierende Analogien für das jüdisch kodierte lyrische Ich, das anstelle der Lieder Homers die Lieder Jehuda ben Halevys im Perlenkästchen des Darius verschließen möchte, durchaus praktikabel – die im Gedicht französische Mehrheitsgesellschaft jedoch verfügt nicht über den dafür notwendigen *common ground*; die „großen Namen / Aus dem großen Goldzeitalter / Der arabisch-althispanisch / Jüdischen Poetenschule" (*JH* IV, V. 41–44) sind dort unbekannt. Das Gedicht kann somit als eine Möglichkeit gelesen werden, diesen nicht existenten gemeinsamen Wissensraum zu öffnen. Demonstriert wird dieser Raum anhand der „Lakunen / Der französischen Erziehung" (*JH* IV, V. 27f.), die das lyrische Ich im Hinblick auf seine Gattin beklagt. Dieser kommt als einziger weiblicher Figur innerhalb des Textes eine eigene Rede zu, jedoch dient der spöttische Dialog zwischen ihr und dem Sprecher zunächst lediglich der Demaskierung des Nichtwissens der Mehrheitsgesellschaft. Mit der Ermahnung, „hebräisch zu erlernen – / Laß Theater und Konzerte" (*JH* IV, V. 55f.), tritt jedoch ein sehr spezifischer Subtext hinzu, nämlich eine Anspielung auf die Sprachenverhältnisse akkulturationswilliger Juden und vor allem Jüdinnen, die im Zuge der eigenen Aufklärungsbestrebungen rege an der Mehrheitskultur partizipierten, Erzählungen aus dem Talmud aber nicht im Original, sondern in zumeist jiddischen Übertragungen lasen, da ihnen die notwendigen Hebräischkenntnisse fehlten. Folgt man dem an dieser Stelle durch den Text angebotenen Diskursstrang, wird die wenige Zeilen zuvor noch eindeutige Zuordnung der Gattin zu einem bestimmten Kulturkreis erschwert. Diese Verweigerung einer eindeutigen Zuordnung lässt sich wiederum als Hinweis auf die durch das Leben in der Diaspora hervorgerufene Identitätsproblematik lesen.

Exil und Erinnerung

Die Etablierung des *common grounds* geschieht auf der metaphorischen Ebene des Gedichts durch die mittels der Perlenschnur aus dem Kästchen des Darius chiffrierte jüdische Exilgeschichte als einem Teil der allgemeinen Weltgeschichte. Auf der nicht verschlüsselten Inhaltsebene hingegen wird der *common ground* etabliert, wenn vom Triumvirat der spanisch-jüdischen Dichtkunst erzählt und dieses somit, bedingt durch die paratextuellen Elemente, die auf den empirischen Autor Heinrich Heine verweisen, als ‚jüdische' Literatur ein Teil auch des allgemeinen deutschsprachigen Kanons wird.

Heines Versuch, die marginalisierte jüdische Geschichte und Dichtung in das kulturelle Selbstverständnis der Mehrheitsgesellschaft einzuschreiben, ist programmatisch zu verstehen. Er steht in der Tradition der Wissenschaft des Judentums, deren Schriften sich nicht nur als moderne jüdische Historiografie zum Zweck der eigenen Identitätsfindung an den innerjüdischen Binnendiskurs richten, sondern zugleich das Ziel verfolgen, die jüdische Geschichte im Außendiskurs integrativ als einen gleichberechtigten Teil der Kultur- und Menschheitsgeschichte zu präsentieren. Unter diesen Schriften befinden sich neben historisch-wissenschaftlichen auch zahlreiche literarische Texte, die inhaltlich an Erstere anknüpfen und somit die Rolle, die die künstlerische Ausgestaltung eines Stoffes für seine Aufnahme in das kulturelle Gedächtnis spielt, akzentuieren, wie sie auch von den jüdischen Wissenschaftlern des 19. Jahrhunderts reflektiert wurde. Auch Heines wichtigste historische Quelle für das Gedicht, *Die religiöse Poesie der Juden in Spanien* von Michael Sachs, ist aus diesem Kreis hervorgegangen (vgl. Wittler 2010, S. 33) und verfolgt dezidiert das Ziel, die Kulturleistung der spanischen Juden „in das große Inventar der Menschheit" (Sachs 1845, S. V) einzutragen.

Der gleichermaßen auf Kontrast und Ähnlichkeit abzielende Vergleich Jehuda ben Halevys mit den Minnesängern der Provence soll einen literarischen Gegendiskurs etablieren und den nicht zuletzt durch die deutsche Romantik tradierten vorherrschenden Blick auf die jüdische Geschichte durchbrechen. Während das Judentum in den historischen Stoffen der Romantik zumeist die Funktion einer publikumswirksamen Ausgestaltung des Anderen hat, wird die Annäherung an Jehuda ben Halevy in Heines Gedicht von Beginn an als Konglomerat aus Geschichtsgedächtnis und Selbstwahrnehmung inszeniert (vgl. Preisendanz 1993, S. 340).

Der assoziative Stil des Gedichts mit all seinen thematischen Verästelungen kann dabei nicht nur als Sinnbild für die Wirren der Diasporaexistenz, sondern auch für das Umherirren im „Zwielicht der Erinnerung" (*JH* II, V. 60) gelesen werden. Die sprunghafte Wanderung durch den Gedächtnisraum, der durch den Selbstbezug des Sprechers als überzeitlich ausgewiesen ist, beginnt im ersten Teil des Gedichts mit den sich der Mnemotechnik des Psalmodierens bedienenden Männerstimmen, die das biblische Vergessensverbot aufrufen. Auf denselben Psalm wird nach dem Exkurs zum Leben Jehuda ben Halevys zu Beginn des zweiten Teils wieder rekurriert, und auch die Unterbrechung – das Vergessen – der Jerusalem-Thematik durch den Exkurs zum Perlenkästchen ist nur eine scheinbare. Denn ähnlich der ritualisierten Erinnerungsform der Mesusot – üblicherweise in den Türrahmen eingelassene Schriftkapseln, in denen winzige Pergamente mit Auszügen aus dem Sch'ma Jisrael aufbewahrt werden – assoziiert das Perlenkästchen „das Gedächtnis als Hort, Schutz und Behälter, das Juwel bezeichnet den kostbaren und versicherungsbedürftigen Inhalt der Erinnerung" (Assmann 1999, S. 120) und fügt sich somit trotz des vermeintlichen gedanklichen Bruchs in die übergeordnete Thematik des Gedichts, nämlich das Exil und dessen Erinnerungsformen, ein.

Von der zeitgenössischen Literaturkritik wurde das Gedicht dennoch negativ aufgenommen. Während nichtjüdische Kritiker es als vertrödelt und zerfetzt (vgl. Preisendanz 1993, S. 339) beurteilten, bewerteten jüdische Rezensenten die didaktische Programmatik als gescheitert (vgl. Wittler 2010, S. 44). Knapp hundert Jahre später wird Heine für die Autorinnen und Autoren der deutschen Exilpresse aufgrund ihrer eigenen Erfahrungen zu einer Identifikationsfigur, wenngleich er dort primär als deutscher und nicht als deutsch-jüdischer Autor rezipiert wurde. Erst im Jahr 1948 bespricht Hannah Arendt das Gedicht *Jehuda ben Halevy* unter der spezifischen Berücksichtigung von Heines Judentum und der Situation der Juden im 20. Jahrhundert (vgl. Goltschnigg/Steinecke 2008, S. 134) – eine Rezeptionshaltung, die heute unabdingbar erscheint und in den letzten Jahren um neue Perspektiven, insbesondere postkolonialer literatur- und kulturwissenschaftlicher Ansätze sowie der Orientalismusforschung, erweitert wurde.

Fazit

Das Motiv des Exils bildet innerhalb des Gedichts *Jehuda ben Halevy* ein Synthesemoment, durch das die narrative Diskontinuität sich zu einem kohärent lesbaren Ganzen fügt. Neben dem leitmotivisch eingeflochtenen Intertext des Psalms 137 finden sich im Text zahlreiche weitere Variationen derselben Thematik, die sich teilweise nur durch außertextuelles Wissen entschlüsseln lassen.

Die Metaphorik *Jehuda ben Halevys* verhält sich konträr zur symbolischen Ordnung der Mehrheitskultur. Die Aggada etwa wird als fantastischer Garten beschrieben, der nicht zufällig an orientalisierende Haremsbilder erinnert; gleichzeitig aber wird der dort verortete jüdische Dichter Halevy als Minnesänger inszeniert. Orient und Okzident werden nicht als gegensätzlich begriffen, sondern verschmelzen zu einem neuartigen hybriden Fabelraum, der sich einer eindeutigen Zuordnung verweigert.

Für das historische Verständnis des Gedichts ist insbesondere der innerhalb der Literatur vielfach geleistete Rückbezug zu Heines Zeit im ‚Verein für Cultur und Wissenschaft der Juden' von Relevanz, da sich hieran aufzeigen lässt, inwiefern sich *Jehuda ben Halevy* in eine Reihe programmatisch ähnlicher Texte einfügt, in denen Exil und (Über-)Leben religiöser Minderheiten thematisiert werden, und zu denen innerhalb von Heines Werk auch der *Rabbi von Bacherach* und *Almansor* zu zählen wären.

Anna Redlich-Gaida

Literatur

(*JH*) Heine, Heinrich: „Jehuda ben Halevy". In: *Historisch-Kritische Gesamtausgabe der Werke*, Bd. 3/1. Romanzero, Gedichte 1853 und 1854, lyrischer Nachlas (Textband). Bearb. v. Frauke Bartelt u. Alberto Destro. Düsseldorf 1992, S. 130–158.

Assmann, Aleida: *Erinnerungsräume. Formen und Wandlungen des kulturellen Gedächtnisses*. München 1999.

Börne, Ludwig: *Briefe aus Paris*. Hg. v. Alfred Estermann. Frankfurt a. M. 1986.

Goltschnigg, Dietmar u. Hartmut Steinecke: *Heine und die Nachwelt. Geschichte seiner Wirkung in den deutschsprachigen Ländern. Texte und Kontexte, Analysen und Kommentare*, Bd. 2. 1907–1956. Berlin 2008.

Heine, Heinrich: *Werke, Briefwechsel, Lebenszeugnisse* (Säkularausgabe). Hg. v. den Nationalen Forschungs- und Gedenkstätten der klassischen deutschen Literatur in Weimar und dem Centre National de la Recherche Scientifique in Paris. Berlin, Paris 1970 ff.

Koopmann, Helmut: „Erläuterungen". In: Heinrich Heine: *Historisch-kritische Gesamtausgabe*, Bd. 11. Ludwig Börne. Eine Denkschrift und kleinere politische Schriften. Bearb. v. Helmut Koopmann. Hamburg 1978, S. 405–630.

Popal, Mariam: „Heine und der Orient? Zwischen Subjektivität und Veränderung oder wie das Andere nach Deutschland kam – sah – und –?" In: *Fremde, Feinde und Kurioses*. Hg. v. Benjamin Jokisch, Ulrich Rebstock u. Lawrence Conrad. Berlin, New York 2009, S. 67–114.

Preisendanz, Wolfgang: „Memoria als Dimension lyrischer Selbstrepräsentation in Heines Jehuda ben Halevy". In: *Poetik und Hermeneutik XV. Memoria. Vergessen und Erinnern*. Hg. v. Anselm Haverkamp u. Renate Lachmann. München 1993, S. 338–348.

Reeves, Nigel: „Religiöse Disputation und Ermordung: Kräfte und Grenzen der Dichter und der Dichtung in Heines Jehuda ben Halevy. Betrachtungen über Heines Verhältnis zu jüdischer Dichtung und zum Judaismus". In: *Harry ... Heinrich ... Henri ... Heine. Deutscher, Jude, Europäer*. Hg. v. Dieter Goltschnigg, Charlotte Grollegg-Edler u. Peter Revers. Berlin 2008, S. 101–110.

Sachs, Michael: *Die religiöse Poesie der Juden in Spanien*. Berlin 1845.

Wittler, Kathrin: „‚Mein westöstlich dunkler Spleen'. Deutsch-jüdische Orientimaginationen in Heinrich Heines ‚Jehuda ben Halevy'". In: *Heine-Jahrbuch* 49 (2010), S. 30–49.

Wolf, Ruth: „Versuch über Heines ‚Jehuda ben Halevy'". In: *Heine-Jahrbuch* 18 (1979), S. 84–98.

Barbara Honigmann: *Eine Liebe aus Nichts* (1991)

Barbara Honigmann *12. 2. 1949 Berlin (DDR). Stationen des Exils: ab 1984 Frankreich.

Inhalt

Barbara Honigmanns Roman *Eine Liebe aus Nichts* schildert die Reise einer namenlos bleibenden Ich-Erzählerin von Straßburg nach Weimar anlässlich der Beerdigung ihres Vaters. Die Handlung spielt noch vor dem Fall der Mauer. Als junge Frau hatte die Ich-Erzählerin die DDR verlassen und war aus Ost-Berlin über einen kurzen Zwischenaufenthalt in Frankfurt a. M. nach Paris ausgereist. Der Roman konstituiert sich hauptsächlich aus ihren Erinnerungen an die schwierige Beziehung zum Vater, auch an die einstige Liebesbeziehung zu dem amerikanischen Juden Jean-Marc in Paris. Dort hatte sie sich um ein Stipendium an der École des Beaux-Arts beworben, um Malerei studieren zu können. Der Roman verschränkt die Exilgeschichte der Ich-Erzählerin, die als Kind von Exilanten in der DDR aufwuchs, eng mit der Geschichte ihrer jüdischen Eltern, die 1933 Deutschland verlassen mussten und eine Zeit lang in Paris Station machten. Heute lebt die Ich-Erzählerin in Straßburg – nahe der deutschen Grenze, jedoch nicht in Deutschland.

Analysen

Narrationen des Exils
Der größte Teil des Prosawerks von Barbara Honigmann – das gilt auch für *Eine Liebe aus Nichts* – wurde in Frankreich verfasst. Honigmanns Motivation, ins Exil zu gehen, war weder rassischer noch politischer Verfolgung geschuldet. Dennoch mutet es verfehlt an, von einem genuin freiwilligen Exil zu sprechen. Vielmehr erschien und erscheint der Autorin ein ‚normales' jüdisches Leben in Deutschland aufgrund der vor allem durch den Holocaust belasteten Vergangenheit nicht mehr möglich (vgl. Thomalla 1986, S. 1204). Honigmann versteht sich als eine Exilantin der ‚zweiten Generation'. Dies gilt auch für die Mehrzahl ihrer literarischen Figuren. Sie sind häufig, so wie auch die Ich-Erzählerin in *Eine Liebe aus Nichts*, mit einer Reihe von autobiografischen Daten ausgestattet.

Die Exilthematik kann als der zentrale Topos bezeichnet werden, der Honigmanns gesamtes Werk durchzieht. Sie ist im Spannungsfeld zwischen Mythos und historischer Realität zu verorten (vgl. Ehlers 2007, S. 175 f.). Am Beispiel des

Romans *Eine Liebe aus Nichts* lässt sich dies besonders anschaulich zeigen; die hier angestellten Beobachtungen können jedoch für das gesamte Werk in Anschlag gebracht werden.

Bei ihrer literarischen Ausgestaltung der Exilthematik rekurriert Honigmann stark auf biblisches Mythenarsenal, insbesondere auf den Mythos vom ewig wandernden Juden ‚Ahasver'. Der Ahasvermythos schildert die Legende eines Juden, der Jesus Christus auf seinem Gang zum Kreuz eine Ruhepause vor seinem Haus verweigerte und daraufhin gemäß einer christlichen Legende zur rastlosen Wanderung verdammt und überall vertrieben wird. In Honigmanns Roman wird der Status des Ahasver sowohl als kollektives als auch als individuelles Schicksal sichtbar. So schreibt der Vater in *Eine Liebe aus Nichts* an die Ich-Erzählerin: „Glaub mir, Du bist immer und überall ein alien enemy!" (*LaN*, 64) Zum einen wird damit der Mythos um den ewig wandernden, ständig vertriebenen Juden evoziert. Zugleich bezieht sich die Äußerung des Vaters ganz konkret auf die eigene Exilerfahrung, die er als Jude durch die Verfolgung der Nationalsozialisten erlitt. Die mythischen Anspielungen, die Honigmann in diesem und in ihren anderen Romanen herstellt, beweisen auf diese Weise stets eine unmissverständliche Rückbindung an die historische Realität.

Der so konstruierte Konnex von Literatur und historischer Dokumentation entspricht dem Diktum Hans Blumenbergs und dessen Postulat, dass selbst die Mythenrezeption sich dem „absolute(n) Ernst" (Blumenberg 1971, S. 57) der Geschichte nicht zu entziehen vermag und, daraus resultierend, eine ästhetische Unverbindlichkeit unmöglich wird. Letztendlich wird die Angst vor Verfolgung oder Vertreibung auch bei der Ich-Erzählerin in *Roman von einem Kinde* spürbar, wenn sie über das „Quartier Juif" in ihrem Exil Straßburg spricht und darin ihre Angst äußert, dass sich auch dieser Aufenthaltsort als ein für Juden lediglich temporärer herausstellen könnte (vgl. Honigmann 2006, S. 115). Aufgrund ihres ständig heraufbeschworenen Vorhandenseins erhalten Exil und Verfolgung den Charakter der Unausweichlichkeit und damit eine mythische Dimension im Sinne Blumenbergs. So wird beispielsweise in dem Erzählband *Damals, dann und danach* der Ahasvermythos als Kollektivsymbol der jüdischen Diasporaexistenz aufgerufen, wenn die Ich-Erzählerin ihre „Herkunft aus fast allen Ländern Europas" mit verschiedenen temporären Aufenthaltsorten als „Inseln im Meer des Exils" charakterisiert, die sich „Wanderungen, Vertreibungen, Entdeckerlust oder einfach Geschäftsinteresse" (Honigmann 2005, S. 89) verdanken. Obwohl in keinem der Texte eine explizite Nennung des Ahasvermythos erfolgt, sind die Anklänge mehr als deutlich – vor allem im Hinblick auf die Charakterisierung der jüdischen Geschichte als permanenter Exilexistenz, worin sich als spezifische Zeitordnung des Mythos eine „ewige Wiederkunft des Gleichen" widerspiegelt (vgl. Blumenberg 1971, S. 29).

Theoretische Perspektivierungen

Die Dekonstruktion der starren Dichotomisierung und binären Kategorisierung von Eigenem und Fremdem, die in Homi K. Bhabhas Konzept des „Dritten Raumes" in Form eines „Schwellenraum[s] zwischen den Identitätsbestimmungen" (Bhabha 2000, S. 5) Ausdruck findet, wird in *Eine Liebe aus Nichts* vor allem in Bezug auf die „Ellis-Island"-Metapher virulent, die als weiterer Mythos im Text fungiert und die Identitätskonflikte der Ich-Erzählerin reflektiert. Der Pariser Geliebte Jean-Marc, der ebenfalls aus einer jüdischen Exilantenfamilie stammt, die sich in den USA angesiedelt hat, bietet ihr in Paris an, sie zu heiraten: „[...] und dann sei alles ganz einfach und ich käme ganz schnell von Ellis Island herunter" (*LaN*, 57). Die Ich-Erzählerin entgegnet jedoch: „Ellis Island ist meine Heimat" (ebd.). „Ellis Island" stellt für sie einen Ort dar, an dem verschiedene ethnische und nationale Gruppen mit den Spannungen innerhalb ihrer Identität leben können – ohne sich eindeutig auf eine Zugehörigkeit festlegen zu müssen (vgl. Herzog 2008, S. 145). Damit avanciert „Ellis Island" zum geradezu paradigmatischen „third space", der im „zwischenräumlichen Übergang zwischen festen Identifikationen" (Bhabha 2000, S. 5) im Dienste einer Hybridität als „kulturelle[r] Mehrfachzugehörigkeit" (Bachmann-Medick 2006, S. 200) steht.

Gleichwohl steht „Ellis Island" ebenso für einen Zustand der Heimatlosigkeit und der Suche nach einem Neuanfang in Paris und veranschaulicht die ambivalente Wahrnehmung des Exildaseins durch die Ich-Erzählerin, die der ausschließlich positiven Konnotation innerhalb der *Postcolonial Studies* entgegensteht (vgl. Herzog 2008, S. 150). So fühlt sich die Ich-Erzählerin in Frankreich zunächst einsam (vgl. *LaN*, 15ff.). Diese Emotion umschreibt sie wiederum im Rekurs auf die „Ellis Island"-Metapher: „Saß da oder lief herum wie auf Ellis Island, eine Einwanderin, eine Auswanderin, eine Spaziergängerin" (*LaN*, 20). Darin artikuliert sich ein Gefühl der Nichtzugehörigkeit, das die Ich-Erzählerin in Paris beherrscht. „Ellis Island" wird damit auch für die negativen Aspekte des Exils in Anspruch genommen.

Dem dekonstruktiven Nationenkonzept der postkolonialen Theorie steht der Kulturnationalismus als Mythos vom ‚anderen Deutschland' im Werk Barbara Honigmanns diametral entgegen. Der Mythos vom ‚anderen Deutschland' beschreibt eine Programmatik des kulturellen Nationalismus während der Zeit des Exils von 1933 bis 1945, der im Rückgriff insbesondere auf die Weimarer Klassik postuliert, dass die Exilanten das ‚eigentliche' und damit ‚bessere' Deutschland vertreten. Nach 1945 geht diese Erzählung vom ‚anderen Deutschland' in das Selbstverständnis der SBZ/DDR ein, als jenem Teil Deutschlands, der an diese Tradition anknüpft und sich ganz konkret um die Rückkehr und um Existenzmöglichkeiten von Exilanten in Deutschland bemüht. Durch einen essentialistisch aufgeladenen Kulturnationalismus in Honigmanns Werk besteht eine Verbindung zum Mythos des ‚anderen Deutschland', der mit einer „Ästhetisierung zum Land der Klassiker" (Kilcher 2002, S. 137) bei gleichzeitiger „Distanznahme zum aktuellen Deutschland" (ebd.) einhergeht. In diesem Verständnis bezeugt sich ein tendenziell vergangenheitsorientierter Kulturbegriff. Dieser bekundet sich in *Eine Liebe aus Nichts* in der immer wieder auftauchenden Thematisierung von Schloss Belvedere als Aufenthaltsort Johann Wolfgang von Goethes. Geradezu leitmotivisch zieht sich ferner der von Goethe importierte Gingkobaum im Garten von Schloss Belvedere durch den Text (*LaN*, 8, 77 u. 90). So lässt sich die Tatsache, dass die Ich-Erzählerin am Ende des Romans ein paar Blätter vom Gingkobaum in ihrer Manteltasche mitnimmt, als Indiz für den nostalgischen Blick auf die ‚Weimarer Klassik' lesen, der als Metapher für eine tiefe, kulturelle Verwurzelung in Deutschland steht.

Der Roman wird aus der Perspektive einer Exilant*in* erzählt, die Verbindung von Exil und Genderperspektive durchzieht somit den gesamten Roman. Verstärkt wird diese weibliche Perspektive am Ende des Romans noch einmal, wenn die Ich-Erzählerin den alten Kalender, den ihr verstorbener Vater im englischen Exil benutzte, als Erbin an sich nimmt und mit eigenen aktuellen Eintragungen weiterführt. Zum einen wird damit die Erzählung des Exils grundsätzlich erweitert, wenn sie um eine weibliche Perspektive ergänzt und in die Gegenwart der ‚zweiten Generation' hineingeholt wird. Zum anderen kommt in diesem Bild jedoch auch die Gemeinsamkeit zwischen der väterlichen und der töchterlichen Exilerzählung zum Ausdruck. Diese besteht im Status des Außenseiters, den beide teilen. Im Anschluss an Karen Remmler (Remmler 2002, S. 45) mit Walter Benjamin gelesen, lässt sich dieser Status als charakteristisch für die Figur des Flaneurs (vgl. Benjamin 1974, S. 568) ausmachen. In der Tat verhält sich die Ich-Erzählerin in *Eine Liebe aus Nichts* im Zuge ihrer Erkundung des Exilorts Paris wie ein weiblicher Flaneur, der „dann jeden Tag auf Streifzüge längs und quer durch die Stadt gegangen [ist]" (*LaN*, 13). Den Streifzügen der Ich-Erzählerin ist darüber hinaus eine gewisse Ziellosigkeit inhärent. Das Tempo der Ich-Erzählerin während ihrer Streifzüge ist jedoch entgegen der Benjamin'schen Konzeption nicht von Gemächlichkeit geprägt, sondern sie ist voller Elan, „der wie eine Wut war, als ob ich das Land überrennen und es mir unterwerfen könnte" (*LaN*, 149). Die Flaneurin in Barbara Honigmanns Roman ist als eine Figur konzipiert, die sich im Unterschied zu ihren männlichen, nicht der Erfahrung des Exils ausgesetzten Vorläufern mit zielsicherer Entschlossenheit das auf den ziellosen Spaziergängen erkundete Gebiet zu eigen machen möchte. Dieser Versuch scheitert in der säkularen Großstadt Paris. Er glückt erst mit der Aufnahme der Ich-Erzählerin in die orthodoxe jüdische Gemeinde in Straßburg.

In Honigmanns Romanen werden die jüdischen Protagonisten weder in Deutschland noch in säkularen Umgebungen (wieder) heimisch. Nach 1945 als deutsche Jüdin an einem Ort zu Hause zu sein, ist nur dann möglich, wenn Heimat nicht nur negativ definiert wird – als Nicht-Deutschland, als Nach-Auschwitz –, sondern zugleich auch positiv gefasst werden kann. In *Eine Liebe aus Nichts* wie auch in den anderen Romanen Honigmanns ist Zuhausesein gebunden an ein Verständnis von Judentum, das sich nicht ausschließlich auf die Erfahrung von Auschwitz gründet, sondern das zuallererst religiös fundiert ist (vgl. Bannasch 2013).

Exil und Erinnerung
Das kommunikative Gedächtnis als „Austausch lebendiger Erinnerung zwischen Zeitzeugen und Nachkommen" (Erll 2003, S. 160) ist im Werk Honigmanns kaum vorhanden. Die Fragen der Kinder nach den durch die Nationalsozialisten ermordeten Familienmitgliedern, Gespräche über die Großeltern oder über die Motivation, nach 1945 in die DDR zu gehen, bleiben von den Eltern unbeantwortet (vgl. Honigmann 2005, S. 13). Stattdessen hat eine ritualisierte Form der Erinnerung das kommunikative Gedächtnis ersetzt, die sich in Form der Legendenbildung vollzieht und von der Ich-Erzählerin in *Eine Liebe aus Nichts* in expliziten Bezug zur Odyssee gesetzt wird. Sie spricht mit Jean-Marc, ihrem jüdischen Freund in Paris, dessen Eltern ebenfalls Exilanten sind, von diesen Legenden:

> Meistens sprachen wir von unserer Herkunft, von unseren Eltern, woher sie kamen und wie sie vor den Nazis geflüchtet waren. Ihre Emigrationsrouten und Erlebnisse in den fremden Ländern waren wie Mythen unserer Kindheit und unseres Lebens überhaupt, wie die Irrfahrten des Odysseus; Legenden, tausendmal erzählt. Jetzt wiederholten wir sie uns gegenseitig, sangen sie fast im Chor, wie verschiedene Strophen ein und desselben Liedes. (*LaN*, 55)

Die angeführte Stelle macht die „Wiederholung des Immergleichen" als einzigen Inhalt des Mythos (vgl. Blumenberg 1971, S. 32) offenkundig. Das sich darin abzeichnende kulturelle Gedächtnis als eine „zeremonialisierte Form der Erinnerung" (Erll 2003, S. 171) hat „mythische, als die Gemeinschaft fundierend interpretierte Ereignisse einer fernen Vergangenheit" (ebd., S. 172) zum Gegenstand. In Honigmanns Roman ist es Grundlage des Zusammenseins zwischen der Ich-Erzählerin und Jean-Marc. Damit entsteht eine Gemeinschaft zwischen den beiden, die bereits zwischen den Remigranten in der DDR typisch war. Schon für das Leben der einstigen Exilanten in der DDR zeichnet Honigmann eine vergleichbare Gedächtniskultur, die sich im „Bann der Gesänge von mythischen Orten und Begebenheiten, tausendmal genannt und zugleich von viel Schweigen umgeben" (*LaN*, 11), vollzieht. In *Damals dann und danach* gibt die Ich-Erzählerin einer solchen Erinnerung in einem formalästhetisch an die Odyssee angelehnten Gesang Ausdruck. Scheint dieser im ersten Teil noch der Zeit entrückt, „Die Routen des

Exils / Überfahrten bei stürmischer See [...] Die Insel des Überlebens / Eine fremde Sprache" (Honigmann 2005, S. 11f.), ist der zweite Teil an die realen historischen Ereignisse während des Nationalsozialismus und des Exils, „Wien vor dem Krieg [...] / Paris bis zur Okkupation / London / Bomben auf London / der Blitz" (ebd.), gekoppelt. Auch hier wird folglich eine Rückbindung des Mythos an die Geschichte konstruiert.

Die Tradierung des Exils in Form des kulturellen Gedächtnisses ermöglicht es den Eltern, nicht über ihre persönlichen Traumata des Exils sprechen zu müssen und weiteres Nachfragen zu verhindern sowie im Sinne einer Distanznahme traumatische Ängste hinter sich zu lassen (vgl. Blumenberg 1971, S. 17). Vor diesem Hintergrund wird der Rekurs auf den Odysseusmythos in Barbara Honigmanns *Eine Liebe aus Nichts* und in *Damals, dann und danach* als eine Metapher lesbar, die für das zwischen den Emigranten und ihren Kindern bereits etablierte kulturelle Gedächtnis des Exils steht. Gleichzeitig versucht die Ich-Erzählerin unaufhörlich, das kulturelle Gedächtnis in Gestalt des Mythos zu durchbrechen und die dahinterliegende persönliche Familiengeschichte zu rekonstruieren. Daraus resultierend, wird der Mythos einerseits zum Instrument der Selbstvergewisserung und Identitätsstiftung der Remigranten in der DDR. Andererseits bedeutet der Rekurs auf den Mythos eine bewusste Verschleierung der persönlichen Geschichte und bewirkt ein Abgeschnittenwerden von den eigenen Wurzeln, was im Falle der Ich-Erzählerin die Zugehörigkeit zum Judentum darstellt. Damit kann die Religion als Versuch der Rekonstruktion eines ‚authentischen' Ichs gewertet werden, die damit im Gegensatz zum ‚säkularen' Mythos steht.

Fazit

Die Analyse von *Eine Liebe aus Nichts* hat verdeutlicht, dass das Exilverständnis in Barbara Honigmanns Exilroman der ‚zweiten Generation' in den Spannungsfeldern zwischen Mythos und Realität sowie Mythos und Religiosität anzusiedeln ist. Dabei sind die ersten beiden Komponenten eng miteinander verschränkt, wie die Analyse des Ahasver- und des Odysseusmythos gezeigt hat, während die Beziehung zwischen den letzteren Aspekten von einem diametralen Gegensatz geprägt ist. Dieser Gegensatz konturiert sich entlang der Dichotomie von Heimat und Exil. So stellt die Religion für die Ich-Erzählerin im Gegensatz zur imaginären, von Hybridität geprägten Heimat Ellis Island eine ‚authentische' Heimat dar. Nur von der Religion verspricht sich die Ich-Erzählerin Rettung aus der als feindlich erlebten Umwelt und ein Ende der transzendentalen Obdachlosigkeit (vgl. Honigmann 2006, S. 24f.). Dagegen steht der Rekurs auf den Mythos für das Exil, das in Honigmanns Romanen als generationenübergreifendes Schicksal erzählt wird. Dabei wird jedoch angestrebt, den mythischen Legenden der Elterngeneration eine persönliche Perspektive entgegenzusetzen, die das Exil sowie die Heimat- und Wurzellosigkeit anders als der postkolonialistische Ansatz nicht nur als positive Phänomene charakterisiert, sondern durchaus auch deren negative Aspekte in den Blick nimmt.

Marguerite Markgraf

Literatur

(*LaN*) Honigmann, Barbara: *Eine Liebe aus nichts* (1991). München 2008.

Bachmann-Medick, Doris: *Cultural Turns*. Hamburg 2006.
Bannasch, Bettina: „‚Wegen der Auferstehung der Toten'. Zur Bedeutung des Jüdischen für das Erzählen im Werk Barbara Honigmanns". In: *Kurz hinter der Wahrheit und dicht hinter der Lüge. Zum Werk Barbara Honigmanns*. Hg. v. Amir Eshel u. Yfaat Weiss. Paderborn 2013, S. 131–147.
Benjamin, Walter: „Charles Baudelaire. Ein Lyriker im Zeitalter des Hochkapitalismus". In: *Gesammelte Werke*, Bd. I/2. Hg. v. Rolf Tiedemann u. Hermann Schweppenhäuser. Unter Mitw. v. Theodor W. Adorno u. Gershom Scholem. Frankfurt a. M. 1974, S. 509–690.
Bhabha, Homi K.: *Die Verortung der Kultur*. Übers. v. Michael Schiffmann u. Jürgen Freudl. Tübingen 2000 (Engl.: *The Location of Culture*, 1994).
Blumenberg, Hans: „Wirklichkeitsbegriff und Wirkungspotential des Mythos". In: *Terror und Spiel. Probleme der Mythenrezeption*. Hg. v. Manfred Fuhrmann. München 1971, S. 11–66.
Ehlers, Hella: „‚Im Bann der Gesänge von den mythischen Orten und Begebenheiten' – Erinnerndes Erzählen (nicht) geteilter Mythen bei Barbara Honigmann". In: *Mythisierungen. Entmythisierungen. Remythisierungen*. Hg. v. Edgar Platen u. Martin Todtenhaupt. München 2007 (Zur Darstellung von Zeitgeschichte in deutschsprachiger Gegenwartsliteratur IV), S. 166–189.
Erll, Astrid: „Kollektives Gedächtnis und Erinnerungskulturen". In: *Konzepte der Kulturwissenschaften*. Hg. v. Ansgar u. Vera Nünning. Stuttgart 2003, S. 156–185.
Herzog, Todd: „A German-Jewish American Dialogue? Literary Encounters between German Jews and Americans in the 1990s". In: *Rebirth of a Culture. Jewish Identity and Jewish Writing in Germany and Austria today*. Hg. v. Hillary Hope Herzog. New York 2008, S. 143–153.
Honigmann, Barbara: *Damals, dann und danach*. München 2005.
Honigmann, Barbara: *Roman von einem Kinde*. München 2006.
Kilcher, Andreas B.: „Exterritorialitäten. Zur kulturellen Selbstreflexion der aktuellen deutsch-jüdischen Gegenwartsliteratur". In: *Deutsch-jüdische Literatur der neunziger Jahre. Die Generation nach der Shoah*. Hg. v. Gilman Sander u. Hartmut Steinecke. Berlin 2002, S. 131–146.
Remmler, Karen: „Orte des Eingedenkens in den Werken Barbara Honigmanns". In: *Deutsch-jüdische Literatur der neunziger Jahre. Die Generation nach der Shoah*. Hg. v. Gilman Sander u. Hartmut Steinecke. Berlin 2002, S. 43–58.
Thomalla, Ariane: „Von Ost-Berlin nach Straßburg. Gespräch mit der deutsch-jüdischen Schriftstellerin Barbara Honigmann". In: *Zeitschrift für Fragen der DDR und der Deutschlandpolitik* 19 (1986), S. 1204–1208.

Anna Maria Jokl: *Die Reise nach London. Wiederbegegnungen* (1999)

Anna Maria Jokl * 23. 1. 1911 Wien, † 21. 10. 2001 Jerusalem. Stationen des Exils: 1933–1939 Prag, 1939–1949 London, 1948/49 Zürich, 1950 Berlin (DDR), nach der Ausweisung 1950–1965 West-Berlin, ab 1965 Jerusalem.

Inhalt

Im Jahr 1977 entschließt sich die 66-jährige Erzählerin zu der titelgebenden Reise nach London, zurück an den Ort also, an dem sie 1939–1949 im Exil lebte. Als Grund für die Reise benennt sie das anfänglich noch undeutliche Bedürfnis nach einer Bilanz (*RnL*, 7 f.). Die 30-tägige Londonreise steckt den Rahmen für die erzählte Zeit; die Erzählung, die in insgesamt acht Kapitel unterteilt ist, setzt während des Hinfluges ein und schließt in der Abflughalle in London-Heathrow. Ohne zunächst bewusste Erinnerungsarbeit leisten oder die Vergangenheit gezielt einholen zu wollen, flaniert die Erzählerin durch die englische Hauptstadt. Alltägliche Pläne bestimmen dabei ihre Wege: ein Parkspaziergang, ein Mantelkauf, ein Theaterbesuch, Wiedersehen mit Freunden. Zusehends wird jedoch London für sie zur Topografie ihrer Erinnerungen, die Reise zu einer Zeitreise in die Vergangenheit. Bestimmte Orte – Straßenzüge und -kreuzungen, Parkanlagen – evozieren Erinnerungen an die Exilzeit, aber auch an die Zeit vor und nach dem Exil; in Gesprächen mit Freunden werden die vergangenen Jahre erinnert. Auf diese Weise erfährt der Leser nach und nach von dem wechselvollen Leben der Erzählerin, die als Autorin, Schauspielerin, Journalistin, Hörspiel- und Drehbuchautorin sowie Psychotherapeutin in Wien, Berlin, Prag, London, Ost- und West-Berlin und Jerusalem lebte und arbeitete. In die zeitliche Mitte des Aufenthalts fällt der höchste jüdische Feiertag, der Jom Kippur. Der zunächst persönliche Wunsch nach Bilanzierung wird am Feiertag zur Forderung und damit in einem jüdischen Kontext wiederholt. Dass der Abschluss der Reise gleichzeitig als endgültiger Abschluss mit dem vergangenen Leben in Europa gedeutet werden kann, legt die Pointe am Ende der Erzählung nahe: Unbewusst wechselt das erlebende Ich am Flughafen ins Hebräische, in die Sprache der selbstgewählten, späten Heimat Israel: „Im Gewirr des entgegenkommenden Menschenstroms stieß ich mit einem Mann zusammen und sagte nicht ‚Pardon', sondern erstaunlicherweise ‚Slicha'. Hebräisch. Pardon auf Hebräisch." (*RnL*, 125)

Die Erzählerin kann als die Autorin Anna Maria Jokl identifiziert werden, da der ‚autobiografische Pakt' nach Philippe Lejeune mit der Namensidentität von Autor, Erzähler und Figur erfüllt ist (auf S. 77 ist von „Miss Jokl" die Rede).

Analysen

Narrationen des Exils
Die Reise nach London ist ein Text des Nachexils, den Jokl Ende der 1980er Jahre geschrieben hat. Er bildet zusammen mit dem Erzählungsband *Essenzen* das autobiografische Spätwerk Anna Maria Jokls. Die autobiografische Wende in ihrem Werk, die mit dem Erscheinen der Erzählung *Am Ende des Weges. Leben und Tod von Kafkas Schwester Otla* (späterer Titel: *Stein auf ein unbekanntes Grab*) auf das Jahr 1969 datiert werden kann und gleichzeitig, nach 25 Jahren, Jokls Rückkehr als Autorin markiert, geht über den zu Beginn in *Die Reise nach London* formulierten Anspruch einer Lebensbilanz im Alter hinaus: Nach der Erfahrung des Exils und der Gewissheit der Schoah, in der sie Mutter und Stiefvater verlor, muss das autobiografische Schreiben als die für Jokl einzig mögliche und sinnvolle Art des Schreibens verstanden werden. Nach der produktiven und unerwartbar erfolgreichen Zeit im Prager Exil als Kinderbuchautorin (*Die wirklichen Wunder des Basilius Knox*; *Die Perlmutterfarbe*) war Jokl in London in eine tiefe Lebens- und Schaffenskrise geraten. Durch eine Ausbildung zur tiefenpsychologisch geschulten Psychotherapeutin konnte sie die Krise überwinden, das literarische Schreiben gab sie jedoch auf.

Jokls Entscheidung, erneut als Autorin an die Öffentlichkeit zu treten, ist auf mehrere Faktoren zurückzuführen, die allesamt mit zeitgenössischen Gedenk- und Erinnerungsdiskursen im Kontext der Verbrechen des Nationalsozialismus in Zusammenhang gebracht werden können: Zum einen findet Jokl über ihre psychotherapeutische Arbeit in West-Berlin mit deutschen jüdischen und deutschen nichtjüdischen Patienten, die durch den Nationalsozialismus traumatisiert waren (vgl. hierzu Jokl 1997c), zu einer Autorschaft zurück, in der die eigene Zeitzeugenschaft sowie die Perspektive der Therapeutin maßgeblich die Erzählhaltung profilieren. Vor allem ist es aber das ihr spätestens seit den 1980er Jahren entgegengebrachte Interesse an ihrer Lebensgeschichte, das Jokl noch einmal motiviert hat, Auskunft zu geben. *Die Reise nach London* ist der Schlusspunkt einer Entwicklung, in der das erzählende, autobiografische Subjekt immer selbstbewusster in den Vordergrund tritt. Erscheint die Erzählerin der *Essenzen* noch sehr zurückgenommen, wenn sie im autobiografischen Text gleichzeitig als Biografin anderer fungiert oder lediglich im Schnittpunkt der Begegnungen mit anderen präsent wird (zur autobiografischen Poetik der Begegnung vgl. Tharr 2011), steht in *Die Reise nach London* Jokls eigene Lebensgeschichte im Zentrum. Der Untertitel der Erzählung *Wiederbegegnungen* – eine Anspielung auf die Widmung „Aufs Wiederbegegnen" von Martin Buber in einem Buchgeschenk an Jokl (siehe *RnL*, 94) – markiert aber das Thema der „wahren Begegnung" nach wie vor als ein zentrales. Die Erfahrung des Exils ist wie in vielen Autobiografien von Exilanten auch in *Die Reise nach London* die traumatische Erfahrung gleich mehrerer Lebenszäsuren: Jokls vielversprechende, noch junge Karriere als Hörspiel- und Drehbuchautorin in Berlin wird durch die Emigration nach Prag 1933 radikal abgebrochen. Die Flucht 1939 nach London wiederum beendet (bis auf kleinere Versuche) nicht nur ihre Arbeit als Kinderbuchautorin, sondern veranlasst sie auch zu dem generellen Entschluss, das literarische Schreiben aufzugeben. Wie *Die Reise nach London* deutlich macht, beschränkt sich die Erfahrung des Bruchs und der Vertreibung jedoch nicht auf die Zeit zwischen 1933 bis 1945. Erst in den Nachkriegsjahren, während ihres Studiums am Züricher C.G. Jung-Institut (1948/49), wird Jokl persönlich mit antisemitischen Ressentiments konfrontiert, auf die sie das Nichtbestehen ihres psychotherapeutischen Propädeutikums zurückführt. „Der erste Schlag", so der Titel des Kapitels, in der diese Zeit in Zürich geschildert wird, findet *nach* 1945 statt. „Der zweite Schlag", so der Titel des folgenden Kapitels, beschreibt Jokls Ausweisung aus der DDR im November 1950. Jokl verdeutlicht mit ihrer Erzählung, dass es die Möglichkeit eines Neuanfangs nach der proklamierten ‚Stunde Null' besonders für eine Jüdin in Deutschland kaum gab – im Gegenteil: Die „Schläge" des Nachexils empfindet sie als weitaus traumatischer als die entbehrungsreiche Zeit des Exils.

Nicht nur die exiltypischen Erfahrungen von Außenseitertum und Entwurzelung reichen über die Exilzeit hinaus, vor allem ist auch die Wahrnehmungsweise der Exilantin irreversibel verändert. Dies wird jedoch keineswegs als ein Nachteil empfunden, sondern macht eine Art der Realitätswahrnehmung und -deutung möglich, die auch maßgeblich die Poetologie bestimmt. Hier lassen sich die von Elisabeth Bronfen in die deutschsprachige literaturwissenschaftliche Exilforschung eingeführten Begriffe Edward Saïds fruchtbar machen: die „Originalität des Blicks", die dem Exilanten fernab der Heimat möglich ist und sich in einem „kontrapunktischen Bewusstsein" niederschlägt (vgl. Bronfen 1993; Saïd 2000). Die für die Erzählweise der Autobiografie besondere Gegebenheit der doppelten Perspektive – die Schreibgegenwart des autobiografischen Ichs als erzählendes Ich einerseits und die Vergangenheit des erzählten Ichs andererseits – wird in *Die Reise nach London* durch die exilbedingte „Originalität des Blickes" spezifiziert, die aus der Spannung zwischen gegenwärtiger Wahrnehmung und Erinnerung an die Vergangenheit resultiert. London, das einst auf der Flucht vor den Nationalsozialisten das Überleben sicherte, wird nun in der Wiederholung zum selbstgewählten, freiwilligen Ziel einer Reise. In diesem Raum, den Jokl als ‚Flaneurin' zu ihrem Erinnerungs- und Erzählraum macht, wird die Erfahrung des Exils in eine Poetologie gebannt, die den Erinnerungen an eine Zeit der Unsicherheit, Abhängigkeit und Handlungsohnmacht die souveräne Beherrschung der Gegenwart in der Rahmenhandlung entgegensetzt.

Hinsichtlich eines Nachdenkens über eine spezifisch *jüdische* Exilliteratur im Zeitraum von 1933 bis 1945 kann *Die Reise nach London* in ihrer Reflexion des

Exils und Nachexils als ein weiteres bestätigendes Beispiel für die These Itta Shedletzkys gelten, dass die deutsch-jüdische Literatur nach 1933 „keine grundsätzlich neuen Fragestellungen oder Formen der Auseinandersetzung mit dem ‚Jüdischen' geschaffen, sondern intensiviert, verschärft oder mit neuen Akzenten versehen [hat], was in dieser oder jener Form in der Literatur vor 1933 schon vorgegeben [...] war" (Shedletzky 1993, S. 4). Bereits das Motto des ersten Kapitels – „Von Haus zu Haus ziehen kostet ein Hemd / Von Ort zu Ort – ein Leben." (*RnL*, 5) –, ein ausgewiesenes Zitat aus dem Midrasch *Bereshit raba*, bindet die Exilerfahrung an die Geschichte der jüdischen Diaspora. Die Exiljahre 1933–1945 werden in den gesamthistorischen Kontext jüdischer Verfolgung gestellt und damit als eine Grunderfahrung der jüdischen Geschichte eingeordnet. Jokl geht in ihrer Erzählung aber auch über diesen jüdischen Referenzraum hinaus. Ihre zahlreichen literarischen Anspielungen zur Selbststilisierung – „ich kam mir vor wie Rip van Winkle" (*RnL*, 15), „eine lächerliche, unzeitgemäße Jeanne d'Arc" (*RnL*, 66), „Warum schwieg Olga?" in Anspielung auf Kafkas *Das Schloß* (*RnL*, 72) – verdeutlichen, dass für Jokl die Literatur ein Archiv menschlicher Grunderfahrungen darstellt und das Außenseitertum zur existentiellen Erfahrung macht.

Theoretische Perspektivierungen
Die Ankunft der Exilanten in England, so erinnert sich die Erzählerin, ist geprägt von einem starken Alteritätsdenken, das eine strikte Abgrenzung der Exilanten gegenüber der Bevölkerung des Gastlandes zur Folge hat. Es gibt „die Engländer" und „wir Europäer". Nationale Klischees wie der höflich-korrekte, aber reservierte Engländer und der warmherzige und widerständige Prager werden in *Die Reise nach London* reproduziert und einem ‚Volkscharakter' zugeschrieben. In die retrospektive Erzählung mischt sich aber auch die Sicht der tiefenpsychologisch geschulten Therapeutin. Diese subvertiert die essentialistische Vorstellung einer an eine Nationalität gebundenen Identität, wenn die Erzählerin die Empfindungen von Alterität und Fremdheit, die durch die Bedrohung der eigenen Identität ausgelöst werden, als „Archetyp" und damit als unreflektiertes Resultat von Projektionen (wenn auch nicht vollends als Konstrukt) erkennt (vgl. *RnL*, 18). Findet also im Hinblick auf ein Nationalitätsdenken eine Re-Essentialisierung statt, die in Ansätzen durch die tiefenpsychologische Vorstellung der Projektion unterlaufen wird, wird das Konzept von Heimat als eine an Nationalität gebundene Vorstellung schlussendlich verabschiedet. Die Frage nach Heimat ist für Jokl nicht die Frage nach einem Land oder einem konkreten Ort, sondern nach dem „eigenen Platz":

> Der eigene Platz. In einem geographisch so herumgewirbelten Leben, in Prag, in London, war er der Anker in der Entwurzelung, selbst wenn er, immer auf wunderbare Weise zustande gekommen, nur mit einer alten Couch, mit Orangenkisten und Rupfen möbliert war; kein Boardinghouse, kein geschmackloses fremdes Möbelstück, keine falsche Farbe. Autark. *(RnL*, 88; siehe hierzu auch den kurzen Nachlasstext *Heimat* von 1940 in Jokl 2011, S. 65).

In autobiografischen Nachlassaufzeichnungen imaginiert Jokl sich selbst – nicht zuletzt auch in ihrer Funktion als Psychotherapeutin – als diesen Platz: „Ich glaube, ich starb; und wurde dieser Platz, wo man hingehen kann, für andere." (ebd., S. 97) Im gleichen Zuge verzichtet sie auf den Anspruch, selbst einen solchen Ort haben zu dürfen. Dieser Verzicht auf einen Heimatanspruch wird in *Die Reise nach London* allerdings zugunsten der durchaus mit Kompromissen behafteten Entscheidung, nach Israel zu gehen und die israelische Staatsbürgerschaft anzunehmen, wieder zurückgenommen. Jokl entwirft vielmehr Jerusalem als neuen Heimatort, wenn sich dort ihr anheimelndes „Wunschbild" von einem winterlichen „Bergdorf" (*RnL*, 88) verwirklicht, als es eines Tages in den judäischen Bergen zu schneien beginnt. Die israelische Staatsbürgerschaft angenommen zu haben, erscheint ihr als eine „historische Konsequenz" (*RnL*, 112); Israel ist der Ort zu leben, „for better or worse" (*RnL*, 121, siehe zum Thema „Heimat" auch Herweg 2011, S. 176 ff.). Das Motto des Schlusskapitels, ein Zitat der Dichterin Elisabeth Borchers, verdeutlicht hingegen erneut die ‚Entortung' von Heimat – eine auch im Judentum, dem ‚Volk des Buches' tradierte Vorstellung: „Und was du weißt, hat keinen anderen Ort." (*RnL*, 123)

Gendertheoretische Überlegungen können an den folgenden markanten, aber auch einzigen expliziten Satz zum Thema anschließen:

> Was für ein Programm heute gemacht wird aus *Women's Lib*! Es war mir natürlich, ohne Formulierung, ohne darüber nachzudenken – undemonstrativ gelebt und so selbstverständlich verstanden wie respektiert. Ich wußte, daß Einsamkeit nicht abzuhelfen ist mit Kompromissen und den ringsum üblichen Aventüren. *(RnL*, 35)

Sowohl die Emanzipationsbewegung als auch die Differenz der gesellschaftlichen Rollenbilder von Mann und Frau scheinen Jokl in *Die Reise nach London* nicht zu kümmern. Einen ganz anderen Eindruck vermitteln allerdings ihre autobiografischen Aufzeichnungen aus den unterschiedlichsten Lebensphasen. Hier beklagt sie häufig die Schwierigkeiten, die eine talentierte, ehrgeizige Frau – noch dazu eine Jüdin – in der Männergesellschaft zu überwinden habe. Diese doppelte Marginalisierung, Frau und Jüdin zu sein, thematisiert Jokl sowohl in der Zeit des Exils als auch des Nachexils als ein erhebliches Problem. Umso interessanter ist vor diesem Hintergrund die Aussparung des Themas in *Die Reise nach London*. Im Rückblick aus der Gegenwart der in Israel lebenden Autorin und

Psychotherapeutin erscheinen ihr diese Geschlechterkämpfe offenbar nicht mehr von Bedeutung. „Women's Lib!" ist kein Thema, für das sie sich in ihrer Autorschaft als Zeitzeugin und Überlebende verantwortlich fühlt. An die Stelle eines Nachdenkens über das Frau-Sein ist die stolze Behauptung eines kompromisslosen, geschlechtsunabhängigen Einzelgängertums getreten.

Exil und Erinnerung
Die im Nachlass überlieferten autobiografischen Fragmente und Entwürfe zeigen, dass Jokl beim Schreiben von *Die Reise nach London* ihre zu unterschiedlichsten Zeiten verfassten autobiografischen Texte verwendet hat. Viele dieser fragmentarischen Entwürfe und Aufzeichnungen aus mehreren Jahrzehnten hat sie passagenweise, zum Teil wortwörtlich, in die Erzählung eingearbeitet. Textgenetisch erweist sich *Die Reise nach London* damit als literarische Bearbeitung des eigenen autobiografischen Archivs. Die prägnante Selbstbeschreibung aus den *Essenzen*, „Aber man vergisst nichts, nichts. Man ist alles Gewesene; die Verschmelzung aller Abläufe in Gleichzeitigkeit, ein neues chemisches Element" (Jokl 1997b, S. 106), wird damit auch als Poetologie ihrer Autobiografie lesbar.

Auffällig an dieser Erinnerungserzählung ist, dass sie ohne selbstreflexive Passagen auskommt, in denen die Schwierigkeit, Unzuverlässigkeit und Unzulänglichkeit von Erinnerungen thematisiert würde. Dass die Psychotherapeutin Jokl fraglos sehr genau um die Funktionsweise von Erinnerungsvorgängen wusste, beweist die hohe Erinnerungshaftigkeit, das heißt die mimetisch genaue sprachliche Inszenierung von Erinnerungsvorgängen, die der Text aufweist und die bei der Lektüre den Eindruck einer souveränen Beherrschung des Erinnerungsmaterials erweckt.

Fazit

Die Reise nach London ist bislang kein Text des exilliterarischen Kanons. Diese Erzählung verdient jedoch nicht nur als autobiografische Erzählung des Exils Aufmerksamkeit, sondern erweist sich besonders im Hinblick auf eine Einbeziehung des Nachexils in die Exilforschung als bemerkenswert und unterstreicht zudem die Notwendigkeit, den zeitlichen Bezugsrahmen über die Jahre 1933–1945 hinaus auszuweiten.

Der Anspruch der Erzählung geht über den einer ichbezogenen Lebenserzählung hinaus. Essayistisch-reflektierende Passagen, die erkennen lassen, dass Jokl auch ihr tiefenpsychologisches Wissen in ihre späte Autorschaft integriert hat, versuchen die enge Verwicklung von individuellen Lebensläufen und der Geschichte des 20. Jahrhunderts in ihrer Gesamtheit und Komplexität zu begreifen.

Selbstreflexive Überlegungen zum Komplex Erinnern und Erzählen werden hingegen ausgespart, wodurch der Eindruck einer souveränen Erzählhaltung erzeugt wird. Die vehement vorgetragene Wahrnehmungs- und Deutungskompetenz ist als Gestus der Selbstbehauptung im Nachexil zu verstehen sowie im Hinblick auf die existentielle Suche nach dem „eigenen Platz" – ganz im Sinne des letzten Mottos: „Und was du weißt, hat keinen anderen Ort" (*RnL*, 123).

Jennifer Tharr

Literatur

(*RnL*) Jokl, Anna Maria: *Die Reise nach London. Wiederbegegnungen.* Frankfurt a. M. 1999.

Blumesberger, Susanne, Bettina Kümmerling-Meibauer, Jana Mikota u. Ernst Seibert (Hg.): *„Hieroglyphe der Epoche"? Zum Werk der österreichisch-jüdischen Autorin Anna Maria Jokl (1911–2001).* Wien 2013.
Bronfen, Elisabeth: „Exil in der Literatur: Zwischen Metapher und Realität". In: *Arcadia* 28 (1993) H. 2, S. 167–183.
Herweg, Nikola: *„nur ein land / mein sprachland". Heimat erschreiben bei Elisabeth Augustin, Hilde Domin und Anna Maria Jokl.* Würzburg 2011.
Jokl, Anna Maria: *Die Perlmutterfarbe. Ein Kinderroman für fast alle Leute* (1. Aufl. Berlin (SBZ) 1948). Frankfurt a. M. 1992.
Jokl, Anna Maria: *Die wirklichen Wunder des Basilius Knox. Roman über die Physik für Kinder von 10 bis 70 Jahren.* Frankfurt a. M., Leipzig 1997 (Tschech.: Prag 1937, Wien 1948) (= 1997a).
Jokl, Anna Maria: *Essenzen.* Erw. Ausgabe. Frankfurt a. M. 1997 (= 1997b).
Jokl, Anna Maria: *Zwei Fälle zum Thema „Bewältigung der Vergangenheit".* Frankfurt a. M. 1997 (= 1997c).
Jokl, Anna Maria: *Aus sechs Leben.* Hg. u. mit einem Nachw. vers. v. Jennifer Tharr. Mit einem Essay v. Itta Shedletzky. Berlin 2011.
Rieder, Bernadette: *Unter Beweis das Leben. Sechs Autobiographien deutschsprachiger SchriftstellerInnen aus Israel.* Göttingen 2008.
Saïd, Edward W.: „Reflections on Exile". In: *Reflections on Exile and Other Essays.* Cambridge/ Mass. 2000, S. 173–186.
Shedletzky, Itta: „Existenz und Tradition. Zur Bestimmung des ‚Jüdischen' in der deutschsprachigen Literatur". In: *Deutsch-jüdische Exil- und Emigrationsliteratur im 20. Jahrhundert.* Hg. v. Itta Shedletzky u. Hans Otto Horch. Tübingen 1993, S. 3–14.
Tharr, Jennifer: „‚ohne Ansehen der Person'. Anna Maria Jokls autobiografische Poetik der ‚wirklichen Begegnung'". In: *Exil. Forschung, Erkenntnisse, Ergebnisse* (2011) H. 2, S. 20–32.

Mascha Kaléko: *Verse für Zeitgenossen* (1945)

Mascha Kaléko, geb. Golda Malka Aufen (nach der Heirat der Eltern Mascha Engel) *7. 6. 1907 Chrzanów (Westgalizien in Österreich-Ungarn, heute: Polen), †21. 1. 1975 Zürich. Stationen des Exils: 1914 Deutschland, 1938–1959 USA, ab 1959 Israel.

Inhalt

Der Gedichtband *Verse für Zeitgenossen* umfasst insgesamt 45 Gedichte, die größtenteils in der Zeit von 1938 bis zum Ende des Zweiten Weltkrieges entstanden sind. Die drei Kapitelüberschriften „In dieser Zeit", „Lieder für Liebende" und „Das war damals" verweisen programmatisch auf die Themenschwerpunkte Vertreibung, emotionale Entfremdung und sehnsüchtige Erinnerung.

Analysen

Narrationen des Exils
Kaléko emigrierte 1938 mit ihrem zweiten Mann Chemjo Vinaver und dem gemeinsamen Sohn nach New York. Dort konnte sie, abgesehen von einzelnen Veröffentlichungen in der deutsch-jüdischen Zeitschrift *Aufbau*, ihre literarische Tätigkeit nur eingeschränkt fortführen. Umso bemerkenswerter ist das Erscheinen des Gedichtbandes *Verse für Zeitgenossen* 1945 im Schoenhof-Verlag (Cambridge/Mass.), denn er ist eine der wenigen Publikationen deutschsprachiger Exillyrik in den USA.

Eingeleitet wird der Band durch eine dem Sohn Steven gewidmete Zueignung mit dem Titel *Einem kleinen Emigranten*. Kaléko greift bereits hier Stationen der eigenen Exilerfahrung auf: Flucht aus Berlin, Übersiedlung und Auseinandersetzung mit der Gesellschaft und Kultur der USA. Diese biografische Bezugnahme setzt sich in den Gedichten des ersten Kapitels fort. Bereits dessen Überschrift „In dieser Zeit" sowie zahlreiche Zeit- und Ortsangaben stellen den Band explizit in den Kontext der Exilsituation an der Ostküste der USA in den 1930/1940er Jahren. Gleichzeitig wird bereits im ersten Gedicht *Interview mit mir selbst* Flucht und Vertreibung als wiederkehrendes, generationenübergreifendes Phänomen beschrieben: „Ich bin als Emigrantenkind geboren. / [...] Nun hab ich selbst ein Emigrantenkind." (*VfZ* 1945, 175f.)

Die Gedichte des zweiten Kapitels „Lieder für Liebende" sind dagegen von eher allgemeinen, überzeitlichen Motiven wie Trennung, Abschied, Entfremdung und Tod durchzogen: „Weil du nicht da bist, ist mein Herz verwaist" (*VfZ* 1945, 197); „Scheiden heisst sterben. Und Abschied, das ist Tod" (*VfZ* 1945, 199); „Und leise spür ich, wie wir uns entgleiten" (*VfZ* 1945, 202). Aber Kaléko situiert die „Lieder für Liebende" bewusst zwischen den Kapiteln „In dieser Zeit" und „Das war damals", die beide explizit die Exilsituation thematisieren. Die genannten Motive können so durch diesen Kontext immer auch als Ausdruck der traumatischen Migrationserfahrung gelesen werden.

Im letzten Kapitel ruft Kaléko traditionelle Topoi der Heimaterinnerung auf, bricht diese jedoch und unterwandert auf diese Weise einen naiv verklärenden Blick auf ‚Heimat' und ‚Vaterland'. Die Erinnerung an den Schauplatz kindlicher und pubertärer Erlebnisse („Einmal möcht ich dort noch gehn, am Alten Tor, / Wo ich meinen Kinderzahn und mein Herz verlor", *VfZ* 1945, 213) führt so zu der ernüchternden Feststellung, dass in der Heimat auch die Ursache der Vertreibung liegt: „Einmal möcht ich es noch sehen, jenes Land, / Das in fremde Welten mich verbannt." (*VfZ* 1945, 213)

Kalékos Gedichte offenbaren die Ambivalenz, die der Begriff ‚Heimat' für viele Emigranten während der nationalsozialistischen Herrschaft erhielt. Einerseits erkennen sie ihre Heimat in der deutschen Sprache, Kultur und Topografie. Andererseits können sie ein Land, aus dem sie aus ideologischen Gründen vertrieben wurden, in dem eine grausame Diktatur ungehindert Menschenleben auslöschte und von dem ein blutiger Vernichtungskrieg seinen Ausgang nahm, nicht ohne Zögern ‚Heimat' nennen. In dem Gedicht *Emigranten-Monolog* macht Kaléko diese Ambivalenz auch auf der sprachlichen Ebene sichtbar, indem sie Goethes *Heidenröslein* mit NS-Propagandavokabular kontrastiert: „O, Röslein auf der Heide, / Dich brach die Kraftdurchfreude." (*VfZ* 1945, 186) Die hier anklingende Trauer über den Verlust der Heimat wandelt sich in *Hoere, Teutschland!* zu einer direkten Anklage der nationalsozialistischen Verbrecher. Im Wissen um die Gräuel des Holocausts („In memoriam Maidanek und Buchenwald") zeichnet das lyrische Ich hasserfüllt eine düstere Untergangsvision des Regimes: „Der Tag wird kommen, und er ist nicht fern, / Der Tag, da sie ans Hakenkreuz euch schlagen." (*VfZ* 1945, 184)

Es handelt sich somit um einen zweifachen Verlust: Zunächst die Vertreibung aus dem ‚Lebensraum Heimat' und dann der Raub der ‚Erinnerungstopografie Heimat': „Sagtest du: daheim? Räuber sind gekommen, / Haben Licht und Luft und daheim genommen." (*VfZ* 1945, 188) Die Trauer über den Verlust wird so zum Phantomschmerz: „Ich habe manchmal Heimweh. / Ich weiss nur nicht, wonach ..." (*VfZ* 1945, 186) Unter diesen Bedingungen kann Heimat, wie im Gedicht *Heimweh nach Eswareinmal*, nur noch als idyllische Utopie eines märchenhaften Zustands jenseits historischer und topografischer Gegebenheiten imaginiert werden: „Jetzt müsste man in einer Kleinstadt sein [...] // Wo alte Höfe unentdeckt noch träumen, / Als wären sie von einer andern Welt [...] // Hier haben alle Leute immer Zeit / Als machte das Jahrhundert eine Pause." (*VfZ* 1945, 210f.)

Die Heimatlosigkeit ist in den *Versen für Zeitgenossen* häufig auch ein metaphorischer Ausdruck radikaler Vereinsamung. In ihm wird die raum-zeitliche Distanz oder gar der Verlust geliebter Menschen durch emotionale Entfremdung, verkümmernde Kommunikation oder Tod erkennbar; so auch in dem Gedicht *Überfahrt*: „Wir haben keinen Freund auf dieser Welt. / Nur Gott. Den haben sie mit uns vertrieben. / Von all den Vielen ist nur er geblieben. / Sonst keiner, der in Treue zu uns hält. // Kein Herz, das dort am Ufer um uns weint". (*VfZ* 1945, 177) Während in der letzten Strophe von *Überfahrt* die intime Liebesbeziehung als letzter Zufluchtsort erscheint („Uns bleibt das eine nur: uns sehr zu lieben." *VfZ* 1945, 177), wird in den „Liedern für Liebende" auch diese Möglichkeit einer letzten Heimat radikal infrage gestellt. Die schleichende Entfremdung einer vertrauten Zweisamkeit offenbart eine noch tiefere Form der Einsamkeit: „Ob alle Liebenden so einsam sind?" (*VfZ* 1945, 198); „Du sollst nicht wissen, dass ich einsam bin." (*VfZ* 1945, 204)

Auch die Charakterisierung des Exillands ist in Kalékos Versen ambivalent. Einerseits sind die USA ein Ort der politischen Sicherheit, der Freiheit und des Wohlstands, andererseits ein Ort der Fremdheit und des Befremdens. Die wenigen vertraut erscheinenden Aspekte – häufig Beschreibungen von Landschaft und Flora – rufen zumeist schmerzhafte Erinnerungen wach: „Park so grün wie dort, wo als Kind ich spielte. / Erster Duft im Strauch. Schüchterne Platanen. / Müsst ihr immer mich an daheim gemahnen?" (*VfZ* 1945, 188) Der politische Schutz und die Befriedigung materieller Bedürfnisse bieten zwar Sicherheit, erscheinen angesichts des Mordens in Europa aber auch als Versuchung, in moralisch verwerflicher Weise die Heimat und die Zurückgebliebenen zu vergessen. *Zeitgemässe Ansprache* ermahnt die Mitexilanten, die schrecklichen Nachrichten aus der Heimat nicht oberflächlich abzutun: „Wie kommt es nur, dass wir noch lachen, / Dass uns noch freuen Brot und Wein, [...] // Habt ihr die Zeitung nicht gelesen, / Saht ihr des Grauens Abbild nicht? / Wer kann, als wäre nichts gewesen / In Frieden nachgehn seiner Pflicht?" (*VfZ* 1945, 182)

Kaléko wählt in ihrer lyrischen Darstellung des Exils auch drastische Formen. Finanzielle Nöte, aufgezwungene Untätigkeit, Perspektivlosigkeit und soziale Isolation fügen sich in *Ursache unbekannt* zu einem Bild der Ausweglosigkeit: „An solchem Tag dreht man den Gashahn auf." (*VfZ* 1945, 181) Verschärft wird das Gefühl der Einsamkeit und Verzweiflung durch den Aspekt der Sprachlosigkeit. Das Englische dient zwar der Kommunikation, bietet aber keine neue Sprachheimat (vgl. *Auf einer Bank im „Central Park"*, *VfZ* 1945, 187).

Die Gedichte weisen meist eine traditionelle Form auf, Metrum und Reim werden schlicht gestaltet. Kaléko wendet die für ihre frühe Lyrik typische Ironie in den *Versen für Zeitgenossen* ins Satirische, Zynische und Melancholische. Statt des Berliner Dialekts parodiert sie das Pidgin-English deutscher Einwanderer („Wenn unsereins se lengvitsch spricht, / So geht er wie auf Eiern." *VfZ* 1945, 179).

Auffällig sind die zahlreichen intertextuellen Verweise, die häufig in Form von Phraseologie oder Sprichwörtern, aber auch in formalen Referenzen auf tradierte Auswanderungs- und Abschiedsmotive referieren (vgl. Nolte 2003). Die Erinnerung an die Heimat wird durch das Zitieren von Liedgut evoziert, z. B. durch August Disselhoffs *Nun ade, du mein lieb Heimatland* (1848, vgl. *VfZ* 1945, 210). Die herausragende literarische Bezugsgröße ist jedoch Heinrich Heine, auf den sie nicht nur formal und inhaltlich, sondern auch biografisch Bezug nimmt: „Ich hatte einst ein schönes Vaterland – / So sang schon der Flüchtling Heine" (*VfZ* 1945, 186).

Theoretische Perspektivierungen
Homi K. Bhabha, Edward Saïd und andere Autoren der postkolonialen Theorie stellen in unterschiedlichen Kontexten die Frage nach den Möglichkeiten und Formen kultureller Identitätskonstruktionen. Besondere Aufmerksamkeit erhalten dabei die Diskursformationen Kultur, Nation, Ethnie und Geschlecht, die auch in und durch Literatur verhandelt werden. Aus dieser theoretischen Perspektive erschließt sich auch in Kalékos Exillyrik eine weitere Dimension. Die ideologische und politische Stigmatisierung durch die NS-Diktatur, Flucht, Vertreibung und schließlich die Konfrontation mit der US-amerikanischen Kultur stellten das Verständnis der eigenen Identität vieler Emigranten radikal infrage. Gleichzeitig machte die gesellschaftliche Teilhabe im Exilland – gerade im *melting pot* New York – eine kulturelle Neuverortung unabdingbar. Wie Kaléko versuchten deswegen viele jüdische Autoren, „[to] recast[s] Jewishness as a variety of race. It guarantees the perpetuation both of the Jews as a people and of Jewishness as a moral position." (Budick 1998, S. 122) Judentum als *race* im Sinne von ‚Ethnie' oder ‚ethnischer Gruppe' zu bestimmen, bot zwei weitere Vorteile: Einerseits ermöglichte dies die Abgrenzung zur biologistischen Rassenlehre des Nationalsozialismus; andererseits konnte man so an die Identitätskonzepte anderer ethnischer Gruppen, wie die der Afroamerikaner, anknüpfen und so leichter Zugang zum multiethnischen Gefüge der USA finden.

Kalékos literarisches Schreiben kann als Teil der Suche nach einer neuen Identität gelesen werden, beispielsweise das Gedicht *Enkel Hiobs* (1938 in der *Jüdischen Rundschau*, 1940 im *Aufbau* veröffentlicht). Das lyrische Ich stellt sich ganz in die jüdische Tradition, indem es an Stationen des Exodus aus Ägypten erinnert (Dornbusch, Meeresteilung, Feuersäule) und ähnlich wie Hiob Gottes Eingreifen einfordert („Gibt's kein Entfliehen aus solcher Hölle?" Kaléko 2012b,

S. 377). Auch in *Kaddisch, Fahrt über Land* und *Land Kanaan* wird diese Traditionslinie des Judentums als ‚Volk Israel' aufgerufen. Mit *Einer Negerin im Harlem-Express* deutet Kaléko die Möglichkeit einer Verschwisterung von Afroamerikanern und jüdischen Emigranten an, die auf der geteilten Erfahrung des Heimatverlusts gründet: „Weißt du, daß wir heimlich Schwestern sind? / Du, des Kongo dunkelbraune Tochter, / Ich, Europas blasses Judenkind" (ebd.).

Homi K. Bhabha führt in Anlehnung an Benedict Anderson aus, dass die „Nation als ethnographische Kategorie" (Bhabha 2000c, S. 223) in der Moderne mehr aufgrund der synchronen Teilhabe an einer gemeinsamen Tradition denn anhand territorialer Grenzen bestimmt ist. Diese „Gleichzeitigkeit im bürgerlichen Zeitalter" – Bhabha nennt sie auch das „Inzwischen" (ebd., S. 235) – stellt in einem zweiten Schritt das Moment auch territorialer Identifikation dar, sie macht Menschen zu Lands-Leuten. All jene, die aufgrund mangelnder Teilhabe nicht integrativer Teil dieser homogenen Gemeinschaft sein können, jene abweichenden, eingewanderten, de-platzierten Minderheiten finden ihren Platz nur in einem ‚Dazwischen':

> Aus dem Ort des „Inzwischen", an dem kulturelle Homogenität und demokratische Anonymität die nationale Gemeinschaft artikulieren, entsteht eine spontanere und subalternere Stimme des Volkes, nämlich Minoritätendiskurse, die sich inmitten von und zwischen Zeiten und Orten äußern. (ebd., S. 236)

Kalékos Texte auch als Teil eines solchen Minoritätendiskurses zu lesen, liegt deswegen nahe, weil sie genau diesen Zustand des ‚Dazwischen' explizit thematisieren: „Herr: unser kleines Leben – ein Inzwischen, / Durch das wir aus dem Nichts ins Nichts enteilen. / Und unsre Jahre: Spuren, die verwischen, / Und unser ganzes Sein: nur ein Einstweilen." (*VfZ* 1945, 188)

Gerade diese Zwischenstellung ist das Verbindende der ansonsten heterogenen Gruppe der durch das NS-Regime Vertriebenen. Aber wie Kalékos Lyrik zeigt, hat das geteilte Schicksal nicht die Kraft, eine Gemeinschaft der Exilanten zu stiften, denn es besteht gerade im Verlust jener Elemente, aus denen eine kulturelle Identität und Tradition konventionellerweise konstruiert wird. Wenn Kaléko im Titel des Bandes die emigrierten Zeit-Genossen anspricht, verwendet sie einen Begriff, der geradezu antagonistisch zu dem der Lands-Leute in Bhabhas Theorie positioniert werden kann; handelt es sich doch bei dieser Zeitgenossenschaft um eine Gleichzeitigkeit, die nur schwerlich eine positive Identität begründen kann. Der Emigrant bleibt derjenige, „[d]er nur die Einsamkeit zur Heimat hat" (*VfZ* 1945, 190).

Einen Zeitgenossen, der sich dieser Tatsache nicht stellt, führt das Gedicht *Momentaufnahme eines Zeitgenossen* vor:

> Se pörfect Lord. – Ich kenn ihn noch aus Sachsen. [...] / Den Untertanenstolz aus königstreuen Tagen / Hat er auf achtundvierzig Staaten übertragen. // Der kroch in Preussen schon auf allen Vieren. / Hier sinds die angelsächsischen Manieren. // Wer mit den Wölfen heult, der heult mit allen Tieren. (*VfZ* 1945, 179)

Die ironische Kritik dieser Zeilen scheint auf ein Phänomen zu zielen, das Bhabha im Kontext des britischen Kolonialismus als ‚Mimikry' bezeichnet: „Mimikry entsteht als die Repräsentation einer Differenz, die ihrerseits ein Prozeß der Verleugnung ist." (Bhabha 2000b, S. 126) Die imitierende Aneignung von Sprache und Manieren in *Momentaufnahme* offenbart sich einerseits als Verleugnung der eigenen durch Migration geprägten Identität, andererseits als opportunistische Anbiederung.

Kaléko lotet in ihren Gedichten somit immer wieder mögliche und unmögliche Wege aus, eine neue Identität, eine neue identitätsfähige Gemeinschaft der Emigranten und schließlich eine neue Art von Heimatgefühl zu begründen. Damit ist ihre Lyrik gleichermaßen Zeugnis wie Beitrag des Versuchs jüdischer Emigranten, eine eigene Identität innerhalb der polyphonen US-amerikanischen Gesellschaft zu entwerfen.

Exil und Erinnerung
Erst 1958 erschien *Verse für Zeitgenossen* in einem deutschen Verlag. Auch wenn Kaléko nach intensiver Diskussion mit dem Lektor des Rowohlt-Verlags Wolfgang Weyrauch die Gestalt der einzelnen Gedichte gegen allzu massive Eingriffe verteidigen konnte, weicht die Ausgabe in Auswahl und Anordnung markant von der amerikanischen ab. Von 45 Gedichten werden 24 nicht übernommen. Zu diesen zählen auch jene, die offensiv das nationalsozialistische Deutschland attackieren (*Hoere Teutschland!*; *Bittgesuch an eine Bombe*) oder das Schicksal der Exilanten in drastischer Weise darstellen (*New York, halbdrei*; *Ursache unbekannt*; *Aufbruch*). Mit 33 neuen Gedichten erhält der Band auch einen neuen Charakter. Die Exilthematik erstreckt sich nun auf die langfristige Integration der „frischgebackne[n] Bürger" Amerikas (*VfZ* 1958, 245) sowie deren Blick auf das zerstörte Europa und Nachkriegsdeutschland (*Als ich Europa wiedersah*; *Deutschland, ein Kindermärchen*). Mit einer Reihe neuer Gedichte kehrt Kaléko sogar wieder zu dem ironisch-scherzhaften Ton ihrer frühen Lyrik zurück, der von der neuen Covergestaltung noch unterstrichen wird. Das Autorinnenporträt von 1945 wurde durch eine Tuschezeichnung Kalékos ersetzt, auf der sie mit Engelsflügeln und eine Lyra haltend wie ein Vogel auf einem Telegrafendraht sitzt (*VfZ* 1958, 221). Den durch die Änderungen entstandenen Kontrast von Exillyrik und teils heiterem Wortwitz thematisiert Kaléko in ihrem ein Vorwort ersetzenden „*Januskript*": „Wie Janus zeigt zuweilen mein Gedicht / Seines Verfassers doppeltes Gesicht: / Die

eine Hälfte des Gesichts ist lyrisch, / Die andere hingegen fast satirisch." (*VfZ* 1958, 223)

Begreift man Literatur als Teil des kulturellen Gedächtnisses, dann erscheint die Tilgung gerade der von harscher Anklage und abgründiger Verzweiflung geprägten Gedichte als bewusster Eingriff in den literarischen Erinnerungsraum des Exils. Für Jahrzehnte war so die Tragweite und Ernsthaftigkeit in Kalékos Lyrik dem deutschen Publikum vorenthalten. Umso erfreulicher ist das Erscheinen der Kaléko-Gesamtausgabe (2012), die alle im Exil verfassten Gedichte und Briefe zugänglich macht.

Fazit

Auffällig ist, dass Kalékos Exillyrik sehr selektiv rezipiert wurde. Während einzelne Gedichte im exilliterarischen Kontext veröffentlicht und untersucht wurden, fanden andere Verse kaum Beachtung. Dabei erschließt sich das ausdifferenzierte Bild des Exils, das alltägliche Gegebenheiten genauso wie psychische Erkundungen zeigt, erst in der Berücksichtigung auch unbekannter Gedichte in all seinen Facetten. Gerade sie versprechen Anknüpfungspunkte auch für neue theoretische Ansätze, wie z.B. die *Postcolonial Studies*, in der Exilliteraturforschung.

Manuel Illi

Literatur

(*VfZ* 1945) Kaléko, Mascha: *Verse für Zeitgenossen*. Cambridge/Mass. 1945 (auch in: Kaléko 2012, Bd. 1, S. 167–213).

(*VfZ* 1958) Kaléko, Mascha: *Verse für Zeitgenossen*. Hamburg 1958 (auch in: Kaléko 2012, Bd. 1, S. 221–266).

Bhabha, Homi K.: *Die Verortung der Kultur*. Übers. v. Michael Schiffmann u. Jürgen Freudl. Tübingen 2000 (Engl.: *The Location of Culture*, 1994) (= 2000a).

Bhabha, Homi K.: „Von Mimikry und Menschen. Die Ambivalenz des kolonialen Diskurses". In: Bhabha 2000a, S. 125–136 (= 2000b).

Bhabha, Homi K.: „DissemiNation. Zeit, narrative Geschichte und die Ränder der modernen Nation". In: Bhabha 2000a, S. 207–254 (= 2000c).

Budick, Emily Miller: *Blacks and Jews in Literary Conversation: Cambridge Studies in American Literature and Culture*. Cambridge, New York 1998.

Kaléko, Mascha: *Sämtliche Werke und Briefe*, Bd. 1. Werke. Hg. v. J. Rosenkranz. München 2012 (= 2012a).

Kaléko, Mascha: „Einzelne Texte, Gedichte". In: Kaléko 2012a, Bd. 1, S. 371–394 (= 2012b).

Nolte, Andreas: *„Mir ist zuweilen so als ob das Herz in mir zerbrach". Leben und Werk Mascha Kalékos im Spiegel ihrer sprichwörtlichen Dichtung.* Bern u. a. 2003 (Sprichwörterforschung, Bd. 23).
Rosenkranz, Jutta: *Mascha Kaléko. Biografie.* München 2012.
Tippelskirch, Karina von: „Mimikry als Erfolgsrezept. Mascha Kalékos Exil im Exil". In: *Ästhetiken des Exils.* Hg. v. H. Schreckenberger. Amsterdam 2003, S. 157–171.

Judith Kerr: *When Hitler Stole the Pink Rabbit* (1971), deutsch: *Als Hitler das rosa Kaninchen stahl* (1973)

(Anne) Judith Kerr *14. 6. 1923 Berlin. Stationen des Exils: 1933 Schweiz, 1933–1935 Paris, seit 1935 London.

Inhalt

Im Zentrum der Erzählung steht das neunjährige Mädchen Anna, das mit seinen Eltern und seinem älteren Bruder Max in einem Berliner Villenvorort lebt. Annas Mutter ist Pianistin, der Vater ein bekannter Journalist. Die Familie gehört dem assimilierten Judentum an, sie ist wohlsituiert. Der Vater wird durch einen Anruf vor seiner bevorstehenden Verhaftung durch die Nationalsozialisten gewarnt. Über Nacht flieht er zunächst nach Prag, dann nach Zürich. Gerade noch rechtzeitig kann die Familie ihm zwei Wochen später nachfolgen. Da der Vater in der Schweiz nur wenig veröffentlichen kann, wird die finanzielle Situation der Familie zunehmend schwieriger. Bald muss sie aus dem städtischen Umfeld ihres Züricher Hotels in eine kleine Pension auf dem Land ziehen. Dort besuchen Anna und ihr zwei Jahre älterer Bruder Max die Dorfschule. Nach wenigen Monaten beschließen die Eltern in der Hoffnung, ihre finanzielle Situation wieder verbessern zu können, nach Paris zu ziehen. Während die Eltern dorthin reisen, um Vorbereitungen für die erneute Umsiedlung zu treffen, bleiben die Kinder unter der Obhut der Pensionsbesitzer in der Schweiz zurück. Für Anna, die das Exil zunächst als ein ‚Abenteuer' angesehen hatte, ist dies eine traumatische Erfahrung. Bald darauf bezieht die Familie eine kleine Wohnung in Paris. Aufgrund der fremden Sprache, die sie zunächst noch nicht beherrscht, fühlt Anna sich fremd. In staunenswert kurzer Zeit schafft sie es, sich die neue Sprache anzueignen. Doch kaum kann sie sich in ihrer neuen Umgebung zurechtfinden, kommt es zum erneuten Bruch: Der Vater verkauft ein Drehbuch nach England und beschließt, mit der Familie nach London zu gehen.

Analysen

Narrationen des Exils

Es ist die eigene Lebensgeschichte, die Judith Kerr in *When Hitler Stole The Pink Rabbit* (1971), in deutscher Übersetzung *Als Hitler das rosa Kaninchen stahl* (1973), und in den beiden Folgeromanen *The Other Way Round* (1975)/*Warten bis der Frieden kommt* (1975) und *A Small Person Far Away* (1979)/*Eine Art Familientreffen* (1979) nachzeichnet. Kerr verfasst den Roman und auch alle folgenden Veröffentlichungen in englischer Sprache. Auf diese Weise grenzt sie sich von ihrer lebensgeschichtlich ersten Sprache, dem Deutschen, ab und schafft eine Distanz zwischen den autobiografisch ‚verbürgten' Erlebnissen der Kindheit in Deutschland und dem Erzählen der erwachsenen Autorin über diese Zeit, für das sie später die angeeignete Sprache des Exillandes wählt (vgl. Lathey 1999, S. 89 ff.). Der Roman erscheint 1971 zuerst in England, für die Veröffentlichung in Deutschland zwei Jahre später wird er von Annemarie Böll ins Deutsche übertragen.

Obgleich die Familie Deutschland verlassen muss, weil sie jüdisch ist, schließt der Roman weder an dieser Stelle – etwa mit dem naheliegenden und in vielen anderen Werken der deutsch-jüdischen Exilliteratur verwendeten Ahasver-Motiv – noch in anderen Zusammenhängen an eine dezidiert jüdische Tradition an. Die säkulare Orientierung der Familie in dem Roman schlägt sich auch in einem Erzählen nieder, das ohne diese Bezüge auskommt. Der Text wird aus der Perspektive des neunjährigen Mädchens Anna erzählt, dessen Gefühle und Empfindungen im Mittelpunkt stehen. Auf der Handlungsebene bildet das Exil den zeitgeschichtlichen Hintergrund (vgl. Otto 1981, S. 146). Es ist die konkrete Wirklichkeit eines jüdischen Kindes, das 1933 in Berlin lebt und mit seiner Familie fliehen muss. Dieses Mädchen erweist sich als eine wache und kluge Beobachterin. Doch ist seine Wahrnehmung insofern kindlich, als sie von den Interessen eines Kindes geleitet und auf einen kindlichen Erfahrungshorizont begrenzt ist. Da die Mutter den Kindern nicht erklärt hat, welche Gefahren es sind, die der Familie in Deutschland drohen, kann Anna die Reise unbedarft und furchtlos antreten. Die eigentliche Gefahr, die sich mit der Ausreise in die Schweiz verbindet, vermittelt der Roman nur durch eine Beobachtung, die das Kind macht: die Anspannung der Mutter, die bei der Einreise in die Schweiz bei der Grenzkontrolle ihre Tasche zerdrückt.

Vor der Ausreise in die Schweiz sind Heimatverlust und Exil für Anna bedeutungsleere Worte, die in der nüchternen Beschreibung des Vaters aufgehen. Er erklärt ihr, was ein Flüchtling ist: „Jemand, der in einem anderen Land Zuflucht sucht" (*RK*, 58). Um das Mädchen jedoch in einer Weise, die auch ihm verständlich ist, auf die Situation vorzubereiten, fügt der Vater hinzu, dass sie künftig nie sicher sein könne, wo sie ihren nächsten Geburtstag verbringen würde; auf diese Weise erschließt sich Anna erstmals die schmerzliche Dimension des Exils.

Für die Eltern ist das Exil ein Zufluchtsort, an dem die Familie bleiben will „bis alles vorbei ist" (*RK*, 14), wie die Mutter sich ausdrückt. Der Begriff ‚Exil' fällt im gesamten Text nicht, stattdessen werden ‚Flucht' und ‚Flüchtling' zu zentralen Begriffen. Anna nimmt das Leben im Exil, auch wenn es mit einer schweren Erkrankung des Kindes in der Schweiz einsetzt, zunächst als ein aufregendes Abenteuer wahr und findet durchaus Gefallen daran. Erst als die Eltern nach Paris fahren und die Kinder in der noch fremden Schweiz zurücklassen, verliert das ‚Abenteuer Flüchtlingsdasein' seinen exotischen Reiz. Erstmals wird Anna die schmerzliche Erfahrung von Fremdheit und Heimatlosigkeit bewusst. Als die Eltern gegen Ende des Romans erneut aufbrechen und die Kinder zurücklassen möchten, diesmal, um weiter nach England zu fliehen, ruft Anna aus: „,Aber bis jetzt hat es mir noch nie etwas ausgemacht ein Flüchtling zu sein [...] Aber wenn ihr uns jetzt wegschickt, habe ich solche Angst ... solch schreckliche Angst ...' ‚Wovor denn?' fragte Papa. ‚Daß ich mir wirklich wie ein Flüchtling vorkomme'" (*RK*, 168). In der kindlichen Empfindungswelt Annas stellt sich erst das Getrenntsein von der Familie als das ‚eigentliche' Exil dar. Familie wird als Heimat empfunden. Hat man, so empfindet es Anna, die geografische Heimat verloren, darf man sich unter keinen Umständen von der Familie trennen, denn „wenn man kein zuhause hat, muss man bei seinen Leuten bleiben" (*RK*, 167). Der Heimatbegriff der kindlichen Protagonistin orientiert sich somit nicht (mehr) an Heimat als einem geografischen Ort, sondern an der Bindung zu ihrer Familie, in der sie sich immer schon geborgen weiß. Diese essentialistische Konzeption von Familie als Heimat, die das Kind angesichts der Erfahrung des Exils entwickelt, substituiert eine essentialistische Auffassung von Heimat als Nation.

Der Roman entwickelt diese Konzeption von Familie als ‚kindgemäß'; er öffnet und verallgemeinert damit die Thematisierung des Exils auf die Frage nach den Bedingungen kindlicher Geborgenheit hin. Bereits in dem ersten Roman der Trilogie verhalten sich die Eltern insofern nicht adäquat zu den Bedürfnissen eines heranwachsenden Kindes; die Situation eines Kindes im Exil stellt hier gewissermaßen einen Sonderfall kindlicher Entwicklung unter besonders schwierigen äußeren Bedingungen dar (vgl. Walter 2007, S. 178). In den beiden Folgeromanen wird es eben diese essentialistische Konzeption von Familie sein, die zerbricht. Der zweite Band zeigt die Familie im englischen Exil. Dort entfernt sich die heranwachsende Protagonistin immer stärker von ihrer Familie. Es ist ein Prozess, den der zweite Band der Trilogie – gerade vor dem Hintergrund des ersten Bandes, in dem die Familie noch als ‚Heimat' ausgewiesen wird – als das Hineingeraten in ein zweites, in das eigentliche Exil beschreibt. Im dritten Band schließlich wird der Selbstmordversuch der Mutter zum Anlass, über dieses Exil jenseits der familiären Geborgenheit nachzudenken und jene Ereignisse zu erinnern, die vor der Entfernung von der Familie lagen und dazu führten, also die Exilierung aus dem nationalsozialistischen Deutschland.

Im ersten Band *Als Hitler das rosa Kaninchen stahl* wird Annas Eltern bald schon klar, dass das Exil für sie nicht mehr einfach nur der Ort sein kann, an dem sie in Sicherheit das Ende der nationalsozialistischen Herrschaft abwarten, um dann wieder nach Deutschland zurückkehren zu können. Als Heimat ist Deutschland für immer verloren, und das Exil verliert seine Funktion als ‚Wartesaal'. Auf dem Weg nach England fragt Anna ihren Vater: „Glaubst du, dass wir irgendwo richtig hingehören werden?", und die Antwort lautet: „Ich glaube nicht [...]. Aber wir werden zu vielen Orten ein wenig gehören, und ich glaube, das kann ebenso gut sein." (*RK*, 173) Was dem Kind aufgrund seines Kindseins gegeben ist, nämlich Heimat nicht als einen geografischen Ort zu fassen, dem es ‚natürlich' zugehört – weil es seinen ‚natürlichen' Ort in der Familie hat –, müssen Annas Eltern erst im Laufe des Romans lernen. Den Wunsch nach Rückkehr in die Heimat Deutschland tauschen sie gegen die Akzeptanz ihrer neuen Existenz ein. Sie werden nun überall ein bisschen zu Hause zu sein – und dies in einem durchaus positiven, nämlich verbindlichen Sinn von mehrfachen ‚Zugehörigkeit(en)'.

Theoretische Perspektivierungen
Mit der Übersiedlung in die Schweiz sieht sich Anna erstmals mit einer neuen Umgebung konfrontiert. Sie reagiert mit Krankheit, begleitet von einer langen Bewusstlosigkeit – also nicht mit einer Reflexion der Fremdheitserfahrung, wird diese doch auf der Ebene des Bewusstseins als ‚Abenteuer' verbucht, sondern mit einer ‚kindlich'-unreflektierten körperlichen Symptomatik der Verweigerung. Als Anna aus der Bewusstlosigkeit wieder erwacht, hat sich die Situation der Familie nicht verbessert, sondern noch einmal verschärft: Die Annahme, man könne im Ausland die politische Entwicklung in Deutschland erst einmal abwarten und sei dabei finanziell und existenziell abgesichert, hat in der Zwischenzeit der Einsicht in die Notwendigkeit Platz machen müssen, dass man sich auf eine längere Zeit im Exil einzurichten hat, zudem unter entschieden schwierigeren finanziellen Bedingungen als angenommen. Die Familie wurde in der Zwischenzeit von den Nationalsozialisten enteignet und hat mit finanziellen Schwierigkeiten zu kämpfen. Um zu sparen, zieht sie aufs Land. Das Großstadtkind Anna registriert sehr genau die sozialen und kulturellen Differenzen, mit denen es sich konfrontiert sieht. Bei ihrem ersten Besuch in der Dorfschule erscheinen Anna die Verhältnisse dort, wie überhaupt in der ganzen Schweiz, als unglaublich rückständig. Anna ist sich sicher, dass sie dort kaum etwas wird lernen können. Es kommt jedoch anders. Indem sie sich auf die neuen Regeln einlässt – wie etwa auf die getrennten Sitzreihen, die in der Schule für Jungen und Mädchen vorgesehen sind –, vermag sie

sich in die neue Umgebung zu integrieren. Umgekehrt gelingt es Anna aber auch, die ‚Rückständigkeit' des dörflichen Lebens in der Schweiz durch ihre Andersartigkeit aufzubrechen. Für ihre neuen Freundinnen wird sie so zu einer inspirierenden Impulsgeberin – so etwa, wenn die Mädchen auf Annas Initiative hin beginnen, hinter dem Haus Rad zu schlagen, ein Privileg, das zuvor lediglich den Jungen der Klasse vorbehalten war. Das kreative und subversive Potential, das in Annas Andersartigkeit steckt und das *sowohl* von Anna *wie* von ihren Freundinnen produktiv genutzt und umgesetzt wird, ist den Kindern dabei nicht bewusst. Aus der Überlegenheit einer kindlichen Haltung heraus gelingt den Mädchen eine im wahrsten Sinne des Wortes ‚spielende' Überwindung kultureller, nationaler und nicht zuletzt geschlechtlicher Zuschreibungen. Während im ersten Roman der Trilogie die Szene in der Dorfschule eine der wenigen Situationen ist, in denen vorgefundene Geschlechterrollen als einengend infrage gestellt und durch eine aus der Großstadt mitgebrachte Konzeption von ‚Mädchenhaftigkeit' aufgebrochen werden, gewinnen diese Fragen in den Folgeromanen an Gewicht. In dem Maße, in dem sich das Mädchen im Laufe der Trilogie zur Frau entwickelt, werden geschlechtlich kodierte Rollenzuschreibungen als hemmend für die Entwicklung identifiziert und beschrieben.

Als Hitler das rosa Kaninchen stahl nutzt die Qualität der Fremdheitserfahrung des Exils, um die Befremdung des noch ganz am Anfang seiner Entwicklung zur Frau stehenden Mädchens in der Konfrontation mit den für es vorgesehenen Geschlechterrollen anklingen zu lassen. Durchgespielt wird diese in den Folgeromanen zunehmend wichtiger werdende Thematik an den beiden Elternfiguren. Durch die Erfahrung des Exils sehen sie sich aus der Sicherheit ihrer eingeübten Geschlechterrollen herausgeworfen. Der Vater, eine Berühmtheit im öffentlichen Leben der Weimarer Republik und Ernährer der Familie, wird im Exil seiner ‚männlichen' Potenz beraubt. Zu Beginn des Romans liegt er mit einer Grippe zu Bett, im Exil kann er zunächst nicht mehr für seine Familie sorgen. Auch das geschlechtlich kodierte Selbstverständnis der Mutter erfährt durch die Erfahrung des Exils eine grundlegende Irritation. Als Künstlerin erfüllt sie weder in Berlin noch im Exil die traditionelle Mutterrolle, doch erst im Exil wird dies zum (Identitäts-)Problem. Das Exil drängt sie auf einmal in die Rolle der Hausfrau und Mutter. Neben ihrer Pariser Freundin Mme Fernand, die diese Rolle geradezu prototypisch erfüllt, gibt die Mutter von Anna und Max dabei eine klägliche Figur ab. „Alles was ich gelernt habe ist Klavierspielen!" (*RK*, 148), rechtfertigt sie sich angesichts ihres Versagens vor ihren Kindern. Dass es ihr nicht möglich ist, (wieder) in das herkömmliche Rollenbild der Hausfrau und Mutter zu schlüpfen, macht sie im Pariser Exil zur doppelt Exilierten.

In den beiden Folgebänden der Trilogie wird Anna im Laufe des Heranwachsens zunehmend ihre kindliche Unbefangenheit verlieren und bewusst damit beginnen, Identitäts- und Alteritätskonzepte zu thematisieren und infrage zu stellen. Im ersten Band jedoch führt ihre Andersartigkeit nicht zu einer Verunsicherung oder Infragestellung ihrer Identität. Anders gestaltet sich das bei ihrem Bruder Max. Er leidet unter seinem Anderssein. Sorgsam ist er darum bemüht, sich der neuen Umgebung durch Sprache und Kleidung anzupassen. Dieser Versuch der Angleichung treibt ihn zu Leistungen an, die in der alten Heimat Berlin noch undenkbar gewesen wären: Der ehemals faule Schüler erhält eine Auszeichnung als Klassenbester. Die Geschichte der beiden Kinder im Exil zeichnet der Roman somit als eine zwar schwierige und bisweilen schmerzhafte Erfahrung aus, vor allem jedoch als eine, die Potentiale freisetzt. Die Erfahrung des Exils wird als eine Chance gezeichnet, die zu einer wechselseitigen Bereicherung werden kann – vor allem dann, wenn das dem Anderssein innewohnende Potential nicht programmatisch genutzt wird, sondern wenn es sich unbewusst, im absichtslosen Spiel entfaltet. In diesem Sinne ließe sich mit Homi K. Bhabha ein Konzept von Hybridität identifizieren, das sich in diesem Roman mit der Darstellung der kindlichen Exilerfahrung verbindet (vgl. Bhabha 2000, S. 5).

Exil und Erinnerung
Wie bei den beiden Folgeromanen handelt es sich bei dem Roman *Als Hitler das rosa Kaninchen stahl* um einen literarischen Text, der als autobiografisch ausgewiesen wird. Kerr gibt an, den Roman zunächst nicht für die Öffentlichkeit, sondern als eine private Familiengeschichtsschreibung für ihre Kinder verfasst zu haben. Als Erinnerungstext gibt sich der Roman auch in seiner Narration zu erkennen. Geschildert werden kindliche Gefühle, nicht geschichtlich relevante Daten (vgl. Ewers 2005, S. 131f.). Werden diese in den Roman eingespielt, so geschieht dies durch die Eltern. Die Erzählperspektive bleibt durchgängig die des Kindes, an keiner Stelle geht der Roman über den Verstehenshorizont des Kindes hinaus. In diesem Sinne kommentiert Kerr ihr Schreiben, wenn sie meint, dass es ihr bei der Niederschrift nicht auf eine detailgenaue Rekonstruktion überprüfbarer historischer Daten angekommen sei, sondern darauf „[...] dass die Gefühle wahr sind" (Künnemann 1993, S. 21).

Erst der dritte Band der Trilogie weist das erinnernde Schreiben als den Versuch einer Therapie aus (vgl. Lathey 1999, S. 47ff.). Die Protagonistin – und wohl auch die Autorin – beschreibt die Erfahrung des Exils und seiner Folgen, die bis in die unmittelbare Gegenwart hineinreichen, um das Trauma des Exils zu verarbeiten. Die kindlichen Erwartungen des Mädchens im ersten Band der Trilogie, das die Erfahrung des Exils als ein Abenteuer begreift, lassen allerdings auch die andere Seite der beschriebenen Exilerfahrung aufscheinen.

1973 wird *Als Hitler das rosa Kaninchen stahl* in deutscher Übersetzung veröffentlicht. Zum Zeitpunkt des Erscheinens ist dieses Buch eines der wenigen Kinderbücher, das sich der Thematik des Exils widmet. Der Roman findet sofort große Beachtung. Er wird im darauffolgenden Jahr mit dem Deutschen Jugendliteraturpreis ausgezeichnet und in den folgenden zehn Jahren über 100 000-mal verkauft (vgl. Otto 1981, S. 145). Seither ist er fester Bestandteil der Lektüreempfehlungen für den Deutschunterricht in der Sekundarstufe. Kerr erreicht mit diesem Buch eine Generation von Lehrern und Eltern, die den Krieg noch als Kinder und Heranwachsende erlebt haben und nun selbst Kinder haben, denen sie die Jahre zwischen 1933 und 1945 nahebringen möchten. Dazu bietet sich die Geschichte einer gelungenen Flucht aus Deutschland, verbunden mit einer Adoleszenzerzählung, ohne Zweifel eher an als Erzählungen von Verfolgung und Ermordung oder als die Geschichten von Tätern. Neben der literarischen Qualität des Romans dürfte dies seinen kommerziellen Erfolg erklären, wie auch seine sofortige Aufnahme in den Schulkanon.

Fazit

Der sowohl durch seine Narration als auch durch Selbstaussagen der Autorin als Erinnerungstext ausgewiesene Roman *Als Hitler das rosa Kaninchen stahl* wird bald nach seiner Übersetzung ins Deutsche in den schulischen Lektürekanon aufgenommen und wird damit zum Teil des kulturellen Gedächtnisses in Deutschland. Bezeichnend bleibt gleichwohl, dass der Text in englischer Sprache verfasst ist, also in der Sprache des Landes, das dem Kind im Roman – und der Autorin – bei seiner Flucht aus Deutschland Zuflucht gewährte. Der Roman nimmt konsequent eine kindliche Perspektive ein. Die Bindung an die Familie und die Probleme des Heranwachsens werden ins Zentrum des Textes gerückt; politisch-historische Ereignisse treten in den Hintergrund. Essentialistische Auffassungen von Heimat als Nation oder Territorium werden substituiert durch eine als kindlich ausgewiesene, essentialistische Auffassung von Familie als Heimat: Für die heranwachsende Protagonistin Anna ist die Familie ihre Heimat. Die Allgemeingültigkeit, die der Text beansprucht, weist damit über die engere Exilthematik hinaus. Er beschreibt die schwierige Phase der Adoleszenz, zugespitzt durch die besonderen Lebensumstände des Exils. Dabei gelingt es dem Mädchen Anna, das Exil als Chance zu nutzen. Sein produktiver und kreativer Umgang mit national, kulturell und geschlechtlich kodierten Differenzen mündet in das Konzept einer progressiven Hybridität ein. Im Gegensatz zu diesem kindlichen Umgang mit der Exilerfahrung steht im Roman die Exilerfahrung der Erwachsenen. Ihnen gelingt es nicht, das Exil als Chance zu nutzen. Die beiden Folgebände der Trilogie führen fort, was sich im ersten Band bereits abzuzeichnen beginnt: Die Heimat des Mädchens Anna, ihre Familie, zerbricht, weil die Eltern – insbesondere die Mutter –

nicht im Exil und mit der Erfahrung des Exils leben können. In den Folgebänden gibt sich das Aufzeichnen der Kindheitserinnerungen so zunehmend als ein therapeutisches Schreiben zu erkennen, mit dem die Protagonistin diesem als spezifisch kindlich ausgewiesenen Trauma des Exils zu begegnen sucht.

Johanna Hofmann

Literatur

(*RK*) Kerr, Judith: *Als Hitler das Rosa Kaninchen stahl* (1973). Ravensburg 1978 (Engl.: *When Hitler Stole the Pink Rabbit*. London 1971).

Bhabha, Homi K.: *Die Verortung der Kultur*. Übers. v. Michael Schiffmann u. Jürgen Freudl. Tübingen 2000 (Engl.: *The Location of Culture*, 1994).
Ewers, Hans-Heino: „In die Kindheit zurücksinken. Kinder- und Jugendliteratur als Medium einer (erwachsenen) Erinnerungskultur". In: *Geschichte und Geschichten*. Hg. v. Gabriele von Glasenapp u. Gisela Wilkending. Frankfurt a. M. 2005 (Kinder- und Jugendkultur, -literatur und -medien. Theorie – Geschichte – Didaktik, Bd. 41), S. 129–142.
Künnemann, Horst: „Judith Kerrs ,Als Hitler das rosa Kaninchen stahl'". In: *Bulletin Jugend und Literatur* 24 (1993), S. 21.
Lathey, Gillian: *The Impossible Legacy – Identity and Purpose in Autobiographical Children's Literature Set in the Third Reich and the Second World War*. Bern u. a. 1999.
Lühe, Irmela von der: „,Und der Mann war oft eine schwere, undankbare Last'. Frauen im Exil – Frauen in der Exilforschung". In: *Rückblick und Perspektiven*. Hg. v. Claus-Dieter Krohn, Erwin Rotermund u. Lutz Winckler. München 1996 (Exilforschung. Ein internationales Jahrbuch, Bd. 14. Hg. im Auftr. der Gesellschaft für Exilforschung), S. 44–61.
Otto, Bernd: *Die Aufarbeitung des Nationalsozialismus im fiktionalen Jugendbuch der BRD von 1945 bis 1980*. Frankfurt a. M. 1981.
Walter, Henrike: „,Es war ja auch viel schwieriger für sie'. Mutter und Tochter in Judith Kerrs ,Anna'-Trilogie". In: *„Das Politische wird persönlich" – Familiengeschichte(n) – Erfahrungen und Verarbeitung von Exil und Verfolgung im Leben der Töchter*. Hg. v. Inge Hansen-Schaberg u. a. Wuppertal 2007, S. 171–191.

Irmgard Keun: *Nach Mitternacht* (1937)

Irmgard Keun *6. 2. 1905 Charlottenburg (bei Berlin), †5. 5. 1982 Köln. Stationen des Exils: 1936–1940 Belgien, 1940 Niederlande.

Inhalt

In den Anfangsjahren des NS-Regimes wird die 19-jährige Protagonistin und Erzählerin Susanne Moder, genannt Sanna, von ihrer Tante Adelheid aus Missgunst bei der Gestapo denunziert. In Frankfurt a. M. findet sie Zuflucht bei ihrem Halbbruder Algin und seiner Frau Liska, bei denen sie neue soziale Kontakte zur Verkäuferin Gerti und zum Regimegegner Heinrich knüpft. In der Zwischenzeit fasst ihr in Köln gebliebener Cousin und Geliebter Franz den Entschluss, für sich und Sanna eine gemeinsame Lebensexistenz aufzubauen. Als Franz mit seinem Freund Paul einen Zigarettenladen eröffnen will, wird er auch denunziert und verhaftet. Nach seiner Freilassung tötet er seinen Denunzianten und flieht zu Sanna, die sofort Vorbereitungen für die gemeinsame Flucht ins Ausland unternimmt. Die durch Rückblenden chronologisch aufgebrochene Romanhandlung, deren Erzählgegenwart die letzten zwei Abende Sannas in Frankfurt umfasst, kulminiert in dem von Liska organisierten Fest, das zum Dreh- und Angelpunkt im Leben der Figuren wird: Heinrich begeht Suizid, der politisch angepasste Schriftsteller Algin verwirft den aufkeimenden Gedanken an eine Auswanderung, dem jungen Liebespaar glückt nach Mitternacht die Flucht ins Exil.

Analysen

Narrationen des Exils
Irmgard Keun vollendete ihren ersten Exilroman unmittelbar nach ihrer Emigration nach Ostende im Mai 1936. *Nach Mitternacht* wurde in der *Pariser Tageszeitung* von 25. Oktober bis 2. Dezember 1936 allerdings nur bis zur Mitte des letzten Kapitels vorabgedruckt, weil die Manuskriptfortsetzung bei der Redaktion nicht eintraf (vgl. Rosenstein 2005, S. 161). Nach der politisch bedingten Publikationsverweigerung durch den Verlag Allert de Lange erschien der im NS-Deutschland unter Publikationsverbot gestellte kritische Zeitroman Ende Februar 1937 beim deutschsprachigen Amsterdamer Exilverlag Querido und feierte dank der schnellen Übersetzungen in mehrere Fremdsprachen internationale Erfolge.

Die Romanschilderung erfolgt aus der Perspektive der autodiegetischen Erzählerin Sanna, die retrospektiv von ihren territorialen und soziokulturellen

Entortungserfahrungen berichtet – dem Fortgang aus ihrer Geburtsstätte in Lappesheim an der Mosel und der Trennung von ihrem Geliebten Franz nach der Flucht aus dem Haus ihrer Tante in Köln. In ihre Narration ist ein polyperspektives Gegen- und Nebeneinander unterschiedlicher figuraler Wertungen des Exildaseins integriert, die sowohl auf der Handlungsebene eine vielschichtige Problematisierung eines exilbedingten Identitätsverlustes als auch auf der Narrationsebene eine Dezentrierung der Erzählperspektive im Sinne einer kontrapunktischen Lektüre Edward W. Saïds bewirken. Der kritische Journalist Heinrich, dessen Spitzname Heini eine klangliche Affinität zum Exilautor Heinrich Heine assoziiert (vgl. Horsley 1993, S. 81), bildet „nach Mentalität und Intellektualität eine Art Korrektiv" (Häntzschel 2003, S. 238) zur ideologisch unvoreingenommenen Erzählerin. Heinrich verwirft den Gedanken ans Exil und deutet – konträr zu der das Exildasein am Romanende bejahenden Erzählerin – die Emigration als eine existentielle Erschütterung des Exilanten in den wesentlichen Lebensbereichen Wohnsitz, Nahrung und Sprache. Seine desillusionierte Beurteilung exilischer Existenz reiht sich in die von Ovid bis Heine tradierten Klagen ein, die das verhängnisvolle Schicksal und die ausweglose Situation des Emigranten wehmütig schildern:

> Armer Emigrant. Glatt und hart umschalt wie eine Kastanie wird jedes Land für dich sein. Dir selbst wirst du zur Qual werden und anderen Menschen zur Last. Die Dächer, die du siehst, sind nicht für dich gebaut. Das Brot, das du riechst, ist nicht für dich gebacken. Und die Sprache, die du hörst, wird nicht für dich gesprochen. (*NM*, 190)

Den schmerzhaften Verlust, den Heinrich als Folge einer Emigration sieht, zeigt der Erzähltext jedoch als einen unter dem Hitlerregime bereits eingetretenen Zustand, der die Heimat zu einer durch die Nationalsozialisten entstellten Fremde werden lässt: So sind die gesellschaftlichen Außenseiter Sanna und Franz zu einer ständigen Suche nach einem *Dach* über dem Kopf im eigenen Land verdammt; die Versuche der verrückt gewordenen Mutter, ihrem Sohn *Brot* ins Gestapogebäude zu bringen, scheitern (vgl. *NM*, 95; vgl. Marx 2008, S. 182); zum politischen Missbrauch und zur Entfremdung der deutschen *Sprache* kommt es durch das sich in die Alltagssprache einnistende Propagandavokabular und die grassierende Denunziation und Zensur (vgl. Häntzschel 2003, S. 247). Insofern lässt sich das werkimmanente Exilkonzept als ein über das physische Exil hinausgehender, in der Gesellschaft erfahrbarer „diskontinuierlicher Zustand des Seins" (Bronfen 1993, S. 181) beschreiben, der eine grundlegende Irritation des Subjekts auslöst und seinen routinierten Umgang mit vertrauten kulturellen Zeichen erschüttert.

Eine weitere Polyperspektivierung des exilischen Daseins wird über die ‚Dinge des Exils' entwickelt, die die Entortungserfahrungen der Figuren begleiten (vgl. Marx 2008, S. 183). Unmittelbar nachdem sie der verrückt gewordenen Mutter mit dem Koffer voller Butterbrote begegnet ist, greift Sanna zu ihrem eigenen Koffer, um nach Frankfurt zu fliehen und ein Jahr später selbst in einer imaginierten Wiederholungsgeste Brot für die Flucht nach Rotterdam einzupacken: „Ich muß Brot in meinen Koffer tun [...]. Franz wird essen, Franz wird leben." (*NM*, 196) Das Reiseutensil wirft die zukünftigen Exilanten auf das Lebensnotwendige und Fundamentale – versinnbildlicht durch das Brot – zurück und wird zum ambivalenten Symbol der Mobilität und Entwurzelung. Es durchläuft eine Entwicklung vom Sinnbild des verkümmerten Seins im Falle der verrückt gewordenen Mutter zum Inbegriff eines sich erneuernden Lebens und der Errettung. Vor ihrer Abreise ist Sanna beim Packen des Koffers („Was soll ich einpacken?" *NM*, 190) mit den praktischen Seiten des Exils konfrontiert, sodass die am Ende eintretende Entmetaphorisierung des Reiseutensils den Übergang im Roman vom geistigen zum physischen Exildasein *en miniature* repräsentiert.

Theoretische Perspektivierungen
Der Individuations- und Sozialisationsprozess der Exilantin kann mithilfe postkolonialer und gendertheoretischer Theoriemodelle fruchtbar erschlossen werden. Die durch die Flucht nach Frankfurt erfolgte Alteritätserfahrung der Erzählerin resultiert in einer narrativen Hybridisierung ihrer Identität: Sannas kritische Ablehnung der überhandnehmenden Ideologie des NS-Regimes bei gleichzeitiger Bewahrung ursprünglicher, ideologisch ungetrübter Verhaltens- und Wahrnehmungsmuster entfesselt eine literarische Produktivität, die in eine alternative Relektüre und narrative Neuperspektivierung individueller Biografie und kollektiver Geschichte mündet. Nach der soziokulturellen Entortung und dem damit einhergehenden Zusammenbruch vertrauter Normen des sie umgebenden kulturellen Zeichensystems befindet sich die Protagonistin in einem Zustand vollkommener Desorientierung: „Nie werde ich vergessen, wie [Paul] an einem Abend erzählte von Ländern, in denen man reden könne, was man wolle [...]. [...] Ich wußt nicht mehr, was gut war – ich wußt nicht mehr, was böse war." (*NM*, 94) Dieser Liminalitätszustand erlaubt einen Neuentwurf ihres Selbst und – in der Sehnsuchtsvision der „fernen fremden Länder" (ebd.) – das Aufscheinen eines utopischen Ortes einer neuen Heimat, der Anklänge an Ernst Blochs Utopiekonzept aufweist.

Das Machtgefälle zwischen den hegemonialen Bestrebungen des NS-Regimes und den marginalisierten Dissidenten fordert die Positionierung der Figuren heraus: Anpassung an die Staatsideologie (Algin), Nonkonformismus (Heinrich) oder scheiternder Versuch einer Verortung in einem hybriden Zwischenraum und anschließende Flucht ins Exil als einem transitorischen Zwischendasein *par excellence* (Sanna, Franz). Die soziale Entwurzelung als ein Distanz gewährender, hybrider dritter Raum (vgl. Maier-Katkin 2003, S. 303) erlaubt der Erzählerin nicht nur dem ursprünglich Eigenem aus veränderter Perspektive entgegenzutreten, sondern generiert einen demaskierenden Blick auf die Diskrepanz „zwischen nationalsozialistischer Ideologie und Praxis" (Rosenstein 2005, S. 167). Dabei findet die mehrfach kodierte Identität Sannas eine Parallele in ihrer hybriden, stark durch Oralität geprägten Erzählsprache, die durch eine subversive Unterminierung der Propagandasprache einen die nationalen Totalisierungsbestrebungen destabilisierenden ironischen Minoritätendiskurs einleitet: „Der ganze Ort ist mir [...] zu klein [...]. Man darf ja so was nicht sagen heutzutage wegen der Weltanschauung und der Regierung." (*NM*, 12) Ihr entlarvender Blick wird zu einer gleichermaßen entlarvenden narrativen Strategie, die scheinbar *en passant* die Brüchigkeit der NS-Ideologie, den Konstruktcharakter essentialistischer Begriffe wie Heimat und Nation, die Kontamination der Sprache durch das Propagandavokabular und die Zerstörung des kulturell hybriden Freiraumes der Frankfurter Cafés durch die Anwesenheit von SA- und SS-Männern, das Propagandainstrument Radio und die die Gäste nach ihrer Nationalität selektierenden Beschilderungen (vgl. *NM*, 23; vgl. Rosenstein 2005, S. 168 ff.) dokumentiert.

Sannas Platznehmen in der „dunklen Ecke" (*NM*, 141) eines Frankfurter Lokals markiert sie als Exilantin in der symbolischen Ordnung des Mannes: „Man hat mich vergessen. Ich habe in einer dunklen Ecke gestanden und alles gehört. Man konnte nicht wissen, daß ich noch da war, aber man hat mich vergessen." (ebd.) Diese Außen(seiter)perspektive wird abermals verdeutlicht durch den Balkonplatz Sannas und Gertis, der eine Vogelperspektive auf die Zeremonie des Hitlerbesuchs auf dem Frankfurter Opernplatz bietet, auf den die beiden „eigentlich nicht gehören" (*NM*, 34; vgl. Häntzschel 2003, S. 241). Die Reduktion Gertis und Sannas auf unbeteiligte Zuhörer- und Beobachterrollen, aus welchen sie „führende Männer anzusehen" (*NM*, 36) haben, demonstriert die doppelte Diskriminierung der Frau durch die patriarchalen sowie die vom NS-Regime ausgeübten Repressionen. In der Rolle der Erzählerin kann Sanna jedoch aus ihrem passiven Schattendasein als Figur heraustreten und die ihr von männlichen Figuren zugeschriebene Unmündigkeit („Sie können das alles noch nicht so verstehen." *NM*, 138) durch eine autonome ‚schreibende Landnahme' kompensieren, wogegen die männlichen schriftstellerisch tätigen Protagonisten entweder poetisch verstummen wie Heinrich oder sich politisch anpassen wie Algin (vgl. Wilkes 2010, S. 111).

Exil und Erinnerung

Der von Analepsen unterbrochene präsentische Erzähldiskurs der exilierten Erzählerin wird als eine Erinnerungs- und Trauerarbeit entworfen, die sich im psychoanalytischen Sinn als eine die „Schnittstelle zwischen Verwundung und Heilung" (Bronfen 1993, S. 170) markierende Narbe interpretieren lässt. Auf der Ebene der *histoire* findet das narrative Wundmal ein anschauliches Korrelat in der von der Erzählerin imaginierten Schreckensvision des roten Seidenschals von Franz als einer ihm zugefügten tödlichen Wunde (vgl. *NM*, 184). Diese hält Sanna in doppelgängerischer Manier einen Spiegel vor, der sie an ihre Selbstverbannung aus Köln erinnert und die von Sigmund Freud beschriebene Figuration der unheimlichen Dopplung als Verarbeitungstopos einer exilbedingten Identitätsspaltung (vgl. Bronfen 1993, S. 171) aufruft. Als weitere Fiktionalisierungen des ‚Unheimlichen' sind die surreale Verortung der Erzählerin zwischen Traum und Realität, die mitternächtliche Stunde und die Vision von Franz als Gespenst (vgl. *NM*, 184) auszumachen, die neben der individuellen auch die historische Erinnerung an die kollektive Geschichte systematischer Vertreibungen und Marginalisierungen während des dunklen Kapitels deutscher Geschichte wiederauferstehen lassen. Die Assoziationskette von dem *Schal* des Geliebten zu dem akustischen *Schall* der getöteten Kommunisten im Klingelpütz-Gefängnis in Köln (vgl. *NM*, 185) veranschaulicht ein zwischen Ficta und Facta oszillierendes Erzählen, das den verstummten und vergessenen Opfern eine Stimme verleiht und somit ein Sichtbarmachen des Verdrängten im Medium der Literatur erreicht, das ohne die poetische Thematisierung einer Ausradierung aus dem kollektiven Gedächtnis zum Opfer gefallen wäre.

Somit wird die Erinnerung an das (verdrängte) individuelle und kollektive Exil als ein literarischer Imaginationsraum entworfen, der in permanenter Vergegenwärtigung des Abwesenden eine Brücke von der Biografie der Figuren über historische Bezüge (Hitlerbesuch in Frankfurt) bis hin zum Mythos (Erzählung von Gespenstern) schlägt und dabei eine narrative Anreicherung und Rekonstruktion der *lieux de mémoire* (Kölner Klingelpütz und Frankfurter Opernhaus als *loci* kollektiver Erinnerung) vollzieht. Das Schreiben besitzt für die Erzählerin eine sich am Trauma der Vertreibung ins soziale Exil orientierende ‚therapeutische Wirkung', wogegen die Schreibblockade Heinrichs, dem „ewig die Schreie aus den deutschen Konzentrationslagern in den Ohren gellen" (*NM*, 189), das Scheitern aktiver Erinnerungsarbeit symbolisiert.

Dass die Rezeptionsgeschichte des Exilromans sich als ein Paradebeispiel eines Prozesses des „Vergessen[s] weiblicher Kulturleistungen" (Krechel 1979, S. 103) rekonstruieren lässt, wurde im Zuge der Wiederentdeckung Keuns in den späten 1970er Jahren durch die feministische Forschung aufgezeigt. Der systematischen Auslöschung ihrer Werke aus dem kulturellen Gedächtnis durch die Nationalsozialisten – die Setzung der Autorin auf die schwarze Liste und die Vernichtung ihrer ökonomischen Existenz durch Beschlagnahmung der Texte durch die Gestapo in den Lagerräumen des Universitas-Verlages, in den Buchhandlungen und den Bibliotheken (vgl. ebd., S. 116) – folgte ein Selektionsprozess des „patriarchalischen Gedächtnisses" (ebd., S. 104), im Zuge dessen *Nach Mitternacht* aus dem literarischen Kanon ausgeschlossen und in eine dunkle Ecke des

Literaturbetriebs verwiesen wurde, womit sich das Schicksal seiner in „einer dunklen Ecke" vergessenen Erzählerin rezeptionsästhetisch wiederholte. Nachdem das Werk lange Zeit vor allem in der feministischen und exilliterarischen Forschung gelesen wurde, sorgten in den 1980er Jahren seine Aufnahme in den Schulkanon, Wolf Gremms Verfilmung und Yaak Karsunkes Bühnenbearbeitung für eine Ausweitung seines Wirkungskreises. Nach der Diagnose einer als defizitär eingestuften, bis dato überwiegend biografischen Rezeptionsmethode erlebte *Nach Mitternacht* eine zweite Wiederentdeckungswelle und wurde infolge des *postcolonial turn* verstärkt transkulturalitätstheoretisch analysiert (vgl. Maier-Katkin 2003; Marx 2008).

Fazit

Durch die polyphone Erzählweise, die neben der beobachtenden Außen(seiter)position der Erzählerin auch direkte Figurenrede einschließt, erreicht *Nach Mitternacht* eine Pluralisierung der Narrationen exilischen Daseins auf der Ebene der *histoire* sowie eine Etablierung eines hybriden Erzählens auf der Ebene des *discours*.

Die besondere Leistung des Exilromans liegt in seiner Loslösung von einem territorialen Verständnis von Heimat und Fremde und seiner Schilderung des Exils der doppelt marginalisierten Erzählerin als soziokulturelles Phänomen. Als politisch unbelastete Fremde inmitten des Hitlerregimes und als weibliche Exilantin einer patriarchalen Gesellschaft ist sie lange vor ihrer Flucht nach Rotterdam einer sozialen Entortung im NS-Deutschland ausgeliefert, die sie aus der postkolonialen Perspektive im Sinne einer narrativen hybriden Verortungspraktik und gendertheoretisch mithilfe eines performativen weiblichen Gegendiskurses bewusst bekämpft. Auch die Rezeptionsgeschichte zeigt, dass das Werk selbst lange Zeit nationalsozialistischen und patriarchalen Exklusionsmechanismen ausgesetzt war, bis es nach der Entdeckung durch die feministische Forschung in den literarischen Kanon aufgenommen wurde.

Auf das Trauma persönlichen Verlustes und kultureller Entstellung reagiert die Exilantin mit einer Erinnerungs- und Trauerarbeit, die zugleich mit der therapeutischen Verarbeitung individueller Traumata die Erinnerung an die verdrängte kollektive Geschichte systematischer Vertreibungen und Gräueltaten im NS-Deutschland ins kulturelle Gedächtnis rückt.

Xenia Wotschal

Literatur

(*NM*) Keun, Irmgard: *Nach Mitternacht. Roman.* München 2009.

Bronfen, Elisabeth: „Exil in der Literatur. Zwischen Metapher und Realität". In: *Arcadia* 28 (1993) H. 2, S. 167–183.

Häntzschel, Hiltrud: „Macht und Ohnmacht der Wörter. Die Innenansicht des nationalsozialistischen Alltags im Exilroman ‚Nach Mitternacht' von Irmgard Keun". In: *Ästhetiken des Exils.* Hg. v. Helga Schreckenberger. Amsterdam, New York 2003, S. 235–250.

Horsley, Ritta Jo: „Witness, Critic, Victim: Irmgard Keun and the Years of National Socialism". In: *Gender, Patriarchy and Fascism in the Third Reich: The Response of Women Writers.* Hg. v. Elaine Martin. Detroit 1993, S. 65–117.

Krechel, Ursula: „Irmgard Keun: Die Zerstörung der kalten Ordnung. Auch ein Versuch über das Vergessen weiblicher Kulturleistungen". In: *Literaturmagazin* 10 (1979), S. 103–128.

Maier-Katkin, Birgit: „Alterity, Alienation, and Exile in Irmgard Keun's ‚Nach Mitternacht'". In: *Seminar* 39 (2003) H. 4, S. 298–315.

Marx, Leonie: „Schattenwürfe: Zu Irmgard Keuns Inszenierungskunst in ‚Nach Mitternacht'". In: *Auf den Schultern des Anderen.* Festschrift für Helmut Koopmann zum 75. Geburtstag. Hg. v. Andrea Bartl u. Antonie Magen. Paderborn 2008, S. 177–201.

Rosenstein, Doris: „Bilder und Szenen aus dem ‚Dritten Reich'. Zum Erzählkonzept des Romans ‚Nach Mitternacht' von Irmgard Keun". In: *Irmgard Keun 1905/2005. Deutungen und Dokumente.* Hg. v. Stefanie Arend u. Ariane Martin. Bielefeld 2005, S. 161–181.

Wilkes, Geoff: „‚Es ist nicht meine Schuld, ich habe alles getan, alles ... Oh, Ich Schwein, Ich Schwein': Writers' Responses to Nazism in Irmgard Keun's ‚Nach Mitternacht'". In: *Journal of the Australasian Universities Language and Literature Association* 113 (Mai 2010), S. 107–123.

Egon Erwin Kisch: *Teoberto Maler, ein Mann in verzauberter Stadt* (1942)

Egon Erwin Kisch (eigentl. Egon Kisch) *29. 4. 1885 Prag, †31. 3. 1948 Prag. Stationen des Exils: 1933/34 Prag, 1934–1939 Paris (1934/35 Reise nach Australien), 1939/40 USA, 1940–1946 Mexiko.

Inhalt

Der Beginn des Textes schildert eine typische Exilsituation: „1939, kurz bevor die Deutschen in Paris einrückten." (*TM*, 694) Der Erzähler und die historisch verbürgte Figur Harry Graf Kessler begegnen sich im Café ‚Les Deux Magots' und tauschen sich über die Kriegsentwicklung aus. Das Café bildet die typische Kulisse der Exilanten im Ausland ab und gibt Anlass zur Erinnerung an den gemeinsamen Ursprung, das ‚Café des Westens' in Berlin. Kessler bedauert, dem Erzähler sein Mexikobuch nicht mit auf seine Reise geben zu können, da es in Berlin – „also unerreichbar" – liegt (*TM*, 694). Gleichzeitig bittet er ihn, das Grab seines verstorbenen Freundes und Archäologen Teoberto Maler zu besuchen und dem Toten einen Gruß zu übermitteln. In New York erfährt der Erzähler vom Tod Kesslers und kann so nur noch einem Toten den Gruß eines Toten übermitteln. Auf den Spuren Malers begibt sich der Erzähler auf eine Entdeckungsreise durch Mexiko und entwirft für die Zuhausegebliebenen ein detailliertes Bild der fremden Umgebung.

Analysen

Narrationen des Exils
Der Text *Teoberto Maler, ein Mann in verzauberter Stadt* ist der Gattung der literarischen Reportage zuzurechnen und in der Sammlung *Entdeckungen in Mexiko* erschienen. Er reflektiert als einer der wenigen Texte Kischs explizit die Situation des Exils. Der Reportagen-Band, der zugleich die letzte Veröffentlichung Kischs darstellt, wurde 1942 vom Exilverlag El Libro Libre herausgegeben und umfasst insgesamt 24 Texte. Kisch berichtet hier über die Bedingungen des Gastlandes und zieht immer wieder Parallelen zur europäischen Situation. Acht der Reportagen erschienen zuvor in der Zeitschrift *Freies Deutschland*. Kisch plante einen Folgeband, zu dem es allerdings nicht mehr kam. Die spanische Übersetzung *Descubrimientos en México* wurde als das „gründlichste und liebevollste Buch gefeiert, das je ein Ausländer über Mexiko geschrieben hat" (Kießling 1989, S. 382). Dies ist umso erstaunlicher, setzt sich doch Kisch in seinen Reportagen durchaus kritisch mit den Bedingungen seines Exillandes auseinander (vgl. Ceballos Betancur 2000, S. 131). Die Rezeption der *Entdeckungen* im Deutschland der Nachkriegszeit war von nur geringem Ausmaß. So schreibt Hans Schrecker 1946 in einem Brief an Kisch:

> Für hier kann ich Dir die Garantie geben, dass niemand Dich feiern wird, außer den alten Getreuen, denn der Name Kisch – erschrick nicht – ist wie so vieles, ausgelöscht aus dem Gedächtnis der Lebenden. Wenn Du Schwein hast, wird es noch ein paar alte Nazischriftsteller geben, die sich an den Untermenschen Kisch erinnern können. (zit. n. Patka 1998, S. 254)

Auch eine Veröffentlichung in Österreich schien zunächst nicht möglich, wie die Antwort des Aufbau-Verlages an die Witwe Kischs dokumentiert:

> Man sei zu dem schmerzlichen Entschluss gekommen, das Buch für einige Zeit zurückzustellen. Nach Hitler ist es doch ungeeignete Kost. Der Hitlerismus steckt den Leuten zu tief in den Knochen. Was früher harmlos war, ist heute schädlich. (Kisch 1992, S. 455)

Dennoch konnten 1947 gleich zwei deutsche Ausgaben der *Entdeckungen* erscheinen, eine in Berlin und eine in Wien, außerdem eine tschechische und eine französische Übersetzung. Es folgten noch weitere, etwa ins Holländische (1948), ins Jugoslawische (1952), Slowakische und Ungarische (1955) sowie ins Japanische (1958). Die Wiederentdeckung Kischs konnte so langsam voranschreiten.

Die Reportage *Teoberto Maler* beginnt mit einer Begegnung zwischen der Figur Harry Graf Kessler und dem Erzähler und macht zunächst auf die Situation des Krieges aufmerksam.

> 1939, knapp bevor die Deutschen in Paris einrückten, traf ich im Café ‚Deux Magots' den alten Grafen Harry Kessler, der schon ein Menschenalter vorher hier gesessen hatte, obwohl er gleichzeitig auch im Berliner Café des Westens saß. Noch bekümmerter als sonst schaute er drein, denn draußen war nun nicht mehr bloß der Krieg, den er noch mehr als alle anderen Kriege haßte – der Krieg zwischen Deutschland und Frankreich –, sondern es zuckten auch die Vorboten der französischen Katastrophe über Firmament und Boulevard. (*TM*, 694)

Hier ist allerdings anzumerken, dass die *historische* Gestalt Harry Graf Kessler bereits 1937 in Lyon gestorben war. Kessler verstand sich selbst als europäischen Weltbürger und war nicht nur bekannt für seine zahlreichen Reisen, die zumeist ein künstlerisches Interesse verfolgten, er setzte sich auch im Weimar des frühen 20. Jahrhunderts für eine kulturelle Reform und mehr Liberalismus ein. Beides scheiterte aufgrund von nationalistisch und konservativ geprägten Kräften. Nach der Machtergreifung 1933 emigrierte er nach Paris, später nach Mallorca.

> Sie fahren nach Mexiko? sagte er zu mir. Schade, dass ich Ihnen mein Mexikobuch nicht auf die Reise mitgeben kann, es liegt in Berlin – also unerreichbar. (...) Maya, Yucatan! Das kam mir noch unwahrscheinlicher vor, als dass ich wirklich bis nach Mexiko kommen werde. In New York las ich, dass Graf Harry Kessler gestorben sei, ein Exilierter. (*TM*, 694)

Zunächst ist auffällig, dass Kisch Kessler hier als einen ‚Exilierten' bezeichnet, was historisch nicht korrekt ist, da Kessler nach Paris in die Emigration ging. Kisch weitet an dieser Stelle den Begriff des ‚Exils' aus und bezieht ihn auch auf die Emigration. Während man unter ‚Exil' die gewaltsame Vertreibung aus der Heimat versteht – meist verbunden mit dem Wunsch des Exilierten, wieder zurückkehren zu können –, bezeichnet der Begriff ‚Emigration' die mehr oder weniger freiwillige Ausreise aus der Heimat. Darüber hinaus wird der Begriff ‚Exil' in Kischs Text auch metaphorisch gebraucht und markiert eine generelle Heimatlosigkeit in der Welt, an der der Mensch im 20. Jahrhundert leidet und für den die Figur Kessler hier exemplarisch steht. Die historische Gestalt Harry Graf Kessler, auf die die Figur bezogen ist, wuchs in Frankreich, England und Deutschland auf und war, ähnlich wie Kisch selbst, ein Rastloser zwischen den Metropolen der Welt. Beide, Kisch und Kessler, wurden zur Zeit der Weimarer Republik mit ihren

Reiseberichten und Reportagen als Personen des öffentlichen Lebens wahrgenommen, und so kann hier von einer bewussten Rezeptionssteuerung ausgegangen werden, die die Figur des Erzählers und die Figur Kessler mit den historischen Gestalten in Beziehung setzt. Deutlich wird hier nicht nur die Parallele zu Kischs eigener Lebensgeschichte, sondern auch die *Ambivalenz* des Unterwegsseins, die sich zwischen Heimatlosigkeit und der Sehnsucht nach einem Zuhause bewegt. Der ‚rasende Reporter' Kisch belegt die eigene Exilsituation in Mexiko mit dem an dieser Stelle etwas befremdlichen Begriff der „Reise", was einerseits den Aspekt der generellen Heimatlosigkeit nochmals unterstreicht, andererseits aber auf Kischs besondere Situation hinweist. Kisch war einer der wenigen Autoren, die das Exil für eigene Reisen und Recherchen nutzen konnten. Das Problem der Heimat und damit der nationalen Zugehörigkeit wird aber noch an anderer Stelle im Text präsent, wenn Kisch versucht, eine Charakterisierung des verstorbenen Teoberto Maler, auf dessen Spuren er sich in Mexiko begibt, vorzunehmen:

> Teoberto Maler war von Nationalität – ja, was war er denn von Nationalität? In Italien (Rom, 1842) geboren, von deutschen Eltern stammend, trat er in österreichische Militärdienste und ging dann mit dem zum Kaiser von Mexiko ‚gewählten' Erzherzog Maximilian als Ingenieuroffizier über See. Als sein Kriegsherr auf dem Glockenhügel von Querétaro erschossen wurde und solcherart der Kaiserzug nach Mexiko beendet war, zog der junge Hauptmann Teoberto Maler von dannen. Aber er kehrte weder nach seinem Geburtsland Italien heim noch nach seines Vaters Vaterland Deutschland, noch nach seinem Garnisonsland Österreich, das er als sein Heimatland betrachtete. (...) Zwanzig Jahre nachdem er es verlassen hat, gelingt es ihm, Mexiko wieder zu erreichen, nun ein vierundvierzig-jähriger Mann. Seine zweite Lebenshälfte verbringt er auf der Maya-Halbinsel Yucatán und erforscht sie, gründlicher als jemand je zuvor. (*TM*, 696 f.)

Angesprochen wird nicht nur die generelle Heimatlosigkeit, sondern auch die Sehnsucht nach einem Ort, der als Heimat empfunden werden kann. Diesem Ort setzt Maler insofern ein Andenken, als er ihn auf das Genaueste untersucht, um ihm gerecht werden zu können. Getragen von dem Wunsch, seine Beobachtungen detailliert zu dokumentieren, um ein möglichst authentisches Bild des Landes wiedergeben zu können, verfasst Maler ein Tagebuch, welches zum Leitfaden für Kischs Blick wird. Auch Kisch ist es ein Anliegen, das Gesehene und Erlebte in möglichst authentischer Art und Weise nach Hause zu bringen, um so eine Vermittlung zwischen Fremde und Heimat herstellen zu können. Nicht umsonst heißt die Figur Teoberto *Maler*; Kisch setzt hier einen bewussten Kontrapunkt zu den neuen Wahrnehmungsmöglichkeiten und reflektiert darüber, ob die veränderten medialen Bedingungen einer authentischen Berichterstattung überhaupt gerecht werden können: eine Reflexion, die sich insgesamt durch Kischs Reportagen zieht, wie etwa die *Auswärtige Berichterstattung* zeigt, in der fortwährend vom Telegrafieren die Rede ist, allerdings vom Telegrafieren ganzer Romane (vgl. Kisch 1967a, S. 351 f.).

Theoretische Perspektivierungen
Die Reportage, die u.a. den Anspruch hat, etwas ‚Fremdes heim zu bringen', erweist sich dabei als ideale Form (vgl. ebd., S. 349). Allerdings besteht gerade in dem Moment, wo das Zurückzutragende sich außerhalb des eigenen Kulturraums befindet und eine Erschließung neuer symbolischer Welten verlangt, die Gefahr der Superiorisierung der eigenen Sichtweise (vgl. Foucault 2005). Jene machtvolle Aneignung des Fremden prangert Kisch explizit in seinem Text an und verbindet damit auch eine politische Forderung: Die Anerkennung der Andersheit des Anderen, die vor dem historischen Kontext, in dem der Text steht, besondere Brisanz erhält (*TM*, 694f.).

> Nun hörte ich die Klage gegen die Weißen, die in den Stätten der Götter gehaust hatten, barbarisch rücksichtslose Archäologen und Geschäftswissenschaftler, welche auf der Suche nach Funden die für alle Ewigkeit geschaffenen Fassaden für alle Ewigkeit vernichteten. (*TM*, 694f.)

Kisch nutzt seine Reportage, um für die politische Situation zu sensibilisieren und auf das Barbarentum hinzuweisen, welches mit einer Aneignung des Fremden einhergeht. Gerade die europäische Perspektive – die Perspektive der Heimat – wird in dem Zusammenhang hinterfragt. Auch Kisch selbst reflektiert im Text immer wieder über seine eigene Beschreibungs-Position und ist sich der Gefahr der Festschreibung des Fremden bewusst. Statt das Fremde vom eigenen Selbst aus zu beschreiben und es sich machtvoll anzueignen, folgt er, angeregt durch den Auftrag Kesslers, den Spuren Teoberto Malers. Es ist Malers Perspektive, dokumentiert in einem kleinen Büchlein, der er hier nachgeht.

> Das kleine Buch führt den Titel ‚Impresiones de Viaja a las Ruinas de Cobá y Chichen Itzá'. (...) Gleichzeitig mit dem Autor, ahnungslos wie er, treten sie [die Leser, Anm. d. Verf.] in die Märchenwelten ein und nehmen an den Überraschungen des Entdeckens teil. Sozusagen aus dem Stegreif, nur vom Gefühl geleitet, beginnt Maler die Erschließung der Trümmerstätte Cobá. (*TM*, 697)

Durch den intuitiven Blick Malers erkundet Kisch die Ausgrabungsstätte. Im Wissen, dass das Fremde nicht vollständig mit nach Hause gebracht werden kann, entwickelt er Strategien, um dem Anderen möglichst offen entgegenzutreten. Neben dem Staunen sind dies u.a. die Formulierung offener Fragen, die ein Changieren zwischen Informationsvermittlung einerseits und Imagination andererseits ermöglichen (vgl. Kisch 1967b, S. 524). Es beginnt eine behutsame Auseinandersetzung mit dem Fremden, wobei der Verstehensprozess stets durch die Erfahrung der Alterität durchbrochen wird (vgl. Geertz 1983). Was bleibt, ist ein Rest Unlesbarkeit, etwas, das sich dem diskursiven Begreifen entzieht. Das zu Beschreibende präsentiert sich schließlich selbst und macht einen Raum der Imaginationen auf: „Beim Heraustreten aus dieser Gelehrtenstube schauen wir eine Bühne, auf der hinter durchsichtig blauen Vorhang, die Vergangenheit sich selbst spielt." (*TM*, 696)

Exil und Erinnerung
Bereits der Zeitpunkt des Treffens zwischen Kessler und dem Erzähler, 1939, erregt Aufmerksamkeit. Die Begegnung mit dem Grafen hat in der geschilderten Form niemals stattgefunden, was Kischs Reportage zwischen Fiktionalität und Faktualität changieren lässt und sie als literarische Reportage ausweist. Allerdings nimmt der Text starken Bezug auf Kesslers *Notizen über Mexico*, was eine *textuelle* Begegnung nahe legt (vgl. Kessler 1998). Kischs Reportage erinnert an die Reise Kesslers und die dort gemachten Aufzeichnungen, erinnert an den Blick Kesslers auf die für ihn fremde und „verzauberte Stadt". Kessler, für den das Reisen stets mit einer existentiellen Sinnsuche verbunden war, distanziert sich in seinen *Notizen* deutlich von einem Exotismus. Seine Exkursionen sind durch politische und philosophische Fragestellungen bestimmt und mit dem Anspruch eines Erkenntnisgewinns für das reisende Ich verbunden. Diese Intention ist es, die auch Kischs Schreiben bestimmt. Kessler war fasziniert von der Baukultur der Maya, die er auf der Halbinsel Yucatán vorfand, und suchte den Archäologen Teoberto Maler auf, um sich mit ihm über das Gesehene auszutauschen. Diesen Austausch führt Kisch in seiner literarischen Reportage weiter und erinnert so nicht nur an die Kultur der Maya, die der europäischen Perspektive diametral gegenübersteht und die Kisch vor dem Zugriff des Eurozentrismus zu bewahren sucht, sondern auch an den Bericht Kesslers, der ebenfalls zwischen Fiktionalität und Faktualität changiert. Kessler folgt dem Anspruch des „geistigen Sehvermögens" und entwirft eine „neue Seelenwelt" von Mexiko, die im Kontrast zum Herkunftsraum Europa steht und ebenso wie Kischs Blick vom Staunen geleitet ist (vgl. Kessler 1998, S. 165). Auch Kessler macht darauf aufmerksam, dass die Reisebeschreibung das Fremde nicht letztgültig erfassen kann und daher immer unvollständig bleiben muss:

> Und auch der Reisebeschreibung, Stanley oder Stendhal, will er ähnliche Umwandlungen seines geistigen Sehvermögens abgewinnen; und nimmt es, da alles Fertige die Stimmung, in der es entstanden ist, zerstören müßte, als die natürliche und nicht reizlose Schwäche des Reisebuchs hin, daß es nur Unvollständiges, nicht ein fertiges Wissen zu bieten vermag und sich begnügen muß, einen Boden zu bereiten, auf dem dann vielerlei Frucht wachsen mag. (ebd., S. 14)

Eine zweite, mit Kessler in Zusammenhang stehende Perspektive setzt sich aus den Notizen Malers zusammen, die Kisch in seiner Reportage ebenfalls aufgreift. Nicht nur folgt Kisch deren Blick auf Mexiko, er erinnert auf diese Weise auch an die schwierigen Arbeitsbedingungen des Archäologen, die eine Parallele zu Kischs Exilsituation zulassen. Kisch findet in der Biblioteca Crescenio Carillo y Anonca zwei Werke von Maler, die längst der Vergessenheit preisgegeben sind. In einem der Bände entdeckt er einen Kommentar Malers, der die Zensur seiner Texte und die unwürdigen Arbeitsbedingungen anprangert. Einmal mehr wird auf diese Weise auf die Situation der Exilierten hingewiesen, was Kischs Text als wichtiges Dokument der Exilliteratur ausweist.

> Allzu beschäftigt mit den schamlosen Ausplünderungen von Chichen Itzá, lehnten es Bowditch und Putnam unverschämterweise ab, meine Arbeiten zu bezahlen. Ihr niederträchtiges Verhalten verurteilend, brach ich mit ihnen und verlange nichts mehr von ihnen. Meine Generalkarte von Tikal ist eine großartige Arbeit, welche zehn große Blätter umfaßt. Jedoch die Karikatur eines Plans, welche von Tozzer und Merwin gemacht wurde, ist für meinen Text ungeeignet und zeigt nichts anderes als den Gipfel der Albernheit und Niedertracht der erbärmlichen Redakteure des Peabody Museums. (*TM*, 699)

Fazit

Wie Ceballos Betancur zu Recht anmerkt, steht, verglichen mit der literaturwissenschaftlichen Exilforschung, die Untersuchung der Exilpublizistik noch am Anfang (vgl. Ceballos Betancur 2000, S. 136). Die Gattung der Reportage, so wie Kisch sie versteht, nimmt hier eine Sonderstellung ein, da ihr bewusstes Changieren zwischen Fiktionalität und Faktualität auch als eine Reflexion über den ‚biografischen Zeugnischarakter' der Exilliteratur verstanden werden kann. Umso wichtiger scheint es, die Reportage von Kisch mit in den Kanon der Exilliteratur aufzunehmen, nicht nur, weil Kisch hier explizit eine Exilsituation zum Ausgangspunkt des Erzählens werden lässt, sondern auch, weil mit dieser Reportage einige auch für andere Exiltexte wichtige poetologische Kriterien verdeutlicht werden können. Kischs Text reflektiert den Begriff der Heimat und diskutiert, inwiefern dieser auf eine generelle Heimatlosigkeit bezogen werden kann. Seine Auseinandersetzung mit der fremden Kultur macht einerseits auf die Gefahr der Superiorisierung der eigenen Position aufmerksam und stellt zugleich die Notwendigkeit in den Mittelpunkt, die Position des Selbst beständig auf den Prüfstand zu stellen. Darüber hinaus macht Kischs Verfahrensweise deutlich, dass das Changieren zwischen Information und Imagination eine Möglichkeit darstellt, über gesellschaftspolitische Umstände, hier die Exilsituation und die Situation des Gastlandes, zu berichten im Wissen um die Unmöglichkeit der Beschreibbarkeit des Erlebten – ein Spannungsverhältnis, welches auch für andere Exiltexte maßgeblich ist.

Stephanie Waldow

Literatur

(*TM*) Kisch, Egon Erwin: „Teoberto Maler, ein Mann in verzauberter Stadt" (1942). In: *Marktplatz der Sensationen. Entdeckungen in Mexiko.* Berlin 1967 (Gesammelte Werke in Einzelausgaben, Bd. 7), S. 694–700.

Ceballos Betancur, Karin: *Egon Erwin Kisch in Mexiko. Die Reportage als Literaturform im Exil.* Frankfurt a. M. 2000.
Foucault, Michel: „Die politische Technologie der Individuen", übers. v. Michael Bischoff. In: *Dits et écrits. Schriften in vier Bänden.* Hg. v. Daniel Defert u. François Ewald, Bd. 4. 1980–1988. Frankfurt a. M. 2005, S. 999–1015.
Geertz, Clifford: „Dichte Beschreibungen. Bemerkungen zu einer deutenden Theorie von Kultur". In: *Dichte Beschreibungen. Beiträge zum Verstehen kultureller Systeme.* Frankfurt a. M. 1983.
Kessler, Harry Graf: *Notizen über Mexico.* Hg. v. Alexander Ritter. Frankfurt a. M. 1998.
Kießling, Wolfgang: *Brücken nach Mexiko. Traditionen einer Freundschaft.* Berlin 1989.
Kisch, Egon Erwin: „Auswärtige Berichterstattung". In: *Marktplatz der Sensationen. Entdeckungen in Mexiko.* Berlin 1967 (Gesammelte Werke in Einzelausgaben, Bd. 7), S. 349–353 (= 1967a).
Kisch, Egon Erwin: „Fragen, nichts als Fragen auf dem Monte Alban". In: *Marktplatz der Sensationen. Entdeckungen in Mexiko.* Berlin 1967 (Gesammelte Werke in Einzelausgaben, Bd. 7), S. 524–530 (= 1967b).
Kisch, Egon Erwin: *Gesammelte Werke,* Bd. VII. Geschichten aus sieben Ghettos. Eintritt verboten. Nachlese. 4. Aufl. Berlin, Weimar 1992.
Levinas, Emmanuel: *Die Spur des Anderen. Untersuchungen zur Phänomenologie und Sozialphilosophie.* Übers. v. Nikolaus Krewani. Freiburg i. Br., München 1983.
Lughofer, Johann Georg: „Aber Heimat ist nicht Fremde. Egon Erwin Kischs Reisen im mexikanischen Exil". In: *Mobilität und Kontakt. Deutsche Sprache, Literatur, Kultur in ihrer Beziehung zum südosteuropäischen Raum.* Hg. v. Slavija Kabic u. Goran Lovric. Zadar 2009, S. 281–293.
Patka, Marcus: *Der rasende Reporter. Egon Erwin Kisch. Eine Biografie in Bildern.* Berlin 1998.

Annette Kolb: *Memento* (1960)

Annette (eigentl. Anna Mathilde) Kolb *3. 2. 1870 München, †3. 12. 1967 München. Stationen des Exils: 1933 Schweiz, Luxemburg, Frankreich, Irland, 1934–1940 Frankreich, 1941–1945 USA.

Inhalt

Annette Kolbs kleiner Band *Memento* erzählt aus der Perspektive einer weiblichen Ich-Erzählerin die Geschichte ihrer Emigration zwischen 1933 und 1945; der Text trägt unverkennbar autobiografische Züge: Bereits 1933 verlässt die Ich-Erzählerin überstürzt ihr Haus in Badenweiler, nachdem sie einen „im ersten Impuls" (*M*, 13) geschriebenen Brief Manfred Hausmanns erhalten hat, in dem dieser sie eindringlich vor Hitler und der Situation in Deutschland warnt: „Er nannte die Paragraphen, gegen welche meine Ausdrücke verstießen" (*M*, 13). Über die Schweiz und Luxemburg gelangt sie nach Paris und nimmt 1936 die französische Staatsbürgerschaft an. 1940 flieht sie vor den einmarschierenden Deutschen auf abenteuerliche Weise über die Schweiz und Madrid nach Lissabon und fliegt von dort nach New York. Eingeflochten in die Schilderung ihrer eigenen Erlebnisse sind immer wieder Geschichten von Freunden und Bekannten, sodass ein ganzes Netzwerk an Emigrations- und Exilgeschichten entsteht. Unter der Überschrift „Rückkehr" (*M*, 57) beschreibt sie ihre Einreise nach Europa im Oktober 1945, die glücklichen Tage in Irland und der Schweiz und die „grausame[n] Begebenheiten", den „Haß" und den „tiefdurchfurchte[n] europäische[n] Alltag" (*M*, 57) in Paris. 1946 fährt sie erstmals wieder nach Deutschland, um nach ihren Freunden zu sehen, erst 1961 kehrt sie endgültig zurück.

Analysen

Narrationen des Exils
Die Erzählerin bleibt konsequent in der Ich-Form und beruft sich auf ihre persönlichen Erinnerungen. Damit steht der Text in der literarischen Tradition der Autobiografie. Im Text selbst wird auf diese Texttradition verwiesen, um sich gleichzeitig von ihr zu distanzieren. „Dies ist keine Autobiographie. Nicht zu mir her, sondern von mir weg, ist die Tendenz dieser Zeilen." (*M*, 23) Die Intention des Textes ist es demnach nicht, Zeugnis über das eigene Leben abzulegen, sondern über die äußeren Ereignisse. Nicht die Selbstvergewisserung, sondern das Aufzeigen von Zusammenhängen, nicht das eigene Schicksal als Geschichte, sondern das Beispielhafte des Erlebten als Anschauungsmaterial für die Nachwelt interessiert. Es verwundert nicht, dass dieser Anspruch als belastend empfunden wird:

> Und der Leser wird nicht begreifen, und auch mir ist es unbegreiflich, daß mich einer einfachen, wenn auch nicht leichten, Berichterstattung wegen eine solche Niedergeschlagenheit befiel und ich Hunderte von Seiten zerriß. [...] Oh, ein Pensum ist es gewesen, das darf ich sagen. [...] Wie dem auch sei, es ist genug, ich kann nicht weiter. Der Leser hat jetzt das Wort. (*M*, 64)

Mit diesen Sätzen endet der Text, und die Ich-Erzählerin imaginiert eine konstruktive Debatte der Leserschaft über die berichteten Ereignisse und rückt den Text damit in die Nähe gleichnishafter Literatur oder der Lehrgeschichte. Eine religiöse Präfiguration des Exilbegriffs stünde dieser Ausrichtung des Textes entgegen und fehlt.

Annette Kolb schrieb *Memento* in der Zeit des Nachexils, als „eine unruhige Wanderin zwischen den Städten und Ländern" (Strohmeyr 2002, S. 242). Ein Jahr nach Erscheinen von *Memento* kehrte sie endgültig nach Deutschland zurück, wo sie sich seit 1945 trotz zahlreicher Ehrungen und literarischer Auszeichnungen fremd und unerwünscht fühlte und wo sie erst jetzt, in sehr hohem Alter, wieder ihren festen Lebensmittelpunkt sehen konnte. Auch in finanzieller Hinsicht stellte das Nachexil eine problematische Situation für Kolb dar, war der Buchmarkt doch eher in Richtung der amerikanischen Literatur orientiert, die unter den Nationalsozialisten verboten war und nun in Taschenbuchform preisgünstig gedruckt wurde. Annette Kolb war demnach „[v]iel geehrt und schlecht bezahlt" (Strohmeyr 2002, S. 260). Umso bemerkenswerter ist das Erscheinen von *Memento*, einem Text, der sich rückwärts wendet, die Situation zwischen 1933 und 1945 nüchtern und pointiert zeigt und sich damit ganz bewusst gegen eine Verdrängung und auch gegen das Vergessen stellt. Der Text entstand in jahrelanger Arbeit, und Kolb vernichtete viel Material (vgl. Werner 2000, S. 254), bis schließlich der kurze Text von 59 Seiten in der Druckfassung übrig blieb.

Die Ich-Erzählerin setzt ihre selbstgewählte Heimat, das eigens für sie gebaute Haus in Badenweiler, in Gegensatz zu ihrer Situation im Exil, die von Entwurzelung, Verlust und tiefer Traurigkeit über die eigene und die Lage in Europa geprägt ist. Dies gelingt durch einen Texteinstieg, der die Schaffensidylle des Künstlerdorfes Badenweiler ins Zentrum stellt, und durch die ausführliche Schilderung des Hauses und seiner besonderen Vorzüge – vom Grundriss über die Einrichtung bis hin zur Bepflanzung des Gartens. Der Leser wird auf diesen ersten Seiten bereits darauf hingewiesen, dass dieser epische Grundton und die glückliche Zeit im Weiteren nicht Tenor und Inhalt sein werden: „Der Leser gedulde sich" (*M*, 7), heißt es da unvermittelt. Der Satz steht prominent eingerückt und durch zwei Leerzeilen vom vorherigen und nachfolgenden Textabschnitt getrennt. Die Überleitung bildet ein beschriebenes akustisches Signal unter der Überschrift „1933". Im Radio erklingt nicht Musik, wie zu erwarten wäre und wie es zur Stimmung von Badenweiler passen würde, sondern eine in „hündische[r] Wut" vorgetragene Rede Hitlers „in einem niederträchtigen Deutsch" und mit einer „Stimme, die in Gebell ausartete" (*M*, 10). Die anschließende Schilderung der Exiljahre geht von konkreten geografischen und zeitlichen Fakten aus. Ihre Erinnerung kondensiert die Ich-Erzählerin auf das für sie Wesentliche, auf Abläufe, Zustände, genau geschilderte Begebenheiten und historische Zusammenhänge. Im Vordergrund steht klar formuliert die Absicht, Zeugnis abzulegen von der Flucht als einziger Existenzmöglichkeit: „die Flucht auch hier von allem, als sei es nie gewesen; Panik, Unsicherheit und Hetze" (*M*, 32). Literarische Topoi in Form des Motivs der Wanderung und der Heimatlosigkeit klingen an und werden in Bezug zum Nicht-Fiktionalen gestellt: Keine Geschichten sollen erzählt werden, es werden vielmehr Tatsachenberichte vorgelegt. Den einzigen Eingriff in die Darstellung der Erinnerung, den sich die Ich-Erzählerin gestattet, ist der der Reduktion, wird doch gleich am Anfang konstatiert, dass bei dem „Rückflug" in die Vergangenheit „viel Ballast über Bord fliegen" wird (*M*, 5).

Theoretische Perspektivierungen
Die Konzepte Nation, Heimat, Identität und Kultur affirmiert die Ich-Erzählerin in *Memento* und leidet darum umso mehr unter deren Gefährdung durch nationalsozialistisches Gedankengut. Die essentialistischen Begriffe werden jedoch nicht auf Deutschland beschränkt, sondern auf den europäischen Kulturraum ausgeweitet. Wie sehr vor allem Frankreich gleichberechtigt zu Deutschland als reale und künstlerische Heimat empfunden wird, zeigt sich beispielsweise, wenn sie sich in den Lehnstuhl ihres Salons in Badenweiler Alfred de Musset, Honoré de Balzac und Franz Liszt imaginiert (*M*, 6). Dass Annette Kolb eine französische Mutter hatte, wird von der Ich-Erzählerin in *Memento* nicht thematisiert.

Die Absage an eine eindeutige nationale Identität zielt auf die Durchmischung von Deutsch und Französisch, Interkulturalität wird zum Prinzip erhoben. Darüber hinaus kann die Zeit im französischen Exil mit dem Begriff der ‚Assimilation' gefasst werden, jedoch mit der Nuance, dass sich die Ich-Erzählerin nicht an etwas Neues anpasst, sondern sich einer ihrer kulturellen Wurzeln vollständig zuwendet, da der Nationalsozialismus den vorübergehenden Bruch mit der deutschen Kultur und Lebensweise provoziert. Diese erzwungene Distanzierung vom zweiten Standbein ihrer Identität lässt eine Destabilisierung anklingen, die durch nur noch eine der zwei kulturellen Zugehörigkeiten markiert ist. Die in Texten aus dem Exil häufig thematisierte Erfahrung der Fremdheit als Ausgangspunkt für das Hinterfragen der eigenen Identität lässt sich aufgrund dieser Konstruktion in *Memento* nicht finden. Das europäische Ausland, allem voran Frankreich, ist ihr kulturell und sprachlich vertraut, und auch in Amerika ist die Ich-Erzählerin zwar „gedrückt", empfindet aber gleichzeitig „das Gefühl der Geborgenheit" (*M*, 55), auch dort gibt es vertraute „Lichtpunkte: Freunde, Freundinnen, die Konzerte, der Tanz der Markowa" (*M*, 55). Offensichtlich bemüht sie sich aufgrund ihrer englischen Sprachkenntnisse, der Verbindung zu anderen Exilanten und der Wahrnehmung amerikanischer Kunst und Kultur darum, nicht in die Isolation zu geraten. Die andernorts von der Autorin Kolb geäußerte Zwiespältigkeit Amerika gegenüber und ihre mitunter schwierigen Lebensbedingungen im amerikanischem Exil (vgl. Hildebrandt 1990, S. 101) spielen in ihrer literarischen Konstruktion des Exils keine Rolle. Worunter die Ich-Erzählerin in *Memento* leidet, ist der Verlust ihres gewohnten Lebens in Badenweiler und der tiefe Schmerz darüber, dass es einer gebildeten Nation wie Deutschland nicht gelingt, sich Hitler zu widersetzen.

Die Ich-Erzählerin stellt sich als Frau im fortgeschrittenen Alter dar, die ihren kulturellen und sprachlichen Standpunkt als Europäerin gefunden hat und die Beheimatung in der deutschen und französischen Kultur klar benennt. Das Exil beschreibt sie als Einschnitt in ihre private Lebensorganisation und als menschliche und politische Tragödie; ihre künstlerische Identität stellt sie jedoch nicht infrage. Sie bleibt, wie dies auch für die Autorin Kolb zutrifft, die „Femme de lettres", die es sich herausnimmt, „frei von Bindungen aller Art" (Bauschinger 1993a, S. 14) Themen zu besprechen und weiterhin auf Deutsch zu schreiben. Die erschwerten Arbeits- und Publikationsbedingungen hingegen, mit denen sich die Autorin Kolb im Exil konfrontiert sah (vgl. Bauschinger 1993b, S. 104f.), werden im literarischen Text *Memento* von der Ich-Erzählerin nicht thematisiert.

In *Memento* wird darauf verwiesen, dass in den späten 1940er Jahren viele autobiografische Erinnerungstexte entstanden: „Die Emigranten überboten sich damals in Schilderungen ihrer Abenteuer, ihrer Fährnisse, die sie auf ihrer Flucht bestanden. Und es erschienen damals viele Autobiographien" (*M*, 54f.). Eine Auswertung der Publikationen im Blick auf die Frage nach männlicher und weiblicher Autorschaft ergab, dass viele Frauen in der Wir-Form von ihren Erlebnissen berichten. Häufig stellen sie sich in ihren Texten als die Begleitung des exilierten Mannes dar und pendeln in ihrer Darstellung der Exilerfahrung zwischen Autobiografie und Biografie des Mannes hin und her (vgl. Mittag 1993, S. 55). Im Unterschied zu diesen Texten entstand *Memento* nicht nur rund zehn Jahre später aus der zeitlichen Distanz, sondern die Autorin verwendet auch konsequent die Form der Ich-Erzählung und stellt eine alleinstehende Frau ins Zentrum: „nach viereinhalb Jahren, bestieg ich, allein wie immer, ein Flugzeug." (*M*, 57) In dieser Ausrichtung kann ein Widerstand gegen traditionelle Geschlechterrollen und deren Repräsentation in Texten gesehen werden.

Exil und Erinnerung

Bereits der Titel ist ein Bekenntnis: *Memento* – erinnere dich. Die Erinnerung wird hin zu den Fakten gelenkt und lässt allzu Persönliches in den Hintergrund treten. Der Text soll einen Zeitabschnitt europäischer Geschichte repräsentieren; die Ich-Erzählerin steht dabei stellvertretend für andere. Erinnerung, Gedächtnis und Vergessen werden im Text nicht explizit thematisiert. Ein selbstreflexives Bewusstsein der Subjektivität von Erinnerung zeigt der Text nicht. Die Erinnerung wird vielmehr als verlässliches Vehikel gehandelt, das Vergangenes aktualisiert und eine Vermischung von Ficta und Facta verneint, indem eine feste Raum- und Zeitstruktur eingehalten wird, die sich um Authentizität bemüht.

Als Motto ist dem Text ein Zitat aus Wilhelm Hausensteins Biografie des Malers Rembrandt vorangestellt: „Die von Geistern erfüllte Luft." (*M*, 5) Die Geister verweisen auf den Bereich des Fantastischen oder Jenseitigen und eröffnen einen

Assoziationsrahmen, der durch den ersten Satz des Textes relativiert wird, wenn es heißt, dem Leser sollen „Mitteilungen" (*M*, 5) gemacht werden. Dem Text kann damit durchaus eine therapeutische Absicht unterstellt werden, verspricht er doch, die „Geister" – verstanden als die im weitesten Sinne traumatische Erinnerung an Exil und nationalsozialistische Herrschaft – in Form der nüchternen Mitteilung der Nachwelt zu übergeben. Geleistet wird damit ein Beitrag zum kollektiven Gedächtnis sowie zur Anregung historischer Erinnerungsdiskurse, die auf die Eigenverantwortung des Lesers setzen und die Verhinderung einer Wiederholung der Geschichte zum Ziel haben.

Annette Kolb schrieb *Memento* Ende der 1950er Jahre, und das Buch wurde 1960 mit deutlichem zeitlichen Abstand zum behandelten Zeitabschnitt vom S. Fischer-Verlag herausgebracht. Die Autorin war zu jenem Zeitpunkt bereits 90 Jahre alt. Dass sie sich entschied, ein Buch über die Zeit zwischen 1933 und 1945 zu publizieren, unterstreicht einmal mehr, wie sehr ihr die Auseinandersetzung der Nachwelt mit Themen der Emigration, des Exils und der Verfolgung am Herzen lag. Als eine mit zahlreichen Auszeichnungen bedachte Autorin hatte ihr Beitrag zur Erinnerung des Exils durchaus eine politische Dimension, zumal die Prognose der Ich-Erzählerin gleich zu Beginn des Textes – einige Leser werden ihre „Mitteilungen [...] verwerfen", andere „in Erwägung ziehen" (*M*, 5) – zeigt, dass sie sich bewusst war, ein damals eher unpopuläres Thema anzusprechen.

In der Rubrik ‚Kultur' veröffentlichte *Der Spiegel* (Ausgabe 23/1960) nach dem Erscheinen von *Memento* eine kleine Notiz:

> Die aus München stammende 85jährige „First Lady unserer zeitgenössischen Literatur" (Erich Kästner) gedenkt in empfindsamen Aufzeichnungen ihrer Flucht aus dem südlichen Schwarzwald 1933, besonderer Begegnungen mit Rene [!] Schickele, André Gide, Jean Giraudoux und anderen Freunden in Paris bis zur Invasion, ihrer Weiterflucht nach New York; im Schlußkapitel „Rückkehr" schildert sie ihr Wiedersehen mit Deutschland 1946. Die Erinnerungen vervollständigen das Bild einer Autorin, die ihr windenumranktes, kleines Haus in Badenweiler liebte, Pan-Europa ersehnte und in der Emigration Französin wurde.

Die Notiz ist symptomatisch für die Rezeption von *Memento*. Der Text erfuhr Aufmerksamkeit in literarisch interessierten und informierten Kreisen, da er von Annette Kolb stammte, weniger jedoch aufgrund seiner Thematik. Die Betonung der empfindsamen Aufzeichnung der sehr betagten Autorin, die mit führenden Köpfen der Literaturszene befreundet war und sich für die Völkerverständigung zwischen Frankreich und Deutschland einsetzte, überdeckt, dass Kolb, wenn auch zurückhaltend und nüchtern, die Leserschaft zu einem Dialog über die Vergangenheit aufruft, der produktiv für die Zukunft werden soll. Dahinter steht die in *Memento* von der Ich-Erzählerin konkret geäußerte Sorge, dass dieses schrecklichste Kapitel deutscher Geschichte „wiederkehren kann, wer weiß wann?"

(*M*, 64). Bis heute wird in der Rezeption *Memento* als wichtiges Spätwerk Annette Kolbs wahrgenommen und als „ihr eigentlicher Beitrag zur Exilliteratur" (Bauschinger 1991, S. 485), dennoch liegt der Schwerpunkt der literaturwissenschaftlichen Beschäftigung mit dem Text bislang auf den in ihm enthaltenen biografischen Fakten, die für Rückschlüsse auf die Autorin und ihr Leben genutzt werden.

Fazit

Exil bedeutet in *Memento*, den Aufenthaltsort nicht frei wählen zu können, da ein Verbleib in Deutschland aus Gründen der existentiellen Verfolgung, aber auch aus dem Bedürfnis nach einer eindeutigen Separierung von nationalsozialistischem Gedankengut nicht mehr möglich ist. Da sich die Ich-Erzählerin als Deutsch-Französin darstellt, kommen gängige Aspekte des Exils wie Isolation, Sprachbarrieren und kulturelle Entwurzelung in diesem Text kaum zum Tragen. Essentialistische Auffassungen von Nation, Heimat, Identität und Kultur werden konsequent an die biografischen Daten einer deutsch-französischen Identität angebunden und damit von vornherein *ad absurdum* geführt. Kolbs Text *Memento* kommt aufgrund seiner Bemühungen um ein möglichst ‚authentisches' Erinnern, das sich in der Auswertung der Lebensgeschichte der Autorin in einem literarischen Text niederschlägt, der jedoch erklärtermaßen nicht als ein autobiografisches Zeugnis verstanden werden möchte, ein Platz im exilliterarischen Kanon zu. Als Exempelgeschichte wendet er sich mit seinem Appellcharakter direkt an die Nachwelt. Die literaturwissenschaftliche Forschung hat den Text bisher nur verkürzend auf seinen autobiografischen Gehalt hin wahrgenommen; eine detaillierte Auswertung und Kontextualisierung im Horizont der Exilliteratur steht noch aus.

Natalie Lorenz

Literatur

(*M*) Kolb, Annette: *Memento*. Frankfurt a. M. 1960.

Bauschinger, Sigrid: „‚Ein Kind ihrer Zeit': Annette Kolb". In: *Autoren damals und heute. Literaturgeschichtliche Beispiele veränderter Wirkungshorizonte*. Hg. v. Gerhard P. Knapp. Amsterdam, Atlanta 1991, S. 459–487.
Bauschinger, Sigrid: „Annette Kolb. Femme de lettres". In: *Ich habe etwas zu sagen. Annette Kolb 1870–1967*. Hg. v. Sigrid Bauschinger München 1993, S. 13–18 (= 1993a).
Bauschinger, Sigrid: „Kultur gegen Barbarei. Annette Kolb im französischen und amerikanischen Exil". In: *Wider den Faschismus. Exilliteratur als Geschichte*. Hg. v. Sigrid Bauschinger u. Susan L. Cocalis. Tübingen, Basel 1993, S. 103–121 (= 1993b).

Hildebrandt, Irma: „Europäerin in München. Annette Kolb (1870–1967)". In: *Bin halt ein zähes Luder. 15 Münchner Frauenporträts*. München 1990, S. 91–105.
Mittag, Gabriele: „Erinnern, Schreiben, Überliefern. Über autobiographisches Schreiben deutscher und deutsch-jüdischer Frauen". In: *Frauen und Exil. Zwischen Anpassung und Selbstbehauptung*. Hg. v. Claus-Dieter Krohn u. a. München 1993 (Exilforschung. Ein internationales Jahrbuch, Bd. 11. Hg. im Auftr. der Gesellschaft für Exilforschung), S. 53–67.
Strohmeyr, Armin: *Annette Kolb. Dichterin zwischen den Völkern*. München 2002.
Werner, Charlotte Marlo: *Annette Kolb. Eine literarische Stimme Europas*. Königstein i.Ts. 2000.

Gertrud Kolmar: *Das Wort der Stummen* (1955/1978)

Gertrud Kolmar (eigentl. Gertrud Käthe Chodziesner) *10. 12. 1894 Berlin, †vermutlich März 1943 Auschwitz (amtlich festgelegter Todestag: 2. 3. 1943).

Inhalt

Der zwischen dem 18. August und dem 25. Oktober 1933 entstandene Zyklus umfasst 22 Gedichte, die Kolmar als gefaltetes Konvolut nach der Ermordung ihres Vaters an Hilde Benjamin übergeben hatte. Sie wurden von dieser 1978 erstmals als vollständiger Zyklus veröffentlicht (einzelne Gedichte erschienen bereits 1955). Neben dem ein Jahr später entstandenen Zyklus *Robespierre* kann *Das Wort der Stummen* als Kolmars Hauptwerk politischer Lyrik betrachtet werden, in dem sich die häufig als unpolitisch wahrgenommene Dichterin mit dem Terror der nationalsozialistischen Herrschaft auseinandersetzt. Im Manuskript ist über jedem Gedicht der Tag der Entstehung vermerkt. Kolmar greift aktuelle Zeitungsberichte auf (vgl. Nörtemann 2003, S. 355–359), etwa über den Reichstagsbrandprozess (*Die Kröte*, *Heimweh*) und über die Bedingungen im KZ (*Im Lager*), sie nimmt zur NS-Propaganda Stellung (*An die Gefangenen. Zum Erntedankfest am 1. Oktober 1933*) und ringt um ein Verständnis jüdischer Identität in der Verfolgung (*Ewiger Jude*, *Anno Domini 1933*, *Wir Juden*, *Die jüdische Mutter*). Kolmars Anklage der Gewalttätigen und das Eintreten für die Opfer, die Verfolgten und Ermordeten beschränkt sich dabei nicht auf die jüdische Gemeinschaft, sondern schließt die politischen Widerstandskämpfer dezidiert mit ein. Die Zweideutigkeit des paradoxen Gedichtband-Titels als Genitiv Singular Femininum und Genitiv Plural (vgl. Brandt 1993, S. 153) legt eine Identifikation der ohnmächtigen Dichterin mit den verstummten Opfern der Machthaber bereits nahe.

Der Gedichtband dokumentiert scharfsichtig „die kulturelle Zäsur, welche die nationalsozialistische Machtergreifung vor der Endlösung" (Tabah 2009, S. 167) für Gertrud Kolmar darstellte.

Analysen

Narrationen des Exils
Obwohl Gertrud Kolmar sich immer wieder mit Plänen trug, ihre Heimat Berlin mit den Zielländern England oder Palästina zu verlassen, entschied sie sich dafür, in Deutschland zu bleiben. Ihr Verleger Viktor Otto Stomps legt Kolmars Position 1955 in bezeichnender Verkennung der Selbstwahrnehmung der Dichterin wie folgt dar:

> Meinem Vorschlag, eine Emigration noch zu versuchen, entgegnete sie, daß sie in Deutschland geboren sei und dort bleiben wolle. Das Thema ihrer eigenen Situation gab es für sie einfach nicht, es mochte einem erscheinen, als wäre sie nicht gewillt, dem überhaupt Beachtung zu schenken, es interessierte sie nur ihre Arbeit. (Stomps 1956, S. 787)

Die Ausgrenzung jüdischer Bürgerinnen und Bürger ab 1933 äußert sich bei Kolmar in einem nicht an konkrete geografische Räume gebundenen, überzeitlichen Verständnis von Exil. Dies zeigt sich nicht allein in der zentralen Aufnahme literarischer Topoi wie Heimatverlust („Bläue rauscht, und mein Garten versinkt, / Eiland, im Meer", *WdSt*, 355) und rastloser Wanderung („Meine Schuhe / Bringen Staub der tausend Straßen mit." *WdSt*, 361), Fremdheit und Außenseitertum („Sein Bart war schwarz, sein Haar war schlicht. / Ein großes östliches Gesicht [...]", *WdSt*, 369). Der titelgebende Vorgang der Versprachlichung des Schweigens, der deiktische Hinweis auf die sprachlosen Ausgeschlossene(n) und Ohnmächtigen, wendet den Sprachverlust einer Exilexistenz dahingehend, dass diese Stummheit auch als eine Form überzeugter Artikulation verstanden werden kann. Mithin nimmt der Titel Bezug auf das Scheitern der deutsch-jüdischen Symbiose, wenn im inneren Exil bei Kolmar von Anfang an von einer gänzlich anders gearteten Form der Kommunikation ausgegangen werden muss. Die sich fortsetzende Abwendung von deutscher Kultur und Sprache kann biografisch im Erlernen des Hebräischen und in späten poetischen Übersetzungen und Gedichten Kolmars in hebräischer Sprache nachgezeichnet werden.

Der Exilbegriff in *Das Wort der Stummen* soll im Folgenden an *Ewiger Jude* sowie dem affirmativen Bekenntnis zum jüdischen Volk in *Wir Juden* exemplifiziert werden. Das in der ersten Person Singular verfasste Gedicht *Ewiger Jude* zeigt Ahasver als alten Mann, der sich selbst in seiner hinfälligen Körperlichkeit dem Tode geweiht begreift und doch nicht sterben kann. Auf das Mitleid der Sesshaften angewiesen und ihrer Verachtung preisgegeben („Und ich danke, und ich danke / Für die Gabe, die der Schimmel frißt." *WdSt*, 361) unterliegt Ahasver allein der Bestrafung durch seine Mitmenschen; die Dimension eines strafenden Gottes bleibt gänzlich ausgespart. Erdle hat konsequent von „Demythisierung und Konkretion" gesprochen, die Kolmars Rezeption einer Schlüsselfigur der antisemitischen Propaganda charakterisiere (Erdle 1994, S. 146). Bezeichnend für die radikale Infragestellung der jüdischen Identität im Exil ist Ahasvers Unverständnis für die Zeichen auf seiner Stirn, die als Auserwähltsein gar nicht mehr gefasst werden können. „Ist bemakelt / Meine Stirn mit wunderlicher Schrift?" (*WdSt*, 362) befragt Ahasver sich selbst, ohne je einen „Deuter" finden zu können. Die nur mehr als Selbstentblößung und Selbstanklage mögliche Preisgabe der jüdischen Identität gipfelt im Todeswunsch angesichts der unerträglichen Isolierung. So zeichnet *Ewiger Jude* eine wesentliche Akzentverschiebung aus. Das Gedicht begreift – losgelöst von einer metaphysischen Strafinstanz – die Ewigkeit der jüdischen Ausgrenzung als gescheiterten Kommunikationsakt, welcher die Schrift auf der Stirn erlösen, denn menschlich lesbar deuten könnte. Die Unmöglichkeit einer gemeinsamen Sprache findet in der gewagten Katachrese der siebten Strophe ihren drastischsten Ausdruck: Die schmähende Menschenstimme fungiert als „Blick", der dem Ausgestoßenen das gelbe Zeichen auf die Lumpen näht. Die sprachliche Artikulation selbst wird hier als denunziatorischer Akt der öffentlich gemachten Beschämung und Visualisierung im Zeichen der Schrift begriffen.

Dieser zum passiven Leiden verurteilten (männlichen) Ahasver-Figur steht in *Wir Juden* ein weibliches Ich gegenüber, das die Exilerfahrung in aktiven politischen Widerstand und Aufbegehren gewandelt wissen will. Das euphorische und doch dunkle Liebesgeständnis „Nur Nacht hört zu: ich liebe dich, ich liebe dich, mein Volk [...]" (*WdSt*, 371) wird als Bekenntnis einer Frau zum am Pranger stehenden Mann, einer Mutter zum ausgestoßenen Sohn gestaltet. Zwar finden sich auch hier versiegelte Lippen, ohnmächtige Isolation als „flatterndes Flehen" und ein „müder Wanderschuh" im ewigen Exil. Doch ballt das weibliche Ich die Faust, fordert mit erhobener Stimme dreifach Gerechtigkeit, um schließlich „auf den Nacken der Starken" zu treten, welche der Leidensfähigkeit des jüdischen Volkes nicht gewachsen waren. Die Grundspannung des Gedichts, die sich einerseits aus der Erfahrung von Verfolgung und Ausgrenzung und andererseits aus der Forderung nach Gerechtigkeit und einem Ende des Exils konstituiert, kennzeichnet die entworfene weibliche Exilerfahrung. Erdle beleuchtet allerdings zu Recht das „heroische Pathos dieser Geste" als „Spur der verzweifelten Hilflosigkeit der Verfolgten" (Erdle 1994, S. 167). Zu fragen wäre hier jedoch auch, inwiefern die weibliche Jüdin und Exilantin als ‚interne Andere' (Tzvetan Todorov) für eine Form von Gerechtigkeit und Liebe einzustehen vermag, die in der Paar- und Familienbeziehung die radikale Erfahrung einer (männlichen) Isolierung durchbrechen kann, inwiefern also ein weibliches Selbstverständnis bereits auf die Gemeinschaft, das im Titel postulierte „Wir", hingeordnet ist.

Wird die Exilerfahrung in *Das Wort der Stummen* als überzeitliche jüdische Lebensbedingung unter nationalsozialistischer Herrschaft aktualisiert, so lässt sich in der Forschung der Versuch rekonstruieren, die Weigerung Kolmars, Deutschland zu verlassen, im Zyklus widergespiegelt zu finden. Schlenstedt etwa erkennt programmatisch im Schlussgedicht *Der Engel im Wald* eine „Gestalt des Nichthandelns" (Schlenstedt 1985, S. 309).

Theoretische Perspektivierungen
Die aufgezeigte Bilanzierung eines Scheiterns deutsch-jüdischer Symbiose stellt die grundsätzliche Wahrnehmung einer schmerzlichen Isolation als unabweislich dar, in welcher Assimilation und Akkulturation nicht möglich sind. So heißt es über das Kind: „Es möchte gerne lernen, rechnen, lesen, schreiben, / [...] Der Lehrer setzt es abseits auf die Judenbank ..." (*WdSt*, 373) Das katastrophale Ende jüdischer Assimilationsversuche zeigt *Anno Domini 1933*, wenn die „nackte Faust" angesichts des omnipräsenten Antisemitismus einer jüdischen Selbstverteidigung rasend entgegenhält: „Du putzt dich auf als Jesus Christ / Und bist ein Jud und Kommunist". (*WdSt*, 369) Der sich mit tödlichem Hass artikulierenden Abneigung liegt eine Dynamik zugrunde, die im christlichen Verständnis jüdischer Schuld am Tod des Erlösers ihren Ursprung findet: „Ein Galgenkreuz, ein Dornenkranz / Im fernen Staub des Morgenlands. // Ein Stiefeltritt, ein Knüppelstreich / Im dritten, christlich-deutschen Reich." (*WdSt*, 370) Die Ermordung eines Juden im nationalsozialistischen Pogrom kann immer wieder erneut mit der Kreuzigung Jesu Christi legitimiert werden. Doch zeichnet das Gedicht keineswegs das Bild einer essentialistischen, christlich-deutschen Kultur. Mit dem Verweis auf die Herkunft der christlichen Religion aus dem Morgenland, der jüdischen Herkunft des Erlösers selbst, wird der Antisemitismus als aggressive Verleugnung der Wurzeln christlichen Glaubens analysiert. Zweifellos lässt sich angesichts der Ausgrenzung jedoch auch von einer Re-Essentialisierung jüdischer Kultur sprechen, der antagonistisch das ‚Ihr!' der zumeist anonym und gesichtslos bleibenden, aber umso gewalttätiger agierenden deutschen Bevölkerung gegenübersteht. Diese vermeintlich restaurativen Züge in Kolmars Zyklus gewinnen ihre analytische Schärfe jedoch dadurch, dass keine genuin jüdische Kommunikationsgemeinschaft fingiert wird, die einer homogen deutschen Sprechergemeinde gegenüberstünde. Vielmehr spricht die Gemeinde der Ausgeschlossenen die Sprache des Schweigens; ihre Gemeinschaft konstituiert sich dadurch, dass sie gewalttätig zum Verstummen gebracht wurde: „Die krumme Nase, Levi, Saul, / Hier, nimm den Blutzins und halt's Maul!" (*WdSt*, 368) So wird die Erfahrung eines Verlusts der deutsch-jüdischen Identität keineswegs schlicht auf die erzwungene Rückbesinnung hin zur Tradition einer jüdischen Exilerfahrung reduziert.

Die Analyse von Frauen- und Geschlechterrollen bei Gertrud Kolmar hat immer wieder das passive weibliche Erdulden von Leid mit dem jüdischen Schicksal in Verbindung gebracht. Angesichts der biografischen Vermutung, Kolmar hätte als junge Frau ein Kind abgetrieben, finden sich Deutungen, die das Verbleiben in Deutschland als Abbüßen von Schuldgefühlen analysieren: „Mit der literarischen Produktion und dem Nichtannehmen dessen, was sie selbst als Aufgabe einer Frau ansieht, geht ein Schuldgefühl einher, aus dem heraus die Dichterin das annimmt, was ihr als deutscher Jüdin von den Nationalsozialisten angetan wird." (Brandt 1993, S. 152) Hinter der Figur des Kindes, so mutmaßt etwa auch Erdle, verberge sich im Zyklus „die verkleidete Darstellung eines nicht aussprechbaren, verheimlichten Traumas" (Erdle 1994, S. 319). Gegenüber diesen Ansätzen geraten ambitionierte Perspektivierungen sozialer Lebensumstände in Kolmars Lyrik häufig in den Hintergrund. In *Die jüdische Mutter* etwa wird nicht nur das Geschlecht des Kindes offen gelassen, das ihre deutschen Peiniger anklagen soll („Steh' auf, mein Kind, und klage an mit deinem jungen Wort!" *WdSt*, 374), auch die sozialen Lebensumstände der alleinerziehenden Witwe werden scharf umrissen: „Es schläft. Gewähr' Euch Gott, daß nicht in seinen Träumen / Schon Kummer sprosse, bittres Korn, das ihr gesät. / Ich will zur Lampe rücken, wieder Röcke säumen, / Nur eine arme Jüdin, die für Geld euch Kleider näht." (ebd.) Nicht allein die antisemitisch motivierte Ausgrenzung von Mutter und Kind, auch die soziale Unterdrückung der ärmsten Bevölkerungsschichten nährt Gewalt und Hass. Hier nähert sich Kolmars Werk der politisch engagierten Lyrik Bertolt Brechts. Die Fassade eines traditionellen Frauenbildes wird zwar aufrechterhalten, wenn die arme Jüdin an ihren häuslichen Arbeitsplatz zurückgekehrt, das schlafende Kind wird diese Haltung – gerade aufgrund der Erziehung der Mutter – nicht mehr annehmen. Da das Kind eben auch als Mädchen gedacht werden kann, negiert die unausgesprochene Drohung des Gedichtendes konventionelle Rollenbilder passiv erduldender Frauen. Der Privatraum, der „heteronome Geschlechterordnungen und patriarchale Machtstrukturen" (Daffner 2012, S. 35) zu stützen scheint, muss vor dem Hintergrund einer Erfahrung des inneren Exils auch als politisch subversiver Ort neu gedeutet werden.

Exil und Erinnerung
Der paradoxe Titel des Zyklus kann auch hinsichtlich eines Modus exilierten Schreibens verstanden werden: Im Speichermedium der Schrift wird den Opfern der Geschichte das Wort erteilt, deren Leben davon bedroht ist, dem Vergessen anheimzufallen. Die Gedichte nehmen immer wieder den Vorgang des Verstummens in den Blick bzw. erkennen das Schweigen als adäquaten Ausdruck einer Haltung an, in der für die Exilierten Versprachlichung oder gar Kommunikation nicht (mehr) möglich ist. Die versiegelte Lippe („Daß meine Lippe, ob auch unbedroht, Erstaunten Ruf, / die Frage stumm verschloß." *WdSt*, 385) und die „stumme Träne(n)" (*WdSt*, 373) fungieren als körperliche Speichermedien, die sich einer eindeutigen Versprachlichung entziehen. Darüber hinaus nimmt Kol-

mar jedoch auch Bezug auf revolutionäre Gestalten wie Milton und Robespierre, aktualisiert und überhöht ihr Handeln, verbindet damit die Erinnerung an das Leben der stummen Opfer mit einer aktiven revolutionären Haltung. In dieser Auffassung des Schweigens als politischer Einstellung des keineswegs passiven Erduldens erinnert und dokumentiert Kolmars Gedichtband die Erfahrung des inneren Exils, die in der verweigerten Ausreise die überzeugte Verachtung der nationalsozialistischen Macht artikuliert, ohne diese Verachtung jedoch öffentlich kundgeben zu können.

Gertrud Kolmar gehört zu den auch in der Weimarer Republik kaum veröffentlichten, wenig gelesenen und nur sporadisch wahrgenommenen Autorinnen. Nach 1933 fand sie nur noch innerhalb des jüdischen Kulturbundes eine Möglichkeit, interessierte Leser zu erreichen (vgl. Fetscher 2010, S. 289; zur Arbeit des Kulturbunds Deutscher Juden in Berlin vgl. Schoor 2010, S. 125–140). Im Nachkriegsdeutschland – in Ost und West – bleibt Kolmars lyrisches Werk insgesamt für mehrere Jahrzehnte weitgehend unbekannt.

Vor dem Hintergrund der Erstveröffentlichung des gesamten Zyklus *Das Wort der Stummen* in der DDR (durch die ehemalige Justizministerin Hilde Benjamin) konnten kritische Auseinandersetzungen mit der politischen Widerstandshaltung Kolmars im sozialistischen Staat nicht ausbleiben. Kolmars großbürgerliche Herkunft, die Bedeutung des jüdischen Glaubens für ihr Werk und die individuelle Schreibhaltung einer Isolierten standen einer Vereinnahmung der Autorin entgegen. Schlenstedts differenzierte Würdigung von 1989, die Kolmar gegenüber Eskapismus-Vorwürfen und mangelndem politischen Eingreifen verteidigt, kann als Beispiel dafür dienen, wie Kolmar dennoch einen (späten) Weg in die literarische Öffentlichkeit der DDR gefunden hat (vgl. Schlenstedt 1989, S. 741).

Mit den Editionen zu Werk und Briefen Kolmars von Johanna Woltmann und Regina Nörtemann setzte seit den 1990er Jahren eine intensive Rezeption der Autorin ein, die über die nationalen Grenzen Deutschlands hinausgeht und in den Feuilletons der Zeitungen auch ein breites Publikum erreicht, sich somit nicht auf eine wissenschaftliche Auseinandersetzung mit der Autorin beschränkt (eine hilfreiche ausführliche Bibliografie hierzu findet sich in den Anmerkungen bei Fetscher 2010, S. 289–291).

Als sicher bemerkenswertes Beispiel einer produktiven Rezeption kann Dieter Kühns Biografie *Gertrud Kolmar. Leben und Werk, Zeit und Tod* von 2008 gewertet werden. In ihr schreibt der Autor selbst angesichts ihrer politischen Lyrik das Bild einer passiv duldenden Dichterin fort, ohne jedoch die subversiven Ansätze in dieser Konzeption zu übergehen: „Ohnehin sah sie sich vorzugsweise in der Rolle einer Frau, die sich bescheidet, die eine Randposition einnimmt, die nicht zum Parvenü werden will durch Angleichung, Assimilation." (Kühn 2008, S. 194)

Fazit

In Gertrud Kolmars *Das Wort der Stummen* verbinden sich zeithistorische Ereignisse unmittelbar nach dem Machtantritt der Nationalsozialisten mit überzeitlichen Auffassungen von antisemitischer Diskriminierung und Verfolgung. Die Denkfigur des Exils wird vor allem im Sprachverlust gefasst, der sich im Schweigen der Opfer paradox artikuliert.

Der grundsätzlich konservativen Tendenz einer Re-Essentialisierung jüdischer Identität begegnet Kolmar mit einer subtilen Hinterfragung der Kommunizierbarkeit von Leid im Sinne einer problematischen Vereinnahmung der Opfer. Demgegenüber wird eine Haltung politischen Widerstands postuliert, die durch das Schweigen motiviert ist und in der Überhöhung revolutionärer Gestalten wie Robespierre gipfelt. Die Gender-Perspektive könnte hinsichtlich fundierter sozialgeschichtlicher Analysen bereichert werden.

Die zunehmende Isolation Kolmars im inneren Exil zeigt sich in der komplexen Überlieferungs- und Veröffentlichungsgeschichte des Zyklus. Von einer heimlichen Rezeption des Werkes noch zu Lebzeiten der Autorin ist der Forschung nichts bekannt. Eine intensive Erforschung des Gesamtwerks von Kolmar setzt erst in den 1990er Jahren ein. Auffällig ist, dass die Rezeption der Lyrik Kolmars vor allem von Schriftstellerinnen (Elisabeth Langgässer, Ina Seidel, Nelly Sachs und Ulla Hahn) mit besonderem Engagement betrieben wurde.

Franz Fromholzer

Literatur

(*WdSt*) Kolmar, Gertrud: „Das Wort der Stummen". In: *Das lyrische Werk. Gedichte 1927–1937*. Hg. v. Regina Nörtemann. Göttingen 2003, S. 347–389.

Brandt, Marion: *Schweigen ist ein Ort der Antwort. Eine Analyse des Gedichtzyklus „Das Wort der Stummen"*. Berlin 1993.
Daffner, Carola: *Gertrud Kolmar. Dichten im Raum*. Würzburg 2012.
Erdle, Birgit R.: *Antlitz – Mord – Gesetz. Figuren des Anderen bei Gertrud Kolmar und Emmanuel Lévinas*. Wien 1994.
Fetscher, Justus: „An den Rändern der Reiche. Zeitgeschichte im Werk Gertrud Kolmars". In: *Brüche und Umbrüche. Frauen, Literatur und soziale Bewegung*. Hg. v. Margrid Bircken, Marianne Lüdecke u. Helmut Peitsch. Potsdam 2010, S. 286–310.
Kühn, Dieter: *Gertrud Kolmar. Leben und Werk, Zeit und Tod*. Frankfurt a. M. 2008.
Nörtemann, Regina: „Nachwort". In: *Gertrud Kolmar: Das lyrische Werk. Anhang und Kommentar*. Hg. v. Regina Nörtemann. Göttingen 2003, S. 325–395.
Schlenstedt, Silvia: „Bilder neuer Welten". In: *Frauen Literatur Geschichte. Schreibende Frauen vom Mittelalter bis zur Gegenwart*. Hg. v. Hiltrud Gnüg u. Renate Möhrmann. Stuttgart 1985, S. 300–317.

Schlenstedt, Silvia: „Suche nach Halt in haltloser Lage. Die Kulturarbeit deutscher Juden nach 1933 in Deutschland und die Dichterin Gertrud Kolmar". In: *Sinn und Form* 41 (1989) H. 4, S. 727–742.
Schoor, Kerstin: *Vom literarischen Zentrum zum literarischen Ghetto. Deutsch-jüdische literarische Kultur in Berlin zwischen 1933 und 1945*. Göttingen 2010.
Stomps, Viktor Otto: „Gertrud Kolmars lyrisches Werk". In: *Deutsche Rundschau* 82 (1956), S. 787–789.
Tabah, Mireille: „Widerstand und Ohnmacht der Lyrik. Zu Gertrud Kolmars politischer und ästhetischer Position in ‚Das Wort der Stummen' (1993)". In: *Gedächtnis und Widerstand. Festschrift für Irene Heidelberger-Leonard*. Hg. v. Mireille Tabah in Zusammenarbeit mit Sylvia Weiler u. Christian Poetini. Tübingen 2009, S. 157–169.

Theodor Kramer: *Über den Stacheldraht* (1985)

Theodor Kramer *1. 1. 1897 Niederhollabrunn, †3. 4. 1958 Wien. Stationen des Exils: 1939–1957 Großbritannien.

Inhalt

Innerhalb der vier Strophen des Rollengedichts *Über den Stacheldraht* (GG 2, 162) berichtet der autofiktionale Sprecher, der sich selbst nur als Teil eines nicht näher charakterisierten ‚Wir' nennt, von einem ‚unerhörten Ereignis' im Alltag eines Internierungslagers. An einem „blau[en] und klar[en]" (V. 2) Abend stimmen immer mehr Mitglieder der „kleinen Schar" (V. 4) in das unerwartete Summen eines Inhaftierten ein. Der anschwellende Gesang, den plötzlich eine Ziehharmonika begleitet, lässt Erinnerungen an ausgelassene Wirtshausabende in der Heimat lebendig werden. Freihabende Wachsoldaten, die sich jenseits des Zaunes ins Gras legen, erwidern sogar den Gesang in Englisch. Als jedoch in der letzten Strophe „einer [...] heiser" (V. 22) das Lied von der Lorelei zu singen anhebt, greift der wachhabende Soldat fluchend ein, indem er die Internierten vom Gittertor fortscheucht, das nach Auskunft des Sprechers „[i]n Schatten schwand" (V. 28).

Analysen

Narrationen des Exils
Nach einer Schaffenskrise seit dem Berufsverbot durch den ‚Anschluss' Österreichs an das Deutsche Reich und der Emigration nach England 1939 markiert der Zyklus *Internment-Camp*, zu dem *Über den Stacheldraht* gehört, den Neueinsatz

der lyrischen Produktion Theodor Kramers. Am 16. Mai 1940 wird Kramer als *Enemy alien* interniert und in Dorchester, Wiltshire und Huyton untergebracht, um auf freiwillige Meldung hin am 20. Juni in ein Lager auf der Isle of Man überstellt zu werden, von wo er erst im Januar 1941 entlassen wird. Als Beweis, das „auch unter ungünstigen Umständen hinter Stacheldraht Gültiges geschaffen werden konnte" (Kramer 1983, S. 111), nimmt er dort seine Schreibtätigkeit wieder auf. Publiziert wird *Internment-Camp* allerdings erst 1985 als Kernstück des von Kramer konzipierten *England*-Bandes innerhalb der *Gesammelten Gedichte* (vgl. *GG* 2, 614f.). Während bezeichnenderweise Kramers erste Exilveröffentlichung *Verbannt aus Österreich*, die 1943 vom Austrian P.E.N. verlegt wird, die das Internierungslager thematisierenden Texte ausspart, fehlen in der ein Jahr nach Kriegsende erscheinenden Sammlung *Wien 1938/Die Grünen Kader* trotz großer Materialübereinstimmung nicht nur dieser Abschnitt, sondern auch diejenigen Gedichte, die das Exil in unverhohlener Selbstaussprache beklagen. Während Kramers darin präferierte Bezeichnungen ‚Verbannung', ‚Verstoßung', ‚Austreibung' (vgl. Schlenstedt 2000, S. 187) in ihrer Archaik politische Aspekte eher ausblenden und die verwehrte Rückkehr, obrigkeitliche Willkür sowie das Bewusstsein widerfahrenen Unrechts betonen, bildet in *Über den Stacheldraht* die Exilsituation, als deren Spiegel die Internierung dient, den paratextuell erschließbaren Hintergrund der Handlung. Dabei operiert der Text mit klaren Oppositionen: Bereits das Eingangswort „Wir" ruft eine Gruppe auf, der das lyrische Ich sich umstandslos eingliedert, und stellt dieser implizit „die Anderen" gegenüber, die erst in der dritten Strophe als „Wachsoldaten zwei und drei" (V. 15) eine Kontur erhalten. Der durch „Gittertor" und „Stacheldraht" (V. 1, 3) markierte Umriss des Lagers zeigt, dass es sich bei der Wir-Gruppe um Gefangene in einem feindlichen, abgezirkelten Raum handelt. Den Wachsoldaten wird hingegen die Landschaft jenseits des Zaunes zugewiesen, die durch Wind, Gras und Ginster szenisch entworfen wird. Dieses „[D]raußen" (V. 19) kann als Wunschbild der Freiheit gedeutet werden, an dessen Grenze, dem Gittertor, sich die Internierten aufgestellt haben. Die Destabilisierung der Oppositionsketten (Wir:die Anderen, Lager:Natur, Freiheit:Gefangenschaft, Deutsch:Englisch, Vergangenheit:Gegenwart) wird über den Gesang in den zwei Mittelstrophen ausgelöst und durch motivische Verzahnungen katalysiert. So spiegelt der dornbewehrte Ginster den Stacheldraht, und das englische Singen der Wachsoldaten, die bezeichnenderweise den Feierabend genießen, ist Antwort auf das deutsche Lied der Insassen. Dadurch reicht der Gesang, wie der Titel insinuiert, über den Stacheldraht hinweg. In der Folgestrophe wird die versöhnende Macht der Musik durch das Eingreifen des diensthabenden Aufsehers zurückgenommen. Diese an den Soldaten vorgeführte Dissoziation von Amts- und persönlichem Handeln zeigt, dass Poesie zwar nicht politische Wirklichkeit zu schaffen vermag, aber verborgene Möglichkeiten im alltäglichen Miteinander aufscheinen lässt. Den Stimmungsumbruch verschuldet ein Lagerinsasse, der die *Lorelei* – gleichsam als Klimax des Heimatgefühls – anstimmt, die exemplarisch für die deutsch-jüdische Identitätsparadoxie steht: Bereits im 19. Jahrhundert konnte dieser Text aufgrund seiner Verwurzelung in der deutschen Sagenwelt, Literatur und Kultur von der völkischen Ideologie usurpiert werden – ungeachtet dessen, dass sein Autor Heinrich Heine jüdischer Abstammung war und unter dem Vorwand antideutscher Gesinnung exiliert wurde. Diese doppelte Unzugehörigkeit sowohl zur deutschen als auch zur jüdischen Tradition charakterisiert auch Kramers Lyrik. Auch der optimistische Ausklang „In Schatten schwand das Gittertor" (V. 28) verweigert sich simpler Metaphorisierung. Denn auf der Handlungsebene kann er sowohl für den Einbruch der Nacht stehen als auch für die Sichtverschlechterung, wenn sich das lyrische Ich vom Tor fortbewegt.

Dieser gegenseitigen Durchkreuzung von poetologischer Symbolisierung und realistischer Deskription korrespondiert die Ablehnung religiöser Deutungsmuster zugunsten einer immanenten Sinnstiftung durch poetische Formung: Die Schlusszeile jeder Strophe nimmt den je zweiten Vers, der als Parenthese aus dem syntaktischen Gefüge herausgehoben ist, bzw. dessen Reimwort wieder auf; dieses textuelle Echo gestaltet das Nachhallen des gemeinsamen Liedes in den Gedanken der Insassen – „[L]ang / blieb noch im Ohr uns dieser Sang" (V. 26f.) – und beglaubigt die Hoffnung auf eine Auflösung bestehender Widersprüche.

Theoretische Perspektivierungen
Für die Figuren in Kramers frühen Rollengedichten ist ihre Zugehörigkeit fraglos, das ‚Dazwischen' dagegen negativ konnotiert. Am 27. Juli 1938, nachdem den überzeugten Assimilanten der Anschluss Österreichs zur Auseinandersetzung mit der eigenen Identität gezwungen hat, schreibt er: „Immer zählte ich mich zu den andern; / über Nacht ward mir bestimmt zu wandern / und man reihte stumm zu euch mich ein". (*GG* 3, 533, V. 1ff.) Zwar klingen der Ahasver-Mythos und die Galut an (vgl. Strigl 1993, S. 191), das Motiv der fremdverhängten Wanderschaft pervertiert jedoch das Motiv der ziellosen, aber lustvollen Erwanderung der Heimat aus Kramers Frühwerk. Das autofiktionale Ich sieht sich entgegen der Fremdzuordnung dem Kollektiv ‚die Juden' weder religiös-kulturell noch ethnisch zugehörig: „[U]nd es schweigt mein Blut in eurer Mitte" (*GG* 3, 533, V. 6); nur das Leid erkennt es als situatives Bindemittel an. Dieser Weigerung korrespondiert, dass selbst in den Gedichten, die von der Massenvernichtung handeln, die Opfer unterschiedslos als ‚Genossen' bezeichnet werden. Kramers „Unterlassungssünde" (Klüger 2011, S. 8), die Juden als besondere Opfergruppe zu profilieren, bedeutet umgekehrt, dass jedwede metaphysische Überformung der Massenvernichtung und privilegierende Differenzierung innerhalb der Opfer konsequent unterblei-

ben, die beide faschistische Diskursmuster perpetuieren. In *Über den Stacheldraht* findet die Thematisierung des Judentums über den parenthetisch markierten Vers „blank floß der Glanz ums Gittertor" (*GG* 2, 162, V. 23) Eingang, der eine Brücke zum Gedicht *Leopoldstadt* von 1927 (*GG* 3, 245) schlägt. Darin bedauert der lyrische Sprecher, der sich durch das Pronomen ‚wir' als Abkömmling der Leopoldstädter „Kaftanjuden" (V. 5) ausweist, dass „der bunte Rest" (V. 26) des kulturellen Gepräges des zweiten Wiener Bezirks infolge der Emanzipation zu verschwinden droht: „Nach und nach verebbt besondres Wirken. / Dreißig Jahre noch – dann gleichst du ganz / den von dir versorgten Steinbezirken / und in uns auch nimmer spukt dein Glanz." (V. 25–32) Der Glanz, den die Leopoldstadt wie das Gittertor ausstrahlen, ist im Wortsinn gespenstisch, da er aus dem Zusammenprall des Widersprüchlichen, von Vergangenheit und Gegenwart, hervorgeht. Er markiert gleichermaßen den Austausch, der an der Grenze stattfindet, wie auch dessen allmähliches Verschwinden. Bezeichnenderweise werden in *Über den Stacheldraht* der Glanz des Gittertors und das Anstimmen der *Lorelei* aufeinander bezogen, vermutlich da in Heines Gedicht das hybride Aufeinandertreffen von deutscher und jüdischer Kultur nicht (mehr) als Differenz lesbar ist.

Intensiver als die Identitätsfrage verhandeln Kramers Gedichte den Heimatbegriff. Als Heimatdichter unterscheidet seine Rollengedichte von der Blut-und-Boden- und Schollenliteratur, dass das bäuerliche Leben weder rassifiziert noch mythisiert, sondern als von Modernisierungsschüben bedrohtes Milieu gezeigt und die Heimatdarstellung weit über das Ländliche in die städtische Halbwelt ausgedehnt wird (vgl. Strigl 1993, S. 184 ff., 193 f.). Steht in den Rollengedichten der Vorkriegszeit die protokollarische Erfassung der Heimat im Vordergrund, so häuft sich der Begriff als Medium der Verlustklage erst in der Exillyrik (vgl. ebd., S. 183). *Über den Stacheldraht* schließt sich in seiner Bildlichkeit enger an das Frühwerk an. In der zweiten Strophe genügen „[...] das alte Haus, das volle Glas, / die ferne Liebste, dies und das" sowie „die Ziehharmonika" (*GG* 2, 162, V. 13 ff.), um das Heimatgefühl, das in Geselligkeit und Lebensfreude besteht, zu evozieren. Im Kontrast dazu steht der Einsatz der völkisch gefärbten Bildlichkeit etwa im Gedicht *Andre, die das Land so sehr nicht liebten*: „[M]anche sind schon fort – ist besser, / ich doch müßte mit dem eignen Messer / meine Wurzeln aus der Erde drehn". (*GG* 1, 369, V. 3ff.) Die Metapher dient nicht der Behauptung von Autochthonie, sondern als Symbol einer durch die Einschreibung vielfältigster Sinneseindrücke zur Natur gewordenen Liebe, die sowohl dem Sesshaften, der das Land bestellt, als auch dem Nomaden, der es umherziehend kennenlernt, ein Recht auf Heimat verschaffen (vgl. *Vagabund*, *GG* 1, 48, Nr. V; Strigl 1993, S. 187 f.). Die Körperlichkeit dieser Liebe macht die Assimilation im Exilland, etwa in *Ich möchte nicht alt werden hier* (*GG* 1, 318) oder *Es mögen andre eine Heimat suchen ...* (*GG* 2, 185), zur Unmöglichkeit und nährt die Hoffnung auf Rückkehr. Dass diese Heimat nur ein Erinnerungsbild und Kramer von der Entwicklung Österreichs entkoppelt ist (vgl. Schlenstedt 2000, S. 190f.), kommt schon in den Gedichten der Kriegsjahre zur Sprache (vgl. *GG* 3, 435). Die Modernisierung des Stadtbildes und der Lebensformen Wiens zwingen ihn bei seiner Remigration 1957 zum lyrischen Eingeständnis: „[E]rst in der Heimat bin ich ewig fremd". (*GG* 3, 590, V. 4, 8, 12)

Während der Emigration ändert sich auch die Rolle der Muttersprache. Kennzeichnen die frühen Rollengedichte den Sprecher noch durch Einsprengsel des jeweiligen Jargons, steigt im Exilwerk die Zahl der auf den Autor zurückweisenden Austriazismen (vgl. Strigl 1993, S. 193–196). Übernahmen englischer Wörter behalten als nationales Kolorit ihre Fremdartigkeit, etwa wenn es heißt: „Laßt preisen [...] uns [...] den Weißwein, den Rotwein, den Branntwein, und leider / das stout und das ale und den süffigen cider". (*GG* 1, 336, V. 1, 12f.) Auffällig in *Über den Stacheldraht* ist, dass das Lied der Gefangenen nonverbal als Summen anhebt. Aufgrund der Unklarheit, ob es sich überhaupt um Vokalgesang handelt, kann das Lied kulturell nicht verortet werden. Diese Unbestimmtheit eröffnet den Raum für die musikalische Erwiderung der Wachsoldaten, die explizit ihre Landessprache wählen. Erst daraufhin ertönt die *Lorelei*, die nicht nur „Gebrumm" und „Klang" (*GG* 2, 162, V. 8) ist, sondern einen deutschsprachigen Text evoziert. Durch das Indefinitpronomen „einer" (V. 22) jedoch wird eine autoritative Zuordnung des Sängers entweder zu den Lagerinsassen oder zu den Soldaten vorenthalten, dann aber durch das Eingreifen des wachhabenden Soldaten aufgelöst.

Die metonymische Verquickung der Nixe Lorelei mit der deutschen Sprache und Kultur hat den Effekt einer Genderung, der in anderen Texten durch das Wort „Mutterlaut" (*GG* 2, 182f., V. 42) auf den Begriff gebracht wird. Das Determinatum ,Laut' hebt nicht die artikulierte Rede, sondern den vertrauten Klang in den Vordergrund, wie auch bei Heines *Lore-Ley* die Gewalt des Liedes von der Melodie ausgeht, die die Schiffer in den Tod lockt. Folglich steht die weibliche Genderung für die Derationalisierung und Sentimentalisierung des Bezugs zur eigenen Sprache und Kultur, deren beide Seiten Schönheit und Dämonie sind. Daher wird das Anstimmen dieses Liedes vom englischen Wachmann mit einem Fluch belegt. Und nicht zufällig lässt der Name ,Lorelei' die Lore (von engl. *lorry*) des Eröffnungsgedichts des Zyklus anklingen, die die Gefangenen ins Lager transportiert (vgl. *GG* 2, 156). Diese unheilvolle Verführungskraft der Heimatliebe wird in *Über den Stacheldraht* genauso wie im *Requiem für einen Faschisten* als „Überschwang" (*GG* 2, 162, V. 10; *GG* 1, 399, V. 8) bezeichnet und stiftet ein Band zwischen Tätern und Opfern. Demgegenüber tritt die einzige weibliche Figur im Gedicht, die „ferne Liebste" (*GG* 2, 162, V. 13) nur als Requisit in der Wirtshausszene in Erscheinung. Hingegen heben sich aus den homosozialen Männerverbänden wie in Momentaufnahmen Individuen durch Handlungen, etwa das Winken der Soldaten, oder Attribution, wie die heisere Stimme des Insassen, der die *Lorelei* anstimmt, scharf ab. Das der Liebsten koordinierte Adjektiv ‚fern' leistet lediglich eine Lokalisierung in Bezug auf ihren Liebhaber.

Exil und Erinnerung
Die akribische Datierung aller Gedichte des *Internment-Camp*-Zyklus – *Über den Stacheldraht* ist am 31. August 1940 niedergeschrieben worden – markiert paratextuell ihre biografische Situiertheit, auf die Kramer, wie er 1956 in einem Zeitungsartikel schreibt, höchsten Wert legt: „Dem Dichter im Exil muß klar sein, daß er nicht zuständig sein kann, in Gedichten zu gestalten, was er nicht mehr selbst gesehen und erfahren hat." (Kramer 1983, S. 112) Die faktuale Rahmung verleiht dem Gedicht zwar einen hohen Authentizitätsgrad, aber die intertextuellen Bezüge innerhalb des Zyklus erinnern an die Rollenhaftigkeit des lyrischen Ichs. Das Konkrete jedoch, das den Ausgangspunkt von Kramers Lyrik bildet, kann genauso durch eigenes Erleben wie etwa durch eine Zeitungsnotiz (vgl. Klüger 2011, S. 9) verbürgt sein. In *Über den Stacheldraht* gelangt die Differenz zwischen Erleben und Erinnern der Heimat nicht zur Bewusstheit. Poetologisches Schlüsselmotiv ist dabei die Ziehharmonika, die auf das Gedicht *Mit der Ziehharmonika* (*GG* 1, 288) verweist: Hierin tritt der volkstümliche, vagabundierende Straßenmusikant, dessen Instrument die Eindrücke der Umwelt einsaugt und umsetzt, als Alter Ego des Dichters auf, der seinen Stoff aus der zeitgenössischen Wirklichkeit zieht. Deren Symbol ist der Staub (V. 14), dessen Anspielungsreichtum von sinnlicher Intensität über Luftverschmutzung und Vergänglichkeit des Irdischen bis hin zur Weltmaterie reicht (vgl. Strigl 1993, S. 215). Erst vor diesem Hintergrund wird deutlich, warum das Ziehharmonika-Spiel in *Über den Stacheldraht* imstande ist, die Heimat lebendig werden zu lassen. Offen bleibt, ob ihr Klang nur erinnert oder imaginiert ist, da der lyrische Sprecher verwundert fragt: „[W]es war die Ziehharmonika?" (*GG* 2, 162, V. 9)

Durch ihre Festlegung auf Zeitgenössisches beanspruchen Kramers Texte eine Bewusstseinsfunktion, indem das lyrische Ich sich an die Figur oder das Dargestellte entäußert: „[I]ch bin nicht hier, / und was spricht aus mir, / steht für die, die ohne Stimme sind". (*GG* 1, 272, V. 4ff.) Die frühen Rollengedichte bilden daher einen „soziologische[n] Thesaurus der ländlichen Arbeit wie der städtischen Hilfs-Arbeit" (Staud 2000, S. 47). Während des Exils tritt der Wille des Autors, den Randständigen Gehör zu verschaffen, in Spannung zum Problem, infolge schwindender Publikationsmöglichkeiten selbst Gehör zu finden (vgl. Schlenstedt 2000, S. 189). Ab 1943 stellt Kramer seine Lyrik in den Dienst der Heimaterinnerung, woraus der Band *Die untere Schenke* (1946) hervorgeht, der sein Frühwerk praktisch reproduziert (vgl. Scheit 2000, S. 66). Er restituiert in dieser lyrischen Topografie sein soziales und poetologisches Bezugssystem.

Als Kramer im Jahr vor seinem Tod nach Wien zurückkehrt, hat der einst gefeierte Autor jede Leserschaft verloren. Trotz der Auszeichnung mit dem Literaturpreis der Stadt reüssieren seine protokollarischen Gedichte kaum (vgl. Strigl 1993, S. 236). Seine Wiederentdeckung setzt erst 1984 mit der Gründung der Theodor-Kramer-Gesellschaft und der Publikation der *Gesammelten Gedichte* aus dem weit über 10000 Texte umfassenden Nachlass ein. Neben Philologen und Exilschriftstellern wie Ruth Klüger und Herta Müller machen sich Musiker, die Kramers Texte vertonen, um seine Würdigung verdient, die sich gegen den Vorwurf formal epigonaler und idyllisierender Heimatdichtung durchsetzen muss.

Fazit

Anders als Kramers Klagegedichte thematisiert *Über den Stacheldraht* das Exil als Hintergrund für ein ‚unerhörtes Ereignis', in dem die herrschenden Gegensätze kurzzeitig in Fluss geraten. Die Auseinandersetzung mit dem Deutsch-Judentum wird auf die Intertexte ausgelagert, indem die durch die Assimilation erzeugten Identitätsbrüche einerseits durch Verweise auf das eigene Gedicht über die jüdisch geprägte *Leopoldstadt* als auch auf die *Lore-Ley* des jüdischen Exilautors Heine angerissen werden. Heimat kann vor diesem Hintergrund nicht in völkischer Autochthonie liegen, sondern gründet in einer Liebe zur Landschaft. Die unheilvolle Verführungskraft des Heimatgefühls wird durch die Figur der Lorelei symbolisiert und gleichzeitig gegendert. Dem entsprechen die durchweg männliche Perspektivierung des Gedichts und die Verdinglichung der erinnerten Liebsten.

Den Verlust der Heimat kompensiert Kramer, indem er ab 1943 die Sujets seines Frühwerks wieder aufgreift. Seine Texte bilden damit ein Archiv von Sprach- und Lebensformen, Landschaften und Schicksalen, die der Weltkrieg und die Industrialisierung ausgelöscht haben.

Varun F. Ort

Literatur

(GG 1–3) Kramer, Theodor: *Gesammelte Gedichte*. Hg. v. Erwin Chvojka. 3 Bde. Wien, Zürich 1984–1987 (Bd. 1, 2. durchges. u. verb. Aufl. 1989).

Klüger, Ruth: „Theodor Kramers Judentum. Rede zum Theodor-Kramer-Preis 2011". In: *Zwischenwelt* 28 (2011), S. 7–11.

Kramer, Theodor: „Über das Schreiben von Gedichten im Exil" (1956). In: *Theodor Kramer. 1897–1958. Dichter im Exil*. Hg. v. Konstantin Kaiser. Wien 1983, S. 111f.

Scheit, Gerhard: „Lyrik des Gebrauchswerts. Über den besonderen Materialismus Theodor Kramers". In: *Zwischenwelt* 7 (2000), S. 56–71.
Schlenstedt, Silvia: „Heimat im Gedicht des Verbannten. Über Theodor Kramer mit einem Seitenblick auf Ernst Waldinger". In: *Zwischenwelt* 7 (2000), S. 187–198.
Staud, Herbert: „Rollengedichte beim früheren Theodor Kramer". In: *Zwischenwelt* 7 (2000), S. 35–55.
Strigl, Daniela: *„Wo niemand zuhaus ist, dort bin ich zuhaus". Theodor Kramer. Heimatdichter und Sozialdemokrat zwischen den Fronten.* Wien u. a. 1993.

Ursula Krechel: *Shanghai fern von wo* (2008)

Ursula Krechel * 4. 12. 1947 Trier.

Inhalt

Shanghai ist ihr einziger Ausweg. Die Emigration in diese ferne, fremde Stadt bedeutet für Tausende jüdische Flüchtlinge zunächst: überleben können. *Shanghai fern von wo* erzählt von diesem Überlebenskampf der deutschen und österreichischen Juden in den Jahren 1938 bis 1948.

Der Roman versammelt Lebensgeschichten wie die des Berliner Buchhändlers Ludwig Lazarus, der 1939 wie viele andere unter der Auflage auszureisen aus dem Konzentrationslager entlassen wurde. In Shanghai angekommen, versucht er, ein Auskommen zu finden und sich irgendwie am Leben zu halten. Anfang 1943 verschlechtern sich die Lebensbedingungen der jüdischen Exilanten rapide. Eingepfercht im Ghetto Hongkou fristen sie unter katastrophalen hygienischen Bedingungen ihr Dasein und warten auf ein Ende des Krieges. Die Kapitulation der Japaner im August 1945 bringt nicht das erhoffte Ende der Odyssee, stattdessen beginnt der bürokratische Kampf um Einreisegenehmigungen, insbesondere in die USA, nach Israel und Australien. Diejenigen, die nach Deutschland zurückkehren, begegnen einer merkwürdigen „Wiedergutmachungsmaschinerie" (*Sh*, 495), die ihnen amtlich bescheinigt, dass sie keine Wiedergutmachungsansprüche hätten, weil das sogenannte Shanghaier Ghetto schließlich keine Haftstätte gewesen sei.

Analysen

Narrationen des Exils
Shanghai fern von wo ist kein im Exil verfasster literarischer Text, sondern ein literarischer Text, der das Leben deutscher und österreichischer Juden im Shang-

haier Exil thematisiert. Der Roman wird im 21. Jahrhundert verfasst und veröffentlicht. Er entsteht somit nicht in den Jahren zwischen 1933 und 1945, die in der Forschung gemeinhin als die Epoche des deutschsprachigen Exils betrachtet werden. Hinzu kommt eine Umkehrung der für exilliterarische Texte üblichen Schreibsituation: Statt einer exilierten Autorin, die versucht, „in narrativer Form das zerbrochene Leben wieder zu einem Ganzen zusammenzusetzen" (Bronfen 1993, S. 170), handelt es sich bei Ursula Krechel um eine nichtexilierte Autorin, die das Leben historisch verbürgter Personen im Shanghaier Exil literarisch nachzeichnet. Krechel verwendet hierfür Archivmaterial, das sie literarisch bearbeitet, teilweise aber auch erkennbar in seiner originalen Form in den Roman einfließen lässt. Diese für den Leser sichtbare Übernahme von Briefen und Zeitzeugenberichten sowie von Akten der Hilfsorganisationen und Konsulate in den literarischen Text deutet bereits die enge Bezugnahme des Romans zur außerliterarischen Wirklichkeit an. Weiterhin legen die zahlreichen historiografischen Handlungsbestandteile nahe, dass es sich bei *Shanghai fern von wo* um einen exilliterarischen Text der Gattung historischer Roman handelt.

Infolge der Novemberpogrome 1938 fliehen bis zum Kriegseintritt der Sowjetunion 1941 etwa 18 000 deutsche und österreichische Juden nach Shanghai. Die ‚offene Stadt' ist in dieser Zeit der einzige Ort der Welt, in den ohne Visum eingereist werden kann. Für viele Flüchtlinge ist das die letzte Chance: „[…] sie hatten kein Visum bekommen für die Länder, in die sie wirklich reisen wollten, Shanghai war am Ende der Welt, es glitzerte noch nicht, es darbte, und sie darbten mit." (*Sh*, 95) Ihr gewaltsam erzwungener Weg ins Exil und ihre Versuche, im fernen Osten ein neues Leben zu beginnen, werden im Roman mit dem Prozess der Verpflanzung, also mit einer von außen erzeugten Entwurzelung, Umsetzung und Implantierung verglichen: „Kann man [Herrn Tausig] verpflanzen? Kann man sich ihn verpflanzt vorstellen?" (*Sh*, 7) Das Motiv der Verpflanzung – ein botanischer Vorgang, der nicht selten zum Absterben der Gewächse führt – legt den Fokus gleich zu Beginn auf die Gefahr des Scheiterns: „[…] man kann sich die Verpflanzung von Tausig nicht wirklich vorstellen." (*Sh*, 7) Scheitern im Exil bedeutet Sterben. Und so sterben viele der nach Shanghai Verpflanzten.

Das Überleben in der chinesischen Hafenstadt ist ein schicksalhaftes Glück, das einige der Exilanten mit den *Leuten von Seldwyla* teilen, wie Franziska Tausig bei der abendlichen Lektüre feststellt: „Gleich niederen Organismen, wunderlichen Tierchen oder Pflanzensamen, die durch die Luft oder das Wasser an den fremden Ort getragen worden waren, lebten sie, zufällig, und zufällig hatten sie sich als überlebensfähig erwiesen […]." (*Sh*, 316) Die Anspielung auf diese Figuren Gottfried Kellers, die in der Literaturgeschichte prominent die sogenannten ‚kleinen Leute' vertreten, verleiht dem hier dargestellten Fluchtort noch einmal eine deutliche Kontur: Shanghai ist nicht das Exil der namhaften Vertriebenen. Vor diesem Hintergrund wirkt Heinrich Manns Credo „Private Flüchtlinge, die gerade nur selbst durchkommen möchten, werden auf die Dauer keiner Teilnahme begegnen", das der Roman zitiert (*Sh*, 224), regelrecht zynisch.

Die Exilerfahrungen der nach Shanghai geflohenen Juden werden im Text durch seine multiperspektivische Erzählweise auf mehreren Ebenen beleuchtet. Neben den genannten archivarischen Textsorten, die dem Roman eine montagehafte Struktur verleihen, weist *Shanghai fern von wo* auch unterschiedliche Erzählinstanzen auf. Da ist Ludwig Lazarus, der seine Geschichte und die seiner Leidensgenossen auf ein Tonband gesprochen hat: „Ich bin ein guter Erzähler, sagte Lazarus. [...] er erzählte, was an den Rändern war, und die Ränder uferten aus." (*Sh*, 51) Weiterhin fungieren die einzelnen Romanfiguren – die Menschen an den Rändern der Exilgesellschaft – als eigene Erzähler, deren individuelles Schicksal aus ihrer individuellen Perspektive geschildert wird. Schließlich gibt es eine nicht als personale Instanz identifizierbare Erzählerstimme, die „in den unterschiedlichen Erinnerungs- und Erzählweisen anwesend und abwesend zugleich" (Scholz-Lübbering 2010, S. 216) ist. Diese Erzählerstimme begleitet die Lazarus-Geschichte kommentierend, wobei sie ihm beziehungsweise seinem Erinnerungsvermögen bisweilen misstraut. Sie vertritt die Generation der Enkel, die nur auf Grundlage der Zeitzeugenberichte ihrer Vorfahren erzählen können:

> Ist ein guter Erzähler ein solcher, der vermied, von Buchenwald zu erzählen, oder einer, der nicht von Buchenwald erzählen konnte? [...] Lazarus wußte so viel. Woher wußte Lazarus so viel? Und warum wußte er, als er das Tonband besprach, manches gar nicht mehr? [...] Und Lazarus schwieg. Was verschwieg der gute Erzähler? (*Sh*, 215, 220)

Verschwiegen wird das unfassbare Leid, das die Geflohenen vor ihrer Ausreise in Deutschland und in Österreich durchlebt haben. Lazarus „vermied, zu erzählen, wie man einen Menschen zu brechen versucht" (*Sh*, 78). Herr Tausig verstummt, als er aus dem Konzentrationslager zurückkommt: „So sprich doch, sprich doch endlich, bitte, fleht seine Frau ihn an [...]" (*Sh*, 14), und auch Günter Nobel „erzählte nicht viel aus dem Zuchthaus Brandenburg. Das Nichterzählen aus dem Zuchthaus wurde aufgehoben durch das Nichterzählen aus dem Lager." (*Sh*, 215) Es ist der Topos des Unsagbaren, der sich im Schweigen Lazarus', Tausigs und Nobels manifestiert und der in *Shanghai fern von wo* zu einem allgegenwärtigen Narrativ entfaltet wird. Dieser Erzählkonzeption scheint die Erkenntnis inhärent zu sein, dass im Zusammenhang mit der von den Opfern des Nationalsozialismus erlittenen Tortur die Grenzen des Erzählbaren immer wieder neu ausgelotet werden müssen – auch in einem exilliterarischen Text des 21. Jahrhunderts.

Theoretische Perspektivierungen
In der Weltstadt Shanghai siedeln sich Anfang des 20. Jahrhunderts US-Amerikaner, Russen, Franzosen, Engländer und andere Europäer an: „Immer waren Fremde gekommen, hatten sich nie unter die Chinesen gemischt, blieben für sich [...]." (*Sh*, 85) Die Amerikaner und Europäer leben abgetrennt von den Einheimischen in einer exterritorialen Stadt, „es war ein Viertel mit Reitschulen und Spielklubs, Krankenhäusern und modernen Mietwohnungen, und es gab auch eine große Zahl von Villen inmitten von Gärten, die so eingerichtet wurden, daß man sich einbilden konnte, nicht in China zu sein." (*Sh*, 351).

Für die seit 1938 ankommenden Flüchtlinge stellen sich die Lebensbedingungen ganz anders dar. Sie werden mit gravierenden wirtschaftlichen, sprachlichen, kulturellen und klimatischen Problemen konfrontiert: „Shanghai war so kosmopolitisch, daß der Flüchtling sich selbst nicht mehr spürte." (*Sh*, 84) Obwohl die neu eintreffenden Exilanten mit und zwischen der chinesischen Bevölkerung leben, grenzen auch sie sich sehr stark von ihr ab. Sie glauben sich auf der Durchreise, fühlen sich kulturell absolut fremd und verstehen die Sprache nicht. Als deutlich wird, dass der Aufenthalt in Shanghai von längerer Dauer sein wird, entsteht innerhalb weniger Jahre in Hongkou eine kulturelle Enklave, ein „Kleindeutschland [...] mit Werkstätten, Lebensmittelläden und Cafés" (*Sh*, 275) – von einer kulturellen Durchmischung der Völker, von einer Hybridisierung kultureller Identitätskonzepte ist also nicht auszugehen, ganz im Gegenteil. Die Chinesen entdecken ihrerseits ein nationales Wir-Gefühl: „Für chinesische Studenten, die sich der revolutionären Bewegung anschlossen, wurden bestimmte Wörter wichtig: ‚China' sagten sie, ‚die Nation', ‚die Massen' sagten sie." (*Sh*, 218)

Während die Chinesen nach ihrer nationalen Identität suchen, erfahren die Exilanten, die sich immer als Deutsche und Österreicher verstanden haben, dass sie eine neue Identität besitzen: „Willkommen geheißen werden alle Flüchtlinge mit dem Satz: Jetzt sind Sie nicht mehr Deutsche und Österreicher, jetzt sind Sie nur noch Juden." (*Sh*, 24) Im Zuge der Ghettoisierung Hongkous hat diese Zuschreibung folgenschwere Konsequenzen:

> An dieser Nadel, die gut sichtbar am Jackenaufschlag oder auf der Brust getragen werden mußte, war eine blaue Emailleplakette befestigt, die in japanischen Schriftzeichen die Aufschrift „Jude" trug. Das war eine unheimliche Veränderung, aus den *stateless refugees*, die sich ins Ghetto begeben mußten, waren wieder Juden geworden. (*Sh*, 298)

Die auch Jahrzehnte nach dem Ende des Zweiten Weltkrieges anhaltende Wirkung dieser ungewollten Identitätszuschreibung offenbart sich beim ersten Deutschlandbesuch von Anne Kronheim, der Tochter einer Flüchtlingsfamilie: „Sie war begrüßt worden wie in Shanghai, als wäre sie nur noch Jüdin. Eine Jüdin aus Berlin, und ihr Überleben in Shanghai, ihr langes Leben in Israel war eine

Arabeske, die die Vorstellung der Gastgeber störte." (Sh, 453) Die in *Shanghai fern von wo* formulierte Kritik an dieser einseitig auf das Judentum fixierten Identitätskonstruktion wird auch im Hinblick auf das Herkunfts- und Heimatverständnis der Exilanten deutlich. Denn es sind keine jüdischen Traditionen oder Bräuche, die sie im Exil an ihre Kinder weitergeben. Es sind Erzählungen von „Lebkuchen, vom Geruch nach Zimt und Äpfeln, vom Weihnachtsmarkt in Nürnberg" (Sh, 206). Es sind der Wald und der Schnee, es sind Grimms Märchen. Auch im Sterben sind es Palatschinken, eine typische Spezialität seiner Heimat Ungarn, nach der Herr Tausig verlangt. Die klassischen Re-Essentialisierungsmechanismen, mithilfe derer deutsche und österreichische Exilanten in den 1930er und 1940er Jahren überall auf der Welt an ihren Vorstellungen eines ,anderen Deutschland' festhalten, greifen auch im fernen Shanghai.

Neben diesen essentialistischen Identitätskonstruktionen schreibt sich der *Roman Shanghai fern von wo* über eine weitere Thematik in die Tradition exilliterarischen Schreibens ein: die Invasion der Geschlechterordnung. Herr Tausig stirbt im Exil, Max Rosenbaum und der Kunsthistoriker Lothar Brieger sterben ebenfalls, während sich die Frauen als robust und überlebensfähig erweisen. Die Extremsituation Exil wandelt die Geschlechterbeziehungen grundlegend – zum Beispiel das verinnerlichte Rollenverständnis der Franziska Tausig: „Ich hatte eine einzige Aufgabe im Leben, und die war nicht übermäßig schwer zu erfüllen. Ich mußte eine passende Ehe eingehen, um nicht mehr nur Tochter aus gutem Hause zu sein." (Sh, 10) Als ihr Ehemann im Konzentrationslager von SA-Schergen gedemütigt wird, entwickelt sie eine vorher nicht gekannte Stärke. Sie verhandelt mit den nationalsozialistischen Behörden, um die Freilassung ihres Mannes zu erwirken, und organisiert die immer schwieriger werdende Ausreise. Im Exil angekommen, kehrt sich die bisherige, traditionelle Rollenverteilung endgültig um: „Was kann ein österreichischer Rechtsanwalt in Shanghai? [...] Was kann eine Hausfrau aus Wien?" (Sh, 21) Franziska Tausig kann Apfelstrudel backen und damit sich und ihren psychisch und zunehmend auch gesundheitlich gebrochenen Ehemann durchbringen, so „wie ihr Mann früher für sie gesorgt hatte" (Sh, 46). Sie etabliert sich als Backwarenhändlerin und streift nach und nach notgedrungen auch vermeintlich typische weibliche Charaktereigenschaften ab: „Frau Tausig mußte die eigene Gutherzigkeit unterdrücken, das Hemd war näher als der Rock, das eigene Überleben besser als das von anderen, es war ein schwieriges Lernprogramm." (Sh, 39) Aber Franziska Tausig lernt und leistet ,Überlebensarbeit'.

Exil und Erinnerung

Shanghai fern von wo entsteht zu einem Zeitpunkt, zu dem die meisten der ins Exil Geflohenen selbst kein Zeugnis des Erlebten mehr ablegen können. Die Romankonzeption trägt diesem Umstand Rechnung und gestaltet den Text als ein auf Archivfunden beruhendes vielstimmiges Erinnerungsgeflecht der Shanghaier Flüchtlinge:

> „Am 8. März 1940", so begann die Stimme auf dem Tonband zu sprechen [...]. Am Anfang des Tonbands nannte [Lazarus] den 8. März als seinen Tag der Emigration und später den Februar, ein kleiner Gedächtnisirrtum, andere Irrtümer waren zu befürchten. Das Gedächtnis war eine Dunkelkammer. (*Sh*, 78 f.)

Das individuelle Erinnern und Vergessen beziehungsweise Verdrängen wird in *Shanghai fern von wo* vielfältig inszeniert und immer wieder kritisch reflektiert. Weiterhin entwirft der Roman Formen eines innerliterarischen Gedächtnisses. Neben den schon erwähnten intertextuellen Bezügen und Topoi konzentriert sich dieses Gedächtnis des Romans auf die Figur Lothar Brieger. Während der nach Deutschland zurückgekehrte Lazarus ein Tonband bespricht, um das Erlebte zu verarbeiten, widmet sich Brieger in Shanghai immer stärker dem Sammeln von Kunst: „Sammeln war eine Form des praktischen Erinnerns, eine angewandte, taktile Geschichtswissenschaft, ein Denken, das aus dem Kästchen sprang und wieder eingeschlossen werden konnte. Das Erinnern uferte sonst aus." (*Sh*, 121) Briegers Erinnerungen kreisen vor allem um einen der – inzwischen – berühmtesten Intellektuellen der Weimarer Republik und des Exils, um Walter Benjamin. Brieger hatte einst zu Benjamins Berliner Kreis gehört, hatte mit ihm einige Sommerwochen in San Remo verbracht und mit ihm vor allem die Leidenschaft für die Kunst geteilt. Er schreibt Benjamin aus dem Shanghaier Exil und berichtet von seinem Alltag. Seine Briefe bleiben natürlich unbeantwortet, denn Benjamin befindet sich zu dieser Zeit bereits selbst auf der Flucht – einer Flucht, welche wie die vieler Shanghaier Flüchtlinge in einer Tragödie endet.

Zu diesen Tragödien des Exils gehören auch der Tod des Herrn Tausig und seine Beerdigung auf einem außerhalb des Ghettos gelegenen Friedhof. Franziska Tausig häuft Steine auf das Armengrab ihres Mannes, um das Emportreiben seines Leichnams im Falle des Monsunregens zu verhindern:

> Und sie erinnerte sich an eine fast verloren gegangene Tradition: als die Juden aus Ägypten zogen und ihre Toten im Wüstensand bestatten mußten, legten sie zum Schutz vor den Aasfressern schwere Steinquader auf die Gräber. [...] Franziska Tausig dachte daran wie an etwas Vergangenes, eine abgebrochene Überlieferung, an die es keine Anknüpfung mehr gab, versunken im Sand. (*Sh*, 328 f.)

Das Gedenken an den Exodus ist ein elementarer Bestandteil des jüdischen kulturellen Gedächtnisses und ermöglicht es dem jüdischen Volk, ‚Wir' zu sagen. Den über die ganze Welt verstreut lebenden Juden ist es über zwei Jahrtausende hinweg gelungen, die Erinnerung an ein Land und an eine Lebensform, die in keiner Weise durch die jeweilige gegenwärtige Wirklichkeit bestätigt wurde, als Hoffnung lebendig zu halten. Wenn Franziska Tausig diese Erinnerung nun fast verloren geht, wenn keine Nachkommen existieren, die diese Tradition aufrechterhalten können, dann scheint dies ein weiterer Beleg für die Hoffnungslosigkeit im Shanghaier Exil zu sein. Franziska Tausig und die anderen Flüchtlinge tragen eine „Vergangenheit in sich, die keinen Ort mehr [findet]" (*Sh*, 421).

Fazit

Ursula Krechels Roman *Shanghai fern von wo* behandelt einen Exilort, der sowohl in der Literatur, in der Wissenschaft wie im kollektiven Gedächtnis der Nachkriegsgesellschaft stark vernachlässigt wurde: „Shanghai ist die fremdeste Fremde" (Scholz-Lübbering 2010, S. 215). Ebenfalls fremd in der Forschung scheint noch immer die Vorstellung zu sein, dass exilliterarische Texte auch über sechzig Jahre nach dem literaturgeschichtlich formalen Ende des deutschsprachigen Exils entstehen können. Denn dieser exilliterarische Text der zweiten beziehungsweise schon dritten Generation erfüllt aufgrund seiner Entstehungsbedingungen keines der Kriterien, die in der Forschung bis in die jüngste Zeit in unterschiedlichen Abstufungen und Variationen immer wieder als konstitutiv für Exilliteratur benannt wurden. Diese anhaltende einseitige Konzentration auf die Entstehungsbedingungen exilliterarischer Texte ist umso erstaunlicher, wenn die bereits in den 1990er Jahren gehaltenen Plädoyers für eine Erweiterung des traditionellen Exilbegriffs in Betracht gezogen werden (vgl. Winckler 1995; Spies 1996).

Zweifelsohne gebührt *Shanghai fern von wo* ein Platz im exilliterarischen Kanon, der nicht mehr nur entstehungsgeschichtlich, sondern werkimmanent ausgerichtet ist. Nicht nur, weil der Roman den Namenlosen eine Stimme gibt und diesen vergessenen Ort des Exils zurück in unser Bewusstsein bringt. Sondern gerade auch, weil hier historisches Material aus der Exilzeit literarisch aus- und umgestaltet und dadurch *en passant* die Qualität der Exilliteratur als Medium des kollektiven Gedächtnisses präsentiert wird.

Ines Schubert

Literatur

(*Sh*) Krechel, Ursula: *Shanghai fern von wo.* München 2010.

Bronfen, Elisabeth: „Exil in der Literatur: Zwischen Metapher und Realität". In: *Arcadia* 28 (1993) H. 2, S. 167–183.
Scholz-Lübbering, Hannelore: „Das Unaussprechliche der Bilder: ‚Shanghai fern von wo' von Ursula Krechel". In: *Der weibliche Blick auf den Orient. Reisebeschreibungen europäischer Frauen im Vergleich.* Hg. v. Miroslawa Czarnecka, Christa Ebert u. Grazyna Barbara Szewczyk. Bern u. a. 2010, S. 211–224.
Spies, Bernhard: „Exilliteratur – ein abgeschlossenes Kapitel? Überlegungen zu Stand und Perspektiven der literaturwissenschaftlichen Exilforschung". In: *Rückblick und Perspektiven.* Hg. v. Claus-Dieter Krohn, Erwin Rotermund u. Lutz Winckler. München 1996 (Exilforschung. Ein internationales Jahrbuch, Bd. 14. Hg. im Auftr. der Gesellschaft für Exilforschung), S. 11–30.
Winckler, Lutz: „Mythen der Exilforschung?" In: *Kulturtransfer im Exil.* Hg. v. Claus-Dieter Krohn, Erwin Rotermund, Lutz Winckler u. Wulf Koepke. München 1995 (Exilforschung. Ein internationales Jahrbuch, Bd. 13. Hg. im Auftr. der Gesellschaft für Exilforschung), S. 68–81.

Elisabeth Langgässer: *Das unauslöschliche Siegel* (1946)

Elisabeth Langgässer *23. 2. 1899 Alzey, †25. 7. 1950 Karlsruhe.

Inhalt

Die auf gut 600 Seiten in drei Büchern entwickelte, verschlungene Romanhandlung veranschaulicht die Vorstellung, dass Gott und der Satan, solange diese Welt besteht, um den Sieg am Ende der Geschichte kämpfen. Sichtbar wird ein solches Welttheater in menschlichen Einzelseelen wie der des zum Katholizismus übergetretenen jüdischen Helden Lazarus Belfontaine. Dieser erinnert sich zu Beginn an seinen Tauftag, der sieben sündenfreie Jahre vor dem Einsetzen der Handlung im Mai 1914 stattgefunden hat, kurz vor der Hochzeit mit seiner frommen Frau Elisabeth. Im Verlauf des ersten Buches, angesiedelt in dem rheinhessischen Ort A. mit seinen dekadenten Spießbürgern, verliert Belfontaine die Orientierung am Heilsversprechen seiner Taufe – dem „unauslöschlichen Siegel". Irre geworden im Glauben an die „Gottheit Christi" (*US*, 254) und verführt durch einen gewissen Tricheur, macht sich der Held im zweiten Buch in den französischen Ort Senlis auf, wo er eine bigamistische Ehe mit der lasziven, materialistischen Suzette eingeht; in diesem Buch, in dem Belfontaine in den Stand der Sünde zurückfällt (Bigamie, Bordellbesuche), schiebt sich die Erzählung von Suzettes zeitgleich stattfindender lesbischer Beziehung mit Hortense vor die Geschichte des Helden. Im dritten Buch schließlich macht Belfontaine während eines Gewitters eine mystisch-ekstatische Erfahrung: Das gnädige Eingreifen des christlichen Erlösergottes führt zu seiner ‚Neugeburt'. Danach verliert sich die Spur des als Figur nicht mehr eindeutig konturierten Helden in den Wirren der europäischen Geschichte nach 1945.

Für die erste Auflage schrieb die Verfasserin ein „Proszenium". Dort unterhalten sich „der Leser", „der Kritiker", „Herr Chronos" (der sich als der „Mönch von Heisterbach" entpuppt) und „das hübsche, junge Mädchen" über die Poetik des Romans – allzu explizit vielleicht, denn dieser Prolog fiel, im Gegensatz zum „Epilog 1943", in dem Figuren wie der Pfarrer Mathias aus dem ersten Buch noch einmal in dramatischer Form zur Sprache kommen, seit der vierten Auflage weg.

Analysen

Narrationen des Exils
Nach Publikationsverbot und Ausschluss aus der Reichsschriftumskammer am 20. Mai 1936 arbeitete die „Halbjüdin" Elisabeth Langgässer bis zum Oktober 1945 an ihrem vorletzten Roman unter teilweise schwierigen Bedingungen: Geburt dreier Töchter bis 1942, ständige Bedrohung ihrer 1929 geborenen, ersten Tochter Cordelia (1940 aufgrund des Vaters Hermann Heller als „Volljüdin" eingestuft, am 10. März 1944 nach Theresienstadt und von dort weiter nach Auschwitz deportiert, ohne dass ihre Mutter dies hätte verhindern können), seit 1932 erste Schübe einer multiplen Sklerose (vgl. Langgässer 1990, S. 130, Brief vom 6. Juni 1932: „Gehirnreizung mit Gleichgewichtsstörung"), Bombardements, Dienstverpflichtung in einem Rüstungsbetrieb. Das Manuskript, von dem sich bis auf ein paar Seiten mit dem Epilog weder Handschriften noch Typoskripte oder Fahnen erhalten haben, erschien 1946 im Hamburger Claassen-Verlag.

Im ersten Buch des Romans finden sich auch zeitgeschichtliche Anspielungen: In einem Gespräch, das der Pfarrer Mathias während eines Ganges durch das ehemalige Ghetto von A. mit Belfontaine führt (vgl. *US*, 213), ist die Rede davon, dass Feuer im Gestühl der Synagoge gelegt wird. Hier könnte, auch wenn die fingierte Handlung bereits 1914 spielt, die Reichspogromnacht im Hintergrund gestanden haben. Indessen ist diese Passage so symbolüberfrachtet, dass der Roman selbst hier mitnichten realistisch wirkt.

Stattdessen weiß sich Elisabeth Langgässer in *Das unauslöschliche Siegel* wie in beinahe allen Prosa-Arbeiten einer Poetik verpflichtet, die im „Proszenium" der ersten Auflagen von „Herrn Chronos" ausdrücklich „supranaturalistisch" (*US*, VII; vgl. Dutt 2009) genannt wird. Diese Schreibweise haben führende Vertreter des ‚Renouveau catholique' wie Georges Bernanos und Paul Claudel verfochten, an denen sich Elisabeth Langgässer ausdrücklich orientierte (vgl. Dutt 2008). Die antipositivistische und antinaturalistische Poetik des ‚Renouveau catholique' verlangt für eine dezidiert katholische Literatur nicht Erbauung, sondern möglichst schonungslose Darstellung der sündigen, auf göttliche Erlösung angewiesenen Weltgeschichte. In *Das unauslöschliche Siegel*, dessen zentrale Motive die Taufe und die Versuchung eines Gläubigen durch diabolische Verführer sind, zeigt sich dies (a) an der polaren Struktur, (b) den typologischen Figurenkonstellationen, (c) vielen Allegorien und (d) der Polyphonie verschiedener Diskurse.

(a) Polaritäten finden sich zwischen den deutschen und französischen Schauplätzen in den Büchern eins bzw. zwei und drei ebenso wie zwischen den Sünder-, Versucher- und Heiligengestalten (etwa bei Belfontaines beiden Frauen Elisabeth und Suzette) oder, auf ideologischer Ebene, zwischen einem nur ‚vernünftigen' Humanismus und der göttlichen Erlösung des Menschen.

(b) Die Figuren stehen in typologischen Relationen zueinander, Lazarus Belfontaine etwa, der „irdische Brennpunkt eines Bündels von Schicksalen" (Nachlassnotiz; zit. n. Nachwort *US*, 629), steht in einer Reihe mit dem von den Toten auferweckten Lazarus aus dem Johannes-Evangelium, mit Benoît Joseph Labre aus dem 18. Jahrhundert und mit dem blinden Bettler Jean, dem er am Tag seiner Taufe zum ersten Mal begegnet und der sich dabei auf Johannes den Täufer bezieht. Am Ende des Romans löst sich Belfontaine, herumirrend auf den Straßen Nachkriegseuropas, in diesen Jean auf – seine letzte Verwandlung. Schon an dieser Reihe wird deutlich,

> daß die typologische Zeichnung der Figuren eine Rückwirkung auf die Komposition des Sprachkunstwerks haben muss, auf seinen Zeit-Raumcharakter sowohl wie auf die Vertauschbarkeit seiner Personen, die in ihrem Symbolcharakter begründet ist und die es möglich macht, daß zum Beispiel die eben erst angelaufene Handlung des Romans plötzlich (und anscheinend unbegründet) abgebrochen wird, um auf anderer Ebene in verwandelter Form wieder ans Tageslicht zu treten wie ein Flußlauf, der unter der Erde verschwindet und ein Stück weiter wieder zum Vorschein kommt; daß es einerlei ist, ob inzwischen der Archetypos z. B. ein Heiliger, der zweihundert Jahre vor dem derzeitigen Handlungsträger gelebt hat, an dessen Stelle getreten ist; [...]. (Langgässer 1951, S. 160; vgl. Mülverstedt 2000)

(c) Den Roman durchzieht ein dichtes Netz von Allegorien: So verweist stehendes Wasser auf die unerlöste, Quellwasser auf die erlöste Natur, die Kugel und ihre Reflexe auf täuschende Sinneswahrnehmungen und einen falschen ‚Realismus', die Puppe oder Marionette auf die mechanisch-verkopfte ‚Vernunft' und das leere Schneckenhaus auf jene ‚Tiefe', aus der der Mensch ursprünglich herstammt (vgl. Augsberger 1962, S. 56–97). Dieses Geflecht – nicht die psychologische Konsistenz der Figuren oder eine chronologisch rekonstruierbare und auf die Exilsituation oder Judenverfolgung realistisch beziehbare Handlung – macht den Kern und die Poetik des Romans aus.

(d) In ihm stehen in einer keineswegs leserfreundlichen Polyphonie verschiedene Diskurse nebeneinander. Den Gang der mehrsträngigen Erzählung unterbrechen Texte aus der mystischen Tradition (vgl. die Berichte der heiligen Thérèse von Lisieux im dritten Kapitel des zweiten Buches; *US*, 386–406) oder geschichtsphilosophische Einlassungen: Zu Beginn des im September 1914 einsetzenden zweiten Buches liest ein deutscher Offizier in den Trümmern der Kathedrale von Senlis in einem Brief des spanischen Diplomaten Juan Donoso Cortés (aus der Mitte des 19. Jahrhunderts). Jene Briefstelle, die der Roman zitiert, spiegelt Cortés' christliche Poetik und den Geschichtspessimismus seiner Autorin wider: „‚Aber ich halte es für erwiesen', schreibt er an Montalembert, ‚dass in der Zeitlichkeit stets das Böse über das Gute den Sieg davonträgt und der Endsieg über das Böse Gott sozusagen persönlich durch einen Eingriff von oben muss vorbehalten bleiben.'" (*US*, 326; vgl. den Selbstkommentar in Langgässer 1951, S. 156f.).

Theoretische Perspektivierungen
Im ersten Kapitel des dritten Buches charakterisiert der drogenabhängige Apotheker Louarment Belfontaine folgendermaßen:

> Großer Gott – Sie tragen in ihrem Eingeweide eine Synagoge herum. Selbstverständlich keine aus Holz und Lehm in Gorki oder Sabludowo (...) – o nein! Eine Reform-Synagoge. Einen Koloß aus Beton, sehr modern, sehr schlicht, sehr künstlerisch empfunden. Keinen Sabbath, am liebsten auch kein Hebräisch, kein Zeremonialgesetz. Sie fragen: was bleibt, Herr Louarment? Sehr viel. Die Hauptsache nämlich: der Kultus der Vernunft. (*US*, 502)

Im Blick des Apothekers erscheint Belfontaines hybride Identität (vgl. Gelbin 2001) im Prisma einer dreifachen Brechung: Trotz seiner Konversion ist er ‚innerlich' und ‚eigentlich' Jude geblieben, kein rechtgläubiger Ostjude indessen, sondern eher ein Vertreter des aufgeklärten, ‚vernünftigen' Reformjudentums. Auch wenn man zwischen Figur und historischer Autorin unterscheidet, so muss im Kontext der ‚Inneren Emigration' im Berlin der frühen 1940er Jahre eine solche Konstruktion doch befremden: Während die für die Entstehungszeit des Romans (und mehr noch für die Zeit seiner Handlung in den 1910er-Jahren) weit verbreiteten Ressentiments gegen ein vermeintlich schmuddelig-orthodoxes Ostjudentum wohl als reine Figurenrede zu verstehen sind, scheinen sich die Romanfigur und ihre Erfinderin in Ressentiments gegen jenen hier eindeutig als ‚jüdisch' deklarierten „Kultus der Vernunft" durchaus zu teilen; gegen diesen richtet sich ja auch die christliche Poetik des ‚Renouveau catholique'. Man kann hier vielleicht von einer Analogie zwischen der Ambivalenz in der Figur des Louarment und einer

Ambivalenz Langgässers gegenüber ihren eigenen jüdischen Wurzeln sprechen, ohne dass damit ein kausales Verhältnis unterstellt ist (vgl. etwa in Doster 1999, S. 27, den [erfolglosen] Bitt-Brief vom 17. August 1937 an den Reichskulturverwalter und „Sonderbeauftragten für die Überwachung der geistig und kulturell tätigen Juden" Hans Hinkel, in dem Langgässer mit Hinweisen auf ihre ‚arischen' Wurzeln um die Wiederaufnahme in die Reichsschrifttumskammer ersucht).

Die typologisch konstruierte Identität des Helden Lazarus Belfontaine und seine Wahrnehmung durch eine andere, latent antisemitische Romanfigur speist sich aus eben jenen essentialistischen Stereotypen, auf denen auch das Publikationsverbot für Elisabeth Langgässer beruht und die sie pikanterweise in ihrem Bittschreiben selbst gegeneinander ausspielt: Hier die nichtjüdische, je nach Argumentationszusammenhang katholische oder arische, authentische, echte Kunst – dort der jüdische, vernünftelnde, heilsblinde Intellektualismus.

Exil und Erinnerung

In der Romanhandlung spielt ‚Erinnerung' (Belege bei Augsberger 1962, S. 64) zunächst auf der *theologischen* Ebene eine Rolle: Der Held ‚vergisst' ja zunächst sein Taufgelübde und löst damit die Romanhandlung allererst aus; er wird aber am Ende dieses Gelübdes wieder ‚inne' und damit erlöst.

Gestaltet wird solches Inne-Werden als mystische Erfahrung, die zugleich mit den Wortbestandteilen von ‚Er-innern' spielt und dieses Erinnern wiederum heilsgeschichtlich überhöht:

> Nun schmolz die Scheidewand zwischen ihm und der Vergangenheit nieder: die Scheidewand der Schuld. Er erinnerte sich. In den Zustand der Reue und damit der Erinnerung gehoben, trat sein Inneres aus dem Zustand der Vernünftigkeit in den Zustand der Torheit, in den Geheimniszustand des Innen, das erinnertes Außen ist. Dann trafen ihn Worte, die ein Befehl; ein Befehl, der Verwandlung; Verwandlung, die Zuruf, und ein Zuruf, der Neugeburt war:
> LAZARUS! KOMM HERAUS!
> Er gehorchte. Ohne zu zögern, entstieg er seinem eigenen Grabe und fühlte, wie er sich langsam emporhob. (*US*, 581f.)

Diese zweite Chance, vom archimedischen Punkt einer ‚Neugeburt' aus wieder klar sehen und neu leben zu dürfen, führt zur Auflösung der individuellen Persönlichkeit Belfontaines: Er verschwindet in einer extrem zeitraffenden Passage – ähnlich wie Hans Castorp am Ende des *Zauberberg* – aus den Augen des Lesers (vgl. *US*, 589f.). Damit inszeniert der Roman die ekstatische Erinnerung an einen überhistorischen, transkulturellen, im Wortsinne ‚katholischen' (καθολικόη̃, griech. ‚das Ganze betreffend') Grund aller menschlichen Geschicke und Geschichte(n).

Zugleich gehen nun aber, wenn auch nur in Form nicht deutlich markierter Anspielungen, die individuellen Geschicke von Langgässers Vater Eduard (a) und ihrer als „Volljüdin" von den Nationalsozialisten verfolgten Tochter Cordelia (b) in den Roman ein. Hier lässt sich von einer, wenngleich zaghaften, *autobiografischen* Erinnerung an die eigene jüdische Familiengeschichte sprechen, welche in die Katastrophe von Cordelias Deportation mündet.

(a) Zwischen Langgässers Vater Eduard und ihrem Romanhelden Lazarus Belfontaine bestehen einige Parallelen: Beide sind Kettenraucher, beide besuchten die Schule in Mainz, beide konvertieren einen Tag vor der Hochzeit mit einer Katholikin, beide tragen einen exotischen Titel, beide werden als schwermütig und einzelgängerisch beschrieben (vgl. Nachwort *US*, 630; der rheinhessische Ort A., in dem das erste Buch des Romans spielt, dürfte nach Elisabeth Langgässers Geburtsstadt Alzey gestaltet sein).

(b) Bevor Cordelia deportiert wurde, war sie gezwungen, im Jüdischen Krankenhaus in der Iranischen Straße (heute: Heinz-Galinski-Straße) in Berlin-Wedding zu hausen und zu arbeiten (vgl. Edvardson 1986, S. 71–77; Hilzinger 2009, S. 294–297). Elisabeth Langgässer hat an diesen Ort im „Epilog 1943" erinnert (vgl. *US*, 600–604). Insgesamt sechsmal beschreibt „DER GROSSE" im Epilog die unmenschlichen Zustände in diesem zum Sammellager umfunktionierten Krankenhaus, von dem die Deportationen ausgingen, und er leitet diese Beschwörungen jeweils ein mit „Verflucht, wer das Eckhaus im Norden Berlins vergisst!", worauf ihm „DIE ANDEREN" antworten: „Verflucht und vergessen in Ewigkeit." Sollte der Tochter am gut sichtbaren Rand des Romans ein literarisches Denkmal gesetzt werden?

Fazit

In Form von Anspielungen sind dem Roman durchaus historisch greifbare autobiografische Spuren eingeschrieben, Erinnerungsspuren an den Vater Eduard, an den Aufenthalt der Tochter Cordelia im Jüdischen Krankenhaus vor der Deportation und damit, metonymisch, an die Schoah überhaupt. Diese mehr oder weniger verschlüsselten Erinnerungen verblassen aber gleichsam zu verschämten Palimpsesten; sie verschwimmen und verschwinden fast auf dem Goldgrund der Heilsgeschichte, die den Roman wesentlich bestimmt; und sie bilden einen nicht aufzulösenden Gegensatz zu der antijudaistisch und gegenaufklärerisch gefärbten Darstellung des getauften Juden Lazarus Belfontaine durch die Figur des Louarment.

Befremdlich wirkt im historischen Abstand die Tatsache, dass mit *Das unauslöschliche Siegel* sowohl die Erfahrungen des inneren Exils als auch des für die älteste Tochter beinahe tödlichen Rassenwahns der Nationalsozialisten ins große Ganze des christlichen Heilsplans eingeschmolzen werden; fast zynisch erscheint heute der Umstand, dass die Figur des Belfontaine – so kann man wenigstens vermuten – ebenso ein „polnische[s] [sic!] Konzentrationslager [...]" (*US*, 590) überlebt wie Cordelia Edvardson.

Die eschatologische Zentralperspektive widerspricht einer existenzialistischen Deutung des inneren Exils diametral; die über Leben und Tod entscheidenden Identitätsfragen (jüdisch oder katholisch? – jüdisch oder arisch?) werden aus dem politischen und zeitgeschichtlichen in einen theologischen Bereich (unerlöst oder erlöst?) transponiert; das konkrete Leid wird zu einer Ausdrucksform der grundsätzlich katastrophalen Geschichte des Menschengeschlechts verkleinert.

Stehen solche Strategien der mythischen wie theologischen Überhöhung des Gegebenen, wie sie Elisabeth Langgässer seit ihrer frühen Erzählung *Proserpina* (1929) praktiziert hat, im Dienste einer neurotischen Verdrängung des eigenen Leids, vor allem auch der eigenen Schuld? Cordelia Edvardson, die ihre Mutter in einem Interview einmal selbst als Opfer bezeichnet hat, beurteilt in ihrem autobiografischen Roman deren literarische Erinnerungspolitik als unzureichend: „Später, als sie den Roman der Mutter las, erkannte sie ihre Erinnerungen nicht wieder. Es war sowohl zuviel als auch zuwenig." (Edvardson 1986, S. 118) Erst in Kurzgeschichten wie *Untergetaucht* oder *Saisonbeginn* aus der Sammlung *Torso* von 1947 hat Elisabeth Langgässer auch deutlich und jenseits der sakralpoetischen Kathedralen des ‚Renouveau catholique' Stellung gegen jenes Regime, jene Mentalität und jene Ideologie bezogen, unter denen zumal Cordelia, aber auch ihre Familie und sie selbst schwer zu leiden hatten.

Beim Erscheinen erfuhr der Roman eine starke Resonanz; allerdings dürften sein katholisch-affirmatives Weltbild, seine voraussetzungsreiche Erzählung und vielleicht auch die latent antijudaistischen Töne eine Kanonisierung im Rahmen einer Literatur des inneren Exils erschwert haben. Unbestritten ist dagegen seine schon 1949 von Hermann Broch in einer Rezension für die *Literarische Revue* hervorgehobene ästhetische Komplexität (vgl. Doster 1999, S. 36).

Friedmann Harzer

Literatur

(*US*) Langgässer, Elisabeth: *Das unauslöschliche Siegel*. Nachw. v. Elisabeth Hoffmann. Hamburg 1987.

Augsberger, Eva: *Elisabeth Langgässer. Assoziative Reihung, Leitmotiv und Symbol in ihren Prosawerken*. Nürnberg 1962.
Doster, Ute (Bearb.): *Elisabeth Langgässer 1899–1950*. Ausstellung im Hessischen Staatsarchiv Darmstadt zwischen Februar und April 1999, im Schiller-Nationalmuseum Marbach am Neckar zwischen April und Juni 1999. Marbach 1999 (Marbacher Magazin 85).

Dutt, Carsten: „Elisabeth Langgässers Modernitätsanspruch". In: *Moderne und Antimoderne. Der „Renouveau catholique" und die deutsche Literatur*. Hg. v. Wilhelm Kühlmann u. Roman Luckscheiter. Freiburg 2008, S. 475–488.
Dutt, Carsten: „Elisabeth Langgässers Supranaturalismus". In: *Surrealismus in Deutschland*. Hg. v. Friederike Reents. Berlin 2009, S. 151–163.
Edvardson, Cordelia: *Gebranntes Kind sucht das Feuer*. Übers. aus dem Schwedischen v. Anna-Liese Kornitzky. München 1986.
El-Akramy, Ursula: *Wotans Rabe. Die Schriftstellerin Elisabeth Langgässer, ihre Tochter Cordelia und die Feuer von Auschwitz*. Frankfurt a. M. 1997.
Gelbin, Cathy S.: *An Indelible Seal. Race, Hybridity and Identity in Elisabeth Langgässer's Writings*. Essen 2001.
Hilzinger, Sonja: *Elisabeth Langgässer. Eine Biografie*. Berlin 2009.
Langgässer, Elisabeth: „Grenzen und Möglichkeiten christlicher Dichtung". In: *Geist in den Sinnen behaust*. Mainz 1951, S. 146–162.
Langgässer, Elisabeth: *Briefe*, Bd. 1. Hg. v. Elisabeth Hauptmann. Düsseldorf 1990.
Mülverstedt, Carolin: *„Denn das Thema der Dichtung ist immer der Mensch". Entindividualisierung und Typologisierung im Romanwerk Elisabeth Länggässers*. Würzburg 2000.

Else Lasker-Schüler: *IchundIch* (1970)

Else (eigentl. Elisabeth) Lasker-Schüler, geb. Schüler *11. 2. 1869 Elberfeld, †22. 1. 1945 Jerusalem. Stationen des Exils: 1933–1939 Schweiz, 1939–1945 Jerusalem.

Inhalt

Else Lasker-Schülers Exildrama *IchundIch* ist ein avantgardistisches Metatheater, das über mehrere Akte als Spiel im Spiel konstruiert ist. Im Vorspiel reflektiert die Figur der Dichterin auf dem Weg zum Theater in Jerusalem über ihr „Höllenspiel" (*IuI*, 186), das auf ihrer „Herzensbühne" (ebd.) inszeniert wird. Im ersten Akt berichtet sie vom Experiment ihrer titelgebenden Ichspaltung, bevor das als Theaterprobe erkennbare Stück im Stück beginnt. Faust und Mephisto diskutieren in der Hölle die Existenz Gottes. Beide werden als eine Person verstanden, wobei Faust zusätzlich mit Goethe identifiziert ist. Im zweiten Akt erscheinen Funktionäre des NS-Systems, u. a. Göring und Goebbels, zu Verhandlungen mit Mephisto. Da die nationalsozialistischen Weltherrschaftspläne jedoch die Eroberung der Hölle beinhalten, lässt Mephisto die aufmarschierenden „Nacisoldaten" zuletzt samt Hitler in Lava untergehen. Mephisto kapituliert vor Gott, Faust und Mephisto versöhnen sich zu „Ichundich" (sic). Zusammen mit der im fünften Akt sterbenden Dichterin gelangen sie in den Himmel, wo zuletzt die Versöhnung zwischen Mephisto und Gott erfolgt. Das Drama endet mit dem Ausruf der Dichterin: „Gott ist ‚da'!" (IuI, 320)

Analysen

Narrationen des Exils
Nach der Veröffentlichung ihres Exilprosawerks *Das Hebräerland* (1937) plante Lasker-Schüler ein zweites Palästinabuch, zuletzt unter dem Titel „Die heilige Stadt", das sie nicht mehr vollendet hat. Das Drama *IchundIch* entstand als Teil des Projekts im Herbst und Winter 1940/41 im Jerusalemer Exil und trug zunächst den Titel: „Der bekehrte Satan" (IuI, 349).

Das Stück wurde zu Lebzeiten Lasker-Schülers weder aufgeführt noch als Textfassung veröffentlicht. Belegt sind zwei Lesungen durch Lasker-Schüler am 20. Juli 1941 in Jerusalem und am 11. Juli 1943 in Haifa sowie Verhandlungen mit Max Brod am Habimah-Theater in Tel Aviv. Zur Uraufführung kam es erst knapp vierzig Jahre nach der Entstehung, am 10. November 1979 im Düsseldorfer Schauspielhaus (Regie: Michael Gruner).

Die Schwierigkeiten einer Druckfassung sah Lasker-Schüler selbst voraus: „Mein Buch wird gewiß erst nach Jahren gedruckt werden können von wegen Theaterstück, das darin vorkommt." (Lasker-Schüler 2009, S. 294) Eine postume Publikation wurde durch Freunde (Ernst Ginsberg und Werner Kraft) und den Nachlassverwalter Manfred Sturmann lange Zeit verhindert, da sie die sprachliche Gestaltung bemängelten und die avantgardistische Form als Zeichen geistiger Zerrüttung deuteten. In den 1960er Jahren kam es zum zweimaligen Abdruck von fast identischen Auszügen: 1960 durch Hans Rudolf Hilty in der Zeitschrift *hortulus* und 1961 im von Kraft herausgegebenen Nachlassband der *Gesammelten Werke*. Erst 1970, dreißig Jahre nach seiner Entstehung, erschien der vollständige Text für wissenschaftliche Zwecke von Margarete Kupper kritisch ediert im *Jahrbuch der Deutschen Schillergesellschaft*. Die erste Leseausgabe folgte orthografisch und stilistisch normalisiert 1980. Seit 1997 ist das Drama im Rahmen der Kritischen Ausgabe als Bestandteil des Werks aufgenommen, es wird jedoch nicht den Fragmenten des zweiten Palästinabuchs zugeordnet. 2009 veröffentlichte der Jüdische Verlag eine kommentierte Leseausgabe.

In *IchundIch* wird das Exil explizit sowohl in einem historisch-autobiografischen als auch in einem jüdisch-mystischen Zusammenhang thematisiert. Schon im ersten Satz weist die Figur der Dichterin das Drama als Exilwerk aus, indem sie ihre Flucht aus Berlin als dessen Ausgangspunkt markiert: „Es war vor zehn und einhalb Jahren in der gottverlassenen Nacistadt – / Ich flog ein leichtverhangener goldener Ball / Unsichtbar durch Mordgeheul kopfüber jedem Spreevasal." (IuI,

185) Die Angabe bezieht sich auf den biografischen Beginn von Lasker-Schülers Exil nach der Machtübergabe an die Nationalsozialisten 1933. Ihre Exiljahre in der Schweiz werden ebenso erwähnt (*IuI*, 229). Das Stück selbst spielt an Schauplätzen ihres zweiten Exils in Jerusalem. Explizit nimmt *IchundIch* Bezug auf die Verbrechen NS-Deutschlands bis zur Entstehungszeit 1940/41 – die Bücherverbrennungen (*IuI*, 190), den Reichstagsbrand (*IuI*, 197), die Pogromnacht (*IuI*, 200) und die bis zum Winter 1940/41 eroberten Länder (*IuI*, 189). Lasker-Schüler markiert somit eine historisch bedingte, zeitlich und geografisch konkrete, biografische Exilsituation als konstitutiv für *IchundIch*.

Im Kontext der jüdisch-mystischen Neuinterpretation des Fauststoffs geht sie über diese Bezüge hinaus. Die Thematik des Exils wird auf der Basis kabbalistischer Vorstellungen in einer schöpfungsgeschichtlichen und schließlich jüdisch-messianischen Dimension verhandelt, die christliche Anteile integriert. Zunächst überraschend, wird Mephistos Existenz in der Hölle als Exil nach seiner Verstoßung (*IuI*, 208) oder Selbstverbannung (*IuI*, 216 f.) aus dem Himmel bezeichnet. Dieses Exil wird mit dem menschlichen Exil seit der Vertreibung aus dem Paradies verbunden. Als gottferner Zustand in der „Weltenillussion" (sic, *IuI*, 190) definiert, steht das im Drama gestaltete Exilverständnis chassidischen Vorstellungen des Exils als einer allgemein menschlichen Befindlichkeit nahe. Die umfassende Exilvorstellung wird deutlich in Mephistos Ausspruch: „Nur Ewigkeit ist kein Exil." (*IuI*, 209) Ewigkeit wird dabei als „zeitlose Zeit" (*IuI*, 212) verstanden und markiert die jüdisch-messianische Dimension der Erlösung. Dies wird unterstützt durch die Einwürfe der Figur des Königs David, aus dessen Geschlecht gemäß der jüdischen Tradition der Messias kommen wird. Die messianische Hoffnung auf Versöhnung und Erlösung wird innerhalb des Stücks für Faust, Mephisto und die Dichterin inszeniert. Den Menschen und Mephisto kommt dabei entsprechend der kabbalistischen Lehre die Verantwortung für die Beendigung ihres Exils durch die Überwindung des bösen Triebs (*jezer hara*) zu.

Theoretische Perspektivierungen
Lasker-Schüler erprobt einen komplexen Zugang zur Frage nach Identität und Alterität, weshalb postkoloniale, transkulturalistische und gendertheoretische Ansätze geeignet sind, vereindeutigende Interpretationen, v. a. der Thematik der Ichspaltung, zu vermeiden. In *IchundIch* wird die dichotome Struktur Eigenes-Fremdes durch fluktuierende Paarkonstellationen destabilisiert, Essentialisierungen werden somit unterbrochen (vgl. Jones 1999; Hallensleben 2000; Krauß 2002). Jede Figur ist zugleich eigenständig, Teil einer Paarkonstruktion und in sich selbst erneut gespalten, sodass mehrfache Identifizierungen stattfinden. Gott und Mephisto erscheinen nach jüdischer Vorstellung nicht als dualistische

Gegenspieler (vgl. Fraimann-Morris 2007), und weitere Dichotomien, u.a. zwischen Leben und Werk, werden infrage gestellt.

Der Spielort Jerusalem in seiner Position zwischen Himmel und Hölle, Ur- und Endzeit wird als Übergangsraum zwischen festen Identifikationen gestaltet und eröffnet Möglichkeiten kultureller Hybridität, wobei Machtrelationen durch explizite Dehierarchisierungen (z.B. zwischen Goethe und der Dichterin) reflektiert werden. Ebenso finden sich transkulturelle Elemente wie die Verwendung mehrerer Sprachen. Verschiedene (religiöse) Traditionen, Literaturen und Kulturräume werden gleichberechtigt zueinander in Beziehung gesetzt. Mephisto, der das produktive Störelement jeglicher Totalisierung repräsentiert (vgl. Krauß 2002, S. 224), bringt den Umgang mit Identitäten und kulturellen Traditionen auf den Punkt: „Doch wieder, Bruder, sind wir ganz und gar im Fluß!!!" (*IuI*, 224)

Lasker-Schülers poetologisches Verfahren ist als „Kritik des Totalitären" (Hallensleben 2000, S. 269) oder als Unterbrechung totalisierender Ursprungsinstanzen (vgl. Krauß 2002) und somit als genuin antifaschistisch (vgl. Hessing 1993; Jones 1999) interpretiert worden. Es setzt auch jeder interpretatorischen Sinnstiftung Störfaktoren entgegen (vgl. Krauß 2002, S. 191f.).

Am Ende des Dramas wird im Paradies-Erlösungs-Kontext ein Element vordiskursiver Ganzheit eingeführt. Die Rückkehr in einen „Urzustand" der Ewigkeit wird jedoch als eine Rückkehr in einen durch die Versöhnung veränderten Zustand markiert, in dem Differenz nun integriert wird. Dies zeigt das Beispiel Mephistos, der weiterhin durch störenden Unsinn auffällt, aber von Gott nun liebevoll betrachtet wird (*IuI*, 235).

Anhand der großen Exilerzählung von der Vertreibung aus dem Paradies wird auf struktureller Ebene der Mechanismus von Heimatkonstruktionen und der ihnen inhärenten Ausgrenzung des Anderen thematisiert. Der Begriff ‚Heimat' kommt im Stück nur einmal in deutscher Sprache vor als „Mutterheimat", die jedoch keine Zuflucht mehr bietet (*IuI*, 224), sonst im Englischen des britischen Mandatsgebiets Palästina als „at home" (*IuI*, 187). Zuletzt verschwindet er ganz (*IuI*, 209f.). Identifikationen mit Deutschland und der deutschen Kultur werden unter dem Begriff „Vaterland" an der Figur Faust verhandelt, wobei Brüche und Ambivalenzen nationaler Identifizierung aufgezeigt werden. Obwohl Faust sich wünscht, der Teufel solle Hitler holen, empfindet er Mitleid bei der Vernichtung der „Nacis" (*IuI*, 214). Fausts Identifikation mit dem „deutschen Vaterland" wird als destruktiv entlarvt: „[L]asst mich sterben, mich den ‚deutschen' Dichtersohn mit meines deutschen Vaterlandes Sohn [Hitler] mit meinem Volk zusammen!" (*IuI*, 221; Anm. d. Verf.) Die Verantwortung für die nationalsozialistischen Verbrechen wird dem „deutschen Volk" zugesprochen: „Indes gebar den irren Erdensohn – ein Volk im Lustmord [...]." (*IuI*, 215) Es erfolgt keine alternative nationale Sinnstiftung im Sinne eines ‚anderen Deutschland'. Stattdessen wird einem nationalen Heimat-Begriff und der Dichotomie „Exil" versus „Heimat" die Vorstellung der einzig möglichen Heimkehr auf schöpfungsgeschichtlicher, jüdisch-messianischer, universalistischer Ebene entgegengesetzt: lebenslanges Exil und Ewigkeit als Erlösung.

Eine Analyse aus gendertheoretischer Perspektive zeigt auf der Figurenebene, dass konventionelle Geschlechterbilder z.T. übernommen (z.B. die jüdische und christliche Interpretation von Eva als Initiatorin des Sündenfalls), z.T. aber auch aufgebrochen werden (z.B. die Spaltung der Dichterin in Faust und Mephisto).

Des Weiteren erweist sich der Zugang auf der Ebene der Autorschaft als ergiebig. *IchundIch* ist eine der wenigen Adaptionen und Parodien des Faust-Stoffs durch eine Autorin. Lasker-Schüler zitiert die in ihrem Werk mehrfach behauptete weibliche Genealogie ihrer Autorinnenschaft, indem explizit die Mutter der Dichterin, die „Goethehochverehrerin", als Patin der Ich-Spaltung genannt wird (*IuI*, 188). Ebenso findet sich der Verweis auf Lasker-Schülers poetologische Ich-Figuration „Prinz Jussuf". Die Anrede als „prinzliche Dichterin" (*IuI*, 230) wird im Drama dem Vorbild des Adam Kadmon (*IuI*, 190, 353) zugeordnet, dem ersten Menschen, der nach kabbalistischer Lehre weibliche und männliche Anteile vereint.

Ein Akt performativer Einschreibung in die Tradition findet statt, indem die Figur der Dichterin, die nicht klar von der Person Lasker-Schülers getrennt ist, mit der Figur Faust/Goethe gleichgestellt wird. Die Werke Lasker-Schülers (z.B. das Gedicht *Weltende*) werden auf der gleichen Ebene wie die Werke Goethes (z.B. *Wanderers Nachtlied*) zitiert, wobei Faust/Goethe umgekehrt zum Exildichter avanciert. Durch diese Parallelisierung wird der Anspruch auf einen ebenbürtigen Platz in der deutsch-jüdischen Tradition erhoben und mit avantgardistischem Gestus performativ im eigenen Text verwirklicht.

Exil und Erinnerung
IchundIch erscheint in seiner Eigenschaft als explizit intertextuelles Drama als geradezu paradigmatisches Beispiel eines exilliterarischen Textes, der als kollektives Gedächtnismedium deutsch-jüdischer Existenz, Literatur und Tradition fungiert. Die textinternen Verweise auf den Inszenierungscharakter und die textuelle Gemachtheit markieren ein Bewusstsein der Autorin für das Erinnerungs- und Bewahrungspotential des Stücks. So werden die Adaption und Parodie des Faust-Stoffs, Zitate des Werks und der Biografie Goethes, Zitate aus Lasker-Schülers eigenem Werk und ihrer Poetologie, deutschsprachige Volks- und Trinklieder, zeithistorische Ereignisse und Personen, Elemente jüdischer und christlicher Traditionen, Verweise auf die Emanzipationsgeschichte der deutschen Juden und Jüdinnen (Napoleon-, Goethe- und Heineverehrung) in einem – im Text markier-

ten – konkreten historisch-biografischen Moment des Exils miteinander in produktiven Zusammenhang gebracht. Dieses System von Zitatkombinationen hat Gesa Dane in den Kontext jüdischer Gedächtnis- und Erinnerungsdiskurse eingeordnet und als rabbinisches Schreibverfahren analysiert, das die Gegenwart im Kontext biblisch und literarisch vermittelter Erinnerungen deutet (vgl. Dane 1994, 62f.). Krauß interpretiert den im Drama genannten Begriff „Fuge" (*IuI*, 226; abgeleitet von *fuga*, lat. ‚Flucht') als „metaphorischen Transfer lebensgeschichtlicher Vertreibung in eine ästhetische Kompositionstechnik" (Krauß 2002, S. 275).

In Lasker-Schülers *IchundIch* lassen sich zwar Merkmale eines Modus exilierten Schreibens feststellen, gleichzeitig können diese nicht allein der Exilsituation zugeschrieben werden. So wird die Auflösung der Zeit- und Raumstrukturen gerade nicht als Merkmal des Exils, sondern der messianischen Zeit der Erlösung präsentiert (*IuI*, 212). Die Verbindung von Ficta und Facta, in der Rahmenhandlung als Opposition von Dichten und Berichten verhandelt (*IuI*, 188 f. u. 232 f.), ist in Lasker-Schülers Gesamtwerk ein Merkmal avantgardistischen Schreibens, somit auch des avantgardistischen Schreibens im Exil.

Die Rezeptionsgeschichte von *IchundIch* ist eng verbunden mit der innerdeutschen Auseinandersetzung mit der NS-Zeit bzw. ihrer Verdrängung. In der DDR fand keine Rezeption von *IchundIch* statt, da erst 1988 eine Teilausgabe der Werke Lasker-Schülers erschien, herausgegeben von Silvia Schlenstedt.

In der Bundesrepublik wurde die Veröffentlichung zunächst von Freunden zur Wahrung eines „unzerstörten Bildes" der Autorin beim katholischen Kösel-Verlag unterdrückt. Damit sollte der ahistorische Mythos einer unpolitischen Dichterin der Versöhnung von Judentum und Christentum durchgesetzt werden (vgl. Hessing 1993; Krauß 2002, S. 20). Nach der Teilpublikation 1960/61 entfaltete sich eine Kontroverse über die Legitimität des Vorgehens, die eher der innerdeutschen Diskussion diente (vgl. Hessing 1993, S. 56). Die unautorisierten szenischen Lesungen 1961 instrumentalisierten das Stück in politischer Absicht, um auf die Kontinuität nationalsozialistischer und militaristischer Strukturen in der Bundesrepublik hinzuweisen, griffen dabei jedoch grundlegend in den Text ein. Neben der Wertschätzung als wichtige dichterische Anklage gegen „die Naziherrschaft" in deutscher Sprache (Hans Rudolf Hilty in der *Neuen Zürcher Zeitung*, 7. Februar 1960), avancierte der Dramentitel zum psychologischen Gemeinplatz, der die Thematik der Ich-Spaltung als Ausdruck einer psychischen Störung der (exilierten) Autorin versteht (vgl. Bodenheimer 2009, S. 92). Systematische Forschung setzte erst in den 1990er Jahren ein. Noch die Leseausgabe 2009 fordert, „eines der wichtigsten deutsch-sprachigen Stücke seiner Zeit" endlich „als Resultat bewusster literarischer und politischer Setzungen seiner Autorin" anzuerkennen (Vennemann 2009, S. 99).

An der Rezeption von *IchundIch* zeigt sich exemplarisch, wie die politische, herrschaftskritische und avantgardistische Seite von Lasker-Schülers Schreiben nach 1945 unterdrückt wurde, indem man der Autorin intellektuelles Potential absprach.

Fazit

Lasker-Schülers Drama *IchundIch* verbindet ein historisch-biografisch markiertes Exil mit jüdisch-mystischen Vorstellungen im Sinne der Kabbala. Durch die Überwindung des Bösen kann der gottferne Zustand des Exils in der Ewigkeit erlöst werden.

Die komplexe Anlage und überdeterminierte Intertextualität des Dramas lässt sich mit transkulturalistischen, postkolonialen und genderorientierten Forschungsansätzen besonders ergiebig untersuchen. Es konnte gezeigt werden, dass Lasker-Schüler mit ihrem Schreibverfahren Vereindeutigungen und Totalisierungen widersteht und essentialistische Konstruktionen von Identität, Gender, Nation und Kultur destabilisiert. Unterschiedliche Traditionsbestände werden in *IchundIch* mithilfe jüdischer Erinnerungstechniken dehierarchisiert und produktiv in Verbindung gebracht.

Nach der langen Ignoranz dem Drama gegenüber sollte es kanonisiert werden als eine der wenigen Faustbearbeitungen durch eine Autorin, als Umdeutung des Faust-Mythos aus jüdisch-mystischer Sicht, prägnantes Beispiel avantgardistischen Schreibens im Exil, radikale Auseinandersetzung mit dem Nationalsozialismus sowie als Werk der deutschen und deutsch-jüdischen Kulturen und Traditionen. Dadurch könnte Lasker-Schülers Ruf als politisch reflektierende Autorin etabliert und für ihr weiteres Werk fruchtbar gemacht werden. Die Untersuchung des Stücks unter Einbeziehung neuester kulturwissenschaftlicher Theoriebildung kann zur Reevaluierung des Verhältnisses von Avantgarde und Exil beitragen.

Birgit M. Körner

Literatur

(*IuI*) Lasker-Schüler, Else: „IchundIch". In: *Werke und Briefe. Kritische Ausgabe.* Hg. v. Norbert Oellers, Heinz Rölleke u. Itta Shedletzky, Bd. 2. Dramen. Bearb. v. Georg-Michael Schulz. Frankfurt a. M. 1997 (S. 183–235: Text, S. 314–360: Anmerkungen).

Bodenheimer, Alfred: „Faust in Jerusalem. Deutsche Kultur und Unkultur in Else Lasker-Schülers Drama ‚IchundIch'". In: *Rück-Blick auf Deutschland. Ansichten hebräischsprachiger Autoren.* Hg. v. Anat Feinberg. München 2009, S. 92–101.

Dane, Gesa: „Die Dichterin als Rabbinerin. Geschichte und Erinnerung in Else Lasker-Schülers ‚IchundIch'". In: *Else Lasker Schüler*. Hg. v. Heinz Ludwig Arnold. München 1994 (Text + Kritik 122), S. 55–64.
Fraiman-Morris, Sarah: „Faust, Mephisto, and God in Else Lasker-Schüler's ‚IchundIch'". In: *Seminar. A Journal of Germanic Studies* 43 (2007) H. 3, S. 337–350.
Hallensleben, Markus: „Avantgarde und Exil: ‚IchundIch'". In: Ders.: *Else Lasker-Schüler. Avantgardismus und Kunstinszenierung*. Tübingen 2000, S. 261–290.
Hessing, Jacob: *Die Heimkehr einer jüdischen Emigrantin. Else Lasker-Schülers mythisierende Rezeption 1945–1971*. Tübingen 1993.
Jones, Calvin: „The Play's the Thing: Subject, Author, and History as Drama in ‚IchundIch'". In: *Else Lasker-Schüler. Ansichten und Perspektiven*. Hg. v. Ernst Schürer u. Sonja Hedgepeth. Tübingen 1999, S. 169–184.
Krauß, Andrea: *Zerbrechende Tradierungen. Zu Kontexten des Schauspiels „IchundIch" von Else Lasker-Schüler*. Wien 2002.
Lasker-Schüler, Else: *Werke und Briefe. Kritische Ausgabe*. Hg. v. Norbert Oellers, Heinz Rölleke, Itta Shedletzky u. Andreas B. Kilcher, Bd. 10. Briefe 1937–1940. Bearb. v. Karl Jürgen Skrodzki u. Andreas B. Kilcher. Frankfurt a. M. 2009.
Vennemann, Kevin: „Nachwort". In: Else Lasker-Schüler: *IchundIch*. Hrsg. v. Karl Jürgen u. Kevin Vennemann Frankfurt a. M. 2009, S. 93–99.

Michael Lentz: *Pazifik Exil* (2007)

Michael Lentz *15. 5. 1964 Düren.

Inhalt

In einer Folge lose aneinandergereihter Episoden, die den Roman formal in drei Teile gliedern, wirft *Pazifik Exil* Schlaglichter auf Flucht, Leben und Sterben deutscher Schriftsteller und Künstler rund um das kalifornische Exil von 1933 bis in die 50er Jahre. Den Rahmen des Textes bilden der Prolog „Auszug" und das Schlusskapitel „Die Bienen", die der Entstehungsgeschichte und dem Verschwinden eines Bienenvolkes gewidmet sind. Durch diesen Rekurs auf das 15. Buch der *Metamorphosen* Ovids werden die einzelnen Szenen des Romans gleichermaßen in einen überzeitlichen Kontext von Exil und Verbannung gestellt wie in eine mythische Tradition eingeschrieben, indem auf vielfältige Art am Mythos gearbeitet wird. Darüber hinaus kann die Rahmung auch als poetologische Reflexion über den existentiellen Gehalt von Literatur und Geistesgeschichte für die Befruchtung des menschlichen Geistes und nicht zuletzt den Fortbestand der Menschheit verstanden werden. Die geschilderten Einzelepisoden des Romans hingegen kreisen um das alltägliche Leben der Exilkolonie rund um Pacific Palisades – die Suche nach einem Selbstverständnis in der Fremde, persönliche Befindlichkeiten, das Bemühen um gesellschaftliche und literarische Anerkennung ebenso wie die neurotischen Kämpfe von Künstlern und „Vertreter[n] der ‚Höhenkammliteratur'" (Maurach 2010, S. 9) mit- und gegeneinander. Das weltpolitische Geschehen wird dabei allenfalls medial vermittelt über die Zeitungslektüre eingespielt und somit weitgehend ausgeblendet, wodurch der Fokus bewusst auf subjektive Erfahrungen, Erlebnisse und Reflexionen gerichtet ist, denn „[j]eder Ort ist ein Ort des Geschehens. Es kann nicht alles besprochen werden" (*PE*, 171). In einem Wechselspiel von inneren Monologen und dialogischen Szenen kommen u.a. Bertolt Brecht, Hanns Eisler, die Schönbergs, die Feuchtwangers, Franz Werfel und Alma Mahler-Werfel sowie Heinrich, Nelly, Golo und Thomas Mann zu Wort und erzählen multiperspektivisch von der Tragikomik des Exils: „Das Exil ist in Lentz' Perspektive bei allem Tragischen und Hochkulturellen mindestens ebenso sehr eine tragikomische Veranstaltung, ein unfreiwilliges Konzil alter, eitler Männer, die die Verbannung nach Amerika schlichtweg als narzisstische Kränkung erleben." (Bartmann 2007)

Analysen

Narrationen des Exils
Michael Lentz erhielt im Jahr 2001 ein Aufenthaltsstipendium der *Villa Aurora*, die heute als Künstlerresidenz genutzt wird und zur Förderung des deutschamerikanischen Kulturaustauschs dient. Er verbrachte daraufhin einige Monate in dem ehemaligen Wohnhaus von Lion und Marta Feuchtwanger in Pacific Palisades, Kalifornien, und führte dort u.a. Interviews mit Konrad Kellen (Konrad Katzenellenbogen), dem ehemaligen Privatsekretär Thomas Manns während der Entstehungszeit der *Joseph*-Tetralogie. Weitere Orientierungspunkte für seinen Roman fand Lentz in Tagebucheinträgen, Briefen und Aufzeichnungen in Arbeitsjournalen. Gleichberechtigt mit diesen historischen Dokumenten werden auch immer wieder literarische Zeugnisse in den Text eingewoben. Die Ununterscheidbarkeit des Materials ist dabei geradezu konstitutiv für die Verfahrensweise des Romans: „Lentz's depiction of historical figures whose lives and works are exceedingly well documented blends reality and invention in a way that discourages any attempts at distinguishing the two." (Gerstenberger 2010, S. 243)

Wie bereits anhand des Publikationsjahres 2007 ersichtlich ist, nimmt *Pazifik Exil* eine Sonderstellung in der Betrachtung von Exilliteratur ein, da der Roman eine Auseinandersetzung mit der *Rezeption* des Exils sowie einer Vielzahl der prominentesten emigrierten deutschen Exilliteraten der Weimarer Republik aus der

Retrospektive der Gegenwartsliteratur repräsentiert. Sowohl diese historische Distanz als auch den Montagecharakter des Textes markiert Lentz immer wieder deutlich durch verschiedene narrative Strategien. *Pazifik Exil* soll nicht ungebrochen in der Tradition des modernen historischen Romans des 20. Jahrhunderts gelesen werden, dem sich eine Vielzahl von Lentz' Protagonisten wie Franz Werfel, Heinrich Mann oder Lion Feuchtwanger noch als der paradigmatischen literarischen Darstellungsweise gegenwärtiger Problemfelder und des „zeitgenössische[n] Lebensgefühl[s]" in „historische[r] Einkleidung" verschrieben hatte (Feuchtwanger 1956, S. 509). Vielmehr wird diese Gattungstradition in der Gegenwart des 21. Jahrhunderts subversiv aufgebrochen. Dies liegt in erster Linie im episodenhaften Erzählen begründet, das lediglich fragmentarisch Reflexionen und zumeist alltägliche Situationen herausgreift und literarisch inszeniert. Mit diesem Vorgehen wird zweierlei erreicht: Zum einen wird gegen eine statische, universalistische Darstellung und Deutung der Welt angeschrieben, die spätestens mit den Pluralisierungs- und Ausdifferenzierungstendenzen des 20. Jahrhunderts ohnehin nicht mehr zu leisten ist: „Man nimmt sich immer vor, die Vergangenheit zu Ende zu denken. Und immer kommt etwas dazwischen, das stört, das einen davon abhält, lallt Brecht" (*PE*, 167). Da seine Figuren nicht nur über die Perspektivität von Erinnerungen reflektieren, sondern auch gegen die bei der Tradierung immer wirksamen diskursiven Machtmechanismen angeschrieben wird, praktiziert Lentz zum anderen auch eine Dekonstruktion der traditionellen (Literatur-)Geschichtsschreibung: „Wem kann man da noch trauen, fragt er sich. Geschichte ist Geschichte, und jeder hat seine eigene Version von ihr" (*PE*, 49). Indem gerade vom literarhistorischen Diskurs ausgeschlossene, scheinbar beiläufige und banale Sequenzen und Episoden individueller Lebensgeschichten und -auffassungen im Exil anstelle der vermeintlich großen Zusammenhänge der Geschichte erzählt werden, stellt der Roman Lesarten historischer Konstellationen aus der Perspektive der Gegenwart zur Disposition und Deutungshoheiten infrage: „In Lentz's case, fictionalization not only means a re-interpretation of exile itself, but it also suggests the need to revisit its reception in post-war Germany and until today." (Gerstenberger 2010, S. 252) Insofern lässt sich *Pazifik Exil* unter das Genre der postmodernen *historiographic metafiction* (vgl. Hutcheon 1988; Nünning 1995) subsumieren, das „Probleme und Aporien der Geschichtsschreibung" (Nünning 2002, S. 548) thematisiert und reflektiert. Zugleich wird so eine ‚Entromantisierung' von Exiltopoi und deren Stilisierung betrieben, indem *Pazifik Exil* auch ein Spezifikum der Exilsituation in Los Angeles vorführt, von dem Konrad Katzenellenbogen Michael Lentz berichtete:

> Es gab manchmal die komische Situation während dieser Exilzeit, dass man sich dabei ertappte, dass man diesen Weltkrieg, der ja hier noch nicht war, vergessen hatte. Man redete nicht darüber, und es fiel einem plötzlich jäh ein, dass das akut ist, bedrohlich, nur nicht

hier, wo wir über Schweinebraten saßen, wie wir in Berlin über Schweinebraten saßen, und uns plötzlich betreten die Situation anfiel, dass diese oder jene Nachricht in der Zeitung stand und dass möglicherweise für einen Freund oder Angehörigen alles zu spät ist. (Lovenberg/Lentz 2007)

Theoretische Perspektivierungen
Doch nicht nur der Exilbegriff selbst, sondern auch die untrennbar mit dem Exil verbundene Frage nach den Möglichkeiten und Grenzen des Fortbestands einer wie auch immer gearteten nationalen Identität und Kultur wird in *Pazifik Exil* verhandelt und zugleich verabschiedet: „Lentz's novel challenges the idea of the writer as a representative of national culture, suggesting that this model has become obsolete with the exile of the 1940s" (Gerstenberger 2010, S. 244). Hierfür bietet sich das historische Figurenpersonal des Romans geradezu paradigmatisch an, verkörpern diese Künstler und Autoren doch sowohl in ihren überlieferten Selbstbildern als auch in literarhistorischen Zuschreibungen *die* Repräsentanten einer traditionsreichen elitären deutschen Hochkultur, weshalb die deutsch-kalifornische Exilkolonie oftmals als „New Weimar" (Gumprecht 1998) bezeichnet worden ist. Diese Analogie drängt sich förmlich auf wegen der stetig wachsenden Anzahl von Vertretern des deutschen Geisteslebens im Südkalifornien der 1940er Jahre, die Los Angeles geradezu zu einem Zentrum der geistigen Verdichtung zu machen schienen. Dementsprechend notierte der ebenfalls in Los Angeles ansässige Ludwig Marcuse: „Ich dachte kaum daran, daß es hier auch Amerikaner gab, hier saß ich mitten in der Weimarer Republik." (zit. n. Gumprecht 1998, S. 7) Doch gegen diese geradezu mythische Überhöhung der Pacific-Palisades-Kolonie als einer funktionierenden Künstlerenklave deutscher Hochkultur schreibt Lentz an, indem er die in Los Angeles gestrandeten Autoren als eine kontingent zusammengewürfelte und zunehmend desorientierte Schicksalsgemeinschaft beschreibt. Diese Gemeinschaft sitzt auf der Überfahrt nach Amerika zwar, rein topologisch gesehen, ‚in einem Boot'; der Versuch, in dieser existentiell bedrohlichen Situation als novellistische Rahmengesellschaft (*PE*, 124) aufzutreten, ist allerdings zum Scheitern verurteilt. Somit bleibt auch das damit verbundene Konzept von Sinn- und Identitätsstiftung eine Leerstelle. Der Höhenflug dieser disparaten Formation im Exil ist daher buchstäblich in Auflösung begriffen und muss zwangsläufig misslingen:

> [Lion Feuchtwanger] stellt sich vor, gemeinsam mit Brecht, Döblin, Eisler, den Manns und Werfels, den Schönbergs und all den anderen am Himmel zu fliegen wie die Gänse, Brecht und Thomas Mann streiten andauernd über die Führungsarbeit, Brecht gibt dann klein bei, gesellt sich ans Ende der Formation, Thomas Mann verliert nach Stunden die Orientierung, Brecht wundert sich gar nicht, die Gruppe beschließt, keinem der beiden zu folgen, Thomas Mann fliegt zurück, Brecht weiter geradeaus, Heinrich Mann wird Präsident. (*PE*, 432)

Der Mangel an Aufmerksamkeit und künstlerischer Anerkennung in Amerika, das sich „nach wie vor eine unbegreifliche Gleichgültigkeit gegenüber seinen so berühmten Gästen von damals [leistet]" (Gumprecht 1998, S. 142), ebenso wie „the exile writers' inability to relate to and to understand American culture" (Gerstenberger 2010, S. 254) führen dazu, dass ein wechselseitiger interkultureller Dialog bzw. ein fruchtbarer Kulturtransfer scheitern muss, denn die Autoren „überschätzen sich selbst und unterschätzen Amerika" (Maurach 2010, S. 9). Die Komplexitätssteigerung der Lebenswelt aufgrund der Flucht und der damit einhergehenden Konfrontation mit einem anderen Kultur- und Wertesystem, etwa dem prospektiven und pragmatischen amerikanischen Kulturoptimismus im Kontrast zum retrospektiven europäischen Kulturpessimismus (*PE*, 319–329), hat daher auch keinen produktiven Umgang mit den kulturellen Differenzen zur Folge, sondern dokumentiert sich in *Pazifik Exil* u.a. in der Reproduktion von Stereotypen durch die exilierten Literaten. So laufen im fremden Land nicht nur bislang gültige kulturhermeneutische Deutungsmuster zunehmend ins Leere, auch das Festhalten an geläufigen Normen- und Wertesystemen entwickelt sich immer mehr zu einem Anachronismus, wodurch die Verunsicherung und Orientierungslosigkeit der Autoren und Künstler stetig wächst und, damit einhergehend, auch ihre Kreativität zunehmend zu einem existentiellen Ringen wird:

> Er versucht, sich das Betrachten der Dinge so einzurichten, dass alles sofort zu einem Gedicht werden könnte. Wie schaut man die Dinge am besten an, damit sie Wörter werden können? Man nähert sich ihnen am besten ganz vorurteilsfrei. Das ist hier in Santa Monica aber nicht so einfach, stellt Brecht fest. (*PE*, 298)

Die Episoden des Textes führen den zunehmenden Zerfall eines sinnstiftenden Koordinatensystems einer ganzen Autorengeneration – eben jenes mythischen Bienenvolkes – im Exil vor, das zu gleichen Teilen aus der Hybris eines übersteigerten Selbstbildes wie aus der nicht zu bewältigenden Fremdheitserfahrung resultiert. Durch die irreversible Verabschiedung von Konzepten wie dem einer ‚deutschen Hochkultur' und, damit verbunden, von ‚großen Nationalschriftstellern' gipfelt dieser Prozess schließlich im Verlust von individueller wie kollektiver Identität: „Heimat? Ende der Nationen, Auflösung ins Planetarische, das ist es, was bevorsteht. Und ich selbst? Ich habe kein ‚ich selbst'." (*PE*, 338; vgl. auch Gerstenberger 2010, S. 253)

Aufgrund der Wahl der kanonischen Autorenperspektiven zur Schilderung dieser Auflösungsprozesse fokussiert der Roman konsequenterweise den männlichen Blick auf das Exil. Die Frauen der Autoren spielen – nicht zuletzt in der Wahrnehmung ihrer Männer – mit wenigen Ausnahmen zumeist eine lediglich marginale Rolle oder dienen als Projektionsfläche. Dieses Erzählmuster wird gegen Ende des Textes allerdings durchbrochen, indem das letzte Kapitel „Die Bienen", das nicht nur den Bogen zum Prolog und zum Mythos der *Metamorphosen* Ovids schlägt, sondern auch als eine Art Resümee der Exilerfahrungen der Pacific-Palisades-Kolonie gelesen werden kann, signifikanterweise aus der Perspektive von Katia Mann erzählt wird, deren Autobiografie den paradigmatischen Titel *Meine ungeschriebenen Memoiren* trägt. Somit leistet *Pazifik Exil* nicht zuletzt auch einen literarischen Beitrag zu einer Revision des traditionellen Kanons der Exilliteratur und -literaten. Der Roman nimmt eine Neubewertung der oftmals marginalisierten weiblichen Stimme vor, indem diese dem Diskurs an prominenter Stelle eingeschrieben und das Schlusswort des Textes ausgerechnet aus der Perspektive der Frau gesprochen wird, die am meisten in den Schatten ihres übermächtigen Ehemannes gedrängt ist:

> Das liest sich, schreibt Katia, wie die Ausschaltung einer ganzen Nation, von der Machtergreifung bis zu Krieg und Zerstörung. Das, was schon innen ist, das Verborgene, infiltriert die nächste Umgebung und breitet sich immer weiter aus. Ausschaltung, Verdrängung. Und Exil. (*PE*, 459)

Exil und Erinnerung
Lentz montiert zahlreiche historische Quellen, Tagebucheinträge und literarische Zeugnisse der Exilschriftsteller ebenso wie literarische Prätexte in seinen Text ein, was ihm in den Feuilletons das Label „Remixer der deutschen Emigrantenschicksale" (Bartmann 2007) eingebracht hat. Bedingt durch diese Erzählweise entsteht ein dichtes intertextuelles Verweisgeflecht von Ovid über Schiller und Kafka bis hin zu den Texten der Exilautoren selbst. Diese Aufhebung der Diachronie inszeniert eine Gleichzeitigkeit des Ungleichzeitigen, die auf eine Überzeitlichkeit bzw. ständige Aktualität des Exils verweist – ein Sachverhalt, der durch das Ineinanderblenden von Ende und Anfang noch unterstrichen wird. *Pazifik Exil* greift so auf Inhalte des kulturellen Gedächtnisses zurück und schreibt sie gleichzeitig fort: „Genau das bewirkt das Gedicht: Es hält die Erinnerung fest und gleichzeitig den Willkürakt. Beide lässt es nacherfahrbar werden. Schrift meißelt die Erinnerung ein, anstatt sie auszumerzen." (*PE*, 140) Durch die Neukontextualisierung der Prätexte wird aber auch eine Relektüre der einmontierten Exiltexte vorgenommen, indem fixierte Deutungen im literaturwissenschaftlichen Diskurs aufgebrochen und den Autoren der Texte während des Produktionsprozesses fiktionale Stimmen verliehen werden. Dadurch wird auf einer Metaebene nicht zuletzt auch eine Reflexion über den Prozess des Schreibens selbst angestoßen (z. B. *PE*, 139f., 163).

Durch das stete Ineinandergreifen von Ficta und Facta, das Lentz durch seine Schreibweise praktiziert, findet gleichzeitig eine Dynamisierung von Geschichte statt, indem auch die in das kulturelle Gedächtnis eingespeisten Erinnerungen an die Exilsituation am Pazifik als Fiktion enttarnt werden: „Es arbeitet lange im Material der Geschichte. Risse tun sich auf. Alles Fiktion. Die größte Fiktion ist die Annahme, dass es Geschichte überhaupt gibt. Es gibt Geschichte nur in den Büchern." (*PE*, 86) Indem sich ,die' Geschichte des Exils – wie Lentz in seinem Geschichten- wie Geschichtsbuch demonstriert – nur aus einem Kaleidoskop individueller Geschichten zusammensetzen kann, leistet er mit seiner Montagetätigkeit „synthetisierende Erinnerungsarbeit" (Maurach 2010, S. 10). *Pazifik Exil* betont durch die Art und Weise des Arrangements des Materials sowie den sprachexperimentellen Stil seinen eigenen Konstruktcharakter und negiert somit zugleich jeglichen Anspruch einer vermeintlich authentischen Abbildung der kalifornischen Exilzeit. Dies ist insofern von besonderer Bedeutung, da gerade der „gründlich erforschte Zeitraum des kalifornischen Exils" als ein Kapitel der Literaturgeschichte gilt, dem vermeintlich „wenig hinzuzufügen" ist (Bartmann 2007). Lentz' Roman macht einen Gegenentwurf zu diesem Modell auf und stellt gleichzeitig den hochreflexiven Umgang mit seinem eigenen Potential als Speicher- und Stiftungsmedium von Erinnerungen aus. Denn letztlich fungiert der Roman auch dezidiert als ein Erinnerungsbuch, das den subjektiven Erfahrungen sowie der Angst der Protagonisten vor ihrem Vergessen-Werden Ausdruck verleiht und ihre Stimmen und Texte im Medium der Schrift archiviert:

> Die Erinnerungen drängen sich auf, sie branden an, und man hat Sorge, dass die Dämme brechen. Nichts aus unseren Erinnerungen finden wir in der Realität wieder. Dort erscheint uns alles ausgetauscht, neu besetzt. Wir sind halt aus einer anderen Zeit, müssen wir uns eingestehen [...], nichts deutet darauf hin, dass es uns gegeben hat. (*PE*, 449)

Fazit

Pazifik Exil lässt sich nicht nur fraglos in den exilliterarischen Diskurs einreihen, sondern leistet darüber hinaus einen wichtigen literarischen Beitrag zur Auseinandersetzung mit der Frage nach der zeitgenössischen Rezeption von Exilliteratur und -literaten aus der Perspektive der Gegenwart, indem Lentz als Vertreter der zweiten Autorengeneration nach der Katastrophe des Holocausts mit *Pazifik Exil* eine ebenso unterhaltsame wie reflektierte und nicht zuletzt auch liebevolle Auseinandersetzung mit der Literaturhistorie leistet. Der Roman bricht Festschreibungen auf und nimmt ein höchst lesenswertes Plädoyer für die Dynamisierung der Geschichtsschreibung vor. Darüber hinaus demontiert er das mythische Selbst- wie Fremdbild prominenter Vertreter einer Nationalliteratur und verabschiedet das Konzept einer ästhetischen Hochkultur gleich mit. In einer bewusst inszenierten Parallelität von Form und Inhalt wird das Augenmerk vielmehr auf die Ausdifferenzierungs- und Auflösungsprozesse in einer sich auch durch das Exil globalisierten Welt gerichtet, an deren Herausforderungen die exilierte Autorengeneration selbst weitgehend gescheitert ist.

Agnes Bidmon

Literatur

(PE) Lentz, Michael: *Pazifik Exil*. Frankfurt a. M. 2007.

Bartmann, Christoph: „Geige aus Stein". 2007 (http://www.sueddeutsche.de/kultur/michael-lentz-pazifik-exil-geige-aus-stein-1.888153–2, Stand: 20. 2. 2013).
Feuchtwanger, Lion: „Vom Sinn und Unsinn des historischen Romans". In: *Centum Opuscula.* Hg. v. Wolfgang Berndt. Rudolstadt 1956, S. 508–515 (erstmals veröffentlicht in: *Internationale Literatur 9* (1935), S. 19–23).
Gerstenberger, Katharina: „Culture and Nation. Michael Lentz's ‚Pazifik Exil', Günter Grass's ‚Das Treffen in Teigte', and Christoph Ransmayr's ‚Die letzte Welt'". In: *Gegenwartsliteratur. Ein germanistisches Jahrbuch. A German Studies Yearbook 9* (2010), S. 243–262.
Gumprecht, Holger: *„New Weimar" unter Palmen. Deutsche Schriftsteller im Exil in Los Angeles.* Berlin 1998.
Hutcheon, Linda: *A Poetics of Postmodernism: History, Theory, Fiction.* New York 1988.
Lovenberg, Felicitas von u. Michael Lentz: „Sonderbar, wie der Weltkrieg vergessen wurde. Michael Lentz im Interview". 2007 (http://www.faz.net/aktuell/feuilleton/buecher/michael-lentz-iminterview-sonderbar-wie-der-weltkrieg-vergessen-wurde-1491799.html, Stand: 20. 2. 2013).
Mann, Katia: *Meine ungeschriebenen Memoiren.* Frankfurt a. M. 1974.
Maurach, Martin: Art. „Michael Lentz". In: *Kritisches Lexikon zur deutschsprachigen Gegenwartsliteratur*. Hg. v. Heinz Ludwig Arnold. München 2010 (http://www.munzinger.de/document/16000000657, Stand: 27. 2. 2013, abgerufen von Staatsbibliothek zu Berlin Preußischer Kulturbesitz).
Nünning, Ansgar: *Von historischer Fiktion zu historiographischer Metafiktion.* Trier 1995.
Nünning, Ansgar: „Von der fiktionalisierten Historie zur metahistoriographischen Fiktion. Bausteine für eine narratologische und funktionsgeschichtliche Theorie, Typologie und Geschichte des postmodernen historischen Romans". In: *Literatur und Geschichte. Ein Kompendium zu ihrem Verhältnis von der Aufklärung bis zur Gegenwart.* Hg. v. Daniel Fulda u. Silvia Verena Tschopp. Berlin 2002, S. 541–570.
Ovidius Naso, Publius: *Metamorphosen. Lateinisch-deutsch.* Hg. v. Niklas Holzberg u. Erich Rösch. Darmstadt 1996.

Erika Mann: *A Gang of Ten* (1942), deutsch: *Zehn jagen Mr. X* (1990)

Erika Mann *9. 11. 1905 München, †27. 8. 1969 Zürich. Stationen des Exils: 1933–1936 Schweiz, 1936–1952 USA (mehrfache Europareisen, Aufenthalte als Kriegsberichterstatterin in Europa, Afrika und Asien), ab 1952 Schweiz.

Inhalt

1942 in einer fiktiven Kleinstadt in Kalifornien: Um den Angestellten der Rüstungsfabrik das Arbeiten in drei Schichten zu erlauben, wird eine Internatsschule mit Namen New World gegründet, die demokratisch organisiert ist: „ein richtiger Kinderstaat, von Kindern organisiert, regiert und in Gang gehalten" (*MX*, 11). Sechs Kinder werden als Flüchtlinge aus den alliierten Ländern in die Schule aufgenommen. Am Beginn der Freundschaft zwischen der Erzählerin und Reporterin Depesche, den Emigrantenkindern sowie Chris, Betsy und Nelson, Schülern der New World, steht eine Einladung in Depesches Hotelzimmer, bei der ein Wettbewerb im Geschichtenerzählen stattfindet. Rombout (Niederlande), Iwan (Sowjetunion) und George (England) erzählen die Geschichte ihrer Reise in die Neue Welt. Die Erzählungen vom Krieg und der geglückten Flucht sind so wahr und traurig, dass die Kinder beschließen, gemeinsam mit ihren Mitteln etwas gegen den Krieg zu tun, wie Gummi zu sammeln und aus Kriegsmarken gebastelte Blumen zu verkaufen. Während diese Aktivitäten die Kinder immer mehr zusammenschweißen, wird Chris Zeuge eines Brandanschlags auf ein Marineboot, in dem Franz, ein deutscher Junge, gefunden und als Täter verdächtigt wird. Chris und der Schulleiter können das FBI von der Unschuld des Jungen überzeugen. Zur Bewährung bleibt der „feindliche Ausländer" im Internat und wird so ein Teil der Vereinten Kinder. Zufällig belauschen die Kinder Absprachen für einen Anschlag auf die neue Halle des Flugzeugwerks. Auf eigene Faust machen die Kinder die Täter dingfest. Der ‚feindliche Ausländer' Franz kann dabei in letzter Sekunde die Telefonbombe entschärfen. Der Präsident der Vereinigten Staaten schickt ein Telegramm, die Vereinten Kinder bekommen eine weltweit ausgestrahlte Radiosendung, und Franz und seine Eltern werden eingebürgert. Ein Happy End, für das auch die Verlobung der Reporterin mit ihrem Boss nicht fehlen darf!

Analysen

Narrationen des Exils

Das Kinderbuch *A Gang of Ten* schrieb Erika Mann während einer Pause zwischen den Lecture-Verpflichtungen, mit denen sie im amerikanischen Exil ihr Geld verdiente (vgl. Lühe 2009, S. 252). Die durch die direkte Ansprache als mündlich markierte Erzählung der Reporterin beginnt mit den programmatischen Worten: „Es war Frühlingsanfang 1942, ein paar Monate nach Pearl Harbor." (*MX*, 13) 1942 erschien das Buch bei L.B. Fischer in New York. Eine deutsche Übersetzung blieb unveröffentlicht; noch während des Krieges erschienen aber schwedische, argentinische, britische und finnische Ausgaben. Dieser für das Exil also ungewöhnlich weit verbreitete kinderliterarische Text nimmt seinen Ausgangspunkt bei den Erzählungen von Kindern, die vor dem Krieg ins amerikanische Exil gerettet werden konnten. Die Geschichte entsteht vor dem Hintergrund realer Exilbedingungen (Kindertransporte, Versenkung des Passagierschiffes *City of Benares* im September 1940, Kriegssabotage durch Deutsche). Erika Mann knüpft sowohl an das Muster der Detektivgeschichte (*Emil und die Detektive*) als auch an Bandengeschichten der Jugendliteratur an. Sie finden sich in der Kinder- und Jugendliteratur des Exils recht häufig (vgl. Richard Plant u. Oskar Seidlin: *S.O.S. Geneva*; Alex Wedding: *Das Eismeer ruft*; Kurt Held: *Die rote Zora und ihre Bande*). Die Bezeichnung als „Vereinte Kinder" in einer Schule mit dem Namen „Neue Welt" ist aber nicht nur auf die aktuellen politischen Ereignisse (Vereinte Nationen) zu beziehen, vielmehr knüpft Erika Mann zugleich sehr geschickt an Diskurse über die Gründung der Vereinigten Staaten durch europäische Auswanderer an. Sie hat mit dieser Aktualisierung des modernen Mythos ‚Neue Welt' ihr amerikanisches Publikum genau im Blick. Nicht zuletzt diesem und der aktuellen politischen Lage sind die nationalstaatlichen Exil- und Heimatkonzeptionen geschuldet, die im Text vertreten werden.

Theoretische Perspektivierungen

Fragt man nach den kulturellen und nationalen Identitätskonstruktionen des Textes, erscheint der Blick auf das interkulturelle Potential des Plots lohnend. Nationalstaatliche Symbole durchziehen das Buch. Die Kinder der „Neuen Welt" nähen zum Beispiel alle Fahnen der Vereinten Nationen. Als die Emigranten aus dem Zug steigen, werden sie durch die Erzählerin im Rahmen nationaler Stereotype beschrieben: Die Französin Madeleine trägt eine Baskenmütze, der Russe Iwan ist groß und „sein Gesicht [...] war das eines jungen russischen Bauern" (*MX*, 25), der Niederländer trägt im Knopfloch ein orangefarbenes Band, die Farbe des niederländischen Königshauses, wie die Erzählerin erklärt. Die Autorin ruft diese Klischees sowohl in ihrer eigenen Figurenzeichnung als auch in der

Figurenrede selbst auf. Als Depesche zum Beispiel dem Engländer George bei der Einladung in ihr Hotelzimmer anbietet, einen Tee zu kochen, heißt es: „Das Wort ‚Tee' belebte George wie ein Zauber. ‚Echten Tee?' fragte er lebhaft. ‚Ich wusste nicht, dass ihr hier drüben echten Tee habt!'" (*MX*, 33) Zugleich können die Leser aber an einem Erkenntnisprozess teilnehmen, der die Kinder in ihrer Verschiedenheit zusammenwachsen und dabei die nationalen Stereotype in den Hintergrund treten lässt. Ähnlich wie George reagiert auch Chris. Als er aufgeregt von den neuen Kindern erzählt, stellt er stereotype Fragen: Ob das Chinesenmädchen wohl ganz verstümmelte Füße habe und es dem Russen hier nicht viel zu heiß sein werde. Als die Kinder dann ankommen, wird deutlich, dass Tschutschu keine verstümmelten Füße hat und keine exotische Kleidung trägt. Der Lernprozess der Kinder wird durch die Erzählerin begleitet, die betont, dass sie in einigen Sprachen mindestens ein paar Sätze und Wörter sprechen und verstehen kann. Ganz nebenbei flicht sie in ihre Erzählung Kommentare ein, wie den, dass Björn auf Norwegisch ‚Bär' heißt, also wohl aus Norwegen komme. Die Erfahrung, dass die nationalen Klischees aber nichts über den einzelnen Menschen aussagen können, machen die Kinder und die Erzählerin dann scheinbar nebenbei im Verlauf der Geschichte. Als Depesche das erste Mal von Franz hört, nennt sie ihn in Gedanken den „widerliche[n] kleine[n] Deutsche[n]" (*MX*, 80), muss dann aber schnell feststellen, dass er gar nicht teutonisch aussieht, sondern eher wie ein „hübsche[r] heimwehkranke[r] kleine[r] Spanier" (ebd.). Schon kurz darauf hat er all ihre Sympathien gewonnen. Erika Mann entwirft so eine doppelte Erzählstruktur und damit ein Szenario, durch das die Rezipienten mit den Figuren mitlernen können. Die Figuren der Erzählerin und der Kinder dienen dabei als sowohl erlebende als auch reflektierende Identifikationsfiguren für das amerikanische Publikum. Dass hier Lernprozesse zwischen den Kulturen und die Akkulturation (vgl. Becker/Krause 2010) der Emigrantenkinder an das Leben in den USA im Vordergrund stehen, macht Erika Mann nicht nur inhaltlich durch die Integration der Kinder in die „Neue Welt"-Schule, sondern auch anhand der Sprache deutlich. Die Kinder, die bei der Einladung in das Hotelzimmer der Journalistin schon „ganz amerikanisch" aussehen: „Keiner von ihnen wirkte ‚fremdartig' oder ‚auffällig'" (*MX*, 32), sprechen alle unterschiedlich gut Englisch. Tschutschu, die kulturell Fremdeste, spricht „sehr schön Englisch" (*MX*, 33), der Engländer George spricht sehr höflich und damit man das nicht als Arroganz missversteht, fügt die Erzählerin hinzu, dass es sich „etwas traurig an[hörte]" (*MX*, 32). Der Norweger Björn dagegen spricht ein ganz individuelles Englisch, das die Autorin bevorzugt dafür benutzt, poetisch konzentriert Gefühle zum Ausdruck zu bringen. In der Figurenrede Björns werden die wichtigsten Ereignisse sehr direkt und unverstellt kommentiert.

> „Das war ein unglaublich wundervoller Tag", sagte er, „und wir alle waren glücklicher, als es in meiner Sprache auszudrücken möglich ist. Zuerst erfolgte der schöne nützliche Sieg über unsere hassenswerten Feinde, und das war fürwahrlich ein wahrer Sieg der Vereinten Nationen, weil unser gutes Glück uns half, ihn zusammen zu erringen." (*MX*, 217)

Durch das bewusste Ausstellen der neu angeeigneten Sprache, in der noch keine korrekte Phraseologie benutzt werden kann, wird ein wahres Sprechen des Emigranten inszeniert. Jenseits verfestigter Sprachmuster scheint Björn so eine direkte Sprache ‚des Herzens' zu sprechen. Damit umgeht Mann hier die Gefahr allzu propagandistischer Äußerungen. Die Einfachheit kindlicher Figurenrede wird in der Kinder- und Jugendliteratur des Exils häufig in diesem Sinne genutzt (vgl. u. a. *Kind aller Länder* von Irmgard Keun). Dass Erika Mann hier zusätzlich den Erwerbsprozess der Fremdsprache im Exil thematisiert und vorführt, ist eine Besonderheit. Sprachen tragen in diesem Konzept nationale, politische und kulturelle Bedeutungen. So spricht Franz kein Deutsch mehr, solange die Nationalsozialisten nicht besiegt sind, obwohl er seine Muttersprache liebt. Als Iwan anfangs seine Geschichte erzählen soll, liest er einen Brief seines Vaters von der Front vor. Der Vater schreibt auf Englisch, „um dem amerikanischen Zensor die Arbeit zu erleichtern. Gut, dass ich Englisch kann, und noch besser, dass ich es Dir beizubringen versucht habe, als Du noch sehr klein warst. Weißt Du noch, wie Du dich dagegen wehrtest, alle diese fremden Wörter zu lernen?" (*MX*, 45 f.) Iwan kommentiert diese Briefstelle: „Ich begriff nicht warum; die Sprache passte irgendwie nicht in meinem Mund. Jetzt bin ich froh, dass er mich dazu gezwungen hat." (*MX*, 46) Sein Vater schreibt ihm in der Fremdsprache, die Unterschrift des Briefes ist aber russisch:

> Iwan sprach leiser. ‚Die Unterschrift ist russisch', sagte er. ‚Es ist komisch, aber sie gefällt mir am besten von dem ganzen Brief. Sie lautet: Ljubjaschtschij tebja otjetz.' Iwans Stimme klang ein wenig verschleiert, als er die russischen Worte sprach, ohne sie ins Englische zu übersetzen. Sie bedeuten: ‚In Liebe dein Vater', aber Iwan sagte das nicht. Er ließ sie einfach in der Luft schweben wie eine zärtliche Melodie. ‚Danke schön!' sagte er leise. Es war nicht ganz klar, ob er uns dafür dankte, dass wir ihm zugehört hatten, oder ob er seinem Vater an der Front für den englischen Brief mit der russischen Unterschrift dankte. (*MX*, 47)

Gerade auf den Eigenheiten der Sprachen und Menschen besteht Erika Mann in Gestalt ihrer Erzählerin. Das Fremde wird nicht aufgegeben, sondern bekommt seinen angemessenen Platz in einem neuen Dazwischen, das erst nach und nach in der gemeinsamen Aktion entsteht. Das ist die interkulturelle Botschaft dieses Textes, in dem kulturelle und nationale Identitätsentwürfe nicht infrage gestellt, sondern für ein Miteinander in gegenseitiger Achtung der Differenz in Verbindung gebracht werden.

Ähnliche Strukturen zeigen sich in der Genderperspektive. Zwar werden im Text Geschlechterklischees aufgerufen, so besteht Betsys Kriegshilfe zum Beispiel aus Babysitten, und das Happy End beschert der Erzählerin einen Heiratsantrag, bei dem deutlich wird, dass sie von nun an nicht mehr berufstätig sein wird. Trotzdem handelt es sich um eine berufstätige Erzählerin, und die Mädchenfiguren spielen in der Gang und bei der Jagd auf die Spione keine untergeordnete oder typisch weibliche Rolle. Die tradierten Geschlechterbilder werden benutzt und behutsam erweitert.

Als „schreibende Landnahme" kann man den Roman aus Autorinnenperspektive dennoch bezeichnen. Erika Mann hat das Exil als politische Notwendigkeit und als Anlass für literarische und publizistische Produktivität wie wohl kaum jemand anderes zu nutzen gewusst. Ihr Schreiben und Sprechen in den Jahren des Exils ist durch einen klaren Gegenstandsbezug und eine deutliche Rezeptionsorientierung gekennzeichnet, mit der sie ungemein erfolgreich war (vgl. Lühe 2009, S. 210). Nicht nur hat sie sich scheinbar mühelos in die neue Sprache gefunden, sondern auch den richtigen Ton für das amerikanische Publikum getroffen. Die kulturelle Übersetzungsarbeit, die sie damit leistet, reflektiert sie selbst in *Don't Make the Same Mistakes*. Die Akkulturations- und interkulturelle Vermittlungsleistung, die hinter Erika Manns umfangreichem Schreiben im Exil steht, wird unter der Prämisse eines autonomen Kunstwerkbegriffs nicht erkennbar, was die verspätete Editions- und Rezeptionsgeschichte deutlich zeigt.

Exil und Erinnerung
Erika Manns eingreifendes Schreiben nimmt seinen Ausgang von der Exilerfahrung, richtet den Blick aber nach vorn auf die gemeinsame Aufgabe. Das wird an der Konstruktion dieses Textes besonders deutlich. Auch wenn die Erzählerin zunächst eine Heldengeschichte ankündigt, bestimmen die Erzählungen der Kinder aus dem Krieg den ersten Teil des Romans und bilden den Ausgangspunkt für alle weiteren Ereignisse. Hier werden Geschichten erzählt, um Geschichte zu verändern. Der Schuldirektor spricht von einem Austausch der Gedanken zum gegenseitigen Verständnis. Rombout beginnt mit dem Geburtstag seiner Mutter, am 10. Mai 1940, den er nie vergessen wird, da an diesem Tag die deutschen Truppen die Niederlande überfallen. Er erzählt mit in die Weite gehendem Blick und immer wieder stockend von der Bombardierung Rotterdams, die er als unendlich lang empfand, die aber nur 30 Minuten dauerte, wie er selbst reflektierend bemerkt. Dass seine Mutter und sein kleiner Bruder dabei ums Leben kamen, kann er erst auf Nachfrage berichten. Die therapeutische Funktion des Erzählens und die psychischen Schwierigkeiten, die damit verbunden sind, macht Erika Mann in allen drei Fluchterzählungen sehr deutlich. Bei Iwan ist es der Brief des Vaters, den er so gut wie auswendig kann, der seine eigene, den Brief kommentierende Erzählung ermöglicht. Bei George, der als einer der wenigen die Versenkung des Passagierschiffes durch die Deutschen überlebt, ist es das Bild Winston Churchills,

das ihm die nötige Kraft zum Erzählen gibt. Die Erzählerin kommentiert eine Pause in seiner Erzählung von der Rettung: „George schien diesen entscheidenden Augenblick jetzt noch einmal zu durchleben, denn er sah ganz erleichtert aus, fast so, als sei er gerade eben in dieser Minute gerettet worden." (*MX*, 55) Als dann aber Chris in die Stille hinein fragt, ob dies das Ende der Geschichte sei, erklärt er: „Nein, eigentlich nicht. Meine eigene Geschichte ist noch nicht zu Ende, und auch die große Geschichte geht immer noch weiter." (*MX*, 56) Das erinnernde Erzählen dient hier dem Ankommen im Exil, das Rettung ist und damit zum Ausgangspunkt für politisches Handeln wird.

Damit ist die signifikante Verschiebung benannt, mit der sich Erika Mann hier des zyklisch novellistischen Erzählmusters bedient, das mit Boccaccios *Il Decamerone* kanonisch geworden ist. Der Ort, an dem die Erzählungen stattfinden, ist hier zwar ebenfalls ein exterritorialer (Hotelzimmer und Exil) und rettender, auch handelt es sich bei der Gang um 10 Kinder respektive 10 Personen bei Boccaccio. Die Inhalte der Erzählungen sind aber den wirklichen Ereignissen (Pest in Florenz) nicht konträr entgegengesetzt, sondern behandeln eben die traumatischen Erfahrungen der (Kriegs-)Katastrophe. Kein arkadisches, sondern ein reflektierendes Erzählen wird inszeniert. Dass Erika Mann hier reale und aktuelle Ereignisse in die Erzählungen der Kinder einbaut, macht diese nicht nur zu Repräsentanten der realen Emigration, deren erwachsene Pendants man in *Escape to Life* (1939) findet, sondern verweist auch auf die erinnernde Aufgabe, der sich Mann als Autorin verpflichtet fühlt. Das Exil ist für die Protagonisten und die Autorin gleichermaßen Rettung und Anlass zum Eingreifen in die Geschichte. Geschichten werden erzählt, um Geschichte zu verstehen und zukünftig zu gestalten.

Dass die Rezeptionsgeschichte dieses Kinderromans nach 1945 abbricht, hat nicht nur mit der Orientierung am amerikanischen Publikum und an den drängenden Fragen der Kriegszeit zu tun, sondern auch mit den Prämissen der Exilliteraturforschung. Das ideale Bild von der amerikanischen Demokratie und von der Rüstungsindustrie hatte, so scheint es, keinen Platz in einer sozialistischen und antifaschistisch geprägten Forschung. Die deutsche Erstausgabe erschien daher erst 1990 im Kinderbuchverlag (Ost-)Berlin. Die Exklusion der Kinder- und Jugendliteratur aus der (Exil-)Literaturforschung wird erst seit den 1990er Jahren und unter dem Einfluss der kritischen, feministischen Untersuchung von Kanonisierungs- und Wertungsprozessen problematisiert. Die Exklusionsmechanismen betreffen nicht zufällig viele Autorinnen und ihre ‚nicht autonomen Kunstwerke' der Kinder- und Jugendliteratur und der Populärliteratur. Auch die feministische Forschung hat diese unter poststrukturalistischen Vorannahmen wenig innovativ erscheinenden Texte lange kaum zur Kenntnis genommen (vgl. Rohlf 2002; Bernstorff 2012).

Fazit

Exil ist Rettung, und diese ist Auftrag zum politischen Handeln gegen den Nationalsozialismus, so kann das werkimmanente Exilverständnis und das der Autorin zusammengefasst werden. Die narrative Entfaltung einer interkulturellen Situation, die sich durch das Exil ergibt, und ihre Schwierigkeiten und Chancen bilden einen idealen Anknüpfungspunkt für eine neue Rezeption dieses historischen Textes, nicht nur in der Forschung, sondern besonders auch als Jugend- und Schullektüre. Die Neuauflage von 2011 schafft dafür gute Bedingungen. Insbesondere das Irritationspotential des Textes, das aus der historischen Distanz entsteht, kann in didaktischer Perspektive fruchtbar gemacht werden. Dabei können Kinder mit einer fremden und historischen und gerade deswegen zur Selbst-Reflexion einladenden Migrationssituation bekannt gemacht werden. Die reflektierte Auseinandersetzung mit dem Sprachproblem des Exils im Text sowie die Akkulturations- und interkulturellen Vermittlungsleistungen der Autorin, von der dieser und andere Texte zeugen, können neu Aufschluss geben über die Bedingungen und Chancen des Exils. Durch eine sorgfältige historische Kontextualisierung gerade auch der sogenannten Gelegenheitstexte und der Kinder- und Jugendliteratur, verbunden mit genauen Textlektüren, die die ästhetischen Strukturen in den Blick nehmen, könnte für die Exilliteraturforschung ein neuer Gegenstandsbereich hinzugewonnen werden.

Wiebke von Bernstorff

Literatur

(*MX*) Mann, Erika: *Zehn jagen Mr. X.* (1990). Wuppertal, 2011 (Engl.: *A Gang of Ten*. New York, 1942).

Becker, Sabina u. Robert Krause (Hg.): *Exil ohne Rückkehr. Literatur als Medium der Akkulturation nach 1933*. München 2010.
Bernstorff, Wiebke von: „Geschichte(n) machen: Für eine Wiederaufnahme der historisch-politischen Perspektive in der Exil(literatur)- und Genderforschung". In: *Exilforschungen im historischen Prozess*. Hg. v. Claus-Dieter Krohn u. Lutz Winckler mit Erwin Rotermund. München 2012 (Exilforschung. Ein internationales Jahrbuch, Bd. 30. Hg. im Auftr. der Gesellschaft für Exilforschung), S. 304–326.
Lühe, Irmela von der: *Erika Mann. Eine Lebensgeschichte*. Hamburg 2009.
Mann, Erika: „Don't Make the Same Mistakes". In: *Zero Hour. A Summons to the Free*. Hg. v. Stephen Vincent Benèt u.a. New York 1940, S. 13–76.
Mann, Erika u. Klaus Mann: *Escape to Life. Deutsche Kultur im Exil*. Hg. u. mit einem Nachwort v. Heribert Hoven, Reinbek bei Hamburg 2009.
Rohlf, Sabine: *Exil als Praxis – Heimatlosigkeit als Perspektive? Lektüre ausgewählter Exilromane von Frauen*. München 2002.

Heinrich Mann: *Ein Zeitalter wird besichtigt* (1946)

Heinrich Mann * 27. 3. 1871 Lübeck, † 12. 3. 1950 Santa Monica (Kalifornien, USA).
Stationen des Exils: 1933–1940 Frankreich, 1940–1950 USA.

Inhalt

Heinrich Manns 1946 veröffentlichtes Werk *Ein Zeitalter wird besichtigt* ist im doppelten Sinne ein Werk der Retrospektive: Aus der zeitlich-geografischen Distanz des transatlantischen Exils blickt der Autor zurück auf seine Epoche und auf Europa. Hitlerfaschismus und Kriegsgeschehen im Entstehungszeitraum des Werkes (1943/44, mit Tagebuchnotizen von 1939) prägten maßgeblich Manns Sichtweise eines Zeitalters, das „von bequemen Anfängen zu katastrophalen Vollendungen" (*ZA*, 550) gelangt war, weshalb er gleich mehrere der insgesamt neunzehn thematisch eng miteinander verwobenen Kapitel den alliierten Mächten USA, Großbritannien, Frankreich und der Sowjetunion bzw. den Staatsmännern Roosevelt, Churchill, de Gaulle und Stalin widmete (Kap. 2, 3, 13, 14). Zentral ist indessen die Betrachtung Deutschlands in einer bis in das 18. Jahrhundert zurückreichenden, doch hauptsächlich von Bismarck zu Hitler entwickelten geschichtlichen Linie (Kap. 1, 4, 10, 11, 12), die der Autor als einen Niedergang von der geistig-sittlichen Höhe des rationalistischen Zeitalters und dessen „gesteigertem Lebensgefühl" in den Irrationalismus seines gegenwärtigen „kriminelle[n] Zeitalter[s]" (*ZA*, 190) interpretiert. Mit dem bevorstehenden Zusammenbruch des Faschismus verbindet Mann die Hoffnung auf ein neues Zeitalter, in welchem sich die Macht des Geistes bzw. der Intellektuellen und das sittliche Bewusstsein wiederhergestellt sähen.

Analysen

Narrationen des Exils
Die komplexe Textgenese – Mann übernahm ganze Textpassagen des von März bis Juni 1941 entstandenen, unveröffentlichten Manuskripts *Zur Zeit von Winston Churchill* (postum 2004 veröffentlicht), welches wiederum Teile seines 1939/40 geführten Kriegstagebuchs enthielt – schlug sich in der formalen Gestaltung des *Zeitalters* nieder: Das zunächst als Essay begonnene Werk schließt Tagebuchpartien und Passagen autobiografischen Erzählens, literarische Fiktionen wie z.B. szenische Dialoge und Novelleneinschübe sowie kenntlich gemachte oder indirekte Zitate aus Dokumenten bzw. Werken Dritter und nicht zuletzt Selbstzitate

Heinrich Manns ein. Es entsteht so ein multiperspektivisches Werk, dessen innere Einheit durch einen organisierenden und kommentierenden Erzähler gewährleistet wird. Allerdings entzieht sich dieser seit Anbeginn im Text präsente Ich-Erzähler dem Schema fortlaufenden chronologischen Erzählens und kontrastiert Erzählgegenwart mit Zeitstufen der erzählten Vergangenheit und des Futurs, folgt Gedankenassoziationen und unternimmt leitmotivartige Wiederholungen, die bei oberflächlicher Lektüre den Eindruck inhaltlicher Überschneidungen und Redundanzen erwecken mögen, tatsächlich aber der Bewegung eines die Kernfrage nach den Entstehungsbedingungen von Krieg und Faschismus reflektierenden Erzähler-Bewusstseins entsprechen.

Aufgrund dieser vielschichtigen Text- und Erzählform steht das Werk in einem Spannungsverhältnis sowohl zu autobiografischen als auch historiografischen Textgattungen (namentlich der Chronik). Darum ist eine reduktionistische Interpretation als „Memoirenwerk" (Schröter 1988, S. 611, 614) ausgeschlossen. Doch auch eine Analyse unter historiografischen Prämissen (vgl. Knobloch 2000, S. 147) muss fehlgehen, solange nur das Verhältnis von Kollektiv- und Individualgeschichte, nicht aber die Form von deren literarischer Darstellung eruiert wird. Gerade das *Zeitalter* enthält Hinweise auf eine qua Individualgeschichte (noch) mögliche Mitteilbarkeit von Geschichte, wobei der Erzähler der Auffassung, Geschichte sei kein Roman, entgegentritt und die Notwendigkeit der Narration unterstreicht:

> Für mich ist sie gerade das, ein Roman. Sie fällt nirgends aus dem täglichen Leben, das den Vorwand für die Erkenntnis des Menschen hergibt. Die Geschichte ist keineswegs die Geschichte von Staaten, Machthabern und Millionen Dummköpfen, die nicht wissen, wie ihnen geschieht. Zuletzt stellt sie sich als der Lebensweg des einzelnen heraus: rätselhaft wie er, und ebenso ordinär. [...] Wer die wirkliche Geschichte der einzelnen, die eine Masse sind, plant? Niemand. (ZA, 158)

Solch „romancierte Geschichte" (ebd.) finde ihre Berechtigung durch die prinzipielle Überlegenheit der erzählten gegenüber der realen Geschichte, insofern Erstere gegenüber dem *factum brutum* die Verarbeitung historischer Erfahrung voraussetze: „Raskolnikow tötet die Wucherin nicht zweimal" (ZA, 329), wogegen eine unbelehrbare deutsche Nation dieselbe „Zwangshandlung" zweimal begangen und sich in einen neuen Weltkrieg gestürzt habe. „Gar nichts lernen ist das Unverzeihliche" (ZA, 330), lautet Manns Folgerung, die den didaktischen Aspekt seiner *Zeitalter*-Besichtigung offenlegt. Narration von Geschichte wird so zum Instrument historischer Erfahrung; bedeutsam ist jedoch, dass dieser Erfahrungsgehalt durch den Erzählvorgang selbst mitkonstituiert wird, Geschichtsbelehrung und narrative Form sich also gegenseitig bedingen.

In der Konstruktion historischer Analogien und im Memorieren des Erlebten vollzieht sich die narrative Erkundung von Geschichte. Sie zwingt den als Zeitzeugen und Betrachter auftretenden Autor zur beständigen Konfrontation von narrativen Zeitebenen und zu historischen Vergleichen zwischen Epochen und Figuren, die vom Standpunkt heutiger Geschichtskenntnis zuweilen fragwürdig erscheinen (z. B. die Vergleiche Hitlers und Napoleons oder die Äußerungen über Stalin), als wiederkehrende Strukturelemente und Motivketten jedoch erzähltechnische Bedeutung haben (vgl. auch Detering 2000, S. 268).

Obgleich sie für die Bewertung des verflossenen Zeitalters determinierend ist, nimmt die Schilderung der Exilperiode einen vergleichsweise geringen Teil des Werkes ein. Die begriffliche Konkretion des Exils unterliegt im Text historischen Vergleichen und Perspektivierungen. Einen Einblick gibt Manns Schilderung der eigenen Abreise aus Berlin am 21. Februar 1933, bei der er zunächst durchaus traditionelle (Schicksals-)Metaphorik bemüht. Der Narration eingeschrieben wird aber zugleich das Wissen um die andersartige Beschaffenheit des eigenen Exils, das sich dem Erzähler gerade durch die Einsicht in die Unzeitgemäßheit historischer Vorbilder aufdrängt:

> So sieht, will es scheinen, der Rubikon aus. Hinter dem verhängnisvollen Fluß, den ich wähle, liegt das Exil. [Absatz] Niemand hat es ermessen, bevor er es antrat, weder seine Dauer noch seine veränderlichen Umstände. Manch ein Verbannter – zu allen früheren Zeiten, als sie noch im Fourgon mit eingebauter Bibliothek fuhren oder zu Pferd saßen – ist in dem andern Land abgestiegen als ein wohlgelittener Reisender. Sein Aufenthalt wird mehr oder weniger lang sein, er behält doch immer eine Heimat, die ihn erwartet, wenn auch nicht gerade jetzt. (ZA, 377)

Die Diskrepanz zwischen eigener und tradierter Exilerfahrung – im bücherbeladenen Fourgon erscheint das Vor-Bild Voltaires – bestätigt umso deutlicher die Unwiderruflichkeit und die geografische Unabgeschlossenheit des modernen Exils. Sie erlaubt dem Autor die Formulierung einer allgemeinen Erkenntnis, die auf die Globalisierung des Exils im 20. Jahrhundert vorausweist: „Wer Emigrant ist, muß Emigrant bleiben: dies die Konvention im Zeitalter des universalen Bürgerkrieges, der seine ersten dreißig Jahre nunmehr hinter sich gebracht hat." (ZA, 378)

Theoretische Perspektivierungen

Im Oktober 1940 trat Mann von Lissabon aus sein zweites, transatlantisches Exil an, in dem er das *Zeitalter*-Werk verfasste. Doch die neue kulturelle Umgebung wie auch der reale Schreibort Los Angeles bleiben weitgehend konturlos bzw. lassen sich allenfalls durch vom Autor benutzte lokale Informationsquellen (vgl. Schneider 2000, S. 54) erschließen. Dem Abschied von Europa gelten daher nicht nur die Schlusspassagen des Werks, vielmehr stellt sich die „Besichtigung" des Zeitalters insgesamt als eine Evokation markanter Momente und Figuren der europäischen Kultur- und Geistesgeschichte dar. Mann entwickelt so ein Geflecht intellektueller Beziehungen und geistiger Traditionen, innerhalb derer das Frankreich der Aufklärung und die Französische Revolution, das Italien der Renaissance und die Welt Puccinis, aber auch die russischen Realisten des ausgehenden 19. Jahrhunderts ganz selbstverständlich neben Goethe oder Nietzsche treten. Der Autor untermauert auf diese Weise seine Verbundenheit mit einer europäischen Geistestradition bzw. die Verankerung seines eigenen Denkens und Schreibens in einer europäischen Kultur, die er über die jeweiligen Nationalkulturen hinausragen und sich entwickeln sieht: „Es ist wahr, dass die Gipfel der europäischen Literatur oberhalb der Nationen einander nahe sind. Ihr Grund und Ansatz hat sich den Blicken entzogen." (ZA, 245) Diese supra- bzw. transnational gedachte europäische (Hoch-)Kultur bestimmte Manns kulturelle Identität, die er im amerikanischen Exil bedroht fand. Kurz und prägnant hatte er bereits im Werkmanuskript *Zur Zeit von Winston Churchill* notiert:

> Ich bin nach Herkunft, Erziehung, Schicksal ein kontinentaler Europäer, weiter nichts. [...] Nach Amerika wurde ich verschlagen, nachdem der letzte Fussbreit heimischen Bodens mir entzogen war. Als Heimat empfand ich das europäische Festland. (Mann 2004, S. 11)

In exponierter Stellung erscheint indessen Frankreich, das für Werk und Leben Manns immer schon eine maßgebliche Rolle gespielt hatte. Im *Zeitalter* tradiert er die Vorstellung Frankreichs als „Geburtsland der Europäer" (ZA, 404) und zeichnet das Bild eines fortwährenden revolutionären Republikanismus, das als implizites Gegenmodell zur nationalsozialistischen Rassenideologie fungiert, ihn andererseits aber an der Wahrnehmung des latenten Ethnozentrismus dieses republikanischen Ideals wie der kolonialen Realität Frankreichs hindert. Aus der intimen Kennerschaft von Land und Leuten und nicht zuletzt aus deren literarischer Gestaltung (namentlich in seinem *Henri Quatre*) leitete Mann eine Zugehörigkeit, ja ein „Anrecht" auf Frankreich ab, das ihn dazu bewog, die sieben vorausgegangenen Jahre nicht wirklich als Exil zu erachten. Dies postulierte „Nicht-Exil" korrespondiert nicht zuletzt mit einer idealisierten Sichtweise der politischen Handlungsmacht französischer Intellektueller, die Mann in den Notizen seines (ursprünglich nicht für die Öffentlichkeit bestimmten) Kriegstagebuchs teilweise kritisch relativierte (vgl. Enderle-Ristori 2006; Klein 2011).

Exil und Erinnerung

Manns *Erinnerungen* (so der Untertitel des Werks) stehen „im Zwielicht zweier Zeitalter, des abgelaufenen, des angetretenen" (ZA, 547). Aus diesem doppelten zeitlichen Bezug gewinnt das Werk seine eigentümliche Struktur, in der Erinnerung und Zukunftsvision, individuelle und kollektive Geschichte miteinander verwoben und im Erzählakt als präsentisch inszeniert werden. Das Augenmerk gilt zunächst der autodiegetischen Erzählstruktur, die innerhalb des Werks dominiert und dieses narratologisch in den Bereich autobiografischen Erzählens verweist. Der in das Geschehen involvierte Ich-Erzähler, der sich mit dem Autor Mann formal deckt, ist der unbeschränkte Herrscher über ein Textgeschehen, in dem sich Geschichtskommentar und schlaglichtartige Rückblicke auf das eigene Leben überlagern und überstürzen, so etwa, wenn er über einen Festabend im Pariser Hôtel de Ville im Jahr 1931 berichtet und dann abrupt befindet: „Aber *gegenwärtig* ist erst das Jahr 1904, ich sitze wie gewöhnlich im Teatro Alfieri" (*ZA*, 201; Herv. d. Verf.). Die erzählte Zeit wird suspendiert, die Hierarchie chronologischer Abfolgen aufgelöst im Nebeneinander von Erinnerungen und Gedankenassoziationen des selbstreflexiven Ichs. Doch auch die Erzählzeit koinzidiert mit einer zumeist unbestimmten Erzählgegenwart („heute"), die nur an einer Textstelle fast zufällig historische Konkretion erfährt: „heute, den 10. Januar 1944" (*ZA*, 184). Die weitgehende Auflösung temporaler Strukturen wird verstärkt durch den Versuch des Ich-Erzählers, die eigenen Raum-Zeit-Koordinaten zu durchbrechen und seine Existenz in die Vergangenheit zurückzuprojizieren („Gut. Ich will 1750 zur Welt gekommen sein, 1820 den letzten Seufzer getan haben." *ZA*, 538) oder sich in Hitlerdeutschland zu imaginieren, wo er in ironischer Brechung des Erzählakts einem anonymen Arbeiter seine „Besichtigung" des Zeitalters erläutert: „Fürchten Sie nichts! Ich besichtige ein Zeitalter und habe ihm zu danken" (*ZA*, 544f.). Damit wird die Gesamttendenz des Textes offensichtlich: Heinrich Manns „Besichtigung" des Zeitalters ist die narrative Entfaltung „innerer" (phänomenologischer) Zeit, die sich erzählerisch dem steten Fluss „äußerer" (chronologischer) Zeit widersetzt, indem sie Erinnerung und Gedächtnisbilder, gegenwärtige Gedanken und imaginierte Wirklichkeit eines sich selbst wiedererkennenden Subjekts verdichtet und ausgestaltet. Sie ist (Re-)Konstruktion narrativer Identität.

Vor diesem Hintergrund muss auch die Relation „Ich" / „Jx" erneut betrachtet werden. Der Ich-Erzähler teilt mit „Jx", dem „gegenwärtigen Biographen seiner selbst" (*ZA*, 183), zwar dasselbe Erzählprojekt, nicht aber dieselbe narrative Kompetenz. Mit dem Ich-Erzähler in einem einzigen Satz verknüpft („Es wird Zeit – dass ich mich vorstelle. Mein Name ist Jx, ich bin ebenso gewöhnlich wie auserlesen." *ZA*, 164), kommt „Jx" in der Folge nur in der Außenansicht heterodiegetischen Erzählens zu Wort: „Jx" ist die vom Ich-Erzähler betriebene Entäußerung und Objektivierung seiner selbst in einer Figur, die statt singulärer Individualität die Züge der Masse trägt und mithin der Erfahrung der eigenen Akzidenz ausgesetzt ist: das „Ich" (frz. „Je") gesehen als zufälliges Massenpartikel „Jx". „Jx, die zahllosen Personen dieses Namens" (*ZA*, 167), steht damit für Manns narrativen Versuch, die Konventionen autobiografischen Erzählens zu unterlaufen; er ist der anonyme Gegenentwurf des sich selbst mitteilenden, autonomen Subjekts.

Doch die Schlusskapitel des *Zeitalter*-Werks enthüllen einen weiteren Zusammenhang zwischen „Ich" und „Jx". Bei seiner Flucht verweilt der Ich-Erzähler in einem Hotelgarten in Lissabon als dem „äußerste[n] Strohhalm europäischen Bodens" (*ZA*, 418). In der Folge wird dieser Garten ausgestaltet zum symbolischen Aufenthaltsort von „Jx" und seine Bildlichkeit metaphysisch, wenn nicht gar christlich-religiös gedeutet, wobei weniger Marienmystik als der Garten Gethsemane das Motiv vorgibt: „Ein Jx im letzten Gärtchen gedenkt der Vergänglichkeit." (*ZA*, 487) In der Spiegelung von „Ich" und „Jx", konkretem und symbolischem Garten vollzieht sich nicht nur die Verbindung von Einzel- und Kollektivschicksal. Deutlich wird auch, wie dem beim Gang durch das Zeitalter buchstäblich orts- und zeitlos werdenden „Ich" ein „kommemorativer Jx" entgegensteht, der fest in Raum und Zeit verankert ist: „Jx in seinem Garten der Erinnerungen" (Paralipomena *ZA*, 603). Als Chronotopos (im Sinne Michail Bachtins) kennzeichnet der „Garten der Erinnerung" damit den intratextuellen Raum, in dem Narration und Gedächtnis zusammentreffen. Gleichzeitig ist er der einzige Raum, der sich dem Exilierten Heinrich Mann bei seinem Rückblick auf das Zeitalter anbietet.

Fazit

Als das aus der Kriegs- und Exilsituation 1943/44 heraus geschriebene Werk im März 1946 im Neuen Verlag / Ljus Foerlag in Stockholm erschien, hatte es nicht nur an Aktualität eingebüßt, auch manche der politisch-historischen Analysen seines Autors wurden durch die Nachkriegsentwicklung praktisch überholt oder in das Reich der Utopie verwiesen. Nach der (wenig beachteten) Erstausgabe fand die 1947 von Johannes R. Becher veranlasste Ausgabe des Aufbau-Verlages zwar breiteren Widerhall, doch scheiterten bereits vorbereitete Übersetzungen in den USA und Großbritannien. Der Kalte Krieg und die äußerst geteilte Aufnahme, die Heinrich Mann bis in die 1970er Jahre in den beiden deutschen Staaten erfuhr, verhinderten eine breite Rezeption insbesondere des *Zeitalter*-Werkes, zumal es zunächst vornehmlich im Hinblick auf die Biografie bzw. auf die politische Essayistik des Autors rezipiert wurde. Seit sich die jüngere Forschung verstärkt mit dem Spätwerk Manns auseinandersetzt, ist das *Zeitalter* erneut ins Interesse gerückt, begünstigt durch die Publikation des textgeschichtlich eng verbundenen Werks *Zur Zeit von Winston Churchill*. Es zeigt sich, wie eine vordergründige Lektüre des *Zeitalters* als historiografisches Werk („Zeitgeschichte, für die die eigene Existenz nur als zufälliger Anlass fungiert [...]." Knobloch 2000, S. 147) mittlerweile an ihre Grenzen stößt. Stattdessen erweist sich die Notwendigkeit, gattungsgeschichtliche und narratologische Aspekte neu zu reflektieren, um zu einer angemessenen Bewertung der Literarizität des Textes im Kontext von Erzählverfahren der Moderne zu gelangen. Unter diesem Blickwinkel eröffnen sich nicht zuletzt auch neue Perspektiven für die Exilforschung, die heute verstärkt den Zusammenhängen von Gedächtnis, Identität und Narration nachgeht. Gerade deshalb wird Heinrich Manns Rückblick auf sein Zeitalter künftig zu den kanonischen Texten der Exilliteratur zählen.

Michaela Enderle-Ristori

Literatur

(ZA) Mann, Heinrich: *Ein Zeitalter wird besichtigt. Erinnerungen.* Mit einem Nachw. v. Klaus Schröter u. einem Materialienanhang, zusammengestellt v. Peter-Paul Schneider. Frankfurt a. M. 1988 (Studienausgabe in Einzelbänden. Hg. v. Peter-Paul Schneider).

Abold, Brigitte: *Heinrich Mann. Zwischen Dichtung und Leben. Studien zur Autobiografik.* Frankfurt a. M. u. a. 1992.
Detering, Heinrich: „Kein Zeitalter wird besichtigt. Zur Dissoziation von Geschichtswahrnehmung und Textgeschehen in Heinrich Manns Erinnerungen". In: *Heinrich Mann-Jahrbuch* 18 (2000), S. 263–278.
Enderle-Ristori, Michaela: „‚Die Dämmerung der Dritten Republik'. Frankreicherfahrungen Heinrich Manns während des Exils". In: *Heinrich Mann-Jahrbuch* 24 (2006), S. 195–210.
Friedrich, Hans-Edwin: „‚Mein Name ist Jx, ich bin ebenso gewöhnlich wie auserlesen'. Selbst- und Zeitdeutung in Heinrich Manns ‚Ein Zeitalter wird besichtigt'". In: *Autobiografie und wissenschaftliche Biografik.* Hg. v. Claus-Dieter Krohn u. a. München 2005 (Exilforschung. Ein internationales Jahrbuch, Bd. 23. Hg. im Auftr. der Gesellschaft für Exilforschung), S. 102–113.
Klein, Wolfgang: „Vehementer Idealismus. Heinrich Manns ‚Ein Zeitalter wird besichtigt' und Frankreich". In: *Deutsche Frankreich-Bücher aus der Zwischenkriegszeit.* Hg. v. Alfons Söllner. Baden-Baden 2011, S. 65–98.
Knobloch, Hans-Jürgen: „Ein Zeitalter wird [nicht] besichtigt – Heinrich Manns Erinnerungen". In: *Heinrich Mann-Jahrbuch* 18 (2000), S. 133–148.
Mann, Heinrich: *Gesammelte Werke*, Bd. 24. Ein Zeitalter wird besichtigt. Erinnerungen. 2. Aufl. Red. Sigrid Anger, bearb. v. Gotthard Erler mit einem Nachw. v. Walter Dietze. Berlin 1982.
Mann, Heinrich: *Zur Zeit von Winston Churchill. Tagebücher.* Textkonstitution u. Vorarbeiten v. Sigrid Anger. Hg., bearb., komment. u. mit einem Nachwort vers. v. Hans Bach. Frankfurt a. M. 2004.
Schneider, Peter-Paul: „‚The Life of everyone is a diary'. – Die Vorstufen von Heinrich Manns Memoirenwerk ‚Ein Zeitalter wird besichtigt'". In: *Heinrich Mann-Jahrbuch* 18 (2000), S. 15–66.
Schröter, Klaus: „Nachwort". In: *ZA*, S. 611–622.
Stein, Peter: *Heinrich Mann.* Stuttgart 2002.

Klaus Mann: *Der Vulkan. Roman unter Emigranten* (1939)

Klaus Mann *18. 11. 1906 München, †21. 5. 1949 Cannes. Stationen des Exils: 1933–1938 Amsterdam, 1938–1945 USA, 1945–1949 u. a. Frankreich.

Inhalt

Das Werk *Der Vulkan. Roman unter Emigranten* zeigt ein breites Spektrum von Exilanten, die Deutschland nach Hitlers Ernennung zum Reichskanzler und dem Machtausbau des NS-Regimes auf Druck oder freiwillig verließen. Im Zentrum der chronologisch angelegten Handlung, die von 1933 bis zum Ende des Spanischen Bürgerkriegs reicht, stehen die Einzelschicksale in einer heterogenen Exilgesellschaft. Im Vordergrund steht dabei das Erleben des Exils als andauernde Lebenssituation mit allen Implikationen und Konsequenzen für das Individuum. In der polyperspektivischen Erzählweise, die nur einigen Figuren aus leitmotivischen Gründen breiteren Raum gibt, gelingt Klaus Mann ein großflächiges Panorama des Exils. Den vielfältigen Tragödien von Verzweiflung und exilbedingtem Elend werden stets auch parabolische Schilderungen des Neuanfangs kontrastierend gegenübergestellt. Umrahmt von Prolog und Epilog, berücksichtigt die in drei Zeitabschnitte gegliederte Handlung nicht nur historische Zäsuren wie den Anschluss des Saargebiets und Sudetenlands oder den Spanischen Bürgerkrieg, sondern entfaltet auch durch die Lokalisierung an den maßgeblichen Emigrationszentren eine Geografie des Exils, die von Amsterdam, Paris und Zürich bis nach New York und Shanghai reicht.

Analysen

Narrationen des Exils
Das Werk erschien im Sommer 1939 im Querido-Verlag in Amsterdam, in dem Klaus Mann bereits die einflussreiche Exilzeitschrift *Die Sammlung* sowie 1936 *Mephisto. Roman einer Karriere* publiziert hatte. Amsterdam als Zuflucht der literarischen Emigration war auch Manns erster Zufluchts- und Arbeitsort nach seiner Abreise aus Deutschland im März 1933 gewesen, jedoch blieb die unmittelbare Wirkung des Romans begrenzt; nicht zuletzt, weil sich der deutschsprachige Absatzmarkt nach dem ‚Anschluss' Österreichs deutlich verkleinert hatte. Eine englischsprachige Ausgabe in den Vereinigten Staaten, in die Mann 1938 übergesiedelt war, kam nicht zustande.

Der Untertitel des Werks, *Roman unter Emigranten*, ist programmatisch zu verstehen, sowohl im Hinblick auf den Romaninhalt als auch auf Manns eigene Exilerfahrung. Entstanden in einer „Phase der Ernüchterung" (Schiller 1988, S. 251), also im Übergang der Emigration vom Provisorium zu einem permanenten Zustand, spiegeln die vielschichtigen Handlungsstränge des Werks die autobiografische Exilerfahrung Manns und seiner Familie wider. So ist die Figur Marion eindeutig ein Porträt seiner Schwester Erika Mann, während der Dichter Martin Korella auf Klaus Mann selbst verweist. Doch im Gegensatz zu *Mephisto*, der mit der Figur des Hendrik Höfgen alias Gustaf Gründgens exemplarisch die Mitläufer des NS-Regimes als opportunistische Karrieristen denunzierte, konzipiert Mann in *Der Vulkan* eine Typologie von Exilschicksalen, die in ihrem Scheitern, aber auch in ihrem Neubeginn paradigmatisch für die Schicksale von Tausenden anderen in der Emigration sind. Die *dramatis personae* der Handlung stammen aus allen Schichten der deutschen Gesellschaft: kommunistische Arbeiter, sozialdemokratische Ärzte, Schriftsteller, Schauspielerinnen, Politfunktionäre, Universitätsprofessoren und Bankiers.

In der Polyperspektive wird die Emigration des Einzelnen zum kollektiv erfahrenen Exil, wie in den am Beginn des Romans beschriebenen Treffpunkten der Pariser Exilanten: „[D]as schöne, verkommene Milieu der Pariser Intellektuellen-Kneipen, wo man endlos sitzt, redet, trinkt raucht und leidet." (Schneider 1989, S. 212) Der anfängliche Trotz einer heterogenen Schicksalsgemeinschaft weicht zunehmend der Resignation und der Erkenntnis, dass NS-Regime und Exil als dauerhafte Zustände akzeptiert werden müssen. Nicht zufällig führt Mann bereits in den ersten Kapiteln Randfiguren wie die Gräfin Rubinstein ein, eine Vertriebene der Oktoberrevolution, die als mahnende Referenz auf andere Exile fungiert.

Die chronologisch dargestellte Handlung lässt den 1939 erschienenen *Roman unter Emigranten* retrospektiv wirken, weil das Exil nicht als Momentaufnahme, sondern als fortschreitender Prozess geschildert wird, an dessen Ende nicht die Erlösung aus der Verbannung und die Rekonstitution der früheren Verhältnisse, sondern der Vorabend des Zweiten Weltkrieges steht. Wurde im *Mephisto* noch der kommunistische Widerstand als potentielle Nemesis des NS-Terrors begriffen, so stehen in *Der Vulkan* nach dem Scheitern der Volksfront antifaschistische Dissidenz, Resignation und Abwendung vom Politischen als Konsequenzen des Exils gleichrangig nebeneinander. Es ist die bedrohliche Atmosphäre des Vulkans, die als symbolische Leitmetapher zur Projektionsfläche der Ängste und Hoffnungen wird: „Furchtbar ist der Vulkan. Das Feuer kennt kein Erbarmen. Ihr verbrennt, wenn ihr nicht sehr schlau und behutsam seid." (*DV*, 165) Das Leben im Exil bleibt bei Klaus Mann ein Leben im Ungewissen, der Wechsel aus Furcht, Resignation und Hoffnung treibt seine Figuren an und verändert sie nachhaltig. Trotz einiger Hoffnungsschimmer, wie dem Fund eines Kleinkinds zwischen Leichen und Ruinen im vom Spanischen Bürgerkrieg verwüsteten Barcelona, überwiegt die Furcht vor der Ausbreitung der faschistischen Diktaturen in Europa: „Man läßt das Scheußliche rasen, zerstören, sich austoben – als wäre es eine Naturkatastrophe! Als lebten wir auf einem Vulkan, der Feuer speit! Es gibt keine Hilfe. Jeder wartet, ob es ihn trifft ..." (*DV*, 507), klagt Marion von Kammer im amerikanischen Exil. Der gefürchtete Ausbruch des Vulkans ist nicht nur die allegorische Antizipation von Weltkrieg und Holocaust, er versinnbildlicht auch die Fragilität der europäischen Emigration, die durch den Siegeszug des europäischen Faschismus und der fatalen Appeasement-Politik immer mehr Schutzwinkel verliert.

Dabei impliziert der Vergleich von Diktatur und Naturkatastrophe keine Interpretation des Exils als göttliche Strafe, die erduldet werden muss, sondern fokussiert die Reaktion auf die Katastrophe. So befreit sich der Literaturprofessor Benjamin Abel aus der als Buße selbstauferlegten Isolation im Exil schließlich selbst: „Geh hinaus! Sei dabei! Spiele nicht den Einsamen, Feinen!" (*DV*, 400)

Die Entwicklung des hilflos-apolitischen Verbannten zum engagierten Exilanten wird wohl am deutlichsten in der Figur „des zu politischer Leidenschaft und Handlungsfähigkeit erwachenden Kikjou, einer zunächst bloß dekadenten, narzißtischen Person" (Schneider 1989, S. 214). Ihm wird am Ende des Romans eine Engelsvision zuteil, die ihn über die Schauplätze des Exils und die Schlachtfelder des Freiheitskampfes führt und damit die vielfältigen Handlungsstränge in einer abschließenden Betrachtung zusammenführt. Doch statt der Apotheose eines Helden wird daraus ein humanistisches Plädoyer. Nicht die Hoffnung auf glückliche Fügung, sondern das menschliche Handeln ist die legitime Konsequenz des Exils: „Steht auf eigenen Füßen!" (*DV*, 550) Der abschließende Epilog bildet die Synthese der Forderung an die Menschen. Hatte der Briefschreiber Dieter im Prolog noch das Exil als „Fahnenflucht" (*DV*, 9) verurteilt, ist er im Epilog selbst vor dem NS-Terror emigriert.

Theoretische Perspektivierungen
Das von Klaus Mann breitangelegte Panorama der Formen des Exils ermöglicht unterschiedliche theoretische Zugänge zum Werk. Insbesondere die im Kontext der *Postcolonial Studies* virulenten Begriffe von Nation, Kultur und Hybridität sind potentielle Ansatzpunkte einer Analyse, da Mann in den Gesprächen seiner Figuren seine eigenen Diskurse in der Auseinandersetzung mit Nation und Exil einfließen lässt: „Wer diese Dummheit und Rohheit [des NS-Regimes] verabscheut, bleibt deutsch" (Mann/Landshoff 1934, S. 2), heißt es im Editorial der ersten Ausgabe der *Sammlung*. Dabei ist es in *Der Vulkan* bezeichnenderweise die kulturelle Definition des Nationalen, die als „eine essentialistische Vorstellung von Nation" (Braese 2009, S. 3) den Topos des ‚anderen Deutschland' prägt, dessen Vertreterin – in Analogie zu Manns Schwester Erika – die Figur Marion von

Kammer wird. Nation als identitätsstiftender Begriff bleibt in der Dialektik von Prolog, Handlung und Epilog als Synthese erhalten: „Haben wir jungen Deutschen den Wert der Freiheit, das Ideal der Gerechtigkeit jemals kapiert?" (*DV*, 552), fragt der Briefschreiber am Ende des Romans und zieht damit eine Verbindung zwischen nationaler und kultureller Entwicklung, während zugleich der Kampf gegen den Faschismus – nicht nur auf Basis marxistisch-kommunistischer Ideologie – zum internationalen Anliegen wird.

Die polyperspektivische Fokussierung der unterschiedlichen Exilzentren erzeugt zudem Formen kultureller Hybridität sowohl auf der Ebene des Dargestellten als auch auf der Ebene der Darstellung. So finden sich etwa in den Unterhaltungen der Exilanten mit indigenen Figuren wie dem Surrealisten Marcel Poiret ganze Passagen in Englisch und Französisch. Kulturelle Hybridität auf der Handlungsebene äußert sich hingegen als sprachliche Mimikry, wenn sich etwa in die Gedankengänge des Germanisten Benjamin Abel nach dessen Ankunft in New York plötzlich Versatzstücke amerikanischer Umgangssprache mischen, die das Selbstverständnis als Fremdkörper in der anderen Kultur auflösen und die Assimilation vorantreiben: „Kopf hoch, alter Benjamin. Pull yourself together, old fellow." (*DV*, 400)

Zugleich dekonstruiert Mann in Teilen den Machtaspekt des kulturellen Gefälles, wenn er die Übersiedlung des polyglotten Bankiers Bernheim nach Österreich mit dessen Tod durch einen aufgebrachten antisemitischen Lynchmob enden lässt, aber damit kontrastierend die Emigration Marions und Benjamins in die Vereinigten Staaten nach anfänglichen Hindernissen mit einer gemeinsamen Heirat glücklich enden lässt.

Des Weiteren bieten auch die theoretischen Arbeiten der *Gender Studies* einen potentiellen Untersuchungseinstieg. Bereits mit den Hauptfiguren kehrt Mann die traditionelle Rollenverteilung um: Während den Schriftsteller Martin Korella zunehmend seine Kreativität verlässt und er stattdessen der Drogensucht bis zur Selbstzerstörung verfällt, wird die Schauspielerin Marion zur engagiert-trotzigen Kämpferin gegen den Faschismus. Das narratologische Geflecht differenter Lebensläufe ermöglicht das Nebeneinander tradierter Geschlechterverhältnisse und innovativer Lebensentwürfe im Roman: Während die Kneipenwirtin Mutter Schwalbe *verbaliter* noch im Spanischen Bürgerkrieg auf die Rolle einer treusorgenden Pragmatikerin festgelegt bleibt, steht Marion von Kammer für einen unabhängigen Typus der modernen Frau, die als wichtige Repräsentantin des ‚anderen Deutschland' Amerika bereist, bis sie ironischerweise – auf dem Höhepunkt emotionaler und körperlicher Erschöpfung – von Benjamin Abel geradezu ritterlich aufgefangen wird. Obwohl insbesondere die weiblichen Figuren als anpassungsfähige Pragmatikerinnen erscheinen, vermeidet Mann eine Glorifizierung der Frau im Exil.

Mit der gleichgeschlechtlichen Beziehung von Martin Korella und Kikjou eröffnet sich eine weitere Thematik, die einen anderen Bereich der *Gender Studies* berührt: Die Darstellung einer homosexuellen Beziehung bleibt in der Exilliteratur nicht nur eine Seltenheit, sondern verweist zugleich auch auf eine nicht unerhebliche Opfergruppe des NS-Terrors. Zugleich schuf Mann, der mit der Darstellung von Homosexualität in *Der Fromme Tanz* bereits 1925 ein gesellschaftliches Tabu angeschnitten hatte, mit dem „homosexuellen Ästhetiker" (Schiller 1988, S. 255) Martin ein kritisches Selbstporträt.

Exil und Erinnerung
„Die Emigration war nicht gut" (Mann 1976, S. 333), schreibt Klaus Mann 1942 und suggeriert damit eine Retrospektive, die keine war. Denn ebenso wenig wie in der Autobiografie ist auch im zuvor erschienenen *Vulkan* das Exil abgeschlossen, die Unruhe und die Unsicherheit bleiben, das Rilke-Zitat Benjamin Abels – „Wer spricht vom Siegen? Überstehn ist alles" (*DV*, 512) – wird bis zum Ende des Kriegs und darüber hinaus zum resigniert-hoffnungsvollen Diktum der Exilanten. So ist der *Roman unter Emigranten* keine Überwindung des Exils, sondern dessen narratologisch geformte Historie: „Stark ist die Chronik-Struktur des Vulkans herausgearbeitet, bis zur nüchternen Bezeichnung der drei Teile mit realen Jahreszahlen." (Schiller 1988, S. 265) Die episodenhaft verbundenen Lebensläufe erhalten dadurch eine Ordnung, die die individuelle Entwicklung vom Schock des Exils hin zu Resignation, Akzeptanz oder Widerstand plausibel nachvollziehbar machen. Diese „Soziologie der Emigration" (*DV*, 99) erhält auch eine starke Authentizität, da Mann sie an reale Exilschicksale anlehnt – u. a. an seine eigene Biografie: „Der Vulkan – ich hörte ihn, blieb in seinem Bannkreis [...]." (Mann 1976, S. 419)

Zu der Montage eigener Beobachtungen und Erlebnisse mit Fiktionalem zählt etwa auch der Brief im Prolog, der in Argumentation und Wortlaut an Gottfried Benns ↗ *Antwort an die literarischen Emigranten* von 1933 erinnert, einer Rundfunkrede, in der Benn sich direkt gegen die Vorwürfe Klaus Manns wehrte und den NS-Staat verteidigte. Parallel zu diesem Ineinandergreifen von Fakt und Fiktion werden die Episoden insbesondere durch den Sprachduktus eines auktorialen Erzählers in eine Fabelstruktur eingebunden, die in Verbindung mit der chronologischen Abfolge Anleihen an den Bildungsroman nimmt. So setzen die den Hauptteilen vorangestellten Zitate von Friedrich Hölderlin, Friedrich Nietzsche und Heinrich Heine programmatische Akzente, wie der Ausschnitt aus Heines *Verschiedenartige Geschichtsauffassung*: „Das goldene Zeitalter, heißt es, liege nicht hinter uns, sondern vor uns [...]." (*DV*, 384) Der Roman wird, in der Summe der Exilerfahrungen, aber auch in der Antizipation noch drohender Schrecken zu einem Plädoyer einer hoffnungsvollen, aber nicht naiven „Zukunfts-Form des Humanismus" (*DV*, 106).

Tragischerweise lag das Erscheinen des Romans nur wenige Wochen vor dem Beginn des Zweiten Weltkriegs, jenem befürchteten Ausbruch des Vulkans, der für die Exilanten eine zweite, teils noch schlimmere Phase des Exils einläuten sollte: „Die Eruption des wirklichen Vulkans übertönte meine stillere Botschaft", erklärte Mann 1942 (Mann 1976, S. 430). Dem Werk blieb ein größerer Erfolg verwehrt, primär wegen des mangelnden Absatzmarktes, aber auch weil zahlreiche Rezipienten Anstoß an der sehr offenen Schilderung von Homosexualität und Drogensucht nahmen. Da die in den besetzten Niederlanden befindlichen Verlagsbestände 1940 zu Makulatur erklärt und vernichtet wurden, erschien erst im Jahr 1956 – sieben Jahre nach dem Freitod des Autors – eine Neuauflage, herausgegeben von Erika Mann. Diese hatte jedoch ohne eine editorische Kennzeichnung maßgeblich in den Text eingegriffen, indem sie stilistische Korrekturen vornahm und Abschnitte über den Spanischen Bürgerkrieg strich, die in der Zeit des Kalten Krieges nicht opportun schienen. Diese gekürzte Version wurde nicht nur für die in der Bundesrepublik publizierte Ausgabe verwendet, sondern auch für die DDR-Lizenzausgabe. Erst durch eine editorische Neubearbeitung erschien im Jahr 2006 die authentische Fassung des Romans. Zudem stand die Nachkriegsrezeption von Manns *Der Vulkan* stets weit hinter der öffentlichen Auseinandersetzung mit dem Roman *Mephisto* zurück. Obgleich als „konzeptionell eng zusammengehörige Werke zu betrachten, weil nur beide zusammen den epischen Appell an die Phantasie des Lesers ausmachen" (Schiller 1988, S. 262), lag vor allem der *Roman einer Karriere* als Mitläufersatire im Fokus eines breiteren Interesses – insbesondere nach dem Verbot des *Mephisto* im Jahr 1968. Dieter Schiller weist jedoch zu Recht auf die Äquivalenz beider Werke hin, die wie zwei Seiten einer Medaille den Entwicklungsprozess sowohl der Gewinner als auch der Verlierer der NS-Herrschaft beleuchten: „Dabei spielt die Gegenüberstellung zweier künstlerischer Haltungen [Anpassung vs. Exil] eine zentrale Rolle, die sich [...] als die konzeptionellen Eckpfeiler der Romane Klaus Manns über Hitlerdeutschland und die Emigration erweisen [...]." (ebd., S. 262)

Fazit

Manns *Roman unter Emigranten* darf zu den ehrgeizigsten Projekten der literarischen Verarbeitung des Exils gezählt werden, weil er die deutsche Emigration von 1933 bis 1938 nicht nur in ihrer Chronologie zusammenfasst, sondern sie mittels einer polyperspektivischen Episodenhandlung in unterschiedlichste Exilschicksale auffächert. Die „Chronik der Verirrungen und Wanderungen" (Mann 1976, S. 430) bietet dabei durch ihre polyvalente Struktur nicht nur verschiedene Ansätze zu einer Narratologie des Exils, sondern ermöglicht auch als vielschichtige „Soziologie der Emigration" (*DV*, 99) unterschiedliche Zugänge für Theorien aus dem Bereich der *Postcolonial Studies* und Genderforschung.

Der Vulkan ist ein essentieller Beitrag der deutschen Exilliteratur, weil er das Erleben und die Entwicklung unterschiedlicher Exilerfahrungen in ihrer Summe darstellt. Indem er die Schicksale der Emigranten fokussiert und den Terror des NS-Regimes lediglich als ‚Grollen des Vulkans' auftreten lässt, stellt er seine Figuren letztlich in allgemeingültige Diskurse über Heimat, Nation und Identität.

Andreas Grünes

Literatur

(*DV*) Mann, Klaus: *Der Vulkan. Roman unter Emigranten*. Reinbek bei Hamburg 2010.

Braese, Stephan: „Exil und Postkolonialismus". In: *Exil, Entwurzelung, Hybridität*. Hg. v. Claus-Dieter Krohn u. Lutz Winckler in Verb. mit Wulf Koepke u. Erwin Rotermund, München 2009 (Exilforschung. Ein internationales Jahrbuch, Bd. 27. Hg. im Auftr. der Gesellschaft für Exilforschung), S. 1–19.
Mann, Klaus: *Der Wendepunkt. Ein Lebensbericht*. München 1976.
Mann, Klaus: *Der fromme Tanz. Das Abenteuerbuch einer Jugend*. Reinbek bei Hamburg 2004.
Mann, Klaus u. Fritz Landshoff: „Die Sammlung. Editorial zum ersten Erscheinen". In: *Die Sammlung* 1 (1934).
Pfannkuche, Patrick: „Das Hotel als Heterotopie in Klaus Manns Roman ‚Der Vulkan. Roman unter Emigranten' (1939)". In: *Literatur – Kunst – Medien*. Festschrift für Peter Seibert zum 60. Geburtstag. Hg. v. Achim Barsch, Helmut Scheuer u. Georg-Michael Schulz. München 2008, S. 272–285.
Schiller, Dieter: „Antifaschistischer Kampf als moralisches Zentrum. Zu den Voraussetzungen der Exilromane Klaus Mann ‚Mephisto' und ‚Der Vulkan'". In: *Weimarer Beiträge* 34 (1988), S. 251–268.
Schmidt, Arwed: *Exilwelten der 30er Jahre. Untersuchung zu Klaus Manns Emigrationsromanen „Flucht in den Norden" und „Der Vulkan. Roman unter Emigranten"*. Würzburg 2003.
Schneider, Rolf: „Die Herausforderungen der Hitlerei. Klaus Mann: Der Vulkan". In: *Romane von gestern – heute gelesen*. Hg. v. Marcel Reich-Ranicki, Bd. 3. Frankfurt a. M. 1989, S. 208–214.

Thomas Mann: *Doktor Faustus. Das Leben des deutschen Tonsetzers Adrian Leverkühn erzählt von einem Freunde* (1947)

Thomas Mann *6. 6. 1875 Lübeck, †12. 8. 1955 Zürich. Stationen des Exils: 1933–1938 Schweiz, 1938–1952 USA, 1952–1955 Schweiz.

Inhalt

Thomas Manns in den Jahren 1943–1947 im amerikanischen Exil entstandener Roman *Doktor Faustus* verbindet die Lebensbeschreibung des während des Nationalsozialismus in Deutschland lebenden Komponisten Adrian Leverkühn mit dem Schicksal Deutschlands zwischen 1933 und 1945 und einer Geschichte der deutschen Innerlichkeit. Die Geschichte wird erzählt von Leverkühns Vertrautem und Bewunderer Serenus Zeitblom, einem Gymnasiallehrer in der ‚Inneren Emigration'. Thomas Mann charakterisiert ihn in seinem Bericht über die Entstehung des Romans als eine „humanistisch fromme und schlichte, liebend verschreckte Seele" (*EDF*, 164). Zwei Jahre nach dem Tod Leverkühns beginnt Zeitblom mit der Niederschrift von dessen Biografie. Sie schildert das Leben des „teuren, vom Schicksal so furchtbar heimgesuchten, erhobenen und gestürzten Mannes" (*DF*, 9), berichtet von dessen Jugend im altdeutsch gefärbten Kaisersaschern, folgt ihm über seinen ersten Kontakt mit der modernen Musik in den Vorträgen seines Musiklehrers Wendell Kretzschmar über sein Theologie-Studium bis hin zu seiner endgültigen Hinwendung zur Musik. In diese Zeit fallen auch Adrian Leverkühns Infektion mit Syphilis und sein Bund mit dem Teufel, der ihm erst ein wahrhaft genialisches Schaffen ermöglicht. Unter der zunehmenden Fortdauer des Krieges verfolgt Zeitblom ängstlich und zugleich voll Staunen die diabolisch inspirierte Kompositionstätigkeit Leverkühns bis hin zu der seinem Streben nach ‚Durchbruch' geschuldeten Erfindung der Zwölftontechnik. Der Preis, den Leverkühn dem Teufel dafür zu entrichten hat, ist ein Liebesverbot, dem Adrians Gefährte Rudi Schwerdtfeger und sein Neffe Echo zum Opfer fallen. Die Zeitspanne, die Leverkühns Leben umfasst – von seiner Geburt 1885 bis hin zu seinem nietzscheanischen Fall in geistige Umnachtung im Jahr 1930 – steht in enger Beziehung zur deutschen Geschichte: Adrian ist nicht nur ein Künstler, der „das Leid der Epoche trägt" (*EDF*, 203), auch seine gesamte Lebensgeschichte ist eingebettet in ein reiches Netz an Bezügen, die bis in die Reformationszeit, den Beginn der „Epoche des bürgerlichen Humanismus" (*DF*, 469), zurückreichen und die in Zeitbloms Chronik der Ereignisse mit der deutschen Kapitulation 1945 enden.

Analysen

Narrationen des Exils

Thomas Mann stellte eine Ausnahme unter den deutschen Exilschriftstellern zur Zeit des Nationalsozialismus dar: Er war nicht nur materiell besser abgesichert als die meisten seiner Kollegen und genoss dank seiner Gönnerin Agnes E. Meyer einen hohen Status im Gastland USA, dessen Staatsbürger er 1944 wurde, sondern er verstand sich auch zeit seines Lebens als „nationaler Autor" (Kurzke 1991, S. 236). Bei der Einreise in die USA gibt er den vielfach zitierten Satz zu Protokoll: „Where I am, there is Germany".

Obwohl sich Mann seit dem offenen Brief an den NZZ-Redakteur Eduard Korrodi und dem ‚Briefwechsel mit Bonn' 1936 mit öffentlichen Äußerungen gegen das Hitlerregime rege an der Konzeptionalisierung eines ‚anderen Deutschland' beteiligte (bezeichnenderweise ohne sich je einer der zahlreichen Exilgruppierungen anzuschließen), so blieb doch sein Selbstverständnis als deutscher Autor geprägt von Licht und Schatten des ‚deutschen Wesens', das er nicht nur auf gesellschaftlich-politischer Ebene, sondern auch psychologisch-archetypisch analysierte.

Paradoxerweise entstand Thomas Manns „deutschestes Werk" (Vaget 2011, S. 443) im Exil in Pacific Palisades: Während der abschließenden Arbeiten an der *Joseph*-Tetralogie im Jahr 1942 entwickelte er den Plan eines Faust-Romans, dessen Konzept eines sich dem Teufel verschreibenden syphilitischen Künstlers auf eine Tagebuchnotiz von 1904 zurückging. Schon nach den ersten Lektüren zum Thema – vom Volksbuch *Historia von D. Johann Fausten* über die Briefe Hugo Wolfs bis hin zu Erich Friedrich Podachs Nietzsche-Buch – wurde klar, dass Mann mit der Lebensbeschreibung des deutschen Tonsetzers „nichts Geringeres als den Roman meiner Epoche" (*EDF*, 169) zu schreiben beabsichtigte.

Wie sein Erzähler Zeitblom, so begann auch der Autor des *Faustus* am 23. Mai 1943 mit der Arbeit an dem Werk, von dem er wiederholt berichtete, es habe „stärker an [ihm] gezehrt als jedes frühere" (Hesse/Mann 2003, S. 247). Noch bevor der Roman 1947 in Stockholm und 1948 in Deutschland veröffentlicht wurde, begann mit der als ‚Große Kontroverse' bekannt gewordenen Auseinandersetzung Thomas Manns mit Vertretern der sogenannten ‚Inneren Emigration' eine polemische Abgrenzung der in Deutschland gebliebenen Autoren von den Exilanten.

Mit der Figur des Serenus Zeitblom gestaltet Mann allerdings selbst literarisch einen Vertreter der ‚Inneren Emigration'. In der Perspektive des erschütterten Zeitgenossen sowohl der privaten Katastrophe Leverkühns als auch der politischen Katastrophe Deutschlands wird der negativ-teleologisch angelegten Geschichte einer deutschen Teufelsverschreibung die Erfahrung eines ‚inneren Exils' zur Seite gestellt. Zeitblom hält einem ‚anderen', einem in der kulturellen Tradition des europäischen Humanismus stehenden Deutschland die Treue, während er in Hitlers Deutschland wie in einem „von erstickend verbrauchter Luft erfüllten Gefängnis" (*DF*, 45) ausharrt.

Trotz der Isolation im eigenen Land und trotz seiner Hoffnung auf die deutsche Niederlage ist es aber auch Zeitblom, der den Topos der christlichen Gnade in seine Erzählung einwebt. Während Leverkühn in seinem Versuch der Zurücknahme der *Neunten Sinfonie* Beethovens sein letztes Werk mit einem „,Ich habe es nicht so gewollt' des Schöpfers" enden lässt (*DF*, 650) und in einer Art ‚teuflischem Abendmahl' jede Rettung zurückweist, prägt Zeitblom die Formel der „Hoffnung jenseits der Hoffnungslosigkeit", der „Transzendenz der Verzweiflung" (*DF*, 651). Nicht umsonst sind in Zeitbloms abschließendem Stoßgebet Leverkühn und Deutschland als gleichermaßen gnadenbedürftig nebeneinander genannt: „Gott sei eurer armen Seelen gnädig, mein Freund, mein Vaterland." (*DF*, 676)

Theoretische Perspektivierungen
Wenn Thomas Mann die Geschichte des Komponisten Leverkühn mit derjenigen Deutschlands in Beziehung setzt, so liegt dieser Zusammenschau seine Vorstellung einer Geschichte der deutschen Innerlichkeit zugrunde, die aufs Engste mit der Musik verknüpft ist. In seinem Vortrag *Deutschland und die Deutschen* (gehalten im Mai 1945 in Washington) entwirft er eine Psychopathologie der ‚deutschen Seele', die gerade aufgrund ihrer „musikalisch-deutschen Innerlichkeit" (Mann 1974, Bd. XI, S. 1136) zum Umschlag in die barbarische Irrationalität des ‚Dritten Reiches' prädisponiert erscheint. Die Musikalität der Deutschen dient als *pars pro toto* für die metaphysisch überhöhte Wirklichkeitsferne der deutschen Geistigkeit, die dank des „Auseinanderfallens des spekulativen und des gesellschaftlich-politischen Elements" und der „völligen Prävalenz des ersten vor dem zweiten" (ebd., S. 1132) dazu beigetragen habe, die nationalsozialistische Herrschaft überhaupt erst zu ermöglichen. Auch wenn Thomas Mann in seinem Vortrag stets für eine Öffnung Deutschlands ins Europäische eintritt, so führt ihn seine Erfahrung des Exils doch nicht zur Dekonstruktion eines essentialistischen Begriffs von Nation und Volk, sondern zu einer affirmativen Auseinandersetzung mit der ‚deutschen Seele' (vgl. Bannasch 2012).

In seiner mit der Reformationszeit beginnenden, über die deutsche Romantik bis zum Hitlerregime führenden Analyse des deutschen Freiheitsbegriffs, der – zurückgeführt auf Martin Luther – durch eine „Doppeldeutigkeit als befreiende und rückschlägige Kraft" (Mann 1974, Bd. XI, S. 1133) gekennzeichnet ist, kommt Thomas Mann zu dem Schluss, dass es nicht zwei Deutschland, ein böses und ein gutes [gebe], sondern nur eines, dem sein Bestes durch Teufelslist zum Bösen ausschlug. Das böse Deutschland, das ist das fehlgegangene gute [...]. (ebd., S. 1146)

Im *Doktor Faustus* ist es dann folgerichtig die Musik Leverkühns, die auf frappierende Weise die geistige Entwicklung Deutschlands vorausnimmt. Politische und geistesgeschichtliche Diskurse werden mit der scheinbar rein künstlerischen Sphäre des Musikalischen verwoben, die somit eine gesellschaftskritische Brisanz erhält. Anhand der bereits erwähnten „Doppeldeutigkeit" des deutschen Freiheitsbegriffes kann man diesen Zusammenhang nachvollziehen: Schon der junge Adrian philosophiert in Anlehnung an die Vorträge Kretzschmars über das Zusammenspiel von Freiheit und Gebundenheit in der Moderne. Kritisch gegenüber der Entwicklung, die der Freiheitsbegriff in der humanistischen Epoche genommen hat, thematisiert er den Gedanken der Dialektik der Aufklärung, wenn er davon ausgeht, dass Freiheit und selbstermächtigte Subjektivität sich in der Moderne in ihren endlosen Möglichkeiten erschöpft haben und nun zum „dialektischen Umschlag" (*DF*, 253) tendieren. Diese Entwicklung manifestiert sich auch in der Musik, die an einem Zuviel an subjektiver Ausdrucksfreiheit und dem daraus resultierenden Unmöglich-Werden der musikalischen Konventionen leidet. Die Erfindung der Zwölftonmusik, die Adrians Überlegungen zum strengen Satz entspringt, soll durch rationale Durchorganisation des musikalischen Materials eine Gegenbewegung zu diesem Zustand der „diskursiven Lockerung" (*DF*, 453) einleiten. So wie es in der Zwölftonmusik „keine ‚freie' Note mehr" gibt (Adorno 1997, S. 63), da jede Stufe der chromatischen Tonleiter in die totalitäre Konstruktion der Zwölftonmusik eingebunden ist, so ist auch der einzelne Mensch im totalitären Staat gebunden. Der aus der Ablehnung der Tonalität entstandene Gedanke, dass jeder der zwölf Töne gleichberechtigt sein soll, führt – politisch übersetzt – in der totalen Durchorganisation zu einer, „über das bloße polyphone Einordnen hinausgehende[n] völlige[n] Auflösung des Subjektbegriffs, eben ins Barbarische" (Schulze 1998, S. 166). Obwohl die Zwölftonmusik also – sozusagen ungewollt – zum Abbild des Faschismus wird, bezieht sich Adrian selbst als Künstler doch an keiner Stelle auf politische oder gesellschaftliche Zusammenhänge. Er veranschaulicht in seiner künstlerischen Naivität Theodor W. Adornos Idee, dass die Musik, scheinbar nur ihrer eigenen Gesetzlichkeit folgend, sich dennoch „der Erkenntnis" (Adorno 1997, S. 118) nähert und so zur Gesellschaftskritik wird.

Exil und Erinnerung
Manns Psychologie der ‚deutschen Seele' manifestiert sich im Roman in einer Ineinanderblendung verschiedener Zeitebenen: Zusammengedrängt in den Biografien der Figuren und den Schauplätzen wird gleichsam die Geschichte des

deutschen Geistes nachvollzogen und einmontiert. Ein besonderer Fokus liegt dabei auf drei „decisive points" (Bergsten 1959, S. 210) der deutschen Historie seit dem ausgehenden Mittelalter. Sowohl im Zeitalter der Reformation als auch in der Romantik und der Epoche Leverkühns erkennt Bergsten eine Dominanz der ‚Durchbruchs'-Thematik, die für die Konzeption des *Faustus* eine so entscheidende Rolle spielt: „a breaking through the barriers of isolation and estrangement and of imposed artistic and spiritual forms, a revolution of subjectivity against objective standards" (ebd., S. 210f.). Während Zeitblom den Durchbruch als politischen Expansionswillen Deutschlands aus seiner europäischen Isolation versteht und die „Durchbruchsbegierde" als „Definition des Deutschtums" (*DF*, 411) ansetzt, wendet Adrian den Begriff ins Künstlerische. Ihm geht es darum, die Musik aus der „feierlichen Isolierung" (*DF*, 428) zu befreien, in die sie infolge ihrer geschichtlichen Emanzipation von Ritus und Kultur geraten ist.

Alle drei Kulturepochen sind im *Doktor Faustus* durch einmontierte Wort- und Bildzitate, leitmotivisch wiederkehrende Redewendungen und Topoi sowie verschiedene historische Sprachebenen präsent. So ist die Herkunft Adrians geprägt von der Sphäre des ausgehenden Mittelalters, seine Biografie dagegen ist durchsetzt von Begebenheiten aus dem Leben Friedrich Nietzsches. In den Roman sind zudem zahlreiche kaum verdeckte Zitate eingearbeitet – vom mittelalterlichen Fauststoff angefangen über Werke der romantischen Literatur bis hin zu zeitgenössischen Texten, allen voran die zahlreichen Anleihen aus Adornos *Philosophie der neuen Musik*.

Das vielfältige motivische Netz aus historischen Bezügen, Zitaten und eingeflochtenem Bildmaterial verwischt die Grenzen sowohl zwischen den im Roman präsenten Zeitebenen als auch zwischen fiktionalen und faktualen Elementen der Erzählung. Dieses „Montageprinzip" seines Buches sei, so Mann, kennzeichnend:

> für das eigentümlich *Wirkliche* [des Buches], das ihm anhaftet und das, von einer Seite gesehen ein Kunstgriff [...] ist, von einer anderen aber eine nie gekannte, in ihrer phantastischen Mechanik mich dauernd bestürzenden Rücksichtslosigkeit im Aufmontieren von faktischen, historischen, persönlichen, ja literarischen Gegebenheiten, so daß [...] das handgreiflich Reale ins perspektivisch gemalte und Illusionäre schwer unterscheidbar übergeht. (*EDF*, 165)

Dieser Modus des Schreibens und Fortschreibens, der an die Techniken mythischen Erzählens erinnert, ermöglicht eine Typisierung der im Zentrum stehenden Romanfiguren ins Überindividuelle und Überzeitliche. Als archetypische Verkörperungen der ‚deutschen Seele' dürfen Zeitblom und Leverkühn keine „pittoresken Romanfiguren" (*EDF*, 203) mit detailliert ausgeführten individuellen Zügen sein. Stattdessen fungieren die Protagonisten des *Doktor Faustus*, die durch das

„Geheimnis ihrer Identität" (*EDF*, 204) verbunden sind, als Kristallisationspunkt und Vergegenwärtigung deutscher Geschichte und Kultur. Durch die mithilfe der Montagetechnik in ihre Biografie eingewobenen rückwärtigen Bindungen an die deutsche Kulturtradition legen sie auch diejenigen Dispositionen offen, die – nach Thomas Manns psychologischer Analyse – das deutsche Volk für den Nationalsozialismus empfänglich machten.

Gerade dieser Aspekt des Romans – die psychologische Herleitung der deutschen Tragödie aus dem ‚deutschen Gemüt' – ist es, der nach seiner Veröffentlichung in Deutschland zu kontroversen Diskussionen führte. Als Thomas Mann im Goethe-Jahr 1949 Frankfurt und Weimar besuchte, flammte die Auseinandersetzung um die Innere Emigration in der Bundesrepublik – die mit der ‚Großen Kontroverse' von Anfang an eng mit dem Namen Thomas Manns verknüpft war, nun verschärft durch das Erscheinen des *Doktor Faustus* – erneut auf, während der Roman in der DDR als antifaschistisches Werk gefeiert wurde. Manns in seinem offenen Brief von 1945 geäußerte Überzeugung, dass den im ‚Dritten Reich' publizierten Schriften in ihrer Gesamtheit „ein Geruch von Blut und Schande" anhafte (Mann 1974, Bd. XII, S. 957) hat ihm den Vorwurf eingebracht, ein Vertreter der Kollektivschuldthese zu sein. Eine andere Linie der Rezeption – vor allem im europäischen Ausland – hat die Figur des Serenus Zeitblom als Annäherung an die in Deutschland gebliebenen Schriftsteller verstanden und das selbstreflexive Moment des *Faustus* als Deutschlandroman betont.

Fazit

Aus der Perspektive der Exilforschung ist Thomas Manns *Doktor Faustus* zuallererst dies: ein Deutschlandroman. Trotz der Vielschichtigkeit des Alterswerks als Künstler-, Musik-, Gesellschafts- und Faustroman ist es doch die Perspektive des inneren Emigranten Zeitblom und der Fokus auf die Geschichte der deutschen Innerlichkeit, der die verschiedenen Lesarten der Lebensbeschreibung Adrian Leverkühns zusammenhält.

Aus dem Abstand des kalifornischen Exils gestaltet Thomas Mann eine Psychopathologie der ‚deutschen Seele', die sich in ihrer ‚Durchbruchsbegierde' dem Teufel verschrieben hat. Die Abstraktion vom Äußeren und Realen, die im Roman die Kompositionen Leverkühns wie die Diskurse bestimmt, wird als geistige Vorwegnahme des Faschismus verstanden und aus der deutschen Geschichte hergeleitet. Die ‚musikalisch-deutsche Innerlichkeit' ist mit den Mitteln der Mann'schen ‚Montagetechnik' und der Ineinanderblendung von Ficta und Facta in die Diegese des *Faustus* eingewoben und vergegenwärtigt in ihren vielfältigen Bezügen die ‚Epoche des bürgerlichen Humanismus' von der Reformation bis zum Zweiten Weltkrieg. Für die gegenwärtige Exilforschung ist Thomas Manns Alterswerk *Doktor Faustus* also nicht allein aufgrund der in seinem Umfeld entstandenen polemischen Auseinandersetzung zwischen ‚innerem' und ‚äußerem' Exil von Interesse, sondern auch in seinem Anspruch, eine Summe der Zeitgeschichte, der ‚Roman einer Epoche' zu sein.

Eva Knöferl

Literatur

(*DF*) Mann, Thomas: *Doktor Faustus*. Gesammelte Werke in dreizehn Bänden, Bd. VI. 2., durchges. Aufl. Frankfurt a. M. 1974.
(*EDF*) Mann, Thomas: „Die Entstehung des Doktor Faustus". In: *Gesammelte Werke in dreizehn Bänden*, Bd. XI. Reden und Aufsätze 3. 2., durchges. Ausg. Frankfurt a. M. 1974, S. 145–301.

Abel, Angelika: *Thomas Mann im Exil*. München 2003.
Adorno, Theodor W.: *Gesammelte Schriften*, Bd. 12. Philosophie der neuen Musik. Hg. v. Rolf Tiedemann. Frankfurt a. M. 1997.
Assmann, Dietrich: „‚Herzpochendes Mitteilungsbedürfnis und tiefe Scheu vor dem Unzukömmlichen'. Thomas Manns Erzähler im ‚Doktor Faustus'". In: *Hefte der Deutschen Thomas Mann Gesellschaft* 6/7 (1987), S. 87–97.
Bannasch, Bettina: „Konstruktionen nationaler Identität in der Literatur des Nachexils. Zu Thomas Manns ‚Doktor Faustus' und Oskar Maria Grafs ‚Die Flucht ins Mittelmäßige'". In: *Berührungen. Komparatistische Perspektiven auf die frühe deutsche Nachkriegsliteratur. Festschrift für Gerhard Kurz*. Hg. v. Günter Butzer u. Joachim Jacob. München 2012, S. 83–98.
Bergsten, Gunilla: „Musical Symbolism in Thomas Mann's ‚Doktor Faustus'". In: *Orbis litterarum* 14 (1959), S. 206–214.
Hesse, Hermann u. Thomas Mann: *Briefwechsel*. Hg. v. Anni Carlsson und Volker Michels. Frankfurt a. M. 2003.
Koopmann, Helmut: Art. „Doktor Faustus". In: *Thomas-Mann-Handbuch*. Hg. v. Helmut Koepmann. 3., aktualisierte Aufl. Frankfurt a. M. 2005, S. 475–497.
Kurzke, Hermann: *Thomas Mann. Epoche – Werk – Wirkung*. München 1991.
Mann, Thomas: „Deutschland und die Deutschen". In: *Gesammelte Werke in dreizehn Bänden*, Bd. XI. Reden und Ausätze 3. 2., durchges. Aufl. Frankfurt a. M. 1974, S. 1126–1148.
Mann, Thomas: „Warum ich nicht nach Deutschland zurückkehre". In: *Gesammelte Werke in dreizehn Bänden*, Bd. XII. Reden und Aufsätze 4., durchges. Aufl. Frankfurt a. M. 1974, S. 953–962.
Schmidt-Schütz, Eva: *Doktor Faustus zwischen Tradition und Moderne. Eine quellenkritische und rezeptionsgeschichtliche Untersuchung zu Thomas Manns literarischem Selbstbild*. Frankfurt a. M. 2003 (Thomas-Mann-Studien, Bd. 28).
Schulze, Matthias: *Die Musik als zeitgeschichtliches Paradigma. Zu Hesses „Glasperlenspiel" und Thomas Manns „Doktor Faustus"*. Frankfurt a. M. 1998.
Sprecher, Thomas (Hg.): *Thomas Mann und das „Herzasthma des Exils". (Über-) Lebensformen in der Fremde*. Frankfurt a. M. 2008.

Thiess, Frank: „Die innere Emigration". In: *Die große Kontroverse. Ein Briefwechsel um Deutschland*. Hg. v. Johann Franz Gottlieb Grosser. Hamburg u. a. 1963, S. 22–26.

Vaget, Hans Rudolf: *Thomas Mann, der Amerikaner. Leben und Werk im amerikanischen Exil 1938–1952*. Frankfurt a. M. 2011.

Walter Mehring: *The Lost Library* (1951), deutsch: *Die verlorene Bibliothek. Autobiographie einer Kultur* (1952)

Walter Mehring (Pseud. Walt Merin) *27. 2. 1896 Berlin, †3. 10. 1981 Zürich. Stationen des Exils: 1933 Paris, 1934–1938 Österreich, 1938–1940 Frankreich, 1941–1953 USA.

Inhalt

Mehring erzählt in diesem autobiografischen Roman den Untergang der abendländischen Kultur im ‚Dritten Reich' anhand der Plünderung der väterlichen Bibliothek. Die erzählte Zeit umfasst drei Abschnitte, die über die Erinnerung an die Bücher in Form von Titeln und Zitaten ineinandergeblendet werden. Zunächst geht es um die nicht immer konfliktfreie Sozialisation des Kindes und Jugendlichen im väterlichen Bücherzimmer, aus dessen Ordnung der aufgeklärte, kosmopolitische und assimilierte jüdische Bildungsbürger des ausgehenden 19. Jahrhunderts hervortritt. Das Ende dieser Sozialisation wird mit dem Ausbruch des Ersten Weltkrieges bzw. mit dem Tod des Vaters 1915 markiert. Es folgen fast 20 Jahre der „Veruntreuung", in denen der Sohn der Bibliothek den Rücken kehrt und sich ganz der bücherlosen Performancekunst der Avantgarden zuwendet. 1934 flüchtet der Erzähler zunächst nach Wien, wo er erstmals Sehnsucht nach der väterlichen Bibliothek bekommt, die er schließlich 1938 unter höchstem Einsatz zumindest teilweise nach Wien retten kann. Nach dem ‚Anschluss' Österreichs muss der Protagonist wiederum fliehen – die Bibliothek bleibt zurück und wird von den Nationalsozialisten geplündert.

Analysen

Narrationen des Exils

Das Werk Walter Mehrings – Lyriker und Romancier, Dadaist, Mitglied in Herwarth Waldens *Sturm*-Kreis, Mitarbeiter der *Weltbühne* und des *Tage-Buchs* und einer der Hauptvertreter des politischen Kabaretts in der Weimarer Republik – wurde nach

1945 in Deutschland weitgehend vergessen, denn, so konstatierte Mehring 1948 illusionslos: „Man wird es uns nie verzeihen, daß wir uns nicht haben erschlagen oder ein bißchen vergasen lassen." (Buchwald 1983, S. 51) Die präzise Kontextualisierung seiner Texte nach seiner Flucht aus Deutschland als ‚Narrationen des Exils' wird erschwert durch Mehrings durchgängige Selbststilisierung als *poète maudit*, der mit allen biografischen Fakten frei umgeht. Das wird bereits in seinen frühen Fragmenten aus dem Exil *Wir müssen weiter* deutlich (vgl. Hall 1983, S. 20). Viele Zeitangaben und Ortsbeschreibungen erscheinen widersprüchlich und ungenau. Merkwürdigerweise fehlt jede Erinnerung an die Mutter, die 1942 im KZ Theresienstadt ums Leben gekommen ist, wie auch jede Spur von der realen Bibliothek, die in Wien geplündert wurde. Zwar erschien im Juli 1938 im *Neuen Tagebuch* unter dem Titel *Meines Vaters Bibliothek* ein kurzer Text, in dem Mehring öffentlich den Verlust anzeigte. Dennoch gibt es bis heute keinen Hinweis auf den Verbleib der mehrere Tausend Bände umfassenden Bibliothek Sigmar Mehrings, obgleich solche Spuren von der Provenienzforschung bereits für deutlich kleinere Bibliotheken nachgewiesen werden konnten. Auch die Geschichte, die Mehring über das Verbot seines satirischen Romans *Müller. Chronik einer deutschen Sippe* (1934) kolportiert hat, stimmt mit den Fakten nicht überein (vgl. Hall 1983, S. 22ff.). Es handelt sich also durchweg um einen dichterischen Umgang mit der eigenen Lebensgeschichte, der auf Fakten wenig Rücksicht nimmt; nicht auf die Wahrheit historischer Fakten, sondern auf einen literarischen Wahrheitsbegriff werden die Leser verwiesen, der mit den Fakten nicht zusammenfällt, der aber die Dimension der Katastrophe, die über die Exilierten hereinbrach, auf andere Weise zu fassen vermag.

In einem dem Roman vorangestellten *Post Scriptum* erfährt der Leser, dass der Protagonist sich in seiner Konfrontation mit den Büchern und Autoren der väterlichen Bibliothek strikt an sein Gedächtnis gehalten und sich ausschließlich mit denjenigen beschäftigt habe, „die im Augenblick der Niederschrift mir wahrhaftig, erinnerungsgetreu dazu einfielen" (*VB*, 12). Als „Vorübung" diente ihm, dass er in einem Internierungslager in Südfrankreich im Jahr 1941 einem Mithäftling von dieser Bibliothek erzählt habe; aber erst im US-amerikanischen Exil habe er mit der Niederschrift begonnen. So hat Andreas Kilcher den Text als kritisch-kommentierenden und zugleich historisch-narrativen Bibliothekskatalog bezeichnet, der in der mündlichen Erzählung im Internierungslager Saint Cyprien seinen ersten – und damit authentischen – Niederschlag finde. Es handle sich bei dieser mnemotechnischen Meisterleistung um eine Restitution, „in der die *narratio* sich förmlich entlang der alten Bücherregale tastet und Buch für Buch die verlorene Bibliothek aufruft", während die Niederschrift des Buches im Exil nur noch die schriftliche Wiederholung des mündlichen Erinnerungsaktes darstelle. Das Resultat sei eine gelungene Übersetzung der Bibliothek in die „immaterielle Schrift der memoria" (Kilcher 2004, S. 306), eine erfolgreiche Wiederholung und Durcharbeitung, an deren Ende nicht nur eine individuelle, sondern auch die annoncierte kollektive Autobiografie stehe. In dieser Einschätzung folgt Kilcher Aleida Assmann, die für Mehrings Text gleichfalls eine Wiederauferstehung der Bibliothek aus dem Gedächtnis konstatiert: „Angesichts der ihn umgebenden wachsenden Gewalt konzentrierte er alle Kräfte auf die Rekonstruktion des väterlichen Erbes. [...] In Mehrings Fall kann man von der Wiedergeburt des Kanons aus der Erfahrung der Zerstörung sprechen." (Assmann 2004, S. 104) Doch angesichts der erheblichen fiktionalen Freiheit, mit der Mehring seine Lebensgeschichte behandelt, stellt sich natürlich die Frage nach dem literarischen Status solcher Beglaubigungen. Die Interpretationen Kilchers und Assmanns vernachlässigen die spezifische Konstruktion des Romans und reduzieren ihn zum autobiografischen Dokument. Akzentuiert man dagegen die Perspektive des Ich-Romans, so offenbart sich, dass die individuelle Erfahrung immer schon von fremdem Text überlagert ist; schließlich sieht und hört der Protagonist „überhaupt nur Schönes, nur Häßliches, sofern [er] es vorher schon gelesen hatte" (*VB*, 121). Dass der intertextuelle Textraum ein fiktionaler ist, wird im Epilog ausdrücklich betont, wo ganz aristotelisch der Vorrang der Dichtung vor der Geschichtsschreibung entfaltet wird:

> „Die Geschichte ist nie dabei gewesen [...]. Der Schriftsteller jedoch ist bei der Handlung anwesend; und es schert ihn einen Dreck, ob sie mythologisch, historisch, in der Gegenwart oder utopisch zum Ereignis wurde. Er ertappt sie auf frischer Tat, coram publico [...]." (*VB*, 118)

Am Ende wird deshalb das Buch entschieden als „die Fabel einer mir verwandten Bibliothek" (*VB*, 291) bezeichnet, in der sich die eigene Lebensgeschichte nicht konkretisiert, sondern zunehmend verliert. Nicht Rekonstruktion einer Bibliothek oder gar eines Kanons, sondern deren Zerschlagung in einem fiktionalen Textraum erscheinen so als Ziel des Textes: Während die Nationalsozialisten die Bibliothek vernichten, um das in ihr gesammelte Wissen auszulöschen, dekonstruiert der Protagonist ihre Ordnung, um eben dieses Wissen freizusetzen. So wird der Text als avantgardistisches Experiment bestimmbar, das an eine untergegangene Kultur im Zeichen des Verlusts erinnert.

Theoretische Perspektivierungen
Die Bibliothek figuriert in der abendländischen Kultur als exemplarischer Ort der Ordnung, Generierung und Repräsentation des kulturellen Wissens. Als Heterotopos im Foucault'schen Sinn ist sie „Widerlager", in dem „die wirklichen Plätze innerhalb der Kultur gleichzeitig repräsentiert, bestritten und gewendet sind" (Foucault 1990, S. 39), weshalb sie sich zur Reflexion der historischen Katastrophen des 20. Jahrhunderts geradezu aufdrängt. Denn Bibliotheken „ordnen Texte als wahre und falsche, fiktionale und faktische, bewahrenswerte und nicht-be-

wahrenswerte. Damit legitimieren sie eine spezifische Ordnung des Wissens [...]." (Stocker 1998, S. 556) Die Ordnung in der väterlichen Bibliothek misst sich an der Nähe oder Ferne zur aufgeklärten Vernunft, verkörpert durch Kants *Kritiken*. Systematisch füllt der bibliophile Vater die weißen Flecken seiner Sammlung, unbeirrbar in seinem Fortschrittsoptimismus wie auch in seinen Urteilen – was ‚hochwertig' und was Schund, was nützlich oder schädlich ist, weiß er noch genau. Als Sammler ist er derjenige, der „bewahrt, der neue Räume des Identischen zu eröffnen und Sinn-Enklaven innerhalb der kontingenten Welt zu schaffen versucht", der durch Sammeln Sinn akkumuliert und etabliert (Assmann/Gomille/Rippl 1998, S. 15). Dagegen reflektiert die Auseinandersetzung des Sohnes mit dem „angelesenen, geplünderten, auf zweimaliger Flucht endgültig verlorenen Büchererbe" „jene historisch, ästhetisch, philosophisch einmalige Konfiguration" (*VB*, 11), in der die Dialektik der Aufklärung sichtbar wird – als Ohnmacht gegenüber den Folgen des eigenen Denkens.

Das Zitat kann als „paradigmatischer Fall für Erinnerungsarbeit" gelten (Menke 1991, S. 74). Dieses restituiert jedoch die Ordnung der Bibliothek des 19. Jahrhunderts nicht, sondern wird zum Zeugen ihrer Auflösung. In Leo Tolstois Parabel *Wieviel Erde braucht der Mensch um zu leben?* bekommt der gierige Bauer die Antwort am Ende vom Tod: „Soviel wie für dein Grab." Daran schließt der Ich-Erzähler die Frage, die für sein Erzählexperiment entscheidend ist: „Wieviel Platz braucht ein Buch?" (*VB*, 85) Die Antwort besteht in der größtmöglichen Verkürzung, die jedes Buch auf drei Seiten und diese drei Seiten auf drei Zeilen reduziert. Mithin kommt dem Zitat als eigentlichem Modell und Schema des textuellen Verfahrens eine herausragende Bedeutung zu, weil nur auf diese Weise ein Nachleben des Toten, Abgeschiedenen, Verlorenen gewährleistet werden kann. Das Zitat zerstört den ursprünglichen Zusammenhang und garantiert zugleich die vergegenwärtigende Konservierung in einer neuen Konstruktion. „Als *objets trouvés* kommt den Zitaten Dokumentcharakter zu. Werden sie in andere Texte versetzt, so wechseln die Perspektiven und die Töne." (Kramer 2000, S. 205) Indem das Ganze des Büchererbes in der Erinnerung radikal zerlegt wird, wird es im neuen Kontext des eigenen Buches verwendbar – es kommt zu unerwarteten Begegnungen. Zugleich räumt die Wiederholung als Prinzip des Zitats mit der Herrlichkeit der Echtheit, der Einmaligkeit des Kunstwerks auf. Im Text selbst gibt es nur Kopien in äußerster Abbreviatur, die im raschen und abrupten Wechsel miteinander verkettet werden. Mit dieser „fragmentierten Integration disparaten Materials" (ebd., S. 200) stellt Mehring seinen Text in die Tradition der Avantgarden, welche die Montage zu einem demonstrativen, irritierenden Spiel mit textuellen Fertigteilen perfektionierten. Dabei ist Mehrings Verfahren aber schon von der Einsicht geprägt, dass die Verbrennung der Bücher auch die Autorität des jederzeit reproduzierbaren Textsubstrats affiziert, auf die der Zitierende sich verlässt. Die Zitate in der *Verlorenen Bi-*

bliothek wirken deshalb rastlos und flüchtig, so, als müsse man sie gerade noch lesen, bevor sie für immer verschwinden. Ihr Konstruktionsprinzip ist das des Schocks: Man sieht ihnen die Gewalt an, mit der sie aus ihrem Zusammenhang gerissen wurden, weil sie selbst immer wieder den Zusammenhang unterbrechen, in den sie montiert sind. An den Schnittstellen – in der Unterbrechung des Zusammenhangs der Bibliothek einerseits und der Unterbrechung des Textes andererseits – berühren sich die Bücher der Bibliothek mit dem Buch über die Bücher der Bibliothek. Damit rekurriert Mehring auf die ‚reine Lehre' der Montage: „Meiner Ansicht nach ist [...] Montage nicht ein aus aufeinanderfolgenden Stücken zusammengesetzter Gedanke, sondern ein Gedanke, der im Zusammenprall zweier voneinander unabhängiger Stücke ENTSTEHT [...]." (Eisenstein 1998, S. 280)

Die Art der Auswahl und Verknüpfung der Autornamen, Titel und Zitate destruiert die Ordnung der Bücher und nutzt sie – jenseits ihres Kontextes – als Zeugen in einem Prozess, der die Tradition als Teil des Problems lesbar macht: „die Zerstörung, die zitiert,/die Zitation die zerstört, macht das Gewesene handlich, das heißt aber zitierbar: tot und verwendbar, überdauernd" (Menke 1991, S. 82). Wie der Vater Bücher sammelte, so sammelt der Sohn Zitate und macht so die Tradition fürs Exil verwendbar. Der Bibliothek selbst fügte er, so wird betont, nur wenige Stücke hinzu. Denn der junge Künstler bricht programmatisch mit der Sammlung wie mit dem Sammeln von Büchern – „alles, was man gelesen haben mußte, hatte sich in Hotelschränken, auf Pensionskaminen, in Eisenbahngepäcknetzen verzettelt" (*VB*, 193). Im Ersten Weltkrieg diskreditiert sich jene Ordnung, die der Vater bis zum Tod verteidigt, gründlich. „Nach Absolvierung der Heeresdienst-Exerzitien [...] hatte ich meine ganze Hoffnung auf die Niederlage der Tradition gesetzt." (*VB*, 195) Zur Bibliothek kehrt er erst zurück, als sie durch die Nationalsozialisten von der Auslöschung bedroht ist. Erst jetzt tritt er sein Erbe an, erst jetzt wird auch er zum Sammler.

Die Zitatkonstellationen zerstören den Zusammenhang der Bücher und werden zur kritischen Wiederholung; in der Montage beginnen die scheinbar wohlgeordneten Verhältnisse zu tanzen.

> Das ganze pantheistische, nihilistische Pandämonium: Dostojewskijs *Vom Teufel Besessene*, Zolas *Bête humaine*, Strindbergs *Inferno* – alle *Stahlgewitter*, eine außer Rand und Band geratene Bücherei war los und gehorchte nicht mehr dem Buchstaben ihrer *Zauberlehrlinge*. (*VB*, 279)

Solchermaßen wird der Gedächtnisraum der Bibliothek gleichsam überschrieben von der narrativen Ordnung der Zitatsammlung; im Textkontakt verknüpft sich die Überlieferung mit der Gegenwart in einer Weise, dass die „bedrohlichen Frühdiagnosen" (*VB*, 197) des 19. auf die Katastrophen des 20. Jahrhundert hin lesbar werden.

Exil und Erinnerung
Das Prinzip der Montage bestimmt mithin nicht nur das intertextuelle Verfahren, sondern auch die thematisierten Erinnerungsmodelle. Die Gedächtnismetapher, für die die Bibliothek das passende Gehäuse darstellt, ist die des Archivs, das Speicherung mit einer genau festgelegten Ordnung verbindet. Während das Sammeln von Texten im Bücherraum das räumliche Gedächtnismodell des Speichers entfaltet, der seine ihm anvertrauten Inhalte getreu aufbewahrt, generiert das Sammeln in Texten durch Zitation und Arrangement zwei zeitliche Gedächtnismodelle, die Assmann als Erwachen und Erwecken gefasst hat und die mit Vergessen und Diskontinuität verbunden sind. Da ist zunächst die stupende Erinnerungsfähigkeit des Gedächtniskünstlers, der aus seinem avantgardistischen Traumschlaf im Exil erwacht. Die vollkommene Verinnerlichung der Bücher, die nur zwei Jahre nach Mehrings Roman in Ray Bradburys Roman *Fahrenheit 451* (1953) zur Darstellung gelangt, macht deren äußere Archivierung tendenziell überflüssig.

Während der Gedächtniskünstler die gespeicherten Inhalte der Bücher willkürlich abruft, soll Prousts *mémoire involontaire* bei der „Suche nach der verlorenen Bibliothek" selbst behilflich sein. Bei seiner Rekonstruktion der väterlichen Bibliothek im Wiener Hotelzimmer ist dem Protagonisten nämlich zumute,

> als träte ich erst jetzt die Erbschaft an; als wäre ich wieder in dem Sterbezimmer, aus dem man eben den Toten hinausgetragen hatte [...] als hätte ich gerade zuvor die dem Sterbenden aus der Hand gefallene schwielige Schwarte – das Original 1781 von Kants *Kritik der reinen Vernunft* – [...] vom Teppich aufgeklaubt und in sein Fach zurückgestellt [...]. (*VB*, 194)

Das Madeleine-Erlebnis aus Prousts *Recherche* drängt sich auf, doch während hier eine unwillkürliche Flut von Erinnerungen folgt, schließt Mehring wiederum das intentional gesteuerte Zitat an. Damit rückt sein Verfahren auch schon wieder ab von der unwillkürlichen Erinnerung und lässt sich gerade in dieser distanzierten Nähe wohl am besten im Sinne Walter Benjamins als Eingedenken fassen, das eine spezifische Erinnerung an das Trauma von Verlust und Vergessen umschreibt und dem doch eine Distanz zur Erinnerung als unmittelbarem körperlichem Akt eingeschrieben ist.

Die Anfälligkeit der Bibliothek gegen Vandalismus und die der Erinnerung gegen Vergessen fallen am Ende des Textes zusammen (vgl. *VB*, 272ff.). Gegen die hilflose Unverfügbarkeit des Speichergedächtnisses wie der individuellen Erinnerung, gegen die Zerstörung und das Vergessen, wird am Ende die magisch-animistische Gedächtnismetapher der Erweckung herangezogen, die auf eine Wiederbelebung der Vergangenheit in der Gegenwart zielt. „Sobald das Ganze fertig war und drei Wände bedeckte, schien es mir, [...] ein mächtiges Pentagramm und andere Nekromantenmuster zu formen, um Verstorbene damit zu zitieren." (*VB*,

194) Diese Totenbeschwörung ruft die seit Montaigne etablierte Vorstellung von Lektüre als Geistergespräch herauf, das Zeit und Raum und damit auch Verlust und Vergessen überwindet. Ihre Ver-Sammlung im Text-Raum dient Mehring für eine Art Gerichtsverfahren zwischen Vater und Sohn, in dem das Urteil historisch schon vollstreckt ist und in dem nachträglich Verteidigung und Anklage über die Verstrickung der Kultur in die Katastrophe streiten.

Fazit

Mehrings autobiografischer Roman zeugt von einer beunruhigenden Ambivalenz: Bei aller Sehnsucht nach der verlorenen Bibliothek – der großbürgerlich-väterlichen wie auch der ungeschriebenen der Avantgarde – stellt der Text keine Rückkehr des verlorenen Sohnes zum Glauben der Väter oder zu den Idolen der Jugend dar, sondern die kritische Bestandsaufnahme eines Bankrotts, der die Gewissheit der Bibliothek und die Gewissheit des avantgardistischen Pathos gegen die Bibliothek gleichermaßen betrifft. Den Büchern gilt ein Eingedenken, das nicht als erfolgreiche *restitutio in integrum*, sondern als Pathografie der Zerstörung entziffert werden muss. Das Gedächtnistheater des Zitatensammlers Mehring bleibt eingespannt in eine hoffnungslose Alternative: „Rettet die Bücher zuerst" und „Zerstört die Bibliotheken". Die bedrohliche Koinzidenz der avantgardistischen Parole mit der nationalsozialistischen Tat erscheint in den Zitatmontagen als dialektisches Bild, das die Ambivalenz für die Erkenntnis des Zusammenhangs von Kultur und Barbarei stillstellt. So schreibt Mehring die Geschichte der modernen Literatur von ihrem Ende her. Die Montage aus Zitaten und Erinnerungsverfahren erzeugt dabei jene eigentümliche Simultaneität, welche die beiden Positionen – notwendige Bewahrung der Tradition und notwendiger Bruch mit ihr – nicht mehr als Vor- und Nachgeschichte ordnet, sondern sie im Raum des Buches versammelt. Das Buch des Sohnes über die Bücher des Vaters erinnert an die Kultur im Augenblick ihres Untergangs.

Manuela Günter

Literatur

(*VB*) Mehring, Walter: *Die verlorene Bibliothek. Autobiographie einer Kultur*. Werke, Bd. 2. Hg. v. Christoph Buchwald. Düsseldorf 1978.

Arnold, Heinz Ludwig (Hg.): *Walter Mehring*. München 1983 (Text + Kritik 78).
Assmann, Aleida: „Der väterliche Bücherschrank. Über Vergangenheit und Zukunft der Bildung". In: *Akten des X. Internationalen Germanistenkongresses Wien 2000. Zeitenwende – die*

Germanistik auf dem Weg vom 20. ins 21. Jahrhundert, Bd. 1. Hg. v. Peter Wiesinger (Jahrbuch für Internationale Germanistik: Reihe A, Bd. 53). Bern u.a. 2002, S. 97–112.
Assmann, Aleida, Monika Gomille u. Gabriele Rippl (Hg.): *Sammler – Bibliophile – Exzentriker*. Tübingen 1998.
Buchwald, Christoph: „Odysseus hat entweder heimzukommen oder umzukommen. Notizen zur Rezeption Walter Mehrings nach 1950". In: Arnold 1983, S. 51–55.
Eisenstein, Sergej M.: „Dramaturgie der Film-Form. Der dialektische Zugang zur Film-Form" (1929). In: *Texte zur Theorie des Films*. Hg. v. Franz-Josef Albersmeier. 3., durchges. u. erw. Aufl. Stuttgart 1998, S. 275–304.
Foucault, Michel: „Andere Räume". In: *Aisthesis. Wahrnehmung heute oder Perspektiven einer anderen Ästhetik*. Hg. v. Karlheinz Barck u.a. Leipzig 1990, S. 34–46.
Günter, Manuela: „Das Exil der Bücher. Walter Mehrings ‚Lebensgeschichte einer Literatur'". In: *Bibliotheken und Sammlungen im Exil*. Hg. v. Claus-Dieter Krohn u. Lutz Winckler. München 2011 (Exilforschung. Ein internationales Jahrbuch, Bd. 29), S. 28–41.
Hall, Murray G.: „Biographie als Legende". In: Arnold 1983, S. 20–35.
Kilcher, Andreas B.: „Das Horoskop des 19. Jahrhunderts im Prüfstand der Geschichte. Walter Mehrings ‚Verlorene Bibliothek'". In: *Deutsche Vierteljahrsschrift für Literaturwissenschaft und Geistesgeschichte* 78 (2004) H. 2, S. 287–312.
Kramer, Sven: „Montierte Bilder. Zur Bedeutung der filmischen Montage für Walter Benjamins Denken und Schreiben". In: *„In die Höhe fallen". Grenzgänge zwischen Literatur und Philosophie Ulrich Wergin gewidmet*. Hg. v. Anja Lemke u. Martin Schierbaum. Würzburg 2000, S. 195–211.
Menke, Bettine: „Das Nach-Leben im Zitat. Benjamins Gedächtnis der Texte". In: *Gedächtniskunst: Raum – Bild – Schrift. Studien zur Mnemotechnik*. Hg. v. Anselm Haverkamp u. Renate Lachmann. Frankfurt a. M. 1991, S. 74–110.
Stocker, Günther: „Das Motiv der Bibliothek in der Literatur des 20. Jahrhunderts". In: *Weimarer Beiträge* 44 (1998) H. 4, S. 554–574.

Terézia Mora: *Alle Tage* (2004)

Terézia Mora *5. 2. 1971 Sopron (Ungarn).

Inhalt

Abel Nema, ein Abiturient im Alter von neunzehn Jahren, muss seine osteuropäische Heimat aufgrund eines dort ausbrechenden Bürgerkriegs verlassen. Im Zuge seiner Flucht ins Exil einer deutschen Großstadt erwirbt Abel auf wundersame Weise die Fähigkeit zur virtuosen Aneignung und Beherrschung überdurchschnittlich vieler Fremdsprachen, welche ihm zunächst ein Einkommen als Studienstipendiat und Sprachlehrer, später als Übersetzer ermöglicht. Ungeachtet dieser finanziellen Absicherung und seines durch die Scheinehe mit Mercedes, der Mutter einer seiner Sprachschüler, gesicherten Bleiberechts in

Deutschland fristet Abel ein von Unsicherheit, sozialer Isolation und Perspektivlosigkeit geprägtes Leben am Rande der Gesellschaft. Seine Begegnungen mit anderen, meist ähnlich exterritorialen Personen bleiben oft flüchtig, seine wechselnden Aufenthaltsorte stets prekär. Erst, als der inzwischen 33-jährige Abel von einer Jugendbande gewaltsam überfallen und infolgedessen seines Sprach- und Erinnerungsvermögens beraubt wird, kündigt sich eine Änderung der Verhältnisse an.

Analysen

Narrationen des Exils

Dass Terézia Moras im Jahr 2004 erschienener Debütroman *Alle Tage* zur Exilliteratur gezählt werden kann, erklärt sich zweifelsohne nicht von selbst. Zumindest dann nicht, wenn für die Zugehörigkeit zu Letzterer das Kriterium der biografisch-faktischen Exilerfahrung ihrer Autoren in Anschlag gebracht wird. Weder war Mora exiliert, noch sah sie sich mit exiltypischen Problemen wie dem Sprachwechsel oder seiner Verweigerung ernsthaft konfrontiert. Geboren und aufgewachsen in Ungarn, wo sie der deutschen Minderheit angehörte, siedelte sie 1990 zum Studium nach Berlin über, um nur wenig später mit dem in deutscher Sprache verfassten Erzählband *Seltsame Materie* (1999) in die literarische Öffentlichkeit zu treten. Mora erlebte die Erfahrung der Fremde und des Fremdseins dennoch als – unter exilbiografisch gleichsam umgekehrten Vorzeichen – nachhaltig prägend:

> Seit ich fünf war, wollte ich aus meinem ungarischen Dorf weggehen. Ich wollte den Ort und die Lebensweise finden, in denen ich nicht fremd bin – nämlich hier in Berlin und als Schriftstellerin. Ich habe hier keine Fremdheitsgefühle. Fremd war ich in dem ungarischen Dorf. Ich habe die Sprache nicht gewechselt. Ungarisch und Deutsch sind beides meine Muttersprachen. Ich konnte mich für eine der beiden entscheiden, und das habe ich auch getan. (Mora 2005, S. 28)

Ganz anders lässt es Mora dem Protagonisten ihres Romans Abel Nema ergehen. Zwar wächst auch Abel zweisprachig auf und verlässt im selben Alter wie Mora seine nicht näher benannte osteuropäische Heimat, um in die deutsche Großstadt „B." zu emigrieren. Deutschland gerät dem in seinem Herkunftsland als Deserteur verfolgten Abel jedoch schnell zum Exil, wo er überdies im Unterschied zu Mora „von Anfang an und grundsätzlich fremd" (ebd., S. 30) bleibt. Sein Name scheint diese Außenseiterposition bereits vorwegzunehmen. So ist „Nema, der Stumme, verwandt mit dem slawischen Nemec, heute für: der Deutsche, früher für jeden nichtslawischer Zunge, für den Stummen also, oder anders ausgedrückt:

den Barbaren" (*AT*, 14). War der Begriff des Barbaren (von βάρβαροῖ, griech. ‚Stotterer' bzw. ‚Stammler') im antiken Griechenland ursprünglich für all jene reserviert, die der griechischen Sprache nicht mächtig waren, deren Äußerungen mithin als unverständliche ‚bla-bla'- bzw. ‚bar-bar'-Geräusche verspottet wurden, entwickelte er sich schon bald zur kulturgeschichtlich weitreichenden und bis heute wirksamen Projektionsfigur des bedrohlichen Fremden (vgl. Kristeva 1990, S. 59ff.). Auch der stets schwarz gekleidete, auffallend blasse und notorisch schweigsame Abel Nema ist vor den Zuschreibungen seiner Mitmenschen nicht gefeit. Vielmehr noch scheint er diese geradezu herauszufordern. Sei es Konstantin, bei dem Abel seine erste Bleibe findet und der an ihm eine gewisse, „er kannte das Wort nicht, er bildete es neu: *Menschheit*" (*AT*, 119) vermisst, sei es Mercedes, die während ihrer Trauung mit Abel „etwas Endloses, wofür sie gar keine Worte mehr hat", an ihm wahrzunehmen meint, „als trüge er ihn in den Taschen: den Geruch der Fremde. Sie roch *Fremdheit* an ihm" (*AT*, 17). Für nahezu jeden, dem Abel im Exil begegnet, verkörpert er „dieses Es-gibt-kein-Wort-dafür, diese *Provokation*, [...] den Zwang, mit ihm zu tun haben zu wollen, auf die eine oder andere Weise. [...] So ging es, so wird es in Zukunft allen gehen: Lieben oder töten" (*AT*, 67f.).

Und tatsächlich wird Abel, der mit seiner irritierenden Andersheit und strukturellen Unverfügbarkeit nicht nur die Sprache an ihre Grenzen treibt, Opfer eines Mordversuchs durch eine Bande vagabundierender Jugendlicher, die ihn ähnlich einer Kreuzigung kopfüber an ein Klettergerüst hängen, wo er wenig später bewusstlos aufgefunden wird. Im Unterschied zu seinem biblischen Namensvetter überlebt Abel diesen Angriff zwar, seine Passionsgeschichte setzt sich aber insoweit fort, als er nunmehr endgültig zur leeren, gleichsam entsubjektivierten Projektionsfläche der anderen gerät. So erkrankt Abel infolge des Überfalls nicht nur an Aphasie, auch die von den Ärzten diagnostizierte

> Amnesie hat sich bestätigt, er erinnert sich an nichts mehr, wenn man ihm sagt, [...] sein Name sei Abel Nema, er sei aus dem und dem Land gekommen und habe einst ein Dutzend Sprachen gesprochen, übersetzt, gedolmetscht, schüttelt er höflichverzeihend-ungläubig lächelnd den Kopf. (*AT*, 430)

Seines sprachlichen Ausdrucksvermögens und autobiografischen Gedächtnisses beraubt, figuriert Abel den im Exil sich selbst fremdgewordenen Menschen, dessen äußeres Exil sich in ein inneres umkehrt, der, einmal exiliert gewesen, nicht mehr mit sich selbst heimisch werden kann und der als immer schon Exilierter bzw. „Fremder an sich" (Mora 2005, S. 30) im äußeren Exil erst sichtbar wird.

Theoretische Perspektivierungen
Über die narrative Inszenierung seiner Exilsituation hinaus wird Abel auch insofern stilistisch ins Exil gerückt, als er nahezu ausschließlich über die Perspektiven der anderen, ihn gleichsam von außen spiegelnden Charaktere des Romans in Erscheinung tritt. Das dem zugrunde liegende Verfahren des polyphonen und multiperspektivischen Erzählstils wird im zweiten, nicht umsonst mit „Chöre" betitelten Unterkapitel auf paradigmatische Weise exerziert. Als Mercedes in einem Gerichtsgebäude auf den wieder einmal abwesenden Abel wartet, hört sie plötzlich mehrere einander abwechselnde, unterbrechende bzw. synchrone Stimmgesänge einer Chorprobe, welche auch die Leserin bzw. der Leser, so die heterodiegetische Lektüreanleitung, „mit ein wenig Konzentration [...] schon auf die Reihe" (*AT*, 12) bringen würde.

Die hier schon indizierte, durch die Montage andauernd wechselnder Figuren- und Erzählerstimmen, Radiosequenzen, Code-Switchings in Form von nichtdeutschsprachigen bzw. intertextuellen Äußerungen und Lautmalereien konsequent fortgesetzte Vielstimmigkeit des Romans kündet nicht nur von der hohen transkulturell erworbenen Sprachreflexivität Moras. Darüber hinaus werden durch die solcherart polyphon erzeugten Hybrid- bzw. Nichtidentitäten (Abel) ganz bewusst die „konstruktivistische Basis der Gesellschaft apostrophier[t]" (Mitterbauer 2010, S. 265) und die Vorstellung eines homogenen Sprach- und Kulturraums unterlaufen. Als Übersetzerin ist Mora ebenso wie Abel „Akteur[in] eines Zwischenweltenschreibens" (Ette 2005, S. 119), die ihre interkulturelle Aufgabe vor allem darin sieht, „der deutschen Leserschaft so viel wie möglich unterzujubeln" (Burka 2011, S. 188), d.h. osteuropäische Erzähltraditionen, Narrative und Zitate „unbemerkt in der deutschen Sprache [zu] etablieren, sodass die Deutschen genauso Kassák sprechen wie wir, das ist doch schön" (ebd.).

Gleichwohl wird die naive Vorstellung einer durch Mehrsprachigkeit garantierten interkulturellen Begegnung in *Alle Tage* bereits insofern konterkariert, als Abel, so Mercedes' resignierte Feststellung, „seine zehn Sprachen [...] auch nur gelernt [habe], um einsamer sein zu können als mit drei, fünf oder sieben" (*AT*, 329). Und tatsächlich dient ihm seine Fremdsprachenvirtuosität keineswegs dazu, zwischenmenschliche bzw. kulturelle Distanzen zu überwinden. Ganz im Gegenteil gewinnt Abel erst durch sie Einblicke in das Nicht-Übersetzbare, das different und unverfügbar Bleibende, in genau dasjenige also, das ihn selbst für Andere so ‚fremd' und ‚provokativ' erscheinen lässt. „Heute", resümiert Abel seine jahrelangen Sprachstudien im Exil gegen Ende des Romans,

> weiß ich nahezu alles über die Bereiche, in denen sich Sprachen berühren, und auch über die, wo sie sich niemals berühren. Etwas bleibt immer im Dunkeln. Mehr zu wissen heißt, auch mehr um die Existenz der dunklen Bereiche zu wissen. Deshalb die Vorsicht, sich zu äußern. (*AT*, 403)

Wenn überhaupt, war jetzt „das Innere seines Mundes das einzige Land, dessen Landschaften er bis ins Letzte kannte" (*AT*, 100). So steht seine im Exil erworbene und im Sprachlabor perfektionierte Fähigkeit des akzent- und mithin ‚ortlosen Sprechens' (*AT*, 13) im seltsamen Verhältnis zu seiner ebenfalls exilbedingten Orientierungslosigkeit. Diese wiederum korrespondiert mit der labyrinthisch angelegten Bauform des Romans, dessen einzelne Kapitel und Sequenzen weder einer chronologischen Reihenfolge noch einem linearen Erzählstrang folgen und den Leserinnen und Lesern – verstärkt durch die bereits angesprochene Polyphonie und die zahlreichen intertextuellen Einschübe – permanente Perspektiv- und Richtungswechsel abfordern.

Ganz ähnlich muss Abel sich immer wieder damit abfinden, „nicht mehr als eine Vorstellung davon zu haben, wo er sich gerade befand" (*AT*, 159); einzig der Bahnhof wird zu „seinem ständigen Orientierungspunkt" (*AT*, 177). Neben diesem säumen jedoch noch andere „signifikant[e] Landmarker" (*AT*, 159) Abels Irrweg durchs Exil. Angefangen mit der *Nervenheilanstalt*, die er ebenso wie das *Gefängnis* mehr als einmal passiert, über Abels hohlraumartig verschachteltes *Wohnheimzimmer* und das regelmäßig von ihm besuchte *Sprachlabor*, bis hin zur Musikbar „Kingania Anarchia", einer ihn zeitweilig beherbergenden illegalen „*Enklave*" (*AT*, 153), handelt es sich bei ihnen sämtlich um Grenz- bzw. Gegenräume, um Heterotopien, zu deren wesentlichen Merkmalen gehört, „alle anderen Räume in Frage" (Foucault 2005, S. 19) zu stellen. Zu diesen infrage gestellten ‚anderen Räumen' gehören in *Alle Tage* auch jene auf die Herkunft rekurrierenden Topoi von Heimat, Sprache, Kultur und Identität, die traditionell als in sich und nach außen hin abgeschlossene Zentren definiert sind.

Dass es Mora um die Dezentrierung von Räumen und Gemeinplätzen sowie die Irritation und Verschiebung derer Grenzen und nicht um deren Auflösung geht, wird mit Blick auf Abels Raum- und Körperverhalten deutlich. Ebenso wenig, wie ihm seine Vielsprachigkeit zur grenzüberschreitenden Interaktion mit anderen dient, erlauben es ihm die heterotopen Räume des Exils, seine auf Immunität und Distanz ausgerichteten Verhaltensmuster zu überwinden. Selbst im regelmäßig von ihm aufgesuchten Nachtclub „Klapsmühle", einem Ort der freien sexuellen Entfaltung und Grenzüberschreitung, vermag der homosexuelle Abel „die Barriere zu den anderen Figuren nicht [zu durchbrechen]. Er bleibt an der Grenze – sowohl äußerlich (Heimat, Sprache, Raum) als auch innerlich (Körper, Geschlecht, Sexualität)" (Distefano 2010, S. 103). Seine androgyne, insbesondere von den Frauenfiguren im Roman als kindlich wahrgenommene Erscheinung, sein bis zuletzt uneingelöst bleibendes Begehren nach jungen Männern und sein Status als Scheineehemann von Mercedes lassen Abel auch in geschlechtertheoretischer Hinsicht zu einem in unterschiedlichen Welten gastierenden Grenzgänger werden. Als solcher macht er die von ihm tangierten Grenzen sichtbar, entlarvt sie als irritierbare Konstruktionen, ohne sie jedoch einer als nicht weniger gewalttätig empfundenen ‚integrativen Einebnung' anheimzugeben. Seinen exilierten, durchweg desintegrierten Status als Gast verliert er erst im letzten Kapitel des Romans, in dem ein überraschendes, weil Abel vollends integrierendes Familienidyll entworfen wird, eine scheinbar glückliche „letzte Wendung" (AT, 420), die indes mit erheblichen Kosten verbunden ist: dem Verlust seines bis dahin so ausgeprägten Sprach- und Erinnerungsvermögens.

Exil und Erinnerung
Nur wenige Tage, bevor Abel gewaltsam überfallen und mit Aphasie und Amnesie geschlagen wird, kündigen sich bereits leichte Störungen seiner Fremdsprachen- und Gedächtnisvirtuosität an. Im vorletzten, bezeichnenderweise mit „Zentrum" betitelten Kapitel von *Alle Tage*, in dem Abel in Form einer drogeninduzierten Selbstanamnese zum ersten und letzten Mal im Roman konsequent zu Wort kommt, muss er vor einer halluzinierten richterlichen Instanz Rede und Antwort hinsichtlich seines bisherigen Lebens stehen. Unter anderem wird er der mangelnden Integrationsfähigkeit beschuldigt, die Folge seiner exilbedingten Dezentriertheit sei:

> Wie in einer Zentrifuge kleben Ihre Einzelteile an den Rändern, während Ihre Mitte leer bleibt [...] und kommen Sie mir nicht damit, irgend etwas *da draußen* hätte Sie so zerteilt, das zählt nur in den ersten drei Jahren als Entschuldigung, so lange ist auch Heimweh erlaubt, danach ist statt selbstquälerischem Festkleben an der weißgottnicht ruhmreichen Vergangenheit eine in die Zukunft weisende Integration angesagt. (*AT*, 390)

Abel scheint sich dieser richterlichen Anweisung, wenn auch nur unwillentlich, zu fügen. Verspürt er zu Beginn der Anamnese noch „überall Risse. I'm puzzled" (*AT*, 359), geht er aus ihr als mehr denn je integriert hervor, weil von seinen exilisch erworbenen, *befremdenden* Eigenschaften des ortlosen Sprechens (er entwickelt einen „kaum hörbaren, nur spürbaren: Akzent", *AT*, 419), der ausgeprägten Memorierfähigkeit (er vergisst Mercedes' und seinen eigenen Namen, *AT*, 386) und der Orientierungslosigkeit (er nimmt an, diesmal die Meldestelle [!] erreichen zu können, „ohne sich zu verirren" *AT*, 425) gleichsam ‚geheilt'. So fühlt Abel sich das erste Mal „seit etwas mehr als dreizehn Jahren [...] so wie die anderen Menschen" (*AT*, 418).

Dass dieses neue Zugehörigkeitsgefühl mit schwerwiegenden Opfern einhergeht, macht der Roman mehr als deutlich. Nicht nur hat Abel mit seiner Vielsprachigkeit und Orientierungslosigkeit sein Potential zur Irritation von Grenzen einbüßen müssen, darüber hinaus erkrankt er infolge des nur kurze Zeit später erlittenen Übergriffs ernsthaft an Amnesie und Aphasie, d.h. dem „Verlust des Sprech- aber auch, im übertragenen Sinne, des Urteilsvermögens" (*AT*, 427). Vor diesem Hintergrund sollte sein abschließendes Urteil, der nahezu einzige Satz, den Abel noch zu äußern imstande ist und mit dem der Roman zugleich endet, nicht missverstanden werden: „Es ist gut." (*AT*, 430) Dass eigentlich nichts ‚gut' ist, dass Abels ‚Amen' (von ‚אָמֵן', hebr. ‚So ist es' bzw. ‚So sei es') als Symptom einer gescheiterten, weil auf seiner vollkommenen Selbstreversion (‚Amen' ist ein Palindrom von ‚Nema') gründenden Akkulturation im Exil verstanden werden muss, lautet denn auch die tatsächliche, um einiges pessimistischere Bilanz von *Alle Tage*.

„Ich erinnere mich nicht – ich erzähle", überschreibt Mora ihren Essay *Das Kreter-Spiel* (2007), den sie nicht ohne Grund mit einem Textausschnitt aus *Alle Tage* enden lässt. Denn gerade dieser Roman macht ihr poetologisches Grundanliegen, die Wirklichkeit nicht im Sinne eines rein affirmativen „So ist es (gewesen)" zu *dokumentieren*, sondern sie vielmehr zu *transformieren* (vgl. Mora 2007, S. 10), sehr deutlich. Weder wird in *Alle Tage* an eine konkrete historische Situation noch an das Leben einer real existent gewesenen Person erinnert. Moras konsequente Aussparung genauer Zeit- und Ortsangaben sowie ihre Vermeidung von auf die Herkunft rekurrierenden Personennamen sind Teil einer narrativen Verfremdungsstrategie, welche die Topografie der Wirklichkeit in ihrer Restriktivität apostrophiert und in ihrer Flüchtigkeit und Variabilität erst kenntlich macht (vgl. Buchholz 2011). Mora zufolge ist „Deterritorialisierung" dasjenige,

> was Kunst macht. Die Welt, unser Material, aus seinen floskelhaften Zusammenhängen herauslösen – [...] sie zerfasern, sie denaturieren, sie zum schmelzen bringen, und dann etwas von seiner neuen Konsistenz, von einer anderen Kohärenz [...] daraus kreieren – und es dadurch sichtbar machen. (Mora 2007, S. 10)

Fazit

Terézia Moras Roman *Alle Tage* macht die von Isolation, Fremdheit und Orientierungslosigkeit geprägte Lebenswirklichkeit einer sowohl äußerlich als auch innerlich exilierten *displaced person* sichtbar, deren produktives Potential zur Dezentrierung überkommener Gemeinplätze auf die Anerkennung kultureller und zwischenmenschlicher Differenz vonseiten des Zufluchtslandes angewiesen bleibt.

Insofern der Roman Fremdheit und Differenz, Heimatlosigkeit und Exil über die tatsächliche Exilsituation Abel Nemas hinaus als Grundkonstellation menschlicher Identität ausweist, knüpft er zum einen an traditionelle Exilerzählungen an, welche das Exil in jüdisch-christlicher Tradition als konstitutive Erfahrung des Menschseins beschreiben. Zum anderen erweist er sie als anschlussfähig für postmoderne Perspektiven auf Exil und Migration, die dort die ‚konstruktivistische Basis' von Identität sowie anderer auf die Herkunft bezogener Topoi sichtbar werden lassen und mithin die Chance zu deren innovativer *Um*schreibung sehen. Eben in jener Verknüpfung von traditionellen und postmodernen Auffassungs- und Schreibweisen des Exils liegt auch das Potential von *Alle Tage*, einer aktualitätsbezogenen und transdisziplinären Exilforschung wegweisende Impulse zu geben.

Denise Reimann

Literatur

(*AT*) Mora, Terézia: *Alle Tage* (2004). München 2006.

Buchholz, Paul: „Bordering on Names: Strategies of Mapping in the Prose of Terézia Mora and Peter Handke". In: *Transit* 7 (2011) (http://blogs.lscrtest.com/transitmagazine/bordering-on-names/, Stand: 20. 2. 2013).

Burka, Bianka: *Manifestationen der Mehrsprachigkeit und Ausdrucksformen des ‚Fremden' in deutschsprachigen literarischen Texten. Exemplifiziert am Beispiel von Terézia Moras Werken* (Dissertation). Veszprém 2011 (http://konyvtar.uni-pannon.hu/doktori/2011/Burka_Bianka_dissertation.pdf, Stand: 20. 2. 2013).

Distefano, Aurora: „Körper und Geschlecht – Überlegungen zur Identitätsproblematik in Terézia Moras Roman ‚Alle Tage'". In: *Genderstudies in den Geisteswissenschaften. Beiträge aus den Literatur-, Film und Sprachwissenschaften*. Hg. v. Corinna Schlicht. Duisburg 2010, S. 89–104.

Ette, Ottmar: *ZwischenWeltenSchreiben. Literaturen ohne festen Wohnsitz*. Berlin 2005.

Foucault, Michel: *Die Heterotopien / Les hétérotopies. Der utopische Körper / Le corps utopique. Zwei Radiovorträge* (1966). Frankfurt a. M. 2005.

Kristeva, Julia: *Fremde sind wir uns selbst*. Frankfurt a. M. 1990.

Mitterbauer, Helga: „De-Placement. Kreativität. Avantgarde. Zum innovativen Potential von migratorischer Literatur". In: *Polyphonie – Mehrsprachigkeit und literarische Kreativität*. Hg. v. Michaela Bürger-Koftis, Hannes Schweiger u. Sandra Vlaster. Wien 2010, S. 255–272.

Mora, Terézia: *DAS KRETER-SPIEL. Oder: Was fängt die Dichterin in ihrer Zeit mit dieser an*. 2007 (http://www.tereziamora.de/downloads/Kreter-Spiel.pdf, Stand: 20. 2. 2013).

Mora, Terézia u.a.: „‚Ich bin ein Teil der deutschen Literatur, so deutsch wie Kafka'. Interview mit Terézia Mora, Imran Ayata, Wladimir Kaminer u. Navid Kermani". In: *Literaturen* (2005) H. 4, S. 26–31.

Mora, Terézia u. Bianka Burka: „Interview mit der Schriftstellerin und Autorin Terézia Mora geführt von der Dissertantin in Berlin am 15. November 2010". In: Burka 2011, S. 186–195.

Herta Müller: *Reisende auf einem Bein* (1989)

Herta Müller *17. 8. 1953 Nitzkydorf (Rumänien). Station des Exils: seit 1987 Deutschland.

Inhalt

In dem Roman *Reisende auf einem Bein* verlässt die Hauptfigur Irene den Ort ihrer Herkunft, das als Rumänien auszumachende ‚Land des Diktators', um als politische Emigrantin nach Deutschland einzureisen. In Träumen, visionär verschlüsselten Rückblenden und Erinnerungen werden die Gründe zur Ausreise im Fortgang des Romans vergegenwärtigt; in dem Roman ist von dem verlassenen Land durchgängig nur als von dem ‚anderen Land' die Rede. Die Beziehungen, die Irene in Deutschland knüpft, beschränken sich auf drei Männer: Franz, Thomas und Stefan. Insbesondere die noch in dem ‚anderen Land' geknüpfte Zufallsbekanntschaft Franz spielt für Irene eine wichtige Rolle. An ihn formuliert Irene von der unschwer als Berlin zu erkennenden Großstadt mehrfach Postkarten, die sie ihm nach Marburg schickt: „Ich war zu zweit angereist. Angekommen bin ich allein." (*RB*, 134) Tage- und wochenlang bewegt sich Irene ziel- und teilnahmslos beobachtend durch die Straßen. Mit ihrem Herkunftsland verbinden sie ihre Erinnerungen und Briefe ihrer Freundin Dana, die Irene über die bedrückende Situation von unter dem diktatorischen Regime verbliebenen Freunden informiert. Irene beantragt die deutsche Staatsbürgerschaft, die ihr im letzten Kapitel des Romans gewährt wird.

Analysen

Narrationen des Exils
Reisende auf einem Bein ist der erste Roman Herta Müllers, der zwei Jahre nach ihrer Übersiedlung von Rumänien nach Berlin 1989 erschienen ist. Biografische Parallelen zur Hauptfigur Irene sind offenkundig. Inwieweit sich der Roman mit Müllers eigener Erfahrung des Exils auseinandersetzt, wird deutlich, wenn man Aussagen über ihr Selbstverständnis als Autorin berücksichtigt. In einem offenen Brief, in dem Müller die Einrichtung eines Exilmuseums als einem Ort fordert, „der auch Verbindungen knüpfen kann an die Erfahrungen des Exils nach dem Krieg, an die aus der DDR und anderen osteuropäischen Diktaturen vertriebenen Künstler", definiert sie ihr Verhältnis zu den Autorinnen und Autoren des Exils: „Ein wenig gehöre ich ja auch dazu."(Müller 2011, S. 39) Herta Müller war in Ru-

mänien zahlreichen Repressalien unter Ceaușescu ausgesetzt; in ihrem Werk wird der Diktator immer wieder in verschiedenen Umschreibungen figuriert. Müllers Werke, darunter ihr 1982 in Bukarest erschienenes Erstlingswerk *Niederungen*, dessen Veröffentlichung jahrelang verhindert wurde, unterlagen der Zensur. Sie selbst stand im Visier der oftmals brutal vorgehenden Securitate, dem rumänischen Geheimdienst. 1987 erlangte sie die Ausreisegenehmigung in die Bundesrepublik Deutschland. Anders als viele Exilierte sah sich Müller nicht mit einer neuen Sprache konfrontiert, denn als Angehörige einer deutschen Minderheit in Rumänien, der Banater Schwaben, war ihr neben dem ursprünglich rhein- und moselfränkisch geprägten Dialekt ihres Dorfes Hochdeutsch als erste erlernte Fremdsprache vertraut.

Den gesamten Roman hindurch befindet sich Irene in einem Wartezustand: Am Anfang steht das Warten auf die Ausreisegenehmigung aus Rumänien, in Deutschland wartet sie auf das Erteilen der deutschen Staatsbürgerschaft. Der Text entwirft eine konkrete topografische Exilsituation, die sich anhand der Semantisierung von Raumstrukturen verfolgen lässt. So lebt Irene, „von dem Gesicht des Diktators [...] vertrieben [...] aus dem anderen Land" (*RB*, 25), zunächst nach der Ankunft in ihrem Zufluchtsland in einem Asylantenheim an stillgelegten Gleisen, in einer Straße, die zudem in einer Sackgasse endet. Metaphorisch wird also kein Neuanfang, sondern eher ein Übergang angedeutet, der in einen Stillstand mündet. Durch die wiederkehrende Beschreibung der Stadt als ‚Tatort' werden Bilder der Bedrohung evoziert. Das Gebiet um das Asylantenheim, das wiederum nur einen kurzen Moment des Übergangs markiert, wird von Irene „als Bühnenbild für das Verbrechen" (*RB*, 31) wahrgenommen, das in einer Stille „wie zwischen Hand und Messer gleich nach der Tat" (*RB*, 35) mündet. So erweist sich die Großstadt auf der Figurenebene weniger als Zufluchtsort denn als immer noch bestehender Ort der Bedrohung. Das wiederkehrende Motiv der Schuhe, die *pars pro toto* für den Reisenden stehen, fungiert als Metapher für die Suche nach Halt im Zufluchtsland Deutschland (vgl. *RB*, 31).

Die nicht eindämmbare, existentielle „eigene, innere Unsicherheit" (*RB*, 67) Irenes wird als Erfahrung grundlegender Fremdheit lesbar, die an das Exil geknüpft ist. Sie ist jedoch auch verbunden mit einer Fortsetzung in dem ‚anderen Land' gesammelter Erfahrungen. Die haltlosen Bewegungen Irenes in Rumänien (vgl. *RB*, 21) setzen sich in ihrem Getriebenwerden durch die Straßen Berlins fort. Das damals in dem Grenz- und Urlaubsort in Rumänien angebrachte Schild, das vor der „Erdrutschgefahr" (*RB*, 7) an der Küste warnte, ist zugleich auch eine Visualisierung der Haltlosigkeit, die Irenes Existenz im neuen Land kennzeichnet. Die Grenzsoldaten des ‚anderen Landes' werden durch die Grenzsoldaten an der Berliner Mauer ersetzt. Die transitorische Grenztopografie wird den Figuren darüber hinaus auch auf narrativer Ebene eingeschrieben: Franz' Schuhe sind etwa voll mit Sand, seine „Lippen so rauh wie die Brocken an der Küste" (*RB*, 13). Für das literarische Narrativ einer existenzbedrohenden Gefährdung und der damit einhergehenden identitätsbestimmenden Unsicherheit formuliert Müller in ihren Essays das Konzept des „fremden Blickes". Diesen fasst sie dezidiert als einen biografisch initiierten Blick, der „allmählich, still, gnadenlos in den vertrauten Straßen, Wänden und Gegenständen" (Müller 2008, S. 135) unter einem diktatorischen Regime entstanden ist. Von „Intakten" (ebd., S. 142) kann er nicht verstanden werden, auch wenn er von ihnen immer wieder als Projektionsfläche instrumentalisiert werde. Explizit grenzt sich Müller von der Auffassung ab, es handle sich bei dem ‚fremden Blick' um eine Eigenart der Kunst, der zudem durch das Auswandern geprägt sei: „Den fremden Blick als Folge einer fremden Umgebung zu sehen ist deshalb so absurd, weil das Gegenteil der Fall ist: Er kommt aus den vertrauten Dingen, deren Selbstverständlichkeit einem genommen wird." (Müller 2008, S. 147) Auch wenn erst einige Jahre nach Erscheinen des Romans entwickelt, lässt sich *Reisende auf einem Bein* einerseits als literarische Ausformulierung dieses „fremden Blickes" lesen, andererseits lässt sich das Konzept des „fremden Blickes" als eine poetologische Erzählstrategie fassen. Sie äußert sich semantisch durch widerständige Sprachbilder und erzeugt eine nahezu fragmentierte, verdichtete Syntax und Interpunktion, die sich einer totalisierenden Sprache und damit auch einer einfachen Lektüre entzieht.

Theoretische Perspektivierungen
Obgleich der Begriff ‚Heimat' an keiner Stelle des Romans explizit genannt wird, bleibt das fragile Konstrukt als ambivalenter Subtext immanent – als wörtliches Relikt etwa dort, wo es durch ‚Heimweh' evoziert wird. Jedoch ermöglicht diese Evokation unter negativen Vorzeichen keine Rückschlüsse auf ein Heimatkonzept, denn indem Irene über Heimweh resümiert, es sei „selbstständig und verworren in der Ordnung der Gedanken drin" (*RB*, 84), entzieht sie es einerseits einer eindeutigen Zuordnung und Benennung, andererseits erhebt sie es aber zu einem dem Exil geschuldeten Grundbefinden, dem ein nicht näher bestimmter Heimatbegriff implizit eingeprägt ist. Innerhalb des Textes entzieht sich der an zwei weiteren Stellen explizit erwähnte Begriff konsequent einer eindeutigen Festschreibung: der Signifikant ‚Heimweh' wird durch seine Negation und die darauf folgende Affirmation dekonstruiert. Auch in ihrem essayistischen Œuvre entzieht sich Müller einem positiv gefassten, essentialistischen Heimatbegriff, indem sie sowohl die Gefahr seiner Instrumentalisierung hervorhebt (vgl. Müller 2008, S. 29) als auch an die Stelle einer starren Definition auf den prozessualen Charakter des Gesprochenen setzt. Anlehnend an Jorge Semprun, dessen „Einsicht *Heimat ist, das, was gesprochen wird* denkt, statt am elendigsten Punkt der Existenz mit Heimat zu trösten" (Müller 2001, S. 26), betont Müller die zwischen-

menschliche, inhaltsseitige Verbundenheit in der gemeinsamen Sprache, im Gegensatz zu einer bloßen Gleichsetzung von instrumentalisierter Sprache und Heimat. Dies erinnert an Ludwig Wittgensteins Absage an die ‚Privatsprache', die nur einen individuell persönlichen Bezug zu *einem* Sprecher aufweist, und fasst mit dem Philosophen das gemeinsame ‚Sprachspiel' als entscheidende Eigenschaft der verwendeten Sprache auf (vgl. Wittgenstein 1984).

Der Reisende – in diesem Fall: die Reisende – lässt sich paradigmatisch als literarische Figur des Dritten lesen. Indem sich der Reisende weder am Ursprung noch am Ziel befindet, hält er sich *per definitionem* in einem ephemeren Zwischenraum auf, der sich jeder endgültigen Setzung entzieht. Als jeweils Fremder am transitorischen ‚Jetzt-Ort' avanciert er zur Figuration eines intermediären Raumes, eines ‚Nicht-Ortes'. Dort sind eindeutige Setzungen nicht möglich: Scheinbare Gewissheiten werden im Zuge einer Ent- und Verortung zunächst zum Gegenstand der Reflexion gemacht und damit in einen Zustand der Fluktuation überführt. Dies hat weitreichende Auswirkungen auf die Identitätskonstitution, die im Roman mit der titelgebenden Metapher des ‚Reisens auf einem Bein' aufgegriffen wird. Auf diese Weise der vollen Autonomie beraubt, wird der eigentlich temporär limitierte Vorgang des Übergangs in *Reisende auf einem Bein* zu einem allgemein menschlichen Grundbefinden der Figuren: Auch die Nebenfiguren lassen sich als Menschen lesen, „die nicht mehr wussten, ob sie nun in diesen Städten Reisende in dünnen Schuhen waren. Oder Bewohner mit Handgepäck" (*RB*, 176). Der Roman ist somit auch als Beschreibung einer kollektiven Erfahrung lesbar. Versteht man unter Subjektkonstitution die Adressierung eines Subjekts (vgl. Zons 2010, S. 162), entzieht sich der Roman auf Figurenebene identitätsversichernder Diskurse. Vor dem Spiegel stehend, denkt Irene: „[I]mmer eine Andere hinter diesem Gesicht." (*RB*, 122) Die von Homi K. Bhabha formulierte Denkfigur des *Splitting*, eine unter dem kolonialen Machtdiskurs entstandene Abwehrstrategie, die „eine Form artikulatorischer, intellektueller Unsicherheit und Angst" darstellt, bei Bhabha jedoch produktiv dienstbar gemacht werden kann, ist eine „Strategie der Artikulation widersprüchlicher und nebeneinanderher bestehender Annahmen" (Bhabha 2011, S. 196). Obwohl dieser Aufbruch, so argumentiert Bhabha, einer festgesetzten Identität eine Absage erteilt, lässt er sich zugleich auch als dialektische Strategie einer gleichzeitigen Versicherung und Bedingung der Möglichkeit verstehen, seine eigene Position zu artikulieren. In Müllers Roman kann die „andere Irene" (*RB*, 19), eine fremde Person in Irenes Gesicht, die sie auf ihren Passfotos im ‚anderen Land' ausmacht und die auch in Deutschland wieder auftaucht, als eine literarisch inszenierte, dem totalitären Machtdiskurs entsprungene folgenreiche Aufspaltung verstanden werden. Die durch die Spaltung unwillkürlich ‚fremd blickende' Irene erweist sich auf inhaltlicher Ebene als Wahrnehmungsstrategie, die es ermöglicht, sich einem immer noch bedrohlichen System zu entziehen, es geradezu mit einem chirurgischen Blick analysierend zu sezieren und sich durch solch eine „Ästhetik des Benennens" (Eke 1991, S. 70) jedwedem Gleichsetzungsversuch entschieden zu verwahren. Auf der Ebene der Narration erfährt dieses Verfahren eine Parallelführung, indem Collage und Montage zum metatextuellen Prinzip erhoben werden. Dieses Prinzip entzieht sich durch das elliptische Narrativ einer „übergänglichen, liquiden und transitorischen Dingordnung" (Schulte 1997, S. 57). Sprache wird damit dezidiert nicht als handhabbares Kunstobjekt ausgewiesen. Sie ist ein Hybrid – denn „[...] selbstverständlich schreibt das Rumänische immer mit" (Müller 2008, S. 27). Als solches wird sie mit ihren oszillierenden Sprachbildern „zum Instrument eines kritischen Aufbrechens der Wirklichkeit" (Eke 1991, S. 70). Jedoch darf nicht übersehen werden, dass die von Bhabha benannte produktive Strategie des identitären *Splitting* bei Müller auf der Figurenebene in einen existentiellen Moment negativ besetzter äußerster Entfremdung mündet. Auch in Irenes Fall lässt er sich durch eine der Migration vorausgehende, bereits bestehende exilierte Situation im Herkunftsland fassen. Im neuen Land erfährt er durch apprehensive Reflexionen Irenes, „eines Tages de[n] Körper fallen [zu] lassen [...], ohne den Kopf vorher zu warnen" (*RB*, 85), eine konkretisierte bedrohliche Ausformulierung.

Es ist die personale Perspektive einer weiblichen Protagonistin, die sich einem androzentrisch geprägten Totalitätsdiskurs widersetzt und damit, wenn auch ständigen Dislokationen und Verhandlungen ausgesetzt, ihre menschliche Individualität behauptet. Auch in der Prosaskizze *Niederungen* ist es eine weibliche Protagonistin, die sich mit einer totalitären Dorf- und Familienstruktur konfrontiert sieht, ohne sich dörflich festgefügten Rollenmustern und Sichtweisen einwilligend unterzuordnen. Das Aufgreifen „alternative[r] Orte und Seinsweisen des Weiblichen" (Grün 2010, S. 77) wird in *Reisende auf einem Bein* durch die Zeichnung Irenes als einer durch die städtischen Straßen ‚getriebenen' Flaneurin evident, die sich dadurch nicht den traditionell dem Weiblichen zugestandenen häuslich behüteten, inneren Räumen zuführen lässt. Das von Walter Benjamin konzeptualisierte Bild eines dezidiert männlichen Flaneurs, eines ‚Mann[es] der Menge', wird durch die flanierende Exilantin Irene subvertiert (vgl. Benjamin 1974; Bozzi 2005, S. 92ff.). An der Figur des homosexuellen Thomas lässt sich zeigen, dass eine geschlechtliche Etikettierung jedoch ins Leere läuft, denn er bekennt: „Manchmal mach ich Ausnahmen." (*RB*, 111) Schließlich widersetzt sich der Text selbst als performativer Akt durch eine als Zwischenraum fungierende kulturell transitorische Sprache, die als „ein nomadisches, vagabundierendes Denken, [...] im Widerspruch steht zu der konventionellen ‚Ordnung der Dinge' und stabilen Diskursformationen" (Renneke 2008, S. 249) eindeutiger diskursiver Einschreibungen.

Exil und Erinnerung

Narration und Sprache Herta Müllers sind der Erfahrungen eingedenk, die sie unter dem diktatorischen Regime Ceaușescus machen musste. Sie sind zweifelsohne vielschichtig mit ihrem literarischen und essayistischen Werk verwoben. Der von Müller für sich unter Bezugnahme auf Georges-Arthur Goldschmidt in Anspruch genommene Begriff des ‚Autofiktionalen' benennt diesen Zusammenhang, indem er der literarisch erfundenen Wahrheit eine an sie gekoppelte, sie initiierende, erinnerte Wahrheit zu Grunde legt, umgekehrt aber auch die erinnerte Wahrheit immer schon an einen nie abgeschlossenen, selbständig prozessual-konstrukthaften Vorgang bindet (vgl. Müller 1996, S. 21; Köhnen 2002, S. 19). Auf den unhintergehbaren Zusammenhang zwischen traumatisch einschneidenden Erlebnissen und dem Erinnern dieser Erlebnisse weist Müller in ihrer Jenaer Poetik-Vorlesung von 1994 hin, indem sie pointiert: „Das Gedächtnis lässt vielleicht manche Erlebnisse der Leichtigkeit fallen. Aber es behält die Dinge der Angst. Gerade da, wo Ohnmacht war, wo man damals in der Defensive stand, wird Erinnerung offensiv. Sogar aggressiv." (Müller 1995, S. 114) Dem in Rezensionen immer wieder fallenden Vorwurf des (Ab-)Arbeitens an immer gleichen Themen lässt sich die ethische Dimension einer Gedächtnisarbeit und ein von individuellen Engrammen geprägtes Schreiben entgegenstellen, eine „moralische Haltung des Sich-Erinnern-Müssens" (Müller 1996, S. 23), das sich bis in narrative Verfahren hinein jeglichem totalitären System und Duktus entzieht und auf diese Weise das Wiederholen totalitärer Strukturen im Akt der Narration von sich weist (vgl. hierzu Bannasch 2011, S. 126). Obwohl *Reisende auf einem Bein* vordergründig von der Wahrnehmung und präzisen Beschreibung gegenwärtiger Eindrücke dominiert wird, lässt sich der Roman auch dezidiert als Erinnerungstext lesen, der aus einer dreifachen Exilierung heraus zu verstehen ist. Zwar wird auf Figurenebene einem aggressiven, autobiografisch geprägten Erinnern in der Selbstreflexion Irenes ein vermeintlich überschaubar geordnetes und willkürliches Erinnern entgegengesetzt, in dem Gedanken „wie Mappen" (*RB*, 83) ‚handhabbar' und zu verwalten sind; tatsächlich wird diese Selbstreflexion Irenes jedoch auf der Ebene der Narration neben bewusst reflektierten Erinnerungsbildern auch durch sensualistische, unwillkürlich hervorgerufene, visionär und in Träumen verfremdete als Illusion entlarvt. Indem sich Vision und Traum(a) erst im Prozess der Narration zu erkennen geben und selten erklärend vorgelagert sind, überträgt sich diese Art einer impliziten ‚Poetik der Verunsicherung' auf den Leser. Neben dem Entwurf einer topografischen Exilsituation im Zufluchtsland Deutschland und dem Momentum des Exils im Herkunftsland tritt zudem der Aspekt einer zeitlichen Exilierung hinzu. Das dem Roman vorangestellte Motto „Aber ich war nicht mehr jung", eine intertextuelle und invertierende Anspielung auf Cesare Paveses im Roman auftauchendes Buch *Der Teufel auf den Hügeln*, das mit den

Worten „Wir waren noch sehr jung" (Pavese 1964, S. 5) beginnt, wird im Verlauf des Romans repetierend auf die 35-jährige Irene selbst bezogen, die einerseits ein Gefühl der Zeitlosigkeit beklagt und damit den Zustand des Dazwischen in die zeitliche Dimension disloziert, andererseits aber gerade aus dieser Position heraus an eine nun verlorene Zeit, eine unbesorgte Kindheit („Ich wurde geliebt. Ich musste nur spielen und wachsen", RB, 161) zurückdenkt, die sich von der ansonsten durchweg negativen, mit Ängsten assoziierten Nennung und Begegnung von und mit Kindern im Roman diametral abgrenzt.

Fazit

Durch den Konnex literarischer Topoi des Exils mit dem Entwurf einer topografischen und zeitlichen Exilsituation bildet *Reisende auf einem Bein* eine explizite literarische Auseinandersetzung Müllers mit der Erfahrung des Exils. Essentialistische Grundbegriffe wie ‚Identität' und ‚Heimat', wenn auch implizit vermittelt und nicht wörtlich aufgerufen, sind dabei wichtige Bezugspunkte, werden aber aufgebrochen und entziehen sich einer eindeutigen Setzung, so wie auch Narration, Sprache und Syntax von der Verwahrung gegen eine Wiederholung totalitärer Strukturen zeugen. Die Protagonistin unterläuft als Flaneurin Stereotype des Weiblichen und wünscht sich nach und trotz der Erlangung der deutschen Staatbürgerschaft am Ende des Romans, weit weg zu fahren, auch wenn sie sich gleichermaßen letzthin weigert, „an Abschied zu denken" (*RB*, 176). Diese als Ambivalenz des Fremden fassbare Unschlüssigkeit beschreibt den transitorischen Raum, in dem sich nahezu alle Figuren des Romans ver-orten lassen. Dem zu Teilen ‚traum-artig' verfremdeten ‚trauma-tischen' Erinnern, das in *Reisende auf einem Bein* aus dem Exil heraus erfolgt, aber zugleich dem Exil im Herkunftsland geschuldet ist, lässt sich unter Müllers Bezugnahme auf das ‚Autofiktionale' eine ethische Funktion zuweisen.

Karin Binder

Literatur

(*RB*) Müller, Herta: *Reisende auf einem Bein* Frankfurt a. M. 2010.

Bannasch, Bettina: „Zero – A Gaping Mouth: The Disourse of the Camps in Herta Müller's *Atemschaukel* between Literary Theory and Political Philosophy". In: *Other People's Pain. Narratives of Trauma and the Question of Ethics*. Hg. v. Martin Modlinger u. Philipp Sonntag. Bern 2011 (Cultural History and Literary Imagination, Bd. 18), S. 115–144.

Benjamin, Walter: „Charles Baudelaire, ein Lyriker im Zeitalter des Hochkapitalismus". In:

Gesammelte Werke, Bd. I.2. Abhandlungen. Hg. v. Rolf Tiedemann u. Herrmann Schweppenhäuser. Frankfurt a. M. 1974, S. 509–690.

Bhabha, Homi K.: *Die Verortung der Kultur*. Mit einem Vorwort von Elisabeth Bronfen. Deutsche Übersetzung von Michael Schiffmann und Jürgen Freudl. Tübingen 2011 (Stauffenburg Discussion. Studien zur Inter- und Multikultur, Bd. 5).

Bozzo, Paola: *Der fremde Blick. Zum Werk Herta Müllers*. Würzburg 2005.

Eke, Norbert Otto: „Herta Müller. Reisende auf einem Bein" (Rez.). In: *Halbasien. Zeitschrift für deutsche Literatur und Kultur Südosteuropas* (1991) H. 2, S. 67–72.

Grün, Sigrid: *‚Fremd in einzelnen Dingen'. Fremdheit und Alterität bei Herta Müller*. Stuttgart 2010.

Köhnen, Ralph: „Terror und Spiel. Der autofiktionale Impuls in frühen Texten Herta Müllers". In: *Herta Müller*. Hg. v. Heinz Ludwig Arnold. München 2002 (Text + Kritik 155), S. 18–29.

Müller, Herta: „Das Ticken der Norm". In: *Dem Erinnern eine Chance. Jenaer Poetik-Vorlesungen „Zu Beförderung der Humanität" 1993/94*. Hrsg. v. Edwin Kratschmer. Köln 1995, S. 107–115.

Müller, Herta: *In der Falle* (Bonner Poetik-Vorlesung, Bd. II). Hrsg. v. Karin Hempel-Soos, Joseph A. Kruse u. Helmut J. Schneider. Göttingen 1996.

Müller, Herta: *Heimat ist das was gesprochen wird. Rede an die Abiturienten des Jahrgangs 2001*. Saarbrücken 2001.

Müller, Herta: *Der König verneigt sich und tötet*. Frankfurt a. M. 2008.

Müller, Herta: „Menschen fallen aus Deutschland. Brief der Nobelpreisträgerin Herta Müller an Bundeskanzlerin Angela Merkel". In: *Frankfurter Allgemeine Zeitung* (24. 6. 2011), S. 39.

Müller, Herta: *Niederungen*. Frankfurt a. M. 2011.

Pavese, Cesare: *Der Teufel auf den Hügeln*. Hamburg 1964.

Renneke, Petra: *Poesie und Wissen. Poetologie des Wissens der Moderne*. Heidelberg 2008.

Schau, Astrid: *Leben ohne Grund. Konstruktion kultureller Identität bei Werner Söllner, Rolf Bossert und Herta Müller*. Bielefeld 2003.

Schulte, Karl: „Reisende auf einem Bein. Ein Mobile". In: *Der Druck der Erfahrung treibt die Sprache in die Dichtung. Bildlichkeit in Texten Herta Müllers*. Hrsg. v. Ralph Köhnen. Frankfurt a. M. 1997, S. 53–62.

Wittgenstein, Ludwig: „Philosophische Untersuchungen". In: *Werkausgabe*. Band 1. Hrsg. v. Joachim Schulte. Frankfurt a. M. 1984, S 225–618.

Zons, Alexander: „Der Bote". In: *Die Figur des Dritten. Ein kulturwissenschaftliches Paradigma*. Hrsg. v. Eva Eßlinger, Tobias Schlechtriemen, Doris Schweitzer u. Alexander Zons. Berlin 2010, S. 153–165.

Leo Perutz: *Der Judas des Leonardo* (1959)

Leo (eigentl. Leopold) Perutz *2. 11. 1882 Prag, †25. 8. 1957 Bad Ischl. Stationen des Exils: 1938 Venedig, 1938–1957 Tel Aviv.

Inhalt

Im Mailand des ausgehenden 15. Jahrhunderts versucht Maler Leonardo beharrlich sein Auftragswerk, das *Abendmahl*, zu beenden. Doch ihm fehlt ein menschliches Vorbild für den Kopf der Judasfigur, und so wandelt er suchend und seine Beobachtungen systematisierend durch die im Umbruch befindliche Stadt. Zur gleichen Zeit verschlägt es den böhmischen Kaufmann Joachim Behaim nach Mailand, der hier seinen Geschäften nachgeht und sich vehement darum bemüht, offen gebliebene Schulden einzutreiben. Er verliebt sich in eine junge Mailänderin, die, wie er später erfahren muss, die Tochter des Wucherers Bocetta ist, einem Schuldner, der Behaim sein Geld unter keinen Umständen zurückzahlen will. Behaim fühlt sich betrogen und ist bereit, seine Liebe aufzugeben, um zu seinem Recht zu kommen. Mancino, ein stadtbekannter Dichter, der von dem fiktiven Verfasser des letzten Kapitels als der verbannte François Villon bezeichnet wird, verfolgt das Geschehen und macht Leonardo auf Behaim aufmerksam – in ihm würde er seinen Judas finden. Leonardo kann nun sein Werk vollenden. Als Behaim Jahre später erneut nach Mailand kommt, findet er sich als Ausgestoßener wieder. Zunächst kann er sich das seltsam ablehnende Verhalten der Menschen nicht erklären, doch als er sein Porträt auf Leonardos Meisterwerk entdeckt, wird ihm bewusst: Sie sehen in ihm den Judas.

Analysen

Narrationen des Exils
Die ersten Arbeiten an seinem Roman *Der Judas des Leonardo*, dessen Veröffentlichung der Wiener Autor nicht mehr erleben sollte, fielen in die Jahre 1937/38. Bereits im Anfangsstadium musste Perutz sie jedoch unterbrechen, da die Machtübernahme der Nationalsozialisten in Österreich und die damit verbundenen Repressionen für jüdische Autoren auch ihn bedrängten. Hatte er es anfangs noch abgelehnt, nach Palästina zu gehen, bemühte er sich im Mai 1938 um einen Ausreiseantrag nach Venedig, um von hier ins palästinensische Exil nach Tel Aviv gehen zu können. Neben den gewohnten Recherchemöglichkeiten fehlten Perutz im Exil vor allem Bekannte, mit denen er seine Ideen und Konzepte besprechen konnte (vgl. Müller 2007, S. 295ff.), weshalb er mit seinen bis dahin entworfenen Manuskripten nur zögerlich vorankam. Bis 1941 widmete er sich dem unvollendet gebliebenen Roman *Mainacht in Wien*, der den Einmarsch der deutschen Truppen in Wien thematisiert, und arbeitete parallel zum *Judas des Leonardo* an seinem Novellenroman *Nachts unter der Steinernen Brücke*, an dem durch die radikale Umsetzung des legendenorientierten Ansatzes deutlich wird, dass auch „Perutz sich wie viele andere assimilierte jüdische Autoren in der Emigration auf sein Judentum rückbezogen hat" (Mandelartz 1992, S. 177). Im Jahr 1949 dachte er erstmals daran, Palästina wieder zu verlassen: „Ich will also fort [...] dabei weiß ich, dass mir ewig nach Palästina, und sogar nach Tel Aviv

bange sein wird. So geht es einem, der allzuviele Vaterländer hat. Ich habe deren drei gehabt, und alle drei wurden mir wegeskamotiert." (Müller/Eckert 1989, S. 346) Nicht zuletzt der Verlust seines Lesepublikums und die schwierigen Bedingungen des Buchmarktes der Nachkriegszeit erschwerten Perutz eine Annäherung an seine alte Heimat, die ihn als Autor vergessen zu haben schien. Er war kein offensiv politischer Schriftsteller, kein Anhänger des Zionismus. Die Idee des Nationalstaates hielt er für etwas „Überholtes und Abschaffenswertes" (Müller 1992, S. 91), deswegen verwundert es nicht, dass sich auch die Thematik des Exils in seinem Werk nur implizit findet. Als eine der Folgen seiner Exilierung musste er 1946 resümieren: „Ich bin für Europa ein forgotten writer". (Müller 2007, S. 335)

Auch der Poet und Unruhestifter François Villon, von dem der fiktive Verfasser des Roman-Schlusswortes behauptet, er sei in der Figur Mancinos in Mailand wieder aufgetaucht, verschwand mit seiner Verbannung 1463 aus dem Geltungsbereich seines literarischen Schaffens und den Augen der Öffentlichkeit. Weder Dichtungen noch sonstige nachvollziehbare Lebenszeichen des seinerzeit bekannten französischen Autors finden sich nach diesem Zeitpunkt. Glaubt man dem Verfasser also – und er lässt die Möglichkeit offen, dies nicht zu tun –, so wird mit Mancino Villons Exil nicht nacherzählt oder umgedichtet, sondern überhaupt erst narrativ erschaffen. Die fiktiv geschlossene biografische Leerstelle verweist damit auf ein fundamentales Element, das im Exilkonzept der Figur angelegt ist. Dieses wird nämlich als überzeitliches, nicht geografisch gebundenes und schließlich nur narrativ fassbares konfiguriert. Durch Mancinos Exilsituation, deren konkretes Bestehen der Poet selbst scheinbar nicht realisiert, weil ihm eine Amnesie die Erinnerung an sein früheres Leben nimmt, sowie die ‚Heimkehr' des Dichters im Tod wird das Konzept zugleich in die Nähe der chassidistischen Idee des Exils als menschlichem Befinden in der Welt gerückt. Diesem Konzept wird im Roman aber noch ein zweites gegenübergestellt, das von Leonardo imaginiert wird und als transkulturell bezeichnet werden kann.

Die Exilsituation Mancinos wird dabei in einer im Umbruch befindlichen Stadt des Spätmittelalters inszeniert, in der die Folgen der Italienkriege und der epochale Wechsel zur Neuzeit bereits zu spüren sind. Von einem Despoten beherrscht, erweisen sich die juristischen Verhältnisse als instabil und auf willkürlichen Gesetzen basierend, während die „Christenheit von der Pest heimgesucht und von Kriegsgefahr bedroht wird" (*JdL*, 141). Die hieraus erwachsenden Unsicherheiten spiegeln sich auch in dem Konglomerat an reisenden, rast- und heimatlosen Figuren, die teilweise ihre Herkunft verleugnen – wie Nicola, die sich ihres Vaters schämt, oder Behaim, der sich, in Böhmen geboren, als Deutscher ausgibt, um so als attraktiverer Geschäftspartner agieren zu können. Mancino selbst weiß nicht, wie er nach Mailand gekommen ist, er wurde „mit zerschlagenem Schädel" (*JdL*, 45) auf der Landstraße gefunden, weder an seine Herkunft noch an seinen Namen kann er sich erinnern. Der Übergang des Verbannten ins Exil ist somit nicht nur durch die Auflösung seiner zuvor etablierten Persönlichkeit gekennzeichnet, die im Verlust des Namens ihre Vollkommenheit zeigt, sondern auch durch existentielle Bedrohung, physischen Schmerz und ein zurückbleibendes Trauma. Spätere Versuche, die eigene Vergangenheit zu rekonstruieren, münden in widersprüchlichen Auswüchsen eigener und fremder Fantasien, die zwar neue Möglichkeiten der Identifizierung schaffen, Mancinos ursprüngliche Identität aber nicht rekonstruieren können. Interessant bleibt die Konstante des lyrischen Schaffens in Mancinos Existenz. Spricht aus ihm Villon, so lebt er nicht nur weiterhin vom Dichten, sondern rekurriert auch auf Verse, die er in seinem Leben vor dem Exil verfasst hat und die damit als Elemente seiner Identität erhalten bleiben. Der Selbstverlust wird schließlich in der *Ballade von den Dingen die ich kenne* inszeniert: „Ich kenne alles, nur nicht mich" (JdL, 50), und an die Stelle eines identitätsstiftenden geografischen Bezugs tritt das literarische Schaffen als Mittel der Selbstverortung. Auch sein sprachliches Anpassungsvermögen deutet seine Herkunft nur noch an: „Das Italienische spricht er nach Art der Leute, die von den Savoyischen Bergen herkommen, vielleicht liegt dort sein Herzogtum, oder es liegt auf dem Mond." (JdL, 46) Einzig im Sterben findet der Poet seine Muttersprache wieder, als er die Sätze „Je m'en vais en pays loingtain" und „Nostre Seigneur se taist tout qouy" (JdL, 185) flüstert. Mancino überwindet seine Fremdheit im Leben erst im Tod, seine Heimkehr findet ihren Ausdruck auch durch die Heimkehr in die eigene Sprache.

Theoretische Perspektivierungen
Mancinos Exil ist gekennzeichnet durch die Spannung zwischen Anpassungsvermögen und Isolation des Selbst. So ist es ihm zwar einerseits möglich, sich den sprachlichen Gegebenheiten anzupassen und auch Freunde unter den Mailändern zu finden, die später an seinem Sterbebett wachen. Andererseits leidet er aber unter seiner schlechten finanziellen Lage, seine Verse gelangen nur über Dritte an den Hof, man nimmt Anstoß an seinem Äußeren, und als stadtbekannter Messerstecher wird er zum Außenseiter. Seine ursprüngliche Identität ist durch den traumatischen Übergang ins Exil nicht mehr rekonstruierbar und kann trotz vermeintlicher Kontinuitäten keinen Aufschluss über sein früheres Selbst geben, was sich schließlich in der Entfremdung des Exilierten von seiner Umgebung ausdrückt. Trotz Anpassungs- und Veränderungsfähigkeit kann Mancinos Existenz dabei nicht als transkulturelle charakterisiert werden, da der Poet sich seiner nationalen und kulturellen Identität gar nicht bewusst, ja ihrer vollständig enthoben ist. Zudem kann im Hinblick auf den mittelalterlichen Schauplatz mit dem Nationenbegriff nur eingeschränkt operiert werden, obwohl der Roman von vorurteilsbeladenen Bemerkungen über vermeintlich nationale, religiöse und

kulturelle Charakteristika durchzogen ist. Für Mancino scheint seine landesspezifische Herkunft jedoch nicht einmal mehr identitätsstiftende Relevanz zu besitzen, denn als Behaim annimmt, sich zu erinnern, wo er dem Dichter auf seinen Reisen schon einmal begegnet ist und dass er ihn dort zum Galgen gehen sah, antwortet ihm Mancino völlig „gleichmütig" und lenkt das Gespräch ohne weitere Nachfrage zu einem neuen Thema (*JdL*, 135). Für ihn sind Heimat und Identität nicht mehr mit einem nationalen Ursprung verbunden; sein Exil ist dem topografischen Raum entrückt und kann auf ‚Erden' nicht mehr zurückgenommen werden.

Eine gegensätzliches Exilkonzept fantasiert dagegen Leonardo, den die Drohung, er könne verbannt werden, nicht beunruhigt:

> [...] er sah sich in einem weit entfernten und fremdartigen Land, ohne Freunde und Gefährten, ohne Heim, einsam und in großer Dürftigkeit den Künsten und Wissenschaften dienen. „Vielleicht", sagte er, „ist es mir bestimmt, fortan in Armut zu leben. Doch habe ich es der Vielfalt der gütigen Natur zu danken, dass ich überall, wohin ich komme, Neues zu lernen finde, und das, Madonna, ist die Aufgabe, die der Beweger alles Ruhenden mir zugeteilt hat. Und wenn ich nun mein Leben in einem anderen Lande und unter Menschen fremder Zunge verbringen sollte, so werde ich dennoch nicht aufhören, auf den Ruhm und auf den Vorteil dieses Herzogtums zu sinnen, das Gott in seiner Hut behalten möge." (*JdL*, 178)

Leonardo wird somit zum Repräsentanten der zweiten, einer transkulturellen Exilkonzeption im Roman. Seine Vorstellung von einem unfreiwilligen Leben in fremden Ländern weist vor allem zwei Unterschiede zu Mancinos ‚gelebtem' Exil auf. Zum einen bleibt die Herkunft für Leonardo identitätsstiftende Konstante, zum anderen birgt die neue Erfahrung für ihn eine Erweiterung seiner selbst als künstlerisch Schaffendem. „Neues zu lernen" sei die Aufgabe, die seine Existenz ausmache, und das Exil wäre eine Möglichkeit, sich durch die Aneignung von Fremdem wissenschaftlich und künstlerisch weiterzuentwickeln.

Exil und Erinnerung

Der *Judas des Leonardo* ist, wie so viele von Perutz' Werken, ein alternativ-historischer Roman, der Fakten und historische Bezüge aufnimmt, mit ihnen aber völlig neue Zusammenhänge und narrative Räume generiert. Als grundlegende Intertexte, auf die in Bezug auf Mancino immer wieder rekurriert wird, sind zum einen die *Ballade des menus propos* (1458) sowie das *Grand Testament* (1461) Villons zu nennen, in dem der Schreiber auf satirische Weise seinen fiktiven letzten Willen gestaltet. Aus Mangel an Informationen über die historische Gestalt Villon bleibt seine Biografie nicht ohne Widersprüche; sogar an der Existenz des Autors ist gezweifelt worden. Auf Figurenebene wird die Erinnerung an das frühere Leben zu einer Wirrnis aus widersprüchlichen Vermutungen, deren unzuverlässige

Aussagekraft durch die Distanznahme im indirekten Sprechen über Mancinos verlorenes Gedächtnis zusätzlich verstärkt wird und die schließlich ins Leere laufen:

> Manchmal meint er sich zu erinnern, dieser Mancino nämlich, und dann fabelt er, dass er der Sohn eines Herzogs oder sonst eines Edelmannes sei, und er sei zu seinem Vergnügen auf Reisen gegangen [...] Dann wieder klagt er, er sei immer nur ein armer Landstreicher gewesen [...] und mehrmals sei er hart am Galgen vorbeigeglitten. Gott allein kennt die Wahrheit. (*JdL*, 46)

Erinnerung wird hier zu einem unzuverlässigen Instrument der Identitäts- und Realitätskonstruktion; ihre Funktion als Mittel der Selbstgenerierung und einer möglichen, erhofften Genese ist obsolet geworden.

Die eigentliche Bedeutung des *Judas des Leonardo* als Gedächtnismedium liegt jedoch darin, ein Leben weiterzuerzählen, das aufgrund von Verbannung und Exil auch ein literarisches Ende fand. Statt den literarischen Verlust zu tolerieren und den Autor in seinem Exil verstummen zu lassen, erschreibt Perutz mit seinem Roman die fiktive Wiederauferstehung Villons und das in einer Situation, in der der österreichische Autor selbst – zumindest dem deutschsprachigen Publikum – verloren gegangen war. Auch wenn er es ablehnte, Autobiografisches in seiner Literatur zu thematisieren, drängt sich die Parallele zu Perutz' eigener literarischer Verbannung aus der Öffentlichkeit geradezu auf. Denn auch mit Kriegsende hatten sich für den Autor die Veröffentlichungsschwierigkeiten nicht verändert, und seine Hoffnung, dass sich mit dem Ende des Krieges auch seine literarische Verbannung auflösen würde, wurde nicht bestätigt. 1949 schrieb er an seinen Bruder Paul: „Die wirklich maßgebenden Faktoren, die Zeitungen, die Kritik, die Verleger und die Literaturgeschichte, registrieren mich als nicht mehr vorhanden, wenn nicht gar als nie vorhanden gewesen". (Müller 2007, S. 370) Vor allem die Veröffentlichung seines Prag-Romans gestaltete sich als regelrechte Tortur für den Autor. *Der Judas des Leonardo*, den Perutz eigentlich unter dem Titel *Der Judas des Abendmahls* geschrieben hatte, konnte erst postum in den Druck gehen und fand zunächst wenig Absatz. Auch die wissenschaftliche Beschäftigung mit ihm setzte erst spät ein. Die viel zitierte „Auferstehung in 40 Jahren", der sich Perutz sicher war, „wenn mich irgend ein Literaturhistoriker wiederentdeckt und ein großes Geschrei darüber erhebt, daß meine Romane zu Unrecht vergessen sind" (ebd.), ist vor allem Hans-Harald Müller zu verdanken, der den exilierten Autor Ende der 1980er Jahre wieder in den Fokus der Literaturwissenschaft rückte. *Der Judas des Leonardo* ist bisher vor allem unter seiner poetologischen Bedeutung der Kunstkonzeption gedeutet worden (vgl. Mandelartz 2002), aber auch Annäherungen an die Thematik des Exils scheinen zunehmend in den Fokus der Forschung zu gelangen. Bisher wurde ihr jedoch „weder die Wirkung noch die Bedeutung des Romans" zugestanden (Müller 2006, S. 231). So wird der

Roman als „kunstvolle wie kritische Selbstreflexion der Autonomie der neuzeitlichen Kunst" gedeutet sowie als „ein Plädoyer dafür, beim Anblick des vollendeten Kunstwerks dessen Entstehungsgeschichte nicht zu vergessen" (ebd.). Weitere, die Exilthematik betreffende Überlegungen fehlen bislang, was nicht zuletzt der Tatsache geschuldet sein mag, dass man in Perutz zwar einen exilierten Autor findet, jedoch einen, der sich mit politischen und autobiografischen Kommentaren zurückhält – zumindest an der Oberfläche seiner Werke.

Fazit

Die Fokussierung der Exilthematik führt zu einer neuen Lesart des Romans, deren Bedeutung sich auch aus der narrativen Inszenierung eines Exils deuten lässt, die zu einer Strategie gegen das Vergessen erhoben wird. Der Verbannte erhält in Leo Perutz' Roman seine Auferstehung aus dem Exil im Kunstwerk selbst. Das eigentlich letzte Kapitel des Romans, das Schlusswort des fiktiven Verfassers, rekurriert somit nicht nur auf Mancino, um die ästhetisch divergierenden Kunstkonzepte des Romans in Balance zu bringen, sondern auch um die Kunst *und* die Person Villons „auf wundersame Weise durch Gestalten wie die des Mancino zu neuem Leben" (Krug 2007, S. 153) zu erwecken und damit dessen – wenn auch imaginiertes – Wirken nicht mit der Verbannung enden zu lassen. Die Erinnerung an den Poeten wird trotz des völlig frei erfundenen Exils dem Literaten Villon insofern gerecht, als Perutz ihn in Gestalt von Mancino als eine hybride Figur konzipiert, deren ambivalentes Wesen, das zwischen ethisch reflektiertem und impulsivem Handeln stetig zu changieren scheint, sich nicht leicht greifen lässt. Ihm wird Leonardos Exilkonzept gegenübergestellt. Genauso rational und systematisch wie Leonardo in seiner Kunstauffassung agiert, fantasiert der Maler und Wissenschaftler auch seine Vorstellung von der Verbannung, in der er zwar als Schaffender eine Weiterentwicklung erfahren wird, jedoch die mit dem Exil verbundene traumatische Erfahrung nicht nachvollziehen kann. Im Nachwort lässt der fiktive Verfasser dem Leser dann die Entscheidung frei, ob er Mancino als Villon anerkennt oder nicht und lässt damit auch offen, wie der Roman zu lesen ist. Ist sein Thema aber die Verhandlung einer autonomen Kunstauffassung, die sich auch die Freiheiten nimmt, selbst Wirklichkeiten zu schaffen, ohne dabei ethische und gesellschaftliche Folgen zu scheuen, und dem Rezipienten gleichzeitig die Aufgabe zuweist, den Kontext der Entstehung zu beachten, kann dieses auch als Hinweis für eine alternative, exilliterarische Lesart des Romans gesehen werden. In der Betrachtung seines Schreibens unter exilliterarischer Perspektive kann für Perutz' Werk somit ein Zugewinn konstatiert werden, der sich auch auf weitere Romane übertragen lässt.

Nina Schück

Literatur

(*JdL*) Perutz, Leo: *Der Judas des Leonardo*. 3. Aufl. München 2008.

Krug, Oliver David: „Leonardo: Perutz: Mancino". In: *Leo Perutz' Romane. Von der Struktur zur Bedeutung*. Hg. v. Tom Kindt u. Jan Christoph Meister. Tübingen 2007, S. 141–154.

Mandelartz, Michael: *Poetik und Historik. Christliche und jüdische Geschichtstheologie in den historischen Romanen von Leo Perutz*. Tübingen 1992.

Mandelartz, Michael: „Kunst als Instrument der Erkenntnis. Zur Poetik des Spätwerks von Leo Perutz". In: *Leo Perutz. Unruhige Träume-Abgründige Konstruktionen. Dimensionen des Werks, Stationen der Wirkung*. Hg. v. Brigitte Forster u. Hans-Harald Müller. Wien 2002, S. 190–210.

Müller, Hans-Harald: *Leo Perutz*. München 1992.

Müller, Hans-Harald: „Die Bedeutung der Kunst und des Exils in Leo Perutz' Roman ‚Der Judas des Leonardo'". In: *Echo des Exils. Das Werk emigrierter österreichischer Schriftsteller nach 1945*. Hg. v. Jörg Thunecke. Wuppertal 2006, S. 219–231.

Müller, Hans-Harald: *Leo Perutz*. Wien 2007.

Müller, Hans-Harald u. Brita Eckert: *Leo Perutz. 1882–1957. Eine Ausstellung der Deutschen Bibliothek Frankfurt am Main*. Wien, Darmstadt 1989 (Sonderveröffentlichungen der Deutschen Bibliothek, 17).

Christoph Ransmayr: *Die letzte Welt* (1988)

Christoph Ransmayr * 20. 3. 1954 Wels (Oberösterreich).

Inhalt

Ransmayrs Roman *Die letzte Welt* basiert auf der Annahme, der römische Dichter Ovid habe das einzige vollständige Manuskript seiner *Metamorphosen* vor der Verbannung nach Tomi dem Feuer übergeben. Als nach Jahren der Abwesenheit des Dichters die schriftlichen Lebenszeichen aus Tomi ausbleiben, macht sich Cotta, ein Bekannter und Leser Ovids, mit dem Schiff von Rom nach Tomi auf, um dort nach Spuren von Dichter und Werk zu suchen. In der menschenfeindlichen Umgebung am Schwarzen Meer stößt er auf eine Vielzahl verschiedener Hinweise auf das Wirken Ovids in diesem vorwiegend von verarmten Erzkochern besiedelten Ödland: In den ersten Monaten nach seiner Ankunft versucht Cotta, Berichte von Bewohnern und fragmentarische Textzeugnisse zu deuten, und verliert sich zunehmend in Spekulationen um diesen den Regeln der Vernunft enthobenen Küstenstrich. In einem letzten Anlauf, Ovid auf die Spur zu kommen, verschwindet er schließlich in den weitläufigen Geröllfeldern des Gebirges.

Analysen

Narrationen des Exils
Die letzte Welt beschäftigt sich auf vielschichtige Weise mit der Exilsituation des römischen Dichters Ovid (*43 v. Chr. in Sulmo, †ca. 17 n. Chr. in Tomi; Exil von 8 n. Chr. bis zum Tod) und entwickelt auf literarischer Ebene – ohne konkret biografischen Exilbezug des Autors – narrative, poetologische und intertextuelle Fragestellungen zur Inszenierung und Tradierung exilierten Schreibens.

Mitte der 1980er Jahre finden sich in Form einer kurzen Prosa-Adaption des Daedalusstoffes und dem bald darauf publizierten *Entwurf zu einem Roman* (1987) die ersten Textdokumente, die mit der Entstehung des 1988 erschienenen Romans in Verbindung gebracht werden können. Die Auseinandersetzung mit der Verbannung Ovids ist in dieser Entstehungsphase jedoch vorwiegend von grundsätzlichen Überlegungen zur Rekonstruktion und Inversion literarischer Vorlagen geleitet. Nur wenigen Stellen dieser Vorstufen ist bereits die zentrale Zugangsweise des Autors zur späteren Ausformung der Exilthematik implizit: Das Verhältnis von Narration und Überlieferung des Exils, das – als zeitunabhängige Konstante verstanden – die Beziehung von Sprache und Wirklichkeit sowie die Gestaltung der Zeit- und Raumverhältnisse in *Die letzte Welt* dominieren wird.

Der Leser des Romans wird mit einer von Anachronismen durchzogenen Erzählwelt konfrontiert, in der Filmprojektoren und Linienbusse in die archaische Gesellschaft des antiken Tomi Einzug halten. Auch in den wenigen, zumeist analeptischen Rückblicken auf das augustinische Rom wird diese Heterochronie auf vielfältige Weise erzeugt. Auffällig ist dabei, dass die anachronistischen Elemente durchweg nicht dem neuesten Stand der Technik entnommen sind, sondern selbst bereits als wartungsbedürftige Maschinen (vgl. *LW*, 112) in Erscheinung treten. Insofern unternimmt Ransmayr gerade nicht den Versuch, die antike Welt zu aktualisieren, sondern generiert vielmehr eine dem poetologischen Prinzip seiner Vorlage geschuldete Verschmelzung der Zeitebenen im Dienste der Unentscheidbarkeit zwischen Rom, Tomi, Vergangenheit, Gegenwart und Zukunft: „Die Zeiten streiften ihre Namen ab, gingen ineinander über, durchdrangen einander." (*LW*, 241)

Die allumspannende Wirkung der Zeit findet auch Eingang in die Topografie des Romans. Der Küstenort Tomi ist der permanenten Bedrohung ausgesetzt, durch Verwitterung an die Natur zurückzufallen: „An allem fraß der salzige Wind, fraß der Rost." (*LW*, 10) Ähnlich der Zeitstruktur wird auch die dialektische Trennung zwischen vernunftbetontem Rom und irrationalem Tomi im Verlauf des Romans ineinander übergeführt. Der Protagonist befindet sich im „Schwebezustand zwischen der imperialen, unbezweifelbaren Wirklichkeit Roms und den

Unbegreiflichkeiten der eisernen Stadt" (*LW*, 231); sein Aufenthaltsort wird für ihn selbst letztlich unbestimmbar.

Das dem Roman zugrunde liegende Exilkonzept ist folglich als ein dynamisches, außerzeitliches und nicht ortsspezifisches System menschlicher Isolation zu begreifen, das den Blick auf grundsätzliche und kontextunabhängige Fragestellungen nach der menschlichen Befindlichkeit in der Welt lenkt. Der Rückgriff auf Ovid als omnipräsenten und variantenreich adaptierten Intertext kann dabei als weitere Strategie zur Dekontextualisierung der Exilsituation verstanden werden. Die Aktualisierung der zeitlosen Mythen der *Metamorphosen* und die gleichzeitige Übernahme der elegischen Grundhaltung der *Tristia* – deren Zentrum die Klage um den Heimatverlust bildet – lassen Ransmayrs Ovid jenseits biografischer Spezifika zum Weltenschöpfer werden: Als Reaktion auf die Verbannung hat der Dichter „eine kahle Steilküste, an der er Heimweh litt und fror, zu *seiner* Küste gemacht" (*LW*, 287). Die Fiktionalisierung der Wirklichkeit wird hier zu einem Akt der Land- und Besitznahme stilisiert, der über die bloße sprachliche Einschreibung des Subjekts in die Außenwelt hinausgeht. Denn gerade durch die permanente Verschmelzung von Diegese und Intertext wird der für den Protagonisten selbstverständliche Bezug von Sprache und Welt aufgebrochen, da sein ordnender *Logos*, „seine römische Stimme" (*LW*, 81), die Ereignisse in Tomi nicht zu fassen vermag. Erst als Cotta sich der Unmöglichkeit der analytischen *Metamorphosen*-Rekonstruktion gewahr wird, kann er den „Widerspruch zwischen der Vernunft Roms und den unbegreiflichen Tatsachen des Schwarzen Meers" (*LW*, 241) akzeptieren und verschwindet schließlich auf der Suche nach seiner eigenen Position in die Weite der synthetischen Sprache der Literatur.

Die Vermittlung des Ovid'schen Exils durch die vorwiegend interne Fokalisierung des extradiegetischen Erzählers lässt sich somit als Narration des Exils zweiter Ordnung, als literarische Inszenierung der Verbannung begreifen, der das Exil als poetologische Position inhärent ist. Nachdem die Natur sich „über alle Zeichen menschlicher Kunstfertigkeit" (*LW*, 271) hinweggesetzt hat und die „Erfindung der Wirklichkeit [...] keiner Aufzeichnungen mehr" (*LW*, 287) bedarf, verliert sich auch der Protagonist in einem menschenleeren letzten Raum: „Welt ist Text und Text wird Welt." (Kaiser 2010, S. 355) Allein den Möglichkeiten der literarischen Sprache ist es überlassen, Suchende und Verbannte, Realitäten des Exils und Reminiszenzen an die Heimat, textinterne und -externe Weltentwürfe in eine transgenerische Sprache zu kleiden, in der das Schreiben über das Exil letztlich an die Stelle seiner tatsächlichen Erfahrung tritt.

Theoretische Perspektivierungen
Der Rückzug des bedeutungskonstituierenden Subjekts aus der Erzählwelt lässt sich auch aus der Perspektive postkolonialer Theoriebildung gewinnbringend

verhandeln. Ransmayrs dichotome Raumaufteilung zwischen *Logos*-Rom und *Mythos*-Tomi ist unter diesen Vorzeichen als stetes Wechselspiel zwischen Machtzentrum und Peripherie zu begreifen, dem die Figuren des Romans auf unterschiedliche Weise begegnen. Der Protagonist Cotta wird dabei zur Kategorie der Emigranten gezählt, die das totalitäre Rom aus eigenem Antrieb verlassen, „um der Apparatur der Macht zu entgehen" (*LW*, 125). Doch obwohl sich am Schwarzen Meer „der Wille Roms in der Wildnis" (*LW*, 123) zu verlieren scheint, bietet auch dieser entlegene Ort keine lebenswerten Alternativen: Für die Flucht aus dem Exil bot sich „kein Land, das weit genug [...] gewesen wäre, um einen flüchtigen Verbannten vor der Wut und Gerechtigkeit Roms zu schützen" (*LW*, 186). Diese Konstellation der Abwesenheit bei gleichzeitiger Allmacht Roms zwingt die exilierten Gestalten von Tomi zur Entwicklung von Misstrauen und permanenter Vorsicht: „alle Vertraulichkeiten mit dem Staatsfeind waren verboten" (*LW*, 185). Die hier skizzierte Exilsituation als eine der Selbstkontrolle unterworfene Zwangsgemeinschaft verschließt sich dem auf Erkenntnisgewinn ausgerichteten Zugriff des Protagonisten, der sich dem komplexen Widerspruch zwischen vernunftorientierter, römischer Identität und irrationaler, überfordernder Alteritätserfahrung ausgesetzt sieht, den er durch analytische und interpretatorische Arbeit zu synthetisieren sucht. Am Ende des Versuchs, sich den veränderten (Erkenntnis-)Bedingungen anzunähern und sich bezüglich Sprache und Denken so „vollständig in die eiserne Stadt" zu fügen, dass es ihm bisweilen gelingt, „die Unbegreiflichkeiten dieser Küste [...] hinzunehmen" (*LW*, 220), steht jedoch auffälligerweise keine Assimilation, sondern eine Hybridisierung des Protagonisten. Er muss schließlich feststellen, dass „sein Ort weder in der eisernen noch in der ewigen Stadt lag, sondern daß er in eine Zwischenwelt geraten war, in der die Gesetze der Logik keine Gültigkeit mehr zu haben schienen, in der aber auch kein anderes Gesetz erkennbar wurde" (ebd.). Aus dieser Perspektive ist Cottas finaler Übertritt in die Fiktion der *Metamorphosen* als konsequentes Ende des aus der postkolonialen Erzähltheorie entlehnten Dreischritts Identitätskonstitution (Rom), Alteritätserfahrung (Tomi) und Hybridisierung (Dichtung) zu begreifen. Doch obwohl die Entwicklung Cottas in vielerlei Hinsicht parallel zur Situation Ovids verläuft (vgl. Figueira/Figueira 2010, S. 70), ist bei der Engführung von Hybridität und Exil stets die doppelte narrative Distanzierung Ransmayrs vom tatsächlichen Exil Ovids mit einzubeziehen. Ungleich dem reisenden Leser Cotta, dessen Spurensuche nur eine von vielen möglichen Nacherzählungen des Ovid'schen Exils bildet, stellt der Autor Ovid, der tatsächlich Verbannte, in Ransmayrs Roman ein marginalisiertes Subjekt dar, das einzig in Rückblenden und Textzeugnissen präsentiert wird. Lange vor Cottas Ankunft hat Ovid „die *Metamorphoses* am Schwarzen Meer zu Ende erzählt" (*LW*, 287) und sich somit eine Welt erschrieben, in der er selbst keine Rolle mehr spielt und als abwesender Autor und Sinnstifter stets mittelbar bleibt.

Eine auffällige Funktion bei der vermittelten Narration des Ovid'schen Exils nehmen die von Ransmayr entworfenen Frauenfiguren Echo und Arachne ein, die den zentralen Zugang Cottas zur Überlieferung der *Metamorphosen* bieten: „Echo hatte ein Buch der Steine bezeugt, Arachne ein Buch der Vögel." (*LW*, 198) Die niedrige soziale Stellung der weiblichen Gestalten im archaischen Tomi findet dabei ihr Korrelat in deren augenscheinlich defizitärer Sprache: Arachne ist taubstumm, und Echo wird, den Rollenvorgaben der *Metamorphosen* entsprechend, größtenteils auf die Wiederholung fremden Wortmaterials reduziert. In Bezug auf die gesellschaftliche Marginalisierung der Frau folgt der Roman also durchaus „traditionellen geschlechterspezifischen Mustern" (Uysal-Ünalan 2010, S. 198), wonach die weiblichen Figuren als bloße Vermittlungsinstanzen in den Dienst der patriarchalisch-narzisstischen Suche nach „Autor, Text und Macht" (ebd., S. 184) gestellt werden. Indem sie in ihrer Funktion jedoch zugleich „auf die Textualität der betreffenden Wirklichkeit verweisen" (ebd., S. 180), findet auf poetologischer Ebene eine deutliche Aufwertung des weiblichen Sprechaktes als Form der Einschreibung in die Wirklichkeit statt, die den konventionellen Auffassungen einer männlich besetzten Sprache entgegensteht. Im Gegensatz zu den meisten männlichen Figuren in Tomi treten Echo und Arachne als aktive Auslegerinnen der erzählten Welt in Erscheinung: So weiß Arachne als einzige Bewohnerin die Farbe des plötzlich schwefelgelben Meeres als den „unermeßliche[n] Blütenstaub von Pinienwäldern" (*LW*, 121) zu deuten, und auch Echo wird ihrerseits als Leserin ihrer Umwelt in Szene gesetzt, die ihre unmittelbare Umgebung in Form von selbständig entwickeltem botanischem Vokabular erschließt (vgl. *LW*, 155). Als Exilantin ohne Heimat – „Echo wußte nicht, woher sie kam." (*LW*, 100) – überwindet das weibliche Subjekt in der Gestalt von Echo seine systematische Ausgrenzung durch die Ausdeutung der Wirklichkeit und weiß ihre Entortung konstruktiv im Sinne einer schreibenden Landnahme zu nutzen.

Exil und Erinnerung
Die erzähltechnische und genderkonzeptionelle Sonderstellung Echos manifestiert sich überdies darin, dass ihre Nacherzählung des Ovid'schen Schöpfungsmythos von Deucalion und Pyrrha als düstere Vorausschau, an deren Ende ein neues Menschengeschlecht „von mineralischer Härte [...] ohne Gefühle" (*LW*, 169) steht, eine der einschneidensten Variationen der antiken Vorlage darstellt. Erneut werden die Zeitverhältnisse dergestalt verkehrt, dass die erzählte Zeit als ein prä-apokalyptisches Zwischenstadium auf dem Weg zum Untergang der Menschheit erscheint. Anhand Echos proleptisch arrangiertem Bericht der Ovid'schen Analepse von der Entstehung der Welt problematisiert Ransmayr hier grundlegend den Zeitbezug zwischen Ereignis und Tradierung und stellt zugleich die dem gesamten Roman immanente Frage nach der Beständigkeit von Überlie-

ferung. Der Autor lässt dabei zuletzt auch das in Form von schneckenübersäten Steinblöcken bildgewaltig inszenierte, den Ewigkeitstopos aufrufende Schlusswort der *Metamorphosen* (vgl. *LW*, 50f.) in den vom menschlichen Konstrukt der Zeit befreiten Naturraum zurücksinken. Was bleibt, ist die Erinnerung an das Ovid'sche Exil im Raum der Literatur, in dem Zeiten, Räume, Ficta (*Metamorphosen*) und Facta (*Epistulae ex Ponto*) ununterscheidbar ineinander übergehen und sich wechselseitig erinnern. Im Offenlegen der Textualität der Wirklichkeit treten die verschiedenen überlieferten Darstellungen des Exils im literarischen Erinnerungsraum unabhängig von ihrem erlebten oder imaginierten, praktischen oder theoretischen Status gleichberechtigt als Textmaterial nebeneinander.

Der Text vermittelt die paradox anmutende Konstruktion einer Erinnerung an das Vergessen: Ein Gedankenspiel mit der Möglichkeit, dass die *Metamorphosen* mitsamt ihrem Autor für immer verloren gegangen sind und mit ihnen die gesamten Kulturleistungen der Menschheit in der Bedeutungs- und Zeitlosigkeit der ewigen Natur aufgehoben werden. Dieses inszenierte Vergessen führt vor Augen, dass der Mensch in einem letztlich aussichtslosen Kraftakt versucht, sich seine Position im entzeitlichten Raum der Weltgeschichte zu erschreiben, und im literarischen Raum das Potential entwickeln kann, sich seiner begrenzten Stellung als Exilant in der Wirklichkeit bewusst zu werden.

Die hier vorgenommene Ausweitung des Exilkonzepts auf die allgemeine Befindlichkeit des Menschen in der Welt und die damit verbundene Umdeutung vom Schreiben *im* Exil zum Schreiben *als* Exil ist zum Teil der unmittelbaren Rezeption des 1988 erschienenen Romans im Kontext der Postmoderne-Debatte geschuldet. Ransmayrs radikaler Umgang mit seinen intertextuellen Vorlagen und die leitmotivische Durchdringung der Diegese mit poetologischen Fragestellungen nach der Textualität der Welt in Form von Gewebe-Metaphern (vgl. Kaiser 2010, S. 329–333) legen für eine Vielzahl von Exegeten einen direkten Bezug zur poststrukturalistischen Problematisierung des Autorschaftskonzepts nahe. Aus diesem Blickwinkel ist besonders der Schluss des Romans als Aufgehen des Subjekts im unaufhörlichen Zeichenspiel logozentristischer Weltdeutung mitsamt seiner konstruktivistischen Beschränkungen zu verstehen.

Erst im vergangenen Jahrzehnt häufen sich die Stimmen, die dem Ende des Textes eine deutliche Aufwertung der Macht der Literatur als Alternativraum zur absoluten Wirklichkeit zuschreiben. Dieser Lesart zufolge ist das Romanende nicht als Infragestellung der Autonomie des Autors aufzufassen; das Verschwinden des Subjekts aus der Welt kann vielmehr auf übergeordneter Ebene als Neubestimmung der Position des Autors gedeutet werden, der sich im Paradox der Imagination eines Endes der Imagination seiner Stellung in der Welt vergewissern kann (vgl. Kaiser 2010, S. 354).

Es ist daher kaum verwunderlich, dass die wenigen in den letzten Jahren erschienenen Analysen zu Ransmayrs literarischer Erinnerung der Ovid'schen Verbannung sich in erster Linie grundlegend auf den werkimmanenten Zusammenhang von Sprache und Exil verständigen (vgl. Schmitz-Emans 2008; Figueira/Figueira 2010). Betrachtet man dementsprechend die literarische Sprache als bestgeeignetes Medium zur Narration der Erinnerung des menschlichen Exils, stellt sich *Die letzte Welt* aus der Perspektive einer zur Geschichte und zur Gegenwart hin offenen Exilliteraturforschung unabhängig von biografischen Kriterien als Exilroman dar, weil er den Modus der literarischen Erinnerung an das Exil offenlegt.

Fazit

Ransmayrs Exilbegriff ist grundsätzlich als ein ahistorisches Konzept aufzufassen, das den Zustand des Menschen in der Welt als einen zeitübergreifend existentiellen Bedrohungen ausgesetzten beschreibt. Auf poetologischer Ebene kann das Subjekt seine Position nur über die Ausdeutung und das Erschreiben der Wirklichkeit bestimmen und der abstrahierten Exilsituation erst im literarischen Raum adäquat begegnen. Angesichts der überfordernden Fremderfahrung einer vom Logos des Machtzentrums losgelösten Wirklichkeit erweist sich die Literatur aus postkolonialer Perspektive als Ort der Hybridisierung, der geschlechtsunabhängig denjenigen Figuren zur Verfügung steht, die zur selbständigen Weltausdeutung fähig sind. Die Exilsituation konstituiert sich folglich über Sprache und Sprachzeugnisse, weshalb die Narration des Exils letztlich gleichberechtigt neben seine tatsächliche Erfahrung tritt. So lässt sich die vermittelte Erinnerung an das Exil als Imaginationsraum auffassen, dessen Indifferenz zwischen Ficta und Facta den Blick vom positivistischen Untersuchen auf die narrativen Strukturen exilierten Schreibens lenkt. Als Forschungsgegenstand erweitert *Die letzte Welt* das Spektrum der gegenwärtigen Exilforschung insofern, als der Text einen von der Autorenbiografie unabhängigen Ansatz der narrativen Inszenierung exilierten Schreibens verfolgt.

Josef Guggenberger

Literatur

(*LW*) Ransmayr, Christoph: *Die letzte Welt. Roman. Mit einem Ovidischen Repertoire.* Nördlingen 1988.

Figueira, Dorothy u. Thomas Figueira: „Some Things are best left Un-Said: Exile in Ovid and Ransmayr". In: *Fortgesetzte Metamorphosen. Ovid und die ästhetische Moderne.* Hg. v. Monika Schmitz-Emans u. Manfred Schmeling. Würzburg 2010, S. 63–74.

Kaiser, Gerhard: „Welt ist Text und Text wird Welt. Christoph Ransmayrs Roman ‚Die letzte Welt'". In: *Hofmannsthal – Jahrbuch zur europäischen Moderne*, Bd. 18. Hg. v. Gerhard Neumann u. a. Freiburg 2010, S. 327–356.

Schmitz-Emans, Monika: „Poetiken des Exils und der Suche. David Maloufs und Christoph Ransmayrs Ovid-Romane". In: Dies.: *Poetiken der Verwandlung.* Innsbruck 2008, S. 101–145.

Uysal-Ünalan, Saniye: *Mythenrezeption als Weiblichkeitskonstruktion. Mythologische Geschlechterdiskurse in der deutschsprachigen Literatur des 20. Jahrhunderts.* Wien 2010, S. 178–198.

Gustav Regler: *Juanita* (1986)

Gustav Regler (Pseud. Thomas Michael, Thomas Michel, Gustav Saarländer) *25. 5. 1898 Merzig/Saar, †14. 1. 1963 Neu-Delhi. Stationen des Exils: ab 1933 Frankreich und Spanien, 1939/40 Le Vernet (Frankreich), ab 1940 Mexiko.

Inhalt

Abgeschottet von der Welt der Politik wächst Juanita als Waisenkind und Hausmädchen einer Gräfin in einer Villa bei Madrid auf. Bei Ausbruch des Spanischen Bürgerkrieges im Juli 1936, in dem sich eine Vielzahl deutscher Exilanten und internationale Faschismus-Gegner engagierten, flieht die Gräfin vor den Republikanern. Juanita flüchtet auf Empfehlung der Gräfin ins finnische Konsulat. Dort halten sich Gegner der Republik versteckt, vor allem Adlige, Großgrundbesitzer, Monarchisten und Faschisten. Der deutsche SS-Mann von Ertzheim leitet dort die Geschicke und überredet Juanita, für ihn als Spionin zu arbeiten. Im Hotel „Florida", einem Treffpunkt für Journalisten und Spione, freundet sich Juanita mit der Prostituierten und republikanischen Agentin Simone an und hinterfragt zunehmend den Sinn ihrer Aufträge, die sie von ihrem Geliebten, dem Falangisten Francisco, bekommt. Sie erfüllt die Mission für die Faschisten nur halbherzig und arbeitet über Simone auch mit der republikanischen Seite zusammen. Andererseits rettet sie Francisco aus dem Hotel, obwohl sie eigentlich den Auftrag hat, ihn festzusetzen. Schließlich fällt Juanita bei einer Aktion für die Franquisten in die Hände des sowjetischen Geheimdienstes, kann jedoch letztlich von Francisco gerettet werden. Nach der Rückkehr ins Konsulat improvisieren Juanita und Francisco dort ihr Hochzeitsfest, und es beginnen die Angriffe der Republikaner auf das bereits belagerte Gebäude. Juanita ringt sich zu dem Entschluss durch, ihnen das Tor zu öffnen, weil sie erkennen muss, dass Francisco in seinem tiefen Hass gegen die Republik ausschließlich an den Kampf und kaum an sie denkt. Francisco wird bei den Angriffen getötet, Juanita von einer Kugel schwer verwundet.

Sie fällt später ins Koma und bringt, bevor sie ihren Verletzungen erliegt, nach nur fünf Monaten ein Kind zur Welt.

Analysen

Narrationen des Exils
Spanien wurde während der 1930er Jahre und darüber hinaus zu einem Symbol für Solidarität und Widerstand gegen den Faschismus. Den Exilanten, die zu einem peripheren, passiven Dasein verurteilt waren, bot sich mit dem Spanischen Bürgerkrieg die einmalige Gelegenheit, aktiv gegen den Faschismus einzugreifen. In den Jahren von Exklusion und Bedeutungsverlust bedeutete Spanien für sie ein neues Sinnangebot und wurde zur Projektionsfläche der Hoffnungen aller Demokraten und Antifaschisten. Durch das Aktivwerden in Spanien wurden die Ohnmachtsgefühle vieler Exilschriftsteller überwunden, schließlich bedeutete der Kampf gegen Francos Truppen für sie eine Fortsetzung ihres Kampfes gegen Hitler (vgl. Bannasch/Holm 2005). Der Spanische Bürgerkrieg und die in seinem Kontext entstandene Literatur ist auch deshalb so zentral für die Exilliteratur, weil in Spanien neben der sozialen Revolution vor allem die Volksfrontidee, das Konzept einer länderübergreifenden Solidarität gegen den Faschismus, erstmalig in die Praxis umgesetzt wurde. Selten lagen jedoch politischer Idealismus und Desillusion so nahe beieinander wie im Spanischen Bürgerkrieg. So ist Spanien aufgrund der im Krieg hinter der Front erfahrenen stalinistischen Säuberungen auch Chiffre für die „Geburt der Renegaten" (Rohrwasser 1991, S. 58), sodass der Spanische Bürgerkrieg gelebte Utopie und Utopieverlust in einem symbolisiert.

Gustav Regler repräsentiert als sogenannter „Renegat" beide Seiten des Spanischen Bürgerkrieges: Sein erster, bekannterer Spanienroman *Das große Beispiel* (1940) schreibt den Widerstands- und Heldenmythos vom „gerechten Krieg" der Internationalen Brigaden fort, während sein zweiter, unbekannterer Spanienroman *Juanita* die ideologische Entwurzelung, den Utopieverlust und damit den doppelten Verlust von ‚Heimat' repräsentiert. Zugleich tritt *Juanita* in einen kritischen intertextuellen Dialog mit Reglers erstem Spanienroman und mit zentralen Paradigmen der Spanienkriegsliteratur.

An keinem Buch hat Gustav Regler so lange geschrieben wie an *Juanita*. Er begann die Arbeit am Text 1938, ein gutes Jahr nach seiner schweren Kriegsverletzung, die er im Juni 1937 als Politkommissar der XII. Brigade in Spanien erlitt und fast nicht überlebt hätte. Unterbrochen wurde die Arbeit durch seine Internierung im französischer Lager Le Vernet (August 1939–März 1940) und während der Monate der Durchreise ins Exilland Mexiko. Regler beginnt die Arbeit an *Juanita* als parteikonformer Kommunist. Mitte der 1930er Jahre gilt er bei vielen Schriftstellerkollegen wie Oskar Maria Graf als „Katechet" oder nach Klaus Mann als „militant" (Scholdt 1998, S. 165f.). Regler beendet die Arbeit an *Juanita* jedoch im April 1941 in einer Lebensphase, in der er innerlich bereits mit der KP gebrochen hatte (vgl. Schock 1984, S. 515). Der öffentliche Bruch mit der Partei erfolgte im Januar 1942 und führte zum Zerwürfnis mit seinen ehemaligen kommunistischen Weggefährten. Die nach Mexiko geflüchteten deutschsprachigen Schriftsteller um Egon Erwin Kisch, Anna Seghers, Bodo Uhse und Ludwig Renn, in der Mehrzahl wie er selbst exilierte Spanienkämpfer, verhielten sich weiterhin linientreu. Der Verlust dieses einflussreichen Freundes- und Kollegenkreises stellte für Regler eine Verbannung aus der ideologischen Familie dar, gleichbedeutend mit der Ächtung als ‚Verräter'. Dies reduzierte nach 1945 auch seine Publikationsmöglichkeiten in der DDR, wo die Literatur der Spanienkämpfer vor allem verlegt wurde, da der Widerstand in Spanien für den antifaschistischen Gründungsmythos des neuen Staates von zentraler Bedeutung war.

Theoretische Perspektivierungen
Die Handlung des Romans *Juanita* ist zu großen Teilen durch die Darstellung von Alterität gekennzeichnet. Es scheint daher ergiebig, den Text daraufhin zu lesen, wie Exil- und Fremdheitserfahrungen literarisch inszeniert und problematisiert und wie dichotome Strukturen (Fremdes vs. Eigenes) konstruiert, verstärkt oder gebrochen werden.

Zunächst fällt eine deutlich markierte semantische Opposition auf, und zwar die inszenierte Bipolarität von spanischen und nichtspanischen Verhaltensweisen und Charaktereigenschaften. *Juanita* lässt sich als Zeugnis eines Akkulturationsprozesses des Autors lesen, der indirekt über die Erzähler- und Figureninstanz nachvollziehbar wird. Spanischen Figuren wie Simone, Juanita oder auch Giménez werden Eigenschaften wie Ehrlichkeit, Geradlinigkeit, Verlässlichkeit, Mut und Leidenschaft zugeschrieben, während die internationalen Hauptakteure von Ertzheim und Gregorowitsch oder auch Steffen negativ konnotiert sind. Die internationalen Agenten der Faschisten und Kommunisten – beide Gruppen sind in dieser Hinsicht bezeichnenderweise nicht voneinander zu unterscheiden – stehen für Zynismus, Falschheit und ein rein berechnendes Vorgehen. Die Spanier hingegen, selbst der vom Hass besessene Francisco, werden fast durchgängig als geradlinige, ehrliche Vertreter einer alten, geradezu ritterlich anmutenden Welt dargestellt. Zugleich wird ihnen leitmotivisch das Fehlen von strategischem Denken attestiert. Nicht von ungefähr wird die spanische Mentalität im Bürgerkrieg mit Don Quijote in Verbindung gebracht, wohingegen die ausländischen Kräfte in ihrem machtpolitischen Kalkül mit Machiavelli verglichen werden (J, 337).

So rückt im Gegensatz zu Reglers erstem Spanienbuch *Das große Beispiel* das Hinterfragen der eigenen Identität und des internationalen Handelns im Gastland ins Zentrum, welches mit einem gesteigerten Interesse und einer Idealisierung der spanischen Fremdkultur einhergeht. Das Verhalten der Figuren des eigenen Kulturkreises, die im Spanischen Bürgerkrieg intervenieren, wird negativ besetzt, und zwar relativ unabhängig davon, ob es sich um die kommunistische oder die faschistische Seite handelt. Zumindest bezüglich der Akkulturationskritik und des kolonialistischen Habitus kommt es damit zu einer strukturellen Gleichsetzung beider Ideologien.

Die in *Juanita* auffällige, starke Betonung der interkulturellen Fremdheit ist zugleich eine Reaktion auf ein Paradigma der kommunistischen Bürgerkriegsliteratur: die teils kolonialistische Tendenz von Texten, die deutschen und internationalen Kommunisten gegenüber den Spaniern als zivilisatorisch fortgeschrittener darzustellen. Letztlich mündet diese stellenweise überzeichnete Bipolarität von Fremdem und Eigenem bei Reglers *Juanita* in eine „Apotheose des spanischen Volkes" (Pichler 1990, S. 361), die zugleich eine harsche Kritik an den diversen hegemonialen Interessen der internationalen Kräfte im Spanischen Bürgerkrieg ist.

Insgesamt wird anhand einiger Figuren geradezu exemplarisch der fehlende Wille zur Akkulturation vorgeführt (Gregorowitsch, von Ertzheim, Steffen). Das Aufeinanderprallen der Kulturen wird insgesamt als negativ inszeniert, indem die intervenierenden Mächte als Invasoren dargestellt werden, die – wie im Folgenden Gregorowitsch – keine Sensibilität für die fremde Kultur zeigen: „Wer gab diesem Fremden das Recht, hier zu richten? Nichts wußte er von Spanien und seinen Verwirrungen." (*J*, 361) Die nichtspanischen Figuren treten zugleich als Vertreter einer neuen Welt der Moderne auf, die als skrupellos und als Bedrohung der alten Welt dargestellt werden. Diese Dichotomie wird dramaturgisch zugespitzt, als es während Juanitas Hochzeitsfest innerhalb des faschistischen Lagers zur Konfrontation zwischen Francisco und von Ertzheim kommt, der als „steinerner Gast" wie ein Fremdkörper unter den feiernden spanischen Franco-Anhängern wirkt (*J*, 482–484).

Wie selbstverständlich sind die meisten Figuren – ob Spanier, Russen oder Deutsche – stark essentialistisch gezeichnet, und Begriffe wie ‚Heimat', ‚Kultur' und ‚Nation' werden unhinterfragt verwendet. Es gibt zwar wenige Ausnahmen wie die positiv konnotierte und differenzierte Figur des Michailow, der mehr Interesse für das Gastland aufbringt, aber insgesamt muss man von einer inszenierten Polarisierung sprechen, die keinen Platz für Hybridität vorsieht.

Doch gerade die Unmöglichkeit einer hybriden Existenz wird auch zum Thema, wenn man die Konstruktion der Figur Juanitas genauer in den Blick nimmt. Die Protagonistin symbolisiert das Hybride, das nicht Zuzuordnende, indem sie im Handlungsverlauf – aus einer naiven Haltung heraus – Verständnis für beide Lager aufbringt und sowohl mit dem Faschisten Francisco als auch mit der Republikanerin Simone kooperiert. Ihr Wunsch von einer besseren Welt jenseits der Ideologien wird einerseits als unrealistisch dargestellt. Andererseits trägt ihre Figur gerade wegen ihrer Naivität deutlich positive Züge, weil sie nicht bereit ist, das extrem bipolare, stets als ‚männlich' und mit Gewalt konnotierte Denken der Epoche zu akzeptieren. Den Mut oder die Fähigkeit zur ideologischen Grenzüberschreitung zeigen durch ihre Freundschaft nur Simone und Juanita, die eigentlich politisch dazu bestimmt waren, gegeneinander zu arbeiten. Sie durchbrechen damit die Freund-Feind-Schemata und setzen sich über Rollenerwartungen und Machtverhältnisse hinweg.

Allerdings ist die Juanita-Figur ambivalent, denn anfangs zeichnet Regler ein konventionelles Bild von Weiblichkeit, indem Juanita als gutmütig-naives und unpolitisches Dienstmädchen eingeführt wird. Doch sie durchläuft einen Emanzipationsprozess und erkennt trotz des Einflusses ihres faschistischen Geliebten die moralische Überlegenheit des republikanischen Spanien (J, 376). Zum Romanende hin wird sie zur klarsichtigen Heldin, indem sie als Einzige gegen den Militarismus und Uniformismus aufbegehrt, der beide Ideologien prägt. Zwar ist sie bis zum Schluss durch ihre fast masochistische Liebe zu Francisco nicht wirklich selbstbestimmt (vgl. Pichler 1990, S. 364), dennoch besetzt sie mit ihrer pazifistischen, die individuelle Freiheit einfordernden Haltung einen ‚dritten Raum', der die Idee vom ‚gerechten Krieg' und den Todeswillen der Soldaten als krankhaften männlichen Massenwahn identifiziert. Trotz seiner wenig kohärenten Inszenierung von Weiblichkeit bricht Regler hiermit ein Tabu in der antifaschistischen Literatur über den Spanischen Bürgerkrieg, indem er mit der Juanita-Figur das männliche Heldenparadigma zumindest erschüttert und die Sinnlosigkeit des Krieges als Frage aufwirft.

Exil und Erinnerung

Bereits im Januar 1941 wurde das Erscheinen von *Juanita* im *Daily Star* angekündigt, erscheinen sollte der Roman jedoch erst postum im Jahr 1986 anlässlich des 50. Jahrestages des Beginns des Spanischen Bürgerkrieges im Verlag Büchergilde Gutenberg. Dazwischen liegen mehrere gescheiterte Publikationsversuche, u.a. beim amerikanischen Verlag Longmans, Green & Co. (1941) und im deutschen Verlag Behrendt (1949). Doch auch wenn Regler zu Lebzeiten keinen Verlag für *Juanita* finden konnte, kann man davon ausgehen, dass er dem Roman eine Schlüsselrolle in seinem Werk zuwies. Die Gründe dafür sind ideologischer Natur und in der Abwendung Reglers vom Kommunismus sowjetischer Prägung zu finden. In *Das große Beispiel* stellt Regler den antifaschistischen Kampf in Spanien noch als Modellfall des gerechten Krieges heraus, indem das Sterben für die Freiheit – trotz vorsichtiger Kritik an der sowjetischen Politik in Spanien – letztlich heroisiert wird. Der Roman ist noch repräsentativ für die Literatur zum Spanischen

Bürgerkrieg, weil Regler mit der vermeintlichen Autorität des Augenzeugen auftritt. Viele Autoren, die zugleich Spanienkämpfer waren, bedienten sich dieses Arguments und wählten eine Erzählperspektive des historisch genau dokumentierenden Chronisten. *Juanita* hat in seinem Werk eine zentrale Bedeutung, da es als Korrektiv zum *Großen Beispiel* fungiert und frühere Erinnerungen und Haltungen einer Revision unterzieht. Durch den intertextuellen Dialog mit seinem vormaligen Erinnerungsbuch eröffnet er zugleich einen sehr viel weiter reichenden Wettstreit um die Deutungshoheit der Ereignisse des Spanischen Bürgerkrieges. Dabei geht es vor allem um eine kritischere Perspektive auf die Durchsetzung der diversen internationalen Interessen auf spanischem Boden. *Juanita* stellt gleich in mehrfacher Hinsicht ein Aufarbeiten von überwundenen Sichtweisen Reglers dar. Es lässt sich durchaus von einer therapeutischen Funktion des Textes sprechen, insbesondere wenn man bedenkt, dass der Bruch mit der Partei eine Erschütterung der Identität und einen vollkommenen Neuanfang für Regler bedeutete. Der Roman lässt in hohem Maße das selbstreflexive Bewusstsein eines ehemaligen, dem Kommunismus verpflichteten Spanienkämpfers erkennen.

Beide Romane Reglers lassen sich direkt vor (*Das große Beispiel*) bzw. nach einem Kulminations- und Umschlagspunkt (*Juanita*) der europäischen Geschichte verorten, nämlich der hochgradigen Ideologisierung, für die der Spanische Bürgerkrieg steht. So steigt die berauschende Erfahrung des internationalen, solidarischen Widerstandes gegen den Faschismus zunächst auf einen Höhepunkt und schlägt dann für einige um in die Ernüchterung durch das Erleben der stalinistischen Praktiken. So wie der *Juanita*-Roman diesen Wendepunkt innerhalb von Reglers Werk markiert, wurde Spanien für einige Kommunisten zum Wendepunkt in ihrem Leben, indem sie früher als andere die stalinistische Politik in der Praxis kennenlernten.

Fazit

Die im Kontext des Spanischen Bürgerkriegs entstandene Literatur ist zentraler Bestandteil der Exilliteratur, weil sie das Thema Exil an einem Kulminationspunkt der Weltgeschichte spiegelt, an dem Utopien zerbrechen oder aber im kollektiven Gedächtnis bewahrt werden. Die Literatur des Spanischen Bürgerkrieges betrachtet Exil aus der Perspektive einer internationalen Zusammengehörigkeit. Sie ist vom dezidierten Versuch des Eingreifens der Autoren in den Lauf der Geschichte gekennzeichnet, um die letzte Chance zu nutzen, den Faschismus in Europa aufzuhalten und sowohl schreibend als auch kämpfend die Demokratie in Spanien und Europa zu verteidigen. Das von George Orwell auf 1936 datierte Ende der Geschichtsschreibung und die hohe ideologische und propagandistische

Funktion der Kunst und Literatur in diesen Jahren bereitete einer Literatur den Boden, die vor allem anderen Engagement und Parteilichkeit für das große gemeinsame Ziel verlangte. *Juanita* ist relevant für dieses literaturhistorische Paradigma, weil es gerade diese Mechanismen offenlegt. Einerseits ermöglicht der Text eine Reflexion über den in der antifaschistischen Bürgerkriegsliteratur unantastbaren Mythos des Heldentums und des ‚gerechten Krieges', andererseits stellt *Juanita* die für viele Texte charakteristischen Funktionsmechanismen bipolarer Freund-Feind-Schemata infrage, sodass strukturelle Gemeinsamkeiten totalitären Denkens und Handelns der Epoche inszeniert werden. Der *Juanita*-Roman thematisiert damit das doppelte Exil der Renegaten: Das aus den Erkenntnissen des Spanischen Bürgerkriegs resultierende Leiden an der Unzugehörigkeit zu einem geografisch *wie* ideologisch zu bestimmenden Zuhause, das nach Peter Weiss „tiefer war als jegliche nationale Entwurzelung, jedes Exil" (zit. n. Stephan 1985, S. 253).

Frank Schulze

Literatur

(*J*) Regler, Gustav: *Juanita*. Frankfurt a. M. 1986.

Bannasch, Bettina u. Christiane Holm unter Mitarb. v. Carl Freytag: *Erinnern und Erzählen. Der Spanische Bürgerkrieg in der deutschen und spanischen Erzählliteratur und in den Bildmedien*. Tübingen 2005.
Daviau, Donald u. Ludwig Fischer (Hg.): *Exil. Wirkung und Wertung*. Columbia/South Carolina 1985.
Haederle, Ilka: „Gustav Regler: Juanita". In: Bannasch/Holm 2005, S. 423–433.
Pichler, Georg: *Der Spanische Bürgerkrieg in der deutschsprachigen Literatur. Eine Darstellung*. Frankfurt a. M. 1990.
Regler, Gustav: *Das große Beispiel*. Frankfurt a. M. 1976.
Rohrwasser, Michael: *Der Stalinismus und die Renegaten. Die Literatur der Exkommunisten*. Stuttgart 1991.
Schleenbecker, Katrin: „Gustav Regler: ‚Das große Beispiel'". In: Bannasch/Holm 2005, S. 301–310.
Schmidt-Henkel, Gerhard: „Gustav Reglers Romane ‚Das große Beispiel' und ‚Juanita' als Versuche einer literarischen Verarbeitung des Spanischen Bürgerkrieges". In: Daviau/Fischer 1985, S. 203–213.
Schock, Ralph: *Gustav Regler – Literatur und Politik (1933–1940)*. Frankfurt a. M. 1984.
Scholdt, Günter: *Gustav Regler. Odysseus im Labyrinth der Ideologien. Eine Biographie in Dokumenten*. St. Ingbert 1998.
Stephan, Alexander: „Spätfolgen des Exils. Zwischenbericht zu Peter Weiss' ‚Die Ästhetik des Widerstands'". In: Daviau/Fischer 1985, S. 245–257.

Ruth Rewald: *Janko, der Junge aus Mexiko* (1934)

Ruth (Gustave) Rewald *5. 6. 1906 Berlin, †(nach dem 17. 7.) 1942 Auschwitz. Stationen des Exils: 1933–1937 Frankreich, 1937/38 Spanien, 1938–1942 Frankreich.

Inhalt

Ruth Rewalds Kindergeschichte schildert das Schicksal des mexikanischen Waisenjungen Janko Dubirof. Nach seiner Flucht aus einem lieblosen ländlichen Umfeld verschlägt es ihn als Straßenjungen nach Mexiko City, dann nach New York und schließlich auf Initiative von Bianca Sauerland, einer beim Wohlfahrtsamt tätigen älteren Dame, in eine deutsche Kleinstadt. Im Mittelpunkt der Handlung steht der dortige Schulbesuch, der Janko wie auch sein schulisches Umfeld vor zahlreiche Probleme stellt. Der durch seine Staatenlosigkeit bedingte exzeptionelle Status macht ihn zunächst zum skeptisch beäugten Außenseiter und schließlich zur Orientierungsfigur. Während seines kurzen Aufenthalts sammeln er selbst, seine Mitschüler und sein Lieblingslehrer Larsen lehrreiche Erfahrungen.

Jankos Eingewöhnung wird von der Omnipräsenz des behördlichen Zugriffs in Gestalt amtlicher Briefe überschattet. Seine mangelnde Erfahrung mit den gesellschaftlichen Konventionen des Aufnahmelandes bringt ihn zusätzlich in Konflikt. Der Ausweisung zuvorkommend, entschließt er sich erneut zur Flucht. Sechs Jahre später teilt er seinem Lehrer Larsen in einem Brief mit, dass er über Umwege wieder nach Mexiko gelangt ist, wo er seine Erfüllung als Lehrer sozial unterprivilegierter Kinder gefunden hat.

Analysen

Narrationen des Exils
Nach einer als belastend wahrgenommenen Eingewöhnungsphase im französischen Exil, wo Ruth Rewald das Schreiben aufgrund der erschwerten Lebensbedingungen zunächst unmöglich ist und sie ihr Mädchenbuch-Projekt *Achtung – Renate!*, das in Deutschland nicht mehr erscheinen kann, aufgibt, entsteht Anfang 1934 *Janko, der Junge aus Mexiko*. In Paris versuchen Ruth Rewald und ihr Ehemann Hans Schaul, mit diversen Tätigkeiten ihren Lebensunterhalt zu bestreiten (vgl. Krüger 1990, S. 80–94, 154–162). Nach intensiver Verlagssuche wird *Janko*, versehen mit einem Titelbild und elf Illustrationen von Paul Urban (*14. 11. 1901, †nach 1937), noch im selben Jahr im Straßburger Sebastian-Brant-Verlag

veröffentlicht. Während die Absicht scheitert, den Text auch in den USA, England und der Schweiz zu publizieren, erscheint *Janko* dank Rewalds Engagement 1935 in Norwegen und 1936 in Serbien und Schweden (vgl. Fernengel 2008, S. 236f.). 1934 und 1935 mehrfach rezensiert, wird die Geschichte von Beginn an assoziativ mit der politischen Situation in Deutschland in Verbindung gebracht (vgl. Krüger 1990, S. 94–99). Das Thema ‚Exil' steht mit seinen politischen, gesellschaftlichen und psychologischen Implikationen unmissverständlich im Mittelpunkt – freilich ohne offenen Fingerzeig auf den Nationalsozialismus. Im Unterschied zu Rewalds erfolgreichem Berlin-Buch *Müllerstraße. Jungens von heute* von 1932 ist das Geschehen in einer nicht näher konkretisierten deutschen Kleinstadt angesiedelt. Damit lässt sich die Handlung auf viele Orte übertragen – eine Voraussetzung zur Veröffentlichung im Ausland. Auffällig ist die einzige exakte Datierung, Jankos Geburtstag am 7. Dezember 1918 (*JM*, 11). In Verbindung mit den übrigen relationalen Zeitangaben entsteht eine klare zeitliche Einordnung als verdeckte Kritik: Das Geschehen in Deutschland ist vor 1933 situiert, während der sechs Jahre später aus Mexiko gesandte Brief in die nationalsozialistische Zeit fällt. Obwohl Antisemitismus nicht explizit erwähnt wird, klingt der rassistische Wortschatz durch, so beispielsweise wenn Janko als ein „fremdes" (*JM*, 12) und „gefährliches Element" (*JM*, 125) bezeichnet wird. Mithilfe solcher verdeckter Schreibweisen weitet der Text seine Kritik aus und lässt zugleich den individuellen Einzelfall repräsentativ für das Schicksal einer immer größer werdenden Anzahl Exkludierter werden.

Spannung wird durch akute Suspense-Episoden erzeugt, die als ‚wahr' von den ‚erfundenen' Abenteuern der fiktionalen Kinderliteratur – *Lederstrumpf* und Karl May – abgegrenzt werden (*JM*, 17, 35, 116). Die Komplexität, mit der die Hauptfigur und ihre Lebenssituation gezeichnet sind, verdankt sich wechselnden Erzählperspektiven. Zunächst überwiegt eine ethnisierende Wahrnehmung aus Sicht der Mitschüler: „Nach den Ferien kam ein Neuer in die Klasse, ein grosser, kräftiger Junge mit wettergebräuntem Gesicht." (*JM*, 6) Entsprechend treten die Differenzen hervor, angefangen bei der „tiefe[n] Stimme", endend bei dem Spott herausfordernden Akzent (*JM*, 8): „Er war ihnen zu fremd." (*JM*, 17) Das exkludierende Urteil schwankt zwischen „Indianer" und „Vagabund" (*JM*, 14), zur neuerlichen Flucht jedoch wird Janko sein ungeklärter rechtlicher Status bewegen (*JM*, 13 u. 46).

Kindgerecht veranschaulicht vor allem das Kapitel „Briefträger Klatte" den auf das Exil generell ausgeweiteten Zusammenhang von Ereignisverkettungen, Machtmissbrauch und Willkür sowie individueller Ohnmacht und thematisiert – charakteristisch für das Genre Kinderbuch – anhand namenlos bleibender Schicksale Sprach- und Gedächtnisverlust als mögliche Folgen von Traumatisierungen (*JM*, 36–38). Weitsichtig gelangt die Brutalität der Verwaltungsmaschinerie in den

Kapiteln „Die Akte Janko Dubirof" und „Erledigte Akten" zu voller Entfaltung, wobei in äsopischer Manier die politischen Konflikte am Beispiel von Amerika und Mexiko verhandelt werden – dies könnte auch ein möglicher Grund für das Scheitern einer Veröffentlichung in den USA sein:

> Dieser gleichgültige Fall Dubirof ist gut dazu, den Amerikanern vorzuhalten, dass sie selbst hier ‚inkorrekt' gehandelt hatten. Und jetzt war die Akte Dubirof nicht mehr gleichgültiges Kanzleipapier, sie wurde zu einer grossen diplomatischen Note, feierlich überreicht durch den mexikanischen Gesandten in Washington an die amerikanische Regierung [...]. [...] kein Blatt des vielen Papiers in der Akte Dubirof war geschrieben aus einer Spur von Interesse für Janko und sein Schicksal. Es wurde nur dazu benutzt, die Machtsphären zweier Staaten gegeneinander abzugrenzen und seine Zukunft sollte gebogen werden nach den Wünschen von Regierungen, die damit ihre politischen Interessen durchkämpften. (*JM*, 67 f.)

Die gesichtslose Gewalt der Bürokratie manifestiert sich in Form ‚erledigter Akten', an deren Zustandekommen maßgeblich der Zufall mitwirkt. Die ‚Gattung' Akte repräsentiert, vergleichbar einer Prosopopöie, die Unterwerfung des menschlichen Schicksals im Exil:

> [...] wie dieses Papier plötzlich Gewalt gewinnen kann, eingreifen kann in das Schicksal von lebendigen Menschen, sie weiterbringen und sie vernichten kann. Da gibt es einen bestimmten Augenblick, in welchem das Papier aus sich herauswächst und selbst Leben wird. Nicht mehr der Mensch, über den da berichtet wird, formt das Papier, sondern das Papier formt den Menschen und seine Zukunft. Das ist die „Entscheidung". Auch sie ist zunächst nur ein Stück Papier, aber sie wird lebendig und ergreift auf eine unheimliche Weise Gewalt von dem Menschen, von dem dort geschrieben ist. (*JM*, 163)

Theoretische Perspektivierungen

Die einzigen weiblichen Personen sind, den divergierenden Geschlechterrollen der Weimarer Republik gemäß, komplementär angelegt: die hilflos wirkende Mutter von Jankos Freund Klattki, eine von Hausarbeit und materieller Not gezeichnete Frau, sowie Bianca Sauerland, eine resolute, im New Yorker Wohlfahrtsamt tätige Schuldirektoren-Witwe. „Tante Bianca", die Jankos Einreise initiiert hat, übernimmt eine Art Mutterfunktion und ist entschlossen, Jankos Ausweisung zu verhindern. Weibliche Berufstätigkeit und Selbstbewusstsein sowie der Rang familiärer Strukturen erscheinen als Voraussetzung zur Vertrauensbildung. Überzeugend wird der mentale Prozess des wechselseitigen Aushandelns kultureller Differenzen dargelegt, der Janko nach seiner eigenen Einschätzung vom ablehnend beäugten „Nilpferd im Zoo" (*JM*, 32) zum integralen Bestandteil der Klasse werden lässt.

Weil im Exil oftmals Kinder ohne ihre Eltern schwierigste Lagen bewältigen müssen, plädiert der Text für eine offene kommunikative Haltung, die er durch Dialoge veranschaulicht (vgl. Fernengel 2008, S. 36). Entsprechende Reflexions-

und Erkenntnisprozesse werden immer wieder anhand von Gesprächen initiiert, während Verschlossenheit und Grübeln destabilisierend sind und Heimweh erzeugen (*JM*, 121). So zielt der Text in didaktischer Absicht darauf ab, die Bereitschaft zu wechselseitiger Verständigung zu fördern. Dass sogar ein Konflikt empfundene kulturelle Fremdheit verringern kann, zeigt das Geschehen am ersten Schultag, an dem sich Janko unerlaubt eine ‚Auszeit' nimmt: „Aber nachdem er sich fünf Stunden lang nach vielen Vorschriften hatte richten müssen, berauschte ihn jetzt das Gefühl der wiedergewonnenen Freiheit." (*JM*, 25) Vergeblich wartet seine Gastgeberin mit einem kleinen Festmahl (*JM*, 28–33) und reagiert entsprechend gekränkt. Sich und sein früheres Leben verteidigend, kritisiert Janko seine Klassenkameraden, die offenbar „keine Arbeit haben und seit Jahren in die Schule gehen, essen und ihre Kleider bekommen und nur lernen müssen" (*JM*, 32). Indem kulturelle Differenzen diskutiert und kontextualisiert werden, wirkt das Gespräch für beide erhellend: Frau Sauerland wird darüber belehrt, dass die ihr selbstverständliche geregelte Lebensweise im globalen Zusammenhang eher die Ausnahme darstellt, während Janko erkennt, dass es auch in seiner neuen Umgebung Armut gibt (vgl. *JM*, 32).

Übertragbar auf die Funktion des Schreibens als Hilfe zur Bewältigung des Exils werden stellvertretend an Jankos künstlerischer Entwicklung Möglichkeiten und Grenzen dieses ‚Therapeutikums' aufgezeigt. Auch selbstbewusste Kinder brauchen Unterstützung, so der pädagogische Leitgedanke, der sich in der männlichen (Vater-)Figur Larsen manifestiert (vgl. Fernengel 2008, S. 122–129). Ein Streich, um Janko zu diffamieren, bringt dessen künstlerisches Talent an den Tag. Während seine karikaturartigen Zeichnungen, der bisherigen Lebenssituation gemäß, ihm zur Orientierung dienen und „alles Charakteristische" (*JM*, 76) erfassen, soll er nun eine systematische Bildung erhalten. Larsen selbst hat seinerzeit den Traum von einem Künstlerleben aus Verantwortung gegenüber seiner Mutter aufgegeben, und er weiß, „es geht nicht immer so, wie man möchte" (*JM*, 88). Auch Janko wird, wie viele Protagonisten der Gattung Künstlerroman, als Künstler scheitern: Nicht, weil seine Begabung nicht ausreicht, sondern weil er sein individuelles Wohl dem Gemeinwohl unterordnet und Lehrer wird (*JM*, 172).

Aufgrund der Intention des Textes, Kritik zu üben, beispielsweise an der vermeintlichen Überlegenheit der westlichen Kulturen, und dennoch kulturelle Fremdheit und Rassismus zu reflektieren, wird das Sprechen, nicht nur der Figuren, über Mexiko und „die Indianer" mitunter zur Gratwanderung:

> Es war ihm etwas ganz Neues, dass man einen Fremden so unzart, beinahe schamlos seiner Geheimnisse entkleiden wollte. Er dachte an die Straßenjungen in Mexiko City, Indianer oder Mexikaner, ganz gleich, keiner war je so über ihn hergefallen, […]. Janko wusste nicht, dass es eine besondere Charaktereigenschaft der Indianer war, jedem Menschen und seinem Schicksal eine besondere Hochachtung entgegenzubringen. (*JM*, 24)

[...] das geht doch bei uns [in Mexiko] nicht zu wie bei Karl May. Erstens ist das vielleicht hundert Jahre her, als man die Indianer verfolgt hat, und zweitens war das in Nordamerika. Bei uns in Mexiko gibt es keine Feindschaft zwischen Weissen und Indianern. [...] Und wenn sie erst einmal alle lesen und schreiben können, dann wird es gar keinen Unterschied mehr geben. (*JM*, 116 f.)

Exil und Erinnerung
Wie schon Rewalds *Müllerstrasse* steht *Janko* in einer mit den Namen Erich Kästners und Lisa Tetzners verbundenen Jugendbuchtradition, die zu Empathie und Solidarität befähigte Kinder zeigt, die trotz widriger Umstände ihr Schicksal selbst in die Hand nehmen (vgl. Fernengel 2008, S. 47–50, 115 f., 169–172). Gleichzeitig geht die Darstellung über viele Kinderbücher hinaus, weil sie sich nicht auf ein besonderes Ereignis beschränkt: Die Gattung des Bildungsromans ist hierbei, obwohl der Text in *medias res* einsetzt, maßgeblich, wird doch romanhaft der Reifungsprozess eines künstlerisch veranlagten Kindes hin zum Erwachsenen nachgezeichnet. Freilich steht kein müßiggängerisches Leben, sondern ein Ausreißen aus Verzweiflung an dessen Beginn. Das Ende zeigt eine Rückkehr, bei der der Protagonist im Status der Legalität zum verantwortungsvollen Mitglied der Gesellschaft geworden ist. Bereits in der Emigration lässt Janko zunehmend kindliche Verhaltensmuster hinter sich, wenn Bedürfnisse des Augenblicks zugunsten selbstgestellter ,höherer' Aufgaben zurückgewiesen werden. Seine Kenntnis der Ferne und die in der Fremde gemachten Erfahrungen wertet er schließlich als ausschlaggebend für seine Eignung zum Lehrer (*JM*, 172).

Die skizzierten Gattungstraditionen werden mit der Wanderschafts-Topik des Exils verschmolzen, in deren Zentrum die Erfahrungen des Heimatverlustes, der Fremdheit und des Heimwehs stehen. Vielleicht ist es kein Zufall, dass in produktiver Aufnahme des Wanderschafts-Topos Jankos mexikanische Bastschuhe, anfänglich Attribute seiner Fremdheit, bei einem wichtigen Sportwettkampf einem anderen Außenseiter zu Sieg und Anerkennung verhelfen. Dem stetigen Unterwegssein, Hunger und Entbehrung steht in der kurzen Zeit bei Tante Bianca der liebevoll und reichhaltig gedeckte Tisch gegenüber – ein für die Exilliteratur topischer Kontrast von Zeiten des Mangels und des Überflusses, der auch Gabriele Tergits Roman ↗ *Effingers* prägt (vgl. Brogi 2010, S. 114 f.). Die kurze Phase seines familiär-freundschaftlichen Eingebundenseins hält für Janko positive Erlebnisse bereit, die ihn befähigen, die Erinnerung an seine Flucht als Abenteuergeschichten zu erzählen. Dem steht eine Verlangsamung des Erzählens entgegen, als Janko von der Ablehnung des Bleibeantrags erfährt: Wie betäubt, entgleitet ihm das Bewusstsein von Raum und Zeit (vgl. Fernengel 2008, S. 75).

Die Mehrzahl der Illustrationen Paul Urbans veranschaulicht eng am Text Jankos gesellschaftliche Position: als Straßenjunge ohne Eltern, in niedrigen gesellschaftlichen Stellungen, allein im Klassenzimmer oder als Stütze des verletzten Freundes (vgl. Fernengel 2008, S. 90–95, 119f.). Die mit kräftigem Strich ausgeführten Darstellungen betonen, wie Jankos Karikaturen, das Wesentliche. Sie stellen zusätzlich durch Attribute wie das Leitmotiv des mehrfach abgebildeten, im Text allerdings nicht erwähnten Sombreros das exotische Moment heraus und deuten außerdem durch integrierte spanische Namen und Begriffe die im Text kaum erwähnten sprachlichen Klippen des Exils an.

Jankos frühe Entstehungszeit mag dazu beigetragen haben, dass das Exil (noch) als ein zwar von Zäsuren und Entbehrungen geprägter, aber vorübergehender Lebensabschnitt dargestellt wird. Vor allem als Kinderbuch weckt der Text die Hoffnung, dass Lebenssinn und stabile Identität auch in der Fremde zu finden sind. Dies hat *Janko* mit zeitgleich in Deutschland publizierten Kinderbüchern gemein, die den als jüdisch verfolgten Kindern ein ‚paradiesisches' Leben in Erez Israel vor Augen führen (vgl. Livnat 2010). Trotz der in Aussicht gestellten möglichen Rückkehr in die Heimat wird in *Janko* nicht geleugnet, dass das Leben nach dem Exil ein anderes sein muss. Weil das Schicksal kein Vorgezeichnetes ist, gilt es, die engen Spielräume zu nutzen: Wie es auch Rewalds späteres Engagement im Spanischen Bürgerkrieg zeigt, steht hinter dieser Vorstellung eine eher dem Internationalen verpflichtete politische Haltung, die in *Janko* noch stark den Wert demokratischen Handelns betont (vgl. JM, 44, 72; Fernengel 2008, S. 199), obwohl auch die kulturell verankerte Relevanz von Heimatgefühlen nicht geleugnet wird (vgl. Krüger 1990, S. 165–168).

Die Publikation hat offenbar nur eine kurze Phase der öffentlichen Wertschätzung unmittelbar nach ihrem Erscheinen erfahren. Die umfangreichsten Studien wurden nach 1989 veröffentlicht (Krüger 1990; Fernengel 2008). Eine die Illustrationen ausklammernde Neuauflage (Rewald 2002), herausgegeben von Deborah Vietor-Engländer, zielt in erster Linie auf die wissenschaftliche (vgl. Fernengel 2008, S. 15), eine Neuauflage von 2007 (insbesondere durch ihr Nachwort) auf eine Rezeption durch Kinder und Jugendliche. Außerdem geht vor allem das 17. Kapitel von Robert Cohens Roman wiederholt auf diesen Text ein (vgl. Cohen 2009). Mitverantwortlich für die geringe Rezeption mögen der frühe Tod der in Auschwitz ermordeten Autorin und die grundsätzliche Marginalisierung der Rubrik (Exil-)Kinderbuch in Verbindung mit dem positiven Textende und der (weltanschaulichen) Offenheit des Textes sein.

Fazit

Das Exil wird als ein Ausnahmezustand dargestellt, in den jeder geraten kann. Im besten Fall gehen die Betroffenen, die besonders abhängig von ihrer Umwelt sind, als gestärkte Persönlichkeiten daraus hervor; aber auch die völlige Verstörung und Vernichtung werden als mögliche Folgen gezeigt. Der Junge Janko ist mit Empathie als eine sich allen Herausforderungen stellende Identifikationsfigur angelegt, an der zugleich beispielhaft demonstriert wird, wie eine Lebensweise ‚auf Abruf' so sehr zu destabilisieren vermag, dass die erneute Flucht als ein letzter Ausweg erscheint, um dem Gefühl völliger Ohnmacht zu entkommen.

Der Handlungsverlauf konfrontiert Äußerungen homogener Kulturvorstellungen seitens der Figuren mit einem dynamischen Kulturbegriff, der auf das Potential transkultureller Begegnung setzt. Als Voraussetzung für eine solche Produktivität des Exils erscheinen reflexive und künstlerische Prozesse. Trotz seiner eurozentristischen Tönung, die mitunter den eigenen Anspruch zu unterlaufen droht, liegt eine Stärke des Textes in seinem universalen Humanismus, der entschlossen der nationalsozialistische Ideologie mit ihren autoritären Repräsentanten und ihrer Marginalisierung des Einzelnen entgegenwirkt. Obwohl das Üben von Kritik durch verdeckte Schreibweisen mitunter zur Gratwanderung wird, gelingt ein ermutigender, realistisch erscheinender Gegenentwurf zu nationalsozialistischem Alltag und nationalsozialistischer Ideologie.

Susanna Brogi

Literatur

(*JM*) Rewald, Ruth: *Janko, der Junge aus Mexiko*. Strasbourg 1934 (auch in: Ruth Rewald: *Janko. Der Junge aus Mexiko und Tsao und Jing-Ling. Kinderleben in China*. Hg. v. Deborah Vietor-Engländer. Mühltal 2002; Ruth Rewald: *Janko, der Junge aus Mexiko*. Illustriert v. Paul Urban. Hg. u. mit einem Nachw. v. Dirk Krüger. Wuppertal 2007).

Brogi, Susanna: „Herausforderung und Angriffsfläche: Fontane-Rezeption in der Exilliteratur". In: *Fontane Blätter* 90 (2010), S. 110–131.
Cohen, Robert: *Exil der frechen Frauen*. Berlin 2009.
Fernengel, Astrid. *Im „modernen Dschungel einer aufgelösten Welt". Kinderliteratur im Exil*. Marburg 2008.
Krüger, Dirk: *Die deutsch-jüdische Kinder- und Jugendbuchautorin Ruth Rewald und die Kinder- und Jugendliteratur im Exil*. Frankfurt a. M. 1990.
Livnat, Hanna: „'Dort plantscht und patscht, schwimmt und taucht man, solange man Lust hat'. Shaping models of landscape for Jewish children and youth in time of crisis – 1933–1938". In: *Natur- und Landschaftswahrnehmung in deutschsprachiger jüdischer und christlicher Literatur der ersten Hälfte des 20. Jahrhunderts*. Hg. v. Hubertus Fischer, Julia Matveev u. Joachim Wolschke-Bulmahn. München 2010, S. 255–275.

Joseph Roth: *Hiob. Roman eines einfachen Mannes* (1930)

Joseph Roth * 2. 9. 1894 Brody (Galizien, heute: Ukraine), † 27. 5. 1939 Paris. Stationen des Exils: 1933–1939 Paris.

Inhalt

Bis zur Geburt seines epilepsiekranken Sohnes Menuchim führt der jüdische Lehrer Mendel Singer mit seiner Frau Deborah und den Kindern Jonas, Schemarjah und Mirjam ein bescheidenes, aber zufriedenes Leben im russischen Wolynien. Als orthodoxer Jude weigert er sich, Menuchim zur Behandlung in die Hände heidnischer Ärzte zu geben, sieht sich Jahre später jedoch gezwungen, ihn in Russland zurückzulassen. Schemarjah hatte sich, anders als Jonas, der Einberufung in die russische Armee durch die Flucht über den Ozean entzogen. Auch der Vater sieht in der Auswanderung den einzigen Ausweg, als er entdeckt, dass sich Mirjam mit den in der Nähe stationierten Kosaken (Soldaten) trifft. Doch die anfängliche Hoffnung auf ein besseres Leben in Amerika trügt: Im Ersten Weltkrieg meldet Schemarjah sich freiwillig und fällt für sein neues ‚Vaterland', Deborah stirbt darüber vor Gram, Mirjam erleidet eine Psychose und Jonas gilt als verschollen. Daraufhin kündigt der fromme Mendel seine Beziehung zu Gott; auch die eindringlichen Reden seiner vier Freunde können ihn nicht zur Umkehr bewegen. Da sucht eines Tages während der Pessach-Feier ein junger Komponist Mendel auf und erweist sich als sein Sohn Menuchim, der in einem Petersburger Hospital geheilt worden und durch seine Musik zu Erfolg und Wohlstand gekommen ist. Das ‚Wunder', das ein Rabbi nach Menuchims Geburt verheißen hatte, hat sich für Mendel nach langen Jahren doch erfüllt.

Analysen

Narrationen des Exils
Joseph Roths Roman *Hiob* entsteht 1928/29, also einige Zeit vor dem Pariser Exil, zu dem die Stadt, die Roth eher zufällig just am 30. Januar 1933 zum wiederholten Male bereist, nun für ihn wird. Kriegsfolgen und Antisemitismus sind wiederkehrende Themen in Roths Romanen ebenso wie Unbehaustheit und Flucht (vgl. Kilcher 2012). Mit *Hiob. Roman eines einfachen Mannes* stellt Roth erstmals nicht nur eine jüdische Romanfigur ins Zentrum, vielmehr spielt die Handlung ausschließlich im jüdischen Milieu des russischen Schtetls, das sich im jüdisch-orthodoxen Viertel New Yorks fortsetzt.

Politischer Druck und Antisemitismus sind in *Hiob* eher subtilere Motive der Emigration, die mit den vordergründig religiösen einhergehen: Schemarjahs Einberufung zur zaristischen Armee und die ausgerechnet auf die als treibende Kräfte zahlreicher antijüdischer Pogrome geltenden Kosaken gerichtete religiös geächtete Promiskuität Mirjams lassen ein Bleiben in Russland unmöglich erscheinen. Die ‚Exil'-Situation dieses Romans ist mithin nicht das Resultat einer konkreten Vertreibung, sondern der mit der jüdischen Religion stets verbundenen Gefahr der Verfolgung und Flucht. Dementsprechend wird hier ein grundlegenderes Verständnis von Beheimatung und „Verbannung" (*H*, 44) ablesbar, das Roths *Hiob* zu einem aufschlussreichen Beispiel der Exilliteratur macht.

Das Wort ‚Exil' findet sich nicht in diesem Roman, ebenso wie der explizite, titelgebende Bezugstext, das biblische Hiob-Buch nicht ein oder gar das (babylonische) Exil zum Thema hat. Es behandelt vielmehr die Frage der Theodizee: des gerechten Gottes angesichts des – von Hiob als zutiefst ungerecht empfundenen und beklagten – Leidens in der Welt. Roths Protagonisten Mendel treffen die Schicksalsschläge, deretwegen er seinem Viertel als „erbarmungswürdiger Zeuge für die grausame Gewalt Jehovas" (*H*, 107) gilt, in Amerika zu einer Zeit der scheinbaren Wendung zum Besseren, als „zum ersten Mal die Sorgen das Haus Mendel Singers [verließen]" (*H*, 85). Fürchtet er mit Ausbruch des Ersten Weltkriegs zunächst um die in Russland zurückgebliebenen Söhne Jonas und Menuchim, die er verschollen bzw. gestorben wähnt, verliert er bald nacheinander all diejenigen, die sich an ihrem selbstgewählten Zufluchtsort ein neues Leben aufgebaut haben.

Mendel – der, anders als Schemarjah, Deborah und Mirjam, in New York nie die ihm von Russland her vertrauten, religiös bedingten Gebräuche, ob Essens- oder Gebetszeiten, koschere Küche, Kleidung etc. abgelegt hat und auf den Vorwurf seiner Frau „Du benimmst dich wie ein russischer Jude" antwortet „Ich bin ein russischer Jude" (*H*, 93) – wird über diesem Verlust und seinem Bruch mit Gott zum Heimatlosen: „Er hat keinen Sohn, er hat keine Tochter, er hat kein Weib, er hat keine Heimat, er hat kein Geld" (*H*, 101; vgl. *H*, 109: „[...] er hat kein Haus [...]"). Er wandert tagsüber rastlos durch die Gassen seines Viertels, er hütet die Kinder (*H*, 108) und beaufsichtigt die Wohnungen anderer (*H*, 111), nächtigt selbst jedoch in der Hinterstube eines Freundes: „‚Ich habe kein Haus', sagte Mendel zu seinem Sohn. ‚Du kommst zu deinem Vater, und ich weiß nicht, wo dich schlafen zu legen.'" (*H*, 131) Und auch der Ort, an den der Sohn, Menuchim, ihn stattdessen bringt, ist ein Ort des Transitorischen schlechthin: ein Hotel.

Führen die Schicksalsschläge und die Verweigerung seiner traditionsgebundenen Frömmigkeit Mendel erst eigentlich in ein – auch spirituelles – Exil, ist sein Sohn Menuchim nicht nur aufgrund seiner Biografie, sondern mehr noch durch einen dichtgewebten biblischen Intertext eine programmatische Figur des Exils:

Biografisch, denn in Russland zurückgelassen, kommt er als Patient in ein „öffentliches medizinisches Institut", wird Dirigent einer Militärkapelle am Hof des Zaren, schließlich eines weltweit gastierenden Orchesters; er „sprach den Jargon der Juden mangelhaft, er mischte halbe russische Sätze in die Erzählung [...]" (*H*, 127).

Intertextuell verweisen mehrere Parallelen in Menuchims Biografie – der Mordversuch der Geschwister (*H*, 13; vgl. 1. Mose 37,18ff.), das Trösten des greisen Vaters, der ihn für tot gehalten hatte (*H*, 130; vgl. 1. Mose 46,29ff.), vor allem aber das hohe Ansehen, zu dem er in einem fremden Land gekommen ist – zunächst auf die Josephsgeschichte (1. Mose 37–50) als die biblische Erzählung von einer gelingenden Akkulturation im Exil *par excellence*. Ferner erscheint Menuchim am Pessachfest, mit dem an den Auszug aus Ägypten erinnert wird, und zwar just in dem Moment, als die liturgische Einladung an den Propheten Elia erfolgt ist, welcher nach jüdischem Verständnis am Ende der Zeiten dem Messias vorausgeht. Damit umspannen die intertextuellen Bezüge die gesamte Heilsgeschichte des jüdischen Volkes jenseits seiner langen Zeit des Exils. Als messianischer „Erlöser", als der er seinem Vater erscheint, wird Menuchim überdies in dessen Referenztext, das Hiob-Buch, eingeschrieben, lautet doch eine zentrale Aussage Hiobs: „Ich weiß, dass mein Erlöser lebt." (*H*, 19, 25)

Nicht nur über den Elia-Bezug ist Menuchim als Mittler-Figur schließlich auch mit den biblischen Propheten konnotiert: Noch vor ihrer Wiederbegegnung erkennt Mendel Menuchims Augen auf einem Plakat als „die Augen der Propheten. Männer zu denen Gott selbst gesprochen hat, haben diese Augen" (*H*, 120). Von hässlicher Gestalt (Jesaja 52,14), „voller Schmerzen und Krankheit" (Jesaja 53,3), erinnert er außerdem an die Lieder vom leidenden Gottesknecht bei Jesaja (Jesaja 42,1–4; 49,1–6; 50,4–9; 52,13–53,12), die mit den gleichen Worten auch in der Weissagung des Rabbis über Menuchim aufgerufen werden: „Der Schmerz wird ihn weise machen, die Häßlichkeit gütig, die Bitternis milde und die Krankheit stark." (*H*, 11, 84, 130) Die Verkündigung der biblischen Propheten hat jedoch vor allem eines zum Gegenstand: das (babylonische) Exil.

Theoretische Perspektivierungen
Die Subversion des deutungsgebenden Referenztextes durch andere intertextuelle Bezüge ist nur ein Beispiel für die Durchkreuzung scheinbar eindeutiger Sinnzuweisungen. Zugunsten eines „Verfahren[s] der Ambivalenz" entzieht sich der Text auch jedem „bipolaren Schema" (Gerhard 1998, S. 226), insbesondere im hier bedeutsamen Kontext von ‚Heimat' und ‚Fremde', der als solcher im Roman nämlich gar nicht erst eröffnet wird. So nimmt Mendel, solange er in Russland lebt, ebenso wie seine Glaubensgenossen seine Umgebung als „fremd" und „feindlich" wahr: „Fremd war ihnen die Erde, auf der sie standen, feindlich der Wald, der ihnen entgegenstarrte, gehässig das Kläffen der Hunde." (*H*, 43) Aus

der Retrospektive in Amerika begreift er Russland jedoch als „Heimat" und verbindet mit ihr einen unwiederbringlichen Verlust: „Die Blumen kamen aus der Heimat. Er gedachte ihrer gern. [...] Ihm war, als hätte er soeben erst die Heimat verloren [...] Man hätte bleiben sollen [...]." (*H*, 98f.)

Amerika bildet ausdrücklich einen Gegensatz zur neuerdings ersehnten „Heimkehr" nach Russland (*H*, 84, vgl. auch *H*, 117). Doch dieser wird gerade nicht in einer binären Opposition gefasst, in der nun Amerika als ‚Fremde' qualifiziert würde. Vielmehr wird Amerika in Abgrenzung zu Russland mit einem gewöhnlich als Synonym für ‚Heimat' verwendeten Begriff bezeichnet: „Amerika ist nicht Russland. Amerika ist ein Vaterland." (*H*, 91) Als „Vaterland" aber steht Amerika in einer anderen Binarität, nämlich der zwischen dem „Lande der Väter" und der „Verbannung" (*H*, 43f.) und damit in der für das Judentum grundlegenden Differenz zwischen Gelobtem Land (Heilszeit) und Exil: „Man hatte ihm gesagt, daß Amerika God's own country hieß, daß es das Land Gottes war, wie einmal Palästina, und New York eigentlich the wonder city, die Stadt der Wunder, wie einmal Jerusalem." (*H*, 76, vgl. auch *H*, 86)

Die Bedeutung des Exils für die Geschichte des verfolgten jüdischen Volkes, deren Teil auch sein Protagonist Mendel ist, wird auch in historischen Bezugnahmen aufgerufen: „Ein paar hundert Jahre früher war ein Ahne Mendel Singers wahrscheinlich aus Spanien nach Wolynien gekommen." (*H*, 76) Dabei steht „Spanien", dessen sephardische Exilierte, historisch gesehen, nicht das aschkenasisch geprägte Osteuropa zum Ziel hatten, als Topos für die großen Judenverfolgungen der Frühen Neuzeit, so wie die „Kosaken" zum Topos der russischen Pogrome des 18. und 19. Jahrhunderts werden. Zu dieser Topografie des Exils bildet Amerika als „Land Gottes" und „Vaterland" den Antipoden.

Diese Qualifizierung Amerikas weist Mendel auch nach dem Tod seines Sohnes („Jeder anständige Mensch ist verpflichtet, für das Vaterland in den Krieg zu gehn." *H*, 91) und seiner Frau keineswegs zurück. Vielmehr stellt er sie an ihrem Totenbett, in Kontrastierung zur individuell erfahrenen russischen Heimat, in einen universellen Kontext: „Amerika hat uns getötet. Amerika ist ein Vaterland, aber ein tödliches Vaterland. Was bei uns Tag war, ist hier Nacht. Was bei uns Leben war, ist hier Tod." (*H*, 96) Indem die Binaritäten nun ins Kosmologische gewendet werden, wird hier nicht weniger als die gesamte Schöpfung (vgl. 1. Mose 1) infrage gestellt.

Als ein Infragestellen der Schöpfung schlechthin, nämlich vor der Folie der biblischen Sündenfallerzählung (1. Mose 3) inszeniert ist bezeichnenderweise auch die Geschlechterbeziehung im Roman, die Mendel an Deborahs Totenbett ebenfalls reflektiert, wenn er im ‚Verschmähen' der Liebe die Sünde vermutet, deretwegen die Strafen Gottes erfolgten (*H*, 95f.). Die Entfremdung zwischen Mendel und Deborah beginnt, weit vor der Auswanderung nach Amerika, mit einem Akt der „Erkenntnis" (*H*, 27), als Deborah sich, nackt vor dem Spiegel Zeichen beginnenden Alterns an ihrem Körper betrachtend, vom im Schlaf geöffneten Auge ihres Mannes beobachtet sieht (*H*, 14f.). „Seit diesem Tage", heißt es in Aufnahme der Terminologie aus der *Genesis* (1. Mose 3), „hörte die Lust auf zwischen Mendel Singer und seiner Frau. [...] Sie schämten sich voreinander [...]. Die Scham stand am Beginn ihrer Lust, und am Ende ihrer Lust stand sie auch" (*H*, 15, vgl. auch *H*, 27).

Liest man die auf den Sündenfall als primäre Infragestellung der Schöpfung folgende Vertreibung aus dem Paradies als das erste Exil, das den Menschen zuteil wird, ist in der Geschlechterdifferenz die spätere Heimatlosigkeit des Protagonisten bereits präfiguriert. Den Vorwurf Deborahs, er sei nur ein Lehrer, begreift Mendel – im Kontext der „Erkenntnis" – als Infragestellung seiner Existenz („Man griff also sein Dasein an, wenn man seinen Beruf tadelte, man versuchte ihn auszulöschen aus der Liste der Welt." *H*, 27); an ihrem Totenbett wünscht er selbst, dass man ihn „auslösche aus dem Buch der Lebendigen" (*H*, 96). Mit der Gender-Ordnung und der kosmologischen Ordnung korrespondiert damit auch die genealogische des Protagonisten, die mit dem Tod des (vermeintlich) letzten Sohnes Schemarjah – „niemand wird uns beweinen" (*H*, 95) – ebenfalls zerstört scheint.

Wie viele Texte Roths widmet sich auch *Hiob* „nicht der Suche nach Heimat und Identität, sondern der Formulierung von Positionen, die sich den neuen Identifizierungsstrategien widersetzen oder wenigstens entziehen" (Gerhard 1998, S. 205). Im fortwährenden Eröffnen und Durchkreuzen immer neuer Binaritäten wird jedoch nicht nur die Identität des Protagonisten, sondern schließlich jede Ordnung zur Disposition gestellt.

Exil und Erinnerung
Mendels immergleiche Frömmigkeit, die ihn „in guten Stunden [...] und in bösen" Psalmen singen lässt („Die Kanonen, dachte er, sind laut, die Flammen sind gewaltig, meine Kinder verbrennen, meine Schuld ist es, meine Schuld! Und ich singe Psalmen. Es ist nicht genug! Es ist nicht genug!" *H*, 89), sich im Kampf „gegen überirdische Gewalten" jedoch nur der „Machtlosigkeit" seines eigenen Zorns (*H*, 107) ausgeliefert sieht, kann dem strikten Einhalten der Gesetze nur ihr gänzliches Verweigern entgegensetzen: In der Tradition sind keine hinreichenden Antworten mehr zu finden. „An Mendel Singer wird die Problematik der – auf kollektiver Erinnerung beruhenden – jüdischen Diasporagemeinschaft angesichts der individualisierenden Wirkung gesellschaftlicher Modernisierung exemplifiziert." (Hartmann, 2006, S. 199)

Ein solches Ungenügen an der Tradition ist jedoch gerade im Judentum fatal. Denn einem Volk, einer Religionsgemeinschaft im Exil ist die Erinnerung existentiell für sein Fortbestehen (vgl. Yerushalmi 1996): Sie tritt an die Stelle der für den Ritus eigentlich notwendigen Präsenz am Kultort (dem Jerusalemer Tempel, der 596 v. Chr. von den Babyloniern und, wiederaufgebaut, 70 n. Chr. von den Römern zerstört wurde). Über viele Jahrhunderte hinweg war diese Erinnerung fest an die Einhaltung der Tradition gebunden. Mit der Moderne und ihren Säkularisierungsbewegungen steht die Aufrechterhaltung der jüdischen Tradition und damit der Erinnerung allerdings infrage (vgl. Hammer 2004). Es gilt daher, andere Modi und Medien des Anknüpfens an Tradition und Erinnerung zu finden, um den Herausforderungen der Moderne begegnen zu können.

Insofern ist am Ende des Romans weniger das Wunder von Menuchims Heilung und messianischem Erscheinen bemerkenswert, sondern ein kleines Detail in dessen Folge: Entgegen dem rituellen Verbot nimmt Mendel seine Kopfbedeckung ab, um – in expliziter Bezugnahme auf den biblischen Hiob (*H*, 134) – der erfahrenen Größe der Schöpfung Ausdruck zu verleihen. Damit gelangt Mendel zu einem individuellen Glaubensverständnis, das ihm seine starre Verhaftung in der Tradition hinter sich zu lassen erlaubt und so zur Voraussetzung für eine Restituierung von Identität und Erinnerung wird.

Diese Bewegung vollzieht auch der Text. Zum einen nämlich stellt das Hiob-Buch, das als Intertext hier wie schon zuvor in Mendels kosmologischer Deutung Amerikas präsent ist, die Schöpfungsordnung in den Mittelpunkt seiner weisheitlich geprägten Argumentation (Hiob 38–42): Es vermittelt „dem an Gottes Gerechtigkeit zweifelnden Hiob die sinnvoll geordnete [...] Schöpfung" als Garant für das dem Menschen zugewandte Handeln Gottes (Jeremias 1990, S. 24) – und zwar ohne die Ohnmachtserfahrung des Protagonisten damit auszustreichen. Wenn Mendel also am Schluss des Romans mit entblößtem Haupt „die Welt" grüßt (*H*, 135), wird die neu erkannte Schöpfungsordnung als je individuell erfahrbare beglaubigt. Damit weiß sich Mendel (auch hier mit Bezug auf das Hiob-Buch!) schließlich neuerlich in die Genealogie der Generationen gestellt, in die er nun auch Deborah einbezieht, wenn er sie im Bild seiner Enkelin erkennt (*H*, 135) und sich „[d]ankbar" an ihre „Liebesnächte" erinnert (*H*, 136).

Zum anderen redet der Roman keineswegs jener Eindeutigkeit der Zeichen das Wort, die sein Protagonist im sturen Entweder (der Gottesfurcht) – Oder (der Gottesferne) und in seinem beständigen Forschen nach der Sünde als Ursache für die ihm zuteil werdenden Strafen so nachdrücklich herbeisehnt und die die Forschung erstaunlich einmütig als fiktionale Ausgestaltung von Roths Kulturpessimismus und Amerika-Skepsis liest (vgl. aktuell z. B. Ritter 2011), denen er eine Verklärung des Ostjudentums oder eine „rückwärtsgewandte Utopie" entgegensetze. Insbesondere die Figur des kranken Menuchim, hinter dessen einzigem Wort „Mama" sich „jedes" andere „verbarg" (*H*, 16) und der seinem Bruder Schemarjah beim Abschied als „Symbol, das keine Antwort gibt" (*H*, 33), erscheint, verkörpert die Uneindeutigkeit der Zeichen schlechthin. Deshalb können mit der Menuchim-Figur in Aufnahme der biblischen Tradition Modelle einer gelingenden Akkulturation verknüpft werden, denen das Exil dennoch eingeschrieben ist.

Einer Deutung der „Rhetorik des wunderbaren Schlusses" als Camouflage des Bruchs „mit dem jüdischen Geschichtsbewusstsein und mit der Diasporagemeinschaft" (Hartmann 2006, S. 158), deren Restitution nur noch in einer „poetische[n] Figur" gelinge, als welche der Text die „auf die Ankunft des Messias bezogene Zeit der Diaspora" entlarve (ebd., S. 159), ist daher weder mit Bezug auf die Brüche noch auf die Bedeutung der Poetologie zu widersprechen, sondern auf deren Wertung als Verschleierungen, die subversiv doch decouvriert werden. Vielmehr hält der Text – ebenso wie schon der titelgebende Referenztext – die Brüche ausdrücklich präsent. Der Poetologie, oder allgemeiner, der Literatur kommt damit eine angesichts der Säkularisierung bedeutsame neue Rolle zu: Sie wird zu dem Medium, das im intertextuellen Einschreiben von Traditionsbezügen die verloren zu gehen drohende jüdische Erinnerung noch gewährleisten kann und einen individuellen Zugang jenseits erstarrter Deutungsmuster ermöglicht.

Fazit

Joseph Roths *Hiob* reflektiert die Bedeutung des Exils im Kontext der jüdischen Tradition. Dabei ist Amerika als Ziel der Auswanderung gerade nicht als Exil („Verbannung"), sondern im Gegenteil als „Land Gottes" qualifiziert. Zum Heimatlosen wird der Protagonist Mendel Singer in dem Moment, als mit dem Tod seines Sohnes für dieses „Vaterland" die genealogische wie auch die kosmologische Ordnung zerstört scheinen.

Die intertextuellen Bezüge auf die biblische Tradition oszillieren zwischen einer Programmatik des Exils einerseits – in der auf den Sündenfall erfolgenden Vertreibung aus dem Paradies als erste Exilsituation des Menschen, in den Propheten als Verkündern des Exils und schließlich in der Pessachliturgie mit dem am Ende ausgesprochenen Wunsch „Im nächsten Jahr in Jerusalem" (*H*, 125) – und gelingender Akkulturation und Heilsgeschichte andererseits, als deren Vermittler die Menuchim-Figur gestaltet ist.

Auch wenn am Schluss des Romans die infrage gestellten Ordnungen neu beglaubigt werden, wird – sichtbar am Hotel als Ort des Transitorischen – die Exilsituation nicht zur Gänze aufgehoben. Gerade weil sie für die jüdische Identität so bestimmend ist, wird der individuelle Zugang zur Tradition entscheidend, zu dem der Protagonist schließlich findet und den die Literatur als Medium der Erinnerung neu ermöglicht.

Almuth Hammer

Literatur

(*H*) Roth, Joseph: „Hiob. Roman eines einfachen Mannes". In: *Werke*, Bd. 5. Romane und Erzählungen 1930–1936. Hg. u. mit einem Nachw. v. Fritz Hackert. Köln 1990, S. 1–136.

Gerhard, Ute: *Nomadische Bewegungen und die Symbolik der Krise. Flucht und Wanderung in der Weimarer Republik*. Opladen, Wiesbaden 1998.

Hammer, Almuth: *Erwählung erinnern. Literatur als Medium jüdischen Selbstverständnisses. Mit Fallstudien zu Else Lasker-Schüler und Joseph Roth*. Göttingen 2004.

Hartmann, Telse: *Kultur und Identität. Szenarien der Deplatzierung im Werk Joseph Roths*. Tübingen, Basel 2006.

Jeremias, Jörg: „Schöpfung in Poesie und Prosa des Alten Testaments. Gen 1–3 im Vergleich mit anderen Schöpfungstexten des Alten Testaments". In: *Jahrbuch für Biblische Theologie* 5 (1990), S. 11–36.

Kilcher, Andreas B.: Art. „Roth, Joseph". In: *Metzler Lexikon der deutsch-jüdischen Literatur. Jüdische Autorinnen und Autoren deutscher Sprache von der Aufklärung bis zur Gegenwart*. Hg. v. Andreas B. Kilcher. 2., aktualisierte u. erw. Aufl. Stuttgart, Weimar 2012, S. 430–434.

Ritter, Alexander: „Über das ‚Gleichgewicht zwischen der Tischplatte und ihrer künstlichen Verlängerung'. Zur kulturkritischen Antithese ‚Amerika' und der Lebensbalance in Joseph Roths ‚Hiob' (1930)". In: *Joseph Roth. Europäisch-jüdischer Schriftsteller und österreichischer Univeralist*. Hg. v. Johann Georg Lughofer u. Mira Miladinović Zalaznik. Berlin 2011, S. 87–100.

Yerushalmi, Yosef Hayim: *Zachor: Erinnere Dich! Jüdische Geschichte und jüdisches Gedächtnis*. Berlin 1996.

Nelly Sachs: *In der Flucht* (1959)

Nelly (eigentl. Leonie) Sachs *10. 12. 1891 Berlin, †12. 5. 1970 Stockholm. Stationen des Exils: 1940–1970 Schweden.

Inhalt

Das 1957 entstandene Gedicht *In der Flucht* stammt aus Nelly Sachs' viertem Gedichtband *Flucht und Verwandlung* (wieder in *NSW* II). Es wird darin auf exemplarische Weise die Exilerfahrung eines lyrischen Ichs beschrieben, das aufgrund der Unabschließbarkeit seiner Fluchtexistenz nachgerade „in der Flucht" zu Hause ist. Mittellosigkeit, Heimatlosigkeit und Rastlosigkeit sind die Parameter dieser ewigen Flucht. Metaphorisiert als „kranke[r] Schmetterling" (*NSW* II, 73), sehnt sich der Exilant nach der Rückkehr zu den Elementen. Während er bestenfalls „unterwegs" (ebd.) ist und somit nie mehr wirklich in Empfang genommen werden kann, empfängt er selbst einen „Stein / mit der Inschrift der Fliege"

(*NSW* II, 74), der ihn an (sein) früheres Leben und die generelle Wandelbarkeit der Welt erinnert. Wiewohl der Flüchtling seiner Heimat dauerhaft verlustig gegangen und ihm der Weg zu einer neuen versperrt ist, findet er in besagtem Stein und mithin der Sprache zumindest in Teilen eine Art Surrogat. Das Gedicht schließt mit der tröstlichen Einsicht, die zugleich als Motto des gesamten Bandes dient: „An Stelle von Heimat – / halte ich die Verwandlungen der Welt –" (ebd.).

Analysen

Narrationen des Exils
Als Nelly Sachs bei der Verleihung des Nobelpreises für Literatur 1966 *In der Flucht* vortrug, unterstrich sie die zentrale Bedeutung, die Flucht und Exil innerhalb ihres Werks zukommt. Bereits der Anfangsvers dieses programmatischen Gedichts irritiert: Anstelle eines zu erwartenden ‚Auf-der-Flucht-Seins' ist das lyrische Ich „[i]n der Flucht" (*NSW* II, 73). Während ‚auf der Flucht' einen eher vorübergehenden Zustand denotiert, betont die Präposition „in" die Flucht als Existenzform. Das ephemere Moment des ‚Flüchtigen' wird in der lokaladverbialen Bestimmung aufgehoben – die Flucht gerät zum Dauerzustand. Zwar scheint dem Flüchtling ein „großer Empfang" (ebd.) bereitet zu werden, doch dürfte dieser – ungeachtet, ob der Exilant empfangen wird oder selbst empfängt – ironisch aufzufassen sein. Zudem ereignet er sich „unterwegs", markiert also keinerlei Ankommen, sondern verstärkt den Eindruck der ewigen Flucht. Der Exilant befindet sich in einer transitorischen ‚Raumflucht', einer Aneinanderreihung von Räumen, die gleich einer Enfilade beim Betreten des einen Raums bereits den Blick auf den folgenden freigibt und somit immer schon den Abschied vom gegenwärtigen impliziert. Der *Ver*bannte ist gleichsam in einem endlosen Transit *ge*bannt – sein Raum ist entgrenzt (vgl. Kurz 1967, S. 246). Mit der unsteten Raumerfahrung geht die Rastlosigkeit des Getriebenen einher, die auf stilistischer Ebene durch wiederholt gesetzte Gedankenstriche widergespiegelt wird. Diese verweisen ferner auf ein selbstreflektierendes Innehalten des lyrischen Ichs und mahnen jeweils am Strophen- und selbst am Gedichtende nochmals mit Nachdruck die Fortsetzung der Flucht an, äußerst pointiert in der zweiten Strophe mit dem hastigen „und weiter –" (*NSW* II, 73).

Da es dem Flüchtling selbst an einem Tuch mangelt, um sich vor Wind und Wetter zu schützen, bleibt ihm nichts anderes übrig, als sich kurzerhand „in der Winde Tuch" (ebd.) ‚einzuhüllen'. Es klingt hier das exiltypische Motiv der ‚verkehrten Welt' an. Die gewohnten Gesetzmäßigkeiten sind außer Kraft gesetzt: Empfangen wird man „unterwegs" und „in der Flucht"; der bedrohliche Wind muss – ironischerweise, sind doch die „VERTRIEBENE[N] / aus Wohnungen /

Windgepeitschte" (*NSW* II, 84) – als Schutzmantel herhalten. In der Verkehrung des Gewohnten und der Normalität des Anormalen manifestiert sich die existentielle Erfahrung des Exils. Der prekären Lage des Flüchtlings entspricht sein unsicherer Stand auf instabilem Sand. Wenngleich die „Füße" ihren Träger synekdochisch in das „Gebet des Sandes" (*NSW* II, 73) mit einschließen, wird neuerlich der ewigen Fortdauer der erzwungenen Flucht Ausdruck verliehen: Der Sand kann „niemals Amen sagen", „denn er muß / von der Floße in den Flügel / und weiter –" (ebd.). Das Gedicht ist von einer Bewegungs-Isotopie geprägt: Nicht nur das Individuum, der ganze Kosmos scheint ständigen Transformationen ausgesetzt zu sein. Der Sand und die alliterierenden Synekdochen „Floße" und „Flügel" belegen die ‚elementare' Wandelbarkeit der Welt: Erde (Sand), Wasser (Flosse) und Luft (Flügel) sind in diese transitorische Szenerie eingebunden. Buck macht in ihnen „Bilder des Leidens" (Buck 2010, S. 301) aus, da sie die Metaphern des Fisches und des Schmetterlings evozieren, die als wiederkehrende Motive in Sachs' Lyrik für Verstummen und Tod stehen. Mit dem „kranke[n] Schmetterling" ist das Symbol der Verwandlung schlechthin aufgerufen. Aus literarhistorischer Perspektive – man denke an Johann Wolfgang Goethes *Selige Sehnsucht* – ist es äußerst wahrscheinlich, dass der Schmetterling hier ebenso als Symbol der Seele aufzufassen ist (ψυχῷ, griech. ‚Schmetterling', ‚Seele'): Zum einen deutet dieses Bild auf exilische Psychosen und den Tod hin, zum anderen aber verweist es auf das kabbalistische ‚Exil der Seele'. In der Kabbala – mit der sich Sachs ab Ende der 1940er Jahre auseinandersetzte – erfährt das Exil eine Wendung ins Positive, indem die „Verstreuung und Heimatlosigkeit der Juden [...] als Voraussetzung und Bedingung für die Erlösung der Welt" (Kranz-Löber 2001, S. 117) erscheinen: „Das Motiv der Kabbala ist die Sehnsucht nach Heimkehr zur Offenbarung, nach der Rückkehr zum göttlichen Meer der Schöpfungswahrheit." (ebd.) Genau diese Bewegung vollzieht der Exilanten-Schmetterling. Zuletzt strebt er zum tröstlichen Wasser-Element zurück und „weiß bald wieder vom Meer –" (*NSW* II, 73). Wie das Leben des Flüchtlings und der Lauf der Elemente ist auch die Heimat einem Transformationsprozess unterworfen. Der Exilant musste notgedrungen seine alte Heimat aufgeben, ohne eine neue zu erlangen. Er führt sie vielmehr mit sich: „Ein Fremder hat immer / seine Heimat im Arm." (*NSW* II, 95) In dieser Adaption von Heinrich Heines Formel des ‚portativen Vaterlandes' verliert Heimat den statischen Charakter territorialer und staatlicher Gebundenheit. Trotz der ernüchternden Permanenz der Flucht weicht das eingangs lancierte Motiv der Heimatlosigkeit letztlich einer Haltung der Zuversicht. Die Exilerfahrung gebiert eine Sehnsucht, die jedes Lebewesen – während es zeitlebens zahllose Verwandlungsstadien durchläuft – weg vom materiellen Diesseits in eine immaterielle Welt des Staublosen, zur endgültigen und absoluten Verwandlung und Neugeburt im Jenseits streben lässt (vgl. Kurz 1967, S. 248 f.; Buck 2010, S. 299 ff.).

Theoretische Perspektivierungen
Fremdheitserfahrungen und die Topoi Heimat(-losigkeit) und Alterität figurieren prominent in Sachs' Fluchtgedichten: „Das Pflaster der fremden Stadt / war nicht für die Musik von Flüchtlingsschritten gelegt worden –" (*NSW* I, 71). Verse wie diese unterstreichen die Ironie des ‚großen Empfangs'. Der Ankömmling wird weder erwartet noch ist er willkommen – er ist primär Fremder, ausgegrenzt durch Sprache, Herkunft und den Status des Verfolgten:

> KOMMT EINER / von ferne / mit einer Sprache / die vielleicht die Laute / verschließt / mit dem Wiehern der Stute / oder / dem Piepen / junger Schwarzamseln / oder / auch wie eine knirschende Säge / die alle Nähe zerschneidet – [...] mit Bewegungen des Hundes / oder / vielleicht der Ratte / und es ist Winter / so kleide ihn warm [...] (*NSW* II, 95)

Jahrelang wohnte die Schriftstellerin mit ihrer schwerkranken Mutter zurückgezogen und einsam in einer Stockholmer Einzimmerwohnung. Wie so viele Exilanten war sie finanziell in hohem Grade abhängig von Institutionen wie der Jüdischen Gemeinde oder privaten Förderern und Freunden. Eine kulturelle Integration im Sinne einer vertieften poetischen Auseinandersetzung mit dem Asylland ist bei Sachs größtenteils unterblieben, ohne dass man aber von einer bewussten Verweigerung der Erfahrung des Fremden sprechen könnte. Das oben zitierte Gedicht offenbart gerade das Bemühen um einen Dialog mit dem Asylland und schließt die Bitte mit ein, den Exilanten Empathie und Hilfsbereitschaft entgegenzubringen. Wenn in Bezug auf Sachs also doch von einer partiellen Akkulturation gesprochen werden kann, dann aus zwei Gründen: Erstens ihrer Bereitschaft wegen, von Anfang an die fremde Sprache zu erlernen, obschon sie bis zu ihrem Tod konsequent auf Deutsch schrieb. Zweitens aufgrund ihrer Initiative, sich mit schwedischen Autoren in Kontakt zu setzen und deren Lyrik – darunter Werke von Gunnar Ekelöf, Erik Lindegren oder Tomas Tranströmer – ab 1942 ins Deutsche zu übertragen. Sachs' intensive Beschäftigung mit der schwedischen Literatur bildet zweifelsohne einen wesentlichen Teil ihrer schriftstellerischen Identität. Inwieweit die Übersetzertätigkeit ihr eigenes Werk beeinflusst hat, bleibt noch zu klären. Angesichts der vertieften Auseinandersetzung mit moderner schwedischer Lyrik scheint die Annahme einer poetischen, vor allem modernisierenden Beeinflussung von Sachs' dichterischer Sprache im Exil plausibel (vgl. Olsson 2008, S. 266 f.). So ist Hilde Domin zuzustimmen, die mit Blick auf Sachs' Übersetzungen äußerte:

> Jeder, der das Exil mitgemacht hat, versteht sofort die intime Identifikation, die aus der Verbindung der beiden Sprachen entstand: der des verlorenen Zuhause und des Landes ihrer Zuflucht. [...] Sie ist daher Exildichterin nicht nur in dem Sinne, daß sie das Exil erlitt und thematisierte. Sondern daß das Exil ihr buchstäblich zur künstlerischen Neugeburt wurde. (Domin 1977, S. 114)

Domins Votum wird umso einsichtiger, wenn man sich vergegenwärtigt, dass die Sprachproblematik des Exilanten, zuvorderst die Angst vor dem Verstummen inmitten einer unvertrauten Sprachumgebung, in Sachs' Lyrik sehr präsent ist. Die „Vertriebene[n]" sind nicht nur „[a]us verlorenen Sitten geworfen", sondern „halten oft noch in der Höhle / des Mundes / ein Wort versteckt / aus Angst vor Dieben" (*NSW* II, 84). Diese Zeilen können als Echo auf ein traumatisches Erlebnis der Autorin gelesen werden, die infolge eines Gestapo-Verhörs mehrere Tage ihre Sprache verloren hatte: „Meine Stimme war zu den Fischen geflohen". (*NSW* IV, 12) Der „Stein / mit der Inschrift der Fliege" evoziert gleichermaßen mit Leben erfüllte Sprache und ein Bild des Todes. Mit der im mutmaßlichen Bernstein konservierten Fliege fungiert der Stein zudem als kabbalistisch motivierte Metapher für die „Exiliertheit der menschlichen Seele" (Riede 2001, S. 229). Sprache wird zu einer existentiellen Zufluchtsstätte. In ihr bleibt dem Exilanten zumindest ein Teil der verlorenen Heimat erhalten. Der omnipräsenten Fremdheitserfahrung begegnet in Sachs' Gedichten die Sprache als kontrastive Freiheitserfahrung und Remedur, deren es sich immer wieder aufs Neue zu versichern gilt. Mit Bezugnahme auf das vor allem von Homi K. Bhabha geprägte postkoloniale Hybriditäts-Konzept werden Binäroppositionen wie Heimat vs. Exil, Eigenes vs. Fremdes bzw. Identität vs. Alterität dahingehend aufgebrochen, dass sich im *thirdspace* des Verwandlungs-Motivs solche scheinbar entgegengesetzten Pole zu etwas Neuem (trans-)formieren. Denn wiewohl das Exil nicht zu einer neuen Heimat werden kann, wird das kategorisierende Register eines ausschließenden Entweder–Oder vermieden. Heimat entpuppt sich als hybrides Konstrukt; sie ist dynamisch, verliert ihre eindeutige Fixierbarkeit und verleiht dem Exilanten in dieser relativen und transkulturellen Bezüglichkeit sogar Freiheiten. Im Akt des Übersetzens findet zudem die Verwandlung der Welt *in nuce* statt. Sprache wird in Sprache verwandelt. *In der Flucht* ist somit in vielerlei Hinsicht ein äußerst modernes Gedicht, auf das postkoloniale Konzepte mit Gewinn in Anschlag gebracht werden können.

Exil und Erinnerung
Der Sprach-Stein dient dem Exilanten nicht zuletzt als Erinnerungsmedium: In ihm ist die Zeit gestundet, sind „die vergangenen Erdzeitalter und de[r] Schöpfungsursprung" (Riede 2001, S. 61) gespeichert. Die „Inschrift der Fliege" zeugt von vergangenem Leben, von unvergessener Dynamik und Bewegung, nun im Stein erstarrt. Sprache und Erinnerung fallen im Symbol des Steins in eins. Die sich sprachlich manifestierende Erinnerung nimmt der Exilant als Gabe wahr. Indem er sie in der Hand (be-)hält, verfügt er über sie, kann sie steuern und im Rückblick konstruieren. Erinnern ist in Sachs' Gedichten eng verknüpft mit dem Akt des ‚Durchschmerzens', den die Dichterin als persönliche Aufgabe ansah. Der

Stein gemahnt schließlich auch an die „Schornsteine / Auf den sinnreich erdachten Wohnungen des Todes, / Als Israels Leib zog aufgelöst in Rauch / Durch die Luft –" (*NSW* I, 11). Keine *mémoire involontaire* also, sondern das Gedenken der Opfer der Schoah und das bewusste ,Durchschmerzen' der Welt kennzeichnen Sachs' Poetik der Erinnerung. Es ist das gezielte Anschreiben wider das Vergessen jüdischen Leids, hin zu einer Form der Erlösung. Dem Erinnern, zugleich zentrales Movens ihres Schreibens, kommt damit ausdrücklich eine therapeutische Funktion zu. Ähnlich dem Stein ist der flüchtigere Sand Träger einer kollektiven Erinnerung. Er verweist zuvorderst auf die Wüste Sinai und im Verbund mit den synekdochischen Füßen und dem Gebet auf „den Wüstenweg in die Babylonische Gefangenschaft" (Sager 1970, S. 113) und den Auszug der Israeliten aus Ägypten. Das Schicksal des israelischen Volkes übernimmt hier eine prototypische Funktion: Postuliert wird letztlich die Universalität des Exils; gemeint sind mithin alle, die verfolgt wurden und werden. In einem Brief an Hilde Domin schreibt Sachs: „,In der Flucht welch großer Empfang unterwegs' meint die Flucht an sich. Hat nichts damit zu tun daß ich in Schweden lebe." (*NSW* II, 299) Nicht nur diesem Fluchtgedicht wohnt ein zentraler Gedanke des Chassidismus inne, wonach „das Exil als Symbol der allgemein-menschlichen und individuellen Befindlichkeit" erscheint. Das alttestamentarische Buch *Exodus* (2. Mose), eine der ältesten und paradigmatischen Exilerzählungen, dürfte den wichtigsten Prätext des Gedichts darstellen. Auf die enge Verflechtung von Flucht, Exil und den Topoi der Wanderschaft und des ewigen Juden wurde in der Forschung hingewiesen.

Sachs' elegische Erinnerungspoetik prägt bis heute das Bild der Dichterin. Das Pathos ihrer Lyrik stand dem zeittypischen ‚Kahlschlag' und dem Hang zur poetischen Reduktion in der deutschen Literatur der 1950er Jahre diametral entgegen. Die ablehnende Haltung gegenüber ‚Emigrantenliteratur', aber auch die „,großen Materialschwierigkeiten'" (*NSW* I, 255), mit denen manche Verlage zu kämpfen hatten, erschwerten die Publikationsbedingungen der Exilantin erheblich. Bezeichnenderweise erschienen ihre ersten Lyrik-Bände zunächst beim Aufbau-Verlag in Ostberlin oder im Exilverlag Bermann-Fischer/Querido in Amsterdam, ehe 1957 *Und niemand weiß weiter* in der Bundesrepublik publiziert werden konnte. Nachdem den vorangehenden Werken trotz vereinzelter anerkennender Rezensionen keine große Resonanz zuteil geworden war, sah sich Sachs mit *Flucht und Verwandlung* zu einem abermaligen Verlagswechsel gezwungen.

Eine Wende hinsichtlich der öffentlichen Anerkennung trat um 1960 mit der Verleihung des Droste-Hülshoff-Preises und dem Wechsel zum Suhrkamp-Verlag ein. Jüngere Autoren wie Hans Magnus Enzensberger, Peter Hamm, Alfred Andersch oder Paul Celan brachten Sachs' Werk großes Interesse entgegen und leisteten einen wichtigen Beitrag zur Vermittlung ihrer Texte. Dennoch folgten ab

1966 als Reaktion auf die teils problematische Vereinnahmung der Dichterin als „Symbol deutsch-jüdischer Versöhnung" (Bahr 1980, S. 18) und die zahlreichen Preise eine Reihe von negativen bis polemischen Kritiken und eine emotionale Kontroverse in der Sachs-Rezeption, da der Eindruck einer vorschnellen politisch motivierten Versöhnung entstanden war.

> Der Poesie von Nelly Sachs blieb die angemessene Aufmerksamkeit versagt, da diese Dichtung zu einem Zeitpunkt immer das leistete, was nicht gefragt war: Erinnern, Mahnung an Verantwortung, Jüdisches, die Aufeinanderbezogenheit von Geschichte und Mystik. Man hat zu wenig die Texte gelesen und zuviel vorschnelle Wiedergutmachung betrieben, später zu sehr auf die Rezeption des Nelly-Sachs-Phänomens selbst reagiert. (Olschner 1992, S. 281)

Fazit

Nelly Sachs wurde und wird noch immer in erster Linie als Dichterin der sogenannten ‚Holocaust'- bzw. Schoahliteratur wahrgenommen. So richtig und wichtig diese Rubrizierung als „Dichterin jüdischen Schicksals" (Berendsohn 1974) gerade für ihr Frühwerk ist, gerät darüber häufig in den Hintergrund, dass sie in eben dem Maße als Dichterin des Exils gelten kann. Ihr eigentliches Werk setzt erst mit dem Exil und im Exil ein. *In den Wohnungen des Todes* (1947) betrachtete sie als wahren Beginn ihres Schaffens. Während die frühen Klagegedichte noch eindeutig im Kontext der Schoahliteratur stehen, verschiebt sich der Fokus mit *Und niemand weiß weiter*, *Flucht und Verwandlung* und *Fahrt ins Staublose* (1961) hin zu mystischen Fragestellungen und zur Exilthematik. Es sind insbesondere die „biblische Exilerfahrung des jüdischen Volkes" (Bahr 1980, S. 97) und kabbalistische Vorstellungen von einer ‚Exiliertheit der Seele', die ihrer Exillyrik eignen. Hinzu tritt die Motivik von „Flucht und Verwandlung", die darin notwendigerweise zusammengehören. So sehr der Topos der Heimatlosigkeit eine Grundkonstante ihrer Gedichte bildet, bleiben als Kehrseite Sehnsucht und Hoffnung auf eine Neugeburt nach den Verwandlungen auf und ‚in' der Flucht. Die ewige Exilierung erweist sich so als ewige „Fahrt ins Staublose".

Moritz Wagner

Literatur

(*NSW*) Sachs, Nelly: *Werke. Kommentierte Ausgabe in vier Bänden*. Hg. v. Aris Fioretos. Berlin 2010/11 (Bd. I: Gedichte 1940–1950; Bd. II: Gedichte 1951–1970; Bd. III: Szenische Dichtungen; Bd. IV: Prosa und Übertragungen).

Bahr, Ehrhard: *Nelly Sachs*. München 1980.
Berendsohn, Walter A.: *Nelly Sachs. Einführung in das Werk der Dichterin jüdischen Schicksals*. Darmstadt 1974.
Buck, Theo: *Streifzüge durch die Poesie. Von Klopstock bis Celan. Gedichte und Interpretationen*. Köln u. a. 2010.
Domin, Hilde: Nachw. zu *Nelly Sachs. Gedichte*. Hg. v. Hilde Domin. Frankfurt a. M. 1977, S. 105–134.
Kranz-Löber, Ruth: „*In der Tiefe des Hohlwegs". Die Shoah in der Lyrik von Nelly Sachs*. Würzburg 2001.
Kurz, Paul Konrad: *Über moderne Literatur. Standorte und Deutungen*. Frankfurt a. M. 1967.
Olschner, Leonard: „Der mühsame Weg von Nelly Sachs' Poesie ins literarische Bewusstsein". In: *Die Resonanz des Exils. Gelungene und mißlungene Rezeption deutschsprachiger Exilautoren*. Hg. v. Dieter Sevin. Amsterdam 1992, S. 267–285.
Olsson, Anders: „Nelly Sachs und die schwedische Moderne". In: „*Lichtersprache aus den Rissen". Nelly Sachs – Werk und Wirkung*. Hg. v. Ariane Huml. Göttingen 2008, S. 263–279.
Riede, Anita: *Das „Leid-Steine-Trauerspiel". Zum Wortfeld „Stein" im lyrischen Kontext in Nelly Sachs' „Fahrt ins Staublose" mit einem Exkurs zu Paul Celans „Engführung"*. Berlin 2001.
Sager, Peter: *Nelly Sachs. Untersuchungen zu Stil und Motivik ihrer Lyrik*. Bonn 1970.

Hans Sahl: *Die Wenigen und die Vielen. Roman einer Zeit* (1959)

Hans Sahl (eigentl. Hans Salomon; Pseud. Franz Floris, Peter Munk, Salpeter)
*20. 5. 1902 Dresden, †27. 4. 1993 Tübingen. Stationen des Exils:
1933 Prag, 1934 Zürich, 1934–1941 Frankreich (1939 und 1940 in französischen Internierungslagern), 1941–1989 USA.

Inhalt

Der Roman verhandelt Flucht und Exil des Berliner Schriftstellers, Anti-Helden und Juden Georg Kobbe, der viele Erfahrungen seines Autors teilt, 1933 vor der nationalsozialistischen Verfolgung aus Berlin nach Prag flieht und von dort aus über Zürich nach Paris gelangt. Im Zuge der Besetzung Frankreichs durch die Wehrmacht wird er zweimal interniert. Nach seiner Entlassung gelingt es ihm mithilfe des amerikanischen Fluchthelfers Varian Fry, dessen Mitarbeiter er wird, von Marseille über Madrid und Lissabon nach New York zu entkommen. Die verschiedenen Stationen dieser Flucht werden vom Erzähler-Protagonisten im Rückblick von New York aus reflektiert, wobei in den Text auch Briefe und Tagebuchnotate Sahls montiert sind. Neben der Analyse des Nationalsozialismus als einer säkularen Erlösungsreligion und der Erinnerung an einzelne in den Vernichtungslagern ermordete Verwandte geht es zugleich um Auseinandersetzungen und Zerwürfnisse innerhalb des linken politischen Exils in Frankreich, in dessen Zentrum Kobbes Bruch mit dem Stalinismus steht. Viele Figuren des Romans beziehen sich, teils verschlüsselt, auf andere Exilanten wie Bertolt Brecht, Ruth Fischer oder Joseph Roth.

Analysen

Narrationen des Exils
Der Roman entstand im New Yorker Exil, wohin sich Sahl mit einem der letzten aus Lissabon auslaufenden Schiffe 1941 hatte retten können und wo er bis 1989 blieb. Bei seinem Erscheinen 1959 brachte *Die Wenigen und die Vielen* dem Autor erstmals nach dem Krieg größere Anerkennung für einen literarischen Text aus eigener Hand. Sahl erinnert sich in *Exil im Exil* jedoch daran, dass sein Roman zunächst von fast allen Verlegern abgelehnt worden war, und bezieht dies ebenso auf die schleppende Auseinandersetzung mit der nationalsozialistischen Vergangenheit wie auf den Umgang mit dem Stalinismus Ende der 1950er Jahre: „Kritik an Stalin und am Kommunismus überhaupt wurde von denen, die es angehen sollte, damals noch mit Mißtrauen und Unbehagen zur Kenntnis genommen". (Sahl 1994, S. 373) Der Text vereint verschiedene Textsorten wie Briefe und Tagebucheintragungen. Aus Fragmenten zusammengefügt, entwickelt er ein vielschichtiges Porträt einer Zeit, die von den Extremen Nationalsozialismus und Stalinismus bestimmt war; das Fragment gilt dem Erzähler als „Form und Ausdruck unserer Zeit" (*WuV*, 175).

Der Protagonist und Erzähler wird als Anti-Held eingeführt. Aufgerufen werden dabei sowohl die griechische Tragödie als auch die zeitgenössischen Zuschreibungen heldenhaften Verhaltens, die der Erzähler gleichermaßen zurückweist. Nur durch die Zeitumstände wird dieser Bürger zum Helden; die Verfolgung zwingt ihn ein „Mensch dieses Jahrhunderts" zu werden, ein Exilierter (*WuV*, 11). Damit entfaltet der Roman bereits auf den ersten Seiten eine Deutung von Exil als allgemeine Lage der Menschen im 20. Jahrhundert. Am Ende des Romans wird der Protagonist vor dem Hintergrund seiner Erfahrungen mit der nationalsozialistischen Verfolgung und dem Stalinismus seinem Exil eine spezifischere und kanonisch gewordene Bedeutung geben:

> [Das Exil] war nicht mehr an irgendein Land gebunden, es war ein geistiger Zustand, eine Lebensform geworden, eine Art von passivem Widerstand gegen eine Welt, die nur noch in Kräften und Gegenkräften, in Bewegungen und Gegenbewegungen dachte ... (*WuV*, 285)

Trotz der Universalisierung des Exilbegriffs bezieht sich der Roman auf eine zeitlich wie geografisch konkrete Exilsituation, die mit der Flucht von Autor und Protagonist aus dem nationalsozialistischen Deutschland 1933 beginnt.

Das Aufrufen von Topoi aus der Antike und das Heranziehen der griechischen Tragödie und des Tragischen erfüllen verschiedene textstrategische Funktionen. Wenn der Erzähler im dritten Buch angesichts der „Bomben, die jetzt auf Berlin fielen", an die vorausgegangene Selbstzerstörung der Stadt durch die weitgehende Zustimmung der deutschen Bevölkerung zum Nationalsozialismus erinnert, vergleicht er die Zerstörung mit dem „tragischen Atem einer antiken Tragödie" (*WuV*, 140). Hier dient der Vergleich vor allem der Zurückweisung einer teleologischen Geschichtsauffassung, die Geschichte als Abfolge von Ereignissen auf ein künftiges Ziel hin konzipiert, der hier das „Nebeneinander von Ereignissen" entgegengesetzt wird.

Zugleich ist der Roman um einen Privatmythos herum zentriert, den Sahl mehrfach in Texten darstellt und umschreibt und der sich auf seine Entscheidung zum Bruch mit dem Stalinismus bezieht (vgl. Reiter 2007, S. 133). Genau wie Sahl weigert sich Kobbe in Paris, seine Unterschrift unter ein Dokument zu setzen, das einen Parteigenossen denunziert. Dieser auf etwa einer Seite geschilderten Verweigerung folgt eine Reflexion, der durch das Aufgreifen der titelgebenden Formel von den wenigen und den vielen besondere Bedeutung zukommt; darin ist die Rede vom „Glück, allein zu sein in einer Zeit, in der es besser ist, wenn auch vielleicht gefährlicher, zu den wenigen zu gehören als zu den vielen ..." (*WuV*, 179). In der Form mythischer Erzählungen können disparate biografische Erfahrungen integriert werden, weshalb der Mythos Reiter zufolge gerade für Migranten eine besonders wichtige Rolle spiele. Sahls Privatmythos, einer der wenigen zu sein, könne daher gut auf ein Verständnis von Mythos bezogen werden, das im Mythos „archetypische Erklärungsmuster vorgegeben" sieht, durch die etwas sprachlich fassbar wird, was sich sonst der Darstellung entziehe (Reiter 2007, S. 348).

Zudem nutzt der Text mythische Figuren und ältere Exiltopoi wie den als antijüdische Figur eines christlichen Volksbuchs zu Beginn des 17. Jahrhunderts entstandenen „wandernden Juden" Ahasver ebenso wie den Wanderer aus Franz Schuberts gleichnamigem Lied (*WuV*, 43). Im Gegensatz zu dem an späterer Stelle von ihm gegenüber seinen Eltern erhobenen Vorwurf, sie hätten „alle Probleme vertagt" und „kein Gefühl für das Tragische gehabt" (*WuV*, 62), konstruieren die Verweise auf den exilliterarischen Topos der Wandermetaphorik das Bild einer Unbehaustheit schon der nicht mehr in der jüdischen Tradition verankerten Elterngeneration.

In Gestalt eines unsichtbaren Begleiters schafft sich der Erzähler darüber hinaus ein Gegenüber, das ausspricht, was er selbst denkt. Diese Stimme greift u.a. Mythologeme aus der *Odyssee* auf, wie die mit Wachs verstopften Ohren des Odysseus, der sich so vor dem Gesang der Sirenen schützte. Der unsichtbare Begleiter, der die Unzufriedenheit seines Volkes mit sich selbst beklagt – gemeint ist das deutsche Volk, was die Perspektive des assimilierten Juden unterstreicht –, versucht sich auf diese Weise vor ideologischer Verführung zu schützen (*WuV*, 97). Dabei bezieht er sich auf eine Deutung des Nationalsozialismus als einer (säkular-)religiösen Bewegung, der „ein großes und begabtes Volk" zum Opfer fiel, das sich von einem „Mann aus dem Nachbarland", einem „Abenteurer", einem „Habenichts" Erlösung verspricht (*WuV*, 69). Eine spätere, eingeschobene Tagebuchnotiz vom 10. August 1936, in der auch der Beginn der Arbeit an seinem Buch vermerkt wird, wiederholt den Odysseus-Vergleich: „Man müßte sich wie Odysseus an einen Mast binden lassen, oder in ein Kloster gehen, oder zu zehn Jahren Gefängnis verurteilt werden ..." (*WuV*, 175) Grundsätzlich stellt Odysseus in der deutsch-jüdischen Kultur vor allem des 20. Jahrhunderts eine schillernde Bezugsfigur dar, was sich etwa an Texten von Albert Ehrenstein, Franz Kafka oder auch der *Dialektik der Aufklärung* von Theodor W. Adorno und Max Horkheimer ablesen lässt. Insbesondere der in der mythischen Erzählung gelingende Schutz vor dem Gesang der Sirenen erfährt dabei vielfältige Umdeutungen. Zugleich gerät Odysseus als eine zentrale mythische Gestalt des Reisenden in der europäischen Kulturtradition auch zur Identifikationsfigur.

Theoretische Perspektivierungen
Für neue Lektüren des Romans sind vor allem Perspektiven der Transkulturalitätsforschung und Ansätze des sogenannten *spatial turn* fruchtbar. Darstellungen von Differenzerfahrung, die vielfach räumlich kodiert wird, spielen ebenso eine Rolle wie Reflexionen über den Kulturkontakt. So schildert der Ich-Erzähler Georg Kobbe bereits auf den ersten Seiten sein Verhalten im neuen Kulturraum New York, wohin ihn die Flucht dauerhaft verschlagen hat. In seinem möblierten Zimmer hängt die US-amerikanische *Bill of Rights*, und er benimmt sich „in jeder Hinsicht wie ein Mensch, der sich der Vorteile, die ihm diese Zivilisation bietet, knapp, sachlich und gelassen zu bedienen weiß" (*WuV*, 11). Der Bezug auf die *Bill of Rights* als *des* US-Symbols für Freiheit verweist auf den wohl entscheidensten Anknüpfungspunkt an die Kultur des Exillandes.

Äußerliche Mimikry, die auch die zukünftige akzentfreie Beherrschung der Landessprache einschließt, löst jedoch die Isolation nicht auf. So sieht man Kobbe zwar „den Strick nicht mehr" an, „von dem ich abgeschnitten wurde", aber es fällt ihm gleichwohl schwer, mit anderen Bewohnern des Exillandes, etwa einem zufälligen Besucher einer Bar, Kontakt aufzunehmen, weil die Schwierigkeiten, seine Herkunft mit seiner positiven Einstellung dem neuen Land gegenüber zu vermitteln, dem entgegenstehen (*WuV*, 11). Während so anhand von konkreten Situationen Prozesse äußerer Akkulturation geschildert werden, verweist die grundlegende Erfahrung des Exils als „Schiffbruch" auf die Unmöglichkeit vollkommener Assimilation. Die gescheiterten Assimilationshoffnungen der Generation seiner Eltern und deren vergebliche Hoffnungen, in Deutschland eine bleibende rechtliche und kulturelle Zugehörigkeit zu besitzen, behandelt Hans Sahl jenseits einiger Passagen in den Wenigen und den Vielen in seinem Theaterstück *Hausmusik* (1976).

Zugleich wird das Kulturen übergreifende und transformierende Potential New Yorks besonders betont, wenn die Metropole als „eine menschliche Landschaft in Bewegung" erscheint, „durch die Menschenströme aus allen Nationen rauschten, eingehüllt in eine Wolke von Lärm, Getöse, Gerüchen, die über ihnen, mit ihnen durch die Schluchten zogen" (*WuV*, 13). Der Spracherwerb erscheint dabei zugleich mühsam und doch mitunter von Gefühlen des Triumphs begleitet. Tatsächlich avancierte Sahl in den 1950er Jahren zu einem der bedeutendsten Übersetzer zeitgenössischer US-amerikanischer Autoren ins Deutsche. Sein Selbstverständnis als eines (Kultur-)Mittlers hat Sahl vor diesem Hintergrund in den späten 1950er Jahren entworfen (vgl. Reiter 2007, S. 358).

Im Roman erhält New York auch ganz grundsätzlich Bedeutung als ein utopischer, alle anderen Orte der Welt einschließender Ort und figuriert zugleich als Gegenbild zu den Zerrbildern nationalsozialistischer und stalinistischer Propaganda von der Weltmetropole. Ohne Sentimentalität wird ein Bild von New York entworfen, das dies zudem in bewusster Absetzung von verklärenden Bildern Europas zeigt:

> Es gab hier keine plätschernden Brunnen, keine verschlafenen Torbögen, keine mittelalterlichen Türme und Erker und Kreuzgänge. Aber es gab gewaltige moderne Schicksale, die das Gesicht dieser Stadt geprägt hatten, Probleme der Anhäufung von Menschen, von Kapital, von Arbeit und Arbeitslosigkeit; Probleme der Organisation, der Verteilung des Zusammenlebens. All dies schroff, unvermittelt, ohne Übergänge. (*WuV*, 271)

Im Zentrum des Romans steht die illusionslose Auseinandersetzung mit den beiden verheerendsten Ideologien des 20. Jahrhunderts, mit Nationalsozialismus und Stalinismus. Vor dem Hintergrund des Wissens um die Vernichtungslager verabschiedet der Ich-Erzähler im fortdauernden Exil schließlich auch die Vorstellung, ein Stück kultureller europäischer Zugehörigkeit bewahren zu können: „Damals glaubte ich noch, etwas aus dem Zusammenbruch retten zu können, ein Stück Europa nach Amerika zu tragen." (*WuV*, 66) Wenn so auch jeder Eurozentrismus verabschiedet wird, bleibt gleichwohl eine bestimmte Vorstellung von europäischer Kultur Vergleichshorizont für transkulturelle Bewegungen im Roman.

Anschlussmöglichkeiten für eine vergleichende Exilforschung bietet vor allem die zentrale Vorstellung, das Exil sei ein „geistiger Zustand" (*WuV*, 285).

Zugleich können hier auch Theoreme des Feminismus, Postfeminismus und Dekonstruktivismus angeschlossen werden, weil das von Sahl in seinem Roman entworfene Exil ein „Exil ohne Heimat" ist und so vormals stabile Identitäten infrage gestellt werden.

Exil und Erinnerung
Der Roman ist ein Text vielschichtiger Erinnerung und zugleich Reflexion von Erinnerungsprozessen. Im Rahmen der Darstellung biografischer Erfahrungen eines Erzählers, den nationalsozialistische Verfolgung und Opposition zum Stalinismus dauerhaft zu einem zweifach Exilierten gemacht haben, werden auch Opfer der Schoah erinnert. Zur Vermittlung seiner Erinnerung zieht der Autor mythologische Topoi ebenso heran, wie er auf kanonische Autoren und Texte der europäischen Kulturtradition verweist, vor allem in Form von vorangestellten Mottos und Lektürehinweisen. Genannt werden neben den bereits aufgezählten Odysseus-Verweisen etwa Dantes *Divina Commedia*, Rilkes *Malte Laurids Brigge* oder Montaigne, Pascal und Kierkegaard (*WuV*, 174 f.). Als wichtige Bezüge für einen intermedialen Vergleichshorizont dienen der Film und das Theater, Letzteres vor allem in Gestalt der Kleinkunst von Luise, jener Figur, mit der Hans Sahl seiner langjährigen, ebenfalls exilierten Freundin Lotte Goslar (1907–1997) ein literarisches Denkmal setzte. Immer wieder wird der Prozess des Schreibens thematisiert und damit zugleich die Frage der Vergegenwärtigung von Erinnerungen. In einer Passage erscheint dem Erzähler die Erinnerung an „die sechshundert Mann des Camp Ruchard" und deren Nachtmarsch deutlicher als die Umgebung seines New Yorker Zimmers, wo er das Erinnerte niederschreibt: „Dies alles steht jetzt deutlicher vor mir als der Tisch, an dem ich sitze, oder die Schreibmaschine, mit der ich dies schreibe." (*WuV*, 220) Das Schreiben auf der Schreibmaschine erfüllt dabei die doppelte Funktion, die Erinnerung ebenso festzuhalten wie sich seines Zimmers in New York und damit seiner Rettung zu versichern: „Würde ich [die Schreibmaschine] nicht mit jedem Buchstaben, den ich auf das Papier schlage, unter meinen Fingern spüren, ich würde daran zweifeln, daß ich jetzt hier in einem Zimmer sitze, das auf den Hudson geht [...]." (*WuV*, 220)

Konsequent offenbart der Text ein selbstreflexives Bewusstsein, das die ästhetische Reproduktion und Konstruktion von Erfahrung als Teil des literarischen Prozesses ausstellt: „Wir alle sind Figuren in einem Roman, der noch nicht geschrieben ist, dachte Kobbe, während er in seinem Notizbuch blätterte." (*WuV*, 16) Dazu gehören die Anspielungen auf Theater und Film, mit denen der Erzähler den dialektischen Prozess des drohenden Verlusts von Erinnerung und ihrer Wiederaneignung im ästhetischen Kunstwerk reflektiert:

> Wo bin ich? Wie heißt der Hintergrund, vor dem ich jetzt spiele? Ein Film rollt vorüber, aber ich sitze ganz hinten, im Balkon, dort, wo die Luft blau ist vom Rauch der Zigaretten, der im Lichtkegel der Projektionslampe aufsteigt; [...] diese Schatten dort unten [sind] das einzige, was zählt in diesem Augenblick, die einzige Realität im Traumtheater der Masse, und ich muß ihrer habhaft werden, ich muß sie mir wieder aneignen ... (*WuV*, 220)

Die erzählerische Wiederaneignung von Erinnerung als notwendige Restitution der eigenen Verlusterfahrung gehört ebenso zur Qualität des Romans als eines Erinnerungsmediums wie das darin formulierte Dialogangebot an die deutsche Nachkriegsgesellschaft.

Während Sahl in den ersten knapp zwei Jahrzehnten im New Yorker Exil kaum ein Auskommen besaß und von der Unterstützung wohltätiger Vereine lebte, schrieb er Reiter zufolge über sich zum einen aus dem Bedürfnis heraus, die Erfahrungen seiner Flucht zu objektivieren, sowie schlicht auch deshalb, weil es keine Nachfrage mehr gab nach seiner Expertise als deutscher Kritiker. So habe ihn der Mangel an Aufträgen zur „Beschäftigung mit dem eigenen Ich" gezwungen (Reiter 2007, S. 358). Einen nachhaltigen Einfluss auf die (west-)deutsche Erinnerungskultur übte er nicht aus, was sicherlich auch mit der Exilsituation zusammenhing. Seiner frühen Kanonisierung standen bei Erscheinen des Romans 1959 daher eine Reihe von Gründen entgegen, allen voran die geringe Bereitschaft, sich im ‚Wirtschaftswunderland' mit einer Aufarbeitung des Nationalsozialismus zu beschäftigen sowie innerhalb der Linken, sich mit dem Stalinismus auseinanderzusetzen. So konnte der Roman allerdings auch nicht ideologisch vereinnahmt werden, was Sahls „transnationales Selbstverständnis" (Reiter 2007, S. 348) zusätzlich erschwert haben mag. Erst in den 1980er Jahren erlebte Sahl mit dem Erscheinen seiner *Memoiren eines Moralisten* einen späten Erfolg, und sein gesamtes Werk begann auf bis dahin ausgebliebene Resonanz zu stoßen.

Fazit

Werkimmanent verbindet der Roman die konkrete Erfahrung des 1933 aus dem nationalsozialistischen Deutschland Exilierten mit dem universalistischen Topos des „geistigen Exils" als allgemeiner Erfahrung der Menschen im 20. Jahrhundert und zugleich einer – wenn auch ohnmächtigen – Form des Widerstands. Vor allem vor dem Hintergrund der Transkulturalitätsforschung und des *spatial turn* zeigt sich das Potential des Textes, Erfahrungen erzwungener Migration als je spezifische, konkrete Erfahrungen sichtbar zu machen, denen neben dem Festhalten der Verlusterfahrung ebenso Prozesse der Konstruktion von Identität oder Zugehörigkeit und des Kulturtransfers inhärent sind.

Die Wenigen und die Vielen stellt einen der bedeutendsten (Schlüssel-)Romane über das intellektuelle und politische Exil der in den 1930er Jahren aus Deutschland Vertriebenen dar. Aus der Perspektive gegenwärtiger Exilforschung kann Sahls wichtigstes literarisches Werk in mehrfacher Hinsicht als grundlegender Vergleichstext angesehen werden: wegen seines universellen Verständnisses von Exil, das zudem als Form des Widerstands gedeutet wird, der transkulturellen Verortung seines Protagonisten sowie der Thematisierung von Kulturtransfer als aktiver Transformation von Exil. Darüber hinaus gehört der Text zur Renegatenliteratur und besitzt eine weitere Ebene komplexer Geschichtsreflexion.

Hans-Joachim Hahn

Literatur

(*WuV*) Sahl, Hans: *Die Wenigen und die Vielen. Roman einer Zeit.* Hamburg 1991.

Ackermann, Gregor u. Momme Brodersen: *Hans Sahl. Eine Bibliographie seiner Schriften.* Mit einem Vorw. v. Edzard Reuter. Marbach 1995.
Reiter, Andrea: *Die Exterritorialität des Denkens. Hans Sahl im Exil.* Göttingen 2007.
Rohrwasser, Michael: *Der Stalinismus und die Renegaten. Die Literatur der Exkommunisten.* Stuttgart 1991.
Sahl, Hans: *Hausmusik. Eine Szenenfolge.* Bad Homburg 1990.
Sahl, Hans: *Memoiren eines Moralisten. Das Exil im Exil.* Hamburg 1994.

W.G. Sebald: *Die Ausgewanderten. Vier lange Erzählungen* (1992)

W.G. (Winfried Georg) Sebald *18. 5. 1944 Wertach/Allgäu, †14. 12. 2001 Norwich (Norfolk, Großbritannien).

Inhalt

W.G. Sebald zeichnet in *Die Ausgewanderten* das Schicksal von vier heimatlos Gewordenen oder Gebliebenen nach, die sich im Alter an ihrer Exilexistenz bzw. Heimatlosigkeit abarbeiten. Die teils auf authentischen Lebensberichten und Dokumenten aufgebauten und in einer Koinzidenzpoetik miteinander verschränkten Erzählungen dienen dabei der Kritik an der „Erinnerungslosigkeit der Deutschen" (*DA*, 338), sind aber gleichzeitig zu verstehen als „das ethische Projekt einer Restitution von Unrecht durch die empathische Rekonstruktion beschädigter Lebensläufe" (Schütte 2011, S. 88). Über die Recherche des sehr nah am Autor angelegten Erzählers werden so die Verlusträume des Exils in persönlicher Erfahrung, europäischer Geschichte sowie im individuellen und kollektiven Gedächtnis kartografiert.

Analysen

Narrationen des Exils

Von „Exil" im engeren Sinne in Bezug auf das Leben Sebalds in England, so der Autor selbst, „kann man nicht reden, weil dieses Europa ja so ein winzig kleines Land geworden ist. Man ist ja immer sofort in Düsseldorf" (Löffler 1997, S. 135). Der an der Universität Norwich lehrende und erst in seiner zweiten Lebenshälfte als Schriftsteller tätig gewordene Germanistikprofessor machte England zu seiner Wahlheimat aus einer Abneigung gegenüber deutscher Geschichtsvergessenheit heraus. Das Thema der Heimat und Heimatlosigkeit prägt nicht nur Sebalds literarisches Werk, sondern auch seine literaturwissenschaftlichen Arbeiten. In seinem Band zur österreichischen Literatur *Unheimliche Heimat* stellt er so u. a. fest, dass das Konzept Heimat

> sich in dem Grad aus[prägte], in dem in der Heimat kein Verweilen mehr war, in dem Einzelne und ganze gesellschaftliche Gruppen sich gezwungen sahen, ihr den Rücken zu kehren und auszuwandern. Der Begriff steht somit [...] in reziprokem Verhältnis zu dem, worauf er sich bezieht. Je mehr von der Heimat die Rede ist, desto weniger gibt es sie. (Sebald 1995, S. 11f.)

Im selben Maße lässt sich so auch *Die Ausgewanderten* zuallererst als eine Verlustgeschichte lesen. Die teils auf realen Vorbildern aufgebauten, jedoch zu paradigmatischen Vertretern erweiterten Protagonisten sind dabei, wie auch der Erzähler selbst, weniger Exilierte denn heimatlos gewordene Wanderer – oder auch zu Hause ewig heimatlos gebliebene Außenseiter. Mit dem Tod der Personen, die sie am meisten geliebt haben, „ist den Protagonisten jede Möglichkeit der Selbstbeheimatung in der Außenwelt endgültig versperrt, die Entfremdung ist vollständig vollzogen: die Fremde ist überall [...], der Tod wird zur geheimen Heimat" (Juhl 1995, S. 657). Die selbstgewählte Emigration wird zum Exil, die Flucht daraus funktioniert allein über das Vergessen oder den Suizid, wie bereits die erste Fotografie im Band, die eines Friedhofs, und das allererste Wort, „Ende", vorwegnehmen (vgl. Hutchinson 2009, S. 81).

So geht der ursprünglich aus Litauen stammende Henry Selwyn in England an seinem Heimweh zugrunde und begeht Selbstmord, ebenso der Volksschullehrer Paul Bereyter, der als Vierteljude aus seinem Beruf vertrieben, als ‚Dreiviertelarier' aber in die Wehrmacht eingezogen worden war und keinen dauerhaften Platz für sich in Deutschland findet. Der vor dem Ersten Weltkrieg nach Amerika ausgewanderte Ambros Adelwarth lässt sich nach dem Tod seines Geliebten und dem Verlust seiner Anstellung die Erinnerung an sein Leben durch eine Elektroschocktherapie auslöschen, und der mit dem Kindertransport nach Manchester gekommene Maler Max Aurach bleibt unfähig, die Geschichte seiner im Holocaust umgekommenen Eltern zu verarbeiten.

Alle sind sie doppelt heimatlos: nie angekommen in der Ferne – Ambros Adelwarth beispielsweise bewegt sich allein in den transitorischen Räumen von Hotels und Sanatorien – und zugleich unfähig zur Rückkehr in eine emotional oder auch tatsächlich verlorene Heimat. Es fehlt ihnen „das Zentrum, der fixe Bezugspunkt ihrer Identität [...], da ihnen die Heimat abhanden gekommen ist" (Schütte 2011, S. 102), wie etwa in der Adelwarth-Geschichte der ebenfalls nach Amerika ausgewanderte Onkel Kasimir feststellt: „I am a long way away, though I never quite know from where." (*DA*, 129) Die Heimat als Ort der Kindheit vermag zwar z.B. für Paul Bereyter noch unüberwindliche Anziehungskraft besitzen – nur so erklärt sich die „Aberration" (*DA*, 83) der Rückkehr des Lehrers und Humanisten in das „heimatliche Voralpenland" (*DA*, 84) – als politischer und erinnerungspolitischer Raum aber hat sie vor allem traumatisierende Qualität. Diese Heimat war eine, die „er eigentlich haßte und in seinem Innersten [...], samt seiner ihm in tiefster Seele zuwideren Einwohnern am liebsten zerstört und zermahlen gesehen hätte." (*DA*, 84) Die Unvereinbarkeit dieser Elemente ist es, die Bereyter schließlich an seiner „unheimlichen Heimat" verzweifeln lässt.

Max Aurach gelingt es ebenso wenig, eine neue Heimat zu finden, da er sich der Geschichte nicht entziehen kann. Sein nach dem Kindertransport, bei dem er seine Eltern zurücklassen musste, neu gewählter Wohnort Manchester hat ihm „alles ins Gedächtnis gerufen, was ich zu vergessen suchte, denn Manchester ist eine Einwandererstadt" (*DA*, 286), eine Stadt zudem, die zumindest beim Erzähler selbst Bilder des Holocaust hervorruft (vgl. *DA*, 234). Aurachs Versuche, an diesem Ort endgültig anzukommen, sind wie seine künstlerische Arbeit Geschichten des beständigen Scheiterns, eines Scheiterns, das wiederum Bilder der Judenvernichtung aufruft (vgl. *DA*, 239f.).

Nicht einmal die erneute Reise birgt eine Chance auf Heimat. Ambros Adelwarth, der als Diener, Freund, und wohl auch sexueller Partner Cosmo Solomons die Welt bereist, kann auch in der Ferne keinen Ort der Ruhe finden. Selbst Jerusalem bietet ihnen keine topografische oder spirituelle Heimat, wie der Erzähler mit Ambros' Tagebuch zu belegen sucht. Das heilsgeschichtliche Erlösungsversprechen Jerusalems erfüllt sich nicht, stattdessen präsentiert sich die heilige Stadt als Ausgeburt von Hässlichkeit und Schmutz (vgl. *DA*, 207).

Theoretische Perspektivierungen
Im selbstgewählten Exil – oder auch, so in der Bereyter-Geschichte, in der unheimlich gewordenen Heimat – sind und bleiben Sebalds Figuren Außenseiter, werden wie Henry Selwyn zum „ornamental hermit" (*DA*, 11) im eigenen Garten oder wie Max Aurach zu Gefangenen eines unabschließbaren Arbeitsprozesses im von Zeugnissen des Scheiterns angefüllten Atelier.

Allein in der Gemeinschaft mit anderen Emigrierten und Exilierten wird die oft selbstgewählte Isolation kurz durchbrochen, insbesondere in der Gesellschaft Vladimir Nabokovs, der in der Selwyn-Episode als Fotografie, bei Bereyter durch seine Biografie *Erinnerung, sprich* und in den Adelwarth- und Aurach-Geschichten als Schmetterlingsjäger jeweils kurze Freude oder gar Rettung vor dem Sturz in den Abgrund bringt und für einen Moment die Möglichkeit einer Geistesverwandtschaft andeutet. Im Grunde jedoch ist das Exil in *Die Ausgewanderten* kein Ort der Bestätigung oder gar Dynamisierung oder Hybridisierung von Identität; vielmehr setzt dort ein langsamer, aber stetiger Verfallsprozess ein, in dessen Folge die Figuren das Gewicht der eigenen Geschichte und auch das Gewicht der ‚Naturgeschichte der Zerstörung' – bei Sebald in Anlehnung an Walter Benjamin und Theodor W. Adorno gedacht – immer weniger zu tragen vermögen. Wenn Versuche der Akkulturation oder gar Assimilierung unternommen werden, etwa vom als Hersch Seweryn geborenen Henry Selwyn, so sind diese nur kurzfristig erfolgreich; spätestens im Alter zerfällt die ohnehin fragile Verbindung zur Umwelt (vgl. *DA*, 35).

Andererseits gewährt die Emigrantenperspektive – und hier ist sowohl diejenige Sebalds als auch die seiner ihm selbst nachgebildeten Erzähler zu verstehen – besonderen Zugang zu den Biografien seiner Figuren. Von einer Außenperspektive auf das gegenwärtige Deutschland und seine Erinnerungskultur blickend und eine gewisse Seelenverwandtschaft zwischen dem Erzähler und den von ihm in Person oder Zeugnis aufgesuchten Figuren suggerierend, sind Sebalds Erzählungen nicht zuletzt Kommentar zur Möglichkeit und Notwendigkeit der Beschäftigung mit vergessenem und verdrängtem Leben. Für Sebald ist dabei das jüdische Schicksal, das in einigen der *Ausgewanderten*-Episoden, aber auch in seinen anderen Werken eine prominente Rolle einnimmt, nicht als „Ausnahme, sondern paradigmatisch für den modernen Menschen" (Klüger 2003, S. 97) zu begreifen.

Die Bögen, die Sebald spannt – beispielsweise vom hässlichen Jerusalem der Adelwarth-Geschichte zum „Industriejerusalem" Manchester in der Aurach-Geschichte, dort weitergeführt zur Stadt „Łódź […], die einmal polski Manczester geheißen hat" (*DA*, 352), und schließlich zum dort errichteten Ghetto Litzmannstadt, aus dessen diesmal nur beschriebenen, nicht wie sonst oft auch reproduzierten Fotografien er das Schlussbild seiner Erzählung konstruiert, die den Erzähler unerbittlich anblickenden Schicksalsgöttinen „Nona, Decuma und Morta" (*DA*, 355) – diese schicksalhaften Verbindungen untermalen somit nicht nur eine beinahe unausweichliche Entwicklung von der Heimatlosigkeit zur psychischen oder physischen Vernichtung, sondern erweisen sich als überhaupt erst aus der Exil- oder Emigrationsperspektive begreifbare und beschreibbare Elemente einer Verlustgeschichte der Moderne.

Das distanzierte Verhältnis Sebalds zur deutschen Heimat, insbesondere zu deren Erinnerungspolitik, vermag der Grund zur Einnahme einer besonderen Erzählhaltung gewesen sein. Sebalds berühmtes periskopisches Verfahren, ein Distanzierungsgestus, in dem die Vermittlung eine ebenso wichtige Stellung einnimmt wie das Vermittelte selbst (vgl. Fuchs 2004, S. 32), und eine an den Stil von Schriftstellern des 19. Jahrhunderts angelehnte Kunstsprache sind so zugleich Mittel einer notwendigen Annäherung an oft reale Begebenheiten und Biografien und wahren dabei dennoch Distanz. Ebenso halten Sebalds unzählige literarische Anspielungen, z.B. auf Hebel, Stendhal, Proust und eben Nabokov, den Text in der Schwebe zwischen Dokumentation und literarischem Spiel, bekräftigen aber gleichzeitig den Anspruch des Autors, sich in diese Reihe einzuschreiben und ihre Ideen fortzuführen, insbesondere dort, wo sie sich mit Exil, Leid und Erinnerung befassen.

Exil und Erinnerung
Erinnerung und Vergessen spielen in *Die Ausgewanderten* – wie auch in Sebalds übrigen Werken – eine zentrale Rolle. Die Suche nach oder das Verdrängen von Erinnerungen sind die handlungstreibenden Impulse in Sebalds Werk; Heimat und Heimatlosigkeit bedeutet so auch immer zuerst Bestimmung des Verhältnisses zur eigenen Erinnerung. Das Verdrängen der eigenen Leidensgeschichte oder derjenigen nahestehender Personen vermag den vier Ausgewanderten über einige Zeit hinweg zu gelingen, im Alter jedoch kehrt sie zurück. So erzählt etwa der Künstler Max Aurach von sich selbst:

> Welche Vorkehrungen ich [...] auch traf, um mich zu immunisieren gegen das von den Eltern erlittene Leid und gegen mein eigenes, [...] das Unglück meines jugendlichen Noviziats hatte so tief Wurzel gefaßt in mir, daß es später doch wieder aufschießen, böse Blüten treiben und das giftige Blätterdach über mir aufwölben konnte, das meine letzten Jahre so sehr überschattet und verdunkelt hat. (*DA*, 285f.)

Auch Selwyn nimmt sich das Leben, nachdem ihn immer mehr das Heimweh und die Erinnerung an Litauen und seinen früh verschollenen Schweizer Freund Nägeli plagte, und auch für Ambros Adelwarth wird die Erinnerung zur unerträglichen Belastung. Er lässt sich freiwillig mit einer Elektroschockbehandlung, der „Annihilierungsmethode" (*DA*, 168), behandeln, zum Zwecke der „möglichst gründlichen und unwiderruflichen Auslöschung seines Denk- und Erinnerungsvermögens" (*DA*, 167). Erinnerung ist somit nicht „identitätsstiftende Rückbesinnung auf die Wurzeln der Existenz, sondern [...] destabilisierende Verlusterfahrung durch das Bewusstsein, entwurzelt zu sein und die Heimat verloren zu haben, in topographischer und spiritueller Hinsicht" (Schütte 2011, S. 93).

Gerade diese für seine Figuren unerträglichen Erinnerungen sind es jedoch, die Sebald seinen Lesern ins Gedächtnis zu rufen sucht. Wenn der Erzähler etwa spürt, „daß die rings mich umgebende Geistesverarmung und Erinnerungslosigkeit der Deutschen, das Geschick, mit dem man alles bereinigt hatte, mir Kopf und Nerven anzugreifen begann" (*DA*, 338), so ist daraus auch das poetische Programm des Autors abzulesen. Sebalds Ethik der Erinnerung, die sich „durch eine radikale Aufwertung des Biografischen dem im historischen Diskurs ausgeklammerten Leiden an der Geschichte annehmen will" (Fuchs 2004, S. 30), findet sich daher auf allen Ebenen der Erzählung. Sein Ziel ist es, „in der literarischen *memoria* das Gedächtnis der Vernichteten, Ausgelöschten, Untergegangenen zu bewahren" (Schütte 2011, S. 120).

Dies erreicht er allerdings nicht über eine konkrete oder gar drastische Beschreibung des Leidens; der Versuch des Erzählers etwa, sich die letzten Sekunden seines Lehrers Paul Bereyter vor dem Selbstmord vorzustellen, wird alsbald einerseits als „unzulässig", ein ethischer Aspekt, andererseits aber auch als schlicht ergebnislos verworfen: „Solche Versuche der Vergegenwärtigung brachten mich jedoch [...] dem Paul nicht näher" (*DA*, 45). Für Erzähler und auch Autor wird so nicht die momentane Vergegenwärtigung, sondern der im Recherche- und Schreibprozess angelegte Dokumentationsversuch zum ethisch gebotenen Mittel der Restitution. Dies ist ein Verfahren Benjamin'scher Gedächtnisarchäologie, die sich nicht nur behutsam dem Ziel ihrer Grabung nähert, sondern auch den Prozess des Grabens selbst beschreibt (vgl. Benjamin 1984, S. 486).

Sebald ordnet jedoch auch die Dokumentation seinem übergeordneten Ziel, der Restitution, unter. Für die Luisa-Lanzberg-Episode beispielsweise, in der die ‚Normalität' deutsch-jüdischen Zusammenlebens vor der Zeit des Nationalsozialismus aufgerufen wird, wandelte Sebald ihm vorliegende ‚echte' Aufzeichnungen aus der Zeit nur geringfügig ab, seine Änderungen dabei sind allerdings bezeichnend. Während sich die Protagonisten der Vorlage in ihrem Bayern in Stadt und Land immer heimisch fühlen, lässt Sebald bei seinen Figuren Gefühle des Unheimlichen und der Heimatlosigkeit anklingen (vgl. Gasseleder 2005, S. 173), Vorahnungen jener Katastrophe also, die bei Sebald immer angedeutet, kaum aber je direkt beschrieben wird: der Vertreibung und Vernichtung der europäischen Juden. In diesem Kontext übernimmt die Lanzberg-Episode als „Rettungsethnografie" „die Funktion, durch die pastorale Verlebendigung der deutsch-jüdischen Lebenswelt die kulturelle Leerstelle für die Nachwelt zu evozieren, die der Genozid hinterlassen wird" (Fuchs 2004, S. 126 bzw. 131). Im selben Sinne ist auch Sebalds Einbinden von Bildern in seine Texte zu verstehen. In ihnen ereignet sich so einerseits in einer ähnlichen Rettung die Rückkehr der Toten durch die Fotografie – eine Idee, die Sebald Roland Barthes' *La Chambre claire* entnahm –, gleichzeitig bleiben sie aber in ihrer Mehrdeutigkeit Hinweise auf das elaborierte Spiel mit interdiskursiven Allusionen (vgl. Horstkotte 2008, S. 50) und stellen so ihre eigene Authentizität infrage, thematisieren mithin die Grenzen des Erinnerns mithilfe des bildlichen Mediums. In Schrift und Bild ist Erinnerungsarbeit somit immer nur Approximation; Sebalds Erzähler maßen sich nie an, eine endgültige historische Wahrheit oder ein völliges Verstehen der Vergangenheit erreicht zu haben. Dennoch zweifeln sie wie Sebald nie am Erinnerungsgebot an sich. Das Einschreiben in einen Erinnerungsdiskurs, präziser formuliert, das Erschreiben einer Leerstelle innerhalb dieses Diskurses, bleibt ihnen beständige Aufgabe.

Mittlerweile gehört Sebald, der, so Ruth Klüger, „immer dasselbe Buch geschrieben hat, nur dass es immer besser wurde" (Klüger 2003, S. 100), selbst zum Kanon deutscher Nachkriegsliteratur, wobei er oft mehr als Holocaustautor denn als Schriftsteller des Exils und der Emigration rezipiert wird.

Fazit

In W.G. Sebalds *Die Ausgewanderten* ist das Exil als dauerhafte, traumatisierende Heimatlosigkeit zu verstehen. Das „jüdische Schicksal" begreift Sebald dabei als paradigmatisch für die gesamte Moderne und beschreibt dementsprechend die Geschichten seiner jüdischen wie auch der nichtjüdischen Protagonisten als existentielle Verlusterfahrungen, die, weiter destabilisiert durch unauslöschliche Erinnerungen an eine nicht mehr erreichbare Heimat, in der Zerstörung des Individuums oder seines Gedächtnisses enden. Mit derartigen Geschichten ‚beschädigten Lebens' versucht Sebald gegen eine spezifisch deutsche Erinnerungslosigkeit anzuschreiben. Sein Schreiben wird so zum ethischen Restitutionsprojekt, vermittelt über die privilegierte Position des Außenstehenden, des selbst emigrierten Erzählers.

Insbesondere die auf Wahrung von Distanz und Respekt angelegte Erzählhaltung, die kein Vergegenwärtigen fördert, sondern im Prozess der Recherche die eigentliche Erinnerungsarbeit geleistet sieht, sowie die Verwendung von Fotografien zur Auslotung des Verhältnisses von Trauma, Geschichte und Repräsentation machen *Die Ausgewanderten* – wie auch seine anderen Werke – unverzichtbar für jedwede Beschäftigung mit dem Themenkomplex Exil, Verlust und Erinnerung. Wie kaum irgendwo sonst werden hier Geschichten der Emigration nicht nur erzählt, sondern auch die Möglichkeiten und Grenzen von Repräsentation an sich befragt.

Martin Modlinger

Literatur

(*DA*) Sebald, W.G.: *Die Ausgewanderten. Vier lange Erzählungen* (1992). Frankfurt a. M. 2008.

Benjamin, Walter: *Gesammelte Schriften*, Bd. VI. Fragmente, Autobiographische Schriften. Hg. v. Rolf Tiedemann u. Hermann Schweppenhäuser. Frankfurt a. M. 1984.

Ecker, Gisela: „‚Heimat' oder die Grenzen der Bastelei". In: *W.G. Sebald. Politische Archäologie und melancholische Bastelei*. Hg. v. Claudia Öhlschläger u. Michael Niehaus. Berlin 2006, S. 77–88.

Fuchs, Anne: *„Die Schmerzensspuren der Geschichte". Zur Poetik der Erinnerung in W.G. Sebalds Prosa*. Köln 2004.

Gasseleder, Klaus: „Erkundungen zum Prätext der Luisa-Lanzberg-Geschichte aus W.G. Sebalds ‚Die Ausgewanderten'. Ein Bericht". In: *Sebald. Lektüren*. Hg. v. Marcel Atze u. Franz Loquai. Eggingen 2005, S. 157–173.

Horstkotte, Silke: „Photo-Text Topographies: Photography and the Representation of Space in W.G. Sebald and Monika Maron". In: *Poetics Today* 29 (2008) H. 1, S. 49–78.

Hutchinson, Ben: *W.G. Sebald – Die dialektische Imagination*. Berlin, New York 2009.

Juhl, Eva: „Die Wahrheit über das Unglück. Zu W.G. Sebalds ‚Die Ausgewanderten'". In: *Reisen im Diskurs. Modelle der literarischen Fremderfahrung von den Pilgerberichten bis zur Postmoderne*. Hg. v. Anne Fuchs u. Theo Harden. Heidelberg 1995, S. 640–659.

Klüger, Ruth: „Wanderer zwischen falschen Leben. Über W.G. Sebald". In: *W.G. Sebald*. Hg. v. Heinz Ludwig Arnold. München 2003 (Text + Kritik 158), S. 95–102.

Löffler, Sigrid: „Wildes Denken. Gespräch mit W.G. Sebald". In: *W.G. Sebald*. Hg. v. Franz Loquai. Eggingen 1997, S. 135–138.

Schütte, Uwe: *W.G. Sebald. Einführung in Leben und Werk*. Stuttgart 2011.

Sebald, W.G.: *Unheimliche Heimat. Essays zur österreichischen Literatur*. Frankfurt a. M. 1995.

Anna Seghers: *Transit* (1944/1947)

Anna Seghers (eigentl. Netty Radványi, geb. Reiling; Pseud. Anna Brand, Peter Conrad) *19. 11. 1900 Mainz, †1. 6. 1983 Berlin (DDR). Stationen des Exils: 1933–1941 Frankreich, 1941–1947 Mexiko.

Inhalt

In einer Pizzeria am Hafen von Marseille berichtet ein namenloser Ich-Erzähler von seiner Flucht vor den Nationalsozialisten und seinem Exil im Marseille der

Jahre 1940/41. Aus einem Gefangenenlager entkommt der Erzähler ins gerade besetzte Paris, wo er den Auftrag erhält, einen Brief an den Schriftsteller Weidel zu übergeben. Weidel hat sich indes umgebracht, und so nimmt der Erzähler, statt den Brief auszuhändigen, den literarischen Nachlass wie die persönlichen Dokumente des Autors an sich: der Beginn einer schrittweisen Anverwandlung an die Identität des toten Anderen. Mit Weidels Papieren flüchtet der Erzähler nach Marseille, wo er neben unzähligen anderen Exilierten in einen Strudel der Bürokratie gerät: in eine Jagd nach Aufenthalts-, Transit- und Ausreisevisa, an der er sich gleichgültig beteiligt, unwillig zur Ausreise. Zwischen Konsulaten und Cafés pendelnd, im Strom der Flüchtlinge treibend, begegnet ihm eines Tages Marie, Weidels Frau. Während sich der Erzähler in sie verliebt, ist Marie rastlos auf der Suche nach ihrem Mann, von dessen Aufenthalt in Marseille sie überzeugt ist, weil seine Papiere – unter denen der Erzähler firmiert – auf den Konsulaten zirkulieren. Nachdem sie sich von Weidels Abreise nach Übersee überzeugt hat, fährt auch sie ab; die Pläne des Erzählers, Marie zu begleiten, scheitern. Stattdessen findet er in einem überraschenden Ende Geborgenheit und eine neue Heimat in Südfrankreich. Der Roman endet, wie er begann: mit dem Hinweis darauf, dass das Flüchtlingsschiff, auf dem Marie Platz gefunden hat, wohl untergegangen sei.

Analysen

Narrationen des Exils
Anna Seghers schreibt das Manuskript zu *Transit* in etwa drei Jahren zwischen 1940 und 1943 – in einer Zeit, in der sie selbst von Paris nach Südfrankreich (Palmiers und Marseille) flieht, dort ein halbes Jahr lang auf ihre Ausreise wartet und schließlich – im März 1941 – über Martinique und Ellis Island ins mexikanische Exil entkommt. Der Roman bildet so ein Protokoll von Seghers' eigener Exilerfahrung, nach Angaben der Autorin geht er sogar unmittelbar aus dieser Erfahrung hervor: „Ich habe niemals etwas so unmittelbar im Erlebnis Steckendes geschrieben" (Brief an Lew Kopelew vom 7. März 1960). Allerdings sollte der authentische Charakter des *right-to-the-moment*-Schreibens nicht überbewertet werden: Auch wenn der Text Erfahrungen der Autorin verarbeitet und teilweise detailgetreu wiedergibt, bleibt er zugleich ein fiktionales Artefakt, in dem es jenseits der exakten Erfassung von Strukturen des französischen Exils um die Reflexion grundlegender exilbezogener Fragen des Verlusts, der Heimatlosigkeit, der Einsamkeit sowie der Möglichkeiten des Widerstands und der Erlösung im Medium des Erzählens geht.

Nachdem Seghers 1943 das Manuskript abgeschlossen hat, setzt eine verwickelte Publikationsgeschichte ein, die sich wie Stationen einer Rückreise aus dem Exil liest: 1944 werden in Mexiko eine spanische und in den USA eine englische

Übersetzung veröffentlicht, im April 1947 folgt eine französische Ausgabe. Über die deutsche Publikation verhandelt die Autorin mit verschiedenen Verlegern, bevor sie sich für Curt Weller sowie einen Vorabdruck in der *Berliner Zeitung* entscheidet, der vom 3. August bis zum 7. November 1947 erscheint. Die diesen Ausgaben zugrunde liegenden deutschen Typoskripte sind heute verschollen, sodass die historisch-kritische Ausgabe, die Silvia Schlenstedt im Jahr 2001 herausgegeben hat, auf Rekonstruktionen unter Zuhilfenahme der Übersetzungen angewiesen war (vgl. *T*, 338–346).

Bereits der Titel des Romans – *Transit* – expliziert das Exilkonzept, das der Text entfaltet: Das Exil, wie es anhand von Marseille dargestellt wird, ist ein Zwischen- und Übergangsraum, ein Ort, an dem Menschen an-, aber keinesfalls zur Ruhe kommen, in dem sie gleichermaßen zur Weiterreise gezwungen wie an ihr gehindert werden. Der Roman bietet für dieses Konzept zwei räumliche Metaphern: den Hafen, von dem nur selten ein Schiff ablegt und der so zu einem Ort des ungeduldigen Ausharrens und der leeren Versprechung auf Ausreise wird, und die unzähligen Konsulate und anderen bürokratischen Einrichtungen, zwischen denen die Menschen ohne ein klares Ziel hin- und herverschoben werden. Anders als in Lion Feuchtwangers in Paris angesiedeltem ↗ *Exil* (1940) – wo das Exil ebenfalls einem „Wartesaal" gleicht (so der Titel der Trilogie, dessen abschließender Teil ↗ *Exil* ist) – gibt es in *Transit* kaum mehr Versuche der Exilierten, ihre Lebensverhältnisse etwa durch Arbeit zu stabilisieren (vgl. Lang 2009). Seghers' Marseille versetzt die Exilierten vielmehr in einen permanenten Zwischenzustand des verhinderten Fortgehens und nichtgeduldeten Dableibens, der die erlittenen Traumatisierungen immer weiter intensiviert.

Die historisch stimmige Darstellung des Marseiller Exils in den Jahren 1940/41 (vgl. Walter 1984, S. 11–28) verbindet sich dabei mit Strategien der Mythisierung, die das Leben im Transit ins Grundsätzlich-Menschliche verallgemeinern. So erscheint einmal das Meer als Acheron, dessen Überquerung direkt ins Totenreich führt, dann die Hafenstadt als zeitloser Ort des Austauschs und des Handels, und schließlich das erhoffte überseeische Ziel als gelobtes Land, in dem die Figuren Erlösung erfahren werden. Über den gesamten Roman betrachtet, fügen sich diese Mythisierungen allerdings zu keinem konsistenten Ganzen. Statt das Exil in einer mythischen Grundstruktur aufgehen zu lassen, führt *Transit* die Mythisierung vielmehr als Strategie der Exilierten selbst vor, die versuchen, ihre unbegreifliche Situation in übergreifenden Erzählmustern aufzuheben und sich angesichts der Absurdität ihres exilierten Lebens eine „Unversehrbarkeit" (*T*, 273; vgl. Gutzmann 2003) anzueignen. Die mythische Überformung des Exils ist hier ein Effekt der erzählerischen Bearbeitung von Verlusterfahrungen.

Seghers' Roman ist daher nicht einfach eine Exilnarration, sondern vielmehr ein Narrativ über Exilnarrationen. Dazu passt, dass der Text durch eine mehrfache Rahmung seiner erzählten Welten strukturiert ist: Der Erzähler berichtet in der Pizzeria von einem Exil, in dem seinerseits vor allem erzählt wird – wenn nicht gar erzählt, was andere erzählt haben. Neben dem Hafen und den Konsulaten sind so Cafés die ikonischen Orte des Romans. Signifikanterweise haben diese Cafés mit der literarischen Tradition des Kaffeehauses aber kaum etwas gemein; sie erscheinen als „[v]or dem Mistral schützende Wartesäle, heruntergekommen, verraucht, eng, schäbig, billig, hässlich" (Cohen 2006, S. 289). Dem entspricht der Umstand, dass auch das Erzählen nicht romantisiert wird. Vielmehr läuft es stets Gefahr, als bloßes Abbild hinter dem „gelebten Leben" (T, 64) zurückzubleiben. Erst wenn sich mit dem Erzählen eine empathische soziale Interaktion verbindet, entsteht die Chance auf ‚Heilung', wie sie am Romanende dem Erzähler zuteilwird.

Theoretische Perspektivierungen
Das Marseille des Romans ist ein *melting pot*, eine Stadt, in der Menschen aller europäischen Länder zusammentreffen, „mit ihren zerrissenen Fahnen aller Nationen und Glauben" (T, 69; zur Ähnlichkeit dieser Konstellation mit Michael Curtiz' Film *Casablanca* vgl. Klapdor 2008). Die transkulturelle Gemengelage führt indes zu keiner postkolonialen Hybridisierung. Marseille ist nur für wenige Menschen ein *third space* (Homi K. Bhabha), in dem eigene und fremde Identitätskonzepte miteinander verhandelt werden und sich zu einem fragilen ‚dritten' Modus der Zugehörigkeit zusammenfügen. Vielmehr führt *Transit* vor Augen, wie sich die Identität der meisten Flüchtlinge im Exil zunehmend auflöst. Der Flüchtlingsstrom erscheint als „Zug abgeschiedener Seelen" (T, 112), als Parade von ‚Schattenwesen' (vgl. Müller-Salget 2005), die von ihren ursprünglichen Zugehörigkeiten abgetrennt sind, aber auch im Jetzt keine neuen Bindungen eingehen können. Diesem Entwurf des Exils als eines Orts des Identitätsentzugs entspricht die Namenlosigkeit des Erzählers sowie all der Figuren, die sich verzweifelt auf der Suche nach Überfahrt befinden – etwa des „Arzts", des „kahlen Mittransitärs" oder der „Zimmernachbarin".

Von der namenlosen Menge der Exilierten heben sich einige Figuren ab, mit denen alternative Lebensentwürfe im Exil behandelt werden: unter ihnen Claudine und der Erzähler. Die Afrikanerin Claudine verkörpert dabei am ehesten eine ‚hybride' Identität, die ein genaues Bewusstsein ihrer eigenen Herkunft mit der Integration in die südfranzösische Kultur ausbalanciert und in diesem Prozess vorübergehend Halt findet (vgl. T, 151–153). Erkennbar wird ihre Kontrastposition zu den anderen Flüchtlingen auch dadurch, dass sie diesen entgegengesetzt gerade *nach* Europa emigriert. Halt findet am Ende des Romans auch der Erzähler, der durch seine Gleichgültigkeit gegenüber der Ausreise von Beginn an aus dem Gros der Exilierten herausgehoben ist. Nachdem er diese Gleichgültigkeit durch die Liebe zu Marie fast aufgibt, die gemeinsame Abreise aber scheitert, attestiert ihm sein Freund Georg Binnet die Zugehörigkeit zum freien Frankreich: „Du gehörst zu uns. Was uns geschieht, geschieht dir." (*T*, 278) So öffnet sich dem Erzähler am Ende eine Existenz als südfranzösischer Landarbeiter und Widerstandskämpfer (vgl. *T*, 279f.). Anders als für alle anderen Figuren des Roman vollzieht sich an ihm eine utopisch anmutende Akkulturation, gewinnt er eine neue Heimat, womit zugleich das Erzählen abbricht und die Rückkehr ins ‚gelebte Leben' eingeleitet ist (vgl. Thurner 2003, S. 48–91).

Während das Exil die Identität der Flüchtlinge im Zwischenraum des Transits grundsätzlich auflöst, bleibt die Ordnung der Geschlechter mehr denn je erhalten. Das in Marseille errichtete bürokratische Machtsystem ist durch und durch männlich dominiert: Männer – vom Türhüter über den Konsulatsangestellten bis hin zum Konsul – bestimmen über das Schicksal der Exilierten. Dem entspricht eine männlich bestimmte Ordnung innerhalb der Exilgesellschaft, in der sich eine klare Unterscheidung von männlichen Helfenden und weiblichen Hilfebedürftigen etabliert. Auch der Erzähler scheint sich zunächst in diese Struktur einzufügen, wenn er gegenüber Marie – von der er einmal denkt, sie sei ihm „zugefallen als Beute in irgendeinem Kriegszug" (*T*, 178) – Vorstellungen patriarchalischer Inbesitznahme entwickelt.

Bei genauerer Betrachtung erweist sich das soziale Geschlecht des Erzählers aber als uneindeutig. So vermag er seine Herrschaftsansprüche nicht durchzusetzen: Marie, die auf männliche Hilfe angewiesen scheint, erhält sich ihre Handlungsmacht, indem sie sich jeder emotionalen Auslieferung entzieht und einem dauerhaft Abwesenden aufopfert. Darüber hinaus ist die Erzählerrede von einer Sensibilität für das Weibliche durchsetzt – für die Menschlichkeit der Frau jenseits ihrer Reduktion aufs Objekthafte (vgl. Evelein 1998, S. 20f.) –, die den geäußerten patriarchalischen Ansprüchen grundlegend zuwiderläuft. Dies lässt sich als Effekt einer *cross-gender narration* lesen, in der die Autorin in die Rolle eines männlichen Sprechers schlüpft (vgl. Cohen 2006, S. 298), verweist aber auch auf eine im Roman entwickelte Technik des Entkommens: Der Erzähler entzieht sich durch seine unsichere Geschlechtsrolle den klaren Zuordnungen, die das Exil etabliert hat, und schafft so die Voraussetzung dafür, aus dem Strom der Ausreisenden auszuscheren.

Exil und Erinnerung
Dem Erzählen kommt in *Transit* eine zentrale Bedeutung in der Aufarbeitung von Vertreibung und Flucht zu: Erzählen im Exil ist Erinnerungsarbeit. Entscheidend für die Rekonstitution eines stabilen Selbstverhältnisses ist im Roman allerdings die soziale Situiertheit des Erzählens, das Verhältnis von Erzählenden und Zuhörenden. Der Erzähler weiß darum und artikuliert schon zu Beginn die Angst, sei-

ner Lebensgeschichte keine Relevanz für seine imaginären Gesprächspartner verleihen zu können: „Haben Sie sie nicht gründlich satt, diese aufregenden Berichte? Sind Sie ihrer nicht vollständig überdrüssig, dieser spannenden Erzählungen von knapp überstandener Todesgefahr, von atemloser Flucht?" (T, 6) Im babylonischen Stimmengewirr, das sich in Marseille ausbreitet, besteht die permanente Gefahr, nicht gehört zu werden, nur für sich selbst zu sprechen, keine Zeit zur Entfaltung der eigenen Geschichte zu bekommen. Der Erzähler erzielt dagegen Aufmerksamkeit – und sei es nur die der Romanleser. Am Feuer der Pizzeria in Marseille darf er seine Lebensgeschichte mit allen notwendigen Umwegen rekonstruieren. Chronologisch, „von Anfang bis zu Ende" (ebd.), funktioniert das allerdings nicht (die Ohrfeige, die er einem SS-Soldaten verpasst hat und mit der seine Flucht beginnt, wird erst spät im Text erwähnt). Die Voraussetzung für die gelingende Erinnerungsarbeit in *Transit* ist die Möglichkeit eines Sich-Aussprechens gegenüber einem Anderen, aus dem eine neue Form der Gemeinschaft hervorgeht (vgl. Barkhoff 1991, S. 226).

Zugleich aber ist *Transit* selbst ein dialogisch strukturiertes Medium der Erinnerung (vgl. Cohen 2006, S. 294 f.). Die Erzählerstimme ist im Text von zahlreichen anderen Stimmen durchsetzt, die alle ihre individuelle Geschichte erzählen, miteinander korrespondieren und so ein weites Spektrum der Möglichkeit und Realität exilierter Lebenserfahrung aufrufen. Nach Lutz Winckler kommt Seghers' Text damit die Funktion einer ‚Chronik' im Sinne Walter Benjamins zu (Winckler 2010, S. 201–203): Die meist kurzen, anekdotischen Berichte werfen ein Licht auf die Situation des Marseiller Exils, in ihrem ungeordneten Neben- und Miteinander erzeugen sie eine spontane Unmittelbarkeit, die der Darstellungsweise der historiografischen Ordnung widerspricht und stattdessen die Exilsituation momenthaft vergegenwärtigt. Dieses „chronikalische Erzählen" (ebd., S. 206) findet sich im Roman wieder in den Texten des Literaten Weidel, die der Erzähler gründlich liest und durch die er kurzzeitig „verzaubert" wird (T, 25). Weidel kommt so eine ambivalente Position zu: Einsam schreibend, nicht in der Gemeinschaft erzählend, nimmt er sich selbst das Leben. Aber sein Roman als Panorama „verrückter Menschen" erzeugt beim Erzähler ein Verständnis seiner selbst und provoziert eine permanente Erinnerung an den Schriftsteller, der trotz seines Todes zu den präsentesten Figuren des Romans zählt.

Schließlich ist *Transit* selbst zum Gegenstand der Erinnerung – an die Exilzeit und die Exilliteratur – geworden. Dabei war sowohl der Wert des Romans für die Literaturgeschichte als auch die Frage, was er bedeute, von Beginn an umstritten. Schon die Aufnahme in den USA im Jahr 1944 war wenig positiv; anders als in Seghers' Erfolgsroman *Das siebte Kreuz* vermissten die amerikanischen Rezensenten den Heroismus des Widerstands und den Glauben an die Niederlage des nationalsozialistischen Deutschland. Die deutsche Rezeption der Nachkriegszeit steht im Zeichen der Systemkonkurrenz und der unterschiedlichen Vereinnahmung des Textes in der DDR und Bundesrepublik (vgl. *T*, 352). Seit den späten 1980er Jahren wurden schließlich vor allem die poetologischen, geschlechts- und erinnerungstheoretischen Potentiale des Romans zwischen historischer Dokumentation und literarischer Fiktion thematisiert. Die konstitutiven Uneindeutigkeiten, die sich mit dieser Zwischenposition verbinden, haben gleichwohl dazu geführt, dass *Transit* anders als *Das siebte Kreuz* nicht in den Schulkanon aufgenommen wurde und im öffentlichen Gedächtnis keinen Status als ikonischer Text des Erinnerns an das ‚Dritte Reich' erreichen konnte.

Fazit

Anna Seghers' *Transit* entwickelt das Exil am Fall Marseilles als Ort des Dazwischen, das die Exilierten in einem *double-bind* von Fortmüssen und Nicht-Fortdürfen gefangen hält. Zugleich entwirft der Roman Möglichkeiten des Entkommens – wie die Durchkreuzung der Geschlechtsdifferenzierung, die das bürokratische System der Exilverwaltung etabliert hat, oder die Erzeugung einer Gemeinschaft von Erzählenden und Zuhörenden, die sich gleichfalls einem System entgegenstellt, das jeden einzelnen Menschen dazu zwingt, nur noch um die eigene Not zu kreisen. Beides trägt dazu bei, dass dem Erzähler am Ende des Textes eine utopisch anmutende Akkulturation an das französische Gastland gelingt. Seghers' Roman ist aber nicht nur das Protokoll dieses gelingenden Entkommens durch den Erzähler, sondern entwirft zugleich das Panorama einer Vielzahl unterschiedlicher Exilerlebnisse. Der Roman erweist sich dabei als Gedächtnis der Heterogenität von Erfahrungen unter dem Eindruck von Vertreibung und Flucht und lässt die unerhörte Alltäglichkeit des Not- und Ausnahmezustands im Europa der Weltkriegszeit auferstehen. Dass in all diesen Erzählungen (einschließlich der des Erzählers) Heroismus keine Rolle spielt, macht die Qualität des Textes aus, hat aber zugleich verhindert, dass der Roman die Stellung im exilliterarischen Kanon erhalten hat, die ihm eigentlich gebührt.

Kai Sicks

Literatur

(*T*) Seghers, Anna: *Transit*. Werkausgabe. Hg. v. Helen Fehervary u. Bernhard Spies, Bd. I/5. Das erzählerische Werk 5. Bearb. v. Silvia Schlenstedt. Berlin 2001.

Barkhoff, Jürgen: „Erzählung als Erfahrungsrettung. Zur Ich-Perspektive in Anna Seghers' Exilroman ‚Transit'". In: *Exil und Remigration*. Hg. v. Claus-Dieter Krohn, Erwin Rotermund, Lutz

Winckler u. Wulf Koepke. München 1991 (Exilforschung. Ein internationales Jahrbuch, Bd. 9), S. 218–235.

Cohen, Robert: „Viele Cafés und eine Pizzeria. Signifikanz des Insignifikanten in Anna Seghers' ‚Transit'". In: *Argonautenschiff* 15 (2006), S. 289–302.

Evelein, Johannes: „Männergedanken? Anna Seghers' ‚Transit' and the Portrayal of Gender". In: *Selecta. Journal of the Pacific Northwest Council on Foreign Languages* 19 (1998), S. 12–23.

Gutzmann, Gertraud: „Von der Unzerstörbarkeit des Ich in Anna Seghers' Roman ‚Transit'". In: *Argonautenschiff* 12 (2003), S. 141–152.

Klapdor, Heike: „‚Die Geschichte habe ich schon mal gehört.' Anna Seghers' Roman ‚Transit' und Michael Curtiz' Film ‚Casablanca'". In: *Argonautenschiff* 17 (2008), S. 174–188.

Lang, Birgit: „The travails of Exile. Lion Feuchtwanger's ‚Exil' and Anna Seghers' ‚Transit'". In: *Limbus* 2 (2009) (Themenheft Narrative der Arbeit), S. 171–188.

Müller-Salget, Klaus: „Totenreich und lebendiges Leben. Zur Darstellung des Exils in Anna Seghers' Roman ‚Transit'". In: Ders.: *Literatur ist Widerstand. Aufsätze aus drei Jahrzehnten*. Innsbruck 2005, S. 45–59.

Thurner, Christina: *Der andere Ort des Erzählens. Exil und Utopie in der Literatur deutscher Emigrantinnen und Emigranten 1933–1945*. Köln, Weimar 2003.

Walter, Hans-Albert: *Anna Seghers' Metamorphosen. Transit: Erkundungsversuche in einem Labyrinth*. Frankfurt a. M. 1984.

Winckler, Lutz: „Eine Chronik des Exils. Erinnerungsarbeit in Anna Seghers' ‚Transit'". In: *Gedächtnis des Exils – Formen der Erinnerung*. Hg. v. Claus-Dieter Krohn u. a. München 2010 (Exilforschung. Ein internationales Jahrbuch, Bd. 28. Hg. im Auftr. der Gesellschaft für Exilforschung), S. 194–210.

Hilde Spiel: *The Darkened Room* (1961), deutsch: *Lisas Zimmer* (1965)

Hilde Spiel (Pseud. u. a. Grace Hanshaw) *19. 10. 1911 Wien, †30. 11. 1990 Wien. Stationen des Exils: 1936–1963 London (1946 erste Rückkehr nach Wien, 1946–1948 Berlin), 1963 endgültige Rückkehr nach Wien.

Inhalt

Der Roman gibt die Aufzeichnungen der jungen Lettin Lele wieder, die, während sie in Kalifornien ihr zweites Kind erwartet, ihre Geschichte erzählt. Lele berichtet, dass ihre Eltern im Zweiten Weltkrieg von Gestapo und Roter Armee getötet wurden, sie selbst in ein Arbeitslager verschleppt, später befreit wird, nach der Geburt ihres ersten Kindes in die USA auswandert und sich dort von einem unscheinbaren Dienstmädchen in eine attraktive, selbstbewusste Amerikanerin verwandelt. Die Erzählung ihrer Entwicklungsgeschichte überkreuzt sich dabei mit der Geschichte der mondänen, exzentrischen Wienerin Lisa, die nach dem Krieg in Rom einen Amerikaner heiratet, nach New York emigriert, dort erkrankt, zunehmend verfällt und, schließlich drogensüchtig, an einer Überdosis Morphium stirbt. Bei Lisa als Haushaltshilfe angestellt, übernimmt Lele im Lauf der Zeit zunächst Lisas Kleider, dann ihre Liebhaber und nach ihrem Tod auch ihren Mann Jeff. Während Leles Anstellung gibt Lisa drei große Abendgesellschaften, auf denen sich z.T. heimwehkranke, untereinander intrigierende europäische Exilanten versammeln. Ihre Gespräche kreisen um „ihren Liebeshaß auf Europa und ihre Haßliebe zu Amerika" (*LZ*, 123). Nach Lisas Tod ziehen Lele und Jeff nach San Francisco und finden dort eine neue Heimat. Den Aufzeichnungen folgt ein fiktives Nachwort des Schriftstellers Paul Bothe, der Lele – so berichtet sie in ihren Erinnerungen – angeregt hatte, ihre Erlebnisse niederzuschreiben, sich hier aber von ihrer Darstellung distanziert.

Analysen

Narrationen des Exils
„[D]a die Menschen im Exil vor der Wahl standen, an ihre Ursprungsorte zurückzukehren und die mühsam geschlagenen Wurzeln wieder einmal aus der Erde zu reißen oder diese in der zweiten Heimat tiefer einzugraben [...] – jetzt wurden wir auf die Probe gestellt", schreibt Hilde Spiel in ihren Erinnerungen an die unmittelbare Nachkriegszeit (Spiel 1989, S. 207) und macht 1961 mit *Lisas Zimmer* eben jene Probe: Am Schauplatz eines New York der 1940er Jahre verhandelt der Roman verschiedene Möglichkeiten, mit dem Exil nach dem Ende von Krieg und Nationalsozialismus zurechtzukommen. Ob eine Rückkehr aus dem Exil überhaupt möglich ist, wird dabei zur zentralen Frage einer Ethik des Exils, die Spiel in ihrem Roman diskutiert. Dem Tod nur knapp entgangen und nach dem Krieg in die USA emigriert, verkörpern die Protagonistinnen Lisa und Lele gegensätzliche Umgangsweisen mit dem Exil: Während Lisa sich von ihrer Umgebung abkapselt und in ihrem Zimmer ein fantasmagorisches, europäisches Exterritorium schafft, scheint Lele die Assimilation zu gelingen, indem sie alles Europäische abstreift und sich am Ende des Romans in eine „gute kleine Amerikanerin" (*LZ*, 134) verwandelt.

Die kosmopolite Wienerin Lisa hat sich ihr Europa „in diesem Zimmer auf der Westseite von Manhattan getreulich wiederaufgebaut" (*LZ*, 285): Antike europäische Möbel, Kunstgegenstände, Bilder und Fotos sowie ihre europäischen Kleider, die sie sich im Zimmer auslegen lässt, errichten in Lisas Zimmer einen europäischen Exilraum; die notorisch zugezogenen Vorhänge geben ihr „wie einer Auster in ihrer Muschel" (*LZ*, 283f.) Schutz gegen die amerikanische Wirklichkeit. Vergleichbare Heterotopien eröffnen sich den New Yorker Exilanten hinter „gefältelten Mullgardinen" (*LZ*, 98) in den Wiener Kaffeehäusern nachempfundenen Cafés. Gleichermaßen kulissenhaft bietet Lisas Zimmer einer illustren Exilantengesellschaft eine Bühne für die „Auseinandersetzung zwischen den wahrhaft Europamüden und jenen, die in all ihren Fasern" (Spiel 1973, S. 294) nach Europa verlangen: Ihre Bindung an Europa wird mit Blick auf dessen Bedeutung verhandelt. Die Fetischisierung des Exils wirkt gemeinschaftsstiftend, und obwohl die Exilanten ihre „Verbanntenaffären" (Spiel 1975, S. 432), ihre ideologischen Spaltungen und Intrigen mit in die USA getragen haben, werden sie gerade „durch ihre Bosheit, ihre Melancholie und ihre Erinnerungen zusammengehalten" (*LZ*, 66; vgl. zum Gemeinschaftsmodell der Exilanten Bannasch 2011). Zu den Abendgesellschaften sind einige Schriftsteller eingeladen, deren Beschreibung nicht nur die New Yorker Exilantengesellschaft der 1940er Jahre karikiert, sondern exemplarisch Schicksale und Probleme exilierter Schriftsteller vorführt: den Verlust des sprachlichen Werkzeugs, der künstlerischen Ausdrucksmöglichkeiten, die sich einer neuen Umwelt als nicht mehr angemessen erweisen, ihrer Veröffentlichungsmöglichkeiten und eines Publikums.

Lele versteht ihren Bericht von Lisas Verfall und Tod als Buße ihrer Schuld, oder genauer: als Rechtfertigung ihrer unterlassenen Hilfe. Weil Lisa im Text zugleich zur Personifikation Europas wird, liegt Leles Schuld auch darin, Europa verlassen zu haben. Mit Sündenfall und Vertreibung aus dem Paradies steht der Exilliteratur ein wirkmächtiges Narrativ zur Verfügung, um Exilerfahrung zu begreifen (vgl. Bronfen 1993, S. 174). *Lisas Zimmer* fokussiert dabei vor allem die Frage nach einer Wiedergewinnung des Paradieses, der Möglichkeit, nach dem Exil einen anderen, fremden Ort zur Heimat zu machen. Symbolträchtig wird diese ‚Heimkehr' am *Independence Day* mit Leles religiöser Bekehrung und der (Wieder-)Aufnahme in die Familie ihres neuen Ehemanns verschränkt. Die Reise in den Westen gestaltet sich als Landnahme der neuen Welt: Mit Coca-Cola, Popcorn und Hot Dogs verleiben sich Lele, ihr Mann und ihr Kind die neue Heimat ein; ihre Begeisterung für Rodeo und Cowboyhüte nutzt bekannte Klischees, um den Vollzug ihrer Assimilation zu bezeugen. Nach einer (biblischen) Durchquerung der Wüste gelangen sie ins paradiesisch anmutende San Francisco. Die Geradlinigkeit dieser heilsgeschichtlichen Erzählung wird jedoch immer wieder irritiert: Der Verzehr von Erdbeeren – Paradiesfrüchten – löst bei Lele fiebrigen Ausschlag aus, und der Abendhimmel hinterm Golden Gate kündet spektakulär vom Jüngsten Gericht, an das auch der fiktive Herausgeber am Ende seines Nachworts gemahnt.

Theoretische Perspektivierungen
Leles Aufzeichnungen erzählen in mehrfacher Hinsicht eine Geschichte von Verdrängung: Verdrängung der einen Hauptfigur durch die andere, von europäischer Identität durch Assimilation in Amerika, von Vergangenheit und Erinne-

rung. Der Roman spielt dabei immer wieder auf psychoanalytische Deutungsmuster an, die auf verschiedenen Ebenen Figurationen von Ich-Spaltungen und wiederkehrendem Verdrängten lesbar werden lassen, die jedoch auch die Möglichkeiten der Heilung erproben. Über das Doppelgängermotiv, in den Reflexionen der beiden Protagonistinnen und in den Gesprächen der Abendgesellschaften, verhandelt der Roman insbesondere verschiedene Modelle kultureller Identität im Zeichen des Exils.

Ihrer „Heimat ständig an den Schürzenbändern" zu hängen, verursacht Lisa schmerzliches Heimweh, nur in Wien sei sie „bei sich selbst" gewesen (*LZ*, 61). Topografische, historische, soziale und kulturelle Gegebenheiten strukturieren und garantieren die feste Form dieser essentialistisch begründeten Identität. Sich mit neuen, amerikanischen Kleidern auch eine andere Identität überzustreifen, gelingt Lisa nicht. Verfolgung und Emigration lassen Lisa zum „'Haufen nutzloser abgesplitterter Fragmente'" (*LZ*, 79) gehören, als die einer der Exilanten Lisas Abendgesellschaften beschreibt. Indem Lisa „Europa und die Vergangenheit künstlich am Leben" hält, lebt sie eine „unheimliche Doppelexistenz", die sich nach einiger Zeit als Fremdkörper an ihrem Körper manifestiert: In ihrer Gebärmutter bildet sich ein Tumor (Bronfen 1993, S. 182). Lisas Verfall wird als Verlust jener mit der ursprünglichen Identität verbundenen Eigentlichkeit beschrieben (*LZ*, 237). Diese Uneigentlichkeit ist Symptom jener „Krankheit" Exil, deren Erscheinungen und Kategorien Spiel in ihrem Vortrag *Psychologie des Exils* zusammenfasst (vgl. Spiel 1975) und im Roman ausbuchstabiert: Was die Erzählerin als „Europa-Krankheit" diagnostiziert (*LZ*, 93) tritt dabei in allen Facetten der *décadence* auf. In ihren Reflexionen betreibt Lisa „träge und ziellos [...] Seelenzergliederung" – vor diesen „unterirdische[n] Labyrinthe[n] muss auch Leles Schreibweise kapitulieren und kann nur noch „Bruchstücke" berichten (*LZ*, 198, 200 f.). Ein weiteres Symptom der europäischen Krankheit lässt sich zeichentheoretisch als grundsätzlicher Mangel eines Signifikats lesen, als unabschließbares Verweisen der Signifikanten auf sich selbst: „Angst vor dem Offenkundigen" (*LZ*, 8), die eine „Transparenz der Zeichen verneint" (Bronfen 1993, S. 182). Die verächtlich als oberflächliche „Filmdialog[e]" bezeichneten amerikanischen Gespräche werden mit dem „eigentümlich wienerische[n] Hang" kontrastiert, „immer weiter zu forschen [...], bis man auf eine Ebene der Wahrheit stieß, nur um eine neuerliche und noch schwerer durchdringbare Schicht darunter zu entdecken" (*LZ*, 34, 198).

In New York lässt die „furchtbare Umarmung" des Kontinents Lele nicht los (*LZ*, 295). Diese Welt erscheint Lele bevölkert von Wiedergängern des alten Europas, „Figuren aus der Ferne und Vergangenheit, Sinnbilder für alles Tote und Überholte, Lemuren auf einem Friedhof" (*LZ*, 65). Die schmerzlichen Erinnerungen an Europa und die Gespaltenheit des Exils erfahren am toten Körper Lisas ihre Auslöschung (vgl. dazu auch Bronfen 1993, S. 183): Lisa wird zum „Körper einer Krankheit", zum „fürchterlichen Inbegriff Europas", ja gar zur Hure Babylon (*LZ*, 199, 285).

Die Möglichkeiten, mit dem Exil umzugehen, werden in *Lisas Zimmer* demnach mit „zwei Metaphern der Tötung" beschrieben: in Lisas Fall dem „Sterben an der psychischen Ich-Spaltung, an der Spannung zwischen Bekanntem und Fremdem im Ich"; in Leles Fall der „Abtötung dieser Spannung zugunsten eines einkulturigen Neuentwurf des Ichs" (Bronfen 1993, S. 183), der sich in Leles Identitätsentwurf formuliert:

> Wenn ich in den Fährnissen der letzten Jahre eins gelernt habe, dann ist es dies: daß wir im Lauf unseres Lebens nicht nur ein, sondern viele verschiedene Wesen sind; daß uns nicht mehr Dauer, Einheit und Bestand innewohnen als einer ganzen Reihe von Generationen; und daß [...] unsere Identität beständig abblättert und einer anderen Platz macht. (*LZ*, 173)

Statt nur Dokumentation von Lisas „gescheiterte[m] Lebensprojekt[]" zu sein, lässt Lele damit eine transitorische Identität zur Sprache kommen, die ihrem (Über-)Lebenswillen, einer „(post)modernen Integrations- und Normalitätsbereitschaft" geschuldet ist (Lühe 2006, S. 108). Leles performatives „Hier sind wir und hier wollen wir bleiben" (*LZ*, 295) lässt aber auch den pragmatischen Patriotismus jenes Mr. Cohn aufscheinen, dessen hoffnungslose Versuche, in seinen Transformationen eine neue Identität wiederzufinden, Hannah Arendt in ihrem programmatischen Aufsatz *We refugees* konzeptualisiert (vgl. Arendt 1994, S. 117). Wenn am Ende des Romans mit dem Tod Lisas auch „Europa mit seinen Lastern und hohen Zielen" dahinsinkt „wie die Abendsonne am Horizont" (*LZ*, 284), dann erfährt Leles Identitätskonzept eine geschichtsphilosophische Einordnung in den *Untergang des Abendlandes*, bestimmt Spengler doch ein solches „ubi bene ubi patria" als Erscheinung der finalen Verfallsstufe europäischer Kultur (Spengler 2003, S. 4).

Exil und Erinnerung
„Und damit [der Nachtmahr Europa, Anm. d. Verf.] nie mehr wiederkehr, um einen von uns zu schrecken, will ich berichten, was mit ihr und uns geschah" (*LZ*, 7), schreibt die Erzählerin zu Beginn ihrer Aufzeichnungen und begründet damit ihr Schreibprojekt einerseits als magisches, zur Bannung eines teuflischen Zaubers, und andererseits als psychoanalytische Sprechtherapie. Leles Erzählung vom Tod ihrer Eltern, ihrer Internierung im Lager und ihrer Schwangerschaft macht eine Erinnerungsarbeit explizit, die traumatische Strukturen aufweist: Einiges erinnert Lele ganz genau, Bedrückendes oder Verwirrendes fällt „durch die Maschen des Netzes", und die Erinnerung daran bereitet ihr „beinahe körperliche Pein" (*LZ*, 11). Gerade Lücken sind jedoch konstitutiv für die Schreibarbeit: „Man darf nicht alles schreiben, was man weiß", zitiert die Erzählerin in einem

selbstreflexiven Kommentar den fiktiven Herausgeber Bothe (*LZ*, 8). Der Text konzipiert Lele nicht nur explizit als extrem unzuverlässige Erzählerin: Die Lücken und Brüche ihrer Geschichte nehmen zu, je weiter sie sich der Erzählgegenwart nähert, bis ihre Stimme zuletzt – etwa in der klischeehaften Beschreibung ihres neuen Lebens – geradezu ironisch eingesetzt ist (vgl. etwa Strickhausen 1996, S. 248). Durch diesen unheimlichen Effekt kündigt sich die Rückkehr des Nachtmahrs, den sie so performativ abgestreift hatte, wieder an und infiziert die Lektüre selbst mit dem Misstrauen gegenüber dem „Offenkundigen", das nach immer neuen „Ebene[n] der Wahrheit" forscht (*LZ*, 198).

Auch der Roman selbst ist Zeugnis von Erinnerungsarbeit: Eine biografische Perspektivierung lässt die beiden Doppelgängerinnen als Ausdruck von Spiels widersprüchlicher Exilerfahrung lesbar werden, mit der sich auch der Entstehungskontext von *Lisas Zimmer* verbindet. Hilde Spiel verfasst den Roman nach einer ausgedehnten Reise, die sie 1952 mit ihrem damaligen Ehemann Peter de Mendelssohn in die USA unternommen und auf der sie auch die New Yorker Emigrantenkolonie kennengelernt hatte. Die Figur der Lisa sei ein „komplexes Wesen, aus mehreren realen Personen zusammengebraut", schreibt Spiel später in einem Essay (Spiel 1973, S. 294), jedoch weist sie deutliche Züge von Spiels Jugendfreundin Hansi Mahler auf, die sie in New York besucht hatte. An Krebs erkrankt und drogensüchtig, hat die einst so schöne und glanzvolle Freundin „die Räume zumeist verdüstert" und sich eine „Scheinwelt" erschaffen, die „die grelle amerikanische Wirklichkeit" ausschließt (Spiel 1992, S. 151). Hansi Mahlers Tod ein Jahr später gibt den Anlass für den Roman.

1961 erscheint der Roman unter dem Titel *The Darkened Room* zunächst auf Englisch in London, 1965 in Spiels eigener deutscher Fassung dann in München. Bei *Lisas Zimmer* handelt es sich in einigen Teilen jedoch nicht um eine wörtliche Übersetzung: Zwar scheinen die Unterschiede zunächst nicht bemerkenswert (vgl. Strickhausen 1996, S. 198) – in der deutschen Fassung lässt Spiel längere Ausführungen zum amerikanischen Zeitgeschehen weg –, die umfangreichere Überarbeitung des fiktiven Herausgebernachworts jedoch scheint vom mangelnden Vertrauen Spiels in die Fähigkeit deutscher Leser zu künden, die ironisch eingesetzte Erzählerin als solche zu erkennen. Ist der Hinweis „[t]hough it is she [Lele] who tells the story, it is by no means certain that she has the author's sympathies" in der englischen Version noch in den Klappentext verbannt, berichtet in der deutschen Ausgabe der fiktive Herausgeber Paul Bothe, dass er Jeff vergeben habe, ihn „Schundschriftsteller" genannt zu haben, und fragt, woher denn Jeff auch hätte wissen sollen, „daß ein Autor sich nicht immer mit seinen Büchern identifiziert" (*LZ*, 298). Die Rezeption des Romans scheint Spiels Sorge, deutsche Leser könnten Autorin und Erzählerin allzu einfach miteinander identifizieren, Recht zu geben: Marcel Reich-Ranicki dankt „Frau Hilde Spiel" für die Einfügung des eben zitierten Satzes, liest er ihn doch als Distanzierung der von ihm allein als Essayistin hoch geschätzten Autorin von ihrem allzu klischeehaften Werk (Reich-Ranicki 1998, S. 24).

Fazit

Nicht zuletzt der von der Kritik übersehene ironische Einsatz einer Erzählerin, die mehr und anderes zu lesen gibt, als sie schreibt, artikuliert Entwurzelung und exilische Doppelexistenz als Unheimlichwerden in der Sprache. Die Ambiguität der erprobten Umgangsweisen mit dem Exil löst sich nicht auf: Wenn der fiktive Herausgeber im Gelehrtenlatein daran erinnert, dass die siegreiche Sache nicht immer eine gute sei, dann werden dadurch ethische Dimensionen von Exil und Assimilation in den Fokus gerückt. *Lisas Zimmer* befragt Identitätskonzepte unter den Bedingungen des Exils sowie Heilungschancen und -ergebnisse der Krankheit ‚Exil' gleichermaßen auf Pragmatik und Moral. „Praktische Befreiung" bedeute, schreibt Jean Baudrillard in seinen Amerikabetrachtungen, „ob man will oder nicht", dass „der Mensch, der den Raum wechselt, der umhergeht, der Geschlecht, Kleidung und Lebensgewohnheiten je nach Mode und nicht nach der Moral wechselt" (Baudrillard 1995, S. 137). Genau diese Form der Befreiung strukturiert auch Leles neu gewonnene Identität, ihren amerikanischen Traum. Demgegenüber steht der europäische Patriotismus der Exilanten, den Mrs. Katherine Langendorf etwa als „gigantische Mutterbindung" abtut, die es zu Gunsten Amerikas zu heilen gelte (*LZ*, 126). „Läuft es also darauf hinaus? Darf Katherine das letzte Wort behalten?" (Spiel 1973, S. 295), fragt Spiel in einem autobiografischen Essay, in dem sie ihre eigene Bindung an Europa reflektiert, und gibt *Lisas Zimmer* damit als einen Versuch zu lesen, eine Ethik des Exils zu entwerfen.

Claudia Röser

Literatur

(*LZ*) Spiel, Hilde: *Lisas Zimmer*. München 1965 (Engl: *The Darkened Room*. London 1961).

Arendt, Hannah: „We Refugees" (1943). In: *Altogether Elsewhere. Writers on Exile*. Hg. v. Marc Robinson. Boston, London 1994, S. 110–119.
Bannasch, Bettina: „Liebe in den Zeiten des Nachexils oder Die ‚englische' Fortschreibung des habsburgischen Mythos im Werk Hilde Spiels". In: *Abschied von Europa: jüdisches Schreiben zwischen 1930 und 1950*. Hg. v. Alfred Bodenheimer u. Barbara Breysach. München 2011, S. 194–210.
Baudrillard, Jean: *Amerika*. München 1995.

Bronfen, Elisabeth: „Exil in der Literatur: Zwischen Metapher und Realität". In: *Arcadia* 28 (1993) H. 2, S. 167–183.
Lühe, Irmela von der: „Von der Krankheit des Exils. Zu Hilde Spiels Roman ‚Lisas Zimmer'". In: *„Die Sprache der Bilder"*. Hermann Haarmann zum 60. Geburtstag. Hg. v. Klaus Siebenhaar. Berlin 2006, S. 101–110.
Reich-Ranicki, Marcel: „Wem sagen Sie das?" In: *Über Hilde Spiel*. Hg. v. Marcel Reich-Ranicki München 1998, S. 17–24.
Spengler, Oswald: *Untergang des Abendlandes. Umrisse einer Morphologie der Weltgeschichte*. München 2003.
Spiel, Hilde: „Sternbild Europa". In: *Europa persönlich. Erlebnisse und Betrachtungen deutscher P.E.N.-Autoren*. Hg. v. Thilo Koch. Tübingen, Basel 1973, S. 279–296.
Spiel, Hilde: „Psychologie des Exils". In: *Neue Rundschau* 86 (1975) H. 3, S. 424–439.
Spiel, Hilde: *Die hellen und die finsteren Zeiten. Erinnerungen 1911–1946*. 2. Aufl. München 1989.
Spiel, Hilde: *Welche Welt ist meine Welt? Erinnerungen 1946–1989*. Reinbek bei Hamburg 1992.
Strickhausen, Waltraud: *Die Erzählerin Hilde Spiel oder „Der weite Wurf in die Finsternis"*. Frankfurt a. M. 1996.

Margarete Susman: *Das Buch Hiob und das Schicksal des jüdischen Volkes* (1946)

Margarete Susman (verh. v. Bendemann) *14. 10. 1872 Hamburg, †16. 1. 1966 Zürich. Stationen des Exils: 1933–1966 Schweiz.

Inhalt

Margarete Susmans Essay *Das Buch Hiob und das Schicksal des jüdischen Volkes* unternimmt den Versuch, aus einer transhistorischen Perspektive die historische Erfahrung des Exils und der Schoah im Rekurs auf mythologische und biblische Erzählungen mit existential-philosophischen und transzendental-religiösen Fragen zu verbinden. Dabei bestimmt Susman die diasporische Existenz als die einzigartige Daseinsform der jüdischen Existenz, die im jüdischen Gründungsmythos vom Bundesschluss bis hin zu der messianischen Hoffnung auf Erlösung einmalig und unwiderruflich festgelegt ist. Im Schicksal Hiobs sieht sie die Geschichte und das Schicksal des jüdischen Volkes im Exil vorgezeichnet. In zehn Kapiteln stellt der Essay Hiobs ‚Fragen an Gott' neu, die alle als existentiell menschliche Fragen ausgewiesen werden. Susmans Text changiert zwischen Theorie und Ästhetik, Heimat und Exil, Tradition und Moderne und lässt sich als Grenzort einer Narration lesen, die unterschiedliche Zeiten und Räume sowie Verlusterfahrung und Sinnstiftung miteinander verschränkt. Auf die Erfahrung von

Brüchen und Paradoxien, die ihr Schreiben und Denken in *Das Buch Hiob und das Schicksal des jüdischen Volkes* kennzeichnen, verweist bereits der Titel *Ich habe viele Leben gelebt*, mit dem Margarete Susman 1964 ihre Autobiographie überschreibt. In der Denkfigur der Paradoxie äußert sich ihr kritisches Bewusstsein gegenüber jeder historischen und kollektiven Vereinnahmung von Individualität.

Analysen

Narrationen des Exils
Das Buch Hiob und das Schicksal des jüdischen Volkes ist 1946 im Schweizer Exil entstanden, das Susman in ihrer Autobiographie als „Heimkehr in die Emigration" ausweist (Susman 1964, S. 140). Die ‚Heimkehr in die Emigration' 1933 ist zugleich die Rückkehr an den Ort ihrer Kindheit, der ihre ‚Exil-Heimat' bis zu ihrem Tod 1966 bleiben wird. Anlässlich der Staatsgründung Israels versieht Susman die Neuauflage von 1948 mit einem neuem Vorwort, in dem sie die Staatsgründung als politische Notwendigkeit akzeptiert, zugleich jedoch vor einem jüdischen Nationalismus warnt und an der Vorstellung der diasporischen Existenz des jüdischen Volkes festhält: „Zion bleibt Galuth bis zur Endzeit." (*DBH*, 118)

Bereits vor der historischen Zäsur des Exils und der Schoah deutet Susman die Situation des modernen Menschen mit Figuren der Entfremdung, des Verlusts und des Exils. Die ‚transzendentale Obdachlosigkeit' (Georg Lukács) des modernen Menschen als Entfremdung von Gott und von sich selbst verbindet Susman mit der Denkfigur einer diasporischen Existenz und entwickelt die Vorstellung eines mehrfachen Exils des Juden: „[...] und damit kommt über diesen doppelt heimatlosen Menschen die letzte und sein Schicksal erst ganz vollendende Einsamkeit: daß der Gott, um dessentwillen er all dieses auf sich genommen hat, für ihn nicht mehr zu finden ist." (Susman 1992a, S. 189) Die figurative Bezugnahme auf die jüdische Geschichte des Exils, die Metaphorisierung des Exils als universelle *conditio humana* und die Vorstellung einer permanenten jüdischen Exilexistenz setzt Susman mit der konkreten historischen Situation des Exils und der Schoah in Beziehung. Aus dieser Verschränkung von Universalisierung und gleichzeitiger Bewahrung der Singularität der exilischen Erfahrung entwickelt Susman die Vorstellung eines jüdischen Exils als Denkfigur, die sich einer territorialen Verwurzelung entzieht und für einen „Aufenthalt ohne Ort" (Blanchot 1991, S. 185) plädiert.

Susmans Auseinandersetzung mit jüdischer Existenz und Tradition (vgl. Shedletzky 1993) über die Figur Hiob dient dem Versuch einer Neuformulierung des jüdischen Selbstverständnisses sowie der notwendigen Sinngebung in dem „Augenblick einer Weltkatastrophe", die zum „Zusammenbruch alles Menschlichen und Menschheitlichen" (*DBH*, 23) geführt hat. Die besondere Stellung des jüdischen Volkes zwischen „Verbundensein und Ausgesondertsein" (*DBH*, 50), zwischen Erwähltheit und Differenz (vgl. Hammer 2004, S. 21), prädestiniert dieses dazu, als „Sinnbild" und „Vertretung" der Menschheit zu fungieren, als „Zentrum und Zeiger des Menschheitsschicksals" (*DBH*, 50). In der Verschränkung der singulären diasporischen Existenz des jüdischen Volkes mit der christlichen Vorstellung des stellvertretend Leidenden und der Frage nach Schuld und Sühne amalgamieren in der Figur Hiob jüdische und christliche Denkfiguren.

Die in Hiob personifizierte Denk- und Erfahrungsfigur der ‚Urbeziehung des Judentums zu Gott' avanciert zum Paradigma des Versuchs, die Theodizee, die Frage nach der Existenz und Gerechtigkeit Gottes und dem Sinn des Leidens, in der Gegenwart zu aktualisieren. Wie die Figur Hiob lebt das jüdische Volk im Exil in einem „einzigen leidenschaftlichen Prozeß mit Gott, wägt es immer erneut seine Schuld gegen die schweren Strafen Gottes ab" (*DBH*, 56). Der Sinn des Leidens lässt sich aus dieser Perspektive als Ausdruck der menschlichen Existenz und zugleich als Aufforderung zur Auferstehung aus dem Abgrund des Leidens selbst lesen (vgl. *DBH*, 154f.).

Die eigene Existenz und die des jüdischen Volkes in der Gegenwart deutet Susman in der Tradition der prophetischen Forderung als Entscheidung für das Sein: „Denn jeder Einzelne des Volkes wird zwar als Jude geboren; aber er *wird* Jude erst durch die Entscheidung für dies Sein." (*DBH*, 24) Der Vorstellung eines jüdischen Fatums und essentialistischer Vorstellungen individueller und kollektiver Identitätskonzepte kontrastiert das Moment der Entscheidung, die „aus der Tiefe" heraus eine „neu aufgerufene Verantwortung" (*DBH*, 25) für die Idee der Menschheit und des Menschlichen einfordert. Die Voraussetzung für die Reformulierung der jüdischen Existenz sieht Susman in der Verschränkung der beiden paradoxen Momente der Eigenverantwortung jedes Einzelnen und des jüdischen Volkes und der Vorstellung der ‚Unentrinnbarkeit' des jüdischen Schicksals: „[...] Jude zu sein: man muß es *tragen*. Es ist Schicksal, ein Schicksal, das jedem persönlich vorausliegt und es mitentscheidet." (*DBH*, 65) Susmans Versuch einer Neukonzeptualisierung der jüdischen Existenz führt damit in der Denkfigur der Paradoxie re-essentialistische und de-essentialistische Identitätsentwürfe zusammen. Die Frage nach „Sinn und Wahrheit des jüdischen Schicksals" (*DBH*, 28) wird als eine Doppelfrage formuliert, welche die historischen Transformationsprozesse ebenso berücksichtigt wie die gegenwärtige Situation, um davon ausgehend die Frage nach der Möglichkeit einer jüdischen Existenz zu stellen. In Anlehnung an Franz Rosenzweigs Vorstellung einer transhistorischen jüdischen Existenz in der Ewigkeit verbindet auch Susman die Idee einer permanenten Exilexistenz mit der Idee der Ewigkeit jenseits des historischen Zeitablaufs, „so daß die geschichtliche Fragestellung immer schon die nach einer übergeschichtlichen Sphäre in sich schließt" (*DBH*, 26).

Susman markiert ihren Text als ein „jüdisches Bekenntnis" (*DBH*, 25), ein Bekenntnis zur Heiligen Schrift als Offenbarung Gottes vom ewigen Wahrheitsgehalt des jüdischen Volkes. Dieses steht einem Bekenntnis zur Nation, das dem „Grundsinn des Judentums" widerspricht (*DBH*, 25), diametral entgegen. Der jüdische Gründungsmythos vom Bundesschluss wird zum Paradigma einer deterritorialen Vorstellung kollektiver und individueller Identitätskonstitution, die jenseits territorialer Verwurzelung im Wort und im Versprechen von Gerechtigkeit gründet (vgl. *DBH*, 79). Der Verlust der Heimat bedeutet für das jüdische Volk weit mehr als der Verlust einer „bestimmten irdischen Heimat", es bedeutet „die Verpflanzung aus Raum und Zeit in ein Raum- und Zeitloses: in den reinen Sinn" (*DBH*, 60).

Die beiden Zitate, die dem Text als Motti vorangestellt sind – „Denn es ist nicht ein leeres Wort an euch, sondern es ist euer Leben" (5. Mose 32,47), „Also sollen sie erfahren, daß ich der Herr bin, wenn ich sie unter die Völker verstoße und in die Länder zerstreue" (Hes. 12,15) –, markieren die zentrale Bedeutung der jüdischen Exilvorstellungen der Diaspora und der Galuth, wie sie sich in Form von divergierenden Neu- und Umschriften in der jüdischen Tradition manifestieren (vgl. dazu Shedletzky 1993). Zugleich schreibt sich der Text in die jüdische Schrift- und Wortkultur ein. Die Zitate weisen den Text über den Rekurs auf die Vorstellung der Heimat in der Schrift und der Vorstellung der Offenbarung Gottes in der Sprache als exilisches Narrativ aus, das religiöse Tradition und nationale Geschichte verbindet. Dabei fungiert die Schrift als konstitutives Moment nationaler und individueller Identität, als mythischer Erinnerungsort des Judentums, einer Kultur ohne territoriale Bindung (vgl. Sabin 2008). Zugleich resümieren die Zitate die unterschiedlichen Exilvorstellungen – von der Vorstellung des Exils als Strafe über die Vorstellung, dass das Exil und die Zerstreuung des jüdischen Volkes die Voraussetzung für die messianische Erlösung bilden, bis hin zu der Idee einer permanenten Exilexistenz –, die in Susmans Text als paradoxale Denkfiguren nebeneinander stehen und die diasporische Existenz als einzigartige Daseinsform akzentuieren.

Neben der kabbalistischen Vorstellung der Offenbarung Gottes in der Sprache rekurriert Susman auf die Vorstellung der Offenbarung Gottes als Brandspur, die sich in die Geschichte des jüdischen Volkes einschreibt. Diese Spur, die „in das Sein des Volkes" eingezeichnet ist, offenbart sich jedoch in der Gegenwart als nicht mehr „entzifferbare Schrift" (*DBH*, 75). Der Bezug auf jüdische Exilvorstellungen, insbesondere auf die Figur der Schechina (vgl. *DBH*, 152), die kabbalistische Vorstellung des Gottes im Exil, avanciert in Susmans Text zu einem mythischen Verständnis einer ethischen Verantwortung: Durch die Abwesenheit Gottes in der Welt liegt die Verantwortung beim Menschen.

Theoretische Perspektivierungen
Die Möglichkeit eines deutsch-jüdischen Dialogs – eines Dialogs, dem nach Susman stets eine Asymmetrie und permanente Fremdheit eingeschrieben ist – erklärt sie nach 1933 und in potenzierter Form nach 1945 für irreversibel gescheitert: „Zweierlei scheidet damit für uns aus: Gericht und Vergebung." (*DBH*, 160) Das Scheitern des deutsch-jüdischen Dialogs akzentuiert, als tragisches Symbol, die Unlösbarkeit dieser symbiotischen Verknüpfung, die „so tief und unauflösbar geworden [ist], daß Unausdenkbares geschehen mußte, um sie auseinanderzureißen" (*DBH*, 107). Die Infragestellung der jüdischen Existenz von innen und außen, die Diskrepanz zwischen Selbst- und Fremdbestimmung als Folge von Assimilation, Exil und Schoah haben zu einer „Entstellung" des „Volksantlitzes" (*DBH*, 63) geführt. Susman insistiert jedoch auf der unaufhebbaren Differenz des Jüdischen, die sich in der permanenten Exilexistenz manifestiert: „In diesem durch alle Völker verstreuten Volk, das überall fremd, überall beheimatet und überall heimatlos ist, handelt es sich um etwas grundsätzlich anderes [...]." (*DBH*, 59) In Bildern des Risses, des Bruchs und des Spalts (vgl. Hahn 2002, S. 211–233) wird die Zäsur markiert, die das Exil 1933 und in potenzierter Form die Schoah im eigenen sowie im kollektiven deutsch-jüdischen Selbstverständnis hinterlassen haben.

Durch seine Bild- und Machtlosigkeit fungiert das jüdische Volk als Projektionsfläche, in der ‚das Jüdische' „alles ist und nicht ist, alles sein und werden kann" (*DBH*, 97). Über die Vorstellung der Bild- und Machtlosigkeit wird das Jüdische auch mit dem Weiblichen verschränkt (vgl. Egyptien 2009), das ebenso wie das Jüdische als Projektionsfläche fungiert. Die historische Situation der eigenen Sprach- und Bildlosigkeit stellt das weibliche Geschlecht vor eine doppelte Aufgabe: Die Frau muss sich aus der Sprach- und Bildlosigkeit über einen Umweg, der über die Sprache und das Bild des Mannes hindurchführt, befreien, um zu einer eigenen Sprach- und Bilderwelt zu gelangen. Die Vorstellung einer exilierten weiblichen Sprache und die Vorstellung des Weiblichen als ‚Exil ohne Heimat' korrespondiert sowohl mit Susmans Deutung der jüdischen Existenz als diasporischer als auch mit der Vorstellung der existentiellen Einsamkeit des Menschen in der Moderne. So wie in der Figur Hiob das jüdische Schicksal immer zugleich als menschliches ausgewiesen wird, lässt sich auch die Frage nach der weiblichen Existenz, nach dem „Kampf der Frau um Sprache und Bild" (Susman 1992b, S. 144), nur mit Bezug auf die Frage nach der Existenz des Menschen und seiner Verantwortung in der Geschichte stellen. Die Frage nach dem Sinn der Geschichte und dem Status des Weiblichen in ihr wird wiederum als eine ‚urjüdische' Frage ausgewiesen, die Susman mittels der paradoxen Übertragung des biblischen Gedächtnisraumes in den Horizont der Moderne aktualisiert (vgl. Delf 1993, S. 257 ff.). In *Das Buch Hiob und das Schicksal des jüdischen Volkes* wird die

Frage nach der weiblichen (und männlichen) Existenz nicht mehr expliziert, sondern unter die Frage nach der menschlichen Existenz subsumiert und mit der Vorstellung einer permanenten Exilexistenz verknüpft.

Exil und Erinnerung
Susmans Text lässt sich zugleich als exilisches, traumatisiertes und erinnerndes Narrativ lesen, das sich sowohl der erkenntnisorientierten und prozessualen Geisteshaltung des essayistischen Schreibens und Denkens in der Tradition von Michel de Montaignes *Essais* als auch der jüdischen Tradition der Tradier- und Kommentierbarkeit der Thora als einer ‚Bewegung ohne Ankunft' verpflichtet zeigt. Durch die Verortung des Textes im Grenzbereich zwischen Literatur und Philosophie, die das essayistische Schreiben charakterisiert, sowie über den Begriff des Versuchs schreibt sich Susman in die essayistische Tradition der deutsch-jüdischen Moderne ein, die den Essay als literarische Form zum Reflexionsmedium und Synonym für die jüdische Existenz im 20. Jahrhundert erhebt (vgl. Hoffmann 2002).

Der Begriff des Versuchs ist zugleich eng an den Begriff der Übersetzung gebunden. Susman unternimmt den Versuch – „im vollen Wissen um seine Unzulänglichkeit" (*DBH*, 29) –, die „mythische Hülle des Schriftwortes" (*DBH*, 29) in die Sprache der Gegenwart zu übersetzen, um den verborgenen Sinn hinter dem Wort, den „unzerstörbaren Sinn der Urworte" (*DBH*, 24), wie er sich in dem Offenbarungs- und Zeugnischarakter der „Sprache des Ursprungs" (*DBH*, 29) manifestiert, offenzulegen. Die Urschrift, in der der ursprüngliche Sinn der menschlichen Geschichte, wie auch die Vorstellung menschlicher Gerechtigkeit enthalten ist, begreift Susman als Palimpsest, als vielfach überschriebene Deckerinnerung, die erst dechiffriert werden muss. Als Individuum in der Moderne, dem der unmittelbare Zugang zum jüdischen Gedächtnisraum versperrt ist, lassen sich die Vergangenheit und die Gegenwart allein in einer ‚paradoxen Brechung' zueinander in Beziehung setzen: „Die verdeckende Schrift selbst deutet überall hin auf die verdeckte Urschrift, die so gesehen nicht Vergangenheit, sondern selbst reine Zukunft ist." (Susman 1994, S. 64)

Die „Wahrheit der Schrift" und die „Wahrheit des jüdischen Volkes" offenbaren sich auch in der gegenwärtigen Situation des Leids und der Katastrophe und führen das „zerfallene, unkenntlich gewordene, das im Wortsinn fragwürdig gewordene Volk" als „Schicksalseinheit" (*DBH*, 28) wieder zusammen. Die Gegenwart kann nur durch die Perspektive der Vergangenheit, durch das Erinnern und Vergegenwärtigen der vergangenen Ereignisse verstanden werden und stellt zugleich die Voraussetzung für das Verhalten in der Gegenwart und Zukunft dar. Susman verortet ihren Text als erinnerndes Schreiben in der jüdischen Tradition des Zeugens und Gedenkens als Voraussetzung zur Wiederherstellung von Gerechtigkeit und ordnet zugleich die gegenwärtige Katastrophe in die jüdische Geschichte als Geschichte des Leidens und der Katastrophe ein.

In der Botschaft der Propheten manifestiert sich Susmans ethische Prämisse, die ihrem Schreiben inhärent ist. Die Propheten „verheißen keine Zukunft, sondern verkünden die Gegenwart des *Dennoch*, das die Ausweglosigkeit unterbricht und die Zeit des Anfangs wiederherstellt" (Nordmann 1992, S. 238, zu Susmans Schreiben auf der Grenze zwischen Dichtung, Philosophie und Kulturkritik vgl. auch die einschlägigen Publikationen von Nordmann 1993 u. 2012). Im Angesicht der Katastrophe, an den „äußersten Grenzen des Lebens und Lebenkönnens" (*DBH*, 25), muss die Entscheidung für das Leben, das Weiterleben nach der Schoah, getroffen werden. Diese Entscheidung für das Leben drückt das Verhältnis zur eigenen Existenz aus und stellt zugleich ein Moment des Widerstands dar: „Vertrauen zum Leben, messianische Hoffnung, dies äußerste Paradox zu allem, was das Volk in seiner Geschichte je erfahren hat: dieser vollendete Triumph seiner Bestimmung über sein Schicksal." (*DBH*, 152) In der Idee der messianischen Hoffnung, die Susman als ‚reines Dennoch' bezeichnet, lässt sich ein widerständiges Denken erkennen, das sich einer gesellschaftspolitischen Bewältigung der historischen Zäsur des Exils und der Schoah ebenso widersetzt, wie einer nationalpolitischen Vereinnahmung.

Fazit

In der jüdischen Geschichte findet Susman Denkfiguren und Bilder, die ihrer Suche nach einer Sprache entgegenkommen, die dazu bestimmt ist, zu fragen und nicht zu antworten. Das Exil als jüdische Denkfigur sowie divergierende Exilkonzeptionen in jüdischer Tradition, wie die kabbalistische Vorstellung des Exils der Schechina, das Exil als Symbol der menschlichen Existenz und das Exil als Metapher des ewigen ‚jüdischen Geistes', erfahren eine Aktualisierung in Form von Fort- und Umschreibungen in Susmans Text. Die Denk- und Erfahrungsfiguren der chassidischen Mystik und der Kabbala, die Susman mit der gegenwärtigen Situation der ‚transzendentalen Obdachlosigkeit' des modernen Individuums kontrastiert, ermöglichen ihr eine Reformulierung des jüdischen Selbstverständnisses, das zwischen dem ‚Unentrinnbaren' und ‚Unzerstörbaren' changiert und sich in einem Bewusstsein des ‚totalen, absoluten Exils' manifestiert. Mit der Aktualisierung des jüdischen Gründungsmythos weist Susman die diasporische Existenz als einzigartige Daseinsform der jüdischen Existenz vor und nach 1933 aus, in der der Sinn der jüdischen und somit menschlichen Geschichte einmalig und unwiderruflich formuliert ist.

Gerhild Rochus

Literatur

(*DBH*) Susman, Margarete: *Das Buch Hiob und das Schicksal des jüdischen Volkes.* Mit einem Vorwort v. Hermann Levin Goldschmidt. Frankfurt a. M. 1996.

Blanchot, Maurice: *Das Unzerstörbare. Ein unendliches Gespräch über Sprache, Literatur und Existenz.* Aus dem Französischen v. Hans-Joachim Metzger u. Bernd Wilczek. München 1991.

Delf, Hanna: „‚In diesem Meer von Zeiten, meine Zeit!' Eine Skizze zu Leben und Denken der Margarete Susman". In: *Von einer Welt in die andere. Jüdinnen im 19. und 20. Jahrhundert.* Hg. v. Jutta Dick u. Barbara Hahn. Wien 1993, S. 248–265.

Egyptien, Jürgen: „Die messianische Sendung der Selbstaufhebung. Margarete Susmans Reflexionen über das Wesen und Schicksal des Judentums – mit einem Exkurs zu ihrer Konzeption von Weiblichkeit". In: *Integration und Ausgrenzung. Studien zur deutsch-jüdischen Literatur- und Kulturgeschichte von der Frühen Neuzeit bis zur Gegenwart.* Hg. v. Mark H. Gelber, Jakob Hessing u. Robert Jütte. Tübingen 2009, S. 257–268.

Gilleir, Anke u. Barbara Hahn (Hg.): *Grenzgänge zwischen Dichtung, Philosophie und Kulturkritik. Über Margarete Susman.* Göttingen 2012.

Hahn, Barbara: *Die Jüdin Pallas Athene. Auch eine Theorie der Moderne.* Berlin 2002.

Hammer, Almuth: *Erwählung erinnern. Literatur als Medium jüdischen Selbstverständnisses. Mit Fallstudien zu Else Lasker-Schüler und Joseph Roth.* Göttingen 2004.

Hoffmann, Daniel: „Essayismus und jüdische Diasporaexistenz". In: *Handbuch zur deutsch-jüdischen Literatur des 20. Jahrhundert.* Hg. v. Daniel Hoffmann. Paderborn u. a. 2002, S. 299–320.

Kilcher, Andreas B.: „Philosophische Sterndeutung in der jüdischen Moderne. Margarete Susman liest Franz Rosenzweig". In: *Gestirn und Literatur im 20. Jahrhundert.* Hg. v. Maximilian Bergengruen, Davide Giuriato u. Sandro Zanetti. Frankfurt a. M. 2006, S. 240–257.

Nordmann, Ingeborg: „‚Wie man sich in der Sprache fremd bewegt'. Zu den Essays von Margarete Susman". In: *„Das Nah- und Fernsein des Fremden". Essays und Briefe.* Hg. u. mit einem Nachwort versehen v. Ingeborg Nordmann. Frankfurt a. M. 1992, S. 229–267.

Nordmann, Ingeborg: „Der Dialog ist Bruch und Beginn: Zu Margarete Susman. Ein Porträt ihres Denkens". In: *Zur Geschichte der jüdischen Frau in Deutschland.* Hg. v. Julius Carlebach. Berlin 1993, S. 203–218.

Nordmann, Ingeborg: „Einsamkeit und Urteilsfähigkeit. Dialoge mit Martin Buber und Franz Rosenzweig". In: *Grenzgänge zwischen Dichtung, Philosophie und Kulturkritik. Über Margarete Susman.* Hg. v. Anke Gilleir u. Barbara Hahn. Göttingen 2012, S. 62–88.

Sabin, Stefana: *Die Welt als Exil.* Göttingen 2008.

Shedletzky, Itta: „Existenz und Tradition. Zur Bestimmung des ‚Jüdischen' in der deutschsprachigen Literatur". In: *Deutsch-jüdische Exil- und Emigrationsliteratur im 20. Jahrhundert.* Hg. v. Itta Shedletzky u. Hans Otto Horch. Tübingen 1993, S. 3–14.

Susman, Margarete: *Ich habe viele Leben gelebt. Erinnerungen.* Stuttgart 1964.

Susman, Margarete: „Das Hiob-Problem bei Kafka" (1929). In: *„Das Nah- und Fernsein des Fremden". Essays und Briefe.* Hg. u. mit einem Nachwort versehen v. Ingeborg Nordmann. Frankfurt a. M. 1992, S. 183–203 (= 1992a).

Susman, Margarete: „Das Frauenproblem in der gegenwärtigen Welt" (1926). In: *„Das Nah- und Fernsein des Fremden". Essays und Briefe.* Hg. u. mit einem Nachwort versehen v. Ingeborg Nordmann. Frankfurt a. M. 1992, S. 143–167 (= 1992b).

Susman, Margarete: „Die messianische Idee als Friedensidee" (1929). In: *Vom Geheimnis der Freiheit. Gesammelte Aufsätze 1914–1964.* Hg. v. Manfred Schlösser. Berlin 1994, S. 56–67.

Gabriele Tergit: *Effingers* (1951)

Gabriele Tergit (eigentl. Elise Reifenberg, geb. Hirschmann; Pseud. auch Christian Thomasius) * 4. 3. 1894 Berlin, † 25. 7. 1982 London. Stationen des Exils: 1933 Tschechoslowakei, 1933–1938 Palästina, 1938–1982 England.

Inhalt

Der knapp 750 Seiten lange Roman erzählt deutsche Geschichte vom Kaiserreich (1878) bis zum NS-Regime (1942), die anhand des ‚Aufstieg[s] und Niedergang[s] der Familie Effinger', wie auch der zuerst geplante Titel lautet, dargestellt wird. Paul Effinger, Sohn des jüdischen Uhrmachers Mathias Effinger, gründet in den frühen 1880er Jahren zusammen mit seinem Bruder in Berlin eine Schraubenfabrik, die sich zur Motoren- und schließlich zur Automobilfabrik und Aktiengesellschaft entwickelt. Karl und Paul heiraten die Schwestern Annette und Klara Oppner, Töchter Emmanuel Oppners, wiederum Mitinhaber des jüdischen Traditions-Bankhauses Oppner & Goldschmidt. Die Etablierung der Firma bzw. Familie Effinger wird verwoben mit den ökonomischen, politischen und kulturellen Tendenzen der Zeit. Generationenbedingt verändern sich Modelle von Handel, Mode und Intimbeziehungen: Vom sesshaften und bescheidenen Leben des alten Effingers in Kragsheim führt der Weg über Paul und Karls großbürgerliche Existenzweise in Berlin-Tiergarten hin zum bewegten und ‚unbürgerlichen' Leben von Pauls Tochter Lotte. Diese heiratet Karls desillusioniert aus dem Ersten Weltkrieg heimkehrenden Sohn Erwin und verlässt mit ihm – nach Studium und Karriere als Schauspielerin – 1933 Deutschland aufgrund einer drohenden Verhaftung durch die SA. Auch Erwins Schwester Marianne, die nach langer Arbeit als Beamtin der Weimarer Republik 1933 entlassen wird, entschließt sich zur Auswanderung nach Palästina. Die Eltern-Generation will jedoch trotz Bankrott des Bankhauses und Pauls Enteignung als Firmendirektor in Berlin bleiben. Während ihr Schicksal mit der Deportation endet, bleibt Lottes und Erwins Emigration im Verlauf des Romans ohne eindeutiges Ankunftsland.

Analysen

Narrationen des Exils

Tergit beginnt die Arbeit an den *Effingers* nach eigenen Angaben 1932 noch vor ihrer Flucht und stellt den Roman nach exilbedingten Arbeitsunterbrechungen kurz vor Kriegsausbruch 1939 fertig (vgl. Tergit 1983, S. 192). Erst 1951 jedoch erscheinen die *Effingers* bei Hammerich und Lesser, einem Unterverlag von Axel Springer, nachdem einige an amerikanische und deutsche Verleger geschickte Manuskriptexemplare während des Krieges verloren gingen, Verlage in England, die sich der deutschsprachigen Exilliteratur angenommen hätten, fehlten (vgl. Tergit 1973, S. 135) und Tergits früherer Verleger Rowohlt schließlich den Roman 1947 aus ökonomischen Gründen ablehnen musste. Auch die Veröffentlichung bei Springer verzögerte sich aufgrund der Wirtschaftslage in den späten 1940er Jahren noch einmal um ein Jahr.

Insbesondere die zweite Hälfte des figurenreichen Romans weist im Hinblick auf Lottes Identitätssuche, ihr Außenseitertum, ihre Reisen sowie ihre Flucht aus Deutschland Charakteristika der Exilthematik auf, die z. T. auch autobiografische Züge tragen. Die Perspektive, die Exilerfahrung der Autorin jedoch als ‚Chance' für ihr Schreiben zu interpretieren (vgl. von der Lühe 1998, S. 60), lässt sich angesichts ihrer literarischen Produktion nach 1945 hinterfragen. In ihrer zurückgezogenen Situation in England verfasste Tergit lediglich die kulturgeschichtlichen Arbeiten *Das Büchlein vom Bett* und *Kleine Geschichte der Blumen: Kaiserkron und Päonien rot*. Auch ihre Funktion als PEN-Sekretärin deutschsprachiger Autoren im Ausland (1957–1974) kann über diesen im Schreiben vollzogenen Rückzug ins Idyllische nicht hinwegtäuschen, der als Bruch mit ihrer gesellschaftskritischen Produktion der 1920er und 1930er Jahre bezeichnet werden muss: Neben ihrem Erstlingsroman *Käsebier erobert den Kurfürstendamm* (1931), einer Satire auf den Medienbetrieb und den Massenkonsum der Weimarer Republik, verfasste Tergit zu Beginn insbesondere Gerichtsreportagen für das *Berliner Tageblatt*, die 1933 auch der Grund für einen Überfall der SA waren und zur Flucht Tergits ins Exil führten.

Auf inhaltlicher Ebene wird die Figur Lotte bereits vor ihrer Flucht aus dem nationalsozialistischen Deutschland und ihrem Dasein als Wanderschauspielerin als eine herumirrende Außenseiterin entworfen. Schon früh fällt sie aus dem tradierten Selbstverständnis der Effingers – Arbeit, Ehrbarkeit, Repräsentation – heraus und wird als ‚verrücktes Mädchen' figuriert. So beginnt eine Identitätssuche, die aufgrund von zu liberalem (sexuellen) Verhalten im Ende ihrer Bürgerlichkeit mündet (*E*, 486). Ihr 1919 begonnenes Studium wie auch ihre spätere Schauspielerinnenkarriere führt sie durch verschiedene Städte (München, Heidelberg, Paris) und Pensionszimmer. Bezeichnenderweise kritisieren die Eltern Erwins und Lottes Hochzeit als „zigeunerhaft" (*E*, 577). Analog dazu lässt ihr Dasein als Schauspielerin Lotte nicht eine feste Rolle, sondern ständig wechselnde Rollen im Gesellschaftsgefüge finden und annehmen. Durch ihre Stellung abseits von Familie und gesellschaftlich-sanktionierter Norm wird ein spezifisches Außenseitertum der ‚modernen' Frau konzipiert und dem politischen Exil noch vorgelagert. Religiös untermalt wird ihre Flucht durch ein Zitat aus dem Matthäus-

Evangelium, das in entscheidender Weise modifiziert ist: „Wenn ihr nun die Greuel der Verwüstung an der heiligen Stätte sehet, dann fliehe in die Berge, wer in Judäa ist [...]. Und wenn diese Tage nicht verkürzt würden, so würde kein Mensch gerettet werden". (E, 711f.; Matth. 24,15–22) Das heilsversprechende Moment über das Ende des Exils in der Einheitsübersetzung – „dann würde kein Mensch gerettet werden, doch um der Auserwählten willen wird jene Zeit verkürzt werden" – ebenso wie der dortige Verweis auf den Propheten Daniel, der neben dem Endgericht Gottes auch Friede auf Erden vorhersagt, wird hier unterschlagen. Stattdessen wird das Zitat durch ein direkt folgendes Telefongespräch konterkariert, in dem über die Vorbereitung der Konzentrationslager gescherzt wird. Die jüdische Exilmetaphorik wird somit aufgerufen, ohne auch deren Messias-Verheißung mit zu zitieren.

Auf ästhetischer Ebene scheint der Roman zunächst an das neusachliche und journalistisch geprägte Schreibverfahren des zwanzig Jahre früher entstandenen *Käsebier*-Romans anzuknüpfen. Dies zeigt sich u.a. in dem objektiv-nüchternen Stil, der Dialoglastigkeit, dem rasanten Erzähltempo, den vielen und nur flüchtig skizzierten Figuren, dem Fokus auf der Großstadt Berlin sowie der Medienkultur. Anstatt die *Effingers* deshalb jedoch als antiquiert und als „Veränderungen in Sprache und Literatur der modernen Welt nicht berücksichtige[nd]" (Brüning 2000, S. 186) zu kritisieren, kann die auffallende anachronistische Romanform im Hinblick auf die Exilthematik auch als aufschlussreicher Konservatismus gedeutet werden. So ist der Text denn auch nicht in erster Linie der Ästhetik der 1920er Jahre, sondern vielmehr jener des ausgehenden 19. Jahrhunderts verhaftet. Die eigentlichen Referenztexte der *Effingers* sind Thomas Manns *Buddenbrooks* sowie Theodor Fontanes große Dialogromane (vgl. Brogi 2010) und, damit einhergehend, der lange erzählerische Atem sowie die Themen Generation und Genealogie, die auch durch einen am Romanende angefügten Stammbaum verbildlicht werden. Auch das dem Text vorangestellte Motto aus Goethes Gedicht *Grenzen der Menschheit* unterstreicht diesen Aspekt, wenn es heißt: „Uns hebt die Welle, / Verschlingt die Welle, / Und wir versinken. / Ein kleiner Ring / Begrenzt unser Leben, / Und viele Geschlechter / Reihen sich dauernd / An ihres Daseins / Unendliche Kette." (E, 5) Ähnlich wie Goethe das begrenzte menschliche Dasein durch sein Fortbestehen in immer neuen Generationen an einer Art der Unendlichkeit partizipieren lässt, scheint auch Tergit das Generationen-Konstrukt als Mittel des Trostes einzusetzen. Im Hinblick auf die Müdigkeit der Jugend werden auch Dekadenz-Motive aufgegriffen. Anders als bei den *Buddenbrooks* sterben die Effinger-Enkel jedoch nicht, sondern wiederholen die Großelterngeneration. Indizien für die latente Wiederholungsstruktur des Romans sind auch seine Einrahmung durch die zwei Briefe Pauls (1. und 146. Kap. „Ein Brief") sowie die formelhafte Wiederholung von immer gleichen Satzkonstruktionen. Der diachronen Untergangs-Erzählung zum Trotz ist das Ergebnis Statik und Konstanz. Das zugrundeliegende Bild von Ring/Kette/Kreis findet dabei seine Entsprechung im Leben des alten Mathias Effinger, dessen immer gleicher Tagesablauf sich „vom Morgengebet zum Abendgebet rundete [...]" (*E*, 22). Paul als rahmengebende Figur steht zugleich für Nostalgie, da er sich nach dem sesshaften Dasein seines Vaters in der alten Heimat sehnt.

Wiederholung als Verfahren weist strukturell zurück und wird im Epilog als literarisches Programm pointiert: „Die ganze Tiergartenstraße lag in Schutt und Asche. Nur der alte Fontane aus weißem Stein, den Mantel über der Schulter, der war stehengeblieben und sah mit weisen Augen auf die Trümmer. Überall wuchs Unkraut und viel Mohn." (*E*, 746) An diesem Bild zeigt sich die Ambivalenz des Romankonzepts: Einerseits herrschen am Romanende Zerstörung und Vergessen (Mohn), andererseits jedoch wird dezidiert an eine Traditionsfigur der deutschen Literatur des 19. Jahrhunderts angeknüpft. Dass Fontane hier als Skulptur und Denkmal präsentiert wird, eröffnet dabei auch die Perspektive auf einen Gedächtnisdiskurs, der historisches mit ästhetischem Erinnern verknüpft. Auch wenn die Trümmer am Ende des Textes stehen, kann der Roman also formell als ‚restaurativ' bezeichnet werden: Er steht ästhetisch im Zeichen dessen, was *war*.

Die *Effingers* stellen insgesamt einen epochalen Ganzheitsentwurf dar, der das Zusammenleben einer jüdischen Familie sowie ihren gesellschaftlichen Status als integrativen Bestandteil der deutschen Nation porträtiert. Somit kann er nicht zuletzt als Ausdruck eines exilbedingten Begehrens nach Heilung gelesen werden, welches in diesem Falle sowohl die Sehnsucht nach einer untergegangenen Epoche wie auch nach einer verlorenen (rassenübergreifenden) Ganzheit der Deutschen impliziert (vgl. Bronfen 1993, S. 172). Tergits narrativer Ganzheitsentwurf entspringt somit der Realität des Verlustes und entwirft sich hin auf denjenigen Ort, der für sie und die deutsch-jüdische Gemeinde verloren ist: Berlin. Die Schwierigkeit dieses ästhetisch rückwärtsgewandten Konzepts besteht darin, dass die Elemente der Zerstörung und der vorangeschrittenen Zeit auch auf der Ebene des *discours* nicht vollkommen ausgeschlossen werden können. So setzt sich gleichsam unter der Hand (und dem großen, zusammenhängenden Romanentwurf zum Trotz) das Fragmentarische der Moderne durch: blitzlichtartige Kapitel, fehlende Übergänge, Vielstimmigkeit und Zerfall der unübersichtlichen Handlungsstränge.

Theoretische Perspektivierungen
Auf der Figurenebene ergeben sich theoretisch geprägte Analysen, wie etwa der Genderforschung, im Hinblick auf Lottes Außenseitertum und ihre Loslösung aus tradierten Rollenvorstellungen sowie auf der Erzählebene im Hinblick auf die Verortung eines weiblichen Schreibens innerhalb der literarischen Tradition.

Lotte entwickelt sich zur Hauptenährerin ihrer Familie und ‚pervertiert' so ihre Geschwister umsorgende Namensvetterin aus Goethes *Werther*. Lotte, die in der Tradition des ‚maskulinen' Frauentypus der Weimarer Republik steht (vgl. Schüller 2005) und unter der Schlagzeile „Lotte am Scheideweg" zwischen den Geschlechtern problematisiert wird (vgl. Sutton 2011, S. 1f.), verkörpert in Tergits Roman die Ambivalenz der Emanzipation, die diesem Frauentypus inhärent zu sein scheint. Einerseits vermag sie ihr ‚natürliches Geschlecht' (der Familienmutter) oder ihr ‚natürliches Begehren' (nach dem väterlichen Lehrer) nicht abzulegen, andererseits ermöglicht ihr der Status der weiblichen Außenseiterin ein selbstbestimmtes Agieren innerhalb der gesellschaftlich sanktionierten Rollen. So lässt sich Tergits weibliche Figurenkonzeption nicht widerspruchsfrei unter eine progressive Gender-Diskussion subsumieren, sondern akzentuiert vielmehr die Ambivalenzen und Dissonanzen, die den Weiblichkeitsentwürfen eingeschrieben sind – auch das ist wiederum z.T. zeitgemäß und jedenfalls der emanzipatorischen Ambivalenz ihrer Autorin vergleichbar.

Gendertheoretisch interessant ist darüber hinaus, dass die Erzählstimme gerade nicht geschlechtsspezifisch ausgestaltet wird, sondern vollkommen hinter den erzählten Dialogen verschwindet. Aus dieser Perspektive ließe sich sagen, dass sich der Erzähler/die Erzählerin im Bemühen um die nachgeahmte Form des großen deutschen Familienromans ‚auflöst'. Der paratextuelle Rahmen aus Thomas-Mann-Titel, Goethe-Motto und Fontane-Epilog lässt, so betrachtet, keinen Raum für eine eigene Schreibweise. Der Versuch, dem angestrebten männlichen Vorbild gerecht zu werden und sich dadurch in die Genealogie der kanonisierten deutschen Literaten hineinzuschreiben, scheitert gerade wegen des Verlustes einer eigenen, genuin weiblichen Stimme.

Die identitäts- und raumtheoretischen Begriffe ‚Nation' und ‚Heimat' werden im Text entlang gängiger Paradigmen wie ‚Mutterboden' und ‚Verwurzelung' ausgerichtet. Die Standpunkte von Paul und dessen nach England ausgewandertem Bruder divergieren in Bezug auf Deutschland als Heimat: Während sich Ben aufgrund des deutschen Antisemitismus dazu entschließt, seine Heimat Deutschland durch eine neue Heimat im Exil zu ersetzen, will Paul kein „entwurzelter Mensch", kein „Fremdling" oder „sujet mixte" wie sein Bruder werden und plädiert dafür, zu „wissen, wo man herkommt" (*E*, 13–15). Während Lotte sofort nach der ersten Androhung seitens der SA 1933 Deutschland verlässt, beharrt ihre Cousine Marianne auf ihrem Glauben an die Rechtsstaatlichkeit. Ihr später gelebter Zionismus mit seiner Behauptung, dass die Juden (nur) in Palästina heimatberechtigt seien, wird im Roman sowie in dem zeitgleich entstandenem Palästina-Buch kritisch hinterfragt. Zionistische Argumentationen der Art, dass „draußen [...] das Galuthjudentum mit allen schlechten, hier in Rechavia [Stadtteil von Jerusalem] das palästinensische Judentum mit allen guten Eigenschaften" sei, sieht Tergit als gefährlichen Katalysator für die nationalsozialistische Ausgrenzung deutscher Juden (Tergit 1998, S. 57 f.). Vor diesem Hintergrund ist auch ihre Äußerung zu verstehen, dass die Diaspora und die Heimatlosigkeit der Juden eine „Naziidee" seien (Brief an D. Bode vom 18. Januar 1972, Deutsches Literaturarchiv Marbach). Tergit problematisiert hierdurch die (zionistische) Behauptung, dass die Juden in Deutschland nur in einem Übergangsstatus der Assimilation lebten, deren Galut-Existenz erst im ‚Mutterboden' Palästinas ein Ende finden würde. Tergits Romanfiguren verstehen sich jedoch als Deutsche und betrachten Deutschland als ihre Heimat. Hierdurch wird zwar eine essentialistische Vorstellung von Kultur und Nation suggeriert, jedoch wird ein der nationalsozialistischen ‚Blut- und Bodenideologie' verhafteter Nationenbegriff abgelehnt. Indem Tergit die Effinger-Familie in ihrer Funktion als Unterstützer der Revolution von 1848 und des Finanziers Bismarcks als wichtigen Teil der deutschen Nation ausweist, bleibt sie dem Konzept der Nation bei aller Kritik eines übersteigerten Nationalismus letztlich verhaftet. Dass ein essentialistisches Nationen-Konzept – egal ob dies Deutsche und Juden (Kaiserreich), nur Deutsche (Hitlerdeutschland) oder nur Juden (Zionistisches Israel) umfasst – immer auf Exklusionen basiert, wird so kaum berücksichtigt.

Exil und Erinnerung
Die *Effingers* lassen sich als ein Archiv-Roman lesen, der sowohl individuelles wie auch kollektives Gedächtnis speichert, wobei der Roman selbst wiederum nicht im kollektiven Gedächtnis der deutschen Literatur verankert ist. Die thematisch brisante Publikation blieb im Nachkriegsdeutschland des Wiederaufbaus und Verdrängens ohne Echo.

Tergit hat für den Roman die Familiengeschichte ihres Mannes, ihre eigene Berliner Kindheit sowie die Geschichte des jüdischen A.E.G.-Gründers Emil Rathenau miteinander verwoben. Die promovierte Historikerin liefert ein akribisches Zeugnis vom untergegangenen jüdischen Leben in Deutschland. Sie versucht, eine ‚objektive' Sozial-, Alltags- und Stadtgeschichte zu schreiben, die von stereotypischen jüdischen Berufsfeldern wie beispielsweise des Bankiers und der Börsianer, des Warenhändlers und Hausierers über stereotypische (assimilierte) Kleider und Interieurs bis hin zu stereotypischen antisemitischen Vorurteilen reicht. Eigentliches Ziel dieser ‚Archivierungsarbeit' ist dabei der literarische Entwurf eines Idealbildes vom jüdischen Bankier (vgl. Schößler 2009, S. 174–193). Dieses stereotype ‚Idealbild' und die mit ihm einhergehende Vorstellung einer vermeintlichen finanziellen Vorrangstellung der Juden führten seit den 1870er Jahren zu zunehmenden Ressentiments gegen die jüdischen Bevölkerung, aus denen heraus sich auch die antisemitischen und rassistischen Feindbilder vorrangig speisten. Die *Effingers* stellen als Pendant zu den verbreiteten antisemitischen Vorurteilen vom jüdischen Bankier als dem unmoralischen Spekulanten und gierigen Wucherer eine Art Gegen-Geschichte dar, indem der Roman diese antisemitischen Klischees positiv umschreibt, wie das Beispiel der Bankiers Goldschmidt, Oppner und Effinger exemplarisch vorführt. Der Roman vollzieht insofern auch eine poetische Reintegration der Juden in das literarische Deutschland: An Stelle einer realen Vereinigung von Judentum und Deutschland wird jüdische Geschichte hier mit der ästhetischen Form des deutschen Familienromans amalgamiert und so retrospektiv die (evtl. immer schon) verlorene Einheit wiederhergestellt.

Fazit

Hybriditäts- und Deterritorialisierungskonzepte können für die *Effingers* nur bedingt fruchtbar gemacht werden, da an essentialistischen Konzepten (Heimat, Nation) und binären Oppositionen (gut – schlecht) weitgehend festgehalten wird. Gendertheoretisch interessant ist der Text als Zeitzeugnis einer ambivalenten emanzipatorischen Position sowie als ein Text, der sich dezidiert in eine männliche Autoren-Genealogie (Mann, Fontane) einschreibt. Vor dem Hintergrund der Exilsituation der Autorin kann der restaurative Konservatismus des Romankonzepts außerdem als eine ästhetische Wiedereingliederung der Juden in das Deutschland der 1950er Jahre gelesen werden.

Klara Schubenz

Literatur

(*E*) Tergit, Gabriele: *Effingers*. Frankfurt a. M. 1982.

Brogi, Susanna: „Herausforderung und Angriffsfläche: Fontane-Rezeption in der Exilliteratur". In: *Fontane Blätter* 90 (2010), S. 110–131.
Bronfen, Elisabeth: „Exil in der Literatur: Zwischen Metapher und Realität". In: *Arcadia* 28 (1993) H. 2, S. 167–183.
Brüning, Jens: „Gabriele Tergit". In: *Leider hab ich's Fliegen ganz verlernt: Portraits von Künstlerinnen und Schriftstellerinnen der Neuen Sachlichkeit.* Hg. v. Britta Jürgs. Berlin 2000, S. 179–195.
Hempel, Henri Jacob: *Interview mit Gabriele Tergit 1979 in London.* Deutsches Literaturarchiv Marbach.
Lühe, Irmela von der: „Schreiben im Exil als Chance: Gabriele Tergits Roman ,Effingers'". In: *Keine Klage über England? Deutsche und österreichische Exilerfahrungen in Großbritannien 1933–1945.* Hg. v. Charmian Brinson u. a. München 1998, S. 48–61.
Schößler, Franziska: *Börsenfieber und Kaufrausch. Ökonomie, Judentum und Weiblichkeit bei Theodor Fontane, Heinrich Mann, Thomas Mann, Arthur Schnitzler und Emile Zola.* Bielefeld 2009.

Schüller, Liane: *Vom Ernst der Zerstreuung. Schreibende Frauen am Ende der Weimarer Republik: Marieluise Fleißer, Irmgard Keun und Gabriele Tergit.* Bielefeld 2005.
Sutton, Katie: *The Masculine Woman in Weimar Germany.* New York, Oxford 2011.
Tergit, Gabriele: „Die Exilsituation in England". In: *Die deutsche Exilliteratur 1933–1945.* Hg. v. Manfred Durzak. Stuttgart 1973, S. 135–144.
Tergit, Gabriele: *Etwas Seltenes überhaupt. Erinnerungen.* Frankfurt a. M., Berlin, Wien 1983.
Tergit, Gabriele: *Im Schnellzug nach Haifa.* Hg. v. Jens Brüning. Frankfurt a. M. 1998.

Lisa Tetzner: *Erwin kommt nach Schweden* (1944)

Lisa Tetzner (verh. Tetzner-Kläber) *10. 11. 1894 Zittau, †2. 7. 1963 Carona (Schweiz, bei Lugano). Stationen des Exils: ab 1933 Schweiz.

Inhalt

Lisa Tetzners Kinderroman *Erwin kommt nach Schweden*, der dritte Band aus der – häufig auch als ‚Kinderodyssee' bezeichneten – neunbändigen Serie *Die Kinder aus Nr. 67*, erzählt von den Erlebnissen des 12-jährigen Erwin Brackmann, der Mitte der 1930er Jahre mit seinem Vater aus dem nationalsozialistischen Deutschland flieht.

Während der Rest der Familie in Berlin zurückbleiben muss, gelangen Herr Brackmann – aus politischer Haft entkommen – und sein Sohn zuerst nach Belgien und schließlich, nach einigen Wochen in einem Flüchtlingslager, nach Paris. Dort angekommen, macht sich Erwin auf die verzweifelte Suche nach seiner Freundin Mirjam, einem Mädchen aus seiner alten ‚Clique' aus dem Berliner Wohnblock ‚Nr. 67', und wenige Wochen vor Mirjams Abreise nach Südamerika kommt es tatsächlich zu einem Wiedersehen. Auch die Brackmanns können nicht dauerhaft in Frankreich bleiben und brechen nach Kiruna (Schweden) auf, wo die zweite Hälfte der Handlung spielt. Vater Brackmann findet Arbeit im Erzbergwerk, und für Erwin, den das Heimweh plagt, wird die Eingewöhnung in die fremde Umgebung durch die Freundschaft mit dem ‚Lappenjungen' Mikolai erleichtert. Erwin darf Mikolai begleiten, als dieser sich mit seinen Großeltern auf die alljährliche Wanderung ins Winterlager begibt, doch während eines Schneesturms gerät er, plötzlich vom Schlittenzug getrennt, in Lebensgefahr.

Der Roman endet mit einer geglückten Weihnachtsüberraschung: Erwins Mutter kommt nach Schweden, und die Familie ist damit wieder vereint.

Analysen

Narrationen des Exils
Erwin kommt nach Schweden entsteht Ende der 1930er Jahre in Carona, der Schweizer Exilheimat Lisa Tetzners. Obwohl die veränderten Lebensumstände der Autorin zumindest nicht zusätzlich durch signifikante kulturelle Fremdheit erschwert werden und sie auch weiterhin in ihrer Muttersprache publizieren kann, gestaltet sich die Veröffentlichung ihrer Werke in der neutralen Schweiz als durchaus kompliziert, da das Verlegen von Texten deutscher Autoren als besonderes Risiko eingeschätzt wird. *Erwin kommt nach Schweden* wird von der „Sektion Buchhandel" des Schweizer Armeekommandos überprüft, welche daraufhin die Abmilderung politischer und aktueller Bezüge fordert (vgl. Bolius 1997, S. 189ff.). Aus diesem Grund erfolgt die Erstveröffentlichung des Romans 1941 beim schwedischen Holmström-Verlag, und erst drei Jahre später, nach „einer nicht enden wollenden Korrespondenz über den politischen Gehalt, die sprachliche Umsetzung und [...] die Bedeutung für die Schweiz" (Geus 1999, S. 270), erscheint eine Fassung im Sauerländer-Verlag, Aarau.

Trotz der auferlegten ‚Abmilderung' bleiben der Zeitbezug und die humanistische Intention in Tetzners Werk augenfällig. Dadurch gehört Tetzner zu den wenigen Kinderbuch-Autorinnen, die sich bereits in den 1930er Jahren literarisch mit dem Nationalsozialismus auseinandersetzen. Themen des aktuellen Zeitgeschehens wie Vertreibung und Krieg bilden, bei gleichzeitigem Verzicht auf eindimensionale Schuldzuweisungen, in *Erwin kommt nach Schweden* inhaltliche Schwerpunkte der Erzählung, die eine realistische Darstellung gesellschaftlicher Entwicklungen mit den fiktionalen Erlebnissen des jungen Protagonisten verknüpft.

Die Thematik des Exils sowie die daraus resultierende Heimatlosigkeit stehen eindeutig im Mittelpunkt des Buches. Neben reflektierenden Passagen liegt das Hauptaugenmerk dabei auf einem subjektiven, sprachlich einfach gestalteten Erleben von Flucht und Exil, das zwischen den Polen des schmerzhaften Heimwehs und der Lust am Abenteuer changiert. So sieht der Protagonist Erwin anfänglich die überstürzte Flucht als willkommene Abwechslung vom oft einengenden Stadtalltag: „Der Vater konnte ihm nun zeigen, was ‚Freiheit' war." (*ES*, 22) Doch das Leben im Exil wird keineswegs naiv auf die Gelegenheit reduziert, fremde Länder kennenzulernen. Es bietet zwar einerseits die Chance auf Freiheit, eine Chance, sich zu beweisen und den eigenen Horizont zu erweitern; andererseits bedeutet Exil jedoch auch eine quälende Ungewissheit und das Fehlen eines Zugehörigkeitsgefühls – wie die Figur des in kürzester Zeit im Exil alt und grau gewordenen Herrn Brackmann exemplarisch veranschaulicht. In dem unterschiedlichen Erleben von Vater und Sohn manifestiert sich die Doppelseitigkeit der Exilerfahrung: „Erwin schaute verstohlen nach den neuen Herrlichkeiten und schämte sich fast, dass es für ihn noch so viel Freuden auf einer Welt gab, auf der sein Vater so schwer zu kämpfen hatte." (*ES*, 117)

Die Autorin entwirft eine konkrete, nachvollziehbare, historisch relativ exakt verortbare Situation des Exils, die aber ebenso als Verweis auf die Allgemeingültigkeit und Überzeitlichkeit der dargestellten Problematik verstanden werden kann. Durch die Relevanz des Motivs der Reise und der Wanderung im Roman – einschließlich der damit verbundenen Abenteuer – und die Thematisierung der Suche nach der verlorenen Heimat entsteht eine Verbindung zu anderen Exiltexten wie beispielsweise zu Irmgard Keuns Roman *Kind aller Länder* (1938), der ebenfalls die Problematik aus einer kindlichen Perspektive beleuchtet. Zudem besteht eine kaum verkennbare Nähe des Textes zu den mythologischen Irrfahrten des Odysseus. Die gängige Bezeichnung der Serie als *Kinderodyssee* unterstreicht hier die Plausibilität dieses weiteren interpretatorischen Rahmens.

Exil wird als subjektiv erlebte Heimatlosigkeit verstanden, die sich als etwas erweist, das keineswegs den deutschen Exilanten vorbehalten bleibt. Auch Erwins Freund Mikolai, der sich weder als Schwede noch als „echter Wanderlappe" fühlt (*ES*, 101), wird durch sein – nicht an einen Ort gebundenes – Heimweh zum Heimatlosen. Des Weiteren wird eine Parallele zwischen der Situation der Brackmanns und dem Kampf der frühen Christen gezogen (*ES*, 30f.). Doch trotz solcher Anspielungen auf das Exil als wiederkehrendes Motiv in der Menschheitsgeschichte wird es nicht als unausweichliche, religiös begründete Konstante der menschlichen Existenz verstanden, denn ein Ende der Heimatlosigkeit scheint möglich. Neben der Rückkehr in das geografisch verstandene Heimatland liegt eine Möglichkeit der Beendigung des Exils im Verwirklichen einer Zukunftsvision: einer Welt ohne Krieg, Not und Hass. Als „Paradies [...], so wie's auch in der Bibel steht" (*ES*, 116) wird dieser Zustand – in dezidiert christlicher Tradition – beschrieben, doch wird die hiermit in den Vordergrund gerückte religiöse Motivation dieses visionären Vorhabens alsbald relativiert. Indem der religiöse Topos des verlorenen Paradieses in Richtung des Irdischen gelenkt wird, spricht sich der Text gegen eine Schicksalsergebenheit des Menschen aus und betont gleichzeitig die Bedeutung christlicher Werte wie Nächstenliebe und Vergebung. Eine Interpretation des Exils im Lichte einer spezifischen religiösen Tradition wird allerdings nicht nahegelegt.

Theoretische Perspektivierungen
Im Hinblick auf den Umgang mit dem Eigenen und dem Fremden im Kontext des Exils lässt der Roman eine tiefgreifende Verunsicherung erkennen. Obwohl das Leben im Exil für den jungen Protagonisten weitgehend unproblematisch verläuft, werden *en passant* existentielle Fragen nach dem Ursprung und dem We-

sen von Identität aufgeworfen: Wird man dadurch zu einem „richtigen Schweden", dass man besonders groß ist und fließend Schwedisch spricht (*ES*, 162)? Warum ist jemand ohne Pass gleich „vaterlandslos", obgleich er doch ein Vaterland hat, nach dem er sich sehnt (*ES*, 133)? Fragen wie diese werden wiederholt implizit oder explizit gestellt – eine abschließende Antwort kann indes nicht gefunden werden.

Das festgefügte Konzept von Identität gerät während der Flucht aus Deutschland zum ersten Mal ins Wanken, als Erwin einen neuen Pass erhält, der ihn umgehend von ‚Erwin Brackmann' zu ‚Fritz Kunze' werden lässt. Doch vor allem die Begegnung mit Mikolai und der samischen Kultur, die ohne jeglichen Assimilationsdruck stattfindet und daher die eigene kulturelle Identität nie wirklich bedroht, regt die Auseinandersetzung mit dem Thema der (kulturellen) Identität an und führt bei Erwin zu einer Horizonterweiterung. Wesentlich problematischer wirkt sich die Exilexistenz auf den Vater aus, dessen Selbstverständnis unter anderem durch die Arbeitslosigkeit auf eine schwere Probe gestellt wird und der in der Fremde verzweifelt an dem festhält, was ihn mit der alten Heimat zu verbinden scheint.

Die zerfließenden Grenzen zwischen Eigenem und Fremdem müssen neu definiert werden, gleichwohl bleibt die Möglichkeit der Hybridität unbeachtet. Am Beispiel Mikolais lässt sich lediglich eine verpasste Chance erahnen: Während Mikolai, dessen Herzenswunsch es ist, ein „richtiger Lappe" zu sein, erkennen muss, dass er doch „eigentlich ein Schwede" ist (*ES*, 153), wird die Notwendigkeit eines solchen ‚Entweder-Oders' nie angezweifelt. Das produktive Potential, das in der Position des Individuums zwischen den verschiedenen Kulturen liegt, wird nicht erkannt. Während auf reflexiver Ebene essentialistische Konzepte konsequent infrage gestellt werden, stehen dem auf der erzählerischen Ebene etliche stereotype Vereinfachungen gegenüber, wie beispielsweise die Darstellung der ‚Lappen' als Gruppe ausnahmslos guter Menschen sowie die unhinterfragte Aufteilung der alltäglichen Aufgaben in ‚Männerarbeit' und ‚Frauenarbeit', die eine bleibende Verbundenheit mit traditionellen Vorstellungen und essentialistischen Konzepten illustrieren.

Die zugrunde liegende Vorstellung von Heimat zeigt sich hingegen als zukunftsweisend. Wie ein roter Faden zieht sich der Begriff Heimat – nach und nach an Komplexität gewinnend – durch das Geschehen und wird dabei nicht geografisch, sondern über ein Gefühl der Dazugehörigkeit definiert. Auf diese Weise kommt eine Auffassung zum Tragen, die an Vilém Flussers Bild des kosmopolitischen Menschen denken lässt. „Der Beheimatete", so Flusser, „ist in ein Netz gesponnen, das ihn an die Menschen und Dinge der Heimat geheimnisvoll bindet", wobei nur die Fäden zwischen den Menschen, aufgrund ihrer dialogischen Natur, bedeutsam sind (vgl. Flusser 1987, S. 43). „Ich bin dort daheim, wo ich Freiheit finde. Auch die Fremde wird einmal eine Heimat, wenn sie uns Arbeit und Freiheit gibt" (*ES*, 27), lässt Tetzner Vater Brackmann sagen und nähert sich damit der Idee der Zerreißbarkeit und Neuknüpfbarkeit der unsichtbaren ‚Fäden', ohne jedoch den Freiheitsgewinn, der durch den Akt des Zerschneidens der Fäden selbst zustande kommt, intensiver in den Blick zu nehmen. In diesem Sinne ist in Lisa Tetzners Roman die „Periode der Heimat" noch nicht „daran, überwunden zu werden" (Flusser 1987, S. 42f.).

„Und wenn du bei mir wärst, könntest du den Kaffee kochen und das Brennholz klein machen und Renntiersehnen kauen zum Schuhnähen, während ich die Herde hüte und auf Jagd gehe oder fische" (*ES*, 136), schreibt Erwin in einem Brief an Mirjam. Damit erweist sich, entgegen eventueller Annahmen, „daß Jugendbuchautorinnen [...] im Exil nicht allein der herrschenden politischen Ideologie, sondern auch geschlechtsspezifischen Denkschablonen gegenüber skeptisch waren" (Müller 1994, S. 19), das in *Erwin kommt nach Schweden* entworfene Geschlechterbild als sehr konservativ. Es scheint unausweichlich, „daß ‚gute' Mädchen nach einer Schonfrist, in der sie wie Jungen leben können, Mütter werden" und damit die „überlieferten Rollenvorstellungen zu erfüllen haben" (ebd., S. 32). Das Idealbild von Weiblichkeit, wie es im Text konstruiert wird, ist Fürsorglichkeit und Mütterlichkeit, wie auch das vorläufige ‚Happy End' exemplifiziert: So inspiziert Erwins Mutter im Moment des langersehnten Wiedersehens bereits den Küchenherd und stellt Überlegungen zum Speiseplan des kommenden Tages an. Diese Bestätigung traditioneller hierarchischer Geschlechterrollen scheint das Bestreben der Autorin, sich für Egalität auszusprechen und die Leser davon zu überzeugen, „daß alle Menschen (einander wohlwollende) *Brüder* [sind] oder werden könnten", zu sabotieren (ebd., S. 28).

Exil und Erinnerung
Lisa Tetzners Schreiben im Exil kann nur schwerlich mit einem therapeutisch wirkenden ‚heilsamen Vergessen' in Verbindung gebracht werden. In dem Roman *Erwin kommt nach Schweden* versucht die Autorin *gegen* ein kollektives Vergessen oder Verdrängen anzuschreiben und generiert dadurch den Text als einen Ort der Erinnerung des Exils. Dabei wird weniger das *eigene* Exil erinnert, als eine zu erinnernde Grundlage für eine heranwachsende Generation geschaffen – angesichts einer Katastrophe, die zur Entstehungszeit des Textes gerade im Begriff ist, sich zu ereignen. Das Motto, das Tetzner dem 7. Band der Serie, *War Paul schuldig?*, voranstellt, kann zweifellos für die gesamte *Kinderodyssee* gelten: „Der Kriegsjugend zum Gedächtnis. Der Nachkriegsjugend zur Mahnung."

Einen besonderen Stellenwert nimmt in *Erwin kommt nach Schweden* die Erinnerung der verlorenen Heimat ein. Verschiedene Objekte, wie etwa Briefe oder ein Kompass, den Erwin Mirjam zum Abschied schenkt, dienen hierbei als symbolische Verbindung zur Vergangenheit und damit als Unterstützung gegen das Vergessen. Vor allem der Hund ‚Piddel', den Mirjam Erwin vor ihrer Abreise überlässt, fungiert im Verlauf der Geschichte als verbindende ‚Brücke' – nicht nur zu der weit entfernten Freundin, sondern auch zu der verloren geglaubten Heimat.

Das Erinnern wird durch die Unzuverlässigkeit der eigenen Erinnerung erschwert, die beispielsweise den dunklen, dreckigen Hinterhof von ‚Nr. 67' als schön und heimelig erscheinen lässt. Die Vergangenheit zeigt sich mitunter als etwas Flüchtiges, das es wieder einzufangen gilt. Wie ein Sinnbild hierfür entspinnt sich in Paris eine turbulente Verfolgungsjagd, bei der Erwin der Trägerin eines markanten Hutes, den er als Mirjams wiederzuerkennen glaubt, hinterherjagt – um dann am Ende ein völlig fremdes Mädchen vorzufinden. Vor allem aber offenbart sich eine verzerrte Sicht des Vergangenen in Erwins Träumen. Wo erinnerte Erlebnisse verarbeitet, miteinander verknüpft und auf eine neue, symbolische Ebene transferiert werden, entstehen Bilder – beispielsweise sieht Erwin sich selbst einmal als „Wolf unter Wölfen" (*ES*, 146), ein anderes Mal sieht er den Vater als Denkmal (*ES*, 42) –, die zugleich als Wertungen oder Kommentare des Geschehenen verstanden werden können.

Obwohl Lisa Tetzners Romanfolge *Die Kinder aus Nr. 67* zu den wichtigsten deutschsprachigen Kinderbüchern des Exils gezählt werden kann, gehört sie nicht zu den Werken, die „man heute üblicherweise als ‚Klassiker' bezeichnet" (Geus 1999, S. 4). Tetzners Bücher haben bis heute keinen gesicherten Eingang in den ‚Schulkanon' gefunden, innerhalb der Exilliteraturforschung erfahren sie nur sporadisch Aufmerksamkeit, und „der Kinder- und Jugendliteraturforschung muß man ein jahrzehntelanges Desinteresse bescheinigen" (ebd., S. 265). Über die Gründe der – nicht ungebrochenen, aber immer wiederkehrenden – Nichtbeachtung lässt sich in weiten Teilen nur spekulieren.

Die Kinder aus Nr. 67 scheint immer quer zu den gängigen literarischen Schubladen gelegen zu haben. Zuerst erschwert die Herkunft Tetzners und ihrer Protagonisten die Veröffentlichung der Bücher. Später, nach dem Ende des Zweiten Weltkrieges, wird die Romanfolge in der Bundesrepublik aufgrund ihres erkennbaren politischen Engagements mit Nichtbeachtung gestraft und zum Teil auch in Bibliotheken bewusst *nicht* zugänglich gemacht. Lisa Tetzner sah es als ihre Aufgabe an, durch ihre Bücher positiv auf ihre jungen Leser einzuwirken, „die richtige Haltung und Erkenntnis der Umwelt" in ihnen zu erziehen und sie „für das Leben vorzubereiten" (Tetzner 1956, S. 5). Doch indem sie die Probleme der jüngsten Vergangenheit ins Zentrum ihrer *Kinderodyssee* stellt, scheint Tetzner ihrer Zeit voraus zu sein, wie die verzögerte Rezeption ihrer Werke in der deutschen Nachkriegszeit zeigt, die der Darstellung einer ‚heilen Welt' den Vorzug gibt. Die Bücher fallen „beim Erwachsenen [...] in eine schmerzhafte Wunde" und stoßen „auf Widerstand, [...] Abneigung und Vorurteil" (Tetzner 1956, S. 6).

Während in der amerikanischen Besatzungszone ein anderes Werk Tetzners – *Hans Urian* – wegen seines „explizit positiven Russlandbildes" verboten wird, gerät die *Kinderodyssee* in der sowjetischen Besatzungszone wegen ihrer proamerikanischen Einstellung unter Beschuss (vgl. Bolius 1997, S. 224). Auch eine durchaus positiv aufgenommene Verfilmung der ersten beiden Bände – *Die Kinder aus No. 67 oder Heil Hitler, ich hätt gern 'n paar Pferdeäppel*, 1980 – zieht keine nachhaltige Popularitätssteigerung der Serie nach sich, die heute vom Verlag Sauerländer und vom Deutschen Taschenbuch-Verlag verlegt wird.

Fazit

Trotz seiner narrativen Einfachheit erweist sich Lisa Tetzners *Erwin kommt nach Schweden* als durchaus vielschichtig und zugänglich gegenüber unterschiedlichen wissenschaftlichen Herangehensweisen. Dem Text liegt ein Verständnis des Exils als erlebter Heimatlosigkeit zugrunde, das, auf der Basis eines humanistischen Menschenbildes, durch die kindliche Perspektive des Protagonisten, kontrastiert mit der Perspektive der Erwachsenen, im Verlauf der Erzählung eine genauere Konturierung erfährt. Durch Bezüge zu bekannten Narrationen des Exils und vor dem Hintergrund seiner Entstehungsbedingungen im Schweizer Exil gewinnt der Text an Bedeutungstiefe.

Mit Bezug auf die postkoloniale Literatur- und Kulturtheorie stellte sich die Arbeit am Text, unter Zuhilfenahme zentraler Begrifflichkeiten wie ‚Heimat' oder ‚Identität', als sehr produktiv heraus. Gleiches gilt für die Untersuchung der textinternen Auslegung der Geschlechterrollen. Zwischen einer Haltung der existentiellen Verunsicherung in Bezug auf Kategorien des Eigenen, Fremden und der Identität – die jedoch den Schritt aus der essentialistischen Sicherheit hinaus noch nicht zu gehen wagt –, einem komplexen und modernen Heimatbegriff und einem konservativen Rollenverständnis entsteht im Text ein Spannungsfeld, dessen exakte Dimensionen weiter zu untersuchen wären.

Auch im Hinblick auf das kulturwissenschaftliche Paradigma der ‚Erinnerung' bietet Tetzners Kinderroman, wie beispielsweise die Untersuchung des Umgangs mit der (Un-) Zuverlässigkeit von Erinnerung im Text gezeigt hat, verschiedene Anschlussmöglichkeiten.

Es wird deutlich, dass auch kinderliterarische Werke durchaus dazu geeignet sein können, einen wesentlichen Beitrag zur Exilliteraturforschung zu leisten. Und es scheint, dass gerade auch die Gegenüberstellung mit Werken der sogenannten ‚Erwachsenenliteratur', unter Berücksichtigung der hier verwendeten methodischen Ansätze, interessante Ergebnisse zutage fördern könnte.

Larissa Schridde

Literatur

(*ES*) Tetzner, Lisa: *Erwin kommt nach Schweden. Das Schiff ohne Hafen*. Aarau 2004 (*Die Kinder aus Nr. 67*, Bd. 2) (Erstausgabe [schwedisch]: *Erwin i lappland*, Stockholm 1941).

Bolius, Gisela: *Lisa Tetzner. Leben und Werk*. Frankfurt a. M. 1997.
Flusser, Vilém: „Heimat und Heimatlosigkeit: Das brasilianische Beispiel". In: *Heimat und Heimatlosigkeit*. Hg. v. Christa Dericum u. Philipp Wambolt. Berlin 1987, S. 41–50.
Geus, Elena: *„Die Überzeugung ist das einzige, was nicht geopfert werden darf". Lisa Tetzner (1894–1963). Lebensstationen – Arbeitsfelder*. Frankfurt a. M. 1999.
Müller, Heidy Margit: „Retrogarde Avantgarde. Kameradschaftlichkeit und Geschlechterpolarität in ‚nonkonformistischen' deutschen Jugendbüchern der dreißiger und vierziger Jahre". In: *Fundevogel* (1994) H. 112, S. 19–32.
Tetzner, Lisa: „Jugend und Jugendbücher". In: *Jugend und Buch – Lebendige Schule. Monatsschrift für Erziehung und Unterricht* 11 (1956), S. 1–7.
Tetzner, Lisa: *War Paul schuldig. Als ich wiederkam* (1945/46). Aarau 2005 (*Die Kinder aus Nr. 67*, Bd. 4).

Rahel Varnhagen von Ense: *Rahel. Ein Buch des Andenkens für ihre Freunde* (1833)

(Friederike Antonie) Rahel Varnhagen von Ense, geb. Levin *19. 5. 1771 Berlin, †7. 3. 1833 Berlin.

Inhalt

Mit rund 6000 Briefen sowie einer Fülle von Tagebucheinträgen, Denkzetteln und Skizzen von 1787 bis 1833 hinterließ die berühmte Briefeschreiberin Rahel Varnhagen von Ense kein ‚Opus magnum', sondern ein überaus heterogenes Textkonglomerat. Die ersten Editionen, die ihr Mann Karl August, gemäß gemeinsamer Vorarbeiten, aus Brief- und Tagebuchpassagen komponierte und kurz vor und nach ihrem Tod unter dem Titel *Rahel. Ein Buch des Andenkens für ihre Freunde* herausgab, haben eine autorregierte „Werk-Fiktion" geschaffen (Isselstein 1993, S. 165). Ein Brief verweist aber qua Dialogizität auf den Briefwechsel, der nicht nur *einen* Autor besitzt (vgl. Hahn 1990, S. 218ff.). Der Diversität der knapp 300 Korrespondenten entspricht ein aufgefächertes Themenspektrum, das vom Alltäglich-Anekdotischen über Literatur-, Theater- und Musikkritik bis hin zu Fragen der Emanzipation, Ästhetik und Philosophie reicht. Gleichzeitig wird Material aus Tagebüchern und Denkzetteln in den Briefen verarbeitet, sodass Themen, Motive und Wendungen als Zitate oder in Variation wiederkehren. Das

‚Opus' besteht demnach aus ‚Fragmenten' mehrerer Autoren, die durch ihre intertextuelle Referenzstruktur ein Netzwerk bilden, aus dem nach verschiedenen Auswahlkriterien Korpora herausgelöst werden können. Varnhagen als dessen Zentrum zu bestimmen, erscheint legitim: Denn in ihren Schriften bricht das Leiden als Ausdruck der epochalen Dissoziationserfahrung leitmotivisch hervor, wodurch sie als kontinuierliche Textproduktion als „Schreibprojekt" (Bürger 1983, S. 118) lesbar werden, das die Vereinzelung im Dialog zu überwinden sucht. 2011 hat Barbara Hahn, basierend auf Plänen Karl Augusts, die dritte, stark erweiterte Fassung des *Buch des Andenkens* herausgegeben.

Analysen

Narrationen des Exils
Das Schreiben Varnhagens wird von der *Denkfigur* ‚Exil' strukturiert. Die Tatsache, dass sie das *Wort* ‚Exil' kaum gebrauchte, darf dabei nicht irritieren, denn dieses ist zwar seit dem 16. Jahrhundert im Deutschen belegt, gehörte aber als um 1800 neu entlehnte Vokabel (vgl. Schulz 2004, S. 421 f.) zum Gelehrtenjargon. Ein früher Beleg für die Denkfigur ‚Exil' findet sich in einem Brief Varnhagens an den Jugendfreund David Veit:

> Ich habe solche Phantasie; als wenn ein außerirdisch Wesen, wie ich in diese Welt getrieben wurde, mir beim Eingang diese Worte mit einem Dolch in's Herz gestoßen hätte: „Ja, habe Empfindung, sieh die Welt wie sie Wenige sehen, sei groß und edel, ein ewiges Denken kann ich dir auch nicht nehmen, Eins hat man aber vergessen; sei eine Jüdin!" und nun ist mein ganzes Leben eine Verblutung. (*BdA* 1, 130)

Varnhagen inszeniert ihre Urgeschichte als Vertreibung aus dem Paradies. Das außerirdische Wesen mit dem Dolch erinnert an die Cherubim, die mit Flammenschwertern den Zugang zum Garten Eden versperren (1. Mose 3,24). Die Geburt als Jüdin wird in der Metapher des verblutenden Herzens als Stigma gedeutet, das zwischen Verwundung und Wundmal changiert. Die Hauptthemen, die sich durch das gesamte Textkorpus verfolgen lassen, werden schon hier unter dem Aspekt physischer Kennzeichnung und psychosomatischen Leidens miteinander und mit einer Semantik exilischer Existenz verknüpft: Judentum und Weiblichkeit, Kritik und Wahrheit, Leid, Erwählung und Zeugenschaft (vgl. Haase 1987, S. 67f.). Von diesem Punkt aus entwickelt sich die Denkfigur des Exils zu einer Analysekategorie, die Varnhagen konsequent auf ihr Leben anwendet, wie noch die Worte auf dem Totenbett zeigen, die Karl August überliefert hat:

> Welche Geschichte! [...] eine aus Ägypten und Palästina Geflüchtete bin ich hier, und finde Hülfe, Liebe und Pflege von euch! [...] Was so lange Zeit meines Lebens mir die größte Schmach, das herbste Leid und Unglück war, eine Jüdin geboren zu sein, um keinen Preis möcht' ich das jetzt missen. Wird es mir nicht eben so mit diesen Krankheitsleiden gehen, werd' ich einst nicht eben so mich freudig an ihnen erheben, sie um keinen Preis missen wollen? (*BdA* 6, 118 f.)

In diesem Ausspruch, dessen Authentizität teils bezweifelt wird (vgl. Isselstein 1993, S. 53), verdichten sich zentrale Motive der Schreibpraxis Varnhagens. Die Eingangsstellung dieser Passage im *Buch des Andenkens* legt eine Lesart der Texte in der Perspektive der jüdischen Galut nahe, auf die das Bild der Flucht aus Ägypten und Palästina anspielt.

Mit der exilischen Existenz verknüpft Varnhagen das Doppelmotiv von Leid und Zeugenschaft, gebündelt im Begriff des Martyriums. Als Prototypen der leidenden Zeugen ruft sie Jesus und seine Mutter Maria auf:

> [I]ch habe an Jesus gedacht, und über sein Leiden geweint; ich habe gefühlt, zum erstenmal es *so* gefühlt, daß er mein Bruder ist. Und Maria, was hat *die* gelitten[!] Sie sah den geliebten Sohn leiden, und erlag nicht, sie *stand* am Kreuze. (*BdA* 6, 119)

Die Exilvorstellung, deren narrative Substruktion Motive von Genesis, Galut und der Passion Christi verknüpft, transportiert ein religiöses Sinnstiftungspotential. Aus diesem Verfahren entwickeln sich als wichtigste semantische Koordinaten Flucht, Exklusion, Leiden und Asyl. Die Metaphernkomplexe, die Varnhagen wiederholt einsetzt, um ihr gesellschaftliches Außenseitertum zu thematisieren, verfestigen sich seit ihrer Flucht vor den Koalitionskriegen nach Prag 1813 zu einer Topik, die erst durch den Exilbegriff eine exakte Kontur erhält.

Theoretische Perspektivierungen
Beginnend mit dem Erlernen des Deutschen – im Elternhaus sprach man Jiddisch – über die Salongründungen (1790–1806, 1820–1833) bis zur Namensänderung in Rahel Robert, später Friederike Antonie, Taufe und Eheschließung der 43-Jährigen mit dem 19 Jahre jüngeren Karl August Varnhagen, steht Rahels Biografie im Zeichen der Assimilation. Dieses komplexe Phänomen (vgl. Tewarson 1988, S. 129) kann für die Jahrzehnte um 1800 mit dem Begriff der Transkulturalität, das dem Individuum plurale kulturelle Anschlussfähigkeit unterstellt, nicht adäquat erfasst werden; denn ein assimilierter Jude musste, wie Veit treffend feststellte, zeigen, „was der Jude als Christ und Jude leistet" (Varnhagen 1983, Bd. VII/2, S. 88). Daher kann Assimilation im Falle Varnhagens, die der jüdischen Kultur bis zur Verachtung entfremdet war, von der Außenwelt aber als Jüdin betrachtet wurde, als Prozess hybrider Identitätsbildung beschrieben werden. In

fehlerhafter Grammatik und Orthografie dokumentieren ihre Briefe an die Familie und Veit den ehrgeizigen Aneignungsprozess der deutschen Schriftsprache und Bildungsliteratur (vgl. Tewarson 1988, S. 23 ff.).

Das ‚Jüdische', das sie als „infame[ ] Geburt" (Varnhagen 1983, Bd. IX, S. 26) ablehnt, bildet zugleich einen integralen Bestandteil ihrer Identität, weil es die Grundlage der unaufhebbaren Diskrepanz zwischen Eigen- und Fremdwahrnehmung ist. Als Figurationsprinzip dieser Thematik, die in der Zeit der Flucht kulminierte, als sie sich den „Titel und den Stand: Fremde" (Varnhagen 1983, Bd. V/1, S. 94) gab, spaltet sie ihr Selbst in ein ‚Ich', vermittels dessen sie ihre Gefühle und Gedanken äußert, und eine Figur ‚T.', an der sie ihren „Mangel an Grazie" (Varnhagen 1983, Bd. X, S. 234) kritisiert (*BdA* 3, 91–94; vgl. Hahn 1990, S. 141 f.). Im Befund, T.s Charakter habe „in des Herzens Mitte sich recht eigentlich geflüchtet [...] von der ihr selbst nur zu mißfälligen Erscheinung ihrer selbst" (*BdA* 3, 91), offenbart die Exilmetapher im Zentrum von Varnhagens Identitätskonstruktion den Riss zwischen Innen und Außen. Wie bereits das Bild des in ihr Herz geritzten Imperativs „Sei eine Jüdin!" verdeutlicht, konstituiert Identität sich in einem Wechselspiel von Inkarnation und Inskription. Folglich ist für sie „das Äußere eines Menschen der Text von allem [...], was sich über ihn sagen läßt" (*BdA* 1, 163). Denn das Äußere ist das entäußerte Innere: „O! Maske, Maske! Du bist keine Maske; wer kann Dich loswerden, wenn Du eine Mitgift bist!" (*BdA* 3, 91) Den Gedanken, dass ihr Jüdischsein Resultat einer Zuschreibungspraxis ist, umkreist Varnhagen nur, kann ihn aber aufgrund der schicksalhaften Überhöhung ihres Stigmas nicht ergreifen.

Aus ihrem Standpunkt „*neben* der menschlichen Gesellschaft" (*BdA* 2, 211) bezieht Varnhagen das Selbstbewusstsein, sich als „einen der ersten Kritiker Deutschlands" zu bezeichnen (*BdA* 5, 366), zu dem sie besonders während der Zeit als Kriegsvertriebene (1813/14) und Diplomatengattin (1814–1819) heranreift. Im Gegenhalt zum romantischen Nationalitätsdiskurs beruht für sie die Integrationskraft einer Nation „auf einem Wahn; einem mythologischen, religiösen, selbsterfundenen, dichterischen" (*BdA* 5, 91). Derlei Fiktionen installieren überhaupt erst eine rationale Ordnung, indem sie die „Nothdurft" suspendieren und den narrativen Zusammenhang von Peripherie und Zentrum einer Nation stiften, wie Varnhagen an der Paria-Figur ausführt: „[D]ie letzte, niedrigste [Kaste], schaut doch durch alle über ihr hindurch nach der höchsten, und partizipirt davon in ihrem Unglück, in der niedrigsten geboren zu sein." (*BdA* 5, 91)

Diese ungelösten Aporien erzeugen eine Reihe hybrider Texteffekte, die als Artikulationsstrategien verstanden werden können. Wenn Varnhagen ihr Judentum als ‚infame Geburt' verdammt, verpasst sie zwar die Chance, es als Konfession hinter sich zu lassen. Allerdings übersetzt sie derart ihr Integrationsproblem als Jüdin in die Terminologie von Ständedifferenzen und stellt es in den Zusammenhang der bürgerlichen Emanzipation vom Adel. Auch das Doppelmotiv von Leid und Zeugenschaft, das Varnhagen auf Maria und Jesus bezieht, erscheint in dieser Perspektive als christlich kodiertes Vehikel für Gedanken aus der jüdischen Tradition: Die Montage von jüdischer Galut und christlichem Martyrium erzeugt ein textuelles Echo der Leiden des jüdischen Volkes in den Figuren Jesus und Maria. Durch dieses Verfahren wird zum einen deren jüdische Identität offengelegt, zum anderen werden sie in die Reihe der alttestamentlichen Propheten gerückt. Dass Gotteszeugenschaft in schriftliche Überlieferungspraxis mündet und mit Ächtung und Tod verbunden sein kann, gehört zum Kernbestand jüdischer Religiosität.

Stärker als mit ihrer jüdischen Herkunft setzt Varnhagen sich mit ihrer Weiblichkeit auseinander. Bis zu ihrer Ehe führte sie ein weitgehend emanzipiertes Leben: Nach dem Tod des Vaters 1790 war sie als älteste Tochter kurzzeitig das Familienoberhaupt und bezog bald darauf eine eigene Wohnung in der Jägerstraße, wo sie ihren ersten Salon einrichtete. Gleichzeitig wusste sie um ihre soziale Partizipationsbeschränkung als „Judenmädchen" (Varnhagen 1983, Bd. VII/1, S. 264). Entsprechend beschreibt sie sich in der Verbindung von Immobilitäts- und Raummetaphern als *„ohnmächtiges* Wesen, [...] das Himmel und Erde, Menschen und Vieh wider sich hätte, wenn es weg wollte" (*BdA* 1, 24). Den profiliertesten Metaphernkomplex bilden Krankheit und Wetter, die zum Spiegel gesellschaftlicher Missstände und Tendenzen werden. Krankheit war eine bedeutende Konstituente weiblicher Identität im langen 19. Jahrhundert, deren soziale Funktion darin bestand, Frauen zu passivieren (vgl. Laschke 1988, S. 78 ff.). Das am eigenen Körper beschriebene Leiden dient folglich auch als Symptom eines Leidens an der Gesellschaft, es ist „eine Krankheit des menschlichen Geschlechts" (*BdA* 2, 356).

Gerade die formale Gestaltung der Briefe und Tagebücher wie auch ihre Publikationsweise birgt enormes Subversionspotential. Da Wahrheit, als prozessual sich herstellende, auf die kritische Intersubjektivität des Diskurses angewiesen ist, arbeitet Varnhagen seit 1805 auf eine Veröffentlichung ihrer Texte hin; die Ehe mit Karl August steht ganz in diesem Zeichen (vgl. Isselstein 1993, S. 129 u. 146, Anm. 13). Indem sie mit Brief und Tagebuch weiblich kodierte Textsorten wählt, folgt Varnhagen der Strukturlogik des öffentlichen Diskurses, die Frauen auf eine ‚natürliche Herzenssprache' festlegt. Sie selbst greift den Topos vom „Text aus meinem [...] Herzen" mehrfach auf und setzt sich über „Grammatik, und Wörterbuch" (*BdA* 5, 367) durch einen rhapsodischen Stil, prosodisch expressive Syntax wie Interpunktion hinweg. Hierin liegt ein starker Angriff auf die symbolische Ordnung des Patriarchats: Durch die Ausschöpfung der Ausdrucksmöglichkeiten der polyfunktionalen Textsorten Brief und Tagebucheintrag gelingt es Varnhagen, sich in den ‚männlichen' Wahrheitsdiskurs einzuschalten, indem sie dem an die Frau herangetragenen Natürlichkeitsgebot entspricht. Dadurch transformiert sie dessen Strukturlogik auf eine Weise, dass die Autorinnengeneration nach ihr Zugang zu ihm haben wird (Isselstein 1993, S. 144).

Exil und Erinnerung
Das *Buch des Andenkens* greift als erste Werkedition im Titel das Erinnern auf, das in engem Zusammenhang mit Varnhagens ästhetischen Überlegungen steht. Deutlich wird dies im Epitaph, den sie anlässlich von Goethes Tod 1832 verfasste: „Milder als Mairegen sind Kinderküsse. Rosenduft, Nachtigallton, Lerchenwirbel, – Goethe hört's nicht mehr. Ein großer Zeuge fehlt." (*BdA* 5, 494) Etwas bezeugen bedeutet, es nicht dem Vergessen preiszugeben und seine Wahrheit zu verbürgen. Insofern Wahrheit das Wesen der Poesie ausmacht, kann „auch bloß erzählen [...] und *bloß* Kopieren das dichterischeste in einem Werk" (Varnhagen 1983, Bd. VII/2, S. 3) sein. Über die Radikalität dieses Programms war Varnhagen sich bewusst, wie aus einer Traumschilderung von 1812 hervorgeht: Als in einem Museumssaal die Künstler eine jugendliche Gestalt im Frack als das „Ideal" bestaunen, erkennt Varnhagen als Einzige, dass es sich nicht um eine Statue, sondern einen gewöhnlichen Menschen handelt:

> [I]ch klopfe ihn mit der Hand auf die Schulter und sage, ich sehe es ja Sie leben, Sie können sich das Lachen nicht enthalten; darauf hebt er den Kopf; umfaßt mich mit beyden Armen; und wir fangen [...] auf die fröhlichste Weise an zu walzen. (zit. n. Isselstein 1993, S. 173)

Der klassische Formrigorismus weicht einem lebendigen Realismus, der das ‚Alltägliche' in die Literatur integriert. Die adäquate Gattung dieses ästhetischen Programms ist der Brief als „Portrait von dem Augenblick [...], in welchem er geschrieben ist" (*BdA* 4, 353). Deshalb kann Varnhagen von ihrem Briefwerk behaupten: „Es wird eine Original-Geschichte und poetisch." (*BdA* 1, 215)

Gemäß dieser Ästhetik ist das *Buch des Andenkens* ein Erinnerungsprojekt, in dem das Alltägliche und Periphere gespeichert wird, das andernfalls aus dem kollektiven Gedächtnis getilgt worden wäre. Dies betrifft Varnhagens Texte in besonderer Weise, da sie sich als „kritisch, oder lyrisch" (*BdA* 2, 217) nicht in die aufklärerischen Frauengenres einpassen lassen. In Karl Augusts Instruktionen für künftige Editionen drückt sich ein entsprechender Überlieferungswille aus, der „alles, was zur Zeit noch keiner Mittheilung fähig sein möchte, für später aufbewahrt" (*BdA* 6, 50). Die Funktion eines solchen Erinnerns liege für den einzelnen Leser in der „Steuer [= Beistand, Anm. d. Verf.] der *Wahrheit* und des *Lebens*" (*BdA* 6, 77), für die Nation in der Archivierung der „schönen Anfänge ihrer Geistesbildung" (Varnhagen 1983, Bd. IV/1, S. X).

Dieses Archiv, die Sammlung Varnhagen, galt seit 1945 als verloren. Erst nach seiner Wiederentdeckung in den 1980er Jahren in der Krakauer Jagiellonischen

Bibliothek hat mit intensiver Forschungstätigkeit (vgl. Liska 2012) und neuen Editionen der *Familienbriefe* (2009) und des *Buch des Andenkens* (2011) die Reintegration in die Erinnerungskultur Deutschlands eingesetzt.

Fazit

In Varnhagens Selbsterzählungen verbinden sich die Narrative der Vertreibung aus dem Paradies und der Galut mit der Vorstellung der leidvollen Gotteszeugenschaft, aus der sie einen Standpunkt für ihr Schreiben gewinnt. Die Denkfigur des Exils macht die Briefe als kohärentes Schreibprojekt lesbar, in dem eine exilische Existenzerfahrung kritisch-poetisch bearbeitet wird.

Für die Analyse eines Schreibens im Zeichen der jüdischen Assimilation erscheint der Transkulturalitätsbegriff zu schwach. Eher lassen sich in den Selbsterzählungen mit einem Modell kultureller Hybridität subversive Textverfahren nachweisen. In der Gender-Perspektive wird deutlich, dass Varnhagen durch Ausschöpfung des polyfunktionalen Potentials ‚weiblicher' Textsorten die Exklusionsmechanismen des ‚männlichen' Wahrheitsdiskurses unterminiert.

Varnhagen korrespondierte mit Exilautoren wie Heinrich Heine und Ludwig Börne und wurde von den Jungdeutschen, u.a. von Georg Büchner, rezipiert. Darüber hinaus finden sich zahlreiche Textfiguren in ihren Schriften, die für das Schreiben deutsch-jüdischer Autoren und Autorinnen der literarischen Moderne, des Exils und des ‚Inneren Exils', wie Margarete Susman und Hannah Arendt, als charakteristisch gelten (vgl. Hahn 2002). Die intertextuellen Bezüge späterer Autoren und Autorinnen auf das Briefwerk stellen ein Forschungsdesiderat dar. Eine Relektüre Varnhagens, die das Exil als Substruktion ihrer Texte wahrnimmt, eröffnet neue Perspektiven und legt nahe, dass Varnhagen stilistisch wie topologisch einen zukunftsträchtigen Modus exilischen Schreibens geformt hat.

Varun F. Ort

Literatur

(BdA) Varnhagen, Rahel Levin: *Rahel. Ein Buch des Andenkens für ihre Freunde.* Hg. v. Barbara Hahn. Mit einem Essay v. Brigitte Kronauer. 6 Bde. Göttingen 2011 (zuerst: Varnhagen, Rahel Levin: *Rahel. Ein Buch des Andenkens für ihre Freunde.* Hg. v. Karl August Varnhagen von Ense. Berlin 1833).

Bürger, Christa: „Arbeit am Ich. Zu Rahel Varnhagens Schreibprojekt". In: *Merkur* 37 (1983), S. 116–120.

Haase, Klaus: „Laß dies mein Epitaph sein'. Zur Selbstdarstellung in Rahels Briefen". In: *Rahel Levin Varnhagen. Die Wiederentdeckung einer Schriftstellerin*. Hg. v. Barbara Hahn u. Ursula Isselstein. Göttingen 1987 (LiLi. Zeitschrift für Literaturwissenschaft und Linguistik, Beiheft 14), S. 67–75.

Hahn, Barbara: *„Antworten Sie mir!" Rahel Levin Varnhagens Briefwechsel.* Basel, Frankfurt a. M. 1990.

Hahn, Barbara: *Die Jüdin Pallas Athene. Auch eine Theorie der Moderne.* Berlin 2002.

Horch, Hans Otto: *Deutsch-jüdische Literatur. Teil 1. Vom 18. Jahrhundert bis zu Heinrich Heine.* Hagen 1995 (Fernuniversität Hagen, Kurseinheit 2).

Isselstein, Ursula: *Studien zu Rahel Levin Varnhagen. Der Text aus meinem beleidigten Herzen.* Turin 1993.

Laschke, Jutta Juliane: *Wir sind eigentlich, wie wir sein möchten, und nicht so wie wir sind. Zum dialogischen Charakter von Frauenbriefen Anfang des 19. Jahrhunderts, gezeigt an den Briefen von Rahel Varnhagen und Fanny Mendelssohn.* Frankfurt a. M. u. a. 1988 (Europäische Hochschulschriften, Reihe I. Deutsche Sprache und Literatur, 1072).

Liska, Vivian: „Vom Zentrieren der Ränder. Rahel Varnhagen im Spiegel der Gegenwart". In: *Traditionen jüdischen Denkens in Europa*. Hg. v. Sibylle Schönborn, Karl Ivan Solibakke u. Bernd Witte. Berlin 2012, S. 43–62.

Roebling, Irmgard: „Rahel Levin Varnhagen van [sic] Ense. Salonnière und ‚Meisterin der Gesellschaft'". In: *Papierne Mädchen – Dichtende Mütter. Lesen in der weiblichen Genealogie.* Hg. v. Andrea Günter u. Veronika Mariaux. Frankfurt a. M. 1994, S. 160–178.

Schulz, Hans u. Otto Basler (Hg.): *Deutsches Fremdwörterbuch.* 2. Aufl., völlig neu erarb. im Institut für Deutsche Sprache, Bd. 5. Berlin, New York 2004.

Tewarson, Heidi Thomann: *Rahel Levin Varnhagen. Mit Selbstzeugnissen und Bilddokumenten.* Reinbek bei Hamburg 1988.

Varnhagen, Rahel: *Rahel-Bibliothek. Gesammelte Werke.* Hg. v. Konrad Feilchenfeldt, Uwe Schweikert u. Rahel E. Steiner. 10 Bde. München 1983.

Varnhagen, Rahel Levin: *Familienbriefe.* Hg. v. Renata Buzzo Màrgari Barovero. München 2009.

Vladimir Vertlib: *Zwischenstationen* (1999)

Vladimir Vertlib * 2. 7. 1966 Leningrad.

Inhalt

In *Zwischenstationen* erzählt ein namenloser Ich-Erzähler von seiner Kindheit, in der er mit seinen Eltern zahlreiche Stationen der Emigration durchlebt hat. Der Roman beginnt mit den Erinnerungen an eine Reise nach St. Petersburg, die der bereits erwachsene Erzähler unternimmt. Es ist sein erster Besuch in der alten Heimat, seitdem er 1971 die Sowjetunion mit seiner Familie verlassen hatte. Die folgenden Kapitel beschreiben die Stationen der Emigration. Das erste Land, in das die Familie zieht, ist Israel. Der Vater des Jungen gehörte in der Sowjetunion einer zionistischen Untergrundorganisation an, findet sich aber in Israel nicht zurecht. Die Familie verlässt das Land wieder und hofft, von Österreich aus ein Visum für die USA zu bekommen. Als israelische Staatsbürger ist für sie weder eine Rückkehr in die Sowjetunion noch eine Einwanderung in die USA möglich. Auf Drängen der Mutter kehrt die Familie wieder nach Israel zurück. Als sich die politische Situation zwischen Juden und Arabern zuspitzt, verlassen sie das Land endgültig. Weitere Stationen der Emigration sind Rom, Amsterdam und Brooklyn. Es gelingt der Familie nicht, in einem der Länder dauerhaft ansässig zu werden; meist scheitert sie an den bürokratischen Bedingungen für eine Aufenthaltserlaubnis. Am Ende des Romans gelingt es ihr endlich, sich in Wien niederzulassen. Der Erzähler ist unterdessen erwachsen geworden. Am Ende des Romans verlässt er Wien und seine Eltern, um in Salzburg eine eigenständige Existenz zu begründen.

Analysen

Narrationen des Exils
Zwischenstationen erscheint erstmals 1999; 2005 wird eine vom Autor überarbeitete Ausgabe herausgegeben. Vertlibs Texte, die er nicht in seiner Muttersprache Russisch, sondern auf Deutsch verfasst, werden meist als Migrationsliteratur rezipiert (vgl. Vertlib 2007, S. 159f.). Wie es bereits der Titel *Zwischenstationen* signalisiert, sind die Unbeständigkeit und das Unterwegssein vorherrschende Themen des Romans. Auch wenn die Familie des Erzählers ursprünglich die Sowjetunion verlassen hat, um sich in Israel dauerhaft niederzulassen, ist nach dem Scheitern dieses Vorhabens ein Dauerzustand des Wartens auf Visa oder Arbeitsbewilligungen – ein Spezifikum des 20. Jahrhunderts (vgl. Bronfen 1994, S. 70) – und die Suche nach einer Heimat prägend für den Roman.

Die Stationen des Exils in *Zwischenstationen* decken sich mit den biografischen Stationen des Autors, der mit seinen Eltern Anfang der 1970er Jahre aus politischen Gründen seine Geburtsstadt Leningrad verlässt, um dem staatlich-bürokratischen und dem alltäglichen Antisemitismus zu entkommen. Die Emigration der Familie wird zu einer zehn Jahre andauernden Odyssee, die in *Zwischenstationen* literarisch verarbeitet wird. Der Roman ist jedoch keine Autobiografie. Von einer solchen Lesart distanziert sich Vertlib dezidiert und betont, dass lediglich „das Fundament und die Außenmauern biographisch" seien (Vertlib 2007, S. 41).

Die Odyssee der Familie durch die verschiedenen Länder wird sowohl geografisch als auch zeitlich klar situiert und steht in enger Verbindung mit historischen und politischen Ereignissen. Aufgrund eines Protestbriefs, in dem er die

Ausreisepolitik der Sowjetunion anprangert, wird der Vater nicht nur verhaftet, sondern auch Freunde verweigern jeden weiteren Kontakt zur Familie. Die Auswirkungen der politischen Restriktionen auf die Familie rücken in den Fokus der Darstellung. Politische Entscheidungen, historische Ereignisse und Privatleben sind somit eng miteinander verwoben. Besonders deutlich wird dies im Israel-Kapitel. Als Emigrant, der zudem die Landessprache nicht fließend beherrscht, wird der Ich-Erzähler immer wieder in eine Außenseiterrolle gedrängt. Einzig Freundschaften mit anderen Kindern, die selbst Außenseiter sind, lassen ihn den eigenen Außenseiterstatus für Momente vergessen.

Die Schilderung der Eindrücke aus der Beobachterperspektive des Ich-Erzählers veranschaulicht die Erfahrungen kultureller Fremdheit. Die Aussage des Erzählers, dass „die Bilder in der Erinnerung ineinander übergehen, die Zuordnung schwer machen, sich verdichten zu einem einzigen Gefühl der Zwischenwelt" (ZS, 263), kann somit auch als poetologisches Programm des Romans gelesen werden. Das Motiv des Koffers avanciert dabei zum Topos der Exilerfahrung einerseits und ist andererseits eng mit der Adoleszenzgeschichte des Ich-Erzählers verwoben. Während das Kind noch bereitwillig den ihm zugeteilten Koffer trägt, verweigert der jugendliche Ich-Erzähler das Kofferpacken. In einem Koffer befinden sich auch die Kinderbücher des Ich-Erzählers, die von einer „heilen Welt" (ZS, 144) erzählen und so zum Symbol der russischen Kindheit werden (vgl. ZS, 144). Auch wenn er diesen Bücherkoffer selbst im Meer versenkt, bleiben im weiteren Verlauf der Handlung Bücher und Fiktionen der Zufluchtsort des Kindes. Im neunten Kapitel, „Der illegale Leser", nimmt der Bibliotheksausweis sogar die Stellung eines Passes ein. Als er den Ausweis in den Händen hält, „verschafft es ihm die Illusion [...], ein gleichberechtigtes Mitglied der großen amerikanischen Völkerfamilie zu sein" (ZS, 231). Diese Vorstellung ist keineswegs nur der Ausdruck eines kindlichen Wunschdenkens. So verdankt es sich der Kenntnis des Titels *Die Leiden des Jungen Werther* von Johann Wolfgang von Goethe, dass der Junge weiterhin das österreichische Gymnasium besuchen darf. Die schlichte Kenntnis des Titels – nach inhaltlichen Details wird nicht gefragt – hat ihn im Ansehen seiner Lehrerin so steigen lassen, dass sie sich für seinen Verbleib auf der Schule einsetzt. Diese Episode ist nur eine unter vielen anderen. Sie verdeutlicht die Willkür nationaler Identitätszuschreibungen; sie verweist zudem auch auf die umfangreiche Goethe-Rezeption im Exil von 1933 bis 1945, in der Goethe symbolisch für das ‚andere Deutschland' und die verlorene Heimat steht (vgl. Eckert 2000, S. 239).

In *Zwischenstationen* gibt es weder eine eindeutige Konzeption von Heimat noch eine homogene Vorstellung von jüdischer Identität. Die Multiperspektivität des Romans stellt essentialistische Auffassungen von Heimat und Identität zur Disposition, bietet somit einen Raum für divergierende Positionen und akzentuiert zudem den Konstruktcharakter, der diesen essentialistischen Vorstellungen inhärent ist. So stehen im Roman Vorstellungen von Exil im Sinne der Galut als religiöser Präfiguration denjenigen Positionen gegenüber, die einen religiös konnotierten Exilbegriff dezidiert ablehnen. Die Familie des Ich-Erzählers beispielsweise ist jüdisch, jedoch weder einem religiösen noch einem nationalen Verständnis nach. So definiert der Vater des Erzählers sein Judentum als Abgrenzung zu jeder Form von Antisemitismus, nicht jedoch als eine praktizierte Religion. Er spricht von einem „‚jüdischen Weltschmerz' [...], in den man sich hineinfallen lassen kann wie in die warme Brühe am Strand von Brighton Beach" (ZS, 210). Die Zugehörigkeit zu einer religiös präfigurierten Kollektividentität im Sinne eines ‚ewig jüdischen Geistes' wird negiert, obwohl in der Familie auch orthodoxe Positionen von anderen Mitgliedern – wie beispielsweise die des verstorbenen Großvaters – vorhanden sind (vgl. ZS, 193). Während des Aufenthaltes in Israel spitzt sich die Frage nach der religiösen und auch der nationalen Zugehörigkeit zu. So wird religiöser Fanatismus, wie er im Roman für Teile der israelischen Gesellschaft als Charakteristikum aufgezeigt wird, dezidiert abgelehnt.

Im letzten Kapitel des Romans äußert sich der Erzähler in einem Gespräch mit einer Freundin der Familie explizit zu seiner jüdischen Identität: Jude zu sein bedeutet für ihn die Zugehörigkeit zu einer Schicksalsgemeinschaft. Diese Auffassung kann als konstitutiv für die jüdische Identität nach der Schoah angesehen werden, die auch für die Generation der Nachgeborenen, wie sie das Beispiel des Erzählers illustriert, prägend ist. Die Freundin bemerkt daraufhin: „Es ist schon tragisch [...] Russen durftet ihr nicht sein, richtige Juden seid ihr auch keine mehr [...]", worauf der Ich-Erzähler entgegnet, für ihn gäbe es „nur Menschen" (ZS, 287). Diese dezidiert humanistische Vorstellung von jüdischer Identität verweist wiederum auf liberale jüdische Positionen, die sich vor und nach der historischen Zäsur der Schoah finden und ein Anknüpfen an eine humanistisch-jüdische Tradition ermöglichen. So wird einerseits der Bruch zwischen Gegenwart und Vergangenheit verdeutlicht, andererseits jedoch auf die Vorstellung einer jüdischen Schicksalsgemeinschaft rekurriert, die die Erfahrung von Ausgrenzung und Verfolgung bis in die Gegenwart hinein teilt.

Theoretische Perspektivierungen

Der Beginn von *Zwischenstationen* ist wegweisend für den Roman. Er handelt von dem ersten Besuch der verlassenen Heimat, bei dem die einst geliebte Großmutter und der Ich-Erzähler sich nichts mehr zu sagen haben. In Parallelmontage wird durch einen Brief gleichzeitig vom Tod eben dieser Großmutter erzählt. Am Ende des Kapitels erfährt der Leser, dass die Urne mit der Asche der Großmutter auf dem Transport zum Friedhof heruntergefallen ist. Somit ist Heimat nicht nur durch das Gefühl der Fremdheit zur eigenen Verwandtschaft zerstört, sondern auch die Asche der Verwandten irrt verstreut und ‚heimatlos' in einem öffentlichen Verkehrsmittel durch St. Petersburg. Ebenso wie der Ich-Erzähler findet die Asche der Großmutter keinen Ort, der zur ‚letzten' Heimat werden könnte, sondern stagniert im Modus des ständigen Unterwegs-Seins: „Obwohl ich, wie mir scheint, schon seit zwanzig Jahren unterwegs bin, werden die Zielbahnhöfe angeblich erreicht." (ZS, 8)

In den Begegnungen des Ich-Erzählers mit anderen Emigranten zeigt sich ein Prinzip des Dialogs. Immer wieder werden polyphone und divergierende Konzeptionen von Heimat und Identität in den Dialogen aufgerufen und „[der Andere] wird zum eigentlichen Erzähler, den der zuhörende Ich-Erzähler nur gelegentlich unterbricht [...]" (Vertlib 2007, S. 249). Die Ambivalenz der Begriffe ‚Heimat' und ‚Identität' korrespondiert mit der Adoleszenzgeschichte des Erzählers; auch seine wechselnden Vorstellungen von Heimat sind an den jeweiligen Entwicklungsstand gebunden. Während der Ich-Erzähler als Kind unter dem Verlust seiner Freunde leidet und „nirgendwo hin" (ZS, 159) möchte, rebelliert er als Jugendlicher und verweigert das Weiterreisen. Als Erwachsener zieht er retrospektiv ein Resümee:

> Die bessere Welt war immer anderswo gewesen, in einem fernen Land des Glücks. Seit meiner frühesten Kindheit hatten die Eltern von diesem Land gesprochen. Dort war ich zu Hause, an einem Ort, wo es keinen Alltag gab. Doch dieses ferne Land war nun, wie einst Atlantis, im Meer versunken. (ZS, 264)

In *Zwischenstationen* kann Heimat nicht erreicht werden. Sie existiert nur in der je eigenen Vorstellung als „eine reale Fiktion" (Vertlib 2004, S. 228). Im Wechsel der Bezeichnungen, mit dem das jeweils ‚Andere' benannt wird, zeigt sich eine allgemeine Tendenz zur Ab- und Ausgrenzung des ‚Anderen'. Diese Begriffe werden im Roman sowohl von Emigranten als auch von Nicht-Emigranten verwendet: In Israel beispielsweise werden die Nicht-Juden ‚Goi' genannt, und diejenigen, die Israel verlassen möchten, werden als ‚Jored', als Verräter am Staat Israel, gebrandmarkt. In Österreich hingegen werden die Juden pejorativ als ‚Saujud' und die osteuropäischen Einwanderer als ‚Tschuusch' (eigentl. ‚Jugoslawe') bezeichnet. Jedoch werden die ‚Fremden' nicht nur ausgegrenzt. Sie grenzen sich auch selbst aus, indem sie entsprechende Bezeichnungen für die Einheimischen finden, sich in den jeweiligen Ländern regelrechte ‚Ghettos' aufbauen und sich somit zu einem Kollektiv von Außenseitern zusammenschließen. In Wien ist es die Brigittenau, in Rom der Küstenort Ostia, der „fest in russischer Hand" (ZS, 139) ist, und in New York ist es Brooklyn, das auch ‚Little Odessa' genannt wird. Am Ende des Romans wird der Ich-Erzähler in Österreich bereits für einen Einheimischen gehalten und erkennt „in der Übernahme all dieser leicht nachvollziehbaren Denkmuster [...], wie heimisch [er] geworden [ist] in diesem Land" (ZS, 300).

Bei seiner Ankunft in Salzburg kauft er sich einen Tirolerhut; der Roman endet mit einem absurd anmutenden „Holloraitulijöötuliahii" (vgl. Teufel/Schmitz 2007, S. 240).

In Bezug auf die Genderkonstellation in *Zwischenstationen* sind besonders die Eltern des Ich-Erzählers von Interesse. Während die Mutter, eine promovierte Naturwissenschaftlerin, in der Emigration auch als Putzfrau arbeitet, um die Familie zu ernähren, verliert sich der Vater in immer neuen Plänen und neigt zu Überreaktionen und Überempfindlichkeit. Die Emotionalität, die traditionellerweise als Charakteristikum des weiblichen Geschlechtes fungiert, erfährt hier eine andere geschlechtliche, nämlich männliche Kodierung. Die Genderkonstellation im Roman kann auch im Zusammenhang mit der Bewahrung des ‚Eigenen' und der Hybridisierung des ‚Anderen' und ‚Fremden' gelesen werden. Während der Vater für die Bewahrung des ‚Eigenen' steht, damit einhergehend jedoch für die Unfähigkeit zur Anpassung an die fremde Umgebung, verkörpert die Mutter die Bereitschaft zur Anpassung an das ‚Fremde', jedoch mit der Konsequenz, dass das ‚Eigene' unter das ‚Fremde' vollständig subsumiert und somit als ‚Eigenes' aufgegeben wird. Eine Position zwischen diesen beiden Extremen scheint lediglich dem Sohn zu gelingen.

Exil und Erinnerung
Die Erinnerung an die Stationen des Exils erfolgt über die punktuelle Erinnerung an einzelne, besonders herausgehobene Erlebnisse und Szenen. Diese tragen zumeist den Charakter arrangierter Film- oder Theaterszenen. Der Ich-Erzähler wird damit gleichsam zum Regisseur der eigenen Erinnerung. Er arrangiert die Szene und lässt einzelne Personen auftreten. Im Kontext von Exil und Erinnerung trifft dies vor allem auf die Geschichte des Emigranten Borja zu, der bei dem Versuch stirbt, ein Bett aus dem Müll nach Hause zu transportieren. Der jugendliche Ich-Erzähler, den Borja um Unterstützung bei seinem geplanten Vorhaben bittet, lehnt diese Bitte ab und resümiert retrospektiv: „Wäre ich mit Borja mitgegangen, stünde er nicht als Zerberus an der Pforte zu meinen Erinnerungen." (*ZS*, 212) Zerberus, in der griechischen Mythologie der dreiköpfige Wächter der Unterwelt, erscheint hier als Hüter der Erinnerungen; Unterwelt und Erinnerung werden somit gleichgesetzt. Durch das Erinnern und Erzählen von Borjas Geschichte, die bezeichnenderweise aus dessen Perspektive erfolgt, durchlebt der Erzähler das traumatische Erlebnis erneut und verleiht Borja und seiner Geschichte zudem eine Stimme. Das Erinnern und Erzählen erfüllt somit die Funktion eines Gedenkens, gleichzeitig kommt dem Erinnern und Erzählen auch eine therapeutische Funktion zu. Diese therapeutische Funktion scheint für die Narration per se konstitutiv zu sein. Als Jugendlicher hat der Erzähler bereits so viel erlebt, dass ein Erzählen, das sich an Gleichaltrige richtet, nicht möglich scheint (vgl. *ZS*, 263).

Diese Unmöglichkeit sich mitzuteilen wird in die Notwendigkeit des Niederschreibens überführt und im Akt des Schreibens überwunden.

Dem Erzählen kommt im Roman eine exponierte Stellung zu. Dies wird auch deutlich durch die Art und Weise, in welcher der Roman die Begegnungen des Ich-Erzählers mit Zeitzeugen inszeniert. In den Gesprächen mit ihnen wird sowohl kulturelles Wissen tradiert als auch Geschichte erfahrbar gemacht (vgl. Kucher 2008, S. 182). So wird am Beispiel einer alten österreichischen Dame, die dem Erzähler stolz ein verstecktes Hitlerporträt vorführt, die Täterseite des Zweiten Weltkriegs im Roman aufgezeigt. Die Opferperspektive wird am Beispiel der Geschichte einer russischen Emigrantin vermittelt, die von ihrer Kindheit im Ghetto berichtet, in dem ihre Familie verhungert ist. Die Multiperspektivität, die dem Roman als konstitutives Moment eingeschrieben ist, kennzeichnet somit auch die Zeitzeugen-Erzählungen und schließt die Darstellung der verschiedenen Perspektiven von Opfern und Tätern mit ein. Zwar bezieht der Roman über die Wahl seiner Erzählerfigur Position für die Opfer, doch ist diese Position – wie die Borja-Geschichte zeigt, in der der Erzähler als Täter in Erscheinung tritt und die den Zugriff auf seine Erinnerungen als „Zerberus" reguliert – keine ungebrochene und eindimensionale.

Fazit

In *Zwischenstationen* wird der Zustand des Exils als ein Zustand des ständigen Unterwegsseins dargestellt. So stehen den diversen Verortungsversuchen der Familie, wie sie die verschiedenen Exilstationen illustrieren, immer wieder neue Entortungserfahrungen gegenüber, die die Möglichkeit, eine Heimat zu finden, oder die Existenz einer solchen relativieren. Der Roman formuliert programmatisch den Zustand eines Dazwischen-Seins zwischen Nationen, Kulturen und Identitäten und lässt sich somit als Vertreter ‚moderner' Exilliteratur lesen. Der Zustand des ‚Unbehaustseins' und des Da-Zwischen, der die Exilsituation kennzeichnet, wird mit der Adolszenzgeschichte des Ich-Erzählers eng verwoben und ermöglicht somit divergierende Perspektiven auf das Exil und der damit verbundenen Erfahrungen von Fremdheit, die an die Entwicklung des Erzählers gebunden sind. Diese Multiperspektivität wird um ein dialogisches Moment, durch die zahlreichen Gespräche des Erzählers mit Zeitzeugen und anderen Emigranten, ergänzt und ermöglicht eine Perspektive auf das Exil, die sich als transgenerationell, transkulturell und transhistorisch beschreiben lässt. Vertlib selbst beschreibt das Exil als „[...] international. Es ist die zugespitzte Form jener Erfahrung von Fremdsein und Identitätsverlust, die zu den wesentlichen Merkmalen unserer Zeit gehört" (Vertlib 2004, S. 228). Diese Vorstellung des Exils als *conditio humana* der Gegenwart, die sich in der Biografie des Autors spiegelt, findet auch in *Zwischenstationen* Ausdruck und definiert das Exil als einen Zustand, der über die konkrete historische und individuelle Kontextualisierung hinausweist.

Constanze Ramsperger

Literatur

(ZS) Vertlib, Vladimir: *Zwischenstationen* (1999). München 2005.

Bronfen Elisabeth: „Entortung und Identität. Ein Thema der modernen Exilliteratur". In: *The Germanic Review* 69 (1994) H. 2, S. 70–78.
Eckert, Brita: „Goethe-Rezeption im Exil von 1933–1949". In: Krohn/Rotermund/Winckler/Koepke 2000, S. 230–253.
Krohn, Claus-Dieter, Erwin Rotermund, Lutz Winckler u. Wulf Koepke (Hg.): *Exile im 20. Jahrhundert*. München 2000 (Exilforschung. Ein internationales Jahrbuch, Bd. 18. Hg. im Auftr. der Gesellschaft für Exilforschung).
Kucher, Primus-Heinz: „Vladimir Vertlib – Schreiben im ‚kulturellen Zwischenbereich'". In: *Eine Sprache, viele Horizonte...* Hg. v. Michaela Bürger-Koftis. Wien 2008, S. 177–190.
Schlögel, Karl: „‚Rußland jenseits der Grenzen' – Zum Verhältnis von russischem Exil, alter und neuer Heimat". In: Krohn/Rotermund/Winckler/Koepke 2000, S. 14–36.
Teufel Anette u. Walter Schmitz: „Wahrheit und subversives Gedächtnis". Nachw. in: Vertlib 2007, S. 201–253.
Vertlib, Vladimir: „Das Bett". In: *Mit der Ziehharmonika* 10 (1993) H. 3, S. 17–23.
Vertlib, Vladimir: „Heimat als reale Fiktion". In: *Mit den Augen des Fremden. Adelbert von Chamisso – Dichter, Naturwissenschaftler, Weltreisender.* Hg. v. Klaus Bździach. Berlin 2004, S. 227–229.
Vertlib, Vladimir: *Spiegel im fremden Wort. Die Erfindung des Lebens als Literatur.* Dresdner Chamisso-Poetikvorlesungen 2006. Dresden 2007.

Salka Viertel: *Queen Christina* (1933)

Salka Viertel, geb. Salomea Sara (Mea) Steuermann *15. 6. 1889 Sambir (Österreich-Ungarn, heute: Ukraine), † 20. 10. 1978 Klosters (Schweiz). Stationen des Exils: 1928–1953 Santa Monica (Kalifornien, USA).

Inhalt

Der Film schildert die unglückliche Liebe der schwedischen Königin Christina, die in Zeiten der Krise gezwungen ist, zwischen den ererbten Pflichten und der Erfüllung ihres persönlichen Glücks im fremden Spanien zu wählen. Angewidert vom Grauen des Dreißigjährigen Krieges, sendet Kristina (dargestellt von Greta Garbo) einen Boten ins verfeindete Spanien, um einen Friedensvertrag auszuhandeln. Von diesen Ambitionen wenig begeistert, bemüht sich der Hofstab, die Königin zu einer Ehe mit ihrem Cousin und Generalissimus Charles Gustavus zu bewegen. Mit der Eheschließung hoffen die Berater das Bild eines starken Schweden zu wahren. Um sich dieser Bevormundung zu entziehen, begibt sich Christina auf einen Jagdausflug. Unter dem Schutz männlicher Kleidung kehrt sie dabei in einem Gasthof ein. Da dieser nur ein Zimmer frei hat, ist sie gezwungen, sich ein Bett mit Don Antonio (dargestellt von John Gilbert) zu teilen. Der zu Friedensgesprächen angereiste spanische Botschafter erkennt in seinem Bettgenossen schnell eine Frau. Daraufhin verbringen sie drei Nächte miteinander. Durch die Intrigen des Grafen Magnus beeinflusst, widersetzt sich der Hof dem Wunsch Christinas, Don Antonio zu heiraten. Daraufhin entscheidet sie sich, auf den Thron zu verzichten, um Don Antonio nach Spanien zu folgen. Doch auch diesen Plan durchkreuzt Graf Magnus, indem er Antonio zu einem Duell auffordert und ihn besiegt. Bei ihrer Ankunft am Hafen kommt Christina gerade noch rechtzeitig, damit Antonio in ihren Armen sterben kann. Trotz Antonios Tod entscheidet sie sich zur Überfahrt nach Spanien.

Analysen

Narrationen des Exils
Salka Viertels Arbeit am Drehbuch zu *Queen Christina* begleiten jene Entwicklungen in Deutschland, die aus ihrem Aufenthalt in Santa Monica ein Exil machten. Aus finanziellen Gründen war das Ehepaar Viertel 1928 für geplante drei Jahre nach Hollywood gekommen, wo F.W. Murnau Berthold Viertel eine Stelle als Regisseur verschafft hatte. Bald verwehrte die unsichere Lage in Deutschland der jüdischen Familie die Rückkehr an ihre langjährige Wirkungsstätte. Doch bereits vor der Machtübergabe an Hitler glich der Aufenthalt der Viertels in den USA einem Exil, da ihm aufgrund des finanziellen Zwangs von Beginn an etwas Unfreiwilliges anhaftete. Auch fiel es der Familie schwer, sich in die neue Umgebung einzufinden. Vor allem Berthold Viertel konnte sich mit dem restriktiven Studiobetrieb Hollywoods nur schwer arrangieren. Daher nahm er wiederholt Aufträge an der Ostküste und in Europa an. Zunehmend distanzierte er sich dadurch von seiner Frau und den drei gemeinsamen Söhnen. Um die Familie ernähren zu können, begann Salka Viertel, Drehbücher zu schreiben, da sie es nicht für möglich hielt, sich in den USA noch einmal als Schauspielerin etablieren zu können.

Ihre Arbeit beim Film versuchte Salka Viertel wiederholt dafür zu nutzen, um wenigstens temporär aus ihrem Exil „rauszukommen" (Brief Salka Viertels an Berthold Viertel vom 10. und 19. Mai 1932, Deutsches Literaturarchiv Marbach, zit. n. Prager 2007, S. 158): Auf ihren Wunsch hin ließ sich Greta Garbo vertraglich zusichern, dass *Queen Christina* in Europa gedreht werden würde. Diese Pläne wurden durch die ungewissen Vorgänge in Deutschland verhindert, und Viertel konnte sich den europäischen Geist nunmehr nur noch in ihrem Salon vergegenwärtigen, der schnell zu einem Zentrum der deutschen Emigration avancierte.

Die Tradierung europäischer Geschichte und Kultur verfolgte Salka Viertel auch inhaltlich im Rahmen ihrer schriftstellerischen Tätigkeit für den Film. So widmen sich ihre Drehbücher überwiegend bedeutenden Frauen aus der europäischen Geschichte und Literatur; sämtlich dargestellt durch die ‚europäische' Schauspielerin Greta Garbo: Königin Christina, Anna Karenina und Maria Walewska. Letztere stilisiert Viertel als Patriotin und Märtyrerin, die ihre Ehre opfert und Napoleons Geliebte wird, um ihn zur Verteidigung Polens zu bewegen. Gemeinsam ist diesen Drehbüchern eine raumzeitliche Abgrenzung, die den Film in einem Raum zwischen Heimat und Exil, Vergangenheit und Gegenwart verortet. Durch die Aktualisierung historischer Figuren sowie die Konservierung und Entwicklung einer transeuropäischen Kultur können in den Filmen so Wege imaginiert werden, die diese Festschreibungen durchkreuzen. In den Briefen Salka Viertels finden sich zahlreiche Hinweise für ihr Bedürfnis, einen dezidiert ‚europäischen' Film zu machen. In diesem Punkt ist sie sich mit ihrem Mann Berthold Viertel einig, der ihrer Mutter davon berichtet, wie entschieden sie sich darum bemühe, ihre Filme „gegen die Banalisierungsmaschine der Hollywooder Filmindustrie durchzusetzen" (Brief Berthold Viertels an Auguste Steuermann vom 2. August 1933, Deutsches Literaturarchiv Marbach, zit. n. Prager 2007, S. 154). Auch bekundet Salka Viertel, dass ihr historische Stoffe „heute noch am erträglichsten vor[kommen]" (Brief Salka Viertels an Berthold Viertel vom 20. Mai 1940, Deutsches Literaturarchiv Marbach, zit. n. ebd., S. 194). Von hier aus lassen sich Verbindungen zu anderen Schriftstellern wie Heinrich Mann ziehen, die in der Geschichte Projektionsräume für ihre angesichts der nationalsozialistischen Übermacht marginalisierten Ideale suchten.

So wird auch in *Queen Christina* keine explizite Exilsituation geschildert. Stattdessen begegnen im Film Motive des Exils in der Darstellung der Außenseiterposition souveräner Herrscher. Dabei werden Ausgrenzungsmechanismen deutlich, die das Leben selbst exilieren. Diesem wird in Christinas Monolog ein Dasein als Symbol gegenüber gestellt:

> All my life, I've been a symbol. A symbol is eternal, changeless an abstraction. A human being is mortal and changeable with desires and impulses, hopes and despairs. I'm tired of being a symbol, Chancellor. I long to be a human being. (*QC*, 01:16:31)

Als Urheber des Symbols wird die „unreasonable tyranny of the mob" (*QC*, 01:06:12) ausgewiesen. Durch die Bezeichnung der Masse als Tyrann kommt es zu einer Verkehrung der Hierarchie zwischen Herr und Knecht. Konsequent folgert Christina: „What strangely foolish title is it that calls me ruler if in what concerns me most nearly, I'm to have no voice?" (*QC*, 01:01:58) Paradoxerweise mangelt es gerade dem Souverän an Selbstbestimmtheit. Diese wird Christina vor allem durch ihre „heritage" (*QC*, 01:18:09) streitig gemacht: „I have grown up in a great man's shadow." (*QC*, 01:16:27) Die Konsequenz ist ein Leben „for the dead" (*QC*, 00:19:29). Mit den Untertanen und den Vorfahren verkehren sich zwei Heimat stiftende Faktoren in ihr Gegenteil. Anstatt Vertrautheit zu stiften und dem Individuum Halt zu gewähren, fühlt dieses sich seiner Freiheit beraubt und in seiner Persönlichkeit beschnitten.

Die Ablehnung essentialistischer Vorstellungen von Heimat und Nation setzt der Film auch in der Verhandlung von Christinas Identität fort. So eröffnet sich der Königin in der Travestie ein Handlungsspielraum gegenüber ihrer Fremdbestimmtheit. In einem Gespräch mit Don Antonio reflektiert Christina selbst über den Zuwachs an Freiheit, welchen sie durch das Exil in der männlichen Kleidung erfährt: „In my home, I'm very constrained. [...] I like to get away from it sometimes to be free." (*QC*, 00:48:55)

Außerdem zeigt sich in dieser Überschreitung vorgefasster Identitätskonzepte ein Wille zur Dynamisierung und Hybridisierung nationaler sowie kultureller Differenzen. Einem Professor, der darum bittet, die Universität vor Einflüssen anderer Nationen zu bewahren, da diese „the purity of our teaching" (*QC*, 00:17:15) korrumpieren könnten, entgegnet sie: „The danger is not so much of corruption as of staleness. We need new wine in the old bottles." (*QC*, 00:17:17) Eine ähnliche Position offenbart sich in Christinas Entscheidung, ihren Cousin Charles Gustavus nicht zu heiraten, wodurch sie sich dem Wunsch ihres Volkes nach einem „heir of Swedish blood" (*QC*, 00:06:33) widersetzt. Dagegen bevorzugt sie den Katholiken und Spanier Don Antonio. Hierin zeigt sich ein Gegenentwurf zur nationalsozialistischen Rassenpolitik. Bekundungen des schwedischen Volkes wie „Sweden for the Swedes!" (*QC*, 00:23:07) erscheinen vor diesem Hintergrund fast als Spiegelung der außerfiktionalen Wirklichkeit. In diesem Zusammenhang lässt sich Christinas Überfahrt nach Spanien, mit welcher der Film schließt, als Präfiguration der Flüchtlingsströme lesen, die ihre deutsche Heimat in den darauffolgenden Jahren verlassen werden. Allerdings kann in Bezug auf diese Szene nicht mehr gesagt werden, ob sich Christina ins Exil oder ihre eigentliche Heimat begibt. Eine grundsätzliche Differenz zwischen beiden Kategorien wurde im Verlauf des Films abgetragen. Konsequent endet der Film daher an einem transnationalen Ort, auf halbem Weg zwischen Schweden und Spanien.

Theoretische Perspektivierungen
Unter Berücksichtigung von souveränitätstheoretischen Überlegungen lässt sich in der Differenz von Leben und Symbol, die Christina als Exilierung ihrer selbst aus dem eigenen Erscheinungsbild erfährt, ein grundsätzlicher Wesenszug des Herrschers erkennen. Diese Differenz zeigt sich in der doppelten Begegnung zwischen Don Antonio und Christina. So wiederholt sich während Don Antonios Audienz bei der Königin jener Dialog, den er zuvor als Gleichberechtigter im Gasthaus mit der Privatperson geführt hat. In dieser Dopplung lassen sich *Die zwei Körper des Königs* erkennen, mithin Ernst Kantorowicz' Unterscheidung zwischen dem sterblichen Leib des Souveräns und dessen immerwährend-mystischem Körper. Ausgehend von der Rezeption dieser Differenz durch Giorgio Agamben wäre zu überlegen, ob die Ausgrenzung von Christinas individuellem Begehren nicht als Produktion „des absoluten und nichtmenschlichen Wesens der Souveränität" (Agamben 2002, S. 111) gefasst werden kann, in dessen Gestalt „der politische Körper des Königs sich dem tötbaren und nicht opferbaren Körper des *homo sacer* anzunähern" (ebd., S. 104) beginnt. Insofern zeigt sich die Exilierung des Anderen, in welcher Edward W. Saïd die Kehrseite der Herausbildung einer nationalstaatlichen Souveränität erkennt, im Film bereits in der Konfiguration des Souveräns selbst (vgl. Saïd 2000, S. 177).

In medientheoretischer Perspektive wird erkennbar, wie der symbolische Körper Christinas als Bild im Bild inszeniert wird. Dadurch ist die Exilierung des Lebens negativ erfahrbar. Die Bildhaftigkeit der Königin wird in der Überblende deutlich, welche die Szene im Gasthaus mit derjenigen der Audienz Don Antonios verbindet (*QC*, 00:50:40). Für einen Moment überlagern sich in dieser die beiden Körper Christinas in einer Einstellung, wobei sie sich in ihrem diegetischen Status unterscheiden. Im Gegensatz zur Szene im Gasthaus zeigt die Kamera Christina bei den Vorbereitungen auf die Audienz in einem Spiegel: als Bild im Bild. Diese Bildhaftigkeit der Königin wird auch während der Audienz deutlich. So zeigt die Kamera Christina entgegen der Hollywood-Konvention anfangs frontal auf ihrem Thron sitzend. Dadurch setzt sich der Film dem Risiko eines Fiktionsbruchs aus, den der direkte Blick einer Figur in die Kamera bewirkt. Allerdings wird diese Gefahr durch die Leblosigkeit und Symmetrie der Darstellung gebannt, welche die Figuren zu einer Allegorie der Herrschaft erstarren und Christina neben ihrem Subjektstatuts auch ihre Individualität einbüßen lassen. Erst der Blick Don Antonios, der die Geliebte im Bild erkennt, führt dazu, dass die Inszenierung zum regulären Schuss-Gegenschuss-Verfahren zurückkehrt. Folglich stellt die romantische Liebe, insofern es ihr um den ganzen Menschen geht, hier ihre integrativen Qualitäten unter Beweis, indem sie die Aufhebung der Trennung zwischen Leben und Bild ermöglicht.

Im Horizont gendertheoretischer Einsichten Judith Butlers lässt sich zeigen, wie der Film über die Ausstellung performativ begründeter Geschlechtsidentitäten einem Essentialismus entgegenwirkt. Vor allem in der bühnenähnlichen Rahmung Christinas durch den Baldachin des Bettes, während sie sich entkleidet und unter ihrem männlichen Erscheinungsbild ein weibliches zutage tritt (*QC*, 00:40:04), deuten sich Schichtungen verschiedener Geschlechtsidentitäten innerhalb einer Figur an, die stets in anderer Konfiguration dargestellt werden. In Christinas Rede findet sich angesichts der Gestaltbarkeit des eigenen Geschlechts die Metapher des göttlichen Schöpfungsakts: „This is how the Lord must have felt when he first beheld a finished world with all his creatures breathing, living." (*QC*, 00:47:49)

Die „category crisis" (Waters 1994, S. 43), die dieses Verhalten Christinas auslöst, wirkt sich auch auf die Kategorien Heimat und Exil aus, zwischen denen keine Demarkation mehr auszumachen ist, da sich die pluralen Identitäten einem Reduktionismus widersetzen. Stattdessen lässt sich in der Wahl des Geschlechts ein subversiver Pragmatismus beobachten. So entzieht sich Christina mit ihrer männlichen Identität dem Einfluss des Hofes, wohingegen sie ihr „female awakening" (Erkkila 1985, S. 609) nutzt, um der Prägung durch ihren Vater zu entkommen, der sie „as a boy" (*QC*, 00:02:06) erziehen ließ. Insofern beide Geschlechter Christina in dem Maße befreien, wie sie sie der Fremdbestimmung durch ihre Herkunft aussetzen, befindet sich die Königin immerzu auf der Schwelle zwischen Heimat und Exil.

In Abgrenzung dazu wird das Exil zu einem utopischen Zustand, in dem das Individuum die gesellschaftlich determinierten Geschlechtsidentitäten vollkommen transzendiert und in einem hybriden Zwischenraum aufgeht, der mit dem Begriff des Transsexuellen nur notdürftig umschrieben ist. Da sich in der Figur immer schon die Tradition der Geschlechter fortschreibt, insofern sie mit dem Film auch die „Ebene der Immanenz" (Deleuze 1997, S. 87) betreten hat, wie es Gilles Deleuze zutreffend formuliert, zeigt sich dieses transzendente Exil mit dem identisch, was dem filmischen Medium überhaupt entzogen ist. Am ehesten nähert sich der Film diesem Exil daher in der Darstellung der Liebenden an, die durch den Baldachin des Bettes verhüllt werden (*QC*, 00:42:22). Durch diesen sind sie dem Bild gerade in dessen Zentrum entrückt, was die Geschlechtsperformanz zugunsten einer befreienden Negativität aufhebt.

Exil und Erinnerung
Obgleich *Queen Christina* keinen hohen Bekanntheitsgrad genießt, haben zwei Szenen des Films Einzug ins kulturelle Gedächtnis gefunden. Beide thematisieren explizit das Erinnern. In der ersten Szene durchstreift Christina am Morgen nach der Liebesnacht das Zimmer, wobei sie jeden Gegenstand ausgiebig betrach-

tet und betastet. Auf Antonios Frage, was sie da tue, antwortet sie: „I've been memorizing this room. In the future, in my memory, I shall live a great deal in this room." (*QC*, 00:47:02) Von der Einmaligkeit ihrer Zusammenkunft mit Don Antonio überzeugt, nutzt Christina die Gelegenheit, sich bewusst auf ein Exil in ihrer Erinnerung vorzubereiten. Letztlich findet Christina ihre Heimat also in ihrer Liebe zu Antonio. Das Gasthofzimmer stellt in diesem Zusammenhang nur eine Hilfskonstruktion dar. Es wird nur memoriert, weil sich Christina erhofft, in dessen mentalem Abbild ihre Liebe rekonstruieren zu können.

Diese Szene korrespondiert mit der ebenfalls vielfach zitierten Schlusseinstellung, in der Christina, gedankenverloren am Bug des Schiffes stehend, in die Ferne blickt. Während der gesamten Szene ist die Kamera aus diversen Perspektiven auf das Schiffsdeck gerichtet, wodurch der Außenbereich ausgespart wird. Das Schiff wirkt wie ein „Ort [...] ohne Ort, ganz auf sich selbst angewiesen, in sich geschlossen und zugleich dem endlosen Meer ausgeliefert" (Foucault 2005, S. 21). In dieser Gestalt wurde es laut Michel Foucault „das größte Reservoir für die Fantasie" (ebd.). Auf dem Schiff gelangen der Blick in die Ferne und der ins eigene Innere in ein Deckungsverhältnis. Konsequent muss daher der *over-shoulder shot* ausbleiben, der die Figur in einer Einstellung mit der Grenzenlosigkeit des Meeres zeigen würde, denn das Ziel der Reise befindet sich immer schon im Reisenden selbst. Dies unterstreicht die Kamera, indem sie immer näher an Christinas Gesicht heranfährt, bis dieses in einer Nahaufnahme schließlich das gesamte Bild ausfüllt.

Auf synchroner Ebene lassen sich deutliche Parallelen zu anderen Filmen erkennen. So veranlasst der Erfolg, den Metro-Goldwyn-Mayer mit *Queen Christina* hatte, deren größten Konkurrenten Paramount 1934 dazu, ebenfalls zwei Historienfilme mit weiblichen Hauptfiguren und Referenzen zum Exil zu produzieren. Josef von Sternberg drehte *The Scarlet Empress* mit Marlene Dietrich als Katharina der Großen. Finanziell erfolgreicher als der Film der Emigranten war jedoch Cecil B. DeMilles *Cleopatra*. Auf diachroner Ebene lassen sich vor allem in James Camerons *Titanic* (1997) deutliche Bezüge zu *Queen Christina* erkennen. So orientiert er sich bei der Inszenierung jener Szene, in der Rose und Jack auf der Reling am Bug des Schiffes stehen, an der Schlusseinstellung von *Queen Christina*. Auch hier wird während mehrerer Kamerabewegungen um die Liebenden der *over-shoulder shot* vermieden, um zuletzt für einen Sekundenbruchteil anzuklingen. Allerdings ist die Liebe zwischen Rose und Jack von jenen Kontexten bereinigt, die Christinas Beziehung zu Antonio so bedeutend erscheinen lässt. Dies zeigt sich auch in der Erzählsituation. So werden durch die partielle Analepse, in der Rose den Untergang der Titanic schildert, die beiden großen Katastrophen des 20. Jahrhunderts elliptisch ausgespart.

Fazit

In den transnationalen und transsexuellen Ambitionen Christinas manifestiert sich auf mehreren Ebenen eine Ablehnung essentialistischer Konstruktionen. Dadurch leistet *Queen Christina* in vielerlei Hinsicht einen Beitrag zum Exildiskurs. So verarbeitet der Film das auf die transzendentale Obdachlosigkeit zurückzuführende symptomatische Exil der Moderne in einem Genderdiskurs, der zudem eine positive und zugleich utopische Dimension des Exils andeutet. Außerdem entwirft er die romantische Liebe auf der Basis ihrer entgrenzenden und Hybridität stiftenden Dimension als Gegenmodell zur nationalsozialistischen Familienpolitik. In der Darstellung souveräner Herrschaftsmodelle ist eine Tendenz zu beobachten, das Leben selbst zu exilieren. Hierin deuten sich Ausgrenzungsmechanismen an, mit denen der nationalsozialistische Staat seinen Herrschaftsanspruch durchsetzte. Darüber hinaus entwirft der Film ein Vokabular des Exils, indem er die Konventionen des Erzählkinos ausreizt. Anstatt eindeutig lokalisierbar zu sein, bewegen sich die Figuren aufgrund der enträumlichenden Tendenzen der Inszenierung sowohl in Bezug auf den Zuschauer als auch aufeinander in einem isolierten Gegenüber.

Sebastian Freiseis

Literatur

(*QC*) Viertel, Salka: *Queen Christina*. Drehbuch, Film USA 1933 (aka *Königin Christine*, dt. Erstaufführung 24. 10. 1934; Zeitangaben nach: Metro-Goldwyn-Mayer. Warner Home Video. Hamburg 2005).

Agamben, Giorgio: *Homo sacer. Die Souveränität der Macht und das nackte Leben*. Frankfurt a. M. 2002.
Butler, Judith: *Das Unbehagen der Geschlechter*. Frankfurt a. M. 1991.
Deleuze, Gilles: *Das Bewegungs-Bild. Kino 1*. Frankfurt a. M. 1997.
Erkkila, Betsy: „Greta Garbo. Sailling beyond the Frame". In: *Critical Inquiry* 11 (1985) H. 4, S. 595–619.
Foucault, Michel: „Die Heterotopien. France Culture 7" (Dezember 1966). In: *Die Heterotopien / Les hétérotopies. Der utopische Körper / Le corps utopique. Zwei Radiovorträge*. Frankfurt a. M. 2005, S. 9–22.
Prager, Katharina: *„Ich bin nicht gone Hollywood!" Salka Viertel – ein Leben in Theater und Film*. Wien 2007.
Saïd, Edward W.: „Reflections on Exile". In: *Reflections on Exile and Other Essays*. Cambridge/Mass. 2000, S. 173–186.
Waters, Sarah: „,A Girton Girl on a Throne'. Queen Christina and Versions of Lesbianism, 1906–1933". In: *Feminist Review* 46 (1994) H. 1, S. 41–60.

Grete Weil: *Meine Schwester Antigone* (1980)

Grete Weil, geb. Margarete Elisabeth Dispeker *18. 7. 1906 Rottach-Egern (Oberbayern), †14. 5. 1999 Grünwald bei München. Stationen des Exils: 1935–1947 Amsterdam.

Inhalt

Der Roman spielt auf drei Zeit- und Erzählebenen, die in kritischer Absicht miteinander verschränkt werden und so die Leser/-innen in den qualvollen Prozess des Erinnerns und einer letztlich erfolglosen Selbstpositionierung mit hineinziehen. Die namenlose Ich-Erzählerin, deren Biografie eng mit der der Autorin verwandt ist, lebt Ende der 1970er Jahre in Frankfurt a. M. Einsamkeit bestimmt ihr Leben, sie betrauert den Verlust geliebter Gefährten. Die Erinnerung an ihr Exil in Amsterdam ist geprägt durch den Tod ihres ersten Mannes, der nach Mauthausen deportiert wurde und dort umkam. Schwer trägt die jüdische Protagonistin an der Schuld der Überlebenden und tritt deshalb in einen Dialog mit Antigone, der antiken Figur eines moralisch gerechtfertigten Widerstands gegen tyrannische Staatsmacht. Antigones humanistisches Credo „Zum Hassen nicht, zur Liebe bin ich" (*MSA*, 15) wird von Grete Weil allerdings gebrochen und schließlich ins Gegenteil verkehrt. Nach Auschwitz ist das Pathos der Tragödie unmöglich geworden, und doch stachelt die prekäre Identitätsfigur die Ich-Erzählerin immer wieder zu neuen Erinnerungen und Selbstbefragungen an. Neben die andauernde Präsenz der Vergangenheit tritt eine Auseinandersetzung mit den Ereignissen des Deutschen Herbstes, die zu einer politisch riskanten Aktualisierung der eigenen Flüchtlingserfahrung führt. Die Erzählzeit des Romans umfasst einen Tag, während dessen unterschiedliche Ebenen auf irritierende Weise wechseln. Ein Fremdkörper im Roman bleibt der ausführliche Bericht eines deutschen Wehrmachtoffiziers, der als Augenzeuge die Liquidation des jüdischen Ghettos einer polnischen Kreisstadt im Sommer 1943 beschreibt.

Analysen

Narrationen des Exils
Den Entschluss einer Remigration nach Deutschland unmittelbar nach dem Krieg begründet Grete Weil damit, gemeinsam mit ihrem Jugendfreund, dem Opernregisseur Walter Jockisch, zu leben. „Ich ging in keine Einsamkeit", schreibt sie rückblickend (zit. n. Exner 1998, S. 73). „Deutschland war ebenso kaputt wie ich

selbst, und das war genau das Richtige für mich." (ebd., S. 67) Nachdem Weil in Amsterdam vorübergehend als Fotografin gearbeitet hatte, nahm sie in den 1950er Jahren ihre schriftstellerische Tätigkeit wieder auf. Auch deshalb kehrte sie zurück in das Land, in dem die deutsche Sprache gesprochen wurde. Zuerst entstand das Libretto für Hans Werner Henzes Oper *Boulevard Solitude* (1952). Weil arbeitete außerdem als Übersetzerin und Rezensentin. Vor allem aber wollte sie Zeugin sein und einen Dialog mit der jüngsten Vergangenheit beginnen. Ihr Roman *Tramhalte Beethovenstraat* (1963) und die Erzählungen *Happy, sagte der Onkel* (1968) fanden in der Bundesrepublik jedoch nicht die erhoffte Resonanz. Erst mit *Meine Schwester Antigone* gelang Weil der literarische Durchbruch; die Autorin war 74, ihr zweiter Mann Walter Jockisch (*nicht* Walter Jokisch, wie gelegentlich zu lesen ist) seit zehn Jahren tot.

Noch in *Spätfolgen* (1992) beschreibt Weil die „lebenslang beschädigte Existenz des Überlebenden" (Meyer 1996, S. 85). „Krieg und Deportation. Ich kann von nichts anderem erzählen." (*MSA*, 82) Sie fühlt sich zur Zeugenschaft verpflichtet und sucht nach Möglichkeiten, die Erfahrungen von Exil und Vertreibung, von Mord im Ghetto und im KZ zu beschreiben. „Indem Grete Weil über Auschwitz als eine *Chiffre* spricht, schließt sie das ‚Unnennbare' [Jean-Marie Kardinal Lustiger] und ‚Unentzifferbare' [Primo Levi] mit ein." (Meyer 1996, S. 49) In *Meine Schwester Antigone* wählt Weil für ihren ‚Dechiffrierungsprozess' die Auseinandersetzung mit der mythologisch vorgeprägten Figur der Antigone, die sie jedoch in spezifischer Weise umdichtet. Anders als bei dem unveröffentlicht gebliebenen Antigoneroman aus den 1950er Jahren, der eine umfassende Rekonstruktion der Titelfigur versucht, bleibt die literarische Zwiesprache mit der antiken Heldin nun bruchstückhaft und verläuft überaus kontrovers. Als Gefährtin ist sie Vorbild und Gegenpart zugleich, eine Ikone der Freiheit und eines autonomen Handelns, die bereit ist, für die eigene Überzeugung zu sterben.

Antigone wird als moralisch integre Widerstandskämpferin vorgestellt, die zur Identifikationsfigur für den geistigen Widerstand gegen das NS-Regime avanciert; in seinem *Antigonemodell* (1948) sah Bertolt Brecht das anders und akzentuierte mit der Figur des Königs Kreon die Hybris der Herrschaft. Für Weil jedenfalls ist die am 22. Februar 1943 hingerichete Sophie Scholl „die Antigone unserer Tage" (Meyer 1996, S. 249). Diese Aktualisierung der mythologischen Vorlage konfrontiert die Ich-Erzählerin erneut mit der eigenen Unzulänglichkeit – „Warum haben wir uns nicht gewehrt?" (*MSA*, 34) – und der selbst zugewiesenen Schuld als Überlebende. „Ich bereue, bereue zutiefst, daß ich lebe, begreife es nicht." (*MSA*, 33) Von ihrem Engagement im holländischen Widerstand erfahren wir im Roman nur Weniges nebenher.

„Zur Neinsagerin wird Antigone wegen der inzestuösen Liebe zu Polyneikes" (Meyer 1996, S. 237), für dessen Begräbnis die Schwester damals in Theben von

Kreon zum Tode verurteilt worden war. Die Ehre des Toten hatte Antigone mit dem Leben bezahlt. Die namenlose Ich-Erzählerin beklagt den Tod des Geliebten im KZ, dem ein Grab verweigert wurde. Der Roman kann deshalb als Totenklage gelesen werden. „In fact, in this case mourning the dead becomes an act of female defiance." (Baackmann 2000, S. 270) Die Mythen liefern ein Reservoir, traumatische Erinnerungen zur Sprache zu bringen. „*As an imaginary witness*, Antigone *thickens* and *validates* a traumatic event" (ebd., S. 276) und im Verlauf des Romans verändert sich dann das Verhältnis der Ich-Erzählerin zu Antigone „from identification to critical distance" (ebd., S. 277). Offen bleibt die Frage: „Wie hätte sie an meiner Stelle gehandelt?" (*MSA*, 94) Eine richtige Antwort ist eingedenk des Holocaust unmöglich. Weils signifikante Umschrift der mythologischen Vorlagen – „Nicht mitzulieben, mitzuhassen bin ich da." (*MSA*, 219) – verdeutlicht, dass „die literarische Aktualisierung des Antigone-Stoffes lediglich ansatzweise und ausschließlich unter negativen Vorzeichen funktioniert" (Meyer 1996, S. 273).

Grete Weils Poetik des Exils schreibt sich ein in die humanistische Tradition, die ihrerseits aber als Grundlage menschlichen Handelns unglaubwürdig geworden ist. Diese radikale Verunsicherung steht existentiellem Freiheitspathos, das mit Antigone immer wieder aufgerufen wird, ebenso entgegen wie einfachen Schuldzuweisungen, die die vom NS-Regime Verfolgten und Ermordeten klar von den Tätern, Handlangern und stillen Beobachtern trennen. Staatlich sanktionierte Menschenverachtung und Massenvernichtung kennen keine Unschuldigen. Das treibt die Autorin um. Auch die Religion – Weil ist assimilierte Jüdin – bietet ihr keine Zuflucht. Einzig im Schreiben selbst findet sie die Möglichkeit einsamer Aussprache. Die Poetik des Exils bei Weil bezieht sich also vor allem auf die Unsagbarkeitsproblematik und die ‚Schuldhaftigkeit' des Überlebens, wodurch Aspekte der älteren Exilforschung (Sprach- und Identitätsverlust) mit denen der neueren die Schoah und das Überleben akzentuierenden Forschung auf spannungsvolle Weise verbunden werden.

Theoretische Perspektivierungen
Mythische Frauenfiguren bieten sich als potentielle Identifikationsbilder für Schriftstellerinnen an, wie Sigrid Weigel anhand der Figuren Antigone und Kassandra (Weigel 1989, S. 298ff.) herausstellte. Aber während Christa Wolf mit ihrem *Kassandra*-Projekt (1983) ausdrücklich feministische Absichten verfolgt, dabei auf die spezifische Literaturpolitik der DDR mit einem geschickten Ausweichmanöver aufs Gebiet der Mythenrezeption reagierend, ist Grete Weils Antigonebearbeitung von dezidiert feministischen Ansprüchen frei. Gleichwohl bleibt stets deutlich, wer spricht. Eine alte Frau erinnert sich, sie will über Antigone schreiben – eine qualvolle Arbeit, die nur schleppend vorangeht –, ruft sich mit Jean d'Arc und Sophie Scholl andere nationale Heldinnen und Widerstands-

kämpferinnen ins Gedächtnis und wird konfrontiert mit Frauen der jüngeren Generation, die als Sympathisantinnen der RAF auftreten. In der von Ruth Klüger (1996) charakterisierten Weise schreiben und lesen Frauen anders, weil sie auf geschlechtsspezifisch andere Erfahrungen rekurrieren und deshalb Literatur anders perspektivieren. In diesem pragmatisch-deskriptiven Sinn ist Weils Werk durchaus feministisch zu verstehen (vgl. die Überlegungen zu Jokaste; *MSA*, 57).

Das in *Meine Schwester Antigone* entwickelte „Schreibverfahren der Fiktionalisierung des eigenen Ich und seiner Geschichte" sieht Sibylle Schönborn einer „Ästhetik des Weiblichen" (Schönborn 2009, S. 88) verpflichtet, das anschließbar ist an Judith Butlers Überlegungen in *Antigones Verlangen. Verwandtschaft zwischen Leben und Tod* (2001). *Die Selbstverortungen einer deutschen Jüdin im 20. Jahrhundert* führen zur Entwicklung unterschiedlicher *Positionen des Nicht-Identischen* (so Untertitel und Titel von Schönborn 2009). Der in *Meine Schwester Antigone* dargestellte „offene Schreibprozess", der disparates Material verarbeitet und fragmentarisch bleibt, verweigert und verfehlt die konventionelle, auf Sinnstiftung zielende Form des Romans mit fest gefügten Charakteren und einer fortlaufenden Handlung.

Aus den assoziativ sprunghaften Erinnerungen, die der Roman nachbildet, sowie deren Kommentierung und Aktualisierung, die durch eine historisch-kritische Auffächerung der Antigonefigur erreicht werden, fällt der Abdruck eines Augenzeugenberichts heraus. Die künstlerisch aufgebaute Fiktionalisierungsstrategie wird konterkariert und ergänzt durch Dokumentation. Die Erben von Friedrich Hellmund (1903–1945?) hatten der Autorin dessen bis dahin unveröffentlichten Augenzeugenbericht *Petrikau* zur Publikation überlassen. Der deutsche Unteroffizier beim Sicherungs-Bataillon 954 beschreibt darin die Auflösung des dortigen jüdischen Ghettos am 26. Juli 1943. Damit dokumentiert Weil früh die Beteiligung deutscher Wehrmachtsangehöriger am Holocaust. Die nicht versagte Sympathie der Ich-Erzählerin für Hellmund, der an den Erschießungen nicht aktiv beteiligt war und von dem Gesehenen mit Entsetzen berichtet, reformuliert die Frage nach dem richtigen Handeln unter extremen Bedingungen und lässt die Leser des Romans sowie die Leserin im Roman fassungslos zurück. Die Engführung von Opfer- und Täterperspektive steigert die Irritation. Die Ratlosigkeit angesichts des Grauens erzwingt die in sich brüchige Konstruktion des Romans, was von der Ich-Erzählerin auch wiederholt reflektiert wird und ihre Mühen bei der schriftstellerischen Arbeit sowie ihre Mutlosigkeit des Alters erklärt. Diese Folgen legen eine Spur zurück, lassen das Unfassliche des Holocaust erahnen.

Der Berücksichtigung von *race, class and gender* trägt Grete Weil in ihrem Werk also Rechnung und erweitert die genannten Analysekategorien um die des Alters. Die durch die Verlusterfahrungen während des Exils verstärkte Einsamkeit des Alters bildet neben der Opferproblematik eines der Grundthemen von

Weils Spätwerk. Es sind die Texte selbst, die zu einer differenzierten Analyse anleiten und entsprechende Erklärungen anbieten; so etwa die ‚Wunde' der Erinnerung als das durch die Verfolgung entstandene Trauma (vgl. *MSA*, 34) oder die kompensatorische Funktion des Schreibens (vgl. *MSA*, 36). In Dialogen und der romanintern gespiegelten Situation einer Schriftstellerin werden entsprechende Perspektivierungen eigens thematisiert. Emigration als „Fallen ins Bodenlose" (*MSA*, 161) verhandelt so den eigenen moralischen Anspruch in Zeiten äußerster Bedrohung.

Exil und Erinnerung
Der eine Tag der namenlosen Ich-Erzählerin in *Meine Schwester Antigone* verdeutlicht, dass ihr Leben vor allem aus Erinnerungen besteht. „Meine Krankheit heißt Auschwitz, und die ist unheilbar. Ich habe Auschwitz, wie andere Tb und Krebs haben" (Weil 1985, S. 7), erklärt Weil. Es sind die traumatischen Erfahrungen, die der erzählten Gegenwart in die Quere kommen, und erst das andauernde Gespräch mit Antigone, ihrem literarischen Alter Ego, bietet einen Rahmen zur Aussprache, deren literarische Gestaltung dann eine gewisse therapeutische Wirkung entfaltet (vgl. Baackmann 2000, S. 274). Fertig wird sie mit ihren Erinnerungen nicht; deshalb bleibt Antigone auch ihre stete Begleiterin (vgl. *Noch einmal Antigone* in: Weil 1985, S. 138 ff.).

Grete Weil lehnt die Kollektivschuldthese ab (vgl. *MSA*, 114), sonst wäre sie 1947 nicht nach Deutschland zurückgekommen. „Ich habe die Heimat verloren und ich habe keine andere dafür gefunden, ich fühle mich als Weltbürger, meine Gesinnung ist international." (zit. n. Exner 1998, S. 67f.) Als jüdische Überlebende, die ihr Judentum vor allem als Fremdzuweisung erfahren hat (vgl. *MSA*, 49), bleibt sie aber fremd im eigenen Land. Flucht wird zum Dauerzustand (vgl. *MSA*, 117), weil die Erinnerungen an den Krieg, an Vertreibung, Deportation und Mord sie weiterhin verfolgen. Dagegen kämpft sie in ihren Büchern an. Mit *Meine Schwester Antigone* schreibt sie sich – nicht ohne Vorbehalt und unter großer Anstrengung – in eine Tradition des Widerstands ein. In der späteren schriftstellerischen Aufarbeitung werden die Exilerfahrung und der Widerstandsgestus eng korreliert. Ihre Erinnerungsarbeit führt Weil über den emotional-psychologischen Aspekt ihrer Ich-Erzählerin, in der sie sich spiegelt, hinaus zu aktualisierenden sozialpolitischen Reflexionen, denn mit ihrer literarischen Stellungnahme zum Deutschen Herbst erinnert sie an die Motive der RAF-Mitglieder, bevor sie zu Terroristen wurden (vgl. *MSA*, 119).

Als ehemals Verfolgte ist die Protagonistin bereit, eine junge Frau zu verstecken, die als ‚Sympathisantin' gilt. „Ein Flüchtling weist keinem anderen Flüchtling die Tür." (*MSA*, 118) Obwohl sich ein Verständnis über die Generationen hinweg nicht einstellt, zeigt die schonungslose Selbstbefragung der Ich-Erzählerin verstörende Entwicklungslinien und Analogien auf: Antigone, Jean d'Arc, Sophie Scholl, Gudrun Ensslin (vgl. *MSA*, 156, 162). Die Frage nach der Legitimität des Widerstands wird zugespitzt: „Die Historie tut uns den Gefallen, unseren Terrorismus Widerstand zu nennen." (*MSA*, 163) Obwohl sich die Ich-Erzählerin für friedliche Lösungen ausspricht – „Ich bin gegen Gewalt und gegen Sympathisanten von Gewalt." (*MSA*, 164) –, zweifelt sie an der Realisierungsmöglichkeit solcher wohlmeinender Gesinnung. In einer letzten Vision wird deshalb die mythische Antigone in die Schouwburg, die jüdische Sammelstelle in Amsterdam, versetzt, wo sie den SS-Hauptsturmführer erschießt. Dieser militante Akt des Widerstands, den die auf Pragmatismus und Kompromiss ausgerichtete Ich-Erzählerin – sie nennt sich selbst „eine Scheißliberale" (*MSA*, 125) – nie vollzog, bleibt folgenlos; es gibt keine Leiche, es fließt kein Blut. Der Roman negiert alle Positionen, und weil sich die ‚Wunde der Vergangenheit' nicht schließen lässt, wird Weil zur ‚Zeugin eines andauernden Schmerzes', wie sie in *Spätfolgen* bekennt (vgl. Exner 1998, S. 110).

Anders als ihre früheren schriftstellerischen Auseinandersetzungen mit der jüngsten Vergangenheit – *Tramhalte Beethovenstraat* (1963) stieß auf Vorbehalte der Kritik, *Ans Ende der Welt* (1949) fand in der Bundesrepublik keinen Verlag und erschien deshalb in Ost-Berlin – war die Reaktion auf *Meine Schwester Antigone* durchgehend positiv und brachte Weil den lang ersehnten literarischen Erfolg (vgl. Braese 2001, S. 549ff.). Die Rezeptionssituation für den Roman war günstig, da auf deutschen Bühnen ein wahres „Antigone-Fieber" (George Steiner) herrschte und ein Interesse an neuen Darstellungen des ‚Dritten Reiches' bestand; die Sendung der US-amerikanischen Serie *Holocaust* im Januar 1979 war in der deutschen Öffentlichkeit breit diskutiert worden. Den ursprünglich für den Roman vorgesehenen Titel *Todestreppe*, der sich auf das KZ Mauthausen bezieht, hatte die Lektorin in *Meine Schwester Antigone* geändert. Diesem Vorschlag stimmte Weil, die sich nie um den literarischen Betrieb gekümmert hatte, vorbehaltlos zu. Die Kritik damals beurteilte den Hellmund-Bericht allerdings ambivalent und marginalisierte die Bezugsebene zur RAF; nicht zuletzt darin aber liegen Rezeptionspotentiale des Romans heute. Die Autorin selbst reagierte auf ihren späten Erfolg mit Resignation: „Das kam alles viel zu spät." (zit. n. Exner 1998, S. 97)

Fazit

Grete Weils „Existenz aus Erinnerung" (*MSA*, 77) schreibt das Exil fort, und im Motiv des Alters erhält die Todesnähe unmittelbare Präsenz. Ihre Bemühungen um Zeugenschaft sind, anders als etwa in den Niederlanden, in der Bundesrepublik nicht gleich auf positive Resonanz gestoßen, wo es erst spät die Bereitschaft gab, sich einer ästhetisch komplexen Beschäftigung mit dem Holocaust zu stellen. Weils Verschränkung von historischen Fakten mit eigener Erfahrung und ihr fingierter Dialog mit Antigone, der bei der totalitären Herrschaft und Menschenverachtung der NS-Vergangenheit nicht stehen bleibt, machen sie zu einer unbequemen Zeugin. Die in der rückhaltlosen Selbstbefragung der Autorin gründende, literarisch erschriebene Authentizität beglaubigt den dokumentarischen Wert des Romans nachhaltig. In *Meine Schwester Antigone* wird die Erinnerungsarbeit einer namenlosen Ich-Erzählerin gezeigt, die im Dialog mit der mythologischen Neinsagerin eine Form einsamer Aussprache findet. Dieses kunstvolle Arrangement, das unterschiedliche Zeit- und Erzählebenen – Theben als antikes Vorbild, das Exil in Amsterdam und Frankfurt im Deutschen Herbst – zusammen bringt, weist integrative Lösungen ab, denn Widerstand ist zwar geboten, bleibt aber ohne Erfolg. Eine klare Trennung von Opfern und Tätern ist ebenso wenig möglich wie die von Gegenwart und Vergangenheit.

Es ist die gleichermaßen produktive wie kritische Aneignung der mythologisch vorgeprägten Frauenfigur, durch die sich *Meine Schwester Antigone* im Kontext neuerer kulturwissenschaftlicher Theorien behauptet. Verblüffend dabei ist, dass der Roman selbst zu einer nach Alter, Rasse und Geschlecht differenzierten Lektüre anleitet. *Meine Schwester Antigone* bietet einen individuellen, psychologisch subtilen Einblick einer aus dem Exil nach Deutschland zurück gekehrten Jüdin und lanciert darüber hinaus einen politischen Diskurs über Möglichkeiten und Grenzen des Widerstands. Soll es Freiheit für die Feinde der Freiheit geben? Muss Gewalt sein, wenn „der Staat zum Massenmörder geworden ist" (*MSA*, 163)? Die am Beispiel der Antigonefigur abgehandelte dilemmatische Beziehung von Moral und Politik sowie die kunstvolle Verschränkung von faktualem und fiktionalem Erzählen zu einem literarischen Zeugnis einer Überlebenden weisen dem Roman seinen Platz im exilliterarischen Kanon zu. Ein Schreiben angesichts seiner Unmöglichkeit zeichnet *Meine Schwester Antigone* aus.

Carola Hilmes

Literatur

(*MSA*) Weil, Grete: *Meine Schwester Antigone*. Zürich, Köln 1980.

Baackmann, Susanne: „Configurations of Myth, Memory, and Mourning in Grete Weil's ‚Meine Schwester Antigone'". In: *The German Quarterly* 73 (2000) H. 3, S. 269–286.
Braese, Stephan: *Die andere Erinnerung. Jüdische Autoren in der westdeutschen Nachkriegsliteratur*. Berlin, Wien 2001.
Exner, Lisbeth: *Land meiner Mörder, Land meiner Sprache. Die Schriftstellerin Grete Weil*. München 1998.

Klüger, Ruth: *Frauen lesen anders*. München 1996.
Meyer, Uwe: „*Neinsagen, die einzige unzerstörbare Freiheit*". *Das Werk der Schriftstellerin Grete Weil*. Frankfurt a. M. u. a. 1996.
Schönborn, Sibylle: „Positionen des Nicht-Identischen. Selbstverortungen einer deutschen Jüdin im 20. Jahrhundert". In: *Grete Weil*. Hg. v. Heinz Ludwig Arnold. München 2009 (Text + Kritik 182), S. 88–102.
Weigel, Sigrid: *Die Stimme der Medusa. Schreibweisen in der Gegenwartsliteratur von Frauen*. Reinbek bei Hamburg 1989.
Weil, Grete: *Generationen* (1. Aufl. Zürich, Köln 1983). Frankfurt a. M. 1985.
Weil, Grete: *Spätfolgen*. Zürich, Frauenfeld 1992.

Peter Weiss: *Die Ästhetik des Widerstands* (1975–1981)

Peter (Ulrich) Weiss * 8. 11. 1916 Nowawes bei Berlin (heute: Babelsberg), †10. 5. 1982 Stockholm. Stationen des Exils: 1935 London, 1937 Warnsdorf (Tschechoslowakei), ab 1940 Stockholm.

Inhalt

Der drei Bände umfassende Roman *Die Ästhetik des Widerstands* handelt vom politischen und geistigen Widerstand während des ‚Dritten Reichs'. Der namenlos bleibende Ich-Erzähler berichtet rückblickend aus seiner Gegenwart der 1970er Jahre. Die Handlung setzt 1937 in Berlin ein. Der 20-jährige Erzähler gelangt über die Tschechoslowakei nach Spanien, um dort an den Kämpfen der Internationalen Brigaden teilzunehmen. Seine beiden Freunde, der Arbeiter Hans Coppi und der 15-jährige Gymnasiast Horst Heilmann, bleiben in Berlin, um dort im Untergrund gegen den Faschismus zu kämpfen. Der zweite Band zeigt den Erzähler im September 1938 nach der Demobilisierung in Paris, wo er sich für die Bildung der Volksfront engagiert. Später reist er nach Stockholm, um dort in der Verzinnungsabteilung einer Fabrik zu arbeiten. Nach Dienstschluss leistet er schreibend seinen Beitrag zum Widerstand gegen die deutschen Nationalsozialisten; er gehört dem Kreis von Mitarbeitern um den ebenfalls im schwedischen Exil lebenden Bertolt Brecht an. Der dritte Band thematisiert die Niederschlagung des Arbeiterwiderstands und verfolgt die Entwicklung des Ich-Erzählers zum Schriftsteller. Dieser tritt zunehmend hinter die Handlung zurück und reflektiert auf der Metaebene der Erzählung die Aufgabe des Schriftstellers. Nach der Darstellung der Niederschlagung der deutschen Widerstandsgruppe „Rote Kapelle" in Stockholm und Berlin im Jahr 1942 schließt der Roman drei Jahre später mit dem Ende des Zweiten Weltkrieges.

Analysen

Narrationen des Exils

Die *Ästhetik des Widerstands* gibt keine Auskunft über das Leben des Autors. Sie stellt, wie Weiss es einmal formuliert hat, eine „Wunschautobiografie" (Weiss 1986, S. 217) vor. Über die persönliche Exilerfahrung Peter Weiss' geben zwei Werke Aufschluss: die Erzählung *Abschied von den Eltern* (1961) und der Roman *Fluchtpunkt* (1962). Weiss' Eltern gingen zunächst ins Exil nach England, später in die Tschechoslowakei. Der 17-jährige Sohn folgte ihnen ins Ausland, das die Familie sich lange Zeit weigerte, als ‚Exil' zu bezeichnen, obgleich der jüdische, 1920 zum Christentum konvertierte Vater genötigt war, Deutschland zu verlassen. Ab 1938 lebte die Familie im „permanenten Exil" (Hvidtfeldt Madsen 2003, S. 13) in Schweden.

Peter Weiss war zunächst als bildender Künstler tätig, erst später fand er zur Literatur. Diesen ‚Umweg' begründet Weiss damit, dass er zunächst nicht in der Lage gewesen sei, sich in seinen Werken in der ‚Sprache der Mörder' zu artikulieren. Erst der Durchgang durch die Sprachlosigkeit der Malerei habe ihm den Weg zur deutschen Sprache und damit zur Literatur (wieder) eröffnet (vgl. Weiss 1968, S. 182). Erste Überlegungen zur *Ästhetik* datiert Weiss auf Anfang Oktober 1971, den Abschluss der Arbeit auf den 28. August 1980 (vgl. Weiss 1981, S. 926). Angriffe gegen seine literarischen Arbeiten, mit denen sich Weiss in Deutschland konfrontiert sieht – insbesondere anlässlich der Aufführung des Dramas *Die Ermittlung* (1965) – sowie die Notwendigkeit, den Verzicht auf eine Remigration nach Deutschland öffentlich rechtfertigen zu müssen, führen zu Arbeitsschwierigkeiten beim dritten Band der *Ästhetik*. Korrekturen, zu denen sich Weiss selbst nicht mehr in der Lage fühlt, überlässt er der Lektorin beim Suhrkamp-Verlag. Spätere Bitten, eine überarbeitete Fassung des dritten Bandes zu veröffentlichen, werden vom Verleger Siegfried Unseld ausgeschlagen. 1983 erscheint im Henschel-Verlag der DDR eine Gesamtausgabe mit der von Weiss überarbeiteten Fassung des dritten Bandes.

Programmatisch setzt der Roman mit der Betrachtung des Pergamonfrieses ein. Der Erzähler befindet sich mit seinen beiden Freunden Coppi und Heilmann in Berlin. Mit ihnen liest er die Klassiker und besucht Museen. Heilmanns Ausführungen vor dem Pergamonfries geben sich als eine Reflexion über das Exil zu erkennen, Herakles ist seine Symbolfigur: Er, der Kämpfer gegen die Götter, ist in dem Fries nur mehr als Leerstelle ‚sichtbar'. Durch die im Fries verbliebene Tatze seines Löwenfells ist er jedoch noch als Herakles zu identifizieren.

Der Ich-Erzähler lässt die beiden Freunde in Deutschland zurück und reist nach Spanien, um dort wie viele andere antifaschistisch engagierte Exilanten auch am Spanischen Bürgerkrieg teilzunehmen (vgl. Bannasch 2005). Danach geht er nach Schweden und findet dort „unter dem Schutz der schwedischen Metallgewerkschaft" (*ÄdW* II, 90) in einer Fabrik Arbeit. Zu der sprachlichen Fremdheit, mit der er in den ersten Monaten zu kämpfen hat, kommt der Zwang, seine politischen Überzeugungen zu verbergen; als ausländischer Arbeiter ist er nur auf Probe und mit Mindestlohn angestellt. Bald schon stößt er zu dem Kreis um Brecht. Neben dem jungen und noch unerfahrenen proletarischen Ich-Erzähler gehören diesem Kreis namhafte Kommunisten, Schriftsteller und Zeitzeugen an, deren Recherchen und Auskünfte Brecht für seine künstlerische Arbeit verwenden kann. Der Ich-Erzähler verwendet, zum Teil im Zustand größter Erschöpfung, seine gesamte Freizeit darauf, für das Schreibprojekt Material herbeizuschaffen, das Brecht benötigt. Die gemeinsame Arbeit an diesem Projekt scheitert schließlich, weil unvereinbare Auffassungen von Literatur und Dokumentation aufeinandertreffen. Während für Brecht die Arbeit am Stoff durch die politische Gegenwartssituation bestimmt wird (vgl. *ÄdW* II, 239), und er sich bereits einem neuen Stück zuwendet, beendet der Erzähler die Arbeit daran für sich selbst (vgl. *ÄdW* II, 306).

Brecht fühlt sich schließlich in Stockholm nicht mehr sicher und entscheidet sich dazu, weiter nach Finnland zu gehen. Bei der Räumung seines Hauses verliert der sonst so kontrollierte Autor die Contenance. Er fürchtet, dass wichtige Materialien und das, was er während der sieben Jahre im Exil geschrieben hat, verloren gehen könnten. Es zeigt sich die Fragilität des literarischen Ruhms selbst eines bekannten Autors wie Brecht, dessen Berühmtheit von so leicht zerstörbaren Papieren abhängt (vgl. *ÄdW* II, 311). Für den Umzug hat Brecht eine Auswahl aus seinem Buchbesitz zu treffen, nur das Nötigste kann mitgenommen werden. Mit eben so viel Sympathie wie Ironie – über Brechts Verzweiflung angesichts der Zwänge des Exils ebenso wie über seine privilegierte Stellung innerhalb der Exilantenkreise Auskunft gebend – verzeichnen die folgenden sieben Buchseiten der *Ästhetik* die literarischen Werke, die Brecht unabdingbar scheinen. Als Brecht schließlich nach Finnland aufbricht, sei er „beim Weg über die Laufbrücke zusammengebrochen, mußte gestützt, fast getragen werden" (*ÄdW* II, 326).

Von Durchsuchungen des Brecht'schen Hauses durch die schwedische Polizei ist auch die Arbeit des weit weniger exponierten und privilegierten Ich-Erzählers betroffen. Er muss darum fürchten, dass seine Studien gefunden und als staatsgefährdend eingestuft werden. An beiden Beispielen zeigt sich, dass auch im Exilland Schweden Zensur und Kontrolle ausgeübt werden. Dennoch dominieren im Gegensatz zur alltäglichen Gefahr der Enttarnung in der Fabrik die Darstellungen zu Brecht, bei dem „sich eine intellektuelle Freiheit eingestellt [hatte], die uns die gegenwärtige Bedrängnis überwinden ließ und historische Perspektiven möglich machte" (*ÄdW* II, 255).

„Staatenlos, im Besitz eines immer nur für drei Monate gültigen Fremdenpasses", also auch in dieser Hinsicht keineswegs in einer ‚neuen Heimat' angekommen, findet sich der junge Ich-Erzähler dennoch gut in das Exilland ein. Er formuliert jedoch eine wesentliche Einschränkung, die seine Entwicklung zum Schriftsteller unmittelbar beeinflusst:

> Nur die Sprache, die ich mit mir ins Exil getragen hatte, diese Sprache, die beim Lesen und Schreiben, beim Zusammensein mit Brecht, Hodann, Bischoff Gestalt annahm, behinderte die Übereinstimmung mit der neuen Umgebung, und vielleicht würde dieses Trennende weiterbestehen, auch wenn ich mich wie ein Einheimischer auszudrücken vermochte. (*ÄdW* II, 256 f.)

Wie in vielen Äußerungen anderer Exilschriftsteller auch wird der Verlust der Sprache als eine prinzipielle Schwierigkeit nicht nur des exilierten Schriftstellers, sondern des Exilierten überhaupt kenntlich gemacht. Dabei geht der Ich-Erzähler davon aus, dass die Empfindung der Fremdheit im anderen Land nicht mit zunehmender Sprachkompetenz verschwinden wird. Kulturelle Zugehörigkeit und Identität garantiert dem Ich-Erzähler in der *Ästhetik* allein der Gebrauch der Muttersprache, „[d]iese [...] Sprache war mein einziges Eigentum, ihre Erhaltung gehörte zu meiner Selbsterhaltung" (*ÄdW* II, 257).

Während der Ich-Erzähler diesen Einschränkungen zum Trotz das Exil gut verkraftet und auch sein Vater in Schweden einer geregelten Arbeit nachgeht, ist die Mutter des Erzählers in den Jahren des Exils psychisch schwer erkrankt. Traumatisiert wird die Mutter jedoch nicht durch die Erfahrung des Exils, sondern durch ihre Konfrontation mit der Ermordung der Juden in Deutschland. Es gelingt ihr nicht, sich in einem ‚gesunden' Akt vom Schicksal der Ermordeten – jenem Schicksal, das auch ihr und ihrer Familie zugedacht war, wären sie in Deutschland geblieben – zu distanzieren. Sie zieht sich in ein privates Exil aus Agonie und Sprachlosigkeit zurück. Mutter und Sohn durchlaufen in ihrer Verbundenheit mit Deutschland damit gegenläufige Entwicklungen: Während das politische Engagement des Sohnes ihn zu einem künstlerischen Umgang mit der Sprache führt, verstummt die Mutter und geht an ihrem Leiden zugrunde.

Für den politischen Werdegang des Ich-Erzählers stellen insbesondere der ebenfalls im Exil lebende Arzt Max Hodann und die in Deutschland im kommunistischen Widerstand arbeitende Antifaschistin Lotte Bischoff Vorbildfiguren dar. Der von seiner Konstitution schwache und stark asthmakranke Hodann steht dem Ich-Erzähler immer wieder in wichtigen Situationen zur Seite; er ist die „heimliche Haupt- und Pilotfigur" (Baier 1982, S. 88) des Romans. Hodanns bedachtsam beratende Kommentare durchziehen alle drei Teile der *Ästhetik*. Hodann verkörpert das Ideal eines exilierten Intellektuellen, der verschiedene Perspektiven einnehmen und gelten lassen kann, diese gegeneinanderhält und im beständigen Austausch mit anderen reflektiert:

Deshalb [...] haben wir im Exil aufkommenden Ermüdungserscheinungen, Ansätzen von Psychosen aus Funktionslosigkeit heraus entgegenzuwirken und uns stets als Aktivisten zu sehn, denen unter den Forderungen geschichtlicher Ereignisse nur verschiedne Standorte gegeben sind. (*ÄdW* I, 273)

Hodann, der sich als Angehöriger des Bildungsbürgertums an die Seite der Arbeiterklasse stellt, begreift das Exil als Möglichkeit, verschiedene Standorte einnehmen und reflektieren zu können.

Theoretische Perspektivierungen
Für die Figuren in der *Ästhetik* ist nicht die Zugehörigkeit zu einer Nation oder Kultur identitätsstiftend, sondern die Mitarbeit im kommunistischen Widerstand. Dabei stellt die Auseinandersetzung mit den Werken der Malerei und der bildenden Kunst die Basis ihres politischen Widerstandes dar. Sie ist allen zugänglich und allen verfügbar, sie „[kostet] nichts andres als unser Grübeln" (*ÄdW* I, 89). Modellhaft führt die *Ästhetik* die proletarische Aneignung von Kulturgütern im Kontext einer politischen Sozialisation vor. Der Ich-Erzähler äußert im dritten Band: „Für mich, der ich mit einer besonderen deutschen Kultur nie etwas hatte anfangen können, stellte die Ahnung einer entstehend revolutionären, universalen Kultur eine Verlockung dar, die mir über die Trostlosigkeit des Alltags hinweghalf." (*ÄdW* III, 258)

Herakles, die Leitfigur des Exils, gleich zu Beginn des Romans eingeführt, wird durch Lotte Bischoff im dritten Band als eine Figur beschrieben, die „im Exil allen denen [entspreche], die aus alten Zusammenhängen herausgerissen worden seien und sich ständig abgäben mit dem, was noch keine feste Form besitze, und nur vorbereitet werden könne, um in der Zukunft von andern erfüllt zu werden" (*ÄdW* III, 171). Das komplexe Bild der Exilerfahrung, das die *Ästhetik* in der Auseinandersetzung mit der Kunst zeichnet, thematisiert jedoch keineswegs nur positive Aspekte der Exilerfahrung. Insbesondere in den langen Passagen zu Théodore Géricaults Monumentalgemälde *Das Floß der Medusa* wird die Situation der Exilanten mit der Situation von verzweifelten Schiffbrüchigen verglichen, die auf dem offenen Meer dahintreiben.

In besonderer Weise von den Schattenseiten der Exilerfahrung betroffen sind die Frauen in der *Ästhetik*. Rosalinde Ossietzky beschreibt die doppelte Reduzierung der Frau im Exil: „Ein Emigrant ist kein Mensch, nur ein Schatten, der einen Menschen vorstellen will. Eine Frau, das ist etwas, das keine Ansprüche stellen darf. Beides zugleich ertragen, das überstieg meine Kräfte." (*ÄdW* II, 138) So wie die Erfahrung von Randständigkeit und Fremdheit in diesem Fall die Kräfte der doppelt Exilierten überfordert, ist es in einem anderen Fall das politische Engagement, für das die Kräfte nicht mehr ausreichen. Die schwedische Schriftstellerin Karin Boye, die sich mit der Mutter des Ich-Erzählers angefreundet und zunächst aus den Begegnungen mit ihr Kraft geschöpft hatte, wird schließlich vom Zweifel am Sinn ihrer künstlerischen Arbeit für den kommunistischen Widerstand niedergedrückt; sie begeht Selbstmord (vgl. *ÄdW* III, 35). Bis auf die Ausnahme von Lotte Bischoff, deren Wesen sich bis zum Schluss durch Ich-Stärke und Unauffälligkeit auszeichnet, zerbrechen viele der wichtigen Frauenfiguren im Roman im Laufe der Handlung. In vielen Passagen reflektiert die *Ästhetik* mit diesen Schicksalen immer auch zugleich die geschlechtlich bedingten Differenzen des Lebens und Arbeitens im Exil und im Widerstand von Frauen und Männern. Wohl kaum zufällig entsprechen die beiden Vorbildfiguren des in seiner politischen Sozialisation vorgeführten Ich-Erzählers nicht den herkömmlichen Mustern: Dies gilt für die lebenszugewandte, vitale Lotte Bischoff ebenso wie für den schwerkranken, bedachtsamen Max Hodann.

Die kommunistische Internationale, der sich Hodann wie Bischoff und auch der Ich-Erzähler verpflichtet fühlen, ist und bleibt während der Trilogie das gelebte Ideal. Dabei beschreibt die *Ästhetik* aber auch immer wieder Geschichten der Niederlage und des Scheiterns. Mit Willi Münzenberg und Herbert Wehner entwirft Weiss zwei Figuren, die im kommunistischen Widerstand gegen die Nationalsozialisten tätig sind und letztlich scheitern. Münzenberg wird von der eigenen Partei verstoßen, begeht schließlich 1940 Selbstmord. Wehner wird 1942 nach langer polizeilicher Überwachung durch eigene Fahrlässigkeit festgenommen. In ihrem dritten Band rekonstruiert die *Ästhetik* schließlich die Zerschlagung der „Roten Kapelle". Auch die Freunde Coppi und Heilmann werden letztlich durch die Nationalsozialisten aufgespürt, verhaftet und ermordet; Heilmann ist erst 19 Jahre alt, als das Todesurteil am 22. Dezember 1942 vollstreckt wird.

Exil und Erinnerung

Der dritte Band der *Ästhetik* endet als eine Hommage an die Abwesenden, die von dem Ich-Erzähler nur mehr erinnert werden können: mit dem Blick des Schriftstellers auf den Pergamonfries und die Löwenpranke des Herakles. Die Erzählung ist ein über drei Bände andauernder Monolog, dessen Erinnerungscharakter bis zum Ende des dritten Teils verborgen bleibt (vgl. Butzer 1998, S. 212). Der Fokus der Lebensgeschichten der anderen, die kaleidoskopartig präsentiert werden, liegt auf dem Ich-Erzähler. Im Weiteren sind nicht markierte Übergänge von textimmanenter Wirklichkeit in eine Buchfiktion (wie der Mythos des Herakles oder die Arbeit am Engelbrekt-Thema bei Brecht) oder Bildbeschreibungen bis hin zu psychologisierenden Tagträumen, die die verschiedenen Wahrnehmungsrealitäten miteinander verweben, ein beständiges Mittel des Romans. Vergangenheit, Gegenwart und Zukunft werden durch „zeitstrukturelle Vielschichtigkeit" (Engel 1998, S. 203) und „Techniken der Erinnerung, des dialogischen Einbezugs und der Rückblende" (Metscher 1984, S. 186) miteinander verbunden sowie durch die Vergegenwärtigung im fiktionalen Raum zu einer Einheit verwoben. Damit wird dem Vergessen des antifaschistischen Widerstands entgegengewirkt und die Aufarbeitung der Geschichte des Kommunistischen Kampfes während der ersten Hälfte des 20. Jahrhunderts in literarischer Form vorangetrieben. Die Erzählperspektive des Ich, welches zum Ende des dritten Bandes seine rückblickende Schreibsituation eröffnet, legt die Perspektive der Darstellung in eine die Zeit- und Raumstrukturen reflektierende Konzeption. Durch die intensive Auseinandersetzung der eigenen Biografie des Ich-Erzählers mit allen an ihr angrenzenden Figuren wird eine identitätsstiftende Narration geschaffen, die „Metonymie seiner Person" (vgl. Butzer 1998, S. 202ff.) zur sinnstiftenden Kategorie.

Fazit

Die *Ästhetik* verbindet auf einzigartige Weise die Geschichte des Exils mit der des Widerstands. Dabei erscheint das Exil, verkörpert durch die Figur des Herakles, zunächst als eine Chance; es ist die Chance, die der junge Ich-Erzähler ergreift, wenn er aus dem schwedischen Exil heraus seine Mitarbeit am kommunistischen Widerstand fortsetzt. Zugleich verweisen zahlreiche Figuren im Roman auf die Gefahren des Scheiterns und Zerbrechens an der Erfahrung des Exils. Allen voran ist dies die Mutter des Ich-Erzählers, die trotz der Flucht keine Distanz zu dem eigentlich für sie vorgesehenen Schicksal der Ermordung durch die Nationalsozialisten gewinnen kann und an diesem Wissen zugrunde geht. Obgleich die Kommunistische Internationale nationale Grenzen überschreitet und obgleich die Werke der Kunst Gemeingut aller sind, bleibt die identitätsstiftende Bindung an das Land der Herkunft bestehen: Das Zuhause-Sein in der Muttersprache kann auch durch die Beherrschung der Sprache des Exillandes nicht wettgemacht werden. Der Nachvollzug der Erfahrungen im Exil und im Widerstand in Deutschland zwischen 1937 und 1945 wird durch die Kontextualisierung mit Mythen, mit der Beschreibung von Werken der bildenden Kunst und Literatur, der Identifikation mit Künstlerfiguren geschildert und veranschaulicht. Dadurch eröffnen sich auf den etwa 1000 Seiten der *Ästhetik* zahlreiche vielschichtige und ambivalent diskutierte Exilerfahrungen, die im Dualismus zwischen Fremde und Heimat die Grundsicherung durch einen faktischen Heimatbezug auflöst, um die Begriffe neu zu bewerten: Unterwegssein und Suchen werden zur identitätsstiftenden Bezugnahme, die im Fremdsein Heimat stiften kann.

Christin Zenker

Literatur

(ÄdW I–III) Weiss, Peter: *Ästhetik des Widerstands*. Frankfurt a. M. 1983.

Baier, Lothar: „Utopisches Fresko der Vergangenheit". In: *Merkur* 36 (1982) H. 1, S. 81–89.
Bannasch, Bettina: „Peter Weiss: Die Ästhetik des Widerstands". In: *Erinnern und Erzählen: Der Spanische Bürgerkrieg in der deutschen und spanischen Literatur und in den Bildmedien*. Hg. v. Bettina Bannasch u. Christiane Holm unter Mitarb. v. Carl Freytag. Tübingen 2005, S. 471–484.
Butzer, Günter: *Fehlende Trauer – Verfahren epischen Erinnerns in der deutschsprachigen Gegenwartsliteratur*. München 1998.
Engel, Ulrich: *Umgrenzte Leere – Zur Praxis einer politisch-theologischen Ästhetik im Anschluß an Peter Weiss' Romantrilogie „Die Ästhetik des Widerstands"*. Münster 1998.
Hvidtfeldt Madsen, Karen: *Widerstand als Ästhetik: Peter Weiss und die Ästhetik des Widerstands*. Wiesbaden 2003.
Metscher, Thomas: „Ästhetik des Widerstands". In: *Kunst, Kultur, Humanität*, Bd. 2: Der Friedensgedanke in der europäischen Literatur: Studien zum Verhältnis von Literatur und Humanität. Mit einem Essay zu Picassos „Guernica". Fisterhude 1984, S. 165–198.
Rector, Martin: „Fünfundzwanzig Jahre ‚Die Ästhetik des Widerstands'. Prolegomena zu einem Forschungsbericht". In: *Diese bebende kühne zähe Hoffnung – 25 Jahre Peter Weiss Die Ästhetik des Widerstands*. Hg. v. Arndt Beise, Jens Birkmeyer u. Michael Hofmann. St. Ingbert 2008, S. 13–48.
Weiss, Peter: „Laokoon oder über die Grenzen der Sprache". In: *Rapporte I*. Frankfurt a. M. 1968, S. 180–188.
Weiss, Peter: *Notizbücher*. 2 Bde. Frankfurt a. M. 1981.
Weiss, Peter: „‚Es ist eine Wunschautobiografie'. Peter Weiss im Gespräch mit Rolf Michaelis über seinen politischen Gleichnisroman". In: *Peter Weiss im Gespräch*. Hg. v. Rainer Gerlach u. Matthias Richter. Frankfurt a. M. 1986, S. 216–223.

Franz Werfel: *Jacobowsky und der Oberst* (1944)

Franz Werfel *10. 9. 1890 Prag, †26. 8. 1945 Beverly Hills. Stationen des Exils: 1938 Mailand, Zürich, Paris, Amsterdam, London, Paris, 1939/40 Frankreich, 1940 Spanien, Portugal, 1940–1945 USA.

Inhalt

Im Juni 1940 steht die Wehrmacht vor den Toren Paris. In dieser Bedrohungslage begegnen sich Jacobowsky, ein polnischer Exiljude mit „sonnige[r] Natur" (*JO*, 13), und der erst vor einem Tag von der Front heimgekehrte und mit einem Geheimauftrag im Dienste der britischen Regierung versehene polnische Oberst Stjerbinsky, ein Frauenheld, Chauvinist und überzeugter Antisemit.

Nach dem Erwerb eines Autos durch Jacobowsky, das jedoch nur Stjerbinsky in der Lage ist zu fahren, begibt sich diese Schicksalsgemeinschaft zusammen mit Szabuniewicz, dem Gehilfen des Oberst, auf die Flucht vor der omnipräsenten Bedrohung durch die deutschen Invasoren, jedoch zum Entsetzen Jacobowskys zunächst nicht in den freien Süden Frankreichs, sondern in den besetzten Norden, wo Stjerbinskys französische Geliebte Marianne wartet.

Im weiteren Verlauf ihrer Odyssee treten die unüberbrückbaren charakterlichen, politischen und religiösen Gegensätze zwischen den Protagonisten immer deutlicher hervor, während die Ausnahmesituation des Krieges und Exils zwangsläufig Kooperation erfordert. Gerettet wird das ungleiche Paar schließlich mit einem von der englischen Marine bereitgestellten Boot, während Marianne – inzwischen zur „Madame la France" (JO, 103) gereift – mit dem Vorsatz zurückbleibt, für ihr Heimatland, das noch immer „ein Herz hat, das schlägt" (JO, 155), kämpfen zu wollen.

Analysen

Narrationen des Exils
Mit der Okkupation Österreichs 1938 begann für Franz Werfel eine bis zu seinem Tod im Jahr 1945 währende Exilzeit. Bevor er im September 1940 zusammen mit seiner Frau Alma Mahler-Werfel von Lissabon nach New York übersetzte, hatte er mit ihr einen entbehrungsreichen, unsteten Exilaufenthalt in Frankreich hinter sich, dessen Eindrücke er schließlich – nachdem er zunächst Max Reinhardts Sohn Gottfried und Samuel N. Behrman die Textkonzeption überlassen hatte – in der 1942 im kalifornischen Santa Barbara entstandenen „Komödie einer Tragödie in drei Akten" verarbeitete.

So leicht ihm die erste Niederschrift fiel, so schwer sollten die anschließenden juristischen und künstlerischen Auseinandersetzungen um die Rechte an dem Werk und die endgültige Bühnenfassung werden. Denn Werfel arbeitete nicht nur persönliche Erlebnisse in das Stück ein, sondern lehnte die Dramenhandlung eng an Erzählungen des Stuttgarter Bankiers Stefan L. Jacobowicz an, den er in Lourdes kennengelernt hatte und der ihn schließlich, wie auch Reinhardt und Behrman, verklagen sollte.

Zudem unterlag die Veröffentlichung einer künstlerischen Zensur, die durch den Kulturbetrieb des Broadways, speziell der New Yorker *Theatre Guild*, vorgenommen wurde und das Ziel hatte, dem Unterhaltungsverständnis des amerikanischen Publikums gerecht zu werden. In der Konsequenz musste Werfel in Kooperation mit dem Dramatiker Clifford Odets sowie dem Theaterproduzenten Jed Harris neue, den dramaturgischen Gesetzen angepasste amerikanische Adaptionen erarbeiten, von deren Ergebnis er sich jedoch strikt distanzierte bzw. die vom Broadway nicht akzeptiert wurden. Die endgültige Bühnenfassung, basierend auf Odets' Adaption, entwarf schließlich Behrman ohne Werfels Einverständnis. Der Untertitel des Werkes, dessen Broadway-Premiere am 14. März 1944 am Martin Beck Theatre gefeiert wurde, lautete letztlich: „An american play by S.N. Behrman based on an original play by Franz Werfel".

Neben der konkreten geografischen, zeitlichen und personalen Verortung des Exils wird im Text auch der Begriff selbst mehrfach explizit aufgegriffen – „So tief sinkt man im Exil" (*JO*, 38) –, und die vielfältigen Konsequenzen für die betroffenen Individuen treten eindrücklich hervor. So zeichnet sich an vielen Figuren der von Hilde Spiel als Gemütskrankheit umschriebene Charakter des Exils deutlich ab. Dies betrifft auch Jacobowsky, der trotz der „Routine im Fliehen und Verlieren" (*JO*, 18) gegen Ende der Handlung die Option des Selbstmords nicht mehr auszuschließen vermag.

Vor dem Hintergrund der Fluchtgeschichte wird des Weiteren explizit auf die klassischen literarischen Topoi des Exils Bezug genommen. Insbesondere Jacobowsky, der sich als einen „Emigrant[en] auf dem ganzen Planeten" (*JO*, 118) bezeichnet, bezieht ausdrücklich Stellung zu den Motiven der Wanderung, der Heimatlosigkeit und seines Außenseitertums. So deutet er stellvertretend für alle anderen Verfolgten seine Sonderstellung an, wenn er konstatiert: „Gar so natürlich ist es nicht, keines Landes Inländer und aller Länder Ausländer zu sein [...]." (*JO*, 76) Auch die religiöse Entsprechung dieses ‚Anders-Seins' in Form der Gewissheit eines ‚Auserwählt-Seins', wird mit der Aussage „Gott tut Wunder an Jacobowsky noch immer" (*JO*, 84) impliziert.

Tatsächlich jedoch muss das in dem Stück gestaltete Exil, inszeniert als Raum ständiger Bewegung nicht nur der betroffenen Menschen, sondern selbst ganzer Städte und der Heimat, als Folie verstanden werden, vor der sich die eigentliche Aussage entwickelt: der Dialog zwischen Judentum und Christentum. Denn Werfel selbst verstand sich als „christusgläubiger Jude" (Nehring 2011, S. 20), nach dessen theologischem Verständnis das Judentum erst durch den Katholizismus erfüllt wird und dessen Privattheologie von der Idee geprägt war, dass „Christian anti-Semitism and Jewish suffering were necessary parts of the drama of salvation" (Steiman 2011, S. 4). Im Text wird Jacobowskys Sich-Fügen in die strafende Gewalt Gottes und die Galut (hebr. ‚Exil'), als einem „theologisch begründeten Identitätsmerkmal des jüdischen Daseins" (Bauer 2000, S. 38), schließlich in der lakonisch formulierten Äußerung „Gott straft uns. Er wird wissen, warum" (*JO*, 156) artikuliert.

Die Berührung einer religiösen Dimension wird in einer zentralen, allegorisch angelegten und mythisch überhöhten Szene augenscheinlich, in welcher der Ewige Jude und der Heilige Franziskus auf einem Tandem auftreten – nicht nur „zwei Gegensätze, die ganz gut miteinander auskommen", sondern die sich als „ein Herz und eine Seele" (JO, 101) begreifen. In der Szene findet sich das Exil zum einen als Metapher des ewigen jüdischen Geistes wieder, zum anderen wird es als utopischer Raum der möglichen Annäherung und Versöhnung zwischen den beiden Weltreligionen gezeichnet: „Lassen Sie Gegensätze nur alt genug werden, dann finden sie sich, wie die Parallelen im Unendlichen." (JO, 101)

Wenn die im Untertitel genannte Gattungsbezeichnung „Komödie einer Tragödie" auch singulär ist, reiht sich *Jacobowsky und der Oberst* doch in den breiten Kanon deutschsprachiger, nach 1933 entstandener Exilkomödien ein. Inhaltlich-motivisch weist das Stück eine Verwandtschaft zu den großen, zu Beginn der 1940er Jahre entstandenen Exilerzählungen wie ↗ *Transit* von Anna Seghers auf.

Theoretische Perspektivierungen
Jacobowsky, der „Herr dieses Lebens" (JO, 136), dem zunehmend bewusster wird, „allein zu stehn in der Welt" (JO, 151), ist die Figur des Stückes, an der eine Relativierung der essentialistischen Begriffe ‚Nation' und ‚Heimat' exemplarisch vorgenommen wird, denn er besitzt eine zu den Auffassungen der übrigen Figuren konträre Weltsicht. Diese ist zwar auch dem Diskurs des Nationalen verhaftet, doch während das Denken der anderen Figuren eine kulturelle Durchmischung im Sinne der Transkulturalität kategorisch ausschließt, ist Jacobowsky in der Lage, die erzwungenermaßen erfahrene Vielfalt für einen heterogenen Selbst-Entwurf zu nutzen. Somit fungiert er als Spiegel, an dem sich konservative Bilder vom Anderen brechen lassen bzw. an dem sich die übrigen Figuren mit ihren durch Nationalstolz, Misstrauen und Intoleranz dem Fremden gegenüber geprägten Einstellungen neu ausrichten könnten.

Da diese Charaktereigenschaften insbesondere den Oberst auszeichnen, der mit Jacobowsky das Herkunftsland teilt, werden homogenisierende Gemeinschafts- und Identitätskonzepte allein durch dieses Gegensatzpaar *ad absurdum* geführt sowie die Nation als Konstrukt, als eine lediglich „vorgestellte politische Gemeinschaft" (Anderson 2005, S. 15) entlarvt. Deutlich wird dies, wenn Jacobowsky in einer leidenschaftlichen Rede dem Oberst dessen Antisemitismus vorhält und die Entwicklungslinie bis zum Zweiten Weltkrieg nachzeichnet:

> Sie sind Pole und auch ich bin Pole, wiewohl *ihr* mich als dreijähriges Kind aus meiner Heimat vertrieben habt ... Und als dann in Deutschland im Jahre dreiunddreißig diese Pest und dieses Leid über mich kam, da habt *ihr Polen* euch die Hände gerieben und gesagt: Recht geschieht dem Jacobowsky! (JO, 65; Herv. d. Verf.)

In Analogie zur jüdischen Geschichte, die nach Franz Rosenzweig von Exil zu Exil schreitet, fügen sich für Jacobowsky seine Lebensstationen als viele partielle

Exile zu einem Exildasein, einer Existenzsituation, die er als „Heimatlosigkeit" (*JO*, 49) empfindet. Doch betrachtet er diese existentielle Obdachlosigkeit nicht als Makel, sondern integriert sie auf produktive Weise in seine jeweilige Lebenssituation, sodass Vaterlands- und Zugehörigkeitsgefühle entstehen, die sich weniger auf eine geografische Verortung als vielmehr auf kulturelle und gesellschaftliche Errungenschaften beziehen. So haben für ihn die europäischen Kulturen, die er auf seinem Lebensweg durchquert hat, stets ein großes Identifikationspotential besessen, ohne dass er sie jedoch explizit als ‚Heimat' angesprochen hätte. Aufgrund dieser Neigung zur Akkulturation an die jeweils neue Umgebung kann Jacobowsky, der „*unter anderm* auch Pole" (*JO*, 48; Herv. d. Verf.) ist, dessen „großes Verbrechen [...] die deutsche Kultur" (*JO*, 19) war und der „eine große Eignung zum französischen Patrioten" (*JO*, 17) besitzt, als hybride Figur *par excellence* im Sinne postkolonialer Theoriebildung und als paradigmatische Figur des modernen Kosmopoliten – der positiv umgedeuteten Ahasver-Figur – betrachtet werden.

In dem Drama wird vornehmlich ein eindimensionales und statisches Bild des Weiblichen gezeichnet, ein Bild, das konservativen und stereotypen Geschlechterzuschreibungen verhaftet ist und die Frau als das naive, zu beschützende und sexuell begehrenswerte Geschlecht präsentiert. Symptomatisch wird der Oberst, demzufolge „immer Zeit für Damen" ist (*JO*, 63), in Begleitung einer Prostituierten in das Werk eingeführt.

Lediglich an der Figur der Marianne wird ein dynamisches Bild des Weiblichen entworfen, insofern sie eine Entwicklung von einem verträumten, um ihre Schönheit besorgten ‚Liebesobjekt' zu einer selbstbewussten Figur durchläuft, die in den permanenten Konflikt zwischen den Titelfiguren als Vermittlerin eingreift und am Ende der Handlung ihr Land verkörpert.

Über das Verfahren der Allegorisierung und die Stilisierung zur ‚Madame la France' löst sie sich aus der männlichen Vormachtstellung. Denn erst mit dieser weiblichen Konnotation Frankreichs, eines Landes, das von Jacobowsky als das „fünfte und beste *Vater*land" (*JO*, 28; Herv. d. Verf.) bezeichnet wird, ist in dem Stück die Voraussetzung für die Bekämpfung der deutschen Fremdherrschaft und die ersehnte Befreiung durch die Alliierten gegeben.

Mit der erhofften Landung der alliierten Truppen und damit auch der Rückkehr des Obersten wird jedoch die Reintegration in die Ordnung des Mannes verbunden sein, vorweggenommen durch die Aussage, „ich werde noch einmal warten, wie keine Frau je gewartet hat" (*JO*, 158), allerdings zu neuen Bedingungen, die eine Modifikation der Genderrollen implizieren: „Ich kann nicht mit dem Mann gehen. Der Mann muß kommen um mich!" (*JO*, 152)

Exil und Erinnerung
Werfels neue Lebenssituation im amerikanischen Exil war geprägt durch ein künstlerisches, mehrheitlich deutschsprachiges Umfeld sowie eine abgesicherte finanzielle Lage. In diesem gesellschaftlichen Rahmen hielt er die Erinnerungen an seine Flucht, die für ihn durchaus traumatischen Charakter besaß, auf unterhaltsame Weise mündlich am Leben, wodurch er schließlich angeregt wurde, sie zu einer Komödie zu verarbeiten. Gerade durch die Verwendung surrealer Elemente sowie Mittel der Komik, durch die eine „Überwindung der Angst und aller Gefahren nicht durch Glück oder Gewalt, sondern durch das Sprechen, die Macht des Wortes" (Koopmann 1983, S. 263) erreicht wird, erhielten der Erinnerungsakt und das Schreiben für Werfel eine therapeutische Qualität.

Jacobowsky und der Oberst ist schließlich ein Werk geworden, in dem sowohl das kollektive Gedächtnis seiner Zeit als auch *zwei* individuelle Gedächtnisse Eingang gefunden haben, auch wenn die Kombination von Werfels persönlichen Erinnerungen mit denen Jacobowicz' in einen Gerichtsstreit münden sollte und Alma Mahler-Werfel zu folgender Aussage veranlasste: „Hier [in Amerika, Anm. d. Verf.] darf man nicht von anderen Erlebtes gestalten, wenn es auch völlig neu wiedergegeben wird" (Mahler-Werfel 1960, S. 333).

Der Aspekt der Erinnerungsarbeit, sei es in Form der Verarbeitung traumatischer Erlebnisse oder des sehnsüchtig-nostalgischen Erinnerns, nimmt im Text keinen nennenswerten Raum ein. Dies liegt vor allem darin begründet, dass der Fokus der Figuren angesichts der beständigen Lebensgefahr hauptsächlich auf die Zukunft gerichtet ist. So weicht Jacobowskys Protest über die ihm verweigerte Mitnahme seiner orientalischen Teppiche, an denen er hängt und die ihm „Symbole einer Heimstätte" (*JO*, 49) geworden sind, schnell einem Pragmatismus, der ihn die Teppiche ohne weiteres Zögern aufgeben lässt.

Die „Komödie einer Tragödie" repräsentiert einen Gedächtnisraum, der durch ein ‚Ineinandergreifen von Ficta und Facta' gekennzeichnet ist und der aufgrund seines Charakters eines „zeitenthobenen Gleichnis[ses]" (Abels 1992, S. 65) über das Schicksal Jacobowskys einerseits sowie Werfels und Jacobowicz' andererseits hinausweist: So wie der Gedächtnisraum Benjamins der *einer* „Berliner Kindheit um neunzehnhundert" ist, so ist die Fluchtgeschichte Jacobowskys die *eines* jüdischen Flüchtlings.

Der deutsche Originaltext erschien 1944 im New Yorker F.C. Crofts-Verlag in einer „kommentierten Schulausgabe des UCLA-Professors Gustave Arlt" (Nehring 2011, S. 37) – dies wohl ein Novum in der literarischen Exilgeschichte, denn damit war das Drama *per definitionem* zum Zeitpunkt des Erscheinens bereits kanonisiert. Es wurde aufgrund seiner Publikumswirksamkeit und der Auseinandersetzung mit zeitgeschichtlichen Ereignissen zu dem Erfolg am Broadway und in Europa, den Werfel erhofft und provoziert hatte, auch weil oder obwohl es sich nie „in die klassenideologischen Kriterien einpassen ließ" (Bok 2001, S. 197). Beleg für die ununterbrochene Popularität ist das Erscheinen der bereits 18. Auflage im Mai 2009 beim Fischer-Verlag. Zudem fanden zwei Filmadaptionen aus den Jahren 1958 und 1967 sowie eine Oper von Giselher Klebe (Uraufführung 1965) Eingang in das kulturelle Gedächtnis.

Fazit

Neben dem Dialog zwischen den monotheistischen Weltreligionen Judentum und Christentum ist das Exil die prägende Konstante des Stückes. Bei aller Tragik der Ereignisse, denen manche der Figuren keinen Widerstand mehr entgegenzusetzen vermögen, ist dem Exilverständnis jedoch auch ein Moment der Hoffnung und ein kämpferischer Optimismus eigen – verkörpert insbesondere in der Figur des Jacobowsky. In diesen beiden Grundaussagen – Verständigung und Hoffnung – liegt der moralisch-didaktische Wert der „Komödie einer Tragödie" begründet.

So reich die Einflüsse sind, die in das Stück Eingang gefunden haben, so divers sind die Forschungsmeinungen über dessen Qualität. Denn obwohl es eine einzigartige Erfolgsgeschichte unter den Stücken deutscher Exildramatiker vorweisen kann, plädiert beispielsweise Erhard Bahr dafür, „to delete this play from the canon of subtle and sophisticated tragicomedies in German literature" (Bahr 2005, S. 184). Jedoch verbietet sich bei intensiver Lektüre der Vorwurf der Oberflächlichkeit. Zudem darf eine kritische Bewertung des Stückes weder den Eröffnungssatz: „La situation est grave mais pas désespérée" (*JO*, 5), den Werfel dem französischen Ministerpräsidenten Paul Reynaud in den Mund legt, aus dem Blick verlieren noch dessen ironische Umformung durch Szabuniewicz: „Die Situation ist hoffnungslos, aber nicht ernst." (*JO*, 10)

Christoph Zabel

Literatur

(*JO*) Werfel, Franz: *Jacobowsky und der Oberst. Komödie einer Tragödie in drei Akten.* Frankfurt a. M. 2009.

Abels, Norbert: „Geschichte als Gleichnis: Franz Werfels dramatisches Werk". In: *Franz Werfel. Neue Aspekte seines Werkes.* Hg. v. Karl-Heinz Auckenthaler. Szeged 1992, S. 39–68.

Anderson, Benedict: *Die Erfindung der Nation. Zur Karriere eines folgenreichen Konzepts.* Frankfurt a. M. 2005.

Bahr, Erhard: „Modernism and Anti-Modernism in Franz Werfel's Work in Exile". In: *Die Alchemie des Exils. Exil als schöpferischer Impuls.* Hg. v. Helga Schreckenberger. Wien 2005, S. 179–190.

Bauer, Markus: „Exil und Galut. Zum Jüdischen Selbstverständnis nach 1933". In: *Exile im 20. Jahrhundert*. Hg. v. Claus-Dieter Krohn, Erwin Rotermund, Lutz Winckler u. Wulf Koepke. München 2000 (Exilforschung. Ein internationales Jahrbuch, Bd. 18. Hg. im Auftr. der Gesellschaft für Exilforschung), S. 37–50.

Bok, Václav: „Zur Rezeption von Werfels Stück ‚Jacobowsky und der Oberst' auf tschechischen Bühnen". In: *Jugend in Böhmen. Franz Werfel und die tschechische Kultur – Eine literarische Spurensuche*. Hg. v. Michael Schwidtal u. Václav Bok. Wien 2001, S. 191–203.

Koopmann, Helmut: „Franz Werfel: ‚„Jacobowsky und der Oberst'. Komödie des Exils". In: *Drama und Theater im 20. Jahrhundert*. Festschrift für Walter Hinck. Hg. v. Hans Dietrich Irmscher u. Werner Keller. Göttingen 1983, S. 259–267.

Mahler-Werfel, Alma Maria: *Mein Leben*. Frankfurt a. M. 1960.

Nehring, Wolfgang: „Judentum und Christentum. Polarität und Vermittlung in Werfels Dramen ‚Paulus unter den Juden', ‚Der Weg der Verheißung' und ‚Jacobowsky und der Oberst'". In: Wagner/Hemecker 2011, S. 19–41.

Steiman, Lionel B.: „Franz Werfel. The Formation of a non-Jewish Jew". In: Wagner/Hemecker 2011, S. 1–18.

Wagner, Hans u. Wilhelm Hemecker (Hg.): *Judentum in Leben und Werk von Franz Werfel*. Berlin, Boston 2011.

Christa Wolf: *Stadt der Engel oder The Overcoat of Dr. Freud* (2010)

Christa Wolf, geb. Ihlenfeld *18. 3. 1929 Landsberg an der Warte (heute: Gorzów Wielkopolski, Polen), †1. 12. 2011 Berlin.

Inhalt

Eine ostdeutsche „Autorin belletristischer Bücher" (*StdE*, 20) erinnert sich einer wesentlichen Entscheidung ihres Lebens und des Ortes, an dem sie diese einst traf: Drei Jahre nach der deutschen Wiedervereinigung geht sie als Stipendiatin für neun Monate nach Los Angeles, lebt und arbeitet dort mit anderen Stipendiaten. In der „Stadt der Engel" möchte sie auch die Geschichte Lilys recherchieren, die in den 1930er Jahren aus Deutschland ins amerikanische Exil floh und an eine gemeinsame, inzwischen verstorbene Freundin Briefe schreibt. Diese Briefe hat die Autorin im Gepäck – aber auch Dokumente aus ihrer eigenen Vergangenheit. Befindet sie sich in L.A. durch ihre Recherchearbeit auf den Spuren deutscher Geschichte – sowohl in Form der ‚kleinen' Exilgeschichte Lilys als auch den ‚großen' Geschichten bedeutender Autoren wie Bertolt Brecht, Lion Feuchtwanger und Leonhard Frank, die einst als Exilanten in L.A. lebten –, so weiß sie, dass die Heimat dabei ist, ihrer Geschichte auf die Spur zu kommen, und kommt ihr deshalb zuvor: Von L.A. aus gibt sie selbst den Inhalt der Stasiakte, die sie als IM überführt, an die deutsche Presse. Von der Existenz dieser Akte weiß sie seit einem halben Jahr, seitdem befindet sie sich in einer Krise: Die Weitergabe weniger Informationen Anfang der 1950er Jahre ist ihr selbst, so muss sie bei Lektüre der Akte feststellen, nicht mehr im Gedächtnis gewesen – sicher auch, weil dies im Verhältnis zu den eigenen Bespitzelungen, denen sie in der DDR ausgesetzt war, geringfügig schien. Aus doppelter Distanz – der Erinnerung an jene Erinnerungsarbeit aus den Jahren 1992/93 – nähert sich die Ich-Erzählerin dem Ort, an dem die Möglichkeit besteht, dass „wir uns nicht wiedererkennen" (StdE, 214), sucht nach der Person, die spricht, wenn der Deckmantel des Schweigens plötzlich verschwindet wie „the overcoat of Dr. Freud".

Analysen

Narrationen des Exils

Stadt der Engel erscheint 2010 als der letzte Roman Christa Wolfs. Hat Wolf ihn ausdrücklich als Fiktion ausgewiesen, so fließt doch unverkennbar autobiografisches Material in ihn ein. Die Situation der Ich-Erzählerin erinnert an die Vorausetzungen, unter denen sich Wolf 1992/93 in L.A. ebenfalls mit der eigenen Geschichte so auseinandersetzt, dass sie die Entscheidung trifft, von dort aus die deutsche Presse über den genauen Inhalt ihrer Stasi-Akten zu informieren. Diese belegen für den Zeitraum 1959–1962 ihre Informantentätigkeit als „IM Margarethe" und führen zu einem Skandal – ist Wolf doch sowohl in der eigenen als auch in der öffentlichen Wahrnehmung als Opfer, nicht als Mitarbeiterin der Stasi im Bewusstsein gewesen. Wolf hat selbst nicht im Exil gelebt, sondern den größten Teil ihres Lebens in Ostberlin verbracht. Hat die Art, wie sie ihre Stasiakte veröffentlichte, 1993 auch die Reaktion hervorgerufen, dass die von Wolf hergestellte Nähe zum historischen Exil als „Anmaßung" (Raddatz 1993, S. 51) verstanden wurde, so wurde die literarische Verarbeitung dieser Ereignisse weitgehend positiv aufgenommen als „Ende der Selbstgerechtigkeit" (Jessen 2010, S. 47), was sich nicht zuletzt in der Verleihung zweier Literaturpreise spiegelt. Auf vielschichtige, durchaus diskussionswürdige Weise sucht Wolf mit dieser Erzählung die Auseinandersetzung mit der Exilthematik: Sie sucht den Ort des biografischen Exils der Anderen auf, um sich dort der Geschichte der eigenen Person zu stellen. Für literaturwissenschaftliche Exilforschung wird sie unter der Fragestellung interessant, inwiefern das Exil zu einem Topos der Selbstverortung wird, zu einer Figuration, der sich das Selbst aus einem gefühlten *displacement* heraus zuwendet, um eine zuvor angefochtene Identität zurückzugewinnen.

Die Erzählung setzt mit der Erinnerung daran ein, dass die Erzählerin sich vornimmt, mit dem Satz „Aus allen Himmel stürzen" (*StdE*, 9), der ihr kurz vor der Landung in L.A. einfällt, das Schreiben „Jetzt" (ebd.) zu beginnen. Der Sturz aus den Himmeln, der dem Aufenthalt an der „fremden Küste" (ebd.) vorausgeht, evoziert zunächst die Wendung ‚aus allen Wolken fallen', die die durch eine nicht zu erwartende Nachricht entstehende Verwunderung, ggf. auch eine auslösende Be-stürzung ausdrückt. Mit den „Himmeln" ruft der Satz allerdings nicht nur die Radikalität und Plötzlichkeit einer Veränderung auf, sondern auch – gerade in Bezug zum Titel der Erzählung – den ‚gefallenen Engel' und nicht zuletzt den ‚Sündenfall', mit dem die religiöse Exilnarration – Vertreibung aus dem Paradies in das Exil der Welt – ihren Ausgang nimmt. So drückt bereits dieser erste Satz die Erfahrung einer radikalen Entortung, eines Verlustes von Sicherheiten, ein „Fallen ins Bodenlose" (*StdE*, 35) aus. Ihn „Jetzt" zu schreiben und auf ihn die Erzählung folgen lassen zu können, wird als Resultat eines Ringens darum, „mich in rechter Weise den Sätzen zu nähern" (ebd.), dargestellt. Das folgende Erzählen hat sich also gegen seine Unmöglichkeit behaupten müssen. Zu Beginn werden mit der Trennung von „allen Himmeln" und dem Verlust eines authentischen Sprechens zwei zentrale Ebenen „der Sinnbildhaftigkeit des Exils" (Bronfen 1993, S. 183) miteinander verschränkt. Da das Erzählen „Jetzt" sich allerdings dafür verbürgen will, nun die angemessene Sprache gefunden zu haben, weist es sich auch als ein Erzählen aus, das das Exil überwunden hat, aber dennoch aus genau dieser Erfahrung seinen Ausgang nimmt. Begründet sich das Erzählen damit in der Erfahrung einer Entortung und entfaltet das Exil in einer Metaphorizität, so entsteht das ‚Exil als Zufluchtsort' auf besondere Weise: Die Autorin reist mit „noch gültige[m] Paß eines nicht mehr existierenden Staates" (*StdE*, 10) nach L.A. ein. Sie weist sich mit diesem aus, als jemand, „die aus einem geradewegs untergegangen Staat kam" (*StdE*, 15). Der Zusammenbruch der DDR bildet somit den Hintergrund, der Einreise und Aufenthalt in L.A. als quasi-exilische Situation wahrnehmbar werden lässt. Eine Rückkehr ist im doppelten Sinne nicht mehr möglich: Da die DDR nicht mehr als Staatsraum existiert, kann man auch nicht mehr zu jenem utopischen Raum zurückkehren, den die Erzählerin, bereits zu DDR-Zeiten, in dieser bewohnt haben will. Wieder zurückgewendet auf den Sturz aus „allen Himmeln", kann man sagen, dass das Erzählen auch auf den Verlust einer geistigen Heimat reagiert, also aus einer „transzendentalen Obdachlosigkeit" (Lukács 2009, S. 30) spricht. Dieser geht die nationalstaatliche Obdachlosigkeit voran, insofern als – mit Zusammenbruch der DDR – der utopische Raum seinen Bezugsrahmen verliert, zu dem er sich antithetisch behauptet. In dieser Doppelung wird der verlorene Raum DDR mit dem historischen Exilraum L.A. verbunden. Dort sind es namhafte Exilanten, die sich für die Möglichkeit eines anderen Sozialismus mit ihrem Werk verbürgen (die damit *als* Exilanten eben auch für ein ‚anderes Deutschland' als das zu ihrer Zeit real Existierende stehen) und die z. T. – wie Brecht – nach dem Ende ihres Exils selbst in der DDR wirken. Gleichzeitig wird im Verweis auf Brechts Werk gezeigt, dass der utopische Raum auch von der Erzählerin erst den gesellschaftlichen Widersprüchen abgerungen werden musste. Nur so konnte ihr schließlich die DDR zur Heimat werden, als das Land, „wie es sein würde" (*StdE*, 258). L.A. gewinnt somit als der Ort, an dem eine kulturelle Elite Zuflucht vor dem Nationalsozialismus gefunden hat, eine für das eigene Sprechen konstituierende Bedeutung, insofern, als er dieses Sprechen ermöglicht. Bei ihrem Besuch der einstigen Wohnorte und Wirkungsstätten der berühmten Exilanten kommen der Erzählerin das eigene Gefühl des Verlustes und seine Unausweichlichkeit zu Bewusstsein, wenn sie etwa aus ihrer Lektüre Franks zitiert: „Jetzt gab es kein Zurück mehr." (*StdE*, 304) Beginnt in der religiösen Exilnarration das Exil mit der Vertreibung aus dem Paradies, so wird dieses hier *als* Exil zurückgeholt, wo eine transzendentale Obdachlosigkeit in einer Art Gemeinschaft der Heimatlosen aufgehoben wird. Diese erscheint als Heils- und Heilungsgemeinschaft, da sie die „Welt, die mir abhanden gekommen war" (*StdE*, 214), im Modus dieses Verlustes teilt – weswegen der Sturz aus den Himmeln in der Stadt der *Engel* aufgefangen werden kann.

Theoretische Perspektivierungen
Wird die durch das Ende der DDR erlebte Heimatlosigkeit in einer Gemeinschaft des Exils aufgehoben, so bewirkt dies die Enthistorisierung des Exils, das nun für ein grundsätzliches „In-der-Welt sein als Un-zuhause" (Heidegger 1986, S. 276) steht. Damit befindet sich das Sprechen vom Exil in der Ambivalenz, von ihm sowohl als Ort der Erlösung als auch als Ort der Verbannung Zeugnis geben zu wollen. Das Exil erscheint damit als ein in sich selbst geteilter Ort, dessen Sinnganzheit nur durch die Konstitution einer Gemeinschaft behauptet werden kann, die sich für beides, sowohl für die Erlösung als auch für die Verbannung, verbürgt. In diesem Sinne ist der Name des Schauplatzes „Stadt der Engel" bereits mehrfach kodiert, wo er auf der einen Seite die Übersetzung von Los Angeles ist, der empirischen Stadt in den USA, in dieser Bewegung auch diese Stadt als einen Ort des Exils zwischen 1933 und 1945 aufruft, auf der anderen Seite ihn damit aber auch in eine Beziehung zur Transzendenz stellt. Die Engel, die die Funktion erfüllen sollen, „Teil meiner Genesung" (*StdE*, 326) zu sein, müssen, um dies leisten zu können, zu den „verbannten Engel[n]" (*StdE*, 328) gehören, die mit den Menschen „ein dunkles Geheimnis" (*StdE*, 327) teilen, nämlich eine Schuld, die damit auch anthropologisch durch sie ins Metaphysische gewendet wird. In Auseinandersetzung mit Paulus konstatiert Kristeva, dass „die Fremden eine Identität nur wiederfinden [können], wenn sie sich als zugehörig zu derselben Heterogenität erkennen, die sie in sich selbst spaltet, zur selben Irrwanderung zwischen Fleisch

und Geist" (Kristeva 1990, S. 91). So berichtet auch die Erzählung nicht nur immer wieder aus der Praxis der baptistischen Kirche, sondern bringt Jesus als den Archetyp des Verbannten hervor, in dessen Nachfolge alle Exilierten durch ihre Geschichte gestellt sind: „Die Rede ging jetzt hin und her über die gegenwärtigen Ausprägungen des Sündenbock-Rituals [...] wenn auch das Kreuzigen aus der Mode gekommen sei, aber aus der Stadt gejagt werden, das gebe es weiter." (StdE, 328) Nicht zufällig beginnt die Erzählerin in diesem Moment auch ihren Körper als Diskriminierten zu begreifen: „Glaubst du eigentlich, daß sie so mit dir umgesprungen sind, weil du eine Frau bist?" (StdE, 329) Die Kreuzigung Christi findet in dem als Verbannung erlebten Zustand ihre Aktualisierung (Neu-Verkörperung), die das Exil zugleich als Ort des potentiellen Heils erkennbar werden lässt. Der so in sich geteilte Raum wird zum geteilten Gemeinschafts-Raum, der durch die gemeinsame An-Teilnahme an Christi Schicksal entsteht. Diese Teilhabe findet hier allerdings nicht primär auf der Ebene eines Bekenntnisses statt, sondern geschieht durch Zugehörigkeit zu einer Schicksalsgemeinschaft, deren Bekenntnis allenfalls Effekt des geteilten Exils, der Fremdheit ist. Somit wird die Gemeinschaft der Stipendiaten, in deren Mitte sich die Erzählerin befindet, als eine solche erinnert, die wie die ‚Gemeinschaft in Christus' Grenzen zu überwinden vermag. Mit der Teilnahme am Abendmahl, wie die Erzählung es schildert, findet damit *zusätzlich* jene „Therapie des Exils und der Verzweiflung" (Kristeva 1990, S. 91) statt, die diese Gemeinschaft bereits zu leisten vermag. Zwar spricht auch die Paartherapeutin Magery nach dem Gottesdienst von einem „Erlebnis von Hingabe und Selbstentäußerung", nach dem man „weiter keine Therapie" benötige (StdE, 325). Für die Stipendiatengruppe gilt allerdings, dass im Unterschied zum theologischen Verständnis hier nicht das Abendmahl die Gemeinschaft konstituiert, da sie bereits als festes „wir" (ebd.) zwischen anderen Menschen vor den Altar tritt. Die Eucharistie wird vielmehr äußeres Zeichen einer geteilten Fremdheit, vor der das religiöse Zeichensystem allein sinnhaft werden kann. Das so entfaltete Heilsversprechen beginnt allerdings, sich an solchen Stellen zu versprechen, wo es das Böse außerhalb der eigenen Ordnung benennen will – als etwas, das die Existenz der Gemeinschaft bedroht: „‚Es' ist dabei unsere Wurzeln zu zerstören" (StdE, 331), sagt die Erzählerin über die Möglichkeit eines islamistisch motivierten Terroranschlages in Deutschland. Das Sprechen vom Terrorismus als „Es", das „unsere Wurzeln zerstör[t]", folgt zwar auch der suggestiven Rhetorik eines „Kampf[es] der Kulturen" (Huntington 2002), die diesen zum fatalistischen Konflikt stilisiert; es stellt die Wahrnehmung des Terrorismus aber auch in Verbindung zur einer Ebene der Identität, die derselben nicht zugänglich werden kann. Das ‚Es', das bei Freud für das Verdrängte des Ichs steht, hat Zerstörungspotential. Das ‚Es' des Terrors steht durch diese Benennung auch für die *grundsätzliche Angst* vor den „dunklen Einschlüssen, die wenn sie freigesetzt werden,

Tod bedeuten" (*StdE*, 331), die in der terroristischen Bedrohung einen Gegenstand findet, auf den sie sich richtet. Diese zeigt sich als eine weitere Ebene des Verbannten, die an die „Wurzeln der Existenz" (*StdE*, 168) greift, weil sie sowohl diese als auch die Einheit, die aus ihnen erwachsen soll, dekonstruiert. Das ‚Böse' kann in seiner Entpolitisierung das metaphysische System nicht stabilisieren, das das Dasein über seine konkrete Existenz hinaus als Ganzes versöhnt, sondern wirft es zurück auf die in der eigenen Sterblichkeit sich begründende Angst, die in einer als aus „anderem Stoff" (*StdE*, 331) gemacht wahrgenommenen Zeit hervorbricht. Aus diesem Stoff bestehend, der die „dunklen Einschlüsse" (ebd.) eben nicht mehr ganz zu verhüllen vermag, verweist es auf „Dr. Freuds overcoat", von dem die Erzählerin sagt, dass „Trauer, Unglück das Unterfutter" (*StdE*, 157) sind.

Exil und Erinnerung

Sind bereits durch das Wie des Erzählens, das im Modus eines doppelten Erinnerns geschieht, Exil und Erinnerung miteinander verknüpft, so ist auch ein Grund für die Reise – die Recherche der Geschichte Lilys – Erinnerungsarbeit. Nicht zufällig stellt sich heraus, dass diese Lily die Geliebte eines Philosophen war, über den der Stipendiat Gutmann forscht – und der als Walter Benjamin erkennbar wird (*StdE*, 314f.). Benjamin steht zum einen selbst für ein Exilantenschicksal; zum anderen auch für ein Denken des historischen Materialismus, das stalinistischer Doktrin ein Geschichtsbild entgegensetzen will, das nicht teleologisch, sondern an den Brüchen orientiert ist. Besonders sein 1940 im Exil in Marseille geschriebener Essay *Über den Begriff der Geschichte*, der (postum, nach seinem Freitod) 1942 in Los Angeles veröffentlicht wird, kann als ein die Erzählung begleitender Subtext entziffert werden, den sie an zwei Stellen zitiert: „ein Sturm weht vom Paradiese her" (*StdE*, 141/367). Der „Sturm vom Paradiese", in Benjamins Essay „das, was wir den Fortschritt nennen" (Benjamin 2007c, S. 133), verhindert, dass „der Engel der Geschichte [...] die Toten wecken" (ebd.) kann – jene Toten, die nicht im kollektiven Gedächtnis repräsentiert werden und über die der Fortschritt ohne Irritation hinwegzuschreiten vermag. Damit wird durch Evozierung dieses Textes Benjamin zum Bürgen für ein dialektisches Geschichtsverständnis, das nicht mit dem Staatskommunismus zusammenfällt, und dessen Widerstandskraft sich gerade in der Erinnerungsarbeit entgegen der Siegergeschichte begründet. So erhält durch „den Engel der Geschichte" die „Stadt der Engel" eine weitere Bedeutung als der Ort, an dem eine solche Erinnerungsarbeit allein geleistet werden kann – worauf auch das der Erzählung vorangestellte Zitat aus Benjamins Essay *Ausgraben und Erinnern* ausdrücklich hinweist. Das Exil wird damit als der Ort „wahrhafter Erinnerungen" (*StdE*, 7, vgl. Benjamin 2007b) behauptet. Dennoch: Wenn hier das Exil – mit Benjamin philosophisch hergeleitet – erneut in der Dialektik von Verbannung und Erlösung auftaucht, so kann die erhoffte Authentizität der Erinnerung gerade durch sie nicht hergestellt werden. Die durch das Verdrängte entstehende Un-Heimlichkeit des Daseins beschreibt die Erzählerin besonders mit ihrer Erinnerung an die Nacht der Entscheidung, als „the overcoat" in ihrer Fantasie gespenstisch über ihr schwebt, um sie zu schützen, weil es „gefährlich sei", „viel über mich [zu] erfahren" (*StdE*, 249). Diese unheimliche Spaltung des Ichs schildert die Erzählerin als etwas, das sich aus dem Erinnern ergibt: „[I]ch [bin] nicht sicher, wer sich da erinnert. Eines von den vielen Ichs [...], die mich zu ihrem Wohnsitz gewählt haben". (*StdE*, 214) Die „wahrhafte" Erinnerung zeigt sich damit als diejenige, die aus der Spaltung heraus zu sprechen beginnt – sich deswegen auf einen Ort bezieht, an dem diese Spaltung sich spiegelt, ohne in dieser mit ihm identifizierbar zu sein.

Fazit

Stadt der Engel zeigt in der Verflechtung von Eigenem und Fremdem das Exil als einen Ort, der in seiner Bedeutung zwischen Verbannung und Erlösung oszilliert und damit als ein Ort fungiert, an dem und in dem die konflikthafte Spaltung des Selbst versöhnt werden soll. Dies wirft die Frage auf, ob die Auseinandersetzung mit dem Konflikt, die die Erzählung schildert, nicht auch „andernorts", nämlich „hierzulande" (Wolf 1999), möglich gewesen wäre, ohne dass das erzählende Ich den Verfolgungen ausgesetzt gewesen wäre, die es zu fürchten scheint. Damit verweist eine „Spur der Schmerzen" (*StdE*, 14) auf das Exil in seiner Funktion der Selbst-Vergewisserung und darauf, dass die Metapher „the overcoat", die für Schutz und Verdrängung steht, diese Funktion bereits insofern erfüllt, wo sie es vermeidbar werden lässt, stattdessen von „the wall" zu sprechen, hinter der das Ich – ‚Pink' ähnelnd (Pink Floyd 2001) – sich aus Schutz vor einer ihm nur noch bedrohlich erscheinenden Gesellschaft verschanzt hat. Das Sprechen von diesen Mauern ist im Schutz des (historischen) Exils, das es aufsucht, um sich ihnen zu nähern, mehr als „just another brick in the wall" (ebd., I/5), in den Momenten, wo es die Spaltung bezeugt, die ihr Fall in ihm hinterlässt.

Miriam N. Reinhard

Literatur

(StdE) Wolf, Christa: *Stadt der Engel oder The Overcoat of Dr. Freud.* Frankfurt a. M. 2010.

Benjamin, Walter: *Erzählen. Schriften zur Theorie der Narration und der literarischen Prosa.* Ausgew. u. mit einem Nachw. v. Alexander Honold. Frankfurt a. M. 2007 (= 2007a).
Benjamin, Walter: „Ausgraben und Erinnern". In: Benjamin 2007a, S. 196 (= 2007b).
Benjamin, Walter: „Über den Begriff der Geschichte". In: Benjamin 2007a, S. 129–140 (= 2007c).
Bronfen, Elisabeth: „Exil in der Literatur: Zwischen Metapher und Realität". In: *Arcadia* 28 (1993) H. 2, S. 167–183.
Heidegger, Martin: *Sein und Zeit.* Tübingen 1986.
Huntington, Samuel: *Kampf der Kulturen. Die Neugestaltung der Weltpolitik im 21. Jahrhundert* (1996). München 2002.
Jessen, Jens: „Reise ans Ende der Tugend. ‚Stadt der Engel' – Christa Wolfs Entdeckung der kalifornischen Sonne und der eigenen Fehlbarkeit". In: *Die Zeit* (17. 6. 2010), S. 47.
Kristeva, Julia: *Fremde sind wir uns selbst.* Frankfurt a. M. 1990.
Lukács, Georg: *Die Theorie des Romans. Ein geschichtsphilosophischer Versuch über die Formen der großen Epik.* Bielefeld 2009 (Werkauswahl in sechs Bänden, Bd. 2).
Pink Floyd: *The Wall* (1979). EMI 2001.
Raddatz, Fritz J.: „Von der Beschädigung der Literatur durch ihre Urheber. Bemerkungen zu Heiner Müller und Christa Wolf". In: *Die Zeit* (29. 1. 1993), S. 51f.
Wolf, Christa: *Hierzulande, Andernorts.* München 1999.

Karl Wolfskehl: *Die Stimme spricht* (1934)

Karl Wolfskehl *17. 9. 1869 Darmstadt, †30. 6. 1948 Bayswater (Auckland, Neuseeland). Stationen des Exils: 1933 Schweiz, 1934–1938 Italien, 1938–1948 Neuseeland.

Inhalt

In Karl Wolfskehls Gedichtzyklus *Die Stimme spricht* finden sich das persönliche Schicksal des Autors und der Angriff auf die jüdische Identität durch das nationalsozialistische Deutschland auf die biblische Erfahrung des Exils gespiegelt. In Zwiegesprächen des lyrischen Ichs mit der göttlichen Stimme wird zunächst der (erneute) Verlust der Heimat beklagt, dies dann in Beziehung zum Schicksal der Juden als wanderndes und immer wieder geprüftes Volk gesetzt und schließlich das Wort Gottes, die Thora, und das Besinnen auf den Ewigen Bund zur Quelle neuen Vertrauens in Gott erhoben. Das Leid und die Vertreibung werden als Purgatorium aufgefasst und als Zeichen des Auserwähltseins angenommen. Das erneute Exil wird so zur Verwirklichung jüdischer Identität und das lyrische Ich zum Boten, der dies verkündet.

Analysen

Narrationen des Exils
Die 24 Gedichte des Zyklus *Die Stimme spricht* entstanden 1933/34 im schweizerischen und italienischen Exil. Bereits mit der Septemberwahl 1930 hatte Wolfskehl eine Bedrohung durch die Nationalsozialisten heraufziehen sehen – „Incipit Chaos et Regnum Barbarum" – und sich in Briefen an Freunde nach Möglichkeiten des Exils erkundigt: „Ich frage Sie: halten Sie es für möglich daß Holland im Falle einer dringlich werdenden Flucht [...] mir und den Meinen Aufenthaltsschwierigkeiten macht?" (Wolfskehl/Verwey 1968, S. 245) Am 28. Februar 1933, dem Tag nach dem Reichstagsbrand, verließ Wolfskehl Deutschland in Richtung Schweiz und kam nur für kurze geschäftliche Angelegenheiten für wenige Wochen zurück; die Wahlheimat Italien wurde von 1934 bis 1938 zum dauerhaften Exil, bevor er schließlich nach Neuseeland in sein ‚Ultima Thule' zog.

Erst diese Exilerfahrung und das Beobachten Deutschlands aus der Ferne hat Wolfskehl überhaupt dazu bewogen, nach jahrzehntelanger Unterbrechung wieder Gedichte zu verfassen. Die entstandenen Verse sind dabei sowohl Anklage als auch Versuch der Bewältigung: „Wahr ist es: hätte sich nicht (und nach wieviel Jahren erstmals!) der alte Drang wieder geregt, wäre nicht das bloße Anstarren dem Bewältigen gewichen, nie hätte ich mich mehr gefunden, unterlegen wäre ich nicht, wohl aber zerbrochen." (Wolfskehl/Verwey 1968, S. 303)

Dem ehemals so bekannten Mitglied des George-Kreises, dem so herausragenden Akteur in der Münchner Literatur- und Kulturlandschaft des frühen 20. Jahrhunderts und dem so einflussreichen Polyhistor fehlte im Exil allerdings die Möglichkeit der Ansprache. Nicht zuletzt daher verwendete Wolfskehl einen Großteil seiner Zeit auf das Briefeschreiben und die Dichtung; beides aber im Wissen darüber, dass sein Einfluss vor allem in der Heimat zunehmend schwand. Dort, so schrieb er an Albert Verwey, „habe ich, der Jude, wie Sie wissen [...] nichts mehr zu sagen, nichts mehr zu schreiben, nichts mehr zu empfehlen" (Wolfskehl/Verwey 1968, S. 280). Die 1933 und 1934 entstandenen Gedichte fanden 1934 einen Verlag (erweitert 1936): Sie erschienen in der „Bücherei des Schocken-Verlags", die sich zum Ziel gesetzt hatte, aus dem „jüdischen Schrifttum aller Länder und Zeiten dasjenige dar[zu]bieten, was den suchenden Leser anzusprechen vermag", so der Verlagstext zur Reihe. *Die Stimme spricht* fand sich bei Schocken neben Texten von Martin Buber, Leo Baeck, Franz Kafka, Scholem Alechem und insbesondere auch Jizchak Fritz Baers *Galut* (hebr. ‚Exil'), wandte sich somit an assimilierte Juden ebenso wie an Zionisten (vgl. Schoor 2007) und verkaufte sich 8000-mal. Die Gedichte wurden in Deutschland auf Veranstaltungen des Jüdischen Kulturbunds und in Synagogen rezitiert und in nahezu allen jüdischen Zeitungen und Zeitschriften, wo sie teils vorzeitig veröffentlicht worden waren, besprochen und gelobt. Aufgrund seiner Thematik begleitete das ‚kleine Büchlein' auch viele andere Flüchtlinge auf dem Weg in das Exil (vgl. Voit 2005, S. 125). Lediglich der Kreis um Stefan George sah den Gedichtband als Verrat am ‚Meister' und dem ‚Geheimen Deutschland'. Der deutsche Schocken-Verlag musste 1938 unter Zwang schließen, 1942 und 1944 aber wurden Wolfskehls Gedichte in Tel Aviv und New York auch ins Hebräische (*Haqquol Medhabber*) und Englische übersetzt und so einem breiteren Publikum zugänglich. In der nichtjüdischen Presse Deutschlands wurden die Gedichte ignoriert: „Die deutsche Öffentlichkeit, wie sichs versteht, schweigt ‚befehlsgemäß', das ist unter den jetzigen Umständen auch mir nur erwünscht." (Wolfskehl/Verwey 1968, S. 303)

Das Exil in *Die Stimme spricht* ist eindeutig religiös präfiguriert. Bezugnahmen auf die Gegenwart – immer nur implizit vorgebracht – dienen der Verortung der neuen Vertreibung in der langen Wanderschaft und Verbannung des Judentums, der Galut. In *Am Seder zu sagen* heißt es beispielsweise: „Immer wieder, wenn vom Wanderstaube / Müde, wir geruht in Andrer Laube / Riß der Andern Faust uns auf voll Drohn: / Ihr gehört nicht her, macht euch davon! / Immer wieder". Die Stimme Gottes antwortet darauf tröstend dem lyrischen Ich: „Immer wieder such Ich das zerstreute / Israel, nie wird's der Andern Beute!" (*DSS*, 18f.) Auch in *Herr, lasse mich nicht fallen* klagt das Ich zunächst über den Verlust – „Bin ich auf Deinem Weg? [...] / Zerspellt, entstellt, / wie Glas zerspringt die Welt" –, Gott aber bestätigt den ewigen Bund, der sich gerade im Wandern verwirklicht: „Du bist, ja, denn Ich bin! / Du zogst ins Land / Ich zog dich hin / Ich ließ dich nimmer fallen." (*DSS*, 12f.) In einigen Gedichten wird durchaus auch der Abfall vom Glauben beklagt – „Ja ja ja ihr habt euch verwirkt! [...] / Weil ihr Erwählte euch verwarft" (*DSS*, 25) –, das erneute Exil wird jedoch nicht als Strafe dafür ausgewiesen. In der bei Wolfskehl gefassten ‚Theologie des Exils' ist die angenommene Vertreibung ein neu angebotener Weg zum gottgerechten Leben: „Sinken müßt ihr, auf daß ihr euch hebt / Untergang leiden, auf daß ihr lebt." (*DSS*, 26) Die Gegenwart Gottes auch im Exil, die Schechina, wird nicht angezweifelt, sie bleibt dem lyrischen Ich – explizit beispielsweise im *Schechina*-Gedicht – immer spürbar und drängt es nun dazu, den erneuten Aufbruch als Rückkehr zu Gottes Wort zu verkünden und zu feiern. Daher wird in der Wolfskehl-Forschung immer wieder auf die Konzeption des Dichters als *vates*, als Seher, verwiesen; in der Tradition Stefan Georges mag dies einige Berechtigung haben, sinnvoller erscheint jedoch die Einreihung unter die Nebi'im (hebr. ‚Propheten'), zumal auch Wolfskehl selbst in späteren Gedichten u.a. dem *Nabi Hiob* aus seinem Zyklus *Hiob oder Die vier Spiegel* (postum 1950 veröffentlicht) eine bedeutende Rolle zuschreibt, der, obschon ewig leidend, bei ihm nie an Gott zweifelt (vgl. Grimm 1972, S. 116).

Die Idee Franz Rosenzweigs, dass der Geist des Judentums keine Geschichte dulde, da er allein dem ewigen Exil entspringe, findet sich als Denkfigur auch in den Gedichten Wolfskehls. Explizite Bezüge auf das nationalsozialistische Deutschland, aus dem er geflohen war, oder das faschistische Italien, in dem er seine Gedichte schrieb, fehlen völlig. Anspielungen und Anklänge waren für die zeitgenössische Leserschaft dennoch erkennbar. Die jeweils konkrete Erfahrung des Leids in Vertreibung und Verbannung tritt aber gegenüber der ewigen und nun wieder aufgenommenen Wanderschaft in den Hintergrund; Galut ist beständige Realität, die Zeitumstände sind nur Wiederholungen früherer Verfolgungen und Verbannungen. Dementsprechend ist das lyrische Ich in der *Stimme* auch keine klar bestimmbare *persona* Wolfskehls, sondern vielmehr ein universelles Ich, Repräsentant des Menschen gegenüber Gott – eine Kollektivperson Israel (vgl. Franke 2006, S. 231).

Theoretische Perspektivierungen
Wolfskehl begriff das schweizerische und italienische Exil nicht als Fremde; bereits in früheren Jahren hatte er insbesondere Italien für sich zur ‚Wahlheimat' deklariert. In der Welt- und Kulturgeschichte des Mittelmeerraums sah er sich ‚zu Hause', seine Perspektive war immer „jüdisch, römisch, deutsch zugleich" (Wolfskehl 1960, S. 191). Auch am italienischen Faschismus störte sich Wolfskehl zunächst erstaunlich wenig. Thomas Mann, der den George-Kreis als Wegbereiter des Nationalsozialismus diskreditierte, urteilte, dass Wolfskehl, „wenn man ihn ließe, sich sehr wohl in das heutige Deutschland einfügen könnte" (zit. n. Voit 2005, S. 93) – die gegenseitige Wertschätzung und der Kontakt verbesserten sich später jedoch.

Wenn auch Manns Urteil überzogen erscheint, so trifft es doch den Kern der Wolfskehl'schen Identitätsproblematik, die sich auch in seinem Werk manifestiert: Es war der Ausschluss aus der deutschen Kulturwelt, der Wolfskehl mehr belastete als die Sorge um seine körperliche Unversehrtheit. Wolfskehl war kein praktizierender Jude, doch er „sah im Zionismus eine kulturelle und spirituelle Erneuerung des Judentums" (Voit 2005, S. 36), die den Mystiker in ihm ansprach und nicht zuletzt seine literarische Produktivität nachhaltig prägte. Ebenso wenig jedoch lässt sich Wolfskehl dem assimilierten Judentum zurechnen; sein Selbstverständnis lässt sich vielmehr als hybride Identität fassen: „Mein Judentum und mein Deutschtum ja mein Hessentum – das sind keine biologischen Antagonismen, es sind Ströme einander befruchtenden Lebens." (Wolfskehl/Verwey 1968, S. 286)

Das Zerbrechen dieser hybriden Identität scheint für Wolfskehl, der sich als „der einzig übrig gebliebene Juden-Deutsche" bezeichnet, denn auch als das zentrale Moment des Leidens an der Exilierung: „daß diese Zeit mich vor die letzte Wahl stellt, mich selber mir selber entgegenstellt, die Identität zu einer Antinomie teuflisch zerschmiedend, das ist die wildeste Anklage, die ich gegen sie erheben muss [...]" (zit. n. Grimm 1972, S. 165). Das Exil avanciert damit gerade deswegen zur transkulturellen Erfahrung, weil sich in ihm der Zwang zur Aufspaltung der hybriden Identität ergibt. Diese existentielle Verunsicherung führt somit bei Wolfskehl zu erneuter und neu gewendeter literarischer Produktivität. An Abraham Scholem Yahuda schrieb Wolfskehl:

> Ein deutscher Dichter zu sein, ist für den heutigen deutschen Juden wohl die schwerste Prüfung und Erprobung – nach beiden Seiten! [...] Ich habe nichts als das deutsche Wort, ich habe es als Forderung wie als Besitz, als Antrieb und Mittel und als die geheimnisvolle Quelle meiner Kraft. (Wolfskehl 1999, S. 131)

Bereits im Gedichtzyklus *An den Wassern* (1903) hatte Wolfskehl sich mit dem Topos der ewigen jüdischen Wanderschaft sowie in *Saul* (1905) mit biblischen Motiven und Geschichten in jüdischer Tradition auseinandergesetzt, jedoch erst mit der *Stimme* und dem ‚Lebenslied' *An die Deutschen* wird das Schreiben zum Übersetzungsprozess aus der offenen, hybriden Identität als Deutsch-Jude in die antinomische, geschlossene Identität als Jude einerseits und Deutscher andererseits. In diesem Sinne ist auch das Motto zu verstehen, das den ersten Entwürfen der *Stimme*-Gedichte vorangestellt ist: „Ewig ist Juda! / Aus hebräischem Herzen / Deutsch gedichtet" (Wolfskehl 2009, S. 103).

An die Deutschen, zeitgleich mit dem *Stimme*-Zyklus begonnen, jedoch bis zu seinem Tod immer wieder verändert worden, lässt sich daher als Gegenstück zum Selbstvergewisserungsprozess als an der Galut teilhabendem Juden in der *Stimme* verstehen. Gezwungen zur Hinterfragung seiner doppelten Identität trennt Wolfskehl – eine derart autobiografische Lesart drängt sich auf, bezeichnete er das Gedicht doch selbst als „Lebenslied" – den Begriff der ‚Nation' von dem der ‚Heimat'. Heimat ist und bleibt für Wolfskehl – und seine lyrischen Sprecher – deutsche und deutsch-jüdische Geschichte und Kultur: In der Folge „Euer Wandel war der meine / Eure Kaiser sind auch meine / Eure Dichter sind auch meine / Eure Sprache ist auch meine" (Wolfskehl 2009, S. 71ff.) beansprucht auch der lyrische Sprecher deutsche Geschichte, Mythos und Kultur für sich. Dem nationalsozialistischen Deutschland entgegnet das lyrische Ich im Abgesang: „Dein Weg ist nicht mehr der meine." (Wolfskehl 2009, S. 74) Und da Deutschland, nicht das lyrische Ich, vom Weg abgekommen ist, sieht sich das lyrische Ich – analog zum Autor Wolfskehl – allein als Träger des deutschen Geistes. Gleichzeitig trotzig und triumphierend schließt der lyrische Sprecher mit dem bekannten Satz, „Wo ich bin ist deutscher Geist", den 1938 Thomas Mann in abgewandelter Form – „Wo ich bin ist Deutschland" – verwenden sollte.

Das Exil lässt sich somit als Ort von Dynamisierungs- und Durchkreuzungsprozessen kultureller Identität verstehen, dies jedoch nicht aufgrund einer mit dem Außenseiterdasein verbundenen Fremdheitserfahrung, sondern in der Auffassung des Exils als faktischem und symbolischem Beleg für den Verlust hybrider Identität. Auf doppelte Weise wird so auch das Exil Ort einer Re-Essentialisierung. Die komplexe deutsch-jüdische Identität, für Wolfskehl über Jahrhunderte verwoben, wird einerseits auf das Judentum in der Galut reduziert und andererseits auf die Mythopoetik und -genese des ‚Deutschen Geists'.

Exil und Erinnerung

Die Stimme spricht ist zuallererst Aufruf zu Erinnerung und Gedenken. In den fünf Schritten, die Wolfskehls Komposition des Zyklus bestimmen – 1. Hilferuf gegenüber Gott, 2. Gedenken der Glaubenstraditionen, 3. Rückblick auf die Diaspora, 4. Aufruf zum erneuten Aufbruch, 5. Gottesbekenntnis – sind Gedenken und Reflexion die zentralen Elemente. Als Nabi ist es Aufgabe des lyrischen Ichs, vor dem Vergessen zu warnen und die Notwendigkeit der Erinnerung an die immer wiederkehrende Vertreibung für die Annahme als auserwähltes Volk zu verkünden. Diese Verbindung von Exil und Ewigkeit, die sich zur selben Zeit auch bei Else Lasker-Schüler oder Gerson Stern findet, wird über den Aufruf zur Erinnerung an die Galut als einziger Weg der Selbstfindung geleistet. Die „Welle der Peinigung / Welle der Reinigung" (*DSS*, 37), wie es in *Erneuung* heißt, ist eine erneute Einschreibung desselben Leids, mit dem Gott sein Volk auserwählt hatte, erneutes Purgatorium zum Zwecke der Erhebung. Die konkrete persönliche und auch kollektive Vertreibungserfahrung findet im kulturellen Gedächtnis ihre erlösende Teleologie. Gleichzeitig wird damit das Schreiben zum traumatherapeutischen Akt. Die Einbettung des konkreten traumatischen Erlebnisses – der Vertreibungserfahrung und des Identitätsbruchs – in eine übergeordnete Narration des Selbst – der Teilnahme an der Erlösungsteleologie – spiegelt zudem Sigmund Freuds Konzept des Durcharbeitens und Überwindens.

In deutsch-jüdischen Kreisen der 1930er und 1940er Jahre fand dieser Aufruf zur Erinnerung und Selbstvergewisserung im Zeichen der Galut durchaus Gehör. Der Versuch, das politische Geschehen in Deutschland nicht nur in einen geschichtlichen, sondern auch heilsgeschichtlichen Zusammenhang zu setzen (vgl. Franke 2006, S. 232), war mit den Erfahrungen vieler deutsch-jüdischer Exilanten vereinbar. Dies änderte sich allerdings mit der Erfahrung der Judenvernichtung. Wolfskehls Gedichte waren auf die Einbettung der nationalsozialistischen Judenvertreibung in die lange Geschichte der Galut – und der dennoch bleibenden Gottesgegenwart, der Schechina – ausgelegt; der Holocaust widersetzte sich einer solchen Einbettung. Aufgrund ihrer frühen Entstehungszeit zeugen Wolfskehls Gedichte, anders etwa als die Paul Celans, Nelly Sachs' und anderer deutsch-jüdischer Dichter nach 1945, nicht vom Zivilisationsbruch der Schoah. Dies hatte rezeptionsgeschichtliche Folgen: In der deutschen und auch der deutsch-jüdischen Erinnerungskultur spielte Wolfskehls Gedichtband nach dem Zweiten Weltkrieg nur eine marginale Rolle. Die religiösen Motive der *Stimme* wirkten anachronistisch; lediglich das ‚Lebenslied' *An die Deutschen*, Wolfskehls antinomisches Gegenstück zur *Stimme*, fand Einzug in die Diskussion um das Verhältnis von deutscher Geschichte und ‚deutschem Geist'.

Wolfskehls Sekretärin, Gefährtin und Nachlassverwalterin Margot Ruben sorgte nach seinem Tod dafür, dass sein literarisches Werk nicht völlig dem Vergessen anheimfiel. Das von ihr selbst in London eingerichtete Wolfskehl-Archiv verkaufte sie an das Deutsche Literaturarchiv Marbach, der Erlös daraus ging in eine Stiftung zur Förderung der wissenschaftlichen Beschäftigung mit dem Werk Wolfskehls. Die von Margot Ruben herausgegebenen *Gesammelten Werke* und einige auf in Marbach befindliche Materialien und weitere Briefwechsel gestützte Studien führten zu einer etwas größeren Bekanntheit Wolfskehls in der Inlandsgermanistik; der eigentliche Impuls hierfür aber war von ehemaligen Freunden Wolfskehls in Neuseeland ausgegangen. Diesen Bemühungen zum Trotz wird Wolfskehl dennoch weiterhin weder als Mitglied des George-Kreises noch als *exul poeta* adäquat gewürdigt.

Fazit

Wolfskehl interpretiert in *Die Stimme spricht* das erzwungene Exil im Rahmen seiner Exiltheologie als Wiederaufnahme der biblischen Vertreibungserfahrungen und damit als Rückkehr zu jüdischer Identität. Die persönliche Exilerfahrung wird ihm Katalysator neuer literarischer Produktivität und Ansporn zur Erprobung neuer literarischer Schreibweisen, in denen kulturelle Identifikationsprozesse nachgezeichnet, Essentialisierungsmöglichkeiten und -notwendigkeiten erschlossen und traumaüberwindende Selbstkonstruktionen praktiziert werden. Im Verständnis der Galut als einer überzeitlichen Konstante und im Verweis auf die Schechina auch im Exil reiht sich das lyrische Ich unter die Nebi'im; dieser „religiös gefasste[] und erfahrene[] Erkenntnis- und Entscheidungsprozess" (Voit 2005, S. 107) fand denn auch große Resonanz bei Wolfskehls ‚Schicksalsgenossen'.

Insbesondere der so frühe klare Blick auf die Entwicklungen in Deutschland, die Wirkung seiner in der *Stimme* dargelegten Exiltheologie in deutsch-jüdischen Kreisen und das gleichzeitige Beharren auf einer Trägerschaft des ‚deutschen

Geists' in *An die Deutschen* machen Wolfskehls Exilliteratur zu einem höchst interessanten Forschungsfeld, in dem sich der Zerfall hybrider deutsch-jüdischer Identität, das identitätsstiftende Potential intertextueller Referenzen sowie die Genese neuer mythopoetischer Erinnerungslinien nachzeichnen lassen.

Martin Modlinger

Literatur

(*DSS*) Wolfskehl, Karl: *Die Stimme spricht*. Berlin 1936.

Franke, Norman: *„Jüdisch, römisch, deutsch zugleich ..."* – *Eine Untersuchung der literarischen Selbstkonstruktion Karl Wolfskehls unter besonderer Berücksichtigung seiner Exillyrik*. Heidelberg 2006.
Grimm, Gunter: *Die Hiob-Dichtung Karl Wolfskehls. Eine Interpretation*. Bonn 1972.
Hoffmann, Paul (Hg.): *Karl Wolfskehl. Tübinger Symposion zum 50. Todestag*. Tübingen 1999.
Schoor, Kerstin: „‚O dürft ich Stimme sein, das Volk zu rütteln!' – Karl Wolfskehls literarische Wirkungen im jüdischen Kulturkreis in Deutschland nach 1933". In: *„O dürft ich Stimme sein, das Volk zu rütteln!" – Leben und Werk von Karl Wolfskehl*. Hg. v. Elke Vera Kotowski u. Gert Mattenklott. Hildesheim 2007, S. 93–119.
Voit, Friedrich: *Karl Wolfskehl. Leben und Werk im Exil*. Göttingen 2005.
Wolfskehl, Karl: *Gesammelte Werke*, Bd. I. Dichtungen. Hg. v. Margot Ruben u. Claus Victor Bock. Hamburg 1960.
Wolfskehl, Karl: *Gedichte, Essays, Briefe*. Hg. v. Cornelia Blasberg u. Paul Hoffmann. Frankfurt a. M. 1999.
Wolfskehl, Karl: *Späte Dichtungen*. Hg. v. Friedrich Voit. Göttingen 2009.
Wolfskehl, Karl u. Albert Verwey: *Die Dokumente ihrer Freundschaft 1897–1946*. Hg. v. Mea Nijland-Verwey. Heidelberg 1968.

Arnold Zweig: *Traum ist teuer* (1962)

Arnold Zweig * 10. 11. 1887 Glogau (Schlesien, heute: Głogów, Polen), † 26. 11. 1968 Berlin (DDR). Stationen des Exils: 1933–1948 Palästina.

Inhalt

Im Zentrum von Arnold Zweigs Roman *Traum ist teuer* steht der jüdische Psychoanalytiker Richard Karthaus aus Wien, der sich kurz nach Ende des Zweiten Weltkrieges, im September 1945, rückblickend an seine Jahre im Exil in Palästina erinnert. Im Jahr 1933 hatte er dort Zuflucht gesucht, um seine Träume – private wie politische – zu verwirklichen. Während seine Frau Hella mit den beiden gemeinsamen Söhnen lieber nach Amerika ins Exil flieht, geht Karthaus zusammen mit seiner jungen Geliebten Jeanne nach Israel. Dort beteiligt er sich an den jüdisch-arabischen Auseinandersetzungen. Verschränkt mit seiner Exilgeschichte ist die des griechischen Sergeanten George Gordon Kephalides, der auf Kreta im antifaschistischen Widerstand gekämpft hatte und den Karthaus, Psychiater der Freud'schen Schule, im Auftrag der britischen Armee auf seinen Geisteszustand untersuchen soll. Zweigs letzter Roman nimmt sowohl auf das Vorkriegsdeutschland als auch auf die politische Lage in Griechenland Bezug. Zudem werden der Verlauf des Zweiten Weltkrieges im Mittelmeerraum während der Jahre 1942–1945 und die Lage in Palästina geschildert (vgl. Davis 1987, S. 223). Im Laufe des Romans stürzen sowohl im privaten wie im politischen Bereich die Träume des Protagonisten zusammen: Seine junge Geliebte verlässt ihn, und die Entscheidung für das Exilland Palästina, an das die Hoffnung auf eine neue Heimat geknüpft war, stellt sich als falsch heraus. Rückblickend analysiert er die Wahl Palästinas als eine typisch deutsche Fehlentscheidung. Seine Rückkehr nach Deutschland, genauer in die Sowjetische Besatzungszone, wird angedeutet. Dort wird er wieder mit Hella zusammenkommen; diese hatte in Amerika zwar ihr Auskommen gehabt, ist dort aber nicht heimisch geworden.

Analysen

Narrationen des Exils
Traum ist teuer wurde bereits 1945 in Angriff genommen, als Zweig die erste Fassung dieses Romans im palästinensischen Exil niederschrieb. Erst 1958, zehn Jahre nach seiner Rückkehr in die Sowjetische Besatzungszone, wurde die Urfassung erstmals grundlegend überarbeitet und konnte schließlich Ende 1961 dem Verlag übergeben werden. Elementare Änderungen und Erweiterungen der ersten Fassung hin zum abgeschlossenen Druckwerk finden sich in erster Linie durch den Einbau propagandistischer Elemente. In vielen Aspekten ist das Leben des Zweig'schen Protagonisten Karthaus dem des Autors nachempfunden; wie Briefe und Tagebuchaufzeichnungen nahelegen, kann der Protagonist weitgehend als Selbstporträt Zweigs verstanden werden. Dabei wird die persönliche Perspektive durch die Verwendung der Ich-Form noch verstärkt.

Obwohl auch der Roman *De Vriendt kehrt heim* (1932) in Palästina spielt, bleibt *Traum ist teuer* Zweigs einziges Werk, das die Erlebnisse des Exils thematisiert. Zu Beginn des Romans rekapituliert Karthaus seinen Werdegang und die Stationen auf dem Weg nach Palästina. Ausschlaggebend war die Bücherverbrennung vom Mai 1933: Die Verbrennung von Werken Heinrich Heines, Albert Einsteins und Sigmund Freuds symbolisierte für ihn die Verurteilung des gesamten

Judentums. Richard Karthaus träumt zunächst hoffnungsvoll davon, „an der Genesung, der Wiedergeburt eines jahrhundertelang kranken, aber edlen und tüchtigen Wesens" (*TIT*, 57) – gemeint ist das jüdische Volk – mitarbeiten zu können und erwartet voller Euphorie die Ankunft in einer neuen Heimat: „Ich fuhr nicht in die Fremde, ich würde bei Brüdern landen." (*TIT*, 57) Doch muss er bald erkennen, dass diese Illusionen Stück für Stück zusammenbrechen und er Palästina wieder verlassen wird – das Land, „wo ich mir eine neue Heimat hatte bauen wollen, wo ich den Traum meines Exils angesiedelt hatte, den Traum vom Aufbruch in eine neue, jugendliche Welt, dem Aufbau einer klassenlosen Gesellschaft, einer Heimat für die Heimatlosen!" (*TIT*, 353) Während des Exils wandelt er sich vom Zionisten zum überzeugten Sozialisten. Am Ende des Romans tritt zu sich immer deutlicher artikulierenden Empfindungen des schmerzlichen Heimatverlustes die Einsicht, von den in Deutschland gebliebenen Landsleuten nicht wesentlich verschieden zu sein. So fragt sich der Exilant Karthaus: „Wie konnte ich [...] die tiefe Gemeinsamkeit übersehen, die mich [...] mit den Menschen innerlich verband, fast gleichsetzte, die mich vertrieben hatten, um ein Tausendjähriges Reich zu starten?" (*TIT*, 57 f.)

Die Exilgeschichte Arnold Zweigs nahm eine vergleichbare Entwicklung wie die seines Protagonisten. Es gelang dem Autor nicht, seine soziale Entwurzelung im Sinne einer „schreibenden Landnahme" zu bezwingen: In Palästina blieb er stets ein Deutscher und Fremder. Am 31. Dezember 1933, kaum 14 Tage im Exil, notiert er in seinen Taschenkalender: „In Palästina. In der Fremde." (Hermand 1990, S. 74), und 1935 in einem Brief an Freud: „Es ist ja fast gleich, wo man sitzt, wenn man nicht daheim sitzt ..." (Freud/Zweig 1968, S. 124). Diese Erfahrungen und Empfindungen schreibt er seinem Protagonisten Karthaus ein.

Neben der Isolationserfahrung ist es jedoch auch die imperialistische Politik gegenüber den Arabern, die Zweig zur Ablehnung des Zionismus und zur Vorbereitung seiner Rückkehr in das ‚bessere Deutschland' der SBZ/DDR führt. Die Wahrnehmung der Araber schlägt sich in *Traum ist teuer* nieder, indem Zweig seine humanistischen Überzeugungen auf Karthaus überträgt, der – obwohl Zionist – niemals nationaljüdische Interessen über das universalistische Ethos des Judentums stellt.

Theoretische Perspektivierungen
Das Verhältnis des Protagonisten Richard Karthaus gegenüber dem Exil als potentieller neuer Heimat bleibt ambivalent: Einerseits statuiert er resigniert, dass jeder, der „dem Druck der braunen Müllawine des Tausendjährigen Reiches nicht nachgeben wollte oder als Jude plötzlich einer ungeschützten Minderheit angehörte", für die nächsten Jahre „eine neue Bleibe [...], eine Unterkunft, einen Shelter, schlimmstenfalls eine neue Heimat" (*TIT*, 23) suchen müsse. Der Gedanke,

dass das Exil gezwungenermaßen mehr als ein transitorisches Zwischendasein sein könnte, erschreckt ihn. Andererseits sieht er seinen Weg nach Palästina, ins „neue Kanaan", „vorgezeichnet": „War ich nicht ein Landsmann der edlen Vollbärte Theodor Herzl und Max Nordau? [...] Meine Hella hatte recht: ich kehrte heim ins Reich der Väter." (*TIT*, 51)

Karthaus durchläuft während seiner Zeit im Exil einen schmerzhaften Prozess der Identitätsfindung. Während seine Illusionen in sich zusammenstürzen, er sich eingestehen muss, ein „Träumer teurer Träume" (*TIT*, 94) gewesen zu sein, entsteht eine neue politische Hoffnung: die Vorstellung von einem sozialistischen Deutschland. Während diese Phase in *Traum ist teuer* auf einen Zeitraum von lediglich drei Jahren (1942–1945) beschränkt wird, erstreckte sich jener Prozess der Identitätsfindung und politischen Festigung bei Zweig selbst über Jahrzehnte. Der Autor verwertet in seinem Alterswerk die Erkenntnisse kritischer Selbstreflexion; die didaktische Intention von *Traum ist teuer* tritt im geschilderten Bewusstseinsprozess des Protagonisten Karthaus offen zutage.

Dieser Aspekt ist auch hinsichtlich der zweiten Traumebene des Romans, der Konstruktion eines gleichberechtigten Geschlechterverhältnisses, von Bedeutung, das sich mit dem Ideal einer frei von (klein)bürgerlichen Moralvorstellungen gelebten Sexualität verbindet. Aus Karthaus, der mit seiner Entscheidung für das Exil in Palästina die Trennung von seiner Frau Hella billigend in Kauf nimmt und sich die Weiterführung seiner ‚Nebenehe' mit der Geliebten Jeanne sowie zahlreiche Liebschaften erlaubt, wird ein Mann, der sich letztlich auf die Rückkehr zu seiner Frau und den gemeinsamen Kindern freut. Vor allem im Vergleich mit früheren Fassungen tritt in der Endversion der moralisierende Charakter dieser Entscheidung für Ehefrau und Familie durch zahlreiche Änderungen und passagenweise Streichungen hervor. Verantwortlich für diese Moralisierung der privaten Traumerzählung war nicht zuletzt der Druck, dem sich Zweig vonseiten der Verlagslektoren ausgesetzt sah und dem er schließlich nachgab (vgl. Kröhnke 1993, S. 212). Die Geschichte des Ehepaares, das erst zusammen ein Ganzes ergibt, spiegelt das Motiv der Persönlichkeitsspaltung und Trennung wider; erst im ‚anderen Deutschland' werden die Eheleute wieder zusammenkommen.

Adaptionen des Hebräischen – eine Sprache, die sich anzueignen Zweig nie wirklich gelang – bleiben im Roman aus. Die deutsche Sprache wird zum Medium sozialer Exklusion in Palästina ausgewiesen: Karthaus deutet auf die „Abneigung" hin, welcher er sich und die übrigen Exilanten ausgesetzt sieht, die sich „der deutschen Sprache bedienten, um das tägliche Leben zu bewältigen. Unser Deutsch wurde als Hitlers Sprache abgestempelt, wir unserer Kleidung wegen als Jeckes" (*TIT*, 79). Mit der Randfigur Hermann Treppner gestaltete der Autor einen typischen Jecken, der die Anpassung an die Gegebenheiten seiner Umwelt offen ablehnt und ganz bewusst die Integration in den Kultur- und Sprachraum des

Jischuw verweigert. Im Gegensatz zum Remigranten Karthaus, der auf ein ‚besseres Deutschland' hofft, entscheidet sich der Jecke gegen eine Rückkehr: „Niemals wieder überschreite ich Grenzen, in denen sich solche Streicher, Himmler, Hitler und ihr Schurkenpack austoben durften. Erez Israel allewege!" (*TIT*, 320)

Der Roman flankiert das Bekenntnis, das Karthaus zu seiner nationalen Identität als Deutscher ablegt, mit intertextuellen Bezügen. Sie schreiben den Roman in die Tradition der deutschen Geistesgeschichte ein; er enthält eine Fülle von Verweisen auf Autoren wie Schiller (vgl. *TIT*, 114), Goethe (vgl. *TIT*, 321), Hofmannsthal (vgl. *TIT*, 336) oder Wilhelm Busch (vgl. *TIT*, 249). Eine besondere Rolle fällt dabei – wie auch in vielen anderen Romanen der deutschsprachigen Exilliteratur – Heinrich Heine zu. Bei einem Besuch des jüdischen Neuen Friedhofes auf dem Ölberg entsinnt sich Karthaus der ersten Strophe des Gedichtes *Wo?*, welches auf Heines Grab zu lesen ist; der Vierzeiler wird in ganzer Länge zitiert: „Wo wird einst des Wandermüden / Letzte Ruhestätte sein? / Unter Palmen in dem Süden, / Unter Linden an dem Rhein?" (*TIT*, 338) Nur wenige Seiten vor Romanschluss erhält diese Passage besonderen Stellenwert, zumal kurz darauf Karthaus' Rückkehr nach Deutschland angedeutet wird. Dieses Motiv der Obdachlosigkeit, das in Heines Gedicht thematisiert wird und bereits im Titel implizit anklingt, zieht sich wie ein roter Faden durch *Traum ist teuer*.

Exil und Erinnerung
Der Roman wurde als ein aus der Erinnerung des Ich-Erzählers aufgeschriebener Bericht konzipiert. Zahlreiche Ana- und Prolepsen sind in den Text eingeflochten, sodass deutlich wird, dass das erzählende Ich aus der Perspektive eines reiferen Standpunkts auf sein Leben zurückblickt. Karthaus bedient sich verschiedener Darstellungsmodi der Vergangenheit; oftmals wird sein Bericht etwa durch Briefe, Beschreibungen des Kriegsverlaufs oder seitenlange politische Abhandlungen unterbrochen.

Vom Aufzeichnen seiner Erinnerungen an das Exil in Palästina erhofft sich Karthaus eine therapeutische Wirkung in doppelter Hinsicht: Zum einen liegt ihm daran, sich politisch „Rechenschaft zu geben und selber Klarheit zu erlangen", zum anderen hofft er, dass es ihm gelingt, „zurückzurufen, was ich durchlebte und wie wir einst so glücklich waren" (*TIT*, 15), um dann den in der Realität „längst vollzogenen Abschied" von Jeanne endlich auch zu „realisieren" (*TIT*, 8). Der Prozess des erinnernden Schreibens erweist sich so in politischer wie privater Hinsicht als ein freudianisch geschultes Verfahren von Erinnern, Wiederholen und Durcharbeiten. *Traum ist teuer* präsentiert sich jedoch nicht nur als individuelles Therapiegeschehen. Karthaus' Ziel ist es auch, ein Gedenkbuch zu schreiben und so die Erinnerung an Kephalides für die Nachwelt zu erhalten, denn nach dessen Tod „werden nur wenige Leute wissen, welch ein Funke da zertreten worden ist" (*TIT*, 12). In Differenz zu Karthaus entwirft Zweig mit Kephalides eine alternative Heldenfigur, die als bewunderter Mentor Karthaus auf seinem Weg zur Entwicklung einer gefestigten politisch-sozialistischen Gesinnung begleitet.

Wie bereits in früheren Romanen widmet Zweig auch in *Traum ist teuer* seine Aufmerksamkeit einem geschichtsbestimmenden Ereignis, der Zeit des Exils. Dabei sind die Biografie des Autors, literarische Fiktion und historischer Hintergrund – Zweiter Weltkrieg und ‚anderes Deutschland' DDR – unauflöslich ineinander verwoben. Unter erinnerungskultureller Perspektive betrachtet, ist der Roman innerhalb der exilliterarischen Forschung insofern von besonderem Interesse, als seine unterschiedlichen Bearbeitungsstufen zeigen, wie gezielt die Zeit des Exils für die Geschichtsschreibung der DDR aufbereitet wird. Von der dritten Fassung des Romans an beginnt Zweig zunehmend, die Schilderung der Ereignisse mit expliziten Beurteilungen zu versehen. Die Tendenz, dem Roman ein unmissverständliches Plädoyer für den Sozialismus deutscher Prägung einzuschreiben, ist durch die Entstehungsgeschichte des Romans und seine einzelnen Bearbeitungsstufen gut nachvollziehbar. So wird etwa eine eigene Passage in den Roman eingefügt, in dem der Faschismus entsprechend marxistischer Auffassungen als die extremste Form des Kapitalismus angesehen wird (vgl. *TIT*, 9). Sukzessive beschreibt das erzählende Ich seine politische Bewusstwerdung, die Entwicklung von einem früheren Zustand politischer Unbedarftheit – hat er doch damals nicht erkannt, „wie unbedingt das Auftürmen von Rüstung Vorbereitung zum Massenmord" ist und schließlich zum „Selbstmord der darin Verwickelten" (*TIT*, 21) führt – hin zu seiner politischen Klarsicht heute. Derlei Einschüben, welche nach Zweig zur Bewusstseinsbildung in der DDR gehörten, ist es wohl zu verdanken, dass *Traum ist teuer* in der DDR zur Veröffentlichung gelangen konnte (vgl. Davis 1977, S. 163 ff.). Denn mit den Freud-Bezügen, die für die gesamte Konstruktion dieses Erinnerungsbuches so zentral sind, konnte Zweig in der DDR kaum mit Gegenliebe rechnen. Inzwischen hat sich die Auffassung durchgesetzt, Zweig habe sich in seinen Werken um die Synthese von Freud und Marx verdient gemacht. Auch *Traum ist teuer* kann in diesem Sinne als eine Art Kompendium der unterschiedlichen Auffassungen durch die Überlagerung marxistischer Einsichten auf Freud'scher Basis gelesen werden. Der Roman spiegelt Zweigs „ungebrochene Identifikation mit dem sich etablierenden System" (Metze 1987, S. 86) nach außen, andererseits aber auch sein kritisches Hinterfragen wider. Im westlichen Deutschland wurden diese Aspekte seines Werkes nicht gewürdigt, oftmals auch gar nicht gesehen. Wurde *Traum ist teuer* von Kritikern im Osten auf seine politische Motivation reduziert und seiner zentralen psychoanalytischen Dimension beraubt, so las man den Roman im Westen als die Artikulation eines oberflächlichen Marxismus. Beide Lesarten, auf je ihre Weise verkürzend, verhinderten es, dass das Werk Eingang in den Kanon fand.

Fazit

Schon das im Titel *Traum ist teuer* immanente Exilverständnis greift konkludierend voraus, dass im Werk die Denkfigur des Exils als schmerzhafte Verlusterfahrung entwickelt wird. Gleichzeitig präsentiert Zweig die Exiljahre als eine entscheidende Etappe in Karthaus' politischem und persönlichem Reifeprozess. Dass Zweig auch seinen Protagonisten Karthaus nach langen Jahren im Exil in sein Heimatland zurückkehren lässt, verweist darauf, dass dieser im Unterschied zu seinem literarischen Gegenentwurf, dem Jecken Treppner, die Deutschen nicht ausnahmslos verurteilt. Vielmehr begreift der Remigrant Karthaus das eigene Deutschtum als Verantwortung und Chance, zum Aufbau eines ‚besseren Deutschland' beizutragen.

In der umfangreichen Zweig-Forschung wurde der Roman weithin abgetan als ein etwas ‚peinliches Alterswerk' und nur sehr unzureichend behandelt. Den Weg eines deutschen Intellektuellen von den apolitischen Anfängen zur sozialistischen Überzeugung nachzeichnend, wurde er oftmals lediglich als Beitrag zur Bewusstseinsänderung angesehen, womit er in die Liste jener DDR-Literatur eingereiht wurde, die – wie etwa Anna Seghers *Entscheidung* oder Christa Wolfs *Der geteilte Himmel* – den Leser mit einer Entscheidung für den Sozialismus konfrontieren (vgl. Davis 1977, S. 189). Die Mehrschichtigkeit des Romans wurde damit zu Unrecht auf eindimensionale Lesarten verkürzt und die Bedeutsamkeit des Romans für die Exilliteratur nicht angemessen gewürdigt.

Anna Zachmann

Literatur

(*TIT*) Zweig, Arnold: *Traum ist teuer*. Berlin, Weimar 1983.

Davis, Geoffrey V.: *Arnold Zweig in der DDR. Entstehung und Bearbeitung der Romane „Die Feuerpause", „Das Eis bricht" und „Traum ist teuer"*. Bonn 1977.
Davis, Geoffrey V.: „‚Lektionen über das Leben'. Die späten Romane Arnold Zweigs". In: Sternburg 1987, S. 208–233.
Freud, Sigmund u. Arnold Zweig: *Sigmund Freud. Arnold Zweig. Briefwechsel*. Hg. v. Ernst L. Freud. Frankfurt a. M. 1968.
Hermand, Jost: *Arnold Zweig*. Reinbek bei Hamburg 1990.
Hermand, Jost: „Polygame Ehe und latente Homosexualität. Arnold Zweigs Auflehnung gegen die bürgerliche Moral". In: *Arnold Zweig. Berlin – Haifa – Berlin. Perspektiven des Gesamtwerks*. Akten des III. Internationalen Arnold-Zweig-Symposiums Berlin 1993. Hg. v. Arthur Thilo Alt u.a. Bern 1995 (Jahrbuch für Internationale Germanistik A 39), S. 58–76.
Kröhnke, Karl: „Arnold Zweigs teurer Traum. Politische Überlegungen zu seinem Leben und zu seinem Werk". In: Sternburg 1987, S. 255–281.

Kröhnke, Karl: „,Das werden wir später klären ...'. Psychoanalyse und Marxismus in Zweigs ‚Traum ist teuer'". In: *Arnold Zweig. Psyche, Politik und Literatur*. Akten des II. Internationalen Arnold-Zweig-Symposiums Gent 1991. Hg. v. David Midgley, Hans-Harald Müller u. Luc Lamberechts. Bern 1993 (Jahrbuch für Internationale Germanistik A 32), S. 210–230.

Leuenberger, Stefanie: *Schrift-Raum Jerusalem. Identitätsdiskurse im Werk deutsch-jüdischer Autoren*. Köln u. a. 2007.

Metze, Klaus-Rüdiger: „Arnold Zweig in der DDR. Versuch einer politischen Standortbestimmung". In: Sternburg 1987, S. 80–103.

Müller, Hans-Harald: „Arnold Zweig und der Zionismus". In: *Arnold Zweig*. Hg. v. Heinz Ludwig Arnold. München 1989 (Text + Kritik 104), S. 9–24.

Müller, Hans-Harald: „‚Traum ist teuer'. Arnold Zweig – ein jüdischer Schriftsteller deutscher Sprache und sein Vaterland". In: *Dichter und ihre Nation*. Hg. v. Helmut Scheuer. Frankfurt a. M. 1993, S. 343–355.

Schütz, Hans: *Juden in der deutschen Literatur. Eine deutsch-jüdische Literaturgeschichte im Überblick*. München 1992.

Sternburg, Wilhelm von (Hg.): *Arnold Zweig. Materialien zu Leben und Werk*. Frankfurt a. M. 1987.

Wildangel, René: „Arnold Zweig und das deutsch-zionistische Milieu in Palästina 1933–1948". In: *Deutscher, Jude, Europäer im 20. Jahrhundert. Arnold Zweig und das Judentum*. Hg. v. Julia Bernhard u. Joachim Schlör. Bern 2004, S. 179–191.

Wiznitzer, Manuel: *Arnold Zweig. Das Leben eines deutsch-jüdischen Schriftstellers*. Königstein 1983.

Wolf, Arie: „Stationen des geistigen Wandels des Haifaer Exilanten Arnold Zweig". In: *Arnold Zweig. Sein Werk im Kontext der deutschsprachigen Exilliteratur*. Akten des IV. Internationalen Arnold-Zweig-Symposiums Durham/N.C. 1996. Hg. v. Arthur Tilo Alt u. Julia Bernhard. Bern 1999 (Jahrbuch für internationale Germanistik A 49), S. 213–227.

Zweig, Arnold: „Verwurzelung". In: *Orient* 3 (1942) H. 14, S. 5–7.

Stefan Zweig: *Die Welt von Gestern. Erinnerungen eines Europäers* (1942)

Stefan Zweig *28. 11. 1881 Wien, †23. 2. 1942 Petrópolis (Brasilien). Stationen des Exils: 1934–1940 England, 1940/41 USA, 1941/42 Brasilien.

Inhalt

Mit seiner Autobiografie *Die Welt von Gestern* setzt Stefan Zweig weniger seiner eigenen Person ein Denkmal, sondern schildert vielmehr das Schicksal „einer ganzen Generation" (*WvG*, 7), um den nachfolgenden Generationen das Bild einer vergangenen Epoche zu überliefern. Dieser Absicht entsprechend, liegt der Schwerpunkt des Erzählten auf der Zeit vor dem Ersten Weltkrieg, dem „goldene[n] Zeitalter der Sicherheit" (*WvG*, 15), das Zweig in seiner Heimatstadt Wien, aber auch in anderen europäischen Metropolen wie Paris und London erlebt und das für ihn mit dem Kriegsausbruch ein drastisches Ende findet. Die Erlebnisse des Krieges, das Chaos der Nachkriegszeit und die darauf folgende Rückkehr zu einer scheinbaren Normalität, das Aufkommen des Faschismus sowie Zweigs erste Exilzeit in England bilden den restlichen Teil der Autobiografie. Mit dem Tag der Kriegserklärung Englands an Deutschland beendet Zweig seinen Lebensbericht, denn „jener Septembertag 1939 zieht den endgültigen Schlußstrich unter die Epoche, die uns Sechzigjährige geformt und erzogen hat" (WvG, 12). Gemäß seines Vorsatzes, selbst nur die Rolle „des Erklärers bei einem Lichtbildervortrag" (WvG, 7) einzunehmen, konzentriert sich Zweig bei seinen Ausführungen fast ausschließlich auf die Schilderung bekannter und bedeutender Persönlichkeiten aus Kunst, Politik und Zeitgeschichte.

Analysen

Narrationen des Exils

Stefan Zweig verfasste seine Autobiografie *Die Welt von Gestern* in den Jahren seines Exils in Amerika, die Veröffentlichung des Werkes erfolgte im Bermann-Fischer-Verlag in Stockholm kurz nach Zweigs Suizid im Jahr 1942. Zweigs weltweiter Erfolg und seine scheinbar unpolitische Haltung sicherten ihm eine unkomplizierte und unzensierte Veröffentlichung seiner Werke auch während des Zweiten Weltkrieges. In seiner Autobiografie nimmt Zweig Bezug auf seine persönliche Exilerfahrung in England. Seine Darstellung greift dabei zumeist auf typische literarische Exiltopoi zurück: die Unsicherheit seiner Existenz als ewig Heimatloser, ewig Wandernder, der „überall, wo [er] Fuß gefaßt hat, in jedem Augenblick zurückgestoßen werden kann" (WvG, 441), geht mit dem Gefühl des Identitätsverlusts, der Erfahrung von Fremdheit und einer nostalgischen Sehnsucht nach der Vergangenheit einher. Anhand der Schilderung des jüdischen Flüchtlingsstroms, den er in London erlebt, diskutiert Zweig die konkreten sozialen wie individuellen Umstände und Auswirkungen des Exils. Einen allgemeineren Blick auf das Exil wirft Zweig in der vergleichenden Gegenüberstellung der Exilerfahrungen Maxim Gorkis und Benedetto Croces. Betont er bei Gorki die negativen Auswirkungen des Exils auf die eigene Schaffenskraft, stellt Zweig am Beispiel Croces, der sich während des Faschismus in eine Art ‚inneres Exil' flüchten musste, die vitalisierende Kraft einer derartigen ‚Prüfung' heraus. Die Konsequenzen des Exils für Zweigs eigenes Schreiben spiegeln sich einerseits in der Klage über die ungünstigen Produktionsbedingungen der Autobiografie, andererseits weist Zweigs Werk eine erzählerische Exilperspektive in Form „dauernde[r] Einschaltungen des Exilstandpunkts des autobiographischen Ich-Erzählers" auf, wodurch „die prekäre Weltanschauung des Exilanten nie lange aus den Augen des Lesers" (Gelber 1995, S. 148f.) gerät. Einer ‚Ästhetik des Exils' (vgl. Gelber 1995) folgend, offenbart die Konstruktion der Autobiografie in Gestalt innerer Diskrepanzen implizit den Einfluss der Exilerfahrung: Trotz der mehrfach geäußerten Einsicht in die Hilflosigkeit des Menschen und die Absurdität der Welt hält Zweig weiterhin an der traditionellen, am Goethe'schen Ideal geschulten autobiografischen Form fest. Das damit verbundene Bekenntnis zur humanistischen Vorstellung eines autonomen Subjekts und das vergebliche Bemühen, das Bild „einer kontinuierlichen, durchschaubaren und entzifferbaren Welt zu konstruieren", können als Versuch gedeutet werden, zumindest in der Literatur „die Welt von Gestern vor ihrem endgültigen Untergang aus dem Gedächtnis zu retten" (Hu 2006, S. 87). Dieser Absicht entsprechend, liegt das Hauptaugenmerk des Textes auch trotz dessen ständiger unterschwelliger Präsenz nicht auf der Thematisierung des Exils, sondern auf der Darstellung eines als Gegenbild zu verstehenden idealisierten Europas der Vergangenheit. Durch die umfassende Würdigung älterer wie zeitgenössischer europäischer Kunstwerke und ihrer ‚Schöpfer' ruft *Die Welt von Gestern* die utopische Vorstellung eines kulturell geeinten Europas auf, an dessen literarisch-kulturelle Tradition das Werk selbst Anschluss sucht. Bezüge zur jüdischen Tradition stellt Zweig her, indem er immer wieder auf biblische Gestalten und deren Schicksale verweist. Alttestamentliche Figuren wie Lot und Hiob können dabei sowohl vor einem jüdischen als auch vor einem christlichen Hintergrund gelesen werden, wodurch die starke Verflechtung einer christlich-europäischen Kulturtradition mit dem Judentum sichtbar wird. Obwohl Zweig im Rahmen seines utopischen Europa-Entwurfs sein eigenes Judentum zugunsten eines Europäertums stark zurücknimmt, betrachtet er das Exil auch unter jüdischen Vorzeichen. Bereits im Drama *Jeremias* hatte er eine Neuinterpretation der Diaspora entwickelt, die das „Provisorium der Galuth [...] zu Gunsten der Ideologie eines als positiv, ja befreiend empfundenen Diasporismus [auflöst], der das Judentum zum Universalen hin öffnet und die Rückkehr in die angestammte Heimat ausblendet" (Mittelmann 2007, S. 271f.). Die ursprünglich negativ erfahrene Heimatlosigkeit wird damit zum Privileg einer göttlichen Sendung, die in Zweigs säkularisierter Adaption als jüdisches Weltbürgertum schließlich weniger der Durchsetzung des reinen Monotheismus als vielmehr der Verbreitung humanistischer Werte und kultureller Leistungen dient. Die Deutung des ewigen Leids des jüdischen Volkes als wiederkehrender Beweis der moralischen Superiorität der Unterlegenen wirkt jedoch, auch für Zweig selbst, hilflos angesichts der Massen jüdischer Opfer nationalsozialistischer Verfolgung. In Anbetracht der Vergeblichkeit jüdischer Assimilationsbestrebungen wie des Verlustes an Religiosität beklagt er die Sinnlosigkeit dieses Leidens.

Theoretische Perspektivierungen

Zweigs Interpretation der jüdischen Diasporaexistenz wie auch seine Absicht, das Bild des vergangenen Europa, dessen humanistische Werte und Kultur zu vermitteln, beeinflussen stark seine Konzeption von Heimat, Nation und Kultur. Inbegriff der europäischen Vergangenheit ist in Zweigs idealisierter Darstellung das Wien der Habsburgermonarchie. Denn „hier waren alle Ströme europäischer Kultur zusammengeflossen; [...] unbewußt wurde jeder Bürger dieser Stadt zum Übernationalen, zum Kosmopolitischen, zum Weltbürger erzogen" (*WvG*, 28). Träger dieses Weltbürgertums sind vor allem die Juden, die in Zweigs Verständnis die Sehnsucht nach einer ursprünglichen Heimat eintauschen gegen eine bewusst gewählte Heimatlosigkeit, die ihnen eine Vermittlerrolle zwischen den Nationen und damit eine geistige, d.h. ortlose Heimat in Kunst und Kultur ermöglicht. In ähnlicher Weise konzipierten auch Georg Simmel und in seiner Nachfolge Karl Mannheim, Robert E. Park und Louis Wirth ihre Figur des ‚Fremden' bzw. des ‚*marginal man*', der in seiner ursprünglich auf seine jüdische Herkunft zurückzuführenden Grenzposition den Prototyp des Kosmopoliten darstellt (vgl. dazu Krohn 2009, S. 31ff.). Die Idee Europas und eine aus dem jüdischen Diasporabegriff entwickelte transnationale und transkulturelle Existenz, die „ein spezifisches Nahverhältnis zu jenen Existenzbedingungen aufweist, die heute als postkoloniale Disposition umrissen werden" (Braese 2009, S. 14), dienen in der *Welt von Gestern* als Gegenmodell zu den sich gegeneinander abgrenzenden Nationalismen. Gerade das Element der Kultur erweist sich dabei als eine verbindende Kraft zwischen den unterschiedlichsten Völkern, nicht als ein hierarchisches Moment. Mit der Vorstellung einer europäischen, über nationale Grenzen hinweg wirkenden geistigen Zusammengehörigkeit geht ein offenerer, weiter gefasster Entwurf des Heimatbegriffs einher. Einer generellen Neigung zum Überschreiten konventioneller Abgrenzungsmuster gegenüber dem ‚Anderen' und zur Betonung einer gewinnbringenden Vereinigung von Gegensätzen steht Zweigs Tendenz, an essentialistischen Zuschreibungen festzuhalten, entgegen. Wenn auch in ausschließlich positiver Weise, bedient er dennoch nationale Stereotypen, deren grundsätzliche Gültigkeit er nicht anzweifelt und deren Konstruktcharakter er nicht offenlegt. In Konfrontation mit den Erfahrungen des Exils muss Zweig sein eigenes Identitätskonzept überdenken, insofern sich seine bisherigen kosmopolitischen Wunschvorstellungen als naive Verkürzungen eines Zustandes existentieller Verunsicherung erweisen. Die Erkenntnis, „daß Prüfung herausfordert, Verfolgung bestärkt und Vereinsamung steigert, sofern sie einen nicht zerbricht" (*WvG*, 389), kann die emphatischen Klagen über den Verlust der geistigen Heimat nicht übertönen. Angesichts realer leidvoller Exilerfahrungen behalten Zweigs bisherige übernationale Ideale zwar ihre Gültigkeit, die Bedingungen eines derartigen Lebens als „amphibisches Wesen" (*WvG*, 488) zwischen den Nationen müssen jedoch problematisiert werden. Da Zweigs Identität in der *Welt von Gestern* immer schon als eine spezifisch europäische konzipiert ist und er als Weltbürger auftritt, wird einer Auseinandersetzung mit Fremdheit im Sinne eines absolut ‚Anderen' kein Raum gegeben. Transkulturelle Prozesse ermöglichen zwar eine Daseinsform jenseits konventioneller Heimat-, Nationen- oder Kulturvorstellungen, von einer mit der Unterminierung hierarchischer Strukturen verbundenen Hybridität im Sinn postkolonialer Theorien kann dabei jedoch nicht gesprochen werden. Im Gegenteil scheint sich in Zweigs Verhältnis zu Südamerika, das er – ähnlich der Vorstellung eines ‚anderen Deutschland' – unter dem Blickwinkel einer hier noch bewahrten europäischen Tradition betrachtet, sogar eine Tendenz zum Eurozentrismus und damit zu einer auf essentialistischen Abgrenzungen beruhenden kolonialistischen Denkweise anzudeuten.

Zur Stellung der Frau in der symbolischen Ordnung des Mannes gibt Zweigs Werk implizit Auskunft, insofern die geschilderte Welt eine ausschließlich männliche ist. Politik, Geschichte und Kultur Europas werden anhand ihrer männlichen Protagonisten dargestellt, Frauen finden äußerst selten und nur am Rande Erwähnung. Diese fast völlige Abwesenheit des Weiblichen lässt sich, wie beispielsweise Zweigs Kritik an der verlogenen Sexualmoral der Vorkriegszeit, unter der insbesondere die Frauen zu leiden hatten, zeigt, nicht einfach mit dem Vorwurf der Misogynie beantworten. Vielmehr ist sie Symptom einer ‚realen' Abwesenheit der Frauen im öffentlichen Leben, aber auch im Bewusstsein der Zeit.

Exil und Erinnerung
Die Autobiografie als eine Gattung, die eine Identität von Autor, Protagonist und Erzähler behauptet (vgl. Lejeune 1994) und den Anspruch erhebt, die eigene Lebensgeschichte zu erzählen, kann als ein Medium des individuellen Gedächtnisses verstanden werden. Die Unmöglichkeit einer objektiven, wahrheitsgetreuen Darstellung liegt dabei genauso in der Unzuverlässigkeit der Erinnerungen begründet, wie in der Entscheidung des Autors darüber, wie viel er bereit ist, von sich preiszugeben. So gibt Stefan Zweigs Autobiografie kaum Einblick in sein Privatleben und seine persönliche Gefühlswelt. Seine Lebensgeschichte dient eher als ein chronologisches und thematisches Gerüst, an dem sich die Darstellung einer vergangenen Epoche, ihrer kulturellen Leistungen und ihrer Überzeugungen ‚entlanghangelt'. Die mangelnde Verlässlichkeit der Erinnerungen wird von Zweig selbst thematisiert. Was als Hindernis gedeutet werden könnte, bewertet er aber gerade als einen Vorteil, denn „die wissend ordnende und weise ausschaltende Kraft" des Gedächtnisses dient ihm als Begründung einer strengen Selektion: „Nur was ich selber bewahren will, hat ein Anrecht, für andere bewahrt zu werden." (*WvG*, 13) Die zutiefst verunsichernden Erfahrungen des Exils äußern sich deshalb weniger in ihrer direkten Thematisierung als vielmehr in ihrem Ein-

fluss auf die Art und Weise, wie die Vergangenheit dargestellt wird. Die geschilderte Welt des Fortschrittsoptimismus, der Vernunftgläubigkeit und des Vertrauens in die Humanität erscheint beinahe perfekt, ihr Untergang hingegen als Komplott ‚böser Mächte'. Die Perspektive, von der aus ein solcher ‚entstellender' Blick auf die Vergangenheit möglich wird, ist die des Exilanten, der angesichts des allgegenwärtigen Verlusts und der Zerstörung in der Darstellung eines vergangenen Ideals nicht nur seine eigene Sicherheit und Identität wiedergewinnt. Mit der Beschreibung dieser utopischen Welt kann er auch deren Werte und Überzeugungen, die seine eigenen sind und die unter der Gewalt des Faschismus ihre Gültigkeit verloren haben, an eine nachfolgende Generation überliefern und sie damit vor ihrem endgültigen Verlust durch das Vergessen bewahren. Die Erkenntnis, dass eine von Faschismus und Gewaltherrschaft unterbrochene Traditionslinie nicht ohne Weiteres wieder aufgenommen werden kann, bewegt Zweig dazu, das kulturelle Gedächtnis und damit die Identität der eigenen Generation in seiner Autobiografie festzuhalten. *Die Welt von Gestern* als Verkörperung dieser kulturellen Vergangenheit übernimmt dabei einerseits eine Speicherfunktion, andererseits schreibt sie sich als Werk selbst in die literarische Tradition der europäischen Autobiografie ein und führt sie auf diese Weise über den faschistischen Bruch hinweg fort.

Die Rezeptionsgeschichte der *Welt von Gestern* verläuft fast analog zu der Geschichte der Autobiografieforschung. Die Annahme, dass autobiografische Texte ‚authentische' Lebensberichte darstellen, führte dazu, dass einerseits autobiografische Äußerungen als unverfälschte, wahrheitsgetreue Zeitzeugnisse verstanden, andererseits ‚Abweichungen' der Darstellung von der ‚Realität' mit dem Stigma der ‚Unzulänglichkeit' versehen wurden. So kritisiert Hannah Arendt, dass Zweig „alles andere als die Welt von gestern" schildere (Arendt 1976, S. 77). Stattdessen spricht sie von „sehr vergoldeten Gitterstäben" eines „eigenartigen Naturschutzparks", hinter denen er gelebt habe und die ihm „jeden Blick und jede Einsicht" (ebd.) in die wahre Natur der Dinge verwehrt hätten. Mit dieser Kritik nimmt Arendt vor allem auf Zweigs offen geäußerte und als Ideal gepriesene unpolitische Haltung Bezug, die auch der Grund ist, weshalb seine Autobiografie nie Eingang in den Literaturkanon der DDR fand. In der Bundesrepublik wurde die auf Zweigs humanistischen Überzeugungen und seinem bedingungslosen Pazifismus beruhende Wertschätzung zumeist getrübt von der Kritik an seinem manierierten Stil, seiner scheinbaren politischen Naivität und seiner nostalgisch verklärten Sicht auf die Vergangenheit. Fast immer überwog ein biografistischer Blick auf das Werk. Die neuere Forschung wendet sich, dem allgemeinen Trend der Autobiografieforschung folgend, verstärkt der Gestaltung des Werkes zu. Die Autobiografie wird nicht mehr als reiner Tatsachenbericht gelesen, sondern als bewusst gestaltetes, eigenständiges Kunstwerk, das zwar Referenzcharakter besitzt, dabei aber immer auch Fiktion ist. Abweichungen der Darstellung von der außerliterarischen Realität werden nicht mehr unter einem ‚moralischen' Blickwinkel betrachtet, sondern können aus ästhetischer Sicht für das Verständnis des Werkes fruchtbar gemacht werden.

Fazit

Unter Einbeziehung neuerer theoretischer Ansätze und Perspektiven erweist sich die *Welt von Gestern* als unterschätztes Werk. Ihren Platz im exilliterarischen Kanon verdankte die Autobiografie bisher der ebenso gelobten wie kritisierten Darstellung der Atmosphäre und Mentalität eines vergangenen Zeitalters aus der nostalgisch zurückblickenden Sicht des Exilanten. Der Blick weg von der Wirklichkeitsreferenz des Textes hin zu seiner Gestaltung kann jedoch eine Neubewertung des Werkes, insbesondere hinsichtlich einer auf der ästhetischen Ebene verwirklichten Auseinandersetzung mit dem Exil, ermöglichen. Die Berücksichtigung interkultureller sowie transkultureller Ansätze, jüdischer Exildiskurse und erinnerungskultureller Mechanismen ermöglicht darüber hinaus eine Perspektiverweiterung auf Zweigs Autobiografie. Von besonderem Interesse für die Exilliteraturforschung ist Zweigs konzeptionelle Verbindung einer transnationalen Existenz mit dem jüdischen Diasporabegriff und einer entgrenzten, sich auf gemeinsame Traditionen berufenden Kulturvorstellung. Die Vorstellung des Exils als Heimat, die vor allem in zeitgenössischen Exilwerken Niederschlag findet, scheint hier bereits angedeutet.

Martina Schlögl

Literatur

(*WvG*) Zweig, Stefan: *Die Welt von Gestern. Erinnerungen eines Europäers*. Frankfurt a. M. 2010.

Arendt, Hannah: „Juden in der Welt von gestern". In: *Die verborgene Tradition. Acht Essays.* Frankfurt a. M. 1976, S. 74–87.
Braese, Stephan: „Exil und Postkolonialismus". In: Krohn/Winckler 2009, S. 1–19.
Gelber, Mark H.: „‚Die Welt von Gestern' als Exilliteratur". In: *Stefan Zweig, Exil und Suche nach dem Weltfrieden*. Hg. v. Mark H. Gelder Riverside 1995, S. 148–163.
Hu, Wei: *Auf der Suche nach der verlorenen Welt. Die kulturelle und die poetische Konstruktion autobiographischer Texte im Exil am Beispiel von Stefan Zweig, Heinrich Mann und Alfred Döblin*. Frankfurt a. M. 2006.
Krohn, Claus-Dieter: „Differenz oder Distanz? Hybriditätsdiskurse deutscher ‚refugee scholars' im New York der 1930er Jahre". In: Krohn/Winckler 2009, S. 20–39.

Krohn, Claus-Dieter u. Lutz Winckler in Verb. mit Wulf Koepke u. Erwin Rotermund (Hg.): *Exil, Entwurzelung, Hybridität*. München 2009 (Exilforschung. Ein internationales Jahrbuch, Bd. 27. Hg. im Auftr. der Gesellschaft für Exilforschung).

Lejeune, Philippe: *Der autobiographische Pakt*. Frankfurt a. M. 1994.

Mittelmann, Hanni: „Jüdische Identität und der Mythos der Heimatlosigkeit im Werk von Stefan Zweig". In: Wolfgang Treitler: *Zwischen Hiob und Jeremia. Stefan Zweig und Joseph Roth am Ende der Welt*. Frankfurt a. M. 2007, S. 268–278.

Zweig, Stefan: „Jeremias. Eine dramatische Dichtung in neun Bildern". In: *Die Dramen*. Hg. v. Richard Friedenthal. Frankfurt a. M. 1964, S. 363–508.

V Überblicksbibliographie

Einen ausgezeichneten Überblick über weiterführende Literatur zum Thema bietet die Literaturliste, die dem von Claus-Dieter Krohn, Patrick von zur Mühlen, Gerhard Paul und Lutz Winckler herausgegebenen „Handbuch der deutschsprachigen Emigration" angefügt ist; sie erfasst Titel bis zum Jahr 1998. Die hier gegebenen Hinweise berücksichtigen daher vor allem nach 1998 erschienene Titel.

I. Handbücher, Bibliografien, Zeitschriften

Bibliographisches Handbuch der deutschsprachigen Emigration nach 1933/International Biographical Dictionary of Central European Emigrés 1933–1945. 3 Bde. Hg. v. Institut für Zeitgeschichte, München, u. v. der Research Foundation for Jewish Immigration, New York, unter der Gesamtleitung von Werner Röder u. Herbert A. Strauss. München u. a. 1980–1983.
Deutsche Exil-Literatur 1933–1945. Eine Bio-Bibliographie. Hg. v. Wilhelm Sternfeld u. Eva Tiedemann. Heidelberg 1970.
Deutsches Exilarchiv 1933–1945. Katalog der Bücher und Broschüren. Bearb. im Deutschen Exilarchiv 1933–1945 der Deutschen Bibliothek, Frankfurt a. M., red. Bearbeitung Mechthild Hahner, wiss. Leitung Werner Berthold u. Brita Eckert. Stuttgart 1989.
Enzyklopädie des Holocaust. Die Verfolgung und Ermordung der europäischen Juden. 3 Bde. Hg. v. Israel Gutmann. Deutsche Ausgabe: Hg. v. Eberhard Jäckel, Peter Longerich u. Julius H. Schoeps. Berlin 1993.
Exil 1933–1945. Forschung, Erkenntnisse, Ergebnisse. Gegründet von Joachim H. Koch, Hg. von Edita Koch u. Henrike Walter. Frankfurt a. M. 1981ff.
Exil. Literarische und politische Texte aus dem deutschen Exil 1933–1945. Hg. v. Ernst Loewy. Stuttgart 1979.
Exilforschung. Ein internationales Jahrbuch. Hg. im Auftr. d. Gesellschaft für Exilforschung v. Doerte Bischoff, Claus-Dieter Krohn u. Lutz Winckler. München 1983ff.
Handbuch der deutschsprachigen Emigration 1933–1945. Hg. v. Claus-Dieter Krohn, Patrick von zur Mühlen, Gerhard Paul u. Lutz Winckler. 2. Aufl. Darmstadt 2008.
Huss-Michel, Angela: *Literarische und politische Zeitschriften des Exils 1933–1945.* Stuttgart 1987.
Lexikon der österreichischen Exilliteratur. Hg. v. Evelyn Adunka, Siglinde Bolbecher u. Konstantin Kaiser. Wien u. a. 2000.
Lexikon deutsch-jüdischer Autoren. 21 Bde. Hg. v. Archiv Bibliographia Judaica. Red. Leitung Renate Heurer. München u. a. 1992ff.
Maas, Lieselotte: *Handbuch der Deutschen Exilpresse 1933–1945.* 4 Bde. Hg. v. Eberhard Lämmert. München 1976–1990.
Metzler Lexikon der deutsch-jüdischen Literatur. Jüdische Autorinnen und Autoren deutscher Sprache von der Aufklärung bis zur Gegenwart. Hg. v. Andreas B. Kilcher. Weimar 2000.
Phillips, Zlata Fuss: *German children's and youth literature in exile. 1933–1950. Biographies and bibliographies.* München 2001.
Sammlung. Jahrbuch für antifaschistische Literatur und Kunst. 5 Bde. Hg. v. Uwe Naumann. Frankfurt a. M. 1978–1982.

II. Überblicksdarstellungen, weiterführende Literatur

Ackermann, Michael: *Exilliteratur 1933–45. Migration und Deutschunterricht* (=Beiträge zur Literatur- und Mediendidaktik, 7). Frankfurt a. M. u. a. 2004.
Adunka, Evelyn (Hg.): *Die Rezeption des Exils. Geschichte und Perspektiven der österreichischen Exilforschung.* Wien 2003.
Andress, Reinhard (Hg.): *Weltanschauliche Orientierungsversuche im Exil.* Amsterdam u. a. 2010.
Arnold, Heinz Ludwig (Hg.): *Literatur und Migration.* München 2006.
Assmann, Aleida: *Erinnerungsräume. Formen und Wandlungen des kulturellen Gedächtnisses.* 4., durchges. Aufl. München 2009.
Aures, Inge E.: *Komm, sieh die Welt mit meinen Augen. Ehe-Paare im Exil. Ein Vergleich der weiblichen mit den männlichen Perspektiven in Exilautobiographien.* Nashville 1997.
Ayad Ezzat, Aleya (Hg.): *Wege über Grenzen. Perspektiven der Germanistik* (=Kairoer Germanistische Studien. Jahrbuch für Germanistik, Bd. 17). Kairo 2007.
Badia, Gilbert u. a. (Hg.): *Les barbelés de l' exil. Etudes sur l'émigration allemande et autrichienne (1938–1940).* Paris 1979.
Badia, Gilbert: *Les Bannis de Hitler. Accueil et luttes des exilés allemands en France (1933–1939).* Paris 1984.
Bahr, Ehrhard: *Weimar on the Pacific. German exile culture in Los Angeles and the crisis of modernism.* Berkeley u. a. 2008.
Balogh, András F. u. Harald Vogel (Hg.): *„Erliegst du der Götter Abgeschiedenheit". Exil und Fremdheitserfahrung in der deutschen Literatur.* Cluj, Napoca 2007.
Banauch, Eugen: *Fluid Exile. Jewish Writers in Canada 1940–2006.* Heidelberg 2009.
Bauschinger, Sigrid u. Susan L. Cocalis (Hg.): *Wider den Faschismus. Exilliteratur als Geschichte.* Tübingen, Basel 1993.
Becker, Sabina u. Robert Krause (Hg.): *Exil ohne Rückkehr. Literatur als Medium der Akkulturation nach 1933.* München 2010.
Benz, Wolfgang u. Marion Neiss (Hg.): *Deutsch-jüdisches Exil-das Ende der Assimilation? Identitätsprobleme deutscher Juden in der Emigration.* Berlin 1994.
Benz, Wolfgang u. Marion Neiss (Hg.): *Die Erfahrung des Exils. Exemplarische Reflexionen.* Berlin 1997.
Berendsohn, Walter A.: *Die humanistische Front. Einführung in die deutsche Emigranten-Literatur.* Teil 1: Von 1933 bis zum Kriegsausbruch 1939. Zürich 1946. Nachdruck: Worms 1978. Teil 2: 1939–1947. Worms 1976.
Berthold, Werner: *Exilliteratur und Exilforschung. Ausgewählte Aufsätze, Vorträge und Rezensionen.* Hg. v. Brita Eckert u. Harro Kieser. Wiesbaden 1996.
Betz, Albrecht: *Exil und Engagement. Deutsche Schriftsteller im Frankreich der dreißiger Jahre.* München 1986.
Bihrer, Andreas, Sven Limbeck u. Paul Gerhard Schmidt (Hg.): *Exil, Fremdheit und Ausgrenzung in Mittelalter und früher Neuzeit.* Würzburg 2000.
Bischoff, Doerte u. Susanne Komfort-Hein (Hg.): *Literatur und Exil. Neue Perspektiven.* Berlin 2013.
Blubacher, Thomas: *Paradies in schwerer Zeit: Künstler und Denker im Exil in Pacific Palisades und Umgebung.* München 2011.
Bock, Sigrid u. Manfred Hahn (Hg.): *Erfahrungen Exil. Antifaschistische Romane 1933–1945.* Berlin 1979.

Bolbecher, Siglinde (Hg.): *Frauen im Exil*. Klagenfurt 2007.
Boyer-Weinmann, Martine (Hg.): *Das Münchener Abkommen und die Intellektuellen. Literatur und Exil in Frankreich zwischen Krise und Krieg.* Tübingen 2008.
Bracher, Karl Dietrich: *Die totalitäre Erfahrung.* München u. a. 1987.
Braese, Stephan: *Die andere Erinnerung. Jüdische Autoren in der westdeutschen Nachkriegsliteratur.* Berlin, Wien 2001.
Braese, Stephan: *Das teure Experiment. Satire und NS-Faschismus.* Opladen 1996.
Braun, Michael u. Georg Guntermann, unter Mitarb. v. Christiane Gandner: „*Gerettet und zugleich von Scham verschlungen". Neue Annäherungen an die Literatur der 'Inneren Emigration'.* Frankfurt a. M. 2007.
Briegel, Manfred u. Wolfgang Frühwald (Hg.): *Die Erfahrung der Fremde. Kolloquium des Schwerpunktprogramms „Exilforschung" der Deutschen Forschungsgemeinschaft.* Weinheim u. a. 1988.
Brinson, Charmian u. a. (Hg.): *Keine Klage über England? Deutsche und österreichische Exilerfahrungen in Großbritannien 1933–1945.* München 1998.
Carsten, Jacobi (Hg.): *Exterritorialität. Landlosigkeit in der deutschsprachigen Literatur.* München 2006.
Christophersen, Claudia (Hg.): *Romantik und Exil. Festschrift für Konrad Feilchenfeldt.* Würzburg 2004.
Csobádi, Peter: *Das (Musik-)Theater in Exil und Diktatur. Vorträge und Gespräche des Salzburger Symposions 2003.* Anif, Salzburg 2005.
Dähnhardt, Willy (Hg.): *Exil in Dänemark. Deutschsprachige Wissenschaftler, Künstler und Schriftsteller im dänischen Exil nach 1933.* Heide 1993.
„*Das war ein Vorspiel nur ...". Bücherverbrennung Deutschland 1933. Voraussetzungen und Folgen. Ausstellung der Akademie der Künste vom 8. Mai bis 3. Juli 1983.* Bearb. von Hermann Haarmann u. a. Berlin, Wien 1983.
Daviau, Donald u. Ludwig Fischer (Hg.): *Exil. Wirkung und Wertung.* Columbia/South Carolina 1985.
Delianidou, Simela: *Transformative – transitäre – transgressive Identitätsmodelle. Autothematische Exilliteratur zwischen Moderne und Postmoderne.* Würzburg 2010.
Deutsche Intellektuelle im Exil. Ihre Akademie und die „American Guild for German Cultural Freedom". Eine Ausstellung des Deutschen Exilarchivs 1933–1945 der Deutschen Bibliothek, Frankfurt am Main. Bearb. v. Werner Berthold, Brita Eckert u. Frank Wende. München u. a. 1993.
Der deutsche PEN-Club im Exil 1933–1945. Eine Ausstellung der Deutschen Bibliothek Frankfurt am Main. Bearb. v. Werner Berthold u. Brita Eckert. Frankfurt a. M. 1980.
Dette, Gerhard u. Günter Kunert (Hg.): *Aus fremder Heimat. Zur Exil-Situation heutiger Literatur.* München 1988.
Drews, Richard u. Alfred Kantorowicz (Hg.): *Verboten und verbrannt. Deutsche Literatur 12 Jahre unterdrückt.* Berlin, München 1947, Neuauflage München 1983.
Durzak, Manfred: *Die deutsche Exilliteratur 1933–1945.* Stuttgart 1973.
Eidherr, Armin (Hg.): *Diaspora – Exil als Krisenerfahrung: jüdische Bilanzen und Perspektiven.* Klagenfurt 2006.
Eke, Norbert Otto (Hg.): *Vormärz und Exil – Vormärz im Exil.* Bielefeld 2005.
Emmerich, Wolfgang u. Susanne Heil (Hg.): *Lyrik des Exils.* Stuttgart 1985.
Englmann, Bettina: *Poetik des Exils. Die Modernität der deutschsprachigen Exilliteratur.* Tübingen 2001.

Ette, Ottmar: *ZwischenWeltenSchreiben. Literaturen ohne festen Wohnsitz*. Berlin 2005.
Evelein, Johannes F. (Hg.): *Exiles traveling. Exploring displacement, crossing boundaries in German exile arts and writings 1933–1945*. Amsterdam u. a. 2009.
Exiles and Emigrés. The Flight of European Artists from Hitler. Bearb. v. Stephanie Barron u. Sabine Eckmann. Los Angeles 1997.
Exil-Literatur 1933–1945. Eine Ausstellung aus Beständen der Deutschen Bibliothek, Frankfurt am Main. Bearb. v. Werner Berthold. 3., erw. u. verb. Aufl. Frankfurt a. M. 1967.
Fähnle, Johannes: *Krankheit und Tod im deutschsprachigen literarischen Exil des 20. Jahrhunderts*. Würzburg 2012.
Feilchenfeldt, Konrad: *Deutsche Exilliteratur 1933–1945. Kommentar zu einer Epoche*. München 1986.
Fernengel, Astrid: *Kinderliteratur im Exil. Im „modernen Dschungel einer aufgelösten Welt"*. Marburg 2008.
Fritsch, Christian u. Lutz Winckler (Hg.): *Faschismuskritik und Deutschlandbild im Exilroman*. Hamburg 1982.
Frühwald, Wolfgang u. Wolfgang Schieder (Hg.): *Leben im Exil: Probleme der Integration deutscher Flüchtlinge im Ausland 1933–1945*. Hamburg 1981.
Frühwald, Wolfgang u. Heinz Hürten (Hg.): *Christliches Exil und christlicher Widerstand: Ein Symposion an der Katholischen Universität Eichstätt 1985*. Regensburg 1987.
Furtado Kestler, Izabela Maria: *Die Exilliteratur und das Exil der deutschsprachigen Schriftsteller und Publizisten in Brasilien*. Frankfurt a. M. u. a. 1992.
Gasteiger, Ulrike: *Perspektiven von Diktatur und Gewalt in ausgewählten Werken von Autoren des Exils und der inneren Emigration*. Online-Ressource 2004.
Gauch, Sigfrid u. Claudia C. Krauße (Hg.): *Ein Regen aus Kieseln wird fallen – Texte aus dem Exil. Das Writers-in-Exile-Programm des P.E.N.* Frankfurt a. M. 2009.
Geoffroy, René: *Ungarn als Zufluchtsort und Wirkungsstätte deutschsprachiger Emigranten (1933–1938/39)*. Frankfurt a. M. u. a. 2001.
Gilson, Elke (Hg.): *Literatur im Jahrhundert des Totalitarismus. Festschrift für Dieter Sevin*. Hildesheim u. a. 2008.
Glad, John (Hg.): *Literature in exile*. Durham u. a. 1990.
Goossens, Sabine: *Deutsche Dichter im Exil und Künstlertum im Exilroman*. Frankfurt a. M. u. a. 1993.
Grandjonc, Jacques u. Theresia Grundtner (Hg.): *Zone der Ungewissheit. Exil und Internierung in Südfrankreich 1933–44*. Reinbek bei Hamburg 1993.
Greiner, Bernhard (Hg.): *Placeless topographies. Jewish perspectives on the literature of exile*. Tübingen 2003.
Grisko, Michael u. Henrike Walter (Hg.): *Verfolgt und umstritten! Remigrierte Künstler im Nachkriegsdeutschland*. Frankfurt a. M. u. a. 2011.
Gumprecht, Holger: *„New Weimar" unter Palmen. Deutsche Schriftsteller im Exil in Los Angeles*. Berlin 1998.
Haarmann, Hermann (Hg.): *Innen-Leben. Ansichten aus dem Exil. Ein Berliner Symposium*. Berlin 1995.
Haarmann, Hermann (Hg.): *Heimat, liebe Heimat: Exil und innere Emigration (1933–1945). Das 3. Berliner Symposion (Festschrift für Eberhard Lämmert zum 80. Geburtstag)*. Berlin 2004.
Haarmann, Hermann u. Christoph Hesse (Hg.): *Exil in der Sowjetunion 1933–1945*. Marburg 2010.
Haefs, Wilhelm (Hg.): *Nationalsozialismus und Exil 1933–1945*. (=Hansers Sozialgeschichte der deutschen Literatur vom 16. Jahrhundert bis zur Gegenwart, Bd. 9). München 2009.

Hansen-Schaberg, Inge u. Beate Schmeichel-Falkenberg (Hg.): *Frauen erinnern. Verfolgung – Widerstand – Exil 1933–1945. Mit einem Vorwort von Christa Wolf.* Berlin 2000.
Heeg, Günther: *Die Wendung zur Geschichte. Konstitutionsprobleme antifaschistischer Literatur im Exil.* Stuttgart 1977.
Heigenmooser, Volker u. Johann P. Tammen (Hg.): *Verlegen im Exil. Reden, Vorträge, Statements, Fakten & Fiktionen, Lyrik und Prosa.* Bremerhaven 1997.
Heilbut, Anthony: *Exiled in paradise. German refugee artists and intellectuals in America from the 1930s to the present. With a new postscript.* Berkeley u. a. 1997.
Heinrichsdorff, Amelie: *"Nur eine Frau?": Kritische Untersuchungen zur literaturwissenschaftlichen Vernachlässigung der Exilschriftstellerinnen in Los Angeles; Ruth Berlau, Marta Feuchtwanger, Gina Kaus und Victoria Wolff.* Ann Arbor 1998.
Hermand, Jost: *Kultur in finsteren Zeiten. Nazifaschismus, Innere Emigration, Exil.* Köln 2010.
Heßmann, Daniela: *Kanonbildung, Türhüter und Diskursmächte im literarischen Leben Österreichs am Beispiel der Rezeption von Exilliteratur seit 1945.* Wien 2005.
Horch, Hans Otto u. Itta Shedletzky (Hg.): *Deutsch-jüdische Exil- und Emigrationsliteratur im 20. Jahrhundert.* Tübingen 1993.
Hu, Wei: *Auf der Suche nach der verlorenen Welt: Die kulturelle und poetische Konstruktion autobiographischer Texte im Exil am Beispiel von Stefan Zweig, Heinrich Mann und Alfred Döblin.* Frankfurt a. M. u. a. 2006.
Jacobi, Carsten: *Exterritorialität. Landlosigkeit in der deutschsprachigen Literatur.* München 2006.
Jarmatz, Klaus: *Exil in der UdSSR. Kunst und Literatur im antifaschistischen Exil.* Leipzig 1989.
Die jüdische Emigration aus Deutschland 1933–1941. Die Geschichte einer Austreibung. Eine Ausstellung der Deutschen Bibliothek, Frankfurt am Main. Unter Mitwirkung des Leo-Baeck-Instituts, New York. Bearb. v. Brita Eckert unter Mitwirkung von Werner Berthold, Frankfurt a. M. 1985.
Kaiser, Konstantin: *Ohnmacht und Empörung.* Klagenfurt 2008.
Klapdor, Heike (Hg.): *Ich bin ein unheilbarer Europäer: Briefe aus dem Exil.* Berlin 2007.
Kleiser, Christina u. Ursula Seeber (Hg.): *Geteilte Erinnerung. Generationen des Exils.* Wien 2003.
Koch, Edita (Hg.): *Exiltheater und Exildramatik. 1933–1945. Tagung der Hamburger Arbeitsstelle für Deutsche Exilliteratur 1990.* Maintal 1991.
Koebner, Thomas: *Unbehauste. Zur deutschen Literatur in der Weimarer Republik, im Exil und in der Nachkriegszeit.* München 1992.
Koepke, Wulf: *Deutschsprachige Exilliteratur. Studien zu ihrer Bestimmung im Kontext der Epoche 1930 bis 1960.* Bonn 1984.
Koepke, Wulf u. Michael Winkler (Hg.): *Exilliteratur. 1933–1945.* Darmstadt 1989.
Koepke, Wulf: *Wartesaal-Jahre: deutsche Schriftsteller im Exil nach 1933.* Erkelenz 2008.
Koopmann, Helmut u. Klaus Dieter Post (Hg.): *Exil. Transhistorische und transnationale Perspektiven.* Paderborn 2001.
Koopmann, Helmut u. Leonie Marx: *Exilsituation und inszeniertes Leben.* Münster 2013.
Krause, Robert: *Lebensgeschichten aus der Fremde. Autobiografien deutschsprachiger emigrierter SchriftstellerInnen als Beispiel literarischer Akkulturation nach 1933.* München 2010.
Kreis, Gabriele: *Frauen im Exil: Dichtung und Wirklichkeit.* 2. Aufl. Düsseldorf 1984.
Kriebernegg, Ulla (Hg.): *"Nach Amerika nämlich". Jüdische Migrationen in die Amerikas im 19. und 20. Jahrhundert.* Göttingen 2012.

Kröhnke, Karl u. Hans Würzner (Hg.): *Deutsche Literatur im Exil in den Niederlanden, 1933–1940.* Amsterdam, u. a. 1994.
Kroll, Frank-Lothar (Hg.): *Die totalitäre Erfahrung. Deutsche Literatur und Drittes Reich.* Berlin 2003.
Kroll, Frank-Lothar u. Rüdiger von Voss (Hg.): *Schriftsteller und Widerstand. Facetten und Probleme der „Inneren Emigration".* Göttingen 2012.
Krüger, Dirk: *Die deutsch-jüdische Kinder- und Jugendbuchautorin Ruth Rewald und die Kinder- und Jugendliteratur im Exil.* Frankfurt a. M. 1990.
Kunst und Literatur im antifaschistischen Exil 1933–1945. 7 Bde. Hg. v. Werner Mittenzwei im Auftrag der Akademie der Wissenschaften der DDR, dem Zentralinstitut für Literaturgeschichte u. der Akademie der Künste der DDR. Leipzig 1979–1981, Frankfurt a. M. 1979–1981.
Lehmann, Hartmut u. Otto Gerhard Oexle (Hg.): *Nationalsozialismus in den Kulturwissenschaften.* 2 Bde. Göttingen 2003–2004.
Löwenthal, Richard u. Patrick von zur Mühlen (Hg.): *Widerstand und Verweigerung in Deutschland 1933–1945.* 3. Aufl. Bonn 1997.
Loyen, Ulrich van: „Aphoristik und Exil: zur Verselbständigung der Vorbedingungen". In: *Transcarpathica 9/2010,* S. 278–290.
Lühe, Irmela von der u. Claus-Dieter Krohn (Hg.): *Fremdes Heimatland. Remigration und literarisches Leben nach 1945.* Göttingen 2005.
Lühe, Irmela von der, Axel Schildt u. Stefanie Schüler-Springorum (Hg.): *„Auch in Deutschland waren wir nicht wirklich zu Hause". Jüdische Remigration nach 1945.* Göttingen 2008.
Lützeler, Paul Michael (Hg.): *Freundschaft im Exil. Thomas Mann und Hermann Broch.* Frankfurt a. M. 2004.
Möller, Horst: *Exodus der Kultur. Schriftsteller, Wissenschaftler und Künstler in der Emigration nach 1933.* München 1984.
Müller, Olaf: *Literatur im Exil. Zur Konstitution romantischer Autorschaft in Frankreich und Italien.* Frankfurt a. M. 2012.
Müller-Salget, Klaus: „Zum Dilemma des militanten Humanismus im Exil". In: Ders.: *Literatur ist Widerstand.* Innsbruck 2005, S. 121–131.
Müssener, Helmut: *Die deutschsprachige Emigration nach 1933. Aufgaben und Probleme ihrer Erforschung.* Stockholm 1970.
Nieradka, Magali Laure: *„Die Hauptstadt der deutschen Literatur": Sanary-sur-Mer als Ort des Exils deutschsprachiger Schriftsteller.* Göttingen 2010.
Ouditt, Sharon (Hg.): *Displaced persons: conditions of exile in European culture.* Aldershot u. a. 2002.
Patka, Marcus G.: *Zu nahe der Sonne. Deutsche Schriftsteller im Exil in Mexiko.* Berlin 1999.
Pfanner, Helmut (Hg.): *Kulturelle Wechselbeziehungen im Exil – Exile across Cultures.* Bonn 1986.
Pike, David: *Deutsche Schriftsteller im sowjetischen Exil 1933–1945.* Frankfurt a. M. 1981.
Reinhard Andress: *Weltanschauliche Orientierungsversuche im Exil* (=Amsterdamer Beiträge zur neueren Germanistik, 76). Amsterdam 2010.
Riegel, Paul u. Wolfgang van Rinsum: *Drittes Reich und Exil 1933–1945* (=Deutsche Literaturgeschichte vom Mittelalter bis zur Gegenwart in 12 Bänden, Bd. 10). München 2000.
Riesthuis, Joachim Gerhard Ludovicus Anton: *Blacks and exiles: African American and German exiled authors, 1933–1952.* Chicago 2004.
Riesz, Janos u. a. (Hg.): *Literatur des Exils und der Emigration* (=Komparatistische Hefte 14). Bayreuth 1986.

Rohlf, Sabine: *Exil als Praxis – Heimatlosigkeit als Perspektive? Lektüre ausgewählter Exilromane von Frauen.* München 2002.

Romberg, Otto R. (Hg.): *Widerstand und Exil 1933–1945.* Bonn 1985.

Rosenberger, Nicole (Hg.): *Prekäre Freiheit. Deutschsprachige Autoren im Schweizer Exil.* Zürich 2002.

Rotermund, Erwin u. Heidrun Ehrke-Rotermund: *Zwischenreiche und Gegenwelten. Texte und Vorstudien zur ‚verdeckten Schreibweise' im „Dritten Reich".* München 1999.

Roth, Harald (Hg.): *Es tat weh, nicht mehr dazu zu gehören: Kindheit und Jugend im Exil.* Ravensburg 1989.

Roussel, Hélène u. Lutz Winckler (Hg.): *Rechts und links der Seine. Pariser Tageblatt und Pariser Tageszeitung 1933–1940.* Tübingen 2002.

Sabin, Stefana: *Die Welt als Exil.* Göttingen 2008.

Saint Sauveur-Henn, Anne (Hg.): *Zweimal verjagt. Die deutschsprachige Emigration und der Fluchtweg Frankreich – Lateinamerika 1933–1945.* Berlin 1998.

Schenk, Klaus, Almut Todorow u. Milan Tvrdik (Hg.): *Migrationsliteratur. Schreibweisen einer interkulturellen Moderne.* Tübingen, Basel 2004.

Schiller, Dieter: *Der Traum von Hitlers Sturz. Studien zur deutschen Exilliteratur 1933–1945.* Frankfurt a. M. u. a. 2010.

Schininà, Alessandra: *Österreichische Lyrik des Exils.* St. Ingbert 2011.

Schirmer, Lothar: *Theater im Exil 1933–1945. Ein Symposium der Akademie der Künste.* Berlin 1979.

Schmidinger, Veit Johannes u. Wilfried F. Schoeller: *Transit Amsterdam. Deutsche Künstler im Exil 1933–1945.* München 2007.

Schmidt, Hans Jörg (Hg.):*Totalitarismus und Literatur. Deutsche Literatur im 20. Jahrhundert – literarische Öffentlichkeit im Spannungsfeld totalitärer Meinungsbildung* (=Schriften des Hannah-Arendt-Instituts für Totalitarismusforschung 33). Göttingen 2007.

Schmitz, Walter (Hg.): *Deutsch-deutsches Literaturexil: Schriftstellerinnen und Schriftsteller aus der DDR in der Bundesrepublik.* Dresden 2009.

Schöll, Julia (Hg.): *Gender – Exil – Schreiben.* Würzburg 2002.

Schoor, Kerstin (Hg): *Zwischen Rassenhass und Identitätssuche. Deutsch-jüdische literarische Kultur im nationalsozialistischen Deutschland.* Göttingen 2010.

Schoor, Kerstin: *Vom literarischen Zentrum zum literarischen Ghetto. Deutsch-jüdische literarische Kultur in Berlin zwischen 1933 und 1945.* Göttingen 2010.

Schoppmann, Claudia (Hg:): *Im Fluchtgepäck die Sprache. Deutschsprachige Schriftstellerinnen im Exil.* Berlin 1991.

Schreckenberger, Helga (Hg.): *Ästhetiken des Exils.* Amsterdam, New York 2003.

Schreckenberger, Helga (Hg.): *Die Alchemie des Exils. Exil als schöpferischer Impuls.* Wien 2005.

Schwarz, Egon u. Matthias Wegner (Hg.): *Verbannung. Aufzeichnungen deutscher Schriftsteller im Exil.* Hamburg 1964.

Segeberg, Harro (Hg.): *Hollywood, Exil und Nachkrieg.* München 2006.

Seidel, Michael: *Exile and the Narrative Imagination.* New Haven, London 1986.

Sevin, Dieter (Hg.): *Die Resonanz des Exils. Gelungene und mißlungene Rezeption deutschsprachiger Exilautoren (International Symposium on the Reception of German and Austrian Exile Literature, 18.–21. April 1991).* Amsterdam u. a. 1992.

Sevin, Dieter: *Trotzdem schreiben. Beiträge zur deutschsprachigen Literatur der Moderne.* Hildesheim 2010.

Seyfert, Michael: *Im Niemandsland. Deutsche Exilliteratur in britischer Internierung. Ein unbekanntes Kapitel der Kulturgeschichte des Zweiten Weltkriegs*. Berlin 1984.
Siegel, Eva-Maria: *Jugend, Frauen, Drittes Reich. Autorinnen im Exil 1933–1945*. Pfaffenweiler 1993.
Spalek, John M. u. Robert F. Bell (Hg.): *Exile. The writer's experience*. Chapel Hill 1982.
Spalek, John M. u. a. (Hg.): *Deutsche Exilliteratur seit 1933*. 2 Bde. Bd. 1 (Teil 1 und 2): Kalifornien, Bern, München 1976. Bd. 2: New York, Bern, München 1990.
Spies, Bernhard: *Die Komödie in der deutschsprachigen Literatur des Exils. Ein Beitrag zu Geschichte und Theorie des komischen Dramas im 20. Jahrhundert*. Würzburg 1997.
Stephan, Alexander (Hg.): *Exil: Literatur und die Künste nach 1933*. Bonn 1990.
Stephan, Alexander (Hg.): *Exile and Otherness. New Approaches to the Experience of Nazi Refugees*. Oxford u. a. 2005.
Stephan, Alexander: *Überwacht – Ausgebürgert – Exiliert. Schriftsteller und der Staat*. Bielefeld 2007.
Stern, Guy: *Literarische Kultur im Exil. Gesammelte Beiträge zur Exilforschung (1989–1997)*. Dresden, u. a. 1998.
Strelka, Joseph P.: *Exilliteratur: Grundprobleme der Theorie, Aspekte der Geschichte und Kritik*. Bern u. a. 1983.
Strelka, Joseph P.: *Des Odysseus Nachfahren. Österreichische Exilliteratur seit 1938*. Tübingen, Basel 1999.
Strelka, Joseph P.: *Exil, Gegenexil und Pseudoexil in der Literatur*. Tübingen 2003.
Thunecke, Jörg (Hg.): *Deutschsprachige Exillyrik von 1933 bis zur Nachkriegszeit*. Amsterdam u. a. 1998.
Thunecke, Jörg (Hg.): *Echo des Exils. Das Werk emigrierter österreichischer Schriftsteller nach 1945*. Wuppertal 2006.
Thurner, Christina: *Der andere Ort des Erzählens. Exil und Utopie in der Literatur deutscher Emigrantinnen und Emigranten 1933–1945*. Köln u. a. 2003.
Tobin Stanley, Maureen (Hg.): *Female exiles in twentieth and twenty-first century Europe*. New York 2007.
Um uns die Fremde. Die Vertreibung des Geistes 1933–1945. Mit Beiträgen von Theodor W. Adorno, Fritz Bauer, Ernst Bloch u. a.. Hg. v. Sender Freies Berlin. Berlin 1968.
Voswinckel, Ulrike: *Exil am Mittelmeer. Deutsche Schriftsteller in Südfrankreich 1933–1941*. München 2005.
Wagener, Hans u. Alexander Stephan (Hg.): *Schreiben im Exil. Zur Ästhetik der deutschen Exilliteratur 1933–1945*. Bonn 1985.
Wall, Renate: *Lexikon deutschsprachiger Schriftstellerinnen im Exil 1933–1945*. Freiburg i. Br. 1995.
Walter, Hans Albert: *Deutsche Exilliteratur 1933–1945*. Bd. 1: Bedrohung und Verfolgung bis 1933. Darmstadt, Neuwied 1972. Bd. 2: Asylpraxis und Lebensbedingungen in Europa. Darmstadt, Neuwied 1972. Bd. 7: Exilprese I. Darmstadt, Neuwied 1973. – Die neuorganisierte Ausgabe: *Deutsche Exilliteratur 1933–1950*. Bd. 1.1.: Die Mentalität der Weimardeutschen. Die ‚Politisierung' der Intellektuellen. Stuttgart 2003. Bd. 2: Europäisches Appeasement und überseeische Asylpraxis. Stuttgart 1984. Bd. 3: Internierung, Flucht und Lebensbedingungen im Zweiten Weltkrieg. Stuttgart 1988. Bd 4: Exilpresse. Stuttgart 1978.
Walter, Hans-Albert u. Günter Ochs: *Deutsche Literatur im Exil 1933–1945. Eine Auswahlbibliographie mit einer Einführung*. Aachen 1985.
Walter, Ingrid: *Dem Verlorenen nachspüren. Autobiographische Verarbeitung des Exils deutschsprachiger Schriftstellerinnen*. Taunusstein 2000.

Werfel, Ruth: *Gehetzt. Südfrankreich 1940 – deutsche Literaten im Exil.* München 2008.
Werner, Klaus Ulrich: *Dichter-Exil und Dichter-Roman. Studien zur verdeckten Exilthematik in der deutschen Exilliteratur 1933–1945.* Frankfurt a. M. u. a. 1987.
Westphal, Uwe u. Fritz Beer (Hg.): *Exil ohne Ende. Das PEN-Zentrum deutschsprachiger Autoren im Ausland. Essays, Biographien, Materialien.* Gerlingen 1994.
Wiemann, Dirk: *Exilliteratur in Großbritannien 1933–1945.* Opladen 1998.
Wiesinger-Stock, Sandra (Hg.): *Vom Weggehen. Zum Exil von Kunst und Wissenschaft.* Wien 2006.
Winckler, Lutz (Hg.): *Antifaschistische Literatur. Programme, Autoren, Werke.* 3 Bde. Bd. 1 u. 2. Kronberg i.Ts. 1977. Bd. 3 in Zusammenarbeit mit Christian Fritsch, Kronberg i.Ts. 1979.
Wittbrodt, Andreas: *Mehrsprachige jüdische Exilliteratur: Autoren des deutschen Sprachraums. Problemaufriß und Auswahlbibliographie.* Aachen 2001.
Wunderlich, Heinke u. Stefanie Menke (Hg.): *Sanary-sur-Mer. Deutsche Literatur im Exil.* Eggingen 2004.
Yearbook of the Research Centre for German and Autrian Exile Studies. Hg. v. Charmian Brinson u. a. Amsterdam/Atlanta 1999 ff.
Ziegler, Edda: *Verboten – verfemt – vertrieben. Schriftstellerinnen im Widerstand gegen den Nationalsozialismus.* Rev. u. erw. Neuausg. München 2010.
Zur Mühlen, Patrik von: *Fluchtziel Lateinamerika. Die deutsche Emigration 1933–1945. Politische Aktivitäten u. soziokulturelle Integration.* Bonn 1988.
Zur Mühlen, Patrik von: *Fluchtweg Spanien-Portugal. Die deutsche Emigration und der Exodus aus Europa 1933–1945.* Bonn 1992.

Verzeichnis der Beiträgerinnen und Beiträger

Bettina Bannasch (Augsburg), Lina Barouch (Tel Aviv), Wiebke von Bernstorff (Hildesheim), Agnes Bidmon (Erlangen), Karin Binder (Augsburg), Doerte Bischoff (Hamburg), Susanna Brogi (Erlangen), Günter Butzer (Augsburg), Michaela Enderle-Ristori (Tours), Sebastian Freiseis (Tübingen), Franz Fromholzer (Augsburg), Josef Guggenberger (Erlangen), Manuela Günter (Köln), Friedmann Harzer (Augsburg), Andreas Grünes (Gießen), Hans-Joachim Hahn (Zürich), Almuth Hammer (München), Jürgen Heizmann (Montreal), Carola Hilmes (Frankfurt a. M.), Johanna Hofmann (Augsburg), Manuel Illi (Erlangen), Andreas Klein (Erlangen), Eva Knöferl (Erlangen), Helmut Koopmann (Augsburg), Birgit M. Körner (Gießen), Robert Krause (Freiburg), Dirk Kretzschmar (Erlangen), Torsten W. Leine (Münster/Konstanz), Natalie Lorenz (Berlin), Christine Lubkoll (Erlangen), Paul Michael Lützeler (St. Louis), Marguerite Markgraf (Augsburg), Hannah Markus (Berlin), Marco Milling (Augsburg), Martin Modlinger (Bremen), Frederik Offen (Erlangen), Varun F. Ort (Erlangen), Constanze Ramsperger (Augsburg), Anna Redlich-Gaida (Berlin), Denise Reimann (Berlin), Miriam N. Reinhard (Hamburg), Gerhild Rochus (Augsburg), Claudia Röser (Hamburg), Martina Schlögl (Augsburg), Marion Schmaus (Marburg), Larissa Schridde (Augsburg), Klara Schubenz (Tübingen), Ines Schubert (Gießen), Nina Schück (Erlangen), Frank Schulze (Augsburg), Itta Shedletzky (Jerusalem), Kai Sicks (Gießen), Björn Sommersacher (Würzburg), Bernhard Spies (Mainz), Jennifer Tharr (Berlin), Barbara Thums (Tübingen), Moritz Wagner (Genf), Stephanie Waldow (Augsburg), Lutz Winckler (Berlin), Xenia Wotschal (Tübingen), Christoph Zabel (Augsburg), Anna Zachmann (Augsburg), Christin Zenker (Augsburg)

Personenregister

Adorno, Theodor Wiesengrund 171–173, 177, 195, 258, 445, 446, 516, 523
Agnon, Samuel Joseph 45
Aichinger, Ilse 205–212
Aischylos 293
Alechem, Scholem 614
Alighieri, Dante 3, 13–15, 153, 155, 159, 162, 180, 518
Aloni, Jenny 212–219
Andersch, Alfred 511
Arendt, Erich 192
Arendt, Hannah 195, 327, 538, 569, 632
Aristoteles 451
Assmann, Aleida 135, 160, 164, 165, 186, 188, 189, 196, 327, 451, 454
Assmann, Jan 135, 164, 165, 196, 197, 304
Ausländer, Rose 195, 220–226

Bachmann, Ingeborg 10
Baer, Jizchak Fritz 27, 29, 32, 33, 37, 40, 43, 614
Balzac, Honoré de 374
Barlach, Ernst 60
Barthes, Roland 100, 163, 178, 526
Bataille, Georges 154
Baudelaire, Charles 180
Baudrillard, Jean 267, 540
Baum, Vicki 226–233
Beatles, The 209
Becher, Johannes Robert 177, 180, 192, 195, 433
Beethoven, Ludwig van 444
Behrman, Samuel N. 600, 601
Benjamin, Walter 125, 153–159, 161, 162, 167, 177, 195, 208, 236, 273, 319, 332, 397, 454, 468, 523, 525, 532, 604, 611
Benn, Gottfried 54, 61, 62, 195, 234–241, 439
Berdiczewsky (Bin Gorion), Micha Josef 35
Berlau, Ruth 250
Bernanos, Georges 401
Bernstein, Aaron 40
Bhabha, Homi K. 7, 78, 82, 84, 88, 92, 100, 183–185, 267, 309, 331, 346–348, 355, 467, 468, 510, 530
Bialik, Chaim Nachman 35

Bienek, Horst 6
Blanchot, Maurice 542
Bloch, Ernst 55, 177, 195, 360
Blumenberg, Hans 330, 333, 334
Boccaccio, Giovanni 426
Böll, Heinrich 192
Borchers, Elisabeth 340
Börne, Ludwig 17, 323, 324, 569
Boye, Karin 597
Bradbury, Ray 454
Brasch, Thomas 51, 242–248
Brecht, Bertolt 5, 8, 9, 51, 68, 85, 97, 106–108, 113, 130, 172, 175, 177, 180, 192, 194, 195, 197, 243, 245, 249–256, 382, 414–417, 514, 586, 592, 594, 595, 597, 606, 609
Bredel, Willi 175, 177, 192
Breytenbach, Breyten 13
Britting, Georg 195
Broch, Hermann 3, 10, 12, 14, 15, 21, 175, 256–263, 405
Brod, Max 407
Buber, Martin 27, 30–32, 35, 39, 41, 337, 614
Büchner, Georg 263–270, 569
Busch, Wilhelm 624
Butler, Judith XVI, 127–130, 132, 134, 246, 266, 267, 582, 588

Canetti, Elias 195, 206, 209, 271, 275
Canetti, Veza 206, 270–277
Celan, Paul 184, 194, 195, 223, 268, 269, 511, 619
Cicero, Marcus Tulius 8, 153
Cixous, Hélène XVI, 121, 122, 125–128, 137, 215, 216, 245, 248
Claudel, Paul 401
Conrad, Joseph 5, 82
Cooper, James Fenimore 5
Coudenhove-Kalergi, Richard Nikolaus 17
Croce, Benedetto 628
Cummings, Edward Estlin 223

Da Vinci, Leonardo 471–478
de Mendelssohn, Peter 539
de Staël, Germaine 17
Defoe, Daniel 5

Derrida, Jacques 132, 267
Dessau, Paul 177
Diderot, Denis 250
Dietrich, Marlene 209, 583
Disselhoff, August 346
Döblin, Alfred 27, 42–44, 68, 90, 102, 177, 195, 277–284, 416
Domin, Hilde 284–291, 509–511
Dos Passos, John 90
Dostojewskij, Fjodor 90, 453
Dubnow, Simon 27
Dylan, Bob 209, 244, 245

Edvardson, Cordelia 400, 404, 405
Ehrenburg, Ilja 310
Ehrenstein, Albert 516
Eich, Günter 65
Einstein, Albert 621
Eisenstein, Sergej M. 453
Eisler, Hanns 177, 414, 416
Ekelöf, Gunnar 509
Eliot, T.S. 8
Enzensberger, Hans Magnus 7, 511
Erasmus von Rotterdam 19, 177
Ernst, Max 183
Eschenbach, Wolfram von 4
Euripides 12

Feuchtwanger, Lion 9, 13, 27, 37–39, 173, 175, 177, 180, 192, 195, 214, 291–298, 414–416, 529, 606
Flavius Josephus 37
Flusser, Vilém 105, 106, 298–306, 559, 560
Fontane, Theodor 551–553, 555
Foucault, Michel 100, 128, 132, 368, 451, 460, 583
Frank, Leonhard 90, 606
Freud, Sigmund 122, 123, 125, 130, 206, 209, 362, 606, 607, 610, 611, 618, 621, 622, 624, 625
Fried, Erich 179, 194, 197, 206, 306–313
Fürnberg, Louis 192

Gadamer, Hans-Georg 285
García Marquez, Gabriel 192
Gellert, Christian Fürchtegott 111
George, Stefan 235, 614, 615, 616, 619

Géricault, Théodore 596
Gide, André 376
Giraudoux, Jean 376
Goethe, Johann Wolfgang 6, 12, 180, 187, 188, 301, 325, 332, 344, 406, 409, 410, 431, 447, 508, 551, 553, 568, 572, 624, 629
Goldschmidt, Lazarus 28
Gorki, Maxim 628
Graetz, Heinrich 27
Graf, Oskar Maria 50, 195, 314–321, 487
Grass, Günter 207, 209, 289
Grillparzer, Franz 209
Günderrode, Karoline von 138
Guri, Haim 218

Hahn, Ulla 179, 384
Halevi, Jehuda Samuel ben 35, 215, 322, 323, 325, 326, 327
Hamm, Peter 511
Harris, Jed 600
Härtling, Peter 172
Hartung, Hans 183
Haushofer, Albrecht 60
Hebel, Johann Peter 524
Hegel, Georg Wilhelm Friedrich 10, 123, 124, 249, 254
Heidegger, Martin 301, 304, 609
Heine, Heinrich XI, 17, 27, 35, 36, 38, 42–45, 114, 172, 180, 189, 271, 294, 321–328, 346, 359, 387–389, 391, 410, 439, 508, 569, 621, 624
Henze, Hans Werner 586
Heraklit 10
Hermann-Neiße, Max 180, 195
Hesse, Hermann 192, 195, 443
Hildesheimer, Wolfgang 184, 197
Hilsenrath, Edgar 184
Hilty, Hans Rudolf 407, 411
Hochhuth, Rolf 15
Hofmannsthal, Hugo von 205, 206, 209, 624
Hölderlin, Friedrich 188, 439
Homer 11, 12, 140, 180, 270, 325
Honigmann, Barbara 97, 110, 111, 115, 242, 329–335
Horaz 293
Horkheimer, Max 516
Horváth, Ödön von 194, 195

Huchel, Peter 65
Hudson, Stephen 257
Hugo, Victor 17, 180
Huxley, Aldous 210

Irigaray, Luce XV, 122–124, 128, 132, 215

Jakob-Robinson, Therese Albertine Luise von 138
Jokl, Anna Maria 336–342
Joyce, James 8, 125
Jung, Carl Gustav 338
Jünger, Ernst 60–62, 65, 69, 156, 195, 235

Kafka, Franz 130, 156, 157, 337, 339, 418, 516, 614
Kaléko, Mascha 343–350
Kalmer, Joseph 307
Kant, Immanuel 452, 454
Kantorowicz, Alfred 99, 106, 172
Kasack, Hermann 60
Kästner, Erich 376, 496
Keller, Gottfried 393
Şenocak, Zafer 6, 93
Kerr, Judith 350–357
Kessler, Harry Graf 364–369
Kesten, Hermann 177
Keun, Irmgard 49, 52, 130, 132, 358–364, 424, 558
Kierkegaard, Sören 279, 518
King, Martin Luther 320
Kisch, Egon Erwin 192, 195, 364–371, 487
Kivi, Aleksis 250
Klages, Ludwig 136
Klebe, Giselher 605
Klepper, Jochen 63, 64
Klüger, Ruth 6, 164, 387, 390, 391, 523, 526, 588
Koeppen, Wolfgang 65
Kolb, Annette 17, 371–378
Kolmar, Gertrud 50, 66, 67, 132, 195, 378–385
Kopelew, Lew 528
Kracauer, Siegfried 105, 163
Kramer, Theodor 195, 385–392
Krechel, Ursula 362, 392–399
Kristeva, Julia XV, 84, 104, 105, 121–125, 128, 130, 132, 142, 215, 244, 245, 458, 609, 610

Kühn, Dieter 383
Kundera, Milan 15
Kurz, Paul Konrad 286, 508

Lacan, Jacques XVI, 122, 123, 125
Lackner, Stephan 10
Lang, Fritz 209
Lange, Horst 65
Langgässer, Elisabeth 60, 384, 399–406
Lasker-Schüler, Else 27, 30, 37, 39, 62, 101, 195, 406–413, 618
Lehmann, Wilhelm 60, 65, 68
Lentz, Michael 413–420
Levi, Primo 6, 586
Lévinas, Emmanuel 132, 310
Lindegren, Erik 509
Lindgren, Astrid 207
Liszt, Franz 374
Loerke, Oskar 60, 68
Lukács, Georg 139, 140, 177, 195, 542, 608
Luria, Isaak 29, 33, 34
Luther, Martin 19, 444

Machiavelli, Niccolò 487
Madách, Imre 11
Mahler-Werfel, Alma 414, 600, 604
Mallarmé, Stéphane 180
Mandelstam, Ossip 13
Mann, Erika 421–427, 436, 437, 440
Mann, Heinrich 16, 17, 113, 133, 174, 175, 177, 190, 195, 197, 321, 394, 414–416, 428–434, 579
Mann, Klaus 17, 54, 173–175, 177, 180, 182, 195, 197, 236, 435–441, 487
Mann, Thomas 3, 11, 16–21, 53–60, 87, 113, 121, 133–137, 143, 174, 175, 177, 192, 195, 197, 216, 259, 311, 403, 414, 416, 418, 442–449, 551, 553, 555, 616, 618
Mannheim, Karl 139, 630
Marcks, Gerhard 21
Marcuse, Ludwig 416
Martin, David 307
Marx, Karl 10, 44, 625
Maschler, Kurt 307
May, Karl 493, 496
Mazzini, Guiseppe 17
Mehring, Sigmar 450, 452, 453, 455

Mehring, Walter 114, 449–456
Mendelssohn, Moses 43
Michie, Helga 205, 206
Miegel, Agnes 195
Miller, Martin 307
Milton, John 11, 383
Molo, Walter von 20, 21, 53, 54, 56
Montaigne, Michel de 125, 455, 518, 546
Mora, Terézia 456–463
Müller, Herta 6, 391, 464–471
Murnau, Friedrich Wilhelm 578
Musil, Robert 195
Musset, Alfred de 374

Nabokov, Vladimir 101, 523, 524
Neumann, Robert 12
Nietzsche, Friedrich 238, 239, 275, 301, 303, 431, 439, 442, 443, 446
Noth, Ernst Erich 183

Odets, Clifford 600
Ören, Aras 6
Orwell, George 490
Ovidius Naso, Publius 3, 8, 13, 151–153, 155, 157–159, 165–167, 180, 359, 413, 418, 478–484
Özdamar, Emine Sevgi 6

Palm, Erwin Walter 287, 288
Park, Robert Ezra 105, 630
Pascal, Blaise 518
Pavese, Cesare 469, 470
Perutz, Leo 27, 40–42, 471–478
Pink Floyd 612
Platon 123
Proust, Marcel 90, 161, 454, 524
Puccini, Giacomo 431
Puschkin, Alexander 82

Ransmayr, Christoph 165–167, 478–485
Regler, Gustav 485–491
Reinhardt, Max 600
Remarque, Erich Maria 177
Rembrandt 139, 140, 375
Renan, Ernest 267
Renn, Ludwig 177, 487
Rewald, Ruth 492–498

Rilke, Rainer Maria 307, 308, 313, 439, 518
Rosenzweig, Franz 27, 31, 32, 39, 543, 602, 616
Roth, Joseph 27, 40, 41, 174, 177, 195, 499–506, 514
Rousseau, Jean-Jacques 10
Ruge, Arnold 17
Rühle-Gerstel, Alice 132
Rushdie, Salman 16, 104, 162

Sachs, Nelly 194, 195, 288, 384, 506–513, 619
Sahl, Hans 10, 12, 195, 513–520
Saïd, Edward W. 7, 76, 82–84, 88, 89, 105, 106, 122, 126, 130, 137, 243, 338, 346, 359, 581
Schickele, René 376
Schiller, Friedrich 254, 418, 624
Schnabel, Ernst 207
Schneider, Reinhold 5, 21
Scholem, Gershom 27, 29, 30, 32–35, 37, 40, 45, 46
Schönberg, Arnold 414, 416
Schopenhauer, Arthur 301
Schröder, Rudolf Alexander 195
Schubert, Franz 515
Schwarzenbach, Annemarie 132
Sebald, W. G. 8, 160–164, 167, 247, 520–527
Seghers, Anna 79–82, 85, 86, 115, 121, 133, 137–143, 165, 173, 175–177, 179, 180, 184, 185, 187, 192, 194, 195, 197, 198, 250, 268, 321, 487, 527–534, 602, 626
Seghers, Hercules 139
Seidel, Ina 239, 384
Semprun, Jorge 466
Shakespeare, William 5
Sieburg, Friedrich 195
Simmel, Georg 105, 275, 630
Simonides von Keos 152, 153, 311
Skármeta, Antonio 16
Solschenizyn, Alexander 6
Spiel, Hilde 8, 101, 197, 206, 534–541, 601
Steffin, Margarethe 250
Steiner, George 590

Stendhal 369, 524
Stern, Gerson 27, 40, 618
Stifter, Adalbert 209
Strindberg, August 11, 453
Susman, Margarete 541–548, 569

Tauler, Johannes 279
Tergit, Gabriele 496, 549–556
Tetzner, Lisa 496, 556–563
Thiess, Frank 20, 21, 52–56, 59
Thomas, Adrienne 132
Toller, Ernst 192
Tolstoi, Leo 452
Tranströmer, Tomas 509
Traven, B. 82

Uhse, Bodo 487

Varnhagen von Ense, Karl August 563–565, 567, 568
Varnhagen von Ense, Rahel 563–570
Vergil 3, 11, 12, 14, 256–262
Vertlib, Vladimir 97, 108–110, 570–577
Verwey, Albert 614–616
Viertel, Berthold 578, 579
Viertel, Salka 130, 577–584
Vietta, Egon 260
Villon, Francois 472–477
Vogelweide, Walther von der 293
Voltaire 430

Walden, Herwarth 449
Waldenfels, Bernhard 179, 182, 183, 266, 302
Weber, Max 189, 261
Weil, Grete 585–592
Weinert, Erich 174, 192
Weininger, Otto 274
Weiskopf, Franz Carl 172, 179
Weiß, Ernst 195
Weiss, Peter 14, 15, 102, 164, 184, 192, 194, 197, 491, 592–599
Werfel, Franz 97, 112–115, 192, 195, 414–416, 599–606
Weyrauch, Wolfgang 348
Whitman, Walt 315
Wilde, Oscar 317
Wilder, Thornton 11
Winsloe, Christa 132
Wittgenstein, Ludwig 467
Wolf, Christa 51, 139, 141, 142, 587, 606–613, 626
Wolf, Friedrich 130, 175, 177, 192
Wolfenstein, Alfred 180
Wolfskehl, Karl 195, 613–620

Zaimoğlu, Feridun 6
Zand, Herbert 261
Zola, Émile 453
Zuckmayer, Carl 97, 104, 110, 194
Zweig, Arnold 81, 173, 177, 192, 620–627
Zweig, Stefan 156, 177, 195, 259, 627–634

www.ingramcontent.com/pod-product-compliance
Lightning Source LLC
Chambersburg PA
CBHW050121020526
44112CB00035B/2161